U0916750

资治通鉴全本新注

（全十四册）

第四册

卷六九至卷八七（魏纪一至晋纪九）

［宋］司马光　编著
张大可　注释

華中科技大學出版社
http://press.hust.edu.cn
中国·武汉

第四册目录

卷六九　魏纪一

魏文帝黄初元年至三年（220—222年）

【起上章困敦（庚子，220年），尽玄默摄提格（壬寅，222年），凡三年】

【大事提要】

本卷记事起公元220年，讫公元222年，凡三年，当魏黄初元年至黄初三年。此时期的重大事件有四：其一，曹丕代汉；其二，刘备称帝；其三，孙权接受曹魏加封吴王；其四，吴蜀交兵，发生夷陵之战。夷陵之战，吴胜蜀败，荆州归吴，三国鼎立的局面正式形成，三分的国家建制也已完成。

世祖文皇帝[1]上

黄初[2]元年（庚子，220年）

春，正月，武王[3]至洛阳，庚子[4]，薨[5]。王知人善察，难眩[6]以伪。识拔奇才，不拘微贱，随能任使，皆获其用。与敌对陈[7]，意思安闲，如不欲战然；及至决机乘胜，气势盈溢[8]。勋劳宜赏，不吝千金；无功望施，分豪不与。用法峻急[9]，有犯必戮，或对之流涕，然终无所赦。雅性[10]节俭，不好华丽。故能芟刈[11]群雄，几[12]平海内。

是时太子在邺，军中骚动。群僚欲秘不发丧。谏议大夫[13]贾逵以为事不可秘，乃发丧。或言宜易诸城守，悉用谯、沛人[14]。魏郡太守广陵徐宣厉声曰："今者远近一统，人怀效节，何必专任谯、沛，以沮宿卫者之心！"乃止。青州兵[15]擅击鼓，相引去；众人以为宜禁止之，不从者讨之。贾逵曰："不可。"为作长檄[16]，令所在给其禀食[17]。鄢陵侯彰[18]从长安来赴，问逵先王玺绶所在。逵正色曰："国有储副[19]，先王玺绶，非君侯[20]所宜问也。"凶问[21]至邺，太子号哭不已。中庶子[22]

司马孚[23]谏曰："君王晏驾[24]，天下恃殿下为命；当上为宗庙，下为万国，奈何效匹夫孝也！"太子良久乃止，曰："卿言是也。"时群臣初闻王薨，相聚哭，无复行列。孚厉声于朝曰："今君王违世[25]，天下震动，当早拜嗣君[26]，以镇万国，而但哭邪！"乃罢群臣，备禁卫，治丧事。孚，懿之弟也。群臣以为太子即位，当须诏命[27]。尚书陈矫[28]曰："王薨于外，天下惶惧。太子宜割哀即位，以系远近之望。且又爱子[29]在侧，彼此生变，则社稷危矣。"即具官备礼，一日皆辨[30]。明旦，以王后令，策太子即王位，大赦。汉帝寻遣御史大夫[31]华歆奉策诏，授太子丞相印、绶，魏王玺、绶，领冀州牧。于是尊王后曰王太后。

改元[32]延康。

二月，丁未朔，日有食之。

壬戌[33]，以太中大夫贾诩为太尉，御史大夫华歆为相国[34]，大理王朗为御史大夫。

丁卯[35]，葬武王于高陵[36]。

王弟鄢陵侯彰等皆就国。临菑监国谒者[37]灌均，希指[38]奏"临菑侯植醉酒悖慢[39]，劫胁[40]使者。"王贬植为安乡侯[41]，诛右刺奸掾[42]沛国丁仪及弟黄门侍郎廙并其男口，皆植之党也。

鱼豢[43]论曰：谚言："贫不学俭，卑不学恭。"非人性分[44]殊也，势使然耳。假令太祖防遏植等在于畴昔，此贤之心，何缘有窥望乎！彰之挟恨，尚无所至；至于植者，岂能兴难！乃令杨修以倚注[45]遇害，丁仪以希意[46]族灭，哀夫！

（以上为第一段，写曹操之死，曹丕继位为魏王，立即诛杀曹植党羽。）

【注释】

[1]世祖文皇帝（187—226）：姓曹，名丕，字子桓，曹操之太子。世祖，庙号。《谥法》：景物四方曰世，承命不迁曰世。公元220年至公元226年在位。文，帝号，《谥法》：学勤好问曰文。传见《三国志》卷二。［2］黄初：曹丕代汉后，按五行之说，汉为火德，魏为土德，以土继火，而土色为黄，故以黄初为年号。曹操初封为公，食邑邺城在魏郡，故称魏公，魏字又应当时谶语"代汉者当涂高"，于是曹丕代汉，建国称魏。［3］武王：曹操。曹操死后谥为武。［4］庚子：正月二十三日。［5］薨（hōng）：古代诸侯死称薨。［6］眩：迷惑。［7］陈：同

“阵”。［8］盈溢：非常充盛。［9］峻急：严厉迅速。［10］雅性：谓本性。［11］芟（shān）刈（yì）：削除。［12］几：几乎。［13］谏议大夫：官名，属光禄勋，掌议论。［14］悉用谯、沛人：曹氏为沛国谯县（今安徽亳州市）人，此言以家乡人为可信。［15］青州兵：汉献帝初平三年（192）曹操击破青州黄巾军所改编的军队。［16］长檄：据以领取粮饷的凭证。［17］禀食：禀，同“廪”。谓由当地政府发给粮食。［18］鄢陵侯彰：曹彰。建安二十四年曹操从汉中还长安，因留曹彰镇守，现曹彰知曹操死，故自长安来赴。［19］储副：君主之副，即君位的继承者。［20］君侯：对诸侯之尊称。［21］凶问：死亡的音信。［22］中庶子：即太子中庶子，官名，太子的侍从官。［23］司马孚：字叔达，司马懿之弟。初为曹植的文学掾，后为曹丕的太子中庶子。曹丕为帝后，为黄门侍郎。魏明帝时，为尚书右仆射、尚书令。三少帝时，为司空、太尉、太傅，封长社县侯。后入晋。传见《晋书》卷三十七。［24］晏驾：古人称君王死为晏驾。［25］违世：死的别称。［26］嗣君：继位的国君。［27］诏命：指汉献帝的诏命。［28］陈矫（?—237）：字季弼，广陵东阳（今安徽天长市西北）人。初为本郡功曹，后为曹操司空掾属、丞相长史、尚书等。曹丕代汉为帝后，为尚书令。魏明帝时，封东乡侯，官至司徒。传见《三国志》卷二十二。［29］爱子：指鄢陵侯曹彰。［30］辨：通“办”。［31］御史大夫：官名，主要掌监察、执法，亦兼掌重要文书图籍。［32］改元：此为汉朝改元。［33］壬戌：二月十六日。［34］相国：官名，即丞相。此为魏国之相国，当时汉丞相为曹丕。［35］丁卯：二月二十一日。［36］高陵：曹操的陵墓名，后遂成为地名，在当时的邺城西。［37］监国谒者：官名，汉制，王国置谒者，掌宾赞受事，侯国不置。此监国谒者为魏文帝所置，职在监视诸侯王。［38］希指：迎合在上者的旨意。［39］悖（bèi）慢：荒诞傲慢。［40］劫胁：要挟，威胁。［41］安乡侯：曹植从县侯贬为乡侯。［42］右刺奸掾：官名。［43］鱼豢：三国魏人，曾任郎中，著有《魏略》《典略》。［44］分（fèn）：本质，素质。［45］倚注：附着，依附。注，属也，附也。［46］希意：同“希旨”，谓迎合在上者之意。

初置散骑常侍、侍郎[1]各四人，其宦人为官者不得过诸署令[2]；为金策，藏之石室[3]。时当选侍中、常侍，王左右旧人讽主者，便欲就用，不调余人。司马孚曰：“今嗣王新立，当进用海内英贤，如何欲因际会[4]，自相荐举邪！官失其任，得者亦不足贵也。”遂他选。

尚书陈群，以天朝[5]选用不尽人才，乃立九品官人之法[6]；州、郡皆置中正以定其选，择州郡之贤有识鉴者为之，区别人物，第其高下。

夏，五月，戊寅[7]，汉帝追尊王祖太尉[8]曰太王，夫人丁氏曰太王后。

王以安定太守邹岐为凉州刺史[9]。西平[10]麹演结旁郡作乱以拒岐；

张掖[11]张进执太守杜通，酒泉[12]黄华不受太守辛机，皆自称太守以应演；武威三种胡复叛。武威太守毌丘兴[13]告急于金城[14]太守、护羌校尉[15]扶风苏则[16]，则将救之，郡人皆以为贼势方盛，宜须大军。时将军郝昭、魏平先屯金城，受诏不得西渡[17]。则乃见郡中大吏及昭等谋曰："今贼虽盛，然皆新合，或有胁从，未必同心；因衅击之，善恶必离，离而归我[18]，我增而彼损矣。既获益众之实，且有倍气之势，率以进讨，破之必矣。若待大军，旷日弥久，善人无归，必合于恶，善恶既合，势难卒离。虽有诏命，违而合权[19]，专之可也。"昭等从之，乃发兵救武威，降其三种胡，与毌丘兴击张进于张掖。麴演闻之，将步骑三千迎则，辞来助军，实欲为变，则诱而斩之，出以徇军[20]，其党皆散走。则遂与诸军围张掖，破之，斩进；黄华惧，乞降。河西[21]平。

初，敦煌[22]太守马艾卒官，郡人推功曹[23]张恭行长史[24]事；恭遣其子就诣朝廷请太守。会黄华、张进叛，欲与敦煌并势，执就，劫以白刃；就终不回，私[25]与恭疏曰："大人率厉敦煌，忠义显然，岂以就在困厄之中而替之哉！今大军垂至，但当促兵以掎[26]之耳。愿不以下流[27]之爱，使就有恨于黄壤也。"恭即引兵攻酒泉，别遣铁骑二百及官属，缘酒泉北塞，东迎太守尹奉。黄华欲救张进，而西顾恭兵，恐击其后，故不得往而降。就卒平安，奉得之郡，诏赐恭爵关内侯[28]。

六月，庚午[29]，王引军南巡。

秋，七月，孙权遣使奉献。

蜀将军孟达屯上庸[30]，与副军中郎将[31]刘封不协；封侵陵之，达率部曲[32]四千余家来降。达有容止才观[33]，王甚器爱之，引与同辇[34]，以达为散骑常侍、建武将军[35]，封平阳亭侯。合房陵[36]、上庸、西城[37]三郡为新城，以达领新城太守，委以西南之任。行军长史[38]刘晔曰："达有苟得之心，而恃才好术，必不能感恩怀义。新城与孙、刘接连[39]，若有变态，为国生患。"王不听。遣征南将军夏侯尚[40]、右将军徐晃与达共袭刘封。上庸太守申耽叛封来降，封破，走还成都。

初，封本罗[41]侯寇氏之子，汉中王初至荆州，以未有继嗣，养之为子。诸葛亮虑封刚猛，易世之后，终难制御，劝汉中王因此际除之；遂赐封死。

武都[42]氐王杨仆率种人内附。

甲午[43]，王次[44]于谯[45]，大飨[46]六军及谯父老于邑东，设伎乐百戏，吏民上寿[47]，日夕而罢。

孙盛曰：三年之丧[48]，自天子达于庶人。故虽三季之末[49]，七雄[50]之敝，犹未有废衰斩[51]于旬朔[52]之间，释麻[53]杖[54]于反哭[55]之日者也。逮于汉文，变易古制[56]，人道之纪，一旦而废，固已道薄于当年，风颓于百代矣。魏王既追汉制，替其大礼，处莫重[57]之哀而设飨宴之乐，居贻厥[58]之始而堕王化之基，及至受禅[59]，显纳二女，是以知王龄之不遐，卜世[60]之期促也。

（以上为第二段，写曹丕平定河西之乱；刘备诛杀养子刘封；孙盛评论魏朝国运不长，因曹丕居丧淫乐，不守礼制，人心不附。）

【注释】

[1]散骑常侍、侍郎：皆官名。秦汉时置散骑，骑马随从皇帝车后；又有中常侍，得出入宫中，但皆为加官。东汉初，省散骑，而中常侍又以宦官为之。现将散骑与中常侍合为一官，称散骑常侍，同时又置散骑侍郎，皆备顾问，掌规谏。但后来却成为显职。散骑常侍、散骑侍郎与侍中、黄门侍郎共平尚书奏事。［2］诸署令：诸署之长。诸署指左、右、中尚方、中黄门、左右藏、左校、甄官、奚官、黄门、掖庭、永巷、御府、钩盾、中藏府、内者等署。［3］石室：国家藏图书档案之室。［4］际会：谓新旧交接的时机。［5］天朝：指汉朝。［6］九品官人之法：选举人才的一种制度，又称为九品中正制。其具体做法是：每州、郡由有声望的中央官兼任本州、郡中正，将本州、郡内的士人，按其才能、家世分为上上、上中、上下、中上、中中、中下、下上、下中、下下九品，即九等，然后由吏部按品授予官职。［7］戊寅：五月三日。［8］王祖太尉：指曹丕的祖父汉太尉曹嵩。［9］凉州刺史：按：此时又新置凉州，刺史治所在武威姑臧，在今甘肃武威市。［10］西平：郡名，汉献帝建安中分金城郡置，治所西都，在今青海西宁市。［11］张掖：郡名，治所觻得，在今甘肃张掖市西北。［12］酒泉：郡名，治所禄福，在今甘肃酒泉市。［13］武威：郡名，治所姑臧，在今甘肃武威市。毌丘兴：姓毌丘，名兴。［14］金城：郡名，治所允吾，在今甘肃永靖县北。［15］护羌校尉：官名。汉代置护羌校尉一人管理西羌事。［16］苏则（?—223）：字文师，扶风武功（今陕西武功县西南）人。初为酒泉、安定、武都等郡太守。曹操征汉中后，命他为金城太守。后平麹（qū）演等有功，封都亭侯。曹丕代汉为

帝后，为侍中。传见《三国志》卷十六。［17］西渡：谓西渡黄河。金城郡与武威、张掖、酒泉西隔黄河。［18］离而归我：谓善者与恶者分离后善者归我。［19］权：权宜，机变。［20］徇（xùn）军：在军中陈尸示众。［21］河西：地区名，指今甘肃、青海两省黄河以西之地，即河西走廊与湟水流域一带。［22］敦煌：郡名，治所敦煌县，在今甘肃敦煌市西。［23］功曹：官名，即功曹史，太守的主要佐吏，除分掌人事外，还参与一郡政务。［24］长史：官名，郡太守的主要佐吏，由中央任命。东汉时边郡不置丞，由长史兼领丞的职务，即协佐郡守理事，有时还代替郡守行事。又，边郡不置将兵长史时，长史还要领兵作战。［25］私：暗自。［26］掎：谓从后牵制。［27］下流：魏晋人称子孙为下流。［28］关内侯：汉代封爵之一，次于列侯，但只有俸禄而无封地。［29］庚午：六月二十六日。［30］上庸：郡名，治所上庸县，在今湖北竹山县东南。［31］副军中郎将：官名，刘备所置次于将军之武官。［32］部曲：此指兵家，即带家属的军队。［33］容止才观：容貌举止与才能皆佳。容止，容貌举止；才观，才能与仪表。［34］辇：皇帝所乘之车。［35］建武将军：官名，属杂号将军。［36］房陵：郡名，治所房陵县，在今湖北房县。［37］西城：郡名，治所西城县，在今陕西安康市西北。［38］行军长史：官名，当时曹丕“引军南巡”，故临时设置行军长史以管理军务。［39］接连：新城郡与蜀之汉中郡、吴之宜都郡皆接连。［40］夏侯尚（?—225）：字伯仁，夏侯渊之从子。曹操定冀州后，为军司马，常从征伐。魏国建立后，为黄门侍郎，又为散骑常侍、中领军。曹丕代汉后，官至征南大将军、荆州牧，封平陵乡侯。传见《三国志》卷九。［41］罗：侯国名，国治在今湖南湘阴县北。［42］武都：郡名，治所下辨，在今甘肃成县西。［43］甲午：七月二十日。［44］次：停驻。［45］谯：县名，县治在今安徽亳州市。［46］飨：设宴款待。［47］上寿：祝寿。［48］三年之丧：古时君王、父母死，臣子皆服丧三年。［49］三季之末：夏、商、周三代之末期。［50］七雄：指战国时秦、赵、韩、魏、齐、楚、燕七雄。［51］衰斩：即斩缞，丧服名。为五种丧服中最重的一种。用粗麻布制成，左右和下边皆不缝。臣对君主，子和未嫁女对父母皆服斩缞。［52］旬朔：十天或一月。［53］麻：指古人在丧期中结在头上和腰间的麻带。［54］杖：指苴（jū）杖，即古人居父母丧所用的竹杖。［55］反哭：古时丧礼，葬毕，丧主奉神主归而哭，称为反哭。［56］变易古制：汉文帝后七年遗诏改变古丧制，详见《资治通鉴》卷十五汉文帝后七年。［57］莫重：没有比此更重。［58］贻厥：谓遗传于后世子孙。［59］受禅：谓受汉献帝之禅。［60］卜世：用占卜预测传国的世数。

王以丞相祭酒[1]贾逵为豫州刺史[2]。是时天下初定，刺史多不能摄[3]郡。逵曰：“州本以六条诏书[4]察二千石以下，故其状皆言严能鹰扬[5]，有督察之才，不言安静宽仁，有恺悌[6]之德也。今长吏[7]慢法[8]，盗贼公行，州知而不纠，天下复何取正乎！”其二千石以下，阿纵不如法者，皆举奏免之。外修军旅，内治民事，兴陂[9]田，通运渠，吏民称之。王曰："逵真刺史矣。"布告天下，当以豫州为法，赐逵爵关内侯。

左中郎将[10]李伏、太史丞[11]许芝表言："魏当代汉，见于图纬[12]，其事众甚。"群臣因上表劝王[13]顺天人之望，王不许。

冬，十月，乙卯[14]，汉帝告祠高庙，使行御史大夫张音持节奉玺绶诏册，禅位于魏。王三上书辞让，乃为坛于繁阳[15]，辛未[16]，升坛受玺绶，即皇帝位，燎祭[17]天地、岳渎，改元，大赦。

十一月，癸酉[18]，奉汉帝为山阳[19]公，行汉正朔[20]，用天子礼乐；封公四子为列侯[21]。追尊太王曰太皇帝；武王曰武皇帝，庙号太祖；尊王太后曰皇太后。以汉诸侯王为崇德侯，列侯为关中侯[22]。群臣封爵、增位各有差。改相国为司徒，御史大夫为司空。山阳公奉二女以嫔[23]于魏。

帝欲改正朔，侍中[24]辛毗曰："魏氏遵舜、禹之统，应天顺民；至于汤、武，以战伐定天下，乃改正朔。孔子曰：'行夏之时[25]'，《左氏传》曰'夏数为得天正[26]'，何必期于相反！"帝善而从之，时群臣并颂魏德，多抑损前朝；散骑常侍卫臻[27]独明禅授之义，称扬汉美。帝数目臻曰："天下之珍，当与山阳[28]共之。"帝欲追封太后父、母，尚书陈群奏曰："陛下以圣德应运受命，创业革制，当永为后式。按典籍之文，无妇人分土命爵之制。在礼典，妇因夫爵[29]。秦违古法，汉氏因之，非先王之令典也。"帝曰："此议是也，其勿施行。"仍著定制，藏之台阁[30]。

十二月，初营洛阳宫。戊午[31]，帝如[32]洛阳。

帝谓侍中苏则曰："前破酒泉、张掖，西域通使敦煌，献径寸大珠，可复求市[33]益得[34]不？"则对曰："若陛下化洽[35]中国[36]，德流沙幕[37]，即不求自至。求而得之，不足贵也。"帝默然。

帝召东中郎将蒋济为散骑常侍。时有诏赐征南将军[38]夏侯尚曰："卿腹心重将，特当任使，作威作福，杀人活人。"尚以示济。济至，帝问以所闻见，对曰："未有他善，但见亡国之语耳。"帝忿然作色而问其故，济具以答，因曰："夫'作威作福'，《书》之明诫[39]。天子无戏言，古人所慎；惟陛下察之！”帝即遣追取前诏。

帝欲徙冀州士卒家[40]十万户实河南[41]。时天旱蝗，民饥，群司以为不可，而帝意甚盛。侍中辛毗与朝臣俱求见，帝知其欲谏，作色以待之，皆莫敢言。毗曰："陛下欲徙士家，其计安出？”帝曰："卿谓我徙之非邪？”毗曰："诚以为非也。”帝曰："吾不与卿议也。”毗曰："陛下不以臣不肖[42]，置之左右，厕[43]之谋议之官[44]，安能不与臣议邪！臣所言非私也，乃社稷之虑也，安得怒臣！”帝不答，起入内；毗随而引[45]其裾[46]，帝遂奋衣[47]不还，良久乃出，曰："佐治[48]，卿持[49]我何太急邪！”毗曰："今徙，既失民心，又无以食也，故臣不敢不力争。”帝乃徙其半。帝尝出射雉[50]，顾群臣曰："射雉乐哉！”毗对曰："于陛下甚乐，于群下甚苦。”帝默然，后遂为之稀出。

（以上为第三段，写曹丕代汉为魏开国之君，尚能听谏诤之言。）

【注释】

[1]丞相祭酒：按《三国志·魏书·贾逵传》，贾逵当时为丞相主簿祭酒。丞相府之属官，职责是省录众事。[2]豫州刺史：当时豫州刺史的治所在谯县，在今安徽亳州市。[3]摄：总领。[4]六条诏书：汉武帝置十三部刺史时，令刺史按六条诏书督察所部二千石长吏等（即郡太守等）。参见《资治通鉴》卷二十一汉武帝元封五年。[5]鹰扬：如鹰之奋扬，比喻威武。[6]恺悌：和乐简易。[7]长吏：此指郡太守。汉代，官六百石以上皆可称长吏。[8]慢法：轻忽法律。[9]陂（bēi）：堰塘。[10]左中郎将：官名，汉代于光禄勋下置左、右、五官三署中郎将，统领皇帝侍卫军。[11]太史丞：官名，属太史令，协助太史令掌天文历算。[12]图纬：《河图》与纬书。纬书为汉代人伪托孔子所作，有六经纬及《孝经纬》七种。当时李伏、许芝所引谶纬书有《孔子玉板》《春秋汉含孳》《孝经中黄谶》《易运期谶》等等。[13]上表劝王：当时上表劝进者有辛毗、刘晔、傅巽、卫臻、桓阶、陈矫、陈群、苏林、董巴以及司马懿、郑浑、羊祕、鲍勋等。[14]乙卯：十月十三日。[15]繁阳：即颍阴县曲蠡之繁阳亭。同年，魏文帝改繁阳为繁昌县，县治在今河南临颍县西北。[16]辛未：十月二十九日。[17]燎（liào）祭：燃火以祭天地山川。[18]癸酉：十一月一日。[19]山阳：县名，县治在今河南修武县西北。[20]正（zhēng）朔：谓历法。正，一年之始；朔，一月之始。古时改朝换代，一般都重定正朔，即重定历法。[21]列侯：汉代分爵位为二十级，列侯位最高。列侯功大者食县邑，为侯国；功小者食乡亭。[22]关中侯：曹魏所置，在列侯之下，无封地，不食租税。[23]嫔：古代帝王女儿出嫁称嫔。[24]侍中：官名，职在侍从皇帝，应对顾问。汉代侍中无定员，曹魏定员为四人。

［25］行夏之时：此语见《论语·卫灵公》。孔子主张用夏代之历法。［26］夏数为得天正：此语见《左传》昭公十七年，但原文作“夏数得天”，谓夏正与自然气象相适应。因为夏历大体是以立春之月为正月。［27］卫臻：字公振，陈留襄邑（今河南睢县）人。初参曹操丞相军事，又为户曹掾。曹丕为魏王后，为散骑常侍。黄初初，为侍中、吏部尚书。魏明帝时，为尚书右仆射，主管选举。后官至司空、司徒，封长垣侯。传见《三国志》卷二十二。［28］山阳：山阳公。［29］妇因夫爵：《礼记·郊特牲》云：“妇人无爵，从夫之爵。”［30］台阁：尚书台中藏档案的处所。［31］戊午：十二月十七日。［32］如：到。［33］求市：索购。［34］益得：得到更多。［35］化洽：谓恩德普遍施及。化，德化，即以德感化人。洽，沾润，亦即遍及。［36］中国：指曹魏。［37］沙幕：即沙漠。指西域地区。［38］征南将军：官名。曹魏以后，征东、征西、征南、征北等四将军，位次于三公，在四镇将军之上。［39］《书》之明诫：《尚书·洪范》云：“臣无有作福作威玉食，臣之有作福作威玉食，其害于而（你）家，凶于而国。”［40］士卒家：即士家，又称兵家。曹魏实行士家制（又称世兵制），士家单独列于兵籍，不与民籍相混；士家子弟世代为兵，没有赦免不得脱籍。［41］河南：即河南尹，治所洛阳，在今河南洛阳市白马寺东。［42］不肖（xiào）：不才。［43］厕：置。［44］谋议之官：侍中在皇帝左右，掌应对顾问，故为谋议之官。［45］引：牵。［46］裾（jū）：衣服的后襟。［47］奋衣：谓摆脱辛毗所牵的后衣襟。［48］佐治：辛毗字佐治。［49］持：谓相逼。［50］雉（zhì）：野鸡。

二年（辛丑，221年）

春，正月，以议郎孔羡为宗圣侯[1]，奉孔子祀。

三月，加辽东太守公孙恭车骑将军[2]。

初复五铢钱[3]。

蜀中传言汉帝已遇害，于是汉中王发丧[4]制服[5]，谥曰孝愍皇帝。群下竞言符瑞[6]，劝汉中王称尊号。前部司马[7]费诗上疏曰：“殿下以曹操父子逼主篡位，故乃羁旅万里，纠合士众，将以讨贼。今大敌未克而先自立，恐人心疑惑。昔高祖与楚约，先破秦者王之。及屠咸阳，获子婴，犹怀推让；况今殿下未出门庭[8]，便欲自立邪！愚臣诚不为殿下取也。”王不悦，左迁[9]诗为部永昌从事[10]。夏，四月，丙午[11]，汉中王即皇帝位于武担[12]之南，大赦，改元章武。以诸葛亮为丞相，许靖为司徒[13]。

臣光曰：天生烝民[14]，其势不能自治，必相与戴君[15]以治之。苟能禁暴除害以保全其生，赏善罚恶使不至于乱，斯可谓之君矣。

是以三代之前，海内诸侯，何啻[16]万国[17]，有民人、社稷者，通谓之君。合万国而君之，立法度，班[18]号令，而天下莫敢违者，乃谓之王。王德既衰，强大之国能帅诸侯以尊天子者，则谓之霸。故自古天下无道，诸侯力争，或旷世无王者，固亦多矣。秦焚书坑儒，汉兴，学者始推五德生、胜[19]，以秦为闰位[20]，在木火之间[21]，霸而不王，于是正闰[22]之论兴矣。及汉室颠覆，三国鼎跱[23]。晋氏失驭，五胡云扰[24]。宋、魏以降，南、北分治，各有国史，互相排黜，南谓北为索虏[25]，北为[26]南为岛夷[27]。朱氏[28]代唐，四方幅裂，朱邪[29]入汴，比之穷、新[30]，运历年纪，皆弃而不数[31]，此皆私己之偏辞，非大公之通论也。臣愚诚不足以识前代之正闰，窃以为苟不能使九州合为一统，皆有天子之名而无其实者也。虽华夏[32]仁暴，大小强弱，或时不同，要皆与古之列国无异，岂得独尊奖一国谓之正统，而其余皆为僭伪哉！若以自上相授受者为正邪，则陈氏[33]何所受[34]？拓跋氏[35]何所受？若以居中夏[36]者为正邪，则刘、石、慕容、苻、姚、赫连[37]所得之土，皆五帝、三王之旧都也。若以有道德者为正邪，则蕞尔[38]之国，必有令主[39]，三代之季[40]，岂无僻王[41]！是以正闰之论，自古及今，未有能通其义，确然使人不可移夺者也。臣今所述，止欲叙国家之兴衰，著生民之休戚[42]，使观者自择其善恶得失，以为劝戒，非若《春秋》立褒贬之法，拨乱世反诸正也。正闰之际，非所敢知，但据其功业之实而言之。周、秦、汉、晋、隋、唐，皆尝混壹[43]九州，传祚于后，子孙虽微弱播迁[44]，犹承祖宗之业，有绍复之望，四方与之争衡者，皆其故臣也，故全用天子之制以临之。其余地丑[45]德齐，莫能相壹，名号不异，本非君臣者，皆以列国之制处之，彼此均敌，无所抑扬，庶几[46]不诬事实，近于至公。然天下离析[47]之际，不可无岁、时、月、日以识[48]事之先后。据汉传于魏而晋受之，晋传于宋以至于陈而隋取之，唐传于梁以至于周而大宋承之，故不得不取魏[49]、宋、齐、梁、陈、后梁、后唐、后晋、后汉、后周年号，以纪诸国之事，非尊此而卑彼，有正闰之辨也。昭烈[50]之于汉，虽云中山靖王之后，而族属疏远，不能纪其世数名位，亦犹宋高祖[51]称楚元王后，南唐烈祖[52]称吴王恪后，是非难辨，故不敢以光武及晋元帝为比，使得绍汉氏之遗统也。

（以上为第四段，写刘备称帝，自以为正统。司马光论正统，阐明《资治通鉴》纪年不依世俗之见，而以实际承传与功业大小为系年依据。）

【注释】

［1］孔羡为宗圣侯：孔羡为孔子二十一世孙。宗圣侯食邑百户。［2］车骑将军：官名。曹魏时，车骑将军为都督者，仪同四征将军。如不为都督，虽持节属四征者，与前、后、左、右杂号将军同。［3］五铢钱：汉献帝初平元年（190）董卓坏五铢钱更铸小钱，现又恢复。［4］发丧：公布丧事于众。［5］制服：制定丧服。［6］符瑞：祥瑞的征兆。［7］前部司马：费诗当时为益州前部司马。司马本将军府属官，非州牧刺史的属吏。而东汉末的州牧刺史却仿将军府置吏，置有司马，其职掌大概同于将军府之司马。［8］未出门庭：指刘备还没有走出蜀地，即未占有中原之地，称帝尚早。［9］左迁：降职调任。［10］部永昌从事：即益州刺史部的从事史，所部为永昌郡。永昌郡治所在不韦县，在今云南保山市东北。［11］丙午：四月六日。［12］武担：山名，在当时成都县西北，即在今四川成都市旧城内西北角，北校场之东南角，今为高约二十米、长百余米、宽三四十米的一土丘。［13］司徒：官名，西汉哀帝时罢丞相置大司徒，东汉去"大"称司徒，是司徒之职相当于丞相，而蜀汉此时两者并置。但蜀汉司徒无实权，丞相录尚书事才是总揽朝政者。［14］烝民：众民，百姓。［15］戴君：立一个皇帝。戴，推崇，尊奉。［16］啻（chì）：只。［17］万国：在夏代以前，氏族部落众多，故有万国之称。如《史记·五帝本纪》谓黄帝"置左右大监，监于万国"。［18］班：发布。［19］五德生、胜：秦汉方士以金、木、水、火、土五行相生相胜（又称克）之说来附会王朝的命运，称为五德。由于说法不同，同一王朝之属德亦有不同。如相生说认为，木生火，火生土，土生金，金生水，水生木。所以尧为火德，舜为土德，禹为金德，商为水德，周为木德，皆依次相生。而相胜说却认为，水胜火，火胜金，金胜木，木胜土，土胜水；故黄帝属土，夏属木，商属金，周属火，皆依次相胜。［20］闰位：古人称非正统的帝位为闰位。［21］在木火之间：汉代方士以五德相生说认为，夏为金德，商为水德，周为木德，汉为火德，皆依次相生。汉虽伐秦而代之，却上继周德，秦不在五行相生之正运，而在木火之间，故为闰位。［22］正闰：正统和非正统。［23］跱（zhì）：同"峙"，直立。［24］云扰：谓纷乱如云。［25］索虏：以拓跋鲜卑为主的北朝诸族，皆编发为辫，故南朝蔑称之为索虏。［26］北为：据章校，有的版本"为"作"谓"。［27］岛夷：南朝地近东南沿海，土地低下，北朝蔑称之为岛夷。［28］朱氏：唐朝末年朱温代唐称帝，国号梁，建都于汴，在今河南开封市。［29］朱邪：指唐庄宗李存勖，朱邪是原来的姓，李氏是唐室赐姓。［30］穷、新：指有穷氏与王莽的新朝。后唐庄

宗李存勖建国后，自以为继承唐朝，遂将朱梁比之为有穷氏篡夏，王莽篡汉。［31］运历年纪，皆弃而不数：指后唐不承认朱梁是一个朝代，朱梁的历法纪年都不算数。［32］夏：据章校，有的版本“夏”作“夷”。［33］陈氏：南朝陈霸先建立陈朝。［34］受：据章校，有的版本“受”作“授”。［35］拓跋氏：指建立北魏的鲜卑拓跋氏。［36］中夏：中原。［37］刘、石、慕容、苻、姚、赫连：皆十六国时期的立国者。匈奴人刘渊建立汉，刘曜继之改称赵（前赵），羯人石勒亦建立赵（后赵），鲜卑慕容氏建立燕（此指后燕、南燕），氐人苻健、苻坚建立秦（前秦），羌人姚苌、姚兴亦建立秦（后秦），匈奴人赫连勃勃建立大夏。［38］蕞（zuì）尔：小貌。［39］令主：明君。［40］季：末期。［41］僻王：暴君。［42］休戚：喜乐与忧伤。［43］混壹：统一。［44］播迁：奔走流亡于外。［45］地丑：土地大小类似。［46］庶几：或许。［47］离析：分裂。［48］识（zhì）：标志，记载。［49］魏：“魏”下当有“晋”字。［50］昭烈：即蜀汉昭烈帝刘备。［51］宋高祖：即南朝建立宋王朝的刘裕。刘裕自称是刘邦异母弟汉楚元王刘交的二十一世孙。［52］南唐烈祖：即南唐开国皇帝李昪（biàn）。李昪自称为唐太宗子吴王李恪之后代。

孙权自公安徙都鄂[1]，更名鄂曰武昌。

五月，辛巳[2]，汉主立夫人吴氏[3]为皇后。后，偏将军懿之妹，故刘璋兄瑁之妻也。立子禅为皇太子。娶车骑将军[4]张飞女[5]为皇太子妃。

太祖主入邺也，帝为五官中郎将，见袁熙妻中山甄氏[6]美而悦之，太祖为之聘焉，生子睿。及即皇帝位，安平郭贵嫔[7]有宠，甄夫人留邺不得见，失意，有怨言，郭贵嫔谮之，帝大怒，六月，丁卯[8]，遣使赐夫人死。

帝以宗庙在邺，祀太祖于洛阳建始殿，如家人礼。

戊辰晦[9]，日有食之。有司奏免太尉，诏曰：“灾异之作，以谴元首，而归过股肱[10]，岂禹、汤罪己[11]之义乎！其令百官各虔厥[12]职。后有天地之眚[13]，勿复劾三公。”

汉主立其子永[14]为鲁王，理[15]为梁王。

汉主耻关羽之没，将击孙权。翊军将军[16]赵云曰：“国贼，曹操，非孙权也。若先灭魏，则权自服。今操身虽毙，子丕篡盗，当因众心，早图关中，居河、渭上流以讨凶逆，关东义士必裹粮策马以迎王师。不应置魏，先与吴战。兵势一交，不得卒解[17]，策之上也。”群臣谏者甚众，汉主皆不听。广汉处士[18]秦宓[19]陈天时必无利，坐[20]下狱幽闭[21]，然后贷出[22]。

初，车骑将军张飞，雄壮威猛亚于关羽；羽善待卒伍而骄于士大夫，飞爱礼君子而不恤[23]军人。汉主常戒飞曰："卿刑杀既过差[24]，又日鞭楇[25]健儿[26]而令在左右，此取祸之道也。"飞犹不悛[27]。汉主将伐孙权，飞当率兵万人自阆中[28]会江州[29]。临发，其帐下[30]将张达、范强杀飞，以其首顺流[31]奔孙权。汉主闻飞营都督[32]有表，曰："噫，飞死矣[33]！"

陈寿[34]评曰：关羽、张飞皆称万人之敌，为世虎臣。羽报效曹公[35]，飞义释严颜[36]，并有国士之风。然羽刚而自矜[37]，飞暴而无恩[38]，以短取败，理数之常也。

（以上为第五段，写张飞之死。）

【注释】

[1]鄂：县名，县治在今湖北鄂州市。 [2]辛巳：五月十二日。 [3]吴氏：吴懿之妹，死后谥为穆皇后。传见《三国志》卷三十四。 [4]车骑将军：官名，位次于骠骑将军，掌京师兵卫与边防屯警。 [5]张飞女：张飞长女，刘禅即帝位后，立为皇后。死后谥为敬哀皇后。传见《三国志》卷三十四。 [6]甄氏：中山无极（今河北无极县西）人。初为袁熙妻，后被曹丕所娶，生子曹叡。后因失宠被赐死。曹叡即帝位后，追谥为文昭皇后。传见《三国志》卷五。 [7]郭贵嫔：安平广宗（今河北威县东）人。曹操为魏公时，被曹丕所纳。曹丕称帝后，立为嫔（妃嫔称号，曹丕始置，位次皇后），后立为皇后。魏明帝即位后，尊为皇太后，宫室为永安宫。死后谥为文德皇后。传见《三国志》卷五。 [8]丁卯：六月二十八日。 [9]戊辰晦：六月二十九日。 [10]股肱（gōng）：大腿和胳膊。比喻辅佐君主的大臣。 [11]禹、汤罪己：《左传》庄公十一年，臧文仲曰："禹、汤罪己，其兴也悖（同'勃'）焉。"禹罪己之事，《尚书》未载。汤罪己之言，见《论语·尧曰》。 [12]厥：其。 [13]眚：灾异。 [14]永：刘永，字公寿，刘备之子。刘禅时改封为甘陵王。蜀汉灭亡后，被迁至洛阳。传见《三国志》卷三十四。 [15]理：刘理，字奉孝，刘备之子。刘禅时改封为安平王。传见《三国志》卷三十四。刘理与刘永所封之梁与鲁，皆中原郡国，蜀汉不得有，仅采其名而已。 [16]翊（yì）军将军：官名，刘备所置的杂号将军。 [17]卒解：很快结束。 [18]处士：未作官的士人。 [19]秦宓（mì）（?—226）：字子敕，广汉绵竹（今四川德阳市北）人。少有才学，州郡辟召，皆不应征。后主刘禅即位初，诸葛亮领益州牧，辟宓为别驾。其后又为左中郎将、长水校尉。后又为大司农。传见《三国志》卷三十八。 [20]坐：获罪。

［21］幽闭：囚禁。［22］贷出：宽免，出狱。［23］恤：顾惜，爱护。［24］过差（cī）：过分。［25］鞭挝（zhuā）：鞭打。［26］健儿：警卫兵。［27］悛（quān）：改变。［28］阆中：县名，县治在今四川阆中市。［29］江州：县名，县治在今重庆市中区。［30］帐下：部下。［31］顺流：指沿今嘉陵江、长江顺流而下。［32］营都督：营统兵长官。［33］飞死矣：上表当由张飞，而营都督越级上表，故知张飞已死。［34］陈寿（233—297）：字承祚，巴西安汉（今四川南充市）人。在蜀汉后主时期，曾为卫将军主簿、东观秘书郎、散骑黄门侍郎。入晋后，曾为著作郎、治书侍御史等。著有《益部耆旧传》《三国志》等。传见《晋书》卷八十二。本书所引"陈寿评"，即陈寿在《三国志》中的评语。［35］羽报效曹公：建安五年（200）曹操东征刘备，刘备败走。曹操虏得刘备妻子及关羽，而礼待关羽甚厚。官渡之战中，关羽为报答曹操，遂斩袁绍大将颜良。事见《资治通鉴》卷六十三汉献帝建安五年。［36］飞义释严颜：建安十九年刘备入蜀攻刘璋，诸葛亮与张飞从荆州逆江而上，分定郡县。攻下江州后，太守严颜守义不降，张飞为之感动，遂释放严颜。事见《资治通鉴》卷六十七汉献帝建安十九年。［37］自矜：骄狂自大。［38］无恩：无情，缺少关爱。

秋，七月，汉主自率诸军击孙权，权遣使求和于汉。南郡太守诸葛瑾遗[1]汉主笺曰："陛下以关羽之亲，何如先帝[2]？荆州大小，孰与海内？俱应仇疾，谁当先后？若审此数，易于反掌矣。"汉主不听。时或言瑾别遣亲人与汉主相闻者，权曰："孤与子瑜[3]，有死生不易之誓，子瑜之不负孤，犹孤之不负子瑜也。"然谤言流闻于外，陆逊表明瑾必无此，宜有以散其意。权报曰："子瑜与孤从事积年，恩如骨肉，深相明究。其为人，非道不行，非义不言。玄德昔遣孔明至吴，孤尝语子瑜曰：'卿与孔明同产，且弟随兄，于义为顺，何以不留孔明？孔明若留从卿者，孤当以书解玄德，意自随人[4]耳。'子瑜答孤言：'弟亮已失身于人[5]。委质[6]定分[7]，义无二心。弟之不留，犹瑾之不往也。'其言足贯神明，今岂当有此乎！前得妄语文疏，即封示子瑜，并手笔与之。孤与子瑜，可谓神交，非外言所间[8]。知卿意至，辄封来表以示子瑜，使知卿意。"

汉主遣将军吴班[9]、冯习[10]攻破权将李异、刘阿等于巫[11]，进兵秭归[12]，兵四万余人。武陵[13]蛮夷皆遣使往请兵。权以镇西将军陆逊为大都督[14]、假节，督将军朱然、潘璋、宋谦、韩当、徐盛、鲜于丹、孙桓[15]等五万人拒之。

皇弟鄢陵侯彰、宛侯据、鲁阳侯宇、谯侯林、赞侯衮、襄邑侯峻、弘农侯干、寿春侯彪、历城侯徽、平舆侯茂[16]皆进爵为公；安乡侯植改封甄城侯。

筑陵云台[17]。

初，帝诏群臣令料刘备当为关羽出报孙权否，众议咸云："蜀小国耳，名将唯羽；羽死军破，国内忧惧，无缘复出。"侍中刘晔独曰："蜀虽狭[18]弱，而备之谋欲以威武自强，势必用众以示有余。且关羽与备，义为君臣，恩犹父子；羽死，不能为兴军报敌，于终始之分[19]不足矣。"

八月，孙权遣使称臣，卑辞奉章，并送于禁等还[20]。朝臣皆贺，刘晔独曰："权无故求降，必内有急。权前袭杀关羽，刘备必大兴师伐之。外有强寇，众心不安，又恐中国[21]往乘其衅，故委地求降，一以却中国之兵，二假[22]中国之援，以强其众而疑敌人耳。天下三分，中国十有其八。吴、蜀各保一州[23]，阻山依水，有急相救，此小国之利也；今还自相攻，天亡之也，宜大兴师，径渡江袭之。蜀攻其外，我袭其内，吴之亡不出旬日[24]矣。吴亡则蜀孤，若割吴之半以与蜀，蜀固不能久存，况蜀得其外，我得其内乎！"帝曰："人称臣降而伐之，疑天下欲来者心，不若且受吴降而袭蜀之后也。"对曰："蜀远吴近，又闻中国伐之，便还军，不能止也。今备已怒，兴兵击吴，闻我伐吴，知吴必亡，将喜而进与我争割吴地，必不改计抑怒救吴也。"帝不听，遂受吴降。

于禁须发皓白，形容憔悴[25]，见帝，泣涕顿首。帝慰谕以荀林父[26]、孟明视[27]故事，拜安远将军[28]，令北诣邺谒高陵。帝使豫[29]于陵屋画关羽战克、庞德愤怒、禁降伏之状。禁见，惭恚[30]发病死。

臣光曰：于禁将数万众，败不能死，生降于敌，既而复归；文帝废之可也，杀之可也，乃画陵屋以辱之，期为不君[31]矣！

（以上为第六段，写汉主刘备统兵伐吴，孙权称臣于曹魏求援，释放于禁回国。）

【注释】

[1]遗（wèi）：赠与。[2]先帝：当时蜀人传言汉献帝已被害，因称之为先帝。[3]子瑜：诸葛谨字子瑜。[4]意自随人：谓意料刘备之意，当听从诸葛孔明留吴。[5]失身于人：谓献身于人。[6]委质：谓臣服于人。委，置。质，同"贽"，礼物。古时定君臣关系，臣必献礼

物于君，即《吕氏春秋·审分览·执一》所谓的“置质为臣”。［7］定分：定君臣名分。［8］间（jiàn）：离间。［9］吴班：字元雄，吴壹之族弟。刘备征吴时为领军。后主刘禅时，官至骠骑将军，封绵竹侯。［10］冯习：字休元。刘备征吴时为领军，因大败于猇亭而死。二人事均见《三国志·蜀书·杨戏传》附《季汉辅臣赞》。［11］巫：县名，县治在今重庆巫山县。［12］秭归：县名，县治在今湖北秭归县。［13］武陵：郡名，治所临沅，在今湖南常德市。［14］大都督：官名，总统诸军的最高统帅，以后发展为全国最高的军事统帅。［15］孙桓：字叔武。与陆逊共拒刘备有功，为建武将军，封丹徒侯。传见《三国志》卷五十一。［16］平舆侯茂：以上诸侯皆有传，除鄢陵侯曹彰外，均见《三国志》卷二十。［17］陵云台：在当时洛阳城中。［18］狭：狭小。［19］终始之分：谓全始全终的情谊。［20］送于禁等还：于禁等被关羽俘虏后，被置于南郡。孙权破南郡后，得于禁等，现又送还曹操。［21］中国：古时居住中原之华夏称中国，后世或称中原为中国，或以华夏之正统为中国。此指当时的魏国。［22］假：借。［23］吴、蜀各保一州：大略而言，吴据扬州，蜀据益州。［24］旬日：据章校，有的版本“日”作“月”。旬月，一个月。［25］憔悴：面黄肌瘦，萎靡不振。［26］荀林父：春秋时晋国大夫。晋景公时，荀林父曾任中军统帅，执掌国政，因救郑被楚击败。晋景公复用他，后遂攻灭赤狄。事见《史记·晋世家》。［27］孟明视：春秋时秦国大夫。秦穆公时，曾奉命将兵袭郑，而中途被晋军袭击，大败于殽被俘。后得释回国，秦穆公复重用他，终败晋国。事见《史记·秦本纪》。［28］安远将军：官名，曹丕所置的杂号将军。［29］豫：预先，事前。［30］慚恚（huì）：惭恨。［31］不君：不符合君道。《左传·昭公二十年》：“赏庆刑威曰君。”

丁巳[1]，遣太常[2]邢贞奉策即拜权为吴王，加九锡。刘晔曰：“不可。先帝征伐天下，十兼其八，威震海内，陛下受禅即真，德合天地，声暨[3]四远。权虽有雄才，故汉票骑将军、南昌侯[4]耳，官轻势卑，士民有畏中国心，不可强迫与成所谋也。不得已受其降，可进其将军号，封十万户侯，不可即以为王也。夫王位去天子一阶耳，其礼秩服御相乱也。彼直[5]为侯，江南士民未有君臣之分。我信其伪降，就封殖[6]之，崇其位号，定其君臣，是为虎傅[7]翼也。权既受王位，却蜀兵[8]之后，外尽礼以事中国，使其国内皆闻，内为无礼以怒陛下；陛下赫然[9]发怒，兴兵讨之，乃徐告其民曰：‘我委身事中国，不爱珍货重宝，随时贡献，不敢失臣礼，而无故伐我，必欲残我国家，俘我人民、以为仆妾。’吴民无缘不信其言也。信其言而感怒，上下同心，战加十倍矣。”又不听。诸将以吴内附，意皆纵缓[10]，独征南大将军[11]夏侯尚益修攻守之备。山阳曹伟，素有才名，闻吴称藩，以白衣[12]与吴王交书求赂，欲以交结京师，帝闻而诛之。

吴又城武昌。

初，帝欲以杨彪为太尉，彪辞曰："尝为汉朝三公，值世衰乱，不能立尺寸之益，若复为魏臣，于国之选，亦不为荣也。"帝乃止。冬，十月，己亥[13]，公卿朝朔旦，并引彪，待以客礼；赐延年杖、冯几[14]，使著布单衣、皮弁[15]以见；拜光禄大夫[16]，秩中二千石；朝见，位次三公；又令门施行马[17]，置吏卒，以优崇之。年八十四而卒。

以谷贵，罢五铢钱。

（以上为第七段，写魏文帝赐封孙权为吴王。）

【注释】

[1]丁巳：八月十九日。[2]太常：官名，列卿之一，掌礼乐、郊庙、社稷等事。[3]暨：及。[4]票骑将军、南昌侯：建安二十四年曹操表荐孙权为票骑将军、领荆州牧，封南昌侯。[5]直：仅，只。[6]封殖：谓增其封土，使之壮大。[7]傅：附着。[8]却蜀兵：打退蜀兵。指夷陵之战，吴国得胜。[9]赫然：发怒貌。[10]纵缓：放松，松懈。[11]征南大将军：官名，四征大将军位从三公，在四征将军之上。[12]白衣：平民。[13]己亥：十月二日。[14]冯几：古时设于座侧，便于凭倚的小桌。冯（píng），通"凭"。古时以赐几杖为敬老之礼。《礼记·曲礼上》说："大夫七十而致事，若不得谢（辞），则必赐之几杖。"[15]皮弁（biàn）：古时男子田猎或征战时所戴的冠。着布单衣及戴皮弁朝见，表示不拘礼，受特殊待遇。[16]光禄大夫：官名，曹魏时此官无实职，诸公告老还家，多拜此位；亦为在朝显官之加位。[17]行马：以交叉木条制成，用以拦阻人马通行的木栅。魏、晋之制，三公及位从公者，门前施行马。

凉州卢水胡[1]治元多等反，河西大扰。帝召邹岐还，以京兆尹[2]张既为凉州刺史，遣护军夏侯儒、将军费曜等继其后。胡七千余骑逆拒既于鹯阴口[3]，既扬声军从鹯阴，乃潜由且次[4]出武威。胡以为神，引还显美[5]。既已据武威，曜乃至，儒等犹未达。既劳赐将士，欲进军击胡，诸将皆曰："士卒疲倦，虏众气锐，难与争锋。"既曰："今军无见[6]粮，当因敌为资。若虏见兵合，退依深山，追之则道险穷饿，兵还则出候寇抄，如此，兵不得解，所谓一日纵敌，患在数世[7]也。"遂前军显美。十一月，胡骑数千，因大风欲放火烧营，将士皆恐。既夜藏精卒三千人为伏，使参军成公英督千余骑挑战，敕使阳[8]退；胡果争奔之，因发伏截其后，首尾进击，大破之，斩首获生以万数，河西悉平。

后西平麹光反，杀其郡守。诸将欲击之，既曰："唯光等造反，郡人未必悉同；若便以军临，吏民、羌、胡必谓国家不别是非，更使皆相持着，此为虎傅翼也。光等欲以羌、胡为援，今先使羌、胡钞击，重其赏募，所虏获者，皆以畀[9]之。外沮其势，内离其交，必不战而定。"乃移檄[10]告谕诸羌，为光等所诖误[11]者原之；能斩贼帅送首者当加封赏。于是光部党斩送光首，其余皆安堵如故。

（以上为第八段，写魏文帝第二次平定河西之乱。）

【注释】

[1]卢水胡：少数民族名，东汉时分布于湟水流域一带的少数民族。[2]京兆尹：官名，京兆尹的长官，相当于郡太守。京兆尹本政区名，为汉代三辅之一，治所长安（今陕西西安市西北），而京兆尹的长官亦称京兆尹，官名与政区名相同。此后曹魏即改称京兆郡。[3]鹯（zhān）阴口：即鹯阴河口。鹯阴河在鹯阴县，县治在今甘肃靖远县西北。[4]且（jū）次（zì）：县名，即武威郡之揟（xū）次县，县治在今甘肃古浪县西北。[5]显美：县名，县治在今甘肃永昌县。[6]见（xiān）："现"的本字，现成。[7]一日纵敌，患在数世：《左传·僖公三十三年》，先轸曰："吾闻之：'一日纵敌，数世之患也。"[8]阳：同"佯"，伪，假。[9]畀（bì）：给予。[10]檄（xí）：古代的官文书。[11]诖（guā）误：贻误，连累。

邢贞至吴，吴人以为宜称上将军[1]，九州伯[2]，不当受魏封。吴王曰："九州伯，于古未闻也。昔沛公亦受项羽封为汉王，盖时宜耳，复何损邪！"遂受之。吴主出都亭[3]候贞，贞入门，不下车。张昭谓贞曰："夫礼无不敬，法无不行。而君敢自尊大，岂以江南寡弱，无方寸[4]之刃故乎！"贞即遽[5]下车。中郎将琅邪徐盛忿愤，顾谓同列曰："盛等不能奋身出命，为国家并许、洛，吞巴、蜀，而令吾君与贞盟，不亦辱乎！"因涕泣横流。贞闻之，谓其徒曰："江东将相如此，非久下人者也。"

吴主[6]遣中大夫[7]南阳赵咨入谢。帝问曰："吴主何等主也？"对曰："聪明、仁智、雄略之主也。"帝问其状，对曰："纳鲁肃于凡品，是其聪也；拔吕蒙于行陈[8]，是其明也；获于禁而不害，是其仁也；取荆州兵不血刃，是其智也；据三州[9]虎视于天下，是其雄也；屈身于陛下，是其略也。”帝曰：“吴王颇知学乎？”咨曰：“吴王浮江万艘，带甲百万，任贤使能，志存经略，虽有余闲，博览书传，历史籍，采奇异，不效书生寻章摘句[10]而已。”帝曰：“吴可征否？”对曰：“大国有征伐之兵，小国有备御之固。”帝曰：“吴难[11]魏乎？”对曰：“带甲百万，江、汉为池，何难之有！”帝曰：“吴如大夫者几人？”对曰：“聪明特达[12]者，八九十人；如臣之比，车载斗量，不可胜数。”

帝遣使求雀头香[13]、大贝[14]、明珠[15]、象牙、犀角、玳瑁[16]、孔雀、翡翠[17]、斗鸭[18]、长鸣鸡[19]于吴。吴群臣曰：“荆、扬二州，贡有常典。魏所求珍玩之物，非礼也，宜勿与。”吴王曰：“方有事于西北[20]，江表[21]元元[22]，恃主为命。彼所求者，于我瓦石耳，孤何惜焉！且彼在谅暗[23]之中而所求若此，宁可与言礼哉！”皆具以与之。

吴王以其子登[24]为太子，妙选师友：以南郡太守诸葛瑾之子恪、绥远将军[25]张昭之子休、大理[26]吴郡顾雍[27]之子谭、偏将军[28]庐江陈武[29]之子表皆为中庶子[30]，入讲诗书，出从骑射，谓之四友。登接待僚属，略用布衣之礼。

十二月，帝行东巡。

帝欲封吴王子登为万户侯，吴王以登年幼，上书辞不受，复遣西曹掾吴兴[31]沈珩[32]入谢，并献方物[33]。帝问曰：“吴嫌魏东向乎？”珩曰：“不嫌。”曰：“何以？”曰：“信恃旧盟，言归于好，是以不嫌；若魏渝[34]盟，自有豫备。”又问：“闻太子当来，宁然乎[35]？”珩曰：“臣在东朝[36]，朝不坐，宴不与，若此之议，无所闻也。”帝善之。

吴王于武昌临钓台[37]饮酒，大醉，使人以水洒群臣[38]，曰：“今日酣饮，惟醉堕台中，乃当止耳！”张昭正色[39]不言，出外，车中坐。王遣人呼昭还入，谓曰：“为共作乐耳，公何为怒乎？”昭对曰：“昔纣[40]为糟丘酒池，长夜之饮，当时亦以为乐，不以为恶也。”王默然惭，遂罢酒。

吴王与群臣饮，自起行酒[41]，虞翻伏地，阳[42]醉不持；王去，翻起坐。王大怒，手剑[43]欲击之，侍坐者莫不惶遽。惟大司农[44]刘基起抱王，谏曰："大王以三爵之后，手杀善士，虽翻有罪，天下孰知之！且大王以能容贤蓄众，故海内望风；今一朝弃之，可乎！"王曰："曹孟德尚杀孔文举[45]，孤于虞翻何有哉！"基曰："孟德轻害士人，天下非之。大王躬行德义，欲与尧、舜比隆，何得自喻于彼乎？"翻由是得免。王因敕左右：自今酒后言杀，皆不得杀。"基，繇之子也。

初，太祖既克蹋顿[46]，而乌桓浸[47]衰，鲜卑大人步度根、轲比能、素利、弥加、厥机等因阎柔上贡献，求通市[48]，太祖皆表宠以为王。轲比能本小种鲜卑，以勇健廉平为众所服，由是能威制诸部，最为强盛。自云中[49]、五原[50]以东抵辽水[51]，皆为鲜卑庭，轲比能与素利、弥加割地统御，各有分界。轲比能部落近塞，中国人多亡叛归之；素利等在辽西[52]、右北平[53]、渔阳[54]塞外，道远，故不为边患。帝以平虏校尉牵招为护鲜卑校尉[55]，南阳太守田豫为护乌桓校尉[56]，使镇抚之。

（以上为第九段，写吴魏信使往来，孙权卑辞纳贡，而辞太子之封，不接受曹魏征质，灵活外交，独步当时。）

【注释】

[1]上将军：吴人以为将军之最上者。[2]九州伯：古曾分天下为九州，天子自有一州，余八州各置伯，却无九州伯。[3]都亭：城外之亭。[4]方寸：言其小。[5]遽（jù）：急速。[6]主：据章校，有的版本"主"作"王"。下均同。[7]中大夫：官名，闲散之官，无实职。[8]行陈：军队行列。陈，同"阵"。[9]三州：指荆州、扬州、交州。[10]不效书生寻章摘句：胡三省谓曹丕"好文章，故赵咨以此言讥之"。[11]难：通"戁"，恐惧。[12]特达：独出于众。[13]雀头香：植物名，即香附子，可用以合香料。[14]大贝：甲壳软体动物之一种，其甲壳质白如玉，并有紫点花纹，古代以为宝器。[15]明珠：珍珠，产于合浦郡。[16]玳（dài）瑁（mào）：动物名，似龟，背面甲片呈褐色和淡黄色相间的花纹，可作装饰品，亦可入药。[17]翡（fěi）翠：鸟名，也称翠雀。羽毛有蓝、绿、赤、棕等色，可作装饰品。雄性赤色者称翡，雌性青色者称翠。[18]斗鸭：鸭性温驯，能斗者难得。[19]长鸣鸡：鸣叫声长的雄鸡。[20]有事于西北：谓西边与蜀相抗，北边又须防魏。[21]江表：即江东。从中原看长江以南，是在江之外，江之表。[22]元元：民众，百姓。[23]谅暗：天子居丧之所。谓当时曹丕在服曹操之丧。[24]登：孙登（209—241），字子高，孙权长子。孙权称帝时，又立为皇太子。仁厚而有治能，死后谥为宣太子。传见《三国志》卷五十九。[25]绥远将军：官名。《宋书·百官志》所列三

国时期四十号将军，绥远为第十四。［26］大理：官名，即汉之廷尉，掌司法刑狱。［27］顾雍（168—243）：字元叹，吴郡吴县（今江苏苏州市）人。初为合肥长，孙权任其为会稽太守，不至郡，以雍为郡丞，代理太守事。孙权为吴王后，相继为大理、奉常，领尚书令。孙权称帝后，为丞相十九年，封醴陵侯。传见《三国志》卷五十二。［28］偏将军：官名，在三国时期四十号将军中占第三十九号。［29］陈武：字子烈，庐江松滋（今安徽霍邱县东）人。初为孙策别部司马。孙权统事后，为偏将军，建安二十年从孙权击合肥，奋战而死。传见《三国志》卷五十五。［30］中庶子：即太子中庶子，太子之侍从官。［31］吴兴：据章校，有的版本"兴"作"郡"。［32］沈珩（héng）：字仲山，吴郡（治所在今江苏苏州市）人。孙权以其有智谋，故遣使至魏，以出使称职，封永安乡侯，后官至少府。事见《三国志·吴书·吴主传》注引《吴书》。［33］方物：土特产。［34］渝：违背。［35］宁然乎：是如此吗？［36］东朝：吴在江东，故称东朝。［37］钓台：当时武昌之南有樊山，山北背大江，江中有钓台。［38］以水洒群臣：以水洒酒醉之人，可使清醒，然后能再饮。［39］正色：表情端庄严肃。［40］纣：殷纣王。纣王曾"为酒池，回船糟丘而牛饮者三千余人"。又"悬肉为林，使男女裸相逐其间，为长夜之饮"。事见《史记·殷本记》及《正义》引《括地志》。［41］行酒：巡行斟酒劝饮。［42］阳：同"佯"，假装。［43］手剑：手执剑。［44］大司农：官名，掌租税钱谷及财政收支，并掌屯田。［45］孔文举：孔融字文举。［46］蹋顿：辽西乌桓首领。曹操克蹋顿事，见《资治通鉴》卷六十五汉献帝建安十二年。［47］浸：渐。［48］通市：通商，相互交易。［49］云中：郡名，治所云中县，在今内蒙古托克托县东北。［50］五原：郡名，治所九原，在今内蒙古包头市西北。［51］辽水：古又称大辽水，即今辽河，在辽宁西部，上游有二河，即辽东河与辽西河，二河在辽宁昌图县靠山屯汇合后，始称辽河。［52］辽西：郡名，治所阳乐，在今辽宁义县西。［53］右北平：郡名，治所土垠，在今河北唐山市丰润区东南。［54］渔阳：郡名，治所渔阳县，在今北京市密云区西南。［55］护鲜卑校尉：官名，曹魏所置管辖各地鲜卑之官。［56］护乌桓校尉：官名，曹魏沿两汉所置，以管辖各地乌桓。

三年（壬寅，222 年）

春，正月，丙寅朔，日有食之。

庚午[1]，帝行如许昌[2]。

诏曰："今之计、孝[3]，古之贡士也；若限年然后取士，是吕尚[4]、周晋[5]不显于前世也。其令郡国所选，勿拘老幼；儒通经术，吏达文法[6]，到皆试用。有司纠故不以实[7]者。"

二月，鄯善[8]、龟兹[9]、于阗[10]王各遣使奉献。是后西域复通，置戊己校尉[11]。

汉主自秭归将进击吴，治中从事[12]黄权谏曰："吴人悍战，而水军沿流，进易退难。臣请为先驱以当寇，陛下宜为后镇。"汉主不从，以权为镇北将军[13]，使督江北诸军；自率诸将，自江南缘山截领[14]，军于夷道[15]猇亭[16]。吴将皆欲迎击之。陆逊曰："备举军东下，锐气始盛，且乘高守险，难可卒攻。攻之纵[17]下，犹难尽克，若有不利，损我大势，非小故也。今但且奖厉[18]将士，广施方略，以观其变。若此间是平原旷野，当恐有颠沛交逐[19]之忧；今缘山行军，势不得展，自当罢[20]于木石之间，徐制其敝耳。"诸将不解，以为逊畏之，各怀愤恨。

汉人自佷山[21]通武陵，使侍中襄阳马良[22]以金锦赐五溪[23]诸蛮夷，授以官爵。

三月，乙丑[24]，立皇子齐公叡为平原王、皇弟鄢陵公彰等皆进爵为王。甲戌[25]，立皇子霖[26]为河东王。

甲午[27]，帝行如[28]襄邑[29]。

夏，四月，戊申[30]，立鄄城侯植为鄄城王。是时，诸侯王皆寄地空名而无其实；王国各有老兵百余人以为守卫，隔绝千里之外，不听朝聘，为设防辅[31]监国[32]之官以伺察之；虽有王侯之号而侪[33]于匹夫，皆思为布衣[34]而不能得。法既峻切[35]，诸侯王过恶日闻；独北海王衮[36]谨慎好学，未尝有失。文学[37]、防辅相与言曰："受诏察王举措，有过当奏，有善亦宜以闻。"遂共表称陈衮美。衮闻之，大惊惧，责让[38]文学曰："修身自守，常人之行耳，而诸君乃以上闻，是适[39]所以增其负累也。且如有善，何患不闻，而遽[40]共如是，是非所以为益也。"

癸亥[41]，帝还许昌。

五月，以江南八郡为荆州，江北诸郡为郢州[42]。

汉人自巫峡[43]建平[44]连营至夷陵[45]界，立数十屯[46]，以冯习为大督，张南[47]为前部督，自正月与吴相拒，至六月不决。汉主遣吴班将数千人于平地立营，吴将帅皆欲击之，陆逊曰："此必有谲[48]，且观之。"汉主知其计不行，乃引伏兵八千从谷中出，逊曰："所以不听诸君击班者，揣[49]之必有巧[50]故也。"逊上疏于吴王曰："夷陵要害，国之关限[51]，虽为易得，亦复易失。失之，非徒损一郡之地，荆州可忧，今日争之，当令必谐[52]。备干[53]天常[54]，不守窟穴而敢自送，臣虽不材，凭奉威灵，以顺讨逆，破坏在近，无可忧者。臣初嫌之水陆俱进，今反舍船就步，处处结营，察其布置，必无他变。伏愿至尊高枕[55]，不以为念也。”

闰月，逊将进攻汉军，诸将并曰：“攻备当在初，今乃令入五六百里，相守经七八月，其诸要害皆已固守，击之必无利矣。”逊曰：“备是猾虏，更[56]尝事多，其军始集，思虑精专，未可干也。今住已久，不得我便，兵疲意沮，计不复生。掎角[57]此寇，正在今日。”乃先攻一营，不利，诸将皆曰：“空杀兵[58]耳！”逊曰：“吾已晓破之之术。”乃敕各持一把茅，以火攻，拔之；一尔[59]势成[60]，通率诸军，同时俱攻，斩张南、冯习及胡王沙摩柯等首，破其四十余营。汉将杜路、刘宁等穷逼请降。

汉主升马鞍山[61]，陈兵自绕，逊督促诸军，四面蹙[62]之，土崩瓦解，死者万数。汉主夜遁，驿人[63]自担烧铙[64]铠[65]断后，仅得入白帝城，其舟船、器械，水、步军资，一时略尽，尸骸塞江而下。汉主大惭恚[66]曰：“吾乃为陆逊所折辱，岂非天耶！”将军义阳傅肜[67]为后殿[68]，兵众尽死，肜气益烈。吴人谕之使降，肜骂曰：“吴狗，安有汉将军而降者！”遂死之。从事祭酒[69]程畿[70]溯江而退，众曰：“后追将至，宜解舫[71]轻行。”畿曰：“吾在军，未习为敌之走也。”亦死之。

初，吴安东中郎将孙桓别击汉前锋于夷道，为汉所围，求救于陆逊，逊曰：“未可。”诸将曰：“孙安东，公族，见围已困，奈何不救？”逊曰：“安东得士众心，城牢粮足，无可忧也。待吾计展，欲不救安东，安东自解。”及方略大施，汉果奔溃。桓后见逊曰：“前实怨不见救；定至今日[72]，乃知调度自有方耳！”

初，逊为大都督，诸将或讨逆[73]时旧将，或公室贵戚，各自矜持[74]，不相听从。逊按剑曰：“刘备天下知名，曹操所惮，今在疆界，此强对也。诸君并荷[75]国恩，当相辑睦[76]，共翦此虏，上报所受[77]，而不相顺，何也？仆虽书生，受命主上，国家所以屈诸君使相承望者，以仆尺寸[78]可称，能忍辱负重[79]故也。各在其事，岂复得辞！军令有常，不可犯也！”及至破备，计多出逊，诸将乃服。吴王闻之曰：“公何以初不启诸将违节度者邪？”对曰：“受恩深重，此诸将或任腹心，或堪爪牙，或是功臣，皆国家所当与共克定大事者，臣窃慕相如[80]、寇恂[81]相下之义以济国事。”王大笑称善，加逊辅国将军[82]，领荆州牧，改封江陵侯。

初，诸葛亮与尚书令法正好尚不同，而以公义相取，亮每奇正智术。及汉主伐吴而败，时正已卒，亮叹曰：“孝直[83]若在，必能制主上东行；就使东行，必不倾危矣。”汉主在白帝，徐盛、潘璋、宋谦等各竞表言“备必可禽，乞复攻之。”吴王以问陆逊。逊与朱然、骆统上言曰：“曹丕大合士众，外托助国讨备，内实有奸心，谨决计辄还。”

初，帝闻汉兵树栅连营七百余里，谓群臣曰：“备不晓兵，岂有七百里营可以拒敌者乎！‘苞[84]原隰[85]险阻而为军者为敌所禽’，此兵忌也。孙权上事今至矣。”后七日，吴破汉书到。

秋，七月，冀州大蝗，饥。

汉主既败走，黄权在江北，道绝，不得还，八月，率其众来降。汉有司请收权妻子，汉主曰：“孤负黄权，权不负孤[86]也。”待之如初。帝谓权曰：“君舍逆效顺，欲追踪陈、韩[87]邪？”对曰：“臣过受刘主殊遇，降吴不可，还蜀无路，是以归命。且败军之将，免死为幸，何古人之可慕也！”帝善之，拜为镇南将军[88]，封育阳侯，加侍中，使陪乘[89]。蜀降人或云汉诛权妻子，帝诏权发丧[90]。权曰：“臣与刘、葛[91]推诚相信，明臣本志。窃疑未实，请须[92]。”后得审问[93]，果如所言。马良亦死于五溪。

（以上为第十段，写夷陵之战，汉军全军覆没。）

【注释】

[1]庚午：正月五日。 [2]许昌：县名，即东汉之许县。魏文帝即位后，建都于洛阳，改许为许昌，县治在今河南许昌市东。 [3]计、孝：上计吏与孝廉。上计吏是郡国派到京都上计簿（户籍簿）的官吏，孝廉是汉代选举制的主要科目，现曹魏沿袭。 [4]吕尚：即齐太公吕尚。殷商末年，吕尚已年老，因穷困而钓于渭滨，遇周文王，文王即以他为师，后辅助周武王灭商。传见《史记·齐太公世家》。 [5]周晋：周灵王太子晋，少年时即有美名。汪继培辑《尸子》卷下说：“周王太子晋，生八年而服师旷。” [6]文法：法制，法令条文。 [7]故不以实：谓有意作伪欺骗。 [8]鄯善：古西域国名，在今新疆若羌县境。 [9]龟（qiū）兹（cí）：古西域国名，在今

新疆库车市一带。［10］于阗（tián）：古西域国名，在今新疆和田县一带。［11］戊己校尉：官名，掌屯田事务。西汉元帝时置于西域，因戊己方位居中，而所置校尉亦处西域之中，故名。东汉时置时废，魏晋皆沿置。［12］治中从事：官名，州牧刺史的主要佐吏，职责是居中治事，主众曹文书。［13］镇北将军：官名，魏晋时期，四镇将军次于四征。［14］截领：谓直越山岭。领，通“岭”。［15］夷道：县名，县治在今湖北宜都市西北。［16］猇（xiāo）亭：地名，在今湖北宜都市北30里，长江北岸之虎脑背，又称古老背。［17］纵：即使。［18］奖厉：褒奖鼓励。［19］颠沛交逐：颠沛，狼狈困顿。交逐，相互追逐。［20］罢（pí）：通“疲”，疲困。［21］佷（yín）山：县名，县治在今湖北长阳县西北。［22］马良（187—222）：字季常，襄阳宜城（今湖北宜城市南）人。初为刘备荆州从事，又为左将军掾。刘备称帝后，为侍中。刘备征吴，奉命入武陵，因刘备失败而被害。传见《三国志》卷三十九。［23］五溪：指五条溪水，在武陵郡，即雄溪、樠（mán）溪、沅溪、酉溪、辰溪，在今湖南西部与贵州东部一带。当时聚居着南方少数民族，时人称之为“五溪蛮”。［24］乙丑：三月一日。［25］甲戌：三月十日。［26］霖：初封河东王，魏明帝时改封东海王。传见《三国志》卷二十。［27］甲午：三月三十日。［28］如：到。［29］襄邑：县名，县治在今河南睢县。［30］戊申：四月十四日。［31］防辅：官名，曹魏置以控制诸侯王之官。［32］监国：官名，即监国谒者，曹魏置以监视诸侯王之官。［33］侪（chái）：类。［34］布衣：平民。［35］峻切：严厉。［36］北海王衮：曹操之子。初封平乡侯、赞侯。魏文帝时为北海王。魏明帝时改封赞王、中山王。传见《三国志》卷二十。［37］文学：官名，王国之官，掌校典籍，侍奉文章。［38］责让：责备。［39］适：正好。［40］遽：遂。［41］癸亥：四月二十九日。［42］郢州：魏文帝以孙权为荆州牧，故以江南八郡为荆州，魏所统之江北诸郡为郢州。本年十月孙权独立，又废郢州复称荆州。［43］巫峡：长江三峡之一，在今湖北巴东县西，重庆市巫山县东，因巫山而得名。《水经注》谓长一百六十里。［44］建平：郡名，吴孙休永安三年（260）始分宜都郡置，治所巫县（在今重庆市巫山县），而此时称建平，盖史家之追书。［45］夷陵：县名，县治在今湖北宜昌市东南。［46］屯：营寨。［47］张南：字文进，从荆州随刘备入蜀，后领兵随刘备东征吴，大败于猇亭而死。事见《三国志·蜀书·杨戏传》附《季汉辅臣赞》。［48］谲（jué）：欺诈。［49］揣（chuǎi）：估计。［50］巧：欺骗。［51］国之关限：长江三峡，起自瞿塘峡，中经巫峡，止于西陵峡，其间皆连山叠嶂，水流湍急，至西陵峡口，水势始缓，而夷陵正当峡口，故吴人以之为关限。［52］谐：成功。［53］干：冒犯。［54］天常：天之常规。［55］高枕：谓无忧虑。［56］更：经历。［57］掎角：夹击。［58］空杀兵：谓白白使士兵被杀。［59］一尔：一如此。［60］势成：谓胜利之势成。［61］马鞍山：山名，在今湖北宜昌市西北。［62］蹙（cù）：逼击。［63］驿人：驿站之人。［64］铙（náo）：军中所用乐器，形状如铃而大，中空短柄，用时执把，口朝上，用槌敲击作响，以止击鼓。［65］铠：铠甲，战衣。刘备征吴之初，自白帝至夷陵界，沿途皆置驿站。至兵败之时，诸军已溃散，赖驿站的人收拾溃兵所弃铙、铠，烧于险隘口，以阻断吴之追兵，刘备因而得逃入白帝城。［66］惭恚（huì）：惭愧愤恨。［67］义阳傅肜（róng）：义阳郡为魏文帝分南阳郡所置，在傅肜入蜀之后，此亦史家追书。傅肜事见《三国志·蜀书·杨戏传》附《季汉辅臣赞》。［68］后殿：行军的尾部。［69］从事祭酒：官名，诸从事之长。［70］程畿（jī）：字季然，巴西阆中（今四川阆中市）人。初为刘璋汉昌长，又为江阳太守。刘备入益州后，命他为从事祭酒。后随刘备东征吴，兵败而死。事见《三国志·蜀书·杨戏传》附《季汉辅臣赞》。［71］舫（fǎng）：两船相并的载兵船。［72］定至今日：谓战事至今日始定。［73］讨逆：指孙策，孙策曾为讨逆将军。［74］持：据章校，有的版本"持"作"恃"。［75］荷（hè）：承受。［76］辑睦：和睦。［77］所受：指所受的高爵厚禄。［78］尺寸：谓忠心。［79］忍辱负重：谓能容纳诸将而担负重任。［80］相如：蔺相如，战国赵大夫。因完璧归赵有功而为上大夫。又因赵王与秦王会于渑池，相如使赵王免受屈辱，故以功为上卿。而大将廉颇不服，欲面辱相如，相如皆回避。其群下皆以为耻，相如说："强秦之所以不敢加兵于赵者，徒以吾两人在也。今两虎相斗，其势不俱生。吾所以为此者，以先国家之急而后私仇也。"廉颇得知，遂向相如谢罪。事见《史记·廉颇蔺相如列传》。［81］寇恂：东汉初年大臣。汉光武帝初年，寇恂为颍川太守，执金吾贾复的部将在颍川杀人，寇恂因斩此人。贾复以此为耻，声言相见时必杀恂。寇恂得知后，有意不与相见，说："昔蔺相如不畏秦王而屈于廉颇者，为国也。区区之赵尚有此义，吾安可以忘之乎？"光武帝得知后，遂和解二人。事见《后汉书·寇恂传》。［82］辅国将军：官名，魏晋时期辅国将军位次于三公。［83］孝直：法正字孝直。［84］苞：同"包"。［85］原隰（xí）：广平低湿之地。［86］权不负孤：黄权曾向刘备建议，自己带兵先攻击吴，刘备为后镇。刘备不采纳，故今有此言。［87］陈、韩：指秦末的陈平、韩信，二人皆从项羽部下投归刘邦。［88］镇南将军：官名，魏晋时期，四镇将军次于四征将军。［89］陪乘：即骖乘，亦即车上侍卫。［90］发丧：公布丧事于众。［91］刘、葛：刘备与诸葛亮。［92］须：等待。［93］审问：确实的音讯。

九月，甲午[1]，诏曰："夫妇人与政，乱之本也。自今以后，群臣不得奏事太后，后族之家不得当辅政之任，又不得横[2]受茅土之爵。以此诏传之后世，若有背违，天下共诛之。"卞太后[3]每见外亲，不假以颜色[4]，常言："居处当节俭，不当望赏，念[5]自佚[6]也。外舍[7]当怪吾遇之太薄，吾自有常度故也。吾事武帝四五十年，行俭日久，不能自变为奢。有犯科禁[8]者，吾且[9]能加罪一等[10]耳，莫望钱米恩贷也。"

帝将立郭贵嫔为后，中郎[11]栈潜[12]上疏曰："夫后妃之德，盛衰治乱所由生也。是以圣哲慎立元妃[13]，必取先代世族之家，择其令淑[14]，以统六宫[15]，虔奉宗庙。《易》曰：'家道正而天下定[16]。'由内及外，先王之令典也。《春秋》书宗人衅夏云：'无以妾为夫人之礼[17]。'齐桓誓命于葵丘，亦曰‘无以妾为妻[18]。’今后宫嬖宠[19]，常亚乘舆。若因爱登后，使贱人暴贵，臣恐后世下陵上替[20]，开张非度[21]，乱自上起也。”帝不从。庚子[22]，立皇后郭氏。

（以上为第十一段，写魏文帝册立郭皇后。）

【注释】

[1]甲午：九月三日。 [2]横（hèng）：意外。 [3]卞太后：魏文帝曹丕之母。建安二十四年立为魏王后，曹丕即帝位后，尊为皇太后，居永寿宫。魏明帝时尊为太皇太后。传见《三国志》卷五。 [4]不假以颜色：谓不讲情面，严肃正直。 [5]念：想，考虑。 [6]佚：通“逸”，安乐。 [7]外舍：后妃称外家（娘家）为外舍。 [8]科禁：律条禁令。 [9]且：将。 [10]加罪一等：谓比常人犯法加罪一等处置。 [11]中郎：官名，皇帝近侍之官，属光禄勋，长官称中郎将，亦通称中郎。汉代有五官、左、右三署中郎及虎贲、羽林中郎，因曹丕曾任五官中郎将，故曹魏只置左、右中郎及虎贲、羽林中郎。 [12]栈（zhàn）潜：字彦皇，任城（治所在今山东济宁市）人。曹操时为县令，后督守邺城。魏文帝和魏明帝时皆有谏疏。传见《三国志》卷二十四附传。 [13]元妃：国君之嫡妻。 [14]令淑：美德贤良之女。 [15]六宫：相传古代天子有六宫，后世泛称皇后妃嫔所居之宫室。 [16]家道正而天下定：《易·家人·彖》云：“父父、子子、兄兄、弟弟、夫夫、妇妇而家道正，正家而天下定矣。” [17]无以妾为夫人之礼：《左传》哀公二十四年载，鲁哀公将立公子荆之母为夫人，使宗人（主礼之官）衅夏司礼，衅夏却说无此礼，哀公怒责之。衅夏说：“周公及武公娶于薛，孝、惠娶于商，自桓以下娶于齐，此礼也则有。若以妾为夫人，则固无其礼也。” [18]无以妾为妻：《孟子·告子下》谓齐桓公会诸侯于葵丘，初命曰：“无以妾为妻。” [19]嬖（bì）宠：宠爱之人。 [20]下陵上替：在下者凌驾于上，在上者渐衰败废弛。[21]非度：非法。 [22]庚子：九月九日。

初，吴王遣于禁护军浩周[1]、军司马东里衮诣帝，自陈诚款，辞甚恭悫[2]。帝问周等：“权可信乎？”周以为权必臣服，而衮谓其不可必服。帝悦周言，以为有以知之，故立为吴王，复使周至吴。周谓吴王曰：“陛下未信王遣子入侍，周以阖门百口明之。”吴王为之流涕沾襟，指天为誓。周还而侍子不至，但多设虚辞。帝欲遣侍中辛毗、尚书桓阶往与盟誓，并责任子[3]，吴王辞让不受。帝怒，欲伐之，刘晔曰：“彼新得志[4]，上下齐心，而阻带江湖，不可仓卒制也。”帝不从。

九月，命征东大将军[5]曹休、前将军[6]张辽、镇东将军[7]臧霸出洞口[8]，大将军[9]曹仁出濡须[10]，上军大将军[11]曹真[12]、征南大将军夏侯尚、左将军张郃、右将军徐晃围南郡[13]。吴建威将军[14]吕范督五军，以舟军拒休等，左将军诸葛瑾、平北将军[15]潘璋、将军杨粲救南郡，裨将军[16]朱桓[17]以濡须督拒曹仁。

冬，十月，甲子[18]，表首阳山[19]东为寿陵[20]，作终制，务从俭薄，不臧[21]金玉，一用瓦器。令以此诏藏之宗庙，副[22]在尚书[23]、秘书[24]、三府[25]。

吴王以扬越[26]蛮夷多未平集，乃卑辞上书，求自改厉；"若罪在难除，必不见置，当奉还土地民人，寄命交州以终余年。"又与浩周书云："欲为子登求昏宗室；"又云："以登年弱，欲遣孙长绪[27]、张子布[28]随登俱来。"帝报曰："朕之与君，大义已定。岂乐劳师远临江、汉。若登身朝到，夕召兵还耳。"于是吴王改元黄武，临江拒守。

帝自许昌南征，复郢州为荆州。十一月，辛丑[29]，帝如[30]宛[31]。曹休在洞口，自陈："愿将锐卒虎步[32]江南，因敌取资，事必克捷，若其无臣，不须为念。"帝恐休便渡江，驿马止之。侍中董昭侍侧，曰："窃见陛下有忧色，独以休济江故乎？今者渡江，人情所难，就休有此志，势不独行，当须诸将。臧霸等既富且贵，无复他望，但欲终其天年，保守禄祚[33]而已，何肯乘危自投死地，以求徼幸！苟霸等不进，休意自沮。臣恐陛下虽有敕渡之诏，犹必沈吟[34]，未便从命也。"顷之，会暴风吹吴吕范等船，绠缆[35]悉断，直诣休等营下，斩首获生以千数，吴兵进散[36]。帝闻之，敕诸军促渡。军未时进，吴救船遂至，收军还江南。曹休使臧霸追之，不利，将军尹卢战死。

庚申晦[37]，日有食之。

吴王使太中大夫[38]郑泉聘于汉，汉太中大夫宗玮报之，吴、汉复通。

汉主闻魏师大出，遗陆逊书曰："贼今已在江、汉，吾将复东，将军谓其能然否？"逊答曰："但恐军新破，创夷[39]未复，始求通亲[40]；且当自补，未暇穷兵[41]耳。若不推算，欲复以倾覆之余远送以来者，无所逃命。"

汉汉嘉[42]太守黄元叛。

吴将孙盛督万人据江陵中洲[43]，以为南郡外援。

（以上为第十二段，写孙权拒绝曹魏征质，临江拒守，遣使通蜀，欲重结盟好。）

【注释】

[1]浩周：字孔异，上党（治所在今山西长治市北）人。建安中为萧令、徐州刺史，后为于禁护军，于禁败，被关羽所虏。关羽败，又为孙权所得。后孙权令他还魏，未再被用。事见《三国志·吴书·吴主传》及注引《魏略》。[2]悫（què）：诚实。[3]任子：作人质之子。[4]新得志：谓大败刘备于夷陵。[5]征东大将军：官名。四征大将军位从公，在四征将军之上。[6]前将军：官名，位次于上卿，与后将军及左、右将军掌京师兵卫和边防屯警。[7]镇东将军：官名。魏晋时期，四镇将军次于四征将军。[8]洞口：在当时历阳县江边。历阳县县治在今安徽和县。[9]大将军：官名，掌统兵征伐，位在三公上。[10]濡须：建安十七年（212）孙权曾在濡须水口筑坞，称濡须坞，在今安徽无为市东北。[11]上军大将军：官名，魏、吴皆置，位在大将军上，是将军的最高称号。[12]曹真（?—231）：字子丹，曹操族子。曹操起兵，其父募兵被杀，操遂收养他。初为偏将军，又为中领军。曹丕即王位，以真为镇西将军。曹丕称帝后，曾为上军大将军，都督中外诸军事，假黄钺，总统全国军事。曹丕临终时，又与陈群、司马懿等受遗诏辅政。魏明帝时为大将军、大司马，封邵陵侯。传见《三国志》卷九。[13]南郡：郡名，治所江陵，在今湖北江陵县。[14]建威将军：官名，吴所置杂号将军。[15]平北将军：官名。魏晋时期，四平将军次于四安将军。[16]裨将军：官名。《宋书·百官志》所列魏晋四十号将军，裨将军居最末。[17]朱桓（167—238）：字休穆，吴郡吴县（今江苏苏州市）人。初为孙权余姚长，荡寇校尉，又为裨将军、奋武将军。孙权称帝，以之为前将军。传见《三国志》卷五十六。[18]甲子：十月三日。[19]首阳山：在当时洛阳东北。[20]寿陵：帝王生前预建之陵墓。[21]臧：同“藏”，埋藏。[22]副：副本。[23]尚书：尚书台，掌办理文书，传达诏命。[24]秘书：秘书监，掌艺文图书。[25]三府：三公府。[26]扬越：指江南地区。古扬州（江南）为越族之分布地，故称扬越。[27]孙长绪：孙邵字长绪，北海（治所在今山东潍坊市西南）人。初为孙权庐江太守，又为车骑将军长史。孙权黄武初年，为丞相、威远将军，封阳羡侯。事见《三国志·吴书·吴主传》及注引《吴录》。[28]张子布：张昭字子布。[29]辛丑：十一月十一日。[30]如：到。[31]宛：县名，县治在今河南南阳市。[32]虎步：比喻威武。[33]禄祚：官爵。[34]沈吟：犹豫。[35]绠（gěng）缆（lǎn）：系船绳索。[36]迸（bèng）散：奔散。[37]庚申晦：十一月三十日。[38]太中大夫：官名，魏晋时期五定员，掌议论。[39]创（chuāng）夷：同“疮痍”，创伤。[40]通亲：谓通使建立亲善关系。[41]穷兵：用兵，作战。[42]汉嘉：郡名，蜀汉所置，治所阳嘉县，在今四川芦山县。[43]中洲：江中之洲称中洲。此中洲即江陵附近的百里洲。

【点评】

夷陵之战。本卷所载最大的历史事件是吴蜀夷陵之战。从大局说是曹、孙、刘三方争夺荆州最后一个回合。此役吴胜蜀败，形成了三分的地理均势，正式确立了三国鼎立的局面。同时也拉开了北方统一南方的序幕，因为夷陵战后，蜀弱吴孤，两国俱受损伤，曹魏坐大，收渔人之利，北方占据绝对优势。形成地理均势与南弱北强，这两方面是夷陵之战对于历史的重大影响。今天重评夷陵之战，无论是从政治层面还是军事层面，仍然有许多话可说。政治上讲，执意发动夷陵之战的是刘备，他肯定不愿意看到吴胜蜀败的结果，但这样一个结果肯定也是刘备的预料之一，那他为什么还要发动呢？从军事上说，长期以来，学术界研究夷陵之战，牵强附会地论证是陆逊以少胜众，以弱胜强，甚不得要领。夷陵之战，双方的军事对比，基本是势均力敌的，孙吴之兵强于蜀军，吴胜蜀败在正常范围，那么在军事上还有什么意义呢？下面分层讨论。

夷陵之战，不可避免。公元221年刘备称帝后倾巢伐吴，既在意料之中，又在意料之外。孙权一方在意料之中，所以孙权卑辞厚礼向曹丕称臣，君臣上下一心备战。曹魏一方在意料之外，没有做好应变准备。蜀国内部，也有激烈争论，诸葛亮、赵云反对东征，刘备、张飞决心复仇。赵云说："国贼是曹操，非孙权。只要先灭了魏国，那么吴国自然归服。曹操虽然死了，他的儿子曹丕篡国，要趁现在人心思汉，及早图取关中，占据黄河、渭水上游形胜以讨伐凶逆，关东义士一定会带着粮食，乘着快马来迎接我们。不应当把魏国放到一边，选择与吴国作战。战端一开，那就不是一时半会儿可以了结的。"孙权背盟，袭夺荆州，已经是敌人，但要分清主次。孙权求和，让诸葛瑾写信给刘备，劝刘备要分清轻重大小。诸葛瑾说："陛下与关羽之亲何如先帝？荆州大小孰与海内？都是仇敌，两相比较，谁先谁后，不是很容易分清吗？"诸葛瑾的话与赵云所谏，大体一致。诸葛亮的劝谏，《三国志》没有记载下来，但是《法正传》记载的诸葛亮议论，说明诸葛亮是反对东征的，由此可见，蜀汉群臣大多是反对东征的，但都未能阻止刘备东征，看来刘备是一意孤行。旧臣中，张飞由于结义恩重，愤恨不平，起了推波助澜的作用。他整日酗酒，拿士兵部下出气，在刘备出兵前夕，被部将张达、范强杀死，张达、范强二人后投奔孙权。张飞之死，使刘备旧仇添新恨，谁也不能阻挡他的东征。

曹魏方面，魏文帝曹丕召集群臣讨论当前形势，分析刘备会不会东征。大家都说："蜀汉国小力弱，名将只有关羽，关羽败亡，全国震恐，没有力量再战。"只有侍中刘晔一人持相反意见，他说："蜀国虽然小弱，但是刘备是在关羽死后称帝，他要显示武力，表示还有力量，一定会东伐。再说关羽与刘备，名义为君臣，而兄弟之情很亲，关羽死亡如不兴兵报仇，那就等于是刘备对结义兄弟有始无终。”刘晔实际意思是说，刘备称帝，表明正统所在，他必然要讨伐叛逆，以示有统一天下的力量。伐魏力量不足；讨吴自谓可胜，加之为关羽报仇，可以激扬士气。因此，夷陵之战，不可避免。

三国时期的三大战役，即官渡之战、赤壁之战、夷陵之战，都是影响全局的大战役。在三大战役中，赤壁之战规模最大，官渡之战其次，夷陵之战略与官渡之战大致相当，但决战时间，夷陵之战最长，官渡之战其次，赤壁之战最短。官渡之战，历时九个月；赤壁之战，历时三个月；夷陵之战，跨了两年，从蜀汉章武元年（221）七月到蜀汉章武二年（222）八月，历时十五个月。由此可见，这一战役的激烈与残酷。刘备是倾国远征，孙权是全力保卫，吴蜀两国拼尽全力展开主力决战。自古以来，自相残杀，超过敌对争逐，夷陵之战是一个典型例证。因为敌对斗争，目的是分一个输赢，即便是灭人之国，失败的一方也可以委曲求全，投降对方，摇尾乞怜。自相残杀，目的是生死抉择，不是你死，便是我亡，所以斗争异常残酷。

军事上，夷陵之战是一场势均力敌的歼灭战。双方兵力，蜀方全国常备军力不过十五六万,四方守境，最大动员十万左右。刘备东征，所统入峡之军八万余人，赵云统兵二万驻江州为后援，合计十万左右，已是倾巢出动。孙吴兵力，陆逊所统五万大军在第一线，诸葛瑾驻公安为第二线，孙权屯武昌为第三线，三线兵力集中了吴国兵力的四分之三，最保守的估计也有二十万。但在三峡第一线的蜀兵八万多于吴兵五万，而吴兵集中于一点，刘备所统，绵延三峡七百里，分江北大营和江南大营，在交战的前沿，却又是吴兵多于蜀兵，至于战将，更不可同日而语。蜀国五虎将，关羽、张飞、马超、黄忠、赵云，没有一个在场，昔日老将大部分凋零。刘备班底，多是蜀中战将，以及荆州的二流人物。冯习为大督，张南为先锋，吴班、陈式统水军，黄权、赵融、廖淳、傅彤等为别督，多未经历大战的锻炼，不能与孙吴的一班虎将相比。吴方多是功臣宿将，有徐盛、韩当、潘璋、朱然、宋谦、鲜于丹等。孙吴崭露头角的青年将领也十分骁勇了得。例如孙桓，二十五岁，能得士众心，他驻防夷道，牵制了蜀军的前锋。反攻后奋勇向前，切断蜀军归路打阻击战，迫使刘备“逾山越险，仅乃得免”。刘备忿恚叹息说：“我当初到京口，桓尚小儿，而今迫孤乃至此也。”归师勿遏，乃兵家之忌，孙桓初生牛犊，敢断刘备归师，足见吴兵作战骁勇。论兵论将，孙吴之师强于蜀汉。

但是，蜀军也有一定优势。其一，复仇之师，哀兵必胜，讨伐孙权背盟，全军同仇敌忾，有一股不可阻挡的锐气。其二，刘备刚登皇帝大位，将士受封受赏，正是立功报效之时，加之刘备东征，将士激动，士气旺盛。其三，人心向背，蜀汉占有优势。刘备在荆州达十七八年，荆州士民，追随刘备，从之如云，蜀汉政权，荆州人士居要冲之位。孙吴政权中的荆州人士，只有黄盖、潘浚二人而已。蜀将大督冯习、前部张南，都是荆州人，他们为收复故土而战，也必效死力。夷陵之战，他们都以马革裹尸还。其四，三峡地区及武陵，都是少数民族聚居区，孙吴的民族高压政策使他们仇吴亲蜀。其五，蜀军居高临下，又善于山地作战，占有地利。初战时，蜀军集中，数量也占有优势。但蜀军的这些优势，没有充分发挥，被陆逊的战略撤退避开，很快丧失了。蜀军的初战胜利，只是破吴边将，未遇孙权主力。当蜀军推进至夷陵时已成强弩之末，受阻于坚城之下，陷入了进退维谷的境地。这时，初战时的强弱众寡，全部易位，吴军掌握了主动权。

如上分析，夷陵之战双方兵力大体上势均力敌。陆逊在这样的条件下打了一场大规模的歼灭战，入峡蜀军全军覆没。陆逊的指挥艺术，丰富了中国军事史的内容，值得称道。陆逊留给后人两大军事克敌经验，应当总结。其一，避敌锋芒，诱其深入。蜀军入峡，气势汹汹，陆逊大踏步后撤，拉长蜀军战线，疲敌斗志，把四五百里的山区让给蜀军，完成了战略退却，待机全线反击。其二，集中兵力，火烧连营。陆逊大步后退，让出三峡，迎敌于秭归以东，五万兵力握成拳头，孙桓受困宜都，不分兵去救，此乃效法周亚夫以梁委吴之计，消耗蜀军主力。而刘备建行营于猇亭，布前锋于夷道，置黄权于江北防魏，兵力分散，沿途防守，直接所统蜀军不足四万。最后，陆逊又寻机火攻，各个击破分散的蜀兵，打了一个漂亮的歼灭战。陆逊一战成名，是历史上不可多得的儒将之一。战后，孙权加拜陆逊为辅国将军，领荆州牧，改封江陵侯。

卷七〇　魏纪二

魏文帝黄初四年至魏明帝太和元年（223—227 年）

【起昭阳单阏（癸卯，223 年），尽强圉协洽（丁未，227 年），凡五年】

【大事提要】

本卷记事起公元 223 年，讫公元 227 年，凡五年，当魏文帝黄初四年至魏明帝太和元年。魏文帝在位共七年，尽管是魏国的开国君主，却无多少政绩可述，基业乃其父曹操开创，文帝只是一位平庸守成之君而已。文帝失去与蜀夹击吴国、一举下江南的时机，等到孙权稳定局势后，拒绝征质，文帝始用兵江南，三次临江，只是兴叹而已，恰恰推动了吴蜀重新结盟。蜀国邓芝两次使吴修复旧好，诸葛亮平定南中，稳固后方，吴国也平定了交趾之乱，两国政治稳定，重结盟好，同时举兵北伐。诸葛亮北驻汉中，上出师表，表达北伐的决心。曹魏第二代君主登基，明帝即位。

世祖文皇帝下

黄初四年（癸卯，223 年）

春，正月，曹真使张郃击破吴兵，遂夺据江陵中洲。

二月，诸葛亮至永安[1]。

曹仁以步骑数万向濡须，先扬声欲东攻羡溪[2]，朱桓分兵赴之；既行，仁以大军径进，桓闻之，追还羡溪兵，兵未到而仁奄至。时桓手下及所部兵在者才五千人，诸将业业[3]各有惧心，桓喻之曰："凡两军交对，胜负在将，不在众寡。诸君闻曹仁用兵行师，孰与桓邪？兵法所以称'客倍而主人半'者，谓俱在平原无城隍[4]之守，又谓士卒勇怯齐等故耳。今仁既非智勇，加其士卒甚怯，又千里步涉，人马罢[5]困。桓与诸君共据高城，南临大江，北背山陵，以逸待劳，为主制客，此百战百胜之势，虽曹丕自来，尚不足忧，况仁等邪！"桓乃偃旗鼓，外示虚弱以诱致仁。仁遣其子泰[6]攻濡须城，分遣将军常雕、王双等乘油船[7]别袭中洲。中洲者，桓部曲妻子所在也。蒋济曰："贼据西岸，列船上流，而兵入洲中，是为自内[8]地狱[9]，危亡之道也。"仁不从，自将万人留橐皋[10]，为泰等后援。桓遣别将击雕等而身自拒泰，泰烧营退；桓遂斩常雕，生虏王双，临阵杀溺死者千余人。

初，吕蒙病笃[11]，吴王问曰："卿如不起，谁可代者？"蒙对曰："朱然胆守有余，愚以为可任。"朱然者，九真太守朱治姊子也；本姓施氏，治养以为子，时为昭武将军[12]。蒙卒，吴王假然节，镇江陵。及曹真等围江陵，破孙盛，吴王遣诸葛瑾等将兵往解围，夏侯尚击却之。江陵中外断绝，城中兵多肿病，堪战者裁[13]五千人。真等起土山，凿地道，立楼橹[14]临城，弓矢雨注，将士皆失色；然晏如[15]无恐意，方厉[16]吏士，伺间隙，攻破魏两屯[17]。魏兵围然凡六月，江陵令姚泰领兵备城北门，见外兵盛，城中人少，谷食且尽，惧不济[18]，谋为内应，然觉而杀之。

时江水浅狭[19]，夏侯尚欲乘船将步骑入渚[20]中安屯，作浮桥，南北往来，议者多以为城必可拔。董昭上疏曰："武皇帝智勇过人，而用兵畏敌，不敢轻之若此也。夫兵好进恶退，常然之数。平地无险，犹尚艰难，就当深入，还道宜利，兵有进退，不可如意。今屯渚中，至深也；浮桥而济，至危也；一道而行，至狭也。三者，兵家所忌，而今行之。贼频攻桥，误[21]有漏失[22]，渚中精锐非魏之有，将转化为吴矣。臣私戚[23]之，忘寝与食，而议者怡然[24]不以为忧，岂不惑哉！加江水向长[25]，一旦暴增，何以防御！就不破贼，尚当自完，奈何乘危，不以为惧！惟陛下察之。"帝即诏尚等促出。吴人两头并前，魏兵一道引去，不时得泄[26]，仅而获济。吴将潘璋已作荻筏[27]，欲以烧浮桥，会尚退而止。后旬日[28]，江水大涨，帝谓董昭曰："君论此事，何其审[29]也！"会天大疫，帝悉召诸军还。

三月，丙申[30]，车驾还洛阳。

初，帝问贾诩曰："吾欲伐不从命以一[31]天下，吴、蜀何先？"对曰："攻取者先兵权[32]，建本者尚德化。陛下应期受禅，抚临率土，若绥之以文德而俟其变，则平之不难矣。吴、蜀虽蕞尔[33]小国，依山阻水。刘备有雄才，诸葛亮善治国；孙权识虚实，陆议[34]见兵势；据险守要[35]，泛舟江湖[36]，皆难卒谋也。用兵之道，先胜后战，量敌论将，故举无遗策。臣窃料群臣无备、权对，虽以天威临之，未见万全之势也。昔舜舞干戚而有苗服[37]，臣以为当今宜先文后武。”帝不纳，军竟无功。

（以上为第一段，写魏文帝南征孙权，无功而返。）

【注释】

[1]永安：县名，刘备大败于夷陵后，逃至白帝城鱼复县，遂改鱼复为永安，在今重庆奉节县东。[2]羡溪：在濡须东，即在今安徽无为市东北。[3]业业：畏惧貌。[4]城隍：城壕。[5]罢（pí）：通“疲”。[6]泰：曹泰，曹仁之子。曹仁死后袭爵，官至镇东将军，转封宁陵侯。事见《三国志·魏书·曹仁传》。[7]油船：牛皮所制之船，外涂油以防水。[8]内：同“纳”，纳入。[9]地狱：谓地中之狱，言其地险，非后世所说的阴司地狱。[10]橐（tuó）皋（gāo）：地名，在今安徽巢湖市。[11]病笃：病危急。[12]昭武将军：官名，孙吴所置杂号将军。[13]裁：通“才”。[14]橹：顶部无覆盖的望楼。[15]晏如：安然，平静正常。[16]厉：勉励。[17]屯：营寨。[18]济：成功。[19]狭：狭窄。[20]渚（zhǔ）：洲。此指江陵之中洲（百里洲）。[21]误：或许，假如。[22]漏失：谓桥被敌所断。[23]戚：忧愁。[24]怡然：欢快。[25]向长（zhǎng）：渐增大。[26]泄：出去。[27]荻筏（fá）：用荻制作的筏子。[28]旬日：十日。[29]审：准确。[30]丙申：三月八日。[31]一：统一。[32]兵权：用兵的权谋。此指审时度势。[33]蕞（zuì）尔：小貌。[34]陆议：即陆逊。陆逊本名议。[35]据险守要：指蜀。[36]泛舟江湖：指吴。[37]舜舞干戚而有苗服：干戚，兵器。干，盾；戚，大斧。《韩非子·五蠹》：“当舜之时，有苗（部族）不服，禹将伐之。舜曰：‘不可。上德不厚而行武，非道也。’乃修教三年，执干戚舞，有苗乃服。”意谓舜偃武修文，将干戚用为舞具而不用于战争，以修德教而感化有苗，有苗乃服。

丁未[1]，陈忠侯曹仁卒。

初，黄元为诸葛亮所不善，闻汉主疾病，惧有后患，故举郡反，烧临邛[2]城。时亮东行省疾[3]，成都单虚，元益[4]无所惮。益州治中从事[5]杨洪，启太子遣将军陈曶[6]、郑绰讨元。众议以为元若不能围成都，当由越嶲[7]据南中[8]。洪曰：“元素性凶暴，无他恩信，何能办此！不过乘水东下[9]，冀主上平安，面缚归死；如其有异，奔吴求活耳。

但敕留、绰于南安[10]峡口邀遮[11]，即便得矣。”元军败，果顺江东下，留、绰生获，斩之。

汉主病笃，命丞相亮辅太子，以尚书令李严为副。汉主谓亮曰：“君才十倍曹丕，必能安国，终定大事。若嗣子可辅，辅之；如其不才，君可自取。”亮涕泣曰：“臣敢不竭股肱之力，效忠贞之节，继之以死[12]！”汉主又为诏敕太子曰：“人五十不称夭[13]，吾年已六十有余，何所复恨，但以卿兄弟为念耳。勉之，勉之！勿以恶小而为之，勿以善小而不为！惟贤惟德，可以服人。汝父德薄，不足效也。汝与丞相从事，事之如父。”夏，四月，癸巳[14]，汉主殂于永安，谥曰昭烈[15]。

丞相亮奉丧还成都，以李严为中都护[16]，留镇永安。

五月，太子禅即位，时年十七。尊皇后曰皇太后，大赦，改元建兴。封丞相亮为武乡侯，领益州牧，政事无巨细，咸决于亮。亮乃约官职，修法制，发教与群下曰：“夫参署[17]者，集众思，广忠益也。若远小嫌，难相违覆，旷阙损矣[18]。违覆而得中，犹弃敝蹻[19]而获珠玉。然人心苦不能尽，惟徐元直[20]处兹不惑。又，董幼宰[21]参署七年，事有不至，至于十反，来相启告。苟能慕元直之十一，幼宰之勤渠[22]，有忠于国，则亮可以少过矣。”又曰：“昔初交州平[23]，屡闻得失；后交元直，勤见启诲；前参事于幼宰，每言则尽；后从事于伟度，数有谏止。虽资性鄙暗，不能悉纳，然与此四子终始好合，亦足以明其不疑于直言也。”伟度者，亮主簿义阳胡济[24]也。

亮尝自校簿书，主簿杨颙[25]直入，谏曰：“为治有体，上下不可相侵。请为明公以作家譬之：今有人，使奴执耕稼，婢典炊爨[26]，鸡主司晨，犬主吠盗，牛负重载，马涉远路；私业无旷，所求皆足，雍容[27]高枕[28]，饮食而已。忽一旦尽欲以身亲其役，不复付任，劳其体力，为此碎务，形疲神困，终无一成。岂其智之不如奴婢鸡狗哉？失为家主之法也。是故古人称[29]‘坐而论道，谓之王公；作而行之，谓之士大夫。’故丙吉[30]不问横道死人而忧牛喘，陈平[31]不肯知钱谷之数，云‘自有主者’，彼诚达于位分之体也。今明公为治，乃躬自校簿书，流汗终日，不亦劳乎！”亮谢之。及颙卒，亮垂泣三日。

（以上为第二段，写诸葛亮顾命辅政，事无巨细，总揽一切。）

【注释】

［1］丁未：三月十九日。［2］临邛（qióng）：县名，县治在今四川邛崃市。［3］省（xǐng）疾：谓探望患病之刘备。［4］益：更加。［5］治中从事：官名，州牧刺史的主要佐吏，职责是居中治事，主众曹文书。［6］曶（hū）：音“忽”。［7］越嶲（suǐ）：郡名，治所邛都县，在今四川西昌市。［8］南中：地区名。三国时期，称今四川西南部与云南、贵州连境的部分地区为南中，包括当时的越嶲、益州、永昌、牂牁、朱提等五郡。蜀汉并置庲（lài）降都督以督统。［9］乘水东下：此水指青衣水，即今四川青衣江，源出今四川芦山县西北，东南流，经洪雅、夹江，至乐山市与大渡河会合后入岷江。岷江至宜宾市与金沙江会合东流，是为长江。故黄元可能从青衣水东下奔吴。［10］南安：县名，县治在今四川乐山市。［11］邀遮：拦击。［12］效忠贞之节，继之以死：诸葛亮此语，用春秋时晋国荀息答献公之语意。《左传》僖公九年载：晋献公以荀息为其爱子奚齐之傅，献公临终时，便托奚齐于荀息，荀息说：“臣竭其股肱之力，加之以忠贞。其济，君之灵也，不济，则以死继之。”［13］夭：夭折，短命早死。［14］癸巳：四月己未朔，无癸巳。按《三国志·蜀书·先主传》载诸葛亮上后主言，谓刘备卒于四月二十四日。则“癸巳”当为“壬午”。［15］昭烈：《谥法》：昭德有劳曰昭，有功安民曰烈。［16］中都护：官名，蜀汉所置，统内外军事。［17］参署：谓参考各种意见，采其善者署而施行。［18］难相违覆，旷阙损矣：即听不到反面意见和争论，就会造成事之荒废、缺陷或损失。难陷违覆，遇到疑难问题相互争论，仔细审察。［19］敝蹻（juē）：破鞋。蹻，通“屩”。［20］徐元直：徐庶字元直。［21］董幼宰：董和字幼宰，曾与诸葛亮并署左将军、大司马府事。［22］勤渠：犹言勤快。［23］州平：崔州平，诸葛亮在隆中之好友。［24］胡济：字伟度，义阳（治所在今湖北枣阳市东）人。初为诸葛亮主簿，诸葛亮去世后，为中典军，统诸军，封成阳亭侯。后官至右骠骑将军。事见《三国志·蜀书·董和传》裴松之注。［25］杨颙（yóng）：字子昭，襄阳（治所在今湖北襄阳市）人。入蜀后，曾为巴郡太守、丞相诸葛亮主簿，后又为东曹属，典选举。事见《三国志·蜀书·杨戏传》附《季汉辅臣赞》及注引《襄阳记》。［26］炊爨（cuàn）：做饭。［27］雍容：从容不迫。［28］高枕：谓无忧虑。［29］古人称：此古人所称，为《周礼·考工记》之言。［30］丙吉：汉宣帝时为丞相，曾乘车外出，遇人群斗殴，死伤横道，丙吉却不过问。后遇人追牛，牛吐舌喘息，丙吉即令停车，使骑吏问追牛人追牛有几里了。随行掾史以为丙吉之问不当，丙吉说：“民斗相杀伤，长安令、京兆尹职所当禁备逐捕。……宰相不亲小事，非所当于道路问也。方春少阳用事，未可大热，恐牛近行，用（因）暑故喘，此时气失节，恐有所伤害也。三公典调和阴阳，职当忧，是以问之。”掾史乃服，谓丙吉知大体。事见《汉书·丙吉传》。［31］陈平：汉文帝初，周勃为右丞相，陈平为左丞相。一次朝会，文帝问周勃：“天下一岁决狱几何？”勃答：“不知。”又问：“天下一岁钱谷出入几何？”周勃又不知，并非常惭愧。文帝又再问陈平，平答：“有主者。”文帝说：“主者谓谁？”平答：“陛

下即问决狱，责廷尉；问钱谷，责治粟内史。”文帝说：“苟各有主者，而君所主者何事也？”陈平说：“宰相者，上佐天子理阴阳，顺四时，下育万物之宜，外镇抚四夷诸侯，内亲附百姓，使卿大夫各得任其职焉。”文帝乃称善。事见《史记·陈丞相世家》。

六月，甲戌[1]，任城威王彰卒。

甲申[2]，魏寿肃侯贾诩卒。

大水。

吴贺齐袭蕲春[3]，虏太守晋宗[4]以归。

初，益州郡[5]耆帅[6]雍闿[7]太守正昂，因士燮[8]以求附于吴，又执太守成都张裔[9]以与吴，吴以闿为永昌[10]太守。永昌功曹吕凯[11]、府丞王伉率吏士闭境拒守，闿不能进，使郡人孟获[12]诱扇诸夷，诸夷皆从之；牂柯[13]太守朱褒、越巂夷王高定皆叛应闿。诸葛亮以新遭大丧，皆抚而不讨，务农殖谷，闭关[14]息民，民安食足而后用之。

秋，八月，丁卯[15]，以廷尉[16]钟繇为太尉[17]，治书执法[18]高柔代为廷尉。是时三公无事，又希与朝政，柔上疏曰：“公辅之臣，皆国之栋梁，民所具瞻；而置之三事[19]，不使知政，遂各偃息[20]养高[21]，鲜有进纳，诚非朝廷崇用大臣之义，大臣献可替否[22]之谓也。古者刑政有疑，辄议于槐、棘之下[23]。自今之后，朝有疑议及刑狱大事，宜数以咨访三公。三公朝朔、望之日，又可特延入讲论得失，博尽事情，庶[24]有补起天听，光益大化。”帝嘉纳焉。

辛未[25]，帝校猎于荥阳[26]，遂东巡。九月，甲辰[27]，如许昌。

汉尚书义阳邓芝[28]言于诸葛亮曰：“今主上幼弱，初即尊位，宜遣大使重申吴好。”亮曰：“吾思之久矣，未得其人耳，今日始得之。”芝问：“其人为谁？”亮曰：“即使君也。”乃遣芝以中郎将[29]修好于吴。冬，十月，芝至吴，时吴王犹未与魏绝，狐疑，不时见芝。芝乃自表请见曰：“臣今来，亦欲为吴，非但为蜀也。”吴王见之，曰：“孤诚愿与蜀和亲，然恐蜀主幼弱，国小势逼，为魏所乘，不自保全耳。”芝对曰：“吴、蜀二国，四州[30]之地。大王命世之英，诸葛亮亦一时之杰也。蜀有重险[31]之固，吴有三江[32]之阻。合此二长，共为唇齿，进可并兼天下，退可鼎足而立，此理之自然也。大王今若委质于魏[33]，魏必上望大王之入朝，下求太子之内侍，若不从命，则奉辞伐叛，蜀亦顺流见可而进，如此，江南之地非复大王之有也。”吴王默然良久曰：“君言是也。”遂绝魏，专与汉连和。

是岁，汉主立妃张氏[34]为皇后。

（以上为第三段，蜀汉南中反叛，邓芝使吴，蜀吴重结盟好。）

【注释】

［1］甲戌：六月十七日。［2］甲申：六月二十七日。［3］蕲（qí）春：郡名，治所蕲春县，在今湖北蕲春县西北。［4］晋宗：原为吴戏口守将，叛投魏，魏命他为蕲春太守，现又被贺齐所俘。［5］益州郡：治所滇池县，在今云南昆明市晋宁区东。［6］耆（qí）帅：地方武装头目。［7］雍闿（kǎi）：益州郡大姓。［8］士燮：士燮时为吴交趾太守。［9］张裔（?—230）：字君嗣，蜀郡成都（今四川成都市）人。初为刘璋鱼复长、帐下司马。刘备入蜀得益州后，命他为巴郡太守，又为司金中郎将。益州太守正昂被杀后，复以裔为太守，又被雍闿执送于吴。归蜀后为益州治中从事史、射声校尉兼丞相留府长史。传见《三国志》卷四十一。［10］永昌：郡名，治所不韦，在今云南保山市东北。［11］吕凯：字季平，永昌不韦人。初为本郡功曹（太守的主要佐吏），雍闿反蜀投吴，吴以闿为永昌太守，吕凯与府丞五伉遂闭境拒守，雍闿不得入郡。诸葛亮南征至南中，遂以凯为云南太守，封阳迁亭侯。传见《三国志》卷四十三。［12］孟获：南中建宁（今云南曲靖市）人。蛮夷酋长，诸葛亮七擒七纵，孟获心悦诚服，誓不复反，官至蜀汉御史中丞。［13］牂柯：柯，又写作“牁”。郡名，治所且（jū）兰，在今贵州黄平县西南。［14］关：指越巂郡之灵关，即司马相如通西南夷之灵关，在今四川越西县界。［15］丁卯：八月十一日。［16］廷尉：官名，掌司法刑狱。汉代称廷尉，建安中魏国建立后，改称大理，魏文帝代汉后又改称廷尉。［17］太尉：官名，三公之一。建安中曹操罢三公，魏文帝即位后又恢复。［18］治书执法：官名，曹魏所置，掌奏劾。［19］三事：古又称三公为三事。［20］偃息：安卧。［21］养高：谓养高尚志节。［22］献可替否：进献可行者，除去不可行者。［23］议于槐、棘之下：周时，朝廷种三槐九棘，公卿大夫分坐其下以议事。左九棘，为孤卿大夫之位，右九棘，为公侯伯子男之位，面对三槐为三公之位。据说，棘取其赤心而外刺。槐取怀意，谓怀来人于此欲与之谋。事参见《周礼·秋官·朝士》。［24］庶：幸，希冀之词。［25］辛未：八月十五日。［26］荥阳：县名，县治在今河南荥阳市东北。［27］甲辰：九月十九日。［28］邓芝（?—251）：字伯苗，义阳新野（今河南新野县）人。汉末入蜀，未被任用。刘备得益州后，命他为郫令、广汉太守，又为尚书。刘备卒后，奉命出使吴，与吴和好。后为扬武将军、车骑将军，封阳武亭侯。传见《三国志》卷四十五。［29］中郎将：官名，次于将军之武官。［30］四州：指益州、荆州、扬州与交州。［31］蜀有重险：谓蜀

之外有斜谷、骆谷、子午谷之险，内又有剑阁之险，是为双重之险。［32］吴有三江：指吴境内的吴淞江、钱塘江与浦阳江。［33］委质于魏：臣服于魏。［34］张氏：张飞的长女。

五年（甲辰，224年）

春，二[1]月，帝自许昌还洛阳。

初平以来，学道废坠。夏，四月，初立太学[2]；置博士[3]，依汉制设《五经》课试之法[4]。

吴王使辅义中郎将[5]吴郡张温[6]聘于汉，自是吴、蜀信使不绝。时事所宜，吴主常令陆逊语诸葛亮；又刻印置逊所，王每与汉主及诸葛亮书，常过示逊，轻重、可否有所不安，每令改定，以印封之。

汉复遣邓芝聘于吴，吴主谓之曰："若天下太平，二主分治，不亦乐乎？"芝对曰："天无二日，土无二王[7]。如并魏之后，大王未深识天命，君各茂其德，臣各尽其忠，将提枹鼓[8]，则战争方始耳。"吴王大笑曰："君之诚款乃当尔[9]邪！"

秋，七月，帝东巡，如许昌。帝欲大兴军伐吴，侍中辛毗谏曰："方今天下新定，土广民稀，而欲用之，臣诚未见其利也。先帝屡起锐师，临江而旋。今六军[10]不增于故，而复修之，此未易也。今日之计，莫若养民屯田，十年然后用之，则役不再举矣。"帝曰："如卿意，更当以虏遗子孙邪？"对曰："昔周文王以纣遗武王，惟知时也。"帝不从，留尚书仆射[11]司马懿镇许昌。八月，为水军，亲御龙舟，循蔡、颍[12]，浮淮[13]如寿春[14]。九月，至广陵[15]。

吴安东将军[16]徐盛建计，植木衣苇[17]，为疑城假楼，自石头[18]至于江乘[19]，联绵相接数百里，一夕而成；又大浮舟舰于江。

时江水盛长，帝临望，叹曰："魏虽有武骑千群，无所用之，未可图也。"帝御龙舟，会暴风漂荡，几至覆没。帝问群臣："权当自来否？"咸曰："陛下亲征，权恐怖，必举国而应。又不敢以大众委之臣下，必当自来。"刘晔曰："彼谓陛下欲以万乘[20]之重牵己，而超越江湖者在于别将，必勒兵待事，未有进退也。"大驾停住积日，吴王不至，帝乃旋师。是时，曹休表得降贼辞："孙权已在濡须口[21]。"中领军[22]卫臻曰："权恃长江，未敢抗衡，此必畏怖伪辞耳！”考核降者，果守将所作也。

吴张温少以俊才有盛名，顾雍以为当今无辈，诸葛亮亦重之。温荐引同郡暨艳为选部尚书[23]。艳好为清议[24]，弹射百僚，核奏三署[25]，率皆贬高就下，降损数等[26]，其守故者，十未能一；其居位贪鄙，志节污卑者，皆以为军吏，置营府以处之；多扬人暗昧之失以显其谪[27]。同郡陆逊、逊弟瑁[28]及侍御史朱据[29]皆谏止之。瑁与艳书曰：“夫圣人嘉善矜愚[30]，忘过记功，以成美化。加今王业始建，将一大统，此乃汉高弃瑕录用[31]之时也。若令善恶异流，贵汝、颍月旦之评[32]，诚可以厉俗明教，然恐未易行也。宜远模仲尼之泛爱[33]，近则郭泰之容济[34]，庶有益于大道也。”据谓艳曰：“天下未定，举清厉浊，足以沮劝；若一时贬黜，惧有后咎。”艳皆不听。于是怨愤盈路，争言艳及选曹郎[35]徐彪专用私情，憎爱不由公理；艳、彪皆坐[36]自杀[37]。温素与艳、彪同意，亦坐斥还本郡以给厮吏[38]，卒于家。始，温方盛用事，余姚虞俊叹曰：“张惠恕才多智少，华而不实，怨之所聚，有覆家之祸；吾见其兆矣。”无几何而败。

冬，十月，帝还许昌。

十一月，戊申晦[39]，日有食之。

鲜卑轲比能诱步度根兄扶罗韩杀之，步度根由是怨轲比能，更相攻击。步度根部众稍弱，将其众万余落保太原[40]、雁门[41]；是岁，诣阙贡献。而轲比能众遂强盛，出击东部大人素利，护乌丸校尉[42]田豫乘虚掎其后；轲比能使别帅琐奴拒豫，豫击破之。轲比能由是携贰[43]，数为边寇，幽、并苦之。

（以上为第四段，写魏文帝耀兵广陵。孙权使张温聘于汉，汉再使邓芝回报，自是吴蜀信使往来不绝。）

【注释】

[1]二：据章校，有些版本“二”作“三”。 [2]太学：古学校名，即国学。汉武帝时始置，由五经博士教授。 [3]博士：官名，自汉武帝以后，博士掌经学传授。 [4]《五经》课试之法：汉代设《五经》课试之法始于汉武帝时，当时置五经博士，下置弟子五十人，免其徭役，一年后课试，按其学业之高下，分别补郎中、文学、掌故等官。后来博士、弟子皆增多，东汉时五经有十四

博士，太学生多至三万余人。［5］辅义中郎将：官名，吴所置次于将军之武官，辅义为其名号。［6］张温：字惠恕，吴郡吴县（今江苏苏州市）人。初为议郎、选曹尚书，又为太子太傅。以辅义中郎将出使蜀，因称赞蜀政，引起孙权不满，又因名声太盛，为孙权所忌，故以他事被废。传见《三国志》卷五十七。［7］土无二王：此为孔子之言。《礼记·曾子问》：孔子曰："天无二日，土无二王。"［8］枹（fú）鼓：鼓槌和鼓，作战时所用。［9］尔：如此。［10］六军：古时天子有六军，诸侯三军，后世因称皇帝或国家军队为六军。［11］尚书仆射：尚书令之副。［12］蔡、颍：即蔡河与颍水。蔡河即今贾鲁河。古蔡河上游即汴河，今已湮。今贾鲁河由河南郑州市东流至中牟县南，经尉氏、扶沟二县入颍河。颍水即今颍河，源出河南登封市西南，东南流，经禹州市、临颍县、西华县、商水县，至周口市，北合贾鲁河，南合沙河入淮。［13］淮：即今淮河。［14］寿春：县名，县治在今安徽寿县。［15］广陵：县名，县治在今江苏扬州市。［16］安东将军：官名。魏晋时期，四安将军次于四镇将军。［17］植木衣（yì）苇：竖木于内，再用芦苇席遮于外，以此为疑城假楼。［18］石头：即石头城，孙权所建，在建业西，即在今江苏南京市西南。［19］江乘：汉代为县，吴省为典农都尉治所，在今江苏句容市北。［20］万乘：皇帝。古时天子有兵车万乘，诸侯千乘。后世遂以万乘称天子。［21］濡须口：即濡须水入长江处，在今安徽无为市东北。［22］中领军：官名，曹操为丞相时，自置领军，后称中领军。文帝即位后，以资重者为领军将军，资轻者为中领军，掌京师禁卫军。［23］选部尚书：官名，主选举官吏。［24］清议：批评议论人物。［25］三署：指五官、左、右三署郎。［26］降损数等：曹魏实行九品中正制，州、郡中正将本地人物品评为九等，吏部按等级铨选人物。孙吴也实行中正制，办法与曹魏大体相同。暨艳为选部尚书，主持铨选人物，总是在铨选中有意降低被选人的等级。［27］谪（zhé）：过失，罪过。［28］瑁：陆瑁，字子璋，陆逊弟。孙权嘉禾中，为议郎、选曹尚书，赤乌二年（239）卒。传见《三国志》卷五十七。［29］朱据（190—246）：字子范，吴郡吴县（今江苏苏州市）人。孙权黄武中，为五官郎中、侍御史。后得娶公主，为左将军，封云阳侯。官至骠骑将军。传见《三国志》卷五十七。［30］圣人嘉善矜愚：《论语·子张》载子张述子夏之言曰："君子尊贤而容众，嘉善而矜（可怜，同情）不能。"［31］弃瑕录用：谓不计较人的缺点而用人之所长。［32］汝、颍月旦之评：汝、颍，指汝、颍二水流域的汝南郡。东汉末，汝南许劭与从兄许靖俱有高名，好品评乡里人物，每月更换其品题，故称汝南月旦评。［33］仲尼之泛爱：《论语·学而》载孔子之言："泛爱众（博爱大众），而亲仁（亲近有仁德者）。"［34］郭泰之容济：东汉末郭泰有高名，并善评论人物。但对犯法被开除的郡学生左原，郭泰却劝导鼓励；对性情险恶，被乡人厌恶的贾淑，郭泰也与他交好。左、贾二人终被感动而成为善士。这就是郭泰之容济。事见《后汉书》卷六十八。［35］选曹郎：官名，即选部尚书郎，选部尚书之属官，主作文书起草。［36］坐：获罪。［37］自杀：谓赐死。［38］给厮（sī）吏：谓在本地官府中作杂役。［39］戊申晦：十一月二十九日。［40］太原：郡名，治所晋阳，在今山西太原市西南。［41］雁门：郡名，治所广武，在今山西代县西南。［42］护乌丸校尉：曹魏沿两汉所置，以管辖各地乌丸。按《三国志·魏书·乌丸鲜卑传》，田豫当时还持节并护鲜卑，驻屯于昌平，在今北京市昌平区南。［43］携贰：犹言离心。

六年（乙巳，225年）

春，二月，诏以陈群为镇军大将军[1]，随车驾董督[2]众军，录行尚书事[3]；司马懿为抚军大将军[4]，留许昌，督后台[5]文书。三月，帝行如召陵[6]，通讨虏渠[7]；乙巳[8]，还许昌。

并州刺史[9]梁习讨轲比能，大破之。

汉诸葛亮率众讨雍闿，参军马谡[10]送之数十里。亮曰："虽共谋之历年，今可更惠良规。"谡曰："南中恃其险远，不服久矣；虽今日破之，明日复反耳。今公方倾国北伐以事强贼，彼知官势[11]内虚，其叛亦速。若殄尽遗类以除后患，既非仁者之情，且又不可仓卒也。夫用兵之道，攻心为上，攻城为下，心战为上，兵战为下，愿公服其心而已。"亮纳其言。谡，良之弟也。

辛未[12]，帝以舟师复征吴，群臣大议。宫正[13]鲍勋[14]谏曰："王师屡征而未有所克者，盖以吴、蜀唇齿相依，凭阻山水，有难拔之势故也。往年龙舟飘荡，隔在南岸，圣躬蹈危，臣下破胆，此时宗庙几至倾覆，为百世之戒。今又劳兵袭远，日费千金[15]，中国[16]虚耗，令[17]黠[18]虏玩[19]威，臣窃以为不可。"帝怒，左迁勋为治书执法[20]。勋，信之子也。夏，五月，戊申[21]，帝如谯。

吴丞相北海孙劭卒。初，吴当置丞相，众议归张昭，吴王曰："方今多事，职大者责重，非所以优之也。"及劭卒，百僚复举昭，吴王曰："孤岂为子布有爱乎！领丞相事烦，而此公性刚，所言不从，怨咎将兴，非所以益之也。"六月，以太常[22]顾雍为丞相、平尚书事[23]。雍为人寡言，举动时当，吴王尝叹曰："顾君不言，言必有中。"至饮宴欢乐之际，左右恐有酒失，而雍必见之，是以不敢肆情。吴王亦曰："顾公在坐，使人不乐。"其见惮如此。初领[24]尚书令，封阳遂乡侯；拜侯还寺[25]，而家人不知，后闻，乃惊。及为相，其所选用文武将吏，各随能所任，心无适莫[26]。时访逮[27]民间及政职所宜，辄密以闻，若见纳用，则归之于上；不用，终不宣泄[28]；吴王以此重之。然于公朝[29]有所陈及，辞色虽顺而所执者正；军国得失，自非面见，口未尝言。王常令中书郎[30]诣雍有所咨访，若合雍意，事可施行，即相与反复究而论之，为设酒食；如不合意，雍即正色[31]改容，默然不言，无所施设。郎退告王，王曰："顾公欢悦，是事合宜也；其不言者，是事未平也。孤当重思之。"江边诸将，各欲立功自效，多陈便宜，有所掩袭。王以访雍。雍曰："臣闻兵法戒于小利，此等所陈，欲邀功名而为其身，非为国也。陛下宜禁制，苟不足以曜威损敌，所不宜听也。"王从之。

利成郡[32]兵蔡方等反，杀太守徐质，推郡人唐咨[33]为主，诏屯骑校尉[34]任福等讨平之。咨自海道亡入吴，吴人以为将军。

（以上为第五段，写诸葛亮进兵南中。吴王孙权用顾雍为丞相。）

【注释】

［1］镇军大将军：官名，曹魏所置，位从公，后不常置。［2］董督：督察。［3］录行尚书事：官名，总领随皇帝外行之尚书台事。［4］抚军大将军：官名，曹魏所置，位从公。［5］后台：谓留许昌之尚书台。［6］召（shào）陵：县名，县治在今河南漯河市郾城区东。［7］讨虏渠：为伐吴所开之渠，在漯河市郾城区东。［8］乙巳：三月二十八日。［9］并州刺史：建安十八年（213），曹操将并州并入冀州，魏文帝即位后复置并州，领太原、上党、西河、雁门、乐平、新兴六郡。刺史治所在晋阳。［10］马谡（sù）（190—228）：字幼常，襄阳宜城（今湖北宜城市南）人，马良之弟。初为荆州从事，随刘备入蜀得益州后，为绵竹、成都令，又为越嶲太守。后为诸葛亮丞相府参军，随诸葛亮北伐，于街亭失利，被下狱诛死。传见《三国志》卷三十九。［11］官势：犹言国势。［12］辛未：三月戊寅朔，无辛未。疑当作闰三月辛未，即闰三月二十四日。［13］宫正：官名，曹魏黄初四年改御史中丞为宫正，后又复称御史中丞。掌律令图籍，督察诸州刺史与郡国长吏，考察四方文书计簿，劾按公卿奏章。［14］鲍勋（?—226）：字叔业，泰山平阳（今山东新泰市）人。鲍信之子。初为曹操丞相掾，后为太子中庶子、黄门侍郎、侍御史。魏文帝即位后，为右中郎将、宫正、治书执法。传见《三国志》卷十二。［15］千金：谓巨额钱财。《孙子兵法·作战》云："带甲十万，千里馈（运送）粮……日费千金。"［16］中国：古时居住中原之华夏称中国，后世或称中原为中国，或以华夏之正统为中国。此指魏国。［17］今：据章校，有的版本"今"作"令"。［18］黠（xiá）：狡猾。［19］玩：轻慢。［20］治书执法：官名，曹魏所置，掌奏劾。［21］戊申：五月二日。［22］太常：官名，列卿之一，掌礼乐、郊庙、社稷等事。［23］平尚书事：官名，西汉有领、平、视尚书事之职，东汉皆称录尚书事。录为总领之意，平为平决之意，亦即参与之意。今孙吴又置平尚书事，职权盖同于录尚书事。［24］领：兼任。［25］寺：官

舍。［26］适（dí）莫：犹言厚薄。谓顾雍选用文武将吏，只以才能为标准，没有亲疏厚薄之分。［27］逮：及。［28］宣泄：公开泄漏。［29］公朝：在大庭广众的朝廷上。［30］中书郎：官名，即曹魏之通事郎，晋之中书侍郎。为中书监、令之副，佐典尚书奏事。［31］正色：表情端庄严肃。［32］利成郡：治所利成县，在今江苏连云港市赣榆区。［33］唐咨：利成（在今江苏连云港市赣榆区）人。魏文帝遣军讨平利成后，唐咨从海上逃入吴，吴以之为左将军、持节，封侯。后助诸葛诞反司马氏，兵败被俘至魏，魏又以他为安远将军。事见《三国志·魏书·诸葛诞传》。［34］屯骑校尉：官名，掌京都宿卫兵。

秋，七月，立皇子鉴为东武阳王。

汉诸葛亮至南中，所在战捷。亮由越嶲入，斩雍闿及高定。使庲降督[1]益州李恢[2]由益州入，门下督[3]巴西马忠[4]由牂柯入，击破诸县，复与亮合。孟获收闿余众以拒亮。获素为夷、汉所服，亮募生致之，既得。使观于营陈[5]之间，问曰："此军何如？"获曰："向者[6]不知虚实，故败。今蒙赐观营陈，若只如此，即定易胜耳。"亮笑，纵[7]使更战。七纵七禽而亮犹遣获，获止不去，曰："公，天威也，南人不复反矣！"亮遂至滇池[8]。

益州、永昌、牂柯、越嶲四郡皆平，亮即[9]其渠率[10]而用之。或以谏亮，亮曰："若留外人，则当留兵，兵留则无所食，一不易也；加夷新伤破，父兄死丧，留外人而无兵者，必成祸患，二不易也；又，夷累有废杀[11]之罪，自嫌衅[12]重，若留外人，终不相信，三不易也。今吾欲使不留兵，不运粮，而纲纪粗定，夷、汉粗安故耳。"亮于是悉收其俊杰孟获等以为官属，出其金、银、丹[13]、漆、耕牛、战马以给军国之用。自是终亮之世，夷不复反。

八月，帝以舟师自谯[14]循涡[15]入淮。尚书蒋济表言水道难通，帝不从。冬，十月，如广陵故城[16]，临江观兵[17]，戎卒十余万，旌旗数百里，有渡江之志。吴人严兵固守。时天寒，冰，舟不得入江。帝见波涛汹涌，叹曰："嗟乎，固天所以限南北也！"遂归。孙韶遣将高寿等率敢死之士五百人，于迳路[18]夜要[19]帝，帝大惊。寿等获副车、羽盖[20]以还。于是战船数千皆滞不得行，议者欲就留兵屯田，蒋济以为："东近湖，北临淮，若水盛时，贼易为寇，不可安屯。"帝从之，车驾即发。还，到精湖[21]，水稍尽，尽留船付济。船连延在数百里中，济更凿地作四五道，蹴[22]船令聚；豫作土豚[23]遏断湖水，皆引后船，一时开遏入淮中，乃得还。

十一月，东武阳王鉴薨。

十二月，吴番阳[24]贼彭绮攻没郡县，众数万人。

（以上为第六段，写诸葛亮平定南中。魏文帝三临长江。）

【注释】

[1]庲降督：即庲降都督，官名。蜀汉置以督统南中地区，最初都督治所在南昌县（在今云南镇雄县），至李恢为都督，移治所于平夷县（在今云南富源县），至马忠为都督，又移治所于味县（在今云南曲靖市）。[2]李恢（?—231）：字德昂，益州俞元（今云南澄江市）人。刘备入蜀，恢托名郡吏北投刘备。刘备得益州后，遂命他为功曹书佐、主簿、别驾从事，又为庲降都督，领交州刺史。诸葛亮南征，恢配合征讨，功最多，故封汉兴亭侯，加安汉将军。传见《三国志》卷四十三。[3]门下督：官名，丞相府之属官。[4]马忠（?—249）：字德信。巴西阆中（今四川阆中市）人。初为郡吏，汉昌长。后为诸葛亮丞相府门下督、牂牁太守。助诸葛亮平定南中后，被召为丞相参军，领益州治中从事。后又为庲降都督、安南将军，最后官至镇南大将军、平尚书事，封彭乡亭侯。传见《三国志》卷四十三。[5]陈（zhèn）：同“阵”。[6]向者：以前。[7]纵：释放。[8]滇池：县名，县治在今云南昆明市晋宁区东。[9]即：就。[10]渠率：大帅，地方武装头领或部族头人。[11]废杀：杀，同“弑”。谓执杀郡太守。[12]衅：罪。[13]丹：丹砂，朱砂。一种矿物，红色或棕红色，可作药用或颜料。[14]谯：郡名，治所谯县，在今安徽亳州市。[15]涡(guō)：水名，即今涡河。上源名青冈河，出河南通许县东南，南流经太康县，称涡河，东经安徽亳州市，又东南流，经涡阳县、蒙城县，至怀远县入淮。[16]广陵故城：即芜城，在今江苏扬州市江都区。本战国楚地，秦汉置县。西汉吴王刘濞都于此，筑广陵城。南朝宋竟陵王刘诞据广陵反，兵败而死，城邑荒芜，鲍照因作《芜城赋》，故名芜城。[17]观兵：检阅军队以显示兵威。[18]迳路：小路。[19]要：通“邀”，拦截。[20]羽盖：以翠羽为饰的车盖。[21]精湖：即今江苏宝应县南之津湖。[22]蹴(cù)：同“蹙”，收缩。[23]豚：通“墩”，以草裹土的土堆。[24]番（pó）阳：番，又写作“鄱”，郡名。治所鄱阳县，在今江西鄱阳县东。

七年（丙午，226年）

春，正月，壬子[1]，帝还洛阳，谓蒋济曰：“事不可不晓。吾前决谓分半烧船于山阳湖[2]中，卿于后致之，略与吾俱至谯。又每得所陈，实入吾意。自今讨贼计画，善思论之。”

汉丞相亮欲出军汉中，前将军李严当知[3]后事，移屯江州[4]，留护军陈到[5]驻永安，而统属于严。

吴陆逊以所在少谷，表令诸将增广农亩。吴王报曰：“甚善！令孤父子亲受田，车中八牛，以为四耦[6]，虽未及古人，亦欲令与众均等其劳也。”

帝之为太子也，郭夫人弟有罪，魏郡西部都尉[7]鲍勋治之；太子请，不能得，由是恨勋。及即位，勋数直谏，帝益忿之。帝伐吴还，屯陈留界。勋为治书执法，太守孙邕见出，过勋；时营垒未成，但立标[8]埒[9]，邕邪行，不从正道，军营令史刘曜欲推[10]之，勋以堑垒未成，解止不举。帝闻之，诏曰：“勋指鹿作马，收付廷尉。”廷尉法议[11]，“正刑[12]五岁”，三官[13]驳，“依律，罚金二斤”，帝大怒曰：“勋无活分，而汝等欲纵之！收三官已下付刺奸[14]，当令十鼠同穴[15]！”钟繇、华歆、陈群、辛毗、高柔、卫臻等并表勋父信有功于太祖[16]，求请勋罪，帝不许。高柔[17]固执不从诏命，帝怒甚，召柔诣台[18]，遣使者承指[19]至廷尉诛勋。勋死，乃遣柔还寺[20]。

票骑将军[21]都阳侯曹洪，家富而性吝啬，帝在东宫，尝从洪贷绢百匹，不称意，恨之；遂以舍客犯法，下狱当死，群臣并救，莫能得。卞太后[22]责怒帝曰：“梁、沛[23]之间，非子廉[24]无有今日。”又谓郭后曰：“令曹洪今日死，吾明日敕帝废后矣！”于是郭后泣涕屡请，乃得免官，削爵土。

初，郭后无子，帝使母养平原王叡；以叡母甄夫人被诛，故未建为嗣。叡事后甚谨，后亦爱之。帝与叡猎，见子母鹿，帝亲射杀其母，命叡射其子；叡泣曰：“陛下已杀其母，臣不忍复杀其子。”帝即放弓矢，为之恻然[25]。夏，五月，帝疾笃，乃立叡为太子。丙辰[26]，召中军大将军[27]曹真、镇军大将军陈群、抚军大将军司马懿，并受遗诏辅政。丁巳[28]，帝殂[29]。

陈寿评曰：文帝天资文藻，下笔成章，博闻强识[30]，才艺兼该[31]。若加之旷大之度，励以公平之诚，迈志存道，克广德心，则古之贤主，何远之有哉！

（以上为第七段，写魏文帝徇情枉法。）

【注释】

[1]壬子：正月十日。[2]山阳湖：在精湖以南，即今江苏高邮湖、邵伯湖一带之小湖。[3]知：主管。[4]江州：县名，县治在今重庆市中区。[5]陈到：字叔至，汝南（治所在今河南平舆县北）人。自豫州跟随刘备，以忠勇著称。蜀汉建兴初，官至永安都督、征西将军，封亭侯。事见《三国志·蜀书·杨戏传》附《季汉辅臣赞》。[6]耦：二牛并耕称耦。四耦共为八牛。[7]魏郡西部都尉：官名，相当于郡太守。建安十八年，曹操分魏郡，置东部都尉与西部都尉，以后东部都尉立阳平郡，西部都尉立广平郡，称为三魏。[8]标：标志。[9]埒（liè）：矮墙。[10]推：追究。[11]法议：根据法律议罪。[12]正刑：治罪判刑。[13]三官：指廷尉三官，即廷尉正、廷尉监、廷尉平，均掌决狱。[14]刺奸：曹魏置有刺奸掾、刺奸令史、刺奸主簿。[15]十鼠同穴：比喻集中一处，可一网打尽。[16]信有功于太祖：初平元年（190）曹操起兵，鲍信即率兵响应。初平三年，青州黄巾军入兖州杀刺史刘岱，鲍信与州吏遂迎曹操领兖州牧。后与黄巾军激战而死。参见《资治通鉴》卷五十九与六十汉献帝初平元年至三年。[17]高柔：高柔当时为廷尉，故不执行诏命处决鲍勋。[18]台：指尚书台。[19]指：通“旨”，意旨。[20]寺：官舍。[21]票骑将军：官名，位次于大将军。[22]卞太后：魏文帝曹丕之母，琅邪开阳（今山东临沂市）人。初为曹操妾，建安初丁夫人被废后，遂为夫人。后为魏王后，魏文帝即位后，尊为皇太后，居永寿宫。魏明帝即位后，尊为太皇太后。传见《三国志》卷五。[23]梁、沛：梁国与沛国，为曹操初起之地。[24]子廉：曹洪字子廉。初平元年曹操起兵后，至荥阳汴水被董卓部将徐荣所败，曹操中流矢，乘马也被伤，曹洪遂让马与曹操，曹操因而脱险。逃至汴水，水深不得渡，又赖曹洪得船而渡。参见《资治通鉴》卷五十九汉献帝初平元年。[25]恻（cè)然：悲痛。[26]丙辰：五月十六日。[27]中军大将军：官名，曹魏所置，位从公。[28]丁巳：五月十七日。[29]殂（cù）：死亡。按《资治通鉴》之例，天子统一天下者，死称崩，分治一方者称殂。[30]识（zhì）：通“志”，记住。[31]兼该：兼备。

太子即皇帝位，尊皇太后曰太皇太后，皇后曰皇太后。

初，明帝在东宫，不交朝臣，不问政事，惟潜思书籍；即位之后，群下想闻风采。居数日，独见侍中[1]刘晔，语尽日，众人侧听，晔既出，问：“何如？”曰：“秦始皇、汉孝武之俦。才具[2]微不及耳。”

帝初莅政[3]，陈群上疏曰：“夫臣下雷同[4]，是非相蔽，国之大患也。若不和睦则有仇党，有仇党则毁誉无端，毁誉无端则真伪失实，此皆不可不深察也。”

癸未[5]，追谥甄夫人曰文昭皇后。

壬辰[6]，立皇弟蕤为阳平王。

六月，戊寅[7]，葬文帝于首阳陵[8]。

吴王闻魏有大丧，秋，八月，自将攻江夏郡[9]，太守文聘坚守[10]。朝议欲发兵救之。帝曰：“权习水战，所以敢下船陆攻者，冀掩不备也。今已与聘相拒；夫攻守势倍，终不敢久也。”先是，朝廷遣治书侍御史[11]荀禹慰劳边方，禹到江夏，发所经县兵及所从步骑千人乘山举火，吴王遁走。

辛巳[12]，立皇子冏为清河王。

吴左将军诸葛瑾等寇襄阳，司马懿击破之，斩其部将张霸；曹真又破其别将于寻阳[13]。

吴丹阳[14]、吴[15]、会[16]山民复为寇，攻没属县。吴王分三郡[17]险地[18]为东安郡[19]，以绥南将军[20]全琮领太守。琮至，明赏罚，招诱降附，数年，得万余人。吴王召琮还牛渚[21]，罢东安郡。

冬，十月，清河王冏卒。

吴陆逊陈便宜，劝吴王以施德缓刑，宽赋息调[22]。又云：“忠谠[23]之言，不能极陈；求容小臣，数以利闻。”王报曰：“《书》载‘予违汝弼[24]’，而云不敢极陈，何得为忠谠哉！”于是令有司尽写科条[25]，使郎中[26]褚逢赍以就逊及诸葛瑾，意所不安，令损益之。

十二月，以钟繇为太傅[27]，曹休为大司马[28]，都督[29]扬州如故，曹真为大将军，华歆为太尉[30]，王朗为司徒，陈群为司空，司马懿为骠骑大将军。歆让位于管宁，帝不许。征宁为光禄大夫，敕青州[31]给安车[32]吏从，以礼发遣，宁复不至。

是岁，吴交趾[33]太守士燮卒，吴王以燮子徽为安远将军[34]，领九真[35]太守，以校尉陈时代燮。交州[36]刺史吕岱[37]以交趾绝远，表分海南三郡[38]为交州，以将军戴良为刺史；海东四郡[39]为广州，岱自为刺史；遣良与时南入。而徽自署交趾太守。发宗兵[40]拒良，良留合浦[41]。交趾桓[42]邻，燮举吏也，叩头谏徽，使迎良。徽怒，笞杀[43]

邻，邻兄治合宗兵击，不克。吕岱上疏请讨徽，督兵三千人，晨夜浮海而往。或谓岱曰："徽借累世之恩，为一州所附，未易轻也。"岱曰："今徽虽怀逆计，未知吾之卒[44]至；若我潜军轻举，掩其无备，破之必也，稽留不速，使得生心，婴城[45]固守，七郡百蛮，云合响应，虽有智者，谁能图之！"遂行，过合浦，与良俱进。岱以燮弟子辅为师友从事[46]，遣往说徽。徽率其兄弟六人出降，岱皆斩之。

孙盛论曰：夫柔远能迩[47]，莫善于信。吕岱师友士辅，使通信誓；徽兄弟肉袒[48]，推心[49]委命[50]，岱因灭之以要[51]功利，君子以知吕氏之祚[52]不延者也。

徽大将甘醴及桓治率吏民共攻岱，岱奋击，破之。于是除广州，复为交州如故。岱进讨九真，斩获以万数；又遣从事南宣威命，暨[53]徼外[54]扶南[55]、林邑[56]、堂明[57]诸王，各遣使入贡于吴。

（以上为第八段，写魏明帝曹叡即位。吴平交趾之乱。）

【注释】

[1]侍中：官名，职在侍从皇帝，应对顾问。汉代侍中无定员，曹魏定员为四人。[2]才具：才能器局。[3]莅（lì）政：亲政，料理政事。[4]雷同：谓随声附和。[5]癸未：五月辛丑朔，无癸未。按《三国志·魏书·文帝纪》，文帝五月丁巳卒，六月戊寅葬。追谥甄夫人盖在葬文帝之后，则癸未当为六月癸未，即六月十四日。以下"六月，戊寅，葬文帝于首阳陵"应移于"癸未"之前。[6]壬辰：当为六月二十三日。[7]戊寅：六月九日。[8]首阳陵：在当时洛阳东北的首阳山，因以"首阳"为陵名。[9]江夏郡：汉末魏初江夏郡治所多次变更，文聘为江夏太守数十年，治所在安陆，在今湖北安陆市北。[10]文聘坚守：按《三国志·魏书·文聘传》与《吴书·吴主传》，文聘当时屯石阳，孙权所围攻文聘所坚守之地亦石阳，即今湖北应城市东南。[11]治书侍御史：官名，掌律令，评判疑狱是非。[12]辛巳：六月十二日。[13]寻阳：县名，县治在今湖北黄梅县北。[14]丹阳：郡名，治所宛陵，在今安徽宣城市宣州区。[15]吴：郡名，治所吴县，在今江苏苏州市。[16]会：会稽郡之省称。会稽郡治所山阴，在今浙江绍兴市。[17]三郡：指上述丹阳、吴、会稽三郡。[18]险地：山险之地。[19]东安郡：治所富春，在今浙江杭州市富阳区。[20]绥南将军：官名，吴所置杂号将军。[21]牛渚：山名，又名牛渚矶，在今安徽马鞍山市西南长江边，山之北部突入江中，又名采石矶，形势险要。[22]调（diào）：一种征收纺织品的户税。汉末魏晋之户调，每年征收绵和绢若干。[23]谠（dǎng）：正直。[24]予违汝弼：此为《尚书·益稷》舜对禹之言，意思是说：我有违背于道之处，你当辅

正。［25］科条：法令条规。［26］郎中：官名，属光禄勋，除宿卫宫殿门户外，还外从作战。［27］太傅：官名，为上公，位在三公上，无职事，多为大官之加号。［28］大司马：官名，曹魏并置大司马与太尉，而大司马为上公，位在三公上。［29］都督：即都督诸州军事，曹魏黄初三年始置，统领所督诸州之军事。曹休于此为都督扬州诸军事。［30］太尉：官名，曹魏置太尉、司徒、司空为三公。名义上太尉掌军事，司徒掌民政，司空掌土木营建与水利工程，而曹魏三公常不与事，有名无实。［31］敕青州：管宁为北海朱虚（今山东临朐县东北）人，属青州，故敕青州以礼送遣。［32］安车：坐乘车。古代车为立乘，安车为坐乘，且多用一马拉车，礼尊者则用四马。［33］交趾：郡名，治所龙编，在今越南河内市东北。［34］安远将军：官名，三国时期的杂号将军。［35］九真：郡名，治所胥浦，在今越南清化市西北。［36］交州：治所广信，在今广西梧州市。［37］吕岱（161—256）：字定公，广陵海陵（今江苏泰州市）人。初为余姚长、庐陵太守。后为交州刺史、镇南将军，封番禺侯。后又督武昌右部，为上大将军、大司马。传见《三国志》卷六十。［38］海南三郡：指交趾、九真、日南三郡。［39］海东四郡：指苍梧、南海、郁林、合浦四郡。［40］宗兵：自汉末战乱，各地豪族头领多以宗人为兵，率以自保，称为宗兵。［41］合浦：郡名，治所合浦县，在今广西合浦县东北。［42］栢：据章校，有的版本“栢”作“桓”，下同。［43］笞（chī）杀：用鞭、杖打死。［44］卒：同“猝”，忽然。［45］婴城：环绕城。［46］师友从事：谓为从事史之官，而以师友相待。［47］迩（ěr）：近。［48］肉袒（tǎn）：脱去上衣，裸露肢体，表示惶惧。［49］推心：谓诚心诚意。［50］委命：寄托性命。［51］要（yāo）：通“邀”，求取。［52］祚：指官爵。［53］暨：及。［54］徼（jiào）外：境外。［55］扶南：古国名，在今柬埔寨境内。［56］林邑：古国名，在今越南中南部。［57］堂明：古国名，在今柬埔寨北。

烈祖明皇帝[1]上之上

太和元年（丁未，227年）

春，吴解烦督[2]胡综[3]、番阳太守周鲂[4]击彭绮，生获之。

初，绮自言举义兵，为魏讨吴，议者以为因此伐吴，必有所克。帝以问中书令[5]太原孙资[6]，资曰：“番阳宗人，前后数有举义者，众弱谋浅，旋辄乖散。昔文皇帝尝密论贼形势，言洞浦[7]杀万人，得船千数，数日间，船人复会；江陵被围历月，权裁[8]以千数百兵住东门，而其土地无崩解者；是其法禁上下相维之明验也。以此推绮，惧未能为权腹心大疾也。”至是，绮果败亡。

二月，立文昭皇后寝园于邺[9]。王朗[10]往视园陵，见百姓多贫困，而帝方营修宫室，朗上疏谏曰："昔大禹欲拯天下之大患，故先卑其宫室[11]，俭其衣食；句践[12]欲广其御儿之疆，亦约其身以及家，俭其家以施国；汉之文、景欲恢弘祖业，故割意于百金之台[13]，昭[14]俭于弋绨之服；霍去病中才之将，犹以匈奴未灭，不治第宅[15]。明恤[16]远者略近，事外者简内也。今建始之前，足用列朝会；崇华[17]之后，足用序内官；华林、天渊[18]，足用展游宴。若且先成象魏[19]，修城池，其余一切须丰年，专以勤耕农为务，习戎备为事，则民充兵强而寇戎宾服[20]矣。"

三月，蜀丞相亮率诸军北驻汉中[21]，使长史张裔、参军蒋琬统留府事。临发，上疏曰："先帝创业未半而中道崩殂，今天下三分，益州疲敝[22]，此诚危急存亡之秋也。然侍卫之臣不懈于内，忠志之士忘身于外者，盖追[23]先帝之殊遇[24]，欲报之于陛下也。诚宜开张圣听[25]，以光先帝遗德，恢弘[26]志士之气；不宜妄自菲薄[27]，引喻失义[28]，以塞忠谏之路也。

"宫中[29]、府中[30]，俱为一体，陟罚[31]臧否[32]，不宜异同。若有作奸犯科[33]及为忠善者，宜付有司[34]论其刑赏，以昭陛下平明之理，不宜偏私，使内外异法也。

"侍中[35]、侍郎[36]郭攸之、费祎[37]、董允[38]等，此皆良实，志虑忠纯，是以先帝简拔以遗陛下。愚以为宫中之事，事无大小，悉以咨之，然后施行，必能裨补阙漏，有所广益。将军向宠[39]，性行淑均[40]，晓畅军事，试用于昔日，先帝称之曰能，是以众议举宠为督。愚以为营中之事，悉以咨之，必能使行陈[41]和睦，优劣得所。

"亲贤臣，远小人，此先汉所以兴隆也；亲小人，远贤臣，此后汉所以倾颓也。先帝在时，每与臣论此事，未尝不叹息痛恨于桓、灵[42]也。侍中[43]、尚书[44]、长史[45]、参军[46]，此悉端良[47]，死节之臣，愿陛下亲之，信之，则汉室之隆，可计日而待也。

"臣本布衣[48]，躬耕南阳[49]，苟全性命于乱世，不求闻达于诸侯。先帝不以臣卑鄙[50]，猥自枉屈[51]，三顾臣于草庐之中，咨臣以当世之事；由是感激，遂许先帝以驱驰[52]。后值倾覆[53]，受任于败军之际，奉命于危难之间，尔来二十有一年矣。先帝知臣谨慎，故临崩寄[54]臣以大事[55]也。

“受命以来，夙夜[56]忧叹，恐托付不效，以伤先帝之明。故五月渡泸[57]，深入不毛[58]。今南方已定，甲兵已足，当奖[59]率三军，北定中原，庶[60]竭驽钝[61]，攘除[62]奸凶[63]，兴复汉室，还于旧都[64]，此臣所以报先帝，而忠陛下之职分也。至于斟酌损益，进尽忠言，则攸之、祎、允之任也。愿陛下托臣以讨贼兴复之效，不效，则治臣之罪以告先帝之灵，责攸之、祎、允等之慢以章其咎[65]。陛下亦宜自谋，以咨诹[66]善道，察纳雅言[67]，深追先帝遗诏，臣不胜受恩感激。今当远离，临表涕零，不知所言。”遂行，屯于沔[68]北阳平[69]石马[70]。

亮辟广汉太守姚伷[71]为掾[72]，伷并进文武之士，亮称之曰：“忠益者莫大于进人，进人者各务其所尚。今姚掾并存刚柔以广文武之用，可谓博雅矣。愿诸掾各希[73]此事以属[74]其望。”

帝闻诸葛亮在汉中，欲大发兵就攻之，以问散骑常侍[75]孙资，资曰：“昔武皇帝征南郑，取张鲁，阳平之役，危而后济，又自往拔出夏侯渊军，数言‘南郑直为天狱，中斜谷道[76]为五百里石穴耳，’言其深险，喜出渊军之辞也。又，武皇帝圣于用兵，察蜀贼栖于山岩，视吴虏窜于江湖，皆桡[77]而避之，不责将士之力，不争一朝之忿，诚所谓见胜而战，知难而退也。今若进军就南郑讨亮，道既险阻，计用精兵及转运镇守南方四州[78]，遏御水贼，凡用十五六万人，必当复更有所发兴，天下骚动，费力广大，此诚陛下所宜深虑。夫守战之力，力役参[79]倍。但以今日见[80]兵分命大将据诸要险，威足以震摄强寇，镇静疆埸[81]，将士虎睡，百姓无事。数年之间，中国日盛，吴、蜀二虏必自罢[82]敝。”帝乃止。

（以上为第九段，写诸葛亮北伐，临行，上《出师表》于后主，忠义奋发，《资治通鉴》在此全文引载。）

【注释】

[1]烈祖明皇帝（205—239）：姓曹，名叡，字元仲，魏文帝长子。《谥法》：照临四方曰明。公元226年至公元239年在位。事详见《三国志》卷三。 [2]督：督将。 [3]胡综（?—243）：

字仲则，汝南固始（今河南沈丘县东南）人。孙权时，与徐详共管军国秘事，官至偏将军，兼左执法。传见《三国志》卷六十二。［4］周鲂（fáng）：字子鱼。吴郡阳羡（今江苏宜兴市）人。孙权黄武中为鄱阳太守，后加裨将军。传见《三国志》卷六十。［5］中书令：官名。曹操为魏王时，设秘书令掌机要文书，魏文帝黄初中改秘书令为中书监、令，二者皆参与机要和主拟诏旨。中书令位次略低于中书监。［6］孙资：字彦龙，与刘放俱掌曹魏机要近三十年。事见《三国志·魏书·刘放传》。［7］洞浦：即洞口，在当时历阳江边。历阳县治在今安徽和县。［8］裁：通“才”。［9］邺：文昭皇后甄氏被魏文帝赐死于邺，故在邺立陵园。［10］王朗（?—228）：字景兴，东海郯县（今山东郯城县北）人。曹操初荐他为谏议大夫，参司空军事。又为魏国大理、御史大夫。魏文帝即位后，为司空。魏明帝时为司徒，封兰陵侯。长于经学，曾注解《易》《春秋》《周礼》等。传见《三国志》卷十三。［11］卑其宫室：孔子曾说夏禹“菲饮食”（吃得坏）、“恶衣服”（穿得粗劣）、“卑宫室”（住得简陋），却对祭祀和水利特别讲究用心。见《论语·泰伯》。［12］句（gōu）践：又作“勾践”。春秋时越国国君。勾践被吴国打败求和后，其地南至句无（今浙江诸暨市南），北至御儿（在今浙江嘉兴市），纵横仅百里。勾践为了拓地复国，遂勤俭节约，亲率家人耕织生产以自给，十年不收国人赋税，最后民富国强，终于复国。事见《国语·越语上》。［13］割意于百金之台：汉文帝曾想建一露台，及召工匠计算，听说需用百金，即决定不建。汉文帝又常穿弋绨（黑色粗厚的丝织物）制作的衣服，以倡导节俭。事见《汉书·文帝纪》。［14］昭：显示。［15］不治第宅：汉武帝时，霍去病两次大败匈奴，打开了西域通道，又与卫青共击败匈奴主力，立了大功，汉武帝为了奖赏他，为他修建府第，他却说：“匈奴不灭，无以为家也。”事见《汉书·霍去病传》。［16］恤：忧念。［17］建始、崇华：皆殿名，在当时洛阳北宫。［18］华林、天渊：即华林园与天渊池，在当时洛阳城东北。［19］象魏：宫廷外的阙门。古代宫廷门外建有二台，台上又建楼观，上圆下方，门在两旁，中央空阙为道，并以悬法，称为象魏。［20］宾服：臣服，归顺。［21］汉中：郡名，治所南郑，在今陕西汉中市。［22］疲敝：困乏。［23］追：怀念。［24］殊遇：特殊的恩遇。［25］开张圣听：指听取各种意见。［26］恢弘：发扬，振作。［27］妄自菲薄：自轻自贱。［28］引喻失义：援引比喻不恰当。［29］宫中：指皇帝宫禁中。［30］府中：指丞相府中。［31］陟（zhì）罚：赏罚。［32］臧（zāng）否（pǐ）：褒贬。［33］科：律条。［34］有司：官吏。古代设官分职，各有专司，故称有司。［35］侍中：当时郭攸之、费祎为侍中。［36］侍郎：即黄门侍郎，当时董允为此官。［37］费祎（?—253）：字文伟，江夏黾（méng）县（今河南信阳市）人。初为蜀汉黄门侍郎，为诸葛亮所重。后继蒋琬执政，为大将军、录尚书事。后被魏降人刺死。传见《三国志》卷四十四。［38］董允：字休昭，董和之子。蜀汉后主初年，为黄门侍郎，又为虎贲中郎将，统宿卫兵。后为侍中、守尚书令。传见《三国志》卷三十九。［39］向宠：初为刘备牙门将，夷陵之败，宠营独完好无损。后主初年，为中部督，领宿卫兵。官至中领军。事见《三国志·蜀书·向朗传》。［40］淑均：善良公正。［41］行陈：行阵，行列，此指军队。［42］桓、灵：汉桓帝与灵帝，皆信任宦官，政治腐败。［43］侍中：指上述的郭攸之、费祎。[44]尚书：指陈震，当时任尚书。[45]长史：指张裔，当时诸葛亮北伐，张裔任留府长史。[46]参军：指蒋琬，当时任参军，与张裔共统留府事。[47]端良：正直善良。[48]布衣：平民百姓。[49]南阳：郡名，治所宛县，在今河南南阳市。诸葛亮早年在隆中躬耕，虽距襄阳城西仅二十里，但在行政区划中，却属南阳郡之邓县，故诸葛亮说“躬耕南阳”。[50]卑鄙：低微鄙陋。[51]猥（wěi）自枉屈：谓委屈自己，亲身前往。[52]驱驰：奔走效劳。[53]倾覆：指汉献帝建安十三年曹操下荆州，刘备败逃之事。[54]寄：托付。[55]大事：指托孤之事。[56]夙夜：早晚。[57]泸：泸水，即今金沙江。[58]不毛：不生长草木庄稼之地，即谓荒凉之地。[59]奖：鼓励。[60]庶：希望。[61]驽钝：驽，劣马。钝，钝刀。用以比喻才能薄弱。[62]攘除：扫除。[63]奸凶：指曹魏。[64]旧都：指东汉都城洛阳。[65]章其咎：显示他们的过失。[66]咨诹：询问。[67]雅言：正言，忠言。[68]沔：沔水。[69]阳平：即阳平关，在今陕西勉县西北白马城。[70]石马：在今勉县东，其地有白马山，山石似马，故名石马。[71]姚伷（zhòu）：字子绪，阆中（今四川阆中市）人。后官至尚书仆射。事见《三国志·蜀书·杨戏传》附《季汉辅臣赞》陈寿注。[72]掾：副官或佐吏。[73]希：仰慕。[74]属：符合。[75]散骑常侍：官名，魏文帝所置，备顾问，掌规谏。[76]斜（yè）谷道：即褒斜道。此道北起斜谷（在今陕西眉县西南），南至褒谷（在陕西勉县褒城镇北），总长四百七十里，为秦蜀间险要之道。[77]桡（náo）：委屈。[78]四州：指荆、徐、扬、豫四州。[79]参：通“三”。[80]见（xiàn）：“现”的本字。[81]疆埸：疆界，边界。[82]罢（pí）：通“疲”，疲困。

初，文帝罢五铢钱，使以谷帛为用，人间巧伪渐多，竞湿谷以要[1]利，薄绢以为市，虽处以严刑，不能禁也。司马芝等举朝大议，以为：“用钱非徒丰国，亦所以省刑，今不若更铸五铢为便。”夏，四月，乙亥[2]。复行五铢钱。

甲申[3]，初营宗庙于洛阳。

六月，以司马懿都督荆、豫州[4]诸军事，率所领镇宛。

冬，十二月，立贵嫔河内毛氏[5]为皇后。初，帝为平原王，纳河内虞氏为妃；及即位，虞氏不得立为后，太皇卞太后尉勉焉。虞氏曰：“曹氏自好立贱，未有能以义举者也。然后职内事[6]，君听外政[7]，其道相由而成；苟不能以善始，未有能令终者也，殆必由此亡国丧祀矣！”虞氏遂绌[8]还邺宫。

初，太祖、世祖皆议复肉刑，以军事不果。及帝即位，太傅钟繇上言："宜如孝景[9]之令，其当弃市[10]欲斩右趾[11]者，许之；其黥[12]、劓[13]、左趾[14]、宫刑[15]者，自如孝文[16]易以髡[17]笞[18]，可以岁生三千人。"诏公卿已下议，司徒朗[19]以为："肉刑不用已来，历年数百；今复行之，恐所减之文未彰于万民之目，而肉刑之问已宣于寇仇之耳，非所以来远人也。今可按繇所欲轻之死罪，使减死髡刑，嫌其轻者，可倍其居作[20]之岁数，内有以生易死不訾[21]之恩，外无以刖[22]易钛[23]骇耳之声。"议者百余人，与朗同者多。帝以吴、蜀未平，且寝。

是岁，吴昭武将军韩当卒，其子综淫乱不轨，惧得罪，闰月，将其家属、部曲[24]来奔。

初，孟达既为文帝所宠，又与桓阶、夏侯尚亲善；及文帝殂，阶、尚皆卒，达心不自安。诸葛亮闻而诱之，达数与通书，阴许归蜀；达与魏兴[25]太守申仪有隙，仪密表告之。达闻之，惶惧，欲举兵叛；司马懿以书尉解之，达犹豫未决，懿乃潜军进讨。诸将言："达与吴、汉交通，宜观望而后动。"懿曰："达无信义，此其相疑之时也。当及其未定促决之。"乃倍道兼行，八日到其城下。吴、汉各遣偏将向西城[26]安桥[27]、木阑塞[28]以救达，懿分诸将以距之。初，达与亮书曰："宛[29]去洛八百里，去吾一千二百里。闻吾举事，当表上天子，比相反覆，一月间也，则吾城已固，诸军足办。吾所在深险，司马公必不自来；诸将来，吾无患矣。"及兵到，达又告亮曰："吾举事八日而兵至城下，何其神速也！"

（以上为第十段，写魏复行五铢钱。孟达反复，叛魏归蜀。）

【注释】

[1]要（yāo）：通"徼"，取。[2]乙亥：四月十日。[3]甲申：四月十九日。[4]荆、豫州：魏明帝时，荆州刺史治所在宛，在今河南南阳市。豫州刺史治所在项，在今河南沈丘县。[5]毛氏：河内（治所在今河南武陟县西南）人。传见《三国志》卷五。[6]职内事：指治理天子后宫夫人、嫔妃之事。[7]外政：指朝廷百官治理天下之政事。《礼记·昏义》谓"天子听外治，后听内职，教顺成俗，外内和顺，国家理治。"虞氏所言盖据此。[8]绌（chù）：通"黜"，贬退。[9]孝景：汉景帝。[10]弃市：死刑。[11]趾：脚。[12]黥（qíng）：在人面、额上刺字，然后涂上墨的刑罚，又称为墨刑。[13]劓（yì）：割去人的鼻子的刑罚。[14]左趾：砍去人的左脚的刑罚。[15]宫刑：阉割男性生殖器，破坏女子生殖机能的刑罚。[16]孝文：汉

文帝。［17］髡（kūn）：剃去人头发之刑。［18］笞（chī）：用竹板或荆杖打人臀部、腿部之刑。［19］朗：王朗。［20］居作：罚作苦役之刑。［21］訾（zǐ）：毁。［22］刖（yuè）：砍去人脚的刑罚，即斩趾之刑。［23］钛（dài）：在脚上套刑具之刑。［24］部曲：军队。此指亲兵、卫队。［25］魏兴：郡名，即蜀汉之西城郡。太守申仪叛蜀降魏后，魏文帝改为魏兴郡。仍以申仪为太守，屯驻洵口，在今陕西旬阳县东。以后魏兴郡之治所在西城县，在今陕西安康市西北。［26］西城：即西城县。［27］安桥：在今陕西安康市西，汉水之北。［28］木阑塞：在今陕西旬阳县东。以当时形势而论，大概蜀出兵安桥，吴出兵木阑塞。［29］宛：当时司马懿屯驻于此。

【点评】

三国外交。本卷所载最大历史事件是吴蜀重结盟好。借此点评一个专题，三国形成时期的外交。

所谓三国形成时期的外交，系指从公元207年诸葛亮提出隆中路线，规划孙刘结盟抗曹起，到公元229年吴蜀订立中分天下盟约止，前后23年。其特点是密切配合三方争夺荆州的军事斗争，成功使“人谋”规划的鼎足三分变成现实，它因历史走了曲折的道路而大放异彩，是我国古代列国外交史上的一朵奇葩。

外交是国与国之间的一种政治对话。三国外交特指曹、孙、刘三个独立的政治集团，魏、蜀、吴三国鼎立之间所发生的交往，它为实现各自的政治目的服务，尤其是着重于为现实的形势服务。因此，我们评价三国外交的得失，不能用统一的标准，要依据各自现实的政治目的来衡量他们所采取的策略是否得当。例如赤壁之战前夕，曹操具有统一的形势，正确的外交策略是阻止孙、刘结盟，各个击破，未做到这一点是失策。反过来看孙、刘，他们携手联合抗曹取得一定胜利，其外交策略是正确的。由于三方的最高政治目的皆是统一天下，这一形势决定了三国外交具有浓厚的互相利用的色彩，而没有稳固的联盟。所以刘、孙之间的明争暗斗以及公开交战都是顺乎自然的。所谓“鼎立”就是保持三方之间的力量均衡，这可称之为均衡外交。吴、蜀小国，连体相依，所以金戈铁马之后，仍能握手言和，魏、吴联盟只是短暂的互相利用，因为小国与大国结盟是不平等的依附，随时都有被吞灭的危险。

曹操、刘备是一流的政治家。有魄力、有智慧，在三方斗争中善于化被动为主动。曹操在与刘备争夺汉中之战失败以后，改变策略，挑动吴、蜀火并，由进攻转为防御，让孙权去进攻关羽。曹操的这一手段，收到了预期效果，削弱了吴、蜀，摆脱了困境，保持了曹魏的优势。刘备在困境时也表现了智勇兼备的外交才能。建安十五年十二月，他深入虎穴，求借荆州，诸葛亮曾加以劝阻，预料周瑜等人会设陷阱。果然周瑜和吕范都劝孙权软禁刘备，作为人质。孙权不从，采纳了鲁肃树操之敌的“上计”，刘备才幸免于难。数年后，刘备仍心有余悸，对庞统说，他料孙权“所防在北，当赖孤为援”才计出险途的。刘备此行虽险，但对于局势的分析却准确无误，走棋出奇招，死中求活，得其所愿，表现了他的大智大勇。随后，刘备阻挡孙权伐蜀，权谋也运用得十分高超。先是推说新据诸郡，“未可兴动”，不与孙权合作。孙权说，刘璋不武，恐失益州，危及荆州。刘备回答说，曹操志在吴会，同盟不宜自相攻伐。孙权不听，遣孙瑜率军独进。刘备以自己与刘璋同宗为辞而代璋请罪，同时进行军事部署，“使关羽屯江陵，张飞屯秭归，诸葛亮据南郡，备自住孱陵”，进退有节，有理有据，有实有虚，孙吴君臣无可奈何。但是曹操败于葛鲁之谋，刘备输于吕蒙之手，都是在自己鼎盛的时候遭到突然的挫折，不能不使人深思。曹操进兵赤壁，未能料到孙、刘结盟，是他的强权外交断送了统一的大好形势，是曹操外交的一大失败。刘备命关羽北伐，没有料到吕蒙偷袭，根本原因是因胜利而骄矜。刘备得蜀，寸土不让，以力相争，这是不得人心的。孙权忿然作色骂刘备：“猾虏，乃敢挟诈如此！”决定以武力强索荆州，这是刘备黩武招致的外交失败。复仇东伐，不听赵云等人的劝谏，不度德量力，不计后果，抱住正统与道义，是僵化外交断送了隆中路线。孙权奉行灵活外交，第一个果敢决策是借荆州给刘备，树操之敌，屏蔽东吴，联合作战，驱赶曹操还北。孙权第二个果敢决策是称臣于曹魏，袭杀关羽，夺回荆州，并在随后的夷陵之战避免了两线作战。孙权不仅决策果敢，而且手段灵活，笼络禁护军浩周，利用质子之争赢得备战时间。孙权发动的袭夺荆州之战，前后三年，全力对蜀，拖住了刘备，自己未受两线夹击，反而使刘备征吴还要防北，这是孙权在外交上最大的成功。荆州归吴，三国鼎立的均势形成。我们可以毫不夸张地说，诸葛亮隆中路线规划的三分蓝图，只是一个剧目的脚本，导演这出剧目的不是诸葛亮，而是孙权。

外交从属于政治。三国之间的矛盾，蜀、魏两国有正统与僭伪之分，因此是不可调和的。蜀汉国小力弱，需要联合孙权才能对抗曹魏。孙权是异军突起，可秦可楚。地理位置处于全国形胜的下游，联蜀才可能立国，附魏只能称臣。如果蜀亡，或者魏亡，吴国都将失去独立地位，这种政治形势和地理环境决定了吴国外交的摇摆，时而向敌称臣，时而以友为敌，魏强则联蜀，蜀强则附魏，顺应形势求得生存和发展。鼎立均衡是吴国生存的最佳环境，这是孙吴君臣追求的政治格局。孙权的屈身辱志，陆逊的及时退防，都是为此。

蜀汉夷陵败北，刘备去世，诸葛亮结束了死守原则的僵化外交，承认曹魏建立，认可孙权称帝，服从三国鼎立的现实，也采取了灵活策略，重新联吴抗魏。

卷七一　魏纪三

魏明帝太和二年至四年（228—230 年）

【起著雍涒滩（戊申，228 年），尽上章阉茂（庚戌，230 年），凡三年】

【大事提要】

本卷记事起公元 228 年，讫公元 230 年，凡三年，当魏明帝太和二年至太和四年。此时期最大事件是诸葛亮出师北伐，连年动众，收效甚微。首次出兵，误用马谡，蜀兵大败，诸葛亮丧失夺取关中的最好时机。太和四年，曹魏反击，曹真兵出斜谷，亦无功而返，魏、蜀形成对峙局面。孙权称帝，北进争合肥，亦无尺寸之功。曹魏取守势，蓄聚力量，疲敝吴蜀，魏明帝不失为一英主。此外，孙权经营台湾，值得大书。

烈祖明皇帝上之下

太和二年（戊申，228 年）

春，正月，司马懿攻新城[1]，旬有六日，拔之，斩孟达。申仪久在魏兴，擅承制刻印，多所假授；懿召而执之，归于洛阳。

初，征西将军夏侯渊之子楙[2]尚太祖女清河公主，文帝少与之亲善，及即位，以为安西将军，都督关中，镇长安，使承渊处。

诸葛亮将入寇，与群下谋之。丞相司马[3]魏延曰："闻夏侯楙，主婿也，怯而无谋。今假延精兵五千，负粮五千，直从褒中[4]出，循秦岭[5]而东，当子午[6]而北，不过十日，可到长安。楙闻延奄[7]至，必弃城逃走。长安中惟御史[8]、京兆[9]太守耳。横门邸阁[10]与散民之谷，足周食也。比东方相合聚，尚二十许日，而公从斜谷来，亦足以达。如此，则一举而咸阳[11]以西可定矣。"亮以为此危计，不如安从坦道，可以平取陇右[12]，十全必克而无虞，故不用延计。

亮扬声由斜谷道取郿[13]，使镇东将军赵云、扬武将军邓芝为疑兵，据箕谷[14]；帝遣曹真都督关右诸军军郿。亮身率大军攻祁山[15]，戎阵整齐，号令明肃。始，魏以汉昭烈既死，数岁寂然无闻，是以略无备豫[16]；而卒闻亮出，朝野恐惧，于是天水[17]、南安[18]、安定[19]皆叛应亮，关中响震，朝臣未知计所出，帝曰："亮阻山为固，今者自来，正合兵书致人之术，破亮必也。"乃勒兵马步骑五万，遣右将军张郃督之，西拒亮。丁未[20]，帝行如长安。

初，越嶲太守马谡，才器过人，好论军计，诸葛亮深加器异[21]；汉昭烈临终，谓亮曰："马谡言过其实，不可大用，君其察之！"亮犹谓不然，以谡为参军，每引见谈论，自昼达夜。及出军祁山，亮不用旧将魏延、吴懿等为先锋，而以谡督诸军在前，与张郃战于街亭[22]。

谡违亮节度，举措烦扰，舍水上山，不下据城。张郃绝其汲道，击，大破之，士卒离散。亮进无所据，乃拔西县[23]千余家还汉中。收谡下狱，杀之。亮自临祭，为之流涕，抚其遗孤，思若平生。蒋琬谓亮曰："昔楚杀得臣，文公喜可知[24]也。天下未定而戮智计之士，岂不惜乎！"亮流涕曰："孙武[25]所以能制胜于天下者，用法明也；是以扬干乱法[26]，魏绛戮其仆。四海分裂，兵交方始，若复废法，何用讨贼邪！"

谡之未败也，裨将军巴西王平[27]连规谏谡，谡不能用；及败，众尽星散，惟平所领千人鸣鼓自守，张郃疑其有伏兵，不往逼也，于是平徐徐收合诸营遗迸，率将士而还。亮既诛马谡及将军李盛，夺将军黄袭等兵，平特见崇显，加拜参军，统五部兼当营事[28]，进位讨寇将军，封亭侯[29]。亮上疏请自贬三等，汉主以亮为右将军，行[30]丞相事。

是时赵云、邓芝兵亦败于箕谷，云敛众固守，故不大伤，云亦坐贬为镇军将军[31]。亮问邓芝曰："街亭军退，兵将不复相录[32]，箕谷军退，兵将初[33]不相失，何故？"芝曰："赵云身自断后，军资什物，略无所弃，兵将无缘相失。"云有军资余绢，亮使分赐将士，云曰："军事无利，何为有赐，其物请悉入赤岸[34]库，须[35]十月为冬赐。"亮大善之。

或劝亮更发兵者，亮曰："大军在祁山、箕谷，皆多于贼，而不破贼，乃为贼所破，此病不在兵少也，在一人[36]耳。今欲减兵省将，明罚思过，校变通之道于将来；若不能然者，虽兵多何益！自今已后，诸有忠虑于国者，但勤攻吾之阙，则事可定，贼可死，功可跷足而待矣。”于是考微劳，甄[37]壮烈，引咎责躬，布所失于境内，厉兵讲武[38]，以为后图，戎士简练[39]，民忘其败矣。

亮之出祁山也，天水参军姜维[40]诣亮降。亮美维胆智，辟为仓曹掾[41]，使典军事。

曹真讨安定等三郡，皆平。真以诸葛亮惩于祁山，后必出从陈仓[42]，乃使将军郝昭等守陈仓，治其城。

（以上为第一段，写诸葛亮第一次北伐，误用马谡丢失街亭而败。）

【注释】

[1]新城：郡名。当时孟达为新城太守，治所在西城。以后移至房陵，在今湖北房县。[2]夏侯渊之子楙（mào）：按：夏侯楙为夏侯惇之子，《三国志·魏书·夏侯惇传》载：“惇弟廉及子楙素自封列侯。初，太祖以女妻楙，即清河公主也。”裴松之注引《魏略》亦载：“楙字子林，惇中子也。文帝少与楙亲，及即位，以为安西将军、持节，承夏侯渊处都督关中。”据上所载，《资治通鉴》实误。夏侯渊，夏侯惇之堂弟。[3]丞相司马：官名。蜀汉丞相之属官有长史而无司马，当时因出兵，故特置司马以参与军事谋划。[4]褒中：县名，县治在今陕西勉县褒城镇南。[5]秦岭：山名，横亘于今川陕之间的大山脉，东起于甘肃天水市，西至河南三门峡市陕州区，而通常又指今陕西西安市南之终南山一段为秦岭。[6]子午：即子午道，是古代关中和巴蜀的交通要道，北口称子，即今陕西西安市南秦岭的一个谷口；南口称午，在陕西洋县东，全长六百六十里。[7]奄（yǎn）：突然。[8]御史：指督军御史。当时曹魏遣督军御史与京兆太守共守长安。[9]京兆：即汉代京兆尹，魏文帝即位后称京兆郡，治所皆在长安。[10]邸（dǐ）阁：贮粮之所。[11]咸阳：古都邑名，为秦朝之都城，在今陕西咸阳市东。[12]陇右：地区名，指陇山以西地区，约相当于今甘肃六盘山以西、黄河以东一带。[13]郿：县名，县治在今陕西眉县东北。[14]箕谷：在今陕西勉县褒城镇北箕山中。[15]祁山：在今甘肃礼县东南。[16]备豫：预备。[17]天水：郡名，曹魏改汉阳为天水，治所仍在冀县，在今甘肃甘谷县东南。[18]南安：郡名，治所豲（huán）道，在今甘肃陇西县东南渭水东岸。[19]安定：郡名，治所临泾，在今甘肃镇原县东南。[20]丁未：正月辛酉朔，无丁未，有误。[21]器异：特别器重。[22]街亭：地名，在今甘肃秦安县东北的陇城镇。[23]西县：县治在今甘肃天水市西南。[24]文公喜可知：文公，春秋时晋文公。知，见。喜可知，即喜形于色。楚成王时，子玉得臣为令尹（相当于宰相），曾与晋文公大战于城濮，得臣失败而归，但楚成王却无赦令，得臣遂中途自杀而死。晋文公得知后非常高兴，即所谓，“喜可知也”。事见《左传》僖公二十八年。[25]孙武：春秋时兵家，

齐国人。曾以《兵法》十三篇见吴王阖闾，被任为将，以用法严明著称，曾率兵击破楚国。孙武所传《兵法》，世称《孙子兵法》。《史记》卷六十五有传。［26］扬干乱法：扬干，春秋时晋悼公之弟。公元前570年，晋悼公与诸侯会盟于鸡泽。古代诸侯会盟，皆有兵车相随，扬干却在鸡泽附近扰乱了晋国兵车行列，破坏了军容。当时主管晋军军法的中军司马魏绛就杀了扬干之仆（驾车人），晋悼公最后也夸奖魏绛“能以刑佐民”。事见《左传》襄公三年。［27］王平（?—248）：字子均，巴西宕渠（今四川渠县东北）人。文化不高，所识不过十字，而善于用兵，最后官至镇北大将军，封安汉侯。传见《三国志》卷四十三。［28］统五部兼当营事：即总领当时五部兵，并兼管诸葛亮所在汉中之营。［29］亭侯：汉制，列侯功大者食禄县邑，小者食禄乡、亭。食禄于亭者称亭侯。［30］行：代理。［31］镇军将军：官名，魏晋之镇军将军在四征、四镇将军之上，而赵云自镇东将军贬为镇军将军，则蜀汉以镇军在四镇之下，是为杂号将军。［32］录：收集。［33］初：完全。［34］赤岸：地名，又称赤崖，在今陕西汉中市西北。蜀汉在此建有军资库。［35］须：等待。［36］一人：谓统帅。［37］甄（zhēn）：鉴别。［38］厉兵讲武：准备武器，训练队伍。［39］简练：精选训练。［40］姜维（202—264）：字伯约，天水冀县（今甘肃甘谷县东南）人。初为曹魏凉州从事、本郡参军（参谋郡军事）。投归蜀汉后，深得诸葛亮之信重，任命为征西将军。诸葛亮死后，继统其军。后为大将军，屡攻魏无功，而宦官黄皓又弄权于内，维遂领兵于外，不还成都。后钟会破蜀，维被迫投降。后又趁钟会叛魏，拟乘机复蜀，但事败被杀。传见《三国志》卷四十四。［41］仓曹掾：官名，丞相府属官，主管仓谷事。［42］陈仓：县名，县治在今陕西宝鸡市东。

夏，四月，丁酉[1]，帝还洛阳。

帝以燕国徐邈[2]为凉州刺史。邈务农积谷，立学明训，进善黜恶，与羌、胡从事，不问小过；若犯大罪，先告都帅[3]，使知应死者，乃斩以徇[4]。由是服其威信，州界肃清。

五月，大旱。

吴王使鄱阳[5]太守周鲂[6]密求山中旧族名帅[7]为北方所闻知者，令谲[8]挑[9]扬州[10]牧曹休。鲂曰：“民帅小丑，不足杖任[11]，事或漏泄，不能致休。乞遣亲人赍笺以诱休，言被谴惧诛，欲以郡降北，求兵应接。”吴王许之。时频有郎官[12]诣鲂诘问[13]诸事，鲂因诣郡门下[14]，下发谢。休闻之，率步骑十万向皖[15]以应鲂；帝又使司马懿向江陵[16]，贾逵向东关[17]，三道俱进。

秋，八月，吴王至皖，以陆逊为大都督[18]，假黄钺[19]，亲执鞭以见之；以朱桓、全琮为左右督，各督三万人以击休。休知见欺，而恃其众，欲遂与吴战。朱桓言于吴王曰："休本以亲戚见任，非智勇名将也。今战必败，败必走，走当由夹石[20]、挂车[21]。此两道皆险阨，若以万兵柴路[22]，则彼众可尽，休可生虏。臣请将所部以断之，若蒙天威，得以休自效，便可乘胜长驱，进取寿春，割有淮南[23]，以规许、洛[24]，此万世一时[25]，不可失也！"权以问陆逊，逊以为不可，乃止。

尚书蒋济上疏曰："休深入虏地，与权精兵对，而朱然等在上流，乘休后，臣未见其利也。"前将军满宠上疏曰："曹休虽明果而希[26]用兵，今所从道，背湖旁[27]江，易进难退，此兵之絓地[28]也。若入无强口[29]，宜深为之备！"宠表未报，休与陆逊战于石亭[30]。逊自为中部，令朱桓、全琮为左右翼，三道并进，冲休伏兵，因驱走之，追亡逐北，径至夹石，斩获万余，牛马骡驴车乘万两，军资器械略尽。

初，休表求深入以应周鲂，帝命贾逵引兵东与休合。逵曰："贼无东关之备，必并军于皖，休深入与贼战，必败。"乃部署诸将，水陆并进，行二百里，获吴人，言休战败，吴遣兵断夹石，诸将不知所出；或欲待后军，逵曰："休兵败于外，路绝于内，进不能战，退不得还，安危之机，不及终日。贼以军无后继，故至此，今疾进，出其不意，此所谓'先人以夺其心[31]'也，贼见吾兵必走。若待后军，贼已断险，兵虽多何益！"乃兼道[32]进军，多设旗鼓为疑兵[33]。吴人望见逵军，惊走，休乃得还。逵据夹石，以兵粮给休，休军乃振。初，逵与休不善，及休败，赖逵以免。

九月，乙酉[34]，立皇子穆为繁阳王。

长平壮侯曹休上书谢罪，帝以宗室不问。休惭愤，疽发于背，庚子[35]，卒。帝以满宠都督扬州以代之。

护乌桓校尉田豫击鲜卑郁筑鞬，郁筑鞬妻父轲比能救之，以三万骑围豫于马城[36]。上谷[37]太守阎志，柔之弟也，素为鲜卑所信，往解谕之，乃解围去。

冬，十一月，兰陵成侯王朗卒。

（以上为第二段，写吴、魏夹石之战，陆逊大败曹休。）

【注释】

[1]丁酉：四月八日。 [2]徐邈（172—249）：字景山，燕国蓟县（今北京市西南）人。初为曹操丞相军谋掾，后为陇西、南安太守。魏明帝命他为凉州刺史（治所姑臧，在今甘肃武威市），凉州因而得治。后官至大司农、光禄大夫。传见《三国志》卷二十七。 [3]都帅：都，据章校，有的版本“都”作“部”。部帅，少数民族的部落头领。 [4]徇：示众。 [5]鄱阳：郡名，治所鄱阳县，在今江西鄱阳市东。 [6]周鲂：字子鱼，吴郡阳羡（今江苏宜兴市南）人。有文武才，任鄱阳太守，诱曹休中计，致使曹休有夹石之败。传见《三国志》卷六十。 [7]山中旧族名帅：指山越的有名头领。 [8]谲（jué）：欺骗。 [9]挑（tiǎo）：挑逗。此指引导敌人进入伏击圈。[10]扬州：曹魏扬州，仅有东汉九江、庐江之地。刺史治所在寿春，在今安徽寿县。 [11]杖任：依靠任用。 [12]郎官：指尚书郎，主作文书起草。 [13]诘（jié）问：责问。 [14]郡门下：指鄱阳郡门下。[15]皖：县名，县治在今安徽潜山市。[16]江陵：县名，县治在今湖北江陵县。[17]东关：地名，在濡须口，即濡须水入长江处，在今安徽无为市东北。孙权曾于此筑坞，称濡须坞。其地又有东关、西关之称，东关之南岸孙吴筑有城，西关之北岸曹魏置有栅。 [18]大都督：官名，总统内外诸军，为孙吴全国最高的军事统帅。 [19]假黄钺：授予总统内外诸军之权力。假，授予。黄钺，以黄金为饰的大斧，帝王威武的象征。 [20]夹石：镇名，在今安徽桐城市北。 [21]挂车：镇名，在桐城市西。 [22]柴路：用柴堵塞道路。 [23]淮南：王国名。魏文帝黄初中改汉九江郡置，治所寿春，在今安徽寿县。 [24]许、洛：许昌、洛阳。许为汉末献帝之都城，洛阳为曹魏之都城，皆曹魏时期的重地。 [25]万世一时：谓经历万世，仅此时有此机会。言机会难得，不可放过。 [26]希：少。 [27]旁（bàng）：通“傍”，靠近。 [28]絓（guà）地：谓地形复杂，多障碍之地，即兵法所说的挂地。《孙子·地形篇》说：“地形有通者，有挂者……我可以往，彼可以来，曰通。……可以往，难以返，曰挂。” [29]无强口：在夹石东南。[30]石亭：地名，在今安徽潜山市东北。 [31]先人以夺其心：此语来源于《左传》宣公十二年孙叔引《军志》曰“先人有夺人之心”。意思是说，进攻在敌人之先，就可夺去敌人战斗之心，挫其士气。 [32]兼道：加倍赶路。 [33]疑兵：虚设以迷惑敌人之兵。 [34]乙酉：九月二十九日。[35]庚子：九月丁巳朔，无庚子。 [36]马城：东汉为县，曹魏省，故县治在今河北怀安县北。[37]上谷：郡名，治所沮阳，在今河北怀来县东南。

汉诸葛亮闻曹休败，魏兵东下，关中虚弱，欲出兵击魏，群臣多以为疑。亮上言于汉主曰：“先帝深虑以汉、贼不两立，王业不偏安，故托臣以讨贼。以先帝之明，量臣之才，固当知臣伐贼，才弱敌强；然不伐贼，王业亦亡，惟坐而待亡，孰与伐之！是故托臣而弗疑也。臣受命之日，寝不安席，食不甘味。思惟北征，宜先入南，故五月渡泸，深入不毛。臣非不自惜也，顾[1]王业不可偏全于蜀都，故冒危难以奉先帝之遗意也，而议者以为非计。今贼适[2]疲于西[3]，又务于东[4]，兵法乘劳，此进趋之时也。谨陈其事如左：高帝明并日月，谋臣渊深，然涉险被创[5]，危然后安。今陛下未及高帝，谋臣不如良、平[6]，而欲以长计取胜，坐定天下，此臣之未解一也。刘繇、王朗各据州郡[7]，论安言计，动[8]引圣人，群疑满腹，众难塞胸，今岁不战，明年不征，使孙策坐大[9]，遂并江东。此臣之未解二也。曹操智计殊绝于人，其用兵也，仿佛孙、吴[10]；然困于南阳[11]，险于乌巢[12]，危于祁连[13]，逼于黎阳[14]，几败伯山[15]，殆死潼关[16]，然后伪定一时耳；况臣才弱，而欲以不危定之，此臣之未解三也。曹操五攻昌霸[17]不下，四越巢湖[18]不成，任用李服[19]而李服图之，委夏侯[20]而夏侯败亡；先帝每称操为能，犹有此失，况臣驽下[21]，何能必胜！此臣之未解四也。自臣到汉中，中间期年[22]耳，然丧赵云、阳群、马玉，阎芝、丁立、白寿、刘郃、邓铜等及曲长[23]、屯将[24]七十余人，突将[25]、无前[26]、賨[27]叟[28]、青羌[29]、散骑武骑[30]、一千余人，皆数十年之内，纠合四方之精锐，非一州之所有，若复数年，则损三分之二，当何以图敌！此臣之未解五也。今民穷兵疲，而事不可息，事不可息，则住与行，劳费正等，而不及虚图之，欲以一州之地与贼支久[31]，此臣之未解六也。夫难平者事也，昔先帝败军于楚[32]，当此时，曹操拊手[33]，谓天下已定。然后先帝东连吴、越[34]，西取巴、蜀[35]，举兵北征[36]，夏侯授首[37]，此操之失计而汉事将成也。然后吴更违盟，关羽毁败，秭归蹉跌[38]，曹丕称帝。凡事如是，难可逆见。臣鞠躬尽力，死而后已，至于成败利钝，非臣之明所能逆[39]睹也。”

（以上为第三段，载诸葛亮《后出师表》。诸葛亮明知“民穷兵疲”，但“事不可息”，明知不可为而为之，尽力而已。）

【注释】

[1]顾：想到。[2]适：正。[3]疲于西：指曹魏在郿县、祁山的军队刚与蜀汉交战之后，已经疲乏。[4]务于东：指曹魏在江陵、东关、石亭之军队正与孙吴对抗。[5]创（chuāng）：伤。[6]良、平：指张良、陈平，汉高帝刘邦之谋臣。[7]各据州郡：汉献帝兴平中刘繇为扬

州刺史，王朗为会稽太守。［8］动：常常。［9］坐大：安然不动而日趋强大。［10］孙、吴：指春秋时的孙武，战国时的吴起。［11］困于南阳：指曹操在宛城被张绣所败。［12］险于乌巢：指官渡之战中曹操破袁绍将淳于琼于乌巢。［13］危于祁连：大概指曹操围袁尚于祁山（在今河南安阳县西）之事。［14］逼于黎阳：指曹操围攻袁谭、袁尚于黎阳。［15］几败伯山：大概指曹操北征乌桓，与乌桓战于白狼山之事。［16］殆死潼关：指曹操与马超初战于潼关，几乎不得渡河。［17］五攻昌霸：昌霸即昌豨。昌豨据东海郡叛，曹操多次未攻下，后被于禁所杀。［18］四越巢湖：指曹操数次攻孙权。［19］李服：当时无此人，可能指王服。建安初王服与董承等谋除曹操。［20］夏侯：指夏侯渊。张鲁降后，曹操命夏侯渊驻守汉中，后被刘备部将黄忠所攻杀。［21］驽下：比喻才能低下。［22］期（jī）年：一年。［23］曲长：古代军队编制，将军所统有部，部下有曲，曲下有屯。曲长，一曲之长。［24］屯将：统领一屯之头领。［25］突将：冲锋突阵之勇将。［26］无前：谓所向无敌之将士。［27］賨（cóng）：古代居住于四川嘉陵江与渠江流域的少数民族，又称板楯蛮。［28］叟：古代南中地区的少数民族。［29］青羌：羌人之一种。［30］散骑武骑：当时蜀汉骑兵分部之名。［31］支久：持久。［32］败军于楚：指建安十三年刘备在荆州被曹操所败。［33］拊手：拍手称快。［34］吴、越：江东古为吴、越二国之地，因以吴、越称江东地区。［35］巴、蜀：巴郡与蜀郡。［36］北征：指刘备征汉中。［37］夏侯授首：指夏侯渊被杀。［38］蹉跌（diē）：失足。比喻失误。［39］逆：预先。

十二月，亮引兵出散关[1]，围陈仓，陈仓已有备，亮不能克。亮使郝昭乡人靳详于城外遥说昭，昭于楼上应之曰："魏家科法[2]，卿所练[3]也；我之为人，卿所知也。我受国恩多而门户重，卿无可言者，但有必死耳。卿还谢诸葛，便可攻也。"详以昭语告亮，亮又使详重说昭，言"人兵不敌，空[4]自破灭。"昭谓详曰："前言已定矣。我识卿耳，箭不识也。"详乃去。亮自以有众数万，而昭兵才千余人，又度[5]东救[6]未能便到，乃进兵攻昭，起云梯[7]冲车[8]以临城，昭于是以火箭逆射其梯，梯燃，梯上人皆烧死；昭又以绳连石磨压其冲车，冲车折。亮乃更为井阑[9]百尺以射城中，以土丸填堑[10]，欲直攀城，昭又于内筑重墙。亮又为地突[11]，欲踊出于城里，昭又于城内穿地横截之。昼夜相攻拒二十余日。

曹真遣将军费耀等救之。帝召张郃于方城[12]，使击亮。帝自幸河南城[13]，置酒送郃，问郃曰："迟[14]将军到，亮得无[15]已得陈仓乎！"郃知亮深入无谷，屈指计曰："比[16]臣到，亮已走矣。"郃晨夜进道，未至，亮粮尽，引去；将军王双追之，亮击斩双。诏赐昭爵关内侯[17]。

初，公孙康卒，子晃、渊[18]等皆幼，官属立其弟恭。恭劣弱，不能治国，渊既长，胁夺恭位，上书言状。侍中刘晔曰："公孙氏汉时所用，遂世官[19]相承，水则由海，陆则阻山，外连胡夷，绝远难制，而世权日久；今若不诛，后必生患。若怀贰阻兵，然后致诛，于事为难；不如因其新立，有党有仇，先其不意，以兵临之，开设赏募，可不劳师而定也。"帝不从，拜渊扬烈将军、辽东太守。

吴王以扬州牧吕范为大司马，印绶未下而卒。初，孙策使范典财计，时吴王年少，私从有求，范必关白[20]，不敢专许，当时以此见望[21]。吴王守阳羡[22]长，有所私用，策或[23]料覆[24]，功曹周谷辄为傅著[25]簿书，使无谴问，王临时悦之。及后统事，以范忠诚，厚见信任，以谷能欺更簿书，不用也。

（以上为第四段，写诸葛亮第二次出师，兵围陈仓，粮尽退军，斩魏追将王双。）

【注释】

[1]散关：亦名大散关，在今陕西宝鸡市西南的大散岭上，形势险要，古为军事重地。[2]科法：法令。[3]练：熟习。[4]空：据章校，有的版本"空"上有"无为"二字。[5]度（duó）：推测。[6]东救：谓魏军自东而来救陈仓。[7]云梯：古代攻城之工具。以大木为架，下有六轮，可转动。架上立飞梯和云梯，四面以生牛皮为屏蔽，人在内推进，至城，起飞梯于云梯之上，可以窥望城中，也可以登城。[8]冲车：古代攻城的战车。车辕前端置有铁，可以冲城。[9]井阑：登高攻城的工具，以木交叉构成，形似井栏。[10]堑（qiàn）：护城河。[11]地突：地道。[12]方城：山名，在今河南叶县南。[13]河南城：在洛阳城西。[14]迟：等到。[15]得无：该不会。[16]比：等到。[17]关内侯：汉魏封爵之一，次于列侯，只有俸禄而无封地。[18]渊：公孙渊，公孙康之子。胁夺叔父公孙恭之位后，魏明帝命他为辽东太守，又加拜大司马，封乐浪公。后叛魏，自称燕王，魏明帝遂遣司马懿征讨，渊兵败被杀。传见《三国志》卷八。[19]世官：谓子孙相袭为同一官职。此指公孙氏相袭为辽东太守。[20]关白：禀报。[21]望：怨望。[22]阳羡：县名，县治在今江苏宜兴市南。[23]或：也许。[24]料覆：审查。[25]傅著：附着。

三年（己酉，229 年）

春，汉诸葛亮遣其将陈戒[1]攻武都、阴平[2]二郡，雍州[3]刺史郭淮引兵救之。亮自出至建威[4]，淮退，亮遂拔二郡以归，汉主复策拜亮为丞相。

夏，四月，丙申[5]，吴王即皇帝位，大赦，改元黄龙。百官毕会，吴主归功周瑜。绥远将军[6]张昭，举笏欲褒赞功德，未及言，吴主曰："如张公之计[7]，今已乞食矣。"昭大惭，伏地流汗。吴主追尊父坚为武烈皇帝，兄策为长沙桓王，立子登为皇太子，封长沙桓王子绍为吴侯。

以诸葛恪[8]为太子左辅，张休[9]为右弼，顾谭[10]为辅正，陈表[11]为翼正都尉[12]，而谢景、范慎、羊衜[13]等皆为宾客，于是东宫号为多士。太子使侍中胡综作《宾友目》曰："英才卓越，超逾伦匹[14]，则诸葛恪；精识[15]时机，达幽究微[16]，则顾谭；凝辩宏达[17]，言能释结[18]，则谢景；究学甄微[19]，游夏[20]同科，则范慎。"羊衜私驳综曰："元逊才而疏，子默精而狠[21]，叔发[22]辩而浮，孝敬[23]深而狭[24]。"衜卒以此言为恪等所恶，其后四人皆败，如衜所言。

（以上为第五段，写诸葛亮第三次出师，蚕食曹魏武都、阴平二郡。吴诸葛恪崭露头角。）

【注释】

[1]陈戒：据《三国志·诸葛亮传》，应作陈式，《资治通鉴》误。 [2]武都、阴平：两郡名。武都治所下辨，在今甘肃成县西。阴平治所阴平道，在今甘肃文县。 [3]雍州：曹魏雍州刺史治所在长安，在今陕西西安市西北。 [4]建威：即建威城，在今甘肃成县西北。东汉末于此置戍守。 [5]丙申：四月十三日。按：孙吴于黄武二年（223）采用《乾象历》，较魏、蜀用《四分历》的时间一般早一日。此丙申又相合。 [6]绥远将军：官名，魏晋四十号杂号将军中，绥远将军为第十四。 [7]张公之计：指建安十三年曹操带兵下江南，张昭主张迎降。 [8]诸葛恪：字元逊，诸葛瑾长子。后为抚越将军、丹阳太守，率兵进攻山越，迁出不少山越人至平原，并以其丁壮为兵。孙权死后，恪辅立孙亮，任大将军，执国政，后被孙峻所杀。传见《三国志》卷六十四。 [9]张休：字叔嗣，张昭之子。后官至扬武将军，被诬告赐死。传见《三国志》卷五十二。 [10]顾谭：字子默，顾雍之孙。后为太常，平尚书事，因被诬谮，流徙交州而亡。传见《三国志》卷五十二。 [11]陈表：字文奥，陈武之子。后官至偏将军，封都乡侯。传见《三国志》卷五十五。 [12]翼正都尉：官名，与上文左辅、右弼、辅正都尉皆为孙吴所置，职责是侍从辅导太子。 [13]衜：古"道"字。 [14]超逾伦匹：超过同辈人。 [15]精识：见解深刻。 [16]达幽究微：洞察隐微。 [17]凝辩宏达：谓论辩坚定，论据充实，论理明白通达。 [18]释

结：解开疙瘩，开释疑问。［19］甄微：辨别细致。［20］游夏：孔子弟子子游、子夏。两人精通文献而齐名。《论语·先进》曰："文学，子游、子夏。"这里借以赞誉范慎经学、文献底子深厚。［21］狠：心狠。［22］叔发：谢景字叔发。［23］孝敬：范慎字孝敬。［24］狭：心胸褊狭。

吴主使以并尊二帝之议往告于汉。汉人以为交之无益而名体弗顺，宜显明正义，绝其盟好。丞相亮曰："权有僭逆之心久矣，国家所以略其衅情[1]者，求犄角[2]之援也。今若加显绝，仇我必深。当更移兵东戍，与之角力，须并其土，乃议中原。彼贤才尚多，将相辑穆[3]，未可一朝定也。顿兵相守，坐而须[4]老，使北贼[5]得计，非算之上者。昔孝文卑辞匈奴，先帝优与吴盟，皆应权通变，深思远益，非若匹夫之忿者也。今议者咸以权利在鼎足，不能并力，且志望已满，无上岸之情[6]，推此，皆似是而非也。何者？其智力不侔[7]，故限江自保；权之不能越江，犹魏贼之不能渡汉[8]，非力有余，而利不取也。若大军致讨，彼高当分裂其地以为后规，下当略民广境，示武于内，非端坐者也。若就其不动而睦于我，我之北伐，无东顾忧，河南之众不得尽西[9]，此之为利，亦已深矣。权僭逆之罪，未宜明也。"乃遣卫尉[10]陈震[11]使于吴，贺称尊号。吴主与汉人盟，约中分天下，以豫、青、徐、幽属吴，兖、冀、并、凉属汉，其司州[12]之土，以函谷关[13]为界。

张昭以老病上还官位及所统领，更拜辅吴将军，班亚三司，改封娄侯，食邑万户。昭每朝见，辞气壮厉，义形于色，曾已[14]直言逆旨，中不进见。后汉使来，称汉德美，而群臣莫能屈，吴主叹曰："使张公在坐，彼不折[15]则废[16]，安复自夸乎！明日，遣中使劳问，因请见昭，昭避席[17]谢，吴主跪[18]止之。昭坐定，仰曰："昔太后、桓王不以老臣属[19]陛下，而以陛下属老臣，是以思尽臣节以报厚恩，而意虑浅短，违逆盛旨。然臣愚心所以事国，志在忠益毕命而已；若乃变心易虑以偷荣取容，此臣所不能也！"吴主辞谢焉。

（以上为第六段，写孙权称帝，蜀使陈震使吴庆贺，吴、蜀订立中分天下条约。）

【注释】

［1］衅情：隙欲，非分的欲望。［2］犄角：谓牵制夹击敌人。［3］辑穆：和睦。穆，通

"睦"。［4］须：等到。［5］北贼：指曹魏。［6］无上岸之情：谓孙权只求保江东，无上岸北讨曹魏的打算。［7］不侔：不等，不够。［8］汉：汉水。［9］河南之众不得尽西：指曹魏河南之兵须防备孙吴，不可能完全调到西边与蜀汉抗争。［10］卫尉：官名，汉九卿之一，掌宫门警卫及宫中巡逻。［11］陈震（?—235）：字孝起，南阳（治所在今河南南阳市）人。随刘备入蜀，初为汶山、犍为太守。后主刘禅时，为尚书令，以卫尉出使孙吴有功，封城阳亭侯。传见《三国志》卷三十九。［12］司州：此司州非曹魏之司州，指汉代司隶校尉部。曹魏以河南尹、河内、河东、弘农、平阳等五郡为司州，以剩余的汉司隶校尉部合于雍州。汉司隶校尉部辖三辅（京兆尹、左冯翊、右扶风）、三河（河南尹、河内郡、河东郡）及弘农郡。［13］函谷关：在今河南新安县东。［14］已：通"以"，因为。［15］折：屈。［16］废：丧气。［17］避席：古人席地而坐，避席即离开座位。［18］跪：古人铺席于地，两膝着席，臀部压在脚跟上叫坐；臀部离脚跟、伸直腰叫跪。［19］属（zhǔ）：托付。

元城哀王礼[1]卒。

六月，癸卯[2]，繁阳王穆[3]卒。

戊申[4]，追尊高祖大长秋[5]曰高皇帝，夫人吴氏曰高皇后。

秋，七月，诏曰："礼，王后无嗣，择建支子[6]以继大宗[7]，则当纂正统而奉公义，何得复顾私亲哉！汉宣继昭帝后，加悼考以皇号[8]；哀帝以外藩援立[9]，而董宏等称引亡秦[10]，惑误时朝，既尊恭皇[11]，立庙京都，又宠藩妾[12]，使比长信，叙昭穆[13]于前殿，并四位于东宫[14]，僭差无度，人神弗佑，而非罪师丹忠正之谏，用致丁、傅焚如之祸[15]。自是之后，相踵行之[16]。昔鲁文逆祀[17]，罪由夏父；宋国非度[18]，讥在华元。其令公卿有司，深以前世行事为戒，后嗣万一有由诸侯入奉大统[19]，则当明为人后之义；敢为佞邪导谀时君，妄建非正之号，以干正统，谓考为皇，称妣为后，则股肱大臣，诛之无赦。其书之金策，藏之宗庙，著于令典[20]！"

九月，吴主迁都建业[21]，皆因故府，不复增改，留太子登及尚书九官[22]于武昌，使上大将军[23]陆逊辅太子，并掌荆州及豫章三郡[24]事，董督[25]军国。

南阳刘廙[26]尝著《先刑后礼论》，同郡谢景称之于逊，逊呵之曰："礼之长于刑久矣；廙以细辩而诡[27]先圣之教，君今侍东宫，宜遵仁义以彰德音，若彼之谈，不须讲也！”

太子与西陵[28]都督步骘[29]书，求见启诲，骘于是条于时事业在荆州界者及诸僚吏行能以报之，因上疏奖劝曰：“臣闻人君不亲小事，使百官有司各任其职，故舜命九贤[30]，则无所用心，不下庙堂[31]而天下治也。故贤人所在，折冲[32]万里，信国家之利器，崇替[33]之所由也。愿明太子重以经意，则天下幸甚！”

张纮还吴迎家，道病卒。临困，授子[34]留笺[35]曰：“自古有国有家者，咸欲修德政以比隆盛世，至于其治，多不馨香[36]，非无忠臣贤佐也，由主不胜其情，弗能用耳。夫人情惮难而趋易，好同而恶异，与治道相反。《传》曰[37]：‘从善如登，从恶如崩’，言善之难也。人君承奕世[38]之基，据自然之势，操八柄[39]之威，甘易同之欢，无假取于人，而忠臣挟难进之术，吐逆耳之言，其不合也，不亦宜乎！离则有衅[40]，巧辩[41]缘间，眩[42]于小忠，恋于恩爱，贤愚杂错，黜陟[43]失序，其所由来，情乱之也。故明君寤之，求贤如饥渴，受谏而不厌，抑情损欲，以义割恩，则上无偏谬[44]之授，下无希冀[45]之望矣！”吴主省书，为之流涕。

（以上为第七段，写魏明帝无子，预下支子入承大统不得顾私亲之诏。孙权定都建业。）

【注释】

[1]礼：曹礼，魏文帝曹丕第六子，封元城王，死后谥曰哀。[2]癸卯：六月二十一日。[3]穆：曹穆，魏明帝曹叡之子，封繁阳，死后谥曰穆。[4]戊申：六月二十六日。[5]大长秋：官名，汉代皇后的近侍宦官，负责传达皇后旨意，管理宫中事务。此大长秋指魏明帝的高祖父曹腾，他在汉桓帝时为大长秋。[6]支子：嫡长子及继承先祖的儿子为宗子，其余的儿子为支子。[7]大宗：始祖的嫡长子孙一系为大宗，其余的子孙为小宗。[8]加悼考以皇号：汉宣帝是汉武帝史皇孙之子、戾太子之孙。汉武帝晚年因巫蛊事，戾太子自杀，史皇孙被害。汉宣帝即位后，追谥史皇孙为悼，后又尊称为皇考（见《汉书·宣帝纪》）。[9]哀帝以外藩援立：汉哀帝是汉成帝异母弟定陶恭王刘康之子，汉成帝无子，死后以哀帝继位，故为外藩援立。[10]董宏等称引亡秦：汉哀帝即位后，成帝母王太后称太皇太后，居长信宫，成帝赵皇后称皇太后，高昌侯董宏便上书请依秦庄襄王尊生母夏氏、养母华阳夫人俱为太后之例，尊哀帝祖母傅氏为太后、母丁氏为皇后。当时师丹等认为董宏“引称亡秦以为比喻，诖误圣朝”，应治罪。事见《汉书·师丹传》。

[11]既尊恭皇：汉哀帝即位后，尊定陶恭王刘康为恭皇。[12]又宠藩妾：董宏之议被驳后，哀帝祖母傅氏大怒，一定要称尊号，哀帝遂尊傅氏为恭皇太后，丁氏为恭皇后。[13]昭穆：古代的宗法制度，宗庙或墓地的辈次排列有严格的规定，始祖居中，二世、四世、六世等偶数世代位于左方，称为昭；三世、五世、七世等奇数世代位于右方，称为穆，以此来分别宗族内部的长幼亲疏远近。[14]东宫：指太后宫。当时王太皇太后称长信宫，后来汉哀帝又尊傅恭皇太后为皇太太后，称永信宫，尊丁恭皇后为帝太后，称中安宫；再加赵皇太后，并为四太后。[15]致丁、傅焚如之祸：汉平帝即位后，王莽执政，贬傅太后号为定陶恭王母、丁太后号为丁姬。后又发掘傅氏、丁氏墓，改用民礼葬。当开丁氏棺椁时，突然起火，其中器物全遭焚毁。事见《汉书·外戚孝元傅昭仪传》。[16]相踵行之：指汉安帝尊父清河孝王刘庆为孝德皇，汉桓帝尊祖父河间孝王刘开为孝穆皇、父蠡吾侯刘翼为孝崇皇，汉灵帝尊祖父河间王刘淑为孝元皇、父解渎亭侯刘苌为孝仁皇。以上各王侯之妃皆尊为后。[17]鲁文逆祀：春秋时，鲁闵公死后鲁僖公继位，虽然二公是兄弟关系，但僖公是袭闵公之位，按宗法之礼，在太庙中，闵公的神位当然应在僖公之前，而鲁文公二年之太庙祭祀，却将僖公之神位升于闵公之前。这就叫逆祀。当时为宗伯的夏父弗忌还说，他看到新鬼（指僖公）大，故鬼（指闵公）小，先大后小，这个顺序是合于礼的。而当时的正人君子认为这样做是失礼的。事见《左传》文公二年。[18]宋国非度：春秋时，宋文公死，始为厚葬，墓中用了蚌蛤炭和木炭，增加了随葬车马和器物，还用了人殉（活人随葬），棺和椁也精致华丽。当时君子就说，宋国的执政大臣华元有失臣道，国君活着的时候随他去放纵作恶，死了以后又增加其奢侈，这还算什么大臣？事见《左传》成公二年。[19]大统：皇帝位。[20]令典：国家之宪章法令。[21]建业：县名，原名秣陵，孙权改称建业，县治在今江苏南京市。[22]九官：即九卿。[23]上大将军：官名，又称为上军大将军，魏、吴皆置，位在大将军上，是将军的最高称号。[24]三郡：指豫章、鄱阳、庐陵三郡。豫章郡治所南昌，在今江西南昌市。鄱阳郡治所鄱阳县，在今江西鄱阳县东。庐陵郡治所高昌，在今江西吉安市南。[25]董督：督察。[26]刘廙：字恭嗣，南阳（今河南南阳市）人。东汉末名士，魏大臣。初从刘表，投归曹操为黄门侍郎，文帝代汉，擢为侍中，赐爵关内侯。传见《三国志》卷二十一。[27]诡：违背。[28]西陵：县名，即汉之夷陵，孙权改名西陵，县治在今湖北宜昌市东南。孙吴在边要之地皆置督，而西陵是吴国之西门，故特置都督镇守。[29]步骘（zhì）：字子山，临淮淮阴（今江苏淮安市淮阴区南）人。初为孙权车骑将军东曹掾，又为交州刺史。孙权称帝后，为骠骑将军，都督西陵。后官至丞相。传见《三国志》卷五十二。[30]舜命九贤：指舜任命禹为司空（掌水土）、弃为后稷（掌农事）、契为司徒（掌教化）、皋陶为士（掌刑狱）、垂为共工（掌百工）、益为朕虞（掌山泽）、伯夷为秩宗（掌郊庙）、夔为典乐（掌音乐教化）、龙为纳言（掌出纳王命）。事见《尚书·舜典》。[31]庙堂：宗庙明堂。古代帝王遇大事，必告于宗庙，议于明堂。后世又以庙堂指朝廷。[32]折冲：谓击退敌军。[33]崇替：灭亡。[34]子：据章校，有些版本“子”下有“靖”字。[35]留笺：遗表。[36]馨（xīn）香：香美。[37]《传》曰：引自《周礼·天官》。[38]奕（yì）

世：累世。［39］八柄：古代帝王驾驭臣下的八种手段，即爵（封爵）、禄（俸禄）、予（赐予）、置（安置）、生（养）、夺（没收）、废（放逐）、诛（责备）。事见《周礼·天官·太宰》。［40］离则有衅：谓忠臣直言敢谏，多有逆耳之言，因而不合君主之意，于是君主与忠臣之间便有了隔阂。［41］巧辩：花言巧语之人。［42］眩：迷惑。［43］黜陟（zhì）：谓进退人才。降官称黜，升官称陟。［44］偏谬：偏颇，偏爱。［45］希冀：非分之想。

冬，十月，改平望观[1]曰听讼观。帝常言："狱者，天下之性命也。"每断大狱，常诣观临听之。初，魏文侯师李悝[2]著《法经》六篇，商君受之以相秦。萧何定《汉律》，益为九篇，后稍增至六十篇。又有《令》三百余篇，《决事比》[3]九百六卷，世有增损，错糅[4]无常，后人各为章句[5]，马、郑[6]诸儒十有余家，以至于魏，所当用者合二万六千二百七十二条，七百七十三万余言，览者益难。帝乃诏但用郑氏章句。尚书卫觊奏曰："刑法者，国家之所贵重而私议之所轻贱；狱吏者，百姓之所县[7]命而选用者之所卑下。王政之敝，未必不由此也；请置律博士。"帝从之。又诏司空陈群、散骑常侍刘邵[8]等删约汉法，制《新律》十八篇，《州郡令》四十五篇，《尚书官令》《军中令》合百八十余篇，于《正律》九篇为增，于旁章科令为省矣。

十一月，洛阳庙成，迎高、太、武、文[9]四神主于邺。

十二月，雍丘王植徙封东阿。

汉丞相亮徙府营于南山[10]下原上，筑汉城于沔阳[11]，筑乐城于成固[12]。

（以上为第八段，写魏明帝颁布新律。）

【注释】

［1］平望观：在华林园东南。［2］李悝（kuī）：战国时法家。曾任魏文侯相，魏因而国富兵强。李悝所著《法经》是中国最早的法典，有《盗法》《贼法》《囚法》《捕法》《杂律》《具法》六篇。［3］《决事比》：供狱官判断狱讼的比附案例。狱官判断狱讼时，如无旧例可援，则可比附《决事比》中之他例以判决。［4］糅（róu）：混杂。［5］章句：分析古书的章节、句读。［6］马、郑：马融、郑玄，东汉末之大经学家。［7］县："悬"本字。［8］刘邵：邵，《三国志》作"劭"。字孔才，广平邯郸（今河北邯郸市）人。魏文帝黄初中为尚书郎、散骑侍郎，受诏纂《皇览》。魏明帝时，为骑都尉，作《新律》十八篇，又著《律略论》。后又受诏作《都官考课》。一生著述颇多，

《法令》《人物志》为其代表。传见《三国志》卷二十一。［9］高、太、武、文：指高帝曹腾、太帝曹嵩、武帝曹操、文帝曹丕。［10］南山：即秦岭。［11］沔阳：县名，县治在今陕西勉县东南。［12］成固：县名，县治在今陕西城固县西北。

四年（庚戌，230年）

春，吴主使将军卫温、诸葛直将甲士万人，浮海求夷洲[1]、亶洲[2]，欲俘其民以益众，陆逊、全琮皆谏，以为："桓王创基，兵不一旅。今江东见[3]众，自足图事，不当远涉不毛，万里袭人，风波难测。又民易水土，必致疾疫，欲益更损，欲利反害。且其民犹禽兽，得之不足济事，无之不足亏众。"吴主不听。

尚书琅邪诸葛诞[4]、中书郎[5]南阳邓飏等，相与结为党友，更相题表[6]，以散骑常侍[7]夏侯玄[8]等四人为四聪，诞辈八人为八达。玄，尚之子也。中书监[9]刘放子熙，中书令孙资子密，吏部尚书[10]卫臻子烈三人咸不及比[11]，以其父居势位，容之为三豫[12]。

行[13]司徒事董昭上疏曰："凡有天下者，莫不贵尚敦朴忠信之士，深疾虚伪不真之人者，以其毁教乱治，败俗伤化也。近魏讽伏诛建安之末，曹伟斩戮黄初之始。伏惟前后圣诏，深疾浮伪，欲以破散邪党，常用切齿；而执法之吏，皆畏其权势，莫能纠擿[14]，毁坏风俗，侵欲滋甚。窃见当今年少不复以学问为本，专更以交游为业；国士不以孝悌清修为首，乃以趋势游利为先。合党连群，互相褒叹，以毁訾[15]为罚戮，用党誉为爵赏，附己者则叹[16]之盈言[17]，不附者则为作瑕衅[18]。至乃相谓：'今世何忧不度邪，但求人道不勤，罗之不博耳[19]；人何患其不己知，但当吞之以药而柔调耳[20]。'又闻或有使奴客名作在职家人[21]，冒之出入，往来禁奥[22]，交通书疏，有所探问。凡此诸事，皆法之所不取，刑之所不赦，虽讽、伟之罪，无以加也！"帝善其言。二月，壬午[23]，诏曰："世之质文[24]，随教而变。兵乱以来，经学废绝，后生进趣[25]，不由典谟[26]。岂训导未洽，将进用者不以德显乎？其郎吏[27]学通一经，才任牧民，博士课试，擢[28]其高第[29]者，亟用；其浮华不务道本者，罢退之！"于是免诞、飏等官。

（以上为第九段，写吴主孙权浮海经营台湾。魏司徒董昭上疏禁朋党浮华。）

【注释】

［1］夷洲：岛名，即今台湾。《太平御览》卷七百八十引《临海水土志》所记夷洲的方位、气候、地形、物产以及居民的风俗习惯，均与台湾的自然环境及高山族的情况相符合。［2］亶洲：岛名，今地未详。《史记·秦始皇本纪》、张守节《正义》引《括地志》说："亶洲在东海中，秦始皇使徐福将童男女入海求仙人，止住此洲，共数万家，至今洲上人有至会稽市易者。吴人《外国图》云亶洲去琅邪万里。"［3］见："现"的本字。［4］诸葛诞：字公休，琅邪阳都（今山东临沂市）人。诸葛亮之同族。魏明帝时为御史中丞、尚书。齐王芳正始中为扬州刺史、昭武将军。后为征东大将军，封高平侯。高贵乡公曹髦即帝位后，司马昭专权，诞据淮南反司马氏，兵败被杀。传见《三国志》卷二十八。［5］中书郎：官名，即通事郎，魏文帝所置，魏明帝时又改称中书侍郎，为中书监、令之副，佐典尚书奏事。［6］题表：品题表彰。即对人物评价后进行宣扬。［7］散骑常侍：官名，魏文帝所置，备顾问，掌规谏。［8］夏侯玄（209—254）：字太初，夏侯尚之子。齐王芳正始中曹爽辅政，玄为散骑常侍、中护军，又为征西将军，假节都督雍、凉州诸军事。后被司马氏所诛杀。传见《三国志》卷九。［9］中书监：官名，魏文帝黄初初年改秘书令置中书监、令，以参与机要，主拟诏旨。中书监位次略高于中书令。［10］吏部尚书：官名。曹魏改选部尚书为吏部尚书，主官吏之选用。［11］比：并列。［12］三豫：谓三人得参与品题之中。豫，通"与"。［13］行：代理。董昭资望轻，不能为三公，故为行司徒事。［14］纠擿（tī）：揭发检举。［15］毁訾（zǐ）：诋毁。［16］叹：赞叹。［17］盈言：谓过分称赞。［18］瑕衅：缺陷，过错。［19］"今世何忧"三句：意谓广布党友，则互为羽翼，身安而无患，可以度世。［20］"人何患其不己知"二句：胡三省注："谓毁誉所加，彼诚好誉而恶毁，则其心柔服调顺，于我无忤，如吞之以药也。"［21］在职家人：在职仆役，如尚书之主书、苍头、庐儿之类。［22］禁奥：宫中。［23］壬午：二月四日。［24］质文：质朴与文雅。［25］趣（qū）：趋向。［26］典谟：《尚书》中有《尧典》《舜典》《大禹谟》《皋陶谟》等篇，因以典谟泛指儒家经典。［27］郎吏：指尚书郎。尚书郎初至尚书台称守尚书郎，一年后称尚书郎，三年后选拔其能干者，称尚书侍郎。［28］擢（zhuó）：选拔。［29］高第：考试成绩列入优等。

夏，四月，定陵成侯钟繇卒。

六月，戊子[1]，太皇太后卞氏殂。秋七月，葬武宣皇后。

大司马[2]曹真以"汉人数入寇，请由斜谷[3]伐之；诸将数道并进，可以大克。"帝从之，诏大将军司马懿溯[4]汉水由西城[5]入，与真会汉中，诸将或由子午谷、或由武威[6]入。司空陈群谏曰："太祖昔到阳平攻张鲁，多收豆麦以益军粮，鲁未下而食犹乏。今既无所因，且斜谷阻险，难以进退，转运必见钞截，多留兵守要，则损战士，不可不熟虑也！”帝从群议。真复表从子午道；群又陈其不便，并言军事用度之计。诏以群议下真，真据之遂行[7]。

八月，辛巳[8]，帝行东巡；乙未[9]，如[10]许昌。

汉丞相亮闻魏兵至，次于成固赤坂[11]以待之。召李严使将二万人赴汉中，表严子丰为江州[12]都督督军，典严后事。

会天大雨三十余日，栈道断绝，太尉华歆上疏曰：“陛下以圣德当成、康[13]之隆，愿先留心于治道，以征伐为后事。为国者以民为基，民以衣食为本。使中国无饥寒之患，百姓无离上之心，则二贼[14]之衅可坐而待也！”帝报曰：“贼凭恃山川，二祖[15]劳于前世，犹不克平，朕岂敢自多，谓必灭之哉！诸将以为不一探取，无由自敝，是以观兵[16]以窥其衅。若天时未至，周武还师[17]，乃前事之鉴，朕敬不忘所戒。”

少府杨阜上疏曰：“昔武王白鱼入舟[18]，君臣变色，动得吉瑞，犹尚忧惧，况有灾异而不战竦[19]者哉！今吴、蜀未平，而天屡降变，诸军始进，便有天雨之患，稽阂[20]山险，已积日矣。转运之劳，担负之苦，所费已多，若有不继，必违本图。《传》曰：‘见可而进，知难而退，军之善政也[21]。’徒使六军[22]困于山谷之间，进无所略，退又不得，非王兵[23]之道也。”

散骑常侍王肃[24]上疏曰：“前志[25]有之：‘千里馈粮，士有饥色，樵苏后爨[26]，师不宿饱[27]。’此谓平涂之行军者也；又况于深入阻险，凿路而前，则其为劳必相百也。今又加之以霖雨[28]，山坂峻滑，众迫而不展，粮远而难继，实行军者之大忌也。闻曹真发已逾月而行裁[29]半谷[30]，治道功夫，战士悉作。是贼偏得以逸待劳，乃兵家之所惮也。言之前代，则武王伐纣，出关而复还；论之近事，则武、文征权，临江而不济；岂非所谓顺天知时，通于权变者哉！兆民知上圣以水雨艰剧之故，休而息之，后日有衅，乘而用之，则所谓悦以犯难，民忘其死[31]者矣。”肃，朗之子也。

九月，诏曹真等班[32]师。

（以上为第十段，写曹真伐蜀，无功而返。）

【注释】

[1]戊子：六月十一日。[2]大司马：官名，曹魏并置太尉与大司马，而大司马为上公，位在三公上。[3]斜谷：在今陕西眉县西南，为古褒斜道之北口。[4]溯：逆流而上。[5]西城：县名，县治在今陕西安康市西北。[6]武威：按：武威远在凉州，无必要派兵从武威入汉中。胡三省注："'武威'恐当作'武都'，否则'建威'也。"[7]据之遂行：据诏出发。魏明帝本下陈群所议与曹真商讨，曹真执意出兵，便据诏起行。[8]辛巳：八月五日。[9]乙未：八月十九日。[10]如：到。[11]赤坂（bǎn）：山名，即龙亭山，因山坡赤色，故名赤坂。在今陕西洋县东。[12]江州：县名，县治在今重庆市。李严当时本都督江州，现因受命至汉中，故又命其子为都督督军。[13]成、康：指周成王与康王。成、康之时，为周代盛世。[14]二贼：指蜀汉与孙吴。[15]二祖：指曹操、曹丕。魏明帝景初初，尊曹操为太祖武皇帝，曹丕为高祖文皇帝。[16]观兵：检阅军队以显示兵威。此指用兵。[17]周武还师：殷商末年周文王死后，周武王率军东伐，至盟津，叛殷诸侯来会者八百，皆说："纣可伐矣。"周武王认为时机还未成熟，遂撤军。事见《史记·周本纪》。[18]白鱼入舟：周武王东伐，至盟津渡河，船至中流，有白鱼跃入船中，武王取以祭拜。事见《史记·周本纪》。[19]战竦（sǒng）：通"颤悚"，恐惧发抖。[20]稽阂（hé）：阻隔不通。[21]军之善政也：此《传》语为《左传》宣公十二年随武子之言。[22]六军：国家军队。[23]王兵：王者之兵。[24]王肃（?—254）：字子雍，王朗之子。魏文帝黄初中，为散骑黄门侍郎，魏明帝太和初为散骑常侍。后官至中领军。长于经学，曾为《尚书》《诗经》《论语》及三《礼》《左传》作注解。传见《三国志》卷十三。[25]前志：前志之语见《史记·淮阴侯列侯》李左车对陈馀之言。[26]樵苏后爨（cuàn）：打柴割草然后做饭。谓行军后勤不继，吃饭时，临时找米找柴。[27]宿饱：犹言隔夜饱。因晚餐多吃，至次晨仍饱。不宿饱，没晚饭吃。[28]霖雨：连绵大雨。[29]裁：通"才"。[30]半谷：谓子午谷全程之半。[31]民忘其死：《周易·兑》彖辞说："说（悦）以犯难，民忘其死。"意思是说，能够使人民喜悦乐意地去冒险犯难，人民就会忘记死亡的危险。[32]班：回归。

冬，十月，乙卯[1]，帝还洛阳。时左仆射[2]徐宣总统留事，帝还，主者奏呈文书。帝曰："吾省[3]与仆射省何异！"竟不视。

十二月[4]，改葬文昭皇后于朝阳陵。

吴主扬声欲至合肥[5]，征东将军[6]满宠[7]表召兖、豫诸军皆集，吴寻退还，诏罢其兵。宠以为："今贼大举而还，非本意也；此必欲伪退以罢吾兵，而倒还乘虚，掩不备也。"表不罢兵。后十余日，吴果更到合肥城，不克而还。

汉丞相亮以蒋琬为长史[8]。亮数外出，琬常足食足兵，以相供给。亮每言："公琰[9]托志忠雅，当与吾共赞王业者也。"

青州人隐蕃逃奔入吴，上书于吴主曰："臣闻纣为无道，微子[10]先出；高祖宽明，陈平[11]先入。臣年二十二，委弃[12]封域[13]，归命有道，赖蒙天灵，得自全致[14]。臣至止有日，而主者[15]同之降人，未见精别，使臣微言妙旨，不得上达，於邑[16]三叹，曷惟其已[17]！谨诣阙拜章，乞蒙引见。"吴主即召入，蕃进谢，答问及陈时务，甚有辞观[18]。侍中、右领军[19]胡综侍坐，吴主问何如？综对曰："蕃上书大语[20]有似东方朔[21]，巧捷诡辩有似祢衡，而才皆不及。"吴主又问："可堪何官？"综对曰："未可以治民，且试都辇[22]小职。"吴主以蕃盛语刑狱，用为廷尉监[23]。左将军朱据、廷尉[24]郝普[25]数称蕃有王佐之才，普尤与之亲善，常怨叹其屈。于是蕃门车马云集，宾客盈堂，自卫将军全琮等皆倾心接待；惟羊衜及宣诏郎[26]豫章杨迪拒绝不与通。潘濬子翥[27]，亦与蕃周旋[28]，馈饷[29]之。濬闻，大怒，疏[30]责翥曰："吾受国厚恩，志报以命[31]，尔辈在都，当念恭顺，亲贤慕善。何故与降虏交，以粮饷之！在远闻此，心震面热，惆怅[32]累旬。疏到，急就往使受杖一百，促责所饷！"当时人咸怪之。顷之，蕃谋作乱于吴，事觉，亡走，捕得，伏诛。吴主切责郝普，普惶惧，自杀。朱据禁止[33]，历时乃解。

武陵[34]五溪[35]蛮夷叛吴，吴主以南土清定，召交州刺史吕岱还屯长沙[36]沤口[37]。

（以上为第十一段，写吴主孙权识察奸佞。）

【注释】

[1]乙卯：十月十一日。 [2]左仆射（yè）：仆射为尚书令之副。曹魏置左、右仆射，令缺，则左为省主。 [3]省（xǐng）：看阅。 [4]月：据章校，有的版本"月"下有"辛未"二字。辛未，十二月二十八日。 [5]合肥：县名，县治在今安徽合肥市。 [6]征东将军：官名。在汉代，征东、征西、征南、征北诸将军与杂号将军同。曹魏以后，则四征为上，位次于三公。 [7]满宠：字伯宁，山阳昌邑（今山东巨野县南）人。曹魏名将，守合肥抗拒孙吴，坚如泰山。明帝时官至太尉。传见《三国志》卷二十六。 [8]长史：即丞相长史，为丞相之主要属官，职责是协助丞相，署理

诸曹事。［9］公琰：蒋琬字公琰。［10］微子：殷纣王之庶兄。纣王无道，微子多次进谏，纣王不听，微子遂首先出走。事见《史记·宋微子世子》。［11］陈平：陈平先在项羽部下，后惧项羽诛杀，遂投归刘邦。［12］委弃：抛弃。［13］封域：指家乡。［14］得自全致：谓得以全身献于吴。［15］主者：指主管宾客之官。［16］於（wū）邑：短叹息声。［17］曷惟其已：此语见《诗经·邶风·绿衣》，意为：怎么能阻止得住呢！［18］辞观：言辞与仪表。［19］右领军：官名。孙吴置中领军及左、右领军，掌禁军。［20］大语：夸大之言。［21］东方朔：汉武帝时之文学家，性诙谐滑稽。［22］都辇（niǎn）：指京都。［23］廷尉监：官名，廷尉之属官。［24］廷尉：官名，列卿之一，掌司法刑狱。［25］郝普：字子太。刘备自荆州入蜀，以普为零陵太守，后被吕蒙骗降至吴，官至廷尉。事见《三国志·蜀书·杨戏传》附《季汉辅臣赞》。［26］宣诏郎：官名，孙吴所置，掌宣传诏命。［27］翥：zhù。［28］周旋：谓交结往来。［29］馈饷：赠送财物。［30］疏：此指写信。［31］志报以命：谓志在以命报效国恩。［32］惆怅：伤感。［33］禁止：拘禁。［34］武陵：郡名，治所临沅，在今湖南常德市。［35］五溪：指雄溪、樠（mán）溪、沅溪、西溪、辰溪。在五溪流域居住着南方少数民族，当时人们称之为“五溪蛮”。［36］长沙：郡名，治所临湘，在今湖南长沙市。［37］沤（òu）口：今地未详。

【点评】

诸葛亮北伐的动因。诸葛亮北伐是三国鼎立时期的一件大事。本卷魏纪三和下一卷魏纪四，所载史事，诸葛亮北伐是第一大事。因此，本卷着重点评诸葛亮北伐的动因，下一卷点评诸葛亮北伐失败的原因。

先说，诸葛亮北伐过程。

诸葛亮北伐，袁枢的《通鉴纪事本末》标目为“诸葛亮出师”，学术界点评命题为“诸葛亮北伐”。诸葛亮北伐，前后六次，五次进攻，一次防守。公元228年春，诸葛亮从汉中大举出祁山，志欲一举平陇右，由于马谡违亮节度，兵败街亭退回。同年冬出散关，围陈仓，粮尽退兵。公元229年，第三次出兵蚕食魏境武都、阴平二郡。公元230年魏国分兵进攻汉中，诸葛亮防守，魏兵遇雨退回。公元231年，诸葛亮再出祁山，粮尽退军。诸葛亮鉴于后勤不继，在汉中实行大规模军屯，经过两年的充分准备。于公元234年再度大举北伐。诸葛亮出兵斜谷，屯田武功，欲与魏军作持久战，因积劳成疾，病逝五丈原而罢兵。

由于诸葛亮在“隆中对策”中提出了以人谋智计安天下的路线，替刘备规划了三分天下的蓝图，经过十余年的征战，得以实现。诸葛亮被视为智慧的化身，认为他的“权智英略，有逾管晏”（晋人郭冲语）。但后来诸葛亮北伐，手握重兵，却未建奇功，从而引发争议。单从客观形势论，魏强蜀弱，魏大蜀小，而守与战，兵力财物有三倍之差，即进攻的一方要三倍于守方，才相均衡。蜀国是攻不足而守有余，而诸葛亮为何要发动进攻呢？这在当世就引起了人们的争论。总体来说，前人有三种意见。与诸葛亮同时代的吴国大鸿胪张俨所作《默记》提出了相反的两种意见。第一种意见肯定诸葛亮北伐，认为诸葛亮志在吞魏，饮马河、洛，只是死得太早，不然一定会成功。第二种意见否定诸葛亮北伐，认为诸葛亮处益州孤绝之地，战士不满五万，应闭关守境，蓄养士民，而连年动众，“使国内受其荒残，西土苦其役调”，空劳师旅，非明哲之士。西晋时论者，多讥诸葛亮“托身非所，劳困蜀民，力小谋大，不能度德量力”。明人王夫之提出了第三种观点，认为诸葛亮北伐是“以攻为守”，经略中原只不过是一个口号、一种理想而已。王夫之的观点为近现代时贤所公认。但是以攻为守，在理论上和实践上都站不住脚，也不符合诸葛亮北伐的实际。在理论上，弱国对抗强国，采取“以攻为守”，等于是弱小的一方主动挑起战争，古今中外无此实例。《孙子兵法》指出：“故善战者，致人而不致于人。”魏明帝曹叡也说：“亮阻山为固，今者自来，既合兵书致人之术，破亮必也。”（《明帝纪》裴注引《魏书》）以诸葛亮之明，不至于不懂得这个起码的军事常识。他在《后出师表》中明确地说：“今民穷兵疲，而事不可息。”可见北伐另有深意。如果诸葛亮北伐是“以攻为守”，那应是虚张声势，而不会亲率三军北驻汉中。从蜀汉立国路线上说，“以攻为守”的潜台词就是说诸葛亮以守土偏安为国策，这与诸葛亮本志与隆中路线是大相径庭的。后人从历史事势的分析说，刘备发动夷陵之战，已经葬送了隆中路线，但诸葛亮并不这么看，他还要做主观的努力来兴复汉室。北伐的最高目的就是兴复汉室。千古名文《出师表》透出了个中信息。《出师表》恳切地劝说后主刘禅要奋发自励，不要妄自菲薄而满足于偏安王室，要亲贤远佞，兴复汉室。这里诸葛亮表明了统一中原的壮志。他说：“如今南方已定，兵甲充足，应奖率三军，北定中原，攘除奸凶，兴复汉室，还于旧都。”《后出师表》，笔调凄凉，已无《前出师表》的英气奋发，明知蜀国“民穷兵疲”，而仍然是“事不可息”。为什么“事不可息”，即一定要坚持北伐呢？因为诸葛亮所处地位，所肩负责任，以及他的本志。诸葛亮坚持北伐，有以下主要六大原因。

（1）兴复汉室，还于旧都是根本原因。这一动因，诸葛亮在《前出师表》中有明确论述，不赘引。

（2）树立威望，凝聚蜀汉人心。蜀汉统治集团的政治结构，有益州土著、刘璋旧部、刘备荆州集团三大部分。如何凝聚三大部分人士，团结蜀汉士民，诸葛亮必须提出服众、威众的基本国策。“奖率三军，北定中原”，“兴复汉室，还于旧都”，既可作激励人心的口号，又可作压倒一切的最高政治路线。诸葛亮《前出师表》开门见山摆出益州面临的艰难形势：“先帝创业未半而中道崩殂，今天下三分，益州疲弊，此诚危急存亡之秋也。”然笔锋一转，言：“然侍卫之臣不懈于内，忠志之士忘身于外者，盖追先帝之殊遇，欲报之于陛下也。”诸葛亮劝谏后主怎么为宜，怎么为不宜，用的是先帝权威，指出团结士民，就要“光先帝之遗德”，完成先帝“创业未半”的事业。

（3）北伐曹魏，推动联吴外交。诸葛亮在公元223年十月主动派邓芝使吴，不失时机抓住曹丕大举伐吴的有利形势联吴。孙权狐疑不见，邓芝上书说：“臣今来，亦欲为吴，非但为蜀也。”孙权这才接见邓芝，说出心里话，“孤诚愿与蜀和亲”。邓芝阐明“蜀有重险之固，吴有三江之阻。合此二长，共为唇齿”，这样“进可并兼天下，退可鼎足而立”的道理，孙权才下定决心，与蜀联盟，与魏断交。公元229年，诸葛亮已三次北伐，曹魏兵力西调，对吴压力减轻，孙权这才正式称帝。诸葛亮派陈震使吴庆贺，吴、蜀两国签订中分天下条约，至此吴、蜀联盟才得以巩固。如果诸葛亮不举兵北伐，吴、蜀联盟就是一句空话。在联吴外交上，诸葛亮北伐与联盟是互为因果，相辅相成，形势使然。

（4）王业不偏安，北伐中原，死中求活。《后出师表》集中阐述“汉、贼不两立，王业不偏安”的道理。诸葛亮认为蜀汉不北伐中原，必然坐等待亡，与其“坐而待亡”，不如“伐之”，争一线生存希望。

（5）蚕食魏境，观衅伺隙。这一北伐战略早为法正劝刘备取汉中时所定。法正认为，攻克汉中，“广农积谷，观衅伺隙，上可以倾覆寇敌，尊奖王室，中可以蚕食雍、凉，广拓境土，下可以固守要害，为持久之计”。这就是说，汉中是蜀汉生存和发展的一块基地，固守汉中，可以持久，此为下策。以汉中为基地，兵出秦川，倾覆曹魏，此为上策。兵出陇右，广境拓土，是为中策。诸葛亮兵出祁山，即采法正之中策。出兵蚕食魏境，才能挑起事端，才能瓦解敌人阵线，也才能吸引兴汉的志士仁人，这叫“观衅伺隙”。诸葛亮在《后出师表》中进一步做了发挥。诸葛亮说，“自臣到汉中，中间期年耳，然丧赵云、阳群、马玉、阎芝、丁立、白寿、刘郃、邓铜等及曲长、屯将七十余人”。又说，“此皆数十年之内所纠合四方之精锐，非一州之所有，若复数年，则损三分之二也，当何以图敌？”由此可见，诸葛亮不肯闭关息民与曹魏开展“和平竞赛”，因曹魏是大国，蜀汉仅有一州，双方休养生息，国力差距日益拉大，只有坐等待亡了。诸葛亮认为，趁开疆拓土的老一代还有人在，及早与曹魏较量，或可有为，这就是“今民穷兵疲，而事不可息”的原因之一。

（6）统一大业，非己莫属。对此，陈寿在《上诸葛亮集表》中有精彩评说。陈寿说：“当此之时，亮之素志，进欲龙骧虎视，包括四海，退欲跨陵边疆，震荡宇内。又自以为无身之日，则未有能蹈涉中原，抗衡上国者，是以用兵不戢，屡耀其武。”这就是诸葛亮之为诸葛亮的本志，十分中肯。至于事功成败，另当别论。就其本志来说，它是一种精神。诸葛亮在《后出师表》中已经看到北伐难以取胜，说出

“难可逆见”的话，但仍然认为，只要坚持北伐，尚有一线希望，即使一线希望也没有，由于“汉、贼不两立，王业不可偏安”，也要亮剑，“鞠躬尽瘁，死而后已”，这是在追步圣人孔子“知其不可而为之”的执着精神。公元234年，诸葛亮病逝于北伐军中，星落关中五丈原，结束了悲壮的北伐事业，“出师未捷身先死，长使英雄泪满襟”，可歌可泣。也许诸葛亮怀抱遗恨而去，但他留给人们的是无限怀念，无限敬仰。诸葛亮的精神比他的事功，还要传之久远。

卷七二　魏纪四

魏明帝太和五年至青龙二年（231—234 年）

【起重光大渊献（辛亥，231 年），尽阏逢摄提格（甲寅，234 年），凡四年】

【大事提要】

本卷记事起公元 231 年，讫公元 234 年，凡四年，当魏明帝太和五年至青龙二年。本卷史事着重记载魏明帝曹叡、诸葛亮、孙权三人所历军国大事，相互形成对照，北强南弱形势已经鲜明显现。魏明帝不失为一个有为之君。励精图治，识刘晔之谄，纳曹植、杜恕之谏，准满宠之奏，改善内政，是一个明君。但明帝也有昏聩之行，为殇女送葬，不符礼制，然亦是小疵。对抗吴、蜀，西守东攻，打破吴、蜀的东西夹攻，战略取守势，休养人民，疲敝吴、蜀，获得成功。孙权此时刚愎自用，受欺于公孙渊，比于明帝，稍逊一筹。诸葛亮仍全力经营北伐，星落五丈原，“鞠躬尽瘁，死而后已”，得到了古代历史学家的好评，在当世就受到庶民百姓的颂扬缅怀，一代贤臣形象，跃然纸上。

烈祖明皇帝中之上

太和五年（辛亥，231 年）

春，二月，吴主假太常[1]潘濬节，使与吕岱督军五万人讨五溪蛮。濬姨兄[2]蒋琬为诸葛亮长史，武陵太守卫旍[3]奏濬遣密使与琬相闻，欲有自托之计。吴主曰：“承明[4]不为此也。”即封旍表以示濬，而召旍还，免官。

卫温、诸葛直军行经岁，士卒疾疫死者什八九，亶洲绝远，卒不可得至，得夷洲数千人还。温、直坐[5]无功，诛。

汉丞相亮命李严以中都护[6]署府事[7]。严更名平。亮帅诸军入寇，围祁山[8]，以木牛[9]运。于是大司马曹真有疾，帝命司马懿西屯长安，督将军张郃、费曜、戴陵、郭淮等以御之。

三月，邵陵元侯曹真卒。

自十月不雨，至于是月。

司马懿使费曜、戴陵留精兵四千守上邽[10]，余众悉出，西救祁山。张郃欲分兵驻雍[11]、郿[12]，懿曰："料前军能独当之者，将军言是也。若不能当而分为前后，此楚之三军所以为黥布[13]禽也。"遂进。亮分兵留攻祁山，自逆懿于上邽。郭淮、费曜等徼[14]亮，亮破之，因大芟刈[15]其麦，与懿遇于上邽之东。懿敛军依险，兵不得交，亮引还。

懿等寻[16]亮后至于卤城[17]。张郃曰："彼远来逆我，请战不得，谓我利在不战，欲以长计制之也。且祁山知大军已在近，人情自固，可止屯于此，分为奇兵，示出其后，不宜进前而不敢逼，坐失民望也。今亮孤军食少，亦行去矣。"懿不从，故寻亮。既至，又登山掘营，不肯战。贾栩、魏平数请战，因曰："公畏蜀如虎，奈天下笑何！"懿病[18]之。诸将咸请战。夏，五月，辛巳[19]，懿乃使张郃攻无当监[20]何平[21]于南围[22]，自按[23]中道向亮。亮使魏延、高翔、吴班逆战，魏兵大败，汉人获甲首[24]三千，懿还保营。

六月，亮以粮尽退军，司马懿遣张郃追之。郃进至木门[25]，与亮战，蜀人乘高布伏，弓弩乱发，飞矢中郃右膝而卒。

（以上为第一段，写诸葛亮公元231年第二次兵出祁山，在退兵途中击杀魏名将张郃。）

【注释】

[1]太常：官名，列卿之一，掌礼乐、郊庙、社稷等事。[2]姨兄：妻之兄。[3]卫旍（jīng）：旍，又作"旌"。字子旗，广陵（今江苏扬州市）人。吴武陵太守，诬告潘浚被免官。[4]承明：潘浚字承明。[5]坐：获罪。[6]中都护：官名，蜀汉所置，统内外军事。[7]署府事：指署（代管）汉中留府事。[8]祁山：在今甘肃礼县东南。[9]木牛：诸葛亮创制的运输工具，木牛与流马，《诸葛亮集》虽有所描绘，但具体形制仍不很清楚，有人认为木牛即后世所用的独轮车。[10]上邽（guī）：县名，县治在今甘肃天水市东南。[11]雍：县名，县治在今陕西宝鸡市凤翔区南。[12]郿：县名，县治在今陕西眉县东北。[13]黥布：黥布发兵反汉后，东击破荆王刘贾，遂渡淮击楚。当时楚将已有准备，把军队分为三路，有人建议不宜如此，如果一军被破，其余二军就会溃散，楚将不听。果然黥布破其一军后，其余二军皆散。传见《史记·黥布

列传》。［14］徼（yāo）：通“邀”，截击。［15］芟（shān）刈（yì）：割取。［16］寻：尾随其后。［17］卤城：按：“卤”为“西”字之讹。西城，西县县城，在今甘肃天水市西南。［18］病：惭愧。［19］辛巳：五月十日。［20］无当监：官名。大概蜀军军营有以“无当”为号之军营，意为无敌能当的精勇部队。监护无当营的官即无当监。［21］何平：即蜀将王平。少时随外祖姓何，后复姓王。字子均，巴西宕渠（今四川渠县）人。初为曹操部将，从操征汉中，败降刘备，为裨将军。随诸葛亮北伐，多有战功。官至安汉将军，领汉中太守。［22］南围：指蜀兵围祁山之南屯。［23］按：据。司马懿分道进兵以解祁山之围，司马懿则自据中道。［24］甲首：甲士之首级。［25］木门：地名，在今甘肃天水市西南。

秋，七月，乙酉[1]，皇子殷生，大赦。

黄初以来，诸侯王法禁严切[2]，至于亲姻皆不敢相通问。东阿王植上疏曰：“尧之为教[3]，先亲后疏，自近及远。周文王刑于寡妻[4]，至于兄弟，以御于家邦。伏惟陛下资[5]帝唐[6]钦明[7]之德，体[8]文王翼翼[9]之仁，惠洽[10]椒房[11]，恩昭九族[12]，群后[13]百寮，番休递上[14]，执政不废于公朝，下情得展于私室，亲姻之路通，庆吊之情展，诚可谓恕己治人[15]，推惠施恩者矣。至于臣者，人道[16]绝绪，禁锢明时，臣窃自伤也，不敢乃望交气类[17]，修人事，叙人伦，近且婚媾[18]不通，兄弟乖绝，吉凶之问塞，庆吊之礼[19]废，恩纪之违，甚于路人；隔阂之异，殊于胡、越[20]。今臣以一切[21]之制，永无朝觐[22]之望，至于注心皇极[23]，结情紫闼[24]，神明知之矣。然天实为之，谓之何哉[25]！退惟诸王常有戚戚具尔[26]之心，愿陛下沛然[27]垂诏，使诸国庆问，四节[28]得展，以叙骨肉之欢恩，全怡怡[29]之笃义。妃妾之家，膏沐[30]之遗[31]，岁得再通，齐义于贵宗[32]，等惠于百司[33]，如此，则古人之所叹，风雅[34]之所咏，复存于圣世矣！臣伏自惟省[35]，无锥刀之用[36]；及观陛下之所拔授，若以臣为异姓，窃自料度[37]，不后于朝士矣。若得辞远游[38]，戴武弁[39]，解朱组[40]，佩青绂[41]，驸马、奉车[42]，趣[43]得一号，安宅京室，执鞭珥笔[44]，出从华盖[45]，入侍辇毂[46]，承答圣问，拾遗左右，乃臣丹诚之至愿，不离于梦想者也。远慕《鹿鸣》[47]君臣之宴，中咏《常棣》[48]匪他之诫，下思《伐木》[49]友生之义，终怀《蓼莪》[50]罔极[51]之哀，每四节之会，块然[52]独处，左右惟仆隶，所对惟妻子，高谈无所与陈，精义无所与展，未尝不闻乐而拊心，临觞[53]而叹息也。臣伏以犬马之诚不能动人，譬人之诚不能动天，崩城[54]、陨霜[55]，臣初信之，以臣心况[56]，徒虚语耳！若葵藿[57]之倾太阳，虽不为回光，然向之者诚也。窃自比葵藿，若降天地之施，垂三光[58]之明者，实在陛下。臣闻《文子》曰：'不为福始，不为祸先。'今之否隔[59]，友于[60]同忧，而臣独倡言者，实不愿于圣世有不蒙施之物，欲陛下崇光被时雍[61]之美，宣缉熙[62]章明[63]之德也！"诏报曰："盖教化所由，各有隆敝[64]，非皆善始而恶终也，事使之然。今令诸国兄弟情礼简怠，妃妾之家膏沐疏略，本无禁锢诸国通问之诏也；矫枉过正，下吏惧谴[65]，以至于此耳。已敕有司，如王所诉。"

植复上疏曰："昔汉文发代，疑朝有变[66]，宋昌曰：'内有朱虚、东牟[67]之亲，外有齐、楚、淮南、琅邪[68]，此则磐石之宗，愿王勿疑。'臣伏惟陛下远览姬文[69]二虢[70]之援，中虑周成[71]召、毕[72]之辅，下存宋昌磐石之固。臣闻羊质虎皮，见草则悦，见豺则战，忘其皮之虎也[73]。今置将不良，有似于此。故语曰：'患为之者不知，知之者不得为也。'昔管、蔡放诛[74]，周、召作弼[75]；叔鱼陷刑，叔向赞国[76]。三监[77]之衅[78]，臣自当之；二南之辅[79]，求必不远。华宗贵族藩王之中，必有应斯举者，夫能使天下倾耳注目者，当权者是也，故谋能移主[80]，威能慑下，豪右执政，不在亲戚，权之所在，虽疏必重，势之所去，虽亲必轻。盖取齐者田族[81]，非吕宗也：分晋者赵、魏[82]，非姬姓也。惟陛下察之。苟吉专其位，凶离其患者，异姓之臣也。欲国之安，祈家之贵，存共其荣，殁同其祸者，公族之臣也。今反公族疏而异姓亲，臣窃惑焉。今臣与陛下践冰履炭[83]，登山浮涧，寒温燥湿，高下共之，岂得离陛下哉！不胜愤懑[84]，拜表陈情，若有不合，乞且藏之书府，不便灭弃，臣死之后，事或可思。若有毫厘少挂圣意者，乞出之朝堂，使夫博古之士，纠臣表之不合义者，如是则臣愿足矣。"帝但以优文答报而已。

八月，诏曰："先帝著令，不俗使诸王在京都者，谓幼主在位，母后摄政，防微以渐，关诸盛衰也。朕惟不见诸王十有二载，悠悠[85]之怀，能不兴思！其令诸王及宗室公侯各将适[86]子一人朝明年正月，后有少主、母后在宫者，自如先帝令。”

（以上为第二段，写曹植上奏明帝，陈述曹魏诸侯王，特别是自己，遭遇禁闭的痛苦。）

【注释】

[1]乙酉：七月十五日。 [2]切：据章校，有的版本“切”下有“吏察之急”四字。当从。[3]尧之为教：《尚书·尧典》说尧：“克明俊德，以亲九族，九族既睦，平章百姓，百姓昭明，协和万邦。” [4]刑于寡妻：《诗经·大雅·思齐》：“刑于寡妻。至于兄弟，以御于家邦。”刑，通“型”，示范之意。寡妻，寡德之妻，谦辞，即嫡妻。御，治理。家邦，家和国。 [5]资：天赋。[6]帝唐：唐尧。 [7]钦明：恭敬而通明。《尚书·尧典》说尧“钦明文思”。 [8]体：本身具备。 [9]翼翼：恭慎貌。《诗经·大雅·大明》说：“维此文王，小心翼翼。” [10]洽：沾润。[11]椒房：指后妃。古代皇后所居宫室，用椒和泥涂壁，取温香多子之义。后世因以椒房指后妃。[12]九族：指上至高祖、下至玄孙的九代。 [13]群后：此指众官。 [14]番休递上：谓在职百官依次轮休，又依次到职。 [15]恕己治人：谓以自己之心去揆度他人之心。 [16]人道：人伦之道。即君臣、父子、兄弟、夫妇、朋友各自应有的道德规范。 [17]气类：同气相求之人。指曹植早年的文学朋友。 [18]婚媾：婚姻。此泛指亲戚。 [19]庆吊之礼：即婚丧之礼。婚礼为喜庆之礼，丧礼为吊唁之礼。 [20]胡、越：皆少数民族。胡在北方，越在南方，言其隔绝甚远。[21]一切：谓权宜。或谓不区别情况，一概相同对待。 [22]朝覲（jìn）：朝见天子。古时诸侯春天朝见天子称朝，秋天朝见天子称覲。 [23]皇极：皇帝之位。 [24]紫闼（tà）：皇宫门。[25]谓之何哉：对它怎么办呀！《诗经·邶风·北门》：“天实为之，谓之何哉！”王引之《经传释词》说“谓”犹“奈”，“谓之何”犹言“奈之何”。 [26]戚戚具尔：意谓亲兄弟都亲近无间。《诗经·大雅·行苇》：“戚戚兄弟，莫远具尔。”戚戚，亲。具，俱。尔，与“迩”同，近。 [27]沛然：迅疾地，及时地。 [28]四节：春夏秋冬四时之节。 [29]怡怡：和顺的样子。《论语·子路》：“兄弟怡怡”。 [30]膏沐：膏，润发油。沐，洗发液。皆妇女所用。 [31]遗（wèi）：赠送。[32]贵宗：指贵戚及公卿之族。 [33]百司：百官。 [34]风雅：指《诗经》。 [35]惟省（xǐng）：思量。 [36]无锥刀之用：谓能力弱，用处少。 [37]料度（duó）：估计。 [38]远游：远游冠，王侯所戴。 [39]武弁（biàn）：侍中等所戴之冠。 [40]朱组：朱组绶，王侯所佩带。 [41]青绂（fú）：青组绶，二千石以上官所佩带。“辞远游”“解朱组”谓放弃王侯爵位。“戴武弁”“佩青绂”谓在朝为官。 [42]驸马、奉车：即驸马都尉与奉车都尉，皆皇帝近侍官，驸马掌副车之马，奉车掌车舆。魏晋以后，二官多以宗室及外戚充任。 [43]趣：通“取”。 [44]珥（ěr）笔：插笔于冠侧。 [45]华盖：指皇帝车舆。 [46]辇毂（gǔ）：皇帝车舆。代指皇帝。 [47]《鹿鸣》：《诗经·小雅》中的一篇。《毛诗序》说《鹿鸣》是宴群臣嘉宾之作。 [48]《常棣》：《诗经·小雅》

中的一篇。《毛诗序》说《常棣》是宴兄弟之作。其中有“凡今之人，莫如兄弟”，即是“匪他”（非他人）之诫，亦即《诗经·小雅·頍（kuǐ）弁》所说：“岂伊异人，兄弟匪他。”［49］《伐木》：《诗经·小雅》中的一篇。《毛诗序》说《伐木》是宴朋友故旧之作。其中有“矧（shěn）伊人矣，不求友生”之句。友生即友人。［50］《蓼（lù）莪（é）》：《诗经·小雅》中的一篇，其中有“哀哀父母，生我劬劳”，“父兮生我，母兮鞠我”，“欲报之德，昊天罔极”诸句。［51］罔极：无穷。［52］块然：孤单的样子。［53］觞（shāng）：酒杯。［54］崩城：春秋时齐庄公袭莒城，齐大夫杞梁殖战死，其妻无子，又无亲人可依，遂至莒城下哭，感动路人，十日而城崩。事见《文选》李善注引《列女传》。［55］陨霜：战国时，邹衍至燕国，尽忠于燕惠王，而惠王听信谗言，将邹衍囚禁起来，邹衍仰天而哭，时值盛夏，天竟降霜。事见《文选》注引《淮南子》。［56］况：比，譬。［57］葵藿：偏指葵，即向日葵。其花性向太阳，古人多用以比喻下对上之忠心。［58］三光：日、月、星三光。［59］否（pǐ）隔：闭塞不通。［60］友于：兄弟。［61］光被时雍：光被，光所照耀。时雍，和善。《尚书·尧典》有“光被四表”“黎民于变时雍”之语。［62］缉熙：光明。《诗经·周颂·维清》：“维清缉熙，文王之典。”［63］章明：章，昭。章明即昭明。《尚书·尧典》：“百姓昭明，协和万邦。”昭明，光明。缉熙昭明之德，即谓唐尧、周文王之德。［64］隆敝：兴衰。［65］谴：责备。［66］疑朝有变：西汉初，吕后死，诸吕作乱，周勃等平乱后迎立代王刘恒，即后来的汉文帝。当时代王官属中有人怀疑周勃等不可信，宋昌分析当时形势，劝代王勿疑。事见《汉书·文帝纪》。［67］朱虚、东牟：朱虚侯刘章、东牟侯刘兴居，为汉高祖孙。［68］齐、楚、淮南、琅邪：齐王刘襄，汉高祖孙。楚王刘交，汉高祖弟。淮南王刘长，汉高祖子。琅邪王刘泽，汉高祖从祖弟。［69］姬文：周文王。［70］二虢（guó）：指虢仲与虢叔，周文王之母弟。二人皆助文王，奠定了周人得天下之基础。事见《左传》僖公五年。［71］周成：周成王。［72］召（shào）、毕：召公奭（shì）与毕公高，周之宗室，皆辅助周成王。［73］忘其皮之虎也：谓羊披上虎皮，见到草则喜悦高兴，见到豺就恐惧颤抖，因为他忘了披的是虎皮。事见《扬子法言·吾子》。［74］管、蔡放诛：管叔、蔡叔皆周武王之弟。周武王死后，成王即位，而成王年幼，周公代为执政，管叔、蔡叔因不满而怀疑周公，遂与武庚叛乱。周公东征平叛后，诛杀武庚、管叔，放逐蔡叔。事见《史记·周本纪》。［75］周、召作弼：周成王年长后，周公还政成王，成王遂以周公为师，召公为保，以辅助自己。事见《史记·周本纪》。［76］叔鱼陷刑，叔向赞国：叔向是春秋时晋国大夫，叔鱼是其弟。叔鱼为代理刑狱官。当时邢侯与雍子争田，久而未决，韩宣子使叔鱼判决。雍子知罪在己，遂将女儿送与叔鱼为妾，叔鱼因归罪于邢侯。邢侯大怒，杀叔鱼与雍子于朝。韩宣子知叔向公正，便问三人是否有罪，叔向认为三人皆有罪，请依刑法惩处。于是杀邢侯，陈叔鱼、雍子之尸于市。事见《左传》僖公十四年。［77］三监：指管叔、蔡叔与霍叔，三人皆为周朝派去监视纣子武庚的，故称三监。［78］衅：罪。［79］二南之辅：指周公、召公之辅成王。《诗经·国风》中有《周南》《召南》，称为“二南”。二南中的诗篇分别系于周公与召公，故二南可指周公与召公。［80］移主：谓改变君主的意旨。［81］取齐者田族：周初封太公吕尚于齐，是为齐国之始祖，传至齐康公时，为田和所代，吕氏齐灭，田氏齐兴。［82］分晋者赵、魏：晋国的始祖是周成王弟唐叔虞，故为姬姓。传至晋静公时，为赵籍、魏斯、韩虔三家所分，晋遂亡。而韩也为姬姓，故此分晋者只言赵、魏。［83］践冰履炭：行走于冰炭上。比喻寒热同感，休戚与共。［84］愤懑（mèn）：抑郁烦闷。［85］悠悠：深思，忧思。［86］适（dí）：通“嫡”。

汉丞相亮之攻祁山也，李平[1]留后，主督运事。会天霖雨，平恐运粮不继，遣参军狐忠[2]、督军成藩喻指[3]，呼亮来还；亮承以退军。平闻军退，乃更阳[4]惊，说“军粮饶足，何以便归！”又欲杀督运岑述以解己不办之责。又表汉主，说“军伪退，欲以诱贼[5]。”亮具[6]出其前后手笔书疏，本末违错。平辞穷情竭，首[7]谢罪负。于是亮表平前后过恶，免官，削爵土，徙梓潼郡[8]。复以平子丰为中郎将、参军事，出教敕之[9]曰：“吾与君父子戮力[10]以奖[11]汉室，表都护[12]典汉中，委君于东关[13]，谓至心感动，终始可保，何图中乖[14]乎！若都护思负[15]一意[16]，君与公琰[17]推心从事，否[18]可复通，逝[19]可复还也。详思斯戒，明吾用心！”

亮又与蒋琬、董允书曰：“孝起前为吾说正方[20]腹中有鳞甲[21]，乡党[22]以为不可近。吾以为鳞甲但不当犯之耳，不图复有苏、张[23]之事出于不意，可使孝起知之。”孝起者，卫尉南阳陈震也。

冬，十月，吴主使中郎将孙布诈降以诱扬州[24]刺史王凌[25]，吴主伏兵于阜陵[26]以俟之。布遣人告凌云：“道远不能自致，乞兵见迎。”凌腾[27]布书，请兵马迎之。征东将军满宠以为必诈，不与兵，而为凌作报书曰：“知识[28]邪正，欲避祸就顺，去暴归道，甚相嘉尚。今欲遣兵相迎，然计兵少则不足相卫，多则事必远闻。且先密计以成本志[29]，临时节度其宜。”会宠被书入朝，敕留府长史，“若凌欲往迎，勿与兵也。”凌于后索兵不得，乃单遣一督将步骑七百人往迎之，布夜掩击，督将迸走，死伤过半。凌，允之兄子也。

先是凌表宠年过[30]耽酒，不可居方任[31]。帝将召宠，给事中[32]郭谋曰：“宠为汝南太守、豫州刺史二十余年，有勋方岳[33]；及镇淮南，吴人惮之。若不如所表，将为所窥，可令还朝，问以东方事以察之。”帝从之。既至，体气康强，帝慰劳还。

十一月，戊戌晦[34]，日有食之。

十二月，戊午[35]，博平敬侯华歆卒。

丁卯[36]，吴大赦，改明年元曰嘉禾。

（以上为第三段，写蜀大臣李平玩忽职守，吴中郎将孙布尽心国事，两相对照，形成鲜明对比。）

【注释】

[1]李平：即李严。李严改名平。 [2]狐忠：即马忠。马忠年少时养于外家，姓狐名笃。后还姓马，改名忠。 [3]喻指：谓说明后主之旨意，粮运跟不上。 [4]阳：同“佯”，假装。[5]贼：据章校，有些版本“贼”下有“与战”二字。当从之。 [6]具：同“俱”，全。 [7]首：伏罪。 [8]梓潼郡：治所梓潼县，在今四川梓潼县。 [9]出教敕文：发出教令告诫李丰。教，教令。敕，作动词用，告诫。 [10]戳（lù）力：并力。 [11]奖：辅助。 [12]都护：指李平。李平此前为中都护，典汉中留府事。 [13]东关：指江州。 [14]中乖：中途背离。李平与诸葛亮同受先帝刘备遗诏辅政，应齐心协力辅汉，想不到半道发生李平遭败逐事。 [15]思负：谓思其罪过。[16]一意：谓一心为国。[17]公琰：蒋琬字公琰。[18]否：闭塞。[19]逝：离去。[20]正方：李严（平）字正方。 [21]鳞甲：鱼之鳞，兽之坚甲，喻狠毒、狡诈。 [22]乡党：乡里。比喻同乡亲近的人。 [23]苏、张：战国时的苏秦、张仪。二人皆花言巧语反复无常地游说于诸侯之间。 [24]扬州：州治寿春，在今安徽寿县。 [25]王凌：魏大臣，字彦云，太原祁县（今山西祁县）人。汉司徒王允之侄，王允被杀，王凌逃归乡里。后被曹操辟为丞相掾属。历仕武帝、文帝、明帝、齐王芳四朝。官至司空。嘉平元年（249）任太尉，谋废曹芳，事泄，服毒死。 [26]阜陵：县名，县治在今安徽全椒县东。 [27]腾：送上。 [28]知识：懂得，认识到。[29]本志：本心。指孙布想归顺魏朝之志。 [30]年过：年老。 [31]方任：方面之任。当时满宠任征东将军、都督扬州诸军事。 [32]给事中：官名，西汉沿秦置有此官，东汉省，曹魏复置。为将军、列侯、九卿以及黄门、谒者等的加官。均给事殿中，备顾问应付，讨论政事。至晋代始为正官。 [33]方岳：古代有方伯、岳牧为地方之长。自曹魏以后，以督州为方岳之任。 [34]戊戌晦：十一月三十日。 [35]戊午：十二月二十日。 [36]丁卯：吴《乾象历》十二月三十日。

六年（壬子，232年）

春，正月，吴主少子建昌侯虑卒。太子登自武昌[1]入省[2]吴主，因自陈久离定省，子道[3]有阙；又陈陆逊忠勤，无所顾忧。乃留建业[4]。

二月，诏改封诸侯王，皆以郡为国。

帝爱女淑卒，帝痛之甚，追谥平原懿公主，立庙洛阳，葬于南陵，取甄后从孙黄与之合葬，追封黄为列侯，为之置后，袭爵。帝欲自临送葬，又欲幸许。司空陈群谏曰："八岁下殇[5]，礼所不备，况未期月[6]，而以成人礼送之，加为制服[7]，举朝素衣，朝夕哭临，自古以来，未有此比。而乃复自往视陵，亲临祖载[8]。愿陛下抑割无益有损之事，此万国之至望也。又闻车驾欲幸许昌，二宫上下，皆悉居东，举朝大小，莫不惊怪。或言欲以避衰[9]，或言欲以便移殿舍[10]，或不知何故。臣以为吉凶有命，祸福由人，移走求安，则亦无益。若必当移避，缮治金墉城[11]西宫及孟津[12]别宫，皆可权时分止，何为举宫暴露野次[13]，公私烦费，不可计量。且吉士贤人，犹不妄徙其家以宁乡邑，使无恐惧之心，况乃帝王万国之主，行止动静，岂可轻脱[14]哉！"少府[15]杨阜曰："文皇帝、武宣皇后崩，陛下皆不送葬，所以重社稷，备不虞[16]也；何至孩抱之赤子[17]而送葬也哉！"帝皆不听。三月，癸酉[18]，行东巡。

吴主遣将军周贺、校尉裴潜乘海之辽东[19]，从公孙渊求马。

初，虞翻性疏直，数有酒失，又好抵忤[20]人，多见谤毁。吴主尝与张昭论及神仙，翻指昭曰："彼皆死人而语神仙，世岂有仙人也！"吴主积怒非一，遂徙翻交州[21]。及周贺等之辽东，翻闻之，以为五溪宜讨，辽东绝远，听使来属，尚不足取，今去[22]人财以求马，既非国利，又恐无获。欲谏不敢，作表以示吕岱，岱不报。为爱憎[23]所白，复徙苍梧猛陵[24]。

夏，四月，壬寅[25]，帝如许昌。

五月，皇子殷卒。

秋，七月，以卫尉董昭为司徒。

九月，帝行如摩陂[26]，治许昌宫，起景福、承光殿。

公孙渊[27]阴怀贰心，数与吴通。帝使汝南太守田豫督青州诸军自海道[28]，幽州刺史王雄自陆道讨之。散骑常侍蒋济谏曰："凡非相吞之国，不侵叛之臣，不宜轻伐。伐之而不能制，是驱使为贼也。故曰：'虎狼当路，不治狐狸。'先除大害，小害自已。今海表之地，累世委质[29]，岁选计、孝[30]，不乏职贡，议者先之。正使一举便克，得其民不足益国，得其财不足为富，倘不如意，是为结怨失信也。”帝不听。豫等往皆无功，诏令罢军。

豫以吴使周贺等垂还，岁晚风急，必畏漂浪，东道无岸，当赴成山[31]，成山无藏船之处，遂辄以兵屯据成山。贺等还至成山，遇风，豫勒兵击贺等，斩之。吴主闻之，始思虞翻之言，乃召翻于交州。会翻已卒，以其丧还。

十一月，庚寅[32]，陈思[33]王植卒。

十二月，帝还许昌宫。

（以上为第四段，写魏明帝与孙权刚愎自用，举措失当，均被公孙渊所误。魏明帝悲痛殇女的送葬行动，近乎昏聩。）

【注释】

[1]武昌：县名，孙吴改鄂县为武昌，县治在今湖北鄂州市。[2]省（xǐng）：问候。[3]子道：为子之道德规范。《礼记·曲礼上》说：“凡为人子之礼，冬温而夏凊，昏定而晨省。”[4]建业：县名，孙吴之都城，在今江苏南京市。[5]下殇（shāng）：未成年而死叫殇。八岁至十一岁死叫下殇。[6]期月：一个月。[7]制服：丧服。[8]祖载：将葬之时，将棺材放到车上，再行祖祭（祭祀路神）礼，称为祖载。[9]避衰：避灾。[10]移殿舍：谓移于许昌。[11]金墉（yōng）城：在当时洛阳城西北角。[12]孟津：关名，在今河南孟州市南。[13]野次：野外。[14]轻脱：随便，不慎重。[15]少府：官名，列卿之一，掌宫中御衣、宝货、珍膳等。[16]不虞：不测，预料不到的事。[17]孩抱之赤子：谓抱于怀中的婴儿。[18]癸酉：三月七日。[19]辽东：郡名，治所襄平，在今辽宁辽阳市。[20]抵忤：抵触，顶撞。[21]交州：州名，治所广信，在今广西梧州市。[22]去：抛弃。[23]爱憎：谓谗佞之人。[24]猛陵：县名，属苍梧郡，县治在今广西苍梧县西北。[25]壬寅：四月六日。[26]摩陂（bēi）：堰名，在今河南郏县东南。[27]公孙渊：辽东割据者，公孙康之子。公孙渊在吴魏之间骑墙，两边讨好，接受魏明帝拜为扬烈将军、辽东太守；又遣使通孙吴，接受孙权封号为燕王。景初元年（237），公孙渊自立为燕王，第二年，魏明帝派司马懿出兵辽东，灭了公孙渊。传见《三国志》卷八。[28]海道：指从东莱郡出海之道。东莱郡，治所黄县，在今山东龙口市。[29]委质：臣服。[30]岁选计、孝：计，指上计吏，由郡举荐到朝廷报告钱粮户的官员。孝，指孝廉，选士的科目。上计吏、孝廉，每年由郡选荐。[31]成山：在今山东荣成市东北荣成湾。[32]庚寅：十一月二十八日。[33]思：《谥法》：追思前过曰思。

侍中刘晔为帝所亲重。帝将伐蜀，朝臣内外皆曰“不可”。晔入与帝议，则曰：“可伐”；出与朝臣言，则曰：“不可”。晔有胆智，言之皆有形[1]。中领军[2]杨暨，帝之亲臣，又重晔，执不可伐之议最坚，每从内出，辄过晔，晔讲不可之意。后暨与帝论伐蜀事，暨切谏[3]，帝曰：“卿书生，焉知兵事！”暨谢曰：“臣言诚不足采，侍中刘晔，先帝谋臣，常曰蜀不可伐。”帝曰：“晔与吾言蜀可伐。”暨曰：“晔可召质[4]也。”诏召晔至，帝问晔，终不言。后独见，晔责帝曰：“伐国，大谋也，臣得与闻大谋，常恐眯梦[5]漏泄以益臣罪，焉敢向人言之！夫兵诡道也，军事未发，不厌其密。陛下显然露之，臣恐敌国已闻之矣。”于是帝谢之[6]。晔见出，责暨曰：“夫钓者中大鱼，则纵而随之，须可制而后牵，则无不得也。人主之威，岂徒大鱼而已！子诚直臣，然计不足采，不可不精思也。”暨亦谢之。

或谓帝曰：“晔不尽忠，善伺上意所趋而合之，陛下试与晔言，皆反意而问之，若皆与所问反者，是晔常与圣意合也。每问皆同者，晔之情[7]必无所逃矣。”帝如言以验之，果得其情，从此疏焉。晔遂发狂，出为大鸿胪[8]，以忧死。

《傅子》[9]曰：“巧诈不如拙诚[10]，信矣。以晔之明智权计，若居之以德义，行之以忠信，古之上贤，何以加诸[11]！独任才智，不敦[12]诚悫[13]，内失君心，外困于俗，卒以自危，岂不惜哉！”

晔尝谮尚书令陈矫专权，矫惧，以告其子骞。骞曰：“主上明圣，大人大臣，今若不合，不过不作公耳。”后数日，帝意果解。

尚书郎乐安廉昭以才能得幸，好抉擿[14]群臣细过以求媚于上。黄门侍郎[15]杜恕[16]上疏曰：“伏见廉昭[17]奏左丞[18]曹璠以罚当关[19]不依诏，坐[20]判问[21]。又云：‘诸当坐者[22]别奏。’尚书令陈矫自奏不敢辞罚[23]，亦不敢陈理，志意恳恻[24]。臣窃愍然[25]为朝廷惜之！古之帝王所以能辅世长民者，莫不远得百姓之欢心，近尽群臣之智力。今陛下忧劳万机，或亲灯火，而庶事不康[26]，刑禁日弛。原其所由，非独臣不尽忠，亦其主不能使也。百里奚愚于虞而智于秦[27]，豫让苟容中行而著节智伯[28]，斯则古人之明验矣。若陛下以为今世无良才，朝廷乏贤佐，岂可追望稷、契[29]之遐踪，坐待来世之俊乂[30]乎！今之所谓贤者，尽有大官而享厚禄矣，然而奉上之节未立，向公之心不一者，委任之责不专，而俗多忌讳故也。臣以为忠臣不必亲，亲臣不必忠。今有疏者毁人而陛下疑其私报所憎，誉人而陛下疑其私爱所亲，左右或因之以进憎爱之说，遂使疏者不敢毁誉，以至政事损益，亦皆有嫌。陛下当思所以阐广[31]朝臣之心，笃厉[32]有道[33]之节，使之自同古人，垂名竹帛[34]，反使如廉昭者扰乱其间，臣惧大臣将遂容身保位，坐观得失，为来世戒也。昔周公戒鲁侯曰：'无使大臣怨乎不以[35]。'言不贤则不可为大臣，为大臣则不可不用也。《书》数[36]舜之功，称去四凶[37]，不言有罪无问大小则去也。今者朝臣不自以为不能，以陛下为不任也；不自以为不知[38]，以陛下为不问也。陛下何不遵周公之所以用，大舜之所以去，使侍中、尚书坐则侍帷幄，行则从华辇，亲对诏问，各陈所有，则群臣之行皆可得而知，忠能者进，暗劣者退，谁敢依违[39]而不自尽。以陛下之圣明，亲与群臣论议政事，使群臣人得自尽，贤愚能否[40]，在陛下之所用。以此治事，何事不办；以此建功，何功不成！每有军事，诏书常曰：'谁当忧此者邪？吾当自忧耳。'近诏又曰：'忧公忘私者必不然，但先公后私即自办也。'伏读明诏，乃知圣思究尽下情，然亦怪陛下不治其本[41]而忧其末[42]也。人之能否，实有本性，虽臣亦以为朝臣不尽称职也。明主之用人也，使能者不敢遗其力，而不能者不得处非其任。选举非其人，未必为有罪也；举朝共容非其人，乃为怪耳。陛下知其不尽力而代之忧其职，知其不能也而教之治其事，岂徒主劳而臣逸哉，虽圣贤并世，终不能以此为治也。陛下又患台阁[43]禁令之不密，人事请属之不绝，作迎客出入之制，以恶吏守寺门[44]，斯实未得为禁之本也。昔汉安帝时，少府窦嘉辟廷尉郭躬无罪之兄子[45]，犹见举奏，章劾纷纷。近司隶校尉孔羡辟大将军[46]狂悖之弟[47]，而有司嘿尔[48]，望风[49]希指[50]，甚于受属[51]，选举不以实者也。嘉有亲戚之宠[52]，躬非社稷重臣，犹尚如此；以今况古，陛下自不督必行之罚以绝阿党[53]之原耳。出入之制，与恶吏守门，非治世之具也。使臣之言少蒙察纳，何患于奸不削灭，而养若廉昭等乎！夫纠擿[54]奸宄[55]，忠事也；然而世憎小人行之者，以其不顾道理而苟求容进也。若陛下不复考其终始，必以违众迕世[56]为奉公，密行白人[57]为尽节[58]；焉有通人大才而更不能为此邪？诚顾道理而弗为耳。使天下皆背道而趋利，则人主之所最病者也，陛下将何乐焉！”恕，畿之子也。

帝尝卒至尚书门，陈矫跪问帝曰：“陛下欲何之？”帝曰：“欲按行[59]文书耳。”矫曰：“此自臣职分，非陛下所宜临也。若臣不称其职，则请就黜退，陛下宜还。”帝惭，回车而反。帝尝问矫：“司马公[60]忠贞，可谓社稷之臣[61]乎？”矫曰：“朝廷之望[62]也；社稷则未知也。”

吴陆逊引兵向庐江[63]；论者以为宜速救之。满宠曰：“庐江虽小，将劲兵精，守则经时[64]。又，贼舍船二百里来，后尾空绝，不来尚欲诱致，今宜听其遂进，但恐走不可及耳。”乃整军趋杨宜口[65]，吴人闻之，夜遁。

是时，吴人岁有来计。满宠上疏曰：“合肥城南临江湖，北远寿春[66]，贼攻围之，得据水为势；官兵救之，当先破贼大辈，然后围乃得解。贼往甚易，而兵往救之甚难，宜移城内之兵，其西三十里，有奇险可依，更立城以固守，此为引贼平地而掎[67]其归路，于计为便。”护军将军[68]蒋济议以为：“既示天下以弱，且望贼烟火而坏城，此为未攻而自拔；一至于此，劫略无限[69]，必淮北为守[70]。”帝未许。宠重表曰：“孙子言[71]‘兵者，诡道[72]也，故能而示之不能，骄之以利[73]，示之以慑[74]’，此为形实[75]不必相应也。又曰：‘善动敌者形之[76]。’今贼未至而移城却内，所谓形而诱之也。引贼远水，择利而动，举得于外，则福生于内矣！”尚书赵咨以宠策为长，诏遂报听。

（以上为第五段，写魏明帝英明，识刘晔之谄，纳杜恕之谏，准满宠之奏，曹魏达于鼎盛。）

【注释】

[1]言之皆有形：谓言蜀之可伐与不可伐，皆生动形象。[2]中领军：官名，曹操为丞相时，自置领军，后称中领军。魏文帝即位后，以资重者为领军将军，资轻者为中领军，掌京师禁卫军。[3]切谏：急谏。[4]质：验证，对问。[5]眯（mí）梦：惊梦。[6]谢之：谓对刘晔引过自责。[7]情：真情，实情。谓刘晔内心深处迎合之情。[8]出为大鸿胪：侍中为皇帝左右之官，

大鸿胪为外朝官，故说“出”。大鸿胪掌宾礼，凡附属的少数民族及诸侯入朝、迎送、朝会、封授等皆掌管。［9］《傅子》：西晋傅玄所著。傅玄在曹魏时曾选入著作，撰集《魏书》。入晋后，为散骑常侍、侍中、司隶校尉等。所撰《傅子》论述较广，得到时人好评。传见《晋书》卷四十七。［10］巧诈不如拙诚：此语见《韩非子》，《说苑》亦引此语，大概是古谚语。［11］诸：代词兼语气词，是“之乎”的合音。［12］敦：崇尚。［13］诚悫（què）：诚实谨慎。［14］抉擿（tī）：挑剔。［15］黄门侍郎：官名，职为侍从皇帝，传达诏命。［16］杜恕（？—252）：字务伯，京兆杜县（今陕西西安市东南）人，杜畿之子。魏明帝太和中为散骑黄门侍郎，在朝直言敢谏，后出为弘农、河东等郡太守，又为幽州刺史、建威将军、护乌桓校尉。传见《三国志》卷十六。［17］廉昭：时任尚书郎，向魏明帝打小报告的恶吏。［18］左丞：官名，指尚书左丞，掌尚书台内禁令、宗庙祠祀、朝仪礼制、选用署吏等。有尚书右丞，掌尚书台内库藏、庐舍、器用物品，以及刑狱、兵器、文书章奏等。［19］以罚当关：罚，罪罚。关，白，向上报告。此指尚书台治理罪罚应当向上报告，这是有关诏令的规定。左丞曹璠，违反诏令没有事先报告，应当获罪，被廉昭揭发，牵连尚书令陈矫自首认罪。杜恕认为恶吏在侧，小题大做而上奏。［20］坐：获罪。［21］判问：谓剖析其事并加以责问。［22］诸当坐者：指尚书令、仆也当获罪。［23］辞罚：推辞处罚。［24］恳恻：诚恳痛切。［25］愍（mǐn）然：忧愁的样子。［26］康：安宁。［27］百里奚愚于虞而智于秦：此韩信对广武君李左车之言，见《史记·淮阴侯列传》。百里奚原为虞国大夫，而虞君不重用他，后来虞国被晋国所灭。百里奚被虏逃亡后，为楚人所得，秦穆公用五张羖（gǔ）羊（公羊）皮赎得他，用为大夫，称为五羖大夫。后与蹇叔、由余等助穆公建立了霸业。事见《史记·秦本纪》。［28］豫让苟容中行而著节智伯：豫让是春秋晋国人，先在范氏及中行氏下为臣，皆不受重视，后又投归智伯，智伯甚尊宠他。至赵襄子灭智伯后，豫让为报答智伯，决心刺杀赵襄子，以至漆身吞炭改变原形，后刺杀未中，被赵襄子捉住。赵襄子问豫让：“子不尝事范、中行氏乎？智伯尽灭之，而子不为报仇，而反委质臣于智伯。智伯亦已死矣，而子独何以为之报仇之深也？”豫让说：“臣事范、中行氏，范、中行氏皆众人遇我，我故众人报之。至于智伯，国士遇我，我故国士报之。”终于取得赵襄子的同情，剑击襄子之衣而自杀。事见《史记·刺客列传》。［29］稷、契（xiè）：后稷与契。后稷是周人始祖，尧舜时为农官，教民耕种。契是殷商人始祖，曾助禹治水有功，舜任为司徒，掌教化。［30］俊乂（yì）：才能出众之士。［31］阐广：开阔。［32］笃厉：鼓励。［33］有道：有道德之士。［34］竹帛：书册、史籍。［35］无使大臣怨乎不以：此语见《论语·微子》。不以，不被信用。［36］数（shǔ）：述说。［37］四凶：指共工、驩兜、鲧（gǔn）、三苗。《尚书·舜典》说：“流共工于幽洲，放驩兜于崇山，窜三苗于三危，殛鲧于羽山，四罪而天下咸服。”［38］知：同“智”。［39］依违：谓犹豫不定，迟疑不决。［40］否（pǐ）：鄙劣。［41］本：指任用贤人。［42］末：指办事之好坏。［43］台阁：指尚书台。［44］寺门：官府门。［45］少府窦嘉辟廷尉郭躬无罪之兄子：按《后汉书·郭躬传》，郭躬在汉章帝元和三年为廷尉，至汉和帝永元六年死，没有至汉安帝时。而窦嘉为少府在汉和帝初，大概窦嘉辟郭躬之兄子，在郭躬死之后的汉安帝时。[46]大将军：指司马懿。当时司马懿为大将军。[47]狂悖之弟：可能指司马懿第五弟司马通。司马通在曹魏时曾任司隶从事。事见《晋书·宗室传》。[48]尔：语气辞，相当于“矣”字。[49]望风：观察风头。[50]希旨：迎合在上者的意旨。[51]受属（zhǔ）：接受托付。[52]嘉有亲戚之宠：窦嘉是窦太后的本家人。[53]阿党：偏向同党。[54]纠擿：纠举揭发。[55]奸宄（guǐ）：为非作歹之人。[56]迕（wǔ）世：违背世俗。[57]密行白人：谓秘密搜集别人的过失向上密报的人。[58]尽节：尽心竭力，效忠臣节。[59]按行：审查。[60]司马公：司马懿。[61]社稷之臣：此谓保卫皇位传统的忠臣。[62]望：为人所敬仰。[63]庐江：郡名，曹魏庐江郡治所阳泉，在今安徽霍邱县西。[64]经时：谓经久，时间长。[65]杨宜口：当时阳泉县有阳泉水，流经县城东，又西北流入决水，入决水处称阳泉口，亦称杨宜口。[66]寿春：魏扬州治所在寿春，距当时合肥城二百余里。[67]掎（jǐ）：牵制。[68]护军将军：官名，主武官选举，隶属领军。资重者称护军将军，资轻者称中护军。[69]劫略无限：谓孙吴劫掠无限。[70]必淮北为守：指曹魏必在淮北防守。[71]孙子言：此言前三句见《孙子兵法·计篇》。[72]诡道：以诡诈为原则。[73]骄之以利：用利引诱敌人使之骄傲。[74]示之以慑：表面上作出畏惧敌人的样子。[75]形实：表面与实际。[76]善动敌者形之：此语见《孙子兵法·势篇》。形，示形，谓以假象欺骗敌人。全句的意思是说：善于用假象欺骗敌人，敌人就会听从摆布而上当。

青龙元年（癸丑，233年）

春，正月，甲申，青龙见摩陂[1]井中。二月，帝如摩陂观龙，改元。

公孙渊遣校尉宿舒、郎中令[2]孙综奉表称臣于吴；吴主大悦，为之大赦。三月，吴主遣太常[3]张弥、执金吾[4]许晏、将军贺达将兵万人，金宝珍货，九锡[5]备物，乘海授渊，封渊为燕王。举朝大臣自顾雍以下皆谏，以为“渊未可信而宠待太厚，但可遣吏兵护送舒、综而已”；吴主不听。张昭曰：“渊背魏惧讨，远来求援，非本志也。若渊改图，欲自明于魏，两使不反，不亦取笑于天下乎！”吴主反覆难昭，昭意弥[6]切。吴主不能堪，按剑[7]而怒曰：“吴国士人入宫则拜孤，出宫则拜君，孤之敬君亦为至矣，而数于众中折[8]孤，孤常恐失计[9]。”昭孰视[10]吴主曰：“臣虽知言不用，每竭愚忠者，诚以太后临崩，呼老臣于床下，遗诏顾命之言故在耳。”因涕泣横流；吴主掷刀于地，与之对泣。然卒遣弥、晏往。昭忿言之不用，称疾不朝；吴主恨之，土塞其门，昭又于内以土封之。

夏，五月，戊寅[11]，北海王蕤卒。

闰月，庚寅朔，日有食之。

六月，洛阳宫鞠室[12]灾。

鲜卑轲比能诱保塞鲜卑步度根与深结和亲，自勒万骑迎其累重[13]于陉北[14]。荆[15]州刺史毕轨[16]表辄出军，以外威比能，内镇步度根。帝省表曰："步度根已为比能所诱，有自疑心。今轨出军，慎勿越塞过句注[17]也。"比诏书到，轨已进军屯阴馆[18]，遣将军苏尚、董弼追鲜卑。轲比能遣子将千余骑迎步度根部落，与尚、弼相遇，战于楼烦[19]，二将没，步度根与泄归泥部落皆叛出塞，与轲比能合寇边。帝遣骁骑将军秦朗[20]将中军[21]讨之，轲比能乃走幕北[22]，泄归泥将其部众来降。步度根寻为轲比能所杀。

公孙渊知吴远难恃，乃斩张弥、许晏等首，传送京师，悉没其兵资珍宝。冬，十二月，诏拜渊大司马，封乐浪公。

吴主闻之，大怒曰："朕年六十，世事难易，靡[23]所不尝[24]。近为鼠子所前却[25]，令人气踊如山。不自截鼠子头以掷于海，无颜复临万国，就令颠沛[26]，不以为恨！"

陆逊上疏曰："陛下以神武之资，诞膺期运，破操乌林，败备西陵，禽羽荆州；斯三虏者，当世雄杰，皆摧其锋。圣化所绥[27]，万里草偃，方荡平华夏，总一大猷[28]。今不忍小忿而发雷霆之怒，违垂堂[29]之戒，轻万乘之重，此臣之所惑也。臣闻之，行万里者不中道而辍足，图四海者不怀细而害大。强寇在境，荒服[30]未庭[31]，陛下乘桴[32]远征，必致窥阎[33]，戚至而忧，悔之无及。若使大事时捷，则渊不讨自服。今乃远惜辽东众之与马[34]，奈何独欲捐江东万安之本业而不惜乎！"

尚书仆射薛综上疏曰："昔汉元帝欲御楼船[35]，薛广德[36]请刎颈以血染车。何则？水火之险至危，非帝王所宜涉也。今辽东戎貊[37]小国，无城隍之固，备御之术，器械铢钝[38]，犬羊无政，往必禽克，诚如明诏。然其方土寒埆[39]，谷稼不殖，民习鞍马，转徙无常，卒闻大军之至，自度不敌，鸟惊兽骇，长驱奔窜，一人匹马，不可得见，虽获空地，守之无益，此不可一也。加又洪流滉瀁[40]，有成山之难，海行无常，风波难免，倏忽[41]之间，人船异势[42]，虽有尧、舜之德，智无所施，贲、育[43]之勇，力不得设，此不可二也。加以郁雾冥其上，咸水蒸其下，善生流肿[44]，转相洿染，凡行海者，稀无此患，此不可三也。天生神圣，当乘时平乱，康此民物。今逆虏将灭，海内垂定，乃违必然之图，寻至危之阻，忽九州之固，肆一朝之忿，既非社稷之重计，又开辟以来所未尝有，斯诚群僚所以倾身侧息[45]，食不甘味，寝不安席者也。"

选曹尚书[46]陆瑁上疏曰："北寇[47]与国，壤地连接，苟有间隙，应机而至。夫所以为越海求马，曲意于渊者，为赴目前之急，除腹心之疾也。而更弃本追末，捐近治远，忿以改规，激以动众，斯乃猾虏[48]所愿闻，非大吴之至计也。又兵家之术，以功役相疲[49]，劳逸相待，得失之间，所觉辄多[50]。且沓渚[51]去渊，道里尚远，今到其岸，兵势三分，使强者进取，次当守船，又次运粮，行人虽多，难得悉用。加以单步负粮，经远深入，贼地多马，邀截无常。若渊狙诈[52]，与北未绝，动众之日，唇齿[53]相济；若实了然[54]无所凭赖，其畏怖远迸，或难卒灭，使天诛稽于朔野[55]，山虏[56]乘间而起，恐非万安之长虑也！"吴主未许。

瑁重上疏曰："夫兵革者，固前代所以诛暴乱、威四夷也。然其役皆在奸雄已除，天下无事，从容庙堂之上，以余议议之耳。至于中夏鼎沸，九域[57]盘互[58]之时，率须深根固本，爱力惜费，未有正于此时舍近治远，以疲军旅者也。昔尉佗[59]叛逆，僭号称帝，于时天下乂安[60]，百姓康阜，然汉文犹以远征不易，告喻而已。今凶桀[61]未殄，疆埸[62]犹警，未宜以渊为先。愿陛下抑威任计，暂宁六师，潜神嘿规，以为后图，天下幸甚！"吴主乃止。

吴主数遣人慰谢张昭，昭固不起。吴主因出，过其门呼昭，昭辞疾笃。吴主烧其门，欲以恐之，昭亦不出。吴主使人灭火，住门良久，昭诸子共扶昭起，吴主载以还宫，深自克责[63]，昭不得已，然后朝会。

初，张弥、许晏等至襄平[64]，公孙渊欲图之，乃先分散其吏兵，中使[65]秦旦、张群、杜德、黄强等及吏兵六十人置玄菟[66]。玄菟在辽东北二百里，太守王赞领户二百，旦等皆舍[67]于民家，仰[68]其饮食，积四十许日。旦与群等议曰："吾人远辱国命，自弃于此，与死无异。今观此郡，形势甚弱，若一旦同心，焚烧城郭，杀其长吏，为国报耻，然后伏死，足以无恨。孰与偷生苟活，长为囚虏乎！"群等然之。于是阴相结约，当用[69]八月十九日夜发，其日中时，为郡中张松所告，赞便会士众，闭城门，旦、群、德、强皆逾城得走。时群病疽疮[70]著膝[71]，不及辈旅，德常扶接与俱，崎岖山谷，行六七百里，创[72]益困，不复能前，卧草中，相守悲泣。群曰："吾不幸创甚，死亡无日，卿诸人宜速进道，冀有所达，空相守俱死于穷谷之中，何益也！"德曰："万里流离，死生共之，不忍相委[73]。"于是推旦、强使前，德独留守群，采菜果食[74]之，旦、强别数日，得达句丽[75]，因宣吴主诏于句丽王位宫及其主簿[76]，绐[77]言有赐，为辽东所劫夺。位宫等大喜，即受诏，命使人随旦还迎群[78]，遣皂衣[79]二十五人，送旦等还吴，奉表称臣，贡貂皮千枚，鹖鸡[80]皮十具。旦等见吴主，悲喜不能自胜。吴主壮之，皆拜校尉。

是岁，吴主出兵欲围新城[81]，以其远水，积二十余日，不敢下船。满宠谓诸将曰："孙权得吾移城，必于其众中有自大之言，今大举来，欲要[82]一切之功，虽不敢至，必当上岸耀兵[83]以示有余。"乃潜遣步骑六千，伏肥水隐处以待之。吴主果上岸耀兵，宠伏兵卒起击之，斩首数百，或有赴水死者。吴主又使全琮攻六安[84]，亦不克。

蜀庲降都督[85]张翼用法严峻，南夷豪帅刘胄叛。丞相亮以参军巴西马忠代翼，召翼令还。其人谓翼宜速归即罪。翼曰："不然，吾以蛮夷蠢动，不称职，故还耳。然代人未至，吾方临战场，当运粮积谷，为灭贼之资，岂可以黜退之故而废公家之务乎！"于是统摄不懈，代到乃发。马忠因其成基，破胄，斩之。

诸葛亮劝农[86]讲武，作木牛、流马，运米集斜谷口，治斜谷邸阁；息民休士，三年而后用之。

（以上为第六段，写孙权不听劝谏，一意孤行，联盟辽东，被公孙渊所欺。）

【注释】

[1]摩陂：自此改摩陂为龙陂。 [2]郎中令：官名。汉魏时期，王国置郎中令一人，掌郎中宿卫。但公孙渊此前未封王，也未自称王，却置郎中令。 [3]太常：官名，列卿之一，掌礼乐、郊庙、社稷等事。 [4]执金吾：官名，掌督巡宫外、维护皇宫周围及京都的治安，皇帝出行时，则充任护卫及仪仗队。 [5]九锡：古代天子赐给大臣的最高礼遇。《汉书·武帝纪》注引应劭说："九锡者，一曰车马，二曰衣服，三曰乐器，四曰朱户，五曰纳陛，六曰虎贲百人，七曰铁钺，八曰弓矢，九曰秬（jú）鬯（chàng）。" [6]弥：更加，益发。 [7]剑：据章校，有的版本"剑"作"刀"。 [8]折：屈。 [9]失计：谓不能容忍而杀张昭。 [10]孰视：孰，通"熟"，久久盯着。[11]戊寅：五月十八日。 [12]鞠室：蹋鞠的场所。鞠（jū），古代用革制成的球，用于军中习武游戏，以足踢，类似今日的足球。 [13]累（lěi）重：谓家属与资产。 [14]陉（xíng）北：指陉岭以北之地。陉岭一名西陉山，又名句注山，在今山西代县西北。 [15]荆：据章校，有的版本"荆"作"并"。按上下文内容"陉北""句注"等分析，"并"字为是。 [16]毕轨：字昭先。魏明帝初为黄门郎，后为并州刺史。齐王芳正始中为中护军，又为侍中、尚书、司隶校尉，因与曹爽亲善，司马懿诛曹爽时被杀。事见《三国志·魏书·曹爽传》注引《魏略》。 [17]句注：即陉岭。东汉末，自朔方、五原、上郡、定襄、云中，东至陉岭以北，皆为匈奴、羌等少数民族所据有，故魏明帝令毕轨勿越过句注。 [18]阴馆：汉县名，县治在今山西代县西北。 [19]楼烦：汉县名，县治在今山西代县西北雁门关之北。 [20]秦朗：字元明，其母被曹操纳为妾，故朗长于宫中。魏明帝时为骁骑将军、给事中。事见《三国志·魏书·明帝纪》注引《魏氏春秋》与《魏略》。[21]中军：中央禁卫军。 [22]幕北：即漠北。幕，通"漠"。 [23]靡（mǐ）：无。 [24]尝：经历。 [25]前却：谓公孙渊向吴称臣以诱吴使者前往，后又斩吴使者使吴退却。 [26]颠沛：倾覆。 [27]绥：安抚。 [28]大猷（yóu）：大道，重要的谋略。 [29]垂堂：堂屋檐下。在檐下可能被落瓦所伤，故用以比喻危险境地。古谚语有："千金之子，坐不垂堂。"见《史记·袁盎列传》。 [30]荒服：古代五服之一。指离王畿二千五百里的地区，为五服中最远之地。此指公孙渊所据的辽东地区。 [31]未庭：谓未臣服。 [32]桴（fú）：竹木编成的渡水工具，大的叫筏，小的叫桴。 [33]窥阚（yú）：窥视，伺隙而动。 [34]远惜辽东众之与马：谓孙权对遥远的辽东之爱惜，是因为辽东民众多并产马。 [35]楼船：有叠层的大船。 [36]薛广德：汉元帝时，薛广德为御史大夫，直言敢谏。汉元帝曾想乘楼船往祭宗庙，当乘车舆出长安南门后，薛广德即谏阻，元帝表示不采纳。广德便说："陛下不听臣，臣自刎，以血污车轮，陛下不得入庙矣。"元帝遂改为乘车。事见《汉书·薛广德传》。 [37]貊（mò）：古代称居于东北地区的民族为貊。[38]铢钝：古代二十四铢为一两。铢钝，言其又轻又钝。 [39]埆（què）：土地贫瘠。 [40]滉（huàng）瀁（yàng）：水深广的样子。瀁，同"漾"。 [41]倏（shū）忽：指时间极短，犹言瞬息。[42]人船异势：指船翻沉，人与船漂没异处。 [43]贲（bēn）、育：指孟贲、夏育，皆古代有名的勇士。[44]流肿：下肢肿胀的脚气病。[45]倾身侧息：谓倾斜身体靠着休息，不敢安稳睡眠。

[46]尚书：官名，即曹魏的吏部尚书，主官吏之选用。 [47]北寇：指曹魏。 [48]猾虏：亦指曹魏。 [49]功役相疲：谓双方投入的智谋与兵力相比较，谁最疲劳。 [50]劳逸相待，得失之间，所觉辄多：谓对方以逸待我方疲劳，而我方却不知觉，待其觉知后，对方之所得与我方之所失就相差很远了。 [51]沓（tà）渚（zhǔ）：辽东郡有沓氏县，县治在今辽宁辽阳市东南。因沓氏西南临海渚（岛），故又称沓渚。 [52]狙（jū）诈：诡诈。 [53]唇齿：比喻魏与辽东。谓吴伐辽东，魏可能南侵。 [54]了然：胡三省说蜀本作"孑然"，谓公孙渊孤立孑然无援。 [55]天诛稽于朔野：天诛，上天的诛杀，此指吴军征讨。稽，停留。指征讨公孙渊停留在北方旷野中。 [56]山虏：指丹阳、豫章等郡的山越。 [57]九域：九州。谓全国。 [58]盘互：谓九州各自盘踞，而又互相敌对。 [59]尉佗：尉佗本真定人，姓赵名佗，秦末为南海尉，故称尉佗。秦亡后，尉佗自称南粤武王。汉高帝刘邦统一全国后，亦遣使立尉佗为南粤王。高后时因禁止铁器入南粤，尉佗因叛汉自称南武帝，并发兵攻长沙边境。汉文帝即位后，遣陆贾至南粤说服尉佗，尉佗遂取消帝号，仍臣服汉，为南粤王。南粤也作"南越"。事见《汉书》卷九十五。 [60]乂（yì）安：太平无事。 [61]凶桀：指曹魏。 [62]疆埸（yì）：疆域之边界，亦即国界。 [63]克责：深刻责备。克，通"刻"。 [64]襄平：县名，辽东郡的治所，在今辽宁辽阳市。 [65]中使：宫中派出的使者。 [66]玄菟：郡名，治所高句丽，在今辽宁沈阳市城东。 [67]舍：住宿。 [68]仰：依赖。 [69]用：于。 [70]疽（jū）疮：毒疮之一种。 [71]著（zhuó）膝：谓毒疮生在膝上。 [72]创（chuāng）：创伤。 [73]委：抛弃。 [74]食（sì）：拿食物给人吃。 [75]句丽：即高句丽国，都城在丸都，在今吉林集安市。 [76]主簿：高句丽王之属官。 [77]绐（dài）：欺骗。 [78]群：据章校，有的版本"群"下有"德"字。 [79]皂衣：高句丽王之属官。 [80]鹖（hé）鸡：鸟名，形似野鸡，体形较大，色青，好斗。 [81]新城：即合肥新城。太和六年满宠于合肥城西三十里更筑新城，称合肥新城，在今安徽合肥市。 [82]要（yāo）：通"徼"，求，取。 [83]耀兵：显示兵威。 [84]六安：县名，县治在今安徽六安市北。 [85]庲降都督：官名，蜀汉置以督统南中地区。最初都督治所在南昌县（在今云南镇雄县），至李恢为都督，移治所于平夷县（在今云南富源县）。张翼为都督，治所亦在平夷县。马忠代张翼为都督后，又移治所于味县（在今云南曲靖市）。 [86]劝农：鼓励农业生产。

二年（甲寅，234年）

春，二月，亮悉大众十万由斜谷入寇，遣使约吴同时大举。

三月，庚寅[1]，山阳公卒。

己酉[2]，大赦。

夏，四月，大疫。

崇华殿灾。

诸葛亮至郿，军于渭水之南。司马懿引军渡渭，背水为垒拒之，谓诸将曰：“亮若出武功，依山而东，诚为可忧；若西上五丈原[3]，诸将无事矣。”亮果屯五丈原。

雍州[4]刺史郭淮言于懿曰：“亮必争北原[5]，宜先据之。”议者多谓不然，淮曰：“若亮跨渭登原，连兵北山，隔绝陇道，摇荡民夷，此非国之利也。”懿乃使淮屯北原。堑垒未成，汉兵大至，淮逆击却之。

亮以前者数出，皆以运粮不继，使己志不伸，乃分兵屯田为久驻之基，耕者杂于渭滨居民之间，而百姓安堵，军无私焉。

五月，吴主入居巢[6]湖口[7]，向合肥新城，众号十万；又遣陆逊、诸葛瑾将万余人入江夏[8]、沔口[9]，向襄阳[10]；将军孙韶、张承入淮，向广陵[11]、淮阴。六月，满宠欲率诸军救新城，殄夷将军[12]田豫曰：“贼悉众大举，非图小利，欲质[13]新城以致大军耳。宜听使攻城，挫其锐气，不当与争锋也。城不可拔，众必罢[14]怠；罢怠然后击之，可大克也。若贼见计[15]，必不攻城，势将自走。若便进兵，适入其计矣。”

时东方吏士皆分休[16]，宠表请召中军兵[17]，并召所休将士，须集击之。散骑常侍广平刘劭议以为：“贼众新至，心专气锐，宠以少人自战其地，若便进击，必不能制。宠请待兵，未有所失也，以为可先遣步兵五千，精骑三千，先军前发，扬声进道，震曜[18]形势。骑到合肥，疏其行队，多其旌鼓，曜兵城下，引出贼后，拟其归路，要[19]其粮道。贼闻大军来，骑断其后，必震怖遁走，不战自破矣。”帝从之。

宠欲拔新城守，致贼寿春，帝不听，曰：“昔汉光武遣兵据略阳[20]，终以破隗嚣，先帝东置合肥，南守襄阳，西固祁山，贼来辄破于三城之下者，地有所必争也。纵权攻新城，必不能拔。敕诸将坚守，吾将自往征之，比至，恐权走也。”乃使征蜀护军秦朗督步骑二万助司马懿御诸葛亮，敕懿：“但坚壁拒守以挫其锋，彼进不得志，退无与战，久停则粮尽，虏略无所获，则必走；走而追之，全胜之道也。”秋，七月[21]，帝御龙舟东征。

满宠募壮士焚吴攻具，射杀吴王之弟子泰；又吴吏士多疾病。帝未至数百里，疑兵[22]先至。吴主始谓帝不能出，闻大军至，遂遁，孙韶亦退。

陆逊遣亲人韩扁奉表诣吴主，逻者[23]得之。诸葛瑾闻之甚惧，书与逊云："大驾已还，贼得韩扁，具知吾阔狭[24]，且水干，宜当急去。"逊未答，方催人种葑[25]、豆，与诸将弈棋[26]、射戏[27]如常。瑾曰："伯言[28]多智略，其必当有以[29]。"乃自来见逊。逊曰："贼知大驾已还，无所复忧，得专力于吾。又已守要害之处，兵将意动[30]，且当自定以安之，施设变术，然后出耳。今便示退，贼当谓吾怖，仍来相蹙[31]，必败之势也。"乃密与瑾立计，令瑾督舟船，逊悉上兵马以向襄阳城；魏人素惮逊名，遽还赴城。瑾便引船出，逊徐整部伍，张拓声势[32]，步趣船，魏人不敢逼。行到白围[33]，托言住猎，潜遣将军周峻、张梁等击江夏、新市[34]、安陆[35]、石阳[36]，斩获千余人而还。

群臣以为司马懿方与诸葛亮相守未解，车驾可西幸长安。帝曰："权走，亮破胆，大军足以制之，吾无忧矣。"遂进军至寿春，录诸将功，封赏各有差。

八月，壬申[37]，葬汉孝献皇帝于禅陵[38]。

辛巳[39]，帝还许昌。

司马懿与诸葛亮相守百余日，亮数挑战，懿不出。亮乃遗[40]懿巾帼[41]妇人之服，懿怒，上表请战，帝使卫尉[42]辛毗杖节为军师[43]以制之。护军姜维谓亮曰："辛佐治杖节而到，贼不复出矣。"亮曰："彼本无战情，所以固请战者，以示武于其众耳。将在军，君命有所不受，苟能制吾，岂千里而请战邪！"

亮遣使者至懿军，懿问其寝食及事之烦简，不问戎事。使者对曰："诸葛公夙兴夜寐[44]，罚二十以上，皆亲览焉；所啖[45]食不至数升[46]。"懿告人曰："诸葛孔明食少事烦，其能久乎！"

亮病笃，汉[47]使尚书仆射李福省侍，因咨以国家大计。福至，与亮语已[48]，别去[49]，数日复还。亮曰："孤知君还意，近日言语虽弥日[50]，有所不尽，更来求决耳。公所问者，公琰[51]其宜也。"福谢："前实失不咨请，如公百年后，虽可任大事者，故辄还耳。乞复请蒋琬之后，谁可任者？"亮曰："文伟[52]可以继之。"又问其次，亮不答。

是月，亮卒于军中。长史杨仪[53]整军而出。百姓奔告司马懿，懿追之。姜维令仪反旗鸣鼓，若将向懿者，懿敛军退，不敢逼。于是仪结陈[54]而去，入谷[55]然后发丧[56]。百姓为之颜曰："死诸葛走生仲达[57]。"懿闻之，笑曰："吾能料生，不能料死故也。"懿按行亮之营垒处所，叹曰："天下奇才也！"追至赤岸[58]，不及而还。

（以上为第七段，写诸葛亮第五次北伐，卒于军中而退兵。）

【注释】

[1]庚寅：三月六日。[2]己酉：三月二十五日。[3]五丈原：地名，在当时郿县之西，渭水之南。郿县县治在今陕西眉县东北。[4]雍州：州名。曹魏雍州治所长安，在今陕西西安市西北。[5]北原：在五丈原与渭水之北。[6]居巢：县名，县治在今安徽巢湖市东北。[7]湖口：指巢湖口，即后世的栅江口，因水导源于巢湖，故称巢湖口，在今安徽和县西南。[8]江夏：郡名。孙吴江夏郡治所在武昌，在今湖北鄂州市。[9]沔口：又称夏口，即今湖北武汉市汉口。[10]襄阳：郡名，治所襄阳县，在今湖北襄阳市。[11]广陵：郡名。曹魏广陵郡治所在淮阴，在今江苏淮安市淮阴区西南。[12]殄夷将军：官名，曹魏所置的杂号将军，但不在《宋书·百官志》所载魏晋四十号将军之中。[13]质：凭借之意。[14]罢（pí）：通"疲"。[15]见计：谓吴军看出魏军待敌之计。[16]分休：轮流休息。[17]中军兵：包括禁军在内的中央军队。[18]震曜：夸耀。[19]要（yāo）：通"邀"，拦截。[20]略阳：县名，县治在今甘肃秦安县西北。东汉初，隗嚣据有天水、武都、金城等郡。汉光武帝建武八年命来歙（xī）袭取隗嚣守将所据的略阳。来歙攻下后，就坚守不放，终败隗嚣。事见《后汉书·光武帝纪》。[21]月：据章校，有的版本"月"下有"壬寅"二字。[22]疑兵：虚设以迷惑敌人之兵。[23]逻者：巡逻的官兵。[24]阔狭：详细情况。[25]葑（fēng）：菜名，即蔓菁。[26]弈棋：下棋。[27]射戏：射覆之游戏，即猜测覆盖物的游戏。[28]伯言：陆逊字伯言。[29]以：缘故。[30]意动：思想动摇不定。[31]蹙（cù）：逼迫。[32]张拓声势：虚张声势。[33]白围：在白河口所立的围屯，称为白围。白河在今湖北襄阳市东北。[34]新市：县名，即江夏郡之南新市，县治在今湖北京山县东北。[35]安陆：县名，为魏江夏郡治所，在今湖北安陆市南。[36]石阳：县名，县治在今湖北应城市东南。[37]壬申：八月二十日。[38]禅陵：在今河南修武县东北。[39]辛巳：八月二十九日。[40]遗（wèi）：赠予。[41]巾帼（guó）：妇女的头巾。[42]卫尉：官名，列卿之一，掌宫门警卫及宫中巡逻。[43]军师：官名，军队的高级参谋。[44]夙兴夜寐：很早即起，深夜方睡。[45]啖（dàn）：吃。[46]数升：此据《三国志·蜀书·诸葛亮传》注引《魏氏春秋》，《晋书·宣帝纪》作"三四升"。[47]汉：据章校，有的版本"汉"下有"主"字。[48]已：完，结束。[49]别去：离别归去。[50]弥日：整天。

[51]公琰：蒋琬字公琰。[52]文伟：费祎字文伟。[53]杨仪：字公威，襄阳人。建安中投归关羽，后为蜀汉尚书、丞相府参军、长史等。后因怨望诽谤，被废自杀。传见《三国志》卷四十。[54]陈：同“阵”。[55]谷：指斜谷。[56]发丧：公布丧事于众。[57]仲达：司马懿字仲达。[58]赤岸：地名，又称赤崖，在今陕西汉中市西北。

初，汉前军师[1]魏延，勇猛过人，善养士卒。每随亮出，辄欲请兵万人，与亮异道会于潼关[2]，如韩信故事[3]，亮制而不许。延常谓亮为怯，叹恨己才用之不尽。杨仪为人干敏[4]，亮每出军，仪常规画分部，筹度粮谷，不稽思虑，斯须[5]便了，军戎节度，取办于仪。延性矜高[6]，当时皆避下之，唯仪不假借[7]延，延以为至忿，有如水火。亮深惜二人之才，不忍有所偏废也。

费祎使吴，吴主醉，问祎曰：“杨仪、魏延，牧竖小人也，虽尝有鸣吠之益于时务，然既已任之，势不得轻。若一朝无诸葛亮，必为祸乱矣，诸君愦愦[8]，不知防虑于此，岂所谓贻厥孙谋乎！”祎对曰：“仪、延之不协，起于私忿耳，而无黥、韩[9]难御之心也。今方扫除强贼，混一函夏[10]，功以才成，业由才广，若舍此不任，防其后患，是犹备有风波而逆废舟楫[11]，非长计也。”

亮病困，与仪及司马费祎等作身殁之后退军节度[12]，令延断后，姜维次之；若延不从命，军便自发。亮卒，仪秘不发丧，令祎往揣延意指。延曰：“丞相虽亡，吾自见在。府亲官属[13]，便可将丧还葬，吾当自率诸军击贼；云何以一人死废天下之事邪！且魏延何人，当为杨仪之所部勒，作断后将乎！”自与祎共作行留[14]部分[15]，令祎手书与己连名，告下诸将。祎绐延曰：“当为君还解杨长史，长史文吏，稀更[16]军事，必不违命也。”祎出，奔马而去。延寻[17]悔之，已不及矣。

延遣人觇[18]仪等，欲按亮成规，诸营相次引军还，延大怒，搀[19]仪未发，率所领径先南归，所过烧绝阁道。延、仪各相表叛逆，一日之中，羽檄[20]交至。汉主以问侍中董允、留府长史蒋琬，琬、允咸保仪而疑延。仪等令槎山[21]通道，昼夜兼行，亦继延后。延先至，据南谷口[22]，遣兵逆击仪等，仪等令将军何平[23]于前御延。平叱先登曰：“公亡，身尚未寒，汝辈何敢乃尔！”延士众知曲在延，莫为用命，皆散。延独与其子数人逃亡，奔汉中，仪遣将马岱追斩之，遂夷延三族。蒋琬率宿卫诸营北行赴难，行数十里，延死问[24]至，乃还。始，延欲杀仪等，冀时论以己代诸葛辅政，故不降魏而南还击仪，实无反意也。

诸军还成都，大赦，谥诸葛亮曰忠武侯。初，亮表于汉主曰："成都有桑八百株，薄田十五顷，子弟衣食，自有余饶，臣不别治生[25]以长尺寸。若臣死之日，不使内有余帛，外有赢财，以负陛下。"卒如其所言。

丞相长史张裔常称亮曰："公赏不遗远，罚不阿[26]近，爵不可以无功取，刑不可以贵势免，此贤愚所以佥[27]忘其身者也！"

陈寿评曰：诸葛亮之为相国也，抚百姓，示仪轨[28]，约官职，从权制[29]，开诚心，布公道；尽忠益时者，虽仇必赏，犯法怠慢者，虽亲必罚，服罪输情[30]者，虽重必释，游辞[31]巧饰者，虽轻必戮，善无微而不赏，恶无纤而不贬；庶事精练，物理其本[32]，循名责实，虚伪不齿；终于邦域之内，咸畏而爱之，刑政虽峻而无怨者，以其用心平而劝戒明也，可谓识治之良才，管、萧[33]之亚匹[34]矣。

初，长水校尉[35]廖立[36]，自谓才名宜为诸葛亮之副，常以职位游散[37]，怏怏怨谤无已，亮废立为民，徙之汶山[38]。及亮卒，立垂泣曰："吾终为左衽[39]矣！"李平闻之，亦发病死。平常冀亮复收己，得自补复，策后人不能故也。

习凿齿论曰：昔管仲夺伯氏[40]骈邑[41]三百[42]，没齿而无怨言，圣人以为难。诸葛亮之使廖立垂泣，李严致死，岂徒无怨言而已哉！夫水至平而邪者取法，鉴[43]至明而丑者忘怒；水鉴之所以能穷物而无怨者，以其无私也。水鉴无私，犹以免谤；况大人君子怀乐生之心，流矜恕之德，法行于不可不用，刑加乎自犯之罪，爵之而非私，诛之而不怒，天下有不服者乎！

蜀人所在求为诸葛亮立庙，汉主不听；百姓遂因时节私祭之于道陌上。步兵校尉[44]习隆等上言：请近其墓，立一庙于沔阳[45]，断其私祀。汉主从之。

汉主以左将军吴懿为车骑将军[46]，假节[47]，督汉中，以丞相长史蒋琬为尚书令，总统国事，寻加琬行都护[48]，假节，领益州刺史。时新丧元帅，远近危悚，琬出类拔萃，处群僚之右，既无戚容，又无喜色，神守举止，有如平日，由是众望渐服。

吴人闻诸葛亮卒，恐魏承衰取蜀，增巴丘[49]守兵万人，一欲以为救援，二欲以事分割。汉人闻之，亦增永安[50]之守以防非常。汉主使右中郎将宗预[51]使吴，吴主问曰；"东之与西，譬犹一家，而闻西更增白帝之守，何也？"对曰："臣以为东益巴丘之戍，西增白帝之守，皆事势宜然，俱不足以相问也。"吴主大笑，嘉其抗尽[52]。礼之亚于邓芝[53]。

吴诸葛恪以丹阳[54]山险，民多果劲，虽前发兵，徒得外县平民而已，其余深远，莫能禽尽，屡自求为官出之，三年可得甲士四万。众议咸以为："丹阳地势险阻，与吴郡[55]、会稽[56]、新都[57]、番阳[58]四郡邻接，周旋数千里，山谷万重。其幽邃人民，未尝入城邑，对长吏，皆仗兵野逸，白首于林莽[59]；逋亡[60]宿恶，咸共逃窜。山出铜铁，自铸甲兵。俗好武习战，高尚气力；其升山越险，抵突丛棘[61]，若鱼之走渊，猿狖[62]之腾木也。时观间隙，出为寇盗，每致兵征伐，寻其窟藏。其战则蜂至，败则鸟窜，自前世以来，不能羁也。"皆以为难。恪父瑾闻之，亦以事终不逮[63]，叹曰："恪不大兴吾家，将赤[64]吾族也！"恪盛陈其必捷，吴主乃拜恪抚越将军[65]，领丹阳太守，使行其策。

冬，十一月，洛阳地震。

吴潘浚讨武陵[66]蛮，数年，斩获数万。自是群蛮衰弱，一方守静。十一月，浚还武昌。

（以上为第八段，写蜀将魏延不识大体被冤杀，以及历史家对诸葛亮的评价和在民间的影响。）

【注释】

[1]前军师：官名，蜀汉置有中军师、前军师、后军师，皆参谋军事。[2]潼关：关名，在今陕西潼关县北。[3]韩信故事：汉高帝二年，命韩信、曹参等攻击魏王豹。魏地攻下后，韩信使人向刘邦请兵三万，北攻燕、赵，东击齐，南绝楚粮道，刘邦也同意了。事见《汉书·高帝纪上》。[4]干敏：精干敏捷。[5]斯须：片刻。[6]矜高：高傲。[7]假借：宽容。

[8]愦（kuì）愦：糊涂。[9]黥、韩：指西汉初年的黥布、韩信。[10]函夏：指全中国。[11]楫（jí）：划船用具。[12]节度：安排，调度。[13]府亲官属：指丞相府长史以下官属。[14]行留：谓送诸葛亮丧归还的人与留下继续对抗魏军的人。[15]部分：处分，部署。[16]更（gēng）：经历。[17]寻：接着。[18]觇（chān）：偷偷察看。[19]搀（chān）：抢先。[20]羽檄：紧急文书。古代传送紧急文书时，在文书上插上鸟羽，表示急速如飞鸟。[21]槎（chá）山：谓在山上砍树木。[22]南谷口：即褒斜道之南口褒谷，在今陕西勉县襄城镇北，北口即斜谷，在今陕西眉县西南。全道总长四百七十里。[23]何平：即王平。因王平幼年时养于外家何氏，成年后才复姓王。[24]问：音讯。[25]治生：经营产业。[26]阿：偏袒。[27]佥：皆，都。[28]仪轨：礼仪法度。[29]权制：合于时宜的制度。[30]输情：表达真情。[31]游辞：虚浮不实的话。[32]物理其本：谓对事物必从根本上去治理。[33]管、萧：管仲、萧何。[34]亚匹：次一等的辈类。[35]长水校尉：官名，中领军所统五校尉之一，掌禁兵。[36]廖立：字公渊，武陵临沅（今湖南常德市）人。初为刘备荆州牧从事，随刘备入蜀后，为巴郡太守。后主刘禅时为长水校尉，后因骄傲自大，被贬为民，流徙汶山郡。传见《三国志》卷四十。[37]游散：谓做没有重要职权的散官。[38]汶山：郡名，治所绵虒（sī），在今四川汶川县西南。[39]左衽（rèn）：前衣襟向左。古代少数民族的衣服，前襟向左，汶山郡即少数民族聚居地，故廖立有此言。[40]伯氏：春秋时齐国大夫。[41]骈邑：地名，在今山东临朐县柳山镇。[42]三百：谓三百户人家。亦即谓骈邑这块采地有三百户人家。《论语·宪问》载孔子说：管仲"夺伯氏骈邑三百，饭疏食，没齿无怨言"。[43]鉴：镜子。[44]步兵校尉：官名，中领军所统五校尉之一，掌禁兵。[45]沔阳：县名，县治在陕西勉县东。[46]车骑将军：官名。车骑将军为都督者，与四征将军同，若不为都督属四征将军者，与前后左右杂号将军同。[47]假节：暂授以符节。魏晋时，朝中大臣或地方军政长官，依权力大小授以持节、使持节、假节等名号。假节为三者中权力最低者，只可杀犯军令者。[48]行都护：官名，蜀汉所置，盖统领军事。[49]巴丘：山名，即巴陵山，又名天岳山，在今湖南岳阳市西南，濒临洞庭湖。[50]永安：县名，县治在今重庆市奉节县东白帝城。[51]宗预：字德艳，南阳安众（今河南镇平县东南）人。初随张飞入蜀，后主刘禅即位初，为参军、右中郎将。两次出使吴，皆称职。后官至镇军大将军。传见《三国志》卷四十五。[52]抗尽：谓所言不屈于吴，又是真心实意的话。[53]邓芝：邓芝在刘备死后诸葛亮执政初使吴。[54]丹阳：郡名，治所宛陵，在今安徽宣城市宣州区。[55]吴郡：治所吴县，在今江苏苏州市。[56]会稽：郡名，治所山阴，在今浙江绍兴市。[57]新都：郡名，治所始兴，在今浙江淳安县西。[58]番阳：郡名，治所鄱阳县，在今江西鄱阳县东。[59]林莽：茂林深草之地。[60]逋（bū）亡：逃亡。[61]抵突丛棘：穿越荆棘丛林。[62]猿狖（yòu）：兽名，长尾猿。[63]事终不逮：谓终于不能得四万山越甲士之数。[64]赤：诛灭无余。[65]抚越将军：官名，孙吴所置杂号将军，以招抚山越为其称号。[66]武陵：郡名，治所临沅，在今湖南常德市。

【点评】

诸葛亮北伐失败的原因。战争是政治的继续，也是政治斗争的最高形式。两国交兵的战争，取决于综合国力的较量。蜀国弱小，政治、经济、军事各个方面与曹魏相比，均处于劣势。军事上，曹魏据有整个黄河流域，兵强马壮，有带甲四五十万，人才济济，勇略兼备，应付东西两线作战而有余。蜀汉偏据一州，兵弱将寡。诸葛亮惨淡经营，才有一支不到二十万人的军队，又要留守后方，又要东防孙吴，又要维持运输粮饷，所以每次用兵不过十余万人，投入第一线的兵力只有数万，因此只能集中一个方向，不能数道并出。魏延请兵万人异道，诸葛亮都不允许，真是捉襟见肘。孙吴伐魏，魏伐吴、蜀，均是多道并进，尚不能取胜，何况诸葛亮只用于一个方向！不致大败已属万幸，取胜的机会实在渺茫。经济上，蜀汉经济衰弱。诸葛亮出师运粮不继，不单是道路崎岖，而人力单薄，牛马寡少，更是主要原因。在政治上，魏明帝曹叡不失为一个明主。他刚毅果断，察纳雅言，决策正确，反应迅速，这是暗弱的刘禅不能相比的。诸葛亮第一次出师，曹叡亲镇关中，迅猛调兵遣将入援，挽救了关中不备的危局。诸葛亮第五次北伐，这是一次难得的吴蜀步调一致的协同作战。四月蜀军入秦川，五月孙权大举攻魏，明帝亲率十余万大军向合肥，使陆逊、诸葛瑾向襄阳，孙韶、张承向广陵，三路齐出，来势凶猛。甚至智勇足备的魏将满宠也准备退出合肥以避吴锋。明帝果断地采取了西守东攻的正确策略，使辛毗杖节监军，令司马懿坚壁不出，自己亲率大军东征。明帝这一坚强有力的行动，使孙权闻风丧胆，不战而退，打破了吴、蜀的联合进攻。诸葛亮又陷入了孤军作战的困境，一筹莫展，积劳成疾而病逝五丈原。明帝还采纳了臣下休兵息民，以逸待劳，疲敝吴、蜀的建议，养蓄国力，促进了政治、经济、军事实力的增长，为西晋统一中国打下了坚实基础。诸葛亮连年动众，北伐后期已是师劳民竭，而曹魏越战越强，改变了先灭吴、后灭蜀的方针，掉头先灭蜀，后灭吴。诸葛亮及其后继者姜维的连年动众，只是加速了蜀汉的灭亡，根本原因是魏强蜀弱。

但是单从强弱之势论成败也是片面的。曹、孙、刘三方最初都是以弱胜强，力挫群雄争得三分，何以三分归一就不能以弱胜强呢？历史并没有注定非由曹魏来统一天下。天命攸归，在于势力消长和人心所向两个方面。势力消长和人心所向是相辅相成的。天时、地利、人和这是成功者所必争所必守的条件。诸葛亮北伐仍有一线成功的希望。这希望就在他第一次出师，曹魏关中空虚。诸葛亮出兵，已使曹魏“朝野恐惧”，陇右三郡叛魏应亮，设若诸葛亮一举奄有关中，则天下震动，中原人士旋踵西归，吴人拼力北进，曹魏之危真是不待蓍龟了。这是天假蜀汉以难得之机，只可惜诸葛亮过于谨慎，“虑多决少”，不敢用奇，丧失了这一取胜的机会，此后形成了与魏打消耗战的局面，如前所述魏强蜀弱，必败无疑。“出师未捷身先死，长使英雄泪满襟”，可慨也夫！

北伐失败的主观原因，陈寿认为诸葛亮“应变将略，非其所长”(《三国志·诸葛亮传》)，引起许多后世人的不满。事实上陈寿的评价是中肯的。以弱蜀抗强魏，只能出奇制胜，化弱为强，才有取胜的希望。诸葛亮第一次出师丧失了出奇制胜的天时，度其所失，有以下几个方面。

第一，战略之失。蜀将魏延善养士卒，勇猛过人，是一个难得的将才。《三国志·魏延传》及裴注引《魏略》载，诸葛亮与诸将计议出师，魏延分析关中形势，夏侯楙镇长安，怯而无谋，不知兵机。他建议大军出斜谷直趋秦川，自告奋勇请兵万人，从子午谷下长安，与诸葛亮异道会于潼关，如韩信故事。诸葛亮以为此计悬危，“不如安从坦道，可以平取陇右，十全必克而无虞，故不用延计”。从陇右三郡叛魏应亮来看，魏延之计可行。公元前206年韩信还定三秦，兵分两路：支兵从汉中西出武都北取陇右，主力则出其不意奇袭陈仓，雍王章邯仓促迎战，连连败北而龟缩废丘。韩信留兵一部攻围章邯，再分出两路支兵掩护主力夺关。一路西越陇山与汉中西出武都之兵形成钳形攻势，围困陇西。一路南出武关入河南吸引项羽的注意力。汉兵主力则置关中残敌于不顾，一路夺取函谷关。汉兵半年后平陇右，一年后才破杀章邯，而主力早已进入中原。韩信定关中的兵机谋略精妙奇绝。魏延之策是针对曹魏都洛阳这一形势灵活运用韩信之计，不失为上策。诸葛亮认为此计悬危，可以不出子午谷，但主力实应直取陈仓或雍、郿，屏断陇右，方可十全必克，假若这样也不失为中策。诸葛亮虚张声势取郿，而不派一兵一卒阻断关陇大道，集中兵力用于一个方向，实在是一个最下策。即使街亭不败，诸葛亮“十全必克”的计划也是难以实现的。

第二，战术之失。魏将孟达反于新城，与亮书曰：“宛去洛八百里，去吾一千二百里。闻吾举事，当表上天子，比相反覆，一月间也，则吾城已固，诸军足办。吾所在深险，司马公必不自来；诸将来，吾无患矣。”不料司马懿当机立断，不等奏报，立即提大军兼程赶来，好一个出其不意，而诸葛亮没有派出有力的策应部队支援孟达。孟达被杀，诸葛亮失去了牵制曹魏河南之兵的侧翼，大为失计，此其一。韩信用兵，明修栈道，暗度陈仓。诸葛亮扬声取郿，对于防备空虚的关陇，无异于警告敌人。不使赵云、邓芝出谷，控制关陇大道阻滞敌人西援，反遭箕谷不戒之失，此其二。陇右三郡叛魏应亮，而蜀军行动迟缓，没有在陇右展开部署，没有阻断陇右山口，只派马谡在街亭迎敌，亦为失计，此其三。陇西坚守，蜀军没有乘虚攻克，致使魏军克平三郡后，血腥镇压叛魏者，大加封赏陇西吏民，造成严重的政治后遗症。此后诸葛亮出师，无有应者，此其四。这些失计，客观原因是蜀军少良将，主观原因是诸葛亮过于持重，“应变将略，非其所长”。话又说回来，诸葛亮以弱蜀抗强魏，在秦陇山区自来自去，计杀张郃、王双，仍不失为天下奇才。由于诸葛亮的对手司马懿、张郃、郭淮等人均智勇兼备，难以对付，才使得诸葛亮的计划有些支绌罢了。

第三，用人之失。魏延是当时蜀中仅存的一员超群绝伦的大将，远在张郃、郭淮之上，刘备拔延为汉中督，“一军尽惊”。魏延对刘备说：“若曹操举天下而来，请为大王拒之，偏将十万之众至，请为大王吞之。”（《三国志·魏延传》）这并非大言。他镇守汉中，“实兵诸围以御外敌”，规划严密。延熙七年（244），汉中守将王平依魏延成规，以三万之兵，抗御了曹魏十万余大军的进攻，使其不得入平地。钟会攻蜀时，姜维改变魏延成规，半月失汉中，可见魏延实在是一位难得的将才。王平也是一位智勇双全的大将。但诸葛亮未尽二人之才，不委以方面之任，使魏延领兵不足万人，致使魏延叹恨不已。不尽人之才，已是一失，又违众用马谡，此为再失。以诸葛亮之智，在用人上有此两失，千古而发人深省。

第四，用刑之失。街亭失守以后，诸葛亮诛马谡，又杀李盛，废黄袭，正如蒋琬所说：“昔楚杀得臣，文公喜可知也。天下未定而戮智计之士，岂不惜乎！”习凿齿评论说：“诸葛亮之不能兼上国也，岂不宜哉！……今蜀僻陋一方，才少上国，而杀其俊杰，退收驽下之用，明法胜才，不师三败之道，将以成业，不亦难乎！”习氏的评论是十分公允的。违众用马谡，主要责任在诸葛亮自己。再说马谡虽然短于临机决斗，却不失为一个参谋良将，原可以宽贷立功。再说马谡失街亭在作战部署上也不能说有什么大误。诸葛亮的节度是让他扼守要塞，坚壁不出。马谡“依阻南山，不下据城”，摆出的是决战态势。无奈他本人只是一个书生儒将，不能上马冲阵，所以冲不开张郃的围攻。若是马谡有关羽、张飞之勇，未必就会丢失街亭。可以说马谡是志大才疏。诸葛亮本身是一个儒将，不能上马冲阵，而又用一个儒将去打先锋，失计之甚。追究责任，杀一马谡已“裁之失中”，况又滥杀李盛，连坐黄袭乎？刘备杀蒋琬，诸葛亮说情宽贷终得用其才，而彭羕、廖立、李严等却借法以废，终身禁锢，何亲之于彼而疏之于此也。

诸葛亮虽有上述四个方面之失，但不能否定他是三国时代杰出的人物之一。正如王夫之在《读通鉴论》中所说，诸葛亮虽将略为短，而治国治军实为少有之奇才。其言曰：“军不治而唯公治之，民不理而唯公理之，政不平而唯公平之，财不足而唯公足之。”对任何一个伟大的历史人物都不能求全责备，但也不应为尊者为贤者讳其所短。“浪淘尽千古风流人物”，今日评说诸葛亮之失，不过是引出历史的教训。诸葛亮最大之失是过于自恃，不能集思广益以补自己之短。《出师表》所荐贤才郭攸之、费祎、董允、向宠、陈震、张裔、蒋琬等七人，除张裔一人为蜀中人士外，余皆为追随诸葛亮的荆州士人。诸葛亮斤斤于亲己之贤才，不能不说气度有些褊狭。像魏延、马超、彭羕、廖立等一流大才人物，诸葛亮未尽其用。“尧虽贤，兴事业不成，得禹而九州宁。且欲兴圣统，唯在择任将相哉！唯在择任将相哉！”（司马迁）诸葛亮以一人之智掩一州之才，以个人之力抗天下之士，焉能不败！大约人之情性，在专制政体下，己有所短则忌人之长，是否如此，值得研究。以诸葛亮之智，加之以鞠躬尽瘁之德，尚不能尽小国人士之才，这确实是发人深省的历史教训。根源何在，非本文点评所能胜任，谨提出这一问题以待贤者。

卷七三　魏纪五

魏明帝青龙三年至景初元年（235—237 年）

【起旃蒙单阏（乙卯，235 年），尽强圉大荒落（丁巳，237 年），凡三年】

【大事提要】

本卷记事起公元 235 年，讫公元 237 年，凡三年，当魏明帝青龙三年至青龙五年。青龙五年又改元景初元年。本卷所载，三国鼎峙，平静无大事，着重记述曹魏政治。魏明帝耽于女色，好内宠，又好土木工程，大建陵寝和宫室。明帝又多疑，用法严急。明帝报复生母甄后之死，逼杀郭太后。这些表现了明帝不明不仁的一面。但明帝刚毅果决，掌控朝政，奸邪不入，理事大臣多忠良之士，政治稳定，无内争内讧，优于吴、蜀。明帝纳谏不足，但能优容大臣。陈群、蒋济、辛毗、杨阜、高堂隆、王肃、卫觊、董寻、张茂、杜恕、傅嘏等群臣进谏，多有补益。本卷大段采摘曹魏大臣谏章，明帝君臣风采，可见一斑。蜀杨仪冤杀魏延而骄，自己亦不得善终。吴国诸葛恪镇抚山越，独出心裁，成绩卓著。

烈祖明皇帝中之下

青龙三年（乙卯，235 年）

春，正月，戊子[1]，以大将军司马懿为太尉[2]。

丁巳[3]，皇太后郭氏殂。帝数问甄后死状于太后，由是太后以忧殂。

汉杨仪既杀魏延，自以为有大功，宜代诸葛亮秉政；而亮平生密指，以仪狷狭[4]，意在蒋琬。仪至成都，拜中军师[5]，无所统领，从容[6]而已。初，仪事昭烈帝为尚书，琬时为尚书郎[7]。后虽俱为丞相参军、长史，仪每从行，当其劳剧；自谓年宦先琬，才能逾之，于是怨愤形于声色，叹咤之音发于五内[8]，时人畏其言语不节，莫敢从也。惟后军师费祎往慰省之，仪对祎恨望，前后云云[9]。又语祎曰："往者丞相亡没之际，吾若举军以就魏氏，处世宁当落度[10]如此邪！令人追悔，不可复及！”祎密表其言。汉主废仪为民，徙汉嘉郡[11]。仪至徙所，复上书诽谤，辞指激切；遂下郡收仪，仪自杀。

三月，庚寅[12]，葬文德皇后[13]。

夏，四月，汉主以蒋琬为大将军、录尚书事[14]；费祎代琬为尚书令。

（以上为第一段，写蜀汉丞相长史杨仪之死。杨仪与魏延争权，杀魏延，自己亦不得善终。）

【注释】

[1]戊子：正月八日。[2]太尉：三公之一，但东汉时三公在大将军下，此时太尉却在大将军上。[3]丁巳：正月辛巳朔，无丁巳。[4]狷（juàn）狭：谓器量狭隘。[5]中军师：官名，蜀汉所置，参谋军事之官。[6]从容：安逸舒缓。[7]尚书郎：官名，由尚书所统领。曹魏时置二十五曹尚书郎，各主一曹。[8]五内：五脏之内，犹言内心深处。[9]云云：犹言如此如此。[10]落度：失意。[11]汉嘉郡：治所阳嘉县，在今四川芦山县。[12]庚寅：三月十一日。[13]文德皇后：即郭太后。郭后谥为德，称文德皇后。[14]录尚书事：官名，录，总领之意。东汉以来，政归尚书，录尚书事即总揽朝政。

帝好土功[1]，既作许昌宫，又治洛阳宫，起昭阳太极殿，筑总章观，高十余丈，力役不已，农桑失业。司空陈群上疏曰：“昔禹承唐、虞之盛，犹卑宫室[2]而恶衣服[3]。况今丧乱之后，人民至少，比汉文、景之时，不过汉一大郡[4]。加以边境有事，将士劳苦，若有水旱之患，国家之深忧也。昔刘备自成都至白水[5]，多作传舍[6]，兴费人役，太祖知其疲民也，今中国劳力[7]，亦吴、蜀之所愿；此安危之机[8]也，惟陛下虑之！”帝答曰：“王业、宫室，亦宜并立，灭贼之后，但当罢守御耳，岂可复兴役邪！是固君之职，萧何之大略[9]也。”群曰：“昔汉祖惟与项羽争天下，羽已灭，宫室烧焚，是以萧何建武库、太仓，皆是要急，然高祖犹非其壮丽[10]。今二虏未平，诚不宜与古同也。夫人之所欲，莫不有辞，况乃天王，莫之敢违。前欲坏武库，谓不可不坏也；后欲置之，谓不可不置也。若必作之，固非臣下辞言所屈，若少留神，卓然[11]回意，亦非臣下之所及也。汉明帝欲起德阳殿，钟离意谏，即用其言，后乃复作之；殿成，谓群臣曰：‘钟离尚书在，不得成此殿[12]也。’夫王者岂惮一人，盖为百姓也。今臣曾不能少凝[13]圣听，不及意远矣。”帝乃为之少有减省。

帝耽于内宠，妇官[14]秩石[15]拟百官之数[16]，自贵人以下至掖庭洒扫，凡数千人，选女子知书可付信者六人，以为女尚书，使典省外奏事，处当[17]画可。廷尉高柔上疏曰：“昔汉文惜十家之资，不营小台之娱；去病虑匈奴之害，不遑[18]治第之事。况今所损者非惟百金之费，所忧者非徒北狄之患乎！可粗成见[19]所营立以充朝宴之仪，讫罢作者，使得就农；二方[20]平定，复可徐兴。《周礼》，天子后妃以下百二十人[21]，嫔嫱[22]之仪，既已盛矣；窃闻后庭之数，或复过之，圣嗣不昌，殆能由此。臣愚以为可妙简淑媛[23]以备内官之数，其余尽遣还家，且以育精养神，专静为宝。如此，则《螽斯》[24]之征可庶而致矣。”帝报曰：“辄克昌言[25]，他复以闻。”

是时猎法严峻，杀禁地鹿者身死，财产没官，有能觉告者，厚加赏赐。柔复上疏曰：“中间以来，百姓供给众役，亲田者[26]既减；加顷复有猎禁，群鹿犯暴，残食生苗，处处为害，所伤不訾[27]，民虽障防，力不能御。至如荥阳[28]左右，周数百里，岁略不收。方今天下生财者甚少，而麋鹿之损者甚多，卒有兵戎之役，凶年之灾，将无以待之。惟陛下宽放民间，使得捕鹿，遂除其禁，则众庶永济，莫不悦豫[29]矣。”

帝又欲平北芒[30]，令于其上作台观，望见孟津[31]。卫尉辛毗谏曰：“天地之性，高高下下。今而反之，既非其理；加以损费人功，民不堪役。且若九河盈溢，洪水为害，而丘陵皆夷，将何以御之！”帝乃止。

少府杨阜上疏曰：“陛下奉武皇帝开拓之大业，守文皇帝克终之元绪[32]，诚宜思齐往古圣贤之善治，总观季世[33]放荡之恶政。曩使桓、灵不废高祖之法度，文、景之恭俭，太祖虽有神武，于何所施，而陛下何由处斯尊哉！今吴、蜀未定，军旅在外，诸所缮治，惟陛下务从约节。”帝优诏答之。

阜复上疏曰：“尧尚茅茨[34]而万国安其居，禹卑宫室而天下乐其业；

及至殷、周，或堂崇[35]三尺，度[36]以九筵[37]耳。桀作璇室[38]象廊[39]，纣为倾宫鹿台[40]，以丧其社稷，楚灵以筑章华[41]而身受祸，秦始皇作阿房[42]，二世而灭。夫不度万民之力以从耳目之欲，未有不亡者也。陛下当以尧、舜、禹、汤、文、武为法则，夏桀、殷纣、楚灵、秦皇为深诫，而乃自暇[43]自逸，惟宫台是饰，必有颠覆危亡之祸矣。君作元首，臣为股肱，存亡一体，得失同之。臣虽驽怯，敢忘争臣[44]之义！言不切至，不足以感悟陛下；陛下不察臣言，恐皇祖、烈考之祚坠于地。使臣身死有补万一，则死之日犹生之年也，谨叩棺[45]沐浴，伏俟重诛！”奏御[46]，帝感其忠言，手笔诏答。

帝尝著帽[47]，被[48]缥绫[49]半袖[50]。阜问帝曰：“此于礼何法服[51]也？”帝默不答。自是不法服不以见阜。

阜又上疏欲省宫人[52]诸不见幸者，乃召御府吏问后宫人数。吏守旧令，对曰：“禁密，不得宣露！”阜怒，杖吏一百，数[53]之曰：“国家不与九卿为密，反与小吏为密乎！”帝愈严惮之。

散骑常侍[54]蒋济上疏曰：“昔句践养胎以待用[55]，昭王恤病以雪仇[56]，故能以弱燕服强齐，羸越灭劲吴。今二敌[57]强盛，当身[58]不除，百世之责也。以陛下圣明神武之略，舍其缓者，专心讨贼，臣以为无难矣。”

中书侍郎[59]东莱王基[60]上疏曰：“臣闻古人以水喻民曰，‘水所以载舟，亦所以覆舟[61]。’颜渊曰：“东野子[62]之御，马力尽矣，而求进不已，殆将败矣。’今事役劳苦，男女离旷，愿陛下深察东野之敝，留意舟水之喻，息奔驷于未尽，节力役于未困。昔汉有天下，至孝文时唯有同姓诸侯，而贾谊忧之[63]曰：‘置火积薪之下而寝其上，因谓之安。’今寇贼未殄，猛将拥兵，检之则无以应敌，久之则难以遗后，当盛明之世，不务以除患，若子孙不竞[64]，社稷之忧也。使贾谊复起，必深切于曩时矣。”帝皆不听。

殿中监[65]督役，擅收兰台令史[66]；右仆射[67]卫臻奏按[68]之。诏曰：“殿舍不成，吾所留心，卿推[69]之，何也？”臻曰：“古制侵官[70]之法，非恶[71]其勤事也，诚以所益者小，所堕者大也。臣每察校事[72]，类皆如此，若又纵之，惧群司将遂越职，以至陵夷[73]矣。”

尚书涿郡孙礼[74]固请罢役，帝诏曰：“钦纳谠言[75]。”促遣民作；监作者复奏留一月，有所成讫[76]。礼径至作所，不复重奏，称诏罢民，帝奇其意而不责。帝虽不能尽用群臣直谏之言，然皆优容[77]之。

秋，七月，洛阳崇华殿灾。帝问侍中领太史令[78]泰山高堂隆[79]曰：“此何咎也？于礼宁有祈禳[80]之义乎？”对曰：“《易传》[81]曰：‘上不俭，下不节，孽火烧其室。’又曰：‘君高其台，天火为灾。’此人君务饰宫室，不知百姓空竭，故天应之以旱，火从高殿起也。”诏问隆：“吾闻汉武之时柏梁[82]灾，而大起宫殿以厌之，其义云何？”对曰：“夷越之巫所为，非圣贤之明训也。《五行志》[83]曰：‘柏梁灾，其后有江充巫蛊事[84]。’如《志》之言，越巫建章无所厌也；今宜罢散民役。宫室之制，务从约节，清扫所灾之处，不敢于此有所立作，则蓂荚[85]、嘉禾[86]必生此地，若乃疲民之力，竭民之财，非所以致符瑞[87]而怀远人也。”

八月，庚午[88]，立皇子芳为齐王，询为秦王。帝无子，养二王为子，宫省事秘，莫有知其所由来者。或云：芳，任城王楷[89]之子也。

丁巳[90]，帝还洛阳。

诏复立崇华殿，更名曰九龙。通引谷水过九龙殿前，为玉井[91]绮栏[92]，蟾蜍[93]含受，神龙吐出。使博士扶风马钧[94]作司南车[95]，水转百戏[96]。

陵霄阙始构，有鹊巢其上，帝以问高堂隆，对曰：“《诗》曰[97]：‘惟鹊有巢，惟鸠居之。’今兴宫室，起陵霄阙，而鹊巢之，此宫未成身不得居之象也。天意若曰：‘宫室未成，将有他姓制御之”，斯乃上天之戒也。夫天道无亲，惟与善人，太戊、武丁[98]睹灾悚惧，故天降之福。今若罢休百役，增崇德政，则三王[99]可四,五帝[100]可六，岂惟商宗转祸为福而已哉！”帝为之动容[101]。

帝性严急，其督修宫室有稽限[102]者，帝亲召问，言犹在口，身首已分。散骑常侍领秘书监王肃上疏曰：“今宫室未就，见作者三四万人。九龙[103]可以安圣体，其内足以列六宫；惟泰极[104]已前，功夫尚大。愿陛下取常食禀之士，非急要者之用，选其丁壮，择留万人，使一期而更之。咸知息代有日，则莫不悦以即事，劳而不怨矣。计一岁有三百六十万夫，亦不为少。当一岁成者，听且三年，分遣其余，使皆即农，无穷之计也。夫信之于民，国家大宝也。前车驾当幸洛阳，发民为营[105]，有司命以营成而罢；既成，又利其功力，不以时遣；有司徒营[106]目前之利，不顾经国之体。臣愚以为自今已后，傥复使民，宜明其令，使必如期；以次有事，宁使更发[107]，无或失信。凡陛下临时之所行刑，皆有罪之吏[108]、宜死之人也；然众庶不知，谓为仓卒。故愿陛下下之于吏，钧[109]其死也，无使污于宫掖而为远近所疑。且人命至重，难生易杀。气绝而不续者也，是以圣贤重之。昔汉文帝欲杀犯跸[110]者，廷尉张释之曰：'方其时，上使诛之则已，今下廷尉，廷尉，天下之平，不可倾也。'臣以为大失其义，非忠臣所宜陈也。廷尉者，天子之吏也，犹不可以失平，而天子之身反可以惑谬乎！斯重于为己而轻于为君，不忠之甚者也，不可不察。"

中山恭王衮疾病，令官属曰："男子不死于妇人之手[111]，亟以时营东堂。"堂成，舆疾往居之。又令世子曰："汝幼为人君，知乐不知苦，必将以骄奢为失者也。兄弟有不良之行，当造膝[112]谏之，谏之不从，流涕喻之，喻之不改，乃白其母，犹不改，当以奏闻，并辞国土。与其守宠罹祸，不若贫贱全身也。此亦谓大罪恶耳，其微过细故，当掩覆之。"冬，十月，己酉[113]，衮卒。

十一月，丁酉[114]，帝行如许昌。

是岁，幽州刺史王雄使勇士韩龙刺杀鲜卑轲比能；自是种落离散，互相侵伐，强者远遁，弱者请服，边陲遂安。

张掖柳谷口[115]水溢涌，宝石负图，状象灵龟，立于川西，有石马七及凤凰、麒麟、白虎、犀牛、璜[116]玦[117]、八卦、列宿[118]、孛彗[119]之象，又有文曰"大讨曹"。诏书班[120]天下，以为嘉瑞。任[121]令于绰连赍[122]以问巨鹿张臶[123]，臶密谓绰曰："夫神以知来，不追既往，祥兆先见而后废兴从之。今汉已久亡，魏已得之，何所追兴祥兆乎！此石，当今之变异而将来之符瑞也。"

帝使人以马易珠玑[124]、翡翠[125]、玳瑁[126]于吴，吴主曰："此皆孤所不用，而可以得马，孤何爱焉。”尽以与之。

（以上为第二段，写魏明帝耽于内宠，好建宫室，曹魏多位大臣切谏，皆不听，但亦优容处之。）

【注释】

［1］土功：土木建筑工程。［2］卑宫室：谓住简陋的宫室。［3］恶衣服：谓穿粗劣的衣服。《论语·泰伯》载孔子说：禹“恶衣服而致美乎黻冕（祭祀礼服），卑宫室而尽力乎沟洫（沟渠）”。［4］大郡：汉代，汝南为大郡，汉平帝元始之初，汝南郡有四十六万一千五百八十七户，二百五十九万六千一百四十八人。见《汉书·地理志》。［5］白水：指白水关。关在白水县，县治在今四川青川县东北。［6］传（zhuàn）舍：古时供来往行人休息住宿的处所。《三国志·蜀书·先主传》注引《典略》谓刘备以魏延镇汉中，“起馆舍，筑亭障，从成都至白水关四百余区”。［7］劳力：劳费人力。［8］机：关键。［9］萧何之大略：此拟比萧何建未央宫事。［10］高祖犹非其壮丽：萧何建未央宫成，汉高祖刘邦看后，认为太壮丽，非常生气地对萧何说：“天下匈匈，劳苦数岁，成败未可知，是何治宫室过度也！”见《汉书·高帝纪》。［11］卓然：特别地。［12］不得成此殿：此事见《后汉书·钟离意传》。［13］凝：停留。［14］妇官：宫内女官。［15］秩石：官吏的职位或品级。［16］拟百官之数：谓比拟朝官的职位、品级。《三国志·后妃传》说，魏明帝太和中，“贵嫔、夫人位次皇后，爵无所视（比照）；淑妃位视相国；爵比诸侯王；淑媛位视御史大夫，爵比县公；昭仪比县侯，昭华比乡侯；修容比亭侯；修仪比关内侯；倢（jié）伃（yú）视中二千石；容华视真二千石，美人视比二千石，良人视千石”。自贵嫔、夫人、淑妃、淑媛、昭仪、昭华、修容、修仪、婕妤、容华、美人至良人，共十二级。［17］处当：处理。［18］不遑：不空，没有功夫。［19］见（xiàn）：“现”的本字。［20］二方：指蜀汉与孙吴。［21］后妃以下百二十人：指王后以下有三夫人、九嫔、二十七世妇、八十一御妻，共为一百二十人。［22］嫔嫱（qiáng）：宫内女官名。［23］淑媛：善良美女。［24］《螽（zhōng）斯》：此指《诗经·周南》之《螽斯》篇。此诗用螽斯比喻后妃子孙之众多。［25］辄克昌言：即以昌言自我克制。昌言，无隐的直言。［26］亲田者：亲自耕种田地者。［27］不訾（zǐ）：不可计量。訾，通“赀”。［28］荥阳：县名，县治在今河南荥阳市东北。［29］悦豫：喜乐。［30］北芒：山名，在当时洛阳城北。［31］孟津：关名，在今河南孟州市南。［32］文皇帝克终之元绪：谓文帝能完成武帝之志，受汉禅而开创了曹魏天下之端绪。［33］季世：末世。［34］茅茨：茅草屋顶。《韩非子·五蠹》：“尧之王天下也，有茅茨不翦（不修剪整齐），采椽（chuán）不斫（采来之木为椽，不刮削雕饰）。”［35］崇：高。［36］度：限度。［37］筵：铺地之席。［38］璇室：美玉装饰之室。［39］象廊：象牙装饰的走廊。［40］鹿台：周围三里，高千尺，在当时朝歌城中。见《史记·殷本纪》之《集解》。［41］章华：台名，楚灵王所建筑。国人因苦于徭役，后来诸公子为乱，国人皆抛弃灵王。灵王只得独自逃入山中，饥饿而死。见《史记·楚世家》。［42］阿房：宫殿名，故址在今陕西西安市长

安区西。［43］暇：悠闲。［44］争臣：即诤臣，直言敢谏之臣。争，通“诤”。［45］叩棺：靠近棺材，谓准备死亡。［46］御：奉进。［47］帽：帽非礼冠，只能在居室中戴用。［48］被（pī）：通“披”，穿着。［49］缥（piǎo）绫：丝织品。青白色的丝绸叫缥。很薄有彩纹的丝绸称绫。［50］半袖：短袖。［51］法服：礼服。［52］省宫人：裁减宫女。［53］数（shǔ）：责备。［54］散骑常侍：官名，魏文帝所置，备顾问，掌规谏。［55］句践养胎以待用：春秋时，越王勾践被吴国打败求和后，便采取一系列发展生产、繁殖人口的措施，规定年老的不能嫁娶年轻的；女子十七岁不嫁，男子二十岁不娶，其父母要受处罚，将要分娩的人，公家派医生护理，生儿子，公家给两壶酒，一条狗；生女儿，公家给两壶酒，一只小猪；一胎生三子，公家派给乳母；一胎生二子，公家给予口粮。见《国语·越语》。［56］昭王恤病以雪仇：齐湣王破燕国后，燕人立太子平为燕昭王。燕昭王礼贤下士，吊死问孤，与百姓同甘苦，燕国因而富强，终破齐国。见《史记·燕世家》。［57］二敌：指吴、蜀。［58］当身：谓当魏明帝之时。［59］中书侍郎：即魏文帝时所置的通事郎，为中书监、令之副，佐典尚书奏书。［60］王基：字伯舆，东莱曲城（在今山东莱州市东北）人。魏文帝黄初中为郎中，后为秘书郎。魏明帝时为中书侍郎。后官至征东将军、都督扬州诸军事，封东武侯。传见《三国志》卷二十七。［61］“水所以”二句：为《孔子家语》所载孔子之言。［62］东野子：鲁国善驾马者。鲁定公曾问颜渊东野子是否善驾马，颜渊回答说东野子是善驾马，但其马可能跑失。鲁定公还不大相信。数日后东野子的马果然挣断缰绳跑了。鲁定公就问颜渊怎么能够预料得到，颜渊说：“以前舜善于使用民力，不使民力用尽，所以没有逃走的人民；造父善于用马，不使马力用尽，所以没有跑失的马。现在东野子驾马，马力已经用到最大限度了，但他还不断地使马快跑，所以我知道马可能跑失。”见《荀子·哀公》。［63］贾谊忧之：贾谊之言见其所上《治安策》，载《汉书·贾谊传》。［64］竞：强。［65］殿中监：因此时营造宫室，故设此官以监造。［66］兰台令史：官名，御史台之属官，因汉魏称御史台为兰台。［67］右仆射（yè）：官名，仆射为尚书令之副。曹魏置左、右仆射，令缺，则左为省主。［68］按：审察。［69］推：追究。［70］侵官：越犯他官的职守。［71］恶（wù）：憎恨。［72］校事：曹操执政时，置校事暗中监视百官的言语行动，魏沿置。［73］陵夷：衰落。此指越权者凌辱上司，使上司权威衰落。［74］孙礼：字德达，涿郡容城（今河北容城县西北）人。初为山阳、阳平等郡太守，又为尚书。齐王芳初，为大将军曹爽长史，后又为荆州刺史、冀州牧，最后官至司空，封大利亭侯。传见《三国志》卷二十四。［75］谠（dǎng）言：正直之言。［76］成讫：谓想将殿舍建筑完工。［77］优容：宽容。［78］太史令：官名，属太常，掌天文历算。［79］高堂隆：字升平，泰山平阳（今山东邹城市）人。魏明帝时，为给事中、博士、驸马都尉，又为侍中、太史令，多次上疏直谏，皆切中时弊。后官至光禄勋。传见《三国志》卷二十五。［80］祈禳（ráng）：祈求福祥、除去灾变的祭祀。［81］《易传》：此《易传》指汉代京房《易传》。［82］柏梁：台名。汉武帝太初元年柏梁台遭火灾，汉武帝听信越巫人之说，修建建章宫以厌之。事见《汉书·武帝纪》及注引文颖说。［83］《五行志》：指《汉书·五行志》。［84］江充巫蛊事：蛊是一种毒虫。古代称巫师使用邪术加祸于人为巫蛊。汉武帝后期，女巫出入宫中，教宫人埋木偶祭祀以免灾。当时太子刘据与武帝信任的江充有矛盾，江充恐太子继位后于己不利，便趁武帝病时，说巫蛊在作祟。武帝命江充追查，江充因在宫中掘地搜查，诬称在太子宫中掘得不少木偶，太子畏惧，起兵斩杀江充，自己也兵败自杀。事见《汉书·江充传》与《戾太子传》。［85］萐（shà）莆（pǔ）：草名，古人传说的一种祥瑞之草。［86］嘉禾：生长得特别茁壮的稻禾，古人认为是祥瑞的象征。［87］符瑞：祥瑞的征兆。犹言吉兆。［88］庚午：八月二十四日。［89］任城王楷：任城王曹彰之子。［90］丁巳：八月丁未朔，无丁巳。［91］玉井：井的美称。［92］绮栏：雕饰华丽的井栏。［93］蟾（chán）蜍（chú）：即癞蛤蟆。此为石制的蟾蜍。［94］马钧：扶风人，魏明帝时为博士，是很有成就的发明家，当时人称他为“天下之名巧”。他曾改进织绫机、水翻车，造指南车，改进连弩与发石车，都大大提高了功效。事见《三国志·魏书·方技传》注引傅玄序。［95］司南车：即指南车。［96］水转百戏：此为马钧用木制作，用水为动力的转动木偶戏。其中有舞女舞蹈，人击鼓吹箫，抛丸掷剑，缘绳倒立；又有百官行署，舂磨斗鸡等等。［97］《诗》曰：此诗见《诗经·召南·鹊巢》。［98］太戊、武丁：皆殷商王。太戊即殷中宗，即位后有祥桑与谷共生于朝，太戊畏惧而行德政，祥桑便枯死消失。武丁即殷高宗。武丁曾祭祀成汤，次日有野鸡飞到鼎耳上鸣叫，武丁畏惧，也推行德政，殷商因而强盛。事俱见《史记·殷本纪》。［99］三王：指夏禹、商汤、周文王。［100］五帝：指伏羲、神农、黄帝、尧、舜。［101］动容：谓内心有所感动而表露于面容。［102］稽限：延误期限。［103］九龙：九龙殿。［104］泰极：太极殿。［105］营：营垒。［106］徒营：只追求。［107］更发：谓重新征发其他民力。［108］吏：据章校，有些版本“吏”下有“而暴其罪”四字。按：似当有之。［109］钧：通“均”，同等。［110］犯跸：冒犯皇帝车驾。［111］男子不死于妇人之手：《礼记·丧大记》之言。［112］造膝：亲到面前。［113］己酉：十月三日。［114］丁酉：十一月二十日。［115］柳谷口：在当时张掖郡删丹县，县治在今甘肃山丹县。［116］璜（huáng）：玉璧之半称璜。［117］玦（jué）：开缺口的玉环。［118］列宿：众星宿。［119］孛（bèi）彗：彗星。［120］班：颁布。［121］任：县名，县治在今河北邢台市任泽区东南。［122］连赍（jī）：谓连同带着诏书及发下的石图。［123］张臶（jiàn）：字子明，学识广博，终身不为官。事见《三国志》卷十一。［124］珠玑：珠宝。不圆的珠叫玑。［125］翡翠：鸟名。其羽有蓝、绿、赤、棕等色，或作装饰品。［126］玳（dài）瑁（mào）：动物名，似龟，背面甲片呈褐色和淡黄色的花纹，可作装饰品或药物。

四年（丙辰，236 年）

春，吴人铸大钱[1]，一当五百。

三月，吴张昭卒，年八十一。昭容貌矜严[2]，有威风，吴主以下，举邦惮之。

夏，四月，汉主至湔[3]，登观阪[4]，观汶水[5]之流，旬日而还。

武都[6]氐[7]苻健请降于汉；其弟不从，将四百户来降。

五月，乙卯[8]，乐平定侯董昭卒。

冬，十月，己卯[9]，帝还洛阳宫。

甲申[10]，有星孛于大辰[11]，又孛于东方。高堂隆上疏曰："凡帝王徙都立邑，皆先定天地[12]、社稷之位，敬恭以奉之。将营宫室，则宗庙为先，厩库为次，居室为后。今圜丘、方泽、南北郊[13]、明堂[14]、社稷[15]神位未定，宗庙之制又未如礼，而崇饰居室，士民失业。外人咸云'宫人之用与军国之费略齐'，民不堪命，皆有怨怒。《书》曰[16]：'天聪明自我民聪明[17]，天明畏自我民明威[18]。'言天之赏罚，随民言，顺民心也。夫采椽、卑宫，唐、虞、大禹之所以垂皇风也：玉台、琼室，夏癸[19]、商辛[20]之所以犯昊天[21]也。今宫室过盛，天慧章灼[22]，斯乃慈父恳切之训。当崇孝子祇耸[23]之礼，不宜有忽，以重天怒。"隆数切谏，帝颇不悦。侍中卢毓进曰："臣闻君明则臣直，古之圣王惟恐不闻其过，此乃臣等所以不及隆也。"帝乃解。毓，植之子也。

十二月，癸巳[24]，颍阴靖侯陈群卒。群前后数陈得失，每上封事[25]，辄削其草，时人及其子弟莫能知也。论者或讥群居位拱默[26]：正始[27]中，诏撰群臣上书以为《名臣奏议》，朝士乃见群谏事，皆叹息焉。

> 袁子[28]论曰：或云："少府杨阜岂非忠臣哉？见人主之非则勃然触之，与人言未尝不道[29]。"答曰："夫仁者爱人，施之君谓之忠，施于亲谓之孝。今为人臣，见人主失道，力诋其非而播扬其恶，可谓直士，未为忠臣也。故司空陈群则不然，谈论终日，未尝言人主之非，书数十上，外人不知。君子谓群于是乎长者[30]矣。"

乙未[31]，帝行如许昌。

诏公卿举才德兼备者各一人，司马懿以兖州刺史太原王昶[32]应选。昶为人谨厚，名其兄子曰默，曰沈，名其子曰浑，曰深，为书戒之曰："吾以四者为名，欲使汝曹顾名思义，不敢违越也。夫物速成则疾亡，晚就而善终，朝华[33]之草，夕而零落，松柏之茂，隆寒不衰，是以君子戒于阙党[34]也。夫能屈以为伸，让以为得，弱以为强，鲜不遂[35]矣。夫毁誉者，爱恶之原而祸福之机[36]也。孔子曰：‘吾之于人，谁毁谁誉[37]？’以圣人之德犹尚如此，况庸庸之徒而轻毁誉哉！人或毁己，当退而求之于身。若己有可毁之行，则彼言当矣；若己无可毁之行，则彼言妄矣。当则无怨于彼，妄则无害于身，又何反报焉！颜曰：‘救寒莫如重裘，止谤莫如自修。’斯言信矣。”

（以上为第三段，写曹魏大臣谏君：直谏事君，有如杨阜；忠谏事君，有如陈群；淳谨做人，有如王昶。）

【注释】

［1］大钱：钱面有“大泉五百”四字，直径一寸三分，重十二铢。［2］矜严：端庄严肃。［3］湔（jiān）：县名，蜀汉所置，县治在今四川都江堰市。［4］观阪：崖名，即今都江堰市西临岷江的一处悬崖，俗称斗鸡台。崖顶有一小坪，在此可观看都江堰全景。［5］汶水：即岷江。［6］武都：郡名，治所下辨，在今甘肃成县西。［7］氐：据章校，有的版本“氐”下有“王”字。其王苻健降于汉，其弟率四百户降于魏。［8］乙卯：五月十三日。［9］己卯：十月十日。［10］甲申：十月十五日。［11］大辰：星次名，即苍龙七宿中之第三宿。［12］天地：指祭天的圜丘（圆形高坛）和祭地的方泽（方水池）。［13］郊：帝王在郊外祭祀天地。南郊祭天，北郊祭地。［14］明堂：古代帝王宣明政教之处所。凡朝会、祭祀、庆赏、教学等大典皆在此举行。后世帝王宫室增多，另在近郊东南建明堂以存古制。［15］社稷：社，土神；稷，谷神。古代帝王必立社稷之坛以祭祀。［16］《书》曰：此说见《尚书·皋陶谟》。［17］聪明：明智。此句谓天之明智，来源于人民。［18］明畏：犹言赏罚。明谓赏善，畏谓罚恶。明威：同“明畏”。此句谓天之赏罚，来自人民之好恶。［19］夏癸：即夏桀王。［20］商辛：即商纣王。［21］昊（hào）天：苍天。［22］章灼：彰明显著。［23］祗耸：恭敬而惊惧。［24］癸巳：十二月二十四日。［25］封事：密封的奏章。［26］拱默：拱手而默默无言。［27］正始：少帝曹芳的年号。［28］袁子：名准，字孝尼，魏晋时人，长于儒学，著述多种。事见《三国志·魏书·袁涣传》注引《袁氏世纪》。［29］道：言说。［30］长（zhǎng）者：忠厚谨慎之人。［31］乙未：十二月二十六日。［32］王昶：字文舒，太原晋阳（今山西太原市西南）人。魏文帝时为兖州刺史。后官至司空，封京陵侯。传见《三国志》卷二十七。按：王昶诫子侄，其子侄并不忠孝。后曹髦讨司马昭，王沈为侍中，背叛曹氏去向司马师通风报信。晋武帝灭吴，王浑为安东将军，与龙骧将军王濬争功。［33］朝华（huā）：早上开花。［34］阙党：春秋时地名，即孔子所居之地。《论语·宪问》记载：阙党的一个少年来见孔子，有人问：“这个少年是求上进的人吗？”孔子说：“这不是个肯上进的人，只是个急于求成的人。”［35］遂：成功。［36］机：关键。［37］吾之于人，谁毁

谁誉：孔子语。《论语·卫灵公》孔子说："我对于别人，诋毁了谁？称赞了谁？假如我有所称赞，一定是曾经试用过的人。"孔子不随便毁誉人，认为做到这一点，就是正直的人。

景初元年（丁巳，237年）

春，正月，壬辰[1]，山茌县[2]言黄龙见。高堂隆以为："魏得土德，故其瑞黄龙见，宜改正朔[3]，易服色，以神明其政，变民耳目。"帝从其议。三月，下诏改元，以是月为孟夏四月，服色尚黄，牺牲用白，从地正[4]也。更名《太和历》曰《景初历》。

五月，己巳[5]，帝还洛阳。

己丑[6]，大赦。

六月，戊申[7]，京都地震。

己亥[8]，以尚书令陈矫为司徒，左仆射卫臻为司空。

有司奏以武皇帝为魏太祖，文皇帝为魏高祖，帝为魏烈祖；三祖之庙，万世不毁[9]。

孙盛论曰：夫谥[10]以表行，庙以存容[11]。未有当年而逆制祖宗，未终而豫自尊显。魏之群司[12]于是乎失正矣。

秋，七月，丁卯[13]，东乡贞公[14]陈矫卒。

公孙渊数对国中宾客出恶言，帝欲讨之，以荆州刺史[15]毌丘俭[16]为幽州刺史。俭上疏曰："陛下即位以来，未有可书。吴、蜀恃险，未可卒平，聊[17]可以此方无用之士克定辽东。"光禄大夫卫臻曰："俭所陈皆战国细术，非王者之事也。吴频岁称兵[18]，寇乱边境，而犹按甲养士，未果致讨者，诚以百姓疲劳故也。渊生长海表，相承三世[19]，外抚戎夷，内修战射，而俭欲以偏军长驱，朝至夕卷，知其妄矣。"帝不听，使俭帅诸军及鲜卑、乌桓屯辽东南界，玺书征渊。渊遂发兵反，逆俭于辽隧[20]。会天雨十余日，辽水大涨，俭与战不利，引军还右北平[21]。渊因自立为燕王，改元绍汉，置百官，遣使假鲜卑单于玺，封拜边民，诱呼鲜卑以侵扰北方。

汉张后殂。

九月，冀、兖、徐、豫大水。

西平郭夫人[22]有宠于帝，毛后[23]爱弛。帝游后园，曲宴[24]极乐。郭夫人请延皇后，帝不许，因禁左右使不得宣。后知之，明日，谓帝曰："昨日游宴北园，乐乎？"帝以左右泄之，所杀十余人。庚辰[25]，赐后死，然犹加谥曰悼。癸丑[26]，葬愍陵，迁其弟曾为散骑常侍。

冬，十月，帝用高堂隆之议，营洛阳南委粟山为圜丘，诏曰："昔汉氏之初，承秦灭学之后，采摭[27]残缺，以备郊祀，四百余年，废无禘礼[28]。曹氏世系出自有虞，今祀皇皇帝天于圜丘，以始祖虞舜配；祭皇皇后地于方丘[29]，以舜妃伊氏配；祀皇天之神于南郊，以武帝配；祭皇地之祇于北郊，以武宣皇后配。"

庐江主簿吕习密使人请兵于吴，欲开门为内应；吴主使卫将军全琮督前将军朱桓等赴之，既至，事露，吴军还。

诸葛恪至丹阳，移书四部[30]属城长吏，令各保其疆界，明立部伍；其从化平民，悉令屯居。乃内[31]诸将，罗[32]兵幽阻，但缮藩篱，不与交锋，俟其谷稼将熟，辄纵兵芟刈[33]，使无遗种。旧谷既尽，新谷不收，平民屯居，略无所入。于是山民饥穷，渐出降首，恪乃复敕下曰："山民去恶从化，皆当抚慰，徙出外县，不得嫌疑，有所拘执！"臼阳[34]长胡伉得降民周遗；遗旧恶民，困迫暂出，伉缚送言诸府。恪以伉违教，遂斩以徇。民闻伉坐执人被戮，知官惟欲出之而已，于是老幼相携而出，岁期人数，皆如本规；恪自领万人，余分给诸将。吴主嘉其功，拜恪威北将军[35]，封都乡侯，徙屯庐江皖口[36]。

（以上为第四段，写魏明帝改元颁新历，建圜丘，宠郭后，以及首次发兵征公孙渊受挫。写吴诸葛恪讨山越，卓有成效。）

【注释】

[1]壬辰：正月己亥朔，无壬辰。当作二月壬辰，即二月二十四日。[2]山茌（chí）县：县治在今山东济南市长清区东北。[3]正（zhēng）朔：正为一年之第一月，朔为一月之第一天。历法须首先确定正朔，故古人以正朔称历法。[4]地正：《三统历》说，夏正建寅为人统，商正建丑为地统，周正建子为天统。此地正，就是依殷商的历法，以建丑为正，即以十二月为岁首。[5]己巳：五月二日。自此用《景初历》。[6]己丑：五月二十二日。[7]戊申：六月十二日。[8]己亥：六月二日。[9]万世不毁：宗庙之制，天子立七庙，即供奉七位祖宗，某一祖

宗过了七代，因亲尽则毁，他的灵位就要被撤除。只有开国的太祖、高祖或有大功的太宗，则万世不毁。魏明帝曹叡无子，担心自己死后，灵位被撤除，于是在生时自己拟谥为烈祖，规定万世不毁。［10］谥：古代帝王、贵族、大臣死后，依据他的一生行为，拟定一个评价的称号叫谥。善行美谥，恶行恶谥，有告诫作用。事实上恶行被隐讳，多为美谥。魏明帝生时自己给自己拟美谥是违礼行为，故孙盛予以批评。［11］庙以存容：因宗庙供奉祖宗塑像、灵位，故曰。庙，宗庙。［12］群司：众官。孙盛为尊者讳，他不批评魏明帝而说成是曹魏群臣失正。［13］丁卯：七月二日。［14］公：据章校，有的版本“公”作“侯”。［15］史：据章校，有的版本“史”下有“河东”二字。［16］毌（guàn）丘俭：字仲恭，河东闻喜（今山西闻喜县）人。魏明帝时曾为荆、幽二州刺史。齐王正始中，为镇东将军、都督扬州诸军事。后在扬州起兵反对司马氏，兵败被杀。传见《三国志》卷二十八。［17］聊：暂且。［18］称兵：举兵，兴兵。［19］三世：指公孙度、康、渊三世。［20］辽隧：县名，县治在今辽宁海城市西。［21］右北平：郡名，治所土垠，在今河北唐山市丰润区东。［22］郭夫人：西平郡（治所在今青海西宁市）人，本河右大族，黄初中西平郡反，被掳入宫。魏明帝即位后拜为夫人，后为皇后。齐王时为皇太后，称永宁宫。传见《三国志》卷五。［23］毛后：黄初中选入太子宫，魏明帝即位后立为皇后，后被赐死。传见《三国志》卷五。［24］曲宴：便宴。［25］庚辰：九月十七日。［26］癸丑：九月甲子朔，无癸丑。当依《三国志·魏书·明帝纪》作十月癸丑，即十月二十日。［27］采摭（zhí）：采拾。［28］禘（dí）礼：禘礼祭祖宗，这里指祭天之礼。［29］方丘：祭地之坛，在方泽中。方泽本为祭地之处，但水中不能设祭，故在泽中为坛以祭祀。［30］四部：当依《三国志·吴书·诸葛恪传》作“四郡”，即吴郡、会稽、新都、鄱阳四郡。此四郡皆与丹阳郡邻接。［31］内（nà）：同“纳”。纳入，进入。［32］罗：分布。［33］芟（shān）刈（yì）：割除。［34］臼阳：县名，今地未详。［35］威北将军：官名，孙吴所置杂号将军。［36］皖口：皖水入长江之处，在今安徽怀宁县西之皖口镇。

是岁，徙长安钟簴[1]、橐佗[2]、铜人[3]、承露盘[4]于洛阳。盘折，声闻数十里。铜人重，不可致，留于霸城[5]。大发铜铸铜人二，号曰翁仲[6]，列坐于司马门外。又铸黄龙、凤皇各一，龙高四丈，凤高三丈余，置内殿前。起土山于芳林园西北陬[7]，使公卿群僚皆负土，树松、竹、杂木善草于其上，捕山禽杂兽置其中。司徒军议掾[8]董寻上疏谏曰：“臣闻古之直士，尽言于国，不避死亡。故周昌[9]比高祖于桀、纣，刘辅[10]譬赵后于人婢，天生忠直，虽白刃沸汤，往而不顾者，诚为时主爱惜天下也。建安以来，野战死亡，或门殚户尽，虽有存者，遗孤老弱。若今宫室狭小，当广大之，犹宜随时，不妨农务，况乃作无益之物，黄龙、凤皇、九龙、承露盘，此皆圣明之所不兴也，其功三倍于殿舍。陛下既尊群臣，显以冠冕，被以文绣，载以华舆，所以异于小人；而使穿方[11]举土，面目垢黑，衣冠了鸟[12]，毁国之光以崇无益，甚非谓也。孔子曰[13]：'君使臣以礼，臣事君以忠。'无忠无礼，国何以立！臣知言出必死，而臣自比于牛之一毛，生既无益，死亦何损！秉笔流涕，心与世辞。臣有八子，臣死之后，累陛下矣！"将奏，沐浴以待命。帝曰："董寻不畏死邪！"主者奏收寻，有诏勿问。

高堂隆上疏曰："今世之小人，好说秦、汉之奢靡以荡圣心；求取亡国不度之器[14]，劳役费损以伤德政：非所以兴礼乐之和，保神明之休[15]也。"帝不听。

隆又上疏曰："昔洪水滔天二十二载[16]，尧、舜君臣南面[17]而已。今无若时之急，而使公卿大夫并与厮徒[18]共供事役，闻之四夷，非嘉声也，垂之竹帛，非令名也。今吴、蜀二贼，非徒白地[19]、小虏[20]、聚邑之寇[21]，乃僭号称帝，欲与中国争衡[22]。今若有人来告，'权、禅并修德政，轻省租赋，动咨耆贤，事遵礼度'，陛下闻之，岂不惕然[23]恶其如此，以为难卒讨灭而为国忧乎！若使告者曰：'彼二贼并为无道，崇侈无度，役其士民，重其赋敛，下不堪命，吁嗟日甚'，陛下闻之，岂不幸彼疲敝而取之不难乎！苟如此，则可易心而度，事义之数[24]亦不远矣！亡国之主自谓不亡，然后至于亡；贤圣之君自谓亡，然后至于不亡。今天下凋敝，民无儋石[25]之储，国无终年之蓄，外有强敌，六军暴边，内兴土功，州郡骚动，若有寇警，则臣惧版筑之士不能投命虏庭矣。又，将吏奉禄，稍见折减，方之于昔，五分居一，诸受休者又绝禀赐，不应输者今皆出半，此为官入兼多于旧，其所出与参[26]少于昔。而度支[27]经用[28]，更每不足，牛肉小赋[29]，前后相继。反而推之，凡此诸费，必有所在[30]。且夫禄赐谷帛，人主所以惠养吏民而为之司命[31]者也，若今有废，是夺其命矣。既得之而又失之，此生怨之府也。"帝览之，谓中书监、令曰："观隆此奏，使朕惧哉！"

尚书卫觊上疏曰："今议者多好悦耳：其言政治，则比陛下于尧、舜；其言征伐，则比二虏于狸[32]鼠。臣以为不然。四海之内，分而为三，群士陈力，各为其主，是与六国分治无以为异也。当今千里无烟，遗民困苦；陛下不善留意，将遂凋敝，难可复振。武皇帝之时，后宫食不过一肉，衣不用锦绣，茵蓐[33]不缘饰，器物无丹漆，用能平定天下，遗福子孙，此皆陛下之所览也。当今之务，宜君臣上下，计校府库，量入为出，犹恐不及；而工役不辍，侈靡日崇，帑藏[34]日竭。昔汉武信神仙之道，谓当得云表之露[35]以餐玉屑，故立仙掌以承高露，陛下通明，每所非笑。汉武有求于露而犹尚见非，陛下无求于露而空设之，不益于好而糜费功夫，诚皆圣虑所宜裁制也！”

时有诏录[36]夺[37]士女[38]前已嫁为吏民妻者，还以配士，听以生口[39]自赎，又简选其有姿首[40]者内[41]之掖庭[42]。太子舍人沛国张茂上书谏曰：“陛下，天之子也，百姓吏民，亦陛下子也，今夺彼以与此，亦无以异于夺兄之妻妻[43]弟也，于父母之恩偏矣。又，诏书得以生口年纪、颜色与妻相当者自代，故富者则倾家尽产，贫者举假贷贳[44]，贵买生口以赎其妻；县官以配士为名而实内之掖庭，其丑恶乃出与士。得妇者未必喜而失妻者必有忧，或穷或愁，皆不得志。夫君有天下而不得万姓之欢心者，鲜不危殆。且军师在外数十万人，一日之费非徒千金，举天下之赋以奉此役，犹将不给，况复有掖庭非员[45]无录[46]之女，椒房[47]母后之家，赏赐横与，内外交引，其费半军[48]。昔汉武帝掘地为海[49]，封土为山[50]，赖是时天下为一，莫敢与争者耳。自衰乱以来，四五十载，马不舍鞍，士不释甲，强寇在疆，图危魏室。陛下不战战业业[51]。念崇节约，而乃奢靡是务，中尚方[52]作玩弄之物，后园建承露之盘，斯诚快耳目之观，然亦足以骋寇仇之心矣！惜乎，舍尧、舜之节俭而为汉武帝之侈事，臣窃为陛下不取也。”帝不听。

高堂隆疾笃，口占[53]上疏曰：“曾子有言[54]曰：‘人之将死，其言也善。’臣寝疾有增无损，常恐奄忽[55]，忠款不昭，臣之丹诚，愿陛下少垂省览！臣观三代之有天下，圣贤相承，历数百载，尺土莫非其有，一民莫非其臣。然癸、辛[56]之徒，纵心极欲，皇天震怒，宗国为墟，纣枭白旗[57]，桀放鸣条[58]，天子之尊，汤、武有之；岂伊异人？皆明王之胄也。黄初之际，天兆[59]其戒，异类之鸟，育长燕巢[60]，口爪胸赤，此魏室之大异也。宜防鹰扬[61]之臣于萧墙[62]之内；可选诸王，使君国典兵，往往棋跱[63]，镇抚皇畿，翼亮[64]帝室。夫皇天无亲，惟德是辅[65]。民咏德政，则延期过历；下有怨叹，则辍录[66]授能。由此观之，天下乃天下之天下，非独陛下之天下也！”帝手诏深慰劳之。未几而卒。

陈寿评曰：高堂隆学业修明，志存匡君，因变陈戒，发于恳诚，忠矣哉！及至必改正朔，俾[67]魏祖虞，所谓意过其通[68]者欤！

（以上为第五段，写曹魏大臣董寻、高堂隆、张茂直谏魏明帝奢侈淫靡，高堂隆切谏最称意帝心，得到史家好评；对于他坚持不靠谱的肊测意见史家亦给予了批评。）

【注释】

[1]簴(jù)：悬钟之架，饰有兽形。[2]橐(tuó)佗(tuó)：即骆驼。铜所铸造。[3]铜人：即秦始皇所铸十二铜人，董卓销毁铸钱后尚存二尊，魏明帝所徙者即此二尊。[4]承露盘：汉武帝曾建通天台，台上铸铜人擎盘以承甘露，称承露盘。[5]霸城：县名，魏改汉霸陵为霸城，县治在今陕西西安市东北。[6]翁仲：秦将，姓阮，秦始皇统一六国后，命翁仲守临洮，其声威震动匈奴。翁仲死后，秦始皇便铸翁仲像置于咸阳宫司马门外。魏明帝又仿效铸造。[7]陬(zōu)：隅，角落。[8]司徒军议掾：官名，曹魏所置司徒之属吏。[9]周昌：汉高祖刘邦时为御史大夫。周昌曾进宫奏事，遇到刘邦拥抱戚夫人，便折回，刘邦追上抓住周昌，问：“我何如主也？”周昌说：“陛下即桀、纣之主也。”刘邦大笑。事见《汉书·周昌传》。[10]刘辅：汉成帝时为谏大夫。成帝将立赵飞燕为皇后，刘辅上书谏阻，书中称赵飞燕为“卑贱之子”。成帝遂收刘辅下狱。事见《汉书·刘辅传》。[11]穿方：挖土为立方，用以计算数量。[12]了鸟：破烂。[13]孔子曰：语见《论语·八佾》。[14]不度之器：不合法度之器。指长安的钟簴、橐佗、铜人、承露盘等。[15]休：美善，喜庆。[16]二十二载：尧、舜时洪水泛滥，命鲧治水，九年未成；又命禹治水，十三年乃成，共为二十二年。[17]南面：古代以坐北朝南为尊位，天子诸侯见群臣，或卿大夫见僚属，皆南面而坐，故后世又以南面代称帝王或大臣的统治。[18]厮徒：作粗杂活的仆隶。[19]白地：指沙漠。其地不生草木，多为白沙，故称白地。[20]小虏：指乌桓、鲜卑。[21]聚邑之寇：指组织武装屯聚乡邑之人。[22]争衡：谓在争斗中较量高低胜负。[23]惕然：戒惧的样子。[24]事义之数：事礼的道理。[25]儋(dān)石：儋，通“甔”，口小腹大的瓦器，可容一石（十斗），故称儋石。[26]参(sān)：通“三”，此指三分。[27]度(duó)支：规划计算。[28]经用：经常费用。[29]牛肉小赋：此指临时增加的牛肉赋税。[30]所在：指诸费用于兴建宫室等。[31]司命：主宰生命。谓谷帛是人生命赖以维持之物。[32]狸(lí)：动物名，似狐而小的一种小动物。[33]茵(yīn)蓐(rù)：坐席，坐褥。[34]帑(tǎng)藏(zàng)：

国库。［35］云表之露：云层以上的露水，即所谓甘露。传说甘露加玉屑饮用，可以延年益寿。［36］录：记载，登记。［37］夺：夺取。［38］士女：士兵家之女。［39］生口：此指奴婢。［40］姿首：谓姿容美丽。［41］内：同“纳”。［42］掖庭：宫中旁舍。［43］妻（qì）：此句第二个“妻”字作动词用，指以女嫁人。［44］举假贷贳（shì）：借贷债务。［45］非员：谓限额以外的人员。［46］无录：谓宫中录籍簿中无名者。［47］椒房：皇后所居的宫室。［48］其费半军：谓其费用与军费各占一半。［49］掘地为海：指开昆明池。［50］封土为山：指造三神山与渐台。［51］战战业业：犹言战战兢兢，恐惧谨慎的样子。［52］中尚方：宫中官署名，属少府，主制作皇室兵器及玩好器物。［53］口占：谓口述使人记录。［54］曾子有言：此言见《论语·泰伯》。［55］奄忽：比喻死亡。［56］癸、辛：夏癸桀、商辛纣。［57］纣枭白旗：周武王灭商进入朝歌后，纣自杀，武王仍斩纣首悬于大白旗以示众。［58］桀放鸣条：商汤败桀于鸣条（今山西运城市安邑镇北），又将桀放逐到南方。［59］兆：指事情发生前的征候或迹象。［60］异类之鸟，育长燕巢：《晋书·五行志》说：魏文帝黄初元年，未央宫中燕子巢里孵化出鹰，口和爪都是赤色。［61］鹰扬：鹰之飞扬。比喻威武雄才。［62］萧墙：本为古代宫室中用以分隔内外的当门小墙，后世常以萧墙指内部或内部隐患。［63］棋跱：谓如同棋子分布成相持之势。［64］翼亮：辅佐光大。［65］皇天无亲，惟德是辅：此语为《左传》僖公五年宫之奇引《周书》之言，伪古文《尚书》采入《蔡仲之命》。［66］录：指图录，图谶。即汉代人所说的王者受符命之书。［67］俾（bǐ）魏祖虞：使魏国以虞舜为远祖，此是高堂隆的个人臆测，他却十分固执地坚持，见《三国志·蒋济传》。俾，使。［68］意过其通：谓高堂隆意气用事，缺乏变通。

帝深疾浮华[1]之士，诏吏部尚书卢毓曰：“选举莫取有名，名如画地作饼，不可啖[2]也。”毓对曰：“名不足以致异人而可以得常士；常士畏教慕善，然后有名，非所当疾也。愚臣既不足以识异人，又主者正以循名按常为职，但当有以验其后耳。古者敷奏以言，明试以功[3]；今考绩之法废，而以毁誉相进退，故真伪浑杂，虚实相蒙。”帝纳其言。诏散骑常侍刘邵作考课法[4]。邵作《都官考课法》七十二条，又作《说略》[5]一篇，诏下百官议。

司隶校尉崔林曰：“按《周官》考课，其文备矣。自康王以下，遂以陵夷，此即考课之法存乎其人也。及汉之季，其失岂在乎佐吏之职不密哉！方今军旅或猥或卒[6]，增减无常，固难一矣。且万目[7]不张，举其纲[8]，众毛不整，振其领[9]，皋陶仕虞，伊尹臣殷，不仁者远[10]。若大臣能任其职，式是百辟[11]，则孰敢不肃，乌[12]在考课哉！”

黄门侍郎杜恕曰：“明试以功，三载考绩，诚帝王之盛制也。然历六代[13]而考绩之法不著，关[14]七圣[15]而课试之文不垂，臣诚以为其法可粗依，其详难备举故也。语曰：‘世有乱人而无乱法’，若使法可专任，则唐、虞可不须稷、契[16]之佐，殷、周无贵伊、吕[17]之辅矣。今奏考功者，陈周、汉之云为[18]，缀[19]京房[20]之本旨，可谓明考课之要矣。于以崇揖让之风，兴济济[21]之治，臣以为未尽善也。其欲使州郡考士，必由四科[22]，皆有事效，然后察举，试辟公府，为亲民长吏，转以功次补郡守者，或就增秩赐爵，此最考课之急务也。臣以为便当显其身，用其言，使具为课州郡之法，法具施行，立必信之赏，施必行之罚。至于公卿及内职大臣，亦当俱以其职考课之。古之三公，坐而论道；内职大臣，纳言补阙，无善不纪，无过不举。且天下至大，万机至众，诚非一明所能遍照；故君为元首，臣作股肱，明其一体相须而成也。是以古人称[23]廊庙之材，非一木之支，帝王之业，非一士之略。由是言之，焉有大臣守职办课可以致雍熙[24]者哉！诚使容身保位，无放退之辜[25]，而尽节在公，抱见疑之势，公义不修而私议成俗，虽仲尼为课，犹不能尽一才，又况于世俗之人乎！”

司空掾北地傅嘏[26]曰：“夫建官均职，清理民物，所以立本也。循名责实，纠励成规，所以治末也。本纲[27]未举而造制末程[28]，国略[29]不崇而考课是先，惧不足以料[30]贤愚之分，精幽明之理也。”议久之不决，事竟不行。

（以上为第六段，写曹魏大臣讨论考绩之法，意见纷纷，终于没有施行。）

【注释】

[1]浮华：虚浮不实。 [2]啖（dàn）：吃。 [3]敷奏以言，明试以功：此语见《尚书·舜典》。意思是说，诸侯向天子陈述自己的治绩，然后天子考察其真实功绩。 [4]考课法：考察官吏治绩之法。 [5]《说略》：说明《考课法》之大略。 [6]或猥（wěi）或卒：谓或累积不用，或仓卒调发。 [7]目：网的孔眼。 [8]纲：提网的绳。 [9]领：指裘衣的领。 [10]不仁者远：没有仁德的人离开远走。语见《论语·颜渊》子夏之言。 [11]式是百辟：《诗经·大雅·烝民》：“王命仲山甫，式是百辟。”意思说，王命仲山甫施行法度于百国诸侯。 [12]乌：哪里，怎么。

[13]六代：指唐、虞、夏、商、周、汉六代。［14］关：经过。［15］七圣：指唐尧、虞舜、夏禹、商汤、周文王、周武王及周公七人。［16］稷、契（xiè）：即后稷与契。后稷在尧、舜时为农官。契助禹治水有功，舜命为司徒。［17］伊、吕：伊尹与吕尚。伊尹助商汤，吕尚助周文王、武王。［18］云为：说法与做法。［19］缀：连接。［20］京房：西汉经学家，撰有考功课吏法。［21］济（jǐ）济：礼仪兴盛的样子。［22］四科：指汉顺帝时黄琼补充左雄选举人才之科目，朝廷遂定为四科，即儒学、文吏、孝悌及能从政者。［23］古人称：语见《汉书》卷四十三班固“赞”：“语曰：‘廊庙之材非一木之枝，帝王之功非一士之略。”颜师古注：“此语本出《慎子》。”［24］雍熙：和谐欢乐的样子。［25］辜：罪。［26］傅嘏（jiǎ）(209—255)：字兰石，北地泥阳（今甘肃宁县东南）人。魏明帝时为司空掾，二少帝时为尚书、守尚书仆射，封阳乡侯。传见《三国志》卷二十一。［27］本纲：指为政的根本原则。［28］末程：指细小的规章程式。［29］国略：经国方略。［30］料：估量。

臣光曰：为治之要，莫先于用人，而知人之道，圣贤所难也。是故求之于毁誉，则爱憎竞进而善恶浑殽；考之于功状[1]，则巧诈横生而真伪相冒。要之，其本在于至公至明而已矣。为人上者至公至明，则群下之能否焯然[2]形于目中，无所复逃矣。苟为不公不明，则考课之法，适足为曲私欺罔之资也。

何以言之？公明者，心也，功状者，迹也。己之心不能治，而以考人之迹，不亦难乎！为人上者，诚能不以亲疏贵贱异其心，喜怒好恶乱其志，欲知治经之士，则视其记览博洽[3]，讲论精通，斯为善治经矣；欲知治狱之士，则视其曲尽情伪[4]，无所冤抑，斯为善治狱矣；欲知治财之士，则视其仓库盈实，百姓富给，斯为善治财矣；欲知治兵之士，则视其战胜攻取，敌人畏服，斯为善治兵矣。至于百官，莫不皆然。虽询谋于人而决之在己，虽考求于迹而察之在心，研核其实而斟酌其宜，至精至微，不可以口述，不可以书传也，安得豫为之法而悉委有司哉！

或者亲贵虽不能而任职，疏贱虽贤才而见遗；所喜所好者败官而不去，所怒所恶者有功而不录；询谋于人，则毁誉相半而不能决，考求其迹，则文具实亡而不能察。虽复为之善法，繁其条目，谨其簿书，安能得其真哉！

或曰：人君之治，大者天下，小者一国，内外之官以千万数，考察黜陟[5]，安得不委有司而独任其事哉？曰：非谓其然也。凡为人上者，不特人君而已；太守居一郡之上，刺史居一州之上，九卿居属官之上，三公居百执事之上，皆用此道以考察黜陟在下之人，为人君者亦用此道以考察黜陟公卿[6]太守，奚烦劳之有哉[7]！

或曰：考绩之法，唐、虞所为，京房、刘邵述而修之耳，乌[8]可废哉？曰：唐、虞之官，其居位也久，其受任也专，其立法也宽，其责成也远。是故鲧之治水，九载绩用弗成，然后治其罪[9]，禹之治水，九州攸[10]同，四隩既宅[11]，然后赏其功[12]；非若京房、刘邵之法，校其米盐之课，责其旦夕之效也。事固有名同而实异者，不可不察也。考绩非可行于唐、虞而不可行于汉、魏，由京房、刘邵不得其本而奔趋其末故也。

（以上为第七段，为司马光的评议。司马光只主张贤人治国，反对考课条例，是把人治置于法治之上的典型代表。）

【注释】

[1]功状：记录官吏功绩的行状。 [2]焯然：明显的。 [3]博洽：广博。 [4]曲尽情伪：深细地把握真假。 [5]黜陟（zhì）：官的升降。降官称黜，升官称陟。 [6]卿：据章校，有的版本“卿”下有“刺史”二字。 [7]奚烦劳之有哉：哪有什么烦劳呀！奚，何，哪。 [8]乌：怎么。 [9]治其罪：唐尧时洪水泛滥，命鲧治水，经九年而无成效。舜继尧位后，遂诛鲧于羽山。事见《史记·夏本纪》。 [10]攸：是。 [11]四隩（ào）既宅：谓四方之宅可以居住。隩，同“墺”，可定居之地。 [12]赏其功：鲧治水失败后，舜又命鲧子禹治水，禹经过十三年，三过家门而不入，终于治好了洪水，舜遂赐禹玄圭以赏其功。事见《史记·夏本纪》。

初，右仆射卫臻典选举，中护军[1]蒋济遗臻书曰：“汉主[2]遇亡虏[3]为上将，周武拔渔父[4]为太师；布衣厮养，可登王公，何必守文，试而后用！”臻曰：“不然。子欲同牧野[5]于成、康[6]，喻断蛇[7]于文、景[8]，好不经[9]之举，开拔奇之津[10]，将使天下驰骋而起矣！”

卢毓论人及选举，皆先性行[11]而后言才，黄门郎冯翊李丰[12]尝以问毓，毓曰：“才所以为善也，故大才成大善，小才成小善；今称之有才而不能为善，是才不中器也！”丰服其言。

（以上为第八段，写任用人才是破格提拔还是正常提升，是以德为先还是以才为先，仍然纷争不决。）

【注释】

[1]中护军：官名，主武官选举，隶属领军。[2]主：据章校，有的版本“主”作“祖”。此句改主，指汉高祖刘邦。[3]亡虏：指韩信。韩信初属项羽，项羽不能用，遂逃亡归刘邦。刘邦又不能重用，韩信再次逃亡。被萧何追回后，刘邦便任他为大将。事见《史记·淮阴侯列传》。[4]渔父：指吕尚。吕尚钓于渭滨，遇周文王，文王立以为师，周武王又以他为太师。事见《史记·齐太公世家》。[5]牧野：周武王与殷商最后决战之地。[6]成、康：周成王、康王。[7]断蛇：指刘邦斩蛇起兵事。[8]文、景：汉文帝、景帝。这两句话的意思是说：蒋济想把开创时的策略措施用于太平之世。[9]不经：不常。[10]津：津要，比喻关键、要害。[11]性行：禀性与行为。[12]李丰：字安国，冯翊（治所在今陕西大荔县）人。善于识别人物，青年时即有声誉。魏明帝时为黄门郎、给事中。齐王嘉平中为中书令，因与皇后父张辑谋除司马氏，被司马氏所杀。事详见《三国志·魏书·夏侯玄传》及注引《魏略》。

【点评】

司马光评论重人治不重法治。景初元年（237），魏明帝欲行考课之法，交付大臣廷议，纷争未果。司马光发表长篇评论，支持反对一方，不赞同考课之法。

在专制政体下的考课之法，奖惩升降条例，也只是统治者的意志表现，但它总是一个标准，使管理部门有法可依。正如魏吏部尚书卢毓所说：“依法循名责实，虽然得不到奇异的人才，但可以得到正常的人才。”司隶校尉崔林认为：“即使有好的考课之法，如果执行人不称职，也没有好效果。”于是崔林把考课之法比作渔网之目，皮衣之毛，把执行人比作渔网之纲，皮衣之领，纲举才能目张，提领才能衣整毛顺。因此得出结论，人比法更重要。用今天的话说，就是法治与人治的关系，是法比人大，还是人比法大。在这里，执法的个人就是职位和官长，也就是法比官大，还是官比法大。官比法大，宪法也可以践踏，法比官大，个人意志必须受到约束。司马光完全站在崔林的立场，把政治的好坏，把公正廉明完全寄托在上位的个人，说用人的得失和升降完全是在上位的人的个人心智活动，不可以说，不可以记载成为条文准则，彻头彻尾为人治辩护，是完全不可取的。

卷七四　魏纪六

魏明帝景初二年至魏邵陵厉公正始六年（238—245 年）

【起著雍敦牂（戊午，238 年），尽旃蒙赤奋若（乙丑，245 年），凡八年】

【大事提要】

本卷记事起公元 238 年，讫公元 245 年，凡八年，当魏明帝景初二年至魏邵陵厉公正始六年。这一时期，三国鼎立，各自忙于内政，除公元 241 年孙权趁曹魏齐王曹芳幼主新立，出兵四路北伐之外，没有大的战事。此役也是孙权在位最后一次北伐，很快失败，表明北方优势已大大超过南方。曹魏的方针是休养生息，蓄积国力，待机统一吴、蜀，吴、蜀力弱，志在保守，所以三方总体平静，吴、蜀政治开始走下坡路。孙权设校事官，实行特务恐怖统治，吕壹事件，又加上鲁王孙霸争太子之位所造成的政治动荡，使吴国大伤元气。孙权已进入晚年，昏聩糊涂，但尚能及时醒悟，善待功臣之后，使吴国得以继续绵延。蜀相蒋琬厚道，而防魏战略，从汉中退守涪县，实为错误，蜀国衰败，已不能逆转。曹魏、司马懿平定辽东，建立大功，政治上亦得势，与曹爽共受明帝遗诏辅政，进入了中枢。曹爽自身平庸，又信用群小，专权自恣，伐蜀失败，损毁权威，为他的最终失败埋下祸根，司马懿入朝辅政。

烈祖明皇帝下

景初二年（戊午，238 年）

春，正月，帝召司马懿于长安，使将兵四万讨辽东[1]。议臣或以为四万兵多，役费难供。帝曰："四千里征伐，虽云用奇，亦当任力，不当稍计[2]役费也。"帝谓懿曰："公孙渊将何计以待君？"对曰："渊弃城豫走，上计也；据辽东[3]拒大军，其次也；坐守襄平[4]，此成禽耳。"帝曰："然则三者何出？"对曰："唯明智能审量彼我，乃豫有所割弃。此既非渊所及。”又谓：“今往孤远[5]，不能支久；必先拒辽水，后守襄平也。”帝曰：“还往几日？”对曰：“往百日，攻百日，还百日，以六十日为休息，如此，一年足矣。”

公孙渊闻之，复遣使称臣，求救于吴。吴人欲戮其使，羊衜[6]曰：“不可，是肆匹夫之怒而捐霸王之计也，不如因而厚之，遣奇兵潜往以要[7]其成。若魏伐不克，而我军远赴，是恩结遐夷，义形[8]万里，若兵连不解，首尾离隔，则我虏其傍郡，驱略而归，亦足以致天之罚，报雪曩事矣。”吴主曰：“善！”乃大勒兵谓渊使曰：“请俟后问，当从简书[9]，必与弟[10]同休戚。”又曰：“司马懿所向无前，深为弟忧之。”

帝问于护军将军[11]蒋济曰：“孙权其救辽东乎？”济曰：“彼知官[12]备已固，利不可得，深入则非力所及，浅入则劳而无获；权虽子弟在危，犹将不动，况异域之人，兼以往者之辱[13]乎！今所以外扬此声者，谲[14]其行人[15]，疑之于我，我之不克，冀其折节[16]事己耳。然沓渚[17]之间，去渊尚远，若大军相守，事不速决，则权之浅规[18]，或得轻兵掩袭，未可测也”。

帝问吏部尚书卢毓：“谁可为司徒者？”毓荐处士管宁。帝不能用，更问其次，对曰：“敦笃至行[19]，则太中大夫韩暨；亮直清方[20]，则司隶校尉崔林；贞固纯粹[21]，则太常常林。”二月，癸卯[22]，以韩暨为司徒。

汉主立皇后张氏，前后之妹也。立王贵人子璇为皇太子，瑶为安定王。

大司农[23]河南孟光[24]问太子读书及情性好尚于秘书郎[25]郤正[26]，正曰：“奉亲虔恭，夙夜匪懈，有古世子之风；接待群僚，举动出于仁恕。”光曰：“如君所道，皆家户所有耳；吾今所问，欲知其权略智谋[27]何如也。”正曰：“世子之道，在于承志[28]竭欢[29]，既不得妄有施为；智谋藏于胸怀，权略应时而发，此之有无，焉可豫知也！”光知正慎宜[30]，不为放谈[31]，乃曰：“吾好直言，无所回避。今天下未定，智意为先，智意自然，不可力强致也。储君读书，宁当效吾等竭力博识以待访问，如博士探策[32]讲试以求爵位邪！当务其急者。”正深谓光言为然。正，俭之孙也。

吴人铸当千大钱[33]。

夏，四月，庚子[34]，南乡恭侯韩暨卒。

庚戌[35]，大赦。

六月，司马懿军至辽东，公孙渊使大将军卑衍、杨祚将步骑数万屯辽隧[36]，围堑二十余里。诸将欲击之，懿曰："贼所以坚壁，欲老吾兵也，今攻之，正堕其计。且贼大众在此，其巢窟空虚；直指襄平，破之必矣。"乃多张旗帜，欲出其南，衍等尽锐趣之。懿潜济水，出其北，直趣[37]襄平；衍等恐，行兵夜走。诸军进至首山[38]，渊复使衍等逆战，懿击，大破之，遂进围襄平。

秋，七月，大霖雨[39]，辽水暴涨，运船自辽口[40]径至城下。雨月余不止，平地水数尺；三军恐，欲移营，懿令军中："敢有言徙者斩！"都督令史[41]张静犯令，斩之，军中乃定。贼恃水，樵牧自若，诸将欲取之，懿皆不听。司马陈珪曰："昔攻上庸，八部俱进，昼夜不息，故能一旬之半，拔坚城，斩孟达。今者远来而更安缓，愚窃惑焉。"懿曰："孟达众少而食支一年，将士四倍于达而粮不淹月[42]；以一月图一年，安可不速！以四击一，正令失半而克，犹当为之，是以不计死伤，与粮竞也。今贼众我寡，贼饥我饱，水雨乃尔[43]，功力不设，虽当促之，亦何所为！自发京师，不忧贼攻，但恐贼走。今贼粮垂尽而围落未合，掠其牛马，抄其樵采，此故驱之走也。夫兵者诡道，善因事变。贼凭众恃雨，故虽饥困，未肯束手[44]，当示无能以安之。取小利以惊之，非计也。"朝廷闻师遇雨，咸欲罢兵。帝曰："司马懿临危制变，禽渊可计日待也。"

雨霁[45]，懿乃合围，作土山地道，楯橹钩冲[46]，昼夜攻之，矢石如雨。渊窘急，粮尽，人相食，死者甚多，其将杨祚等降。八月，渊使相国王建、御史大夫柳甫请解围却兵[47]，当君臣面缚。懿命斩之，檄告渊曰："楚、郑列国，而郑伯[48]犹肉袒牵羊[49]迎之。孤天子上公[50]，而建等欲孤解围退舍[51]，岂得礼邪！二人老耄[52]，传言失指[53]，已相为斩之。若意有未已，可更遣年少有明决者来！"渊复遣侍中卫演乞克日送任[54]，懿谓演曰："军事大要有五：能战当战，不能战当守，不能守当走；余二事，但有降与死耳。汝不肯面缚，此为决就死也，不须送任！”壬午[55]，襄平溃，渊与子修将数百骑突围东南走，大兵急击之，斩渊父子于梁水[56]之上。懿既入城，诛其公卿以下及兵民七千余人，筑为京观[57]。辽东、带方[58]、乐浪[59]、玄菟[60]四郡皆平。

渊之将反也，将军纶直、贾范等苦谏，渊皆杀之，懿乃封直等之墓，显其遗嗣，释渊叔父恭之囚。中国人欲还旧乡者，恣听之。遂班师。

初，渊兄晃为恭任子在洛阳，先渊未反时，数陈其变，欲令国家讨渊；及渊谋逆，帝不忍市斩，欲就狱杀之。廷尉高柔上疏曰：“臣窃闻晃先数自归，陈渊祸萌，虽为凶族，原心可恕。夫仲尼亮司马牛[61]之忧，祁奚[62]明叔向之过，在昔之美义也。臣以为晃信有言，宜贷其死；苟自无言，便当市斩。今进不赦其命，退不彰其罪，闭著囹圄，使自引分[63]，四方观国，或疑此举也。”帝不听，竟遣使赍金屑饮[64]晃及其妻子，赐以棺衣，殡敛于宅。

（以上为第一段，写魏明帝遣司马懿平定辽东，灭公孙渊。）

【注释】

[1]讨辽东：指讨伐公孙渊。 [2]稍计：多计较。 [3]辽东：应作“辽水”。《三国志·魏书·明帝纪》注引干宝《晋纪》即作“辽水”。 [4]襄平：县名，辽东郡与公孙渊的治所，在今辽宁辽阳市。 [5]孤远：谓孤军远征。 [6]衜：古“道”字。 [7]要（yāo）：通“徼”，求，取。[8]形：表现，显示。 [9]简书：告急文书。古代，国有危难，须向外求救援，而又来不及连简为册，遂书写于一片竹简上，故称简书，相当于后世的羽书。 [10]弟：指公孙渊。公孙渊自称燕王，求与吴国为兄弟之国，孙权遂称他为弟。 [11]护军将军：官名，主武官选举，隶属领军。资重者称护军将军，资轻者称中护军。 [12]官：魏、晋人称皇帝为官或官家。 [13]往者之辱：指公孙渊斩杀吴使张弥、许晏。 [14]谲（jué）：欺骗。 [15]行人：使者。 [16]折节：降低身份，屈从于人。 [17]沓渚：即辽东沓氏县，在今辽宁辽阳市东南。因沓氏县西南临海渚（岛），故又称沓渚。 [18]浅规：指临时的决策。 [19]敦笃至行：敦厚诚实，德行极高。 [20]亮直清方：忠诚耿直，清廉公正。 [21]贞固纯粹：固守正道，完美无瑕。 [22]癸卯：二月十一日。 [23]大司农：官名，列卿之一，掌租税钱谷及财政收支。 [24]孟光：字孝裕，河南洛阳市人。汉献帝初年即入蜀，刘备时为议郎，掌制度。后主即位后，为长乐少府、大司农等，后被免官。传见《三国志》卷四十二。 [25]秘书郎：官名，属秘书令，掌校图书。 [26]郤（xì）正：字令先，河南偃师（今河南洛阳市偃师区）人。祖父俭于汉灵帝末为益州刺史，子孙遂留蜀。郤正

博学多识，尤善文章。蜀汉时官至秘书令。蜀亡后，随刘禅到了洛阳。传见《三国志》卷四十二。［27］谋：据章校，有些版本“谋”作“调”。［28］承志：谓世子继承君父之志。［29］竭欢：谓世子以自己之孝顺，使君父欢快无憾。［30］慎宜：谓语言谨慎适宜。［31］放谈：无拘无束地纵谈。［32］探策：即射策。汉代取士的一种方式。由主试者出题在简策上，并将简策列置案上，应试者随意取答，然后由主试者定其优劣。［33］大钱：一当一千钱，直径一寸四分，重十六铢。［34］庚子：四月九日。［35］庚戌：四月十九日。［36］辽隧：县名，县治在今辽宁海城市西。［37］趣（qū）：趋向。［38］首山：在襄平西南。［39］大霖雨：连绵大雨。［40］辽口：辽水之渡口。［41］都督令史：官名，曹魏之制，诸公带兵者置都督令史一人。［42］淹月：滞留一月。谓所有的粮食不够一月之用。［43］尔：如此。［44］束手：束缚双手，谓放下武器投降。［45］雨霁：雨停止。［46］楯橹钩冲：四种攻战之具。楯，盾牌，护身之兵器。橹，楼车，用以探望城中情况。钩，钩梯，用以钩引上城。冲，冲车，用以冲城。［47］解围却兵：公孙渊请求司马懿撤围退兵，接受投降。［48］郑伯：指郑襄公。《左传》宣公十二年载：“楚子（庄王）围郑，……克之。入自皇门（郑城门），至于逵路（四通八达之大路），郑伯肉袒牵羊以逆（迎）。”［49］肉袒牵羊：在古代，肉袒牵羊表示臣服。肉袒，脱去上衣，裸露肢体，表示恐惧。［50］上公：汉代太尉为三公之一。曹魏有时以太尉、大司马、大将军为上公。［51］舍：军行三十里为一舍。［52］耄：昏聩。［53］传言失指：谓王建、柳甫二人传话不合道德，传错了旨意。此乃司马懿不接受公孙渊之降，婉拒以便斩公孙渊的说辞。［54］任：任子，质子。［55］壬午：《景初历》八月（《四分历》七月）庚寅朔，无壬午，疑为九月壬午，即九月二十三日。［56］梁水：即大梁水，亦即今辽宁太子河，流经辽阳市，入辽河。［57］京观：古代战争，胜利者为了炫耀武功，便收集敌方尸体堆积起来，再封上土成为高冢，称为京观或京丘。［58］带方：郡名，治所带方县，在今朝鲜黄海道凤山郡土城内。［59］乐浪：郡名，治所朝鲜县，在今朝鲜平壤市西南土城洞。［60］玄菟：郡名，治所高句丽，在今辽宁沈阳市城东。［61］司马牛：春秋时宋国司马桓魋（tuí）之弟，又是孔子的学生（此点有学者怀疑），因桓魋很坏，司马牛曾忧愁地说：“人皆有兄弟（谓好兄弟），我独亡（无）。”孔子宽慰他。事见《论语·颜渊》。［62］祁奚：春秋时晋国大夫。晋平公时，范宣子执政，曾驱逐下卿栾盈，并杀栾盈之党羽箕遗、羊舌虎等十人，又因禁羊舌虎之兄羊舌肸等。祁奚遂向范宣子陈述父子不相及、兄弟不相同的道理，以明叔向无罪过，叔向因而得释。见《左传》襄公二十一年。［63］引分（fèn）：即引决，自杀。［64］饮（yìn）：给人饮。

九月，吴改元赤乌[1]。

吴步夫人卒。

初，吴主为讨虏将军，在吴，娶吴郡徐氏[2]；太子登所生庶贱，吴主令徐氏母养之。徐氏妒，故无宠。及吴主西徙[3]，徐氏留处吴；而临淮步夫人宠冠后庭，吴主欲立为皇后，而群臣议在徐氏，吴主依违[4]者十余年。会步氏卒，群臣奏追赠皇后印绶，徐氏竟废，卒于吴。

吴主使中书郎吕壹典校诸官府及州郡文书，壹因此渐作威福，深文巧诋，排陷无辜，毁短大臣，纤介必闻。太子登数谏，吴主不听，群臣莫敢复言，皆畏之侧目[5]。

壹诬白故江夏太守刁嘉谤讪国政，吴主怒，收嘉，系狱验问。时同坐人皆畏怖壹，并言闻之。侍中北海是仪[6]独云无闻，遂见穷诘累日，诏旨转厉，群臣为之屏息[7]。仪曰："今刀锯已在臣颈，臣何敢为嘉隐讳，自取夷灭，为不忠之鬼！顾以闻知当有本末。"据实答问，辞不倾移，吴主遂舍之；嘉亦得免。

上大将军陆逊、太常潘濬忧壹乱国，每言之，辄流涕。壹白丞相顾雍过失，吴主怒，诘责雍。黄门侍郎谢厷[8]语次问壹："顾公事何如？"壹[9]曰："不能佳。"厷又问："若此公免退，谁当代之？"壹未答。厷曰："得无潘太常得之乎？"壹曰："君语近之也。"厷曰："潘太常常切齿于君，但道无因[10]耳。今日代顾公，恐明日便击君[11]矣！"壹大惧，遂解散雍事。潘濬求朝，诣建业，欲尽辞极谏，至，闻太子登已数言之而不见从；濬乃大请百寮，欲因会手刃杀壹，以身当之[12]，为国除患。壹密闻知，称疾不行。

西陵督[13]步骘上疏曰："顾雍、陆逊、潘濬，志在竭诚，寝食不宁，念欲安国利民，建久长之计，可谓心膂股肱社稷之臣矣。宜各委任，不使他官监其所司，课其殿最[14]。此三臣思虑不到则已，岂敢欺负[15]所天[16]乎！"

左将军朱据部曲应受三万缗[17]，工王遂诈而受之。壹疑据实取，考问主者[18]，死于杖下；据哀其无辜，厚棺敛之，壹又表据吏为据隐，故厚其殡。吴主数责问据，据无以自明，藉草[19]待罪；数日，典军吏刘助觉，言王遂所取。吴主大感悟，曰："朱据见枉，况吏民乎！"乃穷治壹罪，赏助百万。

丞相雍至廷尉断狱，壹以囚见。雍和颜色问其辞状，临出，又谓壹曰："君意得无欲有所道[20]乎？"壹叩头无言。时尚书郎怀叙面詈[21]辱壹，雍责叙曰："官有正法，何至于此！"有司奏壹大辟[22]，或以为宜加焚裂[23]，用彰元恶。吴主以访中书令会稽阚泽[24]，泽曰："盛明之世，不宜复有此刑。"吴主从之。

壹既伏诛，吴主使中书郎袁礼告谢诸大将，因问时事所当损益。礼还，复有诏责诸葛瑾、步骘、朱然、吕岱等曰："袁礼还云：'与子瑜[25]、子山[26]、义封[27]、定公[28]相见，并咨以时事当有所先后[29]，各自以不掌民事，不肯便有所陈，悉推之伯言、承明[30]。伯言、承明见礼，泣涕恳恻[31]，辞旨辛苦，至乃怀执危怖，有不自安之心。'闻之怅然，深自刻怪[32]！何者？夫惟圣人能无过行，明者能自见耳。人之举厝[33]，何能悉中！独当己有以伤拒众意，忽不自觉，故诸君有嫌难耳。不尔[34]，何缘乃至于此乎？与诸君从事，自少至长，发有二色[35]，以谓表里足以明露，公私分计足用相保，义虽君臣，恩犹骨肉，荣福喜戚，相与共之。忠不匿情，智无遗计，事统是非[36]，诸君岂得从容[37]而已哉！同船济水，将谁与易！齐桓有善，管子未尝不叹，有过未尝不谏，谏而不得，终谏不止。今孤自省无桓公之德，而诸君谏诤未出于口，仍执嫌难；以此言之，孤于齐桓良优，未知诸君于管子何如耳！"

（以上为第二段，写孙权设置校事官，实行特务高压统治，导致满朝人人自危，闭口不言。）

【注释】

[1]赤乌：红色羽毛的乌鸦。因赤乌飞集于吴国金銮殿前，吴王孙权改年号嘉禾为赤乌用以纪念这次祥瑞。[2]徐氏：与步夫人皆有传，见《三国志》卷五十。[3]西徙：指孙权从吴县西徙都于武昌。[4]依违：迟疑不决。[5]侧目：谓不敢正视。[6]是仪：字子羽，北海营陵（今山东昌乐县东南）人。东汉末避乱至江东，孙权统事之初，专典机密，后为侍中、偏将军、尚书仆射等。传见《三国志》卷六十二。[7]屏（bǐng）息：抑制呼吸不敢出声，形容畏惧的样子。[8]厷：同"宏"。[9]壹：据章校，有些版本"壹"下有"良久"二字。[10]道无因：谓潘浚想举奏吕壹的罪行，但又不是太常的职责，故说无因。[11]击君：因丞相有举奏百官罪过的职责，故可打击吕壹。[12]以身当之：谓自己承当擅杀之罪。[13]西陵督：西陵，县名，县治在今湖北宜昌市东南。此地为吴国的西大门，故特置都督镇守。[14]殿最：犹言先后。[15]欺负：欺骗辜负。[16]天：指国君。[17]缗（mín）：穿线用的绳子叫缗。此指成串的钱。[18]主者：

指朱据主管钱的军吏。［19］藉（jiè）草：坐在铺草的地上。［20］道：言说。［21］詈（lì）：骂。［22］大辟：死刑。［23］焚裂：焚烧与车裂。活活烧死人，是王莽所创造的死刑。车裂分尸，秦朝的酷刑。［24］阚（kàn）泽（?—243）：字德润，会稽山阴（今浙江绍兴市）人。初为吴国钱唐长、郴县令，后为尚书、中书令、太子太傅等。擅长儒学，兼通历数，常解疑释难，为孙权所重。传见《三国志》卷五十三。［25］子瑜：诸葛瑾字子瑜。［26］子山：步骘字子山。［27］义封：朱然字子封。［28］定公：吕岱字定公。［29］时事当有所先后：谓当时之事应当先做什么，后办什么。［30］伯言、承明：陆逊字伯言，潘浚字承明。［31］恳恻：诚恳痛切。［32］刻怪：责怪。［33］举厝（cuò）：举动。厝，通“措”。［34］尔：如此。［35］二色：谓黑白二色，即头发斑白。［36］事统是非：谓君臣之间处理各种事都是统一的。［37］从容：安逸舒缓。

冬，十一月，壬午[1]，以司空卫臻为司徒，司隶校尉崔林为司空。

十二月，汉蒋琬出屯汉中。

乙丑[2]，帝不豫[3]。

辛巳[4]，立郭夫人为皇后。

初，太祖为魏公，以赞[5]令刘放、参军事孙资皆为秘书郎。文帝即位，更名秘书曰中书，以放为监，资为令，遂掌机密。帝即位，尤见宠任，皆加侍中、光禄大夫，封本县侯[6]。是时，帝亲览万机，数兴军旅，腹心之任，皆二人管之；每有大事，朝臣会议，常令决其是非，择而行之。中护军蒋济上疏曰：“臣闻大臣太重者国危，左右太亲者身蔽，古之至戒也，往者大臣秉事，外内扇动；陛下卓然自览万机，莫不祗肃[7]。夫大臣非不忠也，然威权在下，则众心慢上，势之常也。陛下既已察之于大臣，愿无忘之于左右，左右忠正远虑，未必贤于大臣，至于便辟[8]取合，或能工之。今外所言，辄云‘中书’，虽使恭慎，不敢外交，但有此名，犹惑世俗。况实握事要，日在目前；倘因疲倦[9]之间，有所割制[10]，众臣见其能推移于事，即亦因时而向之。一有此端，私招朋援，臧否[11]毁誉，必有所兴，功负[12]赏罚，必有所易[13]，直道而上者或壅[14]，曲附左右者反达，因微而入，缘形而出，意所狎信[15]，不复猜觉。此宜圣智所当早闻，外以经意[16]，则形际自见[17]；或恐朝臣畏言不合而受左右之怨，莫适[18]以闻。臣窃亮[19]陛下潜神默思，公听并观，若事有未尽于理而物有未周于用，将改曲易调，远与黄、唐[20]角功[21]，近昭武、文之绩，岂牵近习而已哉！然人君不可悉任天下之事，必当有所付；若委之一臣，自非周公旦之忠，管夷吾[22]之公，则有弄权败官之敝。当今柱石之士虽少，至于行称一州，智效一官，忠信竭命，各奉其职，可并驱策，不使圣明之朝有专吏[23]之名也！”帝不听。

及寝疾，深念后事，乃以武帝子燕王宇[24]为大将军，与领军将军[25]夏侯献、武卫将军[26]曹爽[27]、屯骑校尉曹肇[28]、骁骑将军秦朗等对辅政。爽，真之子；肇，休之子也。帝少与燕王宇善，故以后事属之。

刘放、孙资久典机任，献、肇心内不平；典中有鸡栖树[29]，二人相谓曰：“此亦久矣，其能复几！”放、资惧有后害，阴图间之。燕王性恭良[30]，陈诚固辞。帝引放、资入卧内，问曰：“燕王正尔为[31]？”对曰：“燕王实自知不堪大任故耳。”帝曰：“谁可任者？”时惟曹爽独在侧，放、资因荐爽，且言：“宜召司马懿与相参。”帝曰：“爽堪其事不[32]？”爽流汗不能对。放蹑其足，耳之[33]曰：“臣以死奉社稷。”帝从放、资言，欲用爽、懿，既而中变，敕停前命；放、资复入见说帝，帝又从之。放曰：“宜为手诏。”帝曰：“我困笃，不能。”放即上床，执帝手强作之，遂赍出，大言曰：“有诏免燕王宇等官，不得停省中。”皆流涕而出。甲申[34]，以曹爽为大将军。帝嫌爽才弱，复拜尚书孙礼为大将军长史以佐之。

是时，司马懿在汲[35]，帝令给使[36]辟邪赍手诏召之。先是，燕王为帝画计，以为关中事重，宜遣懿便道自轵关[37]西还长安，事已施行。懿斯须得二诏，前后相违，疑京师有变，乃疾驱入朝。

（以上为第三段，写魏明帝不听蒋济劝谏，专宠刘放、孙资，终受其挟制，违心诏命曹爽、司马懿辅政。）

【注释】

[1]壬午：十一月二十四日。 [2]乙丑：十二月八日。 [3]不豫：皇帝生病的讳称。[4]辛巳：十二月二十四日。 [5]赞：又作“酂”。县名，县治在今河南永城市西南。 [6]封本县侯：刘放封方城侯，孙资封中都侯。 [7]祗（zhī）肃：恭敬而严肃。 [8]便辟：逢迎谄媚。[9]疲倦：指皇帝疲倦。 [10]割制：犹言专断。 [11]臧（zāng）否（pǐ）：褒贬。 [12]功负：功罪。 [13]所易：谓当赏不赏，当罚不罚。 [14]壅：堵塞，滞留。 [15]狎（xiá）信：亲近

而相信。[16]经意：留心，注意。[17]形际自见（xiàn）：犹言原形毕露。[18]莫适（dí）：犹言莫敢。[19]亮：明亮、明白。[20]黄、唐：黄帝、唐尧。[21]角功：比功。[22]管夷吾：管仲。[23]专吏：专任之吏。此指专任刘放、孙资。[24]宇：曹宇，字彭祖，曹操之子。太和六年封燕王。传见《三国志》卷二十。[25]领军将军：官名，掌中垒、五校、武卫等营禁兵。[26]武卫将军：官名，主管武卫营禁兵。[27]曹爽：字昭伯，曹真之长子。年少时与魏明帝甚亲密。受魏明帝遗诏辅政后，与司马懿不和，后被司马懿所杀。传见《三国志》卷九。[28]曹肇：字长思，曹休之子。事见《三国志·魏书·曹休传》。[29]鸡栖树：鸡栖息于树上。殿中养公鸡以叫鸣。[30]恭良：谦恭善良。[31]正尔为：做事正是如此。[32]不：同“否”。[33]耳之：谓贴近曹爽之耳低声说。[34]甲申：十二月二十七日。[35]汲：县名，县治在今河南卫辉市。[36]给使：供差遣的内侍。[37]轵关（zhǐ）：关名，在今河南济源市西北。

三年（己未，239 年）

春，正月，懿至，入见，帝执其手曰：“吾以后事属君，君与曹爽辅少子。死乃可忍[1]，吾忍死待君，得相见，无所复恨矣！”乃召齐、秦二王以示懿，别指齐王芳谓懿曰：“此是也，君谛[2]视之，勿误也！”又教齐王令前抱懿颈。懿顿首流涕。是日，立齐王为皇太子。帝寻殂。

帝沈毅[3]明敏，任心而行，料简[4]功能，屏绝浮伪。行师动众，论决大事，谋臣将相，咸服帝之大略。性特强识[5]，虽左右小臣，官簿性行，名迹所履，及其父兄子弟，一经耳目，终不遗忘。

孙盛论曰：闻之长老，魏明帝天姿秀出，立发垂地[6]，口吃少言，而沈毅好断。初，诸公受遗辅导，帝皆以方任[7]处之，政自己出。优礼大臣，开容善直，虽犯颜极谏，无所摧戮，其君人之量如此其伟也。然不思建德垂风，不固维城之基[8]，至使大权偏据[9]，社稷无卫，悲夫！

太子即位，年八岁，大赦。尊皇后曰皇太后，加曹爽、司马懿侍中，假节钺，都督中外诸军[10]，录尚书事[11]。诸所兴作宫室之役，皆以遗诏[12]罢之。

爽、懿各领兵三千人更[13]宿殿内，爽以懿年位素高，常父事之，每事咨访，不敢专行。

初，并州刺史东平毕轨及邓飏[14]、李胜[15]、何晏[16]、丁谧[17]皆有才名，而急于富贵，趋时附势，明帝恶其浮华，皆抑而不用。曹爽素与亲善，及辅政，骤加引擢，以为腹心。晏，进之孙；谧，斐之子也。晏等咸共推戴爽，以为重权不可委之于人。丁谧为爽画策，使爽白天子发诏，转司马懿为太傅[18]，外以名号尊之，内欲令尚书奏事，先来由己，得制其轻重也。爽从之。二月，丁丑[19]，以司马懿为太傅、以爽弟羲为中领军、训为武卫将军、彦为散骑常侍、侍讲[20]，其余诸弟皆以列侯侍从，出入禁闼，贵宠莫盛焉。

爽事太傅，礼貌虽存，而诸所兴造，希复由之。爽徙吏部尚书卢毓为仆射，而以何晏代之，以邓飏、丁谧为尚书，毕轨为司隶校尉。晏等依势用事，附会者升进，违忤者罢退，内外望风，莫敢忤旨。黄门侍郎傅嘏谓爽弟羲曰："何平叔外静而内躁，铦巧[21]好利，不念务本，吾恐必先惑子兄弟，仁人将远而朝政废矣！"晏等遂与嘏不平，因微事免嘏官。又出[22]卢毓为廷尉，毕轨又枉奏毓免官，众论多讼之，乃复以为光禄勋。孙礼亮直[23]不挠，爽心不便，出为扬州刺史。

三月，以征东将军满宠为太尉。

（以上为第四段，写魏明帝托孤，曹爽排斥大臣和司马懿，擅权专政。）

【注释】

[1]忍：勉强接受。 [2]谛（dì）：仔细。 [3]沈毅：深沉而刚毅。 [4]料简：识别选拔。 [5]强识：记忆力好，过目不忘。 [6]立发垂地：指魏明帝有一头好发，站立可以垂地。[7]方任：一方之任。此指命曹休镇淮南、曹真镇关中、司马懿屯宛。 [8]不固维城之基：指猜忌削弱宗室诸王。《诗经·大雅·板》有"宗子维城"之说，故可以维城称宗子。 [9]偏据：旁落。 [10]假节钺，都督中外诸军：魏晋南北朝时期的最高武职，掌全国军事大权，总统中外诸军。皇帝赐给代行皇帝权力的符节和大斧，具有诛杀之权，称为假节钺。假，赐予。 [11]录尚书事：魏晋南北朝时期的最高文职，总揽朝政大权，凡重权大臣每兼此职。 [12]以遗诏：谓用遗诏之名。实无罢兴作宫室之遗诏。 [13]更（gēng）：轮流。 [14]邓飏：字玄茂，魏明帝时曾为尚书郎、中书郎等。曹爽辅政后为侍中、尚书。后被司马懿所杀。 [15]李胜：字公昭。曹爽辅政后为洛阳令、河南尹，将为荆州刺史，被司马懿所杀。 [16]何晏：字平叔，何进之孙，其母被曹操纳为妾，故何晏长于宫中，又娶公主。曹爽辅政后为尚书，主选举。后被司马懿所杀。[17]丁谧（mì）：字彦靖，丁斐之子。魏明帝时为度支郎中，曹爽辅政后，为尚书。后被司马懿所杀。以上诸人事皆见《三国志·魏书·曹爽传》及注引《魏略》。 [18]太傅：官名，汉魏曾设置，

位在三公上，为上公，无实职，不常设。［19］丁丑：二月二十一日。［20］侍讲：官名，为皇帝讲说文史。［21］铦（tiān）巧：取巧。［22］出：尚书仆射为内朝官，列卿为外朝官，廷尉为列卿之一，故称出。［23］亮直：忠诚耿直。

夏，四月，吴督军使者[1]羊衜击辽东守将，俘人民而去。

汉蒋琬为大司马[2]，东曹掾犍为杨戏[3]，素性简略，琬与言论，时不应答。或谓琬曰："公与戏言而不应，其慢甚矣！"琬曰："人心不同，各如其面，面从后言[4]，古人所诫[5]。戏欲赞吾是邪，则非其本心；欲反吾言，则显吾之非，是以默然，是戏之快也。"又督农[6]杨敏尝毁琬曰："作事愦愦[7]，诚不及前人。"或以白琬，主者请推[8]治敏，琬曰："吾实不如前人，无可推也。"主者乞问其愦愦之状，琬曰："苟其不如，则事不理，事不理，则愦愦矣。"后敏坐事系狱，众人犹惧其必死，琬心无适莫[9]，敏得免重罪。

秋，七月，帝始亲临朝。

八月，大赦。

冬，十月，吴太常潘浚卒。吴主以镇南将军吕岱代浚，与陆逊共领荆州文书。岱时年已八十，体素精勤，躬亲王事，与逊同心协规，有善相让，南土称之。

十二月，吴将廖式杀临贺[10]太守严纲等，自称平南将军，攻零陵、桂阳，摇动交州诸郡，众数万人。吕岱自表辄行，星夜兼路，吴主遣使追拜交州牧，及遣诸将唐咨等络绎相继，攻讨一年，破之，斩式及其支党，郡县悉平。岱复还武昌。

吴都乡侯周胤[11]将兵千人屯公安[12]，有罪，徙庐陵；诸葛瑾、步骘为之请。吴主曰："昔胤年少，初[13]无功劳，横受精兵，爵以侯将[14]，盖念公瑾以及于胤也。而胤恃此，酗淫[15]自恣，前后告谕，曾无悛改。孤于公瑾，义犹二君[16]，乐胤成就，岂有已哉！迫胤罪恶，未宜便还，且欲苦之，使自知耳。以公瑾之子，而二君在中间，苟使能改，亦何患乎！"

瑜兄子偏将军峻卒，全琮请使峻子护领其兵。吴主曰："昔走曹操，拓有荆州，皆是公瑾，常不忘之。初闻峻亡，仍欲用护。闻护性行危险，用之适为作祸，故更止之。孤念公瑾，岂有已哉！”

十二月，诏复以建寅之月为正。

（以上为第五段，写蒋琬的厚道，以及孙权善待功臣之后的苦心。）

【注释】

[1]督军使者：官名，临时派出督统军队的官。 [2]大司马：官名。蜀汉亦并置太尉与大司马，而大司马为上公。 [3]杨戏：字文然，犍为武阳（今四川眉山市彭山区东北）人。少即知名，为诸葛亮所知。曾为尚书右选部郎、梓潼太守、射声校尉等职。著有《季汉辅臣赞》，赞颂蜀汉君臣。传见《三国志》卷四十五。 [4]面从后言：谓当面称许赞扬，背后毁谤反对。 [5]古人所诫：《尚书·益稷》载舜诫禹说：“汝无面从，退有后言。” [6]督农：官名，蜀汉所置，大概是供应军粮之官。 [7]愦（kuì）愦：糊涂。 [8]推：追究。 [9]适（dí）莫：谓无成见，既可这样，又可那样。 [10]临贺：郡名，孙吴所置，治所临贺县，在今广西贺州市西南。 [11]周胤：周瑜次子。事见《三国志·吴书·周瑜传》。 [12]公安：县名，县治在今湖北公安县东北。 [13]初：完全。 [14]爵以侯将：谓既封侯爵，又为统兵将领。 [15]酗（xù）淫：酗酒淫乱。 [16]二君：指诸葛瑾、步骘。

邵陵厉公[1]上

正始元年（庚申，240年）

春，旱。

越巂蛮夷数叛汉，杀太守，是后太守不敢之郡，寄治安定县[2]，去郡八百余里。汉主以巴西张嶷[3]为越巂太守，嶷招慰新附，诛讨强猾，蛮夷畏服，郡界悉平，复还旧治。[4]

冬，吴饥。

（以上为第六段，是年无大事，史仅载魏国春旱，吴饥荒，蜀平定越巂郡之乱。）

【注释】

[1]邵陵厉公（232—274）：名芳，字兰卿。魏明帝无子，养以为子，但当时之人已不知其所由来。即帝位后为权臣所控制，公元239年至公元254年在位，后被司马氏废为齐王。晋代魏后，降为邵陵县公，死后谥为厉（《谥法》：杀戮无辜曰厉）。纪见《三国志》卷四。 [2]安定县：此

据《三国志·蜀书·张嶷传》，而《华阳国志》作“安上县”，当从。安上县为蜀汉所置，但《晋书》《宋书》等地志未载，今地尚无确考，有人认为在今四川屏山县，又有人认为在今四川峨边县。[3]张嶷（yí）：字伯岐，巴西南充（今四川南部县）人。初为县、州属吏，后为越嶲太守十五年。在郡甚有威惠，深得人民与少数民族之拥护。传见《三国志》卷四十三。[4]旧治：越嶲郡的旧治所在邛都县，在今四川西昌市。

二年（辛酉，241 年）

春，吴人将伐魏。零陵太守殷札言于吴主曰：“今天弃曹氏，丧诛[1]累见，虎争之际而幼童莅事[2]。陛下身自御戎，取乱侮亡，宜涤荆、扬之地[3]，举强羸[4]之数，使强者执戟，羸者转运。西命益州[5]，军于陇右，授诸葛瑾、朱然大众，直指襄阳，陆逊、朱桓别征寿春，大驾入淮阳[6]，历青、徐。襄阳、寿春，困于受敌，长安以西，务御蜀军，许、洛之众，势必分离，掎角[7]并进，民必内应。将帅对向，或失便宜，一军败绩，则三军离心；便当秣马[8]脂车[9]，陵蹈城邑，乘胜逐北，以定华夏。若不悉军动众，循前轻举，则不足大用，易于屡退，民疲威消，时往力竭，非上策也。”吴主不能用。

夏，四月，吴全琮略淮南[10]，决芍陂[11]，诸葛恪攻六安[12]，朱然围樊，诸葛瑾攻柤中[13]。征东将军王凌、扬州刺史孙礼与全琮战于芍陂，琮败走。荆州刺史胡质[14]以轻兵救樊，或曰：“贼盛，不可迫。”质曰：“樊城卑兵少，故当进军为之外援，不然，危矣。”遂勒兵临围，城中乃安。

五月，吴太子登卒。

吴兵犹在荆州，太傅懿曰：“柤中民夷十万，隔在水南，流离无主，樊城被攻，历月不解，此危事也，请自讨之。”六月，太傅懿督诸军救樊；吴军闻之，夜遁，追至三州口[15]，大获而还。

闰月，吴大将军诸葛瑾卒。瑾太[16]子恪先已封侯，吴主以恪弟融袭爵，摄兵业[17]，驻公安。

汉大司马蒋琬以诸葛亮数出秦川[18]，道险、运粮难，卒无成功，乃多作舟船，欲乘汉、沔东下，袭魏兴[19]、上庸[20]。会旧疾连动，未时得行。汉人咸以为事有不捷，还路甚难，非长策也；汉主遣尚书令费祎、中监军[21]姜维等喻指[22]。琬乃上言："今魏跨带九州，根蒂滋蔓，平除未易。若东西[23]并力，首尾掎角，虽未能速得如志，且当分裂蚕食，先摧其支党。然吴期[24]二三[25]，连不克果[26]。辄与费祎等议，以凉州胡塞之要，进退有资，且羌、胡乃心思汉如渴，宜以姜维为凉州刺史。若维征行，御制河右[27]，臣当帅军为维镇继。今涪[28]水陆四通，惟急是应，若东西[29]有虞，赴之不难，请徙屯涪。"汉主从之。

朝廷欲广田畜谷于扬、豫之间，使尚书郎汝南邓艾[30]行陈[31]、项[32]以东至寿春。艾以为："昔太祖破黄巾，因为屯田，积谷许都以制四方。今三隅已宁，事在淮南，每大军出征，运兵过半，功费巨亿。陈、蔡[33]之间，土下田良，可省许昌左右诸稻田，并水[34]东下，令淮北二万人，淮南三万人，什二分休[35]，常有四万人且田且守；益开河渠以增溉灌，通漕运。计除众费，岁完五百万斛以为军资，六、七年间，可积二[36]千万斛于淮上，此则十万之众五年食也。以此乘吴，无不克矣。"太傅懿善之。是岁，始开广[37]漕渠，每东南有事，大兴军众，泛舟而下，达于江、淮，资食有余而无水害。

管宁卒。宁名行高洁，人望之者，邈然若不可及，即之熙熙[38]和易。能因事导人于善，人无不化服。及卒，天下知与不知，无[39]不嗟叹。

（以上为第七段，写吴、蜀劳师动众北伐，毫无建树，魏国却养蓄力量，待机消灭吴、蜀。）

【注释】

[1]丧诛：谓死去国君。此指文帝、明帝相继死亡。 [2]莅（lì）事：临事，谓临朝理事。[3]涤荆、扬之地：谓将吴国的军队全部无余地出动。吴国全境共荆、扬、交三州，荆、扬二州为主要地区。涤，清扫。 [4]羸（léi）：瘦弱。 [5]益州：指蜀汉。 [6]淮阳：指淮水以北之地。 [7]掎角：谓牵制或夹击敌人。 [8]秣马：喂饱马。 [9]脂车：给车转动的部位涂上油脂使之滑润。 [10]淮南：郡名，曹魏时治所寿春，在今安徽寿县。 [11]芍陂（bēi）：在今安徽寿县南，因淠水经白芍亭东与附近诸水积而成湖，故名。宋元以后渐湮没，今安丰塘为其残存部分。 [12]六安：县名，县治在今安徽六安市北。 [13]柤（zhā）中：地名，在今湖北宜城市

西。［14］胡质（?—250）：字文德，楚国寿春（今安徽寿县）人。曹操执政时曾为丞相属。魏文帝时为常山太守。后官至荆州刺史、振威将军。传见《三国志》卷二十七。［15］三州口：地名，在当时襄阳东北清水入汉水处。襄阳在今湖北襄阳市。［16］太：据章校，有的版本“太”作“长”。［17］摄兵业：谓继承其父领兵之业。［18］秦川：指关中。关中古为秦地，又为平川沃野，故称秦川。［19］魏兴：郡名，治所西城，在今陕西安康市西北。［20］上庸：郡名，治所上庸县，在今湖北竹山县东南。［21］中监军：官名，蜀汉置中监军、前监军、后监军、右监军，位在军师下。［22］喻指：同“喻旨”，说明旨意。［23］东西：指孙吴与蜀汉。［24］期：邀约，约会。［25］二三：时二时三，反复无定。［26］克果：能决断。［27］河右：又称河西，指今甘肃、青海两省黄河以西之地。［28］涪：县名，县治在今四川绵阳市东。［29］西：据章校，有的版本“西”作“北”。当从之。［30］邓艾（197—264）：字士载，本义阳郡棘阳（今河南新野县东北）人，曹操破荆州，始徙居汝南，为人养牛。后为典农功曹，为司马懿重视，召辟为掾属，又为尚书郎。后为征西将军，封邓侯，奉命与钟会等征蜀，破蜀后，因钟会等人的诬陷而被杀。传见《三国志》卷二十八。［31］陈：县名，县治在今河南周口市淮阳区。［32］项：县名，县治在今河南项城市东北。［33］蔡：指上蔡县，县治在今河南上蔡县西南。［34］水：指汝水、颍水、蒗荡渠水、涡水等。诸水皆经陈、蔡间东流入淮。［35］什二分休：十分之二的人轮番休息。［36］二：据章校，有些版本“二”作“三”。当从之。［37］开广：开深拓宽。［38］熙熙：温和欢乐的样子。［39］无：据章校，有的版本“无”上有“闻之”二字。

三年（壬戌，242年）

春，正月，汉姜维率偏军[1]自汉中还住涪。

吴主立其子和[2]为太子，大赦。

三月，昌邑景侯满宠卒。秋，七月，乙酉[3]，以领军将军蒋济为太尉。

吴主遣将军聂友[4]，校尉陆凯[5]将兵三万击儋耳[6]、珠崖[7]。

八月，吴主封子霸[8]为鲁王。霸，和母弟也，宠爱崇特，与和无殊。尚书仆射是仪领鲁王傅，上疏谏曰：“窃以为鲁王天挺懿德，兼资文武，当今之宜，宜镇四方，为国藩辅，宣扬德美，广耀威灵，乃国家之良规，海内所瞻望。且二宫宜有降杀[9]，以正上下之序，明教化之本。”书三、四上，吴主不听。

（以上为第八段，写吴主孙权既立孙和为太子，又封爱子孙霸为鲁王，二子并贵，为孙霸争太子位张本。）

【注释】

[1]偏军：当时蜀汉军队总由蒋琬统领，故姜维所统为偏军。[2]和：孙和，字子孝。好学善射，精识聪敏。后被全公主谮毁，废为南阳王。孙峻执政后又被赐死。传见《三国志》卷五十九。[3]乙酉：七月十九日。[4]聂友：字文悌。后为丹阳太守。事见《三国志·吴书·诸葛恪传》及裴注引《吴录》。[5]陆凯：字敬风，吴郡吴县（今江苏苏州市）人，陆逊之族孙。孙权时曾为儋（dán）耳太守、绥远将军等。孙皓时官至左丞相。传见《三国志》卷六十一。[6]儋耳：郡名，汉武帝时置，治所在今海南儋州市西北。[7]珠崖：郡名，治所徐闻，在今广东徐闻县西。[8]霸：孙霸，字子威，后与太子孙和不和，太子被废，霸亦被赐死。传见《三国志》卷五十九。[9]降杀（shài）：差别，等差。

四年（癸亥，243年）

春，正月，帝加元服[1]。

吴诸葛恪袭六安，掩其人民而去。

夏，四月，立皇后甄氏，大赦。后，文昭皇后兄俨之孙也。

五月，朔，日有食之，既[2]。

冬，十月，汉蒋琬自汉中还住涪，疾益甚，以汉中太守王平为前监军、镇北大将军，督汉中。

十一月，汉主以尚书令费祎为大将军、录尚书事。

吴丞相顾雍卒。

吴诸葛恪远遣谍人[3]观相径要，欲图寿春，太傅懿将兵入舒[4]，欲以攻恪，吴主徙恪屯于柴桑[5]。

步骘、朱然各上疏于吴主曰："自蜀还者，咸言蜀欲背盟，与魏交通，多作舟船，缮治城郭；又，蒋琬守汉中，闻司马懿南向不出兵，乘虚以掎角之，反委汉中，还近成都。事已彰灼[6]，无所复疑，宜为之备。"吴主答曰："吾待蜀不薄，聘享盟誓，无所负之，何以致此！司马懿前来入舒，旬日便退。蜀在万里，何知缓急而便出兵乎！昔魏欲入汉川，此间始严[7]，亦未举动[8]，会闻魏还而止；蜀宁可复以此有疑邪！人言苦不可信，朕为诸君破家保之。"

征东将军、都督扬、豫[9]诸军事王昶上言："地有常险，守无常势。今屯宛去襄阳三百余里，有急不足相赴。"遂徙屯新野[10]。

宗室曹冏[11]上书曰："古之王者，必建同姓以明亲亲[12]，必树异姓以明贤贤[13]。亲亲之道专用，则其渐也微弱；贤贤之道偏任，则其敝也劫夺[14]。先圣知其然也，故博求亲疏而并用之，故能保其社稷，历纪长久。今魏尊尊之法[15]虽明，亲亲之道未备，或任而不重，或释而不任。臣窃惟[16]此，寝不安席，谨撰合所闻，论其成败曰：昔夏、商、周历世数十，而秦二世而亡。何则？三代之君与天下共其民[17]，故天下同其忧，秦王独制其民，故倾危而莫救也。秦观周之敝，以为小弱见夺，于是废五等之爵[18]，立郡县之官，内无宗子以自毗辅[19]，外无诸侯以为藩卫；譬犹芟刈[20]股肱[21]，独任胸腹，观者为之寒心，而始皇晏然自以为子孙帝王万世之业也，岂不悖哉！故汉祖奋[22]三尺之剑，驱乌合之众，五年之中，遂成帝业。何则？伐深根者难为功，摧枯朽者易为力，理势然也。汉监秦之失，封殖子弟；及诸吕擅权，图危刘氏，而天下所以不倾动者，徒以诸侯强大，盘石胶固[23]也。然高祖封建，地过古制，故贾谊以为[24]欲天下之治安，莫若众建诸侯而少其力；文帝不从。至于孝景，猥[25]用晁错之计[26]，削黜诸侯，遂有七国之患。盖兆发高帝，衅[27]钟[28]文、景，由宽之过制，急之不渐故也。所谓[29]'末大必折[30]，尾大难掉[31]'，尾同于体，犹或不从，况乎非体之尾，其可掉哉！武帝从主父[32]之策，下推恩之令，自是之后，遂以陵夷，子孙微弱，衣食租税，不预政事。至于哀、平，王氏秉权，假周公之事[33]而为田常[34]之乱，宗室诸侯，或乃为之符命[35]，颂莽恩德，岂不哀哉！由斯言之，非宗子独忠孝于惠、文之间而叛逆于哀、平之际也，徒权轻势弱，不能有定耳。赖光武皇帝挺不世之姿，擒王莽于已成，绍汉嗣于既绝，斯岂非宗子之力也！而曾不监秦之失策，袭周之旧制，至于桓、灵，阉宦用事，君孤立于上，臣弄权于下；由是天下鼎沸，奸宄[36]并争，宗庙焚为灰烬，宫室变为榛薮[37]。

"太祖皇帝龙飞凤翔，扫除凶逆。大魏之兴，于今二十有四年矣；观五代[38]之存亡而不用其长策，睹前车之倾覆而不改于辙迹。子弟王空虚之地[39]，君有不使之民[40]；宗室窜于闾阎，不闻邦国之政，权均匹夫，势齐凡庶。内无深根不拔之固，外无盘石宗盟[41]之助，非所以安社稷，为万世之业也。且今之州牧、郡守，古之方伯、诸侯，皆跨有千里之土，兼军武之任，或比国数人，或兄弟并据；而宗室子弟曾无一人间厕[42]其间，与相维制，非所以强干弱枝，备万一之虞[43]也。今之用贤，或超为名都之主，或为偏师之帅；而宗室有文者必限小县之宰，有武者必置百人之上[44]，非所以劝进贤能、褒异宗室之礼也。语曰：'百足[45]之虫，至死不僵[46]'，以其扶之者众也，此言虽小，可以譬大。是以圣王安不忘危，存不忘亡，故天下有变而无倾危之患矣。"冏冀以此论感悟曹爽，爽不能用。

（以上为第九段，写魏国宗室曹冏上奏，要求辅政的曹爽封宗室，加重皇族亲戚的权力以辅翼魏朝，曹爽没有听从。）

【注释】

[1]元服：冠，帽子。[2]既：日食尽，日全食。[3]谍人：间谍人员。[4]舒：县名，县治在今安徽庐江县西南。当时在魏、吴交界处，成为空旷之地。[5]柴桑：县名，县治在今江西九江市西南。[6]彰灼：明白显著。[7]严：整装。[8]未举动：谓军队整装还未出动。[9]扬、豫：据《三国志·魏书·王昶传》作"荆、豫"。当从。[10]新野：县名，县治在今河南新野县。[11]曹冏（jiǒng）：字元首，少帝曹芳之族祖，作《六代论》，欲感悟曹爽，曹爽不能采纳。曾为弘农太守。事见《昭明文选》李善注引《魏氏春秋》。[12]亲亲：亲爱亲族。[13]贤贤：尊重贤才。[14]劫夺：谓劫夺君权。[15]尊尊之法：即尊重贤才之法。[16]惟：思虑。[17]与天下共其民：谓封建诸侯，天子与诸侯共治其民。如此，天子与诸侯利益一致，患难同忧。[18]五等之爵：公、侯、伯、子、男五等爵位。[19]毗辅：辅助。[20]芟（shān）刈（yì）：割除。[21]股肱：大腿和胳膊。[22]奋：奋举。[23]胶固：坚固。据章校，有些版本"固"下有"故"字。当从之。[24]贾谊以为：贾谊之说见其所上《治安策》，载《汉书·贾谊传》。[25]猥：苟且。[26]晁（cháo）错之计：汉景帝时晁错为御史大夫，建议逐步削夺诸侯封地，以巩固中央集权，得到汉景帝的采纳，吴楚七国遂借诛晁错为名起兵反叛。事见《汉书·晁错传》。[27]衅：衅隙，矛盾。[28]钟：聚集。[29]所谓：所谓之语为《左传》昭公十一年申无宇对楚灵王之言。[30]末大必折：末，树梢。谓树稍大于树干，遇风必折断。[31]尾大难掉：掉，摆动。谓牛马之尾太大就难以摆动。[32]主父：主父偃。汉武帝时为中大夫，建议削弱诸侯势力，使诸侯王推恩分其地与诸子为侯。汉武帝采纳后下"推恩令"，从此王国封地逐渐缩小，名存实亡。事见《汉书·主父偃传》。[33]假周公之事：指王莽托复周公之制而篡汉。[34]田常：即田成子，春秋时齐国大臣。于公元前481年杀死齐简公，拥立齐平公，自任齐相，遂专齐政。事见《史记·齐世家》。[35]符命：古代文体之一种。即述说祥瑞征兆为帝王歌功颂德的文章。

[36]奸宄（guǐ）：为非作歹的人。[37]榛（zhēn）薮（sǒu）：草木丛生之地。[38]五代：指夏、商、周、秦、汉五代。[39]空虚之地：谓只有封国之名，而实无封国之地。[40]不使之民：谓王侯不能使唤其封国之人民。[41]宗盟：谓同姓诸侯盟会。[42]厕：置。[43]虞：忧患。[44]百人之上：指百夫长，军队下层小官。[45]百足：虫名。又名马陆，马蚿。长一寸左右，体如圆管，有很多环节和腿足，切断后仍能蠕动不倒。[46]僵：倒。

五年（甲子，244年）

春，正月，吴主以上大将军陆逊为丞相，其州牧[1]、都护[2]、领武昌事如故。

征西将军、都督雍、凉诸军事夏侯玄，大将军爽之姑子也。玄辟李胜为长史，胜及尚书邓飏欲令爽立威名于天下，劝使伐蜀；太傅懿止之，不能得。三月，爽西至长安，发卒十余万人，与玄自骆口[3]入汉中。

汉中守兵不满三万，诸将皆恐，欲守城不出以待涪兵[4]。王平曰："汉中去涪垂[5]千里，贼若得关[6]，便为深祸，今宜先遣刘护军[7]据兴势[8]，平为后拒；若贼分向黄金[9]，平帅千人下自临之，比尔间[10]涪军亦至，此计之上也。"诸将皆疑，惟护军刘敏与平意同，遂帅所领据兴势，多张旗帜，弥亘[11]百余里。

闰月，汉主遣大将军费祎督诸军救汉中，将行，光禄大夫来敏[12]诣祎别，求共围棋，于时羽檄交至，人马擐甲，严驾已讫，祎与敏对戏，色无厌倦。敏曰："向[13]聊[14]观试君耳；君信可人，必能辨贼者也。"

夏，四月，丙辰朔，日有食之。

大将军爽兵距兴势不得进，关中及氐、羌转输不能供，牛马骡驴多死，民夷号泣道路，涪军及费祎兵继至。参军杨伟为爽陈形势，宜急还，不然，将败。邓飏、李胜与伟争于爽前。伟曰："飏、胜将败国家事，可斩也！"爽不悦。

太傅懿与夏侯玄书曰："《春秋》责大德重。昔武皇帝再入汉中，几至大败，君所知也。今兴势至险，蜀已先据，若进不获战，退见邀绝[15]，覆军必矣，将何以任其责！"玄惧，言于爽；五月，引军还。费祎进据三岭[16]以截爽，爽争险苦战，仅乃得过，失亡甚众，关中为之虚耗。

秋，八月，秦王询卒。

冬，十二月，安阳孝侯崔林卒。

是岁，汉大司马琬以病固让州职于大将军祎，汉主乃以祎为益州刺史，以侍中董允守尚书令，为祎之副。

时战国[17]多事，公务烦猥[18]，祎为尚书令，识悟过人，每省读文书，举目暂视，已究其意旨，其速数倍于人，终亦不忘。常以朝晡[19]听事，其间接纳宾客，饮食嬉戏，加之博弈[20]，每尽人之欢，事亦不废。及董允代祎，欲敩[21]祎之所行，旬日之中，事多愆滞[22]。允乃叹曰："人才力相远若此，非吾之所及也！"乃听事终日而犹有不暇焉。

（以上为第十段，写曹爽伐蜀遭败绩。）

【注释】

[1]州牧：陆逊以前为荆州牧。 [2]都护：官名，统内外军事。吴置左、右都护，陆逊以前为右都护。 [3]骆口：即骆谷口。骆谷为秦岭的一条谷道，全长四百多里，北口在陕西周至县西南，南口在洋县北。此处指北口。 [4]涪兵：自蒋琬驻屯涪县后，蜀汉之重兵即在涪县。 [5]垂：将近。 [6]关：指关城，又名张鲁城，亦即阳平关，在今陕西勉县西北白马城。 [7]刘护军：即刘敏，当时为左护军。 [8]兴势：山名，在今陕西洋县北。 [9]黄金：即黄金戍，在今陕西洋县东北。 [10]比尔间：等到那时。 [11]弥亘（gèn）：连绵不断。 [12]来敏：字敬达，义阳新野人。汉末入蜀，刘备得益州后，为典学校尉。后主刘禅时，因言语不慎，数次被贬削，后为执慎将军。意思是使他慎言。传见《三国志》卷四十二。 [13]向：先前。 [14]聊：略微。 [15]邀绝：阻截隔绝，切断。 [16]三岭：指秦岭骆谷道中的三岭，即沈岭、衙岭、分水岭。 [17]战国：谓国家常有战争。严本改战为军，谓军国多事，义亦近。 [18]烦猥：繁杂琐碎。 [19]晡（bū）：申时，即下午三点至五点。 [20]博弈：玩六博，下围棋。 [21]敩（xiào）：学，效法。 [22]愆（qiān）滞：公事积压被耽误。

六年（乙丑，245年）

春，正月，以票骑将军赵俨为司空。

吴太子和与鲁王同宫，礼秩[1]如一，群臣多以为言，吴主乃命分宫别僚[2]；二子由是有隙。

卫将军全琮遣其子寄事鲁王，以书告丞相陆逊，逊报曰："子弟苟有才，不忧不用，不宜私出[3]以要荣利；若其不佳，终为取祸。且闻二宫势敌，必有彼此，此古人之厚忌也。”寄果阿附鲁王，轻为交构[4]。逊书与琮曰：“卿不师日磾[5]而宿留[6]阿寄，终为足下家门致祸矣。”琮既不答逊言，更以致隙。

鲁王曲意交结当时名士。偏将军朱绩以胆力称，王自至其廨[7]，就之坐，欲与结好；绩下地住立，辞而不当。绩，然之子也。

于是自侍御、宾客，造为二端，仇党疑贰，滋延大臣，举国中分。吴主闻之，假[8]以精学，禁断宾客往来，督军使者羊衜上疏曰：“闻明诏省夺二宫备卫，抑绝宾客，使四方礼敬不复得通，远近悚然[9]，大小失望。或谓二宫不遵典式[10]；就如所嫌，犹且补察，密加斟酌，不使远近得容异言。臣惧积疑成谤，久将宣流，而西北二隅[11]，去国不远，将谓二宫有不顾之愆，不审陛下何以解之！”

吴主长女鲁班[12]适左护军全琮，少女小虎适骠骑将军朱据。全公主与太子母王夫人有隙，吴主欲立王夫人为后，公主阻之；恐太子立怨己，心不自安，数谮毁太子。吴主寝疾，遣太子祷于长沙桓王[13]庙，太子妃叔父张休居近庙，邀太子过所居。全公主使人觇视[14]，因言“太子不在庙中，专就妃家计议”，又言“王夫人见上寝疾，有喜色”，吴主由是发怒；夫人以忧死，太子宠益衰。

鲁王之党杨竺、全寄、吴安、孙奇等共谮毁太子，吴主惑焉。陆逊上疏谏曰：“太子正统，宜有盘石之固，鲁王藩臣，当使宠秩有差，彼此得所，上下获安。”书三四上，辞情危切[15]；又欲诣都，口陈嫡庶之义。吴主不悦。

太常顾谭，逊之甥也，亦上疏曰：“臣闻有国有家者，必明嫡庶之端，异尊卑之礼，使高下有差，等级逾邈[16]；如此，则骨肉之恩全，觊觎[17]之望绝。昔贾谊陈治安之计[18]，论诸侯之势，以为势重虽亲，必有逆节之累[19]，势轻虽疏，必有保全之祚。故淮南[20]亲弟，不终飨国[21]，失之于势重也；吴芮[22]疏臣，传祚长沙，得之于势轻也。昔汉文帝使慎夫人与皇后同席，袁盎退夫人之位，帝有怒色；及盎辨上下之义[23]，陈人彘[24]之戒，帝既悦怿[25]，夫人亦悟。今臣所陈，非有所偏，诚欲以安太子而便鲁王也。”由是鲁王与谭有隙。

芍陂之役[26]，谭弟承及张休皆有功，全琮子端、绪与之争功，谮承、休于吴主，吴主徙谭、承、休于交州，又追赐休死。

太子太傅吾粲[27]请使鲁王出镇夏口，出杨竺等不得令在京师，又数以消息语陆逊；鲁王与杨竺共谮之，吴主怒，收粲下狱，诛。数遣中使责问陆逊，逊愤恚[28]而卒。其子抗[29]为建武校尉，代领逊众，送葬东还[30]，吴主以杨竺所白逊二十事问抗，抗事事条答，吴主意乃稍解。

（以上为第十一段，写吴主孙权不听大臣劝谏，偏爱鲁王，嫡庶平礼，导致举国中分，渐成祸端。）

【注释】

[1]礼秩：礼仪待遇。[2]别僚：分别置官属。[3]私出：私自派出。[4]交构：相互构陷。指全寄为鲁王孙霸虚造事态与太子孙和互相构陷。[5]日磾：即金日磾。本匈奴休屠王之子。昆邪王杀休屠王降汉后，日磾被没入宫养马，受到汉武帝的赏识，被任命为侍中、驸马都尉、光禄大夫。日磾之子为汉武帝弄儿，常在汉武帝左右。弄儿长大后，行为不检点，曾在殿下与宫女戏玩，日磾看见后，认为弄儿淫乱，便杀了弄儿。事见《汉书·金日磾传》。[6]宿留：包容庇护。[7]廨（xiè）：公馆。[8]假：假托，借口。[9]悚（sǒng）然：恐惧的样子。[10]典式：准则。[11]西北二隅：指蜀、魏二国。[12]鲁班：即全公主，与小虎皆步夫人所生。[13]长沙桓王：即孙策。孙权称帝后追谥孙策为长沙桓王，并立庙于建业。[14]觇（chān）视：偷偷察看。[15]辞情危切：谓上书之言辞切直而危险。[16]逾邈：拉开距离。邈，遥远。[17]觊（jì）觎（yú）：非分的希望。[18]贾谊陈治安之计：指西汉文帝时贾谊上奏《治安策》，其中指出诸侯王势力过大，如同大腿肿胀得像腰一样粗，身体无法动弹。这种情况叫尾大不掉。事见《汉书·贾谊传》。[19]累：忧患。[20]淮南：指汉高帝少子刘长。汉高帝时刘长封为淮南王，至汉文帝即位后，刘长以为自与文帝同为高帝子，最亲密，便傲慢放纵，不遵法制，甚至不用汉法，自作法令。当时薄太后、太子及诸大臣都畏惧他。后刘长又支使人谋反，并与闽越、匈奴联络，事暴露后，被削王爵，流徙蜀郡严道，途中自杀。事见《汉书·淮南厉王传》。[21]不终飨国：享国不终。[22]吴芮（ruì）：秦末起兵反秦，项羽势盛时，立为衡山王。后吴芮追随刘邦，刘邦称帝后即封他为长沙王。后又以吴芮忠心，特著于令。其子孙皆累世相传为长沙王。事见《汉书·吴芮传》。[23]盎辨上下之义：袁盎对汉文帝说：“臣闻尊卑有序则上下和，今陛下既已立后，慎夫人乃妾，妾主岂可以同坐哉！且陛下幸之，则厚赐之。陛下所以为慎夫人，适所以祸之也。独不见人豕乎？”事见《汉书·袁盎传》。[24]人彘：指西汉吕太后残害戚夫人事件。汉高帝宠爱戚夫

人及其子赵王如意，至惠帝即位后，吕后遂毒死赵王如意，又囚戚夫人，并砍去其手脚，称为“人彘”。事见《汉书·外戚吕后传》。［25］怿：欢喜。［26］芍陂之役：指魏正始二年，吴赤乌四年（241），孙权四路北伐。卫将军全琮略淮南，与魏将王凌、孙礼战于芍陂；威北将军诸葛恪攻六安，车骑将军朱然围樊，大将军诸葛瑾攻相中。此役是孙权在位最后一次大举北伐，诸路皆无功还。［27］吾粲：字孔休，吴郡乌程（今浙江湖州市吴兴区南）人。初为山阴令、会稽太守，后官至太子太傅。传见《三国志》卷五十七。［28］恚（huì）：怒恨。［29］抗：陆抗，字幼节，孙策之外孙。孙权时官至征北将军。孙皓即位后，为镇军大将军、都护等，后官至大司马。传见《三国志》卷五十八。［30］东还：陆逊卒于荆州，从荆州还吴安葬，故称东还。

夏，六月，都乡穆侯赵俨卒。

秋，七月，吴将军马茂谋杀吴主及大臣以应魏，事泄，并党与皆伏[1]诛。

八月，以太常高柔为司空。

汉甘太后[2]殂。

吴主遣校尉陈勋将屯田及作士[3]三万人凿句容[4]中道，自小其[5]至云阳[6]西城，通会市[7]，作邸阁[8]。

冬，十一月，汉大司马琬卒。

十二月，汉费祎至汉中，行围守[9]。

汉尚书令董允卒；以尚书吕乂[10]为尚书令。

董允秉心公亮[11]，献可替否[12]，备尽忠益，汉主甚严惮之。宦人黄皓，便僻佞慧[13]，汉主爱之。允上则正色规主，下则数责于皓；皓畏允，不敢为非，终允之世，皓位不过黄门丞[14]。

费祎以选曹郎汝南陈祗[15]代允为侍中，祗矜厉有威容，多技艺，挟智数，故祎以为贤，越次[16]而用之。祗与皓相表里，皓始预政，累迁至中常侍，操弄威柄[17]，终以覆国。自陈祗有宠，而汉主追怨董允日深，谓为自轻[18]，由祗阿意迎合而皓浸润构间[19]故也。

（以上为第十二段，写吴国大规模修建交通。蜀后主昏庸，宦官黄皓专权。）

【注释】

［1］伏：据章校，有些版本“伏”作“族”。当从之。［2］甘太后：甘太后为后主刘禅之母，

据《三国志·蜀书·甘皇后传》，甘氏在荆州时已卒，葬于南郡，“章武二年（222）追谥皇思夫人，迁葬于蜀”。此“甘太后”当作“吴太后”，《三国志》谓吴太后卒于此年。［3］作士：即修建工程的士兵。［4］句容：县名，县治在今江苏句容市。［5］小其：地名，在句容市。［6］云阳：县名，县治在今江苏丹阳市。按：陈勋所凿句容中道，即后来所称的破冈渎，为六朝时期的重要运河。［7］会市：交易市场。［8］邸阁：囤积粮食、物资的仓库。［9］围守：魏延镇汉中时，派兵加强诸围的防御守卫能力，称为围守，即亭障哨所。［10］吕乂（yì）：字季阳。初为新都、绵竹令，又历官巴西、汉中、广汉、蜀郡太守，终官尚书、尚书令。传见《三国志》卷三十九。［11］公亮：公正忠诚，光明正大。［12］献可替否：进献可行者，除去不可行者，即尽忠进谏之意。［13］便僻佞慧：逢迎谄媚，奸诈机智。［14］黄门丞：官名，黄门令之佐，以宦官担任，侍从皇帝。［15］陈祗：字奉宗。官至侍中、守尚书令。传见《三国志》卷三十九。［16］越次：破格提升，超越等级晋职。［17］操弄威柄：滥用职权。［18］自轻：谓董允轻视自己。［19］浸润构间（jiàn）：渐进谗言，制造嫌隙。

【点评】

一、魏明帝曹叡。明帝外御吴蜀，内修政治，发展和巩固了北方的优势。明帝优礼已废君主汉献帝。青龙二年，故汉献帝山阳公去世，明帝素服举哀，遣特使持节典护丧事。又约法省禁，减轻肉刑，下诏主管部门修改法律，减少死罪的条目。

明帝不是完人，他生活奢侈，爱好华丽，大修宫殿，妨碍农时，但明帝能宽待谏臣，不妄诛一人。因此，他的过失也能得到及时的改正。

明帝曹叡即位，时年二十三岁，涉世不深。他的两位对手，一是蜀相诸葛亮；二是吴主孙权。诸葛亮与孙权起于乱世，身经百战，阅历丰富，他们联手攻魏，携手北进，给了魏明帝很大的压力。由于曹叡把握住了魏国的优势，坚持“防御拒敌，西守东攻”的正确战略，加上个人的英明果决，挫败了吴、蜀的进攻。

二、吴主孙权。孙权后期和他的前期相比，判若两人，可以说历史上有两个孙权。孙权于公元200年承父兄之业，至公元252年病逝，在位53年。公元229年孙权称帝，孙权的前期与后期，大体以此年为分界，称帝前积极进取，志在靖难，一统中国，称帝后志气已满，立足于偏安自保，日渐昏聩，吴国逐渐走下坡路。本卷记载的吕壹事件与鲁王争太子事件，以及上卷孙权封王公孙渊事件，是晚年昏聩的标志性大事。

孙权即位，好大喜功，封王公孙渊就是孙权这一心理的反映。吕壹事件是孙权宠信奸佞、猜疑心理的反映。孙权即位后，设立校事、察战两个职位，用来监视文武百官。吕壹为中书校事时，滥相纠举，使“无罪无辜，横受大刑”（《三国志·步骘传》)，而孙权却十分宠信他。丞相顾雍无故被举罪，遭到软禁；江夏太守刁嘉被诬陷，几乎受诛。太子孙登屡次劝谏，孙权不听。大将军陆逊见吕壹“窃弄权柄，擅作威福”，无人可禁止，与太常潘浚“同心忧之，言至流涕”(《三国志·陆逊传》)。骠骑将军步骘多次上书，揭露吕壹罪行，希望孙权改变“虽有大臣，复不信任”的状况，信用顾雍、陆逊、潘浚等忠贞股肱之臣(《三国志·步骘传》)。而孙权置若罔闻。潘浚见孙权如此不听忠言，竟想借宴会袭杀吕壹。孙权宠信奸人吕壹的程度，致使东吴群臣无法忍受。后来吕壹虽因陷害左将军朱据，事情败露被杀，但校事之官仍然不废。

吕壹被处死后，孙权也引咎自责，承认过失，还派中书郎袁礼去向大臣们征求对时政的意见，但大臣们不再畅所欲言。诸葛瑾、步骘、朱然、吕岱推说不掌民事，缄口不言。而陆逊、潘浚“怀执危怖，有不自安之心”，也不愿说什么。孙权得知，下诏责备他们，替自己辩护。孙权后期的刚愎自用和猜忌心，使东吴前期那种君臣和睦、上下同心的局面一去不复返。

孙权宠鲁王孙霸，废立太子，造成举国中分。公元221年，孙权为吴王，即立长子孙登为王太子。称帝后，又以登为皇太子。孙登不幸于赤乌五年(242)夭亡。其时次子孙虑早亡，便立第三子孙和为皇太子，以第四子孙霸为鲁王。孙权偏宠鲁王，使他与太子同居一宫，享受同等礼遇。后因大臣上言，“以为太子、国王上下有序，礼秩宜异”(《三国志·吴主五子传》裴注引殷基《通语》)。于是，孙权使二子分宫，各置僚属。

孙霸觊觎太子之位，便拉帮结党，发展势力。骠骑将军步骘、镇南将军吕岱、大司马全琮、左将军吕据、中书令孙弘等阴附鲁王，谮毁太子。丞相陆逊、大将军诸葛恪、太常顾谭、骠骑将军朱据、会稽太守滕胤、大都督施绩、尚书丁密等奉礼而行，尊事太子。中朝外朝官僚将军大臣举国中分，形成拥嫡和拥庶两派。孙霸谋夺太子位的野心日益暴露，陆逊、顾谭及太子太傅吾粲等拥嫡派数陈嫡庶之义，理不可夺。而孙权听信拥庶派全寄、杨竺的谗言，流放顾谭，诛杀吾粲。

庆父不死，鲁难未已。太子之事伴随孙权整个后期政治。由于太子之事愈演愈烈，孙权看到“子弟不睦，臣下分部，将有袁氏之败”，十分担心。赤乌九年(246)，他不分是非曲直，幽闭太子孙和。拥嫡派朱据、屈晃、陈正、陈象等人上书固谏不止，孙权大怒，“族诛正、象，据、晃牵入殿，杖一百”(《三国志·吴主五子传》)。陆逊因数次上书陈述嫡庶之分，孙权也派宦官去指责，致使陆逊忧愤成疾而死。赤乌十三年(250)，孙权废除太子孙和，群臣纷纷劝谏。孙权又诛杀或流放进谏的朝臣大将数十人，“众咸冤之”。同时，他又下令孙霸自杀，并且以结党诬陷孙和的罪名，诛杀拥庶的全寄、吴安、孙奇、杨竺等人。这一事件，使得吴国一大批文臣武将先后遭到贬官、流放或诛杀。从此，吴国国势衰微，一蹶不振。

废除孙和后，孙权立少子孙亮为太子。不到两年，孙权就患病死了，孙亮即位，年仅十岁。

回头看，前期孙权毫无疑问是三国时期屈指可数的英杰人物之一。孙权十九岁就继承父兄之业，在艰难环境中成长为一名卓越而老练的政治家，杰出而能干的外交谋略家，在内政、外交、军事、经济各个方面都有卓越的建树，不仅是三国时期第一流的政治家，而且在中国历史发展的长河中，也是屈指可数有作为的帝王之一。推进三国鼎立，孙权是至关重要的人物，起了主要作用。孙权聪明仁智，冠盖当世；举贤任能，胜于曹刘；雄略征伐，稍逊魏武；立国江南，功著千秋。汉末群雄纷争，只有曹操、刘备、孙权三人建成了功业，说明他们三人都是那个时代的一流英雄。如将三人做比较，恰如他们建国的区域大小一样，孙权应是居于第二位的人物，他的功绩逊于曹操，大于刘备。

但是，认为孙权“保江东，观成败”，满足于“限江自保”、偏安一隅，这是不符历史实际的。三国鼎立，南北对峙的主线是魏吴而不是魏蜀。旧时史家和《三国演义》小说，受正统思想局限，突出魏蜀对峙，把吴国放在配角地位，把孙权放在刘备之后，这个案应按历史本来面目把它翻过来。孙权之所以不能统一天下，并非“保江东，观成败”，而是“保江东，图王业”，但未达目的，诸葛亮就说，孙权不是一个“志望已满”“利在鼎足”的人，而是“智力不侔，故限江自保”。又说：“权之不能越江，犹魏贼之不能渡汉，非力有余而利不取也。”诸葛亮的分析是很有道理的，下面再做具体阐述。孙权不能统一天下，举其大端，有以下六个方面的原因。其一，孙权所处天时、地利、人和均为劣势，不足以灭蜀并魏。其二，东吴名将过早凋零。东吴开国的文臣武将，约四十人全部在孙权生前早早谢世。周瑜、鲁肃、吕蒙三位大将，文武兼备，他们制定了东吴政权的立国方针，偏偏最早辞世。东吴十二员虎将程普、黄盖、韩当、蒋钦、周泰、陈武、董袭、甘宁、凌统、徐盛、潘璋、丁奉，有十人凋落在孙权称帝之前。孙策的突然早夭，几乎使孙氏集团瓦解。孙权的大批谋臣骁将的过早谢世，使得东吴争雄天下的实力大大衰落。其三，争夺荆州，吴虽得实利，但也削弱了同盟，增强了曹魏实力，从逐鹿中原角度看，可以说是战略失策。其四，孙权短于临阵突敌，战功不著，直接影响他争天下的进程。其五，孙权称帝骄逸，晚年昏聩。孙权称帝后，从明智走向昏聩，甚至暴虐。孙权称帝前建都武昌，是一种前进的姿态；称帝后建都建业，实际意味着限江自保。晚年的孙权更是忠奸不分，逼死陆逊，杀害吾粲、朱据等股肱大臣，使吴国政治出现了空前的危机，朝臣人人自危，边将外叛，种下了亡国之祸，何谈统一。其六，曹魏重点防吴，孙权无隙可乘，不能建立奇功。魏文帝曹丕三次大举伐吴，两次临江，虽无功而还，其战略计划先吴后蜀，十分明显。公元234年，吴蜀联合北伐，魏明帝西守东进，他亲自出征孙权，孙权闻风而退。在曹魏严密设防下，无论孙权，还是陆逊，出师皆无功，更不用说其他诸将。

综上所述，孙权不能统一天下，因受历史条件局限，有着多种原因，并非志存偏安。曹操、刘备、孙权都没能完成统一大业，而是各自创立了鼎足三分的国家。三国时代的开国之主，功业如此，评价人物要按实际的功业做比较，不能苛之于彼，宽之于此，按功业的实际比较，三国的一流英雄，一曹操，二孙权，三刘备，三人并列及其顺序，是不可移易的。

卷七五　魏纪七

魏邵陵厉公正始七年至嘉平四年（246—252 年）

【起柔兆摄提格（丙寅，246 年），尽玄黓涒滩（壬申，252 年），凡七年】

【大事提要】

本卷记事起公元 246 年，讫公元 252 年，凡七年，当魏邵陵公曹芳正始七年至嘉平四年。本卷所载大事，主要有五个方面。其一，曹爽专擅朝政。魏国齐王曹芳即位后，大将军曹爽采纳丁谧之策，任用其弟曹羲为中领军、曹训为武卫将军、曹彦为散骑常侍，以其党何晏为吏部尚书，邓飏、丁谧为尚书，毕轨为司隶校尉，多树亲党，飞扬跋扈。辅政大臣司马懿不能禁，称病，不参与政事。其二，诛灭曹爽。魏国大将军曹爽骄奢无度，太傅司马懿诈称生病，装成只比死人多口气的样子。公元 249 年，魏帝曹芳到高平陵祭扫明帝陵墓，曹爽等同伙皆从行。司马懿遂以皇太后之令，关闭城门，并以阴谋反叛罪，诛灭曹爽等人。自此，魏国政权归司马氏。其三，吴国“两宫之变”。吴大帝孙权立孙和为太子，封孙和之弟孙霸为鲁王，而孙霸觊觎太子之位，结交大臣党羽，诋毁太子。公元 250 年，孙权幽禁太子，骠骑将军朱据等以太子为国之本而据理力争，孙权大怒，废太子为庶人，赐鲁王死。从此，吴国的根基动摇。其四，姜维北伐。雍州、凉州等地区的羌、胡族人背魏降蜀，蜀国卫将军姜维率兵到陇右接应，将其迁至蜀境。姜维拉拢羌、胡为蜀国所用，以控制陇西，但遭到大将军费祎的控制。七年之中，姜维四次北伐，每次出军的人数都不超过万人，往往无功而返。其五，孙权病逝。公元 252 年，吴主孙权去世，享年 71 岁。

邵陵厉公中

正始七年（丙寅，246 年）

春，二月，吴车骑将军朱然[1]寇柤中[2]，杀略[3]数千人而去。

幽州刺史毌丘俭[4]以高句骊王位宫[5]数为侵叛[6]，督诸军讨之。

位宫败走，俭遂屠丸都[7]，斩获首虏以千数。句骊之臣得来数谏位宫，位宫不从，得来叹曰："立见此地将生蓬蒿[8]。"遂不食而死。俭令诸军不坏其墓，不伐其树，得其妻子，皆放遣之。位宫单将[9]妻子逃窜，俭引军还。未几，复击之，位宫遂奔买沟[10]。俭遣玄菟太守王颀[11]追之，过沃沮[12]千有余里，至肃慎氏[13]南界，刻石纪功而还，所诛、纳[14]八千余口。论功受赏，侯者百余人。

秋，九月，吴主以骠骑将军步骘[15]为丞相，车骑将军朱然为左大司马[16]，卫将军全琮[17]为右大司马。分荆州[18]为二部：以镇南将军吕岱为上大将军[19]，督右部，自武昌以西至蒲圻[20]；以威北将军诸葛恪[21]为大将军，督左部，代陆逊[22]镇武昌。

【注释】

[1]车骑将军：领战车部队，位仅次于大将军及骠骑将军。朱然：原名施然，字义封，丹阳故鄣（今浙江安吉县）人，过继给朱治，故从朱姓，孙吴名将，曾在猇亭之战与陆逊合力大破刘备；坚守江陵，使魏军无功而退，官至左大司马、右军师，封为当阳侯。传见《三国志》卷五十六。[2]寇：即为寇，入侵，侵犯。柤（zū）中：地名，又名"沮中"，在今湖北南漳县东，位于沮水上游，当时属魏。[3]杀略：亦作"杀掠"，斩杀，掳掠。略，通"掠"。[4]幽州：州名，州治在今北京市。刺史：州的军政长官。毌（guàn）丘俭：复姓毌丘，字仲恭，曹魏名将。因攻打高句丽有功，封安邑侯，为镇南将军。后因权臣司马师擅自废黜魏帝曹芳，起兵勤王，因实力悬殊，孤立无援，兵败身亡。被称为"魏之纯臣"。传见《三国志》卷二十八。[5]高句（gōu）骊（lí）：一般作"高句丽"，古国名，古代中国东北地区和朝鲜半岛的一个政权国家，汉元帝建昭二年（前37）扶余人朱蒙在高句丽县（今辽宁新宾县境内）建国，故称"高句丽"。位宫：高句丽第十一任国王，名优位居，因貌似其祖父宫，故称为"位宫"。[6]数（shuò）：屡次，多次。侵叛：背叛，侵扰，背叛在前，侵扰在后。[7]丸都：古王都名，高句丽延续使用时间最长的都城，位于吉林集安市丸都山上，亦称为"丸都山城"，有毌丘俭攻破高句丽的勒功碑。毌丘俭攻陷后，城内宫殿建筑遭到毁灭性破坏。[8]蓬蒿（hāo）：飞蓬和蒿子，借指野草。[9]单将：只把。单，只，仅仅。将，携带，带着，用作动词。[10]买沟：一作"买沟溇"，即买城，在今朝鲜咸镜北道之会宁市，位于朝鲜东北部中俄边境，与吉林龙井市接壤。沟溇，高句丽语，"城"的意思。[11]玄菟（tù）：郡名，位于辽东和朝鲜半岛北部，郡治在今辽宁沈阳市东。汉武帝灭卫氏朝鲜后，设立玄菟、乐浪、临屯和真番，合称"汉四郡"，玄菟郡是其中面积最大的一个郡。太守：即郡守，一郡的最高行政长官。王颀（qí）：字孔硕，魏国将领。后跟随邓艾灭蜀，入晋后，任汝南太守。[12]沃沮（jǔ）：地名，是公元前二世纪至五世纪朝鲜半岛北部的部落，大致位于图们江流域，在

今吉林延吉市东南。［13］肃慎氏：亦作“息慎”，古族名，现代满族的祖先，亦是古国名，区域大致在今长白山以北，西至松嫩平原，北至黑龙江中下游广大地区。［14］诛、纳：诛杀与纳降。纳，收纳，俘获。［15］骠（piào）骑将军：将军名号，位仅次于大将军。步骘（zhì）：字子山，孙吴重臣，任平戎将军、骠骑将军，后代陆逊为丞相，封广信侯。曾驻守西陵二十年，性情宽宏，很得人心。传见《三国志》卷五十二。［16］左大司马：官名，吴孙权于赤乌九年（246）将大司马一职分置左、右，分掌军政。大司马，吴国时位在上大将军之上，一般由大将军或者上大将军升迁而来。［17］卫将军：官名，一般掌管禁兵，总领京城南北军，是防卫部队的统帅。全琮（cóng）：字子璜，吴郡钱唐（今浙江杭州市西）人，孙吴名将。曾协助陆逊于石亭大破曹休，任徐州牧，官至右大司马、左军师，封为钱唐侯，尚公主。传见《三国志》卷六十。［18］荆州：地区名、州名。三国时期，魏、蜀、吴三分荆州，后归吴，州治南郡，在今湖北荆州市。［19］镇南将军：“四镇将军”之一，镇戍南方的统兵将领。吕岱：字定公，孙吴重臣、将领。曾安定岭南，抚平山越，官至大司马，封为番禺侯。传见《三国志》卷六十。上大将军：孙权于黄龙元年置，位在大将军之上。［20］武昌：地名，位于武汉市东南部、长江南岸，与汉阳、汉口隔江相望，吴国江夏郡的首府，现为湖北武汉市武昌区。蒲圻（qí）：县名，县治在今湖北嘉鱼县西南，为赤壁市的古称，这里曾发生赤壁大战，吴蜀联手，大破曹操。［21］威北将军：三国吴置，领兵。诸葛恪因招抚山越之功，自抚越将军、领丹杨太守升任此职。诸葛恪：字元逊，孙吴权臣。吴国大将军诸葛瑾长子，蜀汉丞相诸葛亮之侄。曾在东兴堤大胜魏军，担任丞相，以及荆州、扬州牧等职，封为阳都侯。后被吴主孙亮、权臣孙峻暗中杀害。传见《三国志》卷五十二。［22］陆逊：本名陆议，字伯言，吴郡吴县（今江苏苏州市）人，孙吴政治家、军事家。传见《三国志》卷五十八。

汉大赦[1]，大司农河南孟光[2]于众中责费祎[3]曰：“夫赦者，偏枯之物[4]，非明世[5]所宜有也。衰敝穷极[6]，必不得已，然后乃可权[7]而行之耳。今主上仁贤，百僚[8]称职，何有旦夕之急，而数施非常之恩，以惠奸宄之恶[9]乎！”祎但顾谢，踧踖而已[10]。

初，丞相亮时，有言公惜赦[11]者，亮答曰：“治世以大德，不以小惠，故匡衡[12]、吴汉[13]不愿为赦。先帝[14]亦言：‘吾周旋陈元方、郑康成间[15]，每见启告治乱之道悉[16]矣，曾不语赦也。若刘景升、季玉父子[17]，岁岁赦宥[18]，何益于治！’”由是蜀人称亮之贤，知祎不及焉。

陈寿[19]评曰：诸葛亮为政，军旅数兴而赦不妄下[20]，不亦卓[21]乎？

【注释】

［1］大赦（shè）：以国家行政命令的方式，对某个时期的特定罪犯或一般罪犯实行免除或减轻罪刑的宽大措施。古代封建帝王以施恩为名，常赦免犯人。如在皇帝登基、更换年号、立皇后、立太子等情况下，常颁布赦令。［2］大司农：为全国财政经济的主管官，秦汉时为九卿之一。孟光：字孝裕，河南洛阳（今河南洛阳市东）人，因董卓之乱而逃入蜀，先后担任蜀国屯骑校尉、长乐少府、大司农。博览群书，陈寿称其"博涉多闻，虽不以德业为称，信皆一时之学士"。传见《三国志》卷四十二。［3］责：指责，批评。费祎（yī）：字文伟，江夏（今河南罗山县人）人，蜀汉名臣，与诸葛亮、蒋琬、董允并称为"蜀汉四相"，深得诸葛亮器重，称其"志虑忠纯"。传见《三国志》卷四十四。［4］偏枯之物：指树木一边繁盛，另一边枯死。偏枯，犹言"半枯"。比喻大赦的不公平、不公正。［5］明世：指政治清明的时代。［6］衰敝：犹衰败。敝，破败。穷极：穷尽，窘迫到极点。［7］权：权宜，临时施宜。［8］百僚：百官。僚，官，在一起做官的同事。［9］惠奸宄之恶：让作恶的坏人得到好处。惠，惠顾，惠及。奸宄（guǐ），指违法作乱、为非作歹的人。［10］"祎但顾谢"二句：费祎只是表示歉意和惶恐不安，但颁布的赦令依旧施行。顾谢，回首道歉、认错。踧踖，恭敬不安、进退无措的样子。［11］公惜赦：指诸葛亮不愿意施行大赦。公，对诸葛亮的尊称。惜，吝惜，此指不为的意思。［12］匡衡：西汉经学家，汉元帝时官至丞相，封乐安侯。传见《汉书》卷八十一。［13］吴汉：字子颜，东汉开国名将。传见《后汉书》卷十八。［14］先帝：亦称"先主"，指刘备。［15］周旋陈元方、郑康成间：意即在陈元方、郑康成之间采取折中的态度。陈元方，即陈纪，字元方，以至德称，与父亲陈寔和弟弟陈谌在当时并称为"三君"。董卓入洛阳，就家拜五官中郎将，不得已而到京师，累迁尚书令。传见《后汉书》卷六十二。郑康成，即郑玄，字康成，北海郡高密县（今山东高密市）人，东汉末年儒家学者、经学大师，曾创立郑学，是汉代经学的集大成者。晚年守节不仕，却遭逼迫从军，而后病逝。［16］启告：启奏，告知。悉：尽，备。［17］刘景升：即东汉末割据荆州的刘表，字景升。传见《三国志》卷三十一。季玉：即刘琮，字季玉，刘表次子，刘琦之弟。刘表死后，继承其官爵，当曹操大军南下时，不战而降，被曹操封为青州刺史。［18］赦宥（yòu）：宽恕，赦免。宥，宽待，原谅。［19］陈寿：字承祚，巴西郡安汉县（今四川南充市）人，蜀汉及西晋著名史学家。曾任著作郎、治书侍御史，有良史之才，撰有《三国志》《古国志》《益都耆旧传》等。传见《晋书》卷八十二。［20］军旅数兴而赦不妄下：指诸葛亮多次兴兵北伐，而在辅佐后主刘禅期间，没有下过一次大赦令。此节概括陈寿对诸葛亮的评价，见《三国志》卷三十三评赞。妄，胡乱。［21］卓：卓越，卓伟。

吴人不便大钱[1]，乃罢之。

汉主[2]以凉州刺史姜维[3]为卫将军，与大将军费祎并录尚书事[4]。

汶山平康夷[5]反，维讨平[6]之。

汉主数出游观[7]，增广声乐[8]。太子家令巴西谯周[9]上疏谏曰："昔王莽[10]之败，豪杰并起，以争神器[11]，才智之士思望所归，未必以其势之广狭，惟其德之薄厚也。于时更始[12]公孙述[13]等多已广大，然莫不快情恣欲，怠于为善。世祖[14]初入河北，冯异[15]等劝之曰：'当行人所不能为者。'遂务理冤狱，崇节俭，北州歌叹[16]，声布四远[17]。于是，邓禹[18]自南阳追[19]之，吴汉、寇恂[20]素未之识，举兵助之，其余望风慕德，邳肜、耿纯、刘植[21]之徒，至于舆病赍棺[22]，襁负[23]而至，不可胜数，故能以弱为强，而成帝业。及在洛阳[24]，尝欲小出[25]，铫期[26]进谏，即时还车。及颍川[27]盗起，寇恂请世祖身往临贼[28]，闻言即行。故非急务，欲小出不敢；至于急务，欲自安不为；帝者之欲善也如此！故传[29]曰'百姓不徒附[30]，诚以德先之也。今汉遭厄运，天下三分，雄哲之士思望[31]之时也。臣愿陛下复[32]行人所不能为者，以副人望[33]。且承事宗庙[34]，所以率民尊上[35]也，今四时之祀或有不临[36]，而池苑之观或有仍出[37]，臣之愚滞[38]，私不自安。夫忧责[39]在身者，不暇尽乐，先帝之志，堂构未成[40]，诚非尽乐之时。愿省减乐官、后宫，凡所增造，但奉修先帝所施[41]，下为子孙节俭之教。"汉主不听。

（以上为第一段，写魏国幽州刺史毌丘俭出兵攻打屡次侵犯边境的高句丽王位宫，获得全胜；蜀任命姜维为卫将军，与大将军费祎共理朝政，太子家令谯周力劝后主勤于政事。）

【注释】

[1]不便大钱：对吴国颁发的大面额铜钱不满意。《三国志·吴主传》载："（嘉禾）五年（236）春，铸大钱，一当五百。""径一寸三分，重十二铢。""赤乌元年（238）春，铸当千大钱。""径一寸四分，重十六铢。" [2]汉主：此指蜀后主刘禅。传见《三国志》卷三十二。 [3]凉州：州治姑臧，在今甘肃武威市凉州区。姜维：字伯约，天水冀县（今甘肃甘谷县东南）人，蜀汉名将。传见《三国志》卷四十四。 [4]并录尚书事：共同管理国家大事。录尚书事，官名。初置时称"领尚书事"。录，总领之意。 [5]汶（wèn）山：郡名，治所汶山县，在今四川茂县北。平康：县名，在今四川松潘县西南。夷：古代对少数民族的称呼。 [6]讨平：攻打，平定。 [7]游观：

巡游，观赏。［8］增广：增加，扩大。声乐：泛指音乐和音乐活动。［9］太子家令：官名，即太子家的总管。巴西：郡名，与巴郡、巴东郡合称“三巴”，在今四川和重庆地区，郡治为阆中县。谯（qiáo）周：字允南，蜀汉学者、官员。曾劝刘禅投降，被曹魏封为阳城亭侯，迁骑都尉、散骑常侍。传见《三国志》卷四十二。［10］王莽：字巨君，西汉权臣，篡夺汉朝皇位，是新朝开国皇帝，公元9年至公元23年在位。传见《汉书》卷六十九。［11］神器：犹言神物，借指帝位、政权。［12］更始：即更始帝刘玄，南阳郡蔡阳（今湖北枣阳市西南）人，西汉末被绿林军拥立为皇帝，年号更始，新朝灭亡，曾入主长安，成为天下之主。后在赤眉军和刘秀大军的两路夹击之下灭亡，被绞死。传见《后汉书》卷十一。［13］公孙述：字子阳，扶风茂陵（今陕西兴平市）人，西汉末割据益州十二年，称帝，国号成，年号龙兴，被东汉大司马吴汉讨灭。传见《后汉书》卷十三。［14］世祖：即东汉光武帝刘秀，庙号世祖。［15］冯异：字公孙，东汉开国名将，云台二十八将第七位。传见《后汉书》卷十七。［16］歌叹：歌颂，赞扬。［17］四远：四方极远之地。［18］邓禹：字仲华，东汉初年著名谋略家、将军，云台二十八将第一位。官至大司徒、太傅，封为高密侯。传见《后汉书》卷十六。［19］南阳：郡名，位于河南西南部，治所在宛县，在今河南南阳市。追：追随。［20］寇恂（xún）：字子翼，上谷昌平（今北京市）人，东汉开国名将，云台二十八将第五位。传见《后汉书》卷十六。［21］邳彤（róng）、耿纯、刘植：三人均为东汉中兴名将。传见《后汉书》卷二十一。［22］舆（yú）病：指抱病登车。舆，车。赍（jī）棺：指带着棺材。赍，携带。［23］襁（qiǎng）负：背着小孩子。襁，婴儿的包裹。［24］洛阳：古都名，今属河南。［25］尝：曾，曾经。小出：随便出去走走，稍微散散心。［26］铫（diào）期：字次况，东汉大将，云台二十八将之一。传见《后汉书》卷二十。［27］颍川：郡名，以颍水得名，治所阳翟，在今河南禹州市。［28］临贼：亲临前线，攻打敌军。［29］传：泛指古代典籍。［30］不徒附：不是平白无故地依附、推崇。徒，白白地，用作副词。［31］雄哲：谓有抱负，有识见。思望：指盼望天下一统。［32］愿：希望。复：又，再，这里为继续的意思。［33］副人望：满足民众的愿望。副，相称，符合，引申为满足。［34］承事：治事，受事，这里为侍奉、祭祀的意思。宗庙：供奉历朝历代国王牌位、举行祭祀的地方。［35］率民：即为民表率，为动用法。尊上：使民尊敬皇上。［36］四时：即四季，春、夏、秋、冬。或：有的，有时，无定代词。不临：不亲临，不参加。［37］仍出：频繁出游。仍，频仍，频繁。［38］愚滞：愚笨，迟钝，自谦之词。［39］忧责：责任，重任。［40］堂构未成：喻指统一天下的江山大业没有完成。堂构，即殿阁。堂，指殿阁的台基。构，指殿阁的构架。［41］奉修：犹奉行、修缮。先帝所施（yì）：指先帝刘备所遗留下来的建筑设施。施，延，留下来的。

八年（丁卯，247年）

春，正月，吴全琮卒。

二月，日有食之。

时尚书何晏[1]等朋附曹爽[2]，好变改法度[3]。太尉蒋济[4]上疏曰："昔大舜佐治[5]，戒在比周[6]；周公[7]辅政，慎于其朋[8]。夫为国法度，惟命世大才[9]，乃能张其纲维[10]以垂于后，岂中下之吏所宜改易哉！终无益于治，适足伤民。宜使文武之臣，各守其职，率以清平[11]，则和气祥瑞[12]可感而致也！"

吴主[13]诏徙武昌宫材瓦[14]缮修建业宫[15]。有司奏言："武昌宫已二十八岁，恐不堪用，宜下所在[16]，通更伐致[17]。"吴主曰："大禹[18]以卑宫[19]为美。今军事未已，所在赋敛，若更通伐，妨损农桑，徙武昌材瓦，自可用也。"乃徙居南宫。三月，改作太初宫，令诸将及州郡皆义作[20]。

大将军爽用何晏、邓飏、丁谧[21]之谋，迁太后于永宁宫[22]；专擅朝政，多树亲党，屡改制度。太傅懿[23]不能禁，与爽有隙[24]。五月，懿始称疾，不与政事[25]。

吴丞相步骘卒。

【注释】

[1]尚书：尚书令的属官，负责选拔人才，主管文书及群臣章奏。何晏：字平叔，曹魏大臣、玄学家。传见《三国志》卷九。 [2]朋附：依附，投靠。曹爽：字昭伯，大司马曹真长子，曹魏权臣。曾专擅曹魏朝政多年，官至大将军，封为武安侯，司马懿发动高平陵政变，解除曹爽大将军职务。不久，被加以谋反之罪，屠灭三族。传见《三国志》卷九。 [3]变改法度：改变治国方略，按照自己的意志行事。变改，改变。法度，指法令制度。 [4]太尉：掌理国家最高军事之长官，三公之一。蒋济：字子通，曹魏名臣，官至太尉。传见《三国志》卷十四。 [5]大舜：即继唐尧之后的上古五帝之一的虞舜。传见《史记》卷一。大，尊称。佐治：协助治理国家。在尧后期，命舜摄行政务。舜选贤任能，命禹治水，完成了尧未完成的盛业。 [6]比周：即互相抱团，狼狈为奸，结党营私。 [7]周公：即西周开国功臣周公旦，辅佐周武王、周成王两代西周帝王的贤相，爵为上公，故称"周公"。传见《史记》卷六十三。 [8]慎于其朋：要十分警惕朋比为奸的事情发生。慎，谨慎，警惕。朋，朋比，结党。 [9]命世大才：指世上最具有卓越才能的人才。命世，著称于当世。 [10]张其纲维：比喻创建国家的各种法令制度。纲维，犹纲领，比喻法度。 [11]率：犹言致，达到。清平：指正直清明，政局稳定。 [12]和气：此指能导致吉利的祥瑞之气。祥瑞：指吉祥的征兆，如所谓出现彩云、禾生双穗、奇禽异兽等。 [13]吴主：指东吴国主孙权。 [14]徙：搬迁，拆运。武昌宫：东吴的皇宫。延康二年（221），孙权自公安迁

于鄂都，改名武昌。《方舆胜览》曰："孙权都鄂，欲武而昌，故名。"黄龙元年（229），孙权迁都建业，武昌为陪都。赤乌十年（247），孙权尽迁武昌宫于建业，正式废止陪都。材瓦：木材，砖瓦。［15］缮（shàn）修：修缮，修建。建业宫：亦称"太初宫"。黄龙元年（229），孙权自武昌迁都建业（今江苏南京市），又在建业兴筑宫殿，名为"建业宫"。赤乌十年（247）以武昌宫木材扩建，改作太初宫。太安二年（303）因战乱焚毁。［16］下所在：下令让产木材的地方供应木料。下，下令，用作动词。［17］通更伐致：一律重新再砍伐木材，送到京都。通，统统，全部。更，再，重新。伐，砍伐。致，送到。［18］大禹：亦称为"夏禹"，夏朝开国君王。［19］卑宫：简陋的宫室。有成语叫"卑宫菲食"，用以称美朝廷自奉节俭的功德。［20］义作：义务出工修建，无偿劳动。［21］邓飏（yáng）、丁谧（mì）：两位均为曹魏大臣，权臣曹爽的亲信，高平陵政变后，两人被司马懿处死，夷灭三族。［22］太后：此指郭太后，字女王，安平广宗（今河北广宗县）人，魏文帝曹丕的皇后。她曾在曹丕与曹植夺嫡时向曹丕献纳良策，得到宠幸。永宁宫：古宫名，在洛阳铜驼街西。曹爽曾采用邓飏之谋，将郭太后迁往永宁宫软禁。［23］太傅懿：指时任曹魏太傅的司马懿。太傅，为朝廷的辅佐大臣与帝王老师，司马懿任此职，实为曹爽架空之举，为虚职。［24］有隙：有嫌隙，有过节。［25］不与政事：不参与国家大事的处理。此为司马懿的韬晦之计。与，参与，过问。

帝好亵近群小[1]，游宴后园。秋，七月，尚书何晏上言："自今御幸式乾殿[2]及游豫[3]后园，宜皆从大臣[4]，询谋政事，讲论经义，为万世法[5]。"冬，十二月，散骑常侍、谏议大夫孔乂[6]上言："今天下已平，陛下可绝后园习骑乘马[7]，出必御辇[8]乘车，天下之福，臣子之愿也。"帝皆不听。

吴主大发众[9]集建业，扬声欲入寇[10]。扬州刺史诸葛诞[11]使安丰太守王基策[12]之。基曰："今陆逊等已死，孙权年老，内无贤嗣，中无谋主。权自出，则惧内衅卒起[13]，痈疽发溃[14]；遣将，则旧将已尽，新将未信[15]。此不过欲补綻支党[16]，还自保护耳。"已而[17]吴果不出。

是岁，雍、凉羌胡[18]叛降汉，汉姜维将兵出陇右以应之[19]，与雍州刺史郭淮[20]、讨蜀护军夏侯霸[21]战于洮西[22]。胡王白虎文、治无戴[23]等率部落降维，维徙之入蜀[24]。淮进击羌胡余党，皆平之[25]。

（以上为第二段，写吴主孙权厉行节俭，下令拆运武昌宫砖瓦木材修缮建业宫；魏帝曹芳喜好宠幸亲近一群小人，在后园游乐饮宴，大将军曹爽独揽朝政，太傅司马懿称病不朝。）

【注释】

[1]帝：此指魏主曹芳。魏国第三位皇帝，公元239年至公元254年在位。传见《三国志》卷四。亵（xiè）近：亲近，宠幸，为贬义词。群小：众小人，指一群奸佞之徒。［2］式乾殿：洛阳皇宫中殿名，为后宫之殿。［3］游豫：本指帝王出巡，春巡为“游”，秋巡为“豫”，此指游玩。［4］皆从大臣：意即都要让大臣跟随着。从，使之跟从，使动用法。［5］为万世法：作为后世的典范、制度。万世，千秋万代，此指后代。［6］散骑常侍：官名，为皇帝的侍从官，入则规谏过失，拾遗补阙，备皇帝顾问，出则骑马散从。谏议大夫：官名，专掌议论，为郎中令之属官。孔乂（yì）：字元俊，孔子之后，官至大鸿胪。［7］绝后园习骑乘马：意谓禁绝在后花园练习骑乘。绝，禁止。［8］御辇（niǎn）：指皇帝乘车。御，驾驭，用作动词，与“乘”字同义。辇，古时用人拉或推的车，此代指帝王所乘的车。［9］发众：征集士兵。［10］扬声：宣扬，声称。入寇：指攻打曹魏。入，攻入，攻进。寇，敌，对曹魏的轻蔑称呼。［11］扬州：三国时魏、吴各置扬州，魏的治所在寿春，吴的治所在建业。此指魏之扬州。诸葛诞：字公休，曹魏将领。官至征东大将军。后起兵反对司马昭，兵败，被斩，夷三族。传见《三国志》卷二十八。［12］安丰：郡名，魏黄初二年（221），分庐江郡西北五个县置安丰郡，治安风县，在今安徽霍邱县城关镇。王基：字伯舆，曹魏将领。传见《三国志》卷二十七。策：推测，谋划。［13］内衅卒起：内部的叛乱突然发生。衅（xìn），祸患，祸乱。卒（cù），通“猝”，仓促，突然。［14］痈疽发溃：毒疮溃烂，比喻政权瓦解，不可收拾。痈（yōng）疽（jū），发生于体表、四肢、内脏的急性化脓性毒疮。发溃，发作，溃烂。［15］未信：没有取得军中上下官兵足够的信任。［16］补禐支党：意指弥合内部各派力量之间的裂痕和缝隙。补禐，缝合，弥合。禐，胡三省注曰：“丈涧翻，缝也。”通“绽”，裂开，裂痕。支党，新旧各派党系。［17］已而：不久，后来。［18］雍、凉：即雍州、凉州，州治分别在长安（今陕西西安市西北）、姑臧（今甘肃武威市）。羌胡：即羌人、胡人，位于西北地区的少数民族。［19］陇右：指陇山（六盘山）以西、黄河以东地区，包括今甘肃天水市、平凉市、定西市、兰州市。以应之：与叛魏降汉的雍、凉羌胡相呼应。应，呼应，策应。［20］郭淮：字伯济，太原阳曲（今山西太原市）人，曹魏名将。传见《三国志》卷二十六。［21］讨蜀护军：官名，为魏国创制，顾名思义，就是为专门对付蜀汉而创立。夏侯霸：字仲权，夏侯渊之子，曹魏将领，后投蜀为车骑将军。传见《三国志》卷九。［22］洮西：指洮水之西。洮（táo），即洮水，出陇西临洮，东北入黄河。［23］胡王：即匈奴王。白虎文、治无戴：均为人名，匈奴部落首领。［24］徙之入蜀：指迁徙到四川的新繁等地安置。［25］平之：指平定羌胡叛降的事件。

九年（戊辰，248年）

春，二月，中书令孙资[1]，癸巳[2]，中书监刘放[3]，三月甲午[4]，司徒卫臻[5]各逊位[6]，以侯就第[7]，位特进[8]。

夏，四月，以司空高柔[9]为司徒，光禄大夫徐邈[10]为司空。邈叹曰："三公[11]，论道[12]之官，无其人则缺，岂可以老病忝之[13]哉！"遂固辞不受。

五月，汉费祎出屯汉中[14]。自蒋琬[15]及祎，虽身居于外，庆赏威刑[16]，皆遥先咨断[17]，然后乃行。祎雅性谦素[18]，当国功名[19]，略[20]与琬比。

秋，九月，以车骑将军王凌[21]为司空。

涪陵夷[22]反，汉车骑将军邓芝[23]讨平之。

【注释】

[1]中书令：官名，中书省长官。孙资：字彦龙，曹魏四朝重臣，累迁至卫将军，仍兼中书令，与刘放共掌机要三十多年。传见《三国志》卷十四。 [2]癸巳：二月三十日。 [3]中书监：与中书令职务相等而位次略高，分尚书台之权。刘放：字子弃，涿郡（今河北涿州市）人，曹魏大臣。曾与孙资掌机要达三十多年，官至骠骑将军、中书监。传见《三国志》卷十四。 [4]三月甲午：三月一日。 [5]司徒：官名，与太尉、司空合称为"三公"，掌管民政之事。卫臻（zhēn）：字公振，曹魏大臣。传见《三国志》卷二十二。 [6]逊（xùn）位：退位，让位，即退休。逊，辞让，退让。 [7]以侯就第：指免去行政职位，回家享受侯爵待遇。第，府第，府邸。 [8]特进：对位尊权重的大臣，免去行政职务后给予的享受特殊待遇的荣衔，朝会时，位仅次于三公。 [9]司空：官名，亦称为"司工"，三公之一，掌管水利、营建之事。高柔：字文惠，陈留郡圉县（今河南杞县南）人，曹魏大臣。以善于治法闻名。七十二岁时出任司空，后荣升太尉，进爵安国侯，享年九十岁。传见《三国志》卷二十四。 [10]光禄大夫：官名，掌顾问应对，相当于现今的国策顾问。徐邈（miǎo）：字景山，曹魏重臣。曾出任凉州刺史、使持节，领护羌校尉，西域畅通。传见《三国志》卷二十七。 [11]三公：三国时，以太尉、司徒、司空为三公，为朝廷重臣。 [12]论道：研究治国的大道。 [13]以老病忝（tiǎn）之：指用年老多病的人来充数。忝，表示辱没他人，自己有愧，这里指不当居而居之，谦辞。 [14]屯（tún）：屯兵，统兵驻守。汉中：郡名，郡治南郑，在今陕西汉中市。 [15]蒋琬：字公琰，蜀汉宰相。诸葛亮去世后，总揽蜀汉军政。传见《三国志》卷五十九。 [16]庆赏：奖赏、赏赐。庆，庆贺。威刑：严厉的刑法。 [17]遥先咨断：指蜀主刘禅在作重大决策前，都是远远地先征求蒋琬、费祎的意见，让他们拿出决策意见。遥，表示相隔遥远，此指成都与汉中之间的距离。咨断，咨询，作出决定。 [18]雅性：素性，本性。谦素：谦恭，恬淡。 [19]当国功名：在国中的权力和声望。当国，指执政，主持国事。 [20]略：大致。 [21]王凌：字彦云，曹魏将领。官至司空、太尉。因不满司马懿专擅朝政，联合兖州刺史令狐愚谋立楚王曹彪为帝，事泄自尽，被夷三族。传见《三国志》卷二十八。 [22]涪陵夷：涪

陵地区的少数民族。涪（fú）陵，郡名，位于长江、乌江交汇处，因乌江古称涪水、巴国王陵多在此而得名，涪陵郡治，今重庆市涪陵区。［23］邓芝：字伯苗，蜀汉重臣。曾任前将军，督江州；曾出使吴国，与之修好；讨平涪陵叛乱，任为车骑将军，封为阳武亭侯。传见《三国志》卷四十五。

大将军爽，骄奢无度，饮食衣服，拟于乘舆[1]；尚方[2]珍玩，充牣[3]其家；又私取先帝才人以为伎乐[4]。作窟室[5]，绮疏[6]四周，数与其党何晏等纵酒其中。弟羲[7]深以为忧，数涕泣谏止之，爽不听。爽兄弟数俱出游，司农沛国桓范[8]谓曰："总万机[9]，典禁兵[10]，不宜并出。若有闭城门[11]，谁复内入者[12]？"爽曰："谁敢尔邪[13]！"

初，清河、平原[14]争界，八年不能决。冀州刺史孙礼[15]请天府所藏烈祖封平原时图[16]以决之。爽信清河之诉[17]，云"图不可用"，礼上疏自辨，辞颇刚切[18]。爽大怒，劾礼怨望[19]，结刑五岁[20]。久而[21]复为并州[22]刺史，往见太傅懿，有忿色[23]而无言。懿曰："卿得并州少邪[24]？恚理分界失分乎[25]？"礼曰："何明公言之乖也[26]！礼虽不德，岂以官位、往事为意邪[27]！本谓明公齐踪伊、吕[28]，匡辅[29]魏室，上报明帝之托[30]，下建万世之勋。今社稷[31]将危，天下凶凶[32]，此礼之所以不悦也！"因涕泣横流。懿曰："且止，忍不可忍[33]！"

冬，河南尹李胜[34]出为荆州刺史，过辞太傅懿[35]。懿令两婢侍，持衣，衣落；指口言渴，婢进粥，懿不持杯而饮，粥皆流出沾胸。胜曰："众情谓明公旧风发动[36]，何意尊体乃尔[37]！"懿使声气才属[38]，说："年老枕疾[39]，死在旦夕。君当屈并州[40]，并州近胡，好为之备！恐不复相见，以子师、昭[41]兄弟为托。"胜曰："当还忝本州[42]，非并州。"懿乃错乱其辞曰："君方到并州？"胜复曰："当忝荆州。"懿曰："年老意荒[43]，不解君言。今还为本州，盛德壮烈[44]，好建功勋！"胜退，告爽曰："司马公尸居余气[45]，形神已离[46]，不足虑矣。"他日，又向爽等垂泣曰："太傅病不可复济[47]，令人怆然[48]！"故爽等不复设备[49]。

【注释】

［1］拟：比拟，相当于。乘舆：皇帝所乘的车，这里代指皇帝。［2］尚方：古代制造帝王所用器物的官署，这里代指皇帝的珍宝仓库。［3］充牣：充实，充满。牣（rèn），满。［4］先

帝：指魏明帝曹叡。才人：宫中的歌女、舞女。伎（jì）乐：古代把以音乐、歌舞为业的艺人统称为“伎”，其中从事演奏乐器为主的称为“乐伎”，从事歌唱舞蹈为主的称为“舞伎”。［5］窟室：掘地为室，地宫。［6］绮疏：指在门、窗上雕刻出空心花纹。［7］羲：即曹羲，曹爽之弟，为中领军，掌握禁兵。司马懿发动高平陵政变，曹爽兄弟均被剥夺兵权，不久以谋反罪斩首，被夷三族。［8］司农：九卿之一，掌钱谷之事，又称“大司农”。沛国：侯国名，都城在今安徽濉溪县。桓范：字元则，曹魏大臣。曾为曹爽出谋划策，号称“智囊”，其后与曹爽及其党羽皆被司马懿诛杀。［9］总万机：执掌朝政，总揽大权，此指大将军曹爽。总，总揽。万机，当政者处理的各种重要事务。［10］典禁兵：掌管守卫宫廷的部队。此指曹羲，当时为中领军，执掌禁军。典，掌管，主持。［11］闭城门：指关闭城门，发动朝廷政变。［12］谁复内入者：谁还能放你们进去？内，通“纳”，放进去。［13］谁敢尔邪：谁敢这样做呀？尔，你，这样，代词。邪，通“耶”，相当于呀、啊，疑问助词。［14］清河、平原：均为魏国诸侯国名，当时都属冀州。清河国，都城在今山东临清市北。平原国，都城在今山东平原县西南。［15］冀州：古州名。魏时州治信都，在今河北衡水市冀州区。孙礼：字德达，曹魏将领。所治理的七郡五州皆有威信，升任司空，封大利亭侯。［16］天府：此指魏朝的档案库。烈祖：魏明帝曹叡的庙号。曹叡三十六岁时病逝于洛阳，谥号明帝，葬于高平陵。封平原时图：指曹叡封为平原王时所绘制的疆域图。［17］信清河之诉：相信清河王的诉讼之辞。诉，诉讼，讼词。按：清河王曹贡，平原王曹叡之弟。两兄弟为王时，曾有过划界疆之争，曹爽袒护清河王。［18］刚切：刚直，急切，说话不转弯，不留余地。［19］劾（hé）：弹劾。怨望：怨恨，此处含有诽谤的意思。［20］结刑五岁：即判处五年徒刑，但缓期执行。结，具。［21］而：据章校，他本作“之”。［22］并州：古州名，三国魏黄初元年（220）复置，领太原、上党、建兴、西河、雁门、乐平、新兴等七郡，治晋阳。［23］忿色：愤怒之情形于脸上。忿，同“愤”，愤怒，怨恨。［24］得并州少邪：被任为并州刺史是嫌地盘小吗？邪，通“耶”，语气助词。［25］恚（huì）理分界失分乎：怨恨曹爽在处理平原、清河争执的问题上不公平吗？恚，恼恨，发怒。理，处理。失分，失去分寸，是委婉的说法，指不公平的意思。［26］何明公言之乖也：意即您说话怎么这么荒唐，没有道理。明公，对司马懿的尊称。乖（guāi），乖戾，不合情理。［27］岂以官位、往事为意邪：难道我是在意官事和往事吗？表示不以为意。岂，难道。官位，回复司马懿所说的“得并州少”。往事，回复司马懿所说的“理分界失分”。［28］齐踪伊、吕：指能与当年商朝的伊尹、周朝的吕尚并驾齐驱，为国之栋梁。［29］匡辅：匡正，辅佐。［30］明帝之托：指魏明帝曹叡的临终嘱托。曹叡去世前，以曹爽、司马懿为辅政大臣，以国事相托。［31］社稷：土神和谷神的总称，代指国家。［32］凶凶：惊惧不安的样子。［33］忍不可忍：要能忍耐常人所不能忍耐的事情，暗指等待时机，发常人所不能发。［34］河南尹：当时魏国京都及其郊区的行政长官，首府在洛阳。李胜：字公昭，荆州南阳人，曹魏大臣，曹爽集团的重要成员，曾借出任荆州刺史探听司马懿病情，高平陵政变后还，未至荆州赴任便被逮捕，随即与曹爽及其党羽一同被杀，夷灭三族。［35］过辞太傅懿：到司马懿家辞行。过辞，辞行，是一般的官场惯例，但李胜的目的性很强，就是探看司马懿的病情，看还有没有作为。[36]众情：指众人传说，流言。旧风发动：指往日的中风病又发了。当年曹操招呼司马懿，司马懿就装过一次，骗过众人。发动，犹言"发作"，复发。[37]何意尊体乃尔：谁能想到，司马懿如今竟是这个样子。尊体，贵体，代指司马懿。尔，如此，这样。[38]声气才属：指下气不接上气，好不容易才接上了。属，相连，连续。[39]枕疾：指患有严重的疾病，卧床不能行走。[40]屈并州：屈居并州，李胜实际上是到荆州，司马懿故意为之，错乱而言，以麻痹李胜。[41]师、昭：即司马师、司马昭，司马懿的长子与次子。传见《晋书》卷二。[42]还忝本州：意即还是回到故乡荆州当刺史。本州，李胜的家乡是南阳，属荆州，故言。忝（tiǎn），辱没，有愧，谦辞。[43]意荒：指神志混乱，糊涂不清。[44]壮烈：犹言"壮志"，比喻年轻有为。[45]尸居余气：像尸体一样，但还有一口气，指人将要死亡，只是苟延残喘，离死不远了。[46]形神已离：人的灵魂已离开身体，只剩下一副空的躯壳。形，形体。神，神灵，此指人的魂灵。[47]济：犹言"愈"，病愈，指大病转好。[48]怆（chuàng）然：凄怆、伤感的样子。[49]设备：采取防备措施，即防备。

何晏闻平原管辂[1]明于术数[2]，请与相见。十二月丙戌[3]，辂往诣晏，晏与之论《易》[4]。时邓飏在坐，谓辂曰："君自谓善《易》，而语初不及《易》中辞义[5]，何也？"辂曰："夫善《易》者不言《易》也。"晏含笑赞之曰："可谓要言不烦[6]也！"因谓辂曰："试为作一卦，知位当至三公不[7]？"又问："连梦见青蝇[8]数十，来集鼻上，驱之不去，何也？"辂曰："昔元、凯[9]辅舜，周公佐周，皆以和惠谦恭，享有多福，此非卜筮[10]所能明也。今君侯位尊势重，而怀德者鲜[11]，畏威者众，殆非小心求福之道也。又，鼻者，天中之山[12]，'高而不危，所以长守贵'。今青蝇臭恶，而集之，位峻者颠[13]，轻豪者亡[14]，不可不深思也！愿君侯裒多益寡[15]，非礼勿履[16]，然后三公可至，青蝇可驱也。"飏曰："此老生之常谭[17]。"辂曰："夫老生者见不生，常谭者见不谭。"辂还邑舍[18]，具以语其舅。舅责辂言太切至[19]，辂曰："与死人语，何所畏邪！"舅大怒，以辂为狂。

吴交趾、九真夷贼[20]攻没城邑，交部[21]骚动。吴主以衡阳督军都尉陆胤[22]为交州刺史、安南校尉[23]。胤入境，喻[24]以恩信，降者五万余家，州境复清。

太傅懿阴[25]与其子中护军师[26]散骑常侍昭[27]谋诛曹爽。

（以上为第三段，写魏国大将军曹爽骄奢无度，饮食衣服拟于皇帝，而太傅司马懿继续装病，被认为是“尸居余气，形神已离”，以此麻痹曹爽，而暗中与儿子司马师、司马昭密谋诛之。）

【注释】

［1］管辂（lù）：字公明，平原（今山东平原县）人，曹魏术士。传见《三国志》卷二十九。［2］术数：以数行方术。古人将自然界所观察到的各种变化，与人事、政治、社会的变化结合起来，认为两者有某种内在关系，可用术数来归纳、推理。于是，术数便用来推测个人，甚至国家的命运吉凶。术，指方术。数，指气数、数理，即阴阳五行相生相克的数理。［3］十二月丙戌：十二月二十八日。［4］《易》：即《易经》，是儒家、道家共同的经典。［5］初不及《易》中辞义：意即一点儿也没有涉及《易经》的内容。初，始终，都，用作副词。［6］要言不烦：重要的内容，简明扼要，不烦琐。相反，则是“烦言不要”。［7］不：通“否”，疑问助词，用在疑问句末，构成是非问句。［8］青蝇：即俗称“苍蝇”。蝇色黑，故称。［9］元、凯：即八元、八凯。八元，即伯奋、仲堪、叔献、季仲、伯虎、仲熊、叔豹、季狸。八凯，即八恺，即苍舒、隤敳、梼戭、大临、尨降、庭坚、仲容、叔达。都是舜帝时的贤臣。元，善良之意。恺，和惠之意。《史记·五帝本纪》载：“舜举八恺，使主后土，以揆百事，莫不时序。举八元，使布五教于四方，父义，母慈，兄友，弟恭，子孝，内平外成。”［10］卜筮（shì）：指用龟甲、筮草等工具预测某些事项。古代民间占问吉凶的两种方法。［11］怀德：感念恩德。鲜：少。［12］天中之山：裴松之曰：“相书谓鼻之所在为天中，鼻有山象，故曰‘天中之山’也。”［13］位峻者颠：居高位者要跌下来。峻，高而陡峭。颠，跌落，掉下来。［14］轻豪者亡：做事轻率者要灭亡。轻豪，轻率，疏狂。［15］裒多益寡：减少多余的一方，补充缺少的一方。裒（póu），取出，削减。寡，少。［16］非礼勿履：指不符合礼数规范的事情不要去做。履，履行，践行，用作动词。［17］老生之常谭：经常谈论的话题。谭，通“谈”。［18］邑舍：指管辂家乡平原县的屋舍。［19］切至：直率，通透，毫不忌讳。［20］交趾：古郡名。公元前111年，汉武帝灭南越国，并在今越南北部设立交趾、九真、日南三郡，直接管理。交趾郡治交趾县，在越南河内市。九真：郡名，郡治胥浦，在今越南清化市西北。夷贼：对少数民族的贱称。［21］交部：指整个交州刺史部。交州，其地域包括今中国广西和广东、越南北部。治所番禺，在今广东广州市。［22］衡阳：郡名，郡治湘南，在今湖南湘潭市西南。督军都尉：官名，地方军事长官，掌管一郡的军事防卫。陆胤（yìn）：字敬宗，孙吴官员、将领。传见《三国志》卷六十一。［23］安南校尉：官名，三国吴置，领兵。孙权赤乌十一年（248），陆胤以交州刺史领此，平定交趾、九真之乱。［24］喻：晓喻，开导。［25］阴：暗中，私下。［26］中护军：职掌禁军，总统诸将，并主武官选举，被认为是“总六军之要，秉选举之机”。师：即司马师，时为中护军。［27］散骑常侍：皇帝的侍从人员，与中常侍性质相同。

昭：即司马昭，三国时期曹魏权臣。

嘉平元年（己巳，249年）

春，正月甲午[1]，帝谒高平陵[2]，大将军爽与弟中领军羲、武卫将军训[3]、散骑常侍彦[4]皆从。太傅懿以皇太后[5]令，闭诸城门，勒兵据武库[6]，授兵出屯洛水浮桥[7]，召司徒高柔假节行大将军事[8]，据爽营[9]，太仆王观行中领军事[10]，据羲营。因奏爽罪恶于帝曰：

"臣昔从辽东还[11]，先帝[12]诏陛下、秦王[13]及臣升御床[14]，把[15]臣臂，深以后事为念[16]。臣言'太祖、高祖亦属臣以后事[17]，此自陛下所见[18]，无所忧苦[19]。万一有不如意，臣当以死奉明诏[20]。'今大将军爽，背弃顾命[21]，败乱国典[22]，内则僭拟[23]，外则专权，破坏诸营，尽据禁兵，群官要职，皆置所亲，殿中宿卫[24]，易以私人，根据盘互[25]，纵恣[26]日甚。又以黄门张当为都监[27]，伺察至尊[28]，离间二宫[29]，伤害骨肉，天下汹汹[30]，人怀危惧。陛下便为寄坐[31]，岂得久安！此非先帝诏陛下及臣升御床之本意也。

"臣虽朽迈[32]，敢忘往言[33]！太尉臣济等皆以爽为有无君之心，兄弟不宜典兵[34]宿卫，奏永宁宫[35]，皇太后令敕[36]臣如奏施行。臣辄敕主者及黄门令[37]：'罢爽、羲、训吏兵，以侯就第[38]，不得逗留[39]，以稽车驾[40]；敢有稽留[41]，便以军法从事！'臣辄力疾[42]将兵屯洛水浮桥，伺察非常。"

爽得懿奏事，不通[43]；迫窘[44]不知所为，留车驾宿伊水[45]南，伐木为鹿角[46]，发屯田兵[47]数千人以为卫。

懿使侍中高阳许允[48]及尚书陈泰[49]说爽宜早自归罪[50]，又使爽所信殿中校尉尹大目[51]谓爽："唯免官而已，以洛水为誓。"泰，群之子也。

【注释】

[1]正月甲午：正月六日。[2]谒（yè）：此指到陵墓致敬。高平陵：魏明帝曹叡的陵墓，在洛阳城南洛水之南大石山，在今河南汝阳县。[3]武卫将军：魏置，四品，都督中军宿卫禁兵。

训：即曹训，曹爽之弟。曹爽专权，封训为武卫将军，掌握禁兵。［4］彦：即曹彦，曹爽之弟。曹爽专权，封彦为散骑常侍。［5］皇太后：此指魏明帝曹叡皇后，郭氏。在曹叡病重之际，册立为皇后；曹芳即位，尊为皇太后，去世后谥号明元皇后，而非魏文帝曹丕之皇后郭女王。［6］勒兵据武库：意即调动兵马，占据武库。勒，控制，调集。武库，国家储藏兵器的仓库。［7］洛水浮桥：洛阳城宣阳门南洛水上搭建的浮桥。洛水，古称雒水，黄河右岸的重要支流。［8］高柔假节行大将军事：授予旌节，使其代行大将军的职务，意即曹爽的大将军职务被免去，暂由高柔代理。其实就是由高柔去接管曹爽大将军的职务。［9］据爽营：占据曹爽的大将军军营。［10］太仆：掌管皇帝的舆马与马政，九卿之一。王观：字伟台，曹魏大臣。高平陵之变，被任命为行中领军，即接管曹羲中领军的职务。传见《三国志》卷二十四。行：代理。［11］从辽东还：指司马懿于魏明帝景初二年（238）率军到辽东攻打公孙渊而返回。辽东，古郡名，郡治襄平，在今辽宁辽阳市。［12］先帝：指魏明帝曹叡。［13］陛下：指魏帝曹芳。秦王：指魏明帝曹叡养子，曹洵，公元235年立为秦王，死时年仅13岁。［14］升御床：指司马懿坐到魏明帝曹叡的御床边上。当时曹叡病重，就在床边交代后事。御床，指皇帝的坐卧之具。［15］把：拉住。［16］以后事为念：即忧虑身后之事。［17］太祖：即魏武帝曹操，其庙号为“太祖”，故称之。高祖：即曹丕，其庙号为“高祖”，故称之。属臣以后事：司马懿被曹丕重用，临终前嘱之以后事，有之；而曹操临终前嘱之以后事，则是子虚乌有。此为司马懿欺蒙小皇帝，并借以自重之言。属，通“嘱”，嘱托。［18］此自陛下所见：此自是为皇上亲眼所见。此亦为夸誉之辞。否则，曹芳怎么能见到祖上三代之嘱托？陛下所见，分指曹丕见曹操之嘱托、曹叡见曹丕之嘱托、曹芳见曹叡之嘱托。［19］无所忧苦：意即不必担心，顾命大臣自当把辅治的重任担起来。［20］明诏：英明的诏书。［21］背弃顾命：指背弃魏明帝曹叡临死前的嘱托。顾命，指临终遗命。［22］败乱：败坏，扰乱。国典：国家的典章制度。［23］僭拟：在下者自比于尊者，超越本分，此指和皇帝的排场相同。僭（jiàn），僭越，超越。拟，比拟，等同。［24］宿卫：古时指在宫禁中值宿、担任警卫的人，现指保卫、守护者。［25］根据盘互：犹言“盘根错节”，指把持据守，互相勾结。盘互，互相缠绕，盘踞在一起。［26］纵恣：肆意放纵，恣意妄为。［27］黄门：宦者，太监。因东汉黄门令、中黄门诸官，皆为宦者充任，故称。张当：魏黄门，谄事曹爽，被司马懿所斩。都监：官名，即监军，大都由宦官兼任。此指宫廷诸事的总管。［28］伺察：伺机窥探。至尊：最尊贵，最崇高，至高无上，用为皇帝的代称。［29］离间二宫：挑拨皇帝曹芳与郭太后的关系。［30］汹汹：形容动荡不安、骚乱不宁的样子。［31］寄坐：借个地方坐坐，比喻地位不稳，且无实权。胡三省曰：“谓虽处天子之位，犹寄寓也。”［32］朽迈：指年老衰落。［33］敢忘往言：我怎么能忘记当年说过的话？［34］典兵：指主管军队。典，掌管。［35］永宁宫：古殿名。时郭太后驻此，代指郭太后。［36］令敕（chì）：即敕令，指郭太后发布的命令。［37］辄（zhé）：立即。主者：主管该项事务的人。黄门令：即太监总管，主管宫中诸宦官。［38］以侯就第：以侯爵的身份回家居住。不久，曹爽兄弟被诬以谋反，均遭杀害，夷灭三族。［39］不得逗留：听到诏令就立刻动身，不得迟缓、拖延。逗留，停留。［40］以稽车驾：指扣留皇帝，使其不得返回宫廷。稽，阻止。［41］稽留：停留，拖延。［42］力疾：勉力支撑着病体。力，尽力，勉力。［43］不通：指不将司马懿的上奏呈给皇帝曹芳。［44］迫窘：即窘迫，困顿。［45］伊水：黄河南岸支流洛河的支流之一。流经嵩县、伊川县，穿伊（今洛阳市区南处的龙门）而入洛阳市，东北至洛阳市偃师区注入洛河，与洛水汇合成伊洛河。［46］鹿角：作战时的防御设施。把带有枝丫的树枝削尖，尖梢朝上，埋在营寨门前或交通路口，以阻挡敌人前进。因形似鹿角而得名。［47］屯田兵：指平时以经营农业为主，战时执行军务的士兵。［48］侍中：官名，皇帝身边的侍从人员，以备参谋、顾问，为皇帝近臣。高阳：县名，治今河北高阳县。许允：字士宗，高阳人，三国时期曹魏官员、名士，官至中领军。［49］陈泰：字玄伯，曹魏名将，司空陈群之子。曾镇守曹魏西陲，官至尚书左仆射、镇军将军。传见《三国志》卷二十二。［50］归罪：意同“自首”，到朝廷认罪伏法。［51］殿中校尉：官名，魏置，领兵侍卫殿内，由皇帝及执政大臣的亲信充任。尹大目：魏殿中校尉。小时为曹氏家奴，深得大将军曹爽信任。曹爽被司马氏诛杀后，常有报仇之意。

初，爽以桓范乡里老宿［1］，于九卿中特礼之，然不甚亲也。及懿起兵，以太后令召范，欲使行中领军。范欲应命，其子止之曰：“车驾［2］在外，不如南出［3］。”范乃出。至平昌城门［4］，城门已闭。门候司蕃［5］，故范举吏也，范举手中版［6］示之，矫［7］曰：“有诏召我，卿促［8］开门！”蕃欲求见诏书，范呵之曰：“卿非我故吏邪？何以敢尔！”乃开之。范出城，顾谓蕃曰：“太傅图逆［9］，卿从我去！”蕃徒行不能及，遂避侧［10］。懿谓蒋济曰：“智囊［11］往矣！”济曰：“范则智矣，然驽马恋栈豆［12］，爽必不能用也。”

范至，劝爽兄弟以天子诣许昌［13］，发四方兵以自辅。爽疑未决，范谓羲曰：“此事昭然［14］，卿用读书何为邪［15］！于今日卿等门户，求贫贱复可得乎［16］！且匹夫质一人［17］，尚欲望活；卿与天子相随，令于天下，谁敢不应也！”俱不言。范又谓羲曰：“卿别营近在阙南［18］，洛阳典农治［19］在城外，呼召如意［20］。今诣许昌，不过中宿［21］，许昌别库［22］，足相被假［23］；所忧当在谷食，而大司农印章在我身。”羲兄弟默然不从，自甲夜至五鼓［24］，爽乃投刀于地曰：“我亦不失作富家翁！”范哭曰：“曹子丹佳人［25］，生汝兄弟，犊犊［26］耳！何图今日坐汝等族灭［27］也！”

爽乃通懿奏事[28]，白帝[29]下诏免己官，奉帝还宫。爽兄弟归家，懿发洛阳吏卒围守之；四角作高楼，令人在楼上察视爽兄弟举动。爽挟弹[30]到后园中，楼上便唱言[31]："故大将军东南行！"爽愁闷不知为计。

戊戌[32]，有司[33]奏："黄门张当私以所择才人与爽，疑有奸。"收当付廷尉[34]考实，辞[35]云："爽与尚书何晏、邓飏、丁谧、司隶校尉毕轨[36]、荆州刺史李胜等阴谋反逆[37]，须三月中发[38]。"于是，收爽、羲、训、晏、飏、谧、轨、胜并桓范，皆下狱，劾以大逆不道[39]，与张当俱夷三族。

【注释】

[1]乡里老宿：即同乡中德高望重的人。老宿，年老而资深的人。 [2]车驾：即皇帝的车驾，代指魏帝曹芳。 [3]南出：出城而向南，投奔魏帝曹芳。高平陵在洛阳南边，故称"南出"。 [4]平昌城门：在今河南洛阳市东北，汉魏洛阳故城南面东起第二门。 [5]门候：看守京师城门的军官。司蕃：魏洛阳平昌门守将。早先为桓范下属，后桓范荐之。 [6]手中版：手中所拿的像是写有诏书的木板。版，木片，木板。 [7]矫：假托，诈称。 [8]促：急促，快速。 [9]图逆：图谋叛乱。 [10]避侧：躲避在道路旁边。 [11]智囊：谋划、参谋人员。 [12]驽马恋栈豆：劣马贪恋马厩里的豆料，比喻平庸的人目光短浅，贪恋禄位、家室等眼前利益。驽（nú），低劣，愚笨。栈，牲口棚。 [13]诣：到。许昌：古都名。曹操至东汉京都洛阳迎献帝，迁都许县，为魏五都之一，在今河南许昌市东。 [14]昭然：明明白白，显而易见。 [15]用读书何为邪：读了那么多书，有什么用啊！ [16]求贫贱复可得乎：如果斗争失败，必将灭门，想回家过贫贱的生活，还可能吗？复，又，再。 [17]匹夫：指平常的人。质一人：劫持一人做人质。质，质押，用作动词。 [18]别营：指曹羲的另外一支军队。当时曹羲在洛阳城中的军队已被控制，城外的军队还在手上，可以号令。阙（què）南：宫门之南，这里指洛阳城南。阙，古代皇宫大门前两边供瞭望的高台，泛指帝王的住所。 [19]典农：即典农中郎将和典农都尉，分置于屯田的地区，掌管农业生产、民政和田租，职权皆如太守。治：治所，办事机构。 [20]呼召如意：意即可以随便召唤，供其驱使。 [21]中宿：指隔两个夜晚就能到达。 [22]许昌别库：指国家设立在许昌的贮藏兵器军械的仓库，与京城的武库相对而言。 [23]足相被假：指足够将一支庞大的军队武装起来。假，通"借"，借用，引申为武装的意思。 [24]甲夜：初更时分，即傍晚时分。五鼓：即五更天，天快亮的时候。汉魏时候，将夜分为五节，或曰"五夜"，即甲夜、乙夜、丙夜、丁夜、戊夜；或曰"五鼓"，即一鼓、二鼓、三鼓、四鼓、五鼓；或曰"五更"，即一更、二更、三

更、四更、五更。［25］曹子丹：即曹真，本名秦真，字子丹，曹操养子，曹魏名将。官至大将军、大司马。传见《三国志》卷九。佳人：绝佳之人，意为一代英雄。［26］豘犊：犹言“窝囊废”。豘（tún），同“豚”，小猪。犊（dú），小牛。［27］坐汝等族灭：跟着你们受牵连被灭族。坐，因……获罪。［28］通懿奏事：把司马懿的奏疏通报给皇帝，启奏有关事宜。［29］白帝：禀告皇帝。［30］挟弹：带着弹弓。［31］唱言：高声叫呼。［32］戊戌：正月十日。［33］有司：指主管某部门的官吏。古代设官分职，各有专司，故称。［34］收：逮捕。廷尉：官名，主管司法的最高长官，九卿之一。［35］辞：指张当的供词。［36］司隶校尉：监督京师百官以及京城周边地方的监察官。毕轨：字昭先，曹爽任为中护军，后升任司隶校尉。高平陵政变后，被指控与曹爽等人谋反，不久被诛杀，夷灭三族。［37］反逆：谋反，叛逆。［38］须：等待。发：指发动叛乱。［39］劾（hé）：弹劾，指控。大逆不道：指犯有谋反、作乱等重大罪行。大逆，指危害君父、宗庙、宫阙等罪行。逆，背叛。不道，指违反当时伦理道德要求的悖逆行为。

初，爽之出也，司马鲁芝[1]留在府[2]，闻有变，将营骑斫津门[3]出赴爽。及爽解印绶，将出[4]，主簿杨综[5]止之曰：“公挟主握权，舍此以至东市[6]乎？”有司奏收芝、综治罪，太傅懿曰：“彼各为其主也，宥[7]之。”顷之[8]，以芝为御史中丞[9]，综为尚书郎[10]。

鲁芝将出，呼参军辛敞[11]欲与俱去。敞，毗之子也，其姊宪英为太常羊耽[12]妻，敞与之谋曰：“天子在外，太傅闭城门，人云‘将不利国家’，于事可得尔乎[13]？”宪英曰：“以吾度[14]之，太傅此举，不过以诛曹爽耳。”敞曰：“然则事就乎[15]？”宪英曰：“得无殆就[16]！爽之才，非太傅之偶[17]也。”敞曰：“然则，敞可以无出乎？”宪英曰：“安可以不出！职守，人之大义也。凡人在难，犹或恤[18]之；为人执鞭[19]而弃其事，不祥莫大焉。且为人任，为人死，亲昵之职也[20]，从众而已。”敞遂出。事定之后，敞叹曰：“吾不谋于姊，几不获于义[21]。”

先是[22]，爽辟王沈[23]及太山羊祜[24]，沈劝祜应命。祜曰：“委质事人，复何容易[25]！”沈遂行。及爽败，沈以故吏免，乃谓祜曰：“吾不忘卿前语。”祜曰：“此非始虑所及[26]也！”

爽从弟文叔妻夏侯令女[27]，早寡而无子，其父文宁欲嫁之；令女刀截两耳以自誓，居常依爽。爽诛，其家上书绝昏[28]，强迎以归，复将嫁之；令女窃[29]入寝室，引刀自断其鼻，其家惊惋[30]，谓之曰：“人生世间，如轻尘栖弱草耳，何至自苦乃尔！且夫家夷灭已尽，守此欲谁为哉！”令女曰：“吾闻仁者不以盛衰改节，义者不以存亡易心。曹氏前盛之时，尚欲保终[31]，况今衰亡，何忍弃之！此禽兽之行，吾岂为乎！”司马懿闻而贤之，听使乞子字养[32]为曹氏后。

【注释】

[1]司马：官名，掌管军中司法的官员。鲁芝：字世英，扶风郡郿县（今陕西眉县）人，魏晋时期名臣。[2]留在府：指留守大将军府。[3]将：率领。斫（zhuó）：砍。津门：洛阳城有十二门，南面西头第一门称津门，又名津阳门、建城门。[4]将出：指曹爽离开军队回家。[5]主簿：官名，大将军属下掌管文书的官员。杨综：安定人，字初伯，曹爽的参谋，有人告其谋反，司马懿赦免了他，后官至安东参军。[6]东市：即刑场。汉代在长安东市处决死刑犯，后来泛称刑场为“东市”。[7]宥（yòu）：宽容，饶恕。[8]顷之：不久。顷，短时间。[9]御史中丞：官名，为御史大夫的次官，具有外督部刺史、内领侍御史、受公卿章奏、纠察百官的职能。[10]尚书郎：官名，负责在皇帝左右处理政务。[11]参军：即参军事，参谋军务之称，此指大将军属下的参谋人员。辛敞：字泰雍，陇西人，卫尉辛毗之子，三国时期曹魏官员。[12]太常：掌管宗庙礼仪祭祀之事，为九卿之一。羊耽（dān）：泰山南城（今山东新泰市）人，三国时期曹魏官员，曾任泰山太守，官至太常。[13]可得尔乎：能够这样办事吗？换言之，即怎么可以是这样呢？[14]度（duó）：忖度，推测。[15]事就乎：事情能够成功吗？就，成功。[16]得无殆（dài）就：意即看来是可以成功的。得无，表示反问或推测，意为莫不是、该不会、怎能不。殆，表推测，相当于大概、几乎。羊耽之妻宪英对此事不太说得准，只是说了个大概的意思，但含有肯定的成分。[17]非太傅之偶：意即不是司马懿的对手。偶，匹对，对手。[18]犹或：尚且，还。恤（xù）：救济，援助，伸出援手。[19]为人执鞭：意即替人家办事。执鞭，驾马，赶车。[20]为人任，为人死，亲昵（nì）之职也：意即受人信任，随之同死，那是他们亲信的义务，你不必如此。此典出《左传》：“君为社稷死，则死之；为社稷亡，则亡之。若为己死，而为己亡，非其私昵，谁敢任之？”亲昵，亲近，亲信。按：宪英的话略有矛盾，既说“安可以不出”，又说如非亲昵，只是“从众而已”，可以不出，令人无所适从。其弟听从了姐姐的前半句话，故出之。[21]几不获于义：差点儿使自己的行为不符于道义。[22]先是：原先，原来。[23]辟：征召而授予官职，这里含有任为僚属的意思。王沈：字处道，号文籍先生，曹魏大臣。事见《三国志》卷四、卷二十七。[24]太山：即泰山，古郡名，郡治奉高县（今山东泰安市岱岳区范镇）。羊祜（hù）：字叔子，泰山南城（今山东新泰市）人。魏晋时期著名战略家、政治家，是西晋开国元勋，曾定策灭吴，官至中军将军、散骑常侍、车骑将军。传见《晋书》卷三十四。[25]委质事人，复何容易：委身于权贵，担当僚属，要想再回头，谈何容易，需要三思而行啊！委质，委身于

人，表示归附。复，反转回来。［26］非始虑所及：不是当初所能料想到的。［27］文叔：即曹文叔，沛国谯（今安徽亳州市）人，早死。妻（qì）：娶女子为妻，用作动词。夏侯令女：复姓夏侯，字令女，名不详。夏侯文宁之女，非夏侯令之女。［28］绝昏：断绝婚姻关系。昏，通“婚”。［29］窃：暗中，悄悄地，用作副词。［30］惊惋：惊讶，叹惜。［31］保终：依之终老，不易其心。［32］乞子字养：向别人要个小孩子予以抚养。乞，向人讨要，此指领养。字养，抚养，养育。

何晏等方用事，自以为一时才杰，人莫能及。晏尝为名士品目[1]曰：“唯深也，故能通天下之志[2]，夏侯泰初[3]是也。唯几也，故能成天下之务[4]，司马子元[5]是也。唯神也，不疾而速，不行而至，吾闻其语，未见其人。”盖欲以神况诸己[6]也。

选部郎刘陶[7]，晔之子也，少有口辩，邓飏之徒称之[8]，以为伊、吕。陶尝谓傅玄[9]曰：“仲尼不圣[10]。何以知之？智者于群愚，如弄一丸于掌中；而不能得天下，何以为圣！”玄不复难[11]，但语之曰：“天下之变无常也，今见卿穷[12]。”及曹爽败，陶退居里舍，乃谢其言之过[13]。

管辂之舅谓辂曰：“尔前何以知何、邓之败？”辂曰：“邓之行步，筋不束骨[14]，脉不制肉[15]，起立倾倚[16]，若无手足，此为‘鬼躁[17]’。何之视候[18]，则魂不守宅[19]，血不华色[20]，精爽烟浮[21]，容若槁木[22]，此为‘鬼幽[23]’。二者皆非遐福[24]之象也。”

何晏性自喜[25]，粉白不去[26]手，行步顾影[27]。尤好老、庄[28]之书，与夏侯玄、荀粲[29]及山阳王弼[30]之徒，竞为清谈[31]，祖尚虚无[32]，谓《六经》为圣人糟粕[33]。由是天下士大夫争慕效[34]之，遂成风流[35]，不可复制[36]焉。粲，彧之子也。

（以上为第四段，写太傅司马懿利用魏帝曹芳离开洛阳去祭扫明帝坟墓高平陵、大将军曹爽等人均从行的机会，奏请郭太后，关闭城门，废掉曹爽兄弟。后以谋反罪杀掉曹爽及其党羽，灭其三族。）

【注释】

［1］品目：品评。［2］“唯深也”二句：意即只有深下功夫，才能了解天下大势。语出

《易·大传》。通，精通，通识。天下之志，犹言天下之势。［3］夏侯泰初：即夏侯玄，字泰初，沛国谯县（今安徽亳州市）人，曹魏玄学家、官员。少有名望，仪表出众，曾为征西将军、大鸿胪、太常，被司马师所杀，夷灭三族。传见《三国志》卷九。［4］唯几也，故能成天下之务：由于见机而行，才完成了天下大业。语出《易·大传》。几，微，苗头。务，事业。［5］司马子元：即司马师，字子元，司马懿长子，三国时期曹魏权臣。［6］以神况诸己：以神比喻自己。况，比喻。诸，“之于”合音词。［7］选部郎：尚书吏部郎的别称，主管考选官员。刘陶：曹魏著名谋士刘晔之子，初为选部郎，后出为平原（今山东平原县）太守，不久被斩。为人善论纵横，好为大言，故致杀身。［8］称之：称赞他。［9］傅玄：字休奕，魏晋时期名臣。曾任太仆，转司隶校尉，魏末为著作郎，撰集《魏书》，著《傅子》，晋初官至御史中丞。谥号“刚”，后追封清泉侯。传见《晋书》卷四十七。［10］仲尼不圣：孔子算不上是圣人。仲尼，孔子的字。［11］难（nàn）：责难，责问。［12］今见卿穷：意即很快就会见到你的狼狈相了。今，即将，假设副词。穷，窘迫，穷困潦倒。［13］谢其言之过：认识到以前说过的话是多么的错误。谢，认错，道歉。过，过失，错误。［14］筋不束骨：意谓经络松弛，约束不住骨骼。筋，指附在肌腱或骨头上的韧带。束，约束，控制。［15］脉不制肉：脉络稀松，不能牵制肌肉。脉，脉络。制，牵动，牵制。［16］倾倚：倾斜，歪斜。［17］鬼躁：筋骨轻浮软弱，指人将死前的形体所表现的一种病态。躁，浮躁，躁动。［18］视候：看望，问安。［19］魂不守宅：即魂不守舍，灵魂离开了躯壳，形容精神恍惚、心神不定。［20］血不华色：意即颜色枯槁，浑身上下没有一点血色。华，用作动词，滋润、渗透的意思。［21］精爽烟浮：意谓精气上飘，如烟升腾，萎靡不振。爽，爽失，失去。［22］槁木：枯槁的树干。槁（gǎo），草木枯干。［23］鬼幽：三魂悠悠，七魂荡荡，形容人将死前形体所表现的一种病态。［24］遐福：长久之福。遐（xiá），远。［25］自喜：犹言“自爱”，喜欢梳妆打扮。［26］粉白：即扑粉，白粉，化妆用品。去：离。［27］行步顾影：意即走起路来顾影自怜，自我欣赏。［28］老、庄：即老子、庄子。［29］荀粲：字奉倩，颍川颍阴县人，曹操首席谋士荀彧之子，曹魏著名玄学家，所交皆一时俊杰，善谈玄理，名噪一时。［30］王弼：字辅嗣，山阳郡（今河南焦作市）人，经学家、哲学家，曾任尚书郎，开后世玄学之风。魏晋玄学的主要代表人物及创始人之一。［31］竞：竞相，争相。清谈：清雅的谈论，指在魏晋时，承袭东汉清议风气，就一些玄学问题析理问难，反复辩论的文化现象。［32］祖尚：效法，崇尚。虚无：谓清静无欲，无所爱恶。《吕氏春秋·知度》曰：“去爱恶之心，用虚无为本。”［33］糟粕（pò）：本为造酒剩下的渣滓，代指废弃无用的东西。［34］慕效：仰慕，效法。［35］风流：风行，流传，即成为一种时尚。［36］不可复制：犹言“不可复止”，不能制止，任其流传。

丙午[1]，大赦。

丁未[2]，以太傅懿为丞相，加九锡[3]。懿固辞不受。

初，右将军[4]夏侯霸为曹爽所厚，以其父渊[5]死于蜀，常切齿有报仇之志，为讨蜀护军，屯于陇西[6]，统属征西[7]。征西将军夏侯玄，霸之从子，爽之外弟也。爽既诛，司马懿召玄诣京师，以雍州[8]刺史郭淮代之。霸素与淮不叶[9]，以为祸必相及，大惧，遂奔汉。汉主谓曰："卿父自遇害于行间[10]耳，非我先人之手刃也。"遇之甚厚。姜维问于霸曰："司马懿既得彼政，当复有征伐之志不？"霸曰："彼方营立家门[11]，未遑[12]外事。有钟士季[13]者，其人虽少，若管朝政，吴、蜀之忧也。"士季者，钟繇之子尚书郎会也。

三月，吴左大司马朱然卒。然长不盈七尺，气候分明[14]，内行修洁[15]，终日钦钦[16]，若在战场[17]，临急胆定[18]，过绝于人[19]。虽世无事，每朝夕严鼓[20]，兵在营者，咸行装就队[21]。以此玩敌[22]，使不知所备，故出辄有功。然寝疾增笃[23]，吴主昼为减膳，夜为不寐，中使医药口食[24]之物，相望于道。然每遣使表[25]疾病消息，吴主辄召见，口自问讯，入赐酒食，出赐布帛。及卒，吴主为之哀恸[26]。

【注释】

[1]丙午：正月十八日。 [2]丁未：正月十九日。 [3]九锡：即赐给车马、衣服、乐悬、朱户、纳陛、虎贲、斧钺、弓矢、秬鬯，是中国古代皇帝赐给诸侯、大臣有殊勋者的九种礼器，是最高礼遇的表示。锡，通"赐"。按：权臣觊觎帝位，往往先受九锡。在魏晋南北朝时期，政权多次更迭，权臣得赐九锡之事屡屡出现，本书以下不再注。 [4]右将军：将军名号之一，常见有左、右、前、后、中五种。官名，非常置之官位，职务或典京师兵卫，或屯兵边境，或受命出征。[5]渊：即夏侯渊，字妙才，东汉末年名将，擅长千里奔袭作战，官至征西将军，在定军山被刘备部将黄忠所袭，战死，谥曰"愍侯"。 [6]陇西：郡名，郡治襄武，在今甘肃陇西县。 [7]统属征西：受征西将军统领。 [8]雍州：古州名，州治姑臧，在今甘肃武威市。 [9]不叶：不和。叶（xié），同"协"，协调，相合。 [10]遇害于行间：即死于两军交战之中。行间，行伍之间，指军中。 [11]营立家门：建立与巩固司马氏家族的权势。 [12]未遑：无暇顾及。遑（huáng），空闲，闲暇。 [13]钟士季：即钟会，字士季，曹魏名臣钟繇次子，曹魏军事家。力挺司马昭伐蜀计划，主持伐蜀事宜，与邓艾分兵灭蜀。传见《三国志》卷二十八。 [14]气候分明：指容光焕发，精神十足。 [15]修洁：高尚，纯洁。 [16]钦钦：谨慎戒惧的样子。 [17]若在战场：平日里，好像就在战场上一样，保持高度警惕。若，章校，甲六行本"若"上有"常"字，乙十一行本同。 [18]临急胆定：即面临紧急军情，镇定自若，毫不慌张。 [19]过绝于人：即胆识过

人。过绝，超过，超越。［20］严鼓：指击戒严鼓。［21］行装就队：指盔甲整齐，站好队列。［22］玩敌：指迷惑敌人。［23］寝疾增笃：指卧病在床，日益严重。笃（dǔ），甚，深，形容病势沉重。［24］口食：食物。［25］表：上表，上奏。［26］哀恸（tòng）：指极为悲痛，悲哀到了极点。

夏，四月乙丑[1]，改元[2]。

曹爽之在伊南[3]也，昌陵景侯[4]蒋济与之书，言太傅之旨，不过免官[5]而已。爽诛，济进封都乡侯[6]，上疏固辞，不许。济病其言之失[7]，遂发病，丙子[8]，卒。

秋，汉卫将军姜维寇[9]雍州，依麴山[10]筑二城，使牙门将句安、李歆[11]等守之，聚羌胡质任[12]，侵逼诸郡。征西将军郭淮与雍州刺史陈泰御之。泰曰："麴城虽固，去蜀险远，当须运粮；羌夷患维劳役，必未肯附。今围而取之，可不血刃[13]而拔其城；虽其有救，山道阻险，非行兵之地也。"淮乃使泰率讨蜀护军徐质[14]、南安太守邓艾[15]进兵围麴城，断其运道及城外流水。安等挑战，不许，将士困窘，分粮聚雪以引日月[16]。维引兵救之，出自牛头山[17]，与泰相对。泰曰："兵法贵在不战而屈人[18]。今绝牛头[19]，维无反道[20]，则我之禽[21]也。"敕诸军各坚垒[22]，勿与战，遣使白[23]淮，使淮趣[24]牛头截其还路。淮从之，进军洮水[25]。维惧，遁走[26]，安等孤绝，遂降。淮因西击诸羌。

邓艾曰："贼去未远，或[27]能复还，宜分诸军以备不虞[28]。"于是，留艾屯白水[29]北。三日，维遣其将廖化[30]自白水南向艾结营[31]。艾谓诸将曰："维今卒还[32]，吾军人少，法当来渡[33]；而不作桥，此维使化持吾[34]，令不得还，维必自东袭取洮城[35]。"洮城在水北，去艾屯六十里，艾即夜潜军径到[36]。维果来渡，而艾先至据城，得以不败，汉军遂还。

【注释】

［1］四月乙丑：四月八日。［2］改元：曹爽被诛后，魏主曹芳改元为"嘉平"。［3］伊南：伊水之南，即洛水之南大石山之高平陵。［4］昌陵景侯：蒋济被封为昌陵亭侯，谥号为"景"。［5］不过免官：指对曹爽的处置仅仅是罢官。不过，副词，只，仅仅。［6］都乡侯：二等侯爵，

在列侯之下，关内侯之上，原封昌陵亭侯，为三等侯爵。［7］病其言之失：即以其言之失为病，指误听司马懿信誓旦旦的保证，骗曹爽交出兵权。［8］丙子：四月十九日。［9］寇：入寇，侵扰，用作动词。［10］麴（qū）山：山名，在今甘肃临洮县东，为军事要地。后文“麴城”，即建在麴山之城。［11］牙门将：官名，起源于古代的一种防御工事“牙门”，负责在牙门里统领士兵指挥作战的将领被称为“牙门将”，后来演变成类似于主将帐下的偏将、副将，主管营门守卫。句安、李歆（xīn）：蜀汉后期将领，均在蜀任牙门将，跟随大将军姜维攻打魏国，分守麴山东城、西城，遭遇郭淮和陈泰围困，投降魏国。李歆，《三国志·后主传》作“李韶”。［12］聚羌胡质任：聚集羌胡人质策动羌胡人参与作战。质任，指人质和任子。按：姜维本羌人，故能策动羌胡人支持蜀军与魏人作战。［13］不血刃：不动一刀一枪。［14］徐质：曹魏将领，多次随魏雍州刺史陈泰出征，斩蜀将张嶷，拒蜀大将姜维。在襄武死于姜维之手。［15］南安：郡名，属凉州，郡治獂道县，在今甘肃陇西县西南。邓艾：字士载，曹魏杰出军事家、将领。曾任征西将军，与蜀将姜维多次对峙。在伐蜀争战中，率兵偷渡阴平，攻灭蜀汉，遭钟会污蔑、陷害，被杀害。后平反昭雪。传见《三国志》卷二十八。［16］分粮聚雪：将粮食分到人头，聚集雪水。引日月：勉强度日。引，延，拖延。［17］牛头山：约在甘肃岷县南，以形名山，西起端弓山，向东绵延到响鸣山。［18］不战而屈人：不动刀枪，而使对方屈服。《孙子兵法》曰：“不战而屈人之兵，善之善者也。”［19］绝牛头：指断绝牛头山蜀军的退路。［20］反道：返回的道路。反，通“返”。［21］禽：通“擒”，擒获，捉拿。［22］敕（chì）：令，诫。坚垒：坚守营垒。［23］白：禀告，报告。［24］趣：同“趋”，奔赴。［25］洮水：黄河支流，在甘肃西倾山东麓刘家峡附近入黄河。［26］遁走：逃走。遁，逃遁，逃跑。［27］或：或许，假设副词。［28］不虞：指出乎意料的事情。虞，预料。［29］白水：河水名，即白龙江，出陇西临洮县西南西倾山，东南流，入四川境内。［30］廖化，本名淳，字元俭，蜀汉将领。曾任右车骑将军、并州刺史，以果敢刚直著称。传见《三国志》卷四十五。［31］向艾结营：即面向邓艾的军队扎下营寨。［32］卒还：突然回军。卒（cù），通“猝”，突然。［33］法当来渡：意即按照常规，应当是渡河过来攻打。法，常法，常规。［34］持吾：拖住我们。持，僵持，引申为拖住。［35］洮（táo）城：地名，在今甘肃临洮县。［36］径到：直接来到。

兖州刺史令狐愚[1]，司空王凌之甥也，屯于平阿[2]，甥舅并典[3]重兵，专淮南之任[4]。凌与愚阴谋，以帝暗弱[5]，制于强臣[6]，闻楚王彪[7]有智勇，欲共立之，迎都许昌。九月，愚遣其将张式至白马[8]，与彪相闻[9]。凌又遣舍人劳精[10]诣洛阳，语其子广[11]。广曰：“凡举大事，应本人情。曹爽以骄奢失民，何平叔虚华不治[12]，丁、毕、桓、邓虽并有宿望[13]，皆专竞[14]于世。加变易朝典[15]，政令数改，所存虽高而事不下接[16]，民习于旧，众莫之从，故虽势倾四海，声震天下，同日斩戮，名士减半，而百姓安之。莫之或哀[17]，失民故也。今司马懿情虽难量[18]，事未有逆，而擢用[19]贤能，广树胜己[20]，修先朝之政令，副众心之所求[21]。爽之所以为恶者，彼莫不必改[22]，夙夜匪懈[23]，以恤民[24]为先，父子兄弟，并握兵要[25]，未易亡也。”凌不从。

冬，十一月，令狐愚复遣张式诣楚王，未还，会愚病卒。

十二月辛卯[26]，即拜王凌为太尉。庚子[27]，以司隶校尉孙礼为司空。

光禄大夫[28]徐邈卒。邈以清节[29]著名，卢钦[30]尝著书称邈曰：“徐公志高行洁，才博气猛[31]，其施之也，高而不狷[32]，洁而不介[33]，博而守约[34]，猛而能宽[35]。圣人以清为难，而徐公之所易也。”或问钦：“徐公当武帝[36]之时，人以为通[37]；自为凉州刺史，及还京师，人以为介，何也？”钦答曰：“往者，毛孝先、崔季珪用事[38]，贵清素[39]之士，于时皆变易车服[40]以求名高，而徐公不改其常，故人以为通。比来天下奢靡，转相仿效，而徐公雅尚自若[41]，不与俗同，故前日之通，乃今日之介也。是世人之无常而徐公之有常也。”钦，毓[42]之子也。

（以上为第五段，写魏国任命司马懿为丞相，从此进入司马懿专权时期；右将军夏侯霸曾受到曹爽厚遇，害怕受到牵连，投奔蜀国；蜀国卫将军姜维进犯魏国雍州，而魏国实施有效防卫，姜维无功而返。）

【注释】

［1］兖州：政区州名。曹魏时，辖八个郡国，初治昌邑，后移治廪丘（今山东郓城县东）。令狐愚：复姓令狐，名愚，字公治，太原人，曹魏将领，曾任曹爽府长史、兖州刺史。后与王凌一起密谋废除曹芳，立楚王曹彪，事未行而病卒。事见《三国志》卷二十八。［2］屯：驻扎，驻守。平阿：古县名，今安徽怀远县西南有平阿山。［3］典：掌管，主持。［4］专淮南之任：意即独当淮南地区与吴国的战事。淮南，指今安徽淮河以南、长江以北地区。［5］暗弱：愚昧，懦弱。［6］强臣：即权臣，指司马懿，发动高平陵政变后，权倾朝野。［7］楚王彪：即曹彪，字朱虎，曹操之子。封地屡变。魏明帝曹叡即位，徙封地至白马，后改封楚王。因与王凌密谋废帝事败，被赐死。传见《三国志》卷二十。［8］张式：曹魏令狐愚手下部将。白马：古县名，在今河南滑县东。《开山图》曰：“山下常有白马，群行山上，悲鸣则河决，驰走则山崩。”［9］相闻：互通消息。［10］舍人：官名，朝廷大臣的属官。劳精：王凌手下舍人，曾参与王凌谋立楚王曹彪活

动。[11]广：即王广，王凌之子，曾劝父不要谋反，其父没有接受儿子的谏言，结果计谋泄而被害。[12]何平叔：即何晏，字平叔。虚华不治：浮而不实，只有表面功夫，而没有治国才能。[13]并有宿望：都有长期积累起来的威望。[14]专竞：专门竞相追逐名利。[15]变易：改变，更易。朝典：朝廷的典章制度，即治国的大政方略。[16]所存：指主观愿望。事不下接：即上下脱节，想法固然很好，但脱离实际，脱离群众，不能贯彻实施下去。[17]莫之或哀：意即没有人为他们的死感到悲哀。或，用作虚词，无义。[18]难量：难以猜测，不知道司马懿闷葫芦里卖的什么药。量，估量，猜测。[19]擢用：提拔，重用。擢（zhuó），大力提拔。[20]广树胜己：大力培养比自己能力更强的官员。胜己，胜于自己，指能力更强的人。[21]副众心之所求：符合民众的心愿，知道民众心之所想。副，通“符”，符合。[22]莫不必改：指曹爽所推行的弊政，全部更改。莫不，无不，没有不。必，通“毕”，全部，都。[23]夙夜匪懈：意即非常勤政，从早到晚，从不懈怠。夙（sù），早。匪，通“非”。[24]恤民：安抚民众。恤（xù），体恤，抚慰。[25]兵要：犹兵权。[26]十二月辛卯：十二月九日。[27]庚子：十二月十八日。[28]光禄大夫：掌顾问应对，隶属于光禄勋。[29]清节：清廉而有节操。[30]卢钦：字子若，魏晋时期大臣、将领，历任要职，选拔贤才，官至吏部尚书、侍中、奉车都尉。传见《晋书》卷四十四。[31]才博气猛：博学多才，气宇轩昂。[32]高而不狷：有高节而不偏激，不癫狂。狷（juàn），胸襟狭窄，性情急躁。[33]洁而不介：廉洁而不固执。介，耿介，孤傲。[34]博而守约：见闻广博而行事谨慎。守约，遵守规则。[35]猛而能宽：即宽猛相济，既严厉，又宽容。宽，宽容。猛，严厉，猛烈。[36]武帝：此指魏武帝曹操，谥号武皇帝。[37]通：通达，洒脱。[38]毛孝先：即毛玠，字孝先，东汉末年大臣，任尚书仆射，主持选拔人才。崔季珪：即崔琰，字季珪，东汉末年名士，很有名望，曹操以为魏国尚书，迁中尉，后被杀。二人传见《三国志》卷十二。[39]清素：清正，质朴。[40]变易车服：指故意乘旧车，穿破衣，以博得俭朴的好名声。[41]雅尚自若：清雅高尚，还像往常一样。[42]毓：即卢毓，字子家，曹魏大臣，先后侍奉了曹魏五位君主，负责人才的评价和举荐，曾向曹叡建议制定考课法。官至司空。传见《三国志》卷十二。

二年（庚午，250年）

夏，五月，以征西将军郭淮为车骑将军。

初，会稽[1]潘夫人[2]有宠于吴主，生少子亮[3]，吴主爱之。全公主[4]既与太子和[5]有隙[6]，欲豫自结[7]，数称亮美，以其夫之兄子尚[8]女妻之。吴主以鲁王霸[9]结朋党以害其兄，心亦恶之，谓侍中孙峻[10]曰：“子弟不睦，臣下分部[11]，将有袁氏之败[12]，为天下笑。若使一人立者[13]，安得不乱乎！”遂有废和立亮之意，然犹沈吟[14]者历年。峻，静之曾孙[15]也。

秋，吴主遂幽[16]太子和。骠骑将军朱据[17]谏曰："太子，国之本根。加以雅性[18]仁孝，天下归心。昔晋献[19]用骊姬[20]而申生[21]不存，汉武[22]信江充[23]而戾太子[24]冤死，臣窃惧太子不堪其忧[25]，虽立思子之宫[26]，无所复及矣！"吴主不听。据与尚书仆射屈晃[27]率诸将吏泥头自缚[28]，连日诣阙请和[29]；吴主登白爵观[30]，见，甚恶之，敕据、晃等"无事匆匆"[31]。无难督陈正[32]、五营督陈象[33]各上书切谏，据、晃亦固谏不已，吴主大怒，族诛正、象。牵据、晃入殿，据、晃犹口谏，叩头流血，辞气不挠。吴主杖之各一百，左迁据为新都郡丞[34]，晃斥归田里，群司[35]坐谏诛放者以十数。遂废太子和为庶人[36]，徙故鄣[37]，赐鲁王霸死。杀杨竺[38]，流其尸于江，又诛全寄[39]、吴安[40]、孙奇[41]，皆以其党霸谮和[42]故也。初，杨竺少获声名，而陆逊谓之终败，劝竺兄穆[43]令与之别族。及竺败，穆以数谏戒竺得免死。朱据未至官，中书令孙弘[44]以诏书追赐死。

【注释】

[1]会稽：郡名，位于长江下游江南一带。郡治山阴，在今浙江绍兴市。 [2]潘夫人：即潘淑，孙权的皇后，吴少帝孙亮的母亲。相传潘淑美若天仙，故有"江东绝色""神女"之称。[3]亮：即孙亮，字子明，孙吴第二位皇帝，公元252年至公元258年在位。 [4]全公主：即孙鲁班，字大虎，孙权长女，先后下嫁功臣周瑜之子周循和名将全琮，故称"全公主"。传见《三国志》卷五十。 [5]太子和：即孙和，字子孝，孙权第三子，吴末帝孙皓的生父。曾被立为太子，在南鲁党争中被鲁王孙霸和全公主诬陷而失势，太子之位被废黜，改封南阳王。后被赐死。孙皓追封为"文皇帝"。传见《三国志》五十九。 [6]有隙：有矛盾。隙，缝隙，隔阂。 [7]欲豫自结：想要及早投靠孙亮。豫，通"预"，预先。自结，主动攀附、结交。 [8]尚：即全尚，全公主丈夫全琮的侄儿，字子真，东吴孙亮国丈，封永平侯。他得知儿子全纪受孙亮之命将要诛杀孙綝后，把此事告知妻子，不料妻子密告孙綝，因而连坐遭处死。事见《三国志》卷四十八。 [9]鲁王霸：即孙霸，字子威，孙权第四子，受封为鲁王。有盛宠，与太子孙和不相上下，后来渐生夺储之心，于是结交大臣，陷害太子及其支持者，造成朝野动乱。史称"二宫之争"。终因图谋危害太子而被赐死。传见《三国志》卷五十九。 [10]孙峻：字子远，孙坚之弟孙静曾孙，孙权族孙，权臣，官至丞相、大将军。曾诛杀诸葛恪，专擅朝政。传见《三国志》卷六十四。 [11]分部：分成各个派系。 [12]袁氏之败：指袁绍死后，其子袁尚、袁谭分立，互相攻斗，两败俱伤，结果被

曹操分别消灭之事。［13］若使一人立者：即将孙和、孙霸二人相斗中的一人即位，其中另一方的支持者不依不饶，引起大乱。孙权的这种做法是非不分，不可取。孙和为太子，孙霸争位，其错在孙霸，而非孙和，拥立孙和，有何不可？只因起了立孙亮之心，故而疏斥孙和。历史发展的事实证明，这种做法是完全错误的。［14］沈吟：犹豫不决的样子。［15］静：即孙静，字幼台，东汉末年长沙太守孙坚之弟，孙策、孙权之叔，官至昭义中郎将。曾孙：指儿子的孙子，或孙子的儿子，也就是三世孙。［16］幽：幽囚，软禁，限制自由活动。［17］朱据：字子范，吴郡吴县（今江苏苏州市）人，孙吴重要官员及将领，官至骠骑将军、丞相，后因拥护太子孙和，被贬，赐死。传见《三国志》卷五十七。［18］雅性：秉性，生性。［19］晋献：即春秋时晋献公，晋国君主，在位二十六年。奉行尊王政策，提高声望，攻灭骊戎、耿、霍、魏等国，击败狄戎，消灭强敌虞、虢，史称其“并国十七，服国三十八”。但因废长立幼，立骊姬所生幼子为储，导致死后发生五世之乱。［20］骊姬：又作丽姬，骊戎国君之女，晋献公妃子，晋君奚齐生母。以美色获得晋献公专宠，使计离间挑拨晋献公与儿子申生、重耳、夷吾的感情，迫使嫡子申生自杀，重耳、夷吾逃亡，改立自己所生之子奚齐为太子，史称“骊姬之乱”。［21］申生：晋献公嫡子，在骊姬的多次阴谋陷害下，最终在新城曲沃自缢而死。［22］汉武：即汉武帝。［23］江充：本名齐，字次倩，汉武帝宠臣，曾任绣衣使者、水衡都尉，一时权倾朝野，与太子刘据有仇隙，遂陷害太子，在太子宫掘蛊，掘出人偶。太子刘据恐惧，发兵诛杀江充，太子亦被废杀，史称巫蛊之祸。事见《汉书》卷四十五。［24］戾太子：即刘据。在巫蛊之祸中被江充、韩说等人诬陷，因不能自明而起兵反抗，兵败自杀。［25］不堪其忧：不能忍受冤屈，自杀而死。［26］思子之宫：汉武帝受江充挑拨，逼死太子，后来悔悟，遂在宫中立思子台，称为“归来望思之台”，从上面眺望戾太子的坟墓。［27］尚书仆射：尚书令的副手，主管文书诸事。仆射，古代重武，主射者掌事，故诸官之长称“仆射”。仆，主管的意思。屈晃：初为郡吏，在职清廉，颇有政声，后提拔为尚书仆射。［28］泥头自缚：把泥涂在头上，自捆双手，表示谏争到底的决心。［29］诣阙请和：到皇宫去请求宽恕太子孙和。诣，到，至。阙，宫殿。和，指孙和。［30］白爵观：建于建业宫内的台观。［31］敕（chì）：下令。无事匆匆：意即不要做这种“瞎起哄”的添乱的事情。匆匆，急急慌慌的样子。［32］无难督：又称无难监，吴官名。吴国设有无难营，以无难督统率营兵。陈正：孙权末年，任无难督。时孙权欲废太子孙和，上书谏止，遭族诛。［33］五营督：吴官名，统五营营兵，负责侍卫皇帝。陈象：孙权末年，为五营督。时孙权欲废太子孙和，象与无难督陈正上书谏止，遭族诛。［34］左迁：贬官的意思。新都：郡名，郡治始新，在浙江淳安县西北。郡丞：郡太守的属官。［35］群司：各部门的官员。［36］庶人：泛指无官爵的平民、百姓。［37］故鄣：吴县名，县治在今浙江安吉县西北。［38］杨竺（zhú）：孙吴官员，因卷入“二宫之争”，认为孙霸有文武英姿，适合作为太子。因泄露机密，被孙权赐死。［39］全寄：全琮次子。暗中为孙霸宾客，图危太子孙和，后坐罪赐死。［40］吴安：孙权舅吴景之孙，为鲁王孙霸支党，图危太子孙和，被以“党霸构和罪”处死。［41］孙奇：字仲容，孙辅之孙，东吴宗室，曾为散骑侍郎、武卫都尉，为鲁王孙霸党羽，被赐死。［42］党霸：与孙霸勾结，结成死党。谮和：馋毁太子，说太子的坏话。谮（zèn），诬陷，中伤。［43］穆：即杨穆，杨竺之兄。与之别族：与杨竺断绝关系，成为两个不相干的家族。［44］孙弘：孙吴大臣，官至中书令、少傅。曾依附孙霸，孙权病笃，而太子孙亮年少，弘领少傅。孙权临终，与诸葛恪同为顾命大臣，被诸葛恪所杀。

冬，十月，庐江太守谯郡文钦[1]伪叛，以诱吴偏将军朱异[2]，欲使异自将兵迎己。异知其诈，表吴主，以为钦不可迎。吴主曰："方今北土未一，钦欲归命[3]，宜且迎之。若嫌其有谲[4]者，但当设计网以罗之，盛重兵以防之耳。"乃遣偏将军吕据[5]督二万人，与异并力至北界，钦果不降。异，桓[6]之子；据，范[7]之子也。

十一月，大利景[8]侯孙礼卒。

吴主立子亮为太子。

吴主遣军十万作堂邑、涂塘[9]，以淹北道[10]。

十二月甲辰[11]，东海定王霖[12]卒。

征南将军王昶[13]上言："孙权流放良臣[14]，适庶分争[15]，可乘衅[16]击吴。"朝廷从之，遣新城太守南阳州泰[17]袭巫、秭归[18]，荆州刺史王基向夷陵[19]，昶向江陵[20]。引竹絙[21]为桥，渡水击之，吴大将施绩[22]，夜遁入江陵。昶欲引致平地与战，乃先遣五军案大道发还[23]，使吴望见而喜；又以所获铠马甲首环城[24]以怒之，设伏兵以待之。绩果来追，昶与战，大破之，斩其将钟离茂、许旻[25]。

汉姜维复寇西平[26]，不克。

（以上为第六段，写吴国鲁王孙霸通过结交朋党来陷害兄长、太子孙和，吴主孙权大怒，便废掉太子，赐鲁王死，从重处理参与其中的党羽、干将，而立其幼子孙亮为太子，吴国的根基动摇矣！）

【注释】

［1］庐江：郡名，吴时郡治六安，在今安徽六安市北。谯郡：据章校补。文钦：字仲若，曹魏将领。仕魏时官至前将军、扬州刺史。后与毌丘俭等起兵勤王，讨伐专权的司马师，兵败后投奔吴国，吴国授任为镇北大将军、幽州牧。传见《三国志》卷二十八。［2］偏将军：为将军的辅佐，犹"副将军"。朱异：字季文，吴国将领，官至镇南将军、假节、大都督。传见《三国志》卷五十六。［3］归命：投降。［4］嫌：犹言"疑"，怀疑。有谲（jué）：有欺诈行为。［5］吕据：

字世议，孙吴将领，曾任偏将军、骠骑将军，兼管西宫事务。传见《三国志》卷五十六。［6］桓：即朱桓，字休穆，孙吴名将，官至前将军、青州牧。传见《三国志》卷五十六。［7］范：即吕范，字子衡，孙吴重臣。累官至前将军、假节、扬州牧。传见《三国志》卷五十六。［8］大利：地名，即大利亭，位于河北容城县西北。孙礼生前封为大利亭侯。景：魏国重臣孙礼的谥号。［9］作堂邑、涂塘：在堂邑、涂塘一带筑坝蓄水。作，修建，修筑。堂邑、涂塘，均为古地名。堂邑，在今江苏南京市六合区。涂塘，即滁塘，在今江苏南京市六合区西北。涂，通“滁”。《舆地纪胜》卷三十八曰：“（滁塘）群山回环，东南相望，底若大陆，如壶之口，丸泥可封，是滁塘堰之形势。其曰作滁塘，是塞滁水以为塘堰也。”［10］淹北道：淹没北方通往建业的道路。杜佑曰：“淹北道以绝魏兵之窥建业。吴主老矣，良将多死，为自保之规摹而已。”［11］十二月甲辰：十二月二十七日。［12］东海定王霖：指魏文帝子东海王曹霖，“定”为谥号。传见《三国志》卷二十。东海，郡名，郡治郯县（今山东郯城县）。［13］征南将军：官名，“四征将军”之一，魏国的高级将军，镇守魏国南方。王昶（chǎng）：字文舒，曹魏将领，司马懿掌权后，深得器重，奏请伐吴，在江陵取得重大胜利，升任征南大将军、开府仪同三司，后迁骠骑大将军。传见《三国志》卷二十七。［14］良臣：指支持太子孙和的朱据等人。［15］适庶分争：指孙霸与太子孙和争位，挤倒太子。适，通“嫡”，指孙和。庶，指孙霸。［16］乘衅：乘机。衅（xìn），缝隙，机会。［17］新城：魏郡名，郡治房陵，在今湖北房县。州泰：南阳郡（今河南南阳市）人，魏国名将。历任新城太守、兖州刺史、豫州刺史，官至征虏将军，都督江南诸军事。传见《三国志》卷二十八。［18］袭：袭击，攻打。巫、秭（zǐ）归：二县名。巫县（在今重庆市巫山县）在长江三峡巫峡附近，秭归位于湖北西部，长江西陵峡两岸，当时属蜀国。［19］王基：字伯舆，曹魏将领。官至征南将军、都督荆州诸军事。夷陵：县名，县治在今湖北宜昌市。［20］江陵：县名，为荆州郡治所，位于湖北中部偏南，在今湖北荆州市沙市区，自古为军事战略要地。［21］竹絙：用竹篾绞成的粗索。絙（gēng），大绳索。［22］施绩：字公绪，孙吴名将。因过继给朱然为子，亦称朱绩，后更名。吴国中后期大将，负责荆州军事，官至上大将军、左大司马，以胆量和勇力受人赞扬。传见《三国志》卷五十六。［23］案：通“按”。发还：即还军，向回撤退。［24］铠马甲首：分指铠甲、马匹、兵器、敌首。环城：指绕着江陵城四周，向吴人展示。［25］钟离茂、许旻：均为东吴将领。魏军攻打江陵，吴军中计，被打败，二人被杀。［26］西平：魏郡名，郡治西都，在今青海西宁市。

三年（辛未，251年）

春，正月，王基、州泰击吴兵，皆破之，降者数千口。

二月，以尚书令司马孚[1]为司空。

夏，四月甲申[2]，以王昶为征南大将军[3]。

壬辰[4]，大赦。

太尉王凌闻吴人塞涂水[5]，欲因此发兵，大严[6]诸军，表求讨贼。诏报不听[7]。凌遣将军杨弘以废立事[8]告兖州刺史黄华[9]，华、弘连名以白司马懿，懿将中军[10]乘水道讨凌，先下赦[11]，赦凌罪，又为书谕[12]凌，已而大军掩至百尺[13]。凌自知势穷，乃乘船单出迎懿，遣掾王彧[14]谢罪，送印绶、节钺[15]。懿军到丘头[16]，凌面缚水次[17]，懿承诏遣主簿[18]解其缚。

凌既蒙赦，加恃旧好，不复自疑，径乘小船欲趋懿[19]。懿使人逆止之[20]，住船淮中，相去[21]十余丈。凌知见外，乃遥谓懿曰："卿直以折简召我[22]，我当敢不至邪，而乃引军来乎！"懿曰："以卿非肯逐折简者[23]故也。"凌曰："卿负[24]我！"懿曰："我宁负卿，不负国家！"遂遣步骑六百送凌西诣京师，凌试索棺钉[25]以观懿意，懿命给之。五月甲寅[26]，凌行到项[27]，遂饮药死。

懿进至寿春[28]，张式[29]等皆自首。懿穷治其事，诸相连者悉夷三族。发凌、愚冢，剖棺暴尸于所近市三日，烧其印绶、章服[30]，亲土埋之[31]。

【注释】

[1]司马孚：字叔达，曹魏至西晋初年重臣，西晋宗室，司马懿的三弟。曾辅佐曹魏数代帝王，督军防御吴、蜀进攻。官至太宰、持节，都督中外诸军事，封为安平王。传见《晋书》卷三十七。 [2]四月甲申：四月九日。 [3]征南大将军：将军中地位较高者，以资深的征南将军升任。曹魏时夏侯尚、王昶曾任此职。 [4]壬辰：四月十七日。 [5]塞涂水：堵塞滁水，以阻止曹魏军队进攻吴国。即前文所说"作堂邑、涂水以淹北道"。涂水，位于江淮之间，古称涂水，唐代改名滁河。涂，通"滁"。 [6]严：紧急动员，整顿军队，加紧备战。 [7]诏报不听：指朝廷回复不准。不听，不听从，不予同意。 [8]杨弘：曹魏将领，为太尉王凌的心腹。废立事：指王陵谋划废掉魏帝曹芳，另立楚王曹彪为帝之事。 [9]兖州：魏州名，州治廪丘，在今山东鄄城县东。黄华：曹魏官员，官至后将军、兖州刺史。上奏王凌即将叛变之事，后被封为乡侯。[10]中军：主力大军。 [11]下赦：发布赦令。 [12]谕：告谕，此有宽慰、告诫之意。 [13]掩：遮掩，突然来到。百尺：即百尺堰，古堤坝名，在今河南沈丘县北，距寿春约四百六十里。郦道元《水经注·渠水》曰："又东南注于颍，谓之'交口'，水次有大堰，即古百尺堰也。" [14]掾（yuàn）：掾属，古代群僚的总称。王彧（yù）：王凌的部将。 [15]印绶：印信和系印的绶带。节钺（yuè）：符节与斧钺，古代授予官员或将帅，作为加重权力的标志。节，是皇帝授予外出大臣

的信物，以证明其身份。钺，是斧类兵器，曾为帝王斩杀大臣使用，象征生杀之权。［16］丘头：地名，在今河南沈丘县东南。［17］面缚水次：自己将自己捆绑起来，等候在水边。水次，水边。［18］主簿：官名，是各级主官属下掌管文书的官员。［19］径：径直，直接。趋：趋近，靠近。［20］逆止之：面对着，示意王凌停下来，不让其靠近。逆，迎，迎着。［21］相去：相距。［22］直：只，直接。折简：折半之简，上面只写几个字，表示不用多说。胡三省曰："汉制，简长二尺，短者半之。盖单执一札谓之简；折简者，折半之简，言其礼轻也。"［23］非肯逐折简者：意即不会只凭一封信就能招呼。逐，通"遂"，就，从，随。［24］负：诓骗，对不起。［25］索棺钉：要钉棺材的铁钉，表示要自杀谢罪。［26］五月甲寅：五月十日。［27］项：魏县名，县治在今河南沈丘县。［28］寿春：魏县名，县治在今安徽寿县，当时是扬州的州治所在地。［29］张式：曹魏将领，为令狐愚手下部将。［30］章服：重大典礼时使用的礼服，指王凌等人生前的官服。［31］亲土埋之：即裸葬，肌肤直接贴着土埋葬。

初，令狐愚为白衣[1]时，常有高志，众人谓愚必兴令狐氏。族父弘农太守邵[2]独以为："愚性倜傥[3]，不修德而愿大，必灭我宗。"愚闻之，心甚不平。及邵为虎贲中郎将[4]，而愚仕进已多所更历，所在有名称[5]。愚从容[6]谓邵曰："先时闻大人谓愚为不继[7]，今竟云何邪？"邵熟视而不答，私谓妻子曰："公治性度[8]，犹如故也。以吾观之，终当败灭，但不知我久当坐之不[9]邪，将逮汝曹[10]耳。"邵没[11]后十余年而愚族灭。

愚在兖州，辟山阳单固[12]为别驾[13]，与治中杨康[14]并为愚腹心。及愚卒，康应司徒辟[15]，至洛阳，露愚阴事[16]，愚由是败。懿至寿春，见单固，问曰："令狐反乎？"曰："无有。"杨康白事，事与固连，遂收捕固及家属皆系廷尉[17]，考实数十[18]，固固云[19]"无有"。懿录[20]杨康，与固对相诘[21]，固辞穷，乃骂康曰："老佣[22]！既负使君[23]，又灭我族，顾汝当活邪[24]！"康初自冀[25]封侯，后以辞颇参错[26]，亦并斩之。临刑，俱出狱，固又骂康曰："老奴！汝死自分[27]耳。若令死者有知，汝何面目以行地下乎！"

诏以扬州刺史诸葛诞为镇东将军[28]，都督[29]扬州诸军事。

【注释】

[1]白衣：白色衣服，古代平民所穿，因指平民。此指令狐愚未出仕时。[2]族父：同族的父辈。弘农：郡名，郡治弘农县，在今河南灵宝市东北，地处长安、洛阳之间的黄河南岸，为历代军事政治要地。邵：即令狐邵，字孔叔，太原人，官至弘农太守。[3]倜傥：风流，潇洒，不拘礼法。[4]虎贲中郎将：官名，皇帝的侍卫长官，为光禄勋属下。[5]所在有名称：不管做什么官，都有政绩，有官声，被人称道。名称，名声，声望。[6]从容：故作漫不经心的样子，实际上是做了充分准备。[7]不继：犹言"不济"，不能成事，没有出息。[8]公治：即令狐愚，字公治。性度：性情度量，性情气度。[9]久当坐之不：意即日后是否会被牵连受罪。不（fǒu），通"否"。[10]将逮汝曹：意即灾难将会落到你们头上。逮，及，此指祸及。汝曹，你们，你们这些人。曹，辈。[11]没：通"殁"，去世。[12]辟：聘任，征用。山阳：郡名，郡治昌邑，在今山东巨野县东南。单固：字恭夏，与杨康皆为令狐愚心腹，参与密谋废立之事。后事泄，杨康反水，指证单固为同犯，被夷三族。[13]别驾：官名，亦称"别驾从事"，为州刺史的高级副官。因出门单乘一辆车，故称"别驾"。[14]治中：全称"治中从事史"，亦称"治中从事"，为州刺史的高级副官，主管人事选拔、公文等事项，位仅次于别驾，相当于副州长。杨康：曹魏大臣，为令狐愚心腹，参与阴谋废立之事，事发后拒不认罪，被处死。[15]应司徒辟：接受司徒的聘请。当时司徒为高柔。[16]露愚阴事：无意中暴露了令狐愚与王凌密谋废立之事，使朝廷掌握了先机，后来王凌要求攻打东吴而不获批准。[17]系：拘押。廷尉：主管全国刑狱，即最高司法官，九卿之一。[18]考实数十：指法官列举出数十条证据进行核实。[19]固固云：单固坚决地说，死不认账。[20]录：逮捕，关押。[21]对相诘：面对面地对质。诘（jié），责问。[22]老佣：犹言"老奴"，言下之意，是说不成器的东西。佣，佣奴，奴仆。[23]使君：对太守、刺史的敬称，这里指令狐愚。[24]顾汝当活邪：像你这种人，还配活着吗？顾，发语词。邪，通"耶"，语气助词。[25]自冀：自己希望。[26]辞颇参错：口供前后矛盾，不一致。[27]汝死自分：意即你被处死，是应得的，应该的。[28]以扬州刺史诸葛诞为镇东将军：意即重用诸葛诞，镇守东南方，主管与孙吴作战诸事。胡三省曰："王凌死而用诸葛诞，诞亦终于为魏。以司马懿之明达，岂不知诞之乃心魏氏哉！大敌在境，帅难其才也。"[29]都督：监督、统领军队之事。

吴主立潘夫人[1]为皇后，大赦，改元太元[2]。

六月，赐楚王彪死。尽录诸王公置邺[3]，使有司察之，不得与人交关[4]。

秋，七月壬戌[5]，皇后甄氏殂[6]。辛未[7]，以司马孚为太尉。

八月戊寅[8]，舞阳宣文侯司马懿[9]卒。诏以其子卫将军师为抚军大将军，录尚书事[10]。

初，南匈奴自谓其先本汉室之甥[11]，因冒姓[12]刘氏。太祖留单于呼厨泉[13]于邺，分其众为五部，居并州境内。左贤王豹[14]，单于於扶罗[15]之子也，为左部帅，部族最强。城阳[16]太守邓艾上言："单于在内[17]，羌夷失统，合散无主。今单于之尊日疏而外土之威日重[18]，则胡虏不可不深备也。闻刘豹部有叛胡，可因叛割为二国[19]，以分其势。去卑功显前朝[20]，而子不继业，宜加其子显号[21]，使居雁门[22]。离国弱寇[23]，追录旧勋[24]，此御边[25]长计也。"又陈："羌胡与民同处[26]者，宜以渐出之[27]，使居民表[28]，以崇廉耻之教，塞奸宄之路[29]。"司马师皆从之。

（以上为第七段，写魏国太尉王凌与外甥令狐愚密谋废掉魏帝曹芳，另立楚王曹彪。后来，令狐愚死，王凌调动扬州大军发动政变，事情败露，司马懿调集兵马前去攻打，王凌畏罪自杀，赐楚王曹彪死。）

【注释】

[1]潘夫人：即潘淑，孙权的第一个皇后，孙亮之母。 [2]太元：吴帝孙权的第五个年号。[3]尽录诸王公置邺：把曹氏诸王、诸公全部集中到邺城，予以软禁。邺，魏都城名，在今河北临漳县境内。曹操为魏王时建都于此，曹丕即位后将都城迁至洛阳，将此城作为陪都。 [4]交关：交结，来往。 [5]七月壬戌：七月十九日。 [6]皇后甄氏：不详为谁。按：此非曹丕的皇后甄氏。据载，曹丕称帝后，于黄初二年（221）六月，遣使赐死甄氏，葬于邺城，至此时已去世三十年。殂（cú）：死亡。 [7]辛未：七月二十八日。 [8]八月戊寅：八月五日。 [9]舞阳宣文侯司马懿：司马懿被封为舞阳侯，"宣文"是其谥号。 [10]录尚书事：官名，即总领朝政之意。[11]南匈奴：汉宣帝之时，已有"南匈奴"之称。东汉光武帝二十四年（48），匈奴正式分为南北二部，南匈奴归附东汉王朝，居住于内蒙古河套地区一带。汉室之甥：汉朝自刘邦时起，多次与匈奴和亲，派刘氏宗室女嫁给匈奴单于，故后世单于称自己是刘氏的外甥。 [12]冒姓：改用他姓。此指匈奴单于改为刘姓。 [13]单于：是匈奴人对他们部落联盟首领的专称，意为广大的样子。呼厨泉：南匈奴的首领。曾派右贤王去卑帮助汉献帝东归，其后还于本国。后曹操借呼厨泉入朝朝见之际，将其留在邺城，派卑去管理其国。 [14]左贤王：匈奴贵族封号。匈奴尚左，在匈奴诸王侯中，地位最高，常以太子为之，统众驻扎在单于的东部。豹：即刘豹，东汉、魏晋时期南匈奴首领，为左部帅。 [15]於扶罗：东汉末年南匈奴单于栾提羌渠之子、栾提呼厨泉之兄、刘豹之父，汉末军阀混战之际，他先后与袁绍、张杨、袁术等人联合，两次与曹操交战，均被击败。去世后，其弟呼厨泉继任为单于，其子刘豹被立为左贤王。 [16]城阳：郡名，郡治在东武，在今山

东诸城市。[17]单于在内：匈奴单于驻在内地，指呼厨泉单于被留在邺城。[18]外土之威日重：指匈奴左贤王刘豹的势力越来越大。[19]割为二国：指将南匈奴分为两个部分。[20]去卑：南匈奴之右贤王。功显前朝：指东汉建安元年（196），去卑曾受命派军协助汉献帝、董承等人从长安出逃往洛阳，与李傕、郭汜交战。[21]显号：显贵的名位，即尊号，意即封去卑的儿子为南匈奴分部的单于。[22]雁门：魏郡名，郡治广武，在今山西代县西南。[23]离国弱寇：指将匈奴分为二部，是分离匈奴，削弱匈奴的势力。离、弱，均用作动词。[24]追录旧勋：追封表彰去卑所立下的功劳。[25]御边：防御边疆，掌控边关形势。[26]与民同处：指与汉人混杂居住。[27]以渐出之：逐步、渐渐地把他们分离出去。[28]使居民表：让他们居住在汉人的区域之外。[29]塞奸宄之路：预防少数民族在内地煽起反抗情绪，引起动荡不安。奸宄（guǐ），指违法作乱的人。

吴立节中郎将陆抗[1]屯柴桑[2]，诣建业[3]治病。病差[4]，当还，吴主涕泣与别，谓曰："吾前听用谗言，与汝父大义不笃[5]，以此负汝[6]；前后所问[7]，一焚灭之[8]，莫令人见也。"

是时，吴主颇寤[9]太子和之无罪，冬，十一月，吴主祀南郊[10]还，得风疾[11]，欲召和还；全公主及侍中孙峻、中书令孙弘固争之[12]，乃止。

吴主以太子亮幼少，议所付托，孙峻荐大将军诸葛恪可付[13]大事。吴主嫌恪刚很自用[14]，峻曰："当今朝臣之才，无及恪者。"乃召恪于武昌。恪将行，上大将军[15]吕岱戒之曰："世方多难，子每事必十思。"恪曰："昔季文子[16]三思而后行，夫子曰：'再思可矣[17]。'今君令恪十思，明恪之劣也！"岱无以答，时咸谓之"失言"。

虞喜[18]论曰：夫托以天下，至重也；以人臣行主威，至难也。兼二至而管万机[19]能胜之者鲜[20]矣。吕侯，国之元耆[21]，志度经远[22]，甫[23]以十思戒之，而便以示劣见拒；此元逊之疏[24]，机神不俱[25]者也！若因十思之义，广咨当世之务，闻善速于雷动[26]，从谏急于风移[27]，岂得殒身殿堂[28]，死于凶竖[29]之刃！世人奇其英辩[30]，造次[31]可观，而哂[32]吕侯无对为陋，不思安危终始[33]之虑，是乐春藻[34]之繁华，忘秋实之甘口也。昔魏人伐蜀，蜀人御之，精严垂发[35]，而费祎方与来敏[36]对棋，意无厌倦。敏以为必能办贼[37]，言其明略内定[38]，貌无忧色也。况长宁以为君子临事而惧，好谋而成[39]，蜀为蕞尔之国[40]，而方向[41]大敌，所规所图[42]，唯守与战，何可矜己有余，晏然无戚[43]！斯乃祎性之宽简，不防细微，卒为降人郭循[44]所害，岂非兆见于彼而祸成于此[45]哉！往闻长宁之甄文伟[46]，今睹元逊之逆吕侯[47]，二事体同，皆足以为世鉴也。

【注释】

[1]立节中郎将：吴官名。立节，中郎将的称号。中郎将，皇帝侍卫队的长官，上属光禄勋。陆抗：字幼节，丞相陆逊次子，孙吴名将。曾于西陵之战大破晋军，维护吴国稳定，官至镇军大将军、大司马、荆州牧，封为江陵侯。传见《三国志》卷五十八。 [2]屯：驻扎，驻守。柴桑：古县名，上属武昌郡，在今江西九江市。 [3]诣：到，往。建业：孙吴都城，在今江苏南京市。[4]病差：即病愈。 [5]听用谗言，与汝父大义不笃：指在废太子孙和上的意见分歧。当时孙霸构陷太子孙和，孙权对太子产生偏见，欲废之，陆逊对此有看法，屡次上疏陈述嫡庶之分，又请求进京面见，孙权对此大为不满；孙霸死党杨竺又指控陆逊二十条罪证，孙权不置可否。太子终于被废。后来孙权意识到废太子大错特错，故感到内疚，对已经死去的陆逊表示歉意，此处有道歉之意。不笃，不厚重。 [6]以此负汝：意即因为这件事，有对不起你的意思。 [7]前后所问：指孙权前后责问陆逊的书信。 [8]一焚灭之：统统烧毁掉，不要留于后世，说明此前的做法都是不妥的。一，全部，都。 [9]寤：通“悟”，觉醒，醒悟。 [10]祀南郊：到南郊举行祭天大典，是非常隆重的祭祀仪式。南郊，古代帝王在京都南面的郊外筑圜丘以祭天的地方。 [11]风疾：即中风。 [12]固争之：极力劝阻。全公主、孙峻、中书令孙弘等人，都对孙和投过反对票，甚至落井下石，因此极力劝阻孙权召见孙和。 [13]付：付与，托付。 [14]刚很自用：即刚愎自用，固执己见。刚很，刚强，强硬。很，同“狠”。 [15]上大将军：吴官名，孙权于黄龙元年（229）置。吴于大将军之上复置上大将军，位在大将军之上、大司马之下，凸显身份地位的尊贵。 [16]季文子：即季孙行父，春秋时鲁国正卿，历仕鲁国文公、宣公、成公、襄公四朝，开启以季氏为首的三桓政治。事见《史记》卷三十三。 [17]再思可矣：语出《论语·公冶长》：“季文子三思而后行。子闻之，曰：‘再，斯可矣。’”意即只要思考两次即可。 [18]虞喜：字仲宁，会稽郡余姚（今浙江余姚市）人，东晋天文学家。博学好古，精通经传与天文学。朝廷数次征召，都不就。著有《志林》《安天论》。 [19]兼二至：即上所言“至重”与“至难”。万机：指当政者处

理各种重要事务。机，通“几”，微，意即事无巨细，都要过问。［20］鲜：少，少有。［21］元耆：元老。耆（qí），老。《礼记·曲礼》曰：“六十曰‘耆’。”［22］志度经远：考虑问题非常长远。志度，志向与思虑。经远，久远。［23］甫（fǔ）：刚刚。［24］元逊：即诸葛恪，字元逊。疏：粗疏，疏阔。［25］机神不俱：没有同时具备“机”与“神”两种素质。机，指随机应变的能力。神，指聪慧明智的潜质。按：诸葛恪此举，是狂妄自大的一种表现，是聪明过了头，吃苦在后头！［26］闻善速于雷动：意即听到善言就立即采纳，其快速的程度胜过电闪雷鸣。［27］从谏急于风移：意即听到正直的谏诤之言，就立即改正，胜过风动之速。［28］殒身殿堂：指诸葛恪后来在皇宫被孙峻所杀。殒（yǔn），死亡，丧命。［29］凶竖：凶恶的小人。［30］英辩：潇洒的身影，精辟的论辩。［31］造次：轻率，随便，这里指诸葛恪的言行、举动。［32］哂（shěn）：讥笑。［33］安危终始：指国家的长治久安、个人的一生安危。［34］春藻：春日丽景。藻（zǎo），泛指生长在水中的绿色植物。［35］精严垂发：军队严装以待，准备出发。［36］来敏：字敬达，义阳新野人，三国时期蜀汉官员。历任大长秋、光禄大夫、执慎将军等职，九十七岁去世。事见《三国志》卷四十二。［37］办贼：打败敌人。［38］明略内定：意即内心已经有了高明的退敌良方，比喻胸有成竹。明略，高明的智谋。［39］况：比拟，比较。长宁：人名，事迹不详。临事而惧，好谋而成：为孔子之语，见《论语·述而》。故“长宁”疑为“孔子”之讹。［40］蕞尔之国：地域极小的国家。蕞（zuì）尔，小的样子。蕞，小。［41］方向：面对。［42］所规所图：所能规划和图谋的。［43］矜已有余，晏然无戚：做出一副对付敌人信心十足，而一点都不担心的样子。矜（jīn），自恃，夸耀，信心满满。晏然，安适、安闲的样子。戚，忧虑，担心。［44］郭循：一作“郭修”，字孝先，凉州西平人，曹魏官员，官至中郎将，充当刺客伪降蜀汉卫将军姜维，而蜀相费祎待之不疑。结果费祎在一次宴席之上被郭循刺杀。魏帝曹芳追封郭循为长乐乡侯，赐谥号为“威”。事见《三国志》卷四。按：循，据章校作“循”，胡注作“修”。［45］兆见于彼而祸成于此：前面有临敌时的自满，后面乃有杀身的惨祸。［46］甄（zhēn）：甄别，鉴别。文伟：即费祎，字文伟。［47］逆吕侯：不以吕岱之进言为善。逆，抵触，违背。

恪至建业，见吴主于卧内，受诏[1]床下，以大将军领太子太傅[2]，孙弘领少傅[3]；诏有司诸事一统于恪，惟杀生大事[4]，然后以闻[5]。为制群官百司拜揖之仪[6]，各有品序[7]。又以会稽太守北海滕胤[8]为太常。胤，吴主婿也。

十二月，以光禄勋荥阳郑冲[9]为司空。

汉费祎还成都，望气[10]者云：“都邑无宰相位[11]。”乃复北屯汉寿[12]。

是岁，汉尚书令吕乂[13]卒，以侍中陈祗[14]守尚书令。

（以上为第八段，写吴主孙权病危，因太子孙亮年幼，任命大将军诸葛恪为托孤首辅大臣，令有关部门一切听命于诸葛恪，并制定了拜见诸葛恪的特殊礼仪。孙亮即位后，封其为太傅，掌握军政大权。）

【注释】

[1]受诏：接受辅佐幼主的命令。 [2]领太子太傅：兼任太子太傅之职，负责教导和管理幼主。 [3]少傅：太子太傅的副职。 [4]杀生大事：指杀人，判人死罪。 [5]然后以闻：意即先处置，然后再向皇帝说明，即先斩后奏。 [6]制群官百司拜揖之仪：制定朝廷各官向诸葛恪行礼的规矩。拜揖，打躬作揖。 [7]品序：等级。 [8]滕胤：字承嗣，北海郡剧县（今山东昌乐县）人，孙权女婿，孙吴重臣，官至大司马。曾与吕据密谋推翻权臣孙綝，因计划泄露而被杀，惨遭灭族。传见《三国志》卷六十四。 [9]光禄勋：也称“郎中令”，官名，负责守卫宫殿门户的宿卫之臣，后逐渐演变为总领宫内事务。郑冲：字文和，荥阳开封（今河南开封市）人。魏晋大臣、儒学家。魏时官至太保，封寿光侯。晋时任为太傅，进爵寿光公。 [10]望气：古代方士的一种占候术，观察云气以预测吉凶。 [11]无宰相位：没有丞相之位让你担当，意即不适合在成都，在成都凶多吉少。 [12]汉寿：蜀县名，故址在四川广元市西南。 [13]吕乂（yì）：字季阳，荆州南阳（今河南南阳市）人，三国时期蜀汉官员。官至尚书令，为政简明，执法严苛，以清明能干著称。[14]陈祗（zhī）：字奉宗，汝南（今河南平舆县）人，蜀汉大臣。曾担任侍中，是后主刘禅的宠臣，官至尚书令、镇军将军，权力甚至超过大将军姜维。与宦官黄皓交好，导致黄皓干预政事，操弄权柄。谥号为“忠”。

四年（壬申，252年）

春，正月癸卯[1]，以司马师为大将军。

吴主立故太子和为南阳王，使居长沙[2]；仲姬子奋[3]为齐王，居武昌[4]；王夫人子休[5]为琅邪[6]王，居虎林[7]。

二月。立皇后张氏，大赦。后，故凉州刺史既[8]之孙，东莞太守缉[9]之女也。召缉拜光禄大夫。

吴人改元神凤[10]，大赦。

【注释】

[1]正月癸卯：正月二日。 [2]长沙：吴郡名，郡治临湘，在今湖南长沙市。 [3]仲姬：孙权的妃嫔，齐王孙奋的生母。奋：即孙奋，字子扬，孙权第五子，其妻袁氏为袁术孙女，初封齐王，因擅杀封国属官而被废为庶人，后改封章安侯。传见《三国志》卷五十九。 [4]武昌：吴国江夏郡郡治所在地，在今湖北鄂州市。 [5]王夫人：荆州南阳（河南南阳市）人，孙权妃嫔，吴景帝孙休生母。休：即吴景帝孙休，公元258年至公元264年在位。传见《三国志》卷四十八。[6]琅（láng）邪（yá）：郡名，县治琅邪，在今山东青岛市琅邪台西北。此地诞生了琅邪三大家族：诸葛氏、王氏、颜氏。 [7]虎林：吴县名，在今安徽池州市贵池区，位于长江中下游南岸。[8]既：即张既，字德容，曹魏名臣。治理雍、凉二州，政绩卓著，官至凉州刺史。 [9]东莞（guǎn）：郡名，位于今山东沂水县、莒县北部一带，郡治在今山东沂水县。缉：即张缉。曹魏大臣、外戚，魏少帝曹芳的岳父。后因不满司马师专权，联合夏侯玄、李丰准备推翻司马师，事泄被赐死狱中。事见《三国志》卷九。 [10]神凤：孙权的第六个年号，也是孙权的最后一个年号。

吴潘后性刚戾[1]，吴主疾病，后使人问孙弘以吕后称制故事[2]。左右不胜其虐[3]，伺其昏睡，缢杀之，托言中恶[4]。后事泄，坐死者六七人。

吴主病困[5]，召诸葛恪、孙弘、滕胤及将军吕据、侍中孙峻入卧内，属[6]以后事。夏，四月，吴主殂[7]。孙弘素与诸葛恪不平[8]，惧为恪所治，秘不发丧，欲矫诏[9]诛恪。孙峻以告恪，恪请弘咨事[10]，于坐中杀之。乃发丧。谥吴主曰“大皇帝”。太子亮即位[11]，大赦，改元建兴[12]。闰月[13]，以诸葛恪为太傅，滕胤为卫将军，吕岱为大司马。恪乃命罢视听，息校官[14]，原逋责[15]，除关税，崇恩泽，众莫不悦。恪每出入，百姓延颈思见其状[16]。

【注释】

[1]刚戾：刚猛，残暴。 [2]吕后称制故事：指汉高祖刘邦去世后，吕后临朝称制之事。潘后打听，欲效吕后行事。 [3]不胜其虐：忍受不了她的残暴虐待。 [4]托言中恶：假说是中邪，暴病而死。中（zhòng）恶，感受秽毒或不正之气，突然厥逆，不省人事。按：此时或另有真相。胡三省曰：“斯事也，实吴用事之臣所为也。……《吴史》缘饰，后人遂因而书之云尔。” [5]病困：病重，病危。 [6]属：通“嘱”，嘱托。 [7]吴主殂：孙权去世，享年七十一岁，公元229年称帝，在位二十四年，谥号大皇帝，庙号太祖，葬于蒋陵。殂（cú），死亡。 [8]不平：不和，勾心斗

角。［9］矫诏：假传皇帝的命令。矫（jiǎo），假托。［10］咨事：咨询、商量公务。［11］太子亮即位：孙亮此时年仅十岁，是个娃娃。［12］建兴：是吴国君主孙亮的第一个年号，共计2年。［13］闰月：此年闰四月。［14］罢视听，息校官：即撤销那些以监督伺察各官府为目的的校官。息，停止。［15］原逋责：免除百姓拖欠的田赋税收。原，恕免。逋（bū），拖欠。责，通“债”，债务。［16］延颈：伸长脖子。延，延伸，伸展。状：形貌，容颜。

恪不欲诸王处滨江兵马之地[1]，乃徙齐王奋于豫章[2]，琅邪王休于丹阳[3]。”奋不肯徙，又数越法度[4]，恪为笺以遗[5]奋曰：

帝王之尊，与天同位，是以家天下，臣父兄[6]；仇雠[7]有善，不得不举，亲戚有恶，不得不诛，所以承天理物[8]，先国后身，盖圣人立制，百代不易之道也

“昔汉初兴，多王[9]子弟，至于大强，辄为不轨，上则几危社稷，下则骨肉相残，其后惩戒以为大讳[10]。自光武[11]以来，诸王有制，惟得自娱于宫内，不得临民[12]，干与[13]政事，其与交通[14]，皆有重禁，遂以全安，各保福祚[15]，此则前世得失之验也。大行皇帝[16]览古戒今，防牙遏萌[17]，虑于千载，是以寝疾[18]之日，分遣诸王各早就国[19]，诏策勤渠[20]，科禁严峻，其所戒敕，无所不至。诚欲上安宗庙，下全诸王，各早就国，使百世相承[21]，无凶国害家[22]之悔也。

“大王宜上惟太伯顺父之志[23]，中念河间献王[24]东海王强[25]恭顺之节[26]，下存[27]前世骄恣荒乱[28]之王以为警戒。而闻顷至武昌以来[29]，多违诏敕，不拘制度[30]，擅发诸将兵治护[31]宫室。又左右常从[32]有罪过者，当以表闻[33]，公付有司[34]；而擅私杀，事不明白[35]。中书杨融[36]，亲受诏敕[37]，所当恭肃[38]，乃云‘正自不听禁[39]，当如我何！’闻此之日，小大惊怪，莫不寒心。

“里语[40]曰：‘明鉴所以照形，古事所以知今。’大王宜深以鲁王[41]为戒，改易其行，战战兢兢[42]，尽礼朝廷。如此，则无求不得。若弃忘先帝法教，怀轻慢之心，臣下宁负大王，不敢负先帝遗诏；宁为大王所怨疾[43]，岂敢忘尊主之威而令诏敕不行于藩臣邪！向使[44]鲁王早纳忠直之言，怀惊惧之虑，则享祚[45]无穷，岂有灭亡之祸哉！

“夫良药苦口，唯病者能甘之[46]；忠言逆耳，唯达者能受之。今者，恪等慺慺[47]，欲为大王除危殆于萌牙[48]，广福庆之基原[49]，是以不自知言至[50]，愿蒙三思！”

王得笺，惧，遂移南昌。

【注释】

[1]处滨江兵马之地：即指占据长江沿岸的军事要塞之地。[2]豫章：吴郡名，郡治南昌县，在今江西南昌市。[3]丹阳：吴郡名，郡治在今安徽当涂县东北。[4]又数越法度：五字原无，据章校补。越法度，违犯国家法令制度。越，不按规定，违背。[5]笺（jiān）：信札，书信。遗（wèi）：送给，给予。[6]家天下，臣父兄：以天下为家，以父兄为臣。意动用法。[7]仇雠（chóu）：仇敌。按：雠，现为“仇”的异体字。两字连用，仍保留“雠”字。[8]承天理物：意即秉承上天的旨意，以治理人间万事万物。[9]王（wàng）：用作动词，封王。[10]惩戒：惩治过错，警戒将来。讳（huì）：忌讳，含有以此事为戒的意思。[11]光武：指汉光武帝刘秀。[12]临民：治民，担任行政职务。[13]干与：即干预，过问或参与。与，通“预”。[14]交通：互相往来。汉光武帝刘秀曾设科禁，规定藩王不得交通宾客。[15]福祚：福禄，福分。祚（zuò），同“福”。[16]大行皇帝：刚去世的皇帝，指孙权。大行，一去不复返也。[17]防牙遏萌：防止邪恶现象的滋生蔓延。牙，通“芽”，萌芽。[18]寝疾：重病，卧床不起。[19]各早就国：都早早地回到封国去。[20]诏策勤渠：指诏令屡下。勤渠，犹殷勤。[21]使百世相承：意即代代相传。“承”上“使百世相”四字，原文无，据章校，甲十六行本等增之。[22]凶国害家：即危害国家，危及自身。凶，祸害，用作动词。[23]惟：思，借鉴。太伯：即吴太伯，又称泰伯，吴国第一代君主，他在兄弟三人中排行老大，故称吴太伯。太伯，老大。顺父之志：顺从父亲的意向。太伯父亲古公亶父喜欢第三子，即太伯三弟季历，有立季历为周的继承人的想法。太伯为了成全父亲，便和二弟仲雍逃奔到荆蛮之地，文身断发，以示不可以继承君位，避让季历。事见《史记》卷三十一。[24]河间：古国名，都城在今河北献县。献王：即刘德，汉景帝刘启第二子，受封为河间王。[25]东海：古国名。强：即刘强，光武帝刘秀长子，立为太子，后辞让为东海王。传见《后汉书》卷四十二。[26]恭顺之节：指刘德、刘强都极为恭顺。刘德德行与学问兼盛，且声著朝野，光武帝心生猜忌，向他发出严厉的警告，曰：“汤以七十里，文王百里，王其勉之。”刘德只能听之，闷闷不乐。刘强因生母被废后，审时度势，主动辞让太子之位，封为东海王，成为历史上少有的主动退居藩王而得到善终的太子。[27]下存：与“上惟”“中念”为对文，都是思考的意思。[28]骄恣：骄傲，放纵。荒乱：荒淫，悖乱。[29]顷至武昌以来：指孙奋为齐王，到武昌以后。[30]不拘制度：不按法令制度办事。拘，拘谨，引申为按照，服从。[31]治护：修治，维护。[32]左右常从：指跟随孙奋的侍从、官员。[33]表闻：写成奏书，上报朝廷。

［34］公付有司：公开地交付有关部门处理。［35］事不明白：指属下所犯法之事，不向朝廷说明清楚，有包庇罪犯的嫌疑。明白，向朝廷奏明原委。［36］中书：官名，负责典章法令编修、撰拟、记载、翻译、缮写等工作。杨融：吴国的中书官员。［37］亲受诏敕：指中书杨融是亲自接受皇帝的命令向你齐王传达。诏敕（chì），皇帝的命令。［38］恭肃：谦恭，肃穆。此指齐王孙奋要恭肃地听取杨融传达的皇帝诏令。［39］正自不听禁：意即我就是不听皇帝的约束。禁，禁令，代指皇帝的命令。［40］里语：乡里之语，即俗语。［41］鲁王：即孙霸，孙权第四子，赤乌五年（242）受封为鲁王。［42］战战兢（jīng）兢：形容小心谨慎的样子。［43］怨疾：不满，憎恨。［44］向使：假如当初。［45］享祚：享国，帝王在位的年数。祚（zuò），指帝位。［46］甘之：以之为甘，意动用法。甘，甜。［47］偻（lóu）偻：恭谨、勤恳的样子。［48］危殆：十分危险，危急。殆（dài），危险。萌牙：即萌芽，指草木初生发芽，比喻事物的开端。牙，通“芽”。［49］福庆：幸福，福分。基原：根源。［50］言至：言语激切。

初，吴大帝筑东兴堤以遏巢湖[1]，其后入寇淮南[2]，败，以内船[3]，遂废，不复治[4]。冬，十月，太傅恪会众于东兴，更作大堤，左右结山[5]，侠筑两城[6]，各留千人，使将军全端[7]守西城，都尉留略[8]守东城，引军而还。

镇东将军诸葛诞言于大将军师曰：“今因吴内侵，使文舒[9]逼江陵，仲恭[10]向武昌，以羁吴之上流[11]；然后简精卒攻其两城[12]，比救至[13]，可大获也。”是时，征南大将军王昶、征东将军胡遵、镇南将军毌丘俭等各献征吴之计。朝廷以“三征[14]”计异，诏问尚书傅嘏[15]。

嘏对曰：“议者或欲泛舟径济[16]，横行江表[17]；或欲四道并进，攻其城垒；或欲大佃疆埸[18]，观衅而动[19]：诚皆取贼之常计也。然自治兵以来，出入三载，非掩袭[20]之军也。贼之为寇，几六十年[21]矣，君臣相保，吉凶共患，又丧其元帅[22]，上下忧危，设令列船津要[23]，坚城据险[24]，横行之计，其殆难捷[25]。今边壤之守，与贼相远，贼设罗落[26]，又特重密[27]，间谍不行[28]，耳目无闻。夫军无耳目，校察[29]未详，而举大众以临巨险，此为希幸徼功[30]，先战而后求胜，非全军[31]之长策也。唯有进军大佃，最差完牢[32]；可诏昶、遵等择地居险，审所错置[33]，及令三方一时前守[34]。夺其肥壤，使还埆土[35]，一也；兵出民表[36]，寇钞不犯[37]，二也；招怀近路[38]，降附日至[39]，三也；罗落远设[40]，间构不来[41]，四也；贼退其守，罗落必浅[42]，佃作易立[43]，五也；坐食积谷，士不运输，六也；衅隙时闻[44]，讨袭[45]速决，七也。凡此七者，军事之急务也。不据则贼擅便资[46]，据之则利归于国，不可不察也。夫屯垒相逼[47]，形势已交[48]，智勇得陈[49]，巧拙[50]得用，策之而知得失之计，角之[51]而知有余不足，虏之情伪[52]，将焉所逃[53]！夫以小敌大，则役烦力竭[54]；以贫敌富，则敛重财匮[55]。故曰：'敌逸能劳之，饱能饥之[56]'，此之谓也。"司马师不从。

【注释】

[1]吴大帝：即吴主孙权，谥号"大皇帝"，故有此称。东兴堤：在今安徽含山县西南，与巢湖相接。《三国志·吴志·诸葛恪传》曰："黄龙二年（230），筑东兴堤遏巢湖水，后废不复修，恪以建兴元年（252）十月，会众于东兴，更作大堤，左右结山峡，筑两城。"遏（è）：遏止，阻遏。巢湖：长江中下游五大淡水湖之一，位于安徽中部。 [2]入寇淮南：指吴赤乌四年（241），吴将全琮攻打曹魏的芍陂之战，落败而逃。 [3]内船：即纳船，停放船只。内，通"纳"。 [4]不复治：指不再修复东兴堤。治，修治，整治。 [5]结山：与山相连接。 [6]侠筑两城：在东兴堤与山相连的两端分别筑城。侠，通"夹"，夹堤，傍山。 [7]全端：三国时期吴郡钱唐（今浙江杭州市）人，孙吴名将全琮之从子。 [8]都尉：职同校尉。留略：姓留，名略，孙吴将领，受诸葛恪之命，负责守备东兴堤东城。魏将胡遵大军来攻时，率领少数士兵死守，直至丁奉的援军到达，击退胡遵。后任南海太守。 [9]文舒：即王昶，字文舒，曹魏将领。 [10]仲恭：即毌丘俭，复姓毌丘，字仲恭，曹魏名将。 [11]羁吴之上流：牵制住吴国长江上游的军队。羁（jī），羁绊，牵制。 [12]简精卒：挑选精兵。简，简选，挑选。攻其两城：攻打吴国东兴堤的两端，即东城、西城。 [13]比救至：等到救兵到来。 [14]三征：指上文所言"征南大将军王昶、征东将军胡遵、镇南将军毌丘俭"。胡三省曰："汉置四征将军，谓征东、征西、征南、征北也。" [15]傅嘏（gǔ）：字兰石，曹魏后期重臣，任镇东将军。毌丘俭、文钦起兵，傅嘏曾劝司马师自往讨伐，最终大破淮南军。后司马昭还洛阳辅政，傅嘏以功进封阳乡侯。事见《三国志》卷二十一。 [16]泛舟径济：指直渡长江。径，径直，直。济，渡。 [17]江表：即江东，指长江以南地区，从中原地区看，地处长江之外，故称"江表"。表，外。 [18]大佃疆埸（jì）：在魏、吴边境进行大规模的武装屯田。佃（diàn），租借，引申为屯垦。疆埸，边界，田界。 [19]观衅：寻求进攻东吴的机会。观，观看，寻找。衅（xìn），缝隙，引申为机会。 [20]掩袭：偷袭，突然袭击。 [21]几六十年：指从建安五年（200）孙权统领孙策旧部，在江东立足算起，到嘉平四年（252），共53年。一说从建安十三年（208）赤壁之战之吴与魏为敌，并不准确，因为"为寇"并不仅仅指与曹操为敌。

几，近，差不多。［22］丧其元帅：指孙权去世。元帅，首领。［23］设令：假使，假如。列船津要：在长江的重要渡口摆开战船，随时准备作战。津要，即要津，重要渡口。［24］坚城据险：即据险坚城，占据长江天险，坚守建业都城。［25］殆（dài）：几乎，差不多。难捷：难以取得胜利。捷，捷报，代指获胜。［26］罗落：警戒，布置烽燧以联络。落，通“络”。［27］特：特地，特别。重密：设下重重岗哨，防备森严。［28］不行：不能进入，无法施展。［29］校察：侦察，了解敌情。［30］希幸徼功：希望凭着运气，能够侥幸成功。幸，幸运。徼（yāo），求取。［31］全军：保全部队。全，用作动词。［32］最差完牢：相对而言，是比较牢靠的。最差，最低，最低限度。完牢，稳妥，牢靠。［33］审所错置：每一项安排都要仔细推敲。审，审察，推敲。所错置，所安排的屯田事项。错，通“措”。［34］令三方一时前守：指命令以上所说的“三征”将军一同到前方去镇守、屯田。一时，一齐，一同。［35］使还塉土：迫使敌人退回到贫瘠的地盘上去。塉（jí），薄土，贫瘠的土地。［36］兵出民表：军队驻扎在居民的外面。［37］寇钞不犯：指敌人无法攻进，无法取胜。寇钞，劫掠。钞，通“抄”。［38］招怀近路：招引附近的地方军民。招怀，招抚，怀柔。［39］降附日至：归降的敌人一天天增多。降附，投降，归附。［40］罗落远设：把哨兵、侦探远远地放出去。［41］间构不来：使敌军的间谍无法进来。间构，指潜入敌方、侦察情况、刺探情报、进行颠覆的人。［42］罗落必浅：指敌军一旦后退，其通报军情的防线就要缩短。浅，短，少。［43］佃作易立：指军队屯田，就容易成功。［44］衅隙时闻：敌人有什么漏洞，我们就能及时掌握。衅隙，缝隙，漏洞。［45］讨袭：攻打，袭击。［46］不据则贼擅便资：意即如果我们不占据有利地形，敌人就会掌握这些有利条件。擅，占有，据有。便资，便利的条件。［47］屯垒相逼：指屯垦的营垒不断向前推进。相逼，相近，逼近。［48］形势已交：指打败敌人的形势已经形成。已交，已成。［49］智勇得陈：指智谋、勇略都能得到充分施展。陈，陈设，引申为施展。［50］巧拙：指无论是灵巧的计策，还是笨拙的方法。［51］角之：与敌人交手。角，角逐，较量。［52］情伪：真假、虚实的情况。［53］焉所逃：还有什么不能被我们所掌握的？焉，疑问代词，哪里，怎么。逃，逃脱，隐瞒。［54］役烦力竭：指吴军对抗强大的魏军，则劳役繁重，国力枯竭。［55］敛重财匮：指赋税严重，财力匮乏。［56］逸能劳之，饱能饥之：语出《孙子兵法》，指闲暇的敌人就要变得非常疲劳，温饱的敌人就要变得非常饥饿。

十一月，诏王昶等三道击吴[1]。十二月，王昶攻南郡[2]，毌丘俭向武昌，胡遵、诸葛诞率众七万攻东兴。

甲寅[3]，吴太傅恪将兵四万，晨夜兼行，救东兴。胡遵等敕诸军作浮桥以度[4]，陈于堤上，分兵攻两城。城在高峻，不可卒拔[5]。诸葛恪使冠军将军丁奉[6]与吕据、留赞、唐咨为前部，从山西上。奉谓诸将曰：“今诸军行缓，若贼据便地[7]，则难以争锋[8]，我请趋[9]之。”乃辟诸军，使下道[10]，奉自率麾下[11]三千人径进。时北风，奉举帆二日，即至东关，遂据徐塘[12]。时天雪，寒，胡遵等方[13]置酒高会。奉见其前部兵少，谓其下曰："取封侯爵赏，正在今日！"乃使兵皆解铠，去矛戟，但兜鍪刀楯[14]，倮身缘堨[15]。魏人望见，大笑之，不即严兵[16]。吴兵得上，便鼓噪[17]，斫破魏前屯[18]，吕据等继至。魏军惊扰散走，争渡浮桥，桥坏绝，自投于水，更相蹈藉[19]。前部督韩综[20]、乐安太守桓嘉[21]等皆没，死者数万。综故吴叛将，数为吴害，吴大帝常切齿恨之，诸葛恪命送其首以白大帝庙。获车乘、牛马、骡驴各以千数，资器山积，振旅[22]而归。

初，汉姜维寇西平[23]，获中郎将郭循[24]，汉人以为左将军。循欲刺汉主[25]，不得亲近，每因上寿，且拜且前，为左右所遏[26]，事辄不果[27]。

（以上为第九段，写吴主孙权去世，太子孙亮继位，大将军诸葛恪辅政，诛杀孙弘；兼任太傅，广施德政，免收租税，在东兴征集人力，重建大堤，深得民望；魏国司马师乘机兴兵攻打吴国，大败而归。）

【注释】

[1]三道击吴：即以上所说的"三征"将军从三路出兵攻打吴国。[2]南郡：吴郡名，郡治江陵，在今湖北江陵县西北。[3]甲寅：十二月十九日。[4]度：通"渡"。[5]不可卒拔：不能很快攻下来。卒（cù），通"猝"，突然，一下子。[6]丁奉：字承渊，孙吴名将，曾雪中奋短兵大破魏军；辅助吴景帝孙休诛灭权臣孙綝，官至右大司马、左军师、徐州牧，封为安丰侯。传见《三国志》卷五十五。[7]便地：便利的地势，即有利地形。[8]难以争锋：在交兵作战中难以取胜。[9]趋：快走，指急速行军。[10]辟诸军，使下道：叫其他的军队让路，让他们快速前进。辟，通"避"，避开。下道，离开道路，即让道。[11]麾下：部下，泛指军队。麾，指挥军队的旗帜。[12]据：占据，占有。徐塘：地名，靠近东关。[13]方：正，正在。[14]但兜鍪刀楯：只是头戴铁盔，手持大刀、盾牌。兜鍪（móu），古代战士戴的头盔。楯（dùn），通"盾"，盾牌。[15]倮身缘堨：意即赤身裸体，沿着堤坝的缝隙而上。倮（luǒ），同"裸"，即裸体，光着身子。缘，沿着。堨（yè），指堤坝间的缝隙。[16]严兵：整顿部队。[17]鼓噪：擂鼓，呐喊。[18]斫破：攻破。斫（zhuó），砍削，砍杀。前屯：先锋部队。[19]更相蹈藉（jí）：即互相践踏。[20]前部督：前锋部队的都督、主管。韩综：孙吴将领，后投靠曹魏，魏用为将军，多次侵犯吴国边境。事见《三国志》卷五十五。[21]乐安：魏郡名，汉治临济，在今山东高

青县，三国时移治高苑，在今山东博兴县西南。桓嘉：曹魏将领，官至乐安太守，为丁奉所杀。［22］振旅：谓整队班师。［23］西平：魏郡名，郡治西都，在今青海西宁市。［24］郭循：疑为郭修。胡三省曰："此'循'即'修'字之误也。"修，异体字为"脩"字。［25］汉主：指蜀汉后主刘禅。［26］遏：拦阻。［27］辄不果：总是不能成功，没有结果。

【点评】

权谋家司马懿。司马懿在人们心目中的形象多是阴险、隐忍。这大致是受了《三国演义》的影响。实际上，司马懿的谋略完全可以与蜀国诸葛亮相媲美。

首先，司马懿对于巩固魏国政权，出力颇多，得到魏文帝曹丕、魏明帝曹叡两代皇帝的信任。魏文帝曹丕任命司马懿与中军大将军曹真等共为辅政大臣，并嘱托太子曹叡说："慎勿疑之。"在曹叡为魏帝的十三年中，司马懿立功甚伟，得到魏帝的高度信任和依赖。后来曹叡又病重不治，当时司马懿镇守关中，便令他火速回京，三日之间，诏书五至。四百多里的路程，司马懿一夜而至。魏明帝拉着他的手，目视太子曹芳，说："以后事相托，死乃复可忍。吾忍死待君，得相见，无所复恨矣。"命令司马懿与曹爽共同辅政。司马懿在辅佐魏帝时，深得信赖。

其次，司马懿隐忍蛰伏，躲过了曹爽集团的算计。曹芳称帝后，大将军曹爽依仗自己是宗亲，千方百计排挤司马懿，将其改任为太傅，予以架空，并且将郭太后与魏帝分离，直接掌控魏帝。这时，司马懿稍有不慎，就会大祸临头，万劫不复。他隐忍以待，装病装死，成功地消除了曹爽等人对他的戒备，同时暗地里与儿子司马师等谋划，一举扳倒曹爽。其实，这种隐忍是司马懿惯用的谋略。当年，司马懿率军与诸葛亮对阵，也是运用这种"忍"的谋略。蜀国士兵在阵前百般叫骂，甚至把他比成妇人，他也不为所动，使得诸葛亮无可奈何，不得不退兵而去。综观中国历史上的谋略家，很少有人能有司马懿这种非凡的隐忍力，这是司马懿取得成功的关键之举！

再次，司马懿把握时机，一举扳倒曹爽集团，可谓妙举。司马懿忍常人所不能忍，暗中窥伺，等待的就是机会。机会终于来了，毫不设防的大将军曹爽以及同伙随同魏帝曹芳到高平陵祭拜明帝曹叡，洛阳城中兵力空虚，司马懿立即请示郭太后，请废曹爽兄弟。当时，司马师为中护军，率兵屯驻司马门，控制京都。而后，司马懿以谋反的罪名杀掉曹爽兄弟及其党羽何晏、丁谧、邓飏、毕轨、李胜、桓范等，并灭三族，一举肃清曹氏宗亲势力。从此，魏国进入了司马氏专权时代！这一年，是公元249年。

最后，司马懿既谋划当前，也谋划长远，为子孙谋魏立晋奠定了坚实基础。司马懿诛灭曹爽集团，导致曾为曹爽笼络、快速升官的司空王凌心生不满，与外甥令狐愚图谋废黜曹芳，立楚王曹彪为皇帝。还未行动，令狐愚去世了，而王凌继续寻找机会，借口攻打吴国，请求出兵。司马懿知其阴谋，不许出兵。然后亲率大军前往攻打，王凌自知无法逃脱，自杀身亡。司马懿推治其事，凡牵连在内的一律诛灭三族，并将王凌、令狐愚暴尸凌辱，彰其罪恶，逼楚王曹彪自尽，趁机把魏国王公全部拘捕，放置邺城看管起来。

清人王鸣盛在谈及司马懿时，说司马懿“少壮则为魏画篡汉策，及老又为子孙定篡魏策，兴亡若置棋，亦可叹矣”，与“卧龙”“凤雏”等飘逸雅致的绰号不同，司马懿的外号是令人望而生畏的“冢虎”。所谓“冢虎”，是指盘伏在朝廷中的猛虎。冢，本指高而大的坟墓，引申为大、高的，代指朝廷。

卷七六　魏纪八

魏邵陵厉公嘉平五年至魏高贵乡公正元二年（253—255 年）

【起昭阳作噩（癸酉，253 年），尽旃蒙大渊献（乙亥，255 年），凡三年】

【大事提要】

本卷记事起公元 253 年，讫公元 255 年，凡三年，当魏邵陵公（曹芳）嘉平五年至魏高贵乡公（曹髦）正元二年。本卷所载大事，主要是五个方面：其一，诸葛恪被杀。公元 253 年，吴国首辅诸葛恪不顾诸臣劝阻，发兵二十万攻打魏国，围攻新城，遭到顽强抵抗，惨败而归，吴人怨恨。武卫将军孙峻与吴帝孙亮设谋，在皇宫设宴，伏兵帷帐内，孙峻于座中用刀砍杀诸葛恪，将其苇席裹身，投之石子岗，灭三族。其二，姜维连续北伐。这三年，蜀国卫将军姜维连续出兵攻打魏国，分别攻打南安、襄武、狄道等地。一次因军粮耗尽而退军；一次攻破河间、河关、临洮等地，掠其民众而还；一次于洮西大破魏国雍州刺史王经，死伤数万，魏国派征西将军陈泰前来解围才退军。其三，司马师主持废立。公元 254 年，魏国大将军司马师联合公卿大臣上奏郭太后，历数魏帝曹芳不亲政、不尽礼的多种罪行，请求依霍光故事废掉曹芳帝位，得到许可，将曹芳改封为齐王。并与郭太后商议，选择曹丕之孙高贵乡公曹髦为魏国之主，入朝为帝。其四，司马师平叛。公元 255 年，魏国镇南将军毌丘俭与扬州刺史文钦合谋，伪奉皇太后之令讨伐大将军司马师，在寿春城歃血为盟，上书述说司马师罪状，并移檄各郡，号召举兵讨伐，率军渡河北进。司马师组织强力反击，将其部队围困于项城东南，反军溃败。其五，司马师去世。公元 255 年，反将文钦之子文鸯带兵袭击魏军营帐，大将军司马师惊吓过度，再加上眼睛有瘤疾，致使眼睛震出眼眶，痛死许昌。他继承父亲权势，有勇有谋，废掉魏帝曹芳，平定淮南叛乱，击灭东吴诸葛恪大军，控制曹魏政权。

邵陵厉公下

嘉平五年（癸酉，253年）

春，正月，朔[1]，蜀大将军费祎[2]与诸将大会于汉寿[3]，郭循在坐；祎欢饮沈醉[4]，循起刺祎，杀之。祎资性泛爱[5]，不疑于人。越嶲太守张嶷[6]尝以书戒[7]之曰："昔岑彭率师[8]，来歙杖节[9]，咸见害于刺客[10]。今明将军[11]位尊权重，待信新附太过[12]，宜鉴前事少[13]以为警。"祎不从，故及祸。

诏追封郭循为长乐乡侯[14]，使其子袭爵。

王昶[15]、毌丘俭闻东军败[16]，各烧屯[17]走。朝议[18]欲贬黜诸将，大将军师[19]曰："我不听公休[20]，以至于此。此我过也，诸将何罪！"悉宥之[21]。师弟安东将军昭时为监军[22]，唯削昭爵而已。以诸葛诞为镇南将军[23]，都督豫州[24]；毌丘俭为镇东将军[25]，都督扬州。

是岁，雍州刺史陈泰[26]求敕并州并力讨胡[27]，师从之。未集[28]，而新兴、雁门二郡胡以远役[29]，遂惊反[30]。师又谢[31]朝士曰："此我过也，非陈雍州[32]之责！"是以人皆愧悦[33]。

习凿齿[34]论曰：司马大将军引二败[35]以为己过，过消而业隆[36]，可谓智矣。若乃讳败推过，归咎万物[37]，常执其功而隐其丧[38]，上下离心，贤愚解体[39]，谬之甚矣！君人者，苟统斯理以御国[40]，行失而名扬[41]，兵挫而战胜[42]，虽百败可也[43]，况于再乎[44]！

（以上为第一段，写魏国出兵攻打吴国，由于东线失败，其他部队也烧毁营地撤退。大将军司马师引咎自责，宽恕诸将，只处理其弟、监军司马昭，习凿齿认为是消弭错误，可谓智者之举。）

【注释】

[1]朔：农历每月一日。 [2]费祎（yī）：字文伟，蜀汉名臣，诸葛亮去世后，官至大将军，继蒋琬为丞相。传见《三国志》卷四十四。 [3]汉寿：县名，原名葭萌，蜀汉改名汉寿，治所在今四川广元市西南。时费祎统军驻于此地。 [4]沈醉：亦作"沉醉"，酩酊大醉。沈，通"沉"。[5]资性泛爱：秉性仁慈，待人厚道，无所不爱。资性，秉性，性情。泛爱，广施爱心。泛，广。

[6]越巂（xī）：郡名，治所在邛都，在今四川西昌市东南。太守：一郡的行政长官。张嶷（yí）：字伯岐，蜀汉名将，曾随马忠多次平定南蛮叛乱，官至荡寇将军。传见《三国志》卷四十三。[7]戒：通“诫”，劝诫，劝导。[8]岑彭率师：指岑彭统军出征公孙述。岑（cén）彭，字君然，东汉中兴名将，列云台二十八将第六位。传见《后汉书》卷十七。[9]来歙杖节：指来歙持节率军平蜀。来歙（xī），字君叔，东汉名将，在率军进攻公孙述之战中被敌间刺死。杖节，持节。传见《后汉书》卷十五。[10]咸：皆，都。见害：被害。[11]明将军：英明的将军，此对费祎的尊称。[12]待信：谓以诚信相待。新附：新归降的人，指郭循。附，依附，投降。[13]少：通“稍”，稍稍，稍微。[14]诏：下诏，主语为魏国皇帝。追封：死后加封。郭循刺杀蜀汉重臣费祎有功，故予以褒奖。[15]王昶（chǎng）：字文舒，曹魏将领。[16]东军败：指胡遵、诸葛诞率军攻打吴国，被吴将诸葛恪、丁奉等打败。东军，指东部魏军。东关之战中，魏分三道攻打东吴，东关在最东面，故曰“东军”。[17]烧屯：烧掉在前方构筑的营垒。屯（tún），兵营。[18]朝议：朝廷群臣的意见。[19]师：即司马师。[20]不听公休：没有采纳诸葛诞的意见。公休，即诸葛诞。传见《三国志》卷二十八。[21]悉：皆，都。宥（yòu）：宽容，饶恕。[22]安东将军：将军名号。东汉献帝时置，为出镇某一地区的军事长官，或作为刺史兼理军务的加官。魏时，与安南、安北、安西将军合称“四安将军”。昭：即司马昭。[23]镇南将军：重要将军名号。魏国设立“四镇将军”，统兵将领，位次“四征将军”，镇戍四方。镇南，镇守魏国南方，主管与孙吴的防守与征战事宜。[24]豫州：州名，因位于九州之中，故别称“中州”。[25]毌丘俭为镇东将军：将毌丘俭与诸葛诞的职务予以对调、换防。[26]雍州：州名，位于今陕西、宁夏全境，青海、甘肃、宁夏、新疆、内蒙古部分，后改凉州。陈泰：字玄伯，司空陈群之子，曹魏名将。传见《三国志》卷二十二。[27]求敕并州并力讨胡：意即请求朝廷命令并州刺史和陈群一道攻打北部的匈奴人。敕（chì），指皇帝的诏令。并州，州名，治晋阳，在今山西太原市。并力，合力。胡，对匈奴的习惯称呼。[28]未集：指攻打匈奴的队伍还未组织起来。集，集合。[29]新兴、雁门：二郡名。新兴，郡治九原，在今山西忻州市；雁门，郡治广武，在今山西代县西南。远役：犹言“远征”，到远方服役。[30]惊反：由于害怕而反叛。惊，惊惧。陈泰向朝廷请求雍州、并州合力讨胡，雍州在并州西南，雁门、新兴二郡在并州最北部，路途相距甚远，胡人因惧怕远征而反叛。[31]谢：认错，道歉。[32]陈雍州：即雍州刺史陈泰。[33]愧悦：指羞愧而悦服。胡三省曰：“司马师承父懿之后，大臣未附，引咎责躬，所以愧服天下之心而固其权耳。”[34]习凿齿：字彦威，东晋襄阳（今属湖北）人，东晋著名史学家、文学家。官至荥阳太守。精通玄学、佛学、史学，著有《汉晋春秋》《襄阳耆旧记》《逸人高士传》《习凿齿集》等。以下所引文字，见《汉晋春秋》。[35]二败：指东关之役的失败和雁门、新兴二郡胡人的反叛。[36]过消而业隆：过失消弭，而事业兴隆。[37]归咎万物：犹言“归咎他人”，把失败的责任推诿给其他人。咎（jiù），过失，罪过。物，此处指人。[38]执其功：有了功劳就归为己有。执，执持，引申为占有。隐其丧：有了过失就隐瞒起来。隐，隐匿，隐藏。丧，损失、消耗。[39]贤愚解

体：无论是贤智的人，还是一般的人都与主政者离心离德。解体，解散，分崩离析。［40］苟：只要。统斯理：指把握住这个道理。统，统摄，把握。御国：治理国家。［41］行失而名扬：承认一些行为上的过失，美名就会传扬，威望就会更高。［42］兵挫而战胜：意即以上两次虽然失败了，但以后就能战无不胜，胜利就会更多。［43］虽百败可也：即使是失败了一百次，也没有什么大不了的。虽，即是，转折副词。［44］况于再乎：何况不过只是失败了两次呢？再，二。

光禄大夫张缉[1]言于师曰："恪虽克捷[2]，见诛不久[3]。"师曰："何故？"缉曰："威震其主，功盖一国，求不死，得乎！"

二月，吴军还自东兴[4]。进封太傅恪阳都侯，加荆、扬州牧[5]，督中外诸军事[6]。恪遂有轻敌之心，复欲出军，诸大臣以为数出罢劳[7]，同辞谏恪，恪不听。

中散大夫蒋延固争[8]，恪命扶出[9]。因著论以谕众曰[10]："凡敌国欲相吞[11]，即仇雠欲相除[12]也。有仇而长[13]之，祸不在己，则在后人，不可不为远虑也。昔秦但得关西[14]耳，尚以并吞六国[15]。今以魏比古之秦，土地数倍；以吴与蜀，比古六国，不能半也。然今所以能敌之者，但以操时兵众，于今适尽[16]，而后生者未及长大，正是贼衰少未盛[17]之时。加司马懿先诛王凌[18]，续自陨毙[19]，其子幼弱而专彼大任，虽有智计之士，未得施用[20]。当今伐之，是其厄会[21]。

"圣人急于趋时[22]，诚谓今日[23]。若顺众人[24]之情，怀偷安之计，以为长江之险可以传世，不论魏之终始[25]，而以今日遂轻其后[26]，此吾所以长叹息者也！今闻众人或以百姓尚贫，欲务闲息[27]，此不知虑其大危而爱其小勤者也[28]。昔汉祖幸已自有三秦之地[29]，何不闭关守险以自娱乐，空出攻楚[30]，身被创痍[31]，介胄生虮虱[32]，将士厌困苦[33]，岂甘锋刃[34]而忘安宁哉？虑于长久，不得两存[35]者耳。

"每鉴荆邯说公孙述以进取[36]之图[37]，近见家叔父表陈与贼争竞之计[38]，未尝不喟然[39]叹息也！夙夜反侧[40]，所虑如此，故聊疏愚言[41]，以达一二君子之末[42]。若一朝陨没[43]，志画不立[44]，贵令来世知我所忧[45]，可思于后[46]耳。"众人虽皆心以为不可，然莫敢复难[47]。

【注释】

[1]光禄大夫：官名，为皇帝近臣，隶属于光禄勋，掌顾问应对。张缉：字敬仲，曹魏大臣，魏少帝曹芳的岳父。后因不满司马师专权，联合夏侯玄、李丰准备推翻司马师，事泄被赐死狱中。[2]克捷：指攻克东关之捷。 [3]见诛不久：很快就要被杀，死到临头。见，被。按：胡三省曰："缉料恪虽中，缉亦卒为师所杀。师方专政，忌才智而疾异己，况以缉而耀明于师乎！" [4]还自东兴：即自东兴还，指东吴大军从东兴堤返回京师。东兴，即东兴堤，在安徽含山县西南，与巢湖市相接。 [5]荆、扬州牧：荆州、扬州两州刺史。牧，官名，即指州刺史，地方最高行政长官。荆州，吴国荆州的州治江陵，在今湖北江陵县西北。扬州，孙吴时州治建业，在今江苏南京市。[6]督中外诸军事：都督京都与全国各地方的军事。督，都督，统领。中，指京都之中。外，指京都之外，代指全国。 [7]罢劳：即疲劳，疲敝不堪。罢，通"疲"。 [8]中散大夫：官名，皇帝的侍从官员，位在谏议大夫之上，掌顾问应对。蒋延：孙吴官员。诸葛恪知司马昭兵败北归，欲乘势进取中原，然蒋延反对，被贬为庶人。固争：坚决劝阻。 [9]扶出：拖出，逐出。 [10]著论：写作书信。谕（yù）：告谕，晓谕。 [11]相吞：互相吞并、兼并。 [12]仇雠欲相除：如同仇敌一样，势不两存，欲除对方而后已。仇雠，仇敌。雠，为"仇"的异体字，与"仇"字组成词组。 [13]长：助长，指长敌人的威风。 [14]秦但得关西：指战国初期的秦国只占有函谷关以西地区。但，只。关西，泛指函谷关以西。 [15]并吞六国：指兼并关东韩、魏、燕、赵、齐、楚六国。并吞，兼并，吞没。 [16]操时兵众，于今适尽：曹操时代的将领、士兵，到现在已快死光了。适，已经。 [17]衰少未盛：老的老，小的小，兵力衰弱。衰少，衰微，年少。按：此是诸葛恪过分轻敌之言。胡三省曰："恪不能兢惧以保胜，恃一战之捷，遽谓魏人为衰少未盛之时，其轻敌甚矣。" [18]王凌（172—251）：字彦云，东汉司徒王允之侄，曹魏大臣，官至司空、太尉。后因不满司马懿专擅朝政，联合兖州刺史令狐愚谋立楚王曹彪为帝，事泄自尽，被夷三族。传见《三国志》卷四十八。 [19]续自陨毙：接着自己也死了。续，接续，接着。陨，古同"殒"，死亡的意思。 [20]未得施用：得不到重用。此亦非知彼之言，轻敌之说。 [21]是其厄会：正是魏国困顿倒霉的时候。厄会，众灾会合，犹言"厄运"。按：胡三省曰："既已司马师为幼弱，又谓其未能用人，兹可谓不善料敌者矣。" [22]急于趋时：意即抓紧时机动手。趋时，抓紧时机。[23]诚谓今日：意即是今天的事，就不要拖到明天。 [24]众人：一般人，普通人，含有轻蔑的意思。 [25]不论魏之终始：不考虑魏国的全面情况。 [26]以今日遂轻其后：意即以今日的魏国之衰弱，而忽视其日后发展。轻，轻视，忽视。胡三省曰："恪无孔明之才而轻用其民，不唯不足以强吴，适足以灭其身，灭其家而已。" [27]欲务闲息：想使百姓获得休息。闲息，亦作"间息"，停息，休息。 [28]虑其大危：考虑大的方面，具有全局性的危害。爱其小勤：怜惜百姓些小的勤苦。爱，怜爱，怜惜。 [29]汉祖：即汉高祖刘邦。三秦：泛指关中地区。秦亡之后，项羽三分关中，封秦降将章邯为雍王，司马欣为塞王，董翳为翟王，合称"三秦"。 [30]空出攻楚：意谓抽空所有的兵力，出关攻打项羽。楚，指项羽。项羽封为西楚霸王，故言之。"空"前增"而"

字读。此句与上句为转折关系，而非顺承关系。［31］身被创痍：指刘邦被项羽的伏兵射伤。被，蒙受，遭受。创痍(yí)，创伤。［32］介冑：即甲胄，铠甲和头盔。介，通“甲”。虮(jǐ)虱(shī)：寄生在人体的虫子。［33］厌困苦：吃尽了苦头。厌，嫌恶，排斥。［34］甘锋刃：以战争为乐。甘，甜，乐，意动用法。锋刃，刀兵相接，代指战争。［35］不得两存：指贪图安逸与长治久安不能并存。［36］荆邯说公孙述以进取：荆邯劝说公孙述要努力进取，不要单凭巴蜀之险消极固守。荆邯，公孙述的谋士、部将。公孙述，字子阳，东汉初年割据，后称帝于蜀，国号成家，年号龙兴，被大司马吴汉举兵攻灭。传见《后汉书》卷一百上。［37］图：图谋，谋划。荆邯曾上书公孙述，劝其吸取隗嚣拥兵自保、不图进取的教训，乘天下尚未绝望，豪杰尚可招诱之机，赶快征发国内精兵，南面据守江陵，倚仗巫山之固筑垒坚守，江南可传檄而定；北面出兵汉中，进而平定三辅，陇右即可拱手自服。［38］家叔父：指诸葛亮。表陈：上书陈述，指诸葛亮上呈后主的《出师表》，论说汉贼不两立，必须北伐的理由。争竞：竞争，即北伐争战。［39］喟(kuì)然：形容叹气的样子。［40］夙夜反侧：日夜思考，以致无法入睡。夙夜，日夜，此为偏正词组，单指夜。反侧，翻来覆去，心事重重，难以入睡。［41］聊疏愚言：姑且陈述以上内容。聊，姑且，勉强。疏，具体陈述。愚言，不算聪明的想法，谦辞。［42］以达一二君子之末：上达给诸位的左右人员知晓，谦辞，意即让诸位知道我的想法。“一二”，章校曰：“甲十一行本作‘二三’；乙十一行本同；孔本同。”末，末位，指下级官员。［43］陨没：去世，死亡。陨(yǔn)，通“殒”。没(mò)，通“殁”。［44］志画不立：谋略不能实现。志画，谋划，谋略。［45］贵令来世知我所忧：所可贵的是，也可以让后世人知道我曾经忧虑过什么样的问题。来世，后世，后来人。［46］可思于后：可以让后世的人记住我所说的这些话。［47］莫敢复难(nàn)：意即没有人敢再提出异议，而心中却不以为是。莫，没有谁，无定代词。复，再，又。难，发难，诘责。

丹阳太守聂友素与恪善[1]，以书谏恪曰：“大行皇帝[2]本有遏[3]东关之计，计未施行[4]；寇远自送[5]，将士凭赖[6]威德，出身用命[7]，一旦有非常之功，岂非宗庙、神灵、社稷之福邪！宜且按兵养锐，观衅[8]而动。今乘此势欲复大出，天时未可，而苟任盛意[9]，私心以为不安。”恪题论后[10]，为书答友曰：“足下虽有自然之理[11]，然未见大数[12]，熟省[13]此论，可以开悟[14]矣。”

滕胤[15]谓恪曰：“君受伊、霍之托[16]，入安本朝，出摧强敌，名声振于海内，天下莫不震动，万姓[17]之心，冀得蒙君而息[18]。今猥以劳役之后[19]，兴师出征，民疲力屈，远主有备[20]。若攻城不克，野略[21]无获，是丧前劳而招后责[22]也。不如按甲息师，观隙[23]而动。且兵者，大事[24]，事以众济[25]，众苟不悦，君独安之[26]？”恪曰：“诸云不可，皆不见计算[27]，怀居苟安者也[28]；而子复以为然，吾何望[29]乎！夫以曹芳暗劣[30]，而政在私门[31]，彼之民臣，固有离心[32]。今吾因[33]国家之资，藉[34]战胜之威，则何往而不克哉！”三月，恪大发州郡二十万众复入寇，以滕胤为都下督[35]，掌统留事[36]。

【注释】

[1]丹阳：吴郡名，郡治建业，在今江苏南京市。聂友：字文悌，孙吴名将。传见《三国志》卷六十四。素：平素，平常。善：友善。 [2]大行皇帝：刚死不久的皇帝，指孙权。此时，东吴之丧未逾年，故称之。大行，一去不返之意。 [3]遏（è）：阻止，禁止。 [4]计未施行：据章校，甲十一行本等，“行”下有“今公辅赞大业成先帝之志”十一字。 [5]寇远自送：魏兵从远方前来送死。远自送，即自远送。 [6]凭赖：倚仗，依靠。 [7]出身用命：舍身拼命。 [8]观衅：窥伺敌人的间隙。衅，裂缝，间隙。 [9]苟任盛意：假若全凭您的意思办事。苟，假如。任，凭。盛意，盛情，浓厚的情意，此指一厢情愿的情意。 [10]题论后：在自己所著的《谕众》之论后面，又补充写道。 [11]自然之理：指顺其自然的道理。 [12]大数：国家胜负存亡的大道理。[13]熟省：反复阅读。省，省视，省悟。 [14]开悟：犹言“开窍”，豁然开朗。 [15]滕胤（yìn）：字承嗣，孙吴重臣，娶公主为妻。历任丹杨太守、吴郡太守、会稽太守。官至大司马，因与吕据密谋推翻孙綝，事泄，遭灭族。传见《三国志》卷六十四。 [16]受伊、霍之托：受到像伊尹、霍光那样辅佐幼主的重托。伊，即伊尹，商朝开国元勋，字子孟。霍，即霍光。汉武帝临终时，拜大将军、大司马，受命托孤辅政，封为博陆侯。辅佐昭、宣中兴，权倾朝野。 [17]万姓：代指天下所有的臣民百姓。 [18]冀：希望。蒙君而息：仰仗您而获得生存。蒙，承蒙。息，生息，安居乐业。 [19]猥以劳役之后：指勉强地在种种烦劳差役之后。猥，勉强。以，于。劳役，指内有兴筑孙权陵墓的差役，外有东关之役。 [20]民疲力屈，远主有备：语出《左传·僖公三十二年》，当时秦穆公欲出兵袭郑，秦大夫蹇叔谏穆公说：“劳师以袭远，非所闻也。师劳力竭，远主有备，无乃不可乎！” [21]野略：指掠夺城外的人口与财货、庄稼。略，通“掠”，掠夺。 [22]丧前劳而招后责：意即既丢弃了东关之胜的功劳，又招来后人的指责。前劳，指东关之胜。后责，后人的责备。 [23]观隙：指寻找出战的最佳时机。观，观察，寻求。隙，缝隙，引申为机会。[24]兵者，大事：语出《左传·成公十三年》：“国之大事，在祀与戎。” [25]事以众济：想要打败敌人，必须依靠众人的努力。济，完成。 [26]众苟不悦，君独安之：大家都不愿意，就凭你一个人，能有什么作为呢？独安之，犹言岂能成之。 [27]不见计算：没有见到有什么计划打算。[28]怀居：留恋安逸，怀念故居。苟安：犹言“偷安”，指只顾眼前，苟且偷安。 [29]何望：即望何，还指望什么呢？ [30]曹芳：字兰卿，曹魏第三位皇帝，公元239年至公元254年在位。

暗劣：昏庸，低劣，软弱。［31］政在私门：指朝廷大权操纵在司马氏手中。［32］固有离心：早就有离异之心。固，本来。［33］因：依靠。［34］藉：凭借。［35］都下督：官名，京师建业的军事长官。［36］掌统留事：统管后方留守诸事。掌统，统管。

夏，四月，大赦。

汉姜维[1]自以练西方风俗[2]，兼负其才武[3]，欲诱诸羌、胡以为羽翼[4]，谓自陇[5]以西，可断而有[6]。每欲兴军大举，费祎常裁制[7]不从，与其兵不过万人，曰："吾等不如丞相[8]亦已远矣；丞相犹不能定中夏[9]，况吾等乎！不如且保国治民，谨守社稷[10]，如其功业[11]，以俟[12]能者，无为希冀徼幸[13]，决成败于一举；若不如志[14]，悔之无及。"及祎死，维得行其志，及将数万人出石营[15]，围狄道[16]。

吴诸葛恪入寇淮南[17]，驱略[18]民人。诸将或谓恪曰："今引军深入，疆埸之民[19]，必相率远遁[20]，恐兵劳而功少，不如止围新城[21]，新城困，救必至，至而图之，乃可大获。"恪从其计，五月，还军围新城。

诏太尉司马孚[22]督军二十万往赴[23]之。大将军师问于虞松[24]曰："今东西有事[25]，二方皆急，而诸将意沮[26]，若之何？"松曰："昔周亚夫[27]坚壁昌邑[28]，而吴楚[29]自败，事有似弱而强，不可不察也。今恪悉其锐众[30]，足以肆暴[31]，而坐守[32]新城，欲以致一战[33]耳。若攻城不拔，请战不可，师老众疲[34]，势将自走，诸将之不径进[35]，乃公之利也。姜维有重兵而县军应恪[36]，投食[37]我麦，非深根[38]之寇也。且谓我并力于东，西方必虚，是以径进。今若使关中诸军倍道急赴[39]，出其不意，殆将走[40]矣。"师曰："善！"乃使郭淮[41]、陈泰悉关中之众，解狄道之围；敕毌丘俭按兵自守，以新城委吴[42]。陈泰进至洛门[43]，姜维粮尽，退还。

【注释】

［1］姜维：字伯约，蜀汉后期名将。传见《三国志》卷四十四。［2］自以练西方风俗：自认为非常熟悉西部地区的民间习俗。姜维本是天水冀县人，从小在西部长大，故有此自信。练，熟练，详熟。西方，泛指甘肃、青海一带地区。［3］负其才武：指自负其才，认为自己能文能武。才，

相对于“武”而言，指文才。［4］羽翼：禽鸟翅膀，比喻辅佐的力量。［5］陇：指陇山，六盘山南段的别称，在今陕西与甘肃交界处。［6］可断而有：指可归蜀汉所有。断，截取，此指攻占。［7］裁制：制止，抑止。［8］丞相：指诸葛亮。［9］定中夏：攻占中原地区。定，克定，攻取。中夏，中原，华夏，此指曹魏统治的地区。［10］社稷：土神和谷神，古代君主都祭社稷，后来就用来代表国家。此指蜀国江山。［11］功业：指进一步开拓地盘，为国立功。［12］俟（sì）：等待。［13］无为希冀徼幸：不要寄希望于一次两次的侥幸成功。希冀，希望。徼（jiǎo）幸，由于偶然的因素而获得意外成功。徼，通“侥”。［14］如志：如愿，成功。［15］石营：在今甘肃西及西北约八十里处，在董亭西南，当时属曹魏南安郡。［16］狄道：魏县名，县治在今甘肃临洮县。［17］入寇：侵略，侵扰。淮南：魏郡名，郡治合肥，在今安徽合肥市西北。［18］驱略：驱赶，俘虏，指将其挟持而归。略，通“掠”，掠夺。［19］疆埸之民：战争所涉及区域的居民。疆埸，国界，边境；战场。［20］相率远遁：互相携从远逃。相率，相继，一个接一个。遁，逃避，逃走。［21］止：通“只”，仅仅。新城：当时魏国的淮南郡郡治合肥，在今安徽合肥市。［22］诏：下令，主语为魏国皇帝。司马孚（fú）：字叔达，曹魏至西晋初年重臣，西晋宗室，太尉司马懿之弟。历仕魏国五代皇帝。传见《晋书》卷七。［23］往赴：指奔赴新城。［24］虞松：字叔茂，曹魏官员。任中书郎、中书令等职。事见《三国志》卷四。以下所载献计，见裴松之注引《汉晋春秋》。［25］东西有事：指东吴诸葛恪进攻淮南，西蜀姜维进攻陇西。［26］意沮（jǔ）：情绪消极低沉，犹今之所谓丧气、灰心。沮，灰心失望。［27］周亚夫：西汉名将，历仕汉文帝、汉景帝两朝，官至丞相。传见《史记》卷五十七。［28］坚壁昌邑：吴楚叛乱，周亚夫率领大军平叛，不与叛军正面交锋，而是向东到达昌邑城，坚守不出，绝敌粮草和后路，而后一举击溃叛军。坚壁，加固城墙和堡垒。昌邑，县名，县治在今山东巨野县东南。［29］吴楚：此指吴楚叛乱。汉景帝采用晁错《削藩策》，先后下诏削夺楚、赵等诸侯国的封地。吴王刘濞联合楚王刘戊、赵王刘遂、济南王刘辟光、淄川王刘贤、胶西王刘卬、胶东王刘雄渠等诸侯王，以“清君侧”为名发动叛乱，史称吴楚七国之乱。［30］悉其锐众：出动全部精锐部队。悉，尽，倾其所有。锐，精锐，形容勇往直前的气势。［31］肆暴：肆意逞强施暴。肆，肆意。［32］坐守：单单地困守。［33］致一战：招引魏军与其决战，欲一战决胜负。致，招致，招引。［34］师老众疲：意即全军疲惫不堪，不攻自溃。老，疲惫。［35］不径进：不愿直接进击。径，径直，直接。此句与上文“诸将意沮”相关联。［36］县军应恪：遥远地与诸葛恪相呼应。县，通“悬”。［37］投食：犹言“就食”，指蜀军投兵魏地，粮草无法供应，而以魏地麦子为食。［38］深根：深深地扎根，指有根基，能持久。［39］关中：指今陕西中部。其地东有函谷关，南有武关，西有散关，北有萧关。倍道：日夜兼程，一日走两日的路程。急赴：紧急奔赴。［40］殆将走：差不多就要退军离开了。殆，几乎，差不多。走，离开，此指退军。［41］郭淮：字伯济，曹魏名将。阻遏诸葛亮北伐，屡立战功。传见《三国志》卷二十六。［42］委吴：丢给吴国，任其攻打。委，委弃，丢给。［43］洛门：地名，在今甘肃甘谷县西。

扬州牙门将涿郡张特[1]守新城，吴人攻之连月，城中兵合三千人，疾病、战死者过半，而恪起土山[2]急攻，城将陷，不可护。特乃谓吴人曰："今我无心复战也。然魏法，被攻过百日而救不至者，虽降，家不坐[3]；自受敌以来，已九十余日矣，此城中本有四千余人，战死者已过半，城虽陷，尚有半人不欲降，我当还为相语[4]，条别善恶[5]，明日早送名[6]，且以我印绶[7]去为信。"乃投其印绶与之。吴人听其辞而不取印绶。特乃投夜彻诸屋材栅[8]，补其缺为二重[9]，明日，谓吴人曰："我但有[10]斗死耳！"吴人大怒，进攻之，不能拔。

会大暑，吴士疲劳，饮水，泄下、流肿[11]，病者太半，死伤涂地[12]。诸营吏日白[13]病者多，恪以为诈，欲斩之，自是莫敢言。恪内惟失计[14]，而耻城不下，忿形于色[15]。将军朱异[16]以军事迕恪[17]，恪立夺其兵，斥还建业。都尉蔡林[18]数陈军计，恪不能用，策马来奔[19]。诸将伺知[20]吴兵已疲，乃进救兵。秋，七月，恪引军去，士卒伤病，流曳[21]道路，或顿仆坑壑[22]，或见略获[23]，存亡[24]哀痛，大小嗟呼[25]。而恪晏然自若[26]，出住江渚[27]一月，图起田于浔阳[28]；诏召相衔[29]，徐乃旋师[30]。由是众庶失望，怨讟兴矣[31]。

【注释】

[1]张特：字子产，曹魏将领。吴国太傅诸葛恪攻魏时，负责镇守新城。事见《三国志》卷四。[2]起土山：堆起土堆，以居高临下攻打城池。起，堆土。[3]不坐：不受牵连而被惩处。[4]为相语：即相为语，劝说他们。相，表示一方对另一方有所施为。[5]条别善恶：分析战与降的利弊得失。条别，逐条逐项分析。[6]送名：指送去签字的投降书。[7]印绶：印信和系印信的丝带，代指官印。[8]投夜彻诸屋材栅：连夜拆掉房子上的木材、围栏。投，及，到。彻，通"拆"。栅，栅栏，围栏。[9]补其缺为二重：把城墙的缺口加固为双层防护。[10]但有：只有，没有其他。[11]泄下：腹泻。流肿：浮肿。[12]涂地：遍地。[13]日白：每天向上报告。日，每日。白，告白，汇报。[14]内惟失计：心中已经明白这次出兵是一次错误行动。内，心内，心中。惟，思考，思虑。[15]忿形于色：愤恨恼怒之情流露在脸上。忿，怨恨，悔恨。[16]朱异：字季文，孙吴将领。传见《三国志》卷五十六。[17]迕恪：新城未能攻克，朱异说应该快速返回。诸葛恪以书信晓谕朱异，朱异将书信扔在地上。诸葛恪大怒，立即夺了朱异兵

权。迕，违背，冒犯。［18］都尉：低于校尉的武官名，有战事时临时委任，事毕即罢。或冠以骁骑、车骑等名号。蔡林：吴国都尉。诸葛恪在新城攻魏失策又攻城不下时屡次献策，诸葛恪不予采纳，于是他策马投魏。事见《三国志》卷六十四。［19］来奔：前来投奔魏军。［20］伺知：通过侦探得知。伺，观察，探察。［21］流曳：拉扯而行，多有流散。曳，牵拉，拉扯。［22］顿仆：跌倒，落入。坑壑（hè）：坑塘，沟渠。［23］见略获：指被魏兵俘虏。略，同“掠”，掳掠。获，获得，俘获。［24］存亡：指仍然留在军营的，以及逃亡的，指所有的士兵。［25］大小：指将领与士兵。嗟（jiē）呼：哀叹，呼号，怨气冲天。［26］晏然自若：神态安宁，与平常没有两样。［27］江渚（zhǔ）：江中小岛。［28］图：谋划，策划。起田于浔阳：在浔阳建立武装屯垦。浔阳，在今江西九江市西北。［29］诏召：令其回师的诏书。相衔：一道接着一道下达。［30］徐：徐徐，慢慢吞吞。旋师：班师，回师。［31］怨讟兴矣：指怨恨的情绪出现。讟（dú），怨言。

汝南太守邓艾[1]言于司马师曰：“孙权已没[2]，大臣未附，吴名宗大族皆有部曲[3]，阻兵仗势[4]，足以违命。诸葛恪新秉国政，而内无其主[5]，不念抚恤[6]上下以立根基，竞于外事[7]，虐用其民[8]，悉国之众，顿[9]于坚城，死者万数，载祸而归，此恪获罪之日也。昔子胥、吴起、商鞅、乐毅[10]，皆见任时君[11]，主没犹败[12]，况恪才非‘四贤’，而不虑大患[13]，其亡可待也。”

八月，吴军还建业[14]，诸葛恪陈兵导从[15]，归入府馆[16]，即召中书令孙嘿[17]，厉声谓曰：“卿等何敢数妄作诏[18]！”嘿惶惧[19]辞出，因病还家。

恪征行[20]之后，曹所奏署令长职司[21]，一更罢选[22]，愈治威严[23]，多所罪责[24]，当进见者无不竦息[25]。又改易宿卫[26]，用其亲近；复敕兵严[27]，欲向青、徐[28]。

（以上为第二段，写吴国大将军诸葛恪取得东兴大捷，遂有轻敌之心，以为只要出征，就能取得胜利，于是一意孤行，不顾国内民疲财竭的实情，继续出兵攻打魏国，结果兵败新城，威望大失。）

【注释】

［1］汝南：魏郡名，郡治在平舆，在今河南平舆县北。邓艾：字士载，曹魏杰出的将领。传见《三国志》卷二十八。［2］没：通“殁”，去世。［3］部曲：指私人军队。［4］阻兵：仗恃军队。仗势：依仗兵势。［5］内无其主：指朝内没有明君，非指没有国君。［6］念：思考。抚恤：安抚，

体恤。恤，慰问，救济。［7］竞于外事：一心只想挑起对外战争。竞，争着做某事。［8］虐用其民：意即残暴地役使国内民众。虐，原文作虚，据章校改。［9］顿：顿驻，驻扎。［10］子胥：即伍子胥，名员，字子胥，春秋时楚国人，吴国大夫、军事家。曾协同孙武攻入楚都，掘墓鞭尸，以报父兄之仇。传见《史记》卷六十六。吴起：战国初期军事家、改革家。一生历仕鲁、魏、楚三国，都取得极高的成就。在楚国，辅佐楚悼王变法，得罪了守旧贵族，遭杀害。著有《吴子兵法》传世。传见《史记》卷六十五。商鞅：战国时期改革家，卫国人，入秦佐秦孝公变法，秦国富强。传见《史记》卷六十八。乐毅：战国后期杰出的军事家，拜燕上将军，曾统帅燕国等五国联军攻打齐国，连下七十余城，齐国差点亡国。传见《史记》卷八十。［11］见任时君：被当时的君王委以重任。见，被。“任”后增“于”字读。［12］没：通“殁”，去世。犹败：犹言“皆败”，皆以失败而告终。［13］大患：即大祸，灾难，指个人身败名裂。［14］建业：东吴的都城，在今江苏南京市。东汉建安十六年（211），孙权将国都从京口迁往秣陵，后改秣陵为建业，寓意“建立帝王之大业”。［15］陈兵导从：沿路列队守卫，前有引导，后有随从。［16］府馆：即诸葛恪的府邸。［17］中书令：掌管机要的官员，一般为皇帝的亲信担任。孙嘿（mò）：时为吴国中书令。曾因起草诏书让诸葛恪回军，被斥责，惶惧不安，回家不出，借病辞官还乡。事见《三国志》卷六十四。嘿，通“默”。［18］数妄作诏：多次替帝王起草莫名其妙的诏书。中书令负责为帝王起草诏书，故诸葛恪责备孙嘿。胡三省曰：“怒其数作诏招之也。”［19］惶惧：惊慌失措，恐惧不安。［20］征行：指统军出征。［21］曹：指选曹，主管选考官员的机构。奏署：启奏，任命。令长职司：指被选任的各有关部门的官吏。［22］一更罢选：一律罢免，另外选任。一，统统，全部。更，重新，再。罢选，罢免，选任。［23］愈治威严：对下属的约束、管制更加严厉。愈，愈发，更加。威严，严苛，严厉。［24］多所罪责：多数人都受到责罚。罪责，因所谓过失而受到处分。［25］当进见者无不竦息：不得已而前去拜见的人，都感到害怕。竦（sǒng）息，因恐惧而紧张得屏住呼吸，不敢大声喘气。［26］改易宿卫：更换宫中侍卫。［27］复敕兵严：又下令让军队整装待发。敕，本指皇帝下发命令，此指诸葛恪下令，更见其威严。严，戒严。［28］欲向青、徐：准备进攻魏国的青、徐二州。青，即青州，魏州名，治所在临淄（今山东淄博市临淄区）。徐，即徐州，魏州名，治所在彭城（今江苏徐州市）。

孙峻[1]因民之多怨，众之所嫌[2]，构恪于吴主[3]，云欲为变。冬，十月，孙峻与吴主谋，置酒请恪。恪将入之夜[4]，精爽扰动[5]，通夕不寐；又，家数有妖怪[6]，恪疑之。旦日[7]，驻车宫门，峻已伏兵于帷中，恐恪不时入[8]，事泄，乃自出见恪曰：“使君[9]若尊体不安，自可须后[10]，峻当具白主上。”欲以尝知恪意[11]。恪曰：“当自力入[12]。”散骑常侍张约、朱恩[13]等密书与恪曰：“今日张设[14]非常，疑有他故。”

恪以书示滕胤，胤劝恪还。恪曰：“儿辈何能为！正恐因酒食中人[15]耳。”恪入，剑履上殿[16]，进谢还坐[17]。设酒，恪疑，未饮。孙峻曰：“使君病未善平[18]，有常服药酒，可取之。”恪意乃安。别饮所赍酒[19]，数行[20]，吴主还内，峻起如厕，解长衣，著短服，出曰：“有诏收[21]诸葛恪。”恪惊起，拔剑未得，而峻刀交下[22]，张约从旁斫[23]峻，裁[24]伤左手，峻应手斫约，断右臂。武卫之士皆趋上殿[25]，峻曰：“所取者恪也，今已死！”悉令复刃[26]，乃除地更饮[27]。

恪二子竦、建[28]闻难，载其母欲来奔[29]，峻使人追杀之。以苇席裹恪尸，篾束腰[30]，投之石子冈[31]。又遣无难督施宽[32]就将军施绩、孙壹军[33]，杀恪弟奋威将军融[34]于公安[35]，及其三子。恪外甥都乡侯张震[36]、常侍[37]朱恩，皆夷三族。

【注释】

[1]孙峻：字子远，孙吴宗室、权臣。孙权病危时，与诸葛恪共受遗诏辅政，在设计诛杀政敌诸葛恪后，拜丞相、大将军，专擅朝政，封富春侯。传见《三国志》卷六十四。 [2]嫌：厌恶，怨恨。 [3]构恪于吴主：在吴主孙亮面前给诸葛恪编造罪名。构，构陷，诬陷。吴主，指孙亮。[4]将入之夜：指将要入朝的头天夜里。 [5]精爽扰动：精神躁动不安。精爽，精神，魂魄。扰动，骚扰，扰乱。 [6]数有妖怪：多次出现怪异之事。据《三国志·诸葛恪传》：“明将盥漱，闻水腥臭，侍者授衣，衣服亦臭。恪怪其故，易衣易水，其臭如初，意惆怅不悦。严毕，趋出，犬衔引其衣，恪曰：‘犬不欲我行乎？’还坐。顷刻，乃复起，犬又衔其衣。” [7]旦日：明天，第二天。 [8]不时入：不及时入内。时，按时。 [9]使君：犹言“先生”。 [10]须后：等以后再说。 [11]尝知恪意：打听、了解诸葛恪的心意。尝，试探。 [12]当自力入：意即我当强打精神进去见吴主。 [13]散骑常侍：官名，掌宿卫侍从，多为加官。张约、朱恩：孙亮时，两人为散骑常侍。孙峻谋杀诸葛恪，两人有所觉察，秘密致书于诸葛恪以示疑。诸葛恪被杀，两人被夷三族。事见《三国志》卷六十四。 [14]张设：陈设，布置。 [15]正恐因酒食中人：所怕的也就是在酒饭中下毒害人。中（zhòng）人，使人中毒，使动用法。 [16]剑履上殿：携带佩剑，脚穿朝靴，这是当时诸葛恪享有的特殊礼遇。一般人上殿不准带剑，要脱掉鞋子。剑履，带剑穿鞋，用作动词。 [17]进谢还坐：进前先见过吴主，然后回到座位。 [18]病未善平：病情没有完全好转。善平，指平复，康复。 [19]所赍酒：自己带来的酒。赍（jī），携带。 [20]数行：指酒过数巡。数，多次。行（xíng），量词，指酌酒劝饮一遍。 [21]收：收捕，捉拿。 [22]刀交下：指孙峻与他助手的刀一齐砍下。交下，俱下，齐下。 [23]斫（zhuó）：砍。 [24]裁：通“才”，仅仅，

用作副词。［25］武卫之士：宫内的卫兵。时孙峻任武卫将军，武卫之士皆属孙峻统领。皆趋上殿：都小跑步上殿来。［26］复刃：收刀回鞘。复，收复，收回。［27］除地：打扫场地。更饮：重新开宴。［28］竦：即诸葛竦，诸葛恪次子，任吴国长水校尉。他对父亲刚愎自用的做法，多次劝谏，均被拒绝，常忧心祸至。建：即诸葛建，诸葛恪幼子，任吴国步兵校尉。其父被诛后逃亡，渡过长江，准备北上逃到魏国，被吴兵追杀。［29］来奔：来投奔魏国。［30］篾(miè)束腰：用竹篾捆住诸葛恪尸体的腰部。［31］石子冈：今南京市南郊的乱葬岗。［32］无难督：吴置无难兵营，设督统领，掌宫廷宿卫，亦用于征战，分左、右部，各以无难左、右都督统领。施宽：事见《三国志》卷二十五。［33］就将军施绩、孙壹军：意即前往施绩、孙壹两位将军的军队中。当时施绩驻兵江陵，孙壹驻兵夏口。施绩事见《三国志》卷五十六。孙壹事见《三国志》卷五十九。［34］融：即诸葛融，字叔长，诸葛瑾之子，诸葛恪之弟，官至孙吴奋威将军。吴主孙亮诛杀其兄诸葛恪，诸葛融饮药而死。事见《三国志》卷五十二。［35］公安：县名，县治在今湖北公安县城北。［36］张震：吴国重臣张昭之孙，袭父张承都乡侯爵位，后因受到舅舅诸葛恪的牵连而被杀。事见《三国志》卷五十二。［37］常侍：即散骑常侍，官名，为皇帝侍从，与中常侍性质相同，入则规谏过失，备皇帝顾问，出则骑马散从。

临淮臧均[1]表乞收葬恪[2]，曰："震雷电激[3]，不崇一朝[4]；大风冲发[5]，希有极日[6]；然犹继之以云雨[7]，因以润物。是则天地之威，不可经日浃辰[8]；帝王之怒，不宜讫情尽意[9]。臣以狂愚，不知忌讳，敢冒破灭之罪[10]，以邀风雨之会[11]，伏念故太傅诸葛恪，罪积恶盈[12]，自致夷灭，父子三首，枭市积日[13]，观者数万，詈声成风[14]；国之大刑，无所不震，长老孩幼，无不毕见[15]。人情之于品物[16]，乐极则哀生，见恪贵盛，世莫与贰[17]，身处台辅[18]，中间历年[19]，今之诛夷，无异禽兽，观讫情反[20]，能不憯然[21]！且已死之人，与土壤同域，凿掘斫刺[22]，无所复加[23]。愿圣朝稽则乾坤[24]，怒不极旬[25]，使其乡邑若故吏民[26]收以士伍之服[27]，惠以三寸之棺[28]。昔项籍受殡葬之施[29]，韩信获收敛之恩[30]，斯则汉高发神明之誉也[31]。惟陛下敦三皇之仁[32]，垂哀矜之心[33]，使国泽加于辜戮之骸[34]，复受不已之恩，于以扬声遐方[35]，沮劝[36]天下，岂不大哉！昔栾布[37]矫命彭越[38]，臣窃恨之，不先请主上而专名以肆情[39]，其得不诛，实为幸耳。今臣不敢章宣愚情以露天恩[40]，谨伏[41]手书，冒昧陈闻[42]，乞圣明哀察[43]。"于是，吴主及孙峻听恪故吏敛葬[44]。

【注释】

[1]臧均：江苏临淮人，曾上表乞收诸葛恪尸骨。事见《三国志》卷六十四。 [2]表乞（qǐ）收葬恪：上书请求收葬诸葛恪的遗骸。表，书，用作动词，上书。乞，乞求，请求。 [3]震雷电激：电闪雷鸣。震雷，响雷。电激，闪电。 [4]不崇一朝：时间不会长过一个早晨。崇，终。 [5]冲发：指突然而起。 [6]希有极日：很少有能达到一整天。希，通“稀”。极，尽头。[7]继之以云雨：还是接着转为和风细雨。犹言统治者恩威并施。 [8]经日浃（jiā）辰：犹言“连日累月”。浃辰，古代以干支纪日，称自子至亥一周十二日为“浃辰”。 [9]讫情尽意：犹言“竭情尽意”，指毫无约束地尽情发泄。讫，尽。 [10]破灭之罪：指因罪过而遭到破家灭身的惩处。[11]邀风雨之会：指在电闪雷鸣后，能够有和风细雨降临，意思是请求刑罚不要太过残酷。邀，求取。 [12]盈：充满。 [13]枭（xiāo）市积日：指人头已在街市上悬挂了好几天。枭市，犹言“枭首”，古代的一种刑罚，把人头砍下，挂在城门上示众。 [14]詈声成风：怒骂的声音随风四起。詈声，骂声。 [15]无不毕见：都看在眼里。毕，都，皆。 [16]品物：犹言“万物”，引申为众人。[17]世莫与贰：世上没有人可以与他相比，即无人能比。[18]台辅：三公宰相之位。[19]中间历年：其间经历了好几年。历，经历，经过。 [20]观讫情反：看过之后，让人回想，含有痛定思痛的意思。讫，完，毕。情反，犹言“反情”，反思，省悟。 [21]能不憯然：怎能不感到伤心呢？憯（cǎn）然，痛心疾首的样子。 [22]凿掘斫刺：指对尸体的种种施暴行为。凿，凿洞。掘，挖掘。斫，砍剁。刺，刺杀。 [23]无所复加：意即人死了，应埋葬于地下，没有必要再对其尸体砍凿击刺。 [24]稽则乾坤：效法天地的宽厚。稽，考较。则，效法。乾坤，天地。[25]怒不极旬：愤怒不超过十天。极，终。旬，十日为一旬。 [26]乡邑：指同乡的人。若故吏民：或者是老部下、普通民众。若，或。 [27]收以士伍之服：以普通士兵、百姓的衣服加以收敛。 [28]惠：赏给。三寸之棺：犹言“薄皮棺材”，极言其薄且陋。 [29]项籍受殡葬之施：项羽被刘邦攻打失败后自刎乌江，刘邦以鲁公之礼安葬。项籍，名籍，字羽。秦末楚汉相争，项羽是刘邦的对手。传见《史记》卷七。 [30]韩信获收敛之恩：刘邦收敛韩信之事，史书没有记载。韩信，西汉开国功臣。封王，因收留楚将钟离昧，贬为淮阴侯。传见《史记》卷九十二。 [31]斯则汉高发神明之誉也：这些就是刘邦能够享受神明一样声誉的原因。汉高，即汉高帝刘邦。发，散发，引申为享有的意思。神明，英明，圣明，至高无上。 [32]敦三皇之仁：发扬像三皇那样的仁爱。敦，崇，发扬。三皇，指传说的天皇、地皇、人皇。司马贞补《史记》，作《三皇本纪》，为伏羲氏、女娲氏、神农氏。 [33]垂哀矜之心：降下哀怜的心意。垂，垂下，降下。哀矜，哀怜，怜悯。矜，怜惜。 [34]辜戮之骸：因罪伏诛的尸骨。辜戮，刑戮，杀戮。骸，尸骨。 [35]扬声遐方：歌颂、赞扬的声音传遍四面八方。遐方，指远方，即遥远的地方。 [36]沮劝：谓阻止恶行，勉励善事。沮，阻止。 [37]栾布：西汉梁国人。因为彭越收尸，据理力争而被汉高祖刘邦看重。汉景帝时吴楚七国之乱，栾布以击齐之功，封鄃侯，出任燕相。传见《史记》卷一百。

[38]矫命彭越：栾布是彭越的老部下，奉命外出回来时，彭越已被杀害，于是栾布便去对着彭越的人头禀告出使的情况。事见《资治通鉴》卷十二。矫命，违背刘邦宣布的不准哭彭越的命令。彭越，字仲，西汉开国功臣，封为梁王。后以“反形已具”罪名，被诛灭三族。传见《史记》卷九十。[39]专名以肆情：只为自己扬名而任意行事。专名，独享名位。肆情，即放荡情怀。[40]章宣愚情以露天恩：公开显露自己的感情以祈请朝廷降恩。章宣，宣布。章，通“彰”，彰显。露，显露，显现，用作动词。天恩，指帝王的恩惠。[41]伏：拜，拜谢。[42]冒昧陈闻：冒昧以死陈述，让君王知晓。说“冒死”“昧死”，意思是人君之威难犯，冒着死罪而进言。[43]哀察：哀怜，明察。[44]敛葬：收殓，埋葬。敛，通“殓”，入殓。

初，恪少有盛名，大帝[1]深器重之，而恪父瑾常以为戚[2]，曰：“非保家之主也。”父友奋威将军张承[3]亦以为恪必败诸葛氏。陆逊尝谓恪曰：“在我前者，吾必奉之同升[4]，在我下者，则扶接之[5]。今观君气陵其上[6]，意蔑乎下[7]，非安德之基[8]也。”

汉侍中诸葛瞻[9]，亮之子也。恪再攻淮南，越嶲太守张嶷[10]与瞻书曰：“东主[11]初崩，帝实幼弱[12]，太傅受寄托之重[13]，亦何容易！亲有周公之才[14]，犹有管、蔡流言之变[15]；霍光受任[16]，亦有燕、盖、上官逆乱之谋[17]，赖成、昭之明[18]，以免斯难耳。昔每闻东主杀生赏罚，不任下人[19]，又今以垂没之命[20]，卒[21]召太傅，属[22]以后事，诚实可虑[23]。加吴、楚剽急[24]，乃昔所记[25]，而太傅离少主[26]，履敌庭[27]，恐非良计长算也。虽云东家纲纪肃然[28]，上下辑睦[29]，百有一失，非明者之虑也。取古则今[30]，今则古也[31]，自非郎君进忠言于太傅[32]，谁复有尽言[33]者邪！旋军广农[34]，务行德惠[35]，数年之中[36]，东西并举[37]，实为不晚，愿深采察[38]！”恪果以此败。

吴群臣共议上奏，推孙峻为太尉，滕胤为司徒。有媚峻者[39]言曰：“万机宜在公族[40]，若承嗣为亚公[41]，声名素重[42]，众心所附，不可量[43]也。”乃表[44]峻为丞相、大将军，督中外诸军事[45]，又不置御史大夫[46]。由是士人[47]失望。滕胤女为恪子竦妻，胤以此辞位。孙峻曰：“鲧、禹罪不相及[48]，滕侯何为[49]！”峻与胤虽内不沾洽[50]，而外相苞容[51]，进胤爵高密侯，共事如前。

【注释】

[1]大帝：指吴大帝孙权。 [2]戚：忧虑。 [3]张承：字仲嗣，孙吴大臣，辅吴将军张昭长子。官至奋威将军，封都乡侯，故又称“张奋威”。事见《三国志》卷五十二。 [4]奉之同升：意即推崇他，使之与自己一同升迁。 [5]扶接之：意即扶助他，使之接替自己的位置。 [6]气陵其上：对上级盛气凌人，趾高气扬。陵，通“凌”，侵犯，欺压。 [7]意蔑乎下：对下级态度傲慢，不屑一顾。意，与上句“气”同义。蔑，轻蔑。 [8]安德之基：安定仁德的根本。基，根基，根本。 [9]诸葛瞻：字思远，蜀汉丞相诸葛亮之子，袭爵武乡侯。魏将邓艾伐蜀，瞻率军抗击，战死绵竹。传见《三国志》卷三十五。 [10]越嶲（xī）：郡名，治所在邛都县，在今四川西昌市东南。张嶷（yì）：字伯岐，蜀汉名将，曾随马忠多次平定南蛮叛乱，任越嶲太守，在郡十五年。官至荡寇将军，封关内侯。后战死沙场。 [11]东主：即孙权，东吴之帝。因孙吴在蜀汉东面，故称。吴蜀两国联盟对魏，称“东主”，是较为客气的称呼。 [12]帝实幼弱：孙权去世，孙亮十岁即位为帝，是个娃娃，故称为“幼弱”。帝，指吴主孙亮。 [13]太傅：指请葛恪，时为吴国太傅。受寄托之重：孙权临终前，命令诸葛恪兼任太子太傅，为托孤大臣。 [14]亲有周公之才：意即诸葛恪与吴主孙亮，有叔父之亲，如同周公辅佐成王，并具有周公的才能。 [15]“犹有”句：仍然还有管叔、蔡叔散布流言发动叛乱的事。犹有，仍有，还有。管、蔡，即管叔、蔡叔。管叔名鲜，周文王姬昌第三子；蔡叔名度，周文王姬昌第五子，封于蔡。两人为周初三监之一，辅卫王室的藩篱。流言之变，成王年幼，周公摄政辅佐，管、蔡散布流言，说周公将不利于成王，意谓要取而代之，发动了叛乱。 [16]霍光受任：霍光受托孤的重任。霍光，字子孟，权臣、政治家。西汉中叶受汉武帝托孤，辅政昭、宣两代帝王。传见《汉书》卷六十八。 [17]“亦有”句：还有燕王旦、盖长公主和上官桀等人发动政变的阴谋。燕，即燕王刘旦，汉武帝刘彻第三子。武帝幼子刘弗陵即位，刘旦心中不服，便暗中准备造反，散布昭帝非武帝亲生的谣言。后又勾结盖长公主、上官桀等大臣准备再次谋反，被人告发，刘旦自杀，谥号剌。盖，即盖长公主，汉武帝刘彻之女，昭帝封为鄂邑长公主，嫁盖侯陈午为妻。后与燕王刘旦等人合谋诛除霍光，事败后自杀身亡。上官，即上官桀，字少叔，西汉外戚、大臣，与燕王刘旦、盖长公主合谋，谋害霍光，事败被杀，全族被诛。 [18]赖成、昭之明：多亏了周成王与汉昭帝的英明，坚信周公与霍光的坚贞不二，他们才没有落到诸葛恪这样的下场。赖，依赖。成，指周成王姬诵；昭，指汉昭帝刘弗陵。 [19]杀生赏罚，不任下人：意即吴主孙权对于生死与赏罚这样的大事，都从来不与大臣商量，独断专行。任，信任，任用。 [20]垂没之命：快要死亡的年纪。没，通“殁”，去世。 [21]卒：通“猝”，仓促，匆忙。 [22]属：通“嘱”，嘱咐，嘱托。 [23]诚实可虑：实在是值得忧虑。诚实，委实、的确是。 [24]吴、楚：指吴楚之地的人。剽急：性情凶狠好斗。剽，勇猛，轻捷。 [25]乃昔所记：过去是有记载的，意即早就见之于历史。如《史记·绛侯周勃世家》载周亚夫曰：“楚兵剽轻。”《史记·货殖列传》曰：“其俗剽轻，易发怒。” [26]离少主：指离开朝廷。少主，指当时东吴即位的幼主孙亮。 [27]履敌庭：指率军往攻淮南。履，含有亲自上前线、

上阵杀敌的意思。［28］东家：指东吴。纲纪：治国的大纲要领以及法纪律条。肃然：严整、齐全的样子。［29］辑睦（mù）：和睦。辑，和。［30］取古则今：用古代的事情来度量今天的事情。则今，衡量今天。则，法，度。用如动词。［31］今则古也：今天的事情也就如同古代的事情。则，则是。［32］自非郎君进忠言于太傅：意即如果不是您向诸葛恪进献忠言。言下之意，除了诸葛瞻，再也没有人向诸葛恪进言了。郎君，此称诸葛瞻。自汉以来，门生故吏，都称恩师的子弟为郎君。张嶷曾是诸葛亮的故吏，故如此称呼。［33］谁复有尽言：谁还能够进言，谁还愿意进言。说明诸葛恪刚愎自用，听不进任何人的意见。［34］旋军广农：班师还军，大力推广农业。旋，转，回，用作动词。广，推广，重视。［35］务行德惠：大力施行仁德恩惠。［36］数年之中：犹言“数年之后”。［37］东西并举：指东吴与西蜀同时对魏国发起进攻。［38］愿：希望。采察：采纳，思考。［39］媚峻者：向孙峻讨好的人。媚，谄媚，拍马屁。［40］万机宜在公族：意即国家大权应掌握在孙氏皇族人的手里。万机，指国家大权。公族，指孙氏皇族。［41］若承嗣为亚公：意即如果让滕胤担任司徒。承嗣，即滕胤，字承嗣。亚公，司徒之位次于太尉，故曰“亚公”。［42］素重：平常的威势和权力很重。素，平素，平常。［43］不可量：言其日后的行为不可估量。量，估量，计量。［44］表：即上表，上奏推荐，用作动词。［45］督中外诸军事：总督、总管国家军队及其所采取的一切军事行动。［46］不置御史大夫：御使大夫与丞相、太尉合称“三公”，现不设御使大夫，而孙峻既任丞相，又任太尉，而“三公”的权力集于一身。御史大夫，最高监察长官，主管监察、执法，协理全国政务。［47］士人：有地位、有身份的人。［48］鲧、禹罪不相及：鲧治水失败被舜所杀，鲧之子禹又被任命治水，没有受到其父被杀的影响。［49］何为：即为何，何必这样。指滕胤不必辞位。［50］不沾洽：不和谐，不融洽。［51］外相苞容：表面上看起来还能彼此相容，相互合作。苞容，宽和，能容纳人。苞，通“包”。

齐王奋[1]闻诸葛恪诛，下住芜湖[2]，欲至建业观变。傅相谢慈[3]等谏，奋杀之。坐废为庶人[4]，徙章安[5]。

南阳王和[6]妃张氏，诸葛恪之甥[7]也。先是恪有迁都之意，使治武昌宫[8]，民间或言恪欲迎和立之[9]。及恪被诛，丞相峻因此夺和玺绶[10]，徙新都[11]，又遣使者追赐死。初，和妾何氏生子皓[12]，诸姬子德、谦、俊[13]。和将死，与张妃别，妃曰：“吉凶当相随，终不独生。”亦自杀。何姬曰：“若皆从死，谁当字孤[14]！”遂抚育皓及其三弟，皆赖以获全。

（以上为第三段，写吴国武卫将军孙峻以吴人多嫌怨首辅大臣诸葛恪，乃诬陷诸葛恪欲谋反，与吴主孙亮设下毒计，在皇宫中置酒宴请诸葛恪，伏兵于帷帐内，孙峻于座中用刀杀死诸葛恪，并夷其三族。）

【注释】

[1]齐王奋：即孙奋，字子扬，孙权第五子，初封齐王，镇守武昌，因擅杀封国属官而被废为庶人，后改封章安侯。传见《三国志》卷五十九。 [2]下住芜湖：指从武昌顺流而下，驻兵于芜湖。芜湖，吴县名，在今安徽芜湖市。 [3]傅相：太傅兼国相，诸侯王的辅导官，职级如太守。谢慈：字孝宗，彭城人，孙吴中书郎。齐王孙奋傅相。因谏阻而被孙奋杀害。事见《三国志》卷五十九。 [4]坐废为庶人：齐王孙奋因此获罪而被废为平民百姓。坐，因……获罪。 [5]章安：吴县名，县治在今浙江台州市椒江区章安街道。 [6]南阳王和：即孙和，字子孝，孙权第三子，末帝孙皓生父。曾被孙权册立为太子，受到鲁王孙霸和全公主诬陷，逐渐失势，降为彰王，再转封为南阳王，后传言太傅诸葛恪欲迎立，被赐死。传见《三国志》卷五十九。 [7]甥：此指外甥女。[8]治武昌宫：在武昌建筑宫殿。吴国的武昌，在今湖北鄂州市。 [9]迎和立之：迎请孙和，立之为帝。 [10]夺和玺绶：剥夺孙和的印信，即废除孙和的南阳王封爵。玺绶，印章及系官印的绶带。 [11]新都：吴郡名，郡治在今浙江淳安县西。 [12]皓：即吴末主孙皓，字元宗，孙权之孙，废太子孙和之子，东吴末代皇帝，公元264年至公元280年在位，后西晋攻破建康，投降，封为归命侯，在洛阳去世。传见《三国志》卷四十八。 [13]德：即孙德，孙皓之弟，孙休时封钱唐侯。谦：即孙谦，孙德之弟，封永安侯。俊：即孙俊，孙和第四子，拜骑都尉，聪明辨惠，为远近所称道，深受孙皓猜忌，将其杀死。传见《三国志》卷五十六。 [14]字孤：抚养孤儿。字，乳，养育。

高贵乡公[1]上

正元[2]元年（甲戌，254年）

春，二月，杀中书令李丰[3]。初，丰年十七八，已有清名，海内翕然称之[4]。其父太仆恢不愿其然[5]，敕使闭门断客[6]。曹爽[7]专政，司马懿[8]称疾不出，丰为尚书仆射[9]，依违二公间[10]，故不与爽同诛。丰子韬[11]，以选尚齐长公主[12]。司马师秉政，以丰为中书令。是时，太常夏侯玄[13]有天下重名[14]，以曹爽亲[15]，不得在势任[16]，居常怏怏[17]；张缉以后父去郡家居[18]，亦不得意：丰皆与之亲善。师虽擢用[19]丰，丰私心常在玄。

丰在中书[20]二岁，帝数召丰与语，不知所说[21]。师知其议己，请丰相见，以诘[22]丰，丰不以实告。师怒，以刀镮筑杀之[23]，送尸付廷尉[24]，遂收丰子韬及夏侯玄、张缉等皆下廷尉，钟毓按治[25]，云：“丰与黄门监苏铄[26]、永宁署令乐敦[27]，冗从仆射刘贤[28]等谋曰：‘拜贵人日[29]，诸营兵皆屯门[30]，陛下临轩[31]，因此同奉陛下[32]，将群僚人兵[33]，就诛大将军[34]；陛下傥不从人[35]，便当劫将去[36]耳。’”又云：“谋以玄为大将军[37]，缉为车骑将军[38]；玄、缉皆知其谋[39]。”庚戌[40]，诛韬、玄、缉、铄、敦、贤，皆夷三族。

【注释】

[1]高贵乡公：即曹髦，曹魏第四位皇帝，公元254年至公元260年在位。[2]正元：曹魏君主高贵乡公曹髦的第一个年号，254年十月至256年五月，共计3年，也是曹魏政权的第七个年号。[3]李丰：字安国，曹魏大臣。曾为侍中、尚书仆射，后拜中书令。欲联合外戚张缉等人推翻司马师，为司马师所知晓，质问时拒不承认，被司马师杀死。事见《三国志》卷九。[4]翕然称之：众口一词地称道他。翕然，一致的样子。[5]太仆：官名，为帝王掌管舆马。恢：即李恢，又名李义，字孝懿，冯翊东县人，曹魏官员，李丰之父。事见《三国志》卷二十三。[6]敕使闭门断客：打发人关上门，不让他与宾客来往。敕使，犹言“令人”。断客，断绝宾客。[7]曹爽：字昭伯，曹魏权臣。明帝曹叡病危，拜为大将军，与司马懿并为托孤大臣。司马懿发动高平陵政变，解除了曹爽大将军职务，并以谋反罪灭其三族。传见《三国志》卷九。[8]司马懿：字仲达。曹魏权臣，西晋王朝的奠基人之一。传见《晋书》卷一。[9]尚书仆射：尚书令的属官，令不在，则代理尚书省诸事。[10]依违二公间：在曹爽与司马懿之间两面讨好，都不得罪。依违，若依若违，如今之所谓“骑墙草”，风吹两面倒。[11]韬：即李韬，曹魏中书令李丰之子。娶魏明帝女齐长公主为妻。李丰与夏侯玄、刘贤等谋诛司马师失败被杀，李韬亦受到牵连被害，其妻齐长公主和所生三子因是皇亲而被豁免。[12]以选尚齐长公主：因人才出众而被选中，娶齐长公主为妻。选，被选中。尚，与帝王之女婚配。齐长公主，曹叡女，帝曹芳姐。[13]太常：官名，九卿之一，主管礼仪。夏侯玄：字泰初，曹魏大臣，后因谋废司马师，被杀害，灭三族。传见《三国志》卷九。[14]有天下重名：意即名动天下，名声远扬。重（zhòng）名，犹言“盛名”。[15]以曹爽亲：因为与大将军曹爽亲近的缘故。据章校，甲十一行本等，作“以曹爽亲故”，“亲”后有“故”字。[16]不得在势任：不被任为有权势的官职。势任，有权势的职位。[17]快（yàng）快：闷闷不乐的样子。[18]去郡家居：离开郡守，闲居在家。张缉是皇后之父，本是东莞郡守，后被夺去有权之职，召回京师，任光禄大夫。事见《资治通鉴》卷七十五嘉平四年。家居，光禄大夫本是闲散的职务，故赋闲在家。[19]擢（zhuó）用：提拔，重用。[20]中书：即中书省，为帝王起草诏令、制订文件的机关。[21]不知所说：指外人不知道他们说了些什么。[22]诘（jié）：责问，追问。[23]以刀镮筑杀之：用刀柄把李丰捣死了。刀镮（huán），刀把。镮，刀把上的金属环。筑，捣。[24]廷尉：九卿之一，国家最高的司法长官，主管刑狱。

[25]钟毓按治：由钟毓负责查办此案。钟毓，字稚叔，曹魏大臣。传见《魏书》卷十三。按治，查问，惩办。［26］黄门监：皇宫太监的头领。苏铄（shuò）（？—257）：曹魏官员，官拜黄门监。曾与李丰、夏侯玄等谋诛司马师，事败，被灭三族。［27］永宁署令：主管永宁宫事务的长官。当时魏太后居住在永宁宫。乐敦（？—257）：官拜永宁署令。曾与李丰、夏侯玄等谋诛司马师，事败，被灭三族。［28］冗从仆射：帝王的侍卫长官，由宦者担任，居则宿卫，出则骑从。刘贤：官拜冗从仆射，曾与李丰、夏侯玄等谋诛司马师，事败，被灭三族。［29］拜贵人日：指曹芳封贵妃的那天。［30］屯门：驻扎、把守宫门。屯，屯聚，驻守。［31］陛下临轩：当皇帝曹芳登上前廊的时候。轩，宫殿前长廊。［32］因此同奉陛下：趁着大家恭迎皇帝曹芳的时候。因，趁。［33］将群僚人兵：带领各个大臣的亲兵。将，率领。群僚，诸位大臣。人兵，犹言“众兵”，众多的士兵。［34］就诛大将军：当场把大将军司马师杀死。［35］傥不从人：假如不答应。傥，通“倘”，倘若，假如。从人，犹言“从众”，跟随大家。［36］便当劫将去：于是就当场把皇帝曹芳劫持而去。劫将，劫持。［37］以玄为大将军：即以夏侯玄为政变后的第一执政者。［38］缉为车骑将军：即以张缉为第二号人物。车骑将军，据章校，甲十一行本等作“骠骑将军”，疑是，仅次于“大将军”的应是“骠骑将军”，而不是“车骑将军”。［39］皆知其谋：都知道这个谋划。钟毓所说，很有可能是按司马师的意图所编造、强加给诸人的罪名。［40］庚戌：二月二十二日。

夏侯霸之入蜀[1]也，邀玄欲与之俱，玄不从。及司马懿薨，中领军高阳许允[2]谓玄曰：“无复忧矣！”玄叹曰：“士宗，卿何不见事[3]乎！此人[4]犹能以通家年少遇我[5]，子元、子上不吾容也[6]。”及下狱，玄不肯下辞[7]，钟毓自临治之。玄正色[8]责毓曰：“吾当何罪！卿为令史责人[9]也，卿便为吾作[10]！”毓以玄名士，节高，不可屈，而狱当竟[11]，夜为作辞[12]，令与事相附[13]，流涕[14]以示玄；玄视，颔之[15]而已。及就东市[16]，颜色不变，举动自若[17]。

李丰弟翼[18]，为兖州[19]刺史，司马师遣使收[20]之。翼妻荀氏[21]谓翼曰：“中书[22]事发，可及诏书未至赴吴[23]，何为坐取死亡！左右可同赴水火者为谁[24]？”翼思未答，妻曰：“君在大州[25]，不知可与同死生者，虽去亦不免[26]！”翼曰：“二儿小，吾不去，今但从坐，身死[27]耳，二儿必免。”乃止，死。

【注释】

［1］夏侯霸之入蜀：指夏侯霸逃亡入蜀。夏侯霸，字仲权，是曹爽表弟。司马懿发动政变，诛

杀曹爽，他心中不安，投奔蜀汉，被任为车骑将军。传见《三国志》卷九。［2］中领军：与中护军皆典禁兵，属丞相府，为禁卫军最高统帅，权任极重。许允：字士宗，曹魏官员，与李丰、夏侯玄相亲善。事见《三国志》卷九。［3］不见事：不晓事，不明事理。［4］此人：指司马懿。［5］以通家年少遇我：意即还能把我看作是一个老朋友家的晚辈。通家，意谓“世交”，指彼此世代交谊深厚，如同一家。遇，对待。［6］子元：即司马师，字子元。子上：即司马昭，字子上。不吾容：即不容吾，意即绝对不会放过我。［7］不肯下辞：指不肯承认罪名。下辞，犹言“招供”。［8］正色：态度严肃，神态严厉。［9］卿为令史责人：意即你钟毓身为九卿，尊贵得很，怎么就像是个小吏似的，亲自到监狱里来查考我的罪责？含有讽意。言下之意是说，可见你对司马师“尽心”到什么程度了，我还有什么话说呢？令史，小吏。［10］卿便为吾作：意即你就替我编吧，需要什么样的罪，就编什么样的罪。［11］狱当竟：意即这案子非结不可，不能再拖下去。竟，完结。［12］夜为作辞：连夜代夏侯玄写供辞。［13］令与事相附：使供状与所指控的事实相符，所谓编造事实，强加罪名。［14］流涕：即流泪。涕，泪。［15］颔（hàn）之：点头，表示同意。［16］东市：当时处决犯人的地方。杀人于市场，表示与市人共弃之。［17］举动自若：举动如同平时一样自然，无喜无悲。［18］翼：指李翼，字国祐，曹魏官员，中书令李丰之弟，嘉平年间担任兖州刺史。［19］兖州：魏州名，郡治昌邑，在今山东金乡县东北。［20］收：逮捕。［21］荀氏：李翼之妻，荀虞姊。事见《三国志》卷九。［22］中书：指李丰。李丰生前任中书令。［23］赴吴：向东吴逃亡。［24］左右：身边的人。可同赴水火者为谁：能够随同你一起赴汤蹈火的人都有谁？同赴水火，指能够同生共死。［25］君在大州：意即身为大州刺史。［26］虽去亦不免：即使逃离兖州，也难免一死。去，离开，指逃离兖州。［27］今但从坐，身死：意即如我不逃，就只有我一个人受牵连而死，可以使妻儿免祸。

初，李恢与尚书仆射杜畿[1]及东安太守郭智[2]善，智子冲[3]，有内实而无外观[4]，州里弗称[5]也。冲尝与李丰俱见畿，既退，畿叹曰：“孝懿无子[6]；非徒无子，殆将无家[7]。君谋为不死[8]也，其子足继其业。”时人皆以畿为误[9]，及丰死，冲为代郡[10]太守，卒继父业。

正始[11]中，夏侯玄、何晏、邓飏俱有盛名，欲交尚书郎傅嘏[12]，嘏不受。嘏友人荀粲[13]怪而问之，嘏曰：“太初志大其量[14]，能合虚声[15]而无实才。何平叔言远而情近[16]，好辩而无诚，所谓利口覆邦国[17]之人也。邓玄茂有为而无终[18]，外要名利[19]，内无关钥[20]，贵同恶异[21]，多言而妒前[22]；多言多衅[23]，妒前无亲[24]。以吾观此三人者，皆将败家；远之犹恐祸及，况昵之[25]乎！”嘏又与李丰不善，谓同志[26]曰："丰饰伪[27]而多疑，矜小智[28]而昧于权利[29]，若任机事[30]，其死必矣！"

【注释】

［1］尚书仆射：尚书省的副官，尚书令为虚职后，尚书仆射便成为尚书省的长官。杜畿（jī）：字伯侯，曹魏大臣，官至尚书仆射。传见《三国志》卷十六。［2］东安：魏郡名，郡治在今山东沂水县东北。郭智：字君谋，凉州金城郡（甘肃临夏回族自治州）人，魏初为东安太守。［3］冲：即郭冲，郭智之子，曾为代郡太守，在太康年间所述"条亮五事"，被裴松之注引而为人关注，其余生平事迹不详。［4］有内实而无外观：有品德才干，而外貌普通。外观，指仪表。［5］州里弗称：本乡本土的各级官吏都没有人称道他。［6］孝懿无子：即李恢没有儿子。李恢，字孝懿。［7］殆将无家：恐怕连家都得灭绝。［8］君谋：即郭智，字君谋。为不死：指可以传血统于后世。［9］时人皆以畿为误：当时人们都认为杜畿说得不对。时人，当时的人们。［10］代郡：魏郡名，郡治在今河北蔚县的代王城。［11］正始：魏帝曹芳的年号，公元240年至公元248年。［12］傅嘏（gǔ）：字兰石，曹魏后期重臣。传见《三国志》卷二十一。［13］荀粲：字奉倩，曹魏大臣、玄学家，太尉荀彧幼子。英年早逝，年二十九。［14］太初：即夏侯玄，字太初。志大其量：志向超过了他的能力。量，能量，能力。［15］能合虚声：表面看起来，似乎和人们所传扬的差不多。虚声，虚名，虚誉。［16］何平叔：即何晏，字平叔。言远而情近：言谈玄远而才情浅陋。［17］利口覆邦国：油嘴滑舌，害得国家跟着灭亡。语出《论语·阳货》："恶利口之覆邦家者。"覆，颠覆，覆亡。［18］邓玄茂：即邓飏，字玄茂。有为而无终：有作为，但不会有好的结局。无终，即无果，没有好的结果。［19］要名利：即求名求利。要，通"邀"，求取。［20］内无关钥：指内心无节制。关，门闩。钥，锁。［21］贵同恶异：喜爱相同观点，厌恶不同意见。恶（wù），讨厌，憎恨。［22］妒前：妒忌比自己能力强的人。［23］多言多衅：说话多了，惹麻烦也就多了。衅，嫌隙，裂痕。［24］妒前无亲：心胸狭窄，妒忌他人，就没有人与之亲近。亲，亲近，友好。［25］昵之：与之亲近。昵，亲昵，亲近。［26］同志：志同道合的人，指与之处得好的人。［27］饰伪：装假作伪。［28］矜小智：炫耀小聪明，自以为是。矜（jīn），炫耀，夸耀。［29］昧于权利：为了谋取权力和利益，而不顾一切。昧，贪求，贪图。［30］若任机事：意即一旦掌握权柄。机事，指机要大事。

辛亥[1]，大赦。

三月，废皇后张氏[2]。

夏，四月，立皇后王氏，奉车都尉夔之[3]之女也。狄道长[4]李简密书请降于汉。

六月，姜维寇陇西[5]。

中领军许允素与李丰、夏侯玄善。秋，允为镇北将军[6]、假节、都督河北诸军事。帝以允当出[7]，诏会群臣，帝特引允以自近；允当与帝别，涕泣歔欷[8]。允未发，有司奏允前放散官物[9]，收付[10]廷尉，徙乐浪[11]，未至，道死[12]。

吴孙峻骄矜淫暴[13]，国人侧目[14]。司马桓虑[15]谋杀峻，立太子登[16]之子吴侯英[17]。不克，皆死。

（以上为第四段，写魏国李丰虽被大将军司马师提拔为中书令，但还是有想法，被魏帝曹芳多次召见，秘密谋划，司马师询问李丰，李丰不以实言相告，司马师勃然大怒，用刀柄捶死李丰，并诛党羽，灭三族。）

【注释】

[1]辛亥：二月二十三日。[2]废皇后张氏：张氏是张缉之女，故废之。[3]奉车都尉：为皇帝掌管车马的官员。后来作为加官，与驸马都尉、骑都尉并称“三都尉”。夔之：即王夔之，封广明乡侯。事见《三国志》卷四。[4]狄道长：狄道县长。狄道，县治在今甘肃临洮县，当时属魏。[5]陇西：魏郡名，因在陇山之西而得名。治所即在狄道。[6]镇北将军：将军名号。时与镇东、镇西、镇南将军合称“四镇将军”，多为持节都督，出镇方面，权势很重。[7]当出：即将出发。出，出任，指许允将离开京都，出任河北军务。[8]涕泣歔欷：形容悲不自胜。涕泣，哭泣，流泪。歔（xū）欷（xī），哀叹抽泣声。[9]放散官物：随便散发官用物品。这显然是司马师捏造的罪名。[10]收付：逮捕，交付。[11]乐浪：魏郡名，郡治在今朝鲜平壤市。[12]道死：死于道路，显然是司马师派人杀害。[13]骄矜（jīn）：骄傲专横，傲慢无礼。淫暴：放纵，暴戾。[14]侧目：不敢正眼相看，极言其畏惧之情。[15]桓虑：曾担任吴国司马，谋划杀掉孙峻，而立孙英为帝，事泄，被杀。[16]登：即孙登，字子高，孙权长子，孙权称帝，立其为皇太子。镇守武昌时，处理政务谨慎得体。孙登早逝，时年仅33岁，谥号宣太子。[17]英：即孙英，孙登次子，封吴侯。因大将军孙峻擅权，谋诛孙峻，事觉自杀，国除。事见《三国志》卷五十九。

帝以李丰之死，意殊不平[1]。安东将军司马昭镇许昌[2]。诏召之，使击姜维。九月，昭领兵入见，帝幸平乐观以临军过[3]。左右劝帝因昭辞[4]，杀之，勒兵以退大将军[5]；已书诏于前[6]，帝惧，不敢发[7]。

昭引兵入城，大将军师乃谋废帝。甲戌[8]，师以皇太后令[9]召群臣会议，以帝荒淫无度，亵近倡优[10]，不可以承天绪[11]；群臣皆莫敢违。乃奏收帝玺绶，归藩于齐[12]。使郭芝[13]入白太后，太后方与帝对坐，芝谓帝曰："大将军欲废陛下，立彭城王据[14]！"帝乃起，去。太后不悦。芝曰："太后有子不能教，今大将军意已成[15]，又勒兵于外以备非常[16]，但当顺旨[17]，将复何言！"太后曰："我欲见大将军，口有所说。"芝曰："何可见邪！但当速取玺绶！"太后意折[18]，乃遣傍侍御[19]取玺绶著坐侧[20]。芝出报师，师甚喜。又遣使者授帝齐王印绶[21]，出就西宫。帝与太后垂涕而别，人[22]乘王车[23]，从太极殿[24]南出，群臣送者数十人，司马孚悲不自胜[25]，余多流涕[26]。

师又使使者请玺绶于太后。太后曰："彭城王，我之季叔[27]也，今来立，我当何之[28]！且明皇帝当永绝嗣乎[29]？高贵乡公[30]，文帝[31]之长孙，明皇帝之弟子[32]，于礼，小宗有后大宗之义[33]，其详议之。"丁丑[34]，师更召[35]群臣，以太后令示之，乃定迎高贵乡公髦于元城[36]。髦者，东海定王霖之子也，时年十四，使太常王肃持节迎之[37]。师又使请玺绶，太后曰："我见高贵乡公，小时识之，我自欲以玺绶手授之。"

冬，十月，癸丑[38]，高贵乡公至玄武馆[39]，群臣奏请舍前殿[40]，公以先帝[41]旧处，避止西厢[42]；群臣又请以法驾迎[43]，公不听。庚寅[44]，公入于洛阳，群臣迎拜西掖门[45]南，公下舆答拜，傧者[46]请曰："仪不拜[47]。"公曰："吾人臣也。"遂答拜。至止车门[48]下舆，左右曰："旧乘舆入[49]。"公曰："吾被皇太后征[50]，未知所为。"遂步至太极[51]东堂，见太后。其日[52]，即皇帝位于太极前殿，百僚陪位者皆欣欣[53]焉。大赦，改元[54]。为齐王筑宫于河内[55]。

【注释】

[1]意殊不平：恨司马师之剪除帝党。意，指心中。殊，很，甚。 [2]镇：镇守。许昌：县名，县治在今河南许昌市东。 [3]幸：驾临。平乐观：宫观名，在洛阳城西。临军过：检阅在观前通过的大军。临，在高处从上向下看。 [4]因昭辞：趁着司马昭辞别皇上的机会。 [5]勒兵：

带领军队。以退大将军：逼着司马昭辞职。退，使之退，使动用法。大将军，指司马师。［6］书诏于前：在此之前，已写好诏书。书，书写，用作动词。诏，皇帝命令之文。［7］不敢发：不敢动手。［8］甲戌：九月十九日。［9］以皇太后令：假传郭太后的命令。［10］亵近：亲近。亵，亲近而不庄重。倡优：宫中的歌舞艺人。倡，乐人。优，谐戏者。［11］承天绪：继承帝王的事业。天绪，天子的世系，皇统。［12］归藩于齐：回到原来的齐国封地上去。曹芳原封齐王，故作此说。［13］郭芝：西平郡西都县（今青海海东市乐都区）人，曹魏外戚大臣，明元郭皇后叔父，曾为虎贲中郎将。齐王曹芳即位，尊奉郭皇后为皇太后，以郭芝为散骑常侍、长水校尉。事见《三国志》卷四。［14］据：即曹据，曹操之子。曹魏建立后，进为公爵，封于定陶县，累封为彭城王。传见《三国志》卷二十。［15］意已成：主意已定。［16］以备非常：以防备不正常的情况发生。［17］但当顺旨：只宜顺着司马昭的意思去行事，否则，祸事将发生。［18］意折：屈服。［19］傍侍御：太后身边侍奉的人。傍，通“旁”。［20］著坐侧：指把印绶从皇帝曹芳身上拿来放在太后座侧。著，通“置”，放。坐，通“座”，座位。［21］授帝齐王印绶：即授帝以齐王印绶，将齐王印绶授予废帝曹芳。［22］人：据章校，甲十一行本等，“人”作“遂”。按：人，当作“入”，指进入内殿。［23］王车：指诸王所乘的青盖车。曹芳被废时年二十一岁。［24］太极殿：宫殿名，魏明帝始建，为皇宫正殿，类似于北京故宫的太和殿。［25］司马孚：司马懿之弟，司马昭、司马师之叔。悲不自胜：悲痛得不能自我克制，涕泪横流。［26］余多流涕：其他人多有哭者。对曹芳的怀念，实际上是对大将军废帝和专权的不满。［27］季叔：小叔父。［28］我当何之：我该到哪里去？何之，即之何。之，到，用作动词。曹据是太后的叔父，一旦即位，太后就无法留在宫中了。［29］明皇帝当永绝嗣乎：如果立了曹据，曹叡一支就没有后代了。郭太后的意思，是希望仍立比曹叡辈分低的子孙，这样，曹叡可以不绝嗣，她这个太后也可以继续当下去。明皇帝，指魏明帝曹叡，郭太后的丈夫。绝嗣，指无子孙传宗接代。［30］高贵乡公：即曹髦，字彦士，是明帝之弟曹霖的庶子。曹魏第四位皇帝，公元254年至公元260年在位。传见《三国志》卷四。当时曹魏制度规定，初封王的庶子封为乡公。故曹髦初封为高贵乡公。［31］文帝：据章校，“文”下有“皇”字。下句为“明皇帝”，故文帝宜称为“文皇帝”，二帝为相对之文。故“文”下宜有“皇”字。［32］明皇帝：即魏明帝曹叡。弟子：曹叡之弟曹霖的儿子。弟，指曹霖，曹操之孙，曹丕之子，曹叡之弟，当时被封为东海王，谥号为“定”。其嫡子曹启嗣位，庶长子曹髦为乡公，后入继大统为曹魏第四代皇帝。［33］小宗有后大宗之义：小宗的后代有入继大宗的做法。小宗，指其他支子、庶子系统。大宗，指嫡长子系统。立曹髦为帝，就是小宗为大宗之后。［34］丁丑：九月二十二日。［35］更召：再一次召集。［36］定迎：议定迎接。元城：县名，县治在今河北大名县东。王凌兵变失败后，所有魏国王公都集中居住在邺城（今河北临漳县西南）。现立曹髦为帝，故将其分出，先送到元城，群臣再去元城迎接。［37］王肃：字子雍，曹魏著名经学家，司徒王朗之子，司马昭岳父。传见《三国志》卷十三。持节：古代使臣奉命出行，执符节以为凭证。节，旌节，大臣奉朝廷旨意外出办事的信物。［38］癸丑：据章校，当作“己丑”，即十月四日。［39］玄武馆：馆阁名，在今河南洛阳市北。［40］舍：住，下榻。前殿：玄武馆的前殿。［41］先帝：指魏明帝曹叡。［42］避止西厢：避开正殿，居住于西厢房。止，居住。［43］以法驾迎：用法驾迎接。法驾，是皇帝使用的最隆重的车驾。京兆尹、执金吾等在前引路，侍中做彩乘，卫士车队三十六辆。［44］庚寅：十月五日。［45］西掖门：宫殿正门西边的边门。［46］傧者：主管仪式的人。［47］仪不拜：按礼仪，皇帝不应答拜。［48］止车门：皇宫前面的门，文武百官至此下马下轿。［49］旧乘舆入：依照旧制，天子可以乘车进去。［50］征：召。［51］太极：即太极殿，皇宫正殿。［52］其日：这一天，当天。［53］欣欣：高兴的样子，对小皇帝少年有为表示高兴。［54］改元：在此之前是嘉平六年。自此为正元元年。［55］河内：郡名，治所在怀县，在今河南武陟县西南。

汉姜维自狄道进拔河间、临洮[1]。将军徐质与战[2]，杀其荡寇将军张嶷[3]，汉兵乃还。

初，扬州刺史文钦[4]，骁果绝人[5]，曹爽以其乡里故爱之。钦恃爽势，多所陵傲[6]。及爽诛，钦已内惧[7]，又好增虏级[8]以邀功赏[9]，司马师常抑之[10]，由是怨望[11]。镇东将军毌丘俭素与夏侯玄、李丰善，玄等死，俭亦不自安，乃以计厚待钦。俭子治书侍御史甸[12]谓俭曰：“大人居方岳重任[13]，国家倾覆[14]而晏然自守[15]，将受四海[16]之责矣！”俭然之。

（以上为第五段，写魏国大将军司马师主持废立之事，先废掉魏帝曹芳，改封为齐王；然后立年仅14岁的高贵乡公曹髦。曹髦为魏文帝曹丕之孙、东海定王曹霖之子。司马师继续掌控朝政大权。）

【注释】

［1］进拔：进军攻取。河间：当作“河关”，县名，县治在今甘肃临夏县西。临洮（táo）：古称狄道，县名，因境内有洮河而得名。河关、临洮皆在狄道西。［2］徐质：曹魏将军，曾任讨蜀护军，颇有战功，斩蜀将张嶷。后死于蜀将姜维之手。事见《三国志》卷二十二。［3］荡寇将军：武将名，属杂号将军，三国均置。张嶷（yí）：蜀汉名将。传见《三国志》卷四十三。［4］文钦（？—258）：字仲若，曹魏将领。官至前将军、扬州刺史。后与毌丘俭等起兵勤王，讨伐司马师，兵败后投奔吴国，授为镇北大将军、幽州牧。诸葛诞反魏，他前往支援，因与诸葛诞发生矛盾，被杀。传见《三国志》卷二十八。［5］骁（xiāo）果：骁勇，果决。绝人：犹“过人”，超过平常的人。［6］陵傲：盛气凌人，傲慢自大。陵，通“凌”。［7］钦已内惧：原文“诛”下无此四字，据章校

补。［8］增虏级：虚报俘虏及杀敌数目。［9］邀功赏：即邀功请赏。邀，谋求。［10］抑之：抑制，制止。［11］怨望：怨恨，心怀不满。［12］治书侍御史：御史大夫的属官，主管监察。甸：即毌丘甸，毌丘俭之子，官至治书侍御史。毌丘俭在寿春谋反失败，毌丘甸逃到新安灵山，司马师另派人击破毌丘甸，灭三族。［13］方岳重任：主管国家一个方面的军政大权。古者，天子巡狩四方，其四方之诸侯，各会朝于方岳之下。尧、舜有四岳之官。方岳，指专任一方的国家重臣。［14］国家倾覆：指曹氏政权已被司马氏所控制，亡国在即。倾覆，颠覆，覆灭。［15］晏然：安然无事的样子。自守：守住自己的高位。［16］四海：指天下人，全魏国的人。

二年（乙亥，255年）

春，正月，俭、钦矫太后诏[1]，起兵于寿春[2]，移檄州郡[3]以讨司马师，乃表[4]言："相国懿[5]，忠正，有大勋于社稷[6]，宜宥及后世[7]，请废师，以侯就第，以弟昭代之。太尉孚，忠孝小心，护军望[8]，忠公亲事[9]，皆宜亲宠，授以要任。"望，孚之子也。俭又遣使邀镇南将军诸葛诞，诞斩其使。俭、钦将五六万众渡淮[10]，西至项[11]；俭坚守，使钦在外为游兵[12]。

司马师问计于河南尹[13]王肃，肃曰："昔关羽虏于禁于汉滨[14]，有北向争天下之志[15]，后孙权袭取其将士家属[16]，羽士众一旦瓦解[17]。今淮南将士[18]父母、妻子皆在内州[19]，但急往御卫[20]，使不得前，必有关羽土崩[21]之势矣。"时师新割目瘤，创甚[22]，或以为大将军不宜自行，不如遣太尉孚拒之。唯王肃与尚书傅嘏、中书侍郎钟会[23]劝师自行，师疑，未决。嘏曰："淮楚兵劲[24]，而俭等负力远斗[25]，其锋未易当[26]也。若诸将战有利钝[27]，大势一失，则公事败矣。"师蹶然起[28]曰："我请舆疾而东[29]。"戊午[30]，师率中外诸军[31]以讨俭、钦，以弟昭兼中领军[32]，留镇洛阳，召三方兵[33]会于陈、许[34]。

师问计于光禄勋郑袤[35]，袤曰："毌丘俭好谋而不达事情[36]，文钦勇而无算[37]。今大军出其不意，江、淮之卒，锐而不能固[38]，宜深沟高垒以挫其气[39]，此亚夫之长策[40]也。"师称善。

【注释】

［1］矫太后诏：假说是奉了郭太后的旨意。矫，假托，诈称。［2］寿春：县名，在今安徽寿

县。［3］移檄州郡：发檄文通告各州郡。檄，古代官府用以征召或声讨的文书。［4］表：本指表文，此指上表、上奏书。［5］相国懿：即司马懿。司马懿发动高平陵事变后，曹魏议任司马懿为丞相，被辞让，但司马懿实际上承担了相国的职责，为首辅大臣，故称之。［6］大勋：大功劳。勋，特殊功劳。社稷：代指国家。［7］宥及后世：因司马懿有大功于魏国，后代有罪时，可以得到宽赦。宥（yòu），宽恕。［8］护军：也叫中护军，主管各将领的选拔使用，也统领卫护中央政权的部队。望：即司马望，字子初，司马孚次子，曹魏大臣，官至司徒。入晋，受封义阳王，官至大司马。谥号“成”。传见《晋书》卷三十七。［9］忠公亲事：忠贞公正，恪尽职守。［10］淮：即淮河。［11］项：即项县，县治在今河南沈丘县南。［12］游兵：在游动中侦察、作战。［13］河南尹：当时魏国首都所在郡的行政长官，治所即在洛阳。尹，官名，相当于郡太守。［14］虏于禁于汉滨：在汉水之滨将于禁俘获。虏，通“掳”，掳获，俘虏。于禁，字文则，曹魏名将。关羽围攻襄阳、樊城时，于禁督七军前往救援，被打败、俘获。传见《三国志》卷十七。汉滨，汉水之滨，曹操占领的襄阳附近。［15］北向争天下之志：关羽打败于禁，于是有了向北方进军、争夺天下的想法。当时洛阳为之震动，曹操曾经有迁都以避其锋芒的想法。［16］袭取其将士家属：关羽在襄阳城与曹军斗得火热，孙权在背后捅刀子，趁机袭取荆州，俘获了关羽部下的家属。［17］一旦瓦解：关羽由此而败走麦城，被吴军所杀。一旦，一个早上，形容时间短，顷刻之间。瓦解，比喻全部解体、溃散。［18］淮南将士：指毌丘俭、文钦的部下。淮南，魏郡名，郡治寿春，在今安徽寿县。［19］内州：内地诸州郡。魏制，将领出征及镇守一方的将军，都有人质留在京都。当时驻防淮南的将士，都从内地各州派出，所以家眷仍然留内地各州。［20］但：只，只要。御卫：即防卫，阻止其前进。［21］土崩：比喻崩溃破败，无法收拾。［22］创甚：创口很厉害。［23］中书侍郎：中书令的副手，为帝王起草诏令、签署意见。钟会：字士季，太傅钟繇幼子，曹魏谋略家，屡出奇谋，时人比之为张良。［24］淮楚：即指淮南，因其地旧属楚国，故称“淮楚”。劲：强劲，强势。［25］负力远斗：依仗兵力强大而远途进攻，指从寿春前进到项城。［26］其锋未易当：意即不要和他们正面交锋。未易当，犹言“不能敌”。当，通“挡”。［27］战有利钝：意即假如失败的话。利钝，犹言“成败”，偏正词组，重心在“钝”字上。钝，败的意思。［28］蹶然起：犹今之所谓“一跃而起”。蹶然，疾起的样子。［29］舆疾而东：带病躺在车上随军东征。舆，车，此指乘车、卧车。疾，伤病，此指带着伤痛。［30］戊午：正月五日。［31］中外诸军：都城以内的军队和城外各营的军队。［32］中领军：也叫领军将军，统领护卫宫廷的军队。［33］三方兵：指西、南、北三方各州的军队。［34］陈：即陈县，魏县名，今河南周口市淮阳区。许：即许昌，魏县名，今河南许昌市东。［35］光禄勋：九卿之一，掌管宫廷门户与统领皇帝的侍从警卫。郑袤（mào）：字林叔，曹魏末年至西晋初年大臣。事见《三国志》卷四。［36］不达事情：不能通达，不明白事理。［37］无算：指没有心机。［38］锐而不能固：有士气，但不能持久。锐，锐气。固，持久，长久。［39］深沟高垒：深挖沟，高筑城。挫其气：挫败其锐气。挫，挫败，消磨。［40］亚夫之长策：指汉太尉周亚夫坚壁以破吴、楚的战略，事见《资治通鉴》卷十六。长策，指上策、万全之计，效用长久的方策。

师以荆州刺史王基[1]为行监军[2]，假节[3]，统许昌军[4]。基言于师曰："淮南之逆，非吏民思乱也，俭等诳诱迫胁[5]，畏目下[6]之戮，是以尚屯聚耳。若大兵一临，必土崩瓦解，俭、钦之首不终朝[7]而致于军门[8]矣。"师从之。

以基为前军，既而复敕基停驻。基以为："俭等举军足以深入，而久不进者，是其诈伪[9]已露，众心疑沮[10]也。今不张示威形[11]以副民望，而停军高垒，有似畏懦，非用兵之势也。若俭、钦虏略[12]民人以自益，又州郡兵[13]家为贼所得[14]者，更怀离心，俭等所迫胁者，自顾罪重，不敢复还[15]，此为错兵无用之地[16]，而成奸宄之源[17]，吴寇因之[18]，则淮南非国家之有，谯、沛、汝、豫[19]危而不安，此计之大失也。军宜速进据南顿[20]，南顿有大邸阁[21]，计足军人四十日粮。保坚城，因积谷，先人有夺人之心[22]，此平贼之要也。"基屡请，乃听，进据㶏水[23]。

闰月[24]，甲申[25]，师次于㶏桥[26]，俭将史招、李续相次[27]来降。王基复言于师曰："兵闻拙速[28]，未睹为巧之久[29]也。方今外有强寇[30]，内有叛臣[31]，若不时决[32]，则事之深浅[33]未可测也。议者多言将军持重[34]。将军持重，是也；停军不进，非也。持重，非不行之谓也，进而不可犯[35]耳。今保壁垒，以积实资虏[36]而远运军粮，甚非计也。"师犹未许。基曰："将在军，君令有所不受[37]。彼得亦利，我得亦利，是谓争地[38]，南顿是也。"遂辄进据南顿[39]，俭等从项亦欲往争[40]，发十余里[41]，闻基先到，乃复还保项[42]。

【注释】

[1]王基：字伯舆，曹魏将领，为司马氏集团的得力干将，官至征南将军，都督荆州诸军事。传见《三国志》卷二十七。[2]行监军：代理监军之职。[3]假节：授予旌符节。假，通"借"。[4]统许昌军：统领许昌军队。魏、晋之制，使持节都督诸军为上，假节都督次之，假节监诸军又次之，假节行监军又次之。许昌，魏定都洛阳后，把东汉故都许县改名许昌，仍保留宫殿，作为

别宫（陪都），驻屯重兵，是东方及南方的重要军事基地。［5］诳诱：欺骗，诱惑。迫胁：威逼，胁迫。［6］目下：眼前。［7］不终朝：用不了一个早上的时间。［8］致于军门：悬挂在军营大门。致，弄到。军门，指军营外的大门。［9］诈伪：弄虚作假，伪装假冒，指假传太后诏书之事。［10］疑沮（jǔ）：恐惧，沮丧。［11］张示威形：展现朝廷军队的强大力量。［12］虏略：即掳掠，抢劫，劫夺。虏，通“掳”，把人抢走。略，通“掠”，掠夺财物。［13］州郡兵：指司马氏所控制的各州郡的士兵。［14］家为贼所得：家属被毌丘俭、文钦的军队所俘获。［15］复还：指回归朝廷。［16］错兵无用之地：置兵于不可能取胜之地。错，通“措”，置。［17］奸宄之源：其他叛变叛逃分子的滋生地。［18］因之：乘机进犯。［19］谯、沛、汝、豫：魏之四郡名，即谯郡（郡治今安徽亳州市谯城区）、沛郡（郡治今安徽南陵县）、汝南郡（郡治今河南平舆县）、颍川郡（郡治今河南禹州市）。四郡都紧靠淮南。［20］南顿：魏县名，县治在今河南项城市西。［21］大邸阁：粮仓名，在今河南项城市南顿镇。［22］先人：即先于人，先发制人，抢在敌人前面。夺人之心：打掉敌人的信心。［23］滍（yǐn）水：古水名，流经当时的南顿县北。［24］闰月：这年是闰正月。［25］甲申：闰正月一日。［26］师次于滍桥：司马师的军队进驻到滍水桥头。次，驻扎。［27］史招、李续：均毌丘俭的部将，具体生平事迹不详。相次：相继。［28］兵闻拙速：用兵打仗，当求速胜，而不计战法的巧拙。意即宁可拙而速。拙，拙劣。［29］未睹为巧之久：没有见过求巧而长久作战的。以上二语见《孙子·作战篇》。［30］强寇：指东吴与西蜀。［31］叛臣：指毌丘俭、文钦。［32］不时决：不能很快地解决，指平定毌丘俭、文钦的叛乱。［33］事之深浅：犹言平叛战争的成败，是一种委婉的说法。［34］持重：指行事慎重，谨慎稳重，不轻浮。此指稳扎稳打。［35］进而不可犯：意即既前进，又保持一种让敌人不敢攻打的姿态。犯，冒犯，引申为进攻。［36］以积实资虏：意谓把临淮各郡的粮库都给了敌人。积实，指积累的粮食。资，资助，供给。虏，对敌人的蔑称。［37］将在军，君令有所不受：意即统军将领指挥作战，应随机应战，在某些情况下可以不接受君王的命令。此句出自《孙子·九变》，原文为“将受命于君，……君命有所不受”。将，将领。受，接受。［38］争地：双方必争之地。［39］遂辄进据南顿：于是便快速前进，占领了南顿县城。辄，立即。进据，快速进入并占据。［40］亦欲往争：也想去急夺南顿县城。［41］发十余里：指部队已出发，行进了十多里路。［42］保项：依凭项县城的防御工事以据守。

癸未[1]，征西将军郭淮卒，以雍州刺史陈泰代之。

吴丞相峻率骠骑将军吕据[2]、左将军会稽留赞[3]袭寿春[4]，司马师命诸军皆深壁高垒，以待东军之集[5]。诸将请进军攻项，师曰：“诸军[6]知其一，未知其二。淮南将士本无反志，俭、钦说诱[7]与之举事，谓远近必应，而事起之日，淮北不从[8]，史招、李续前后瓦解，内乖外叛[9]，自知必败。困兽思斗[10]，速战更合其志[11]，虽云必克[12]，伤人亦多。且俭等欺诳[13]将士，诡变万端，小与持久[14]，诈情自露，此不战而克之术也。”乃遣诸葛诞督豫州诸军自安风[15]向寿春；征东将军胡遵[16]督青、徐诸军出谯、宋之间[17]，绝其归路[18]；师屯汝阳[19]。毌丘俭、文钦进不得斗[20]，退恐寿春见袭[21]，计穷不知所为[22]；淮南将士家皆在北，众心沮散[23]，降者相属[24]，惟淮南新附[25]农民为之用。

【注释】

[1]癸未：闰正月无“癸未”之日，此处记载疑有误。[2]吕据：字世议，孙吴将领，大司马吕范次子。官至骠骑将军，兼管西宫事务。后欲废除权臣孙綝，未成，自杀，被夷三族，后得到平反。传见《三国志》卷五十六。[3]留赞：字正明，官至孙吴左将军。后任左护军，随孙峻征淮南，因病撤军，被魏将蒋班围困于道，力战而死，时年73岁。[4]寿春：县名，魏国淮南郡郡治所在地，也是魏国扬州刺史、镇东将军毌丘俭驻地，在今安徽寿县。[5]待东军之集：等候魏国青州、徐州、兖州等东方军队的到来。东军，魏国东部之军。[6]诸军：据章校，一作“诸君”。疑是。[7]说诱：说服，劝诱。[8]淮北不从：指淮河以北临近的豫、兖等州，并未跟从、响应。[9]内乖外叛：内部离心，外部背叛。乖，违背，不和谐。[10]困兽思斗：即困兽犹斗，被围困的野兽，还要挣扎、反扑。比喻身处绝境，仍要拼命抵抗。[11]速战更合其志：意即迅速决战，反而更符合他们的愿望。合，符合。[12]必克：一定能够攻下。克，攻克，获胜。[13]欺诳（kuáng）：欺骗，迷惑。[14]小与持久：稍微多与敌方相持一些时日。小，稍。[15]安风：魏县名，也是魏国安丰郡的郡治所在地，在今安徽霍邱县西南，地处寿县之西。[16]胡遵：安定临泾（今甘肃镇原县南）人，曹魏大将。[17]出谯、宋之间：指胡遵前进至今安徽亳州市与河南商丘市一带地区。谯（qiáo），魏郡名，郡治在今安徽亳州市。宋，古国名，都城在今河南商丘市。[18]绝其归路：意即使毌丘俭欲撤至寿春而不可能。[19]师屯汝阳：司马师的大军屯驻在汝阳县。汝阳，县名，县治在今河南商水县西北。[20]进不得斗：叛军想进攻，而无人与之开战，有力不知道用到什么地方去。[21]见袭：指被东吴军队所袭击。[22]计穷不知所为：指无计可施，不知道该怎么办。[23]沮（jǔ）散：沮丧，涣散。[24]相属（zhǔ）：接连不断。[25]新附：指新从东吴归顺过来的农民。

俭之初起，遣健步赍书[1]至兖州，兖州刺史邓艾斩之，将兵万余人，兼道[2]前进，先趋乐嘉城[3]，作浮桥以待师。俭使文钦将兵袭之。师自汝阳潜兵就艾[4]于乐嘉，钦猝见大军[5]，惊愕[6]未知所为。

钦子鸯[7]，年十八，勇力绝人，谓钦曰："及其未定，击之可破也。"于是，分为二队，夜夹攻军，鸯帅壮士先至鼓噪[8]，军中震扰[9]。师惊骇[10]，所病目突出[11]，恐众知之，啮被皆破[12]。钦失期不应[13]，会明，鸯见兵盛，乃引还[14]。师与诸将曰："贼走[15]矣，可追之！"诸将曰："钦父子骁猛[16]，未有所屈[17]，何苦而走？"师曰："夫一鼓作气，再而衰[18]。鸯鼓噪失应，其势已屈，不走何待！"钦将引而东，鸯曰："不先折其势[19]，不得去也。"乃与骁骑[20]十余摧锋陷陈[21]，所向皆披靡[22]，遂引去。师使左长史司马班[23]率骁骑八千翼而追之[24]，鸯以匹马[25]入数千骑中，辄杀伤百余人，乃出，如此者六七，追骑莫敢逼[26]。

殿中人尹大目[27]小为曹氏家奴[28]，常在天子左右，师将与俱行[29]，大目知师一目已出，启云："文钦本是明公腹心[30]，但为人所误耳；又天子乡里[31]，素与大目相信[32]，乞为公追解语之[33]，令还，与公复好。"师许之。大目单身乘大马，被铠胄[34]，追钦，遥相与语，大目心实欲为曹氏，谬言："君侯何苦不可复忍数日中也[35]！"欲使钦解其旨[36]。钦殊不悟[37]，乃更厉声骂大目曰："汝，先帝[38]家人，不念报恩，反与司马师作逆，不顾上天，天不佑汝！"张弓傅矢[39]欲射大目，大目涕泣曰："世事败矣[40]，善自努力！"

【注释】

[1]健步：快步如飞的人。赍（jī）书：送信。[2]兼道：即兼程，加倍赶路。[3]乐嘉城：古城名，在南顿县（今河南项城市）北。[4]潜兵就艾：指司马师秘密率军来与邓艾会师。就，近，至。[5]猝（cù）：突然。大军：指朝廷的主力大军。[6]惊愕（è）：吃惊而发愣。[7]鸯（yāng）：即文鸯，字次骞，魏末晋初名将，曹魏扬州刺史文钦之子。曾随父联合毌丘俭于淮南起兵勤王。兵败之后，向南投奔吴国。后奉命率军驰援诸葛诞。父亲为诸葛诞所害，遂降于司马昭，封关内侯。事见《三国志》卷二十八。[8]鼓噪：擂鼓呐喊。[9]震扰：惊动不安的样子。[10]惊骇：惊慌，害怕。骇，惊惧。[11]病目突出：病眼的眼球凸了出来。[12]啮被皆破：疼痛难忍，又怕将士知道了影响情绪，就暗自忍耐，用牙齿咬住被子，以至被子都被咬破了。[13]失期不应：耽误了约定的时间，没有能够及时与文鸯回合，夹击司马师。[14]引还：带兵撤回。[15]走：败逃。[16]骁猛：勇敢，威武。骁，本指强壮的马，引申为勇猛、勇健的意思。[17]未有所屈：没有受到挫折。[18]一鼓作气，再而衰：语出《左传·庄公十年》，曹刿

之言，原文为："夫战，勇气也。一鼓作气，再而衰，三而竭。"［19］折其势：指挫败其士气。［20］骁骑：勇猛的骑兵。［21］摧锋陷陈：摧垮敌军的先锋，攻入敌军的阵地。［22］披靡：泛指溃败、溃退。靡，倒下。［23］司马班：曹魏将领，担任左长史。［24］翼而追之：从侧面追击。［25］匹马：单枪匹马。［26］莫敢逼：没有人敢靠近。逼，逼近，靠近。［27］殿中人：宫殿中的侍卫人员。尹大目：曹魏殿中校尉。［28］小为曹氏家奴：自幼为曹氏皇室当家奴。小，自幼。［29］将与俱行：带着他随大军一道出征。将，带着。［30］腹心：心腹，亲信。［31］天子乡里：天子的同乡。文钦是谯郡人，与曹氏同乡。［32］相信：相互信任。［33］追解语之：追上去，劝解他。解语，劝解，劝说。［34］被铠胄：身穿铠甲，头戴铁盔。被，通"披"，穿。［35］何苦不可复忍数日中也：为什么不可以再多忍耐几天呢？意谓司马师不久即将病故，朝中必当有变。中，之中，之间。［36］解其旨：理解这句话的内在含义。但司马师眼病严重，痛不欲生，也只有大目知道，文钦怎么知道呢？故文钦根本不会理解忍耐数日的含义，还以为是劝他苟且偷安几天呢！而大目也没有胆量把司马师的病情告诉文钦，注定了结局就是如此。［37］殊不悟：根本不能领悟。［38］先帝：指已经去世的曹氏历任皇帝。［39］傅矢：搭上箭。［40］世事败矣：犹言大势已去，文钦之败，已成定局。

是日，毌丘俭闻钦退，恐惧夜走，众遂大溃[1]。钦还至项，以孤军无继，不能自立，欲还寿春，寿春已溃，遂奔吴。吴孙峻至东兴，闻俭等败，壬寅[2]，进至橐皋[3]，文钦父子诣军降[4]。毌丘俭走，北至慎县[5]，左右人兵稍弃俭去[6]，俭藏水边草中。甲辰[7]，安风津民[8]张属就杀俭，传首京师，封属为侯。诸葛诞至寿春，寿春城中十余万口，惧诛[9]，或流迸山泽[10]，或散走入吴。诏以诞为镇东大将军、仪同三司[11]，都督扬州诸军事。

夷毌丘俭三族。俭党七百余人系狱，侍御史杜友[12]治之[13]，惟诛首事者十余人，余皆奏免之。俭孙女适刘氏[14]，当死[15]，以孕系廷尉[16]。司隶主簿程咸[17]议曰："女适人者，若已产育，则成他家之母，于防[18]不足以惩奸乱之源[19]，于情[20]则伤孝子之恩[21]。男不遇罪于他族[22]，而女独婴戮于二门[23]，非所以哀矜女弱[24]，均法制之大分[25]也，臣以为在室之女[26]，可从父母之刑，既醮之妇[27]，使从夫家之戮。"朝廷从之，仍著于律令[28]。

【注释】

[1]溃：溃散，逃奔。[2]壬寅：闰正月十九日。[3]橐（tuó）皋：地名，在今安徽巢湖市西北的柘皋镇。[4]诣军降：到孙峻的军前投降。[5]慎县：在今安徽颍上县。[6]稍弃俭去：渐渐地离开毌丘俭而去。[7]甲辰：闰正月二十一日。[8]安风津民：安风津渡口的农民。安风津，淮河上的渡口名，在当时安风西北的淮河上。[9]惧诛：嘉平三年（251），王凌兵变未遂，司马懿曾在寿春大肆屠杀，很多人被屠三族。此时寿春人惊魂未定，十分恐惧。[10]流迸山泽：逃奔到山林荒泽。迸，奔散，逃散。[11]仪同三司：官名，始于东汉，本意指非三公（太尉、司徒、司空）而给予与三公同等的待遇。魏晋以后，将军开府置官属者，称开府仪同三司。[12]侍御史：即治书侍御史，上属御史大夫，主管监察群臣。杜友：字季子，兖州东郡（河南濮阳市西南）人。时任曹魏廷尉、侍御史。事见《三国志》卷二十八。[13]治之：审理这些人的罪行。治，审理，处理。[14]适刘氏：嫁与刘氏为妇。适，旧称女子出嫁。[15]当死：被判为死罪。当，判处。[16]以孕系廷尉：由于怀孕，暂时还关押在廷尉下属的监狱里。系，囚系，关押。[17]司隶主簿：司隶校尉属下掌管文书、起草文件的官员。程咸：字延休，魏正元中为司隶校尉府主簿。入晋，历黄门郎、散骑常侍、左通直郎，累迁至侍中。[18]于防：对于防止犯罪来说。[19]不足以惩奸乱之源：因为嫁到夫家的女子，无法过问其父母家的事情，故完全是无辜的。[20]于情：从情理上来说。[21]伤孝子之恩：意即已嫁从夫的女子，孝敬公婆而无辜被杀，是有伤于孝子之恩，有损于孝道。[22]男不遇罪于他族：意即男人并不因为他的岳父家犯罪而受到牵连。遇罪，遭遇罪过，受罪。他族，即外族，此指岳父之族。[23]女独婴戮于二门：意即做女儿的，偏偏两家犯罪都要受到牵连而被杀。婴戮，遭到杀戮。二门，两家。[24]哀矜女弱：怜悯弱势女子。哀矜，指哀怜，怜悯。女弱，即弱女，相对于男性而言。[25]均法制之大分：意即真正实现法律的公平。均法制，意即在法律面前，人人平等。大分，即大要，最重要的事情。[26]在室之女：指未出嫁的女子。在室，在父母之家。[27]既醮之妇：已经结婚成了人家的媳妇。醮（jiào），古代结婚用酒祭神的一种仪式，引申为女子嫁人。[28]仍著于律令：于是把这一条写在法律条文之中。仍，通“乃”。

舞阳忠武侯司马师疾笃[1]，还许昌，留中郎将参军事贾充[2]监诸军事[3]。充，逵[4]之子也。卫将军昭[5]自洛阳往省师[6]，师令昭总统诸军。辛亥[7]，师卒于许昌。

中书侍郎钟会从师典知密事[8]，中诏敕尚书傅嘏[9]，以东南新定，权留卫将军昭屯许昌[10]为内外之援[11]，令嘏率诸军还。会与嘏谋[12]，使嘏表上[13]，辄与昭俱发[14]，还到洛水南屯住[15]。二月，丁巳[16]，诏以司马昭为大将军、录尚书事[17]。会由是常有自矜[18]之色，嘏戒之曰：“子志大其量[19]，而勋业[20]难为也，可不慎哉！”

（以上为第六段，写魏国镇东将军毌丘俭及扬州刺史文钦起兵反叛大将军司马师，司马师组织反击，亲率主力，屯聚汝阳。结果毌丘俭被杀，文钦逃走。而司马师原有眼疾，加之惊吓过度，病死于许昌。）

【注释】

[1]舞阳忠武侯司马师：指司马师生前封为舞阳侯，去世后谥号为“忠武”。舞阳，县名，位于河南中部偏南。疾笃（dǔ）：病重。笃，甚。 [2]中郎将参军事贾充：意即贾充以中郎将的身份为司马师当参谋。中郎将，皇帝的卫队长官，上属光禄勋。 [3]监诸军事：监管各路军队的军事行动。 [4]逵：即贾逵，曹魏名臣。传见《三国志》卷十五。 [5]卫将军昭：即司马昭，司马师之弟，时任卫将军，统帅宫廷守卫之军。 [6]往省师：去许昌看望司马师。省（xǐng），探望，问候。 [7]辛亥：闰正月二十八日。 [8]典知密事：掌管过问机密大事。典，主管，负责。密事，核心秘密，外人不得而知之事。 [9]中诏：宫廷里发出的诏书，以别于通常打着朝廷旗号的司马氏的意旨。敕（chì）：命令。 [10]权留卫将军昭屯许昌：暂时让司马昭率军屯驻在许昌。权，暂时。屯，驻扎。 [11]为内外之援：即为机动部队，负责朝廷的防卫以及防止孙吴与蜀汉前来侵扰。 [12]会与嘏谋：钟会与傅嘏私下商量好。 [13]使嘏表上：让傅嘏给皇帝上书陈述应让司马昭回京的理由。表上，上书皇上。 [14]辄（zhé）：于是，就。与昭俱发：指傅嘏与司马昭同时出发进京，造成既成事实，不给皇帝驳回的机会。 [15]还到洛水南屯住：一直把军队带到洛水南岸才扎营下寨。当时的洛河流经洛阳城东南，东北流入黄河。司马昭的兵营与皇帝所在的洛阳城隔洛水相对。屯住，驻扎。 [16]丁巳：二月五日。 [17]录尚书事：为综掌尚书台事务官员的加号，凡加此头衔者，可代表皇帝对尚书台的一切事务进行总领，位比宰相。录，统领，总管。[18]自矜（jīn）：自我夸耀，炫耀。 [19]志大其量：志向大于能力。 [20]勋业：功勋，事业。

吴孙峻闻诸葛诞已据寿春，乃引兵还。以文钦为都护[1]、镇北大将军、幽州牧[2]。

三月，立皇后卞氏[3]，大赦。后，武宣皇后弟秉之曾孙女[4]也。

秋，七月，吴将军孙仪、张怡、林恂谋杀孙峻[5]，不克，死者数十人。全公主[6]谮朱公主[7]于峻，曰“与仪同谋”。峻遂杀朱公主。

峻使卫尉冯朝城广陵[8]，功费[9]甚众，举朝莫敢言，唯滕胤谏止之，峻不从，功卒不成[10]。

【注释】

［1］都护：官名，为“总监护”之意。都，全部。护，带兵监护。吴置左、右都护，今以文钦为都护，官位在左、右都护之上。［2］幽州牧：即幽州刺史，这里是遥领之意，是一个名义上的官职。幽州，治所蓟县，故址在今北京市城区西南部的广安门附近。［3］卞氏：卞隆之女。［4］武宣皇后弟秉之曾孙女：曹操皇后弟弟卞秉的曾孙女。武宣皇后，即曹操的皇后卞氏。秉，即卞秉，曾跟随曹操征战，被封为都乡侯，曹丕时封为开阳侯，担任昭烈将军。曾孙女，即卞隆之女。［5］孙仪、张怡、林恂谋杀孙峻：五凤二年（255），孙仪与张怡、林恂等谋杀孙峻，事败自杀。孙仪，孙吴宗室、将领。曾任将军，无难督，封侯。事见《三国志》卷四十八。［6］全公主：即孙鲁班，字大虎，吴主孙权长女，先后下嫁功臣周瑜之子周循和名将全琮，故又称“全公主”。因参与谋划诛杀权臣孙𬘭，事泄，被流放豫章。传见《三国志》卷五十。［7］谮（zèn）：说别人坏话，馋毁。朱公主：即孙鲁育，字小虎，吴主孙权之幼女，称作“小公主”，下嫁左将军朱据，故称“朱公主”，改嫁车骑将军刘纂。五凤二年（255），因被胞姐全公主诬陷谋反而被杀。后吴景帝为其平反。传见《三国志》卷五十。［8］卫尉：官名，九卿之一，主管守卫宫廷，掌宫中卫士及宫中巡逻。冯朝：孙吴将军，曾任卫尉。城广陵：建筑广陵城。广陵，在今江苏扬州市西北。［9］功费：即工费，工程所需的费用。［10］功卒不成：即无功，广陵城最终没有建成。卒，终于。

汉姜维复议出军，征西大将军张翼[1]廷争[2]，以为：“国小民劳，不宜黩武[3]。”维不听，率车骑将军夏侯霸及翼同进。八月，维将数万人至枹罕[4]，趋狄道[5]。

征西将军陈泰敕雍州刺史王经[6]进屯狄道，须[7]泰军到，东西合势[8]乃进。泰军陈仓[9]，经所统诸军于故关[10]与汉人战，不利，经辄渡洮水。泰以经不坚据狄道，必有他变，率诸军以继之。经已与维战于洮西[11]，大败，以万余人还保狄道城，余皆奔散，死者万计。张翼请维曰：“可以止矣，不宜复进，或[12]毁此大功，为蛇画足[13]。”维大怒，遂进围狄道。

辛未[14]，诏长水校尉[15]邓艾行安西将军[16]，与陈泰并力拒维。戊辰[17]，复以太尉孚为后继。泰进军陇西[18]，诸将皆曰：“王经新败，贼众大盛，将军以乌合之众[19]，继败军之后，当乘胜之锋[20]，殆必[21]不可。古人有言：‘蝮蛇螫手[22]，壮士解腕[23]。’孙子[24]曰：‘兵有所不击，地有所不守[25]。’盖小有所失而大有所全故也。不如据险自保，观衅待敝[26]，然后进救，此计之得者也。”

泰曰：“姜维提轻兵深入[27]，正欲与我争锋原野[28]，求一战之利。王经当高壁深垒，挫其锐气，今乃与战，使贼得计。经既破走，维若以战克之威，进兵东向，据栎阳积谷之实[29]，放兵收降[30]，招纳羌、胡[31]，东争关、陇[32]，传檄四郡[33]，此我之所恶也。而乃以乘胜之兵，挫峻城之下[34]，锐气之卒[35]，屈力致命[36]，攻守势殊，客主不同[37]。兵书[38]曰：‘修橹轒辒，三月乃成[39]，拒堙[40]三月而后已。’诚非轻军远入之利也。今维孤军远侨[41]，粮谷不继，是我速进破贼之时，所谓疾雷[42]不及掩耳，自然之势也。洮水带其表[43]，维等在其内，今乘高据势，临其项领[44]，不战必走。寇不可纵，围不可久，君等何言如是！”遂进军，度高城岭[45]，潜行，夜至狄道东南高山上，多举烽火，鸣鼓角。狄道城中将士见救至，皆愤踊[46]。

维不意救兵卒至[47]，缘山[48]急来攻之，泰与交战，维退。泰引兵扬言欲向其还路[49]，维惧，九月，甲辰[50]，维遁走[51]，城中将士乃得出。王经叹曰：“粮不至旬[52]，向非[53]救兵速至，举城屠裂[54]，覆丧一州[55]矣！”泰慰劳将士，前后遣还[56]，更差军守[57]，并治城垒[58]，还屯上邽[59]。

【注释】

[1]张翼：字伯恭，蜀汉将领。随诸葛亮、姜维北伐，官至左车骑将军。后为乱兵所杀。传见《三国志》卷四十五。[2]廷争：在朝廷上公开提出自己的不同意见。[3]黩武：滥用武力，好战。黩，随随便便，滥用。[4]枹（fú）罕：魏县名，县治在今甘肃临夏市东北。[5]趋：奔赴。狄道：县名，为陇西郡郡治所在地，在今甘肃临洮县。[6]雍州：魏州名，州治长安，今陕西西安市。王经（？—260）：字彦纬，冀州清河郡人，曹魏大臣。官至司隶校尉、尚书。魏帝曹髦曾召见，谋划进讨司马昭。他未向司马昭告密，司马昭弑君后，被逮捕、处死。[7]须：等候。[8]东西合势：指陈泰军与王经军会合。合势，会师。[9]军陈仓：驻扎在陈仓。军，驻扎，用作动词。陈仓，魏县名，县治在今陕西宝鸡市东。[10]故关：汉时的旧边关，在当时的狄道（今甘肃临洮县）西北，洮水西岸。[11]洮西：洮水西岸，即故关一带地区。[12]或：倘若。

[13]为蛇画足：即画蛇添足，比喻做了多余的事，非但无益，反而不合适，甚至有害。[14]辛未：八月二十二日。[15]长水校尉：武官名，掌管屯于长水与宣曲的乌桓人、胡人骑兵。长水，关中河名。[16]行安西将军：代行安西将军的职权。行，代理，代行其职权。安西将军，武官名，“四安将军”之一，拥兵方镇，具有较高的地位。[17]戊辰：此年八月无“戊辰”日，疑记时有误。[18]陇西：魏郡名，郡治襄武，在今甘肃陇西县东南。[19]乌合之众：指陈泰的军队是临时凑集起来的。[20]当乘胜之锋：迎战乘胜前进的敌人。当，迎敌。锋，锋锐，犹言“劲敌”。[21]殆（dài）必：几乎一定是。[22]蝮蛇螫手：意即毒蛇咬了手。蝮蛇，俗称竹叶青、响尾蛇，含有剧毒。螫（shì），毒蛇咬刺。[23]壮士解腕：被毒蛇咬后，果断的人立即就把手腕砍掉，以免毒性扩散危及生命。解腕，即断腕。以上两句是劝陈泰放弃狄道不救。[24]孙子：即春秋时军事家孙武，字长卿，著《孙子兵法》。传见《史记》卷六十五。[25]兵有所不击，地有所不守：意即要忍受小失而保全大局。[26]观衅待敝：观察敌人的失误，等待敌方出现漏洞。衅，缝隙，裂痕。敝，疲敝，衰败。[27]提：率领。轻兵：轻装、行动迅疾的士兵。[28]争锋原野：在大平原上决战。争锋，交兵作战，争胜。[29]据栎阳积谷之实：攻占栎阳，夺取栎阳仓库储存的粮食。栎阳，据胡三省注，当作“略阳”。栎阳在长安东北，姜维军队刚到狄道，不可能东据栎阳，陈泰所言，应是略阳。“栎”“略”二字声相近，容易致讹。略阳，魏县名，在狄道东二百里，今甘肃张家川回族自治县西。[30]放兵收降：派军四出，收纳降者。[31]羌、胡：古代西部、北部的少数民族。[32]关、陇：指关中（今陕西中部）、陇西（今甘肃东部）。[33]传檄（xí）四郡：向四郡发布檄文，招之来降。檄，檄文，古代用以征召、晓谕或声讨的文书。四郡，指陇西郡（郡治里武，今甘肃陇西县东南）、南安郡（郡治獂道，今甘肃陇西县东南）、天水郡（郡治冀县，今甘肃甘谷县东）、广魏郡（郡治临渭，今甘肃天水市东北）。[34]挫峻城之下：受挫于易守难攻的坚城之下，指姜维攻狄道而言。挫，受挫。峻城，坚固的城池。[35]锐气之卒：意谓姜维的军队本来是乘胜前进的。锐气，气势旺盛。[36]屈力致命：结果被消耗了力量，送掉了性命。[37]客主不同：蜀之进攻者与魏之防守者在心理气势上是完全不同的。[38]兵书：指《孙子兵法》。以下所引，见《孙子·谋攻》。[39]修橹轒辒，三月乃成：制造大盾牌和攻城的战车，需要三个月才能完成。修橹，指橹，攻城用的大盾牌。轒（fén）辒（wēn）：古代攻城用的一种特殊战车。其顶上和两侧皆有用木头和生牛皮构成的坚固屏障，以保护攻城士卒不为弓箭和滚木檑石所伤。[40]拒堙：即距堙，靠近敌城所筑的土丘，借以观察城内虚实，并可登城。拒，通“距”。堙（yīn），堆成的土山。[41]孤军远侨：孤军深入，远离本土。侨，指寄居外地。[42]疾雷：即迅雷，突然响起的惊雷。[43]洮水带其表：洮水像带子一样围在姜维军队的外面。[44]临其项领：扼住他们的脖子。临，靠近。[45]度：越过。高城岭：地名，在今甘肃陇西县西南。[46]愤踊：慷慨振作，欢腾跳跃。愤，通“奋”，振奋，激动。踊，跳跃。[47]卒至：迅速到来。卒，通“猝”，迅疾。[48]缘山：沿着山路。缘，沿。[49]向其还路：意即截断他们的退路。还路，回军之路。古代不像现在四通八达，只要将回路堵死，就无法回军。[50]甲

辰：九月二十五日。［51］遁走：逃遁，逃走。遁，悄悄地逃跑。［52］粮不至旬：粮食已经不够再用十天了。［53］向非：如果不是。向，向使，假如。［54］屠裂：屠杀，肢解。［55］覆丧一州：整个州将全部丧失。陇西、南安、天水、广魏四郡，旧属秦州。［56］前后遣还：意即分批让王经的军队返回雍州。［57］更差军守：另外选派军队，守卫狄道。差，差遣。军守，守城之兵。［58］治城垒：修筑城堡。治，修建，修筑。城垒，城池营垒。［59］上邽：魏县名，县治在今甘肃天水市。

泰每以一方有事，辄以虚声[1]扰动天下，故希简上事[2]，驿书[3]不过六百里[4]。大将军昭曰："陈征西[5]沈勇能断[6]，荷方伯之重[7]。救将陷之城，而不求益兵，又希简上事，必能办贼[8]者也。都督大将不当尔邪[9]！"

姜维退驻钟提[10]。

初，吴大帝不立太庙[11]，以武烈[12]尝为长沙[13]太守，立庙于临湘[14]，使太守奉祠[15]而已。冬，十月[16]，始作太庙于建业，尊大帝为太祖[17]。

（以上为第七段，写蜀国卫将军姜维率领车骑将军夏侯霸攻打魏国，出兵狄道，于洮西大破雍州刺史王经，王经退保狄道城，姜维围城猛攻，魏国派征西将军陈泰前来解围，姜维退军，无功而还。）

【注释】

［1］虚声：虚张声势，夸大敌情。［2］希简上事：上书言事既稀少又简略。希，通"稀"。［3］驿书：用驿马传递军情。［4］不过六百里：每天不过跑六百里，以示并不特别紧急。［5］陈征西：即陈泰，因其时任征西将军。［6］沈勇能断：沉着勇敢，能当机立断。沈，通"沉"。［7］荷方伯之重：身负镇守一方的重任。方伯，指一方诸侯之长。［8］办贼：指打败敌人。［9］都督大将不当尔邪：镇守一方的大将不是应当如此吗？［10］钟提：古城名，在今甘肃成县北。［11］不立太庙：不在京城建立皇家的宗庙。［12］武烈：即孙权之父孙坚，字文台，吴郡富春（今浙江杭州市富阳区）人，东汉末年将领、军阀，开创孙吴的奠基者。孙权称帝后，追谥为武烈皇帝。传见《三国志》卷一。［13］长沙：郡名，治所临湘。［14］临湘：县名，在今湖南长沙市。［15］奉祠：主管祭祀。［16］十月：据章校，甲十一行本作"十二月"，疑是。［17］尊大帝为太祖：尊奉孙权为吴国的太祖。大帝，即孙权。

【点评】

司马师操控魏帝废立。司马懿去世后，司马氏能否继续掌控魏国政权？司马懿的长子司马师成功地解决了这道难题，为后来晋朝的创立打下了坚实的基础。

司马懿去世于公元251年，司马师也于公元255年英年早逝。也就是说，这四年，是司马师时代。在此之前，他协助其父诛除曹爽集团，继而掌控朝局，杀掉李丰、夏侯玄等反叛之人，处死皇帝丈人张缉、皇后张氏，给魏帝曹芳以极大的震慑。

曹芳忍无可忍。公元254年，他打算趁司马师之弟司马昭西出攻打入侵的蜀军经过洛阳时，杀掉司马昭，夺其兵权，再杀掉司马师。其计划虽好，也起草了诏书，万事俱备，但他没有胆量实施，只好放弃。司马昭大军进入京城时，司马师趁着兵威，以太后名义召集群臣，说曹芳行为不端，将危及社稷，不可担当天子大业，宣布予以废黜。曹芳当时年仅20岁。

这时的司马师还未想自己称帝，或者从司马氏家族中选人当皇帝。或许是他当时没有这个意识，或许他认为时机还不成熟，就仍然从曹氏的子孙中挑选。他打算立曹操的儿子彭城王曹据，但遭到太后的强烈反对，结果立了文帝曹丕的孙子、东海定王曹霖的儿子高贵乡公曹髦为帝。至此，魏国皇帝已经形同傀儡，司马氏集团成为魏国的实际统治者。

要知道，主持帝王的废立之事，古往今来，能有几人？商朝时阿衡伊尹做过，他废掉太甲，自己执政，三年后又将太甲接了回来继续担任商王；汉朝时的大将军霍光做过，他先是迎立汉武帝之孙昌邑王刘贺即位，但在27天后又废掉昌邑王，从民间迎来武帝曾孙刘病已继承帝位，即汉宣帝，把帝王玩弄于股掌之上。

司马师成功地主持了魏国帝王的废立之事，这说明了什么呢？其一，司马师所废之帝，确实品行有亏，能力也差，不能够担任治理国家的重任，得不到朝野上下的拥护和爱戴。既然此人不适合担任帝王，何不让路，让更为合适的人来挑起这副担子？若是谋略、胆识超群、深孚众望的帝王，谁能搬得动他的位子？其二，说明主持之人的权力到达巅峰，能够言出令行，无可非议，没有谁能够撼动其地位。其三，也说明当时朝中大臣没有原则和主见。

后来，镇东将军毌丘俭，平时和夏侯玄、李丰关系友好，夏侯玄等人谋反被杀后，他内心常自感不安；扬州刺史文钦英勇善战，武艺绝伦，因和曹爽是同乡，以前得到大将军曹爽厚爱，曹爽被杀，他又想以多杀敌人邀功请赏，经常受到司马师的压抑，因此而生怨恨之心。二人一拍即合，合力反对司马师。司马师成功进行反击，巩固了他在朝廷中的地位。

而这时，司马师的眼瘤疾病已经到了后期，病情严重。他不得不带病上阵，指挥反叛，取得胜利后，才把一颗心放下，似乎自己的使命也完成了。他勉强率军回到许昌，把兵权交给弟弟司马昭后，便昏迷，溘然长逝，时年48岁。魏帝曹髦下令封司马昭为大将军、录尚书事，代替司马师掌管朝政。

如果把司马懿、司马师、司马昭、司马炎祖孙四人看成是在魏国朝廷中的接力赛跑，可以说他们成功地到达终点，登上了冠军的宝座。而其中司马师成功接过了司马懿的这一棒，又成功地交给了弟弟司马昭，而且承接得非常出色。

卷七七　魏纪九

魏高贵乡公甘露元年至魏元帝景元二年（256—261 年）

【起柔兆困敦（丙子，256 年），尽重光大荒落（辛巳，261 年），凡六年】

【大事提要】

本卷记事起公元 256 年，讫公元 261 年，凡六年，当魏高贵乡公甘露元年至魏元帝景元二年。本卷所载大事，主要是五个方面：其一，孙亮亲政。公元 257 年，15 岁的吴国少主孙亮亲临正殿，亲自执政。他对权臣孙𬘭的独断专行甚为不满，矛盾愈深，暗中与全公主、太常全尚等人谋划诛杀孙𬘭，而全尚泄密，孙𬘭斩杀谋划之人，废掉孙亮，贬为会稽王，后再贬为候官侯，丧命于押送途中。其二，诸葛诞叛魏。魏国征东大将军诸葛诞曾与司马师一同平定毌丘俭、文钦叛乱，但因与被诛的夏侯玄、邓飏等人交情深厚，心不自安，公元 257 年在寿春起兵反叛，并得到吴国支援，固守寿春。魏帝曹髦亲征，司马昭亲率大军平乱。次年，诸葛诞被杀，灭三族。其三，孙休诛杀孙𬘭。公元 258 年，吴国孙权第六个儿子孙休，时为琅邪王，被孙𬘭迎回，登上帝位，改年号为永元。在位期间，颁布良制，嘉惠百姓，促进东吴繁荣。而权臣孙𬘭权倾朝野，他先予以笼络，而后与张布、丁奉密谋，在腊祭日设局谋杀孙𬘭，并灭其三族。其四，曹髦被杀。曹髦被立为魏帝后，对司马氏兄弟的专横跋扈十分不满，于公元 260 年召见尚书王经等人，对他们说“司马昭之心，路人所知也”，并率领宫人攻打司马昭，而此次行动被司马昭知晓，在其心腹贾充指使下，曹髦被杀，年仅 20 岁。其五，曹奂为帝。公元 260 年，魏帝高贵乡公曹髦被杀后，大将军司马昭与众臣商议，立常道乡公曹奂为帝，奉魏明帝曹叡之祀。曹奂为势所迫，虽名为皇帝，但实为司马氏的傀儡，赏赐司马昭无以复加，任为相国，封为晋公，食邑达 10 个郡，并赐九锡之礼。

高贵乡公下

甘露[1]元年（丙子，256年）

春正月，汉姜维[2]进位大将军[3]。

二月，丙辰[4]，帝宴群臣于太极东堂[5]，与诸儒论夏少康[6]、汉高祖[7]优劣，以少康为优。

夏，四月[8]，赐大将军昭[9]衮冕之服[10]，赤舄副焉[11]。

丙辰[12]，帝幸太学[13]，与诸儒论《书》《易》及《礼》[14]，诸儒莫能及。帝尝与中护军司马望[15]、侍中王沈[16]、散骑常侍裴秀[17]、黄门侍郎钟会[18]等讲宴于东堂[19]，并属文论[20]，特加礼异[21]，谓秀为儒林丈人[22]，沈为文籍先生[23]。帝性急，请召欲速[24]，以望职在外[25]，特给追锋车[26]、虎贲[27]五人，每有集会，辄奔驰而至。秀，潜[28]之子也。

六月，丙午[29]，改元[30]。

【注释】

[1]甘露：曹魏君主曹髦的第二个年号。［2］姜维：字伯约，蜀汉后期名将。［3］大将军：为自西汉武帝以来的最高职位的权臣，位在丞相之上。［4］丙辰：二月九日。［5］帝：指魏帝曹髦。太极东堂：皇宫正殿太极殿的东堂。［6］夏少康：又名杜康，夏朝第六任帝王。父亲姒相被寒浞所杀。少康成人后攻灭寒浞，恢复了夏朝统治，史称“少康中兴”。［7］汉高祖：刘邦，汉朝开国皇帝。［8］四月：据章校，他本“月”下有“庚戌”二字。庚戌，四月四日。［9］大将军昭：即司马昭（211—265），曹魏权臣司马懿次子，继兄司马师为大将军，专揽国政。传见《晋书》卷二。［10］衮（gǔn）冕（miǎn）之服：即衮衣和冠冕，古代皇帝及上公的礼服和礼冠，在祭天地、宗庙等重大庆典活动时穿戴的正式服装。［11］赤舄副焉：又赐予赤色靴子一双，与礼服礼帽相称。副，相称，与之配套。赤舄（xì），古代天子、诸侯所穿的礼鞋，赤色，重底。［12］丙辰：四月十日。［13］太学：当时朝廷所立的最高学府。［14］论《书》《易》及《礼》：讨论儒学经典《尚书》《周易》《礼记》。［15］中护军：官名，与中领军同为重要军事长官，掌管禁军，主持选拔武官，监督管制诸武将，是朝廷派往军中的监察官员。司马望：曹魏将领，司马孚次子，官至司徒。事见《三国志》卷十五。［16］侍中：官名，侍从皇帝左右，出入宫廷，故谓之“侍中”。王沈：司空王昶之侄，曹魏大臣、史学家。事见《晋书》卷三十九。［17］散骑常侍：官名，为皇帝侍从，与中常侍性质相同，入则规谏过失，备皇帝顾问，出则骑马散从。裴秀：字季彦，河东

郡闻喜县（今山西闻喜县）人，魏晋时期名臣。传见《三国志》卷二十三。［18］黄门侍郎：又称“黄门郎”，即给事于宫门之内的郎官，皇帝近侍之臣，可传达诏令，负责协助皇帝处理朝廷事务。钟会：字士季，太傅钟繇幼子。曹魏大臣，拜镇西将军。灭蜀后，死于乱军。传见《三国志》卷二十八。［19］讲宴：给帝王讲课，一边吃酒，一边研讨学问。东堂：指魏皇宫太极正殿的东厢房。［20］属文论：撰写议论性文章。属（zhǔ），起草，撰写。［21］特加礼异：给予超常的礼节待遇，优礼相待。礼异，即异礼，不同寻常的礼仪。［22］儒林丈人：儒林中的老人，言其德高望重。儒林，儒家学者之群。丈人，老人，犹言“高人”。［23］文籍先生：文墨领域的先辈，言其年长才高。文籍，文章典籍，泛指书籍。［24］请召欲速：招呼谁，谁就得赶快到达，不得耽搁。［25］望职在外：指司马望的任职之地在皇宫之外。［26］追锋车：古代一种轻便的小车，只有两个车轮，驾两匹马，拆除篷盖，因车行疾速，故名。追锋，犹言“追风”，顾名思义，取其迅速之意。［27］虎贲：即“虎奔”，如猛虎般奔跑，言其勇猛迅捷如虎。贲，通“奔”，奔跑。［28］潜：即裴潜，字文行，河东郡闻喜县（今山西闻喜县）人，曹魏大臣，官至尚书令、光禄大夫，封清阳亭侯。传见《三国志》卷二十三。［29］丙午：六月一日。［30］改元：指皇帝即位时或在位期间改换年号。曹髦即位后，改“正元”为“甘露”，此年便称为甘露元年。

姜维在钟提[1]，议者多以为维力已竭，未能更出[2]。安西将军邓艾[3]曰：“洮西之败[4]，非小失也，士卒凋残[5]，仓廪空虚，百姓流离。今以策言之[6]，彼有乘胜之势，我有虚弱之实，一也。彼上下相习[7]，五兵犀利[8]，我将易兵新[9]，器仗未复[10]，二也。彼以船行[11]，吾以陆军，劳逸不同，三也。狄道[12]、陇西[13]、南安[14]、祁山[15]各当有守，彼专为一，我分为四，四也。从南安、陇西因食羌谷[16]，若趣祁山[17]，熟麦千顷，为之外仓[18]。贼有黠计[19]，其来必矣。”

秋，七月，姜维复率众出祁山[20]，闻邓艾已有备，乃回，从董亭[21]趣南安；艾据武城山[22]以拒之。维与艾争险不克，其夜，渡渭[23]东行，缘山趣上邽[24]，艾与战于段谷[25]，大破之。以艾为镇西将军[26]、都督陇右[27]诸军事。维与其镇西大将军胡济[28]期会[29]上邽，济失期不至，故败，士卒星散，死者甚众，蜀人由是怨维。维上书谢[30]，求自贬黜[31]，乃以卫将军[32]行大将军事[33]。

【注释】

［1］钟提：在今甘肃成县北。［2］更出：再次出兵攻打魏国。［3］安西将军：武官名，“四

安将军”之一，始于东汉末年，魏国沿置，拥兵方镇，地位较高。邓艾：字士载，曹魏名将。传见《三国志》卷二十八。［4］洮西之败：蜀汉卫将军姜维得知司马师去世，督率车骑将军夏侯霸、征西大将军张翼等数万人攻打曹魏，在洮西大破雍州刺史王经，斩杀魏军数万余人。事见《资治通鉴》卷七十六正元二年（255）。［5］凋残：残败，减损。［6］以策言之：从谋略方面来说。策，谋略，计策。［7］上下相习：将军和士兵互相熟悉和了解。［8］五兵犀利：各种兵器锋利。五兵，五种兵器，各种说法不一，一般指矛、戟、弓、剑，戈，也泛指各种兵器。犀利，锋利，锐利。［9］将易：指邓艾刚接替王经，担任安西将军。兵新：指洮西之役失败后，魏国的士兵都是新征集而来的。［10］器仗未复：各种武器装备还未恢复如初。［11］船行：姜维驻防的钟提附近有白水江、沮水，可以用船运输，后勤供应非常方便。［12］狄道：魏郡名，郡治在今甘肃临洮县。［13］陇西：魏郡名，郡治在今甘肃陇西县。［14］南安：魏郡名，郡治豲道，位于甘肃陇西县渭水东岸。［15］祁山：山名，在今祁山堡，在今甘肃礼县东北。［16］因食羌谷：可以通过羌人居住的地方就地取粮。［17］若趣祁山：如果蜀军直奔祁山。趣，同“趋”，直奔。［18］外仓：外部粮仓，相对蜀国内的仓库而言，指不必再从蜀国运粮过来。仓，据章校，“仓”后有“五也”二字。［19］黠计：狡猾的计谋。黠，狡猾，险恶。［20］出祁山：准备向祁山方向发动攻击。出，犹言“向”。［21］董亭：在今甘肃武山县南。［22］武城山：在今甘肃武山县境内，在董亭北约二十五里处。［23］渡渭：渡过渭河。［24］上邽（guī）：县名，在今甘肃天水市。［25］段谷：地名，位于甘肃天水市西南。［26］镇西将军：将军名号，为“四镇将军”之一，位次“四征将军”，掌征伐平叛、镇戍西方。［27］陇右：陇山以西，泛指今甘肃东部。［28］镇西大将军：将军名号，以资深的镇西将军升任。胡济：字伟度。事见《三国志》卷四十四。［29］期会：约定日期会师。［30］谢：请罪。［31］贬黜：指降低或罢免官职，此为降职。［32］卫将军：高级武官名，是防卫部队的统帅，与骠骑将军、车骑将军皆开府（即设将军府），置官属，掌握禁兵，预闻政务。位在大将军、骠骑将军下。［33］行大将军事：代行大将军的职权。

八月，庚午[1]，诏司马昭加号大都督[2]，奏事不名[3]，假黄钺[4]。癸酉[5]，以太尉司马孚[6]为太傅[7]。九月，以司徒高柔[8]为太尉。

文钦[9]说吴人以伐魏之利，孙峻[10]使钦与骠骑将军吕据[11]及车骑将军刘纂[12]、镇南将军朱异[13]、前将军唐咨[14]，自江都[15]入淮、泗[16]，以图青、徐[17]。峻饯之于石头[18]，遇暴疾[19]，以后事付从父弟[20]偏将军綝[21]。丁亥[22]，峻卒。吴人以綝为侍中、武卫将军[23]、都督中外诸军事[24]，召吕据等还。

己丑[25]，吴大司马吕岱[26]卒，年九十六。始，岱亲近吴郡徐原[27]，慷慨有才志，岱知其可成[28]，赐巾褠[29]，与共言论，后遂荐拔，官至侍御史[30]。原性忠壮[31]，好直言，岱时有得失，原辄谏争[32]，又公论[33]之。人或以告岱，岱叹曰："是我所以贵德渊[34]者也！"及原死，岱哭之甚哀，曰："徐德渊，吕岱之益友[35]，今不幸[36]，岱复于何闻过[37]！"谈者美之。

【注释】

[1]庚午：八月二十六日。 [2]大都督：官名，统管全国军事。其实司马昭早已把持魏国的一切，这只是名义上的加号。 [3]奏事不名：意即向皇帝奏事时不用自报姓名。这是作为权臣的一项特权。 [4]假黄钺（yuè）：授予黄钺。黄钺是帝王诛杀大臣专用的铜斧，是一种权威的象征。假，通"借"，借予，授予。 [5]癸酉：八月二十九日。 [6]太尉：全国最高的军事长官，三公之一。司马孚：字叔达，曹魏至西晋初年重臣，司马懿之弟。传见《晋书》卷三十七。 [7]太傅：官名，为荣誉职衔，没有实际权力。 [8]司徒：官名，三国时，以太尉、司徒、司空为三公。高柔：字文惠，陈留郡圉县（今河南杞县南）人，曹魏大臣，曾任廷尉、太常、司空，在高平陵之变时支持司马懿，据曹爽大营，以假节行大将军事。后升为太尉，进爵安国侯。享年九十岁，谥号元侯。传见《三国志》卷二十四。 [9]文钦：曹魏将领，官至前将军、扬州刺史。 [10]孙峻：字子远，孙吴宗室、权臣。传见《三国志》卷六十四。 [11]骠骑将军：官名，俸禄与大将军相等，有太尉之权，位在三公之上。吕据：字世议，孙吴将领，大司马吕范次子。曾图谋废除孙綝，失败后自杀，被夷三族。传见《三国志》卷五十六。 [12]车骑将军：官名，主要掌管征伐，有战事时乃拜官出征，位次上卿，或比三公，仅次于大将军及骠骑将军。刘纂：先后娶孙权的两个女儿为妻，孙吴重臣，官至车骑将军。传见《三国志》卷四十八。 [13]镇南将军：重要将军名号，统兵将领，为"四镇将军"之一，位次"四征将军"。朱异：字季文，孙吴将领。传见《三国志》卷五十六。 [14]前将军：三国时常设的高级将军名号，负责京师兵卫和边防屯警，一般高于杂号将军。唐咨：吴国将领，官至左将军，封侯，持节。传见《三国志》卷二十八。 [15]江都：吴县名，县治在今江苏扬州市南。 [16]入淮、泗：进入淮河、泗水。春秋时吴国曾挖运河，连接淮河与长江，称为邗沟。此时东吴战船可以由邗沟进入淮河，再转入泗水。 [17]青、徐：魏之二州名。青州州治临淄，在今山东淄博市临淄区；徐州州治下邳，在今江苏邳州市南。 [18]石头：即石头城，在今江苏南京市西北部。 [19]暴疾：突然发病。 [20]付：托付，嘱托。从父弟：堂弟。从父，伯父、叔父，年长于父者为堂伯；年幼于父者为堂叔。 [21]偏将军：官名，为将军的辅佐，在将军中地位较低，多由校尉或裨将升迁。綝：即孙綝（chēn），字子通，孙吴宗室、权臣。后被杀。吴帝孙休将其从族谱上除名。传见《三国志》卷六十四。[22]丁亥：九月十四日。[23]武卫将军：官名，都督中军，宿卫禁兵。 [24]都督中外诸军事：官名，统领宫城内外宿卫军队以及部分京城驻防精锐部队，一般由亲信大将或者权臣担任。都督，统领，统管。中外，京城

内外。［25］己丑：九月十六日。［26］大司马：官名，古代对中央政府中专司武职的最高长官的称呼，类似于后世的“天下兵马大元帅”。韦昭《辨释名》曰：“大司马，马，武也，大总武事也。大司马掌军，古者兵车一车四马，故以马名官。训‘马’为‘武’者，取其速行也。”吕岱：字定公，孙吴重臣、将领。传见《三国志》卷六十。［27］吴郡：郡治在今江苏苏州市。徐原：吴人，字德渊，为人慷慨有才志，忠诚耿直。曾为侍御史。吕岱每有过失，原则直言强谏，或当众评论。吕岱引为知己。［28］可成：犹言“有成”，指能够成就大事，有所成就。［29］巾褠：指头巾和单衣，古代士人盛服。褠（gōu），直袖的单衣。［30］侍御史：官名，主管监察与弹劾。［31］忠壮：忠义勇武，忠直豪壮。［32］辄（zhé）：总是。谏争：即谏诤，直言规劝。争，通“诤”，强谏。［33］公论：在大庭广众中评论。［34］贵：看重，尊敬。德渊：即徐原，字德渊。［35］益友：有益的朋友。语出《论语·季氏》：“孔子曰：‘益者三友：友直，友谅，友多闻。’”［36］不幸：婉指徐原之死。［37］复于何闻过：还能到哪里去听到批评我的声音呢？

吕据闻孙綝代孙峻辅政[1]，大怒，与诸督将[2]连名，共表荐滕胤[3]为丞相；綝更以胤为大司马[4]，代吕岱驻武昌[5]。据引兵还，使人报胤，欲共废綝。

冬，十月[6]，綝遣从兄宪[7]将兵逆据[8]于江都，使中使敕[9]文钦、刘纂、唐咨等共击取据，又遣侍中左将军华融[10]、中书丞丁晏[11]告喻胤宜速去[12]意。胤自以祸及，因留融、晏[13]，勒兵[14]自卫，召典军杨崇[15]、将军孙咨[16]告以綝为乱，迫融等使有书[17]难綝[18]，綝不听，表言[19]胤反，许将军刘丞以封爵[20]，使率兵骑攻围胤。胤又劫融等使诈为诏发兵[21]，融等不从，皆杀之。或劝胤引兵至苍龙门[22]，将士见公[23]出，必委綝就公[24]。时夜已半，胤恃与据期[25]，又难举兵向宫[26]，乃约令部曲[27]，说吕侯[28]兵已在近道，故皆为胤尽死[29]，无离散者。胤颜色不变，谈笑如常。时大风，比晓[30]，据不至，綝兵大会[31]，遂杀胤及将士数十人，夷胤三族。己酉[32]，大赦，改元太平[33]。或劝吕据奔魏者，据曰：“吾耻为叛臣。”遂自杀。

【注释】

［1］辅政：辅助帝王行政，实即把持朝廷政权。［2］督将：统兵出征的将领。［3］表荐：上书推荐。滕胤：字承嗣，孙吴重臣，与吕据密谋推翻孙綝，因计划泄露而被杀，惨遭灭族。后平反。传见《三国志》卷六十四。［4］更：改任。大司马：最高武官名，后来也多用于荣誉职衔。

[5]武昌：时孙权为与曹操争夺荆州，在今湖北鄂州市鄂城区建都，更名“武昌”，取“以武治国而昌”之意。后迁都建业，即江苏南京市。[6]十月：据章校，“十月”下有“丁未”二字。丁未，即十月四日。[7]从兄：堂兄。宪：即孙宪。[8]逆据：迎击吕据。[9]中使：宫中派出的使者，一般由宦官担任，传递皇帝的诏令。敕（chì）：命令。[10]侍中：给事宫中往来奏事的近侍之官，此为华融的加官名号。左将军：武官名，或典京师兵卫，或屯兵边境。华融：字德蕤，曾为太子庶子，遂知名显达，累官左将军、录尚书事。[11]中书丞：吴官名，为中书监、中书令的属官。丁晏：孙吴官员，曾任中书丞一职。[12]告喻：告知，晓谕。宜速去：应当迅速到武昌上任，不要干预朝廷事务。[13]留融、晏：扣留华融与丁晏。[14]勒兵：调集军队。[15]典军：此指大司马帐下的护卫头领。杨崇：孙吴官员，曾任典军一职。[16]孙咨（？—256）：扬州吴郡富春（浙江杭州市富阳区）人。吴都护征虏将军孙皎之子，曾任将军、羽林督，封侯。后被滕胤杀害。[17]有书：据章校，乙十一行本作“作书”。作书，写信。疑是。[18]难綝：谴责孙綝。难，责备，谴责。[19]表言：上表，上书。[20]许：许愿。刘丞：孙吴将领，曾率兵平叛。后因不满侍中孙綝专权，与吴主谋诛之，事败，被杀。封爵：封官拜爵。爵，爵位。[21]劫：劫持。诈为诏发兵：假作诏书，调动军队。华融与丁晏都是为皇帝起草诏令的官员，如此行事，可令人相信。[22]苍龙门：东吴建业宫的东门。[23]公：部下对滕胤的称呼。[24]委綝就公：舍弃孙綝，前来投奔您。委，委弃，抛弃。[25]恃与据期：仗恃着有与吕据的约定，指共同罢免孙綝的约定。[26]难举兵向宫：不愿率军向苍龙门方向前进。难，不愿，为难。向宫，入宫。[27]约令部曲：劝说自己的部下。约令，约束，命令。部曲，部属，部下。[28]吕侯：对吕据的尊称。[29]尽死：效死。尽，皆，都。[30]比晓：即将天亮。比，及。晓，拂晓，天明。[31]大会：大量到来，会聚到一起。[32]己酉：十月六日。[33]改元：指皇帝即位时或在位期间改换年号，每个年号开始的一年称元年，故称为“改元”。太平：东吴孙亮的第二个年号，公元256年至公元258年。

以司空郑冲[1]为司徒[2]，左仆射卢毓[3]为司空。毓固让[4]骠骑将军王昶[5]、光禄大夫王观[6]、司隶校尉[7]琅邪王祥[8]，诏不许。

祥性至孝，继母朱氏遇之无道[9]，祥愈恭谨。朱氏子览，年数岁，每见祥被楚挞[10]，辄涕泣抱持[11]母；母以非理使祥[12]，览辄与祥俱往。及长，娶妻，母虐使[13]祥妻，览妻亦趋而共之，母患之，为之少止[14]。祥渐有时誉[15]，母深疾之[16]，密使鸩祥[17]。览知之，径起[18]取酒，祥争而不与，母遽夺反之[19]。自后，母赐祥馔[20]，览辄先尝，母惧览致毙[21]，遂止。

汉末遭乱，祥隐居三十余年，不应州郡之命[22]，母终，毁瘁[23]，杖而后起。徐州刺史吕虔[24]檄为别驾[25]，委以州事，州界清静，政化大行[26]，时人歌之曰："海沂[27]之康，实赖王祥；邦国不空[28]，别驾之功！"

十一月，吴孙綝迁大将军。綝负贵倨傲[29]，多行无礼[30]。峻从弟宪尝与诛诸葛恪[31]。峻厚遇之，官至右将军[32]、无难督[33]，平九官事[34]。綝遇[35]宪薄于峻时，宪怒，与将军王惇[36]谋杀綝，事泄，綝杀惇，宪服药死。

（以上为第一段，写魏帝曹髦好学，精通经学；司马昭加官进爵，享有至高无上的权力；蜀国姜维不顾民生多艰，继续出兵攻打魏国，无功而还；吴国孙綝当政，多行无礼，朝臣多怨。）

【注释】

[1]司空：官名，位列三公，掌管水利、营建之事。郑冲：字文和，曹魏大臣、经学家，司马氏的党羽。传见《晋书》卷三十三。 [2]司徒：职务略同于丞相。此时朝廷大权都在司马昭之手，司徒官职形同虚设。 [3]左仆射：官名，位仅次尚书令，有纠弹百官之权，权力大于右仆射。卢毓（yù）：字子家，曹魏官员，东汉大儒卢植幼子。先后侍奉从曹操到曹髦五位君主，曾任司空，进爵容城侯。传见《三国志》卷二十二。 [4]固让：坚决推让。 [5]王昶：字文舒，曹魏将领。传见《三国志》卷二十七。 [6]光禄大夫：原名为中大夫，掌论议应对，在诸大夫中地位最尊。王观：字伟台，曹魏大臣，司马懿死党。当司马懿发动高平陵之变，王观被任为行中领军，因功爵关内侯，官至司空。传见《三国志》卷二十四。 [7]司隶校尉：首都与其临近郡县的监察长官，略同于其他州的刺史。 [8]琅邪：魏诸侯国名，都城在今山东临沂市北。王祥：字休征，琅邪临沂（今山东临沂市）人，以孝道著称于世。曹魏大臣，入晋拜太保，进封睢陵公。传见《晋书》卷三十三。 [9]无道：违反常理，不行正道，此指虐待王祥。 [10]被楚挞：被荆条抽打。楚，即荆，荆条。挞，打，用鞭、棍等打人。 [11]抱持：紧紧抱住，不让母亲鞭打王祥。 [12]以非理使祥：意即不讲道理，随意支使、使唤王祥。 [13]虐使：不合理地差使。虐，暴虐，横蛮，不讲道理。 [14]少止：稍微有所收敛。少，通"稍"，略，略微。 [15]时誉：名望。誉，声誉，声望。 [16]深疾之：非常嫉恨王祥。疾，通"嫉"，嫉妒，憎恨。 [17]密使：偷偷地行动。鸩（zhèn）：用毒酒杀人。 [18]径起：直接起身。径，径直，直接。 [19]遽夺反之：赶紧夺过来，将其倒掉。遽，匆忙，立即。反，翻转，即倒掉。 [20]馔（zhuàn）：饭食。 [21]致毙：导致死亡。毙，毙命，死亡。 [22]不应州郡之命：意即不出去做官。州郡，州府、郡府。命，指任用之命令。 [23]毁瘁：指居丧过哀而憔悴。瘁（cuì），劳累，疾病。 [24]吕虔：字子恪，汉

末至曹魏时期将领。［25］檄为别驾：征召之，任为别驾。檄，檄文，紧急晓谕之文，用作动词，以檄文征召，令其快速上任。别驾，官名，亦称别驾从事，州刺史的高级僚属，每出行，自乘一车，故称"别驾"。［26］政化大行：政令和教化都能顺利地推行。大行，广为推行，普遍流行。［27］海沂：指徐州，因徐州东面临海，西北方又靠近泗水、沂水，故称之。［28］邦国不空：指徐州的粮食丰收，仓库不空。邦国，代指徐州。古代徐州曾为彭城国，故称之。［29］负贵：依仗出身高贵。负，仗恃。倨傲：高傲自大，傲慢不恭。［30］多行无礼：即多行无礼之事，行事不讲道理。［31］从弟宪：即堂弟孙宪。尝：曾经。与诛诸葛恪：参与了诛杀诸葛恪的过程。与，参与。诸葛恪，字元逊，大将军诸葛瑾长子，孙吴权臣，为孙吴大臣孙峻所害。传见《三国志》卷二十八。［32］右将军：将军名号，位仅次于上卿，或典京师兵卫，或屯兵边境。［33］无难督：又称无难监，吴国军事职官名。吴国设有无难营，以无难督统领。无难，含有无坚不摧的意思。［34］平九官事：吴官名，协调九卿间的事务，位在九卿之上。九官，即九卿，朝廷高级官员的代称。［35］遇：对待，相待。［36］王惇：孙吴将领，官至将军，因谋杀权臣孙綝，事泄，被害。

二年（丁丑，257年）

春，三月，大梁成侯[1]卢毓卒。

夏，四月，吴主[2]临正殿，大赦，始亲政事[3]。孙綝表奏[4]，多见难问[5]，又科兵子弟[6]十八已[7]下、十五以上三千余人，选大将子弟年少有勇力者，使将之，日于苑中教习[8]，曰："吾立此军，欲与之俱长[9]。"又数出中书[10]，视大帝时旧事[11]，问左右侍臣曰："先帝数有特制[12]，今大将军问事[13]，但令我书，可邪[14]？"尝食生梅，使黄门[15]至中藏[16]取蜜，蜜中有鼠矢[17]，召问藏吏[18]，藏吏叩头。吴主曰："黄门从尔求蜜邪[19]？"吏曰："向求[20]，实不敢与。"黄门不服[21]。吴主令破鼠矢，矢中燥，因大笑，谓左右曰："若矢先在蜜中，中外当俱湿；今外湿里燥，此必黄门所为也。"诘[22]之，果服，左右莫不惊悚[23]。

【注释】

［1］大梁成侯：卢毓被封为大梁侯，谥号为"成"，故称之。［2］吴主：即孙亮，字子明，孙吴第二位皇帝，公元252年至公元258年在位。传见《三国志》卷三十三。［3］始亲政事：开始亲自处理国事。亲，亲政。此年，吴主孙亮15岁。［4］表奏：上书奏事。［5］多见难问：屡屡被孙亮提出疑问。难问，即"问难"，查问，质疑。［6］科兵子弟：挑选青少年子弟为兵。科兵，

指依律征发的兵员。科，挑选。此句主语为吴主孙亮。［7］已：通“以”。［8］日于苑中教习：每天在宫廷里对其进行训练、上课。日，每天，每日。苑，这里指宫苑、宫廷。［9］与之俱长：和他们一起长大，意即使之成为自己的忠实士兵。［10］数出中书：屡屡出内宫，到中书省去视察。中书省是大臣为帝王起草诏令的地方。［11］视大帝时旧事：翻看过去孙权处理问题的章程、条例。视，省视，观看。［12］特制：以手诏形式宣行的特别诏令。指皇上通过中书，直接下诏令办事。吴主孙亮询问此事，是要摆脱权臣孙綝，直接通过中书省来处理政事。［13］问事：请示处理意见。［14］但令我书，可邪：意即只是让我画圈表示同意，这样做，行吗？吴主孙亮对权臣孙綝的不满溢于言表。邪，通“耶”，语气助词。［15］黄门：又称黄门郎，即太监，为给事于宫门之内的郎官，是皇帝近侍之臣，可传达诏令。［16］中藏：宫廷里的仓库。［17］鼠矢：即老鼠屎。矢，通“屎”。［18］藏吏：看管仓库的官员。［19］从尔求蜜邪：从你这儿要蜜了吗？［20］向求：从前要过。向，曾经。［21］不服：不承认是自己放进去的老鼠屎。［22］诘（jié）：诘问，责问。［23］惊悚：震惊，恐慌。悚（sǒng），害怕。

征东大将军诸葛诞[1]素与夏侯玄[2]、邓飏[3]等友善，玄等死[4]，王凌[5]、毌丘俭[6]相继诛灭[7]，诞内不自安，乃倾帑藏振施[8]，曲赦有罪[9]以收众心，畜养扬州轻侠[10]数千人以为死士[11]。因吴人欲向徐堨[12]，请十万众以守寿春，又求临淮[13]筑城以备吴寇。司马昭初秉政，长史贾充[14]请遣参佐[15]慰劳四征[16]，且观其志[17]。

昭遣充至淮南[18]，充见诞，论说时事，因曰：“洛中诸贤[19]，皆愿禅代[20]，君以为如何？”诞厉声[21]曰：“卿非贾豫州[22]子乎？世受魏恩，岂可欲以社稷输人[23]乎！若洛中有难[24]，吾当死之。”充默然[25]，还，言于昭曰：“诸葛诞再在扬州[26]，得士众心。今召之，必不来，然反疾而祸小[27]；不召，则反迟而祸大，不如召之。”昭从之。

甲子[28]，诏以诞为司空，召赴京师。诞得诏书，愈恐，疑扬州刺史乐綝间已[29]，遂杀綝，敛[30]淮南及淮北郡县屯田口[31]十余万官兵，扬州新附胜兵者[32]四五万人，聚谷足一年食，为闭门自守之计。遣长史吴纲[33]将少子靓[34]至吴，称臣请救，并请以牙门子弟[35]为质。

吴滕胤、吕据之妻，皆夏口督孙壹[36]之妹也。六月，孙綝使镇南将军朱异自虎林[37]将兵袭壹。异至武昌，壹将部曲来奔[38]。乙巳[39]，诏拜壹车骑将军、交州牧[40]，封吴侯，开府辟召[41]，仪同三司[42]，衮冕赤舄[43]，事从丰厚[44]。

【注释】

[1]诸葛诞：字公休，曹魏将领，官至征东大将军。曾起兵反对权臣司马昭，并得到东吴的支援。后兵败，被夷三族。传见《三国志》卷二十八。[2]夏侯玄：字泰初，玄学家，曹魏大臣，官至征西将军。后被司马师杀害，被夷三族。传见《三国志》卷九。[3]邓飏（yáng）：字玄茂，曹魏大臣，曹爽的党羽、腹心，被司马懿诛杀、夷三族。[4]玄等死：夏侯玄之死，见《资治通鉴》卷七十六曹髦正元元年；邓飏之死，见《资治通鉴》卷七十五曹髦嘉平元年。[5]王凌：字彦云，曹魏大臣，官至太尉。因不满司马懿专擅朝政，谋立楚王曹彪，事泄自尽，夷灭三族。传见《三国志》卷二十八。[6]毌（guàn）丘俭：复姓毌丘，字仲恭，河东闻喜（今山西闻喜县）人，曹魏将领。后因权臣司马师废黜魏帝曹芳，愤起淮南大军，赴洛勤王，孤立无援，兵败殉国。传见《三国志》卷二十八。[7]相继诛灭：王凌被杀，见《资治通鉴》卷七十五嘉平三年；毌丘俭之死，见《资治通鉴》卷七十六正元二年。[8]倾帑藏：指倾尽仓库里的金帛财物。帑（tǎng），贮藏钱财的府库。振施：赈济，施舍。振，通“赈”。[9]曲赦有罪：不按法令办事，变着法子赦免有罪的人。曲赦，犹特赦。[10]畜养：指收罗，豢养。扬州轻侠：指扬州地区的轻生敢死之士。[11]以为死士：使之成为到时候能为自己拼命的人。以，以之。[12]徐堨（è）：即徐塘，在东关的东面，在今安徽巢湖市东。[13]临淮：指沿着淮河。[14]贾充：字公闾，时为大将军司马昭军府长史。传见《晋书》卷四十。[15]参佐：部下，僚属，此指司马昭的高级属官。贾充为长史，也是“参佐”之一。[16]四征：四征将军，分别驻于魏国四方的封疆大吏，即驻兵寿春的征东将军、驻兵襄阳的征南将军、驻兵长安的征西将军、驻兵蓟县的征北将军。[17]观其志：观其心志，即观察其对于司马昭掌控朝政的忠心程度。[18]淮南：魏郡名，郡治寿春，在今安徽寿县。[19]洛中诸贤：即洛阳城中诸位贤士。洛，洛阳，时为曹魏的都城。[20]皆愿禅代：都希望让魏帝曹髦禅让帝位于司马昭。禅代，禅让，取代。[21]厉声：指严厉的声音。[22]贾豫州：指贾充之父贾逵，字梁道，曹魏名臣。传见《三国志》卷十五。[23]社稷：代指曹魏江山。输人：送给别人。输，输送。[24]洛中有难：指魏国朝廷发生篡位政变的事件。难（nàn），此指国家覆亡的大难。[25]默然：默不作声。贾充是司马昭的死党，是用“禅代”的言语来试探诸葛诞，道不同不相为谋，故无言以对。[26]再在扬州：即两度镇守扬州。再，二。扬州，魏州名，州治寿春，在今安徽寿县。[27]反疾而祸小：反叛得快，则祸事小。疾，快速，急速。[28]甲子：四月二十四日。[29]乐綝间己：乐綝向司马昭说自己的坏话。乐綝（chēn），曹魏将领，曹操时的名将乐进之子，官至扬州刺史。传见《三国志》卷十七。间，离间。[30]敛：聚敛，此指聚集，集中。[31]屯田口：从事屯田的官兵。口，人口，此代指士兵。[32]新附胜兵者：新近叛吴归魏的士民中已经够得上当兵年龄的人。[33]吴纲：彭城（今江苏徐州市）人，为诸葛诞长史、心腹。[34]将少子靓：带着诸葛诞的小儿子诸葛靓去吴国做人质。将，携

带。靓（jìng），即诸葛靓，字仲思，诸葛诞少子。诸葛诞叛乱后入质东吴借兵，后仕吴。吴亡后投降晋朝，但因父仇而终身不仕，时人称他为至孝。［35］牙门子弟：指诸葛诞手下诸将的子弟。牙门，古时驻军，主帅或主将帐前树牙旗以为军门，称“牙门”。此代指亲信部将。［36］夏口督孙壹：孙壹此时为夏口（今汉口）驻军的长官。夏口，古镇名，在夏水（汉水下游的古称）注入长江处，故称“夏口”。孙壹，东吴宗室、将领。孙綝诛滕胤、吕据时，因畏惧受牵连治罪而率亲属部曲千余口逃奔曹魏，入魏三年被杀。［37］虎林：吴城邑名，在今安徽池州市贵池区西的长江南岸。［38］将部曲来奔：指孙壹率领部下前来投降魏国。［39］乙巳：六月六日。［40］交州牧：职同交州刺史。交州，吴国领地，其州府在今广州市。［41］开府辟召：开建府衙，自己征聘僚属，有一套完整的办公系统。辟召，征召。辟，征聘。［42］仪同三司：享有三公司徒、司马、司空那样排场的仪仗待遇。三司，即三公。［43］衮冕赤舄：指赐予与所授官职相应的官服、官帽、官履。衮冕，即衮衣和冕，古代皇帝及上公的礼服和礼冠，在祭天地、宗庙等重大庆典活动时穿戴用的正式服装。赤舄（xì），古代天子、诸侯所穿的鞋，赤色，重底。［44］事从丰厚：各种待遇都格外优厚，以借此招募他人。事，诸事，此指封官赐爵之事。

司马昭奉帝及太后[1]讨诸葛诞。

吴纲至吴，吴人大喜，使将军全怿[2]、全端[3]、唐咨[4]、王祚[5]将三万众，与文钦同救诞，以诞为左都护[6]，假节[7]、大司徒[8]、骠骑将军、青州牧，封寿春侯。怿，琮[9]之子；端，其从子[10]也。

六月，甲子[11]，车驾次项[12]，司马昭督诸军二十六万进屯丘头[13]，以镇南将军[14]王基行镇东将军[15]，都督扬、豫诸军事，与安东将军陈骞[16]等围寿春。基始至，围城未合[17]，文钦、全怿等从城东北，因山乘险[18]，得将其众突入城。

昭敕基敛军坚壁[19]。基累求[20]进讨，会[21]吴朱异率三万人进屯安丰[22]，为文钦外势，诏基引诸军转据北山[23]。基谓诸将曰：“今围垒转固，兵马向集[24]，但当精修守备，以待越逸[25]，而更[26]移兵守险，使得放纵，虽有智者，不能善其后矣！”遂守便宜[27]，上疏[28]曰：“今与贼家对敌，当不动如山[29]，若迁移依险，人心摇荡，于势大损。诸军并据深沟高垒，众心皆定，不可倾动[30]，此御兵[31]之要也。”书奏，报听[32]。

于是，基等四面合围，表里再重[33]，堑垒甚峻[34]。文钦等数出犯围[35]，逆击[36]，走之。司马昭又使奋武将军[37]监青州诸军事石苞[38]，督兖州刺史州泰[39]、徐州刺史胡质[40]，简锐卒为游军[41]，以备外寇[42]。泰击破朱异于阳渊[43]，异走，泰追之，杀伤二千人。

【注释】

[1]奉帝及太后：挟持着皇帝曹髦与郭太后一起出征，目的是“挟天子以令诸侯”，师出有名；同时也是不让帝、后落入他人之手，使之与己为难。奉，尊奉，此有挟持的意思。 [2]全怿：吴郡钱唐（今浙江杭州市）人，孙吴名将全琮之子。诸葛诞以淮南之众保守寿春城，向吴称臣，又遣儿子诸葛靓、长史吴纲、诸牙门之子为人质入吴。魏国派兵攻打淮南，而东吴孙綝使全怿等步骑三万救诸葛诞，为魏军所败。后全端之子全祎降魏，并修书劝父同降。全怿得书后，便与全端出城而降。 [3]全端：吴郡钱唐人，孙吴名将全琮从子。率军支援诸葛诞，后投降司马昭。 [4]唐咨：魏利城（今江苏连云港市赣榆区）人。利城郡反，推唐咨为主。后为魏军击破，遂亡至吴，官至左将军，封侯、持节。后助诸葛诞拒魏，兵败被俘。为安抚吴国军民，任为安远将军。 [5]王祚（zuò）：曾为将救援诸葛诞，诸葛诞被杀，他及万余吴军也放下武器，自缚投降。 [6]左都护：吴官名，犹言“左都统”“左指挥”，本来权任极重，而封于诸葛诞，则是虚职。 [7]假节：授予旌节。节，是帝王授予大将，使之具有特别权利的一种待遇。 [8]大司徒：即司徒，三公位，主掌民事。 [9]琮：即全琮，字子璜，孙吴名将。传见《三国志》卷六十。 [10]从子：指从父兄、从父弟之子，即堂侄。 [11]甲子：即甘露二年六月二十五日。 [12]车驾次项：指皇帝曹髦和郭太后驻扎在项县（今河南沈丘县）。车驾，皇帝、太后的车驾，此代指皇帝、太后。次，驻扎。 [13]丘头：地名，在今河南沈丘县境。 [14]镇南将军：“四镇将军”之一，镇戍南方。[15]王基行镇东将军：由镇南将军兼代镇东将军。行，代理。王基，字伯舆，青州东莱曲城人，曹魏镇南将军。在南征毌丘俭、文钦之乱及东征诸葛诞之叛等大规模军事活动中，兼代镇东将军，与司马师、司马昭结下了深厚的情谊，成为司马氏死党。传见《三国志》卷二十七。 [16]安东将军：“四安将军”之一，主管东方军事事务。陈骞（qiān）：字休渊。曹魏司徒陈矫之子，魏晋大臣。传见《晋书》卷三十五。 [17]未合：还未形成包围圈。 [18]因山乘险：凭借山的险要形势。 [19]敛军坚壁：集结军队，固守壁垒。敛，聚敛，此指集合、集中。 [20]累求：屡次请求。 [21]会：恰值，正赶上。 [22]安丰：地名，在今安徽霍邱县西南。 [23]北山：即寿春北面的八公山。 [24]向集：向着同一点集中，逐渐汇拢。 [25]越逸：突围，逃跑。 [26]更：又，再。 [27]守便宜：扼守有利的地段。便宜，有两读两解，为“便（biàn）宜”“便（pián）宜”，此作前解，指对被围困叛军比较方便、合适的地方。 [28]上疏：实指给司马昭上言，提出自己不同的观点。 [29]不动如山：不可撼动，有如大山一样。 [30]倾动：动摇。 [31]御兵：统率军队。 [32]报听：即报而听之，表示采纳王基的意见。 [33]表里再重：里里外外围了好

几层。［34］堑垒甚峻：深沟与长墙都修得直上直下，不可翻越。峻，高而直。［35］犯围：突围。［36］逆击：魏军迎头痛击。逆，迎。［37］奋武将军：为杂号将军名，相当于各路军队中的总监军。［38］石苞：字仲容，曹魏至西晋重要将领。传见《晋书》卷三十三。［39］州泰：曹魏将军。好立功业，善用兵，东吴、平诸葛诞等战役中多有建树。官至征虏将军。传见《三国志》卷二十八。［40］胡质：字文德，曹魏将领，官至征东将军。传见《三国志》卷二十七。［41］简锐卒：挑选精兵。简，选。游军：游击部队。［42］外寇：从外部前来攻打的敌人。［43］阳渊：即阳泉县故城，在今安徽霍邱县东北。

秋，七月，吴大将军綝大发兵出屯镬里[1]，复遣朱异帅将军丁奉、黎斐[2]等五人前解寿春之围。异留辎重于都陆[3]，进屯黎浆[4]，石苞、州泰又击破之。太山太守胡烈[5]以奇兵五千袭都陆，尽焚异资粮，异将余兵食葛叶[6]，走归孙綝；綝使异更死战[7]，异以士卒乏食，不从綝命。綝怒，九月，己巳[8]，綝斩异于镬里。辛未[9]，引兵还建业。綝既不能拔出[10]诸葛诞，而丧败士众，自戮[11]名将，由是吴人莫不怨之。

司马昭曰："异不得至寿春，而吴人杀之，非其罪也[12]，欲以谢寿春[13]而坚诞意[14]，使其犹望救[15]耳。今当坚围[16]，备其越逸[17]，而多方以误之[18]。"乃纵反间[19]，扬言："吴救方至[20]，大军[21]乏食，分遣羸疾[22]就谷淮北[23]，势不能久[24]。"

诞等益宽[25]，恣食[26]，俄[27]而城中乏粮，外救不至。将军蒋班[28]、焦彝[29]，皆诞腹心谋主[30]也，言于诞曰："朱异等以大众来而不能进，孙綝杀异而归江东，外以发兵为名，内实坐须成败[31]。今宜及众心尚固[32]，士卒思用[33]，并力决死，攻其一面，虽不能尽克[34]，犹有可全[35]者，空坐守死，无为也。"

文钦曰："公今举十余万之众归命[36]于吴，而钦与全端等皆同居死地[37]，父兄子弟尽在江表[38]，就孙綝不欲来[39]，主上及其亲戚岂肯听乎[40]！且中国[41]无岁无事，军民并疲，今守我一年[42]，内变将起，奈何舍此[43]，欲乘危徼幸[44]乎！"班、彝固劝[45]之，钦怒。诞欲杀班、彝，二人惧，十一月，弃诞，逾城来降[46]。

全怿兄子辉、仪[47]在建业，与其家内争讼[48]，携其母，将部曲[49]数十家来奔。于是[50]，怿与兄子靖及全端弟翩、缉皆将兵在寿春城中[51]，司马昭用黄门侍郎钟会策，密为辉、仪作书[52]，使辉、仪所亲信赍入城[53]告怿等，说："吴中[54]怒怿等不能拔寿春[55]，欲尽诛诸将家[56]，故逃来归命[57]。"十二月，怿等帅[58]其众数千人开门出降，城中震惧，不知所为。诏拜怿平东将军[59]，封临湘侯，端等封拜各有差[60]。

（以上为第二段，写魏国镇东大将军诸葛诞反叛，征集淮南将士并囤积粮食据守寿春，又杀掉扬州刺史乐綝，到东吴请求援兵。魏帝曹髦亲征，司马昭率军攻打寿春，派兵围困，寿春守军非常震惊和恐惧。）

【注释】

[1]镬（huò）里：地名，在今安徽巢湖市西北。 [2]丁奉：字承渊，孙吴名将，一生历仕孙吴四位君主。黎斐：孙吴将领。二人传见《三国志》卷五十五。 [3]辎重：指运输部队携带的军械、粮草、被服等物资。辎，古代一种有帷盖的大车。都陆：魏邑名，在今安徽寿县南。 [4]黎浆：魏地名，也是河水名，在当时的都陆以北。 [5]胡烈：字玄武，车骑将军胡遵之子，魏末晋初将领。事见《三国志》卷二十八。 [6]葛叶：一种蔓生植物的叶子。 [7]更死战：再次出军，拼死作战。更，再，又。 [8]己巳：九月一日。 [9]辛未：九月三日。 [10]拔出：从重围中救出。 [11]戮（lù）：诛杀。 [12]而吴人杀之，非其罪也：据章校，甲十一行本等，作"非其罪也，而吴人杀之"。 [13]谢寿春：向被围困在寿春的诸葛诞等有个交代。谢，致歉。 [14]坚诞意：稳定诸葛诞继续守城的心思。坚，稳固。 [15]犹望救：仍然盼望吴国派人来救援。犹，还。 [16]坚围：坚守阵地，加强包围。 [17]备：防备。越逸：破围，逃跑。 [18]多方：从各个不同的方面。误之：欺骗他们，使他们做出错误的判断，使动用法。 [19]纵反间（jiàn）：使用反间计，散布谣言。纵，放纵。 [20]吴救方至：吴国的救兵马上就要到来。方，正，正要。 [21]大军：指司马昭的军队。 [22]羸疾：老弱病残。羸（léi），瘦弱。 [23]就谷淮北：要到淮河以北去找粮食吃。 [24]势不能久：不可能再长时间地去围攻寿春。势，时势，此指围困的势头。 [25]益宽：越发放心。宽，宽心，放心。 [26]恣食：指放开吃饭，不作节粮的打算。 [27]俄：没过多久。 [28]蒋班：征东大将军诸葛诞部将。随诸葛诞讨伐司马氏不果，逃往东吴，不久复归魏。后来参与了晋灭吴之战。 [29]焦彝：诸葛诞谋士，参与诸葛诞反叛司马昭，主张速战速决，但不被接受，遂投司马昭。 [30]腹心谋主：视为心腹的主要参谋人员。谋主，即主谋。 [31]坐须成败：坐视不救，任其自生自灭。须，观看，等待。 [32]尚固：还算坚固，意即还是和诸葛诞心意一致，与司马昭为敌。 [33]思用：指愿为诸葛诞一战。 [34]尽克：意即都能攻下，大获全胜。 [35]犹有可全：指还能突围出去一部分，予以保全。犹，还。

全，此指保住性命。[36]归命：归顺，效力。[37]同居死地：同时陷在这必死之地（指寿春）。[38]江表：即江东，指东吴地区。[39]就：即使。不欲来：不想发兵救寿春。[40]主上：指吴主孙亮。亲戚：指文钦和全端等将士们的亲戚。肯听乎：怎能任凭孙綝坐视不管呢？[41]中国：指曹魏地区。[42]今守我一年：如果再围困我们一年。今，如果。守，围困。[43]舍此：指舍弃坚守寿春的计划。舍，舍弃，放弃。[44]乘危：指冒着危险出击突围。徼幸：指希望获得意外成功。徼，通“侥”，作非分企求。[45]固劝：坚持劝说诸葛诞突围。固，坚决，坚持。[46]逾城：翻越城墙。逾，越，越过。来降：指前来投降司马昭。[47]辉、仪：即全辉、全仪。二人皆吴人，孙吴将军全怿的侄子。[48]争讼：因闹纠纷而诉讼，俗谓打官司。讼，争辩是非曲直。[49]部曲：古代豪门大族的私人军队，带有人身依附的性质。[50]于是：在这时。[51]靖：即全靖。翩、缉：即全翩、全缉。皆全琮从子，原本为吴将领。后率兵救援寿春受困的诸葛诞，与全怿等委城降魏。[52]密为辉、仪作书：暗中模仿全辉、全仪的笔迹写了一封信。[53]赍（jī）入城：带进寿春城。[54]吴中：指吴国的京城内。[55]不能拔寿春：没能将被围在寿春的诸葛诞等救出来。拔，拔出，救出。[56]尽诛诸将家：全部杀掉各将领们的家属。[57]逃来归命：逃到魏国，前来投降。[58]帅：通“率”，率领。[59]平东将军：武官名，“四平将军”之一，杂号将军。[60]封拜各有差：根据情况不同授予不同的官职。

汉姜维闻魏分关中兵[1]以赴淮南，欲乘虚向秦川[2]，率数万人出骆谷[3]，至沈岭[4]。时长城[5]积谷甚多，而守兵少，征西将军都督雍、凉诸军事司马望及安西将军邓艾进兵据之，以拒维。维壁于芒水[6]，数挑战，望、艾不应。

是时，维数出兵，蜀人愁苦，中散大夫谯周[7]作《仇国论》[8]以讽之，曰：“或问，往古能以弱胜强者，其术如何？曰：吾闻之，处大无患[9]者常多慢[10]，处小有忧者常思善；多慢则生乱，思善则生治，理之常[11]也。故周文[12]养民，以少取多[13]，句践恤众[14]，以弱毙强[15]，此其术[16]也。

“或曰：曩者[17]，项强汉弱[18]，相与战争[19]，项羽与汉约分鸿沟[20]，各归息民，张良以为民志已定[21]，则难动[22]也，率兵追羽，终毙项氏[23]。岂必由文王之事乎[24]？曰：当商、周之际[25]，王侯世尊[26]，君臣久固[27]，民习所专[28]；深根者难拔，据固[29]者难迁。当此之时，虽汉祖[30]，安能杖剑鞭马而取天下乎！

“及秦罢侯置守[31]之后，民疲秦役[32]，天下土崩[33]，或岁易主，或月易公[34]，鸟惊兽骇[35]，莫知所从，于是，豪强并争，虎裂狼分，疾搏[36]者获多，迟后者见吞[37]。今我与彼[38]，皆传国易世[39]矣，既非秦末鼎沸[40]之时，实有六国并据[41]之势，故可为文王[42]，难为汉祖[43]。夫民之疲劳，则骚扰之兆[44]生，上慢下暴[45]，则瓦解[46]之形起。

“谚曰：‘射幸数跌[47]，不如审发[48]。’是故智者不为小利移目[49]，不为意似改步[50]，时可而后动，数合而后举[51]，故汤、武之师[52]不再战而克[53]，诚重民劳[54]而度时审[55]也。如遂极武黩征[56]，土崩势生，不幸遇难[57]，虽有智者，将不能谋之矣。”

（以上为第三段，写蜀国大将军姜维听说魏国分出关中的兵力去支援淮南平叛，就趁关中空虚，率兵出秦川，攻打魏国。姜维屡次出兵征战，蜀人愁苦不堪，中散大夫谯周作《仇国论》，予以讽劝。）

【注释】

［1］关中兵：指驻扎在陕甘地区，以防御西蜀入侵的曹魏军队。［2］乘虚：抓住关中空虚的机会。秦川：指今陕西渭河两岸的平川地区。［3］骆谷：山谷名，在今陕西周至县西南，谷长四百余里，为关中与汉中的交通要塞。［4］沈岭：山岭名，在今陕西周至县南。［5］长城：曹魏沿边关所构筑的防御工事，此指周至县一带的魏国要道之一。［6］芒水：河水名，陕西周至县东南的小河。［7］中散大夫：官名，帝王的侍从官员，位居谏议大夫之下，在帝王身边备参谋顾问之用。谯周：字允南，巴西郡西充国人，蜀汉谋臣。蜀亡时，力劝后主刘禅降魏。传见《三国志》卷四十二。［8］《仇国论》：谯周于延熙二十年（257）作。当时诸葛亮已经去世23年，姜维为了继承诸葛亮的遗志，连年发动对曹魏的北伐战争，以图恢复汉室。《三国志·谯周传》载：“于时军旅数出，百姓凋瘁，周与尚书令陈祗论其利害，退而书之，谓之《仇国论》。”［9］处大：处于大国地位。无患：指没有别国入侵的威胁。患，患害，灾祸。［10］多慢：容易松懈麻痹。慢，松懈。［11］理之常：即常理，常规的道理。［12］周文：指周文王姬昌。［13］以少取多：指由西方的狭小偏僻之地发展起来，灭掉商朝，事见《史记》卷四。少，犹言“小”，即小国，指周国。多，犹言“大”，即大国，指殷商王朝。［14］句践：即勾践，春秋末越王允常之子，越国国君。曾被吴军打败投降吴国，服役吴王夫差，三年后被释放回越国。返国后卧薪尝胆，使越国国力渐渐恢复，后灭吴称霸，成为春秋时期最后一位霸主。传见《史记》卷三十一。恤众：关爱民众。恤，体恤，爱护。［15］以弱毙强：指句践卧薪尝胆，灭掉吴王夫差。毙，灭。［16］术：犹言“道”，即小国灭亡大国、弱国消灭强国的取胜之道。［17］曩（nǎng）者：从前。［18］项强汉

弱：指楚汉相争时项羽强大，刘邦弱小。［19］相与战争：即楚汉相争，汉元年（前206）八月至汉五年（前202）十二月，项羽、刘邦两大集团为争夺政权而进行的大规模战争。最终，以项羽败亡，刘邦建立西汉王朝而告终。［20］约分鸿沟：楚汉战争后期，刘邦曾向项羽请求议和，双方以鸿沟为界，东面归项羽，西面归刘邦。鸿沟，古运河名，故道自今河南荥阳市北引黄河水，东流经今中牟县北，又东经开封市北，折南入颍水。［21］民志已定：民心一旦安定下来。民志，即民心。［22］难动：意即难以再发动他们从军入伍，进行战斗。［23］终毙项氏：刘邦听从张良建议，撕毁鸿沟协定，乘机消灭项羽。毙，毙命，消灭。项氏，即项羽。［24］必由文王之事乎：哪里非得像周文王那样去行事呢？［25］商、周之际：指商朝与周朝的交替之际。［26］王侯世尊：称王称侯者都是世代相传，各自处于尊位。［27］君臣久固：君与臣的关系早已固定下来。［28］民习所专：人们都习惯于忠于他们的主子。所专，犹言所忠、所尊。［29］据固：今之所谓"坐得稳当"。［30］虽汉祖：即使是出现一个刘邦之类的人物。汉祖，即汉高祖刘邦。［31］罢侯置守：指废弃分封，设置郡县。侯，王侯。守，郡守。［32］民疲秦役：天下百姓被秦王朝的沉重徭役弄得筋疲力尽。"疲"后增"于"字读。［33］天下土崩：指陈涉发动反秦起义，到处诸侯蜂起，遍地硝烟。土崩，比喻崩溃破败。［34］或岁易主，或月易公：指陈涉、项梁、楚怀王、武臣、田荣等忽起忽灭之势。［35］兽骇：野兽惊窜，亦以形容慌乱的样子。骇，惊吓，震惊。［36］疾搏：指动手早，抓得快。［37］见吞：被吞并。［38］我与彼：即我们蜀国与他们魏国。［39］传国易世：帝位已传了两代以至好几代。易世，更换时代。［40］鼎沸：鼎里的水沸腾起来，比喻局势动荡。［41］六国并据：指战国时代的七雄并立。七国而称"六国"，是沿用司马迁为战国时事用"六国年表"的说法。并据，并立，各据一方。［42］可为文王：可以效法周文王，关爱民众，用德取胜。［43］难为汉祖：难以像刘邦那样，靠着抓壮丁、拼武力而夺取天下。［44］骚扰之兆：指暴动造反的苗头。［45］上慢下暴：指君上骄慢，下民强暴。慢，骄横，傲慢。［46］瓦解：比喻全部解体、溃散。［47］射幸数跌：一心想侥幸射中，而屡屡射偏。跌，跌倒，引申为失落。［48］审发：先瞄准靶心，然后再射出。［49］移目：犹言"动心"。［50］意似：即似是而非。改步：即改变行动纲领。［51］数合：机会适宜。举：举事，行事。［52］汤、武之师：商汤、周武王的军队。［53］不再战而克：指商汤伐桀，鸣条一战而灭夏；武王伐纣，牧野一战而灭商，都不用再次起兵。再，二。克，攻克，取得成功。［54］重民劳：重视民众的忧劳。即爱护百姓，所发动的战争一战必胜，不让百姓过分劳累。［55］度（duó）时审：即审时度势，准确地判断时机，不好战，不妄动。时审，即审时，仔细观察分析时势。［56］遂：于是，就，犹言"一味地"。极武黩征：即所谓"穷兵黩武"，无限制地动用军队，发动战争。黩，轻率，轻举妄动。［57］遇难：遇到国家灭亡的灾难。

三年（戊寅，258年）

春，正月，文钦谓诸葛诞曰："蒋班、焦彝谓我不能出而走[1]，全端、全怿又率众逆降[2]，此敌无备之时也，可以战矣。"诞及唐咨等皆以为然，遂大为攻具，昼夜五六日攻南围[3]，欲决围[4]而出。围上诸军临高发石车火箭[5]，逆烧破[6]其攻具，矢石雨下，死伤蔽地[7]，血流盈堑[8]，复还城。城内食转竭，出降者数万口。钦欲尽出北方人[9]省食，与吴人坚守，诞不听，由是争恨[10]。钦素与诞有隙[11]，徒以计合[12]，事急愈相疑。钦见诞计事[13]，诞遂杀钦。

钦子鸯、虎[14]，将兵在小城[15]中，闻钦死，勒兵赴之[16]，众不为用[17]，遂单走逾城出[18]，自归于司马昭。军吏请诛之，昭曰："钦之罪不容诛[19]，其子固应就戮，然鸯、虎以穷归命[20]，且城未拔，杀之是坚其心[21]也。"乃赦鸯、虎，使将数百骑巡城呼[22]，曰："文钦之子犹不见杀[23]，其余何惧！"又表[24]鸯、虎皆为将军，赐爵关内侯[25]。城内皆喜，且日益饥困。司马昭身自临围[26]，见城上持弓者不发[27]，曰："可攻矣！"乃四面进军，同时鼓噪[28]登城。二月，乙酉[29]，克之。

诞窘急[30]，单马将其麾下[31]，突小城欲出，司马胡奋[32]部兵[33]击斩之，夷其三族。诞麾下数百人，皆拱手为列[34]，不降。每斩一人，辄降之[35]，卒[36]不变，以至于尽。吴将于诠[37]曰："大丈夫受命其主[38]，以兵救人，既不能克，又束手于敌[39]，吾弗取也。"乃免胄冒陈[40]而死。唐咨[41]、王祚等皆降。吴兵万众，器仗山积[42]。

【注释】

[1]谓我不能出而走：指投降魏军的蒋班、焦彝，会认为我们只想守城，不能突围而去。[2]逆降：迎降，投降。逆，迎。[3]南围：指寿春城南面的包围圈。[4]决围：突破重围。[5]发石车火箭：发出石头炮弹以及带火箭矢。石车，即炮车，一种可以打出石块的车，用石头做炮弹。火箭，指箭头带火。[6]逆：迎着，面对面。烧破：即用"火箭"烧毁，用"石车"打破。[7]蔽地：遍地，满地。[8]血流盈堑：防御壕沟里流满了血。盈，满。堑，防御壕沟。[9]尽出北方人：把由魏或归降来的北方籍的士兵通通逐出城外。此话一出，立即挑起了诸葛诞与文钦的矛盾。[10]争恨：相互怨恨。争，因意见不一致而相互辩诘。[11]隙：矛盾，隔阂。[12]徒以计合：只在反对司马昭这一条上意见一致。徒，只，只有。计，即意见、观点，指反对

司马昭。［13］计事：管事，坚持自己的意见。计，计较，考虑。［14］鸯、虎：文钦的儿子文鸯与文虎。诸葛诞发动叛乱，文鸯、文虎兄弟二人随父文钦奉命率孙吴之军驰援。文钦与诸葛诞意见不合，文钦被害，鸯、虎二人一起跃过城墙，重新投回魏国。［15］小城：当时寿春城内还有一座小城，与大城相为呼应。［16］勒兵赴之：指率兵前去攻打诸葛诞。勒兵，统兵，指挥军队。［17］不为用：不听使唤，不听他的命令，意即他所率领的部队不愿攻打诸葛诞。［18］单走：独自逃跑。逾城：越城。［19］罪不容诛：意即死有余辜。［20］以穷归命：在走投无路的情况下前来投降。归命，归附，投降。［21］坚其心：坚定守城者的决心。［22］巡城呼：绕着寿春城呼叫。巡城，巡视城防，此犹言“绕城”，围绕城墙。［23］见杀：被杀。［24］表：上表，上奏，此指任命。［25］关内侯：没有封地，只在京城附近享有一块采邑的侯爵。［26］临围：指到达围城工事的前沿。［27］不发：不向司马昭射箭。此意为士兵对诸葛诞不抱有信心，希望早早结束战争。［28］鼓噪：擂鼓呐喊，以壮声势。［29］乙酉：二月二十日。［30］窘急：困迫危急，走投无路。［31］将：率领。麾下：部下，亲信。麾，古代供指挥用的旌旗。［32］司马：军中的司法官。胡奋：字玄威，曹魏车骑将军胡遵之子，时为诸葛诞军司马，临危背叛主将。入晋官至镇军大将军、开府仪同三司。传见《晋书》卷五十七。［33］部兵：部下的士兵。［34］拱手为列：都拱手站立，排成一队，表示不向司马昭投降。［35］辄降之：就问下一个人，是否投降。降之，劝其投降，使动用法。［36］卒：终，竟，用作副词。［37］于诠：吴国将军。受命率领援军增援魏国发动叛乱的诸葛诞，大势已去，魏将王基劝他投降，但他还是为国尽忠，战死沙场。［38］受命其主：指奉国君的命令。［39］束手于敌：自缚双手，指向敌人投降。［40］免胄冒陈：摘下头盔，向敌人发起冲锋。胄，头盔。冒陈，犹今所谓“冲锋陷阵”。冒，冲锋。陈，通“阵”，战阵。［41］唐咨：本是魏国人，从海道投奔东吴，至此已三十四年，再投降回到魏国。［42］器仗山积：各种武器如小山一样堆积，极言其多。器仗，泛指各种武器。

司马昭初围寿春，王基、石苞等皆欲急攻之，昭以为“寿春城固而众多[1]，攻之必力屈[2]；若有外寇[3]，表里受敌，此危道也。今三叛[4]相聚于孤城之中，天其[5]或者使同就戮，吾当以全策縻之[6]。但[7]坚守三面，若吴贼[8]陆道而来，军粮必少，吾以游兵轻骑绝其转输[9]，可不战而破也。吴贼破，钦等必成禽[10]矣！”乃命诸军按甲[11]而守之，卒不烦攻而破[12]。

议者又以为：“淮南仍为叛逆[13]，吴兵室家[14]在江南，不可纵[15]，宜悉坑之。”昭曰：“古之用兵，全国[16]为上，戮其元恶[17]而已。吴兵就得亡还[18]，适[19]可以示中国[20]之大度耳。”一无所杀，分布三河近郡[21]以安处之[22]。拜唐咨安远将军[23]，其余裨将[24]，咸假位号[25]，众皆悦服。其淮南将士吏民为诞所胁略[26]者，皆赦之。听[27]文鸯兄弟收敛[28]父丧，给其车牛，致葬旧墓[29]。

【注释】

[1]众多：指守城的人马数量很多。[2]力屈：使兵力受损。屈，损耗。[3]外寇：指外面来的救援寿春之兵。[4]三叛：三个叛将，指诸葛诞、文钦、唐咨。[5]其：通"岂"，难道。[6]全策：万全之策。縻之：意即将其一网打尽。縻，束缚，收拾。[7]但：只。[8]吴贼：指吴国来的接应寿春的敌人。[9]绝其转输：断绝其军粮运输的道路。转输，运送粮草。[10]成禽：成为被擒之人。禽，通"擒"，擒捉，擒获。[11]按甲：按兵不动，只坚持包围，而不发动攻击。甲，武器。[12]卒：最终，结果。不烦攻：用不着发动攻击，即无须攻打，敌人不战自溃。[13]仍为叛逆：屡屡举兵造反。仍，其义同"频"，连续不断。[14]室家：家属，妻子儿女。[15]不可纵：不能放他们回去。纵，放。[16]全国：保全他们的国家。[17]戮(lù)其元恶：意即诛杀其暴君。戮，诛杀。元恶，首恶。[18]就得亡还：即使有一部分能够逃回吴国。得，能，能够。亡还，逃归。[19]适：正好。[20]中国：中原地区的国家，此指魏国。[21]三河近郡：指河南郡(郡治洛阳)、河东郡(郡治安邑，今山西夏县西南)、河内郡(郡治怀县，今河南武陟县西南)，三郡的地盘都在魏国都城洛阳的周围，故称之。[22]安处之：让他们有安定舒适的居处。[23]安远将军：魏官名，杂号将军之一。[24]裨将：副将。裨，副，偏，小。[25]咸假位号：都授予他们相应的职位和封号。咸，皆，都。假，授予，给予。[26]胁略：胁迫，威逼，指被挟持、被强制一道叛变魏国。[27]听：听任，准许。[28]收敛：即收殓，将尸体装裹后置入棺木。敛，通"殓"，即入殓。[29]旧墓：祖坟。文钦家的祖坟在原籍谯郡(安徽亳州市)。

昭遗[1]王基书曰："初议者云云，求移[2]者甚众，时未临履[3]，亦谓宜然[4]。将军深算利害[5]，独秉固志[6]，上违诏命，下拒众议，终至制敌禽[7]贼，虽古人所述[8]，不是过[9]也。"昭欲遣诸军轻兵深入，招迎唐咨等子弟，因衅[10]有灭吴之势。王基谏曰："昔诸葛恪乘东关之胜[11]，竭江表之兵[12]以围新城[13]，城既不拔[14]，而众死者大半[15]。姜维因洮西之利[16]，轻兵深入，粮饷不继，军覆上邽[17]。夫大捷之后，上下轻敌，轻敌则虑难[18]不深。今贼新败于外，又内患未弭[19]，是其修备设虑之时也[20]。且兵出逾年[21]，人有归志[22]，今俘馘[23]十万，罪人斯得[24]，自历代征伐，未有全兵独克如今之盛者也。武皇帝[25]克袁绍于官渡，自以所获已多，不复追奔[26]，惧挫威[27]也。”昭乃止。以基为征东将军、都督扬州诸军事，进封东武侯。

【注释】

[1]遗：给，致。 [2]求移：要求把大军移屯到北面的八公山上。 [3]临履：亲临勘察。 [4]宜然：应当如此。 [5]深算利害：深谋远虑，分析利害得失。利害，指大军移围的利与弊。 [6]独秉固志：独自一人坚持固有的意见。秉，持。 [7]禽：通“擒”，擒获，擒捉。[8]虽古人所述：意为即使古人所称道的坚持真理的佳话。 [9]不是过：即“不过是”，不能超过你。 [10]因衅：犹言“趁机”，寻找机会。衅，空隙，机会。 [11]东关之胜：指魏帝曹芳嘉平四年（252），魏将胡遵、诸葛诞攻吴东兴（在今安徽巢湖市南），被吴将诸葛恪、丁奉等大破于东关（在今安徽巢湖市南）。 [12]竭江表之兵：出动整个吴国的军队。竭，尽，全部出动。江表，即江东，这里即指吴国。 [13]新城：指当时的合肥新城，在今安徽合肥市西北，当时属魏国。[14]城既不拔：当时魏将张特坚守新城，吴兵久攻不能下。拔，夺取。 [15]众死者大半：当时吴兵疲敝不堪，饮了污水，造成腹泻、浮肿，死伤涂地。 [16]洮（táo）西之利：即洮西之胜。魏帝曹髦正元二年（255），蜀将姜维出兵攻魏狄道（今甘肃临洮县），魏将王经迎战，被姜维大败于洮水之西。 [17]军覆上邽：姜维破王经于洮西后，进兵围魏狄道，被魏将陈泰大破于上邽。[18]虑难：即忧虑灾难。 [19]内患未弭（mǐ）：指孙綝君臣相猜。未弭，没有平息。 [20]修备：整治武器装备，加强防卫。设虑：谋划，考虑。 [21]逾年：超过一年。 [22]归志：归心，回归家园之意。 [23]俘馘：指生俘的敌人和被杀的敌人。俘，生执囚之；馘（guó），杀其人，截取其左耳，用以计功。 [24]罪人斯得：指诸葛诞等叛乱分子被杀、投降。 [25]武皇帝：指魏武帝曹操。 [26]追奔：追击败逃之敌。 [27]惧挫威：害怕受到挫折，有损军威。

习凿齿[1]曰：君子[2]谓司马大将军于是役也，可谓能以德攻[3]矣。夫建业者异道[4]，各有所尚[5]而不能兼并[6]也。故穷武之雄[7]，毙于不仁[8]；存义[9]之国，丧于懦退[10]。今一征而禽三叛[11]，大虏吴众[12]，席卷淮浦[13]，俘馘十万，可谓壮[14]矣。而未及安坐，赏王基之功；种惠[15]吴人，结异类之情[16]；宠鸯葬钦[17]，忘畴昔之隙[18]；不咎诞众[19]，使扬土怀愧[20]。功高而人乐其成[21]，业广而敌怀其德[22]。武昭既敷[23]，文算又治[24]，推是道也，天下其孰能当[25]之哉！

司马昭之克寿春，钟会谋画居多。昭亲待日隆[26]，委以腹心[27]之任，时人比之子房[28]。

（以上为第四段，写司马昭攻下寿春，诸葛诞被杀，灭三族。至此，淮南三叛全被铲除，支持曹魏皇室的武装力量基本被消灭，士大夫纷纷拥护司马氏。司马氏完全掌控魏国大权，为晋代魏铺平道路。）

【注释】

［1］习凿齿：字彦威，襄阳（今湖北襄阳市）人，东晋著名史学家。著有《汉晋春秋》《襄阳耆旧记》《逸人高士传》《习凿齿集》等。以下评论文字，引自《汉晋春秋》。［2］君子：古代指地位高、有文化素养的人。［3］以德攻：意即用仁德战胜敌人。［4］建业：创立基业，即夺取天下。异道：各自采取的手段不同。［5］各有所尚：各有所长，各有偏重、爱好。尚，喜欢，爱好。［6］不能兼并：不可能兼有诸家之长。兼并，同义复词，即兼而有之，合而为一。［7］穷武之雄：穷兵黩武的雄杰。雄，犹言"奸雄"。［8］毙于不仁：以不行仁义而被人推翻。毙，死，引申为垮台。［9］存义：保全道义，实行仁义。［10］丧于懦退：结果失败在软弱怯懦上。懦退，指软弱畏缩。［11］禽三叛：擒获三个叛将，指诸葛诞、文钦、唐咨。禽，通"擒"。［12］虏吴众：虏获吴国众多的士兵。虏，通"掳"，掳获，活捉。吴众，犹言"吴兵"。众，言其多。［13］淮浦：即淮河两岸。［14］壮：威武，雄壮。［15］种（zhòng）惠：播种恩惠，广施惠政。［16］结异类之情：笼络吴国人的感情。异类，此指异国，即吴国。［17］宠鸯葬钦：指封赏文鸯，埋葬文钦。［18］忘畴（chóu）昔之隙：意即不计旧仇，抛弃前嫌。畴昔，往日，从前。隙，仇隙，仇恨。［19］不咎诞众：赦免跟随诸葛诞反叛的部众士民。咎，追究，怪罪。［20］使扬土怀愧：让寿春一带的百姓对魏国感到愧疚。扬土，寿春为扬州州治所在地，故言之。［21］人乐其成：指魏国人赞美这样的成功。乐其成，以其成功为乐，意动用法。［22］敌怀其德：让敌国的百姓也感怀这样的恩德。敌，此指吴国。［23］武昭既敷：武功既已布满天下。武昭，谓武功。敷，布。［24］文算又洽：政治措施又极其周密妥帖。文算，犹言"文治"，指国家治理。洽，和洽，妥当。［25］孰能当：谁能抵抗？孰，代词，谁。当，敌。［26］日隆：一天比一天宠幸。隆，隆盛，尊崇。［27］腹心：心腹，亲信。［28］子房：西汉开国功臣张良，字子房。

汉姜维闻诸葛诞死，复还成都，复拜大将军[1]。

夏，五月，诏以司马昭为相国[2]，封晋公[3]，食邑八郡[4]，加九锡[5]。昭前后九让[6]，乃止[7]。

秋，七月，吴主封故齐王奋[8]为章安侯。

八月，以骠骑将军王昶为司空。诏以关内侯王祥为三老[9]，郑小同[10]为五更[11]，帝率群臣诣太学[12]，行养老乞言[13]之礼。小同，玄之孙也。

【注释】

[1]复拜大将军：公元256年，姜维伐魏失败，请求自贬为后将军，行大将军事。现又官复原职。[2]相国：职务同于丞相，但地位之高与权力之专与丞相有别，是执掌国家行政的首辅大臣。[3]晋公：爵位为“公”，封地在晋。[4]食邑八郡：即并州之太原、上党、西河、乐平、新兴、雁门，司州之河东、平阳。食邑，又称采邑、采地，封地。[5]九锡：中国古代皇帝赐给大臣有殊勋者的九种礼器，是最高礼遇的表示，分别是车马、衣服、乐悬、朱户、纳陛、虎贲、斧钺、弓矢、秬鬯。得此待遇者，其地位已与帝王相差无几。锡，通“赐”，赐给，赐予。[6]昭前后九让：司马昭的表演与当年曹丕的表演完全相同。[7]乃止：指不再加封和赏赐。[8]故齐王奋：即孙奋，字子扬，孙权第五子，初封齐王，因擅杀封国属官而被废为庶人，现改封为章安侯。[9]三老：古代帝王选两个“德高望重”的退了休的官僚，一个称为“三老”，另一个称为“五更”，对他们行见父兄之礼。而后问以政事，以此来表示国家尊重老人。[10]郑小同：字子真，曹魏官员。东汉末著名学者郑玄之孙。后为大将军司马昭鸩杀。事见《三国志》卷四。[11]五更：古代乡官名，用以安置年老致仕的官员。《魏书·尉元传》曰：“卿以七十之龄，可充五更之选。”此指皇帝亲自确定的国家级的“五更”，不同于一般的乡选。[12]诣：到，前往。太学：古代的国立最高学府。[13]养老乞言：尊养老人，请求给予教导。乞，请求。

吴孙綝以吴主亲览政事，多所难问[1]，甚惧，返自镬里[2]，遂称疾不朝，使弟威远将军据[3]入仓龙门[4]宿卫，武卫将军恩[5]、偏将军干[6]、长水校尉闿[7]分屯诸营，欲以自固。吴主恶之，乃推朱公主死意[8]，全公主[9]惧，曰：“我实不知，皆朱据[10]二子熊、损[11]所白[12]。”是时，熊为虎林督[13]，损为外部督[14]，吴主皆杀之。损妻，即孙峻[15]妹也。綝谏，不从，由是益惧。

吴主阴与全公主及将军刘丞[16]谋诛綝。全后[17]父尚[18]为太常、卫将军，吴主谓尚子黄门侍郎纪[19]曰：“孙綝专势[20]，轻小[21]于孤。孤前敕之使速上岸[22]，为唐咨等作援，而留湖中不上岸一步；又委罪[23]于朱异，擅杀功臣，不先表闻[24]；筑第桥南[25]，不复朝见。此为自在[26]，无所复畏，不可久忍，今规取[27]之。

“卿父作中军都督[28]，使密严整士马[29]，孤当自出临桥[30]，率宿卫虎骑[31]、左右无难[32]一时[33]围之，作版诏[34]，敕綝所领[35]，皆解散，不得举手[36]。正尔[37]，自当得之[38]；卿去，但当使密[39]耳！卿宣诏卿父，勿令卿母知之；女人既不晓大事，且綝同堂姊[40]，邂逅漏泄[41]，误孤非小也！”纪承诏以告尚。尚无远虑，以语纪母，母使人密语[42]綝。

【注释】

［1］多所难问：即多有责问。难问，诘难，责问。 ［2］返自镬里：即自镬里返京，指从镬里退兵回朝。镬（huò）里，古地名，在今安徽巢湖市西北。 ［3］威远将军：官名，将军名号，杂号将军之一。据：即孙据。孙吴权臣孙綝之二弟。孙綝及其四弟孙恩、孙据、孙干、孙闿皆任要职，手握重兵，出现了“一门五侯”的局面。孙据自威远将军迁右将军，封县侯。后孙綝被吴帝孙休和老将丁奉设计除掉，孙据亦被诛夷。 ［4］仓龙门：吴国的皇宫之门，又作“苍龙门”。［5］武卫将军：官名，将军名号，都督中军，宿卫禁兵。恩：即孙恩，孙吴权臣孙綝之大弟。为武卫将军，后封为御史大夫、卫将军，县侯，又复加侍中，与孙綝分省文书。后被吴主孙休定计捕杀，夷三族。 ［6］偏将军：官名，在将军中地位较低，多由校尉或裨将升迁。干：即孙干，孙吴权臣孙綝之三弟，自偏将军迁杂号将军，封亭侯。后吴主孙休联合大将军丁奉发动政变，诛孙綝，孙干亦被杀。 ［7］长水校尉：官名。闿（kǎi）：即孙闿，孙吴权臣孙綝之四弟。吴主孙亮谋诛孙綝，事泄，反被孙綝所废，另立孙休。孙休拜孙闿为将军，封亭侯。孙綝兄弟五人全都封侯，掌禁军，权力超过皇帝，在东吴是前所未有的。后孙休诛孙綝。孙闿乘船想北上降魏，被追上杀死。［8］推朱公主死意：追查朱公主是怎么死的。推，追查，追究。朱公主，即孙鲁育（216—255），字小虎，孙权幼女，嫁左将军朱据，故称为“朱公主”，后改嫁车骑将军刘纂。因被胞姐全公主诬陷谋反，而被孙峻等所杀。事见《资治通鉴》卷七十六正元二年。死意，致死的原因。 ［9］全公主：即孙鲁班，字大虎，吴郡富春人，孙权长女，先后嫁周瑜之子周循和名将全琮，故又称“全公主”。曾借南鲁党争事件废太子孙和，拥立孙亮为太子，曾权倾一时。朱公主之死，乃全公主向孙峻进谗言所致。后同少帝谋划诛杀权臣孙綝，事泄，被流放豫章。 ［10］朱据：字子范，孙吴重臣。孙权称帝，将女儿孙鲁育嫁给他，并任命为左将军，封云阳侯。后升任骠骑将军，继任丞相，因拥护太子孙和，被贬，而后赐死。传见《三国志》卷五十七。 ［11］二子熊、损：即朱据二子朱熊、朱损。会稽王孙亮在位时，分别担任虎林督、外部督，被全公主孙鲁班污蔑，被丁奉在建业杀死。 ［12］所白：所进言，所告发。 ［13］虎林督：虎林驻军的统领。 ［14］外部督：掌管建业城外的兵营。 ［15］孙峻：字子远，孙吴宗室、权臣。传见《三国志》卷六十四。 ［16］刘丞：孙吴将领。因不满侍中孙綝专权，与吴主谋诛之，事败，孙綝遣弟孙恩攻杀刘丞于苍龙门外。［17］全后：即全皇后，吴废帝孙亮皇后，全尚之女。孙亮被权臣孙綝贬为会稽王，全皇后也一同

贬为会稽王夫人。孙亮被杀，全夫人在侯宫居住二十多年，吴亡后返回吴郡。［18］父尚：即全皇后的父亲全尚，字子真，他得知儿子全纪受孙亮之命将要诛杀孙綝后，把此事告知妻子，不料妻子密告孙綝，因而连坐遭处死。［19］黄门侍郎：帝王的侍从官员。纪：即全纪，全尚之子。全氏因全琮多有战功，并娶孙权之长女孙鲁班而崛起，其家族在东吴地位显赫一时。后全氏家族又过多参与东吴后期的政治纷争，在后主孙亮与权臣孙綝的争斗中，全氏家族被诛杀殆尽，全纪亦殒命。［20］专势：即专擅权势。［21］轻小：轻视，小看。［22］敕之使速上岸：指寿春之役时，孙亮曾下令让孙綝迅速统兵进击，以救寿春。［23］委罪：怪罪，推卸责任。［24］表闻：上书报告，使皇帝知晓。表，上表，上奏，用作动词。［25］筑第桥南：在朱雀桥南建筑府第。［26］自在：意即胆大妄为，想怎么着就怎么着。［27］规取：谋划思考，取其性命。规，图谋。［28］中军都督：宫廷禁卫部队的统帅。当时全尚为卫将军，掌管宫廷卫戍部队。［29］密严整士马：秘密地整顿部队。密，秘密。严整，严密，整顿。士马，犹言“兵马”。［30］临桥：到达朱雀桥。［31］宿卫虎骑：即宫廷侍卫。宿卫，皇帝的警卫人员，禁军。虎骑，意为勇猛的骑兵，负责担任警卫的骑兵部队。［32］左右无难：即左、右无难督，掌左、右两翼无难禁军兵营。无难，意即“无敌”，当时禁兵编制的名称。［33］一时：同时，共同。［34］作版诏：亲自下手令，写在木板上。［35］所领：指权臣孙綝所掌控的部队。［36］举手：指动手反抗。［37］正尔：只要这样一做。［38］自当得之：必然能够达到目的。［39］但当使密：但必须严守秘密。［40］堂姊：全尚之妻是孙綝的堂姐。［41］邂逅漏泄：万一走漏消息。邂逅，没有相约而遇见，这里是“万一”“偶然”的意思。［42］密语：密告，告密。果然被吴主说中，坏了大事，甚至影响了东吴国家的命运，以及历史走向。

九月，戊午[1]，綝夜以兵袭尚，执之，遣弟恩杀刘承[2]于苍龙门外，比明[3]，遂围宫。吴主大怒，上马带鞬[4]执弓欲出，曰：“孤，大皇帝适子[5]，在位已五年，谁敢不从者！”侍中、近臣及乳母共牵攀[6]止之，不得出，叹咤[7]不食，骂全后曰：“尔父愦愦[8]，败我大事！”又遣呼纪，纪曰：“臣父奉诏不谨，负上[9]，无面目复见。”因自杀。

綝使光禄勋孟宗[10]告太庙[11]，废吴主为会稽王[12]。召群臣议曰：“少帝[13]荒病昏乱[14]，不可以处大位[15]，承宗庙[16]，已告先帝[17]废之。诸君若有不同者，下异议[18]。”皆震怖[19]，曰：“唯将军令！”綝遣中书郎李崇[20]夺吴主玺绶，以吴主罪班告[21]远近。尚书桓彝[22]不肯署名，綝怒，杀之。典军施正[23]劝綝迎立琅邪王休[24]，綝从之。

己未[25]，綝使宗正楷[26]与中书郎董朝[27]，迎琅邪王于会稽[28]。

遣将军孙耽[29]送会稽王亮之国[30]，亮时年十六。徙全尚于零陵[31]，寻[32]追杀之；迁全公主于豫章[33]。

【注释】

[1]戊午：九月二十六日。 [2]刘承：前文作“刘丞”。据胡注，承，应作“丞”。 [3]比明：等到天亮。 [4]带鞬：挎上箭袋。鞬（jiàn），马上装箭矢的箭袋。 [5]大皇帝：指孙权，享年七十一岁，在位二十四年，谥号大皇帝，庙号太祖，故称之。适子：即嫡子，皇位的合法继承人。适，通“嫡”。 [6]牵攀：拉扯，阻止。 [7]叹咤（zhà）：叹气，发怒。咤，厉声怒骂。[8]愦（kuì）愦：昏庸无能的样子。 [9]负上：辜负了皇上。 [10]光禄勋：原称郎中令，是掌管宫廷门户、统领帝王侍从的官员。孟宗：本名孟仁，字恭武，时任光禄勋。 [11]太庙：古代皇帝的宗庙，供奉皇帝先祖的地方。 [12]废吴主为会稽王：时孙亮年十六岁。少年气盛，固然可嘉，但行事不谨，反误了性命。 [13]少帝：称被废的皇帝。刘知幾《史通·称谓》曰：“天子见黜者，汉魏以后，谓之‘少帝’。”此称吴主孙亮。 [14]荒病：帝业荒疏，身体有病。昏乱：昏庸无道，糊涂妄为。 [15]大位：皇帝之位。 [16]承宗庙：主持宗庙的祭祀，亦即为皇帝。承，承担，负责。宗庙，帝王祭祀祖宗的地方。 [17]先帝：指已故的上一任帝王，此指孙权。[18]下异议：请说出不同意见。下，用作动词。 [19]震怖：震惊，恐惧。 [20]中书郎：即中书侍郎，帝王身边的文秘官员，为帝王起草诏令。李崇：孙吴官员。时任中书郎。孙綝废吴主孙亮为会稽王，遣其夺孙亮玺绶。 [21]班告：即布告。班，通“颁”，颁发，下发。 [22]尚书：为帝王保管文件、档案的机要官员。桓彝：字公长，时任尚书郎。孙亮即位，任为尚书。孙綝胁迫群臣上书废帝，桓彝秉性坚毅，始终不肯署名，被杀。事见《三国志》卷六十四。 [23]典军：即典军校尉，卫将军的属官，统领禁军，守卫宫廷。施正：时任典军校尉。 [24]琅邪王休：即孙休（235—264），字子烈，孙权第六子，东吴第三位皇帝，公元258年至公元264年在位。十八岁时，受封为琅邪王。孙綝发动政变，迎立孙休为帝，孙休三让而受，改元永安。后与张布、丁奉合谋，除掉孙綝。谥号景皇帝。传见《三国志》卷四十八。 [25]己未：九月二十七日。 [26]宗正：九卿之一，即主管皇族事务的官员。楷：即孙楷，孙吴宗室，官至骠骑将军，后投晋，任车骑将军，封丹杨侯。传见《三国志》卷六。 [27]董朝：孙吴官员。孙綝遣其迎接孙休继位。先后任中书郎、中书令、司徒。孙皓当政时，受到宠用。 [28]迎琅邪王于会稽：孙休原被封为琅邪王，居住虎林。后孙权去世，孙亮继位，诸葛恪主掌朝政，不愿诸王居住在长江边战略要地，将孙休迁往丹阳郡。后孙休上书请求迁往他郡，于是迁至会稽（今浙江绍兴市）。 [29]孙耽：孙吴官员。 [30]送会稽王亮之国：意即将吴主孙亮贬为会稽王，强制他到会稽郡的封地去。送，含有押送的意思。 [31]零陵：吴郡名，郡治在今湖南永州市零陵区。 [32]寻：不久。 [33]豫章：吴郡名，郡治在今江西南昌市。

冬，十月，戊午[1]，琅邪王行至曲阿[2]，有老公遮王[3]，叩头曰：

“事久变生[4]，天下喁喁[5]。”是日，进及布塞亭[6]。孙綝以琅邪王未至，欲入居宫中，召百官会议，皆惶怖[7]失色，徒唯唯[8]而已。选曹郎虞汜曰[9]：“明公为国伊、周[10]，处将相之任，擅[11]废立之威，将上安宗庙，下惠百姓，大小踊跃[12]，自以伊、霍复见[13]。今迎王未至而欲入宫，如是，群下摇荡[14]，众听疑惑[15]，非所以永终忠孝[16]，扬名后世也。”綝不怿[17]而止。汜，翻[18]之子也。

綝命弟恩行丞相事[19]，率百僚以乘舆法驾[20]迎琅邪王于永昌亭[21]。孙恩奉上玺符，王三让，乃受。群臣以次奉引[22]，王就[23]乘舆，百官陪位[24]。綝以兵千人迎于半野[25]，拜于道侧；王下车答拜。即日，御正殿[26]，大赦，改元永安[27]。孙綝称“草莽臣[28]”，诣阙[29]上书，上印绶、节钺[30]，求避贤路[31]。吴主引见慰谕[32]，下诏以綝为丞相、荆州牧，增邑五县[33]；以恩为御史大夫、卫将军、中军督[34]，封县侯[35]。孙据、干、闿皆拜将军，封侯[36]。又以长水校尉张布[37]为辅义将军[38]，封永康侯。

（以上为第五段，写吴主孙亮不满权臣孙綝的霸道行为，密谋除掉孙綝，事情败露。孙綝恼羞成怒，便废掉时年16岁的孙亮，贬为会稽王；立琅邪王孙休，改年号为永安。）

【注释】

[1]戊午：此年十月无“戊午”日，疑有讹误。 [2]曲阿：吴县名，县治在今江苏丹阳市。 [3]遮王：拦住孙休。 [4]事久变生：意即劝他加快前进速度。 [5]喁（yóng）喁：比喻众人仰望期待的样子。 [6]布塞亭：地名，具体地址不详。 [7]惶怖：惊惶，恐惧。 [8]唯唯：连声答应的样子。 [9]选曹郎：尚书令属官，相当于后来的吏部尚书。虞汜：字世洪，虞翻第四子。曾任选曹郎，官至交州刺史、冠军将军。传见《三国志》卷五十七。 [10]为国伊、周：作为国家的伊尹、周公。按：孙綝与伊尹、周公，不可同日而语。 [11]擅：专有。 [12]大小踊跃：全国上下一片欢呼跳跃。大小，大小官员，上下民众。踊跃，欢欣鼓舞的样子。 [13]伊、霍复见：伊尹、霍光一样的人物又出现了。 [14]摇荡：动荡不安，心绪不宁。 [15]众听疑惑：大家听到这个消息后，都怀疑孙綝有篡位的企图。 [16]永终忠孝：将忠孝之行自始至终贯彻下去。 [17]不怿：不高兴，但又无可奈何的样子。怿（yì），欢喜，高兴。 [18]翻：即虞翻，字仲翔，会稽余姚（今浙江余姚市）人，孙吴学者、官员。传见《三国志》卷五十七。 [19]行丞相事：代理丞相职权。行，代理。 [20]乘舆法驾：帝王所用的最隆重的车驾。乘舆，此指皇帝的专用车

马。［21］永昌亭：古亭名，在建康城东南面。又，据章校，甲十一行本等，“亭”下有“筑宫，以武帐为便殿，设御座。己卯，王至便殿，止东厢”二十字。疑是。武帐，设有五兵之帐。己卯，十月十八日。［22］以次奉引：按照官位品级在前面拉着车驾。引，为皇帝前导引车。［23］就：登上。［24］陪位：各自站在自己应站的位置上，陪同皇帝。［25］半野：半道。［26］御正殿：登上皇帝宝座。这年孙休二十五岁。［27］永安：孙吴景帝孙休创建的年号，公元258年至公元264年。［28］草莽臣：孙綝自称。草莽，比喻平庸，轻贱，用作谦辞。［29］诣阙：指到天子的宫阙。诣，到，至。阙，古代皇宫大门前两边供瞭望的高台，此指皇帝朝见大臣的宫殿。［30］上印绶、节钺：交还朝廷所发给的相国、大将军的印绶与旌节斧钺。［31］求避贤路：即请求辞职，为贤才让位。［32］引见：引人相见，使彼此认识。慰谕：安慰，劝勉。［33］增邑五县：孙綝原封永宁侯，此时又在原封地的基础上增加五个县。［34］中军督：吴官名，典宫省之事，掌宿卫禁兵。［35］县侯：一等侯爵。古代侯爵分为县侯、乡侯、亭侯三个等级。［36］孙据、干、闿皆拜将军，封侯：孙据任为右将军，封县侯。孙干任杂号将军，封亭侯。孙闿也封亭侯。［37］长水校尉：禁卫军八校尉之一，原掌屯于长水与宣曲的骑兵。长水，关中河名。此泛指掌管京城卫戍部队。张布：孙吴将领。孙休为王时，为左右将督。休即帝位，布任左将军。孙綝欲谋反，休阴与布图计，綝伏诛，加布中军督。孙皓即位后，被杀。事见《三国志》卷四十八、六十四。［38］辅义将军：吴官名，杂号将军之一，权势很大。

先是，丹阳太守李衡[1]数以事侵琅邪王[2]，其妻习氏谏之，衡不听。琅邪王上书乞徙他郡，诏徙会稽。及琅邪王即位，李衡忧惧，谓妻曰：“不用卿言，以至于此。吾欲奔魏，何如？”妻曰：“不可。君本庶民耳，先帝[3]相拔过重[4]，既数作无礼，而复逆自猜嫌[5]，逃叛求活，以此北归，何面目见中国人[6]乎！琅邪王素好善慕名[7]，方欲自显于天下，终不以私嫌杀君明矣。可自囚诣狱，表列前失[8]，显求受罪[9]。如此，乃当逆见优饶[10]，非但直活[11]而已。”衡从之。吴主诏曰：“丹阳太守李衡，以往事之嫌[12]，自拘司败[13]。夫射钩[14]、斩袪[15]，在君为君[16]，其[17]遣衡还郡，勿令自疑。”又加威远将军[18]，授以棨戟[19]。

己丑[20]，吴主封故南阳王和子皓[21]为乌程侯[22]。

群臣奏立皇后、太子，吴主曰：“朕以寡德，奉承洪业[23]，莅事日浅[24]，恩泽未敷[25]，后妃之号，嗣子[26]之位，非所急也。”有司固[27]请，吴主不许。

【注释】

[1]丹阳：郡名，郡治宛陵，在今安徽宣城市宣州区。李衡：字叔平，南郡襄阳人，孙吴官员，曾为丹阳太守，官至威远将军。［2］侵琅邪王：伤害当时为琅邪王的孙休。当时孙休曾一度住在丹阳。侵，伤害。琅邪王，即孙休。［3］先帝：指孙权。［4］相拔过重：指提拔到很高的职位。吕壹专权时，众人敢怒不敢言。时李衡为郎中，却不买账。孙权接见李衡，李衡口陈吕壹罪行数千字。孙权面有愧色，后来吕壹被杀，而李衡大受提拔。即指此事。［5］逆自猜嫌：预先怀疑孙休要报复。逆，预先。［6］中国人：中原地区的人，指魏国人。［7］素：平素，平常。慕名：追慕好名声。［8］表列前失：上书陈述自己以前的过失。表，上表，上书。列，陈列，陈述。［9］显求受罪：公开请求给予惩罚。显，显明，公开。受罪，接受处罚。［10］逆见优饶：会及早地受到优待宽恕。逆，早。优饶，宽容，优待。［11］非但直活：不只是讨得活命。言下之意，还有意想不到的收获，提升官职，也未可知。直，只，仅仅。［12］嫌：嫌疑，过错。［13］自拘司败：自己主动入狱受审。自拘，自我束缚。司败，古代司法长官，这里指监狱、法官。［14］射钩：指管仲为公子纠射齐桓公，箭中带钩之事。桓公即位后，不记旧仇，任管仲为相，终成霸业。事见《史记》卷三十二。［15］斩袪（qū）：意即斩断其袖，指寺人披为晋献公追杀重耳之事。重耳爬墙逃走，寺人披追赶着，割断了重耳的袖子。后重耳即位后，并没有报复，相反予以重用。袪，衣袖。［16］在君为君：在哪个君主的指使下，就为哪个君主办事，犹言“各为其主”。［17］其：祈使词，“还是”的意思。［18］威远将军：吴官名，将军名号，杂号将军之一。［19］棨（qǐ）戟（jǐ）：木制，形状似戟，是朝廷授予地方官的一种象征权威的出行仪仗。［20］己丑：十月二十八日。［21］和子皓：孙和之子孙皓。和，即孙和，孙权第三子，曾册立为太子。皓，即孙皓，东吴末代皇帝，公元264年至公元280年在位。此为孙皓入继大统伏笔。［22］乌程侯：侯名。乌程，县名，今浙江湖州市。［23］奉承洪业：犹言继承祖宗大业。洪业，宏大事业。［24］莅事日浅：意即临朝执政的时间还不长。莅（lì），到，来临。［25］恩泽未敷：意即自己还没有给吴国百姓施过何种恩泽。未敷，未布，尚未普遍。［26］嗣子：继位之子，指嫡子。［27］固：坚决，坚持。

孙綝奉牛酒[1]诣吴主[2]，吴主不受，赍诣[3]左将军张布。酒酣[4]，出怨言曰：“初废少主时，多劝吾自为之[5]者，吾以陛下贤明，故迎之。帝非我不立[6]，今上礼见拒[7]，是与凡臣无异[8]，当复改图[9]耳。”布以告吴主，吴主衔[10]之，恐其有变，数加赏赐。

戊戌[11]，吴主诏曰：“大将军掌中外诸军事，事统[12]烦多，其加卫将军、御史大夫恩侍中，与大将军分省[13]诸事。”或有告綝怀怨侮上，欲图反者，吴主执以付綝，綝杀之，由是益惧，因孟宗[14]求出屯武昌，吴主许之。綝尽敕[15]所督中营精兵[16]万余人，皆令装载[17]；又取武库[18]兵器，吴主咸令给与。綝求中书两郎[19]典知荆州诸军事[20]，主者[21]奏中书不应外出，吴主特听之[22]。其所请求，一无违者。

将军魏邈[23]说吴主曰："綝居外，必有变。"武卫士施朔[24]又告綝谋反。吴主将讨綝，密问辅义将军张布，布曰："左将军丁奉，虽不能吏书[25]，而计略过人，能断大事。"吴主召奉告之，且问以计画[26]，奉曰："丞相兄弟支党甚盛，恐人心不同，不可卒制[27]；可因腊会[28]有陛兵[29]以诛之。"吴主从之。

【注释】

[1]奉牛酒：进献牛肉和酒。奉，进献，下对上送东西。 [2]诣吴主：送给吴主孙休。诣，到，至。 [3]赍诣：送往。赍（jī），把东西送给别人。 [4]酒酣（hān）：指尽兴饮酒，已有几分醉意。观下文，此为孙綝与张布一起饮酒。 [5]自为之：自己即位为吴王。 [6]非我不立：意即如果不是我，孙休不能立为吴王。孙綝以主持废立之功自居。 [7]上礼见拒：指送牛酒，吴主孙休拒绝之事。 [8]与凡臣无异：意即吴主孙休没有把孙綝当作重臣看待，对待他与对待其他群臣没有差别，孙綝心中不爽。 [9]改图：改变主意，意即再废去吴主孙休，改立他人。 [10]衔（xián）：衔恨，内心记恨。 [11]戊戌：十一月七日。 [12]事统：事务，指政事、军务。统，绪，头绪。 [13]分省：分头管理。省，视，过问。此虽重用其弟孙恩，实际上是分权。 [14]因孟宗：通过孟宗向吴主提出。孟宗，字恭武，时为光禄勋，总领宫内事务。 [15]敕（chì）：下令，与"令"同义。 [16]中营精兵：中央禁卫部队的精锐。 [17]装载：装上舰船。 [18]武库：指吴国储藏武器装备的仓库。 [19]中书两郎：中书省的两位郎官。 [20]典知荆州诸军事：即担任荆州地区的军事总管。典知，主管、负责。 [21]主者：主管中书省的官员，即中书令。 [22]特听之：意即特别允许孙綝的请求。 [23]魏邈：孙吴将领，曾向吴主孙休密奏权臣孙綝居外必有叛变，请吴主孙休加强防备。 [24]武卫士：京都宫廷护卫的官员。施朔：孙吴将领，曾密奏吴主孙休要提防权臣孙綝叛变。 [25]不能吏书：不能撰写官府日常往来的文书，犹今所谓"大老粗"。 [26]计画：计策，谋划。 [27]不可卒制：不可能在仓促之间就能解决。卒，通"猝"，仓促，突然。 [28]腊会：指腊月朝廷祭祀的集会。 [29]有陛兵：利用宫殿台阶两侧侍立的卫兵。有，犹言"由"，用作介词。陛，特指帝王宫殿的台阶。

十二月，丁卯[1]，建业中谣言明会[2]有变，綝闻之，不悦[3]。夜，大风，发屋[4]扬沙，綝益惧。戊辰[5]，腊会，綝称疾不至。吴主强起之[6]，使者十余辈[7]，綝不得已，将入，众止焉。綝曰："国家[8]屡有命，不可辞。可豫整兵[9]，令府内起火，因是可得速还。"遂入，寻[10]而火起，綝求出，吴主曰："外兵自多，不足烦丞相也。"綝起，离席，奉、布目左右[11]缚之。綝叩头曰："愿徙交州[12]。"吴主曰："卿何不徙滕胤、吕据于交州乎！"綝复曰："愿没为官奴[13]。"吴主曰："卿何不以胤、据为奴乎！"遂斩之。以綝首令其众曰："诸与綝同谋者，皆赦之。"放仗[14]者五千人。孙闿乘船欲降北，追杀之。夷綝三族，发孙峻棺，取其印绶[15]，斫其木[16]而埋之。

己巳[17]，吴主以张布为中军督。改葬诸葛恪、滕胤、吕据等，其罹恪等事[18]远徙[19]者，一切[20]召还。朝臣有乞为诸葛恪立碑者，吴主诏曰："盛夏出军，士卒伤损，无尺寸之功，不可谓能；受托孤之任[21]，死于竖子[22]之手，不可谓智。"遂寝[23]。

【注释】

[1]丁卯：十二月七日。 [2]明会：明天的腊祭大会。 [3]不悦：心情沮丧，闷闷不乐。 [4]发屋：掀翻屋顶。 [5]戊辰：十二月八日。 [6]强（qiǎng）起之：一定要动身前来。强，强制，强迫。 [7]十余辈：十来起，十来批。 [8]国家：此指君主、皇帝。 [9]豫整兵：事先把军队布置好。豫，通"预"，预先。 [10]寻：随即，不久。 [11]目左右：向左右使眼色。目，视，示意，用作动词。 [12]愿徙交州：请求免死，发配交州。交州，吴州名，州治龙编，在今越南河内市东北。 [13]没为官奴：收编入官府当奴隶。没，没收。 [14]放仗：放下武器。仗，器仗，武器。 [15]取其印绶：从棺木中取出其生前所佩的印章与绶带。 [16]斫其木：削薄他的棺材。古代棺材的厚薄，是根据死者的官位等级来定的，把棺木削薄，表示贬黜。斫，砍，削。 [17]己巳：十二月九日。 [18]罹恪等事：指受到诸葛恪、滕胤、吕据等人牵连的。罹（lí），遭遇，遭受，指受牵连。 [19]远徙：原文作"远徙"，据章校改。 [20]一切：一律。 [21]受托孤之任：指接受孙权托付，辅佐幼主孙亮。 [22]竖子：指孙峻。 [23]寝（qǐn）：搁置，中止。

初，汉昭烈[1]留魏延[2]镇汉中[3]，皆实兵诸围[4]，以御外敌，敌若来攻，使不得入。及兴势之役[5]，王平[6]捍拒曹爽[7]，皆承此制[8]。及姜维用事，建议以为"错守诸围[9]，适可[10]御敌，不获大利。不若使敌至，诸围皆敛兵[11]聚谷，退就汉、乐二城[12]，听敌入平[13]，重关头镇守[14]以捍之，令游军旁出以伺其虚。敌攻关不克，野无散谷[15]，千里运粮，自然疲乏；引退之日，然后诸城并出，与游军并力搏之，此殄敌[16]之术也。”于是，汉主[17]令督汉中胡济[18]却住汉寿[19]，监军王含[20]守乐城，护军蒋斌[21]守汉城。

（以上为第六段，写吴国孙休为帝后，欲有所作为，不愿被权臣孙𬘭牵着鼻子走，利用腊祭之机，捉拿孙𬘭，诛杀三族；掘开孙峻之墓，取出印绶；改葬被诬陷的诸葛恪、滕胤等人。）

【注释】

[1]汉昭烈：即蜀汉先主刘备，谥号昭烈。传见《三国志》卷三十一。 [2]魏延：字文长，义阳平氏（今河南桐柏县）人，蜀汉将领。曾为镇远将军、汉中太守。魏延随诸葛亮北伐，任先锋将，与长史杨仪不和。诸葛亮死后，两人矛盾激化，争斗落败，被斩，灭族。传见《三国志》卷四十五。 [3]汉中：郡名，郡治南郑县，在今陕西汉中市。 [4]实兵诸围：在外围防线加强兵力部署。实兵，充实兵力。围，即围栏，用土、石、荆棘等围成的防御设施。 [5]兴势之役：指魏正始五年（244），蜀汉军于兴势击退魏军进攻的一场战役。魏大将军曹爽贸然率军攻蜀，攻打汉中。魏军遭截击，督军争险苦战，死伤惨重，逃回关中，是古代以攻势防御取胜的典型战例。兴势，蜀地名，在今陕西洋县东北。 [6]王平：字子均，巴西宕渠（今四川渠县东北）人，蜀汉后期名将。诸葛亮去世后，镇守汉中，曹爽率领十万大军攻打汉中，被其击退。传见《三国志》卷四十三。 [7]捍拒曹爽：事见《资治通鉴》卷七十四魏纪正始五年（244）。捍拒，抵挡，抗拒。曹爽（？—249），字昭伯，大司马曹真长子，权臣。在与司马懿争权斗争中失败被杀，灭族。传见《三国志》卷九。 [8]承此制：意即采用“实兵诸围”的防守措施。承，继承，沿用。[9]错守诸围：在各防线屯兵驻守。错守，置兵驻守。错，通“措”，置，设。 [10]适可：只能，仅仅可以。 [11]敛兵：聚集兵马。敛，聚。 [12]汉、乐二城：汉城在今陕西勉县东，乐城在今陕西城固县东。 [13]听敌入平：让敌兵进入平原地带。听，听任，任凭。平，平原，平野。 [14]重关头镇守：加强敌兵所攻之城的关键部位的防守力量。重，加重，重视。关头，指关卡，要害部位。 [15]散谷：散落的粮食。 [16]殄敌：把敌人彻底消灭。殄（tiǎn），尽，绝。[17]汉主：此指蜀汉后主刘禅。 [18]督汉中：即汉中督，主管汉中军务。胡济：字伟度，为蜀汉后期的重要将领之一。传见《三国志》卷三十九。 [19]却住汉寿：即退守汉寿。却，退却，退守。汉寿，蜀县名，在今四川广元市西南。 [20]王含：蜀汉后期人物。钟会进攻蜀汉时，任蜀监军，被魏将李辅围困于乐城。事见《三国志》卷二十八。 [21]蒋斌：蒋琬长子，蜀汉将领。蜀亡降魏，随钟会到成都，被乱兵所杀。传见《三国志》卷四十四。

四年（己卯，259 年）

春，正月，黄龙[1]二见宁陵[2]井中。先是，顿丘、冠军、阳夏[3]井中屡有龙见[4]，群臣以为吉祥，帝[5]曰："龙者，君德[6]也。上不在天，下不在田，而数屈于井，非嘉兆[7]也。"作《潜龙诗》[8]以自讽[9]，司马昭见而恶[10]之。

夏，六月，京陵穆侯王昶[11]卒。

汉主封其子谌[12]为北地王，询[13]为新兴王，虔[14]为上党王。尚书令陈祗[15]以巧佞[16]有宠于汉主，姜维虽位在祗上，而多率众在外，希[17]亲朝政，权任[18]不及祗。秋，八月，丙子[19]，祗卒；汉主以仆射义阳董厥[20]为尚书令，尚书诸葛瞻[21]为仆射。

冬，十一月，车骑将军孙壹为婢所杀[22]。

是岁，以王基为征南将军，都督荆州诸军事。

（以上为第七段，写黄龙两次出现于魏国宁陵井中，魏帝曹髦对司马氏兄弟的专横跋扈十分不满，作《潜龙诗》以自我讽喻，表达不满。）

【注释】

[1]黄龙：古代神话传说中一种有翼的龙。 [2]宁陵：魏县名，县治在今河南宁陵县。 [3]顿丘、冠军、阳夏：均魏县名，县治分别在今河南清丰县西南、郑州市西北、太康县。 [4]见：通"现"，现身。 [5]帝：即魏帝，指高贵乡公曹髦。 [6]君德：龙是古代帝王的象征，最能体现帝王的德行。 [7]嘉兆：好的兆头。 [8]《潜龙诗》：魏帝曹髦所作的自喻诗，曰："伤哉龙受困，不能越深渊。上不飞天汉，下不见于田。蟠居于井底，鳅鳝舞其前。藏牙伏爪甲，嗟我亦同然！"胡三省评曰："帝有诛昭之志，不务养晦，而愤郁之气见于辞而不能自掩，盖亦浅矣，此其所以死于权臣之手乎！" [9]自讽：自比受制于司马氏之意。 [10]恶（wù）：厌恶，讨厌。 [11]京陵穆侯王昶：王昶被封为京陵侯，死后谥号为"穆"。京陵，县名，在今山西平遥县西。 [12]谌（chén）：即刘谌，蜀汉后主刘禅第五子，被封为北地王。邓艾军队兵临成都门下，刘禅决定投降，刘谌劝阻无效后，自杀于昭烈庙。事见《三国志》卷三十三。 [13]询：即刘询，蜀汉后主刘禅第六子，被封为新兴王，后嗣袭安乐公。 [14]虔：即刘虔，蜀汉后主刘禅第七子，被封为上党王，蜀国亡后投降魏国，后来于永嘉之乱被杀。以上三王的封地，北地、新兴、上党，皆魏郡名，分别在今陕西铜川市耀州区、山西忻州市、山西长治市潞城区。用敌方地盘作为封地，表示"待取"之意，实为虚封。 [15]陈祗（zhī）：字奉宗，继董允为侍中，与宦官黄皓交好，导致

黄皓干预政事，操弄权柄，为蜀汉罪臣。传见《三国志》卷三十九。［16］巧佞：花言巧语，善于谄媚。［17］希：通“稀”，稀少，很少。［18］权任：权力和被信任的程度。［19］丙子：八月二十日。［20］董厥：字龚袭，义阳郡平氏县（今河南桐柏县）人，蜀汉后期重臣，陈祗去世后，继任尚书令。传见《三国志》卷三十五。［21］诸葛瞻：字思远，丞相诸葛亮之子。蜀汉大臣。魏将邓艾伐蜀，率军抗敌，战死绵竹（今四川德阳市）。事见《三国志》卷三十五。［22］孙壹为婢所杀：甘露二年（257），孙壹率部降魏，魏任为车骑将军，将前任皇帝曹芳的贵人邢氏赏赐为妻。邢氏美艳夺人，但善妒，婢女们不堪忍受，遂合力杀了孙壹及邢氏。

元皇帝[1]上

景元[2]元年（庚辰，260 年）

春，正月，朔[3]，日有食之。

夏，四月，诏有司率遵前命[4]，复进大将军昭位相国[5]，封晋公，加九锡。

帝见威权日去[6]，不胜其忿[7]。五月，己丑[8]，召侍中王沈、尚书王经、散骑常侍王业，谓曰：“司马昭之心，路人所知[9]也。吾不能坐受废辱[10]，今日当与卿自出讨之。”王经曰：“昔鲁昭公[11]不忍季氏[12]，败走失国[13]，为天下笑。今权在其门[14]，为日久矣，朝廷四方皆为之致死，不顾逆顺之理，非一日也。且宿卫空阙[15]，兵甲寡弱，陛下何所资用[16]？而一旦如此[17]，无乃欲除疾[18]，而更深之[19]邪！祸殆不测[20]，宜见重详[21]。”帝乃出怀中黄素诏[22]投地，曰：“行之决矣！正使[23]死何惧，况不必[24]死邪！”于是，入白太后[25]。

沈、业奔走[26]告昭，呼经欲与俱，经不从。帝遂拔剑升辇[27]，率殿中宿卫、苍头、官僮[28]鼓噪而出[29]。昭弟屯骑校尉伷[30]，遇帝于东止车门[31]，左右呵之[32]，伷众奔走。中护军[33]贾充自外入[34]，逆与帝战于南阙下[35]，帝自用剑。众欲退，骑督成倅[36]弟太子舍人济[37]问充曰：“事急矣，当云何[38]？”充曰：“司马公畜养[39]汝等，正为今日。今日之事，无所问[40]也！”济即抽戈前刺帝，殒于车下[41]。昭闻之，大惊，自投于地[42]。太傅孚[43]奔往，枕帝股[44]而哭甚哀，曰：“杀陛下者，臣之罪[45]也！”

【注释】

［1］元皇帝：即曹奂，本名曹璜，字景明，曹操之孙，燕王曹宇之子，曹魏末代皇帝，公元260年至公元265年在位。司马炎篡魏，曹奂降封为陈留王。谥为“元皇帝”，故称之。传见《三国志》卷四。［2］景元：曹魏君主曹奂的第一个年号。［3］朔：正月一日。［4］率遵前命：指继续按照前年（258）封赏司马昭的命令行事。率遵，犹遵循。［5］复进大将军昭位相国：再次将司马昭加官进爵为相国。因上次封司马昭为公、加九锡，被司马昭假惺惺地推辞了。［6］帝：此时的皇帝仍是曹髦。威权日去：作为皇帝的权威一天比一天失去，完全是一个傀儡，可曹髦不甘心。［7］不胜其忿：无法克制自己的愤怒。不胜，不能克制。忿，同“愤”，愤怒，愤慨。［8］己丑：五月七日。［9］路人所知：路人都知道司马昭将篡位的野心。［10］废辱：被废位，受侮辱。［11］鲁昭公：春秋时鲁国国君，公元前542年至公元前510年在位。在政争中被三桓逐出鲁国，在外流浪七年。后在晋国乾侯（在今河北成安县）去世。事见《史记》卷三十三《鲁周公世家》。［12］不忍季氏：不能忍受季氏对他的控制，起兵欲攻杀之。季氏，即季孙氏，鲁国的卿家贵族，作为三桓之首，凌驾于公室之上，掌握鲁国实权。始祖季友，谥成，史称“成季”。［13］败走失国：结果鲁昭公被季孙氏、叔孙氏、孟孙氏三桓联合逐出鲁国，并一直在外流亡到死。［14］权在其门：指魏国的权力集中在司马昭之门。［15］宿卫空阙：指没有多少受皇帝指挥的警卫部队。阙，通“缺”。［16］何所资用：即所资用何，意即您将依靠什么力量来与司马昭抗衡呢？［17］一旦如此：指起兵讨伐司马昭。［18］无乃：无非是。除疾：指除去司马昭这个心头大患。［19］更深之：指本来还遮遮掩掩，现在直接与司马昭对着干，则皇帝的处境更加艰难，遭受更大的祸害。［20］祸殆不测：灾祸恐难以预测。殆，将会，推测之辞。［21］宜见重详：应该重新考虑。宜见，犹言“宜应”。详，思考，研究。［22］黄素诏：帝王诏书，写于黄绢，故名。黄素，同“黄卷”，古人以辛味苦味之物把纸、绢染黄以防蠹，故称之。［23］正使：即使，假如。［24］不必：不一定。［25］入白太后：即进入太后宫，将与司马昭决裂的想法告之太后，太后是何想法，史无明载，相必对曹髦此意也有赞同之感。［26］奔走：急走，恰似跑，着急慌忙，一刻也不停留去向司马昭告密。［27］升辇：登上车子。辇，皇帝乘坐的车子。［28］苍头：奴仆。官僮：仆役，服务人员。［29］鼓噪而出：一边走，一边大呼小叫，耀武扬威地从皇宫中出来。［30］屯骑校尉：官名，统领驻守宫门骑兵的中级长官。伷（zhòu）：即司马伷，字子将，司马懿第三子。在曹魏封琅邪王，加开府仪同三司。谥号“武”。传见《三国志》卷四十八。［31］东止车门：皇宫东面的止车门，是群臣进宫到此下车的地方。［32］左右：指曹髦的左右人等。呵之：大声呵斥。［33］中护军：宫廷警卫部队的统领。［34］自外入：率兵从外面攻入宫廷。［35］逆：迎，迎面，面对面。南阙：宫殿的正南门。［36］骑督：骑兵统领。成倅（cuì）（？—260）：曹魏武将，与其弟成济一起刺杀皇帝曹髦。［37］太子舍人：皇太子的侍从人员。当时的魏帝曹髦并未立太子，因成济是司马昭的亲信，故授以此官。济：即成济，任太子舍人，刺死魏帝曹髦。司马昭为平息众怒，将成倅、成济兄弟二人杀死。据《魏氏春秋》，成济兄弟不服罪，光着身子跑到

屋顶，大骂司马昭，被军士从下乱箭射死。［38］当云何：该怎么办？［39］司马公：对司马昭的尊称。畜养：扶植，培养。［40］无所问：没有什么可请示的。意思是你自己知道应该怎么办。［41］殒（yǔn）于车下：被刺死的魏帝曹髦从车上跌落下来。时曹髦年二十岁。殒，通“陨”，死亡，坠落，跌落。［42］自投于地：吓得跌倒在地。投，跌倒。司马昭虽然不把曹髦当回事，但没有想要杀掉曹髦，故一时惊吓、慌乱。［43］太傅：为朝廷的辅佐大臣与帝王老师。孚（fú）：即司马孚，司马懿之弟，司马昭之叔，时任太傅之职。［44］枕帝股：即“枕帝于股”，把曹髦的头枕在自己的腿上。［45］臣之罪：意思是我没有尽到侍候皇帝的责任。

昭入殿中，召群臣会议。尚书左仆射陈泰[1]不至，昭使其舅尚书荀𫖮[2]召之，泰曰：“世之论者以泰方于舅[3]，今舅不如泰[4]也。”子弟内外咸共逼之[5]，乃入，见昭，悲恸[6]，昭亦对之泣曰：“玄伯[7]，卿何以处我[8]？”泰曰：“独有斩贾充，少可以谢天下[9]耳。”昭久之曰：“卿更思其次[10]。”泰曰：“泰言惟有进于此[11]，不知其次。”昭乃不复更言。𫖮，彧[12]之子也。

太后下令，罪状高贵乡公[13]，废为庶人，葬以民礼。收王经及其家属付廷尉[14]。经谢其母[15]，母颜色不变，笑而应曰：“人谁不死，正恐不得其所；以此并命[16]，何恨之有[17]！”及就诛，故吏向雄[18]哭之，哀动一市[19]。王沈以功[20]封安平侯。庚寅[21]，太傅孚等上言，请以王礼葬高贵乡公，太后许之。

【注释】

［1］尚书左仆射：官名，位仅次尚书令，帝王身边的机要文秘官员。陈泰：字玄伯，曹魏名将，司空陈群之子。魏帝曹髦被杀后，悲愤而死，追赠司空，谥号为“穆”。传见《三国志》卷二十二。［2］荀𫖮（yǐ）：字景倩，曹魏太尉荀彧第六子，魏晋名臣。在魏，官至司空；入晋，拜司徒、太尉。［3］以泰方于舅：拿我和您相比，意即人品差不多。方，相比，不相上下。［4］不如泰：指荀𫖮的人品不如陈泰，荀𫖮趋附司马氏，而陈泰认为自己忠于魏室。［5］咸共逼之：指陈泰的子弟、内外官员都不敢得罪司马昭，都劝陈泰入朝。咸共，同义复词，皆，都。逼，逼迫，强劝。［6］悲恸：非常悲哀，悲痛欲绝。恸，极度悲哀。［7］玄伯：即陈泰，字玄伯。［8］何以处我：即以我何处，意即你帮我出个主意，我此时应当怎么做。［9］少可以谢天下：勉强可以对天下人有个交代。少，通“稍”，略，稍微。谢天下，向天下人谢罪。［10］更思其次：再想个退一步的办法。贾充坚定不移地支持司马昭，他怎么舍得杀掉呢？［11］惟有进于此：意

即按照我的想法，只有比这个更进一步的，即惩治司马昭本人。［12］彧：即荀彧，字文若，颍川颍阴（今河南许昌市）人。曹操统一北方的首席谋臣和功臣。官至尚书令，被称为“荀令君”。后因不满曹操篡权，反对曹操称魏公，调离中枢，被曹操所杀。谥号为“敬”。传见《三国志》卷十。［13］罪状高贵乡公：谴责魏帝曹髦。罪状，用作动词，意即“谴责”。高贵乡公，是曹髦未为魏帝前的封号名。［14］付廷尉：交由司法部门处置。廷尉，全国最高的司法官。［15］谢其母：向母亲告别，深表不能再奉养的歉意。［16］以此并命：如今陪着皇帝一起死。并命，同命，即同死。［17］何恨之有：还有什么可遗憾的！恨，遗憾。［18］向雄（？—286）：字茂伯，河内山阳人，为郡主簿，事奉太守王经。王经获罪处死，他哭丧而哀感众人。后以过失入狱，钟会从狱中辟其为都官从事。钟会以叛逆罪被杀，无人殡殓，他料理丧葬事宜。入晋，为河南尹，赐爵关内侯。传见《晋书》卷四十八。［19］哀动一市：使整个市场的人都为之伤心。古时处决罪犯都在市场上进行，市人同情敬佩王经，故称之。［20］以功：以向司马昭告密之功。［21］庚寅：五月八日。

使中护军司马炎[1]迎燕王宇[2]之子常道乡公璜[3]于邺[4]，以为明帝嗣[5]。炎，昭之子也。辛卯[6]，群公[7]奏太后，自今令书[8]皆称诏制[9]。癸卯[10]，司马昭固让[11]相国、晋公、九锡之命，太后诏许之。戊申[12]，昭上言：“成济兄弟大逆不道，夷其族。”

六月，癸丑[13]，太后诏常道乡公更名“奂”。甲寅[14]，常道乡公入洛阳，是日，即皇帝位，年十五，大赦，改元[15]。丙辰[16]，诏进司马昭爵位、九锡如前，昭固让，乃止。癸亥[17]，以尚书右仆射王观[18]为司空。

（以上为第八段，写魏帝曹髦不能忍受司马昭专权的现实，认为“司马昭之心，路人所知”，冒死反抗，做无谓之举，被杀，魏国重立曹操孙子、燕王曹宇的儿子常道乡公曹奂，作为魏明帝继承人。）

【注释】

［1］司马炎：字安世，司马懿之孙，司马昭嫡长子，袭封晋王。逼迫魏元帝曹奂禅位，建立晋朝，公元265年至公元290年在位。传见《晋书》卷三。［2］宇：即曹宇，字彭祖，曹操之子。封为燕王，魏明帝病危，欲以大将军辅政，不果。晋朝建立后，降封燕公。传见《三国志》卷二十。［3］常道乡公璜：即曹璜，后更名曹奂（huàn），字景明，曹魏末帝。传见《三国志》卷四。常道乡，又称常道城，在今河北廊坊市西。［4］邺：即邺城，魏国的陪都，在今河北临漳县西南。［5］以为明帝嗣：以接续魏明帝曹叡的香火。言外之意，是此前被废的曹芳与被杀的曹髦

两代帝王，都不在魏国皇帝的正常序列之内。［6］辛卯：五月九日。［7］群公：各位公爵。当时的公爵，有上公、三公及各位从公。［8］令书：指太后下达的各种命令、文件。［9］皆称诏制：意即都作为君主的命令。群臣这里抬高太后，实际上是压制君王，因为太后唯司马昭之言是听。［10］癸卯：五月二十一日。［11］固让：坚持、坚决推让。［12］戊申：五月二十六日。［13］癸丑：六月一日。［14］甲寅：六月二日。［15］改元：在此以前是甘露五年，从此以后为景元元年。［16］丙辰：六月四日。［17］癸亥：六月十一日。［18］王观：字伟台，魏国大臣。是当时魏帝曹髦召见说事的“三王”之一，转身就去向司马昭告密，故予以升官。

吴都尉严密[1]建议作浦里塘[2]，群臣皆以为难；唯卫将军陈留濮阳兴[3]以为可成，遂会诸军民就作[4]，功费不可胜数。士卒多死亡，民大愁怨。

会稽郡谣言王亮[5]当还为天子，而亮宫人[6]告亮使巫祷祠[7]，有恶言[8]，有司以闻。吴主黜亮为候官侯[9]，遣之国[10]。亮自杀，卫送者皆伏罪[11]。

【注释】

［1］都尉：官名，为中级武官，级别同于校尉。严密：孙吴官吏，曾为都尉，建议开垦丹杨湖田，作浦里塘。事见《三国志》卷六十四。［2］浦里塘：河塘名，在今安徽当涂县境内。［3］濮阳兴：字子元，陈留（郡治在今河南开封市东南）人，孙吴大臣，官至丞相，迎立孙皓，被谮毁，流放广州，途中被追杀，夷三族。传见《三国志》卷六十四。［4］会：招集，集合。就作：前往建造。［5］王亮：即会稽王孙亮。孙亮于公元252年至公元257年为吴主，因谋杀权臣孙綝，被孙綝所废，贬为会稽王。事见《三国志》卷四十八。［6］宫人：宫女。［7］使巫祷祠：派巫祝向鬼神祈祷。祷祠，祭祀，祈祷。［8］有恶言：对现时执政者有诽谤之言。［9］候官侯：封地在候官县的列侯，比会稽王降了一等。候官，即侯官，吴县名，县治在今福建福州市闽侯县。［10］遣之国：遣送他前往他的封国。遣，遣送。［11］卫送者：护卫、护送者。皆伏罪：都给予不同的惩处，因为他们没有监督、保护好孙亮。

冬，十月，阳乡肃侯[1]王观卒。

十一月，诏尊燕王[2]，待以殊礼。

十二月，甲午[3]，以司隶校尉[4]王祥为司空。

尚书王沈为豫州刺史。初到，下教[5]敕属城[6]及士民曰：“若有能陈长吏可否[7]，说百姓所患[8]者，给谷五百斛[9]。若说刺史得失，朝政宽猛[10]者，给谷千斛。”主簿陈廞、褚砮[11]入白曰：“教旨[12]思闻苦言[13]，示以劝赏[14]。窃恐拘介之士[15]或惮赏[16]而不言，贪昧[17]之人将慕利而妄举[18]。苟不合宜[19]，赏不虚行[20]，则远听者未知当否之所在[21]，徒见言之不用，因谓设而不行[22]。愚以为告下之事[23]，可少须后[24]。”

沈又教[25]曰：“夫兴益于上[26]，受分于下[27]，斯乃君子之操，何不言之有[28]！”褚砮复白曰：“尧[29]、舜[30]、周公[31]所以能致忠谏[32]者，以其款诚之心著[33]也。冰炭不言而冷热之质自明[34]者，以其有实也。若好忠直[35]，如冰炭之自然[36]，则谔谔之言[37]将不求而自至。若德不足以配唐、虞，明不足以并周公[38]，实不可以同冰炭[39]，虽悬重赏，忠谏之言未可致也。”沈乃止。

（以上为第九段，写吴国建造浦里塘，工程巨大，百姓多怨；吴主孙休贬孙亮为候官侯，孙亮愤而自杀；魏国尚书王沈担任豫州刺史，打算通过赏赐进言而求得真言，被劝止。）

【注释】

［1］阳乡肃侯：阳乡侯是王观的封号，肃是其死后的谥号。［2］燕王：即曹宇，字彭祖，是曹奂之父，故特别尊异之。［3］甲午：十二月二十六日。［4］司隶校尉：官名，监督京师和京城周边地方的监察官。［5］下教：颁布自己的命令。教，是当时朝廷大臣与方面大员给属下官员所下达命令的一种文体名。［6］敕属城：告喻属下各城邑，即豫州所辖各郡县的官员。敕，令。［7］陈长吏可否：意即陈述各郡县官员为官任职的德能好坏。［8］说百姓所患：能提出百姓最为头痛的事情。患，患苦，患害。［9］斛（hú）：当时的容量单位，一斛等于六石四斗。［10］朝政宽猛：朝廷政策的宽与严。［11］主簿：刺史手下的属官，约当今秘书长。陈廞（xīn）、褚砮（lüè）：曹魏官员。［12］教旨：指刺史所下命令的基本精神。［13］思闻苦言：意即想听人们的由衷之言。苦言，良言，让人听了感觉不舒服而实为有益的言论。［14］劝赏：勉励与赏赐。［15］拘介之士：清正耿介的人士。［16］或：有的，无定副词。惮赏：怕被人说是为了获得奖赏。惮，害怕，畏惧。［17］贪昧：贪财昧利，贪婪而不顾礼义。昧，隐藏。［18］妄举：指轻率行动，胡乱表扬与抨击。［19］苟不合宜：一旦遇到建言者说话不合实际，不能采用。［20］赏不虚行：指没有对之行赏。［21］当否之所在：即其不被采用的真正原因。［22］设而不行：虚设赏格而不予兑现。［23］告下之事：指前述鼓励属下发表意见的教令。［24］少须后：稍微向后

拖一拖，不要着急施行。少，通“稍”，稍微，略微。须，等。［25］教：发布教令。［26］兴益于上：在上者想做对国家、对百姓有益的事情。［27］受分于下：在下者因响应号召而受到赏赐。分，指奖赏。［28］何不言之有：怎么会没有人说话呢？［29］尧：姬姓，名放勋，上古时期传说的五帝之一，号为陶唐氏。传见《史记》卷一。［30］舜：黄帝八世孙，姚姓，妫氏，名重华，字都君，受唐尧禅位的五帝之一。传见《史记》卷一。［31］周公：姬姓，名旦，周文王姬昌第四子，武王姬发弟弟，爵为上公，采邑在周，故称周公。西周初期杰出的政治家、军事家。传见《史记》卷三十三《鲁周公世家》。［32］致忠谏：即招来忠正之士提出有益的意见。［33］款诚之心著：诚恳、真挚的心意表现得明明白白。［34］冰炭不言而冷热之质自明：意即冰与炭，不用说自己是冷是热，其本身的冷与热，就表现得非常清楚。［35］好忠直：真的想听到发自内心的忠直言论。［36］冰炭之自然：指冰炭本身自有的属性，而不是外界所附加于它的。［37］谔（è）谔：直言陈述的样子。［38］并周公：与周公相比。并，比，相当。［39］实：指王沈其人的内心实际。不可以同冰炭：意即没有冰炭那种“自然”，即本身的德行不够，不足以得到中正的谏议。

二年（辛巳，261年）

春，三月，襄阳太守胡烈表言[1]：“吴将邓由、李光[2]等十八屯[3]同谋归化[4]，遣使送质任[5]，欲令郡兵临江迎拔[6]。”诏王基部分诸军[7]径造沮水[8]以迎之。“若由等如期到者，便当因此震荡江表[9]。”基驰驿遗[10]司马昭书，说由等可疑之状，“且当清澄[11]，未宜便举重兵深入应之。”

又曰：“夷陵东西皆险狭[12]，竹木丛蔚[13]，卒有要害[14]，弩马不陈[15]。今者筋角濡弱[16]，水潦[17]方降，废盛农之务[18]，要难必之利[19]，此事之危者也。姜维之趣上邽[20]，文钦之据寿春[21]，皆深入求利，以取覆没，此近事之鉴戒[22]也。嘉平已来[23]，累有内难[24]，当今之宜，当务镇安社稷[25]，抚宁[26]上下，力农务本，怀柔百姓，未宜动众以求外利也。”昭累得基书，意狐疑[27]，敕诸军已上道者，且权停住所在[28]，须候节度[29]。

基复遗昭书曰：“昔汉祖纳郦生之说，欲封六国，寤张良之谋而趣销印[30]。基谋虑浅短，诚不及留侯，亦惧襄阳有食其之谬[31]。”昭于是罢兵，报基书曰：“凡处事[32]者多曲相从顺[33]，鲜能确然共尽理实[34]，诚感忠爱，每见规示[35]，辄依来旨[36]，已罢军严[37]。”既而由等果不降。烈，奋之弟也。

【注释】

［1］襄阳太守：襄阳郡的地方长官。襄阳，郡名，郡治在今湖北襄阳市。胡烈：字玄武，魏晋名臣胡奋之弟，时为襄阳太守。［2］邓由、李光：皆孙吴将领。［3］十八屯：十八个军事据点。屯，屯聚，引申为基地、据点。［4］同谋归化：一同商量归降曹魏。归化，归附，归服。［5］质任：指人质和任子，此即人质。［6］临江迎拔：到长江边上去迎接、接受。拔，援救。［7］诏王基部分诸军：意即下令王基部署所属部队，前去迎接归降的部队。王基，字伯舆，曹魏名将、谋士，时为征南将军、都督荆州诸军事，为封疆大吏。部分，部署，派遣。［8］径造沮水：一直到沮水边上。造，到，至。沮水，在今湖北中部偏西，发源于保康县西南，东南流到当阳市河溶镇附近，与漳水汇合为沮漳河，南流到江陵县西入长江。［9］震荡江表：趁势把长江以南的吴国地盘狠狠地折腾一下。震荡，震动摆荡，不安定，处于动荡状态。［10］驰驿：派驿使火速进京。驿，驿车，驿使。遗（wèi）：送给。［11］清澄：即澄清，弄清真实情况。［12］夷陵：吴县名，县治在今湖北宜昌市东南。险狭：险要，狭窄。［13］丛蔚：茂盛，繁密。［14］卒有要害：突然发生紧急情况。卒，通"猝"，仓促，突然。要害，关键之处，致命之处，引申为紧急情况。［15］弩马不陈：意指兵力无法施展。弩，一种利用机械力量发射箭矢的弓。陈，陈设，摆开，引申为施展。［16］筋角濡弱：因天气潮湿，弓弩柔弱无力。筋角，动物的筋与角，古时多用于制弓，此指弓箭。濡（rú）弱，因沾湿而柔弱。［17］水潦：大雨。［18］废盛农之务：农忙季节不让农民干农活。废，荒废，废止。［19］要：通"邀"，邀取，谋求。难必之利：没有确实把握的利益。必，一定，切实。［20］姜维之趣上邽：此指姜维进攻上邽之事。延熙十九年（256）春天，姜维升为大将军后，求功心切，约定与镇西将军胡济两路出兵，在上邽会合，但胡济没有来，导致姜维在段谷被魏将邓艾击败，死伤甚多，百姓因此埋怨。姜维于是请求自贬为后将军，行大将军事。上邽，县名，在今甘肃天水市。［21］文钦之据寿春：指文钦反叛与援救诸葛诞反叛之事。两次皆发生在寿春。第一次是与毌丘俭占据寿春城，举兵"勤王"，失败后逃到东吴；第二次是诸葛诞举兵反叛，文钦率军前来接应，率众冲进寿春城中，被司马昭大军围困。后与诸葛诞发生意见分歧，被杀，其反叛以失败告终。［22］鉴戒：教训。［23］嘉平：魏帝曹芳的年号。已来：即以来。已，通"以"。［24］累有内难：指王凌、毌丘俭、诸葛诞等反抗司马氏，以及司马氏废黜魏帝曹芳，杀害魏帝曹髦等事件。［25］镇安社稷：安定国家。镇安，镇抚，使之安定。社稷，指土神、谷神，古代君主都祭社稷，便以"社稷"代表国家。［26］抚宁：安抚，使之安宁、平静。［27］狐疑：犹豫不决。［28］权停住所在：暂时停止前进，驻扎在所到之处。权，暂且，暂时。［29］须候节度：等待新的命令。须候，等待，等候。节度，节制调度，部署。［30］"昔汉祖纳郦生之说"三句：楚汉相争时，郦食其首建言汉王刘邦封六国之后为诸侯王，以树项羽之敌，刻好了封王印章，还没出发，被留侯张良知晓，以八不可劝说刘邦，说分封诸侯，会步项羽分封十八王后尘，统一天下的大业就完了。汉王刘邦醒悟，立即销毁了封王印章。事见《史记》卷五十五《留

侯世家》。[31]襄阳：此指襄阳太守胡烈。食（yì）其（jī）：即郦食其。[32]处事：奉命办事。[33]曲相从顺：委曲己意，以顺从发号施令者。[34]鲜能确然共尽理实：很少有人能够明确而毫无保留地一起尽力把道理讨论清楚。鲜，少，少有。确然，明确的样子。理实，道理与事实。[35]每见规示：屡屡地对我进行规劝、晓谕。每见，经常见到。规示，规劝，明示。[36]辄依来旨：我现在就听从你的意见。辄，即，就。[37]已罢军严：已撤销了这次军事行动的计划。军严，即严军，整装待发的部队。

秋，八月，甲寅[1]，复命司马昭进爵位如前，不受。

冬，十月，汉主[2]以董厥为辅国大将军[3]，诸葛瞻为都护[4]、卫将军，共平尚书事[5]，以侍中樊建[6]为尚书令。时中常侍黄皓[7]用事，厥、瞻皆不能矫正[8]，士大夫多附之[9]，唯建不与皓往来。秘书令郤正[10]久在内职，与皓比屋[11]，周旋三十余年，澹然自守[12]，以书自娱，既不为皓所爱，亦不为皓所憎，故官不过六百石，而亦不罹其祸[13]。汉主弟甘陵王永[14]憎皓，皓谮[15]之，使十年不得朝见。

吴主使五官中郎将薛珝[16]聘于汉[17]，及还，吴主问汉政得失，对曰："主暗而不知其过[18]，臣下容身以求免罪[19]，入其朝不闻直言，经其野民皆菜色[20]。臣闻燕雀处堂[21]，子母相乐[22]，以为至安也，突决栋焚[23]，而燕雀怡然不知祸之将及，其是之谓乎[24]！"珝，综之子也。

【注释】

[1]甲寅：八月丙子朔，没有"甲寅"日，疑此处记载有误。[2]汉主：指蜀后主刘禅。[3]董厥（jué）：蜀国后期的重臣，诸葛亮曾称其为"良士"。他和诸葛瞻共同辅政，他们有能力处理政务，但没有办法控制宦官黄皓的胡作非为。辅国大将军：官名，辅佐治国大将军，地位高于一般只管征伐攻打的将军。[4]诸葛瞻：字思远，诸葛亮之子。都护：官名。[5]共平尚书事：共同处理尚书省的各项事务，意即掌管国家各种政事。平，统理。[6]樊建：字长元，荆州义阳郡（治今河南桐柏县东）人，蜀汉大臣，官至尚书令。蜀汉灭亡后和董厥一同降魏，官至相国参军、散骑常侍。[7]中常侍：皇帝近臣，给事左右，职掌顾问应对。黄皓：蜀汉宦官。董允死后，与侍中陈祗互为表里，开始参与朝政。陈祗死后，黄皓从黄门令一跃成为中常侍、奉车都尉，总揽朝政，操弄威权，排挤在北伐前线的大将军姜维。传见《三国志》卷三十九。[8]不能矫正：不能纠正黄皓弄权误国的行为。矫正，改正，纠正。[9]附之：指依附黄皓。[10]郤（xì）正（？—278）：本名郤纂，字令先，蜀汉学者，官至秘书令。后随刘禅降魏，得到晋武帝司马炎赏识，任

巴西郡太守。传见《三国志》卷四十二。［11］比屋：房屋相邻。［12］澹（dàn）然自守：性情淡泊，安于其位。澹然，安静的样子。［13］不罹（lí）其祸：没有遭受黄皓的陷害。罹，遭受。［14］甘陵王永：即刘永，字公寿，后主刘禅之弟，封鲁王。后改封甘陵王。蜀汉灭亡，被迁往洛阳，任为奉车都尉，封乡侯。传见《三国志》卷三十四。［15］谮（zèn）：馋毁，无中生有地说人坏话。［16］五官中郎将：帝王的侍卫长官，上属郎中令。薛珝：孙吴官员，孙吴大臣薛综之子。曾多次奉吴国君主之命出使蜀汉，见证了蜀汉末期的民生凋敝。［17］聘于汉：到蜀国作礼节性的访问。聘，国家间的友好拜访。［18］暗：昏庸。不知其过：不知道统理蜀国的得失成败。［19］容身：只求保官保命。免罪：无罪，只求没有过错而不作为。［20］菜色：由于饥饿，脸上呈现青黄色。［21］燕雀处堂：燕雀在人家的屋梁上做窝。［22］子母相乐：指小鸟大鸟都生活得很快乐。［23］突决栋焚：一旦烟囱破裂、房屋烧起大火。突，烟囱。栋，栋梁，代指房屋。［24］其是之谓乎：刘禅君臣现在就是这种样子吧。

是岁，鲜卑索头部大人拓跋力微始遣其子沙漠汗入贡[1]，因留为质。力微之先，世居北荒[2]，不交南夏[3]。至可汗毛[4]，始强大，统国三十六，大姓[5]九十九；后五世至可汗推寅[6]，南迁大泽[7]；又七世至可汗邻[8]，使其兄弟七人及族人乙旃氏、车焜氏[9]分统部众为十族。邻老，以位授其子诘汾[10]，使南迁，遂居匈奴故地[11]。诘汾卒，力微立，复徙居定襄之盛乐[12]，部众浸盛[13]，诸部皆畏服[14]之。

（以上为第十段，写蜀国后主刘禅庸碌无能，朝臣不思进取，宦官中常侍黄皓当政弄权，董厥、诸葛瞻等大臣不能纠正黄皓的错误行事，士大夫们都依附黄皓，蜀国离亡国不远矣！）

【注释】

［1］鲜卑索头部：即鲜卑族的索头部落。大人：即大头领，首领。拓跋力微：姓拓跋，名力微，鲜卑族索头部领袖，约在公元200年继任，兼并没鹿回部，诸部慑服，成为部落联盟大酋长。是北魏的先祖，拓跋珪称帝时，追尊为始祖神元皇帝。沙漠汗：即拓跋沙漠汗，拓跋力微长子，受命入贡曹魏。入贡：到曹魏朝廷进贡。［2］北荒：指北部荒漠地区。［3］不交南夏：不与中原地区的华夏人相来往。［4］可汗毛：即鲜卑可汗拓跋毛，索头部鲜卑部族领袖，公元前207年至公元前204年为索头首领，在位时统一了索头部鲜卑部族。可汗，北方少数民族对其头领的敬称，犹如中原地区的帝王、皇帝。［5］大姓：大族，大部落。［6］后五世至可汗推寅：从拓跋毛起，经拓跋贷、拓跋观、拓跋楼、拓跋越，至拓跋推寅，共五世。拓跋推寅，公元前41年至公元13年为索头部鲜卑部族首领，其间，鲜卑族南迁大泽，并使鲜卑部族由狩猎走向游牧生活，谥号“宣”。

[7]大泽：大湖泊，即呼伦湖，古称“大泽”，地处呼伦贝尔大草原腹地，素有“草原明珠”“草原之肾”之称。[8]七世：指拓跋利、拓跋俟、拓跋肆、拓跋机、拓跋盖、拓跋侩、拓跋邻。可汗邻：即索头部鲜卑部族首领拓跋邻，《魏书·官氏志》记载其“七分国人，使诸兄弟各摄领之，乃分其氏”。谥号“献”。[9]乙旃(zhān)氏、车焜(gǔn)氏：与拓跋氏同族的其他部落。[10]诘汾：即拓跋诘汾，公元213年至公元218年为索头部鲜卑部族首领，前任首领拓跋邻之子，其子即是魏神元皇帝拓跋力微。拓跋邻以当时已老，把首领之位让子诘汾，诘汾受命南迁。传见《魏书》卷一。[11]匈奴故地：指匈奴瓦解后留下的真空地带，在今内蒙古与蒙古国一带地区。[12]定襄之盛乐：定襄郡的盛乐县。定襄，郡名，郡治善无，在今山西右玉县南。盛乐，县名，也称“成乐”，县治在今内蒙古和林格尔县盛乐镇。[13]浸盛：越来越兴盛、强大。浸，渐渐，逐渐。[14]畏服：因畏惧而服从。

【点评】

曹髦怒亡曹魏国。公元255年，司马昭继其兄司马师为大将军，专揽国政，成功平定了魏国征东大将军诸葛诞的反叛，威望迅速飙升。魏帝曹髦却成了名副其实的傀儡。

权臣专政的情况在中国历史上很多。那么，这些光有虚名、毫无实权的帝王，如何自处与作为呢？大致有三种情况：一种是棱角磨平，锐气全无，百依百顺，毫不作为，以求苟且偷安，度过余生，汉献帝大致就是这样的人；一种是极力抗争，暗中网罗人才，秘密谋划，以图扳倒权臣，吴国少主孙亮大致如此，只是机密被泄露，未能成功，而清朝的康熙皇帝扳倒鳌拜，大有作为，则是成功的典型；还有一种，就是孤注一掷，即使是拼掉自己的身家性命，宁愿在权臣的刀下亡，也不愿在权臣的淫威下苟且生，魏帝曹髦就是这样的典型。

曹髦不能忍受司马昭的专权跋扈，给予司马昭至高无上的权力和威严，授予其统领全国兵马及京师内外诸军的权力，并特许其朝拜时不必小步快走，奏事时只称官职而不直呼姓名，还可以穿鞋佩剑上殿。但是，曹髦的内心却备受煎熬。曹髦听说邺城某水井中出现黄龙，便引以自喻，作《潜龙诗》以发泄对司马昭的不满。《三国演义》中的《潜龙诗》说：“伤哉龙受困，不能越深渊。上不飞天汉，下不见于田。蟠居于井底，鳅鳝舞其前。藏牙伏爪甲，嗟我亦同然！”大意是：我是一条黄龙，本应身在大海，如今却身困井中，受到泥鳅、黄鳝欺负。其含义非常直白，其不满、愤懑之意溢于言外，司马昭此时便有了废帝之念。

更为可笑的是，曹髦长期被困抑，一时心血来潮，拔出剑，登上车，就率领殿中宿卫和奴仆们呼喊着出了殿门，要与司马昭决一死战。结果丝毫没有悬念，他连宫门都没有出得去，被刺死于南关，结束了他的帝王生涯与年轻生命。

有的评论者对这种行为大为赞赏，认为曹髦虽然没有能够成功，但他以百分之百的努力力争百分之几的机会。在政治凌辱和死亡威胁下，他没有软弱和退让，而是奋起抗争。曹髦“宁作高贵乡公死，不作汉献帝生”。也有人评论比较客观，说“魏主髦卤莽从事，仿佛孙亮，亮且不能诛綝，髦亦安能诛昭？南关遇弑，莫非其自取耳”。

卷七八　魏纪十

魏元帝景元三年至咸熙元年（262—264 年）

【起玄黓敦牂（壬午，262 年），尽阏逢涒滩（甲申，264 年），凡三年】

【大事提要】

本卷记事起公元 262 年，讫公元 264 年，凡三年，当魏元帝景元三年至咸熙元年。本卷所载大事，主要是五个方面：其一，玄学渐成风气。玄学即浮虚、玄虚、玄远之学，主张立言玄妙，行事雅远。以嵇康、阮籍等名士为代表的“竹林七贤”常聚在一起，谈玄论道，伸张个性，成为魏晋时期取代两汉经学思潮的主流学说，有其积极的一面，但也带来崇尚玄虚、不务实干的弊端。其二，魏国灭蜀。公元 263 年，大将军司马昭力排众议，派遣将军钟会、邓艾等攻打蜀国。钟会与姜维在剑阁对峙，邓艾采用迂回策略，率领精锐部队绕道阴平，凿山开路，秘密南进，从背后袭击蜀军，蜀国后主刘禅失去剑阁屏障，回天乏力，只好投降，蜀国灭亡。其三，钟会、邓艾二士争功。邓艾灭蜀后，自作主张，对投降的君臣大加封赏，不向朝廷请示。朝廷下令逮捕，后被监军卫瓘派人杀之。钟会阴谋叛变，占据成都。司马昭早有察觉，派遣先头部队进军汉中，亲率大军进据长安。后来发生兵变，钟会被乱军杀死。其四，吴主孙休去世。公元 264 年，吴主孙休暴病而亡。吴人以国家多事、主少国危为由，没有立孙休的儿子为帝，而是立侄子孙皓为帝。孙皓初立，曾下令抚恤百姓，受到朝野称誉，后粗暴骄盈、暴虐治国，又好酒色，大兴土木，民心丧尽，成为亡国之君。其五，司马昭封王。魏国灭亡蜀国，成功解决了钟会的反叛问题，充分展示了司马昭的预见能力和驾驭能力，其威望和权势无以复加，魏元帝曹奂再次下令，任命司马昭为相国，封为晋王，加九锡。同时，任命其长子司马炎为相国辅佐，司马氏距离皇位只有一步之遥。

元皇帝下

景元三年（壬午，262 年）

秋，八月，乙酉[1]，吴主立皇后朱氏[2]，朱公主[3]之女也。戊子[4]，立子𩅦[5]为太子。

汉大将军姜维将出军[6]，右车骑将军廖化[7]曰："兵不戢[8]，必自焚，伯约[9]之谓也。智不出敌而力小于寇[10]，用之无厌[11]，将何以存！"冬，十月，维入寇洮阳[12]，邓艾与战于侯和[13]，破之，维退住沓中[14]。

初，维以羁旅依汉[15]，身受重任，兴兵累年，功绩不立。黄皓[16]用事于中，与右大将军阎宇[17]亲善，阴欲废维树宇[18]。维知之，言于汉主[19]曰："皓，奸巧专恣[20]，将败国家，请杀之！"汉主曰："皓，趋走小臣[21]耳，往董允每切齿[22]，吾常恨之[23]，君何足介意！"维见皓枝附叶连[24]，惧于失言，逊辞而出。汉主敕皓诣维陈谢[25]。维由是自疑惧[26]，返自洮阳[27]，因求种麦沓中，不敢归成都[28]。

【注释】

[1]乙酉：八月十六日。[2]吴主：即孙休。朱氏：即朱皇后，吴郡吴县（今江苏苏州市）人，吴末帝孙皓的表姐和叔母，吴景帝孙休皇后。野史记载其名为朱佩兰，骠骑将军朱据与朱公主独生女，嫁孙休，为琅邪王妃，后被立为皇后。孙休去世后为太后，被孙皓逼杀。传见《三国志》卷五十五。[3]朱公主：即孙鲁育，字小虎，吴帝孙权幼女，称为"小公主"，嫁左将军朱据，故又被称作"朱公主"。[4]戊子：八月十九日。[5]子𩅦：即孙𩅦，字莔（qì），吴景帝孙休长子，公元 262 年立为太子，266 年为孙皓所杀。按：吴主孙休有四个儿子，特造出四个怪字来命名。长子孙𩅦、次子孙𩃬、三子孙壾、四子孙𡨧。𩅦（wān）、𩃬（gōng）、壾（mǎng）、𡨧（kòu），四字的读音也是吴主孙休自己拟定的。载孙休诏书，见《三国志》卷四十八（吴书三嗣主传）裴松之注引《吴录》。[6]出军：指出兵攻打魏国。[7]右车骑将军：武官名。东汉末及蜀汉后主时，均曾分置车骑将军为左、右。廖化：本名淳，字元俭，蜀汉将领。传见《三国志》卷四十五。[8]兵不戢：指不停地发动战争。戢（jí），收藏兵器，引申为停止战争。[9]伯约：即姜维，字伯约。[10]智不出敌：智谋不高于敌人。出，高出。"出"后增"于"字读。力小于寇：指蜀国的国力、兵力比魏国弱小。[11]无厌：没个满足，没个停止。厌，满足。[12]洮阳：魏县名，在洮水之北，在今甘肃临潭县。[13]侯和：魏县名，在今甘肃临潭县东。[14]沓中：地名，在今甘肃舟曲县，当时为羌人所居之地。[15]以羁旅依汉：此指姜维由魏国归顺而来，有如旅客寄宿于蜀汉。羁旅，做客在外。[16]黄皓：蜀汉后主宠幸的宦官。[17]阎宇：字文平，荆州南郡（治今湖北荆州市）人，蜀汉将领，官至右大将军，居姜维之次。事见《三国志》卷四十四。[18]"阴欲"句：阴谋解除姜维的大将军职务，改立阎宇。[19]汉主：蜀汉后主刘

禅。［20］奸巧专恣：奸诈巧伪，恣意专断。［21］趋走小臣：听候差遣的小宦官。［22］董允：字休昭，南郡枝江（今湖北枝江市）人，蜀汉重臣。蜀人称诸葛亮、蒋琬、费祎及董允为“四相”。传见《三国志》卷九。每切齿：董允对黄皓切齿痛恨，严加管束，终允之世，皓位不过黄门丞。［23］恨之：对董允的表现感到遗憾。恨，遗憾。［24］枝附叶连：指党羽众多，盘根错节。［25］敕皓诣维陈谢：意即后主刘禅令黄皓到姜维那里，向他说明情况，表示歉意。陈谢，陈言，表示谢意。［26］疑惧：惊疑，恐惧。［27］返自洮阳：自洮阳失利回师后。以上写姜维与黄皓的矛盾，乃补叙出兵洮阳以前之事。［28］成都：即蜀汉都城，在今四川成都市。

吴主以濮阳兴[1]为丞相，廷尉丁密[2]、光禄勋孟宗为左右御史大夫[3]。初，兴为会稽太守[4]，吴主在会稽，兴遇之厚[5]；左将军张布[6]，尝为会稽王左右督将[7]，故吴主即位，二人皆贵宠用事。布典宫省[8]，兴关军国[9]，以佞巧更相表里[10]，吴人失望。

吴主喜读书，欲与博士祭酒韦昭[11]、博士盛冲讲论[12]，张布以昭、冲切直[13]，恐其入侍，言己阴过[14]，固谏止之。吴主曰：“孤之涉学，群书略遍，但[15]欲与昭等讲习旧闻，亦何所损[16]！君特当[17]恐昭等道臣下奸慝[18]，故不欲令入耳。如此之事，孤已自备[19]之，不须昭等然后乃解[20]也。”

布皇恐[21]陈谢，且言惧妨政事，吴主曰：“王务[22]、学业，其流各异[23]，不相妨也，此无所为非[24]，而君以为不宜，是以孤有所及[25]耳，不图君今日在事[26]，更行此于孤[27]也，良甚[28]不取！”布拜表叩头[29]。吴主曰：“聊相开悟[30]耳，何至叩头乎！如君之忠诚，远近所知，吾今日之巍巍[31]，皆君之功也。《诗》[32]曰：‘靡不有初，鲜克有终[33]。’终之实难，君其终之[34]。”然吴主恐布疑惧，卒如布意[35]，废其讲业[36]，不复使昭等入。

【注释】

［1］濮阳兴：字子元，孙吴大臣。传见《三国志》卷六十四。［2］廷尉：官名，主管司法，为九卿之一，中央最高司法审判机构长官。丁密：又名丁固，字子贱，孙吴重臣。传见《三国志》卷六十二。［3］光禄勋：官名，九卿之一，负责守卫宫殿门户，总领宫内事务。孟宗：本名孟仁，字恭武。孙吴大臣，官至左右御史大夫。［4］会稽太守：会稽郡最高行政首脑。会稽，郡名，郡治在今浙江绍兴市。［5］兴遇之厚：意即濮阳兴厚待当时为琅邪王的孙休，有恩于孙休。

[6]左将军：官名，位仅次于上卿，职务或典京师兵卫，或屯兵边境。张布：孙吴将领。孙綝欲谋反，吴主孙休阴与布图计，诛杀孙綝。［7］尝：曾，曾经。会稽王：据胡三省注，此处当作“琅邪王”。吴主孙休先封为琅邪王，徙居会稽。后来从会稽入京为帝，未曾封为会稽王。督将：官名，领兵千人，掌管征伐。［8］典宫省：主管宫廷与朝廷警卫，即为中军督。典，主管。［9］关军国：指主管国家军事，协助治理国家。关，关乎，主管。［10］佞巧：善于卖乖讨好。相表里：内外勾结。［11］博士祭酒：帝王的咨询顾问人员，为诸博士的头领。韦昭：字弘嗣，孙吴文学家、史学家、经学家。传见《三国志》卷六十五。［12］盛冲：孙吴学者，曾为郎中，为吴主孙休的老师。讲论：讨论学术。［13］切直：性情耿直，说话不回避矛盾，直来直去。［14］阴过：以往不为人知的错误、过失。［15］但：只，只是。［16］亦何所损：对你有什么害处呢？［17］特当：大概是由于。［18］道臣下奸慝：说朝廷大臣的坏话。奸慝（tè），奸恶，邪恶。［19］自备：自己心里有数，已有防备。［20］不须昭等然后乃解：意即不用等听到韦昭等所说的话，才了解大家的行为。说明吴主孙休对张布等人的行为了如指掌。乃解，才能明白。［21］皇恐：即惶恐，惭愧，难为情。皇，通“惶”，惊惶。［22］王务：即朝廷政事。［23］其流各异：它们的性质各不相同。流，源流，来龙去脉。［24］无所为非：指讨论学术，没有什么不对。［25］有所及：把学术与政治牵连到一起。及，相及，相关联。［26］不图：没有料到。在事：犹言“在职”，居官任职。［27］更行此于孤：又把当初孙綝干涉我的那种情状用到我这里。更，又。［28］良甚：很是。［29］拜表叩头：上书请罪。此句沿用《三国志》原文。这里已将张布的诏答之语改为当面说话，不应再用“表”字。故胡三省认为“表”为衍字。疑是。［30］聊相开悟：我只是让你开通、醒悟一点而已。聊，姑且。开悟，开导。［31］巍巍：高高在上的样子，指居于帝王之位。［32］《诗》：指《诗经》。［33］靡不有初，鲜克有终：意谓刚开始的时候都很好，但很少有人能够善始善终。靡（mí），无。鲜，少。克，能。语出《诗经·荡》。［34］君其终之：希望你能善始善终。君，尊称。［35］卒如布意：最终还是按照张布的意思。卒，最终。如，按照，顺从。［36］讲业：讨论学术活动。业，指学业。

谯郡嵇康[1]，文辞壮丽[2]，好言老、庄[3]而尚奇任侠[4]，与陈留阮籍[5]、籍兄子咸[6]、河内山涛[7]、河南向秀[8]、琅邪王戎[9]、沛国刘伶[10]特相友善，号“竹林七贤[11]”。皆崇尚虚无[12]，轻蔑礼法，纵酒昏酣[13]，遗落世事[14]。

阮籍为步兵校尉[15]，其母卒，籍方与人围棋，对者求止，籍留与决赌[16]。既[17]而饮酒二斗[18]，举声一号，吐血数升，毁瘠骨立[19]。居丧，饮酒无异平日。司隶校尉何曾[20]恶[21]之，面质[22]籍于司马昭座[23]，曰："卿，纵情、背礼、败俗之人，今忠贤执政，综核名实[24]，若卿之曹[25]，不可长[26]也！"因谓昭曰："公方以孝治天下，而听[27]阮籍以重哀[28]饮酒、食肉于公座，何以训人！宜摈之四裔[29]，无令污染华夏[30]。"昭爱籍才，常拥护[31]之。曾，夔[32]之子也。

阮咸素幸姑婢[33]。姑将婢去[34]，咸方对客[35]，遽[36]借客马追之，累骑而还[37]。

刘伶嗜酒，常乘鹿车[38]，携一壶酒，使人荷锸[39]随之，曰："死，便埋我。"当时士大夫皆以为贤，争慕效之，谓之"放达[40]"。

【注释】

[1]嵇(jī)康：谯郡（在今安徽亳州市）人，字叔夜，曹魏思想家、文学家，"竹林七贤"之一。传见《三国志》卷二十一。 [2]壮丽：宏伟，瑰丽。刘勰《文心雕龙·体性》曰："壮丽者，高论宏裁，卓烁异采者也。" [3]好言老、庄：好谈论老子、庄子。 [4]尚奇任侠：行为奇特、豪爽，而爱打抱不平。 [5]阮籍：陈留人，字嗣宗，曹魏诗人。曾任步兵校尉，世称"阮步兵"，"竹林七贤"之一。有《阮籍集》传世。 [6]咸：即阮咸，字仲容，魏晋时期名士，文学家，"竹林七贤"之一。精通音律，善弹琵琶，时号"妙达八音"。 [7]山涛：河内人，字巨源，魏晋名士，"竹林七贤"之一。传见《晋书》卷四十三。 [8]向秀：河南人，字子期，魏晋时期文学家，"竹林七贤"之一。 [9]王戎：琅邪开阳（今山东临沂市北）人，字浚冲，魏晋名士、官员，"竹林七贤"之一。传见《晋书》卷四十三。 [10]刘伶：沛国(今江苏沛县)人，字伯伦，魏晋名士，"竹林七贤"之一。传见《晋书》卷四十三。 [11]竹林七贤：指曹魏正始年间（240—249），嵇康、阮籍、山涛、向秀、刘伶、王戎及阮咸七人，先有"七贤"之称。因常在当时的山阳县（今河南辉县市西南）竹林之下喝酒、纵歌，肆意酣畅，故将"七贤"与竹林合称为"竹林七贤"。其作品揭露和讽刺西晋司马氏政权的虚伪。 [12]虚无：道家用以指"道"的本体，谓道体虚无，故能包容生万物；性合于道，故有而若无，实而若虚。 [13]昏酣（hān）：昏醉不醒。 [14]遗落世事：不关心现实政事。遗落，谓遗忘、弃置世俗之事。 [15]步兵校尉：官名，领宿卫兵。 [16]留与决赌：留其人接着下棋，要与其决出这一盘的胜负。 [17]既：过后，指下完这盘棋后。 [18]斗：盛酒器，古代以木瓢为斗。 [19]毁瘠（jí）：因居丧过度痛苦悲伤，而极度瘦弱。骨立：形容人消瘦到极点，骨瘦如柴。 [20]司隶校尉：京师及周边地区的监察官。何曾：原名何谏，字颖考，曹魏太仆何夔之子。历仕魏晋两朝。传见《三国志》卷十二。 [21]恶（wù）：厌恶，讨厌。 [22]面质：当面质问。 [23]于司马昭座：指何曾当着权臣司马昭的面指责阮籍，其实是要借刀杀人。[24]综核名实：考察名声是否与实际符合的问题。 [25]若卿之曹：像你这种人。曹，辈，类。[26]不可长：不能助长。 [27]听：听任。 [28]以重哀：在其为母居丧期间。 [29]摈之四裔：

流放到边远的蛮荒地区。摈，排斥，抛弃。四裔，四方边远之地。［30］污染华夏：意即影响、破坏中原地区的良好的风俗习惯。华夏，古代中原地区的自称，以区别四方（四夷）。［31］拥护：保护，维护。据《晋书》载：司马昭曾替儿子司马炎向阮籍之女求婚，阮籍不愿意，又不敢公开拒绝，于是酩酊大醉六十日，使司马昭无法开口，后来阮籍又为群臣执笔，给司马昭写劝进笺，文情并茂，故司马昭爱其才，常“拥护”之。［32］夔：即何夔，字叔龙，曹魏名臣。传见《三国志》卷十二。［33］素幸姑婢：一向喜欢其姑身边的婢女。幸，喜爱。［34］姑将婢去：其姑出嫁时，带着这个婢女一道走了。将，携带。［35］方对客：正与客人在一起。［36］遽（jù）：急忙，匆忙。［37］累骑而还：一匹马驮着两个人回来了。累骑，两人同骑一匹马。［38］鹿车：小车。因其小，可让一只小鹿拉着。［39］荷锸：扛着铁锹。荷（hè），背，扛。锸（chā），古代一种掘土用的工具。［40］放达：狂放，通达。

钟会[1]方有宠于司马昭，闻嵇康名[2]而造之[3]，康箕踞而锻[4]，不为之礼。会将去，康曰：“何所闻而来，何所见而去[5]？”会曰：“闻所闻而来，见所见而去[6]！”遂深衔[7]之。

山涛为吏部郎[8]，举康自代[9]。康与涛书[10]，自说不堪流俗[11]，而非薄汤、武[12]。昭闻而怒之。康与东平吕安[13]亲善，安兄巽[14]诬安不孝[15]，康为证其不然。会因谮康[16]“尝欲助毌丘俭[17]，且安、康有盛名于世，而言论放荡，害时乱教，宜因此除之。”昭遂杀安及康。康尝诣隐者汲郡孙登[18]，登曰：“子才多识寡，难乎免于今之世矣！”

（以上为第一段，写魏末晋初的七位名士阮籍、嵇康、山涛、刘伶、阮咸、向秀、王戎的独特个性。他们集于竹林之下，肆意酣畅，人称“竹林七贤”。他们是玄学的代表人物，思想倾向则有所不同。）

【注释】

［1］钟会：字士季，曹魏太傅钟繇幼子。景元年间，会为镇西将军、假节、都督关中诸军事，与邓艾分兵进取，灭亡蜀汉。后生不臣之心，矫诏讨伐司马昭，死于乱军。传见《三国志》卷二十八。［2］闻嵇康名：仰慕嵇康的名声。名，指名声、名头很响。［3］造之：上门拜访。［4］箕（jī）踞（jù）：两腿直伸，像个颠簸似的坐着，对人极不恭敬的姿态。锻：锻冶、打铁。［5］何所闻而来，何所见而去：你听到了什么才来到这里，又看到了什么要离开这里？意即看到的与听到的是一样吗，表现了一种傲慢的态度。［6］闻所闻而来，见所见而去：我听到了我所听到的才来到这里，看到了我所看到的，所以才离开这里。所表达的是一种懊恨的心情。［7］深衔：狠狠地记恨。衔，含恨。［8］吏部郎：犹如后代的吏部尚书，负责百官的选拔任用。［9］举康

自代：山涛为吏部郎，现在要调任大将军从事中郎，就推荐嵇康接替自己的职位。［10］康与涛书：即通常所说的《与山巨源绝交书》，全文见《昭明文选》。［11］不堪流俗：不能忍受世俗的人与事。嵇康的《与山巨源绝交书》有所谓“七不堪”的表述。［12］非薄汤、武：批评、看不起商汤、周武王。言外之意即是鄙视司马昭的阴谋篡魏。［13］东平：郡名，郡治寿张，在今山东东平县南。吕安：字仲悌，小字阿都，曹魏名士，与嵇康友善。事见《三国志》卷二十一。［14］巽（xùn）：即吕巽，字长悌，吕安的异母兄，司马昭长史。［15］诬安不孝：吕巽看上其弟吕安妻子徐氏美色，用酒灌醉，迷奸得逞。吕安得知后，欲将吕巽告到官府，然后遣走妻子徐氏，徐氏羞愧难当，自缢而亡。吕安将此事告之嵇康。嵇康觉得家丑最好不要外扬，吕安撤诉。而吕巽却反诬吕安事母不孝。司马昭将吕安下狱，后杀之。［16］谮康：诬陷嵇康。谮，在上司面前说人坏话。［17］尝欲助毌丘俭：曾想帮助起兵讨伐司马氏的魏将毌丘俭。诬陷之词。［18］汲郡：魏郡名，郡治在今河南卫辉市西南。孙登：字公和，号苏门先生。是当时有名的隐士。事见《三国志》卷二十一。

司马昭患姜维数为寇，官骑路遗[1]求为刺客入蜀，从事中郎荀勖[2]曰：“明公[3]为天下宰[4]，宜杖[5]正义以伐违贰[6]，而以刺客除贼，非所以刑于四海[7]也。”昭善之。勖，爽[8]之曾孙[9]也。

昭欲大举伐汉，朝臣多以为不可，独司隶校尉钟会劝[10]之。昭谕众曰：“自定寿春[11]以来，息役六年，治兵缮甲[12]以拟二虏[13]。今吴地广大而下湿[14]，攻之，用功差难[15]，不如先定巴蜀，三年之后，因顺流之势，水陆并进，此灭虢取虞[16]之势也。计蜀战士九万，居守成都及备他境不下四万，然则余众不过五万。今绊姜维于沓中[17]，使不得东顾[18]，直指骆谷[19]，出其空虚之地[20]以袭汉中[21]，以刘禅之暗[22]，而边城外破，士女内震[23]，其亡可知也。”乃以钟会为镇西将军，都督关中。征西将军邓艾以为蜀未有衅[24]，屡陈异议；昭使主簿师纂[25]为艾司马[26]以谕[27]之，艾乃奉命。

姜维表[28]汉主：“闻钟会治兵关中，欲规进取[29]，宜并遣左右车骑张翼、廖化[30]，督诸军分护[31]阳安关口[32]及阴平之桥头[33]，以防未然[34]。”黄皓信巫鬼[35]，谓敌终不自致[36]，启汉主寝其事[37]，群臣莫知。

（以上为第二段，写蜀国政治昏暗，国力减弱，魏国大将军司马昭积极谋划攻打蜀国，朝臣中只有钟会赞成。）

【注释】

[1]官骑：指王室的骑兵，骑马的侍从人员。路遗：人名，司马昭的骑侍，姓路，名遗。[2]从事中郎：略同于“长史”，位在主簿之上，为帝王的近侍官员。荀勖：字公曾，魏晋官员。传见《晋书》卷三十九。［3］明公：对有名位者的尊称。［4］为天下宰：为普天下的主宰，因司马昭为魏国宰相，故而恭称之。［5］杖：通“仗”，秉持，仗势。［6］违贰：违背王命，而有二心。此指称西蜀、东吴。［7］刑于四海：为天下人作榜样。刑，通“型”，法式，典范，用作动词，即作榜样。［8］爽：即荀爽，字慈明，东汉末年大臣、经学家，名士荀淑第六子。传见《后汉书》卷六十二。［9］曾孙：即三世孙，为儿之孙，或孙之儿。［10］劝：鼓动，怂恿。［11］定寿春：指平定甘露二年（257）诸葛诞的反叛，距此时景元三年（262），间隔六年。［12］治兵缮甲：谓整治武器装备。缮，修补，修整。［13］以拟二虏：以对付东吴和蜀汉。拟，对，对付。[14]下湿：指东吴为水网地区，不利于曹魏善于旱地作战的士兵。［15］用功差难：要取得成功，难度非常大。差难，较为困难。［16］灭虢（guó）取虞：公元前655年，晋献公采用假道伐虢之计，灭亡了虢国，回师途中顺便灭亡了借道给晋国的虞国。［17］绊：羁绊，牵制。沓（tà）中：地名，在今甘肃舟曲县，是一个处于岷山环抱中的小型盆地。姜维曾屯兵此处。［18］东顾：顾及东面。［19］骆谷：山道名，在今陕西周至县西南，谷长四百余里，为关中与汉中的交通要道之一。[20]空虚之地：指蜀汉防守的真空地带。［21］汉中：蜀郡名，郡治在今陕西汉中市。［22］暗：昏庸，糊涂。［23］士女：代指蜀国上下君臣、官民。内震：在国内造成震恐不安。［24］未有衅：没有可乘之机。衅，裂痕，空隙。［25］主簿：官名，各级主官属下掌管文书的佐吏。师纂（zuǎn）：曹魏将领，邓艾的心腹部将，曾随邓艾参与灭蜀战役。蜀亡，被邓艾任为益州刺史。后钟会之变，益州大乱，师纂和邓艾一起被田续所杀。［26］为艾司马：充当邓艾帐下的司马官。司马，将军的僚属，主管军中司法。［27］谕：晓谕，开导。［28］表：上表，上书。［29］规进取：谋划攻打蜀国。规，谋划。［30］左右车骑张翼、廖化：时张翼任左车骑将军，廖化任右车骑将军。两人传见《三国志》卷四十五。［31］分护：分别把守。［32］阳安关口：蜀国军事要地名，即阳平关，在今陕西勉县西，地势极为险要。［33］阴平之桥头：即阴平道的关隘。阴平，蜀县名，在今甘肃文县西北。桥头，指阴平道遇河沟架桥的地方，地势十分险恶。［34］防未然：即防患于未然，防范灾祸的发生。［35］巫鬼：犹巫祝，指信奉鬼神。［36］谓敌终不自致：认为敌兵无论如何也不会自己前来送死。谓，认为。自致，自己到险地送死。［37］寝（qǐn）其事：将此事压下，置之不理。寝，搁置。

四年（癸未，263年）

春，正月[1]，复命司马昭进爵位如前[2]，又辞，不受。

吴交趾太守孙谞[3]贪暴[4]，为百姓所患；会[5]吴主遣察战邓荀[6]至交趾，荀擅调孔爵[7]三十头送建业[8]，民惮远役，因谋作乱[9]。夏，五月，郡吏吕兴[10]等杀谞及荀，遣使[11]来请太守及兵[12]，九真、日南[13]皆应之。

【注释】

[1]正月：据章校，甲十一行本等作“二月”。［2］进爵位如前：指如景元元年（260）的诏书所说，封司马昭为晋公，并加九锡等。此时魏国封官如同儿戏，一而再、再而三地封司马昭为晋公，而司马昭是个出色的演员，一再推辞不受。［3］交趾：吴郡名，郡治龙编，在今越南河内市东北。孙谞（xū）：孙吴官员，曾任交趾郡太守。［4］贪暴：贪婪，暴虐。［5］会：适逢，正巧。［6］察战：孙吴官名，主管巡回督查各地战备事宜。邓荀：孙吴官员。［7］擅调孔爵：擅自做主，向交趾郡征调孔雀。孔爵，即孔雀。［8］建业：吴国都城，在今江苏南京市。［9］民惮远役，因谋作乱：此处叙事不清。《三国志》卷四十八载：“谞先是科郡上手工千余人送建业，而察战至，恐复见取，故兴等因此扇动兵民，招诱诸夷也。”此处单叙征孔雀，何来“远役”？惮，畏惧，害怕。［10］吕兴：孙吴交趾郡吏，擅杀郡守，以郡归魏，魏授以南中大将军都督交州诸军事，封定安县侯。命令未至，被功曹李统所杀。［11］遣使：派遣使者。此句前宜有“降魏”二字，否则，还以为是向吴国派遣使者。［12］来请太守及兵：来向曹魏请求给交趾派出太守及守军。［13］九真、日南：皆吴郡名。九真郡，郡治胥浦，在今越南清化市西北。日南郡，郡治朱吾，在今越南洞海市南。

诏诸军大举伐汉，遣征西将军邓艾督三万余人自狄道[1]趣甘松、沓中[2]，以连缀[3]姜维；雍州刺史诸葛绪[4]督三万余人自祁山[5]趣武街、桥头[6]，绝维归路。钟会统十余万众分从斜谷[7]、骆谷[8]、子午谷[9]趣汉中[10]。以廷尉卫瓘[11]持节[12]监艾、会军事，行镇西军司[13]。瓘，觊[14]之子也。

会过幽州刺史王雄[15]之孙戎[16]，问：“计将安出？”戎曰：“道家有言：‘为而不恃[17]。’非成功难，保之难也。”或以问参相国军事[18]平原刘寔[19]曰：“钟、邓其平蜀乎[20]？”寔曰：“破蜀必矣，而皆不还[21]。”客问其故，寔笑而不答。

秋，八月，军发洛阳，大赉[22]将士，陈师誓众。将军邓敦[23]谓“蜀未可讨”，司马昭斩以徇[24]。

【注释】

[1]狄道：魏县名，陇西郡郡治，在今甘肃临洮县。[2]甘松：蜀县名，在今甘肃迭部县东南。沓中：蜀国地区名，与甘松邻近。[3]连缀（zhuì）：连接，引申为牵制。[4]雍州：州名，州治姑臧，在今甘肃武威市。诸葛绪：琅邪阳都（今山东沂南县）人，时任魏雍州刺史，参与灭蜀之战，被钟会诬陷而收其军队。入晋封乐安亭侯，为太常、卫尉等官。[5]祁山：魏县名，在今甘肃迭部县东南。[6]趣武街、桥头：直扑武街与桥头。趣，同“趋”，扑向。武街，蜀县名，后来称同谷县，在今甘肃成县。桥头，在今甘肃文县西北。[7]斜谷：山谷名，谷有二口，南曰“褒”，北曰“斜”，故亦称褒斜谷，全长四百七十里，是连接关中与汉中的交通要道。[8]骆谷：山谷名，在今陕西周至县西南，谷长四百余里，为关中与汉中的交通要道。[9]子午谷：山谷名，从关中到汉中的南北通道，全长三百多公里。北谷口在今陕西西安市长安区西南，南谷口在今陕西汉中市西。[10]汉中：蜀郡名，郡治南郑，在今陕西汉中市。[11]廷尉：全国最高的司法长官。卫瓘：字伯玉，时任廷尉，以镇西军司、监军身份参与伐蜀战争。入晋，官至司空，领太子少傅。传见《晋书》卷三十六。[12]持节：手执符节，作为朝廷特派的使者。[13]行镇西军司：临时充任镇西将军钟会的监军。行，代理，暂时充当。军司，即后代所谓监军。[14]觊（jì）：即卫觊，字伯觎，曹魏大臣。传见《三国志》卷二十一。[15]幽州：州治蓟县，在今北京市城区西南广安门附近。王雄：字元伯，曾担任幽州刺史，鲜卑部落酋长轲比能发动叛乱，为害魏国边境，王雄深感威胁，派刺客韩龙杀之，使其政权陷入崩溃，势力暂时衰退。传见《三国志》卷十四。[16]戎：即王戎，“竹林七贤”之一。传见《晋书》卷四十三。[17]为而不恃：意即事情可以做，但不能居功自傲。语出《老子》。恃，依恃。[18]参相国军事：相国司马昭的参谋人员。[19]刘寔（shí）：年原人，字子真，魏晋重臣。曹魏时，任尚书郎、廷尉正、吏部郎，封爵循阳子。入晋，仕晋武帝、惠帝、怀帝三朝，官至司空。传见《晋书》卷四十一。[20]其平蜀乎：他们或许能够平定蜀国吗？其，表示揣测语气，大概、或许的意思。[21]皆不还：都不能活着回来。[22]赉（jī）：拿东西给人，引申为赏赐。[23]邓敦：曹魏将领，因不同意伐蜀，被司马昭所杀。[24]徇（xùn）：示众。

汉人[1]闻魏兵且至，乃遣廖化将兵诣沓中为姜维继援，张翼、董厥[2]等诣阳安关口为诸围[3]外助。大赦，改元炎兴[4]。敕诸围皆不得战，退保汉、乐二城[5]，城中各有兵五千人。翼、厥北至阴平[6]，闻诸葛绪将向建威[7]，留住月余待之。钟会率诸军平行[8]至汉中。九月，钟会使前将军李辅[9]统万人围王含[10]于乐城，护军荀恺[11]围蒋斌[12]于汉城。会径过[13]西趣阳安口[14]，遣人祭诸葛亮墓[15]。

初，汉武兴督蒋舒[16]在事无称[17]，汉朝[18]令人代之，使助将军傅佥[19]守关口[20]，舒由是恨。钟会使护军胡烈[21]为前锋，攻关口。舒诡[22]谓佥曰："今贼至不击[23]而闭城自守，非良图[24]也。"佥曰："受命保城，惟全为功[25]，今违命出战，若丧师负国[26]，死无益矣。"舒曰："子以保城获全为功，我以出战克敌为功，请各行其志。"遂率其众出；佥谓其战[27]也，不设备[28]。舒率其众迎降胡烈，烈乘虚袭城，佥格斗而死。佥，彤[29]之子也。钟会闻关口已下，长驱而前，大得库藏积谷。

邓艾遣天水太守王颀[30]直攻姜维营，陇西太守牵弘[31]邀其前[32]，金城太守杨欣[33]趣甘松。维闻钟会诸军已入汉中，引兵还，欣等追蹑于强川口[34]，大战，维败走。闻诸葛绪已塞道[35]，屯桥头[36]，乃从孔函谷[37]入北道，欲出绪后[38]。绪闻之，却还[39]三十里。维入北道三十余里，闻绪军却，寻还[40]，从桥头过，绪趣截[41]维，较一日不及[42]。维遂还至阴平，合集士众，欲赴关城[43]，闻其已破，退趣白水[44]，遇廖化、张翼、董厥等，合兵守剑阁[45]以拒会。

安国元侯高柔[46]卒。

【注释】

[1]汉人：此指蜀汉后主刘禅。 [2]董厥：字龚袭，义阳郡平氏县（今河南桐柏县）人，蜀汉后期重臣。事见《三国志》卷四十四。 [3]诸围：各战略要塞。 [4]改元：更改年号。炎兴：蜀汉后主刘禅的第四个年号，共计四个月，公元263年八月至十一月，也是蜀汉政权的最后一个年号。此前蜀汉的年号是"景耀"。 [5]退保汉、乐二城：这是采用姜维的战法。汉城，在今陕西勉县东。乐城，在今陕西城固县东，都靠近汉中。 [6]阴平：蜀县名，县治在今甘肃文县西北。[7]建威：蜀县名，在今甘肃西和县。 [8]平行：并行，同时进军。 [9]李辅：汝南汝阳（今河南商水县）人，曹魏将军。本为孟达部将，司马懿率军围攻上庸时，他与孟达外甥邓贤斩杀孟达后开城投降。参加魏灭蜀战役，任为前将军，围蜀将王含于乐城。 [10]王含：蜀汉将领。钟会进攻蜀汉中时，任蜀监军，为乐城守将。 [11]护军：即护军将军，官名，掌禁军，总统诸将，并且主武官选举，职位颇重。荀恺：字茂伯，颍川颍阴（河南许昌市）人，司马懿外孙，时以护军

将军身份随钟会伐蜀，统兵万人包围蒋斌驻守的汉城。入晋，官至征西大将军，封为南顿县子爵。[12]蒋斌：蒋琬长子，蜀汉将领，为汉城守将。[13]径过：即越过蜀军尚在坚守的汉、乐二城。[14]阳安口：即阳安关口，也即阳平关，是汉中的西边门户，也是巴蜀通往关中的北端前沿。[15]诸葛亮墓：诸葛亮死后葬在陕西勉县的定军山。[16]武兴督：武兴城的防守将官。武兴，蜀县名，在今陕西略阳县。蒋舒：时任武兴督，平庸无能被解职，他对此怀恨在心，协助傅佥守卫阳安关时，出城投降魏军。[17]在事无称：意即能力平庸，无建树可称道。在事，即任事，任职。[18]汉朝：指蜀汉的朝廷。[19]助将军：官名，即将军助理。傅佥（qiān）（约220—263）：义阳（今湖北枣阳市）人，傅彤之子，蜀汉将领，长于谋略，颇有胆勇，官至关中都督。魏国攻伐蜀汉时，防守阳安关，由于助理蒋舒开门投敌，兵败战死。[20]关口：指阳安关口，在今阳平关。[21]胡烈：字玄武，曹魏车骑将军胡遵之子，时为卫将军，为钟会部属，参与灭蜀之战。传见《晋书》卷五十七。[22]诡：欺诈，故意说假话。[23]贼至不击：意即不攻打围城的敌人。[24]良图：很好的谋划。[25]惟全为功：只要保全此城，就是功劳。惟，同“唯”，只有。[26]负国：辜负国家的希望，意即失城。[27]谓其战：以为蒋舒是率军出城作战。谓，认为，以为。[28]设备：设防，防守。[29]彤（róng）：即傅彤，蜀汉将领。刘备攻伐吴国时，傅彤为别督。后刘备被陆逊击败，傅彤率部断后，战死。[30]王颀（qí）：字孔硕，魏国将领。跟随邓艾灭亡蜀国。入晋后，任汝南太守。[31]牵弘：曹魏陇西太守，随邓艾伐蜀有功，拜蜀郡太守，后为振威护军。入晋，任扬州刺史，后调任凉州刺史，秦凉之变中，在平定秃发树机能中战死。[32]邀其前：在前面拦截。邀，阻拦，截击。[33]金城：郡名，郡治在今甘肃兰州市西。杨欣：时为天水太守，参与灭蜀之战。[34]追蹑于强川口：跟踪追击，一直追到强川口。追蹑，追寻踪迹。蹑，追踪。强川口，是强川的发源地，在强台山南，今甘肃文县西北。[35]塞道：堵死道路。[36]屯桥头：扼守武街、桥头，堵死了姜维的南退之路。[37]孔函谷：山谷名，在今甘肃舟曲县东南。[38]欲出绪后：想绕到诸葛绪的背后。[39]却还：后撤，向北撤退。[40]寻还：很快地往回走，又折回来。[41]趣截：快速前进，予以拦截。趣，通“趋”，急速。[42]较一日不及：晚了一天，没有赶上姜维。[43]关城：地名，在今陕西略阳县南，阳平关的西南。据章校，甲十一行本等，“城”下有“未到”二字。根据前后文，疑有此二字。[44]白水：河水名，在关城西南，流经甘肃文县，至四川广元市西南注入嘉陵江。[45]剑阁：关塞名，在今四川剑阁县东北大剑山、小剑山之间，地势险要，为川、陕间的主要通道，自古为戍守要地。[46]安国元侯：指曹魏大臣高柔。安国侯，是高柔的封号，“元”字是其死后的谥号。

冬，十月，汉人告急于吴。甲申[1]，吴主使大将军丁奉[2]督诸军向寿春；将军留平[3]就施绩于南郡[4]，议兵所向；将军丁封、孙异[5]如沔中[6]以救汉。

诏以[7]征蜀诸将献捷交至[8]，复命大将军昭进位[9]，爵赐[10]一如前诏，昭乃受命。

【注释】

[1]甲申：十月无“甲申”日，此处记载疑有误。[2]丁奉：孙吴名将。传见《三国志》卷五十五。[3]留平：孙吴将领，留赞次子。[4]就施绩于南郡：到南郡与施绩共同商量。就，前往。施绩，字公绪，朱然之子，孙吴名将。孙吴中后期，主要负责荆州重地的军事，官至上大将军、左大司马（当时吴国最高的军阶）。南郡，吴郡名，郡治在今湖北公安县。[5]丁封、孙异：皆孙吴将领。于蜀汉灭亡前，为了牵制魏国，两人一同进驻汉水流域，救蜀，不济。丁封后为后将军，较其兄丁奉早亡。孙异为孙吴老将孙韶之子，官至领军将军。[6]如沔中：到在今陕西南部的汉水上游一带。沔水是汉水的上游，流经今陕西汉中市一带地区。如，到，至。[7]诏：皇帝之令，这里代指魏帝曹奂。以：以为，认为，用作动词。[8]献捷交至：呈献给朝廷的捷报纷纷而至。[9]进位：增加官阶和爵位。[10]爵赐：即赐爵，将司马昭进爵为晋公，赐予九锡。

昭辟任城魏舒为相国参军[1]。初，舒少时迟钝[2]，不为乡亲[3]所重，从叔父吏部郎衡[4]，有名当世，亦不知之，使守水碓[5]，每叹曰：“舒堪数百户长[6]，我愿毕矣[7]！”舒亦不以介意[8]，不为皎厉[9]之事。唯太原王乂[10]谓舒曰：“卿终当为台辅[11]。”常振其匮乏[12]，舒受而不辞[13]。

年四十余，郡举上计掾[14]，察孝廉[15]，宗党[16]以舒无学业，劝令不就[17]，可以为高[18]。舒曰：“若试而不中，其负[19]在我，安可虚窃不就之高[20]以为己荣乎！”于是自课[21]，百日习一经[22]，因而对策升第[23]，累迁后将军钟毓长史[24]。

毓每与参佐射[25]，舒常为画筹[26]而已；后遇朋人不足[27]，以舒满数[28]，舒容范闲雅[29]，发无不中；举坐愕然[30]，莫有敌者。毓叹而谢曰：“吾之不足以尽卿才[31]，有如此射矣，岂一事哉[32]！”及为相国参军，府朝碎务[33]，未尝见是非[34]；至于废兴大事[35]，众人莫能断者，舒徐为筹之[36]，多出众议之表[37]。昭深器重之。

【注释】

[1]辟（bì）：征辟，聘任。任城：郡名，郡治在今山东微山县。魏舒：字阳元，魏晋名臣。传见《晋书》卷四十一。相国参军：司马昭相国府属官。 [2]迟钝：据章校，“钝”下有“质朴”二字。迟钝，反应迟缓。 [3]乡亲：乡邻，亲戚。 [4]从叔父：堂叔父。吏部郎：即吏部郎中，官名，主管选举。衡：即魏衡，曹魏官员。 [5]守水碓（duì）：看管一种利用水力舂米的机械。[6]堪数百户长：如果能当上数百户的官长。堪，能，担当。百户长，官名，管理一百户的官长。[7]我愿毕矣：我的愿望也就满足了。 [8]不以介意：犹言“不予在意”。介意，在意，把令人不高兴的事放在心上。 [9]皎厉：清高自持。 [10]王乂（yì）：字叔元，琅邪临沂（今山东临沂市）人，曹魏幽州刺史王雄之子，西晋将领，官至平北将军。 [11]台辅：即宰辅，指宰相一类的大官。 [12]振其匮乏：周济他的穷困。振，通“赈”，赈济，接济。匮乏，缺乏，不足。[13]辞：推辞，辞谢。 [14]郡举上计掾：郡太守派他进京去向朝廷交纳税赋、结算钱粮诸事。举，推荐，派遣。上计掾，官名，指古代佐理州郡上计事务的官吏。 [15]察孝廉：将他推荐为本郡孝悌清廉的人物。察，考察，引申为举荐。孝廉，孝顺亲长、廉能正直的意思，古代任用官员的一种科目。 [16]宗党：魏氏家族的人们。 [17]劝令不就：劝说他不要应举去干这种差事。[18]可以为高：借此表示自己的清高，博得好的名声。 [19]负：缺陷，短处。 [20]虚窃不就之高：冒取不去应试的故作清高的虚名。 [21]自课：给自己订出应试前需要做好准备的项目。[22]习一经：学习好一门儒家经典，如《诗》《书》《礼》《乐》等。 [23]对策升第：因回答皇帝的考问成绩好而获得升级。策，策问，皇帝出的考题。第，等级。 [24]钟毓（yù）：字稚叔，曹魏大臣，太傅钟繇之子。官至青州刺史、后将军，都督徐州、荆州诸军事。传见《三国志》卷十三。长史：官名，当时将军府属官之一，此为钟毓后将军府属官。 [25]与参佐射：跟僚属们比赛射箭。 [26]画筹：计数。 [27]朋人不足：参加比赛的人手不够。古代射礼，两人一组，故曰“朋人”。 [28]满数：犹言“凑数”，凑满参加比赛的人数。 [29]容范闲雅：仪容举止悠闲高雅。[30]愕（è）然：惊讶的样子。 [31]不足以尽卿才：没能充分发挥魏舒的才干。 [32]岂一事哉：岂止这一件事情呢！ [33]府朝碎务：处理相国府衙的各种日常事务。碎务，杂务，事务。[34]未尝见是非：没有一样是处理不好的。是非，偏正词组，指不妥之处。 [35]废兴大事：有关兴衰成败的大问题。[36]徐为筹之：从容地为之谋划。筹，筹划，筹谋。[37]多出众议之表：往往能比众人的见解高出一截。出，高出。

癸卯[1]，立皇后卞氏[2]，昭烈将军秉之孙[3]也。

邓艾进至阴平，简选[4]精锐，欲与诸葛绪自江油[5]趣成都，绪以本受节度邀姜维[6]，西行非本诏[7]，遂引军向白水[8]，与钟会合。会欲专军势[9]，密白[10]绪畏懦不进[11]，槛车征还[12]，军悉属会。

姜维列营守险，会攻之不能克，粮道险远，军食乏，欲引还。邓艾上言[13]："贼已摧折[14]，宜遂乘之[15]，若从阴平由邪径[16]经汉德阳亭趣涪[17]，出[18]剑阁西百里，去[19]成都三百余里，奇兵冲其腹心[20]，出其不意，剑阁之守必还赴涪，则会方轨而进[21]，剑阁之军不还，则应涪之兵[22]寡矣。"遂自阴平行无人之地七百余里，凿山通道，造作桥阁[23]。山谷高深，至为[24]艰险，又粮运将匮，濒于危殆[25]，艾以毡[26]自裹，推转而下[27]。将士皆攀木缘崖[28]，鱼贯[29]而进。先登[30]至江油，蜀守将马邈[31]降。

诸葛瞻[32]督诸军拒艾，至涪，停住不进。尚书郎黄崇[33]，权[34]之子也，屡劝瞻宜速行据险，无令敌得入平地，瞻犹豫未纳；崇再三言之，至于流涕，瞻不能从。艾遂长驱而前，击破瞻前锋，瞻退住绵竹[35]。艾以书诱瞻曰："若降者，必表为琅邪王[36]。"瞻怒，斩艾使，列陈以待艾。

艾遣子惠唐亭侯忠[37]出其右[38]，司马师纂[39]等出其左。忠、纂战不利，并引还，曰："贼未可击！"艾怒曰："存亡之分[40]，在此一举，何不可之有！"叱[41]忠、纂等，将斩之。忠、纂驰还更战，大破，斩瞻及黄崇。瞻子尚[42]叹曰："父子荷国重恩[43]，不早斩黄皓，使败国殄民[44]，用生何为[45]！"策马冒陈[46]而死。

【注释】

［1］癸卯：十月十一日。［2］立皇后卞氏：指魏帝曹奂立卞氏为皇后。卞氏，琅邪开阳（山东临沂市）人，后曹奂禅位于晋王司马炎，卞皇后在位三年，后下落不明。［3］昭烈将军秉之孙：是昭烈将军卞秉的孙女。昭烈将军，魏官名，为杂号将军。秉，即卞秉，曹操妻子卞皇后的弟弟，以功封都乡侯。事见《三国志》卷五。孙，即孙女。［4］简选：精选，挑选。［5］江油：蜀邑名，在今四川平武县东南。［6］受节度：指收到司马昭的命令。节度，调度，此指指令、命令。邀姜维：截击姜维。［7］非本诏：不是司马昭下达给自己的命令。［8］白水：即白水关，在今四川广元市西北，为蜀国北边门户。［9］专军势：包揽伐蜀的全部军权。军势，军权。［10］密白：秘密向司马昭报告。［11］畏懦不进：畏缩不前。畏懦，胆怯，软弱。［12］槛车征还：关入囚车，调回京师。槛（jiàn）车，指囚车，用栅栏封闭。［13］上言：犹言"建议"。［14］摧折：指受到摧毁、打击。［15］乘之：指趁其军心不稳而袭击之。［16］邪径：偏僻小路。［17］经

汉德阳亭趣涪：由德阳亭直奔涪地。德阳亭，蜀城名，故址在今四川梓潼县北部。涪（fú），蜀县名，县治在今四川绵阳市涪城区。［18］出：经由。［19］去：距离。［20］腹心：犹言“内地”，此指涪县。［21］方轨而进：大军并排向前。方轨，并车。［22］应涪之兵：蜀国救援涪县的部队。应，救应，救援。［23］造作桥阁：在崇山峻岭之间架设桥梁、栈道。阁，即剑阁，栈道。［24］至为：最是，非常。［25］濒于危殆：面临死亡的紧急关头。濒，临近。危殆，十分危险、危急。［26］毡（zhān）：即毛毯，用兽毛制成的片状物。［27］推转而下：从山上翻滚而下。［28］攀木缘崖：沿着山崖，攀附树木前进。［29］鱼贯：一个挨一个的样子，像用绳子穿鱼一样。［30］先登：先达，先头部队。［31］马邈（miǎo）：蜀汉江由守将。魏军大举进攻蜀汉，邓艾率军偷渡阴平，派遣部将田章率先攻打江由，马邈率军伏击，却被击败，而后投降。［32］诸葛瞻：字思远，诸葛亮之子，蜀汉大臣。魏将邓艾伐蜀，率领长子诸葛尚等防御绵竹，兵败战死，绵竹失守。后主刘禅出降，蜀国灭亡。传见《三国志》卷三十五。［33］黄崇：黄权之子，蜀汉官员，曾任尚书郎，跟随诸葛瞻抗击邓艾。传见《三国志》卷四十三。［34］权：即黄权，字公衡，蜀汉、曹魏将领。曾为蜀汉镇北将军，夷陵之战，兵败降魏，拜镇南将军。传见《三国志》卷四十三。［35］绵竹：蜀县名，县治在今四川绵竹市东南。［36］表为琅邪王：给魏帝上书，推举你为琅邪王。诸葛瞻的父亲诸葛亮本是琅邪人，故邓艾以“琅邪王”引诱诸葛瞻。［37］惠唐亭侯忠：即惠唐亭侯邓忠，曹魏名将邓艾之子，以军功封惠唐亭侯。邓忠与其父邓艾，钟会谋反时，遭诬陷而死，直至泰始九年（273）才恢复名节。传见《三国志》卷二十八。［38］出其右：攻击诸葛瞻的右翼。［39］司马：即行军司马，行军统帅幕府中官员，主兵修甲，协理军务。师纂：曹魏将领，邓艾的心腹部将，曾随邓艾参与灭蜀战役，与邓艾一起，在钟会谋反时，遭诬陷而死。［40］存亡之分：生死存亡的关键时刻。分，分别，区别。［41］叱（chì）：怒骂，大声责骂。［42］尚：即诸葛尚，诸葛瞻长子，与其父诸葛瞻一同战死于绵竹，时年十九岁。［43］荷（hè）国重恩：蒙受国家的深厚恩惠。荷，承载，肩负。［44］败国殄民：败坏国家，残害黎民。殄（tiǎn），害。［45］用生何为：还活着做什么。［46］冒陈：即冲向敌阵。

汉人不意魏兵卒至[1]，不为城守调度[2]，闻艾已入平土[3]，百姓扰扰[4]，皆迸山泽[5]，不可禁制[6]。汉主使群臣会议，或以蜀之与吴，本为与国[7]，宜可奔吴；或以为南中七郡[8]，阻险斗绝[9]，易以自守，宜可奔南。

光禄大夫谯周[10]以为：“自古以来，无寄[11]他国为天子者，若入吴国，亦当臣服。且治政不殊[12]，则大能吞小，此数之自然[13]也。由此言之，则魏能并吴，吴不能并魏，明矣。等[14]为称臣，为小孰与为大[15]？再辱之耻，何与一辱[16]！且若欲奔南，则当早为之计，然后可果[17]；今大敌已近，祸败将及，群小之心，无一可保[18]，恐发足[19]之日，其变不测[20]，何至南之有乎[21]！”

或曰：“今艾已不远，恐不受降，如之何？”周曰：“方今东吴未宾[22]，事势[23]不得不受，受之不得不礼[24]。若陛下降魏，魏不裂土[25]以封陛下者，周请身诣京都[26]，以古义争之[27]。”众人皆从周议。

汉主犹欲入南，狐疑未决[28]。周上疏曰：“南方远夷之地，平常无所供为[29]，犹数反叛，自丞相亮以兵威逼之，穷乃率从[30]。今若至南，外当拒敌，内供服御[31]，费用张广[32]，他无所取[33]，耗损[34]诸夷，其叛必矣！”

汉主乃遣侍中张绍[35]等奉玺绶以降于艾。北地王谌[36]怒曰：“若理穷力屈[37]，祸败将及，便当父子君臣背城一战，同死社稷，以见先帝可也，奈何降乎！”汉主不听。是日，谌哭于昭烈之庙[38]，先杀妻子，而后自杀。

【注释】

[1]卒至：突然来到。卒，通“猝”，突然。 [2]不为城守调度：从来没有调兵守城的准备。调度，谋划，安排。 [3]平土：平原地区，此指成都周围的平原地带。 [4]扰扰：惶恐混乱的样子。 [5]迸山泽：四散奔逃到深山大泽。迸，逃散。 [6]禁制：禁止，限制。 [7]与国：同盟国。 [8]南中七郡：指越巂郡（郡治邛都，在今四川西昌市东南）、朱提郡（郡治朱提，在今云南昭通市）、牂牁郡（郡治且兰，在今贵州黄平县西南）、云南郡（郡治云南，在今云南祥云县东南之云南驿镇）、兴古郡（郡治宛温，在今云南丘北县南）、建宁郡（郡治味县，在今云南曲靖市）、永昌郡（郡治不韦，在今云南保山市东北）。七郡都处于蜀国的南部，故云“南中”。 [9]斗绝：即陡绝，悬崖绝壁。斗，通“陡”，陡峭。 [10]光禄大夫：官名，帝王的侍从官员，备参谋顾问之用。谯（qiáo）周：字允南，蜀汉学者、官员。蜀亡时任光禄大夫，力主后主不战降敌。传见《三国志》卷四十二。 [11]寄：寄居，寄寓。 [12]治政不殊：意谓吴国与蜀国的政治状况差不多，没有什么特别之处。殊，异。 [13]数之自然：即自然而然的道理。数，道理，规律。[14]等：等同，相等。 [15]为小孰与为大：与其向小国称臣，何如及早向大国称臣？ [16]再辱之耻，何与一辱：与其两次投降受辱，何如一次受辱？再，二。 [17]可果：可以做到，可以安排妥当。 [18]无一可保：没有一个人能够保证不变心、可以信赖。 [19]发足：出发，起行。 [20]其变不测：想象不到的事情就要发生。不测，不可预料。 [21]何至南之有乎：还哪里到得了南方？说不定途中就要发生变故。 [22]未宾：指没有臣服魏国。宾，宾服，臣服。

[23]事势：事情的趋势，意即形势摆在这儿。[24]不得不礼：不可能对我们无礼，而会以礼相待。[25]裂土：分封土地。裂，分开。[26]身诣京都：亲自到魏都洛阳。[27]以古义争之：用古代的道义、道理去说服他们。古义，据章校，有的版本“古”作“大”。[28]狐疑未决：疑惑不定。狐疑，犹豫。[29]无所供为：指既不向蜀国朝廷缴纳田赋捐税，又不供应民夫差役。为，语助词，用于句尾，表示感叹。[30]穷乃率从：走投无路了才顺服蜀国。率从，顺从，归顺。[31]供服御：供奉刘禅及其宫眷的日常生活需要。御，用。[32]张广：犹言“巨大”。[33]他无所取：除了当地的蛮夷之外，没有其他的供应来源。[34]耗损：消耗，损失。[35]张绍：幽州涿郡（今河北涿州市）人，蜀汉重臣，车骑将军张飞次子。刘禅在位，官拜侍中、尚书仆射，继承西乡侯爵位。蜀汉为魏所灭，随同刘禅共赴洛阳，受封列侯。[36]北地王谌（chén）：即刘谌（？—263），刘禅第五子，被封为北地王。事见《三国志》卷三十三。[37]力屈：即力尽，力气用尽。屈，枯竭。[38]昭烈之庙：纪念先主刘备的祠庙。昭烈，为刘备的谥号。

张绍等见邓艾于雒[1]，艾大喜，报书褒纳[2]。汉主遣太仆蒋显[3]别敕姜维[4]使降钟会，又遣尚书郎李虎[5]送士民簿于艾，户二十八万，口九十四万，甲士十万二千，吏四万人。艾至成都城北，汉主率太子诸王及群臣六十余人，面缚舆榇[6]诣军门。艾持节[7]解缚焚榇[8]，延请[9]相见；检御[10]将士，无得虏略[11]，绥纳降附[12]，使复旧业；辄依邓禹故事[13]，承制[14]拜汉王禅行骠骑将军[15]。太子奉车[16]、诸王驸马都尉[17]，汉群司[18]各随高下拜为王官[19]，或领艾官属[20]；以师纂领益州刺史[21]，陇西太守牵弘等领蜀中诸郡。艾闻黄皓奸险，收闭[22]，将杀之，皓赂艾左右[23]，卒[24]以得免。

姜维等闻诸葛瞻败，未知汉主所向[25]，乃引军东，入于巴[26]。钟会进军至涪[27]，遣胡烈等追维。维至郪[28]，得汉主敕命[29]，乃令兵悉放仗[30]，送节传[31]于胡烈，自从东道与廖化、张翼、董厥等同诣会降。将士咸怒，拔刀斫[32]石。于是，诸郡县围守[33]皆被汉主敕[34]罢兵[35]降。钟会厚待姜维等，皆权[36]还其印绶节盖[37]。

（以上为第三段，写魏国大将军司马昭派遣钟会、邓艾、诸葛绪三路攻打蜀国。邓艾率领精锐部队绕道阴平，越过荒无人烟的小道，凿山开路，进逼成都。后主刘禅因兵临城下，投降，蜀国灭亡。）

【注释】

[1]雒(luò)：蜀县名，县治在今四川广汉市北。[2]报书褒纳：回信对刘禅加以褒奖，表示接受。[3]太仆：官名，掌管皇帝的舆马与马政，九卿之一。蒋显：蜀汉丞相蒋琬次子，官拜太仆。邓艾偷渡阴平后，后主刘禅投降，派蒋显到剑阁传旨给尚在与钟会对峙的大将军姜维，停止抵抗。[4]别敕姜维：另外给姜维下令。敕，下令。[5]李虎：蜀汉官员，曾任尚书郎。景耀六年(263)，后主刘禅降魏，派他将士民簿送交魏军。[6]面缚舆榇：双手反绑于背后，而面向前，用车拉着棺材以随，表示投降和有罪当死。这是古代帝王向人投降的一种样式。舆，车，用作动词。榇(chèn)，棺材。刘禅十七岁即位，五十七岁降魏，在位四十一年。蜀汉共传二世，四十三年而亡。[7]持节：古代使臣奉命出行，执符节以为凭证，这里含有代表魏国皇帝处理此事的意思。[8]解缚焚榇：解开投降者的双手，把他所带的棺材烧掉，这是古代接受帝王投降的一种样式。[9]延请：邀请，招请。[10]检御：督察，驾驭，含有约束的意思。[11]无得虏略：不准抢男霸女，掠夺财物。虏略，即掳掠。虏，通"掳"；略，通"掠"。[12]绥纳降附：安抚、招纳那些归附的军民。绥，安抚。[13]辄依邓禹故事：随即依照当年邓禹接纳隗嚣为西州大将军的故事予以处理。邓禹，字仲华，东汉初年名将，云台二十八将第一位。传见《后汉书》卷十五。[14]承制：按照魏国皇帝的意旨。[15]行骠骑将军：暂时担任魏国的骠骑将军之职。行，代理，暂时充当。[16]太子奉车：封刘禅的太子为魏国的奉车都尉。[17]诸王驸马都尉：封刘禅的诸兄弟、儿子中为王的为魏国的驸马都尉。[18]汉群司：蜀汉的各部门官吏。[19]王官：魏国朝廷的官员。[20]领艾官属：暂时充邓艾的僚属。领，代理，充当。[21]益州刺史：即原来蜀国所辖益州地区的地方长官。益州，郡名，郡治味县，在今云南曲靖市内。[22]收闭：逮捕，关押。[23]赂艾左右：贿赂、收买邓艾身边的官员。[24]卒：终于。[25]所向：意向。[26]巴：蜀县名，在今四川阆中市。[27]涪(fú)：蜀县名，县治在今四川绵阳市涪城区。[28]郪(qī)：蜀县名，县治在今四川中江县东南。[29]敕命：指皇帝的命令。[30]悉放仗：全部放下武器。仗，弓、矛、剑、戟等兵器的总称，泛指武器、兵器。[31]节传：旌节与符信。[32]斫(zhuó)：用刀斧砍。[33]郡县围守：即当年魏延所设置的汉中各据点的守兵。[34]被汉主敕：按照刘禅的命令。被，接受，奉行。[35]罢兵：放下兵器。[36]权：暂且。[37]还其印绶节盖：意即还让他们官居原来的职位。印绶、旌节、车盖，都是皇帝赐给大将的信物，以表示其地位与权威。

吴人闻蜀已亡，乃罢丁奉等兵。吴中书丞[1]吴郡华核[2]诣宫门上表曰："伏闻成都不守[3]，臣主播越[4]，社稷倾覆[5]，失委附之土[6]，弃贡献之国[7]。臣以草芥[8]，窃怀不宁[9]，陛下[10]圣仁，恩泽远抚，卒闻如此，必垂哀悼[11]。臣不胜忡怅[12]之情，谨拜表[13]以闻！"

魏之伐蜀也，吴人或谓襄阳张悌[14]曰："司马氏得政[15]以来，大难屡作[16]，百姓未服，今又劳力远征，败于不暇[17]，何以能克[18]？"悌曰："不然。曹操虽功盖中夏[19]，民畏其威而不怀其德也。丕、叡承之[20]，刑繁役重[21]，东西驱驰[22]，无有宁岁。司马懿父子累有大功，除其烦苛而布其平惠[23]，为之谋主[24]而救其疾苦，民心归之亦已久矣。故淮南三叛[25]，而腹心不扰[26]；曹髦[27]之死，四方不动。任贤使能，各尽其心，其本根[28]固矣，奸计立[29]矣。今蜀阉宦专朝[30]，国无政令[31]，而玩戎黩武[32]，民劳卒敝[33]，竞于外利[34]，不修守备[35]。彼强弱不同[36]，智算亦胜，因危而伐[37]，殆[38]无不克。噫[39]！彼之得志，我之忧也。"吴人笑[40]其言，至是乃服。

【注释】

[1]中书丞：吴官名，掌机要。丞，古代帮助帝王或主要官员办事的官吏。魏置中书监、中书令，无中书丞。 [2]华核：字永先，孙吴官员，历史学家，曾参与编写《吴书》，领左国史，善写表、疏。传见《三国志》卷六十五。 [3]成都不守：指蜀汉灭亡。 [4]播越：逃亡，流离失所。[5]社稷：代指国家。倾覆：颠覆，灭亡。 [6]失委附之土：失掉了一块本来是依附我们的疆土。委附，归附，投靠。 [7]弃贡献之国：丢失了一个向我们进贡的国家。 [8]草芥（jiè）：指路边干枯的小草，比喻轻贱、微不足道，谦言。 [9]窃怀不宁：因蜀之亡而感到不安。窃，私下，内心。蜀汉灭亡，必然波及吴国，故有此说。 [10]陛下：指孙休，公元258至公元264年在位。[11]必垂哀悼：一定会深感悲哀。这里的意思，是希望吴主能够反思，从蜀国灭亡中得到教训。[12]忡怅：忧虑，惆怅。 [13]拜表：恭敬地上书。胡三省曰："蜀，吴之与国；蜀亡，岌岌乎为吴矣。吴之君不知惧，故华核拜表以儆之。" [14]张悌：字巨先，荆州襄阳郡（今湖北襄阳市）人，孙吴大臣。曾为屯骑校尉，后升任丞相。西晋伐吴，率军渡江抗敌，以身殉难。 [15]司马氏得政：指司马懿发动高平陵事变，独掌朝政，而后司马师、司马昭相继掌权。 [16]大难屡作：指王凌、毌丘俭、文钦、诸葛诞等起兵反对司马氏，以及夏侯玄被杀，曹芳、曹髦被废、被杀等。 [17]败于不暇：指挽救失败和危难都来不及。 [18]何以能克：怎么能打败蜀汉呢？克，攻克，战胜。 [19]中夏：中原地区。 [20]丕、叡承之：指魏文帝曹丕、魏明帝曹叡继承了曹操的事业并相继为帝。 [21]刑繁役重：刑罚繁多，劳役沉重。 [22]东西驱驰：东征吴国，西打蜀国。 [23]布其平惠：实行平和安宁、有恩于百姓的政策。布，布施，施行。[24]为之谋主：指司马氏成为魏国的实际决策者。谋主，即主谋，核心谋划人物。 [25]淮南三叛：指发生于曹魏后期，由于司马氏夺权专政，使得掌握军事重镇寿春的统帅先后发生三次反抗司马氏的兵变，分

别为公元251年四月的王凌之叛，公元255年正月的毌丘俭、文钦之叛，以及公元257年五月的诸葛诞之叛。三次叛乱皆为司马氏所平定。［26］腹心不忧：指中原地区的魏国军民没有产生波动。腹心，指腹心地带，以魏都洛阳为中心的中原地区。［27］曹髦（máo）：曹丕之孙，曹魏第四位皇帝，公元254年至公元260年在位。传见《三国志》卷四。［28］本根：即根本，基础，根基。［29］奸计立：指司马氏篡夺曹氏政权的阴谋可以得逞了。［30］阉（yān）宦专朝：指宦官黄皓专擅朝政。阉宦，古代宫廷中被阉割后为皇室服务的仆人。［31］国无政令：指蜀主刘禅昏庸，没有自己的主张，没有治国才能。［32］玩戎黩武：指姜维不断发动战争。黩武，滥用武力，好战。［33］卒敝：士兵疲惫。［34］竞于外利：到疆域之外去谋取利益，指不断地发动战争。［35］不修守备：不注重建设和防守。守备，防御，防备。［36］彼强弱不同：意即魏国与蜀国相比，魏强蜀弱。彼，他们，指曹魏与蜀汉。［37］因危而伐：趁着蜀国的内部危机而对之讨伐。［38］殆（dài）：几乎，大概，表示推断的语气词。［39］噫（yī）：表示感叹。［40］笑：讥笑，不以为是。

吴人以武陵五溪夷[1]与蜀接界，蜀亡，惧其叛乱，乃以越骑校尉钟离牧[2]领[3]武陵太守。魏已遣汉葭县长郭纯[4]试守[5]武陵太守，率涪陵[6]民入迁陵界[7]，屯于赤沙[8]，诱动诸夷进攻酉阳[9]，郡中震惧。

牧问朝吏[10]曰："西蜀倾覆，边境见侵[11]，何以御之？"皆对曰："今二县[12]山险，诸夷阻兵[13]，不可以军惊扰，惊扰则诸夷盘结[14]；宜以渐安[15]，可遣恩信吏[16]宣教慰劳。"牧曰[17]："外境内侵[18]，诳诱[19]人民，当及其根柢未深[20]而扑取之[21]，此救火贵速[22]之势也。"敕外趣严[23]。

抚夷将军高尚[24]谓牧曰："昔潘太常[25]督兵五万，然后讨五溪夷[26]。是时刘氏连和[27]，诸夷率化[28]。今既无往日之援，而郭纯已据迁陵，而明府[29]欲以三千兵深入，尚未见其利也。"牧曰："非常之事，何得循旧！"即帅所领[30]，晨夜进道，缘山险行垂二千里[31]，斩恶民怀异心者魁帅[32]百余人，及其支党凡千余级[33]。纯等散走，五溪皆平。

（以上为第四段，写魏国攻打蜀国时吴国的应对之举。初期，派丁奉等人救援蜀国；魏国攻下蜀国后，武陵五溪与蜀国接壤，吴国害怕夷人反叛，便派越骑校尉钟离牧兼任武陵太守，平定五溪等地。）

【注释】

[1]武陵：吴郡名，约今之湖南张家界市一带，郡治在湖南常德市西。五溪夷：居住在武陵一带的少数民族。五溪，沅水支流有巫水（雄溪）、渠水（樠溪）、酉水（酉溪）、沅水（沅溪）、辰水（辰溪）等，古称“武陵五溪”。[2]钟离牧：姓钟离，名牧，字子干，会稽郡山阴县人，孙吴将领，曾入行伍，安定山越，破五溪夷族，深得部下爱戴。传见《三国志》卷六十。[3]领：兼理，暂时代理。以高职代理低职称为“领”。[4]汉葭（jiā）县：原蜀国县名，县治在今重庆市彭水县东，此时已经降魏。长：汉魏时，大县的行政官称“县令”，小县的行政官称“县长”。郭纯：曹魏官员，曾试守武陵太守，被吴平魏将军钟离牧击走。[5]试守：代理。以低职代理高职称为“守”。此时武陵郡尚属吴国。[6]涪（fú）陵：县名，县治在今重庆市彭水县，原属蜀国，现已降魏。[7]入迁陵界：进入迁陵县的地界。迁陵，吴县名，县治在今湖南保靖县东北，重庆市涪陵区东南。[8]赤沙：古邑名，在今湖南保靖县东北。[9]酉（yǒu）阳：吴县名，县治在今湖南永顺县南。[10]朝吏：指郡政府的官员。朝，指郡朝。[11]边境见侵：我们吴国的边境受到侵犯。见，被。[12]二县：指迁陵、酉阳二县。[13]诸夷阻兵：当地的少数民族都能凭着自己的武装力量进行抵抗。阻兵，指仗恃军队。[14]盘结：盘根错节，指互相联合结盟。[15]渐安：慢慢地安抚他们。[16]恩信吏：有恩德信誉的官员。[17]牧曰：据章校，甲十一行本等“曰”下有“不然”二字，疑是。[18]外境内侵：外境的敌人入侵。此指魏军。[19]诳（kuáng）诱：诳骗，引诱。[20]根柢未深：尚未打下牢固的基础。根柢（dǐ），树木的根，引申为基础。[21]扑取之：一举摧毁他们。[22]贵速：即兵贵神速。[23]敕外趣严：即命令全郡上下迅速做好战斗准备。趣（cù），古同“促”，急促，赶快。严，严装，做战斗准备。[24]抚夷将军：官名，是地位较低的杂号将军。高尚，孙吴官员，曾任抚夷将军。[25]潘太常：即潘浚，孙吴重臣。传见《三国志》卷六十一。太常，是朝廷掌祭祀与礼乐的官员。[26]讨五溪夷：黄龙三年（231）二月，孙权授予潘浚符节，命其与吕岱督军五万讨伐五溪蛮夷。潘浚赏罚得当，在数年间，斩杀俘获几万人。自此五溪蛮夷逐渐衰落，一方得以安宁。[27]刘氏连和：意即与刘氏连和，吴与西蜀两国处于联盟状态。连和，联合，交好。[28]率化：相率归化于吴国。[29]明府：对刺史、太守的敬称。[30]帅所领：率领所管辖、所统领的部队。帅，通“率”，率领。[31]垂二千里：将近二千里。[32]魁帅：首领，头目。[33]凡千余级：共获得一千多颗人头。级，首级，人头。

十二月，庚戌[1]，以司徒郑冲[2]为太保[3]。

壬子[4]，分益州为梁州[5]。

癸丑[6]，特赦益州士民，复除[7]租税之半五年。

乙卯[8]，以邓艾为太尉，增邑二万户；钟会为司徒，增邑万户[9]。

皇太后郭氏[10]殂[11]。

【注释】

[1]庚戌：十二月十九日。 [2]司徒：官名，掌民事。三国时期，以太尉、司徒、司空为三公。郑冲：字文和，历仕魏晋两朝的大臣。传见《晋书》卷三十三。 [3]太保：官名，三公之一，位次太傅。 [4]壬子：十二月二十一日。 [5]分益州为梁州：分割益州部分土地，设立梁州。益州的州治在今四川成都市，统蜀、犍为、汶山、汉嘉、江阳、朱提、越嶲、牂牁八郡；梁州的州治在今陕西汉中市，统汉中、梓潼、广汉、涪陵、巴郡、巴西、巴东、新都八郡。 [6]癸丑：十二月二十二日。 [7]复除：免除。 [8]乙卯：十二月二十四。 [9]“以邓艾为太尉”四句：司马昭封赏邓艾、钟会的平蜀之功。 [10]皇太后郭氏：即明元郭皇后，魏明帝曹叡的皇后。皇太子曹芳即位，尊为皇太后。曹芳被废后，郭氏历为曹髦、曹奂两朝皇太后。谥号明元皇后。传见《三国志》卷五。 [11]殂（cú）：病死。

邓艾在成都，颇自矜伐[1]，谓蜀士大夫：“诸君赖遭艾[2]，故得有今日[3]耳，如遇吴汉[4]之徒，已殄灭[5]矣。”艾以书言于晋公昭曰：“兵有先声而后实[6]者，今因平蜀之势以乘吴[7]，吴人震恐，席卷[8]之时也。然大举[9]之后，将士疲劳，不可便用[10]，且徐缓[11]之。留陇右兵[12]二万人、蜀兵二万人，煮盐兴冶[13]，为军农要用[14]。并作舟船，豫为顺流之事[15]。然后发使告以利害，吴必归化[16]，可不征而定也。今宜厚刘禅以致孙休[17]，封禅为扶风王[18]，锡其资财[19]，供其左右。郡有董卓坞[20]，为之宫舍，爵[21]其子为公侯[22]，食郡内县，以显归命[23]之宠；开广陵、城阳[24]以待吴人，则畏威怀德，望风而从矣！”

昭使监军[25]卫瓘喻[26]艾：“事当须报[27]，不宜辄行[28]。”艾重言[29]曰：“衔命[30]征行，奉指授[31]之策，元恶[32]既服，至于承制拜假[33]，以安初附，谓合权宜[34]。今蜀举众归命，地尽南海[35]，东接吴、会[36]，宜早镇定[37]。若待国命[38]，往复道途，延引日月[39]。《春秋》之义[40]：‘大夫出疆，有可以安社稷、利国家，专之可也。’今吴未宾[41]，势与蜀连，不可拘常[42]，以失事机[43]。《兵法》[44]：‘进不求名，退不避罪[45]。’艾虽无古人之节[46]，终不自嫌[47]以损国家计[48]也！”

【注释】

[1]矜(jīn)伐：居功自夸，自我炫耀。[2]赖遭艾：幸亏是遇上了我邓艾。赖，依赖，幸好。[3]得有今日：意即才有了如今的亡国不亡人，照旧安享尊荣。[4]吴汉：字子颜，东汉开国名将，协助刘秀建立东汉，为云台二十八将第二位。传见《后汉书》卷十八。[5]殄灭：全部被消灭。殄，尽，绝。[6]先声而后实：先造出声势，而后真正出兵讨伐。[7]乘吴：乘势进攻东吴。[8]席卷：形容消灭敌方轻而易举。[9]大举：大举进攻，指伐蜀之役。[10]便用：即刻使用。[11]徐缓：延缓，推迟，等待有利时机。[12]陇右兵：之前与蜀军对抗的军队，实力比较强悍。陇右，即陇西，今之甘肃一带，当时的天水、南安、陇西诸郡。[13]煮盐兴冶：四川有盐井，可大量制盐；朱提县（治所在今云南昭通市）有银矿，严道县（治所在今四川荥经县）、邛都县（治所在今四川西昌市东南）出铜，武阳县（治所在今四川眉山市彭山区）、沔阳县（治所在今陕西勉县东）出铁，都可以“兴冶”。[14]军农要用：军队和屯垦的重要费用。[15]豫为顺流之事：为顺江而下攻打东吴做好准备。豫，通“预”，预先。顺流，指沿着长江顺流而下，直达位于长江下游的东吴。[16]归化：投降魏国。[17]致孙休：引诱吴主孙休前来投降。[18]扶风王：封地扶风郡，在今陕西西部地区，郡治槐里，在今陕西兴平市东南。[19]锡其资财：赏赐给他大量的钱财。锡，通“赐”。[20]董卓坞：即郿坞，东汉末大军阀董卓在迁都至长安后，在长安以西二百五十里的郿县建立的城堡，高厚七丈，与长安城相埒，号曰“万岁坞”，故址在今陕西眉县东北。坞，防卫用的城堡。[21]爵：用如动词，即授予爵位。[22]公侯：古代将侯爵分为五等，即公、侯、伯、子、男。[23]归命：归顺，投诚，为投降的美称。[24]开广陵、城阳：把广陵郡、城阳郡改作封国，以准备分封吴国的君主孙休。广陵、城阳，皆魏郡名。广陵郡治在今江苏淮安市，城阳郡治在今山东莒县。[25]监军：监督出征部队军官的一举一动，为最高统治者安插到军队中的特派员。[26]喻（yù)：晓喻，打招呼。[27]须报：等待朝廷回复。须，等候。[28]不宜辄行：不能自己随心所欲，立刻就去施行。辄行(zhé)，专擅，独断专行。[29]重（zhòng）言：加重语气，大声地说，动气的样子。也可理解为“重（chóng）言”，重复建言。[30]衔命：奉命。[31]指授：指司马昭亲自发布指令。[32]元恶：即首恶，指蜀主刘禅。[33]承制拜假：以魏国朝廷的名义临时任命官员。承制，谓秉承皇帝旨意而便宜行事。拜假，拜授临时官爵。[34]谓合权宜：认为这符合临时制宜的做法。权宜，暂时适宜，因时因事而作变通处理。[35]地尽南海：领土一直到南海之滨。[36]东接吴、会：东方挨着吴国。吴，吴郡，郡治在今江苏苏州市。会，会稽郡，郡治在今浙江绍兴市。这里用以代指吴国。[37]镇定：镇压，安抚，使之安定。[38]国命：朝廷的命令。[39]延引日月：拖延时间。延引，拖延，耽误。[40]《春秋》之义：以下所引数语见《春秋公羊传》。[41]未宾：未服。宾，宾服，归顺。[42]不可拘常：不能拘泥于常理。[43]事机：指处理问题的有利时机。[44]《兵法》：此指《孙子兵法》。[45]进不求名，退不避罪：意即为将责任，应当明察，进取不是为求功名，退让也不是逃避罪责。语出《孙子·地形》：“将之至任，不可不察也。……进不求名，退不避罪。唯民是保，

而利合于主，国之宝也。”［46］节：高风亮节。［47］自嫌：自己避嫌，怕惹事。［48］损国家计：损害国家统一的大计方针。

钟会内有异志[1]，姜维知之，欲构成扰乱[2]，乃说[3]会曰：“闻君自淮南已来[4]，算无遗策[5]，晋道克昌[6]，皆君之力。今复定蜀[7]，威德振世[8]，民高其功[9]，主[10]畏其谋，欲以此安归乎[11]！何不法陶朱公[12]泛舟绝迹[13]，全功保身邪！”会曰：“君言远矣，我不能行。且为今之道[14]，或未尽于此[15]也。”

维曰：“其他[16]，则君智力之所能，无烦于老夫[17]矣。”由是情好欢甚，出则同舆，坐则同席。会因邓艾承制专事[18]，乃与卫瓘密白[19]艾有反状。会善效人书[20]，于剑阁要艾章表、白事[21]，皆易其言[22]，令辞指悖傲[23]，多自矜伐[24]；又毁晋公昭报书[25]，手作以疑之[26]。

（以上为第五段，写魏国平定蜀国后，钟会、邓艾私欲膨胀。邓艾擅自授予蜀国君臣官爵，又上书伐吴，引起大将军司马昭猜忌；钟会怀有叛离之志，与降将姜维密谋，上书说邓艾谋反，欲扫清障碍。）

【注释】

［1］内有异志：想脱离曹魏，自立为君。异志，指二心，叛离之心。［2］构成扰乱：促使他造成对魏国政权的骚乱。构成，即促成。扰乱，即搅扰，使之混乱。［3］说：游说，劝说。［4］自淮南已来：指从消灭文钦、诸葛诞的“叛乱”以来。［5］算无遗策：谋略和计策从未有过失误。遗，遗失，失误。［6］晋道克昌：司马氏的运气能够兴盛。晋，司马昭被封为晋公，后来司马炎建立晋国，故用“晋”代指司马氏。道，运命。克，能，能够。［7］定蜀：平定蜀国。［8］振世：振动天下。振，震动，振荡。［9］高其功：以其功为高，意动用法。［10］主：指魏主曹奂，曹魏末代皇帝，公元 260 年至公元 265 年在位。［11］欲以此安归乎：像您这种功高盖主的情况，准备如何结局呢？安归，即归于何处，意即无处可归。［12］法陶朱公：学习春秋末年的越国大夫范蠡。法，效法，仿效。陶朱公，即范蠡，佐越王勾践复国，功成身退，化名为“鸱夷子皮”，泛舟五湖而去，曾三次经商成巨富，三散家财。后定居于宋国陶丘（今山东菏泽市定陶区南），自号“陶朱公”。传见《史记》卷四十一。［13］绝迹：离开官场，隐姓埋名。［14］为今之道：意在今天应该做的。［15］或未尽于此：也许还不仅仅就是隐居遁世。言下之意，还是想再干一番事业。［16］其他：隐指自立为王。［17］无烦于老夫：不用我再说什么了。老夫，姜维自称。［18］承制专事：即邓艾攻下蜀国都城后，擅自做主，分封蜀国君臣为王侯之事。专

事，专权，擅事。［19］密白：秘密地向朝廷呈事，告密，告状。［20］善效人书：善于模仿别人的字迹写字。［21］要艾章表、白事：中途拦截邓艾向朝廷禀告工作的文书。要，通“邀”，邀击，拦截。章表，大臣给皇帝的上书。白，禀告。［22］易其言：更换其中的言辞。易，改换。［23］辞指：言辞、内容。指，通“旨”，旨意，内容要义。悖（bèi）傲：狂悖，傲慢，对君王不恭。［24］矜（jīn）伐：夸张炫耀，自吹自擂。［25］毁晋公昭报书：拆毁司马昭给他的批复文件。［26］手作以疑之：亲自伪造书信，使邓艾心生疑虑。

咸熙元年[1]（甲申，264年）

春，正月，壬辰[2]，诏以槛车征邓艾[3]。晋公昭恐艾不从命[4]，敕钟会进军成都，又遣贾充[5]将兵入斜谷[6]。昭自将大军从帝幸长安[7]，以诸王公[8]皆在邺[9]，乃以山涛[10]为行军司马[11]，镇[12]邺。

初，钟会以才能见任[13]，昭夫人王氏[14]言于昭曰：“会见利忘义，好为事端，宠过[15]必乱，不可大任。”及会将伐汉，西曹属邵悌[16]言于晋公曰：“今遣钟会率十余万众伐蜀，愚谓会单身[17]无任[18]，不若使余人[19]行也。”晋公笑曰：“我宁不知此邪[20]！蜀数为边寇，师老[21]民疲，我今伐之，如指掌[22]耳，而众言蜀不可伐。夫人心豫怯[23]，则智勇并竭[24]，智勇并竭而强使之，适所以为敌禽[25]耳。惟钟会与人意同[26]，今遣会伐蜀，蜀必可灭。灭蜀之后，就如卿虑[27]，何忧其不能办[28]邪！夫蜀已破亡，遗民震恐，不足与共图事[29]，中国将士[30]各自思归，不肯与同[31]也。会若作恶，只自灭族[32]耳。卿不须忧此，慎勿[33]使人闻也！”

及晋公将之[34]长安，悌复曰：“钟会所统兵，五六倍于邓艾，但可敕会取艾，不须自行。”晋公曰：“卿忘前言[35]邪，而云不须行乎？虽然，所言不可宣[36]也。我要自当以信意待人，但人不当负我耳，我岂可先人生心[37]哉！近日贾护军[38]问我：‘颇疑钟会不[39]？’我答言：‘如今遣卿行，宁可复疑卿邪[40]？’贾亦无以易我语[41]也。我到长安，则自了[42]矣。”

【注释】

［1］咸熙元年：这一年的五月，才改元咸熙，这时仍是景元五年。咸熙，魏元帝曹奂的第二个

年号，也是曹魏政权的最后一个年号。后曹奂被迫禅位于司马炎。［2］壬辰：这年正月无壬辰日，此处疑误。［3］以槛车征邓艾：用囚车将邓艾押解回京。槛车，囚车，囚禁犯人的牢笼。征，征调，调。［4］不从命：不听命，不服从调令。［5］贾充：字公闾，曹魏末期至西晋初期重臣，司马昭死党。传见《晋书》卷四十。［6］入斜谷：经由斜谷逼近成都。斜谷，亦称褒斜谷，山谷名，褒斜道北谷入口，在今陕西眉县南。［7］从帝幸长安：跟着魏帝曹奂来到长安。其实是司马昭挟持魏帝，美其名曰“从”。幸，指皇帝到达某处。司马昭所以要到长安，是为了靠近成都一些，以便一旦发生问题能够及时解决。［8］诸王公：指曹氏宗室的诸王、诸公。［9］皆在邺：被司马昭集中到邺城统一监管。邺，即邺城，在今河北临漳县境内。曹丕代汉建魏后定都洛阳，以邺城为陪都。［10］山涛：字巨源，与嵇康、阮籍交游，为“竹林七贤”之一，是投靠司马氏做官最大的一位。传见《晋书》卷四十三。［11］行军司马：魏官名，即司马昭的行军司马，权任甚重。［12］镇：镇守，监管。［13］见任：被任用，被重用。［14］王氏：即王元姬，东海郡郯县（今山东郯城县西北）人，曹魏经学家王朗之孙女、王肃之女，司马昭妻子，晋武帝司马炎与齐王司马攸生母。其人颇有远见，曾预言钟会谋反之事。谥号文明皇后。传见《晋书》卷三十一。［15］宠过：过分宠爱、信任。［16］西曹属：西曹的办事人员。自汉以来，丞相有东曹、西曹两个办事机构。邵悌：字元伯，权臣司马昭的心腹。时为西曹属，司马昭欲遣钟会伐蜀，悌进言谏止，昭不纳。事见《三国志》卷二十八。［17］单身：指没有家眷。钟会没有子女，故言之。［18］无任：没有家人留作人质。按照魏制，凡派遣将帅，都留下家眷作为人质。［19］余人：别人，其他人。［20］宁不知此邪：我难道不知道这一点吗？宁，岂，难道。邪，通“耶”，语气助词。［21］师老：军队疲惫。［22］如指掌：即了如指掌，清楚得好像看自己的手掌一样，形容对事物的了解非常透彻。［23］豫怯：犹豫，怯懦。［24］智勇并竭：智慧和勇气都一起失去。竭，衰竭，尽。［25］适所以为敌禽：正好被敌人擒获，意谓打败仗。适，正好，恰好。禽，通“擒”，擒获，俘虏。［26］与人意同：意即与我的意见相同。［27］就如卿虑：就是出了像你估计的那种事情。［28］不能办：不能解决。［29］与共图事：跟他共同合谋作乱。［30］中国将士：指钟会带去的魏国将士。［31］与同：与钟会一起谋反。［32］只自灭族：只能是自取灭亡，诛灭三族。只，只有，只是。灭族，谋反是灭族之罪，一旦沾边，不仅是个人遭诛，而是被族灭，故作此言。［33］慎勿：千万不要。［34］之：到，往。［35］前言：指须防钟会之言。［36］不可宣：不要对他人言讲。［37］先人生心：意即人家还没有表现出对我不利，我便先怀疑人家。［38］贾护军：即贾充，时为中护军，司马昭的死党，故称之。［39］颇疑钟会不：很怀疑钟会吗？颇，很，甚。不，用在句末，表示疑问。［40］宁可复疑卿邪：难道还再怀疑您？宁，岂，难道。卿，敬辞。［41］无以易我语：没法不同意我的话。易，改变，不同意。［42］自了：自然就解决了。

钟会遣卫瓘[1]先至成都收邓艾，会以瓘兵少，欲令艾杀瓘，因以为艾罪[2]。瓘知其意，然不可得距[3]，乃夜至成都，檄[4]艾所统诸将，称："奉诏收艾，其余一无所问；若来赴官军[5]，爵赏如先[6]；敢有不出，诛及三族！"比至[7]鸡鸣，悉来赴瓘，唯艾帐内在焉。平旦[8]，开门，瓘乘使者车[9]，径入至艾所，艾尚卧未起，遂执艾父子，置艾于槛车[10]。诸将图[11]欲劫艾，整仗[12]趣瓘营[13]；瓘轻出迎之，伪作表草，将申明艾事[14]，诸将信之而止。

丙子[15]，会至成都，送艾赴京师。会所惮惟艾，艾父子既禽[16]，会独统大众[17]，威震西土，遂决意谋反。会欲使姜维将五万人出斜谷为前驱[18]，会自将大众随其后。既至长安，令骑士从陆道，步兵从水道，顺流浮渭入河[19]，以为五日可到孟津[20]，与骑兵会洛阳，一旦[21]天下可定也。会得晋公书，云："恐邓艾或不就征[22]，今遣中护军贾充将步骑万人径[23]入斜谷，屯乐城[24]，吾自将十万屯长安，相见在近。"会得书惊，呼所亲[25]语之曰："但[26]取邓艾，相国知我独办之[27]，今来大重[28]，必觉我异[29]矣，便当速发。事成，可得天下；不成，退保蜀汉[30]，不失作刘备也！"

丁丑[31]，会悉请护军、郡守、牙门骑督[32]以上及蜀之故官，为太后发哀[33]于蜀朝堂[34]，矫太后遗诏[35]，使会起兵废司马昭，皆班示坐上人[36]，使下议讫[37]，书版署置[38]，更[39]使所亲信代领诸军。所请群官，悉闭著益州诸曹屋中[40]，城门、宫门皆闭，严兵围守。卫瓘诈称疾笃[41]，出就外廨[42]。会信之，无所复惮[43]。

【注释】

[1]卫瓘（guàn）：时以镇西军司、监军身份参与伐蜀战争。 [2]因以为艾罪：以杀掉卫瓘，作为邓艾犯罪的证据。可谓借刀杀人，一箭双雕。 [3]不可得距：不能拒绝。卫瓘身为监军，派他收捕邓艾，是他职务分内之事。距，通"拒"，拒绝。 [4]檄：发檄文，用作动词。檄文，即通告，用以征召或声讨的文书，古代官府往来文书的下行文种名称之一。 [5]来赴官军：指到自己这方面来。他这时是代表"官方"，邓艾是"叛乱分子"。 [6]爵赏如先：官爵、赏赐都按照先前平蜀时邓艾赏给他们的那样。 [7]比至：等到。 [8]平旦：天刚亮。 [9]使者车：钦差乘坐的专车，一种专门供收捕犯官的使者所乘的车子。 [10]槛车：囚车。 [11]图：图谋，策

划。[12]整仗：集合部队，手持武器。[13]趣瓘营：急速到卫瓘的营地。趣，通“趋”，快步走。[14]伪作表草，将申明艾事：诡称他正在撰写奏章，以申明邓艾没有谋反之心。[15]丙子：正月十五日。[16]禽：通“擒”，被擒拿。[17]大众：大部队，指西征灭蜀的全部部队。[18]前驱：先锋部队。[19]浮渭入河：由渭水乘船进入黄河。浮，浮水，乘船。[20]孟津：古黄河津渡名，在今河南孟州市南。[21]一旦：一个早上，形容极其顺利、极其容易。[22]不就征：不服从征调，不束手就擒。[23]径：径直，直接。[24]乐城：原蜀县，在今陕西城固县东。[25]所亲：所亲近的，即亲信、死党。[26]但：只。[27]独办之：即一个人就能够办好。[28]大重：即太重，指这么多的军队。[29]异：有异心，即反叛。[30]退保蜀汉：不成功可保有蜀汉之地。[31]丁丑：正月十六日。[32]护军、郡守、牙门骑督：皆官名，指跟随钟会驻守在成都的所有将领。[33]为太后发哀：郭太后于景元四年(263)十二月去世。发哀，举行哀悼仪式。[34]蜀朝堂：蜀国旧时的朝堂。[35]矫太后遗诏：假传太后的懿旨。矫，假托，伪造。[36]班示坐上人：把“遗诏”拿给座上的众人看。班示，犹颁示，颁布出来，使人知道。班，通“颁”。坐上人，即在座的人。[37]议讫（qì）：议论完毕。[38]书版署置：填写委任状，任命各种官职。书版，即书于板上。署置，意即选任官吏，重新部署设置。[39]更：又。[40]悉闭著益州诸曹屋中：把参加哀悼会的全部官员都关押在益州刺史各部门的办公场所。闭著，即关闭，幽闭。益州，古州名，州治成都，在今四川成都市。诸曹，各部门，各办事机构。[41]疾笃（dǔ）：病势沉重。[42]外廨（xiè）：外面官吏办事的地方。[43]惮：害怕，忌讳。

姜维欲使会尽杀北来诸将[1]，己因杀会[2]，尽坑魏兵，复立汉主，密书与刘禅曰：“愿陛下忍数日之辱，臣欲使社稷危而复安，日月幽而复明[3]。”会欲从维言诛诸将，犹豫未决。

会帐下督丘建[4]本属胡烈，会爱信之。建愍[5]烈独坐[6]，启会，使听内一亲兵出取饮食[7]，诸牙门随例[8]各内一人。烈绐语亲兵[9]及疏与子渊[10]，曰：“丘建密说消息，会已作大坑、白棓[11]数千，欲悉呼外兵入，人赐白帢[12]，拜散将[13]，以次棓杀，内坑中。”诸牙门亲兵亦咸说此语，一夜，转相告，皆遍。

己卯[14]，日中，胡渊率其父兵，雷鼓[15]出门，诸军不期[16]皆鼓噪[17]而出，曾[18]无督促之者，而争先赴城。时会方给姜维铠杖[19]，白[20]“外有匈匈声[21]”，似失火者，有顷，白“兵走向城”[22]。会惊，谓维曰：“兵来，似欲作恶[23]，当云何[24]？”维曰：“但当击之耳[25]！”

会遣兵悉杀所闭诸牙门、郡守，内人[26]共举机以柱门[27]，兵斫[28]

门，不能破。斯须[29]，城外倚梯[30]登城，或烧城屋，蚁附乱进[31]，矢下如雨，牙门、郡守各缘屋出[32]，与其军士相得[33]。姜维率会左右战，手杀五六人，众格斩[34]维，争前杀会。会将士死者数百人，杀汉太子璇[35]及姜维妻子，军众钞略[36]，死丧狼籍[37]。卫瓘部分[38]诸将，数日乃定。

【注释】

[1]北来诸将：从中原地区带来的曹魏的将领。 [2]己因杀会：自己再乘机杀掉钟会。 [3]幽而复明：让已经落下去的太阳、月亮再度升起来、亮起来。 [4]帐下督：官名，军事统帅身旁的卫士长。丘建：曹魏官员，时任大将钟会帐下督，也是护军胡烈部下旧人。钟会欲叛变，他秘密把消息传到胡渊处，导致钟会叛变未果，反而被乱箭射死。 [5]愍（mǐn）：同情，哀怜。 [6]烈独坐：指胡烈被单独关押。 [7]听内一亲兵出取饮食：请求钟会允许胡烈的一名亲兵进入作生活服务。听，准许。内，同“纳”，准许过来。 [8]诸牙门：即各牙门骑督。随例：依照胡烈的同等待遇。 [9]绐语亲兵：意即用假话欺骗那个亲兵。绐，欺骗。 [10]及疏与子渊：意即让亲兵送信给儿子胡渊。及，犹言“送”。疏，这里为书信。渊，即胡渊，胡烈之子，字世元，曾参加钟会的灭蜀之战。 [11]白棓：白木棍。棓（bàng），同“棒”。 [12]白帢：当时官僚所戴的一种头巾，形状如弁（冠），缺四角。帢（qià），同“帢”。 [13]散将：没有名号的将官。 [14]己卯：正月十八日。 [15]雷鼓：敲鼓。雷，通“擂”，敲击。 [16]不期：不约而同。 [17]鼓噪：擂鼓呐喊，以壮声势。 [18]曾：用作副词，加强语气。 [19]铠（kǎi）杖：铠甲武器。杖，器杖。 [20]白：有人来报告说。 [21]匈匈声：愤怒喧哗的声音。匈匈，通“汹汹”，喧哗，吵嚷。 [22]兵走向城：有军队在往城里跑来。 [23]似欲作恶：似乎是想来做坏事，造反。 [24]当云何：该怎么办？ [25]但当击之耳：意即只有反击他们的路可走了。但，只，只有。 [26]内人：指被钟会禁闭在屋内的人。 [27]机：几案，桌子。柱门：顶住大门。 [28]斫（zhuó）：用刀、斧等砍。 [29]斯须：过了一会儿。 [30]倚梯：爬着梯子。 [31]蚁附乱进：像一群蚂蚁似的蜂拥进来。[32]缘屋出：从被关闭的屋中出来。[33]相得：彼此找到。[34]格斩：击杀。 [35]汉太子璇（xuán）：即刘璇，字文衡，刘禅长子，延熙元年（238）被立为太子。被乱兵杀害。 [36]钞略：即抄掠，哄抢，掠夺。钞，通“抄”。略，通“掠”。 [37]狼籍：同“狼藉”，乱七八糟的样子。 [38]部分：部署，分派。

邓艾本营将士追出艾于槛车[1]，迎还[2]。卫瓘自以与会共陷艾，恐其为变[3]，乃遣护军田续[4]等将兵袭艾，遇于绵竹[5]西，斩艾父子。

艾之入江油[6]也，田续不进，艾欲斩续，既而舍之，及瓘遣续，谓曰："可以报江油之辱矣。"

镇西长史杜预[7]言于众曰："伯玉[8]，其不免乎[9]！身为名士，位望已高，既无德音[10]，又不御下以正[11]，将何以堪其责[12]乎！"瓘闻之，不候驾[13]而谢[14]预。预，恕[15]之子也。邓艾余子在洛阳者悉伏诛，徙其妻及孙于西城[16]。

钟会兄毓尝密言于晋公曰："会挟术难保[17]，不可专任。"及会反，毓已卒，晋公思钟繇[18]之勋与毓之贤，特原[19]毓子峻、辿[20]，官爵如故。

会功曹向雄[21]收葬会尸，晋公召而责之曰："往者，王经[22]之死，卿哭于东市[23]而我不问，钟会躬为[24]叛逆，又辄收葬，若复相容，当如王法何[25]！"雄曰："昔先王掩骼埋胔[26]，仁流朽骨[27]，当时岂先卜其功罪[28]而后收葬哉！今王诛既加[29]，于法已备[30]，雄感义[31]收葬，教亦无阙[32]。法立于上，教弘[33]于下，以此训物[34]，不亦可乎？何必使雄背死违生[35]，以立于世！明公仇对枯骨[36]，捐之中野[37]，岂仁贤之度[38]哉！"晋公悦，与宴谈而遣之。

（以上为第六段，写魏国大将钟会打算兵出斜谷，占领长安，再派骑兵攻打孟津、洛阳，夺取天下。但大将军司马昭早有防备，出兵占据斜谷，屯于长安；卫将军胡烈起兵反抗，钟会被乱军杀死。）

【注释】

[1]追出艾于槛车：追上并从囚车上把邓艾放出来。[2]迎还：指接回成都。[3]为变：作乱，揭穿钟会、卫瓘的阴谋，对自己不利。[4]田续：右北平无终（今河北玉田县）人，曹魏将领。魏灭蜀之战期间跟随邓艾征蜀，事后斩杀邓艾父子。传见《三国志》卷十一。[5]绵竹：原蜀县名，县治在今四川绵竹市东南。[6]江油：县名，在今四川江油市。[7]镇西长史：镇西将军钟会的长史。杜预（222—285）：字元凯，魏晋名臣，经学家。传见《晋书》卷三十四。[8]伯玉：即卫瓘，字伯玉。[9]其不免乎：意即不会有好下场。指将被杀。[10]德音：好的名声。[11]不御下以正：不用正道驾驭下属。指卫瓘激田继杀邓艾以掩己罪。[12]何以堪其责：如何应付世人对自己的指责。[13]不候驾：不等车套好就急忙前行。候，等候，等待。[14]谢：道歉，请求谅解。[15]恕：即杜恕，字务伯，不交朋党，专心公事。曹魏名臣，官至幽州刺

史、护乌丸校尉。传见《三国志》卷十六。［16］西城：原蜀县名，县治在今陕西安康市西北。［17］挟术：玩弄权术。难保：难以保全。［18］钟繇：字元常，曹魏名臣，官至太傅。传见《三国志》卷十三。［19］原：宽恕，原谅。［20］峻、辿（chān）：即钟峻、钟辿。太傅钟繇之孙，车骑将军钟毓之子，为叔父钟会所养。［21］功曹：将军的属吏，主管考核、选拔。向雄：字茂伯，仕魏，曾为郡主簿、功曹，入晋，为河南尹，赐爵关内侯。［22］王经：字彦纬，曹魏大臣，官至司隶校尉、尚书。因魏帝曹髦召见，没有向司马昭告密，被司马昭杀害。［23］卿哭于东市：王经被司马昭诛杀的那天，故吏向雄为之痛哭，悲哀之情感动了整个街市之人。东市，汉代在长安东市处决判死刑的犯人，后以"东市"泛指刑场。［24］躬为：亲为。躬，指自身。［25］如王法何：对于王法来说，怎么说得过去？意即无论如何不能相容了。［26］掩骼埋胔：《礼记·月令》："孟春之月掩骼埋胔。"即把旷野上没人收葬的尸首掩埋起来。骼，骨头，这里指尸骨。胔（zì），肉，这里指尸体。［27］仁流朽骨：仁德施于死尸。朽骨，死者之骨，代指死者。［28］先卜其功罪：先考察清楚这副枯骨生前是功臣还是罪人。卜，占算，这里指考查。［29］王诛既加：指钟会已被杀死。［30］于法已备：从刑法上来说，已经完成。［31］感义：感于上下、主从之义。［32］教亦无阙：对于礼教，也并没有损害。阙，通"缺"，缺失。［33］弘：弘扬。［34］训物：教育臣民。［35］背死违生：犹言贪生怕死，苟活于世。背死，背叛死者，指钟会。违生，违背生者，指人之常情。［36］仇对枯骨：即与死人为敌。［37］捐之中野：抛弃于荒野之中。捐，抛弃。中野，旷野，荒野。［38］度：度量，胸襟。

二月，丙辰[1]，车驾[2]还洛阳。

庚申[3]，葬明元皇后[4]。

初，刘禅使巴东太守襄阳罗宪[5]将兵二千人守永安[6]，闻成都败，吏民惊忧，宪斩称成都乱者一人，百姓乃定。及得禅手敕[7]，乃帅所统[8]临于都亭三日[9]。吴闻蜀败，起兵西上，外托救援[10]，内欲袭宪。宪曰："本朝倾覆，吴为唇齿[11]，不恤[12]我难而背盟徼利[13]，不义甚矣。且汉已亡，吴何得久，我宁[14]能为吴降虏乎！"保城缮甲[15]，告誓[16]将士，厉以节义[17]，莫不愤激[18]。

吴人闻钟、邓败，百城无主，有兼蜀之志，而巴东固守，兵不得过，乃使抚军步协[19]率众而西。宪力弱，不能御，遣参军杨宗[20]突围北出，告急于安东将军陈骞[21]，又送文武印绶[22]、任子[23]诣晋公。协攻永安，宪与战，大破之。吴主怒，复遣镇军陆抗[24]等帅众三万人增宪之围[25]。

【注释】

[1]丙辰：二月十六日。 [2]车驾：代指魏帝曹奂，实际是指晋公司马昭。 [3]庚申：二月十日。 [4]明元皇后：即郭太后，魏明帝曹叡皇后，谥曰“元”，故称“明元皇后”。 [5]巴东：郡名，郡治永安县白帝城，在今重庆奉节县。罗宪：字令则，蜀汉巴东太守，归降魏后任陵江将军。传见《三国志》卷四十一。 [6]永安：即白帝城，原名鱼复，刘备于章武二年（222）将其改名曰“永安”。[7]手敕：即今之所谓“手令”。敕，皇帝的诏令。[8]帅所统：率领自己的部下。[9]临于都亭三日：在白帝城的驿站哭了三天。都亭，即驿站。 [10]外托救援：对外声称是救援蜀国。托，托言，托名。 [11]唇齿：唇齿相依之邦，意即紧密相连。 [12]恤（xù）：安抚，抚慰。 [13]徼利：谋取利益。徼（jiǎo），求取。 [14]宁：岂，难道。 [15]保城缮甲：坚守城池，修整铠甲。[16]告誓：宣誓，祷告。[17]厉以节义：以节操与大义激励士兵。厉，激励。[18]愤激：即激愤，激励，发愤。 [19]抚军：即抚军将军，官名，地位次于骠骑将军、车骑将军、卫将军。步协：孙吴官员，丞相步骘之子。曾为抚军将军，在蜀亡之际，率众西征，被蜀巴东太守罗宪所阻。 [20]参军：即参军事，部队中的参谋人员。杨宗：蜀将，巴东太守罗宪部属。[21]陈骞（qiān）：字休渊，曹魏官员，西晋佐命元勋。传见《晋书》卷三十五。 [22]文武印绶（shòu）：文武官员的印信。绶，用来悬挂印的丝织带子。[23]任子：以儿子为人质。[24]镇军：即镇军将军，杂号将军名号。陆抗：字幼节，丞相陆逊次子，孙吴名将。时为孙吴荆州牧、镇军将军。传见《三国志》卷六十三。 [25]增宪之围：增加对永安白帝城的围困。

三月，丁丑[1]，以司空王祥为太尉，征北将军何曾[2]为司徒，左仆射荀顗[3]为司空[4]。

己卯[5]，进晋公爵为王[6]，增封十郡[7]。王祥、何曾、荀顗共诣[8]晋王，顗谓祥曰：“相王[9]尊重，何侯[10]与一朝之臣[11]皆已尽敬[12]，今日便当相率而拜[13]，无所疑[14]也。”祥曰：“相国虽尊，要是[15]魏之宰相[16]，吾等魏之三公[17]；王、公相去一阶[18]而已，安有天子三公可辄[19]拜人者！损魏朝之望，亏[20]晋王之德，君子爱人以礼，我不为也。”及入，顗遂拜，而祥独长揖[21]。王谓祥曰：“今日然后知君见顾之重[22]也！”

【注释】

[1]丁丑：三月十七日。 [2]何曾：原名何谏，字颖考，曹魏太仆何夔之子，西晋开国元

勋之一。传见《晋书》卷二十三。［3］左仆射：官名，位仅次尚书令。荀顗（yǐ）：字景倩，曹魏太尉荀彧第六子，西晋开国元勋之一。传见《晋书》卷三十九。［4］司空：官名，掌管水利、工程之事。［5］己卯：三月十九日。［6］进晋公爵为王：将司马昭的爵位由晋公提升为晋王。［7］增封十郡：司马昭为晋公时，已享有封地十个郡，今又增封十个郡，共二十个郡。［8］共诣（yì）：一起造访。因王祥、何曾、荀顗三人都是晋王升任官职，故要向实际主事的权臣晋王司马昭谢恩。诣，到，来到。［9］相王：即司马昭。司马昭为曹魏宰相、晋王，故称之。［10］何侯：对何曾的敬称。［11］一朝之臣：即满朝文武大臣。［12］尽敬：竭尽敬意，指向司马昭行跪拜之礼。［13］相率而拜：彼此跟着向司马昭行跪拜之礼。［14］无所疑：没有什么怀疑的，意即向司马昭行跪拜之礼是必须的。［15］要是：总还是。［16］宰相：辅助帝王、掌管国事的最高官员的通称，略同于丞相。宰，主宰。相，辅佐的意思。［17］三公：地位最为尊显的三个官职的合称，此指太尉、司徒、司空。［18］相去一阶：相差一级。司马昭的爵位为晋王，比“三公”高一级。［19］辄（zhé）：总是，这里是轻易、随便的意思。［20］亏：有损。［21］长揖：古代礼仪之一，双手抱拳举过头顶，鞠躬致意，多用于平辈之间。［22］见顾之重：对我的爱护之情是何等深重。见顾，看待，赏识。

刘禅举家东迁洛阳，时扰攘仓猝[1]，禅之大臣无从行者[2]，惟秘书令[3]郤正及殿中督汝南张通[4]舍妻子，单身随禅，禅赖正相导宜适[5]，举动无阙[6]，乃慨然叹息，恨知正之晚。

初，汉建宁太守霍弋[7]都督南中[8]，闻魏兵至，欲赴成都，刘禅以备敌既定[9]，不听。成都不守，弋素服大临[10]三日。诸将咸劝弋宜速降，戈曰：“今道路隔塞，未详主之安危，去就大故[11]，不可苟[12]也。若魏以礼遇主上，则保境而降，不晚也。若万一危辱[13]，吾将以死拒之，何论迟速邪！”

得禅东迁之问[14]，始率六郡将守[15]上表[16]曰：“臣闻人生在三[17]，事之如一，惟难所在[18]，则致其命[19]。今臣国败主附[20]，守死无所[21]，是以委质[22]，不敢有贰[23]。”晋王善之，拜南中都尉，委以本任[24]。

丁亥[25]，封刘禅为安乐公[26]，子孙及群臣封侯者五十余人。晋王与禅宴，为之作故蜀技[27]，旁人皆为之感怆[28]，而禅喜笑自若。王谓贾充曰：“人之无情[29]，乃至于此，虽使诸葛亮在，不能辅之久全，况姜维邪！”他日，王问禅曰：“颇[30]思蜀否？”禅曰：“此间乐，不思蜀也[31]。”郤正闻之，谓禅曰：“若王后问[32]，宜泣而答曰：‘先人坟墓，远在岷、蜀[33]，乃心西悲[34]，无日不思。’因闭其目[35]。”会王复问，禅对如前，王曰：“何乃似郤正语邪！”禅惊视曰：“诚如尊命[36]。”左右皆笑。

【注释】

[1]扰攘：混乱，骚乱。仓猝（cù）：匆忙，急迫。 [2]无从行者：时姜维已死，其余大臣张翼、廖化、董阙等也死于战乱，故已无重臣。 [3]秘书令：秘书省的长官，主管文书档案，帝王的机要官员。 [4]殿中督：宫廷防卫的卫士长。张通：汝南郡（河南平舆县北）人。刘禅末年为殿中督。刘禅降魏，东迁洛阳，张通舍妻子，单身随侍。在魏封为列侯。 [5]相导宜适：帮助引导使刘禅的说话举动都非常合宜、到位。相导，引导。宜适，应该干什么与不该干什么。 [6]无阙：无失礼之处。阙，通“缺”。 [7]建宁：原蜀郡之名，郡治在今云南曲靖市。霍弋（yì）：字绍先，南郡枝江（今湖北枝江市）人，蜀汉至西晋初时将领。在蜀时，官至建宁太守、加安南将军，统南中诸郡，入魏仍为南中都督。传见《三国志》卷四十一。 [8]南中：地区名，相当于今四川大渡河以南和云南、贵州两省，下辖牂牁、越嶲、朱提、建宁、永昌、云南、兴古七郡。 [9]备敌既定：对敌人的防御工作已经部署完备。 [10]大临：聚哭告哀。 [11]去就大故：降魏与坚守，都是重大的事情。去，指离开蜀国，投降魏国。就，指就地坚守，绝不投降。大故，大事。 [12]苟：苟且，马虎。 [13]危辱：迫害，困辱。 [14]问：消息。 [15]六郡：南中地区共七郡，此时越嶲郡已降魏，故言“六郡”。将守：将军与太守。 [16]上表：上书，上奏。 [17]人生在三：指人生在世的三个依靠，即父、母、君主。 [18]惟难所在：哪一个有了危难。惟，通“唯”，唯有。 [19]致其命：要牺牲性命予以保卫。 [20]主附：主子投降了他人。附，归附，归降。 [21]守死无所：再想牺牲性命，但已没有了报效对象，也就没有理由了。 [22]委质：委身归顺。 [23]不敢有贰：不敢再有二心了。贰，二心。 [24]本任：原来的任职，指仍为建宁郡太守。 [25]丁亥：三月二十七日。 [26]安乐公：即安乐县公。刘禅降魏后的封号。安乐，县名，县治在今北京市顺义区西南古城村北。这里“安乐”二字除地名外，还有降魏享有安宁、快乐的字面意义。公，爵位，五等侯中的第一等。 [27]故蜀技：表演当初巴蜀的歌舞。技，同“伎”，歌舞表演者。刘禹锡《蜀先主庙》诗曰：“凄凉蜀故妓，来舞魏宫前。” [28]感怆（chuàng）：感慨，悲怆。 [29]无情：无情无义，如今所谓“没心没肺”。 [30]颇：还，很，用作副词。 [31]此间乐，不思蜀也：“乐不思蜀”成语出此。 [32]后问：日后再问你。 [33]岷、蜀：即岷山、蜀郡，代指四川，故国。 [34]乃心西悲：西望巴蜀而内心悲痛。西悲，即悲西，遥望故国，而心中凄凉。蜀国在魏国西南，故言之。 [35]因闭其目：闭目凝思，表示悲伤的样子。 [36]诚如

尊命：的确和您说的一样。

夏，四月，新附督王稚[1]浮海入吴句章[2]，略[3]其长吏及男女二百余口而还。

五月，庚申[4]，晋王奏复五等爵[5]，封骑督[6]以上六百余人。

甲戌[7]，改元[8]。

癸未[9]，追命舞阳文宣侯懿[10]为晋宣王，忠武侯师[11]为景王。

罗宪被攻凡[12]六月，救援不到，城中疾病太半[13]。或说宪弃城走，宪曰："吾为城主，百姓所仰[14]，危不能安，急而弃之，君子不为也，毕命于此矣！"陈骞言于晋王，遣荆州刺史胡烈将步骑二万攻西陵[15]以救宪。秋，七月，吴师退。晋王使宪因仍旧任[16]，加陵江将军[17]，封万年亭侯。

晋王奏使司空荀颛定礼仪[18]，中护军贾充正法律[19]，尚书仆射裴秀[20]议官制[21]，太保郑冲总而裁[22]焉。

（以上为第七段，写蜀国灭亡以后的史事，巴东太守罗宪领兵驻守永安城，绝不向前来侵扰的吴国屈服，而归降魏国；后主刘禅无亡国之悲，被魏国封为安乐公，喜笑自若，说："此间乐，不思蜀也。"）

【注释】

[1]新附督：由东吴新近归降曹魏的人组成的部落群体长官，约住在淮南一带。王稚：曹魏官员，曾为新附督率军浮海入句章。 [2]句章：吴县名，县治在今浙江余姚市。 [3]略：通"掠"，抢掠。 [4]庚申：五月一日。 [5]奏复五等爵：建议恢复周朝公、侯、伯、子、男五等的分封制度。 [6]骑督：指督率骑兵的军官。 [7]甲戌：五月十五日。 [8]改元：由"景元"改为"咸熙"，是魏元帝曹奂的第二个年号，历时两年，公元264年五月至公元265年十二月，也是曹魏政权最后一个年号。 [9]癸未：五月二十四日。 [10]舞阳文宣侯懿：司马懿死后谥号为"舞阳文宣侯"。 [11]忠武侯师：司马师死后谥号为"忠武侯"。 [12]凡：共。 [13]太半：即大半，一半多。 [14]仰：仰仗，依靠。 [15]西陵：吴郡名，郡治在今湖北浠水县西南长江岸边。 [16]因仍旧任：仍旧留在永安任原官，即为巴东太守。 [17]陵江将军：魏官名，为四十号杂号将军之首，意为凌驾江流，荡平东吴。 [18]定礼仪：制定礼仪制度。礼仪，礼节和仪式。 [19]正法律：制定法律制度。正，制定，订正。法律，指刑罚、律令。 [20]尚书仆射（yè）：官名，尚书省的副官。裴秀：字季彦，魏晋名臣。传见《晋书》卷三十五。 [21]议官制：制定官僚

制度，恢复五等爵制。议，讨论，修订。［22］总而裁：总管其事，对有争议的问题做最终裁决。

吴分交州置广州[1]。

吴主寝疾[2]，口不能言，乃手书，呼丞相濮阳兴[3]入，令子𩅦出，拜之。休把兴臂，指𩅦以托之。癸未[4]，吴主殂[5]，谥曰“景帝”。群臣尊朱皇后[6]为皇太后。

吴人以蜀初亡，交趾携叛[7]，国内恐惧，欲得长君[8]。左典军万彧[9]尝为乌程令[10]，与乌程侯皓[11]相善，称：“皓之才识明断，长沙桓王之俦[12]也，又加之好学，奉遵法度。”屡言之于丞相兴、左将军布[13]，兴、布说朱太后，欲以皓为嗣[14]。朱后曰：“我寡妇人，安知社稷之虑？苟吴国无陨[15]，宗庙有赖[16]，可矣。”于是，遂迎立皓，改元元兴[17]，大赦。

【注释】

［1］分交州置广州：汉武帝元鼎六年（前111）灭南越，在今广东、广西与越南一带地区设置交州，州治龙编，在今越南河内市东北。今将交州分为交广二州。交州仍治龙编，广州治番禺，在今广东广州市。［2］寝疾：病重在床。［3］濮阳兴：字子元，孙吴大臣。［4］癸未：七月二十五日。［5］殂（cú）：病死。［6］朱皇后：即吴景帝孙休皇后，骠骑将军朱据之女，故称朱皇后。［7］交趾携叛：指吕兴起兵叛吴。交趾，古地名，在今越南北部。携叛，背叛。［8］长君：选择年长的继位为君。［9］左典军：吴官名，掌宿卫禁军，为皇帝亲信之臣。万彧（yù）：字文彬，孙吴大臣。传见《三国志》卷六十五。［10］乌程令：乌城县县令。乌城，县名，县治在今浙江湖州市。［11］乌程侯皓：即孙吴末帝孙皓，初为乌程侯。［12］长沙桓王之俦（chóu）：像是孙权之兄孙策一样的人物。桓王，指孙策，孙吴政权的奠基者之一，孙权称帝后，追谥为长沙桓王。传见《三国志》卷四十六。俦，同类，相匹。［13］左将军布：即张布，孙吴将领，迎立孙皓为帝，不满孙皓骄盈，口出怨言，孙皓听闻怨言，诛之。［14］为嗣（sì）：为继承人。［15］苟：假如。无陨：不至于衰亡、毁灭。陨，陨落，引申为灭亡。［16］有赖：有依靠。［17］元兴：吴末帝孙皓的第一个年号，后改元为“甘露”。

八月，庚寅[1]，命中抚军[2]司马炎副贰相国[3]事。

初，钟会之伐汉也，辛宪英[4]谓其夫之从子羊祜[5]曰：“会在事纵恣[6]，非持久处下之道[7]，吾畏其有他志也。”会请其子郎中琇[8]为参军，宪英忧曰：“他日吾为国忧，今日难[9]至吾家矣。”琇固请[10]于晋王，王不听。宪英谓琇曰：“行矣，戒[11]之，军旅之间，可以济[12]者，其惟仁恕乎[13]！”琇竟以全归[14]。诏[15]以琇尝谏会反，赐爵关内侯。

九月，戊午[16]，以司马炎为抚军大将军[17]。

辛未[18]，诏以吕兴[19]为安南将军[20]，都督交州诸军事[21]，以南中监军霍弋遥领交州刺史，得以便宜[22]选用长吏[23]。弋表遣[24]建宁爨谷[25]为交趾太守，率牙门董元、毛炅、孟干、孟通、爨能、李松、王素等将兵助兴，未至，兴为其功曹王统[26]所杀。

【注释】

[1]庚寅：八月三日。 [2]中抚军：官名，司马炎由中护军迁任，掌管朝政大权。 [3]副贰相国：即副相国，为司马昭当助手。 [4]辛宪英：祖籍陇西，颍川阳翟（今河南禹州市）人，魏晋时期颇有见识的才女，曹魏侍中辛毗之女，卫尉羊耽之妻，名将羊祜之叔母。曾劝弟辛敞尽忠职守，预言钟会将会叛乱。传见《晋书》卷六十六。 [5]羊祜：字叔子，魏晋名将。传见《晋书》卷三十四。 [6]在事：不论办什么事情。纵恣：为所欲为。 [7]非持久处下之道：不是长久为人做臣子的样子。处下，即为臣。 [8]郎中琇（xiù）：即郎中羊琇，字稚舒，曹魏太常羊耽之子，西晋大臣。传见《晋书》卷九十三。 [9]难（nàn）：灾难，祸事。 [10]固请：坚决推辞不任此职。 [11]戒：警惕，小心。 [12]济：指渡过难关。 [13]其惟仁恕乎：意即要躲过灾难，只有仁爱和宽恕啊！ [14]以全归：指未卷入钟会谋反的灾难。 [15]诏：据章校，甲十一行本等，“诏”上有“癸巳”二字。癸巳，即八月六日。 [16]九月，戊午：九月一日。 [17]抚军大将军：魏官名，重要职位，掌管朝政。 [18]辛未：九月十四日。 [19]吕兴：孙吴为交趾郡吏。交趾太守孙谞贪暴，为百姓所患。他纠合豪杰，杀孙谞等，使使往魏，以郡归附。次年，魏授以安南将军，都督交州诸军事，封定安县侯。命令未至，被其功曹王统杀害。 [20]安南将军：“四安将军”之一，镇守南方的军事长官。资深者受此职，称为“安南大将军”。 [21]都督交州诸军事：统管交州的军事事宜。都督，统领，统管。交州，古州名。 [22]以便宜：根据实际情况。 [23]长吏：指地位较高的县级官吏。 [24]表遣：上书，派遣。 [25]爨（cuàn）谷：人名，姓爨，名谷。爨氏为云南地区大姓。 [26]功曹：官名，亦称功曹史，为长官助理。王统：据章校，甲十一行本等作“李统”。

吴主贬朱太后为景皇后，追谥父和[1]曰“文皇帝”，尊母何氏为太后。

冬，十月，丁亥[2]，诏以寿春所获吴相国参军事徐绍[3]为散骑常侍[4]，水曹掾孙彧[5]为给事黄门侍郎[6]，以使于吴，其家人在此者悉听自随，不必使还[7]，以开广大信[8]。晋王因致书吴主，谕以祸福[9]。

初，晋王娶王肃[10]之女，生炎及攸[11]，以攸继景王后[12]。攸性孝友[13]，多才艺，清和平允[14]，名闻[15]过于炎，晋王爱之，常曰："天下者，景王之天下也，吾摄居相位[16]，百年之后[17]，大业宜归攸[18]。"炎立发委地[19]，手垂过膝，尝从容问裴秀[20]曰："人有相否[21]？"因以异相示之[22]。秀由是归心[23]。

羊琇与炎善，为炎画策[24]，察时政所宜损益[25]，皆令炎豫[26]记之，以备晋王访问[27]。晋王欲以攸为世子[28]，山涛曰："废长立少，违礼不祥。"贾充曰："中抚军[29]有君人之德[30]，不可易[31]也。"何曾、裴秀曰："中抚军聪明神武，有超世之才，人望既茂[32]，天表[33]如此，固[34]非人臣之相也。"晋王由是意定，丙午[35]，立炎为世子。

【注释】

[1]和：即孙和，字子孝，孙权第三子，末帝孙皓生父。传见《三国志》卷五十九。[2]十月，丁亥：十月一日。[3]相国参军事：官名，简称相国参军，为相国的重要幕僚。徐绍：吴国官员，后投魏。[4]散骑常侍：官名，帝王的侍从官员，备参谋顾问之用。[5]水曹掾：官名，掌舟楫、津梁、漕泾之事。孙彧（yù）：魏国官员。[6]给事黄门侍郎：官名，亦称黄门侍郎、中书侍郎，帝王身旁的侍奉人员，传达诏命。[7]不必使还：完成使命后，不想回到魏国，就可以不回。[8]开广大信：扩大魏国重视信义的影响力。[9]谕以祸福：晓谕抗拒之祸及归降之福。谕，告知。[10]王肃：字子雍，司徒王朗之子、司马昭岳父，曹魏名臣。[11]攸：即司马攸，字大猷，司马昭次子，司马炎同母弟。过继给司马师作继嗣。传见《晋书》卷三十八。[12]以攸继景王后：把司马攸过继给司马师为子。景王，即司马师的谥号。[13]孝友：对父母孝顺，对兄弟友善。[14]清和平允：清静和平，为人正直。平允，平直，公正。[15]名闻：名望，名气。[16]摄居相位：意思是我现在是代替司马师承当这份丞相的差事。摄居，暂居其位。[17]百年之后：婉言去世之后。[18]大业宜归攸：国家权位要传给司马师的继承人司马攸。[19]立发委地：站着，头发垂放下来可以拖到地面。[20]裴秀：字季彦，世称"裴子""儒林丈人"，官至尚书仆射，精通舆地之学，作《禹贡地域图》十八篇，中国古代地图绘制始于此。[21]人有相否：究竟有没有决定人一生贵贱的相貌？[22]以异相示之：把自己的长头发解开以及手垂过膝展示

给裴秀看。［23］归心：死心塌地地为司马炎效力。［24］画策：筹谋，策划。［25］所宜损益：即应当采取的有损有益的措施。损益，犹言增减，有所强化，有所抑制。［26］豫：通“预”，预先。［27］访问：询问，查考。［28］世子：接班人，继承人。［29］中抚军：魏官名，司马炎由中护军迁任，掌握朝政大权。此指司马炎。［30］君人之德：驾驭臣民的素质。君，用作动词，统治，统御。德，才德，才能。［31］不可易：不能更换。［32］人望既茂：在臣民中有很高的威望。茂，盛，高。［33］天表：天生相貌。［34］固：原来，本来。［35］丙午：十二月二十七日。

吴主封太子霬及其三弟皆为王[1]，立妃滕氏[2]为皇后。

初，吴主之立，发优诏[3]，恤[4]士民，开仓廪[5]，振贫乏[6]，科出[7]宫女以配无妻者，禽兽养于苑中者皆放之。当时翕然[8]称为“明主”。及既得志，粗暴骄盈[9]，多忌讳，好酒色，大小失望[10]，濮阳兴、张布窃[11]悔之。或谮诸吴主[12]。

十一月，朔[13]，兴、布入朝，吴主执[14]之，徙于广州，道杀之，夷三族。以后父滕牧[15]为卫将军[16]，录尚书事[17]。牧，胤[18]之族人也。

是岁，罢屯田官[19]。

（以上为第八段，写吴主孙休得了重病，口不能言，去世后，吴人以国内多事，不立其子，而立其侄乌程侯孙皓为帝；魏国封司马昭为晋王，又封其长子司马炎为抚军大将军，协助相国理事。）

【注释】

［1］封太子霬（wān）及其三弟皆为王：封太子霬为豫章王，次子孙霟（gōng）为汝南王，三子孙𩅦（mǎng）为梁王，四子孙𩃙（kòu）为陈王。［2］滕氏：即滕芳兰，北海剧县（今山东寿光市）人，太常滕胤的族女，滕牧之女，孙皓为乌程侯时被聘为妃，登基后被立为皇后。孙吴灭亡后，随孙皓迁居洛阳。［3］优诏：优抚国人的诏书。［4］恤：体恤，抚慰。［5］开仓廪：即开仓放粮。仓廪，即粮仓。［6］振贫乏：救济贫困的民众。振，通“赈”，赈济，救济。［7］科出：按条例放出。［8］翕（xī）然：众口一致的样子。［9］骄盈：骄傲自满。［10］大小失望：指朝廷上上下下的人都很失望。［11］窃：私下里。［12］或谮（zèn）诸吴主：有人在吴主孙皓面前说濮阳兴与张布的坏话。或，有的，有人，无定代词。谮，诬陷，中伤。诸，“之于”的合音词。［13］朔：十一月一日。［14］执：拘执，扣留。［15］滕牧：又名滕密，孙吴外戚，孙皓

之岳父。［16］卫将军：官名，是防卫部队的统帅，掌握禁兵，预闻政务。［17］录尚书事：主管尚书省的事务，即掌管国家大权。［18］胤：即滕胤，字承嗣，孙吴重臣。传见《三国志》卷六十四。［19］罢屯田官：曹魏于建安元年（196）设置屯田官，到本年实行了六十七年。屯田，指利用士兵在驻扎的地区种地。即后之所谓“军垦”。

【点评】

司马昭平蜀。公元263年，魏国一举平定蜀国，在统一天下的征途上大大地向前迈进了一步，这是一件非常了不起的大事，首功当归大将军司马昭。

首先，司马昭力排众议，毅然决策出兵攻打蜀国。其兄司马师已于公元255年去世，魏国从此进入了司马昭时代。司马昭经历了8年独立掌控朝政的成功实践，其中成功地平定了征东大将军诸葛诞的反叛，国内人心思齐，实力增强，加之蜀国后主刘禅庸碌无为，重用宦官黄皓，姜维率兵年年出征，国内空虚，民穷财竭。魏国西征，路途艰险，曹操取汉中而又失汉中，故曹魏统一的决策是先吴后蜀。这时的司马昭认为消灭蜀国的时机已经成熟，而提出先蜀后吴的主张，朝廷中绝大多数人都投了反对票，只有钟会极力赞成，邓艾开始也是反对，后来才同意。

其次，派出精练强干、谋勇双全的干将平定蜀国。在平蜀中，司马昭派遣钟会、邓艾、诸葛绪三路攻蜀，西路邓艾军主攻沓中屯田的姜维，中路诸葛绪军断姜维后路，东路钟会军主攻汉中。应当说，这一战略决策是十分正确的。尤其是邓艾，在灭蜀中发挥了重大作用，他采用迂回策略，在蜀军主力相持于剑阁之时，自率精锐部队绕道阴平，越过700多里荒无人烟的小道，凿山开路，奇袭江油，又在蜀国腹地绵竹大破诸葛瞻，攻占涪城，进逼成都，蜀后主刘禅见大势已去，便开门投降。钟会作为主力部队，攻克汉中，有效牵制了蜀国的主力部队。应当说，钟会、邓艾是魏国的两大杰出干将。钟会善于谋划，曾有小张良之称；邓艾忠勇奋发，能够险中求胜。开始派兵遣将时，有人提出异议，认为钟会等人不太可靠，而司马昭早有考虑，先用其长，然后才制其短。这充分显示了司马昭的识人用人能力。

再次，司马昭成功平定了钟会等人的阴谋叛乱。蜀国平定了，在巨大的胜利面前，邓艾自作主张，大封蜀国投降君臣的官爵，而不事先向朝廷请示，授人以柄，被朝廷下令拘捕，押送进京，后来被杀死，功成而名不就；钟会的野心一下子膨胀起来，便听从蜀国降将姜维的怂恿，用计离间邓艾与朝廷的关系，打算拥兵自重、割据一方，然后兵出斜谷，占领长安，再派骑兵攻打孟津、洛阳，夺取天下。而司马昭对此早有防备，出兵占据斜谷，自率十万大军屯于长安，对钟会造成威慑之势，打乱了钟会的反叛部署，钟会手忙脚乱，结果只维持三天，就在兵变中被杀死，成为历史上最为短命、最为可笑的反叛将领。这充分体现了司马昭的预见及运筹能力。

最后，司马昭还正确处理了对蜀国投降君臣的安置工作，封后主刘禅为安乐公，予以善待。这对于动摇吴国军心，为将来攻打吴国，起到了一定的作用。

由此可见，司马昭在魏国平定蜀国，并及时粉碎钟会的反叛阴谋，为魏国的统一，运筹帷幄，总揽全局，起到了决定性的作用，其功大矣。诚如后人所评说：“司马昭摧坚敌如折枯，荡异如同反掌，任贤使能，各尽其心，非智勇兼人，孰能如之？”

卷七九　晋纪一

晋武帝泰始元年至八年（265—272 年）

【起旃蒙作噩（乙酉，265 年），尽玄黓执徐（壬辰，272 年），凡八年】

【大事提要】

本卷记事起公元 265 年，讫公元 272 年，凡八年，当晋武帝泰始元年至泰始八年。本卷所载大事，主要有五个方面：其一，曹奂禅位。公元 265 年，魏元帝曹奂禅位于司马炎，魏国灭亡。魏国自公元 220 年曹丕接受汉献帝禅让而称帝开始，45 年后，曹氏又以同样的方法禅让。魏国历经曹丕、曹叡、曹芳、曹髦、曹奂五帝，实际上自公元 249 年的最后三帝均是傀儡，权归司马氏。其二，司马炎建立晋朝。晋武帝司马炎为司马昭长子，曾出任中抚军，于 265 年被封为晋王太子；司马昭去世后，继承晋王爵位；而后接受魏元帝曹奂禅让，即位为帝，国号为“晋”。他接受魏国孤弱教训，大肆分封宗室为王，使其掌握兵权，最终导致八王之乱。其三，立庸儿为太子。公元 267 年，晋武帝司马炎立 9 岁的司马衷为太子。司马家族人才济济，却立了一个不堪造就的庸才，又以贾充之女贾南风为太子妃。正是这些决定，后来引发了贾后乱政、八王之乱、五胡乱晋，使晋朝山穷水尽，最后到了不可收拾的地步。其四，收复交趾。吴国交州刺史刘俊等前后三次攻打交趾，都因交趾太守杨稷的抵抗而失败，郁林、九真两地都归附于杨稷。后来，吴国大都督薛翊与陶璜等人，率领十万大军攻打交趾，城中粮尽援绝，被吴兵攻破，杨稷等人被俘。九真、日南等地也都投降吴国。其五，鲜卑反晋。鲜卑首领秃发树机能在凉州率领部众反抗晋朝，先后大破晋朝的封疆大吏胡烈、苏愉、牵弘、杨欣等，攻陷凉州，一时威震天下。晋武帝司马炎惊呼：“虽复吴、蜀之寇，未尝至此。”公元 277 年，秃发树机能为晋将马隆打败，旋即被叛徒所杀。

世祖武皇帝[1]上之上

泰始元年[2]（乙酉，265 年）

春，三月，吴主使光禄大夫纪陟[3]、五官中郎将洪璆[4]与徐绍、孙彧[5]偕来报聘[6]。绍行至濡须[7]，有言绍誉中国之美[8]者，吴主怒，追还，杀之。

夏，四月，吴改元甘露[9]。

五月，魏帝加文王殊礼[10]，进王妃曰“后”；世子曰“太子”。

癸未[11]，大赦。

秋，七月，吴主逼杀景皇后[12]，迁景帝四子于吴[13]；寻[14]又杀其长者二人[15]。

八月，辛卯[16]，文王卒，太子[17]嗣为相国、晋王。

九月，乙未[18]，大赦。

戊子[19]，以魏司徒何曾[20]为晋丞相；癸亥[21]，以票骑将军司马望[22]为司徒。

乙亥[23]，葬文王于崇阳陵[24]。

冬，吴西陵督步阐[25]表请吴主徙都武昌[26]。吴主从之，使御史大夫丁固[27]、右将军诸葛靓[28]守建业[29]。阐，骘[30]之子也。

【注释】

[1]世祖武皇帝：即西晋开国君主司马炎。谥号武皇帝，庙号世祖。传见《晋书》卷三。[2]泰始元年：公元265年。[3]光禄大夫：官名，掌顾问应对。纪陟（zhì）：字子上，孙吴官员，尚书令纪亮之子。奉命出使魏国，不辱使命。事见《三国志》卷四十八。[4]五官中郎将：官名，丞相副职，为帝王的侍从长官，地位高于杂号将军。洪璆（qiú）：《三国志》作“弘璆”，孙吴官员，孙权外甥孙，官至中书令、太子少傅，曾出使魏国，后遣还。[5]徐绍、孙彧：原吴人，寿春之役中被魏军所俘，上年，司马昭授以官职，令其访吴。[6]偕来报聘：一道前来回访。偕，陪同，一道。报聘，派使臣回访。聘，国家间的友好访问。[7]濡（rú）须：吴国的军事要地，在今安徽巢湖市东南，当时为吴、魏两国的交界线。[8]誉中国之美：称赞曹魏的好处。中国，中原地区，代指曹魏。[9]改元甘露：改元兴年号为甘露。吴末帝孙皓的第二个年号。[10]加文王殊礼：给司马昭以人臣从来未享有的品级与待遇，即让他的旌旗、车马、乐舞、冕服与皇帝完全一样。[11]癸未：五月三十日。[12]景皇后：指景帝孙休之妻朱皇后。孙休去世后为太后，至是被孙皓逼杀。传见《三国志》卷五十五。[13]迁景帝四子于吴：将孙休的四个儿子都集中调集到吴县居住。吴县，在今江苏苏州市。[14]寻：不久。[15]长者二人：即太子孙𩅦及其大弟孙𩃙。[16]辛卯：八月九日。[17]太子：即司马炎。[18]乙未：九月无“乙未”日，疑记载有误。[19]戊子：九月亦无“戊子”日，疑为“戊午”，即九月七日。[20]司徒：官名，主

管民事，三公之一。何曾：原名何谏，字颖考，西晋开国元勋，曹魏太仆何夔之子。高平陵政变后，投靠司马氏。传见《晋书》卷二十三。［21］癸亥：九月十二日。［22］票骑将军：将军的名号，职位仅次于大将军。票骑，同“骠骑”。司马望：字子初，西晋宗室、重臣，安平献王司马孚次子。传见《晋书》卷三十七。［23］乙亥：九月二十四日。［24］崇阳陵：古陵墓名，位于河南洛阳市偃师区。［25］西陵督步阐：孙吴西陵郡的镇将步阐。西陵，即夷陵，在今湖北宜昌市西北。［26］徙都武昌：将吴国都城迁到武昌。吴国当时的武昌，在今湖北鄂州市鄂城区。将国家都城迁到离前线更近的地方，是一种有作为的表现。［27］御史大夫：官名，副丞相，负责监察百官。丁固：原名丁密，字子贱，孙吴重臣，官至大司徒。曾欲废掉孙皓，立景帝孙休之子为帝，后放弃了计划。传见《三国志》卷四十八。［28］右将军：将军名号，职务或典京师兵卫，或屯兵边境。诸葛靓（jìng）：字仲思，曹魏征东大将军诸葛诞少子，在诸葛诞叛乱后入仕东吴。［29］建业：古都名，在今江苏南京市。［30］骘（zhì）：即步骘，字子山，孙吴重臣，长期都督西陵，代陆逊为丞相。传见《三国志》卷五十二。

十二月，壬戌[1]，魏帝[2]禅位于晋[3]。甲子[4]，出舍于金墉城[5]。太傅司马孚[6]拜辞，执帝手，流涕歔欷[7]不自胜[8]，曰：“臣死之日[9]，固大魏之纯臣[10]也。”丙寅[11]，王即皇帝位，大赦，改元[12]。丁卯[13]，奉魏帝为陈留王，即宫于邺[14]。优崇[15]之礼，皆仿魏初故事[16]。魏氏诸王皆降为侯。

追尊宣王[17]为宣皇帝，景王[18]为景皇帝，文王[19]为文皇帝；尊王太后[20]曰“皇太后”。封皇叔祖孚为安平王[21]，叔父干为平原王、亮为扶风王、伷为东莞王、骏为汝阴王、肜为梁王、伦为琅邪王[22]，弟攸为齐王、鉴为乐安王、机为燕王[23]；又封群从司徒望等十七人皆为王[24]。以石苞为大司马[25]，郑冲为太傅[26]，王祥为太保[27]，何曾为太尉[28]，贾充为车骑将军[29]，王沈为骠骑将军[30]，其余文武[31]增位进爵有差[32]。

乙亥[33]，以安平王孚为太宰[34]，都督中外诸军事。未几[35]，又以车骑将军陈骞[36]为大将军，与司徒义阳王望[37]、司空荀𫖮[38]，凡八公[39]，同时并置。帝惩魏氏孤立之敝[40]，故大封宗室，授以职任。又诏诸王皆得自选国中长吏[41]；卫将军齐王攸独不敢，皆令上请[42]。

【注释】

［1］壬戌：十二月十三日。［2］魏帝：魏元帝曹奂。［3］禅位于晋：曹魏于 230 年建立，传五世，分别是曹丕、曹叡、曹芳、曹髦、曹奂，至此，立国共四十五年，魏元帝曹奂禅位于晋。［4］甲子：十二月十五日。［5］出舍于金墉城：搬出去，到金墉城居住。金墉城，是洛阳城西北角的一个小城。魏明帝曹叡时筑，魏晋时被废的帝、后，都安置于此。［6］太傅：官名，为朝廷的辅佐大臣与帝王老师，三公之一，多为虚衔。司马孚：字叔达，司马懿之弟，魏晋重臣，历仕魏国五代皇帝，累迁至太傅。西晋代魏后，进拜太宰，封安平王。而至死仍以魏臣自称。传见《晋书》卷三十七。［7］歔（xū）欷（xī）：低声哭泣的样子。［8］不自胜：犹言“情不自禁”，禁不住。［9］死之日：意谓一直到死，终其一生。［10］固大魏之纯臣：意即仍然是曹魏的忠臣。固，仍是。纯臣，忠纯笃实之臣。所谓“纯臣”，只是心中念念之想。司马孚已接受了晋朝的封官拜爵。［11］丙寅：十二月十七日。［12］改元：在此之前的年号是咸熙，为魏咸熙二年，现晋立国，更改年号为泰始，公元 265 年十二月至公元 274 年，共计十年，为西晋第一个年号。［13］丁卯：十二月十八日。［14］即宫于邺：回到邺城（今河北临漳县西南）的魏国旧宫居住。当时魏国所有的王、公都被集中在这里。即，就，到，用作动词。［15］优崇：优厚，优待。［16］皆仿魏初故事：都效仿当初曹魏对待东汉末帝刘协的做法。当年曹奂的祖宗已经做出样子了，司马炎照搬照套。［17］宣王：即司马懿，晋武帝司马炎的祖父，是晋朝的奠基人。［18］景王：即司马师，司马炎的伯父，司马懿的嫡长子。［19］文王：即司马昭，司马炎的父亲。继兄司马师为大将军，为司马炎代魏做好了准备。［20］王太后：即王元姬（217—268），曹魏经学家王朗孙女、王肃之女，晋王司马昭之妻，司马炎生母。司马炎建立西晋，尊为皇太后。传见《晋书》卷三十一。［21］孚：即司马孚。安平王：司马孚被封为安平王，都城安平，在今河北衡水市冀州区。［22］“叔父干为平原王”等句：都是司马懿之子，司马昭之弟，司马光叔父。司马干封平原王，封地平原郡，都城在今山东平原县南。司马亮封扶风王，封地扶风郡，都城在今陕西扶风县。司马伷封东莞王，封地东莞郡，都城在今山东沂水县城西。司马骏封汝阴王，封地汝阴郡，都城在今安徽阜阳市。司马肜封梁王，封地梁，都城睢阳，在今河南商丘市南。司马伦封琅邪王，封地琅邪郡，都城在今山东临沂市北。按：司马干、司马伷、司马骏、司马肜四王传见《晋书》卷三十八；司马亮、司马伦二王传见《晋书》卷五十九。［23］“弟攸”句：司马攸、司马鉴、司马机，均晋武帝司马炎之弟。司马攸封齐王，封地齐，都城在今山东淄博市内。司马鉴封乐安王，封地乐安郡，都城在今山东高青县东南。司马机封燕王，封地燕，都城在今北京市。按：司马攸、司马鉴二王传见《晋书》卷三十八。［24］“又封群从”句：群从，指司马炎的堂伯叔、堂兄弟及侄子辈。群，众多。望，司马望，司马孚之子，司马炎的堂伯父。十七人皆为王，据《晋书·武帝纪》，司马炎封“群从”十七人为：皇从伯父司马望为义阳王，皇从叔父司马辅为渤海王，司马晃为下邳王，司马环为太原王，司马珪为高阳王，司马衡为常山王，司马子文为沛王，司马泰为陇西王，司马权为彭城王，司马绥为范阳王，司马遂为济南王，司马逊为谯王，司马睦为中山王，司马陵为北海

王，司马斌为陈王，皇从父兄司马洪为河间王，皇从父弟司马楙为东平王。［25］石苞：字仲容，渤海郡南皮县（今河北南皮县）人，曹魏至西晋重要将领，西晋开国功臣。传见《晋书》卷三十三。大司马：官名，位在三公之上，在武官中排名第一。［26］郑冲：字文和，魏末至晋初大臣。太傅：官名，三公之一，为朝廷的辅佐大臣与帝王老师，多为虚衔。［27］太保：三公之一，位次太傅。［28］太尉：官名，为全国最高军事长官，三公之一。［29］车骑将军：官名，为高级将军，位仅次大将军、骠骑将军。［30］骠骑将军：官名，为高级将军，位仅次大将军。［31］文武：指文武官员。［32］有差：根据原来的功劳地位进赏各有不同。［33］乙亥：十二月二十六日。［34］太宰：官名，即太师，晋朝因避司马师之讳，改称“太宰”，与太傅、太保合称“三公”。［35］未几：不久。［36］陈骞（qiān）：字休渊，曹魏司徒陈矫之子，西晋开国功臣。传见《晋书》卷三十五。［37］义阳王望：即司马望，封地义阳郡，都城在今河南新野县南。［38］荀顗（yǐ）：字景倩，曹魏太尉荀彧第六子，西晋开国元勋。传见《晋书》卷三十九。［39］八公：当时以太宰、太傅、太保为“三公”，此外，大司马、太尉、大将军、司徒、司空也都称“公”，合为“八公”。按：太宰、太傅、太保，周之三公；汉以大司马、大司徒、大司空为三公；东汉设大司马为太尉，与司徒、司空为三公；汉又置大将军代太尉，以大司马在三公之上。西晋尽置前朝之官，共有八公，以大司马在三公位之上。［40］惩魏氏孤立之敝：接受魏国皇室孤立无援的教训。惩，惩戒，借鉴。孤立，指国家没有强大的同姓藩王，故司马氏一旦掌握大权，魏帝即孤立无援。敝，通“弊”，弊端，弊病。［41］皆得自选国中长吏：都可以自己选择任命封国中的各级官吏。长吏，即令长、属吏。［42］皆令上请：都请朝廷任命，以示自己不敢专断。

诏除魏宗室禁锢[1]，罢部曲将及长吏纳质任[2]。

帝承魏氏刻薄奢侈[3]之后，矫[4]以仁俭。太常丞许奇[5]，允[6]之子也。帝将有事于太庙[7]，朝议[8]以奇父受诛[9]，不宜接近左右[10]，请出为外官。帝乃追述允之宿望[11]，称[12]奇之才，擢为祠部郎[13]。有司[14]言御牛青丝纼[15]断，诏以青麻代之[16]。

初置谏官[17]，以散骑常侍傅玄[18]、皇甫陶[19]为之。玄，干[20]之子也。玄以魏末士风颓敝[21]，上疏曰：“臣闻先王之御天下，教化隆[22]于上，清议[23]行于下。近者，魏武好法术[24]而天下贵刑名[25]，魏文慕通达[26]而天下贱守节[27]，其后纲维不摄[28]，放诞盈朝[29]，遂使天下无复清议。陛下龙兴受禅[30]，弘尧、舜之化[31]，惟未举清远有礼[32]之臣以敦风节[33]，未退虚鄙[34]之士以惩不恪[35]，臣是以犹敢有言。”上嘉纳[36]其言，使玄草诏[37]进之，然亦不能革[38]也。

初，汉征西将军司马钧[39]生豫章太守量[40]，量生颍川太守儁[41]，儁生京兆尹防[42]，防生宣帝[43]。

（以上为第一段，写魏元帝曹奂禅位于晋王司马炎，被改封为陈留王，居于邺城；司马炎成为晋朝皇帝，注重仁爱、俭约，将魏氏诸王降为侯；大封同姓，一时之间，封赐27王，给予特权；又设置八公。）

【注释】

[1]除魏宗室禁锢（gù）：废除曹魏禁止宗室王公不准为官、不得相互往来等各种限制监管的条例、制度。禁锢，束缚，强力限制。[2]罢部曲将及长吏纳质任：废除军中将领及各州郡长吏都得留人质于京城的做法。部曲，古代军队编制单位，借指军队。[3]刻薄：指对宗室大臣冷酷无情，过分苛求。奢侈：指朝廷上下挥霍浪费，追求享受。[4]矫：改正，改行。[5]太常丞：太常的属官，负责朝廷的礼仪、祭祀。许奇：字子泰，曹魏中领军许允之子，担任太常丞，官至司隶校尉。[6]允：即许允，曹魏官员，官至中领军，被司马师流放到乐浪，途中去世。传见《三国志》卷九。[7]有事于太庙：即准备祭祀祖庙。[8]朝议：朝臣们的一般看法、意见。[9]以奇父受诛：因为父亲许允被流放的缘故。[10]不宜接近左右：意即不宜担任朝中官员太常丞。接近左右，指侍奉在皇上身边。[11]宿望：当年的声望。[12]称：称赞，称道。[13]擢（zhuó）：提拔。祠部郎：相当于后来的礼部尚书。[14]有司：此指主管祭祀的官员。[15]御牛：皇帝祭祀使用的牛。青丝纼（zhèn）：青丝做的缰绳。纼，穿在牛鼻子上备牵引的绳子。[16]以青麻代之：以见其俭省。[17]谏官：官名，亦称“言官”，是对君王的过失直言规劝并使其改正的官吏。[18]散骑常侍：官名，皇帝的侍从官，入则规谏过失，备皇帝顾问，出则骑马散从。傅玄：字休奕，魏晋名臣。入晋，官至御史中丞。性刚直，上疏言事，切中时弊。传见《晋书》卷四十七。[19]皇甫陶：西晋官员。西晋建立后，为谏官。[20]干：即傅干，字彦材，汉末北地泥阳县（今陕西铜川市耀州区东南）人。入魏，为扶风太守。[21]颓敝：堕落，败坏。[22]隆：昌盛。[23]清议：公正的评论。[24]魏武：即魏武帝曹操，故称之。好法术：喜好权谋。法术，本指古代神仙或术士、巫婆等所施行的呼风唤雨、驱鬼除病的手段，如画符、念咒等，此指治国的权术。[25]贵刑名：重视刑罚。刑名，即刑名之学，主张循名责实，慎赏明罚。[26]魏文：即魏文帝曹丕。慕通达：追求放纵，不拘礼节。[27]贱守节：不重视操守名节。[28]纲维不摄：指礼义廉耻的伦理崩溃。纲维，总纲和礼义廉耻四维。摄，执，持。[29]放诞盈朝：指整个朝廷的人都荒诞不经。放诞，指荒唐放肆的人，如何晏、阮籍等。盈，满。[30]龙兴受禅：指接受魏帝曹奂禅位，称帝即位。龙兴，龙飞腾上天，比喻帝王兴起。[31]弘尧、舜之化：指实行了一系列的仁政。尧、舜，上古帝王，被认为是贤明的君主。《礼记·大学》曰：“尧舜率天下以仁，而民从之。”[32]清远有礼：见识远大，行为有礼。[33]敦风节：激发

社会的良好风气。敦，劝导并勉励。［34］虚鄙：虚浮，鄙陋。［35］惩不恪（kè）：惩治那些不恭敬、不谨慎的人。恪，谨慎，恭敬。［36］嘉纳：嘉奖，采纳。［37］草诏：代为起草诏令。［38］革：改变。［39］征西将军：汉官名，因西进征赤眉军而得名，魏晋沿用，统领雍、凉二州，屯驻长安。司马钧：字叔平，秦末殷王司马卬八世孙，司马懿高祖父，东汉安帝时任征西将军。［40］豫章：郡名，郡治南昌，在今江西南昌市。量：即司马量，官至豫章太守，司马防的祖父，司马懿的曾祖父。［41］颍川：郡名，郡治许都，在今河南许昌市。隽（jùn）：即司马隽，曾为颍川太守，司马防的父亲，司马懿的祖父。［42］京兆尹：汉官名，为三辅（治理京畿地区的三位官员，即京兆尹、左冯翊、右扶风）之一，主管今陕西西安市及其附近地区。防：即司马防，字建公，生有八子，即历史上著名的“司马八达”，依次为司马朗、司马懿、司马孚、司马馗、司马恂、司马进、司马通、司马敏，每人的字中都有“达”字，俱知名。司马懿为其次子。传见《晋书》卷一。［43］宣帝：即晋宣帝司马懿，其孙司马炎称帝后，追尊为宣皇帝，故称之，以追谥代名讳。

二年（丙戌，266年）

春，正月，丁亥[1]，即用魏庙祭征西府君以下[2]，并景帝[3]，凡七室[4]。

尊[5]景帝夫人羊氏[6]，曰“景皇后”，居弘训宫。

丙午[7]，立皇后弘农杨氏[8]。后，魏通事郎文宗[9]之女也。

群臣奏：“五帝[10]，即天帝[11]也，王气时异[12]，故名号有五[13]。自今明堂[14]、南郊[15]宜除五帝座[16]。”从之。帝，王肃[17]外孙也，故郊祀之礼[18]，有司[19]多从肃议。

二月，除汉宗室禁锢[20]。

【注释】

［1］丁亥：正月八日。［2］征西府君以下：即指上述司马钧、司马量、司马隽、司马防、司马懿。征西府君，司马钧为征西将军，故称之。［3］并景帝：指文帝并景帝，意即再加上司马师、司马昭。［4］凡七室：共七个灵牌。［5］尊：据章校，他本“尊”上有“辛丑”二字，当是。辛丑，正月二十二日。［6］羊氏：羊道之女，羊祜的姐姐。［7］丙午：正月二十七日。［8］弘农杨氏：即华阴杨氏。弘农，郡名，郡治弘农县，在今河南灵宝市东北。杨氏，即杨艳，字琼芝，弘农华阴（今陕西华阴市）人，司马炎皇后，曹魏通事郎杨炳之女。自幼父母双亡，司马炎即位，受册为皇后，深得宠幸，生三子三女。谥号武元皇后。传见《晋书》卷三十一。［9］通事郎：中书省的属官，为皇帝掌管传达收发。文宗：即杨炳，字文宗，弘农华阴（今陕西华阴市）人，曹魏大臣，司

马炎岳父，武元皇后杨艳之父。早逝。西晋建立后，追赠车骑将军，谥号为穆。［10］五帝：即五方天帝，指东方青帝、南方赤帝、中央黄帝、西方白帝、北方黑帝。［11］天帝：古代神话中的最高主宰，统治诸天万界的帝王，称为五方上帝。［12］王气时异：指王气经常有不同，王气，表现在不同季节的气候。［13］名号有五：指有上述五种名称。［14］明堂：古代帝王所建的最隆重的建筑物，为大堂正殿，是颁布命令、尊敬贤人以及进行祭祀的场所。［15］南郊：指古代帝王在京都南面的郊外筑圜丘以祭天的地方，如清代的天坛。［16］除五帝座：撤除五帝的灵牌，不在这里祭祀。［17］王肃：字子雍，曹魏著名经学家，司徒王朗之子、司马昭岳父。传见《三国志》卷十三。［18］郊祀之礼：即南、北郊祭祀天地神祇的礼仪。［19］有司：主管官员。［20］除汉宗室禁锢：曹魏代汉后，对刘姓皇族曾严加看管，有许多禁令，今皆废除。

三月[1]，吴遣大鸿胪张俨[2]、五官中郎将丁忠[3]来吊祭[4]。

吴散骑常侍[5]王蕃[6]，体气高亮[7]，不能承颜顺指[8]，吴主不悦。散骑常侍万彧[9]、中书丞陈声[10]从而谮[11]之。丁忠使还，吴主大会群臣，蕃沈醉顿伏[12]。吴主疑其诈，轝蕃出外[13]。顷之，召还。蕃好治威仪[14]，行止自若[15]。吴主大怒，呵左右于殿下斩之，出，登来山[16]，使亲近掷[17]蕃首，作虎跳狼争咋啮之[18]，首皆碎坏。

丁忠说吴主曰："北方无守战之备，弋阳[19]可袭而取。"吴主以问群臣，镇西大将军陆凯[20]曰："北方新并巴、蜀，遣使求和，非求援于我也，欲蓄力以俟时[21]耳。敌势方强，而欲徼幸[22]求胜，未见其利也。"吴主虽不出兵，然遂与晋绝。凯，逊[23]之族子[24]也。

（以上为第二段，写吴主孙皓喜怒无常，常常利用喝酒的机会考察群臣，不愿依附的散骑常侍、庐江人王蕃被杀，让亲近抛首相戏。吴主孙皓断绝了与晋朝的关系。）

【注释】

［1］三月：据章校，"三月"下有"戊戌"二字。戊戌，即三月二十日。［2］大鸿胪（lú）：官名，掌管诸侯及少数民族事务，又兼掌礼仪之事。张俨：字子节，吴国学者。以博学多识，拜大鸿胪。曾奉命与丁忠出使西晋，吊祭晋文帝司马昭。在洛阳，不辱君命。于归途中病逝。［3］五官中郎将：官名，为丞相的副职，协管政事，地位高于杂号将军。丁忠：孙吴官员，曾任五官中郎将，出使晋国，吊祭司马昭。［4］吊祭：吊唁，祭奠。此指吊祭司马昭之丧。［5］散骑常侍：官名，为皇帝侍从，入则规谏过失，备皇帝顾问，出则骑马散从。据章校，"常侍"后有"庐江"二

字。［6］王蕃（fán）：字永元，孙吴官员。历任吴国尚书郎、散骑中常侍、常侍等职。博览多闻，兼通术艺，撰有《浑天图记》《浑天象说》。因性情耿直，不愿俯首听命，不肯巴结佞臣，被无故杀害。传见《三国志》卷六十五。［7］体气：犹言"骨气"，指体貌气质，具有刚强不屈的人格及操守。高亮：清高正直，高尚忠正。［8］承颜顺指：指看着上头的脸色，顺着上头的意思办事，俯首低眉，弯腰屈膝。［9］万彧（yù）：字文彬，孙吴大臣，官至右丞相。传见《三国志》卷六十五。［10］陈声：孙吴官员，为中书丞、司市中郎将，素为孙皓幸臣。后来因为将孙皓违法的宠妃绳之以法，触怒孙皓，被杀害。［11］谮（zèn）：诬陷，馋毁。［12］沈醉顿伏：喝醉酒，跌倒在地。沈醉，酩酊大醉。沈，通"沉"。顿伏，犹跌倒。［13］轝（yú）蕃出外：用担架把他抬了出去。轝，古同"舆"，车，轿。此指担架。［14］好治威仪：好修饰仪表，举止庄严，不把旁人放在眼里。［15］行止自若：举止从容如平时一样。［16］来山：一名樊山，在今湖北鄂州市之西山。［17］掷（zhì）：扔，投。［18］作虎跳狼争咋啮之：扮成一群虎狼，争抢啃咬王蕃的人头。咋（zǎ）啮，啃咬。［19］弋阳：魏县名，县治在今河南潢川县西。［20］镇西大将军：官名，将军中地位较高，以资深的镇西将军为之。陆凯：字敬风，孙吴后期重臣，大司马陆抗族兄。传见《三国志》卷六十一。［21］俟时：等待时机以消灭吴国。俟，等待，等候。［22］徼幸：指作非分企求，希望获得意外成功。徼，通"侥"，侥幸。［23］逊：即孙吴名将陆逊。传见《三国志》卷六十三。［24］族子：同族兄弟之子。

夏，五月，壬子[1]，博陵元公[2]王沈卒。

六月，丙午晦[3]，日有食之。

文帝之丧，臣民皆从权制[4]，三日除服[5]。既葬，帝亦除之，然犹素冠疏食[6]，哀毁[7]如居丧者。秋，八月，帝将谒崇阳陵[8]，群臣奏言，秋暑未平[9]，恐帝悲感摧伤[10]。帝曰："朕得奉瞻山陵[11]，体气自佳[12]耳。"

又诏曰："汉文[13]不使天下尽哀[14]，亦帝王至谦之志[15]。当见山陵，何心无服[16]！其议以衰绖从行[17]。群臣自依旧制[18]。"尚书令裴秀[19]奏曰："陛下既除而复服，义无所依；若君服而臣不服，亦未之敢安[20]也。"诏曰："患情不能跂及[21]耳，衣服何在[22]！诸君勤勤[23]之至，岂苟相违[24]？"遂止[25]。

中军将军[26]羊祜谓傅玄曰："三年之丧，虽贵遂服[27]，礼也，而汉文除之，毁伤礼义，常以叹息。[28]今主上至孝[29]，虽夺其服[30]，实行丧礼[31]。若因此复先王之法[32]，不亦善乎[33]！"玄曰："以日易月[34]，已数百年，一旦复古，难行也。”祜曰：“不能使天下如礼[35]，且使主上遂服[36]，不犹愈乎[37]！”玄曰：“主上不除而天下除之，此为但有父子[38]，无复君臣[39]也。”乃止[40]。

【注释】

［1］壬子：五月无“壬子”日，疑有误。［2］博陵元公：博陵公，是王沈的封号，五等侯爵中的第一等；元，是王沈的谥号。［3］丙午晦：据《晋书》载，应为七月丙午晦，即七月三十日。六月晦日为丙子。［4］皆从权制：都遵照临时的规定。权，权宜，临时制宜。［5］除服：即脱孝，守孝期满，脱去丧服。［6］素冠疏食：戴着白色孝帽，只吃蔬菜粗食。［7］哀毁：谓居亲丧悲伤异常而毁损其身。［8］谒（yè）：拜谒，祭祀。崇阳陵：司马昭的陵墓，位于河南洛阳市偃师区。［9］未平：此指暑气未退。［10］摧伤：悲伤之极，损害身体。［11］奉瞻山陵：能见到父亲的陵墓。山陵，旧指皇帝陵墓。［12］体气自佳：身体状况感觉很好。体气，指体质。［13］汉文：指汉文帝刘恒。［14］不使天下尽哀：汉文帝临死前遗嘱：“其令天下吏民，令到出临三日，皆释服。”即三日除服。［15］至谦之志：过分谦和的心意。［16］何心无服：怎么忍心不穿丧服？服，指丧服，孝服。［17］以衰绖从行：意思是打算系着孝带、穿着丧服前去。衰（cuī），通“缞”，指古代丧服，用麻布制成，披在胸前。绖（dié），古代用麻做的丧带，系在腰或头上，扎在头上的称作“首绖”，缠在腰间的称为“腰绖”。［18］自依旧制：仍按规定，不再穿孝服。［19］尚书令：尚书省的总管，掌管机要，总揽政令。裴秀：字季彦，河东郡闻喜县（今山西闻喜县）人，魏晋名臣。传见《晋书》卷三十五。［20］未之敢安：于心不安。［21］患情不能跂及：担心的是真正的孝心与哀痛还达不到这种程度，心中不能时时想到先人。患，担心，忧虑。跂（qí）及，踮起脚盼望，这里指达到。［22］衣服何在：哪里还在乎穿不穿丧服？［23］勤勤：恳切的样子。［24］岂苟相违：怎么可以轻易违背你们的意愿呢？［25］止：指平息了服丧的争议。司马炎不再坚持穿丧服去崇阳陵祭祀司马昭。［26］中军将军：武官名。《晋书·武帝纪》曰：“（泰始元年）置中军将军，以统宿卫七军。”［27］虽贵遂服：虽然以天子之贵，亦得如礼，穿三年孝服。遂，终，竟。［28］“而汉文”三句：据章校补。［29］至孝：最为孝顺。［30］虽夺其服：意即虽然现在没有穿上孝服。［31］实行丧礼：但他实际上仍在继续为死去的父亲守丧。［32］复先王之法：恢复守丧三年的礼法。［33］不亦善乎：不也是一件大好事吗？［34］以日易月：指缩短守丧日期，用一天代替一个月的办法。易，更易，更换。［35］如礼：遵从礼法。［36］且使主上遂服：姑且让皇上遂了心思，穿着孝服。［37］不犹愈乎：不是更好吗？犹，仍然，还。愈，更好，很好。［38］但有父子：只有父子的礼法。［39］无复君臣：而不再有君臣的礼法。［40］止：指停止了讨论。

戊辰[1]，群臣奏请易服复膳[2]，诏曰："每感念幽冥[3]，而不得终苴绖之礼[4]，以为沈痛[5]。况当食稻衣锦乎！适足激切其心[6]，非所以相解[7]也。朕本诸生家[8]，传礼来久，何至一旦[9]便易此情于所天[10]！相从已多[11]，可试省[12]孔子答宰我之言[13]，无事纷纭[14]也！"遂以疏素终三年。

臣光曰：三年之丧，自天子达于[15]庶人，此先王礼经[16]，百世不易[17]者也。汉文师心不学[18]，变古坏礼，绝父子之恩，亏君臣之义；后世帝王不能笃于哀戚之情[19]，而群臣谄谀[20]，莫肯厘正[21]。至于晋武[22]独以天性[23]矫[24]而行之，可谓不世之贤君[25]；而裴、傅之徒，固陋庸臣[26]，习常玩故[27]，而不能将顺其美[28]，惜哉！

（以上为第三段，写晋武帝司马炎重视孝道，为其父司马昭服丧，按照惯例，戴孝三天后除去丧服；后来拜谒司马昭崇阳陵，仍要再穿孝服，被群臣劝止，但长存哀悼之心，以素食素服度过三年。）

【注释】

[1]戊辰：八月二十二日。 [2]易服：更换常服。复膳：恢复正常的饮食。膳，餐饮。[3]幽冥：旧称地下、阴间，此指九泉下的父亲。 [4]终苴绖之礼：有始有终地穿满三年之期的孝服。苴（jū）绖，麻布制的无顶冠与腰带的丧服。 [5]以为沈痛：已经感到很痛苦。沈，通"沉"，深沉。 [6]激切其心：使其心里更难受。激切，激动。 [7]非所以相解：不能让自己宽心释怀。 [8]本诸生家：本是生在一个诵读儒书的家庭。诸生，意同儒生，即遵从儒家学说的读书人。 [9]一旦：一个早上，意即在忽然之间，形容时间极短。 [10]便易此情于所天：在对父亲的礼节上改变了章程。所天，指父亲。《仪礼》曰："父者，子之天。" [11]相从已多：指孔子之礼已久。 [12]试省：试看。 [13]孔子答宰我之言：见《论语·阳货》，曰："宰我问：'三年之丧，期已久矣。君子三年不为礼，礼必坏；三年不为乐，乐必崩。旧谷既没，新谷既升，钻燧改火，期可已矣。'子曰：'食夫稻，衣夫锦，于女安乎？'曰：'安。''女安，则为之。夫君子之居丧，食旨不甘，闻乐不乐，居处不安，故不为也。今女安，则为之。'宰我出，子曰：'予之不仁也！子生三年，然后免于父母之怀。夫三年之丧，天下之通丧也，予也有三年之爱于其父母乎？'" [14]无事纷纭：不必再为此事议论纷纷。 [15]达于：至于。 [16]礼经：即礼纲，礼仪的纲领，含有高于一切的意思。 [17]不易：不变。易，更易，变更。 [18]师心不学：按自己的心意办事，不学圣人礼法。师心，以己心为师，即随心所欲。 [19]不能笃于哀戚之情：不能深深表达对于

父母去世的悲伤心情。笃，深沉专一。哀戚，哀伤，悲痛。［20］谄谀：谄媚奉迎帝王的心思。［21］厘正：更正，改正。［22］晋武：即晋武帝司马炎。司马炎建立晋朝，谥号为“武皇帝”，故称之。［23］天性：善良的本性，此指至孝的性情。［24］矫：矫正，匡正。［25］不世之贤君：世间难得出现的贤明君王。［26］固陋：闭塞，鄙陋。庸臣：平庸之臣。［27］习常玩故：习于常规，轻忽旧法。［28］将顺其美：拥护、顺从君王的美德。将顺，顺势促成。语出《孝经》：“君子之事上也，进思进忠，退思补过，将顺其美，匡救其恶。”

吴改元宝鼎[1]。

吴主以陆凯为左丞相，万彧为右丞相。吴主恶人视己[2]，群臣侍见[3]，莫敢举目[4]。陆凯曰：“君臣无不相识之道[5]，若猝有不虞[6]，不知所赴[7]。”吴主乃听凯自视[8]，而他人如故。

吴主居武昌[9]，扬州之民溯流供给[10]，甚苦之，又奢侈无度，公私穷匮[11]。凯上疏曰：“今四边无事，当务养民丰财，而更[12]穷奢极欲[13]。无灾而民命尽，无为[14]而国财空，臣窃忧之。昔汉室既衰[15]，三家鼎立，今曹、刘失道，皆为晋有，此目前之明验[16]也。臣愚，但为陛下惜国家[17]耳。武昌土地危险塉确[18]，非王者之都。且童谣云：‘宁饮建业水，不食武昌鱼；宁还建业死，不止武昌居[19]。’以此观之，足明人心与天意矣。

“今国无一年之蓄[20]，民有离散之怨，国有露根之渐[21]，而官吏务为苛急[22]，莫之或恤[23]。大帝时[24]，后宫列女[25]及诸织络[26]数不满百，景帝[27]以来，乃有千数，此耗财之甚也。又左右之臣，率非其人[28]，群党相扶[29]，害忠隐贤[30]，此皆蠹政病民[31]者也。臣愿陛下省息百役，罢去苛扰[32]，料出[33]宫女，清选[34]百官，则天悦民附，国家永安矣。”吴主虽不悦，以其宿望[35]，特优容[36]之。

【注释】

［1］改元宝鼎：改元，更改年号。孙皓此前的年号为“甘露”。宝鼎，孙皓的第三个年号。《三国志·吴书三》曰：“八月，所在言得大鼎，于是改年。”［2］恶人视己：讨厌别人看自己。［3］侍见：侍从，接见。［4］莫敢举目：没有一个人敢抬头看吴主孙皓。［5］无不相识之道：没有彼此互不认识的道理。道，道理。［6］猝有不虞：突然发生意料不到的事情，如有人谋害皇

帝。猝，猝然，突然。不虞，指出乎意料的事情。［7］不知所赴：不知道该救助谁。［8］听凯自视：只准许陆凯一个人看着他。［9］武昌：当时吴国的首都，在今湖北鄂州市。［10］扬州：在今江苏、浙江、安徽、江西一带，州治建业，下属丹阳、宣城、毗陵、吴兴、会稽、东阳、新都、临海、建安、豫章、临川、鄱阳、庐陵等郡，都在武昌下游。溯流供给：吴国的都城武昌在荆州境内，扬州各郡向武昌运送粮草，都得从长江水道逆流而上。溯流，逆水而上。［11］公私穷匮：国家和个人都很贫穷、匮乏。［12］更：变更，改变。［13］穷奢极欲：形容奢侈和贪欲到了极点。［14］无为：没有什么作为。［15］汉室既衰：指东汉朝到了末期，国运衰微。汉室，即汉朝天下。［16］明验：明显的应验。［17］惜国家：心疼吴国也被晋国所灭。［18］危险塉确：指地势险要，土壤贫瘠。塉（jí）确，土地贫瘠而多石。胡三省注曰：塉，土薄也。确，山多大石也。［19］不止武昌居：不留在武昌居住。止，止息。［20］国无一年之蓄：国家的储蓄不够一年开销。《礼记·王制》曰："（国）无六年之蓄曰急，无三年之蓄曰国非其国也。"［21］露根之渐：根柢逐渐露出，比喻国势危殆。［22］苛急：苛刻而急切。［23］莫之或恤：即"莫之恤"，没有人体恤百姓的疾苦。莫，不，没。之，结构助词，无义。或，用作虚词。恤，体恤，安抚。［24］大帝时：指孙权在位的时候。［25］后宫列女：后宫侍奉、服务的诸位宫女。［26］织络：给皇宫缝制衣服的织工。［27］景帝：指孙休，谥号景，故称之。［28］率非其人：大都是不能胜任其职务的人。率，大概，大都。非其人，即任非其人，才不胜职。［29］群党相扶：拉帮结派，狼狈为奸。［30］隐贤：遮蔽贤人。［31］蠹政病民：犹言"祸国殃民"，败坏国家，伤害人民。蠹（dù），蛀蚀。［32］罢去苛扰：除去苛刻、扰民的政令。［33］料出：清点放出。［34］清选：挑选，精选。［35］宿望：年老而又德高望重的人。［36］优容：优待，宽容。

九月，诏："自今虽诏有所欲[1]，及已奏得可[2]，而于事不便[3]者，皆不可隐情[4]。"

戊戌[5]，有司奏："大晋[6]受禅于魏，宜一用[7]前代正朔[8]、服色[9]，如虞遵唐故事[10]。"从之。

冬，十月，丙午朔[11]，日有食之。

永安山贼施但[12]，因民劳怨，聚众数千人，劫吴主庶弟[13]永安侯谦[14]作乱，北至建业，众万余人，未至三十里住[15]，择吉日入城。遣使以谦命召丁固、诸葛靓[16]，固、靓斩其使，发兵逆战于牛屯[17]。但兵皆无甲胄[18]，即时败散[19]。谦独坐车中，生获之。固不敢杀，以状白吴主，吴主并其母[20]及弟俊[21]皆杀之。初，望气[22]者云：荆州有王气[23]，当破扬州[24]。故吴主徙都武昌。及但反，自以为得计[25]，遣数百人鼓噪[26]入建业，杀但妻子[27]，云："天子使荆州兵来破扬州贼。"

【注释】

[1]诏有所欲：下令要办好的事情。[2]已奏得可：已上奏得到批准的事情。[3]不便：即不利，或不能施行，或没有实际效果。[4]不可隐情：不可隐瞒有关情况，要实事求是地提出建议和意见。[5]戊戌：九月二十三日。[6]大晋：即晋。大，用作形容词。[7]一用：一律采用。[8]正朔：指用哪个月的初一作为一年的开始。这点，过去历朝都不同。[9]服色：礼服的颜色。[10]如虞遵唐故事：如同上古虞舜遵循唐尧的旧制一样。虞，指虞舜继承了唐尧时期的一切政治遗产，包括人才的任用和国家的体制，都是延续着唐尧时期的制度。唐，指唐尧。[11]丙午朔：十月一日。朔，农历每月一日。[12]永安：吴县名，县治在今浙江德清县西北。施但：吴国山民起义领袖。曾因民劳怨，在吴兴郡永安县聚众数千人暴动，北上进攻建业，发展到万余人，后失败。[13]庶弟：庶出的弟弟，吴主孙皓的同母弟弟。[14]永安侯谦：指孙谦，吴国宗室，封永安侯。后被永安义军施但等劫持，欲至建业立为帝，后被打败，被杀。传见《三国志》卷四十八。[15]住：驻扎下来。[16]召丁固、诸葛靓：时丁固、诸葛靓为建业城的守将。[17]逆战：迎战。牛屯：地名，在建业城（今江苏南京市）北。[18]甲胄（zhòu）：铠甲和头盔，泛指兵器。[19]即时败散：一哄而散。[20]其母：孙谦的生母，孙和被孙峻所杀时，正妃张妃殉情自杀。皓生母何姬说："如果都死了，谁来抚养遗孤呢？"何姬留下来独力抚育孙皓及他姬所生三子孙德、孙谦、孙俊。孙皓登基后尊其母何姬为昭献太后。[21]俊：即孙俊，孙权之孙，孙和第四子，孙休即位时拜骑都尉，聪明辨惠，为远近所称道，深受孙皓猜忌，将其杀死。[22]望气：古代的一种迷信活动，以为观察云气就可以预知人间祸福。[23]荆州：州治襄阳，在今湖北襄阳市。王气：指帝王之气。[24]扬州：当时属吴，州治先在吴（今江苏苏州市），后移至京口（今江苏镇江市），再移至建业（今江苏南京市）。此代指吴国原都城建业。[25]自以为得计：主语为吴主孙皓。[26]鼓噪：鸣鼓喧哗，摇旗呐喊。[27]入建业，杀但妻子：此说施但的妻子在建业城，是入城而杀之，而上文说施但造反"未至三十里住"，还未入建业，便被打败。施但的妻子原来就在建业城？此处比较含糊。

十一月，初并圜丘、方丘之祀于南北郊[1]。

罢山阳国督军[2]，除其禁制[3]。

十二月，吴主还都建业，使后父卫将军、录尚书事滕牧[4]留镇武昌。朝士以牧尊戚[5]，颇推令谏争[6]，滕后之宠由是渐衰，更遣牧居苍梧[7]，虽爵位不夺，其实迁[8]也，在道以忧死。

何太后[9]常保佑[10]滕后，太史[11]又言中宫不可易[12]，吴主信巫觋[13]，故得不废，常供养升平宫[14]，不复进见；诸姬佩皇后玺绂[15]者甚众，滕后受朝贺表疏[16]而已。吴主使黄门[17]遍行州郡，料取[18]将吏家女，其二千石[19]大臣子女，岁岁言名[20]，年十五六一简阅[21]，简阅不中，乃得出嫁。后宫以千数，而采择无已[22]。

（以上为第四段，写吴主孙皓因听信宫中术士的预言，即荆州有天子气，就迁都武昌，劳民伤财。后来，永安地区发生农民起义，攻打建业，被平定后，孙皓又把都城迁回建业。）

【注释】

[1]并圜丘、方丘之祀于南北郊：把在城南圜坛的祭天与在城北方坛的祭祀合并在南北郊外举行。圜（yuán）丘，祭天帝之台。方丘，祭地祇之坛。与南郊、北郊所祭的神灵略有不同，今将二者合而为一。[2]罢山阳国督军：曹丕篡汉后，封汉献帝为山阳公，其地在今河南焦作市东南，在那里驻有监管军队，今则撤除对汉献帝子孙的武装监管。[3]禁制：禁阻，制约。[4]滕牧：又名滕密，孙皓丈人，受封为高密侯，拜卫将军，录尚书事。后其女滕皇后失宠，遣其居于苍梧郡，虽爵位不夺，实为放逐，遂在途中以忧去世。[5]尊戚：尊贵的皇亲国戚。[6]推令谏争：推请他向孙皓进谏规劝。[7]苍梧：吴郡名，郡治广信，在今广西梧州市。[8]迁：贬逐。[9]何太后：即何姬。孙皓登基后尊为昭献太后。[10]保佑：保护。[11]太史：官名，掌天象星历。[12]中宫不可易：意即皇后不能更换。中宫，皇后所居之宫，代指皇后。[13]巫觋（xí）：操持巫术，装神弄鬼的人，女的叫“巫”，男的叫“觋”。[14]供养升平宫：在升平宫中奉养。供养，指供奉安置，提供生活上所需要的物品、金钱。[15]玺（xǐ）绂（fú）：即玺绶，古代印玺上所系的彩色丝带，借指印玺。[16]受朝贺表疏：以皇后的身份接受朝臣与嫔妃的朝贺，并阅看一些礼节性的上书。[17]黄门：黄色的宫门，太监居处，故代指太监。[18]料取：挑选。[19]二千石：官员级别。汉郡守俸禄为二千石，即月俸百二十斛，故称之。为这一级别官员的通称。[20]岁岁言名：每年都呈报家中子女的情况，以备采选。[21]一简阅：挑选一次。简阅，考察，察看。[22]采择无已：不停地选取。采择，挑选，选择。

三年（丁亥，267年）

春，正月，丁卯[1]，立子衷为皇太子[2]。诏以“近世每立太子必有赦。今世运将平[3]，当示之以好恶[4]，使百姓绝多幸之望[5]。曲惠小人[6]，朕无取焉！”遂不赦。

司隶校尉[7]上党李憙[8]劾故立进令刘友[9]、前尚书山涛[10]、中山王睦[11]、尚书仆射武陔[12]各占官稻田，请免涛、睦等官，陔已亡，请贬其谥[13]。诏曰："友侵剥百姓以缪惑朝士[14]，其考竟[15]，以惩邪佞[16]。涛等不贰其过[17]，皆勿有所问[18]。憙亢志在公[19]，当官而行[20]，可谓邦之司直[21]矣。光武有云[22]：'贵戚且敛手，以避二鲍[23]。'其申敕[24]群僚各慎所司[25]，宽宥[26]之恩，不可数遇[27]也。"睦，宣帝之弟子[28]也。

臣光曰：政之大本，在于刑赏[29]，刑赏不明，政何以成！晋武帝赦山涛而褒李憙，其于刑赏两失之。使憙所言为是，则涛不可赦；所言为非，则憙不足褒。褒之使言[30]，言而不用，怨结于下[31]，威玩于上[32]，将安用之！且四臣同罪，刘友伏诛而涛等不问，避贵施贱，可谓政乎！创业之初而政本[33]不立，将以垂统[34]后世，不亦难乎！

帝以李憙为太子太傅[35]，征犍为李密[36]为太子洗马[37]。密以祖母老，固辞[38]，许之。密与人交，每公议其得失而切责之[39]，常言："吾独立于世，顾影无俦[40]，然而不惧者，以无彼此于人[41]故也。"

（以上为第五段，写晋武帝司马炎立司马衷为太子，力图改变旧俗，没有实行大赦；任意刑赏，有几人犯同样的错误，但所受的处罚却不一样，司马光予以讥评，认为不能树立治理国家的根本。）

【注释】

［1］丁卯：正月十八日。［2］衷：即司马衷，字正度，司马炎次子，西晋第二位皇帝，公元290年至307年在位。即位后，痴呆不能任事，先后由太傅杨骏、皇后贾南风掌握实际大权。八王之乱时，诸王辗转挟持，沦为傀儡。谥号孝惠皇帝。传见《晋书》卷四。［3］平：安平，太平。［4］示之以好恶：让臣民们知道国家希望什么，不希望什么。［5］绝多幸之望：断绝侥幸得利的念想。多幸，屡获侥幸。［6］曲惠小人：把不应当施予的恩惠给予那些犯罪的小人。曲惠，小惠，惠及。［7］司隶校尉：官名，监督京师（中央）和周边地方的监察官。［8］上党：晋郡名，郡治壶关（今山西长治市北）。李憙（xǐ）：字季和，上党郡铜鞮县（今山西沁县）人，魏晋大臣。事中郎、司马、右长史，在魏官御史中丞、司隶校尉等职，颇著功绩。入晋，官至光禄大夫、特进，封祁侯。传见《晋书》卷四十一。［9］劾（hé）：上表弹劾，揭发别人的罪状。故立进令：前任立进县县令。立进，县名。刘友：晋朝官员，曾任立进县令。［10］山涛：字巨源，魏晋名士，"竹林七贤"之一。传见《晋书》卷四十三。［11］中山王睦：即司马睦，字子友，司马懿六弟曹魏中

郎司马进之子，司马炎的堂叔父，封中山王。传见《晋书》卷三十七。［12］武陔（gāi）：字元夏，魏国大臣。传见《晋书》卷四十五。［13］贬其谥：贬黜加给武陔的谥号。武陔原谥号为“定”。［14］缪惑朝士：诱惑朝臣与社会名流。缪惑，欺诈，迷惑。缪，通“谬”，欺诈，迷误。朝士，朝臣，官员。［15］其考竟：要对他拷问清楚。其，表示祈使的发语词。［16］邪佞（nìng）：奸邪小人。［17］不贰其过：没有再犯已往的过失。［18］勿有所问：不要再去过问，不要追究罪过，意即和稀泥，大事化小。［19］亢志在公：正直行事，是为了国家。亢志，坚持高尚的志气。亢，高，高傲。［20］当官而行：为官而如此行事，尽到了自己应尽的职责。［21］邦之司直：国家中坚持真理的人。司直，主持正义。［22］光武有云：当年汉光武帝刘秀曾经说过。［23］贵戚且敛手，以避二鲍：此引语见《后汉书》卷二十九《鲍永传》，是汉光武帝刘秀对鲍永、鲍恢的称赞之语，意即皇亲国戚们最好收敛一些，以避开刚正不阿的鲍永、鲍恢。敛手，缩手，收手，不要轻举妄动。二鲍，指东汉初的司隶校尉鲍永及其僚属鲍恢，二人皆秉公执法，不避权贵。司马炎以“二鲍”之说称赞李憙。［24］申敕：警告，告诫。［25］各慎所司：都要小心地做好自己分内的工作。所司，所管，所主持。［26］宽宥（yòu）：宽恕，优待。此指司马炎对于山涛等人“勿有所问”的格外开恩。［27］数遇：屡次碰上。［28］宣帝之弟子：司马睦是晋皇帝司马懿的六弟司马进之子。［29］刑赏：刑罚与奖赏。［30］褒之使言：表扬人让人讲话。［31］怨结于下：让臣僚之间结下怨仇。［32］威玩于上：帝王的权威被看作儿戏。［33］政本：为政的根本。［34］垂统：把基业留传下去。［35］太子太傅：官名，太子的师傅，教导太子的辅导官。［36］李密：犍为人，本名李虔，字令伯，西晋初年大臣。初仕蜀汉，拜为尚书郎。蜀汉灭亡后，参见晋武帝，召为太子洗马，以祖母年老多病、无人供养，呈递《陈情表》，竭力推辞。历任温县令、汉中太守，坐事免官。传见《晋书》卷八十八。［37］太子洗马：官名，太子属官，辅佐太子，教导太子政事、文理。［38］固辞：坚决辞官。此指李密辞官之文，即世传之《陈情表》，声情并茂，为众多文章选本所选载，称为至孝之文。［39］公议其得失而切责之：当众议论朋友的缺点，并予以责备。公议，公开议论。切责，严厉责备。［40］顾影无俦（chóu）：除了自己的影子，再无其他同伴。俦，朋友。《陈情表》曰：“外无期功强近之亲，内无应门五尺之僮，茕茕孑立，形影相吊。”可与之印证。［41］无彼此于人：对任何事情都一样看待，不分伯仲、彼此。

吴大赦，以右丞相万彧镇巴丘[1]。

夏，六月，吴主作昭明宫[2]，二千石以下，皆自入山督伐木。大开苑囿[3]，起土山、楼观，穷极伎巧[4]，功役之费以亿万计。陆凯谏，不听。中书丞华核[5]上疏曰：“汉文[6]之世，九州晏然[7]，贾谊[8]独以为如抱火厝于积薪之下而寝其上[9]。今大敌[10]据九州之地[11]，有太半[12]之众，欲与国家为相吞之计[13]，非徒汉之淮南、济北[14]而已也，比于贾谊之世，孰为缓急[15]！今仓库空匮[16]，编户[17]失业，而北方[18]积谷养民，专心东向[19]。又，交趾沦没[20]，岭表[21]动摇，胸背有嫌[22]，首尾多难，乃国朝之厄会[23]也。若舍此急务，尽力功作[24]，卒有风尘不虞之变[25]，当委版筑[26]而应烽燧[27]，驱怨民[28]而赴白刃[29]，此乃大敌所因以为资[30]者也。”

时吴俗奢侈，核又上疏曰：“今事多而役繁，民贫而俗奢，百工[31]作无用之器，妇人为绮靡之饰[32]，转相仿效，耻独无有[33]。兵民之家[34]，犹复逐俗[35]，内无甔石之储[36]，而出有绫绮[37]之服，上无尊卑等级之差[38]，下有耗财费力之损，求其富给[39]，庸可得乎[40]！”吴主皆不听。

【注释】

[1]巴丘：又名巴陵，在今湖南岳阳市西南，濒临洞庭湖，为吴国军事重镇。[2]昭明宫：东吴的宫殿，位于建业（今江苏南京市），又称显明宫，极尽奢华，以珠玉为饰，方圆五百丈。[3]苑囿：供帝王游玩打猎的园林。囿，养动物的园地。[4]穷极伎巧：尽一切能工巧匠之所能。伎，通“技”。[5]中书丞：中书省的属官。华核（219—278）：字永先，孙吴官员，历史学家，编写《吴书》。后迁任东观令，领左国史，是东吴末期的忠直之臣。传见《三国志》卷六十五。[6]汉文：即西汉文帝刘恒，以简朴称扬于世。[7]晏然：安然，太平无事的样子。[8]贾谊：西汉文帝时著名政论家。传见《汉书》卷四十八。[9]抱火厝（cuò）于积薪之下而寝其上：意即把火放在柴草堆的下面，而人却在柴草堆上面睡觉，万分危险。厝，放置。语见贾谊《治安策》。[10]大敌：指晋朝。[11]九州之地：此乃泛指，非确指。晋初拥有曹魏原来的十二州，即：司隶、徐州、青州、豫州、冀州、并州、幽州、兖州、凉州、雍州、荆州、扬州。灭蜀汉后分益州置梁州，又增二州；晋朝建立后，又分雍、凉、梁三州之地设秦州，分益州地设宁州，分幽州地设平州。共有十七州。[12]太半：一大半。[13]与国家为相吞之计：即积极策划吞并吴国。国家，此代指吴国。相吞，即吞并。[14]非徒汉之淮南、济北：不仅仅是像汉朝当年平定淮南、济北两个封国的叛乱就能停止的。汉文帝时，淮南王刘长、济北王刘兴居都曾反叛中央，被削平。[15]孰为缓急：哪个更为急迫？缓急，偏正词组，单指“急”之义。[16]空匮：穷乏，财用不足。[17]编户：编于户籍之民，指平民。[18]北方：指晋朝。[19]东向：指对付东吴，东吴在晋国东南。[20]交趾沦没：指吕兴叛吴，归附于晋。交趾太守孙谞贪暴，为百姓所患。吕兴纠合豪杰，杀孙谞等，使使往魏，以郡归附。[21]岭表：即岭南，指五岭以南的广东、广西和越南北部一带地区。[22]胸背有嫌：犹言前后都有敌人。嫌，嫌疑。[23]国朝之厄会：指

吴国处于生死存亡的紧急关头。国朝，指吴国。厄会，难关。［24］尽力功作：指把人力物力都花在土木建筑之上。［25］卒有风尘不虞之变：指敌人突然发动进攻。卒，通“猝”，猝然，突然。风尘不虞，即风云突变，发生意想不到的事情。虞，猜测，预料。［26］委版筑：丢下盖房的工具。委，委弃。版筑，建筑。［27］应烽燧：意即奔向敌人进攻的疆场。烽燧，即烽火台，古时用于点燃烟火传递重要消息的高台，此指敌兵入侵，军情紧急。［28］驱怨民：驱赶那些对吴国大兴土木误国害民而心存怨愤的民众走上作战前线。［29］赴白刃：即奔赴战场。白刃，兵器、武器，代指战场。［30］此乃大敌所因以为资：这正好是敌人可以借助我们大兴土木而大举进攻我们、推翻我们的一种力量。［31］百工：各种工匠。［32］绮靡之饰：奢侈华丽的装饰、打扮。［33］耻独无有：以自家不能奢侈为耻。［34］兵民之家：指最下层的民众。［35］逐俗：追逐这种世俗的风气。［36］内无甔（dān）石之储：家里穷得连一石、两石粮食的储存都没有。甔石之储，极言其储存之少。甔，指能盛两斗粮食的瓦罐。石，重量单位，一百二十市斤为一石。［37］绫绮：绫罗绸缎，丝绸。［38］上无尊卑等级之差：整个社会都追求奢侈，所以与统治者的关系也就分不清了。上，与“下”对言，犹言“上下”。［39］富给：富裕，丰足。［40］庸可得乎：还怎么办得到呢？庸，岂，怎么。

秋，七月，王祥以睢陵公罢[1]。

九月，甲申[2]，诏增吏俸。

以何曾为太保，义阳王望为太尉，荀顗为司徒。

禁星气[3]、谶纬之学[4]。

吴主以孟仁守丞相[5]，奉法驾[6]东迎其父文帝神于明陵[7]，中使[8]相继，奉问起居[9]。巫觋[10]言见文帝被服颜色如平生[11]。吴主悲喜，迎拜于东门[12]之外。既入庙，比七日[13]三祭，设诸倡伎[14]，昼夜娱乐。

是岁，遣鲜卑[15]拓跋沙漠汗[16]归其国。

（以上为第六段，写吴主孙皓不爱惜民力、财力，兴建昭明宫，大规模开辟苑囿，兴建土山、楼台，极尽奢华，工程、劳役的花费以亿万计算；又奢侈成风，大臣极力劝谏，但孙皓根本听不进去。）

【注释】

［1］以睢陵公罢：指罢去太保，以睢陵县公的身份退休。睢陵，县名，县治在今江苏睢宁县。［2］甲申：九月十四日。［3］星气：指占星望气之术，是观望天文气象而推断人世凶吉的迷信活

动。［4］谶纬之学：是汉代以来所流行的一种靠附会、篡改古书以预言祸福的迷信活动的学说。谶（chèn），是巫师、方士编造的预示吉凶的隐语。纬，是汉代神学迷信附会儒家经义的一类书。［5］以孟仁守丞相：即以司空孟仁暂代丞相。孟仁，本名孟宗，字恭武，孙吴国大臣。事母至孝。事见《晋书》卷九十四。［6］法驾：皇帝举行重大仪式所乘坐的最庄重的车驾。［7］迎其父文帝神于明陵：将其父孙和神主牌位由明陵接到吴国的太庙。文帝，孙皓追谥其父孙和为文帝。明陵，孙和的陵墓，在当时乌城县西山（今浙江湖州市西南）。［8］中使：宫中派出的使者，多由宦官担任。［9］奉问起居：像对待活人似的请安问好。［10］巫觋（xí）：即巫婆、神汉，泛指以装神弄鬼替人祈祷为职业的巫师。［11］如平生：像当年活着的时候一样。［12］东门：吴国都城建业城（今江苏南京市）东门。［13］比七日：即七日之中。比，到。［14］倡伎：即伶人，泛指古代表演歌舞杂戏的艺人。［15］鲜卑：古民族名，是继匈奴之后在蒙古高原崛起的古代游牧民族，兴起于大兴安岭，为魏晋南北朝对中国影响最大的游牧民族。［16］拓跋沙漠汗：鲜卑索头部首领拓跋力微长子。曹魏景元二年（261）到魏国进贡，并留在魏国作人质。西晋建立后，晋武帝泰始二年（266）被送回国，第二年，又入质于晋。后被杀。北魏建立后，追尊为文皇帝。传见《魏书》卷一。

四年（戊子，268 年）

春，正月，丙戌[1]，贾充等上所刊修律令[2]。帝亲自临讲[3]，使尚书郎裴楷[4]执读。楷，秀之从弟[5]也。侍中卢珽[6]、中书侍郎[7]范阳张华[8]请抄新律死罪条目，悬之亭传[9]以示民，从之。

又诏河南尹杜预[10]为黜陟之课[11]，预奏："古者黜陟，拟议[12]于心，不泥[13]于法；末世不能纪远[14]而专求密微[15]，疑心[16]而信耳目[17]，疑耳目而信简书[18]，简书愈繁，官方[19]愈伪。魏氏考课[20]，即京房之遗意[21]，其文可谓至密，然失于苛细以违本体[22]，故历代不能通[23]也。岂若申唐尧之旧制[24]，取大舍小，去密[25]就简，俾[26]之易从也！

"夫曲尽物理[27]，神而明之[28]，存乎其人[29]。去人[30]而任法，则以文伤理[31]。莫若委任达官[32]，各考所统[33]，岁第其人[34]，言其优劣。如此六载[35]，主者总集[36]，采按其言[37]，六优者超擢[38]，六劣者废免，优多劣少者平叙[39]，劣多优少者左迁[40]。其间所对不钧[41]，品有难易[42]，主者固当准量轻重[43]，微加降杀[44]，不足曲以法尽[45]

也。其有优劣徇情[46]，不叶公论[47]者，当委监司[48]随而弹[49]之。若令上下公相容过[50]，此为清议大颓[51]，虽有考课[52]之法，亦无益也。”事竟不行。

【注释】

[1]丙戌：正月十八日。[2]上：奏报，呈上。所刊修律令：指在汉律基础上修改制定法令，共二十篇，有律令二千九百二十六条。[3]临讲：实际是亲自去听。[4]裴楷（237—291）：字叔则，裴秀的堂弟，魏晋大臣、名士。传见《晋书》卷三十五。[5]从弟：堂弟。[6]侍中：官名，侍从皇帝左右，出入宫廷，与闻朝政，为亲信贵重之职。卢珽（tǐng）：字子笏，魏晋大臣，曹魏司空卢毓之子，任泰山太守。入晋入为卫尉卿，官至尚书。[7]中书侍郎：官名，中书省长官，副中书令，协助中书令管理事务。[8]范阳：郡名，郡治涿州，在今河北涿州市。张华：字茂先，西晋名臣。官至司空。著有《博物志》等书。传见《晋书》卷三十六。[9]亭传：驿亭、传舍，都是过往行人必经的地方。[10]河南尹（yǐn）：地区名，由河南郡改之，长官不称太守，称“尹”。杜预：字元凯，魏晋名臣，经学家。传见《晋书》卷三十四。[11]黜陟之课：官员升降的考核条例。黜陟（zhì），指人才的进退，官吏的升降。黜，罢废。陟，提升。课，考核。[12]拟议：事先的考虑。[13]泥：拘泥。[14]纪远：即作长远打算。[15]密微：细密、周到。[16]疑心：怀疑自己。[17]耳目：指所闻所见。[18]简书：指案卷、文本。[19]官方：指为官之术。[20]魏氏考课：魏散骑常侍刘劭曾作《考课法》，考核、鉴别官吏优劣的条例。[21]京房：本姓李，字君明，西汉学者。曾奏进《考功课吏法》。传见《汉书》卷七十五。遗意：指前人的心愿、意见。[22]本体：本源，根本。[23]通：通行，实行。[24]唐尧之旧制：古代尧帝时的制度。唐尧，姬姓，名放勋，上古时期部落联盟首领，五帝之一，史称唐尧。传见《史记》卷一。[25]密：繁密，苛细。[26]俾：使。[27]曲尽物理：详细了解各种事物的原理。曲尽，委曲而详尽。[28]神而明之：通过个人的聪明才智，把事情的原委弄清楚。[29]存乎其人：一切全在于人的主观作用。[30]人：指人情，情理。[31]以文伤理：意即虽然合于法律条文，但有伤于情理。[32]达官：通晓事理的官员。[33]所统：指自己属下的部门。[34]岁第其人：每年把自己的部下分出等级。第，表示次序、等级。[35]载：年。[36]主者总集：朝廷主管考核工作的官员将每年考评的案卷调过来。总集，汇集，收集。[37]采按其言：按照六年的评语。采按，考查，采纳。[38]超擢：破格越级提升。擢，提拔。[39]平叙：按照常规提拔任用。[40]左迁：降低官职，犹言“下迁”。魏晋贵右贱左，故将贬官称为“左迁”。[41]所对不钧：指地方官的考核品评略有不平衡。钧，通“均”，均匀，均衡。[42]品有难易：品级有些不容易确定。品，指品级的确定。[43]准量：计量，评定。轻重：犹言“优劣”。[44]降杀：即降级。[45]不足曲以法尽：不必用法律条文来加以制裁。[46]徇情：指徇私舞弊。[47]不

叶公论：与大家的公论不一致。叶（xié），通“协”，协调，相和。［48］监司：负责检查的部门。［49］弹：弹劾。［50］公相容过：公开互相包庇。［51］清议：指公正的评议。大颓（tuí）：彻底衰败、败坏。［52］考课：指按一定的标准对官吏政绩进行考核，以决定其升降赏罚。

丁亥[1]，帝耕籍田于洛水之北[2]。戊子[3]，大赦。

二月，吴主以左御史大夫[4]丁固为司徒，右御史大夫孟仁为司空。

三月，戊子[5]，皇太后王氏殂[6]。帝居丧之制，一遵古礼[7]。

夏，四月，戊戌[8]，睢陵元公王祥[9]卒，门无杂吊之宾[10]。其族孙戎[11]叹曰：“太保[12]当正始[13]之世，不在能言[14]之流；及间与之言[15]，理致清远[16]，岂非以德掩其言[17]乎！”

己亥[18]，葬文明皇后[19]。有司又奏：“既虞，除衰服[20]。”诏曰：“受终身之爱而无数年之报[21]，情所不忍也。”有司固请，诏曰：“患在不能笃孝[22]，勿以毁伤为忧[23]。前代礼典[24]，质文不同[25]，何必限以近制[26]，使达丧阙然[27]乎！”群臣请不已，乃许之，然犹素冠疏食以终三年，如文帝[28]之丧。

【注释】

［1］丁亥：正月十九日。［2］耕籍田：到籍田上耕作。古代天子、诸侯为了表示重视农业，有时在春天也到京都苑囿特定的土地上象征性地扶犁耕作，叫作“耕籍田”。［3］戊子：正月二十日。［4］御史大夫：副丞相，主管监察工作。［5］戊子：正月二十一日。［6］殂（cú）：去世。［7］一遵古礼：完全遵照守孝三年的古礼。［8］戊戌：四月二日。［9］睢陵元公王祥：睢陵，是王祥的封号，封为“睢陵公”；亦为县名，即江苏睢宁县。元，是谥号。［10］无杂吊之宾：意即没有闲杂的宾客，都是高官。［11］族孙戎：指王祥族孙王戎，魏晋名士、官员，“竹林七贤”之一。传见《晋书》卷四十三。［12］太保：官名，三公之一，位次太傅。［13］正始：魏帝曹芳的第一个年号，共计十年，公元240年至公元249年四月，也是曹魏政权的第五个年号。［14］能言：指善清谈。［15］间与之言：偶尔和他谈起一些话题。［16］理致清远：思维、情趣清晰广远。［17］以德掩其言：由于他的德望太高，而掩盖了他“能言”的事实。［18］己亥：四月三日。［19］文明皇后：即王元姬，司马炎生母，谥号文明皇后。［20］既虞，除衰服：完成了安魂祭礼，就要脱掉丧服。虞，古代一种祭祀名，既葬而祭叫虞，有安神之意。衰服，犹言“丧服”，即孝服。［21］无数年之报：意即连几年的丧服也不穿。［22］患：忧患，忧虑。不能笃（dǔ）孝：指人们没有那份真诚的孝心。［23］勿以毁伤为忧：不必过多担心人们会由于衰伤而有

损于身体。毁伤，毁损，损伤。［24］礼典：即礼法。［25］质文不同：有时重质，有时重文，即有时重实祭，有时重形式。［26］近制：近年来的有关规定。［27］使达丧阙然：让好的丧礼没人执行。达丧，天下通用之丧礼。阙，同“缺”。［28］文帝：即晋文帝司马昭。

秋，七月，众星西流[1]，如雨而陨[2]。己卯[3]，帝谒崇阳陵[4]。

九月，青、徐、兖、豫四州大水。

大司马石苞久在淮南[5]，威惠[6]甚著。淮北监军王琛[7]恶之，密表[8]苞与吴人交通[9]。会吴人将入寇，苞筑垒遏水[10]以自固，帝疑之。

羊祜深[11]为帝言：“苞必不然。”帝不信，乃下诏，以苞不料贼势[12]，筑垒遏水，劳扰百姓，策免[13]其官，遣义阳王望帅大军以征之[14]。苞辟[15]河内孙铄[16]为掾[17]，铄先与汝阴王骏[18]善，骏时镇许昌[19]，铄过见之。骏知台[20]已遣军袭苞，私告之曰：“无与于祸[21]！”铄既出，驰诣[22]寿春，劝苞放兵[23]，步出都亭待罪[24]。苞从之。帝闻之，意解[25]，苞诣阙[26]，以乐陵公还第[27]。

【注释】

［1］众星西流：即流星，分布在星际空间的细小物体，飞入地球大气层，跟大气摩擦发生热和光，称为“流星”。［2］陨（yǔn）：陨落，坠落。［3］己卯：七月十四日。［4］崇阳陵：司马昭陵墓，位于河南洛阳市偃师区。［5］久在淮南：石苞自甘露三年（258）魏平诸葛诞之乱后，即镇守淮南（今安徽寿县），迄今已有十一年。［6］威惠：声威，恩泽。［7］王琛（chēn）：晋朝官员，曾任淮北监军。［8］密表：秘密向皇帝报告。［9］交通：往来，勾结。［10］筑垒遏水：修筑城堡，筑堤蓄水。遏，阻断。［11］深：深入，恳切。［12］不料贼势：不了解敌人的实际情况。不料，不认真分析。［13］策免：帝王以策书免官。［14］帅大军以征之：担心其叛乱或投吴，故带着大军前来征调石苞进京。帅，通“率”，率领。征，征调。［15］辟：聘任。［16］河内：郡名，郡治怀县，在今河南武陟县。孙铄（shuò）：字巨邺，河内怀县人，晋朝官员。［17］掾（yuàn）：属吏。［18］汝阴王骏：即司马骏，司马懿之子，司马炎之叔。传见《晋书》卷三十八。［19］许昌：当年汉献帝的都城，在今河南许昌市东。［20］台：指朝廷。［21］无与于祸：不要跟着卷进灾祸的旋涡，意即劝他不要再去了。与，参与，卷进。［22］诣（yì）：到，来到。［23］放兵：放弃兵权，离开军队。［24］步出都亭待罪：步行出城，前往驿站，等候处置。都亭，驿站，在城外路边。［25］意解：疑心消散。［26］阙（quē）：宫阙，皇宫。［27］以乐

陵公还第：指免去官职，单以公爵的待遇回家为民。乐陵，县名，在今山东乐陵市。

吴主出东关[1]。冬，十月，使其将施绩[2]入江夏[3]，万彧寇襄阳[4]。诏义阳王望统中军步骑二万屯龙陂[5]，为二方声援[6]。会荆州刺史胡烈[7]拒绩，破之，望引兵还。

吴交州刺史刘俊[8]、大都督修则[9]、将军顾容[10]前后三攻交趾[11]，交趾太守杨稷[12]皆拒破之；郁林、九真[13]皆附于稷。稷遣将军毛炅[14]、董元[15]攻合浦[16]，战于古城[17]，大破吴兵，杀刘俊、修则，余兵散还合浦。稷表炅为郁林太守，元为九真太守。

十一月，吴丁奉[18]、诸葛靓出芍陂[19]，攻合肥[20]。安东将军汝阴王骏拒却之。

以义阳王望为大司马，荀顗为太尉，石苞为司徒。

（以上为第七段，写晋朝建立法律制度、官吏考核制度；晋武帝司马炎为母亲守孝至诚，戴白冠，吃素食，坚持三年，如同为父亲守丧一样；吴国几次出兵攻打晋朝，均被打败。）

【注释】

[1]东关：地名，故址在今安徽含山县西南濡须山上。[2]施绩：字公绪，当阳侯朱然之子，是孙吴中后期的大将，主要负责荆州重地的军事，官至上大将军、左大司马。[3]江夏：晋郡名，郡治在今湖北安陆市。[4]襄阳：晋郡名，郡治在今湖北襄阳市。[5]龙陂（pí）：也称"摩陂"，在今河南郏县东南，因有青龙现于摩陂井中，故名。[6]二方：指被吴军攻打的江夏与襄阳二郡。声援：在军事上遥作支援，哪方吃紧，就奔赴哪方。[7]胡烈：字玄武，曹魏车骑将军胡遵之子。传见《晋书》卷五十七。[8]刘俊：孙吴官员，曾任交州刺史。[9]大都督：官名，为军事统帅。修则（？—268）：临川郡（治在今江西抚州市临川区）人，孙吴将领，曾任大都督。[10]顾容：吴郡吴县（今江苏苏州市）人，孙吴将领，官至荆州刺史。[11]交趾：原为吴郡，郡治龙编（今越南河内市东北），此时已降晋。[12]杨稷（jì）：字文曹，犍为（今四川眉山市彭山区东）人，西晋初年任交州刺史。[13]郁林、九真：皆交州郡名，郡治分别在今广西桂平市西南、今越南清化县西北。[14]毛炅（jiǒng）：西晋官员，曾任交趾太守。[15]董元：西晋官员。[16]合浦：交州郡名，郡治在今广西合浦县东北，当时尚属吴国。[17]古城：在合浦郡内，具体方位不详。[18]丁奉：字承渊，孙吴名将。传见《三国志》卷五十五。[19]芍（sháo）陂：古代淮水流域最著名的水利工程，在今安徽寿县南。[20]合肥：晋国淮南郡的郡治所在地，

在今安徽合肥市西北。

五年（己丑，269年）

春，正月，吴主立子瑾[1]为皇太子。

二月，分雍、凉、梁州置秦州[2]。以胡烈为刺史。先是，邓艾纳鲜卑降者数万，置于雍、凉之间[3]，与民杂居[4]，朝廷恐其久而为患，以烈素著名于西方，故使镇抚之。

青、徐、兖三州大水。

帝有灭吴之志。壬寅[5]，以尚书左仆射羊祜都督荆州诸军事，镇襄阳；征东大将军卫瓘都督青州诸军事，镇临菑[6]；镇东大将军东莞王伷[7]都督徐州诸军事，镇下邳[8]。

祜绥怀[9]远近，甚得江、汉[10]之心，与吴人开布大信[11]，降者欲去，皆听之，减戍逻[12]之卒，以垦田[13]八百余顷[14]。其始至也，军无百日之粮，及其季年[15]，乃有十年之积。祜在军，常轻裘缓带[16]，身不被甲[17]，铃阁[18]之下，侍卫不过十数人。

【注释】

[1]瑾：即孙瑾，孙皓长子，立为皇太子。后随孙皓投降晋朝，晋武帝司马炎任为中郎。[2]分雍、凉、梁州置秦州：分割雍州、凉州、梁州各一部分，设立秦州。秦州统陇西、南安、天水、略阳、武都、阴平等郡，州治翼县，在今甘肃甘谷县东。[3]雍、凉之间：在今陕甘相接的一带地区。雍州州治在今陕西西安市，凉州州治在今甘肃武威市。[4]与民杂居：与汉人杂居在一起。[5]壬寅：二月壬戌朔，没有壬寅，疑误。[6]临菑：县名，在今山东淄博市临淄区。[7]东莞（guǎn）王伷（zhòu）：伷，即司马懿之子，司马炎之叔司马伷，晋朝建立后，封为东莞王。东莞，古地名。[8]下邳：晋郡名，郡治在今江苏睢宁县西北。[9]绥（suí）怀：安抚，感化。[10]江、汉：长江、汉水流经的地带，这里指湖北襄阳市一带地区。[11]开布大信：即开诚布公，说话算话。[12]戍逻：防守，巡逻。[13]以垦田：让裁撤下来的士兵开垦农田。以，以之，让这些人。[14]八百余顷：八万多亩。顷，市制地积单位，100亩为1顷。[15]季年：在任的最后几年。[16]轻裘（qiú）缓带：即轻暖的皮袍，形容从容闲适。[17]被甲：穿上铠甲。被，通“披”，穿。[18]铃阁（gé）：指羊祜办公的地方。

济阴[1]太守巴西文立上言[2]：“故蜀之名臣子孙流徙中国[3]者，宜量才叙用[4]，以慰巴、蜀之心，以倾吴人之望[5]。”帝从之。己未[6]，诏曰：“诸葛亮在蜀，尽其心力，其子瞻临难而死义[7]，其孙京[8]宜随才署吏[9]。”又诏曰：“蜀将傅佥父子[10]，死于其主。天下之善一也，岂由彼此以为异哉！佥息著、募[11]没入奚官[12]，宜免为庶人[13]。”

帝以文立为散骑常侍。汉故尚书犍为程琼[14]，雅有德业[15]，与立深交，帝闻其名，以问立，对曰：“臣至知[16]其人，但年垂[17]八十，禀性谦退[18]，无复当时之望[19]，故不以上闻[20]耳。”琼闻之，曰：“广休[21]，可谓不党[22]矣，此吾所以善夫人[23]也。”

秋，九月，有星孛于紫宫[24]。

【注释】

[1]济阴：晋郡名，郡治定陶，在今山东菏泽市定陶区西北。[2]巴西：郡名，在巴郡以西，郡治阆中，在今四川阆中市西。文立：字广休，今重庆市忠县人，晋朝官员。曾任济阴太守，后入朝官至卫尉。[3]中国：指中原地区，此代指晋朝。[4]叙用：选择任用。[5]倾吴人之望：让吴人倾向于我们。[6]己未：二月壬戌朔，没有己未，疑误。[7]瞻临难而死义：指蜀汉丞相诸葛亮之子诸葛瞻迎敌邓艾军而英勇奋战，为国捐躯。[8]京：即诸葛京，字行宗，诸葛亮之孙，诸葛瞻次子。蜀汉灭亡后，迁徙至河东，初任郿县令，后任江州刺史。[9]随才署吏：依照才能任命官职。[10]傅佥父子：指傅彤、傅佥。傅彤（róng），蜀汉将领。刘备攻伐吴国时，他为别督。后刘备被陆逊击败，他率部断后，战死。傅佥（qiān），傅彤之子，蜀汉后期名将。长于谋略，并颇有胆勇，官至关中都督。魏国攻伐蜀汉时，傅佥和蒋舒防守阳安关，兵败战死。事见《三国志》卷四十五。[11]佥息著、募：指傅佥的儿子傅著、傅募，均被司马炎免为庶人。息，子。[12]没入奚官：被收入官府为奴，养马。奚官，官名，主管养马。[13]免为庶人：赦免他们，恢复平民的身份。庶人，平民，无官爵者，具有自由身份的劳动者。[14]犍（qián）为：郡名，郡治武阳，在今四川眉山市彭山区东。程琼：犍为人，蜀汉后期大臣，官至尚书。[15]雅有德业：平素很有道德修养。雅，表示程度，相当于“很”“极”。德业，德行与功业。[16]至知：极其了解。[17]垂：近，将近。[18]禀性：指人的本性。谦退：谦让。[19]无复当时之望：意即不再求闻达于现时。[20]不以上闻：不向朝廷推荐他。[21]广休：即文立，字广休。[22]不党：不拉帮结派。[23]善夫人：喜欢他，愿意与他交好。夫人，犹言彼人，那个人。[24]有星孛于紫宫：在紫薇宫附近出现彗星，预示帝王身旁当有变乱。星孛，古代对彗星的称呼。孛，火光四射，这里即指彗星。紫宫，即紫薇宫，星座名，古人常以比附帝王居住的

地方。

冬，十月，吴大赦，改元建衡[1]。

封皇子景度为城阳王[2]。

初，汝南何定[3]尝为吴大帝给使[4]，及吴主[5]即位，自表先帝旧人，求还内侍。吴主以为楼下都尉[6]，典知酤籴事[7]，遂专[8]为威福。吴主信任之，委以众事。左丞相陆凯面责定曰："卿见前后事主不忠，倾乱国政，宁有得以寿终者邪！何以专为奸邪，尘秽天听[9]，宜自改厉[10]。不然，方见[11]卿有不测之祸。"定大恨之。

凯竭心公家，忠恳内发[12]，表疏[13]皆指事不饰[14]。及疾病，吴主遣中书令董朝[15]问所欲言，凯陈"何定不可信用，宜授以外任。奚熙[16]小吏，建起浦里田[17]，亦不可听。姚信[18]、楼玄[19]、贺邵[20]、张悌[21]、郭逴[22]、薛莹[23]、滕修[24]，及族弟喜、抗[25]，或清白忠勤[26]，或资才卓茂[27]，皆社稷之良辅[28]，愿陛下重留神思[29]，访以时务[30]，使各尽其忠，拾遗万一[31]。"邵，齐[32]之孙；莹，综[33]之子；玄，沛人；修，南阳人也。凯寻卒[34]，吴主素衔其切直[35]，且日闻何定之谮[36]，久之，竟徙凯家于建安[37]。

【注释】

[1]建衡：吴末帝孙皓的第四个年号。 [2]景度：即司马景，司马炎之子，过继叔父城阳哀王司马兆为后。城阳王：封地城阳郡，都城在今山东莒县。 [3]何定：豫州汝南人，孙吴佞臣。官至楼下都尉。后以奸秽事发伏法。 [4]吴大帝：即吴主孙权，谥号大皇帝，故称之。给使：供差遣。 [5]吴主：此指孙皓。 [6]楼下都尉：吴官名，掌买酒买米等事。 [7]典知酤（gū）籴（dí）事：主管给皇帝贡酒贡粮。典知，负责，主管。酤，买酒。籴，买进粮食。 [8]专：专擅。 [9]尘秽天听：污染天子的耳目。尘秽，污秽，污染。 [10]改厉：改正，改过自勉。厉，通"励"。 [11]方见：很快就要见到。 [12]忠恳内发：忠诚恳切之言发自内心。 [13]表疏：上表上书，用作动词。 [14]指事不饰：直话直说，不加粉饰。 [15]董朝：孙吴官吏。先后任中书郎、中书令、司徒。孙皓当政时，甚受宠用。 [16]奚熙：孙吴官员，曾任东吴临海太守。后被杀，被灭三族。 [17]建起：修建。浦里田：堤坝名，在宛陵县（今安徽宣城市）附近。田，

原文作“塘”，据章校改。［18］姚信：孙吴官员，字元道，吴兴（今浙江湖州市）人，曾为太常。［19］楼玄：字承先，孙吴官员。历任监农御史、散骑中常侍、会稽太守、大司农。遭人诬陷流放广州，后又流放交趾，被逼迫自杀。［20］贺邵：字兴伯，孙吴官员，历仕三朝。为散骑中常侍，出为吴郡太守；入为左典军，迁中书令，领太子太傅。敢于直谏，后遭杀害。［21］张悌：字巨先，孙吴大臣。曾为屯骑校尉，升任丞相。吴亡，率军与晋军交战，以身殉难。［22］郭逴（chuō）：孙吴官员。曾为散骑中常侍。［23］薛莹：字道言，太子少傅薛综之子，文学家，出任吴国左国史、光禄勋。入晋为散骑常侍。［24］滕修：字显先，吴国及西晋将领。在吴，官至镇南将军，入晋，任为安南将军、广州牧。传见《三国志》卷五十六。［25］族弟喜、抗：即陆凯族弟陆喜、陆抗。陆喜，在吴为选曹尚书。入晋，为散骑常侍。陆抗（226—274），字幼节，丞相陆逊次子，孙吴后期名将。［26］忠勤：忠正，勤勉。［27］资才卓茂：资质、才能卓异、突出。［28］社稷：代指国家。良辅：贤良的辅佐。［29］重留神思：犹言多多留意。［30］访以时务：向他们询问现时政务之所宜。访，问。［31］拾遗万一：婉指纠正帝王的某些缺失。拾遗，指匡正帝王的过失或缺点。［32］齐：即孙吴名将贺齐。传见《三国志》卷六十。［33］综：即孙吴名臣薛综。传见《三国志》卷五十三。［34］寻卒：不久去世。［35］素衔其切直：一向记恨陆凯的直言极谏。素，平素，平常。衔，心里记恨。［36］谮（zèn）：诬陷，馋毁。［37］徙凯家于建安：把陆凯的家属发配到建安居住。建安，即建安郡的郡治所在地，今福建建瓯市。

吴主遣监军虞汜[1]、威南将军薛珝[2]、苍梧[3]太守丹阳陶璜[4]从荆州道[5]，监军李勖[6]、督军徐存[7]从建安海道[8]，皆会于合浦[9]，以击交趾[10]。

十二月，有司奏东宫[11]施敬二傅[12]，其仪[13]不同。帝曰：“夫崇敬师傅，所以尊道重教也，何言臣不臣乎[14]！其令太子申拜礼[15]。”

（以上为第八段，写晋武帝司马炎有灭吴的志向，围绕灭吴进行军事部署，重用深得人心的羊祜等名将；而吴主孙皓听不进忠臣劝告，重用那些独断专行、作威作福的奸佞小人。）

【注释】

［1］虞汜：字世洪，虞翻的第四个儿子，官至交州刺史、冠军将军，封爵余姚侯。［2］威南将军：将军名，杂号将军。薛珝（xǔ）：薛综之子，孙吴官员。曾多次奉吴国君主之命出使蜀汉，见证了蜀汉末期的民生凋敝。［3］苍梧：郡名，郡治广信县，在今广西梧州市。［4］陶璜：丹阳（在今江苏南京市）人，字世英，陶基之子，魏晋将领、官员。在吴，曾为交州刺史；入晋仍然被任命为交州刺史。去世后，交州“举州号哭，如丧慈亲”。［5］从荆州道：指从荆州南下。

[6]监军：官名，与统帅分庭抗礼，掌稽核功罪赏罚。李勖（xù）：孙吴将领，曾以监军身份攻击叛变的交趾。后来擅自斩杀导将冯斐并撤退，被责罚，灭族。［7］督军：古时地方军政长官。徐存：曾以督军之职前往合浦，出击交趾，因道不通而还，被诛杀，其家属亦不免。［8］从建安海道：指从建安乘船，从海路出发。建安，在今福建建瓯市。［9］合浦：郡名，在今广西合浦县东北。［10］交趾：郡名，在今越南北部。［11］东宫：指太子。［12］施敬二傅：对待太子太傅与太子少傅两位辅导官的礼节。施敬，犹言“施礼”。［13］仪：礼仪，礼节。［14］何言臣不臣乎：有什么臣不臣的说法呢？大概有人认为让太子给老师行礼是有伤于君臣之分，故司马炎这么说。［15］申拜礼：行叩拜之礼。

六年（庚寅，270年）

春，正月，吴丁奉入涡口[1]，扬州刺史牵弘[2]击走之。吴万彧自巴丘[3]还建业。

夏，四月，吴左大司马施绩卒。以镇军大将军陆抗都督信陵、西陵、夷道、乐乡、公安[4]诸军事，治乐乡[5]。

抗以吴主政事多阙[6]，上疏曰：“臣闻德均则众者胜寡[7]，力侔则安者制危[8]，此六国[9]所以并于秦[10]，西楚所以屈于汉[11]也。今敌之所据[12]，非特关右之地[13]、鸿沟以西[14]，而国家外无连衡之援[15]，内非西楚之强[16]，庶政陵迟[17]，黎民未乂[18]。议者所恃，徒以长江、峻山限带封域[19]，此乃守国之末事[20]，非智者之所先[21]也。臣每念及此，中夜抚枕[22]，临餐忘食。夫事君之义，犯而勿欺[23]，谨陈时宜[24]十七条以闻[25]。”吴主不纳。

李勖以建安道不利[26]，杀导将冯斐[27]，引军还。初，何定尝为子求婚于勖，勖不许，乃白[28]勖枉杀冯斐，擅彻军[29]还，诛勖及徐存并其家属，仍[30]焚勖尸。定又使诸将各上御犬[31]，一犬至直缣数十匹[32]，缨绁[33]直钱一万，以捕兔供厨。吴人皆归罪于定，而吴主以为忠勤，赐爵列侯。陆抗上疏曰：“小人不明理道[34]，所见既浅，虽使竭情尽节[35]，犹不足任，况其奸心素笃[36]而憎爱移易[37]哉！”吴主不从。

【注释】

［1］涡口：涡水入淮河处，在今安徽怀远县东。［2］扬州：西晋时治寿县，在今安徽寿县。

牵弘：魏晋将领。曾为陇西太守，随邓艾伐蜀有功，拜蜀郡太守、振威护军。入晋，任扬州刺史，后调任凉州刺史，在平定叛乱中战死。［3］巴丘：地名，在今湖南岳阳市岳阳楼一带。［4］信陵、西陵、夷道、乐乡、公安：皆吴县名。信陵，在今湖北秭归县东；西陵，在今湖北宜昌市故城；夷道，在今湖北宜都市；乐乡，在今湖北松滋市东北；公安，在今湖北公安县西北。［5］治乐乡：陆抗的办公机构设在乐乡，其城北江中有沙洲，渡江容易，是江津军事要地。［6］阙：通"缺"，缺失，缺陷。［7］德均则众者胜寡：两国君主的道德水准与受人拥戴的程度差不多时，则人口多的一方战胜人口少的一方。［8］力侔则安者制危：双方的力量相等时，则国家安定的一方制服国家不安定的一方。侔，相当，相等。［9］六国：指关东六国，即齐、楚、燕、赵、韩、魏六国。［10］并于秦：被秦国吞并。［11］西楚所以屈于汉：指项羽被刘邦打败。西楚，指西楚霸王项羽。汉，指汉王刘邦。［12］据：凭据，依恃。［13］非特关右之地：不像当年的刘邦，只拥有函谷关以西的地盘。非特，不只是。关右，指函谷关以西。［14］鸿沟以西：楚、汉相争时，刘邦、项羽曾一度以鸿沟为界，鸿沟以西属刘邦。鸿沟，水道名，即后代所说的"汴河"，从河南荥阳市北由黄河分出，流经今中牟县北、开封市北，东南入颍水。［15］外无连衡之援：意即外面没有同盟国的援助。连衡，即连横，结盟，联合。［16］内非西楚之强：意即自身也没有西楚霸王项羽那样强大。［17］庶政：犹言"诸政"，各种政务。庶，众多。陵迟：败坏，衰败。［18］黎民未乂：百姓的情绪动荡不安。乂（yì），安定。［19］限带封域：意即作为我们国家的屏障。限，阻隔。带，围绕。封域，疆域，领地，代指吴国。［20］守国之末事：守卫吴国疆土的最为次要的事情，意即作用可能不大。［21］所先：即所优先采取的措施。［22］中夜抚枕：半夜不能入睡。［23］犯而勿欺：宁可有言语冒犯，但不可谄媚欺骗。［24］时宜：指眼下所应该做的事情。［25］闻：使之闻，使动用法。［26］不利：不好走。［27］导将：官名。冯斐（fěi）：孙吴将领。以导将身份攻击叛变的交趾。后来李勖以"建安道不利"为由杀之。［28］白：上告，控告。［29］彻军：即撤军。彻，通"撤"。［30］仍：乃，又。［31］御犬：供孙皓玩赏的犬。［32］至直缣数十匹：极言这些狗的价钱之贵。至，达到。直，通"值"，价值。缣（jiān），一种双丝的织物，多用作赏赠酬谢。［33］缨绁（xiè）：牵狗用的绳索。［34］理道：治国之道。唐人为避高宗讳，常将古书上的"治"字改作"理"。［35］竭情尽节：犹言竭心尽力。竭，与"尽"同义。［36］奸心素笃：奸诈之心本来就根深蒂固。素，平素，平常。笃，深厚。［37］憎爱移易：再把他们喜欢谁、憎恨谁的劲头都加上去。移易，转移，调换。

六月，戊午[1]，胡烈讨鲜卑秃发树机能[2]于万斛堆[3]，兵败，被杀。都督雍、凉州诸军事、扶风王亮[4]遣将军刘旂[5]救之，旂观望不进。亮坐贬为平西将军，旂当斩。亮上言："节度之咎[6]，由亮而出，乞丐其死[7]。"诏曰："若罪不在旂，当有所在[8]。"乃免亮官。

遣尚书乐陵石鉴[9]行安西将军[10]，都督秦州诸军事，讨树机能。树机能兵盛，鉴使秦州刺史杜预出兵击之。预以虏乘胜马肥，而官军县乏[11]，宜并力大运刍粮[12]，须春[13]进讨。鉴奏预稽乏军兴[14]，槛车征诣廷尉[15]，以赎论[16]。既而[17]鉴讨树机能，卒不能克[18]。

【注释】

[1]戊午：六月四日。[2]秃发树机能：鲜卑族部落首领。犯晋西疆，一度攻陷凉州，威震天下。后为晋将马隆所败杀。事见《晋书》卷一百二十六。[3]万斛（hú）堆：地名，在今甘肃靖远县西。[4]扶风王亮：即司马亮，司马懿第四子，司马炎叔父。西晋建立后，先封扶风王，后改封汝南王。后入朝任太尉、录尚书事，兼任太子太傅。传见《晋书》卷五十九。[5]刘旂：人名，晋朝将军。[6]节度之咎：指调度的过错，即部署不当。节度，节制，部署。咎，过错，罪过。[7]乞丐（gài）其死：犹言"乞免其死"，请求宽免刘旂的死罪。乞，请求。丐，免于。[8]当有所在：应当有承担罪责的人。[9]乐陵：晋县名，县治在今山东乐陵市东南。石鉴：字林伯，魏晋大臣。传见《晋书》卷四十四。[10]行：代理。安西将军：官名，"四安将军"之一，镇守西方的将军。[11]县乏：孤立远出，彼此不相联系。县，通"悬"，悬远，隔绝。[12]刍粮：即粮草。刍（chú），喂牲畜的草。[13]须春：等春天来到。须，等待。[14]稽：停留，迟延。乏军兴：指耽误军事行动或军用物资的征集调拨，古代军事法中的罪名。兴，指官府征集物资。[15]槛车征诣廷尉：装进囚车，送司法部门处理。槛车，囚车。廷尉，官名，全国最高的司法官。[16]以赎（shú）论：即以赎罪论处。军兴而致缺乏，是死刑罪。而杜预的妻子是司马懿的女儿，即司马炎的姑妈，故享有特权，所以才得以用他的丰乐亭侯的侯爵赎得一命。[17]既而：不久。[18]克：战胜。

秋，七月，乙巳[1]，城阳王景度[2]卒。丁未[3]，以汝阴王骏[4]为镇西大将军，都督雍、凉等州诸军事，镇关中。

冬，十一月，立皇子东[5]为汝南王。

吴主从弟、前将军秀[6]为夏口督[7]，吴主恶之，民间皆言秀当见图[8]。会吴主遣何定将兵五千人猎[9]夏口，秀惊，夜将[10]妻子亲兵数百人来奔[11]。十二月，拜秀票骑将军[12]、开府仪同三司，封会稽公。

是岁，吴大赦。

初，魏人居南匈奴五部于并州诸郡[13]，与中国民杂居，自谓其先汉氏外孙[14]，因改姓刘氏。

（以上为第九段，写吴主孙皓处理政事多有过失，不听将军陆抗劝说；晋朝派遣将领胡烈攻打鲜卑首领，兵败被杀；扶风王司马亮再派遣将军刘旂前去救援，因观望不前而获罪。）

【注释】

［1］乙巳：七月二十二日。［2］城阳王景度：即司马景度，司马炎之子。［3］丁未：七月二十四日。［4］汝阴王骏：即司马骏，司马懿第七子。［5］皇子东：据章校，甲十一行本等，“东”作“柬”。［6］前将军秀：即孙秀，字俊忠，孙吴夏口督，避祸投晋为西晋大臣。［7］夏口督：夏口驻军的统领。夏口，在今湖北武汉市武昌区。［8］当见图：将被人所害。图，图谋，算计。［9］猎：猎杀，围剿。［10］将：协同，带领。［11］来奔：前来投奔晋国。［12］票骑将军：官名，高级将军名号，位仅次于大将军。票骑，即“骠骑”。［13］居南匈奴五部于并州诸郡：意即在曹魏时南匈奴五部被安排居住于并州各个郡县。［14］汉氏外孙：因汉初与匈奴实行和亲政策，后代的匈奴单于是刘氏的公主所生，故自称“汉氏外孙”。

七年（辛卯，271年）

春，正月，匈奴右贤王刘猛[1]叛，出塞[2]。

豫州刺史石鉴坐[3]击吴军虚张首级[4]，诏曰：“鉴备大臣[5]，吾所取信；而乃下同为诈[6]，义得尔乎[7]！今遣归田里，终身不得复用。”

吴人刁玄[8]诈增谶文[9]曰：“黄旗紫盖[10]，见于东南，终有天下者，荆、扬之君[11]。”吴主信之。是月晦[12]，大举兵出华里[13]，载太后、皇后及后宫数千人，从牛渚[14]西上。东观令[15]华核等固谏，不听。行遇大雪，道涂陷坏[16]，兵士被甲持仗[17]，百人共引一车[18]，寒冻殆死[19]，皆曰：“若遇敌，便当倒戈[20]。”吴主闻之，乃还。帝遣义阳王望[21]统中军二万、骑三千屯[22]寿春以备之。闻吴师退，乃罢。

三月，丙戌[23]，巨鹿元公裴秀[24]卒。

【注释】

［1］右贤王：匈奴贵族封号，二十四长之一，在右部诸王侯中地位最高，居匈奴西部。刘猛：晋朝匈奴右贤王去卑的儿子，叛逃出塞，统领塞外匈奴攻打并州，被并州刺史刘钦击败。后晋朝监军胡奋讨伐刘猛，数次击败他，并利诱刘猛属下左部帅李恪将其杀之。［2］出塞：即出关，叛

逃关外。[3]坐：因事犯罪。[4]虚张首级：虚报杀敌数目。[5]备大臣：作为国家的大臣。备，备为，作为。[6]下同为诈：即与部属共同为诈，串通一道说假话。[7]义得尔乎：从道义的角度来说，能够这样做吗？[8]刁玄：吴国将领，丹杨（今安徽当涂县）人。[9]诈增谶文：增改古书字句，编造一些预言吉凶的隐语。谶（chèn）文，指具有预示性质的图箓或文字。[10]黄旗紫盖：天空中出现状如黄旗紫盖的云气，旧为皇帝出世的征兆。[11]荆、扬之君：指东吴的君王孙皓。据《江表传》，刁玄曾出使蜀汉，得知司马徽与刘廙谈论命运历劫的几件事，于是加上"黄旗紫盖"等几句话，用以讨孙皓欢心，博取富贵。[12]是月晦：这个月的最后一天，即正月三十日。晦，农历每月的最后一天。[13]华里：地名，在今江苏南京市西。[14]牛渚（zhǔ）：即牛渚山，在今安徽当涂县西北的长江边，北部突入江中，名采石矶，自古为大江南北的重要津渡，也是军事必争之地。[15]东观令：管理皇家图书的官员。东观，汉代以来的国家图书馆。[16]道涂陷坏：道路被损坏。道涂，即道路。涂，通"途"。[17]被甲持仗：身穿铠甲，手拿兵器。[18]百人共引一车：每百人共拉一辆皇室人员的坐车。引，拖引，推拉。[19]寒冻殆（dài）死：把人几乎冻死。[20]便当倒戈：立马就投降敌人。[21]义阳王望：即司马望，司马孚之子，司马炎堂叔，晋朝建立后，封为义阳王。[22]屯：驻扎。[23]丙戌：三月七日。[24]巨鹿元公：巨鹿公，是裴秀的封号。元，是谥号。

夏，四月，吴交州刺史陶璜袭九真[1]太守董元，杀之；杨稷以其将王素[2]代之。

北地胡[3]寇金城[4]，凉州[5]刺史牵弘讨之。众胡皆内叛[6]，与树机能共围弘于青山[7]，弘军败而死。

初，大司马陈骞言于帝曰："胡烈、牵弘皆勇而无谋，强于自用[8]，非绥边[9]之材也，将为国耻。"时弘为扬州刺史，多不承顺[10]骞命，帝以为骞与弘不协[11]而毁[12]之。于是，征弘[13]，既至，寻复[14]以为凉州刺史。骞窃[15]叹息，以为必败。二人果失羌戎之和[16]，兵败身没[17]，征讨连年，仅而能定[18]，帝乃悔之。

【注释】

[1]九真：郡名，在今越南清化市西北。[2]王素：晋朝官员，将军。[3]北地胡：居住在北地郡的少数民族。北地郡，约当今甘肃东北部、宁夏南部一带地区。郡治富平，在今宁夏吴忠市西南。[4]金城：晋郡名，郡治在今甘肃兰州市。[5]凉州：州名，古称雍州、姑臧、休屠，州治在今甘肃武威市。[6]内叛：即内乱，反叛晋朝。[7]青山：地名，在凉州境内。

[8]强于自用：自以为是，不相信别人。［9］绥边：安定边疆。绥，安抚，使平定。［10］不承顺：不服从。当时陈骞以大司马都督扬州诸军，驻寿春（今安徽寿县），牵弘为扬州刺史，应听命于陈骞。［11］不协：不一致，不和。协，协同。［12］毁：说人坏话。［13］征弘：把牵弘调回了京城。征，征召。［14］寻：不久。复：又。［15］窃：私下，暗自。［16］失羌戎之和：与羌、胡、鲜卑等少数民族闹不团结。［17］没：通"歿"，死。［18］仅而能定：只能勉强地使凉州得以安定。仅，仅仅，只能。

五月，立皇子宪[1]为城阳王。辛丑[2]，义阳成王望[3]卒。

侍中、尚书令、车骑将军[4]贾充，自文帝[5]时宠任用事，帝之为太子，充颇有力[6]，故益有宠于帝。充为人巧谄[7]，与太尉行[8]太子太傅荀顗、侍中中书监荀勖[9]、越骑校尉[10]安平冯统[11]相为党友[12]，朝野恶之。帝问侍中裴楷以方今得失，对曰："陛下受命，四海承风[13]，所以未比德于尧、舜[14]者，但以贾充之徒尚在朝耳。宜引[15]天下贤人，与弘政道[16]，不宜示人以私[17]。"

侍中乐安任恺[18]、河南尹颍川庾纯[19]，皆与充不协，充欲解其近职[20]，乃荐恺忠贞，宜在东宫[21]，帝以恺为太子少傅，而侍中如故。会树机能寇乱秦、雍，帝以为忧，恺曰："宜得威望重臣有智略者以镇抚之。"帝曰："谁可者？"恺因荐充[22]，纯亦称之[23]。秋，七月，癸酉[24]，以充为都督秦、凉二州诸军事，侍中、车骑将军如故。充患之[25]。

【注释】

[1]皇子宪：即司马宪，司马炎之子，五月立为城阳王，八月去世。［2］辛丑：五月二十三日。［3］义阳成王望：即司马望，安平献王司马孚次子，司马懿侄子。晋朝建立，封为义阳王，谥号"成"，故称之。［4］侍中、尚书令、车骑将军：贾充兼任的几个要职。侍中为皇帝近臣，出入宫禁；尚书令负责中书省事务，掌管机要；车骑将军是高级将领，位仅次大将军、骠骑将军，典京师兵卫，掌宫卫。由于贾充将两女贾褒及贾南风分别嫁给司马炎的弟弟司马攸以及司马炎次子司马衷，与司马氏结为姻亲，此时可谓权倾朝野，无人能及。按：贾氏姐妹分别嫁与皇室司马氏叔侄，政治联姻，打乱伦理。［5］文帝：即魏文帝曹丕。［6］充颇有力：司马衷立为太子，贾充出了大力气。按：司马攸是司马昭次子，幼而聪慧，生性温和，博览群书，有治理才能，过继给司

马师。司马昭好几次提出立司马攸为晋王的继承人。贾充劝说司马昭不要废长立幼，使司马炎保住了世子的地位。［7］巧谄：即巧佞，花言巧语，巴结奉承。［8］行：兼任。［9］中书监：官名，与中书令职务相等而位次略高，分掌尚书台之权。荀勖（xù）：字公曾，西晋开国功臣之一。传见《晋书》卷三十九。［10］越骑校尉：官名，八校尉之一，掌骑兵。［11］冯紞（dǎn）：字少胄，西晋初奸臣。传见《晋书》卷三十九。［12］相为党友：互相结为党羽，狼狈为奸。［13］承风：望风归顺。［14］未比德于尧、舜：意即德政不及尧、舜。比德，谓德行、德教可与之比拟、比配。［15］引：招引，招致。［16］与弘政道：与他们共同弘扬为政之道。［17］示人以私：言其一味重用亲信，宠任贾充。［18］乐安：晋郡名，郡治在今山东桓台县东。任恺（kǎi）：字元褒，魏晋两朝的官员、直臣。传见《晋书》卷四十五。［19］河南尹：官名，洛阳所在郡的地方长官，职同太守。庾纯：字谋甫，晋朝初期官员、直臣。曾当面怒斥贾充。传见《晋书》卷五十。［20］解其近职：解除他们在皇帝身边的职务。近职，指侍中等帝王身边的职务。近，指贴近皇帝。［21］宜在东宫：宜于在太子身边为官，为太子作榜样。实际上是削弱其在朝中的权力。东宫，太子宫。［22］因荐充：乘机推荐贾充，实际上是把他逐出朝廷。［23］称之：如此说。称，称说，附和。［24］七月，癸酉：七月二十日。［25］患之：为此很忧虑。

吴大都督薛珝[1]与陶璜等兵十万，共攻交趾，城中粮尽援绝，为吴所陷，虏[2]杨稷、毛炅[3]等。璜爱炅勇健[4]，欲活之；炅谋杀璜，璜乃杀之。修则之子允[5]，生剖其腹[6]，割其肝，曰："复能作贼不[7]？"炅犹骂曰："恨不杀汝孙皓，汝父何死狗也[8]！"王素欲逃归南中，吴人获之，九真、日南[9]皆降于吴。吴大赦，以陶璜为交州牧。璜讨降夷獠[10]，州境皆平。

八月，丙申[11]，城阳王宪卒[12]。分益州、南中四郡置宁州[13]。

九月，吴司空孟仁卒。

【注释】

［1］薛珝（xǔ）：孙吴薛综之子，被吴主任命为威南将军、大都督，统领吴主所署交趾太守陶璜进讨西晋交趾太守杨稷，按：交趾郡为吴地，被西晋侵夺，薛珝进讨，是收复失地。［2］虏：通"掳"，活捉。［3］杨稷、毛炅：皆为晋朝官员。杨稷，交趾太守。毛炅，杨稷部属勇将，攻杀孙吴前交趾大都督修则。［4］勇健：勇猛，强健。此指毛炅是一员勇健的良将。［5］允：即修则之子修允，吴将，为陶璜部属，随璜出征。［6］生剖其腹：修允活生生剖开毛炅的肚子，为其父报仇。［7］复能作贼不：还能不能反叛？复，还。不，用在句末，同"否"，表示设问。［8］"恨不杀汝"二句：毛炅还没有断气，回骂修允说："我遗憾没能杀了你们的孙皓，你的父亲可

是一条死狗。”［9］九真、日南：皆交州所辖的郡名，九真郡在今越南清化省内，日南郡治西卷，在今越南广治省内。［10］夷獠（liáo）：古代对西南少数民族的称呼。［11］丙申：八月十九日。［12］城阳王宪：即司马宪，司马炎之子，泰始七年五月封王，八月去世。［13］宁州：晋朝分益州与南中四郡而置。四郡指建宁（郡治味县，在今云南曲靖市）、兴古（郡治在今贵州普安县西）、云南（郡治在今云南祥云县东南）、永昌（郡治不韦，在今云南保山市东北）。宁州的州治滇池，在今云南昆明市晋宁区东北。

冬，十月，丁丑朔[1]，日有食之。

十一月，刘猛寇[2]并州，并州刺史刘钦[3]击破之。

贾充将之镇[4]，公卿饯于夕阳亭[5]。充私问计于荀勖，勖曰：“公为宰相，乃为一夫[6]所制，不亦鄙乎[7]！然是行也，辞之实难[8]，独有结婚太子[9]，可不辞而自留矣。”充曰：“然，则孰可寄怀[10]？”勖曰：“勖请言之[11]。”因谓冯紞曰：“贾公远出，吾等失势，太子婚尚未定，何不劝帝纳贾公之女乎！”紞亦然之。

初，帝将纳卫瓘女为太子妃，充妻郭槐[12]赂杨后[13]左右，使后说帝求纳其女。帝曰：“卫公女有五可，贾公女有五不可：卫氏种贤而多子[14]，美而长、白[15]；贾氏种妒而少子，丑而短、黑。”后固以为请[16]，荀颉、荀勖、冯紞皆称充女绝美[17]，且有才德，帝遂从之。留充复居旧任[18]。

十二月，以光禄大夫郑袤[19]为司空，袤固辞不受。

是岁，安乐思公刘禅[20]卒。吴以武昌都督广陵范慎[21]为太尉。右将军司马丁奉卒[22]。吴改明年元，曰“凤凰[23]”。

（以上为第十段，写吴国派遣大都督薛珝率领大军平定交趾；北地胡人进犯晋朝金城，凉州刺史牵弘率军征讨，兵败而死；晋武帝司马炎听从皇后之言，以贾充之女为太子妃。）

【注释】

［1］丁丑朔：十月一日。朔，农历每月一日。［2］寇：寇略，侵扰。［3］刘钦：晋朝官员，曾任并州刺史。［4］将之镇：将前往秦、凉都督的将军府就任。之，至，到。镇，指镇守的地方。司马炎任命贾充加都督秦、凉二州诸军事，出镇长安。［5］夕阳亭：亭名，在晋朝都城洛阳城的西边。［6］一夫：一个匹夫，轻蔑的称呼，此指任恺。［7］不亦鄙乎：不是很难为情的事

情吗？鄙，被人轻视，看不起。［8］辞之实难：想推辞不去，实在是难事。［9］结婚太子：与太子结婚，即把女儿嫁给太子。［10］孰可寄怀：谁去把这个意思说给皇上司马炎呢？寄怀，犹言“传情”，把心意向皇上说。［11］请言之：意即请让我去传递您的心意。［12］郭槐：字媛韶，嫁给贾充为继室，封为广城君，生二子，早夭，后以贾午与韩寿所生之子贾谧为后嗣。其女贾南风嫁给晋朝太子司马衷为妻，干预晋朝国政，直接导致了八王之乱。传见《晋书》卷四十。［13］杨后：即司马炎皇后，杨艳，字琼芝，深得宠幸，生下三子三女，包括晋惠帝司马衷。谥号武元皇后。［14］种贤而多子：种族优秀而多子，估计其女也能如此。种，种子，代指卫氏姓。［15］美而长、白：指其女本人又美又白又高。高、白、美，是当时的择偶标准。［16］固以为请：坚持以贾充之女为太子妃并向司马炎请求。后来贾南风干政乱晋，也有杨后的“功劳”。［17］绝美：漂亮到极点。绝，独一无二的意思。［18］复居旧任：即再任去凉州之前的旧职，留居都城。［19］光禄大夫：官名，掌顾问应对。一般为加官及褒赠。郑袤（mào）：字林叔，魏晋大臣。在曹魏时曾任少府，迁任光禄勋，领宗正，封安城乡侯；入晋，官至司空。传见《晋书》卷四十四。［20］安乐思公刘禅：原蜀汉后主刘禅投降曹魏后，被迁往洛阳居住，受封为安乐公，谥号“思”。［21］范慎：字孝敬，孙吴大臣。历仕四位皇帝，曾担任侍中，后出补武昌左部督，官至太尉。［22］右将军司马：疑有误。据《三国志·丁奉传》，丁奉曾以救寿春之功拜左将军，诛孙綝，拜大将军，加封左右都护；迎孙皓，迁右大司马、左军师。故胡三省以为应作“右大司马、左军师”。［23］凤凰：吴末帝孙皓的年号。

八年（壬辰，272 年）

春，正月，监军何桢[1]讨刘猛，屡破之，潜以利诱[2]其左部帅李恪[3]，恪杀猛以降。

二月，辛卯[4]，皇太子纳贾妃[5]。妃年十五，长于太子二岁，妒忌，多权诈[6]，太子嬖而畏之[7]。

壬辰[8]，安平献王孚[9]卒，年九十三。孚性忠慎，宣帝[10]执政，孚常自退损[11]。后逢废立之际[12]，未尝预谋[13]；景、文二帝[14]以孚属尊[15]，亦不敢逼。及帝即位，恩礼尤重。元会[16]，诏孚乘舆[17]上殿，帝于阼阶[18]迎拜。既坐，亲奉觞上寿[19]，如家人礼。帝每拜，孚跪而止之。

孚虽见尊宠，不以为荣，常有忧色。临终，遗令[20]曰：“有魏贞士[21]河内[22]司马孚，字叔达，不伊不周[23]，不夷不惠[24]，立身行道，终始若一[25]。当衣以时服[26]，敛以素棺[27]。”诏赐东园温明秘器[28]，诸所施行，皆依汉东平献王故事[29]。其家遵孚遗旨[30]，所给器物，一不施用[31]。

【注释】

[1]何桢：字元干，魏晋之臣。在曹魏，历任扬州别驾、弘农太守、幽州刺史、廷尉；入晋，为尚书、光禄大夫，为监军。[2]潜以利诱：暗中以利益引诱。[3]左部帅：少数民族官名，十六国时羌人姚襄置，统领羌人左部。李恪：西晋时期南匈奴的左部帅。曾随右贤王刘猛起兵反晋，后被晋朝将领何桢利诱，杀害了刘猛，投降晋王朝。[4]辛卯：二月十七日。[5]皇太子：即司马衷。贾妃：即后来的惠帝贾皇后贾南风，貌丑而性妒，因惠帝懦弱而一度专权，是西晋时期“八王之乱”的罪魁祸首，后死于赵王司马伦之手。传见《晋书》卷三十一。[6]权诈：指权谋，诈术。[7]嬖（bì）而畏之：即宠爱，又畏惧。[8]壬辰：二月十八日。[9]安平献王孚：即司马孚，司马懿之弟，司马炎的叔祖，被封为安平王，谥号为“献”。[10]宣帝：即司马懿，其孙司马炎称帝后，追尊为“宣皇帝”，故称之。[11]退损：退让，谦抑。[12]废立之际：指司马氏两次废除曹魏皇帝，二次改立魏帝，以及建晋自为皇帝。嘉平六年（254），司马师废魏帝曹芳为齐王，立曹髦为魏帝；甘露五年（260），魏帝曹髦被杀，司马昭立曹奂为魏帝；咸熙二年（265），司马炎逼迫魏元帝曹奂禅让，即位为帝，建立晋朝。[13]预谋：参与谋乱。[14]景、文二帝：指司马师、司马昭兄弟。西晋建立后，二人分别被追尊为晋景帝、晋文帝。故称之。[15]属尊：即尊属，辈分高的亲属。[16]元会：元旦时的朝见群臣。[17]乘舆：旧指皇帝或诸侯所用的车舆。此为动宾词组，即坐车。[18]阼（zuò）阶：指大殿正堂下东边的台阶，是主人迎接宾客的地方。古代宾主相见，宾升自西阶，主人立于东阶。这里表示司马炎对司马孚的敬重。[19]奉觞：举杯敬酒。觞（shāng），古代称酒杯。上寿：谓向人敬酒，祝颂长寿。[20]遗令：即遗嘱，遗言，临死前留下的话、所吩咐的事情。[21]有魏贞士：曹魏的忠贞之臣。有魏，即有魏一代，曹魏时期。[22]河内：郡名，郡治怀县（今河南武陟县）。司马孚为河内郡温县人，在今河南温县西。[23]不伊不周：既非商朝的伊尹，又非西周周公。司马孚此说，是含有愧对曹魏的意思，意即没有尽到辅佐曹魏君王的责任，而被司马炎取而代之。[24]不夷不惠：既不能当伯夷，又不能当柳下惠。其意是表达自己的愧疚心情，不能行己之志，坚守曹魏，从一而终，而是领受晋朝俸禄。夷，即伯夷，商末孤竹国人，孤竹国君主亚微长子。孤竹君欲以三子叔齐为继承人，父死，叔齐让位于伯夷。伯夷以父命为尊，遂逃之，往西岐，恰遇周武王讨伐纣王，伯夷不畏强暴，叩马谏伐。后天下宗周，伯夷耻食周粟，饿死首阳山。惠，即柳下惠，春秋时人，名获，字子禽，鲁国柳下邑（今山东邹城市）人。曾任鲁国士师，掌管刑罚狱讼之事。其“坐怀不乱”的故事广为传颂。孔子以为“被遗落的贤人”。[25]终始若一：意即自己虽然踏入晋土，但心中

仍然是坚守曹魏。［26］衣以时服：平时穿什么，入殓时就穿什么。衣，穿。时服，平时穿的衣服。［27］敛以素棺：用不加油漆的原木棺材装殓。敛，通“殓”，指给尸体穿衣下棺，也叫“入殓”。［28］东园：官府名，主管为宫廷制作殡葬用品。温明秘器：古代葬具，一种特制的棺材。［29］依汉东平献王故事：按照东汉刘苍葬礼的规格行事。汉东平献王，即刘苍，汉光武帝刘秀之子，汉明帝刘庄同母弟弟，封为东平王，王都无盐（今山东东平县东），曾为骠骑将军在朝辅政。由于刘苍是汉章帝的叔叔，故章帝对其葬礼非常隆重，规格非常高，以至于后来历朝诸侯王去世，朝廷多以“如汉东平王故事”给予隆重的葬礼。［30］遗旨：即遗愿，生前嘱托。［31］一不施用：一概不用。

帝与右将军皇甫陶［1］论事，陶与帝争言［2］，散骑常侍郑徽［3］表请罪之［4］。帝曰：“忠谠之言［5］，唯患不闻，徽越职妄奏，岂朕之意？”遂免徽官。

夏，汶山白马胡［6］侵掠诸种［7］，益州刺史皇甫晏［8］欲讨之。典学从事［9］蜀郡何旅［10］等谏曰：“胡夷相残，固其常性，未为大患。今盛夏出军，水潦［11］将降，必有疾疫，宜须［12］秋、冬图［13］之。”晏不听。胡康木子［14］烧香言军出必败，晏以为沮众［15］，斩之。军至观阪［16］，牙门张弘［17］等以汶山［18］道险，且畏胡众，因夜作乱，杀晏，军中惊扰，兵曹从事［19］犍为杨仓［20］勒兵［21］力战而死。弘遂诬晏，云“率己共反［22］”，故杀之，传首京师［23］。晏主簿蜀郡何攀［24］，方居母丧，闻之，诣洛［25］证晏不反。

弘等纵兵抄掠。广汉主簿李毅［26］言于太守弘农王濬［27］曰：“皇甫侯起自诸生［28］，何求而反［29］！且广汉与成都密迩［30］，而统于梁州［31］者，朝廷欲以制益州之衿领［32］，正防今日之变也。今益州有乱，乃此郡之忧也。张弘小竖［33］，众所不与［34］，宜即时赴讨，不可失也。”濬欲先上请，毅曰：“杀主之贼，为恶尤大，当不拘常制［35］，何请之有！”濬乃发兵讨弘。诏以濬为益州刺史。濬击弘，斩之，夷三族。封濬关内侯。

【注释】

［1］皇甫陶：晋初官员，曾任右将军。［2］争言：争论曲直。［3］郑徽：晋初官员，曾任散骑常侍。［4］表请罪之：上书请求给皇甫陶治罪。［5］忠谠之言：忠实正直的言论。谠

（dǎng），正直，敢于直言。［6］汶山：晋郡名，郡治在今四川茂县。白马胡：当地戎族的部落名。［7］诸种：指其他少数民族部落。种，种族。［8］皇甫晏：晋初官员，曾任益州刺史。［9］典学从事：州刺史手下主管所属郡县教育、考试的官员。［10］蜀郡：郡名，郡治在今四川成都市。何旅：晋初官员，曾任益州典学从事。［11］水潦（lǎo）：即雨水。潦，大雨。［12］须：等候。［13］图：图谋，此指出兵征讨。［14］胡康木子：即胡人，名叫康木子。［15］沮众：败坏士气。沮，阻止。［16］观阪（bǎn）：地名，在今四川都江堰市西。［17］牙门：即牙门将，帐前卫兵的头领。张弘：晋初官员，时任益州牙门将。因畏胡作乱，被斩。［18］汶山：即岷山，位于四川、甘肃边境，此代指这一地区。［19］兵曹从事：即兵曹从事史，州刺史手下主管军事的官员。［20］犍（qián）为：晋郡名，郡治在今四川眉山市彭山区东。杨仓：晋初官员，时任益州兵曹从事。［21］勒兵：统领部队。勒，本指套在马头上带嚼子的笼头，引申为统率。［22］率己共反：意谓张弘诬陷皇甫晏要率领自己一起造反。［23］传首京师：把人头送到京都洛阳。［24］主簿：官名，主官属下掌管文书的佐吏。何攀：字惠兴，西晋时期大臣，官至大司农。［25］诣洛：前往洛阳。［26］广汉：郡名，郡治广汉县，在今四川射洪县南柳树镇。李毅：字允刚，西晋将领。时任广汉主簿、别驾、参军。后官至宁州刺史，加号龙骧将军。传见《华阳国志》卷十一。［27］弘农：郡名，在今河南灵宝市东北。王濬：字士治，西晋名将。时任益州刺史，建成了一支强大的水军。在灭吴之战中，率先进入建业，接受孙皓投降。传见《晋书》卷四十二。［28］起自诸生：一介书生出身。［29］何求而反：为什么要造反呢？意即没有反叛的理由。［30］密迩（ěr）：言其相距之近。广汉与成都相距仅二百余里。迩，近。［31］统于梁州：归梁州统辖。梁州，州名，州治南郑，在今陕西汉中市。［32］制益州之衿领：意即控制益州的要害。衿（jīn）领，衣襟、衣领，喻指咽喉要害。［33］小竖：犹今之所谓“小丑”。［34］众所不与：众人都不拥护他、协助他。与，交往，交好。［35］不拘常制：不受常规的约束。拘，拘泥。

初，濬为羊祜参军[1]，祜深知之。祜兄子暨[2]白：“濬为人志大奢侈，不可专任[3]，宜有以裁之[4]。”祜曰：“濬有大才，将以济其所欲[5]，必可用也。”更转为车骑从事中郎[6]。濬在益州，明立威信，蛮夷多归附之，俄迁大司农[7]。时帝与羊祜阴谋[8]伐吴，祜以为伐吴宜借上流之势[9]，密表留濬复为益州刺史，使治水军。寻加龙骧将军[10]，监益、梁诸军事[11]。

诏濬罢屯田军[12]，大作舟舰。别驾[13]何攀以为：“屯田兵不过五六百人，作船不能猝办[14]，后者未成，前者已腐。宜召诸郡兵合万余人造之，岁终可成。”濬欲先上须报[15]，攀曰：“朝廷猝闻召万兵，必不听；不如辄召[16]，设当见却[17]，功夫已成[18]，势不得止。”濬从之，令攀典[19]造舟舰器仗。于是，作大舰，长百二十步，受[20]二千余人，以木为城[21]，起楼橹[22]，开四出门[23]，其上皆得[24]驰马往来。

【注释】

［1］参军：即参军事，官名，其职为参谋军务，即军事参谋。［2］暨：即羊暨。［3］专任：独当一面。［4］有以裁之：即对王濬要有所限制。有以，犹言“予以”。裁，控制，抑止。［5］济其所欲：帮助他实现理想。济，帮助，救助。［6］更：又，再。车骑从事中郎：车骑将军的高级僚属。当时羊祜任车骑将军，王濬继续为其属官。从事中郎，官名，郎官的一种。［7］俄：不久。大司农：官名，九卿之一，管理租税、钱谷、盐铁和国家财政收支的大臣。［8］阴谋：暗中商量、谋划。［9］借上流之势：借助于长江上游的力量。借，借助，凭借。［10］寻：不久。龙骧将军：武官名。司马炎谋伐吴，因吴童谣“不畏岸上兽，但畏水中龙”之语，任命益州刺史王濬为龙骧将军。骧（xiāng），马。［11］监益、梁诸军事：按晋朝制度，军队统帅分为三级，第一级叫“都督诸军事”，第二级叫“都督军事”，第三级叫“监诸军事”。监，监管。［12］罢屯田兵：让屯田士兵一律回归军营。罢，停止。［13］别驾：州刺史的高级僚属，协助处理各项行政事务。因为出门别坐一辆车，故称之。［14］不能猝办：不能很快完成任务。猝，突然，一下子。［15］先上须报：先请示，等候朝廷回答。须，等待。［16］辄召：立刻召集。辄，立即，就。［17］设当见却：即使被朝廷否决。设当，假如，假使。见，被。却，拒绝，否定。［18］功夫已成：造船的工程已经结束。［19］典：主管，负责。［20］受：容纳，装下。［21］以木为城：用木头在船上建造城楼。［22］楼橹：古代军中用以瞭望、攻守的无顶盖的高台，建于地面或车、船之上。［23］开四出门：四面开门，都可以进出。［24］皆得：都能够。

时作船木柹[1]，蔽江[2]而下，吴建平[3]太守吴郡吾彦[4]取流柹以白[5]吴主曰：“晋必有攻吴之计，宜增建平兵，以塞其冲要[6]。”吴主不从。彦乃为铁锁[7]横断江路[8]。

王濬虽受中制[9]募兵，而无虎符[10]。广汉太守敦煌张敩[11]收濬从事[12]列上[13]。帝召敩还，责曰：“何不密启而便收从事[14]？”敩曰：“蜀、汉绝远[15]，刘备尝用之[16]矣。辄收[17]，臣犹以为轻。”帝善之。

壬辰[18]，大赦。

【注释】

[1]木柿（fèi）：做木工活剩下的碎木屑。 [2]蔽江：遮蔽长江，即铺满江面。 [3]建平：吴郡名，郡治巫县，在今重庆市巫山县北。 [4]吴郡：郡名，郡治吴县，在今江苏苏州市姑苏区。吾彦：字士则，吴国及西晋初年将领。在吴，任建平太守；入晋，任为金城太守，后入朝担任大长秋。 [5]白：禀告，报告。 [6]塞其冲要：堵住晋军出川的咽喉。冲要，即要冲，军事上、交通上重要的地方。 [7]铁锁：犹言“铁索”，即铁索锁江。锁，通“索”。 [8]横断江路：从横截断江中的水路。 [9]中制：朝廷的诏命。 [10]虎符：古代调兵的凭信，由皇帝授予。将军无虎符，不能调动军队。 [11]敦煌：郡名，郡治敦煌县，在今甘肃敦煌市西。张敩（xiào）：一作张勃，字祖文，凉州敦煌郡人，官至匈奴中郎将。 [12]收濬从事：逮捕王濬的属下官员。从事，即从事史，将军、刺史的僚属。 [13]列上：列出王濬的罪状，奏报朝廷。 [14]便收从事：一下子就把属官逮捕起来。 [15]蜀、汉绝远：蜀郡、汉中郡都远离朝廷。绝远，极其辽远。[16]刘备尝用之：这一带曾经是刘备的故地，刘备曾经采用过。 [17]辄收：立即逮捕。辄，立即，就。 [18]壬辰：六月二十日。

秋，七月，以贾充为司空，侍中、尚书令、领兵如故[1]。充与侍中任恺皆为帝所宠任，充欲专名势[2]而忌恺，于是朝士各有所附，朋党纷然。帝知之，召充、恺宴于式乾殿[3]，而谓之曰：“朝廷宜壹[4]，大臣当和。”充、恺等各拜谢[5]。既而充、恺以帝已知而不责，愈无所惮[6]，外相崇重[7]，内怨益深。充乃荐恺为吏部尚书[8]，恺侍觐转希[9]；充因与荀勖、冯纨承间[10]共谮[11]之，恺由是得罪，废于家[12]。

（以上为第十一段，写益州刺史王濬平定牙门将张弘叛乱，升为大司农；晋武帝司马炎与将领羊祜密谋攻打吴国，羊祜认为应凭借上游地势取胜。于是，重新任命王濬为益州刺史，使治水军，大量建造战船。）

【注释】

[1]领兵如故：贾充自司马昭在世时，便统领洛阳城外诸军。 [2]专名势：专享盛名，独揽权势。 [3]式乾殿：晋代宫殿名。 [4]宜壹：应该团结、统一。 [5]各拜谢：各自叩拜道歉。[6]惮：忌惮，害怕。 [7]外相崇重：表面上彼此敬重。崇重，尊重。 [8]吏部尚书：官名，掌管全国官吏的任免、考课、升降、调动等事。 [9]侍觐转希：侍奉、晋见皇帝的机会日渐减少。觐（jìn），朝觐，朝见君主。希，通“稀”，稀少。 [10]承间：利用机会。 [11]谮（zèn）：诬陷，中伤。 [12]废于家：指被免去官职，在家休息。

八月，吴主征[1]昭武将军[2]、西陵督步阐[3]。阐世在西陵[4]，猝[5]被征，自以失职，且惧有谗[6]，九月，据城来降[7]，遣兄子玑、璇[8]诣洛阳为任[9]。诏以阐为都督西陵诸军事、卫将军、开府仪同三司、侍中，领交州牧，封宜都公。

【注释】

[1]征：调之进京。 [2]昭武将军：将军名号，杂号将军。 [3]西陵督：犹言西陵大将，吴官名，掌率军作战与驻守。督，大将。西陵，郡名，在今湖北宜昌市西北。步阐：吴丞相步骘次子。字仲思，时为孙吴西陵督，因突然被征召自疑而叛附晋朝，被孙吴陆抗讨灭，夷三族。[4]世在西陵：步阐的父亲步骘在吴主孙权时任西陵督，去世后，步阐之兄步协继位，今步阐又接任。 [5]猝：突然。 [6]惧有谗：即害怕有人在吴主孙皓跟前进谗言。 [7]据城来降：带着整座城市投降了晋国。 [8]兄子玑、璇（xuán）：即抚军将军步协之子步玑、步璇。步玑，步协死后，嗣任父爵。步璇，步阐举西陵城投降晋国，送其到晋国首都洛阳当人质。 [9]洛阳为任：到晋国洛阳充当人质。任，人质。

冬，十月，辛未朔[1]，日有食之。

敦煌太守尹璩[2]卒。凉州刺史杨欣[3]表敦煌令梁澄[4]领太守[5]。功曹宋质[6]辄废澄[7]，表议郎令狐丰[8]为太守。杨欣遣兵击之，为质所败。

吴陆抗闻步阐叛，亟遣将军左奕[9]、吾彦等讨之。帝遣荆州刺史杨肇[10]迎阐于西陵，车骑将军羊祜帅步军出江陵[11]，巴东监军徐胤[12]帅水军击建平以救阐。陆抗敕西陵诸军[13]筑严围[14]，自赤溪[15]至于故市[16]，内以围阐，外以御晋兵，昼夜催切[17]，如敌已至，众甚苦之。诸将谏曰："今宜及三军之锐[18]，急攻阐，比[19]晋救至，必可拔也，何事于围[20]，以敝[21]士民之力！"抗曰："此城处势既固[22]，粮谷又足，且凡备御之具，皆抗所宿规[23]，今反攻之[24]，不可猝拔[25]。北兵至而无备[26]，表里受难，何以御之！"诸将皆欲攻阐，抗欲服众心，听令一攻[27]，果无利。

围备始合[28]，而羊祜兵[29]五万至江陵。诸将咸以抗不宜上[30]，抗曰："江陵城固兵足，无可忧者。假令敌得江陵，必不能守，所损者小。若晋据西陵，则南山群夷[31]皆当扰动[32]，其患不可量也！"乃自帅众赴西陵。

【注释】

[1]辛未朔：十月一日。朔，农历每月一日。[2]尹璩（qú）：晋朝官员，曾任敦煌太守。[3]杨欣：曹魏时，为天水太守，曾随邓艾与姜维多次大战，并参与灭蜀之战。入晋后，为凉州刺史，死于与鲜卑等族的征战中。[4]表：上奏，上书。梁澄：晋朝官员，曾任敦煌令。[5]领太守：代理敦煌郡太守。领，兼任。[6]功曹：官名，太守的僚属，负责下级官员的考核任免。宋质：晋朝官员，曾任功曹。[7]辄废澄：立即罢免梁澄。辄，立即，就。[8]议郎：官名，侍从皇帝左右，以备顾问，为郎官中的最高者。令狐丰：晋朝官员，曾任议郎。[9]亟（jí）：急迫。左奕（yì）：孙吴将领，曾为将军。[10]杨肇：字季初，晋朝将领。官至折冲将军，在西陵之役中战败，被削职为民。谥号戴侯。[11]帅：通“率”，率领，带领。出江陵：即向江陵（今湖北江陵县）进发。出，这里是“向”的意思。[12]巴东：郡名，郡治鱼复县，在今重庆奉节县。徐胤：晋朝官员，曾任巴东监军。与车骑将军羊祜、荆州刺史杨肇合围江陵，为吴将陆抗所败。[13]敕：令。西陵诸军：此指进攻西陵的各路吴军。[14]严围：坚固的包围圈。[15]赤溪：地名，当在西陵附近。[16]故市：地名，在今湖北宜昌市东南。[17]催切：催逼，催迫。[18]及三军之锐：趁着围攻西陵的军队的锐气。及，趁。锐，锐气，士气旺盛。[19]比：等到。[20]何事于围：何必要造这种围墙。[21]敝：疲敝，消耗。[22]处势既固：所处的地势非常稳固。[23]抗所宿规：都是我从前多年设计设置的。陆抗前曾为西陵督。规，规划，谋划。[24]今反攻之：现在反而让我们自己来攻打它。[25]猝拔：一下子攻下来。猝，突然，出其不意。[26]北兵至而无备：当晋朝的军队到这里，我们没有准备，没有防御措施。无备，主语是我们，即孙吴的军队。[27]听令一攻：听任他们前去攻打了一回。[28]围备始合：筑围的工作刚刚完成。[29]兵：即率兵、率军，用作动词。[30]不宜上：不宜亲自率军西上。从陆抗的驻防地乐乡（今湖北松滋市东北）赴西陵，为溯江而上。[31]南山群夷：指长江南岸山区的各少数民族。[32]扰动：骚动，骚乱。

初，抗以江陵之北，道路平易，敕江陵督张咸[1]作大堰遏水[2]，渐渍平土[3]以绝寇叛[4]。羊祜欲因所遏水以船运粮，扬声将破堰以通步军[5]。抗闻之，使咸亟破之[6]。诸将皆惑，屡谏不听。祜至当阳[7]，闻堰败，乃改船以车运粮，大费功力。

十一月，杨肇至西陵。陆抗令公安督孙遵[8]循南岸[9]拒羊祜，水军督留虑[10]拒徐胤[11]，抗自将大军凭围对肇[12]。将军朱乔[13]营都督俞赞[14]亡诣肇[15]。抗曰：“赞，军中旧吏[16]，知吾虚实。吾常虑夷兵[17]素不简练[18]，若敌攻围，必先此处。”即夜易夷兵[19]，皆以精兵守之。明日，肇果攻故夷兵处，抗命击之，矢石雨下，肇众死[20]者相属[21]。

十二月，肇计屈，夜遁[22]。抗欲追之，而虑步阐畜力伺间[23]，兵不足分[24]，于是但鸣鼓戒众[25]，若将追者。肇众凶惧[26]，悉解甲挺走[27]，抗使轻兵蹑之[28]，肇兵大败，祜等皆引军还。抗遂拔[29]西陵，诛阐及同谋将余数十人，皆夷三族，自余所请赦者[30]数万口。东还乐乡，貌无矜色[31]，谦冲[32]如常。吴主加抗都护[33]。羊祜坐贬平南将军[34]，杨肇免为庶人[35]。

吴主既克西陵，自谓得天助，志益张大[36]，使术士尚广[37]筮取天下[38]，对曰：“吉。庚子岁[39]，青盖当入洛阳[40]。”吴主喜，不修德政，专为兼并之计。

【注释】

[1]张咸：孙吴将领，曾为江陵督。 [2]作大堰：修筑大坝。堰（yàn），拦河蓄水大坝。遏水：遏制水流，蓄水。遏，阻止。 [3]渐渍平土：把平原渐渐变为水地。渍，浸，浸泡。[4]以绝寇叛：以断绝寇叛之路，使北寇不能南来，使叛者不能北去。 [5]扬声：扬言，故意放出风声。将破堰以通步军：意即要决堤放水，以便步兵通过。这是迷惑孙吴，意即运用蓄水以船运送士兵与粮食。 [6]亟破之：迅速破堤放水，不使北军水上运粮。 [7]当阳：县名，县治在今湖北当阳市东。 [8]孙遵：孙吴官员，曾任公安督，奉命巡南岸抵御羊祜，于长江南岸机动，防备羊祜军南渡，终以吴胜告终。 [9]循南岸：沿着长江南岸设防，使羊祜不得渡江。 [10]留虑：吴将名，曾任水军督。晋车骑将军羊祜率师进攻江陵，奉陆抗之命，率军西拒晋巴东监军徐胤的水军。 [11]拒徐胤：防其顺江东下。 [12]凭围对肇：凭借西陵城外长围，对抗晋将杨肇。[13]朱乔：孙吴将领，曾为将军，从都督陆抗击叛将步阐。 [14]营都督：朱乔部下的一个武官。这时的“都督”相当汉代的“都尉”“校尉”。俞赞：曾为孙吴官员，临阵投奔晋军。 [15]亡诣肇：开小差投降晋将杨肇。亡，逃走，开小差。诣，至，到。 [16]军中旧吏：是我们吴军中的老兵。 [17]夷兵：少数民族的士兵编成的军队。 [18]素不简练：平时没有进行过严格的训练。[19]易夷兵：将夷兵调换到别的地方去。 [20]死：据章校，甲十一行本等，“死”上有“伤”，疑是。 [21]相属：伤的人死的人一批接一批。 [22]遁：逃跑。 [23]畜力伺间：积蓄力量，伺机而动。畜，通“蓄”，积蓄，集聚。间，时机。 [24]不足分：即不具备分兵的条件，不能分出兵力去追击逃跑的敌人。 [25]但：只。鸣鼓戒众：擂鼓集合，增加对敌人的威慑力。 [26]凶惧：

恐惧，惊扰不安。［27］解甲挺走：甩掉铠甲，轻装逃走。挺走，退走。挺，脱身。［28］蹑之：尾随追击。蹑，追踪。［29］拔：拔取，攻下。［30］自余所请赦者：其余的人，请朝廷予以赦免的。［31］矜色：骄傲的神情。矜，夸矜，夸耀。［32］谦冲：谦和平静。［33］加：增加，升官。都护：犹过去所谓"大都督"，统率所有将领。［34］平南将军：魏、晋设"四征将军""四镇将军""四安将军""四平将军"。"四平将军"职位最下。羊祜原为车骑将军，在"四征将军"之上，现贬为平南将军，只是一般的杂号将军。［35］庶人：平民，百姓。［36］张大：扩大，广大。［37］术士：指以占卜、观望星象等迷信活动为业的人。尚广：孙吴术士。［38］筮取天下：占卜看能否夺取天下。筮，卜筮，占卜。［39］庚子岁：指从当时向后数，第八年。［40］青盖当入洛阳：意即您将坐着青盖车进入晋都洛阳，有取而代之之意。青盖，青色的车盖，汉制皇太子、皇子所乘之车。这里借指孙皓入主洛阳。

贾充与朝士宴饮，河南尹庾纯醉，与充争言。充曰："父老，不归供养[1]，卿为无天地[2]！"纯曰："高贵乡公何在[3]？"充惭怒[4]，上表解职[5]；纯亦上表自劾[6]。诏免纯官，仍下五府正其臧否[7]。石苞以为纯荣官忘亲[8]，当除名；齐王攸[9]等以为纯于礼律未有违。诏从攸议，复以纯为国子祭酒[10]。

【注释】

［1］不归供养：不回家去供养父母，意即还不辞官。［2］卿为无天地：说明您的眼里没有父母。古称父母为子女的天地。［3］高贵乡公何在：当年的魏帝曹髦现在到哪里去了？意思是你杀了魏国皇帝，你的眼里就有"天"了吗？古称君是臣的"天"。高贵乡公，指曹魏第四位皇帝曹髦，公元 254 年至公元 260 年在位，为司马昭所弑。［4］惭怒：既惭愧，又恼怒。［5］解职：解除职务，贾充其实是在做戏，晋武帝是不会解除他的职务的。［6］自劾（hé）：自我弹劾，庾纯也故作姿态，说自己当众与贾充争吵不像样子。［7］仍：意同"乃"，于是。下五府正其臧否：交由五府评定他们的是非。五府，指五位公爵。当时为"公"的共六人，贾充是六公之一，不能参与，由其他五人评判。五人，是石苞、郑冲、何曾、陈骞、司马攸。［8］荣官忘亲：贪图做官的荣耀，而忘记了年老的父母。［9］齐王攸：即司马攸，司马炎同母弟，因伯父司马师无子而被过继给他，袭封舞阳侯。［10］国子祭酒：主管国子监，是太学教授们的领头人。其实仍是免其实权。

吴主之游华里[1]也，右丞相万彧与右大司马丁奉、左将军留平[2]密谋曰："若至华里不归[3]，社稷事重[4]，不得不自还[5]。"吴主颇闻之[6]，以彧等旧臣，隐忍不发。是岁[7]，吴主因会[8]，以毒酒饮彧，传酒人私减之。又饮留平，平觉之，服他药以解，得不死。彧自杀；平忧懑[9]，月余亦死。徙彧子弟于庐陵[10]。

初，彧请选忠清[11]之士以补近职[12]，吴主以大司农楼玄为宫下镇[13]，主殿中事。玄正身帅众[14]，奉法而行，应对切直[15]，吴主浸不悦[16]。

【注释】

[1]游华里：此乃追叙往事，事在上年（271）。华里，地名，在孙吴的都城建业（今江苏南京市）西边。［2］留平：孙吴大臣，曾任左将军，留赞次子，陆凯女婿，曾参与密谋废帝，事泄，自杀。［3］不归：不回来，隐指吴主孙皓在路上出事。所谓出事，意即采取措施，让孙皓一去不回。［4］社稷事重：意即国家的事重大，不能没有皇帝，如果孙皓在途中出事，不得回去，就考虑另立皇帝的事情。［5］不得不自还：意思是我们应该返回京城。言下之意，是欲另立皇帝。［6］颇闻之：稍微有些耳闻。颇，略微。［7］是岁：这一年，即指当年，即公元 272 年。［8］因会：借宴会的机会。［9］忧懑（mèn）：忧愁，愁闷。［10］庐陵：吴郡名，郡治石阳，在今江西吉水县东北。［11］忠清：忠正，清廉。［12］近职：指皇帝身边的官员。［13］宫下镇：官名，掌管宫殿事务。［14］正身帅众：端正自己，以身作则。帅众，为众人的表率。帅，通“率”，作表率，用作动词。［15］切直：恳切，率直。［16］浸不悦：越来越不高兴，指吴主孙皓对楼玄日益不满。浸，通“渐”，渐渐。

中书令领[1]太子太傅贺邵上疏谏曰：“自顷年[2]以来，朝列纷错[3]，真伪相贸[4]，忠良排坠[5]，信臣[6]被害。是以正士摧方[7]，而庸臣苟媚[8]，先意承指[9]，各希时趣[10]。人执反理之评[11]，士吐诡道之论[12]，遂使清流变浊[13]，忠臣结舌[14]。陛下处九天之上[15]，隐百里之室[16]，言出风靡[17]，令行景从[18]；亲洽[19]宠媚之臣，日闻顺意之辞，将[20]谓此辈实贤而天下已平也。

“臣闻兴国之君乐闻其过，荒乱之主乐闻其誉。闻其过者，过日消而福臻[21]，闻其誉者，誉日损而祸至。陛下严刑法以禁直辞，黜善士以逆谏口[22]，杯酒造次[23]，死生不保，仕者以退为幸，居者以出为福[24]，诚非所以保光洪绪[25]，熙隆道化[26]也。

“何定本仆隶小人[27]，身无行能[28]，而陛下爱其佞媚[29]，假以威福[30]。夫小人求入[31]，必进奸利[32]。定间者[33]妄兴事役[34]，发江边戍兵以驱麋鹿[35]，老弱饥冻，大小怨叹。《传》[36]曰：‘国之兴也，视民如赤子；其亡也，以民为草芥[37]。’今法禁转苛[38]，赋调益繁[39]，中官、近臣所在兴事[40]，而长吏[41]畏罪，苦民求办[42]。是以人力不堪[43]，家户离散，呼嗟[44]之声，感伤和气[45]。今国无一年之储，家无经月[46]之蓄，而后宫之中坐食者万有余人。

“又，北敌注目[47]，伺[48]国盛衰，长江之限[49]，不可久恃[50]，苟我不能守，一苇可杭[51]也。愿陛下丰基强本[52]，割情从道[53]，则成、康之治兴[54]，圣祖之祚隆[55]矣！”吴主深恨之。

于是，左右共诬楼玄、贺邵相逢，驻共耳语大笑[56]，谤讪政事[57]，俱被诘责[58]。送玄付广州[59]，邵原复职[60]。既而复徙玄于交趾[61]，竟[62]杀之。久之，何定奸秽发闻[63]，亦伏诛。

【注释】

[1]领：兼任。 [2]顷年：近年。 [3]朝列纷错：朝臣的成分纷繁杂乱，含有鱼目混珠的意思。 [4]真伪相贸：指品德才干高下不齐，良莠不分。相贸，即相冒，混杂。 [5]忠良排坠：忠直贤良的人被排挤、陷害，不得在位。坠，坠落。 [6]信臣：坚守信义的大臣。 [7]正士摧方：意即正直的人士被磨去棱角，而变得圆滑、世故。摧方，谓被磨去方正的节操。 [8]苟媚：苟且，献媚。 [9]先意承指：本指孝子不等父母开口，就能顺适父母的心意去做，引申为揣摩君主的旨意，谄媚奉承，曲意迎合。 [10]各希时趣：都只顾迎合趋势。希，观望，引申为追求。时趣，时尚，趋势。 [11]人执反理之评：每个人都在说着违反真理的话。 [12]诡道之论：邪门歪道的理论。 [13]清流：喻指德行高洁负有名望的士大夫。浊：浑浊，喻指沾染了歪风邪气，充满着浑浊之气。 [14]结舌：指闭上嘴不说话，有话不敢说。 [15]处九天之上：隐指帝王高高在上，不能体察下情。 [16]隐百里之室：指隐居于与人世隔绝的深宫内院。 [17]风靡：指随风而行，像风吹倒草木一样。 [18]景从：如影随身，极言其快。景，同“影”。 [19]亲洽：亲近，与之和谐。 [20]将：便。 [21]过日消而福臻：过失逐渐消失，越来越少，而福分随之到来。臻（zhēn），至。 [22]逆谏口：指阻塞进谏的直言。逆，抵触，阻塞。 [23]杯酒造次：饮酒之间，会遇到突然来临的灾祸。造次，指不测之祸。 [24]居者以出为福：在朝者视贬出朝廷为得福。出，指离朝去外地任职。 [25]保光洪绪：保持以往的光荣，弘扬世代相传的大业。洪，通“弘”，弘扬。绪，事业，功业。 [26]熙隆道化：使社会的道德风化日益纯正兴隆。熙隆，兴

盛。[27]仆隶小人：低贱的奴才。仆隶，奴仆。[28]行能：德行，才能。[29]佞（nìng）媚：惯于用花言巧语谄媚人。[30]假以威福：给予他作威作福的权力。假，授予。[31]求入：谋求入朝掌权。[32]必进奸利：一定会用一些不正当的勾当以讨好皇上。奸利，犹言“歪门邪道”。[33]间者：前不久。[34]妄兴事役：指胡乱兴起战事、劳役。[35]麋（mí）鹿：一种俗称“四不像”的野生动物。[36]《传》：即《左传》，左丘明著，古代一部叙事完备的编年体史书，相传为解释孔子《春秋》而作。[37]“国之兴也”四句：见《左传·哀公元年》，原文为：“国之兴也，视民如伤，是其福也；其亡也，视民如草芥，是其祸也。”草芥，野草。[38]法禁转苛：法令变得更加严酷。苛，苛刻，严酷。[39]赋调益繁：赋税变得更加繁重。赋调，赋税。调，古代税收的一种。[40]中官：宦官。所在兴事：到处兴起事端，从中捞取好处。[41]长吏：指所在地区的地方长官。[42]苦民求办：宁可叫百姓受苦，也得让上头赚钱的事情能够办成。[43]不堪：不能承受。[44]呼嗟（jiē）：呼号哀叹。[45]感伤和气：伤害了天地之间的祥和之气。[46]经月：满月。[47]北敌：指晋朝。注目：意即被盯上了。[48]伺：窥视，观察。[49]长江之限：意即长江之险。限，限隔，阻挡。[50]恃：凭恃，依赖。[51]一苇可杭：一只小船就可以渡过江来。语出《诗经·河广》：“谁谓河广？一苇杭之。”一苇，指小船。杭，通“航”，航行。[52]丰基强本：指关心爱护黎民百姓，加强自己的根基。古有所谓“民为邦本”，基、本都是指百姓。[53]割情从道：舍弃个人的喜好情欲，顺从圣人的治国之道。[54]成、康之治兴：周朝成王、康王那样的政治局面就可以兴起。成王、康王是西周第二代、第三代国君。《史记·周本纪》曰：“成、康之际，天下安宁，刑错四十余年不用。”后世赞美中兴之世、盛世，常比拟成、康之治。[55]圣祖之祚隆：指孙权开创的基业将在您的手中发扬光大。祚（zuò），代指君王的位置。[56]驻共耳语大笑：停下车来，一起交头接耳地说个不停，又时而同声大笑。[57]谤讪政事：诽谤、讽刺朝政。讪，讥笑。[58]诘（jié）责：责问。[59]付广州：即送交广州。广州，在今广东广州市。[60]邵原复职：贺邵受到宽赦，又官复原职。原，宽宥，放过不究。[61]交趾：郡名，在今越南北部地区。[62]竟：最终。[63]奸秽发闻：指与后宫妃嫔通奸的罪行被发现。

羊祜归自江陵[1]，务修德信以怀[2]吴人。每交兵，刻日方战[3]，不为掩袭[4]之计。将帅有欲进谲计[5]者，辄饮以醇酒[6]，使不得言。祜出军行吴境[7]，刈谷[8]为粮，皆计所侵[9]，送绢偿之[10]。每会众江、沔[11]游猎，常止晋地[12]，若禽兽先为吴人所伤而为晋兵所得者，皆送还之。于是，吴边人皆悦服[13]。

祜与陆抗对境[14]，使命常通[15]：抗遗[16]祜酒，祜饮之不疑；抗疾，求药于祜，祜以成药与之，抗即服之。人多谏抗，抗曰：“岂有鸩人羊叔子哉[17]！”抗告其边戍[18]曰：“彼专为德，我专为暴，是不战而自服也。各保分界而已，无求细利[19]。”吴主闻二境交和[20]，以诘抗，抗曰：“一邑一乡，不可以无信义，况大国乎！臣不如此，正是彰其德[21]，于祜无伤[22]也。”

【注释】

[1]归自江陵：指从江陵打了败仗回到襄阳（今湖北襄阳市）。[2]怀：感念，感化。[3]刻日方战：约定好日期才开战。[4]掩袭：突然偷袭。[5]进谲计：进献诡诈的计谋。谲，欺诈。[6]醇酒：香味纯正的美酒。[7]行吴境：指沿着吴国的边界巡走。[8]刈谷：收割稻谷。刈（yì），割。[9]皆计所侵：意即都计算所取吴民谷物的数量。侵，侵扰，指所割之麦。[10]送绢偿之：送绢帛给他们，以补偿其损失。绢，丝织物，古代以代替钱币。[11]江、沔：长江、沔水。沔（miǎn）水，是汉水上游，这里指汉水。羊祜的军府襄阳在长江之北，汉水之滨。[12]止晋地：指追赶禽兽到晋国边境为止，不越境进入吴国。[13]悦服：心悦诚服。[14]对境：镇守的地区彼此相对。[15]使命常通：彼此经常派使者互相往来。使命，使臣，奉命者。[16]遗（wèi）：赠送。[17]岂有鸩人羊叔子哉：怎么会有用毒酒害人的羊祜呢？鸩（zhèn），用药酒毒杀。叔子，即羊祜，字叔子。[18]边戍：边界上的守兵。[19]细利：鸡毛蒜皮的小利。[20]交和：和睦交往。[21]彰其德：显扬对方的道德高尚。[22]无伤：无妨，无碍。

吴主用诸将之谋，数侵盗晋边。陆抗上疏曰：“昔有夏[1]多罪而殷汤用师[2]，纣作淫虐[3]而周武授钺[4]，苟无其时[5]，虽复大圣，亦宜养威自保，不可轻动也。今不务力农富国，审官[6]任能，明黜陟[7]，任刑赏[8]，训诸司以德[9]，抚百姓以仁，而听诸将徇名[10]，穷兵黩武[11]，动费[12]万计，士卒凋瘁[13]，寇不为衰[14]而我已大病[15]矣。今争帝王之资，而昧十百之利[16]，此人臣之奸便[17]，非国家之良策也！昔齐、鲁三战，鲁人再克[18]，而亡不旋踵[19]。何则？大小之势异也。况今师所克获[20]，不补所丧[21]乎！”吴主不从。

羊祜不附结[22]中朝权贵[23]，荀勖、冯纨之徒皆恶之。从甥王衍[24]尝诣祜陈事[25]，辞甚清辩[26]，祜不然之[27]，衍拂衣[28]去。祜顾谓宾客曰：“王夷甫[29]方当以盛名处大位，然败俗伤化，必此人也。”及攻江陵，祜以军法将斩王戎。衍，戎之从弟也，故二人皆憾之[30]，言论多毁祜。时人为之语曰："二王当国[31]，羊公无德[32]。"

（以上为第十二段，写吴国西陵督步阐叛变，投降晋朝，晋武帝司马炎派荆州刺史杨肇率军前往西陵迎接；而吴国镇军大将军陆抗派遣将军左奕等围攻西陵，指挥若定，终于击败晋军，攻克西陵。）

【注释】

［1］有夏：即夏王朝，这里指夏朝的末代帝王夏桀。有，为助词，无义。［2］殷汤用师：商朝的开国帝王商汤起兵讨伐夏桀。殷汤，指商朝开国之君商汤王，也称为成汤。［3］纣作淫虐：商纣荒淫、暴虐无道。纣，指商朝末代君主商纣王帝辛。［4］周武授钺：周武王将象征权威的斧钺授予大将，命其讨伐殷纣。周武，指西周开国之君武王姬发。钺（yuè），即斧钺，君王用钺象征军事指挥权。［5］苟无其时：假如没有那样的机会，指对方荒淫残暴、天怒人怨之时。时，时机，机会。［6］审官：审慎地考核官吏。［7］明黜陟：明确进退、升降的标准。黜，废掉官职。陟，提升官职。［8］任刑赏：指奖赏人、处罚人要十分慎重。任，据章校"任"应为"慎"。慎，慎重，谨慎。［9］训诸司以德：指加强对各个部门官吏的教育，培养道德情操。［10］而听诸将徇名：如果听任诸将追求一时的名声。而，假如。徇名，求名。徇，谋求。［11］穷兵黩武：用尽全部兵力，任意发动战争。形容十分好战。［12］动费：犹言"耗费"。［13］凋瘁：衰败，憔悴。瘁（cuì），劳累，疾病。［14］寇不为衰：敌人没有因我们的进攻而衰弱。［15］大病：大大地削弱、困顿。［16］昧十百之利：贪图十个钱、百个钱的小利。昧，贪图。［17］此人臣之奸便：这些都是对某个居心不良的臣子个人有利的事。奸便，奸计。［18］再克：连胜两次。［19］亡不旋踵：指迅速灭亡。不旋踵（zhǒng），来不及转脚跟，形容时间极短。［20］克获：意即战胜并有所掳获。［21］不补所丧：意即得不偿失，所获得的利益不如所付出的消耗大。丧，丧失，损失。［22］不附结：不巴结，不攀扯。［23］中朝：即内朝。汉武帝以后的朝官有中朝、外朝之分。颜师古注《汉书》引孟康曰："中朝，内朝也。大司马、左右前后将军、侍中、常侍、散骑诸吏为中朝。丞相以下至六百石为外朝也。"权贵：旧指官高势大的人。［24］从甥：羊祜的堂外甥。王衍（256—311）：字夷甫，西晋末年重臣，官至三公。善谈论玄理，被世人称为"口中雌黄"。传见《晋书》卷四十三。［25］陈事：即叙事，报告有关事项。［26］清辩：声音好听，条理清楚。［27］不然之：不以为然，不认为好。［28］拂衣：形容气愤的样子。［29］王夷甫：即王衍，字夷甫。［30］憾之：从内心恨他。憾，憎恨。［31］二王：指王戎、王衍。当国：执政，主持国事。［32］无德：不会有美德传颂于世。

【点评】

论司马炎。晋朝建立，成也司马炎，败也司马炎。公元265年，晋王司马炎接受魏元帝曹奂的禅让，称帝，建立晋朝，开启了中国历史上的一个新的纪元。令人唏嘘的是，晋朝虽然建立了统一的王朝，但和魏国相似，权臣专政，又加之少数民族上层侵扰不已，也是短命而亡。我们追溯司马炎初始的建国之举与立国之策，从中可以看出一些晋朝败亡的征兆。

首先，晋朝开国皇帝司马炎的品行，是前修后纵，前明后暗，不能一贯始终。开国帝王的品德、形象，对后世有着极大的影响。司马炎 29 岁创立晋朝，正是血气方刚的时候，他非常注意自己的品行修养，能够信守孝道，厉行节俭，虚心纳谏，用人唯贤，励精图治，并进行了一系列的改革。但遗憾的是，他不能始终如一。司马炎在位 20 多年，在位后期则与前期判若两人，生活奢侈腐化，荒淫无度，公开卖官，宫中姬妾有近万人，所谓“羊车望幸”，说的就是他的丑事。上行下效，各级官吏也不理政事，斗富成风，奢侈之风盛行，这对后世君臣造成了极恶劣的影响，是导致晋朝短命而亡的重要因素。

其次，司马炎大肆封王，得失参半，弊大于利。司马炎继位后，鉴于魏国宗室衰微、帝室孤弱、终致灭亡的教训，乃大封皇族为藩王，以对抗士族。他一下子封了 27 个王，其封王之多，大概是中国历史上绝无仅有的。始则封王不就国，官于京师以辅皇室，继则分遣诸王就国，都督诸军事，后又让诸王出使镇守要害之地。此举的目的是对抗士族中的野心家。但后来的“八王之乱”证明，这种政策反而使一些手握重兵的王成为野心家，把晋朝弄得乌烟瘴气。明人方孝孺曾作《深虑论》，一针见血地指出：“魏之惩汉，晋之惩魏，各惩其所由亡而为之备。而其亡也，盖出于所备之外。”大意为：曹魏借鉴了东汉的教训，西晋借鉴了曹魏的教训，各自借鉴其前代的教训而进行防备，可他们灭亡的根由，都在防备的范围之外。而晋朝的灭亡实质上是亡于宗族之祸，而不是亡于宗族之外。至于外族崛起，五胡乱晋，则是八王之乱、国家孱弱带来的直接后果！

最后，在确定皇位继承人上出现重大失误。司马炎真是聪明一世，糊涂一时！他有 26 个儿子，居然将司马衷这样半痴半傻的人立为太子。关于司马衷，有一则故事，他在吃饭时对粮食很不爱惜，有人劝说道，城外的灾民没有饭吃，到处都有饿死的人。而司马衷却说：“灾民没有饭吃，为什么不吃肉粥呢？”这样的人怎能挑起治理国家的这副重担呢？由此可见，司马炎立白痴司马衷为太子，是如何愚蠢糊涂，是如何对国家不负责任！太子是皇储，为国之根本。国家这棵大树的根基不行，这棵大树还能健壮地生长下去吗？当然，司马炎当初立司马衷，一是囿于传统的立嗣制度，即立长不立幼，司马衷为长子，具备了立储的基本条件。二是优柔寡断。对于太子司马衷的低能，他是十分清楚的，他也知道这个儿子难以担负国家重任。但是，杨皇后反对更易太子，他也就听之任之，采取了不负责任的态度。三是司马炎知道太子的才智平庸，出了几道考题来测试太子。可想而知，太子怎么答得出来呢？可是，司马衷妻子贾南风请了几位老先生帮忙。司马炎只看到了比较不错的答案，却没有深究所作答案的是何人，于是司马衷蒙混过关，而司马炎则对太子采取了基本相信的态度。从这点来看，司马炎也不是十分精明的人。正是以上这些因素，使得司马炎铸成大错，也等于是他亲手葬送了晋室江山。

司马炎，是晋朝的开创者，也是晋朝的葬送者！

卷八〇　晋纪二

晋武帝泰始九年至咸宁五年（273—279年）

【起昭阳大荒落（癸巳，273年），尽屠维大渊献（己亥，279年），凡七年】

【大事提要】

本卷记事起公元273年，讫公元279年，凡七年，当晋武帝泰始九年至咸宁五年。本卷所载大事，主要是五个方面：其一，吴主孙皓暴虐无道，上下离心。吴主孙皓想给自己的父亲作纪，左国史韦昭认为其父没有登天子之位，只宜作传，孙皓就借机杀掉韦昭；孙皓宠妾派人到集市抢夺百姓财物，司市中郎将陈声依法处理，孙皓烧红刀锯截断其头颅；中书令张尚能言善辩，也被借故杀害。其二，晋武帝改封宗室诸王。公元277年，晋武帝司马炎接受卫将军杨珧建议，下令诸王各以户邑多少为三等，大国置三军5000人，次国置二军3000人，小国置一军1100人；诸王为都督者，回到封国去，与督事相近。无官者，皆遣就国。诸王留恋京师洛阳，涕泣而去。其三，鲜卑攻占凉州。公元279年，河西鲜卑族首领秃发树机能率众反晋，攻占凉州，晋廷大震。马隆自告奋勇，自请招募勇士3000人前往收复。武帝司马炎准其所请，授为讨虏护军，允其任选兵器，领三年军资。他且战且进，不断获胜，斩杀敌首，平定凉州。其四，羊祜贤能。晋武帝司马炎有灭吴之心，命征南大将军羊祜坐镇襄阳，都督荆州诸军事。羊祜屯田兴学，以德怀柔，深得军民之心；缮甲练兵，广为戒备，做好攻吴准备；多次上书，奏请攻吴，举荐良将杜预代之。公元278年，羊祜去世，百姓望碑流泪，称为“堕泪碑”。其五，出兵攻吴。公元279年，晋武帝司马炎在羊祜、王濬、杜预等诸多大臣奏请下，认为攻打吴国的时机成熟，下令派遣六路大军，出动20多万人，集中水陆主力夺取夏口以西地区，然后顺江而下，合击吴都建业。老将贾充驻扎襄阳，负责部署、调度与节制。

世祖武皇帝上之下

泰始九年（癸巳，273 年）

春，正月，辛酉[1]，密陵元侯郑袤[2]卒。

二月，癸巳[3]，乐陵武公石苞[4]卒。

三月，立皇子祗[5]为东海王[6]。

吴以陆抗[7]为大司马、荆州牧[8]。

夏，四月，戊辰朔[9]，日有食之。

初，邓艾之死[10]，人皆冤之，而朝廷无为之辨者。及帝即位，议郎敦煌段灼[11]上疏曰："邓艾心怀至忠而荷[12]反逆之名，平定巴蜀[13]而受三族之诛；艾性刚急，矜功伐善[14]，不能协同朋类[15]，故莫肯理之[16]。臣窃以为，艾本屯田掌犊人[17]，宠位已极，功名已成，七十老公，复何所求？正以刘禅[18]初降，远郡未附，矫令承制[19]，权安社稷[20]。钟会[21]有悖逆之心[22]，畏艾威名，因其疑似[23]，构成其事[24]。艾被诏书[25]，即遣强兵[26]，束身就缚，不敢顾望[27]，诚知奉见先帝[28]，必无当死[29]之理也。会受诛[30]之后，艾官属将吏，愚戆相聚[31]，自共追艾，破坏槛车[32]，解其囚执[33]；艾在困地[34]，狼狈失据[35]，未尝与腹心之人有平素之谋，独受腹背之诛[36]，岂不哀哉！陛下龙兴[37]，阐弘大度[38]，谓可听艾[39]归葬旧墓，还其田宅，以平蜀之功继封其后，使艾阖棺定谥[40]，死无所恨，则天下徇名[41]之士，思立功之臣，必投汤火[42]，乐为陛下死矣！"帝善其言而未能从。会[43]帝问给事中樊建[44]以诸葛亮之治蜀，曰："吾独不得如亮者而臣之乎？"建稽首[45]曰："陛下知邓艾之冤而不能直[46]，虽得亮，得无如冯唐[47]之言乎！"帝笑曰："卿言起我意[48]。"乃以艾孙朗为郎中[49]。

吴人多言祥瑞[50]者，吴主以问侍中韦昭[51]，昭曰："此家人筐箧中物[52]耳！"昭领左国史[53]，吴主欲为其父作纪[54]，昭曰："文皇不登极位[55]，当为传，不当为纪。"吴主不悦，渐见责怒。昭忧惧，自陈衰老，求去侍、史二官[56]，不听[57]。时有疾病，医药监护[58]，持之益急[59]。吴主饮群臣酒[60]，不问能否，率以七升为限[61]。至昭，独以茶代之，后更见逼强[62]。又酒后常使侍臣嘲弄公卿，发摘私短[63]以为欢；时有愆失[64]，辄见收缚[65]，至于诛戮。昭以为外相毁伤[66]，内长尤恨[67]，使群臣不睦，不为佳事，故但难问经义[68]而已。吴主以为不奉诏命，意不忠尽[69]，积前后嫌忿[70]，遂收昭付狱。昭因狱上辞[71]，献所著书，冀以此求免。而吴主怪其书垢故[72]，更被诘责，遂诛昭，徙其家于零陵[73]。

五月，以何曾领司徒[74]。

六月，乙未[75]，东海王祗卒。

秋，七月，丁酉朔[76]，日有食之。

诏选公卿以下女备六宫[77]，有蔽匿者以不敬论[78]；采择未毕，权[79]禁天下嫁娶。帝使杨后择之，后惟取洁白长大而舍其美者。帝爱卞氏女，欲留之。后曰："卞氏三世后族[80]，不可屈以卑位[81]。"帝怒，乃自择之，中选者以绛纱[82]系臂，公卿之女为三夫人、九嫔[83]，二千石、将、校女补良人[84]以下。

九月，吴主悉封其子弟为十一王[85]，王给三千兵[86]，大赦。

是岁，郑冲以寿光公罢[87]。

吴主爱姬遣人至市夺民物。司市中郎将陈声[88]素有宠于吴主，绳之以法。姬愬[89]于吴主，吴主怒，假他事[90]烧锯断声头，投其身于四望之下[91]。

（以上为第一段，写晋武帝司马炎为平蜀大将邓艾平反；下令挑选公卿以下百官之家女子充入后宫，弄得鸡犬不宁；吴主孙皓杀死正直官吏左国史韦昭、司市中郎将陈声，吴人怨恨无比。）

【注释】

[1]正月，辛酉：正月二十二日。 [2]密陵元侯郑袤（mào）：密陵侯，是封号；元，是谥号。郑袤，字林叔，魏晋大臣。传见《晋书》卷四十四。 [3]癸巳：二月二十五日。 [4]乐陵武公石苞：石苞封乐陵郡公，谥号为"武"，故称之。石苞，字仲容，魏晋重要将领，西晋开国功臣。传见《晋书》卷三十三。 [5]皇子祗（zhī）：即司马祗，字敬度，晋武帝司马炎第六子，受封为东海王，三岁而死。传见《晋书》卷六十四。 [6]东海王：封地东海郡，王都郯县，在今山东郯城县。 [7]陆抗：字幼节，丞相陆逊次子，吴国名将。传见《三国志》卷五十八。 [8]大司马：国

家最高武官。吴国设有大司马和左大司马、右大司马，位在上大将军之上。荆州牧：也称荆州刺史，荆州的州治在今湖北荆州市江陵城。［9］戊辰朔：四月一日。［10］邓艾之死：邓艾遭钟会诬陷而死，故是一桩冤案。后被平反昭雪。邓艾传见《三国志》卷二十八。［11］段灼（zhuó）：字休然，敦煌人。世为西土著姓，正直有才辩。少仕州郡，稍迁邓艾镇西司马，从艾破蜀有功，封关内侯，累迁议郎。曾多次上书晋武帝司马炎追理邓艾，为邓艾平反，被提拔为明威将军、魏兴太守。传见《晋书》卷四十八。［12］荷（hè）：承载，引申为蒙受。［13］巴蜀：本指四川盆地及其附近地区，此代指刘备建立的蜀汉。［14］矜（jīn）功伐善：指夸耀自己的功劳和才能，形容极不虚心。矜、伐，自夸。［15］协同朋类：与同事合作，搞好关系。［16］理之：为他伸冤辩白。［17］屯田掌犊（dú）人：在屯垦的队伍中负责养牛。犊，本指小牛，此指牛。按：邓艾本义阳棘阳人，曹操破荆州，将其迁到汝南，为农民养牛。［18］刘禅：蜀汉后主。［19］矫令承制：指假托命令，秉承皇帝的旨意而便宜行事。［20］权安社稷：临时制宜地为国家考虑。权，权宜，临时处置。社稷，为国家的代称。［21］钟会：字士季，魏国镇西将军，与邓艾分路进兵灭亡蜀。传见《三国志》卷二十八。［22］有悖逆之心：指钟会功成之后，萌生不臣之心，勾结蜀将姜维，图谋据蜀自立，排除异己而诬陷邓艾。［23］疑似：似是而非。［24］构成其事：编织成了造反的罪名。构，构陷。［25］被诏书：接到朝廷的诏书之后。被，接到。［26］遣强兵：交出了强大的军队。遣，本义为释放，引申为交出。［27］不敢顾望：不敢犹豫、观望。顾，回头，迟疑。［28］奉见先帝：指回朝见到司马昭。［29］当死：被判死罪。当，判处。［30］会：恰巧，恰值。受诛：受到讨伐。诛，责罚。［31］愚戆相聚：一群粗人自动集聚在一起。愚戆（gàng），愚笨而鲁莽，也含有刚直的意思。［32］槛车：押运囚犯的车。槛，囚禁犯人的牢笼。［33］囚执：囚禁，此指囚禁的人，指邓艾。［34］在困地：在走投无路的情况下。困，受困，困境。［35］狼狈失据：手足无措，不知如何是好。胡三省曰："狼前则跋其胡，退则疐其尾。狈，狼属也。生子或欠一足，二足相附而后能行，离则颠蹶。故猝遽谓之狼狈。"［36］腹背之诛：腹在前，背在后，谓前后皆不免于诛，指叛乱分子与朝廷都要杀他。［37］龙兴：指称帝。［38］阐弘大度：扩大容人之量。阐弘，发扬，光大。度，胸襟，气量。［39］谓：我以为。可听艾：应该允许邓艾。听，允许，任其。［40］阖棺定谥：即盖棺论定，赐给他谥号。阖，关闭。［41］徇名：追求扬名。徇，对众宣示，宣扬。［42］投汤火：犹言赴汤蹈火。［43］会：恰值，刚好碰上。［44］樊建：字长元，蜀汉大臣，官至尚书令。蜀亡降魏，官至相国参军，兼任散骑常侍、给事中，封列侯，与晋武帝司马炎论诸葛亮为人，并为邓艾平反。［45］稽首：指古代跪拜礼，为九拜中最隆重的一种，常为臣子拜见君父时所用，跪下并拱手至地，头能至地。稽，停留，拖延。［46］不能直：不能给邓艾平反。直，平反。［47］冯唐：西汉文帝时的直臣。传见《史记》卷一〇二。［48］起我意：给我很大启示。起，起意，启发。［49］朗：即邓朗，邓艾的嫡孙。郎中：皇帝的侍从人员，郎中令属员。［50］祥瑞：吉祥的征兆，认为是表达天意的、对人有益的自然现象，如出现彩云，风调雨顺，禾生双穗，地出甘泉，奇禽异兽出现等等。［51］韦昭：字弘嗣，后因避晋讳改名曜。

东吴四朝重臣，著名学者。著有《三吴郡国志》等，与人合著《吴书》。传见《三国志》卷六十五。[52]家人箧箧中物：一般民众篮子、箱子里装着的玩意儿，含有轻蔑的意思。家人，一般民众。箧箧（qiè），箱笼。[53]左国史：东吴官名，与“右国史”共同掌修国史。吴国有左、右国史，皆掌记述。[54]为其父作纪：指孙皓要为父作本纪。本纪，是纪传体史书中的一种体裁，是以帝王为纲的大事纪要。孙皓父未即位为帝，不能作本纪。[55]文皇：指孙皓的父亲孙和。孙皓即位，追封其为文皇帝。传见《三国志》卷五十九。不登极位：没有做过皇帝。极位，即最高的地位，即帝位。[56]侍、史二官：指侍中及左国史两种官职。[57]不听：指吴主孙皓不准许。[58]医药监护：派医生，送医药，监视护理。[59]持之益急：对韦昭的看管越来越急迫。持，控制。[60]饮群臣酒：用酒招待群臣。饮，宴饮，宴请。[61]率（shuài）：大概，引申为一律，一概。以七升为限：意即不得少于七升，而不是只限于七升。[62]逼强：逼迫、勉强。[63]发摘私短：即酒后吐真言，揭发人家的隐私或短处。摘，同“揭”，揭发。[64]时有愆失：偶尔有点失误、差错。愆（qiān）失，过失，过错。[65]辄见收缚：立刻就被逮捕。辄，立即，就。见，被。收缚，收捕捆绑。[66]外相毁伤：从表象上看，是对人的伤害。[67]内长尤恨：从内里增长怨恨，让人家记恨在心。长（zhǎng），增加。尤，恨，怪罪。[68]故但：故而，仅仅。但，只，仅仅。难问经义：当孙皓让韦昭刁难大臣时，韦昭便拷问大臣经书大义，不触及私事。难（nàn），诘责，质问。[69]意不忠尽：即对孙皓的忠诚不到家，不够尽忠。[70]嫌忿：猜疑与愤怒。[71]因狱上辞：通过狱吏给孙皓上书。据章校“狱”下有“吏”字，补。[72]垢故：脏、旧。垢，污秽、肮脏。故，旧，不新。[73]零陵：晋郡名，郡治在今湖南永州市零陵区。[74]何曾：原名何谏，字颖考，曹魏太仆何夔之子。高平陵政变之后，投靠司马氏集团，颇受重用，官至太尉兼司徒，迁太宰兼侍中。传见《晋书》卷三十三。[75]乙未：六月二十九日。[76]丁酉朔：七月一日。[77]备六宫：充实内宫。六宫，古代指后妃所居之内宫，亦代指后妃。郑玄注《周礼》曰：“六宫者，前一宫，后五宫也。后一宫，三夫人一宫，九嫔一宫，二十七世妇一宫，八十一御妻一宫，凡百二十人。”[78]蔽匿（nì）：隐藏，隐瞒，此指不让其女参加“选秀”活动。以不敬论：以律不敬论罪，即不敬王命，在当时是死罪。[79]权：暂时。[80]三世后族：出过三代皇后的家族。三代皇后，指曹操、曹髦、曹奂的皇后。胡三省注曰：“魏武帝卞后谥曰宣后，（卞后）弟秉生兰及琳，兰孙女为高贵乡公后，琳女又为陈留王后，凡三世。”[81]不可屈以卑位：不能让人家委屈地处于皇后以下的地位。屈，屈居，委屈。卑位，指皇后以下的妃嫔之位。[82]绛纱：红色的丝织物。绛，大红色。[83]三夫人：晋朝宫廷里在皇后之下，以贵嫔、夫人、贵人为三夫人，位比三公。九嫔（pín）：指封建社会帝王之妾，等级位于后妃之下，在其他侍妾之上。晋武帝置九嫔，即淑妃、淑媛、淑仪、修华、修容、修仪、婕妤、容华、充华，位比九卿。[84]良人：晋朝嫔妃编制中没有“良人”，此处可能沿用魏嫔妃名称，为魏制的第十二级，这里指十二级以下。[85]十一王：史书不载，不知是谁人。[86]王给三千兵：即给新封的王每人三千士兵。[87]郑冲以寿光公罢：指免去郑冲的朝官，以寿光公爵的身份归家。郑冲，字文和，魏晋大臣、儒学家，撰有《论语集解》传于世。传见《晋书》卷三十三。罢，免官，退休。［88］司市中郎将：掌管市场上的各种事务。陈声：吴国官员，孙皓时，为中书丞、司市中郎将，宠臣，后来因为将孙皓违法的宠妃绳之以法，受到孙皓厌恶，遂借机将其杀害。［89］愬（sù）：同“诉”，诉说，告状。［90］假他事：找一件别的事情做借口。假，假借，借口。［91］四望之下：即四望山下的长江之中。四望，即四望山，在今江苏南京市北，南接石头城，北接狮子山，西临长江。

十年（甲午，274年）

春，正月，乙未[1]，日有食之。

闰月，癸酉[2]，寿光成公郑冲[3]卒。

丁亥[4]，诏曰：“近世以来，多由内宠以登后妃[5]，乱尊卑之序；自今不得以妾媵为正嫡[6]。”

分幽州置平州[7]。

三月，癸亥[8]，日有食之。

诏又取良家及小将吏[9]女五千人入宫选之，母子号哭于宫中，声闻于外。

夏，四月，己未[10]，临淮康公荀顗[11]卒。

吴左夫人王氏卒。吴主哀念，数月不出，葬送甚盛。时何氏以太后故，宗族骄横。吴主舅子何都[12]貌类吴主，民间讹言：“吴主已死，立者[13]何都也。”会稽[14]又讹言：“章安侯奋[15]当为天子。”奋母仲姬墓在豫章[16]，豫章太守张俊为之扫除[17]。临海太守奚熙[18]与会稽太守郭诞书，非议国政[19]；诞但白[20]熙书，不白妖言[21]。吴主怒，收诞系狱，诞惧，功曹邵畴[22]曰：“畴在，明府[23]何忧！”遂诣吏自列[24]曰：“畴厕身本郡[25]，位极朝右[26]，以噂沓之语[27]，本非事实，疾其丑声[28]，不忍闻见[29]，欲含垢藏疾[30]，不彰之翰墨[31]，镇躁归静[32]，使之自息。故诞屈其所是[33]，默以见从[34]。此之为愆[35]，实由于畴，不敢逃死，归罪有司[36]。”因自杀。吴主乃免诞死，送付建安作船[37]。遣其舅三郡督何植[38]收奚熙。熙发兵自守[39]，其部曲[40]杀熙，送首建业[41]。又车裂张俊，皆夷三族，并诛章安侯奋及其五子。

秋，七月，丙寅[42]，皇后杨氏殂[43]。初，帝以太子不慧[44]，恐不堪为嗣[45]，常密以访后[46]；后曰："立子以长不以贤，岂可动也！"镇军大将军胡奋[47]女为贵嫔[48]，有宠于帝，后疾笃[49]，恐帝立贵嫔为后，致太子不安[50]，枕帝膝泣曰："叔父骏[51]女芷有德色[52]，愿陛下以备六宫。"帝流涕许之。

以前太常山涛[53]为吏部尚书。涛典选[54]十余年，每一官缺，辄择才资可为者启拟数人[55]，得诏旨有所向[56]，然后显奏[57]之。帝之所用，或非举首[58]，众情不察，以涛轻重任意，言之于帝。帝益亲爱之。涛甄拔[59]人物，各为题目[60]而奏之，时称"山公启事[61]"。

涛荐嵇绍[62]于帝，请以为秘书郎[63]，帝发诏征之。绍以父康得罪[64]，屏居私门[65]，欲辞不就。涛谓之曰："为君思之久矣，天地四时，犹有消息[66]，况于人乎！"绍乃应命，帝以为秘书丞。

初，东关之败[67]，文帝[68]问僚属曰："近日之事，谁任其咎[69]？"安东司马王仪[70]，修之子也，对曰："责在元帅[71]。"文帝怒曰："司马欲委罪孤邪！"引出斩之。仪子裒痛父非命[72]，隐居教授，三征七辟[73]，皆不就。未尝西向而坐[74]，庐于墓侧[75]，旦夕攀柏悲号，涕泪著树[76]，树为之枯。读《诗》至"哀哀父母，生我劬劳[77]"，未尝不三复流涕[78]，门人为之废《蓼莪》[79]。家贫，计口而田[80]，度身而蚕[81]；人或馈[82]之，不受；助之，不听。诸生密为刈麦[83]，裒辄弃之，遂不仕而终。

臣光曰：昔舜诛鲧而禹事舜[84]，不敢废至公[85]也。嵇康、王仪，死皆不以其罪，二子不仕晋室可也；嵇绍苟无荡阴之忠[86]，殆不免于君子之讥[87]乎！

（以上为第二段，写吴国外戚何都骄傲专横，无法无天；晋朝官员山涛善于甄选人才；当年嵇康、王仪被司马昭借故杀害，其子嵇绍勉强应诏，王裒终身不仕。）

【注释】

［1］乙未：正月二日。［2］闰月，癸酉：闰正月十一日。［3］寿光成公郑冲：寿光公是郑冲的封号，"成"字是郑冲的谥号。［4］丁亥：闰正月二十五日。［5］由内宠以登后妃：由于受宠，姬妾登上后妃的位子。曹操的卞皇后、曹丕的郭皇后、曹叡的毛皇后都是这种情况。［6］妾

媵：泛指姬妾。媵（yìng），原指陪嫁的女子。正嫡：指正室，嫡妻。［7］分幽州置平州：将幽州分出一部分设置平州。幽州，因幽都山为名，统范阳、燕、北平、上谷、代、辽西六郡。平州，统昌黎、辽东、乐浪、玄菟、带方五郡，州治襄平，在今辽宁辽阳市。［8］癸亥：三月二日。［9］良家：非官宦的清白人家。小将吏：下级武官和文官。［10］己未：四月二十八日。［11］临淮康公荀顗（yǐ）：临淮公是荀顗的封号，“康”字是荀顗的谥号。荀顗，字景倩，曹魏太尉荀彧第六子。西晋开国元勋。传见《晋书》卷三十九。［12］舅子何都：孙皓舅舅的儿子名何都。按：吴主孙皓昏乱，何氏子弟骄横，百姓以为患。曾谣传孙皓已死，而何都以颜状似皓代立。临海太守奚熙信谣举兵，欲诛何都，为何都叔父何植击杀。［13］立者：指现在在位的人。［14］会稽：郡名，位于长江下游江南一带，郡治山阴县，在今浙江绍兴市。［15］章安侯奋：即孙奋，字子扬，吴帝孙权第五子，吴主孙皓的叔叔。初封齐王，因擅杀封国属官而被废为庶人，后改封章安侯。因传言他将为吴主，连及他的后代，全部被孙皓诛杀。传见《三国志》卷五十九。［16］仲姬：孙权的妃嫔，生孙奋。从她被称为姬来看，地位并不高。赤乌六年（243），孙和的母亲王夫人将“诸姬”迁出宫外，仲姬可能包括在内，死后在豫章落葬。豫章：郡名，郡治南昌，在今江西南昌市。［17］张俊：吴国官吏。建衡元年（269）为豫章太守。扫除：即祭扫，扫墓，随时加土与除去野草等。［18］临海：吴郡名，郡治章安，在今浙江临海市。奚熙：曾任东吴临海太守。孙皓为夫人治丧，极尽奢华，又半年不出理朝政，国人皆以为死者是孙皓本人。他的舅子何都长相相似，人皆以为何都代孙皓而立。奚熙信以为真，遂举兵欲回师诛讨何都，被何都叔父何植击杀，夷灭三族。［19］非议国政：指奚熙致信郭诞，批评国政，议论朝廷是非以及谣言孙奋当为天子等事。郭诞上奏朝廷举报。［20］白：禀告，报告。［21］不白妖言：即不把上述“章安侯奋当为天子”的谣言向朝廷报告。妖言，即前讹言。［22］功曹：郡太守的属吏。邵畴：字温伯，会稽人，吴国官吏。［23］明府：对太守的敬称。［24］诣吏自列：到主管部门作自我陈述。自列，即自陈。［25］厕身本郡：置身于本郡诸吏之中。厕，通“侧”，置。［26］位极朝右：位在郡廷的诸吏之上。极，极点，犹言“最高”。［27］以噂沓之语：我以为那些叽叽喳喳的流言。噂（zǔn）沓，议论纷纷，犹今之所谓“叽叽歪歪”，无稽之谈。［28］疾其丑声：我讨厌那些肮脏的话。疾，憎恨，讨厌。［29］不忍闻见：不向朝廷报告，不忍心让上面听到，以污耳目。［30］含垢藏疾：本谓应有包容的气量，后转用以指包容坏人坏事。垢，污垢，污秽。疾，病，毛病。［31］翰墨：即笔墨，此指奏书。［32］镇躁归静：指制止流言蜚语，归于平静。躁，通“噪”，噪声，杂音。［33］屈其所是：放弃了自己原想上报的正确主张。［34］默以见从：谓郭诞勉强听了我的意见，没有上告妖言之事。见从，即听从，听信。［35］此之为愆：这事现成了罪祸。愆，罪过，过失。［36］归罪有司：向主管部门认罪。［37］付建安作船：将郭诞发配到建安郡，充当造船的苦役犯。晋时建安郡的郡治，在今福建建瓯市。［38］三郡督：掌管临海、建安、会稽三郡军事防卫的长官。何植：字元干，东吴外戚、官员，官至司徒。其姊何姬为孙和之妾、孙皓之母。曾以何太后三弟、孙皓的舅父身份，与吴主孙皓一起长大，得宠。［39］发兵自守：意即不服从命令，拥兵拒捕。［40］部曲：部属，部下。将军属下有部，部的长官称校尉；部下有曲，曲的长官称军候。［41］建业：东吴的都城，寓意“建立帝王之大业”，在今江苏南京市。［42］丙寅：七月六日。［43］殂（cú）：死亡。［44］不慧：不聪明，低能儿。［45］为嗣：为继承人。嗣，继承，接续。［46］密以访后：悄悄地探访皇后杨氏的意见。密，私密，私下。［47］胡奋：字玄威，镇军大将军，外戚。传见《晋书》卷五十七。［48］贵嫔：为三夫人之首，仅次于皇后。［49］疾笃：病得很厉害。笃，甚，深，形容病势沉重。［50］致太子不安：指动摇太子地位。［51］叔父骏：即杨骏，字文长，西晋外戚、权臣，后坐罪被杀，夷灭三族。传见《晋书》卷四十。［52］芷（zhǐ）：即杨芷，字季兰，晋武帝司马炎皇后杨艳堂妹，亦入宫为嫔妃，杨骏被诛杀后，杨芷被贬为庶人，押到金墉城居住，芷冻饿而死，谥号武悼皇后。传见《晋书》卷三十一。有德色：有才德、有美色。［53］山涛：字巨源，魏晋名士，“竹林七贤”之一，西晋大臣。传见《晋书》卷四十三。［54］典选：指掌管选拔人才授官的事务。［55］才资：才能与资历。启拟数人：把具备条件的几个人一起提出来。［56］得诏旨有所向：待摸清了皇帝的意向。有所向，有所指向，有了明确的意见。［57］显奏：明确地向皇帝提出。［58］非举首：不是山涛所提的第一名人选。［59］甄拔：选拔。甄，甄别，明察。［60］题目：简短的介绍和评语。［61］山公启事：山涛甄拔人物的启奏。［62］嵇绍：字延祖，曹魏中散大夫嵇康之子。西晋名臣、文学家。后因拼死保卫惠帝而遇害。传见《晋书》卷八十九。［63］秘书郎：晋制，秘书监属官有丞、有郎。［64］父康得罪：嵇康以《与山巨源绝交书》，得罪司马昭。康，即嵇康。［65］屏居私门：摒除人事，躲在家里不出门。屏居，指退隐，屏客独居。［66］天地四时，犹有消息：意即天地四季，每个季节到来时都会有相应的气候变化，有消有长，互为更替。四时，四季。消息，即消长，引申为变化。［67］东关之败：即东兴之战。魏嘉平四年（252）出动十五万大军，兵分三路，进攻东吴的南郡、武昌、东兴。其中，东路军以司马昭为都督，领兵七万，直逼东兴。东吴以太傅诸葛恪为统帅，率军四万迎击，魏军战败，司马昭因此战之败而被削去侯爵。东关，在今安徽含山县西南。［68］文帝：即司马昭，在魏爵晋王，其子司马炎代魏建晋后，追尊为文帝，故称之。传见《晋书》卷二。［69］任其咎：即负其责。任，担任，担负。咎，过失，罪过。［70］安东司马：安东将军的司马，当时司马昭任安东将军。王仪：字朱表，曹魏名臣王修之子，曾担任司马昭的参军。东兴之战魏军惨败，司马昭问众人谁应负责，王仪说责在元帅。司马昭怒曰：“司马欲委罪孤邪！”遂令人斩之。［71］责在元帅：指应当由您司马昭负责。元帅，指挥。当时司马昭以安东将军监诸路军马。［72］裒（póu）：即王裒，字伟元，王仪之子。西晋学者，因父为司马昭所杀，不臣西晋，三征七辟皆不就，隐居教授，善书。非命：不正常的死亡。［73］三征七辟：朝廷多次下诏征聘，地方官员也多次聘用，授以官职。三、七，泛指多次。征，征召，征用。辟，延聘，聘请。［74］未尝西向而坐：王裒家在城阳郡，在晋都洛阳的东面。王裒的座位，不面向西方，以表现对这个政权的痛恨。［75］庐于墓侧：在坟墓旁边搭个棚子，就住在里边。庐，用作动词，搭建草庐。［76］涕泪著树：眼泪滴在树上。涕泪，眼泪，代指哭泣。［77］哀哀父母，生我劬劳：意即可怜的父母亲啊，为了生养我，受尽劳苦。语出《诗经·蓼莪》。哀哀，哀痛的样子。劬（qú）劳，过分劳苦，勤劳。劬，辛劳。［78］三复：反复念多遍。流涕：流泪。涕，古代指眼泪。［79］门人：门徒们。废《蓼莪》：即不读不讲《蓼莪》这首诗，怕引起老师的伤心。废，放下，翻过去。《蓼（lù）莪（é）》，《诗经·小雅》中的一篇诗歌，诗人抒发了不能终养父母的沉痛之情。［80］计口而田：按人口需要粮食的数量来耕种田地。田，用作动词，耕种。［81］度身而蚕：算着所需要衣料的多少来养蚕，不求多余。［82］馈（kuì）：馈赠，赠送物品。［83］密为刈（yì）麦：偷偷地帮他收割麦子。密，私下，悄悄地。刈，割。［84］舜诛鲧（gǔn）而禹事舜：大禹的父亲鲧治水失败被舜诛杀。禹接着治水成功，受舜禅让而继承帝位，奠定夏朝。传见《史记》卷二。［85］废至公：指抛弃伟大的事业。至公，指治水这件关系国家及民众的大事情。［86］苟无：假如没有。荡阴之忠：指嵇绍为护卫晋怀帝，被成都王司马颖杀于汤阴之事。荡阴，县名，县治在今河南汤阴县西南。此指荡阴之战，是发生在八王之乱中的一场战争。成都王司马颖暂时控制政局，以皇太弟身份专政，任人唯亲，大失众望；东海王司马越，宣布讨伐司马颖，率领禁军挟持惠帝司马衷，双方在荡阴展开激战，而司马越大军溃败，司马衷面部受伤，身中三箭，百官及侍卫人员纷纷溃逃，只有嵇绍庄重地端正冠带，挺身保卫天子，最终为士兵所杀。胡三省评曰：“余谓荡阴之难，君子以嵇绍为忠于所事可也，然未足以塞天性之伤也。”未足以塞天性之伤，指嵇绍忠于晋氏，则有负父亲的被冤杀。［87］殆（dài）：大概，几乎。君子之讥：指正直人士的讥笑、非议。

吴大司马陆抗疾病[1]，上疏曰：“西陵、建平，国之蕃表[2]，既处上流，受敌二境[3]。若敌泛舟顺流，星奔电迈[4]，非可恃援他部以救倒县[5]也。此乃社稷安危之机[6]，非徒封疆侵陵[7]小害也。臣父逊[8]，昔在西垂[9]上言：‘西陵，国之西门，虽云易守，亦复易失。若有不守，非但失一郡，荆州非吴有也。如其有虞[10]，当倾国[11]争之。’臣前乞屯精兵三万，而主者循常[12]，未肯差赴[13]。自步阐[14]以后，益更损耗。今臣所统千里，外御强对[15]，内怀百蛮[16]，而上下见兵[17]，财[18]有数万，羸敝[19]日久，难以待变[20]。臣愚以为诸王幼冲[21]，无用兵马以妨要务[22]。又，黄门宦官开立占募[23]，兵民避役[24]，逋逃入占[25]，乞特诏简阅[26]，一切料出[27]，以补疆埸受敌常处[28]，使臣所部足满八万，省息众务[29]，并力备御[30]，庶几无虞[31]。若其不然，深可忧也！臣死之后，乞以西方为属[32]。”及卒，吴主使其子晏、景、玄、机、云分将其兵[33]。机、云皆善属文[34]，名重于世[35]。

初，周鲂之子处，膂力绝人，不修细行，乡里患之[36]。处尝问父老曰："今时和岁丰而人不乐，何邪？"父老叹曰："三害不除，何乐之有！"处曰："何谓也？"父老曰："南山[37]白额虎，长桥蛟[38]，并子[39]为三矣。"处曰："若所患止此[40]，吾能除之。"乃入山求虎，射杀之，因投水，捕杀蛟；遂从机、云受学，笃志[41]读书，砥节砺行[42]，比及期年[43]，州府交辟[44]。

八月，戊申[45]，葬元皇后于峻阳陵[46]。帝及群臣除丧即吉[47]，博士陈逵[48]议，以为："今时所行，汉帝权制[49]；太子无有国事，自宜终服[50]。"尚书杜预[51]以为："古者天子、诸侯三年之丧，始同齐、斩[52]，既葬除服，谅暗以居[53]，心丧终制[54]。故周公不言高宗服丧三年而云'谅暗'，此服心丧之文也[55]；叔向不讥景王除丧而讥其宴乐已早[56]，明既葬应除，而违谅暗之节[57]也。君[58]子之于礼，存诸内[59]而已；礼非玉帛之谓[60]，丧岂衰麻之谓乎[61]！太子出则抚军[62]，守则监国[63]，不为无事[64]，宜卒哭[65]除衰麻，而以谅暗终三年。"帝从之。

臣光曰：规矩主于方圆[66]，然庸工[67]无规矩则方圆不可得而制也；衰麻主于哀戚[68]，然庸人无衰麻则哀戚不可得而勉[69]也。《素冠》[70]之诗，正为是矣。杜预巧饰《经》《传》以附人情[71]，辩则辩矣[72]，臣谓不若陈逵之言质略而敦实[73]也。

九月，癸亥[74]，以大将军陈骞[75]为太尉。

杜预以孟津[76]渡险，请建河桥于富平津[77]。议者以为："殷、周所都[78]，历圣贤而不作[79]者，必不可立故也。"预固请为之。及桥成，帝从百寮临会[80]，举觞属预[81]曰："非君，此桥不立。"对曰："非陛下之明，臣亦无所施其巧。"

是岁，邵陵厉公曹芳[82]卒。初，芳之废，迁金墉[83]也，太宰中郎[84]陈留范粲[85]素服拜送，哀动左右；遂称疾不出，阳狂[86]不言，寝所乘车[87]，足不履地。子孙有婚宦[88]大事，辄密咨焉，合者[89]则色无变，不合则眠寝不安，妻子以此知其旨。子乔[90]等三人，并弃学业，绝人事[91]，侍疾家庭，足不出邑里。及帝即位，诏以二千石禄养病，加赐帛百匹，乔以父疾笃[92]，辞不敢受。粲不言凡三十六年[93]，年八十四，终于所寝之车。

吴比三年[94]大疫。

（以上为第三段，主要写晋武帝泰始十年（274）的三大史事。其一，写吴国外戚何都骄横，民间传言吴主孙皓已死，何都当政。其二，写周处不拘小节，为害一方，后折节读书，重获好评。其三，写晋朝讨论丧礼制度，杜预认为太子应心丧三年；范粲拜送魏帝曹芳，三十六年不说话。）

【注释】

[1]疾病：指得了重病。[2]西陵、建平：均为郡名，西陵郡治夷陵县（今湖北宜昌市）。建平郡治信陵县（今湖北秭归县南）。蕃表：外部的藩篱、屏障。[3]受敌二境：指西距巴、夔，北接魏兴、上庸，两面都临近晋国。[4]星奔电迈：像流星、闪电一样迅速。迈，跨越，奔驰。[5]非可恃援他部：不能等候其他方面的军队前来救援。以救倒县：以喻解救极度的危机。县，通“悬”，悬挂。[6]社稷安危之机：国家存亡的关键所在。社稷，土神、谷神，代指国家。[7]封疆侵陵：指边境摩擦。封疆，边疆，边境。侵陵，即侵凌，侵犯，欺负。陵，通“凌”，凌辱。[8]逊：即陆逊，本名陆议，字伯言，吴国政治家、军事家，官至丞相。传见《三国志》卷五十八。[9]西垂：西部边境。垂，同“陲”，边陲。[10]有虞：有危机。虞，忧虑，忧患。[11]倾国：举全国之力。[12]主者：主持此事的大臣。循常：按照常规。[13]差赴：派遣。[14]步阐：字仲思，吴国大臣，为西陵督，后反叛投归晋朝。陆抗西行讨伐，步阐兵败被杀，夷灭三族。[15]强对：犹言“强敌”，指强大的对手。[16]内怀百蛮：在国内要安抚各少数民族。怀，安抚。蛮，对南方少数民族的称呼。[17]上下见兵：上上下下现有的全部兵力。见，同“现”。[18]财：同“才”，仅仅。[19]羸敝：老弱，疲惫。羸（léi），瘦弱。[20]待变：应付突然事变。[21]诸王幼冲：孙皓的儿子被封王的都还年纪幼小。冲，弱。[22]无用兵马以妨要务：不要因为调拨兵马给他们而影响了国家的重要事务。此指去年孙皓封其子弟十一人为王，每人给三千士兵，损耗军队三万三千人之多。妨，损害。要务，国家的重要事务。[23]开立占募：开通了招募百姓到他们门下的路径。开立，开创，创立。占募，招募，募集。[24]兵民避役：许多士兵和百姓逃避政府的兵役和税收。[25]逋逃入占：因逃避而受募，躲到了他们的门下。逋逃，逃亡，逃窜。[26]简阅：考察，清查。[27]一切料出：全部核计清楚。一切，一律，全部。料，计量，核计。[28]以补疆埸受敌常处：把他们全部补充到敌人经常进攻的边防要地。疆埸，边疆。常处，固定的地方。[29]省息众务：减省各部门的事务、开支。省息，停止。[30]并力备御：全力做好抵抗敌人的准备。[31]庶儿：差不多。无虞：没有忧患，太平无事。[32]乞以西方为属：希望能特别关注西部边境的问题。属，同“瞩”，瞩目，集中注意力，重点防范。[33]“吴主使其子晏”句：吴主孙皓让陆抗的五个儿子陆晏、陆景、陆玄、陆机、陆云分别统领陆抗的士兵。在晋灭吴之战中，陆晏、陆景死难，陆玄事迹不详。陆机、陆云为

陆抗第四、第五子，仕晋为名臣，西晋文学家。二人最终在西晋八王之乱中受残害。传见《晋书》卷五十四。［34］善属文：写得一手好文章。属（zhǔ）文，撰写文章。［35］名重于世：陆机著有《文赋》，其诗被钟嵘《诗品》列为上等。陆云也是当时著名文人。吴亡后，兄弟二人出仕西晋，来到洛阳，文才倾动一时，受太常张华赏识，名气大振。时有“二陆入洛，三张（张载、张协、张亢）减价”之说。［36］“周鲂之子处”等四句：吴国周鲂的儿子周处，膂力超过常人，不拘小节，乡里百姓都认为他是一个祸害。周鲂，孙吴名臣，传见《三国志》卷六十。其子周处，初为祸乡里，后发奋读书，留下“周处除三害”的传说。入晋为名臣，官至御史中丞。传见《晋书》卷五十八。［37］南山：即荆南山，一名君山，亦名铜官山，在今江苏宜兴市南。［38］长桥：在今江苏宜兴市，具体方位不详。蛟：指鼋、鳄之类的水中动物。［39］并子：再加上你周处。［40］止此：只有这些。［41］笃志：专心致志。［42］砥节砺行：磨炼、提高自己的节操与德行。砥、砺，本为磨刀石，引申为磨、磨炼。［43］比及：及至，等到。期年：整整一年。［44］州府交辟：州刺史与都督府的长官都争相延聘。交，相，争相。辟，征用，征辟。［45］戊申：八月十九日。［46］元皇后：即晋武帝皇后杨艳。峻阳陵：司马炎的陵墓，位于今河南洛阳市偃师区。［47］除丧即吉：脱下丧服，改穿平时的服装。丧，指丧服。吉，指常服。［48］陈逵：人名，时为博士。［49］汉帝权制：汉文帝以来的权宜制度，指丧服日期甚短。汉文帝主张薄葬，改革三年之丧为服大红十五日、小红十四日、纤七日即释服。权制，临时之权宜从事。［50］“太子”二句：博士陈逵认为太子没有担任国事，应当服三年之丧。终服：指穿三年孝服，直到传统的三年之丧期满。［51］杜预：西晋名臣，时为尚书。［52］始同齐、斩：始同，指天子服丧开始时应当与臣民一样，穿齐、斩丧服。齐、斩，即齐衰（cuī）、斩衰两种丧服。斩衰是最重的丧服，衣、裤都用粗麻布制成，衣边及下摆不缝，使断处外露，以示无心修饰。齐衰是次重的丧服，仍用粗麻布制成，衣边缝好，故曰“齐衰”。［53］谅暗以居：只在丧房住宿。谅暗，守丧的临时住房。［54］心丧终制：心中悲悼，直到三年之丧期满。［55］“故周公不言”二句：所以周公不说殷高宗服丧三年而只说天子居丧，这就是在心里哀悼，服心丧的制度。周公，西周开国功臣。他在其所作《尚书·无逸》中有“其在高宗，时旧劳于外，爰暨小人，作其即位，乃或亮阴，三年不言”之文为杜预所本。高宗，即殷武丁，中兴之主，庙号高宗。［56］叔向不讥景王除丧而讥其宴乐已早：晋国大夫叔向不讥讽周景王除去丧服而是讥讽他饮宴娱乐过早。叔向之言见《左传》昭公十五年。［57］违谅暗之节：三年居丧期间可以除服（即不穿孝服），但要谅暗（即守心丧）三年，不可举行酒宴娱乐。周景王葬礼毕就除服，立即举行酒宴娱乐，违背了心丧仪则，是非礼行为，受到讥讽。［58］君：据章校补。［59］存诸内：记在心里就行了。［60］礼非玉帛之谓：真正的礼，并非就是瑞玉锦帛这些外表形式。《论语·阳货》曰：“子曰：‘礼云礼云，玉帛云乎哉？’”［61］丧岂衰麻之谓乎：守丧难道就表现在披麻戴孝的方面吗？衰麻，指衰衣麻绖，服丧所用。衰，指丧服，有齐衰、斩衰等类；麻，指服丧者腰里所系的麻绳。［62］出则抚军：有战事外出，则任监护众军之职。抚，监护。［63］守则监国：留守在后方，则监理整个国家的事务。监，代理，总管。［64］不为无事：并不是没有事情干。［65］卒哭：指死者安葬后停止啼哭。［66］主于方圆：是为了让人画好方圆。［67］庸工：没有本事的工匠。［68］哀戚：悲痛，伤感。戚，忧愁，悲伤。［69］庸人：平庸之人。不可得而勉：不能勉强自己做出哀戚的样子。［70］《素冠》：《诗经》中的诗歌篇名。内容为讥刺做人子者不能为父母行三年之丧。［71］巧饰《经》《传》以附人情：故意巧诈地解释经典之文以迎合当时人情世俗的需要。［72］辩则辩矣：要说他的巧辩能力，当然是很强的了。辩，巧辩，会说。［73］质略而敦实：质朴简略，忠实厚道。［74］九月，癸亥：九月四日。［75］陈骞（qiān）：字休渊，西晋开国八公之一。传见《晋书》卷三十五。［76］孟津：津渡名，在今河南洛阳市孟津区。［77］富平津：即后来的所谓的孟津。《水经注》曰："孟津，又曰'富平津'。"［78］殷、周所都：殷、周两朝都曾在这一带建都。殷朝曾建都于邢，在今河南温县东北，周朝曾建都于洛阳，两都都在黄河岸边。［79］不作：不在黄河上建桥。［80］从百寮临会：率领百官到桥头集会庆祝。寮（liáo），古同"僚"，朝廷官员。［81］举觞属预：举杯向杜预敬酒。觞（shāng），古代的盛酒器。属，向，给。［82］曹芳：字兰卿，曹魏第三位皇帝，公元239年至254年在位，被权臣司马昭废为邵陵公，谥号"厉"。传见《三国志》卷四。［83］迁金墉（yōng）：迁到洛阳城西北角的小城。按：胡三省曰："芳之废也，筑宫于河内重门。今言迁金墉，盖始废之时，自禁中迁于金墉，后乃居于河内也。"［84］太宰中郎：太宰的属官。太宰，是国家三公，但通常是荣誉职务。胡三省注曰："晋既受禅，避景帝讳，采周官名置太宰以代太师。魏因汉制，上公惟有太傅。据《粲传》，自太宰从事中郎迁太宰中郎。时未置太宰，'宰'，当作'傅'。"［85］范粲：字承明，陈留人，曹魏忠臣，官至武威太守、太宰中郎、侍中。司马师废魏帝曹芳时，他素服拜送，从此称病，足不落地，而且至死不说话，《晋书》称达三十六年。传见《晋书》卷九十四。［86］阳狂：装疯。阳，通"佯"，假装。［87］寝所乘车：一直睡在所乘坐的车中。［88］婚宦：婚姻与入仕。［89］合者：凡是合乎心意的。［90］子乔：指范粲之子范乔，字伯孙。少有学行，闻于乡里。刘毅、王琨、张华等先后表荐起用之，凡一举孝廉、八荐公府、再举清白异行、又举寒素，一无所就。传见《晋书》卷九十四。［91］绝人事：断绝与外界的人际交往。［92］疾笃（dǔ）：病情已经沉重。［93］不言凡三十六年：意谓范粲从曹芳被废黜，到自己死的三十六年里，便没有再说话。［94］比三年：一连三年。比，挨着。

咸宁[1]元年（乙未，275年）

春，正月，戊午朔[2]，大赦，改元[3]。

吴掘地得银尺[4]，上有刻文[5]；吴主大赦，改元天册[6]。

吴中书令贺邵[7]中风不能言，去职数月。吴主疑其诈，收付酒藏[8]，掠考[9]千数，卒无一言，乃烧锯断其头，徙其家属于临海[10]。又诛楼玄子孙[11]。

夏，六月，鲜卑拓跋力微复遣其子沙漠汗入贡，将还，幽州刺史卫瓘表请留之，又密以金赂其诸部大人离间之[12]。

秋，七月，甲申晦[13]，日有食之。

冬，十二月，丁亥[14]，追尊宣帝庙曰“高祖”，景帝曰“世宗”，文帝曰“太祖”[15]。

大疫，洛阳死者以万数。

（以上为第四段，写吴主孙皓暴虐无道，中书令贺邵中风不能说话，便怀疑他装病，严刑拷打，割断头颅，惨无人道；鲜卑拓跋沙漠汗赴晋进献贡品，被扣留，并对其施以离间计。）

【注释】

[1]咸宁：晋武帝司马炎第二个年号。［2］戊午朔：正月一日。［3］改元：在此之前司马炎的年号是“泰始”，自此改称“咸宁”。［4］银尺：长一尺的银子，而非银子制成的尺。《三国志·吴书三》曰：“天册元年，吴郡言掘地得银，长一尺，广三分。”［5］上有刻文：据《三国志·吴书三》，上面刻的是年月日。［6］改元天册：此前吴国的年号是“凤凰”，此后改称“天册”，是孙皓的第六个年号。［7］贺邵：字兴伯，吴国官员，历仕三朝。后被孙皓与佞臣设计诬陷，惨遭杀害。传见《三国志》卷六十五。［8］收付酒藏：拘捕起来，关押到藏酒的地窖里。［9］掠考：笞击，拷问。考，通“拷”。［10］临海：今浙江临海市。［11］又诛楼玄子孙：楼玄因为官正直与其子楼据被孙皓逼杀。传见《三国志》卷六十五。［12］诸部大人：拓跋力微属下的各部落首领。离间之：离间沙漠汗与其父拓跋力微的关系。［13］甲申晦（huì）：七月的最后一天，是甲申日。晦，农历每月的最后一天。［14］丁亥：十二月五日。［15］“追尊”三句：指司马炎建晋后，追尊司马懿为宣帝，庙号“高祖”；追尊司马师为景帝，庙号“世宗”；追尊司马昭为文帝，庙号“太祖”。

二年（丙申，276年）

春，令狐丰[1]卒，弟宏[2]继立，杨欣[3]讨斩之。

帝得疾甚剧[4]，及愈，群臣上寿。诏曰：“每念疫气死亡者[5]，为之怆然。岂以一身之休息[6]，忘百姓之艰难邪！”诸上礼者，皆绝[7]之。

初，齐王攸[8]有宠于文帝，每见攸，辄抚床[9]呼其小字曰：“此桃符座[10]也！”几为太子者数矣[11]。临终[12]，为帝[13]叙汉淮南王、魏陈思王[14]事而泣，执攸手以授帝[15]。太后临终，亦流涕谓帝曰：“桃符性急，而汝为兄不慈，我若不起[16]，必恐汝不能相容，以是属[17]汝，勿忘我言！”及帝疾甚[18]，朝野皆属意于攸[19]。攸妃，贾充[20]之长女也。河南尹夏侯和[21]谓充曰：“卿二婿[22]，亲疏等耳。立人当立德[23]。”充不答[24]。攸素恶荀勖[25]及左卫将军冯紞倾谄[26]，勖乃使紞说帝曰：“陛下前日疾若不愈，齐王为公卿百姓所归，太子虽欲高让[27]，其得免乎[28]！宜遣还藩[29]，以安社稷。”帝阴纳之，乃徙和为光禄勋[30]，夺充兵权[31]，而位遇无替[32]。

吴施但之乱，或谮京下督孙楷于吴主曰[33]：“楷不时赴讨[34]，怀两端[35]。”吴主数诘让[36]之，征为宫下镇、骠骑将军[37]。楷自疑惧，夏，六月，将妻子[38]来奔，拜车骑将军[39]，封丹阳侯。

秋，七月，吴人或言于吴主曰：“临平湖自汉末薉塞[40]，长老[41]言：‘此湖塞，天下乱；此湖开，天下平。’近无故忽更开通[42]，此天下当太平，青盖入洛之祥[43]也。”吴主以问奉禁都尉历阳陈训[44]，对曰：“臣止能望气[45]，不能达[46]湖之开塞。”退而告其友曰：“青盖入洛者，将有衔璧[47]之事，非吉祥也。”或献小石刻“皇帝”字，云“得于湖边”。吴主大赦，改元“天玺[48]”。

湘东太守张咏[49]不出算缗[50]，吴主就在所[51]斩之，徇首诸郡[52]。会稽太守车浚公清[53]有政绩，值郡旱饥，表求振贷[54]，吴主以为收私恩[55]，遣使枭首[56]。尚书熊睦微有所谏[57]，吴主以刀镮[58]撞杀之，身无完肌。

八月，已亥[59]，以何曾为太傅，陈骞为大司马，贾充为太尉，齐王攸为司空。

吴历阳山有七穿骈罗[60]，穿中黄赤[61]，俗谓之石印，云：“石印封发[62]，天下当太平。”历阳长上言“石印发”[63]，吴主遣使者以太牢祠[64]之。使者作高梯登其上，以朱书石[65]，曰：“楚九州渚[66]，吴九州都[67]。扬州士[68]，作天子，四世治[69]，太平始。”还以闻，吴主大喜，封其山神为王，大赦，改明年元曰“天纪[70]”。

【注释】

［1］令狐丰：晋官员，被宋质拥立为敦煌太守。事见《资治通鉴》卷七十九晋武帝泰始八年（272）。［2］宏：即令狐丰之弟令狐宏，晋官员，曾继兄为敦煌太守。［3］杨欣：晋凉州刺史。［4］甚剧：很厉害。［5］疫气死亡者：感染瘟疫而死亡的人。［6］休息：停止，这里指疾病痊愈。［7］绝：拒绝接受。［8］齐王攸：即西晋齐王司马攸，字大猷，小字桃符，晋文帝司马昭次子。传见《晋书》卷三十八。［9］抚床：拍着自己的座位。床，在古代是供人坐卧的器具，此指皇帝的宝座。［10］此桃符座：这将来是司马攸的座位。司马昭非常宠爱司马攸，有让司马攸继位的意思。桃符，是司马攸的乳名。［11］几为太子者数矣：好几次差点被立为太子。事见《资治通鉴》卷七十八咸熙元年（264）。［12］临终：指司马昭临死时。［13］帝：指司马炎。［14］陈思王：即曹植，字子建，曹操之子，曹丕之弟，生前曾为陈王，去世后谥号“思”，因此又称陈思王。传见《三国志》卷十九。［15］执攸手以授帝：意即让司马炎日后多关照司马攸。［16］不起：指病死。［17］属（zhǔ）：通“嘱”，嘱咐。［18］及帝疾甚：当司马炎病重的时候。［19］皆属意于攸：都归心于司马攸，希望他继位为帝。属意，归心，着意。［20］贾充：西晋开国元勋，外戚。传见《晋书》卷四十。［21］夏侯和：字义权，沛国谯（今安徽亳州市）人，夏侯渊第七子，曹魏官员，曾任相国左司马、侍郎。魏将钟会灭蜀后反叛，其时夏侯和正出使成都，抵制钟会。钟会平，封为乡侯。晋朝建立后为光禄勋。［22］卿二婿：指齐王司马攸和太子司马衷叔侄二人，叔叔娶的是贾充的长女，侄子娶的是小女。［23］立人当立德：意即希望能立司马攸，不要立司马炎的傻儿子司马衷。［24］充不答：贾充之所以不回答，一是由于他的同伙不被司马攸喜欢；二是他的长女乃李氏所生，李氏之父忠于曹魏，被司马师所杀，贾充遂与李氏离婚；三是他后娶的这位郭氏，即小女贾南风的母亲，生性悍猛，贾充畏之如虎，自然这也影响了他的抉择。对于精明的贾充，立一个傻蛋女婿当皇帝，不是对他更有利吗？［25］荀勖（xù）：字公曾，西晋开国功臣。传见《晋书》卷三十九。［26］冯纨（dǎn）：字少胄，冀州安平（今河北衡水市冀州区）人，西晋初期奸臣。官至御史中丞、侍中，曲意讨好司马炎，极为受宠，与宠臣贾充、荀勖组成朋党。传见《晋书》卷三十九。倾谄：对下陷害，对上谄媚。倾，轧。［27］高让：指将继承权让给司马攸。［28］其得免乎：意即主动让位，也仍免不了一死。［29］宜遣还藩：指免去司马攸的朝权，打发他到他的封国去，离开朝廷。［30］徙和为光禄勋：将夏侯和调任为统领皇帝侍从、掌管宫廷警卫的官员。光禄勋，官名，原称郎中令，是九卿之一。［31］夺充兵权：贾充自司马昭时代起，一直掌握洛阳城外的禁兵，因他毕竟是齐王攸和太子衷的岳父，故只免其兵权。［32］位遇无替：政治地位与享受的待遇都没有改变。位遇，地位和待遇。无替，不变。［33］谮（zèn）：馋毁，陷害。京下督：吴官名，镇守京口（今江苏镇江市）的军事长官。孙楷：镇北将军孙韶之子，吴国宗室、将领，为京下督。入晋，任车骑将军，封丹杨侯。传见《三国志》卷五十一。［34］不时赴讨：没有及时地出兵讨伐。［35］怀两端：两头观望，脚踏两条船。［36］诘（jié）让：诘问，斥责。［37］宫下镇：吴官名，防卫建业的军事长官。骠（piào）骑将军：高级将军名，位同三公，

俸禄与大将军同。［38］将妻子：带着老婆孩子。将，携带。［39］车骑将军：高级将军名，位仅次于大将军及骠骑将军。［40］临平湖：湖泊名，在今浙江杭州市余杭区。东吴曾获宝鼎于此，故又名鼎湖。薉（huì）塞：荒芜，淤塞。薉，古同"秽"，本指杂草，引申为荒芜。［41］长老：老人们。［42］忽更开通：忽然又水势上涨，与外面的河渠相通。更，重新。［43］青盖入洛之祥：和前两年占卜所得的"青盖入洛"是同一种吉祥的征兆。祥，祥瑞，好的征兆。孙皓占卜得"青盖入洛"之语，见《资治通鉴》卷七十九晋武帝泰始八年（272）。［44］奉禁都尉：官名，宫廷防卫部队的长官。历阳：县名，在今安徽和县。陈训：字道元，少好秘学，天文、算历、阴阳、占候无不精通。吴主孙皓以为奉禁都尉，使其占候。孙皓为政严酷，陈训知其必败而不敢言。吴亡入晋，拜谏议大夫。［45］止：通"只"。望气：观望云气变化，以断人世吉凶，是古代的一种迷信职业。［46］不能达：不懂得，不明白。达，通达，知晓。［47］衔璧：口衔璧玉，是投降的代名词。成语有"面缚衔璧"，是古代帝王向人投降时的一种传统做法。［48］天玺：吴末帝孙皓的第七个年号，只使用了六个月，即276年七月至十二月。［49］湘东：吴郡名，郡治在今湖南衡阳市东。吴主孙亮太平二年，分长沙郡东部设立湘东郡。张咏：吴人，曾任湘东太守。［50］不出算缗：不向朝廷上交资产税。据汉代规定，每千钱交税二十文，由商人自己估算、上报自己货物的价值，按比例交税。不如实上报，则受罚。张咏拒绝实行这种政策。［51］就在所：派人到他所住的地方。［52］徇（xùn）首诸郡：将张咏的人头拿到吴国的各郡示众。徇，对众宣示。［53］车浚：吴国官员，官至会稽太守。公清：公正，清廉。［54］振贷：开仓救济与发放贷款。［55］收私恩：用以收买人心。［56］枭首：割下他的人头挂在竿子上示众。［57］熊睦：吴国大臣。吴末帝孙皓时出任广州刺史，入朝为尚书。因见孙皓为政苛虐，予以谏说，孙皓大怒，将其杀死。微有所谏：只是略微提出了一些建议。［58］刀镮（huán）：刀头上的环。［59］己亥：八月二十一日。［60］历阳山：即历山，在安徽和县西北。七穿骈罗：七个山洞并排罗列。《江表传》曰："历阳县有石山，临水高百丈，其三十丈所有七穿骈罗。"穿，穴，山洞。骈罗，骈比罗列。［61］穿中黄赤：山洞里是黄红色。［62］石印封发：石印外面遮掩的东西自动打开。［63］历阳长：历阳县长。石印发：即石印封发。据《吴志》，鄱阳上言："历阳山石文理成字。"［64］太牢：指牛、羊、猪三牲齐备的祭品，古代用于最隆重的祭祀。祠：祭祀。［65］以朱书石：在石头上用朱砂写字。朱，丹砂，红色。［66］楚九州渚：楚地是九州中的小岛。渚（zhǔ），水中的小块陆地。［67］吴九州都：吴国是九州中的首都。［68］扬州士：指孙皓，因其幼时"好学"，有士人之风。［69］四世治：传到第四世的时候，天下大治。四世，指孙权、孙登、孙休、孙皓。［70］天纪：吴末帝孙皓的第八个年号，共计4年，公元277年正月至公元280年三月。

冬，十月，以汝阴王骏[1]为征西大将军，羊祜[2]为征南大将军，皆开府辟召[3]，仪同三司。

祜上疏请伐吴，曰："先帝西平巴、蜀[4]，南和吴、会[5]，庶几海内得以休息；而吴复背信，使边事更兴。夫期运[6]虽天所授，而功业必因人而成，不一大举扫灭，则兵役无时得息也。蜀平之时，天下皆谓吴当并亡。自是以来，十有三年[7]矣。夫谋之虽多，决之欲独[8]。凡以险阻得全者，谓其势均力敌耳。若轻重不齐，强弱异势，虽有险阻，不可保[9]也。蜀之为国，非不险也，皆云一夫荷戟，千人莫当。及进兵之日，曾无藩篱之限[10]，乘胜席卷，径至成都，汉中诸城[11]，皆鸟栖[12]而不敢出，非无战心，诚力不足以相抗也。及刘禅请降，诸营堡索然[13]俱散。今江、淮之险不如剑阁[14]，孙皓[15]之暴过于刘禅[16]，吴人之困甚于巴、蜀，而大晋兵力盛于往时，不于此际平壹[17]四海，而更阻兵相守，使天下困于征戍，经历盛衰[18]，不可长久也。今若引梁、益之兵[19]水陆俱下，荆、楚之众进临江陵[20]，平南、豫州直指夏口[21]，徐、扬、青、兖并会秣陵[22]；以一隅[23]之吴当天下之众，势分形散，所备皆急。巴、汉奇兵[24]出其空虚，一处倾坏，则上下震荡，虽有智者，不能为吴谋矣。吴缘江为国，东西数千里，所敌者大[25]，无有宁息。孙皓恣情任意，与下多忌，将疑于朝[26]，士困于野，无有保世[27]之计，一定[28]之心；平常之日，犹怀去就[29]，兵临之际，必有应者，终不能齐力致死[30]，已可知也。其俗急速[31]，不能持久，弓弩戟楯不如中国[32]；唯有水战是其所便，一入其境，则长江非复所保，还趣城池[33]，去长入短，非吾敌也。官军县进[34]，人有致死之志，吴人内顾[35]，各有离散之心。如此，军不逾时[36]，克可必矣。"帝深纳之。而朝议方以秦、凉为忧[37]，祜复表曰："吴平则胡自定，但当速济[38]大功耳。"议者多有不同，贾充、荀勖、冯紞尤以伐吴为不可。祜叹曰："天下不如意事[39]，十常居七、八。天与不取，岂非更事者恨于后时[40]哉！"唯度支尚书杜预、中书令张华[41]与帝意合，赞成其计。丁卯[42]，立皇后杨氏[43]，大赦。后，元皇后之从妹也，美而有妇德。帝初聘后，后叔父珧[44]上表曰："自古一门二后，未有能全其宗[45]者，乞藏此表于宗庙[46]，异日如臣之言[47]，得以免祸。"帝许之。

十二月，以后父镇军将军骏[48]为车骑将军，封临晋侯。尚书褚䂮、郭奕[49]皆表骏小器[50]，不可任社稷之重[51]。帝不从。骏骄傲自得，胡奋谓骏曰："卿恃女更益豪[52]邪！历观前世，与天家[53]婚，未有不灭门者，但早晚事耳。"骏曰："卿女不在天家乎[54]？"奋曰："我女与卿女作婢[55]耳，何能为损益[56]乎！"

（以上为第五段，写晋武帝咸宁二年（276）三大史事。其一，吴主孙皓胡乱猜疑，杀害直臣，致使属下投奔晋朝；其二，晋大将羊祜上书请求攻打吴国，分析透彻，言辞恳切，晋武帝司马炎深为采纳；其三，晋武帝司马炎立杨骏女杨芷为皇后，重用杨骏，杨骏专横跋扈，国无宁日。）

【注释】

[1]汝阴王骏：即司马骏，字子臧，司马懿第七子。西晋建立后，受封汝阴王、扶风王，任镇西大将军，镇守关中。传见《晋书》卷三十八。 [2]羊祜：字叔子，晋代魏后，坐镇襄阳，都督荆州诸军事。在吴将陆抗去世后上表奏请伐吴，临终前举荐杜预自代。传见《晋书》卷三十四。[3]开府辟召：设立办事衙门，自己聘请僚属。这是朝廷赐予高官的一种特殊待遇。辟召，征召。[4]先帝：指晋文帝司马昭。西平巴、蜀：即平定蜀国。巴、蜀，为蜀汉的代称。公元263年，魏灭蜀。 [5]南和吴、会：南方则与吴国讲和。 [6]期运：时机，运数。 [7]十有三年：从景元四年（263）蜀汉灭亡，至今已有十三年。有，又。 [8]谋之虽多：征求意见时，可以有许多人参与。决之欲独：最后拍板做决定的，还是由一个人说了算。 [9]保：依靠，倚恃。 [10]曾无藩篱之限：连个篱笆的作用也起不到。藩篱，竹条荆棘编制的篱笆。 [11]汉中诸城：指汉城、乐城等军事据点。汉中，郡名，郡治南郑县，在今陕西汉中市。 [12]鸟栖：如鸟在树上高高观望。 [13]索然：顷刻瓦解的样子。 [14]剑阁：即剑阁道，古代蜀北要道，因剑山峭壁间栈道而得名，位于今四川剑阁县东北。《水经注》曰："又东南径小剑戍北，西去大剑三十里，连山绝险，飞阁通衢，故谓之'剑阁'也。" [15]孙皓：孙吴末主。 [16]刘禅：蜀汉后主。 [17]平壹：平定，统一。 [18]经历盛衰：意即由盛而衰，将士们经历盛年，而至于衰老。 [19]梁、益之兵：汉中与成都一带的晋国军队。当时王濬任都督梁、益诸军事。梁、益，蜀国灭亡后，晋分蜀国之地为梁、益二州，梁州州治汉中，益州州治成都。 [20]荆、楚之众：荆州一带的晋国军队。当时羊祜任都督荆州诸军事，驻兵襄阳。江陵：郡名，在今湖北江陵县。 [21]平南：指平南将军胡奋率领的军队。豫州：州名，州治在今河南正阳县东北。此指豫州刺史王戎的军队。夏口：在今武汉市，地处汉水与长江的交汇口。 [22]徐、扬：指王浑所统领的徐州、扬州的军队。青、兖：指司马伷所统帅的青州、兖州的军队。秣陵：县名，即吴国都城建业，今江苏南京市。 [23]一隅：一角，极言其小。 [24]巴、汉奇兵：即上述的梁、益之兵。 [25]所敌者大：应当防守的地方太多。 [26]将疑于朝：将军在外被朝廷所怀疑。 [27]保世：保障自己活下去。 [28]一

定：稳定，确定。［29］怀去就：动摇于去留之间。［30］齐力致死：齐心协力，为国效死。［31］急速：草率从事，不能长久。［32］楯（dùn）：通“盾”，盾牌。中国：指地处中原的晋王朝。［33］还趣城池：逃回到城堡之内。趣，同“趋”，逃向。［34］官军：指晋朝军队。县进：远离大后方，深入敌区。县，通“悬”，悬空，深入。［35］内顾：担心自己的家庭。［36］不逾时：用不了几个月。时，一个季度。［37］方以秦、凉为忧：当时秃发树机能势力正盛，威胁秦、凉二州。秦，即秦州，州治翼县，在今甘肃甘谷县东。凉，即凉州，州治在今甘肃武威市。［38］速济：速战速决。［39］不如意事：不能按照心愿去做的事情。［40］更事者恨于后时：胡三省注曰：“言吴可取而不取，机会一失，经见其事者，岂不有后时之恨！”更事者，经历过这件事情的人。更，经历。恨于后时，将来后悔错过良机。恨，遗憾，惋惜。后时，错过时机。［41］度支尚书：官名，掌管全国财务收支。张华：字茂先，西晋名臣，累官至司空。后赵王司马伦发动政变，惨遭杀害。传见《晋书》卷三十六。［42］丁卯：十月二十一日。［43］杨氏：即杨芷，司马炎皇后。［44］叔父珧（yáo）：即杨芷皇后之叔杨珧，字文琚，为尚书令，权倾天下。贾南风专政，坐罪被杀，夷灭三族。传见《晋书》卷四十。［45］全其宗：保全她的宗族。［46］宗庙：此指皇家太庙。［47］异日：以后，他日。如臣之言：指杨氏遭遇灭门之祸的时候。［48］骏：即杨骏，皇后杨芷之父，大权独揽，后坐罪被杀，夷灭三族。传见《晋书》卷四十。［49］褚䂮（qì）：字武良，西晋安东将军。郭奕（yì）：字泰业，郭淮之弟郭镇之子，西晋大臣，官至尚书、雍州刺史。［50］小器：小器皿，引申为度量狭隘，不大度。［51］不可任社稷之重：不能委以治理国家的重任。［52］更益豪：愈加强横无礼。豪，霸道。［53］天家：指皇帝家。［54］卿女不在天家乎：胡奋的女儿胡芳，嫁给晋武帝司马炎，受封贵嫔，生女武安公主。［55］婢：女仆。贵嫔为三夫人之首，仅次于皇后。此为谦辞。［56］何能为损益：指对皇帝决定大事起不了什么作用。损益，增加与减少。

三年（丁酉，277 年）

春，正月，丙子朔[1]，日有食之。

立皇子裕[2]为始平王；庚寅[3]，裕卒。

三月，平虏护军文鸯[4]督凉、秦、雍州诸军讨树机能[5]，破之，诸胡二十万口来降。

夏，五月，吴将邵颉、夏祥帅众[6]七千余人来降。

秋，七月，中山王睦[7]坐招诱逋亡[8]，贬为丹水县侯[9]。

有星孛于紫宫[10]。

卫将军杨珧等建议，以为“古者封建诸侯，所以藩卫王室[11]；今诸王公皆在京师，非扞城之义[12]。又，异姓诸将居边，宜参以亲戚[13]。”帝乃诏诸王各以户邑多少为三等[14]，大国置三军五千人，次国二军三千人，小国一军一千一百人；诸王为都督者，各徙其国使相近[15]。

八月，癸亥[16]，徙扶风王亮为汝南王[17]，出为镇南大将军，都督豫州诸军事；琅邪王伦为赵王[18]，督邺城[19]守事；勃海王辅为太原王[20]，监并州[21]诸军事；以东莞王伷在徐州[22]，徙封琅邪王[23]；汝阴王骏在关中，徙封扶风王[24]；又徙太原王颙为河间王[25]；汝南王柬为南阳王[26]。辅，孚之子；颙，孚之孙也。其无官者，皆遣就国。诸王公恋京师，皆涕泣而去。又封皇子玮为始平王[27]，允为濮阳王[28]，该为新都王[29]，遐为清河王[30]。其异姓之臣有大功者，皆封郡公、郡侯[31]。封贾充为鲁郡公[32]。追封王沈为博陵郡公[33]。

徙封钜平侯羊祜为南城郡侯[34]，祜固辞不受。祜每拜官爵，常多避让，至心素著[35]，故特见申于分列之外[36]。祜历事二世[37]，职典枢要[38]，凡谋议损益[39]，皆焚其草，世莫得闻；所进达之人皆不知所由[40]。常曰：“拜官公朝[41]，谢恩私门[42]，吾所不敢也。”

兖、豫、徐、青、荆、益、梁七州大水。

冬，十二月，吴夏口督孙慎[43]入江夏、汝南[44]，略[45]千余家而去。诏遣侍臣诘羊祜不追讨之意，并欲移荆州[46]。祜曰：“江夏去襄阳[47]八百里，比知贼问[48]，贼已去经日[49]，步军安能追之！劳师以免责，非臣志[50]也。昔魏武帝[51]置都督，类皆与州相近[52]，以兵势好合恶离[53]故也。疆埸[54]之间，一彼一此[55]，慎守而已。若辄徙州[56]，贼出无常，亦未知州之所宜据[57]也。”

是岁，大司马陈骞自扬州入朝[58]，以高平公罢[59]。

吴主以会稽张俶多所谮白[60]，甚见宠任，累迁司直中郎将[61]，封侯。其父为山阴县卒[62]，知俶不良，上表曰：“若用俶为司直，有罪乞不从坐[63]。”吴主许之。俶表置弹曲[64]二十人，专纠司[65]不法。于是，吏民各以爱憎互相告讦[66]，狱犴盈溢[67]，上下嚣然[68]。俶大为奸利[69]，骄奢暴横，事发，父子皆车裂[70]。

卫瓘遣拓跋沙漠汗归国[71]。自沙漠汗入质[72]，力微可汗诸子在侧者多有宠。及沙漠汗归，诸部大人共谮而杀之。既而力微疾笃，乌桓王库贤[73]亲近用事，受卫瓘赂，欲扰动诸部，乃砺斧[74]于庭，谓诸大人曰："可汗恨汝曹谗杀太子，欲尽收汝曹长子杀之。"诸大人惧，皆散走。力微以忧卒，时年一百四。子悉禄[75]立，其国遂衰。

初，幽、并二州皆与鲜卑接，东有务桓[76]，西有力微，多为边患。卫瓘密以计间之，务桓降而力微死。朝廷嘉瓘功，封其弟为亭侯[77]。

（以上为第六段，写西晋建立王侯制度，诸王不任朝官的，返回封国；异姓大臣立过大功的，封为公侯。羊祜为公不为私，封侯而力辞；卫瓘离间鲜卑族，获得成功。）

【注释】

[1]丙子朔：正月一日。朔，农历每月一日。[2]皇子裕：即司马裕，字浚度，晋武帝司马炎第七子。咸宁三年（277）封始平王，同年去世，年仅七岁。传见《晋书》卷六十四。[3]庚寅：正月十五日。[4]平虏护军：武官名，主管西北胡人的安抚工作。文鸯：字次骞，小名阿鸯，魏晋名将，大破西部鲜卑首领秃发树机能，名震天下。[5]树机能：即秃发树机能，秃发鲜卑族首领。[6]邵颛、夏祥：吴国将军，事迹不详。帅众：率领众人。[7]中山王睦：即司马睦，字子友，司马懿六弟曹魏中郎司马进之子，司马炎的叔叔，封中山王。后改封高阳王，任宗正，卒于任上。传见《晋书》卷三十七。[8]招诱逋亡：招收接纳逃亡的罪犯。逋（bū），逃亡。[9]丹水县侯：封地丹水县，在今河南南阳市。[10]有星孛于紫宫：在紫微星座附近出现流星。孛，谓彗星出现时光芒四射的现象，这里即指流星。紫宫，星官名，指紫微垣。[11]藩卫王室：给中央王朝作屏障藩篱，以起护卫之用。[12]扞城之义：拱卫中央王朝的作用。扞城，护卫城池。[13]参以亲戚：派一些皇室的亲戚参与到守卫诸将中去。[14]各以户邑多少为三等：当时，平原国、汝南国、琅邪国、扶风国、齐国为"大国"；梁国、赵国、乐安国、燕国、安平国、义阳国为"次国"；其余为"小国"。[15]各徙其国使相近：改换他们的封国，使之靠近任所。[16]癸亥：八月二十一日。[17]扶风王亮：即司马亮，字子翼，司马懿第四子，封扶风王，后改封汝南王，入朝任太尉、录尚书事。传见《晋书》卷五十九。[18]琅邪王伦：即司马伦，字子彝，司马懿第九子，"八王之乱"的参与者之一。封琅邪王后，改封为赵王。传见《晋书》卷五十九。[19]邺城：在今河北临漳县西南。[20]勃海王辅：即司马辅，西晋宗室，封勃海王，后徙为太原王，监并州诸军事。传见《晋书》卷三十七。[21]并州：晋州名，州治在晋阳。[22]东莞王伷：即司马伷，字子将，司马懿第三子，封东莞郡王，后改封琅邪王。传见《晋书》卷三十八。[23]琅邪王：封地琅邪郡，郡治在今山东临沂市北。[24]扶风王：封地扶风郡，都城在今陕西眉县东。[25]太原王颙：即司马颙，字文载，司马懿三弟安平献王司马孚之子，封

太原王，后改封为河间王。八王之乱的八王之一。传见《晋书》卷五十九。河间王：封地河间，国都乐城，在今河北献县。［26］汝南王柬：即司马柬，字弘度，晋武帝司马炎第三子，封汝南王，后改封为南阳王，又改封为秦王，后改任镇西将军，累官至大将军。传见《晋书》卷六十四。南阳：都城宛县，在今河南南阳市。［27］皇子玮（wěi）：即司马玮，字彦度，司马炎第五子，初封始平王，后改封楚王。西晋八王之乱的八王之一。传见《晋书》卷五十九。始平王：封地始平郡，都城槐里，在今陕西兴平市东南。［28］允：即司马允，字钦度，司马炎第九子，封濮阳王，后改封淮南王。传见《晋书》卷六十四。濮（pú）阳：都城在今河南濮阳市西南。［29］该：即司马该，字玄度，司马炎第十二子，去世时年十二岁，无子，国除。［30］遐：即司马遐，字深度，司马炎第十三子，封清河王。传见《晋书》卷六十四。清河：都城在今河北清河县东南。［31］郡公、郡侯：西晋创设的爵位。［32］鲁郡公：封地鲁郡，郡治在今山东曲阜市。［33］王沈：字处道，曹魏大臣、史学家，任尚书、豫州刺史；入晋，拜骠骑将军。传见《晋书》卷三十九。博陵郡公：封地博陵郡，郡治在今河北安平县。［34］南城郡侯：封地南城郡，郡治在今山东费县西南。［35］至心素著：一片诚恳之心被众人所熟知。至心，诚恳之心。素著，素来有名。［36］特见申于分列之外：为使他的愿望满足而特别准许他辞爵。见申，即准许辞爵，使其志向得以满足。分列，指分封列爵。［37］二世：指司马昭、司马炎父子两代。［38］职典枢要：主管中枢机要。典，主持，主管。枢要，指中央政权中机要部门。［39］谋议损益：为国家出过有关得失利害的主意。［40］所进达之人皆不知所由：意即由羊祜荐引而升职的人不知其所升职的原因。进达，推荐，擢升。［41］拜官公朝：在朝廷上推荐人为官。公朝，指古代官吏在朝廷的治事之所，借指朝廷。［42］谢恩私门：让受任者到私人家庭来拜谢恩情。［43］孙慎：东吴定武中郎将孙俊少子，镇南将军，官至夏口督。曾攻打魏国的江夏、汝南两郡，烧掠居民。［44］入江夏、汝南：侵入晋朝的江夏、汝南二郡。江夏，郡名，在吴国境内，郡治在武昌（今湖北鄂州市鄂城区）。此记载有误。汝南，郡名，属晋，郡治在今河南平舆县北。［45］略：通“掠”，掳掠，抢掠。［46］欲移荆州：打算把荆州治所从襄阳（今湖北襄阳市）移往他处。荆州，州名，此指州治。［47］襄阳：郡名，位于今湖北襄阳市一带。［48］比知贼问：等得到贼寇进攻的消息。［49］已去经日：已经退走好几天了。［50］志：志向，意愿。［51］魏武帝：即曹操。［52］类：大抵。与州相近：都督的军镇与刺史的治所相靠近，如扬州刺史治寿春，都督扬州诸军事亦治寿春之类。［53］兵势好合恶离：兵力最好集中，不宜分散。［54］疆埸：此指边境。［55］一彼一此：有时他们进攻我们，有时我们也进攻他们。［56］若辄徙州：倘若动不动就迁移州治。辄，就，总是。州，此指州治。［57］所宜据：应该设在什么地方。［58］自扬州入朝：自扬州军镇寿春进京朝见。［59］以高平公罢：免去职务，以高平公的爵封退休。高平公，国都昌邑城，在今山东巨野县昌邑集。［60］张俶（chù）：吴国官员，奸佞之徒，后奸邪暴露，被杀。谮白：说别人的坏话。谮（zèn），馋毁。［61］司直中郎将：官名，执掌监察、弹劾。［62］山阴县卒：山阴县的卒吏，即小吏。山阴县，县治在今浙江绍兴市。［63］有罪乞不从坐：日后他犯了罪，请不要让我们跟着受牵连。乞，请求。［64］弹曲：纠察隐微秘事，一种伺察官吏的特务人员。［65］纠司：纠察、伺探。司，意同“伺”。［66］告讦（jié）：告发他人的隐私。［67］狱犴盈溢：意即监狱里人满为患。狱犴，即监狱，牢狱。［68］嚣然：惶恐不安的样子。［69］大为奸利：大搞不正当的勾当，谋取私利。［70］父子皆车裂：最后还是治了他和父亲的罪。［71］遣拓拔沙漠汗归国：前年卫瓘上表扣留沙漠汗，并派人离间沙漠汗与其父的关系，此时阴谋已经完成，遂将其放还。［72］自沙漠汗入质：沙漠汗到中原当人质，至今已十七年。［73］库贤：乌桓部族的首领。［74］砺（lì）斧：磨斧头。砺，磨砺。［75］悉禄：即拓跋悉鹿，一作拓跋悉禄，西晋时期代国第二任君主，北魏皇帝先祖。太子沙漠汗遇害后，成为代国世子，同年继位。在位九年，北魏建立后，追谥为“章皇帝”。传见《魏书》卷一。［76］务桓：即刘务桓，复姓赫连，字豹子，匈奴铁弗部首领。去世后，孙子赫连勃勃建立胡夏，追赠宣皇帝。［77］亭侯：三等侯爵，封地只有一个亭。

四年（戊戌，278年）

春，正月，庚午朔[1]，日有食之。

司马督东平马隆[2]上言：“凉州刺史杨欣失羌戎之和，必败。”夏，六月，欣与树机能之党若罗拔能等战于武威[3]，败死。

弘训皇后羊氏殂[4]。

羊祜以病求入朝，既至，帝命乘辇入殿，不拜而坐。祜面陈伐吴之计，帝善之。以祜病，不宜数入[5]，更遣张华就问筹策[6]，祜曰：“孙皓暴虐已甚，于今可不战而克。若皓不幸而没[7]，吴人更立令主[8]，虽有百万之众，长江未可窥[9]也，将为后患矣！”华深然之。祜曰：“成吾志者，子也。”帝欲使祜卧护诸将[10]，祜曰：“取吴不必臣行，但既平之后，当劳圣虑[11]耳。功名之际[12]，臣不敢居；若事了[13]，当有所付授[14]，愿审择其人也。”

秋，七月，己丑[15]，葬景献皇后于峻平陵[16]。

司[17]、冀、兖、豫、荆、扬州大水，螟[18]伤稼。诏问主者[19]：“何以佐百姓？”度支尚书杜预上疏，以为：“今者，水灾东南尤剧，宜敕兖、豫等诸州留汉氏旧陂[20]，缮[21]以蓄水，余皆决沥[22]，令饥者尽得鱼、菜、螺、蜯[23]之饶，此目下日给[24]之益也。水去之后，滇淤之田[25]，亩收数钟[26]，此又明年之益也。典牧种牛[27]有四万五千余头，不供耕驾，至有老不穿鼻者，可分以给民，使及春耕种，谷登[28]之后，责其租税[29]，此又数年以后之益也。”帝从之，民赖其利。预在尚书七年，损益庶政[30]，不可胜数，时人谓之“杜武库”，言其无所不有也。九月，以何曾为太宰[31]；辛巳[32]，以侍中、尚书令李胤[33]为司徒。

吴主忌胜己者，侍中、中书令张尚[34]，纮之孙也，为人辩捷[35]，谈论每出其表[36]，吴主积以致恨。后问：“孤饮酒，可以方谁[37]？”尚曰：“陛下有百觚之量[38]。”吴主曰：“尚知孔丘不王[39]，而以孤[40]方之。”因发怒，收尚[41]。公卿已下百余人，诣宫叩头。请尚罪[42]，得减死，送建安作船，寻就杀之。

冬，十月，征征北大将军卫瓘为尚书令。是时，朝野咸知太子昏愚，不堪为嗣[43]，瓘每欲陈启而未敢发。会侍宴陵云台[44]，瓘阳醉[45]，跪帝床[46]前曰：“臣欲有所启。”帝曰：“公所言何邪？”瓘欲言而止者三，因以手抚床曰：“此座可惜！”帝意悟，因谬[47]曰：“公真大醉邪？”瓘于此不复有言。帝悉召东宫官属[48]，为设宴会，而密封尚书疑事[49]，令太子决之。贾妃[50]大惧，倩外人代对[51]，多引古义。给使张泓[52]曰：“太子不学[53]，陛下所知，而答诏多引古义，必责作草主[54]，更益谴负[55]，不如直以意对[56]。”妃大喜，谓泓曰：“便为我好答[57]，富贵与汝共之。”泓即具草[58]，令太子自写，帝省[59]之甚悦。先以示瓘，瓘大踧踖[60]，众人乃知瓘尝有言也。贾充密遣人语妃[61]云：“卫瓘老奴，几破汝家！”

吴人大佃皖城[62]，欲谋入寇。都督扬州诸军事王浑[63]遣扬州刺史应绰[64]攻破之，斩首五千级，焚其积谷百八十余万斛，践[65]稻田四千余顷，毁船六百余艘。

（以上为第七段，写晋朝能臣羊祜力陈伐吴；吴主孙皓妒忌贤能，杀害能言善辩的中书令张尚；晋臣卫瓘进言痴儿不足以继承大位，司马炎以疑事考之，被舞弊骗过。）

【注释】

[1]庚午朔：正月一日。朔，农历每月一日。［2］司马督：统领禁军，主管殿内宿卫。马

隆：字孝兴，西晋名将。传见《晋书》卷五十七。［3］若罗拔能：鲜卑人，鲜卑首领秃发树机能的部将。曾斩杀晋朝凉州刺史杨欣于武威，后侵袭凉州，凉州刺史张轨派司马宋配讨伐，最终被斩杀。武威：县名，县治在今甘肃民勤县东北。［4］弘训皇后羊氏：即羊徽瑜，司马师第三任妻子。她出身官宦世家泰山羊氏，嫁给司马师后未有子女。以司马昭的次子司马攸为继子。司马炎受禅登基，建立西晋，尊奉羊徽瑜为景皇后，因居弘训宫，故称弘训太后。传见《晋书》卷三十一。殂（cú）：去世。［5］数入：屡屡入见。［6］就问筹策：到羊祜家里去请教谋略。［7］没（mò）：通"殁"，死。［8］令主：贤明的君主。［9］未可窥：意即不可攻。窥，偷看，伺机进攻。［10］卧护诸将：带病卧在车上监督协调各部将领。［11］当劳圣虑：就得让您多操心。［12］功名之际：立功扬名的事情。［13］事了：事成之后。［14］当有所付授：意为要指派一个合适的人去镇守东南地区。胡三省注曰："以东南壤界阔远，当得人以镇抚之。"［15］己丑：七月二十二日。［16］景献皇后：即司马师皇后，羊徽瑜，去世后谥号"景献皇后"。峻平陵：司马师的陵墓，位于司马懿高原陵西侧、洛阳邙山陵墓群。［17］司：司州，州治洛阳，在今河南洛阳市东北。汉司隶校尉所部，与州刺史同，晋朝遂定名为司州。［18］螟（míng）：一种有害于农作物的钻心虫。［19］主者：主管该项事务的人，指左民尚书及度支尚书。［20］敕（chì）：皇帝的诏令，此指下令。汉氏旧陂（bēi）：汉朝时代留下的旧有河堤。陂，陂塘（水塘），陂池。［21］缮（shàn）：修缮，治理。［22］决沥（lì）：挖掘淤泥，把水引走。［23］蚌（bàng）：同"蚌"，蛤类软体动物。［24］日给：每天的生活之需。［25］滇（diān）淤之田：被淹没过和被淤积过的农田。［26］钟：容积单位，一钟等于六石四斗。［27］典牧种牛：典牧令管理下的种牛。典牧，即典牧令，官名，主管放牧，上属太仆。种牛，专供繁殖之用的牛。［28］谷登：谷物丰收。登，丰收。［29］责其租税：可以向他们收取租税。责，收讨。［30］损益庶政：修订各种政策条例，该增的增，该减的减。庶政，各种政务。［31］太宰：官名，太师之义。晋朝因避讳司马师的名字，将太师改称太宰，是一种荣誉官职。［32］辛巳：九月十五日。［33］李胤（yìn）：字宣伯，魏晋大臣，入晋，累官至司徒。传见《晋书》卷四十四。［34］张尚：孙吴开国功臣张纮之子，东吴官员。曾担任侍郎，《江表传》称其有俊才。因词辩敏捷而闻名，被拔升为侍中、中书令。［35］辩捷：善于表达，口齿流利。［36］每出其表：每每超过孙皓。出其表，出于其上，超过。［37］可以方谁：可以与谁相比。方，比。［38］百觚（gū）之量：指酒量略与孔子相同。《孔丛子》中有所谓"尧饮千钟，孔子百觚"之语。觚，古代的一种大酒杯，可容二升。［39］孔丘不王：孔子在世没能称王，死后被称为"素王"。传见《史记》卷四十七。［40］孤：古代帝王的自称。成语有"称孤道寡"的说法。［41］收尚：将张尚逮捕入狱。［42］请尚罪：请求免去张尚的罪过。据《资治通鉴考异》，《三十国春秋》曰："岑昏等泥头请代尚死，尚得免死，徙广州。"［43］不堪为嗣：不能当接班人。嗣，继承人。［44］陵云台：台名，洛阳城魏晋至北魏宫城中的重要高台建筑，魏文帝曹丕所筑。［45］阳醉：假装喝醉了酒。［46］帝床：皇帝的宝座。床，座椅。［47］谬：故意打岔。［48］东宫官属：太子宫的大小官员。［49］尚书疑事：尚书省决定不下来的疑难问题。[50]贾妃：即晋惠帝皇后贾南风，因惠帝懦弱而一度专权，是西晋时期“八王之乱”的罪魁祸首，后死于赵王司马伦之手。传见《晋书》卷三十一。[51]倩外人代对：请外面的人替他拟好该回答的话。倩，通“请”。[52]给使：东宫侍从官。张泓（hóng）：西晋官员。[53]不学：没有才识。[54]必责作草主：必定要追问是谁给起的草。[55]更益谴负：将招致更多的谴责。谴负，犹罪责、罪过。[56]直以意对：径直地按照自己的意思对答，不要引经据典，附以古义。[57]便为我好答：你就为我们准备好一份完备的答卷。好，完好，完备。[58]具草：准备好草稿。[59]省：看。[60]踧（cù）踖（jí）：恭敬而局促不安的样子。[61]语妃：告诉其女贾南风。[62]大佃：大规模屯垦。皖城：在今安徽潜山市。[63]王浑：字玄冲，魏晋名臣，曹魏司空王昶之子。入晋，为扬烈将军、豫州刺史，奉诏伐吴，升任征东大将军，官至司徒。传见《晋书》卷四十二。[64]应绰：晋朝官员，为扬州刺史。[65]践：踩踏，毁坏。

十一月，辛巳[1]，太医司马程据献雉头裘[2]，帝焚之于殿前。甲申[3]，敕内外敢有献奇技异服者，罪之[4]。

羊祜疾笃，举杜预自代。辛卯[5]，以预为镇南大将军，都督荆州诸军事。祜卒，帝哭之甚哀。是日，大寒，涕泪沾须鬓，皆为冰。祜遗令不得以南城侯印入柩[6]。帝曰：“祜固让历年，身没让存[7]，今听复本封[8]，以彰高美[9]。”南州民[10]闻祜卒，为之罢市，巷哭声相接。吴守边将士亦为之泣。祜好游岘山[11]，襄阳人建碑立庙于其地，岁时祭祀[12]，望其碑者无不流涕，因谓之“堕泪碑[13]”。

杜预至镇[14]，简[15]精锐，袭吴西陵督张政[16]，大破之。政，吴之名将也，耻以无备取败，不以实告吴主。预欲间之[17]，乃表还其所获[18]。吴主果召政还，遣武昌监留宪[19]代之。

十二月，丁未[20]，朗陵公何曾卒。曾厚自奉养[21]，过于人主。司隶校尉东莱刘毅[22]数劾奏曾侈汰[23]无度，帝以其重臣，不问。及卒，博士新兴秦秀议曰[24]：“曾骄奢过度，名被九域[25]。宰相大臣，人之表仪[26]，若生极其情[27]，死又无贬，王公贵人复何畏哉！谨按《谥法》[28]‘名与实爽[29]曰缪，怙乱肆行[30]曰丑’，宜谥‘丑缪公’。”帝策谥[31]曰“孝”。

前司隶校尉傅玄[32]卒。玄性峻急[33]，每有奏劾，或值日暮，捧白简[34]，整簪带[35]，竦踊[36]不寐，坐而待旦。由是贵游震慑[37]，台阁生风[38]。玄与尚书左丞博陵崔洪[39]善，洪亦清厉骨鲠[40]，好面折人过[41]，而退无后言[42]，人以是重之。

鲜卑树机能久为边患[43]，仆射李憙[44]请发兵讨之，朝议皆以为出兵重事，虏[45]不足忧。

（以上为第七段，写晋朝重臣羊祜病重，举杜预代之，去世后，百姓建碑立庙，望碑而泣，称为“堕泪碑”；直臣秦秀建议将生活豪奢的何曾谥为丑缪公，晋武帝司马炎予以回护。）

【注释】

[1]辛巳：十一月十六日。[2]司马程据：西晋太医，姓司马，名程据。雉（zhì）头裘：用野鸡头上的羽毛制成的衣服。[3]甲申：十一月十九日。[4]敢有献奇技异服者，罪之：《礼记·王制》曰：“作淫声、异服、奇技、奇器以疑众，杀。”司马炎的这种表现，究竟是装腔作势，还是出自真心，耐人寻味。[5]辛卯：十一月二十六日。[6]不得以南城侯印入柩：不让家人将南城侯印装入自己的棺材，意思是退回皇帝加给他的南城侯的封赏。[7]身没让存：其身虽死，其谦让不为郡侯之意犹存。[8]听复本封：按照他的愿望，恢复他原来的“钜平县侯”封爵。[9]彰：表彰，显扬。高美：高大完美的形象。[10]南州民：指荆州的士民。[11]岘（xiàn）山：又名岘首山，在今湖北襄阳市。[12]岁时祭祀：按年关、按季节对羊祜进行祭祀。[13]堕泪碑：位于湖北襄阳市，原名为晋征南大将军羊公祜之碑，简称羊公碑。羊祜死后，每逢时节，周围百姓前往祭拜，睹碑生情，莫不流泪，杜预因此把它称作“堕泪碑”。[14]至镇：到达军镇襄阳。[15]简：挑选。[16]张政：吴国后期大将，在陆抗之后接替前方要地的防御，后被晋将杜预离间，失去了西陵督的职位。[17]间之：离间张政与孙皓的关系。[18]表还其所获：上表晋武帝，请求发还战利品给吴国。[19]武昌监：武昌地区的监军。吴之边镇有督、有监，监者，监诸军事之职。留宪：吴国官员，曾任西陵都督。[20]丁未：十二月十三日。[21]厚自奉养：意即养尊处优，生活豪华。[22]刘毅：字仲雄，魏晋名臣。喜欢评价人物，王公贵人望风惮之。传见《晋书》卷四十五。[23]劾奏：指向皇帝检举官吏的过失或罪行。侈汰：奢侈，靡费。[24]秦秀：字玄良，西晋博士，以忠诚、正直闻名。议：建议，评议其人并建议加给称号。[25]名被九域：奢侈的名声传遍天下。被，传遍。九域，九州之域。[26]表仪：表率，仪表。[27]生极其情：活着的时候纵情享乐。[28]《谥法》：追谥的准则，即帝王、诸侯、卿大夫、大臣等死后，朝廷根据其生前事迹及品德，给予一个评定性的称号，以示表彰或批评，称谥号。[29]名与实爽：名声与实质不相符合。爽，参差，不一致。[30]怙（hù）乱肆行：仗势为乱，肆意横行。怙，依靠，坚持。[31]策谥：皇帝没有采用博士的意见，亲自下诏，以诏策

赐谥。［32］傅玄：字休奕，魏晋名臣、文学家。传见《晋书》卷四十七。［33］峻急：性情严厉急躁。［34］白简：弹劾官员的奏章。［35］整簪（zān）带：指穿戴好上朝的衣帽。簪，簪笔，古人朝见，插笔于冠，以备记事。带，衣带。［36］竦（sǒng）踊：心绪不宁、焦躁不安的样子。［37］贵游震慑（shè）：贵族子弟人人恐惧。贵游，原指没有官职的王公子弟。［38］台阁生风：朝廷各部门都呈现出一种良好的风气。［39］崔洪：字良伯，西晋大臣，出身博陵崔氏家族，清正严肃，耿直过人。官至吏部尚书，迁大司农，卒于任上。［40］清厉骨鲠：清廉严厉，能秉公直言。骨鲠（gěng），比喻刚直。鲠，鱼刺。［41］面折人过：当面指责别人的过失。［42］退无后言：背后绝不议论他人。［43］久为边患：从泰始六年（270）树机能侵扰甘肃东北部一带地区，到本年（278）已是第九年。［44］李憙（xǐ）：字季和，魏晋大臣。传见《晋书》卷四十一。［45］虏：指秃发树机能的鲜卑部落。

五年（己亥，279 年）

春，正月，树机能攻陷凉州[1]。帝甚悔之，临朝而叹曰：“谁能为我讨此虏者？”司马督马隆[2]进曰：“陛下能任臣，臣能平之。”帝曰：“必能平贼，何为不任？顾方略[3]何如耳！”隆曰：“臣愿募勇士三千人，无问所从来[4]，帅[5]之以西，虏不足平也。”帝许之。乙丑[6]，以隆为讨虏护军、武威太守。公卿皆曰：“见兵[7]已多，不宜横设赏募[8]，隆小将妄言，不足信也。”帝不听。隆募能引弓四钧[9]、挽弩九石[10]者取之，立标简试[11]，自旦至日中，得三千五百人。隆曰：“足矣。”又请自至武库选仗[12]，武库令与隆忿争[13]，御史中丞劾奏隆。隆曰：“臣当毕命战场[14]，武库令乃给以魏时朽仗，非陛下所以使臣之意也。”帝命惟隆所取，仍给三年军资[15]而遣之。

初，南单于呼厨泉以兄於扶罗子豹为左贤王[16]，及魏武帝分匈奴为五部[17]，以豹为左部帅[18]。豹子渊[19]，幼而隽异[20]，师事上党崔游[21]，博习经史。尝谓同门生上党朱纪、雁门范隆曰[22]：“吾常耻随、陆无武[23]，绛、灌无文[24]；随、陆遇高帝而不能建封侯之业[25]，绛、灌遇文帝而不能兴庠序之教[26]，岂不惜哉！”于是，兼学武事。及长，猿臂[27]善射，膂力过人，姿貌魁伟。为任子在洛阳[28]，王浑及子济[29]皆重之，屡荐于帝，帝召与语，悦之。济曰：“渊有文武长才[30]，陛下任以东南之事[31]，吴不足平也。”孔恂[32]、杨珧曰：“非我族类，其心必异[33]。渊才器诚少比[34]，然不可重任也。”及凉州覆没，帝问将[35]于李憙，对曰：“陛下诚能发匈奴五部之众，假[36]刘渊一将军之号，使将之而西，树机能之首可指日而枭[37]也。”孔恂曰：“渊果枭树机能，则凉州之患方更深耳。”帝乃止。

东莱王弥[38]家世二千石，弥有学术勇略，善骑射，青州人谓之“飞豹”，然喜任侠[39]。处士陈留董养[40]见而谓之曰：“君好乱乐祸，若天下有事，不作士大夫[41]矣。”渊与弥友善，谓弥曰：“王、李以乡曲见知[42]，每相称荐[43]，适足为吾患[44]耳。”因歔欷流涕[45]。齐王攸闻之，言于帝曰：“陛下不除刘渊，臣恐并州不得久安。”王浑曰：“大晋方以信怀殊俗[46]，奈何以无形之疑杀人侍子[47]乎？何德度之不弘[48]也！”帝曰：“浑言是也。”会豹卒，以渊代为左部帅[49]。

（以上为第八段，写鲜卑拓跋部首领树机能攻陷凉州，司马督马隆自告奋勇平叛；南匈奴左部帅刘豹之子刘渊才能出众，文武双全，齐王司马攸建议除之，以绝后患，晋武帝司马炎不予采纳。）

【注释】

［1］凉州：州名，州治姑臧，在今甘肃武威市。［2］司马督：军中司马手下的僚属，一种低级武官。马隆：字孝兴，晋初名将。传见《晋书》卷五十七。［3］顾：转折语词，意即问题是，关键是。方略：计划打算。［4］无问所从来：请您不要管他们的出身经历，无论是出于农亩，或出于营伍，或出于逋逃，或出于奴隶，都不要问其所从来，只要能打仗就行。［5］帅：通“率”，率领。［6］乙丑：正月一日。［7］见兵：现成的部队。见，同“现”。［8］横设赏募：任意地设赏、招募。横，纵横，没有边界。［9］引弓四钧：能拉开四钧的弓。钧，量词，三十斤为一钧。［10］挽弩九石：能拉开九石的弩。石，量词，一百二十斤为一石。［11］立标简试：立起箭靶子考试挑选。标，标的，箭靶子。［12］武库：国家的军械库。选仗：挑选武器。仗，兵仗，兵器的总称。［13］武库令：主管武库的长官，上属卫尉。忿争：忿怒相争。［14］毕命战场：意即战死于战场。［15］仍：同“乃”，又。三年军资：够使用三年的军中用品。［16］南单于：即南匈奴的首领。呼厨泉：南匈奴羌渠单于之子，於扶罗之弟。於扶罗死后继任为单于。於（wū）扶罗：匈奴单于的儿子，为右贤王。先后与袁绍、张杨、袁术等人联合，两次与曹操交战，均被击败。去世后，其弟呼厨泉继任为单于。子豹：即於扶罗的儿子刘豹。其叔呼厨泉在於扶罗死后继位单于，刘豹成为左贤王，后接掌了匈奴左部（匈奴五部的其中一部）。传见《晋书》卷一百一。左贤王：匈奴贵族封号，在匈奴诸王侯中，地位最高，常以太子为之，所居在匈奴东部。［17］分匈奴为五

部：曹操将当时居住在今山西北部一带地区的匈奴人分为五个部落，每部遴选有声望和能力的贵族担任统帅，另遴选汉人充当司马（军政官）作为监督。事见《资治通鉴》卷六十八建安二十一年（216）。［18］左部帅：南匈奴东部地区的大头领。［19］渊：即刘渊，字元海，为匈奴铁弗部南匈奴单于於扶罗之孙，左贤王刘豹之子，汉赵开国皇帝，公元 304 年至 310 年在位。父亲死后，接掌部落事务。八王之乱时，割据并州地区，建立汉国。谥号光文皇帝，庙号高祖。传见《晋书》卷一百一。［20］隽（jùn）异：不同于一般人，才能出众。［21］崔游：少好学，自少及长，未尝语及财利。晋武帝司马炎就家拜为郎中，年七十余，犹勤学不倦。刘渊迁都左国城，即汉王位，以崔游为御史大夫，固辞不就。［22］同门生：一起跟着崔游上学的同学。朱纪：上党人。范隆：字玄嵩，雁门人。隐迹不应州郡之命，昼勤耕稼，夜诵书典。后与朱纪一起依于刘渊，范隆为大鸿胪，朱纪为太常，并封公。［23］随、陆无武：指西汉初功臣，文臣随何、陆贾光有文才，不会打仗。［24］绛、灌无文：指西汉初功臣，武臣周勃、灌婴只会打仗，缺乏文采。［25］不能建封侯之业：指随、何、陆、贾都因功劳不够，未能封侯。［26］不能兴庠序之教：没能建立学校，振兴文化教育事业，庠、序，都是古代的学校名。按：以上几句，是刘渊的感慨和抱负，他觉得在当年刘邦部下的名人中，无论是文官还是武将，都不能让人满意。言外之意，是自己比他们都要强。［27］猿臂：手臂像猿猴一样长而灵活。［28］任子：人质。洛阳：魏晋都城，在今河南洛阳市。［29］子济：即王济，字武子，司徒王浑次子，娶常山公主，为司马昭之婿。传见《晋书》卷四十二。［30］长才：卓越的才能。［31］东南之事：指攻打东吴之事。［32］孔恂（xún）：字士信，曾担任护军长史、太子中庶子，以平东将军监豫州军事，为卫尉。［33］非我族类，其心必异：意即不跟我们同一个种族的人，其心思绝不会跟我们一样。语出《左传》成公四年鲁季文子之言。［34］才器诚少比：意即才能器量确实很少有人能与他相比。才器，才能与器量。［35］问将：询问谁可统兵往讨。［36］假：加，授予。［37］枭（xiāo）：即枭首，把头割下来悬挂在木杆上示众。［38］王弥：西晋叛乱领袖，兵败投归刘渊，拜司隶校尉，迁征东将军，成为重要谋士。后为石勒所杀。传见《晋书》卷一百。［39］然喜任侠：四字据章校补。甲十一行本等有此四字。［40］董养：字仲道，陈留浚仪人，隐士。不愿入朝做官，隐居于山野。［41］不作士大夫：意思是将要成为乱臣贼子。［42］王、李以乡曲见知：王浑、李憙因为与我是同乡，对我了解。乡曲，同一地区的乡亲。王浑是太原人，李憙是上党（长治）人，与刘渊同为并州同乡。见知，相知。［43］称荐：称道，荐引。［44］适足为吾患：这恰恰更容易给我造成麻烦。适，恰恰。［45］歔（xū）欷（xī）：悲戚，叹息。流涕：流泪。涕，古代指眼泪。［46］以信怀殊俗：用信义感化其他民族。［47］无形之疑：没根没影的怀疑。杀人侍子：杀害人家派来做人质的子弟。［48］德度：道德，气度。不弘：不恢宏，不阔大。［49］以渊代为左部帅：胡三省注曰：“刘渊事始此。史言晋将有乱。”

夏，四月，大赦。

除部曲督以下质任[1]。

吴桂林太守修允[2]卒，其部曲应分给诸将[3]。督将郭马、何典、王族[4]等累世旧军，不乐离别，会吴主料实[5]广州户口，马等因民心不安，聚众攻杀广州督虞授[6]，马自号都督交、广二州诸军事，使典攻苍梧[7]，族攻始兴[8]。

秋，八月，吴以军师张悌[9]为丞相，牛渚都督何植[10]为司徒，执金吾滕修[11]为司空。未拜[12]，更以修为广州牧，帅万人从东道讨郭马。马杀南海太守刘略[13]，逐广州刺史徐旗[14]。吴主又遣徐陵督陶濬[15]将七千人，从西道与交州牧陶璜[16]共击马。

吴有鬼目菜[17]，生工人黄耇[18]家；有买菜[19]，生工人吴平家。东观案图书[20]，名鬼目曰"芝草"，买菜曰"平虑草"。吴主以耇为侍芝郎，平为平虑郎，皆银印青绶[21]。

吴主每宴群臣，咸令沈醉[22]。又置黄门郎十人为司过[23]，宴罢之后，各奏其阙失[24]，迕视谬言[25]，罔有不举[26]，大者即加刑戮，小者记录为罪，或剥人面，或凿人眼，由是上下离心，莫为尽力。

益州刺史王濬[27]上疏曰："孙皓荒淫凶逆，宜速征伐。若一旦皓死，更立贤主，则强敌也。臣作船七年[28]，日有朽败；臣年七十，死亡无日[29]。三者一乖[30]，则难图也。诚愿陛下无失事机[31]。"帝于是决意伐吴。会安东将军王浑表孙皓欲北上[32]，边戍皆戒严[33]，朝廷乃更议明年出师。王濬参军何攀[34]奉使在洛，上疏称："皓必不敢出，宜因[35]戒严，掩取[36]甚易。"

杜预上表曰："自闰月[37]以来，贼但敕严[38]，下无兵上[39]。以理势推之，贼之穷计，力不两完[40]，必保夏口以东以延视息[41]，无缘[42]多兵西上，空其国都。而陛下过听[43]，便用委弃大计[44]，纵敌患生[45]，诚可惜也。向使[46]举而有败，勿举可也。今事为之制[47]，务从完牢[48]，若或有成，则开太平之基，不成不过费损日月之间，何惜而不一试之！若当须后年[49]，天时人事，不得如常[50]，臣恐其更难也。今有万安之举，无倾败[51]之虑，臣心实了[52]，不敢以暧昧之见自取后累[53]，惟陛下察之。”

旬月未报[54]，预复上表曰：“羊祜不先博谋于朝臣[55]，而密与陛下共施此计，故益令朝臣多异同之议[56]。凡事当以利害相校[57]，今此举之利十有八九，而其害一二，止于无功[58]耳。必使朝臣言破败之形，亦不可得，直是计不出己[59]，功不在身[60]，各耻其前言之失而固守之也[61]。自顷[62]朝廷事无大小，异意锋起[63]，虽人心不同，亦由恃恩[64]不虑后患，故轻相同异[65]也。自秋已来，讨贼之形颇露，今若中止，孙皓或怖而生计[66]，徙都武昌，更完修江南诸城，远其居民[67]，城不可攻，野无所掠，则明年之计或无所及[68]矣！”帝方与张华围棋[69]，预表适至，华推枰敛手[70]，曰：“陛下圣武，国富兵强，吴主淫虐，诛杀贤能，当今讨之，可不劳而定，愿勿以为疑！”帝乃许之。以华为度支尚书[71]，量计运漕[72]。贾充、荀勖、冯𬘘固争之，帝大怒，充免冠谢罪。仆射山涛退而告人曰：“自非[73]圣人，外宁，必有内忧[74]，今释吴为外惧[75]，岂非算乎[76]！”

【注释】

[1]除部曲督以下质任：废除让中下级军中副职给朝廷留人质的规定。部曲督，校尉，军侯的副职。司马炎受禅之初，取消了“部曲将”留人质的做法，今又取消“部曲督”留人质的做法。部曲，部属，部下。 [2]桂林：吴郡名，郡治武安，在今广西象州县东南。修允：吴国合浦太守、桂林郡太守。 [3]分给诸将：将其部下的军官分配到其他诸将属下供职。 [4]督将：刺史手下的各部曲武官。郭马、何典、王族：均为吴人，为合浦太守修允部曲督。修允去世后，郭马与何典等鼓动兵民，起事对抗。孙皓以重兵进讨，方才镇压下去。 [5]料实：清查，核查。 [6]广州督：广州一带的镇守武官。虞授：事吴主孙皓，官至广州都督。合浦守将郭马举兵反，袭取广州，虞授遇害。 [7]苍梧：吴郡名，郡治广信，在今广西梧州市。 [8]始兴：吴郡名，郡治曲江，在今广东韶关市南。 [9]张悌（tì）：字巨先，西晋灭吴，死于国难。孙吴大臣。曾为屯骑校尉，升任丞相。 [10]牛渚（zhǔ）：地名，吴国军事要地，在今安徽当涂县西北的长江边。何植：字元干，东吴司徒。其姊何姬为孙和之妾、孙皓之母。晋攻吴，何植投降，晋军长驱直进，吴主孙皓见大事去矣，遂降。 [11]执金吾：古代保卫京城的官员，由中尉更名而来。滕修：字显先，吴国及西晋初年将领。在吴国，官至广州牧，讨伐郭马叛乱。入晋，被拜为安南将军、广州牧，仍镇广州。传见《晋书》卷五十七。 [12]未拜：还没有来得及接受任命。 [13]南海：吴郡名，郡治番禺，在今广东广州市。刘略：吴南海太守，被造反者杀害。 [14]徐旗：东吴官员，曾为广

州刺史，被叛军驱逐。［15］徐陵督：徐陵地区的部队长。徐陵，在今江苏镇江市京口区。陶濬：东吴官员，初为徐陵督，曾率军攻打叛军，后迁镇南大将军、荆州牧，为晋军所败。［16］交州：古州名，吴国分交州为广州和交州，交州治所龙编，在今越南河内市以东。陶璜：字世英，交州刺史陶基之子，东吴及西晋初年将领，官员。东吴与西晋在交州一带爆发争夺交州地盘的战争，陶璜被任命为统帅，成功地将西晋的势力赶出了交州，任为交州刺史。入晋，仍被任为交州刺史。传见《晋书》卷五十七。［17］鬼目菜：即芝草，菌属。古以为瑞草，服之能成仙。治愈万症，其功能应验，灵通神效，故名"灵芝"，又名"不死药"，俗称"灵芝草"。［18］黄耇（gǒu）：吴人。［19］买菜：又称苦菜，为田野自生之多年生草本，菊科。［20］东观案图书：吴国史馆的官员查考图书。东观，当时国家史馆的名称。案，查考。［21］银印青绶：按汉朝官制，银印青绶为中二千石，属九卿一级。［22］沈醉：即沉醉，大醉。沈，通"沉"。［23］黄门郎：给事于宫门之内的郎官，是皇帝近侍之臣，可传达诏令。司过：专门寻找群臣过失的官员。［24］阙失：即缺失，过错。阙，通"缺"。［25］迕视：迎面直视，用不服气的眼光看。迕（wǔ），违背，不顺从。谬言：说错了话。［26］罔有不举：没有不被检举的。罔（wǎng），无，没有。［27］王濬：字士治，小字阿童，西晋名将，灭吴时的水军统帅。传见《晋书》卷四十二。［28］作船七年：王濬从泰始八年（272）开始造船，至今（279）已经整整七年。［29］死亡无日：离死亡没有几天了。［30］三者一乖：三个方面有一个出问题。三者，指东吴立贤主、船朽败、王濬死。乖，差错。［31］事机：攻打东吴的难得机会。［32］北上：指北攻晋国。［33］边戍：指晋国的边境守军。戒严：警戒，采取严密防备措施。［34］何攀：字惠兴，西晋大臣。益州刺史王濬辟为别驾，进京与张华、羊祜筹划商量，参谋军事。［35］因：乘着。［36］掩取：突然袭击。［37］闰月：指本年的闰七月。［38］贼但敕严：吴主孙皓只是口头上下令说要进攻。敕，下令。严，戒严。［39］下无兵上：下游地区并没有军队向上游活动。下，指长江下游的吴国。上，指位于长江上游的晋国。晋国灭蜀，占据长江上游，故如此说。［40］力不两完：兵力不能同时保全北部和西部。［41］夏口以东：汉口以东的长江中游地区。延视息：今之所谓"苟延残喘"。视息，指仅存视觉、呼吸等，苟且活命。［42］无缘：没有理由，不可能。［43］过听：错误地听信。［44］用委弃大计：因而放弃伐吴的大事业。［45］纵敌患生：指放纵敌人而留下后患。［46］向使：假如。［47］今事为之制：犹言"今天我们的伐吴准备"。［48］务从完牢：绝对万无一失。完牢，坚固，坚实。［49］当须后年：再推到日后。须，等待。［50］不得如常：不再像现在这样了。［51］倾败：失败，大败。［52］实了：实在是看得明明白白。［53］暧昧之见：指带有不确定的因素。暧昧，此指不拿出明确的意见。自取后累：指万一打不赢的后患。［54］旬月未报：一个月过去了没有回音。旬月，十天到一个月，这里取其多，即一个月的意思。［55］博谋于朝臣：广泛地和大臣们商议、谋划。［56］异同之议：不同的议论。异同，偏正词组，不同的意思。［57］以利害相校：衡量利害得失。校，比较。［58］止于无功：顶多是不能取得彻底胜利而已。［59］直是计不出己：只不过由于主意不是他想出来的。直，只是。［60］功不在身：

有了功劳也轮不到他的头上。［61］耻其前言之失：怕伐吴胜利证明了他们过去阻止伐吴的错误。此指贾充、荀勖等人。固守：顽固地坚持反对意见。［62］顷：近来。［63］异意锋起：不同意见纷纷出笼。锋起，同“蜂起”。［64］恃恩：仗恃陛下恩宠，不会加罪于他们。［65］轻相同异：随便地发表反对意见。同异，偏正词组，主要是“异”的意思。［66］怖而生计：指由于恐怖而改恶向善，改弦更张，治理好国家。［67］远其居民：疏散他们靠近边境的居民。［68］无所及：赶不上，来不及。［69］围棋：下围棋。［70］推枰：推开棋盘。枰，棋盘。敛手：拱手敬立。［71］度支尚书：官名，职掌全国赋税收入。［72］量计运漕：根据需要调运粮食。［73］自非：除非。［74］外宁，必有内忧：外部无敌，则内部矛盾兴起。［75］释吴为外惧：留下吴国，在那里经常提醒我们还有敌人存在。语见《左传》成公十六年。后柳宗元《敌戒》亦有所谓“敌存灭祸，敌去召过”之语。惧，警告、提醒的意思。［76］岂非算乎：难道不是一种很好的谋略吗？算，算计，谋略。

冬，十一月，大举伐吴，遣镇军将军琅邪王伷出涂中[1]，安东将军王浑出江西[2]，建威将军王戎出武昌[3]，平南将军胡奋出夏口[4]，镇南大将军杜预出江陵[5]，龙骧将军王濬、巴东监军鲁国唐彬下巴、蜀，东西凡二十余万。命贾充为使持节、假黄钺、大都督[6]，以冠军将军杨济[7]副之。充固陈伐吴不利，且自言衰老，不堪元帅之任[8]。诏曰：“君若不行，吾便自出。”充不得已，乃受节钺[9]，将中军南屯襄阳，为诸军节度[10]。

马隆西渡温水[11]，树机能等以众数万据险拒之。隆以山路狭隘，乃作扁箱车[12]，为木屋施于车上[13]，转战而前，行千余里，杀伤甚众。自隆之西[14]，音问[15]断绝，朝廷忧之，或谓已没[16]。后隆使夜到，帝抚掌欢笑，诘朝[17]，召群臣谓曰：“若从诸卿言，无凉州矣。”乃诏假隆节[18]，拜宣威将军。隆至武威，鲜卑大人猝跋韩且万能帅万余落来降[19]。十二月，隆与树机能大战，斩之，凉州遂平[20]。

诏问朝臣以政之损益，司徒左长史傅咸[21]上书，以为：“公私不足，由设官太多。旧都督有四[22]，今并监军，乃盈于十[23]；禹分九州，今之刺史几向一倍[24]；户口比汉十分之一[25]，而置郡县更多；虚立军府[26]，动有百数[27]，而无益宿卫[28]；五等诸侯[29]，坐置官属[30]；诸所廪给[31]，皆出百姓，此其所以困乏者也。当今之急，在于并官息役[32]，上下务农[33]而已。”咸，玄之子也。

时又议省州、郡、县半吏以赴农功[34]。中书监荀勖以为：“省吏不如省官[35]，省官不如省事，省事不如清心[36]。昔萧、曹相汉[37]，载其清静，民以宁一[38]，所谓清心也。抑浮说[39]，简文案[40]，略细苛[41]，宥小失[42]，有好变常以徼利[43]者，必行其诛，所谓省事也。以九寺并尚书[44]，兰台付三府[45]，所谓省官也。若直作大例[46]，凡天下之吏皆减其半，恐文武众官，郡国职业，剧易[47]不同，不可以一概施之。若有旷阙[48]，皆须更复[49]，或激而滋繁[50]，亦不可不重[51]也。”

（以上为第九段，写晋朝益州刺史王濬、镇南大将军杜预均上书进兵灭吴，晋武帝司马炎调集二十万大军，兵分六路，水陆并进，大举攻吴；宣威将军马隆大战鲜卑首领树机能，平定凉州；晋朝思治，精简机构，改进政务。）

【注释】

[1]涂中：地区名，指涂水流域，在今江苏南京市六合区。[2]江西：长江西侧，指今安徽寿县、和县一带。[3]出武昌：指向吴国的武昌（今湖北鄂州市）进发。[4]出夏口：指向吴国的夏口（今湖北武汉市汉口）进发。[5]出江陵：指向吴国的江陵（今湖北荆州市江陵县）进发。[6]大都督：总指挥。[7]杨济：字文通，西晋外戚、大臣，武悼皇后杨芷叔父。传见《晋书》卷四十。[8]不堪：不能承担。元帅：最高统帅。[9]节钺：是级别最高的君王授权方式。拥有了“假节钺”的权力，不但可以随意斩杀触犯军令的士卒，还可以代替君主出征，并拥有斩杀节将的权力。[10]节度：协调。[11]温水：在今甘肃武威市东。[12]扁箱车：一种车身扁窄，适合行走狭路的车。[13]为木屋施于车上：平时蔽风雨，战时阻挡矢石。[14]自隆之西：从马隆率军西行后。[15]音问：音讯。[16]或谓已没：有人说已经全军覆没。[17]诘朝：明天一早。[18]假隆节：授予马隆旌节，这是皇帝对派出官员的特别彰显与恩宠。[19]鲜卑大人：鲜卑族的首领。猝跋韩且万能：人名。一说“猝跋韩且万能”为二人，即猝跋韩、且万能。帅万余落：率领一万多部落。帅，通“率”，率领。[20]凉州遂平：秃发树机能自泰始六年（270）在万斛堆起兵，至此被灭，共历十年。[21]傅咸：字长虞，司隶校尉傅玄之子，西晋文学家。传见《晋书》卷四十七。[22]旧都督有四：指魏初置都督诸军。东南面防备吴，西面防备蜀，北面防备胡，随其资望轻重，加上征某将军、镇某将军、安某将军、平某将军的称号，仅有四名而已。[23]今并监军，乃盈于十：指在原来的基础上增置，有都督邺城守诸军，都督秦、雍、凉诸军，都督梁、益诸军，都督荆州诸军，都督扬州诸军，都督徐州诸军，都督淮北诸军，都督豫州诸军，都督幽州诸军，都督并州诸军，凡十。监军，朝廷在将军身边所设的特派监督人员，权力甚重。[24]几向一倍：几乎是过去的一倍。当时晋国设有司、豫、徐、兖、荆、扬、梁、益、宁、

交、秦、雍、凉、冀、幽、平、并、青十八个州。［25］户口比汉十分之一：汉代全国人口最多时有五千九百多万，晋国灭吴前的总人口为五百三十多万，仅为汉朝的十分之一。［26］军府：统领军队的各种将军幕府，如骠骑、车骑、卫、伏波、抚军、都护、镇军、中军、典军、上军、抚国、领军、护军，左、右卫，骁骑、游击，左、右、前、后军及杂号将军。［27］动有数百：动不动就多达上百个。［28］无益宿卫：对保卫京城、保卫朝廷没有好处。宿卫，值宿宫禁，担任警卫。［29］五等诸侯：王一等，公一等，列侯分县侯、乡侯、亭侯三个等级。［30］坐置官属：每个享有封爵的人，手下都要设置不同数量的官职。王置傅、友、文学、郎中令、中尉、大农，左右、常侍，侍郎，典书、典祠、典卫、学官等令，典书丞、治书、中尉司马、世子、庶子、陵庙牧长、谒者、中大夫、舍人、典府。公侯以下置官属随国小大，无定制。［31］诸所廪（lǐn）给：所有官员的粮食供给。廪，本指米仓，此代指粮食。［32］并官息役：合并官署，停止征调劳役。［33］上下务农：上下一致地致力于农耕。［34］省州、郡、县半吏：将州、郡、县三级官府的官吏裁减一半。省，裁减。赴农功：到农业第一线上去。农功，农事。［35］省吏不如省官：裁减吏属不如裁减官府，即合并郡县。［36］清心：静下心来。［37］萧、曹相汉：萧何、曹参都是西汉初期的丞相，相继采取休养生息的政策，使百姓安宁、国力增强。百姓歌曰："萧何为法，斠若画一；曹参代之，守而勿失。载其清静，民以宁一。"史称"萧规曹随"。［38］载其清静，民以宁一：歌颂萧规曹随的民谣，全文见上一条注，载《史记·曹相国世家》。［39］抑浮说：抑制浮躁的空话。［40］简文案：精简各方面的规章条文。［41］略细苛：不要管得太琐碎。略，简略，忽略。细苛，烦琐，苛刻。［42］宥（yòu）小失：对犯有小过失的人给予宽恕。宥，原谅。［43］变常以徼利：改变传统的章法制度以谋求利益。徼（yāo），求取。［44］以九寺并尚书：把今天设立的九卿都合并到尚书各曹中去。九寺，即九卿之官署。汉以太常、光禄勋、卫尉、太仆、廷尉、大鸿胪、宗正、大司农、少府为九卿，魏晋因之。寺，即官署。［45］兰台付三府：将御史台与三公府中的监察机构合并。兰台，即御史台，国家的最高监察机构。三府，即三公府。三公，指丞相、太尉、御史大夫。当时三公属下设有监察官员。［46］直作大例：另行做出统一规定，指减去各官府属吏的一半。［47］剧易：轻重，难易。［48］旷阙：指人手不够，事情忙不过来。阙，通"缺"，缺失。［49］皆须更复：又得再恢复原状。［50］或激而滋繁：甚至变得比以前还要多。滋繁，更加繁多。［51］不可不重：不能不重视。

【点评】

堕泪碑。堕泪碑为晋朝征南大将军羊祜之碑，又称"羊公碑"，位于湖北襄阳市岘山上。羊祜死后，每逢时节，周围的百姓都会去祭拜，睹碑生情，莫不流泪。羊祜的继任者、西晋名臣杜预因此把它称作"堕泪碑"。望碑而堕泪，以堕泪而称碑者，这在中国历史上是独一无二的。羊祜何以得到民众的如此爱戴呢？

其一，羊祜心中装着百姓，以德怀人。公元269年，羊祜为荆州诸军都督。当时，西晋和东吴各有一个荆州，形成了南北对峙的局面。西晋的荆州包括今陕西、河南的一小部分和湖北北部地区。吴国的荆州则有今湖北和湖南的大部分地区。晋吴之间的边界线以荆州为最长，这里是灭吴战争的关键地区。羊祜到任后，从长计议，为民着想，兴办教育，安抚百姓，并与吴人开诚相待，凡投降之人，去留可由自己决定。羊祜到任时，军队连一百天的存粮都没有，他把军队一分为二，一半执行巡逻戍守的军事任务，一半垦田。几年后，百姓丰衣足食，军队的粮食积蓄可用十年。民心安，则天下安；民心稳，则斗志狠。羊祜在当地兵民中的威望迅速飙升。

其二，羊祜为公不为私，不争权夺利。羊祜曾因功被封为南城郡侯，他坚决推辞，不予接受。朝廷授予羊祜的官职和爵位，他经常避让，他的至诚之心一贯如此，所以他也就被特别许可不接受分封的官爵。羊祜经历了两代帝王，一直掌管着一些重要部门和关键岗位，凡是他参与谋划商议的事情，他都把草稿烧掉，使世人不能知晓。由羊祜荐举而做官的人，自己都不知道是谁推荐的。他常常说："在公众的朝廷里授予官职，却让别人向你个人谢恩，这样的事情我是不做的。"即使是临终的时候，还坚持不要把南城郡侯的官印放到棺材里。可见，羊祜一生都很谦逊，始终如一。

其三，羊祜慧眼识才，荐举能够担当重任的人才。当时羊祜深入研究攻打吴国之事，认为要想消灭吴国，必须凭借长江上游的有利地势。而益州刺史王濬是个有争议的人物，当时被征召为大司农，羊祜认为其军事才能可当重任，就极力主张用其所长，推荐其继续担任益州刺史，操练水军，打造战船，为攻打吴国作战略准备，晋武帝采纳了他的主张。后来"王濬楼船下益州，金陵王气黯然收"，在攻打吴国中发挥了中坚作用。公元 278 年，羊祜作为晋军主帅，突然病重，晋武帝司马炎想让他带病出征，攻打吴国，但他很快就去世了。羊祜在临终前，举荐杜预接替自己，认为杜预完全可以担此重任。这一方面是因为杜预的观点与羊祜是相通的，不同于那些保守派、顽固派，积极支持灭吴战争；另一方面，则是因为杜预具有卓越的军事才能。事实上，杜预是个文武奇才，他曾三陈平吴之策，打消了晋武帝的一些顾虑，是明朝之前唯一一个同时进入文庙和武庙的人。可见，羊祜独具慧眼，为国荐才。

其四，羊祜具有远见卓识，以国家统一为己任。灭掉吴国，实现国家统一，是当时晋朝君臣的使命所在，也是大势所趋。经过数年各项准备，荆州边界的晋军实力远远超过了吴军，而被称为"吴之中流砥柱"的前吴军主帅陆抗病死，吴主孙皓的暴虐统治使各种矛盾激化，失去民心。晋朝灭吴的条件和时机已经成熟。羊祜不失时机地上书，请求攻打吴国，但遭到朝廷一些大臣的反对，而他没有退缩，一再陈说自己的攻吴观点和战略主张，得到晋武帝司马炎的充分肯定。羊祜虽然与世长辞，没有亲自参加这次战争，但他为准备、谋划这场战争做出了不可磨灭的贡献。当满朝文武欢聚庆贺一举灭吴，实现国家统一大业的时候，晋武帝手举酒杯，流着眼泪说："这是羊太傅的功劳啊！"

当然，要论奇功殊勋，羊祜也许比不上其他人，但要论朝廷官员在百姓心中的位置，要论为人道德与品行，那是谁也不能代替羊祜的。"最是感人仁德厚，当时堕泪有遗碑！"后世称誉羊祜说："西晋帝业，实羊之功。"

卷八一　晋纪三

晋武帝太康元年至九年（280—288年）

【起上章困敦（庚子，280年），尽著雍涒滩（戊申，288年），凡九年】

【大事提要】

本卷记事起公元280年，讫公元288年，凡九年，当晋武帝太康元年至九年。本卷所载大事，主要是五个方面。其一，晋朝攻灭吴国。晋武帝司马炎发动二十万大军，分六路进攻吴国，各路军队都取得了辉煌的胜利。益州刺史王濬率领强大的水军，从巴蜀起航，沿江东下，熔断铁锁，夺取关隘，所向披靡，只用40天时间，就直捣建业，迫使吴主孙皓投降，完成统一大业。其二，二王互攻。平吴胜利，新的问题出现。益州刺史王濬沿江扬帆东下，未听从安东将军王浑的招呼，直捣建业，“一片降幡出石头”，功名卓著。王浑认为王濬违命出击，胜利了也不值得赞赏，甚至还要追究罪责。晋武帝司马炎宽容双方，一概升官。其三，整顿国家制度。晋朝统一后，着手削减地方刺史权力，依照汉制，撤掉州郡的士兵；下令让宗王都到封国去，不得留在京都。齐王司马攸颇具治国之才，大臣纷纷上书，请将其留下，晋武帝司马炎为了巩固司马衷地位，仍遣其就国，司马攸忧愤而死。其四，司马炎放纵声色。国家统一，晋武帝司马炎忘乎所以，放纵于游玩、宴饮、房事，不断选秀，后宫佳丽有近万人，甚至“羊车望幸”。大臣争相奢侈，炫富比阔，孙秀、王恺、石崇三大富豪以奢侈相高。朝臣们拉帮结派，官场风气、社会风气黯然变色。其五，外戚专政。晋武帝司马炎的皇后杨氏去世，临终请求武帝娶杨骏之女杨芷，封为皇后，杨骏被超常提拔，揽尽天下大权，专政用事，封为临晋侯。《晋书》中说：“后父始封而以临晋为侯，兆于乱矣。”果不其然，终于致使晋朝大乱。

世祖武皇帝中

太康元年（庚子，280年）

春，正月，吴大赦。

杜预向江陵，王浑出横江[1]，攻吴镇、戍[2]，所向皆克。二月，戊午[3]，王濬、唐彬击破丹阳监盛纪[4]。吴人于江碛[5]要害之处，并以铁锁横截之[6]；又作铁锥，长丈余，暗置江中，以逆拒舟舰。濬作大筏数十，方百余步，缚草为人，被甲持仗，令善水者以筏先行，遇铁锥，锥辄著筏而去[7]。又作大炬，长十余丈，大数十围，灌以麻油，在船前，遇锁，然炬[8]烧之，须臾[9]，融液断绝[10]，于是，船无所碍。庚申[11]，濬克西陵[12]，杀吴都督留宪[13]等。壬戌[14]，克荆门、夷道[15]二城，杀夷道监陆晏[16]。杜预遣牙门周旨[17]等，帅奇兵八百泛舟夜渡江，袭乐乡[18]，多张旗帜，起火巴山[19]。

吴都督孙歆[20]惧，与江陵督伍延[21]书曰："北来诸军，乃飞渡江也。"旨等伏兵乐乡城外，歆遣军出拒王濬，大败而还。旨等发伏兵随歆军而入，歆不觉，直至帐下，虏歆而还。乙丑[22]，王濬击杀吴水军都督陆景[23]。杜预进攻江陵，甲戌[24]，克之，斩伍延。于是，沅、湘[25]以南，接于交、广，州郡皆望风送印绶[26]。预杖节称诏而绥抚[27]之。凡所斩获吴都督、监军十四，牙门、郡守百二十余人。胡奋[28]克江安[29]。

乙亥[30]，诏："王濬、唐彬既定巴丘[31]，与胡奋、王戎共平夏口、武昌[32]，顺流长骛[33]，直造秣陵[34]。杜预当镇静零、桂[35]，怀辑衡阳[36]。大兵既过，荆州南境[37]，固当传檄而定[38]。预等各分兵以益濬、彬[39]。太尉充移屯项[40]。"

王戎遣参军襄阳罗尚[41]、南阳刘乔[42]将兵与王濬合攻武昌，吴江夏太守刘朗[43]、督武昌诸军虞昺[44]皆降。昺，翻之子也。

杜预与众军会议，或曰："百年之寇，未可尽克，方春水生[45]，难于久驻，宜俟来冬[46]，更为大举[47]。"预曰："昔乐毅[48]借济西一战[49]以并强齐，今兵威已振，譬如破竹，数节之后，皆迎刃而解，无复着手处[50]也。"遂指授[51]群帅方略，径造建业[52]。

吴主闻王浑南下[53]，使丞相张悌督丹阳太守沈莹[54]、护军孙震[55]、副军师诸葛靓[56]帅众三万渡江逆战。至牛渚[57]，沈莹曰："晋治水军于蜀久矣，上流诸军，素无戒备，名将皆死，幼少当任[58]，恐不能御也。晋之水军必至于此，宜畜众力以待其来，与之一战，若幸而胜之，江西自清[59]。今渡江与晋大军战，不幸而败，则大事去矣！"

悌曰："吴之将亡，贤愚所知，非今日也。吾恐蜀兵[60]至此，众心骇惧[61]，不可复整。及今渡江，犹可决战。若其败丧，同死社稷，无所复恨。若其克捷，北敌奔走，兵势万倍，便当乘胜南上，逆之中道[62]，不忧不破也。若如子计，恐士众散尽，坐待敌到，君臣俱降，无一人死难者，不亦辱乎！"

【注释】

[1]出横江：经由横江。横江，渡口名，在今安徽和县东南长江之上。[2]戍：军镇与军事据点。[3]戊午：二月一日。[4]丹阳监：吴国丹阳驻军的首领。丹阳，城名，胡三省注曰："丹阳城在秭归县东八里，昔周武王封熊绎于荆丹阳之地，即此，今谓之屈沱楚王城。"晋时郡治今江苏南京市。盛纪：吴国官员，曾任丹阳监。[5]江碛（qì）：江边的沙石浅滩。[6]以铁锁横截之：用铁锁横拦整个江面与江边的陆地。铁锁，即铁链，用铁链锁住江面，故称之。截，拦截，阻挡。[7]著筏而去：扎在木筏上，随筏带走。[8]然炬：点燃火炬。然，同"燃"。[9]须臾：一会儿工夫。[10]融液断绝：铁化成汁，铁链中断。[11]庚申：二月二日。[12]西陵：吴县名，县治在今湖北宜昌市东南。[13]留宪：吴国官员，曾任西陵都督。[14]壬戌：二月五日。[15]荆门：吴县名，在今湖北宜昌市东，在西陵之东，夷道之西。夷道：吴县名，在今湖北宜都市。[16]陆晏：大司马陆抗长子，继承江陵侯爵位，封为裨将军、夷道监。在晋灭吴之战中，为王濬部下所杀。[17]牙门：即牙门将，位略低于将军。周旨：西晋官员。曾为牙门将，在晋灭吴之战中，周旨等伏兵，随吴将孙歆军而入，直至帐下，俘获孙歆。之后进逼江陵。[18]乐乡：吴城名，在今湖北松滋市东北。[19]巴山：吴山名，在今湖北松滋市西南。[20]孙歆（xīn）：孙吴宗室。曾为乐乡督，晋军灭吴时，为周旨所杀。[21]伍延：吴车骑将军、都督。晋军攻吴，吴主孙皓以伍延为都督，进兵江陵，迎敌杜预。兵败被杀。[22]乙丑：二月八日。[23]陆景：字士仁，东吴丞相陆逊之孙，大司马陆抗次子。晋伐吴时被晋将张尚斩杀。[24]甲戌：二月十七日。[25]沅（yuán）、湘：即沅水、湘水。此指两水以南地区。[26]送印绶：表示投降。[27]杖节称诏：手执旌节，以皇帝的名义发号施令。杖，握，执持。绥（suí）抚：安抚。[28]胡奋：字玄威，西晋将领、外戚。传见《晋书》卷五十七。[29]江安：即公安，吴南平郡郡治所在地，在今湖北公安县西北。[30]乙亥：二月十八日。[31]巴丘：吴县名，在今湖南岳阳市。[32]夏口、武昌：皆吴国军事要地名。夏口，在今湖北武汉市汉口。武昌，在今湖北鄂州市。[33]长骛（wù）：长驱直下。骛，奔驰，奔跑。[34]造：到。秣陵：县名，即当时的吴国都城建业，今江苏南京市。[35]镇静零、桂：镇抚、安定零陵、桂阳一带地区。零陵，吴郡名，郡治在今湖南永州市零陵区。桂阳，吴郡名，郡治在今湖南郴州市。[36]怀辑：招纳、安抚。衡阳：吴郡名，郡治湘南，在今湖南湘潭市西南。[37]荆州南境：指

今湖南境内。［38］传檄而定：意即重镇既破，一道檄文发布出去，各地自应望风而降。檄，檄文。［39］分兵以益濬、彬：派军队补充到王濬、唐彬麾下。益，增援。［40］太尉充移屯项：太尉贾充的总指挥部前移到今河南项城市。［41］罗尚：字敬之，西晋将领。晋灭吴之战时协助王濬进攻武昌。传见《晋书》卷五十七。［42］刘乔：字仲彦，西晋将领。因诛除杨骏之功而赐爵关中侯，官至左将军。后为镇东将军，假节，都督豫州诸军事。传见《晋书》卷六十一。［43］吴江夏：吴国的江夏郡，郡治武昌，今湖北鄂州市。刘朗：吴国官员，曾任江夏太守。［44］督武昌诸军：官名，即武昌都督，级别略当于刺史。虞昺（bǐng）：字世文，虞翻第八子。仕吴黄门郎，超拜尚书侍中。晋军来伐，持节都督武昌以上诸军事，吴亡降晋。［45］方春水生：现值春季，雨水将多。［46］俟来冬：等待下一个冬季到来。俟，等待。［47］更为大举：再大规模发兵消灭它。［48］乐毅：子姓，乐氏，名毅，字永霸，中山灵寿人，战国后期杰出的将领。曾为燕上将军，领兵破齐七十余城，几亡齐国。传见《史记》卷八十。［49］借：凭借。济西一战：乐毅伐齐，在济水之西与齐军展开决战。齐军一触即溃，遭到惨败。乐毅自率燕军向临淄实施战略追击，长驱东下，几乎灭掉齐国。事见《史记》卷八十。济西，济水之西，约当今之山东济南市以西地区。［50］无复着手处：用不着再使什么劲。［51］指授：指导，传授。［52］径造建业：直扑吴国都城。径造，直捣。建业，吴国都城，今江苏南京市。［53］王浑南下：王浑率军由淮南地区南下。［54］沈莹：吴国将领，曾担任左将军，丹阳太守。杜预进攻吴国时，沈莹被王浑杀死。［55］孙震：孙吴宗室，曾为无难督，后为护军将，在晋灭吴之战中，被俘处死。［56］诸葛靓（jìng）：字仲思，曹魏征东大将军诸葛诞少子。诸葛诞叛魏后入仕东吴。吴亡后投降晋朝，但因父仇而终身不仕，时人称许他至孝。［57］牛渚：地名，在今安徽当涂县采石矶，历来为军事要地。［58］幼少当任：即少年人担当军事重任，指陆晏、陆景、留宪、孙歆等。［59］江西自清：长江的西北岸（今安徽淮南市一带）自然就平定了，指晋将王浑所率领的军队就不可能再有什么作为。江西，大江北流，自建业言之，历阳、皖城皆为江西。［60］蜀兵：指王濬、唐彬从四川下来的水军。［61］骇（hài）惧：惊怕，恐惧。［62］逆之中道：在半路迎着打它。逆，迎着。

三月，悌等济江，围浑部将城阳都尉张乔于杨荷[1]；乔众才七千，闭栅[2]请降。诸葛靓欲屠之，悌曰："强敌在前，不宜先事其小，且杀降不祥。"靓曰："此属以救兵未至，力少不敌，故且伪降以缓我，非真伏[3]也。若舍之而前，必为后患。"悌不从，抚之而进。悌与扬州刺史汝南周浚[4]，结阵相对[5]，沈莹帅丹阳锐卒、刀楯[6]五千，三冲晋兵，不动。莹引退，其众乱，将军薛胜、蒋班因其乱而乘之[7]，吴兵以次奔溃[8]，将帅不能止，张乔自后击之，大败吴兵于版桥[9]。诸葛靓帅数百人遁去，使过迎张悌[10]，悌不肯去，靓自往牵之[11]，曰："存亡自有大数，非卿一人所支，奈何故自取死！"悌垂涕曰："仲思[12]，今日是我死日也！且我为儿童时，便为卿家丞相所识拔[13]，常恐不得其死[14]，负名贤知顾[15]。今以身徇社稷[16]，复何道邪！"靓再三牵之，不动，乃流泪放去，行百余步，顾之，已为晋兵所杀，并斩孙震、沈莹等七千八百级，吴人大震。

（以上为第一段，写晋武帝太康元年（280）发动六路大军攻打吴国，兵锋所指，战无不克，王濬水军一路东下，势如破竹，直捣建业；吴主孙皓派张悌率主力部队渡江迎战，结果大败。）

【注释】

［1］城阳：郡名，郡治在今山东莒县。张乔：西晋将领，成阳都尉。晋灭吴时，吴丞相张悌率兵三万围于城阳，请降。诸葛靓认为他不过是拖延时间，并非真降，欲诛之，而张悌不允，招降了张乔。后晋将蒋班等趁乱攻张悌，张乔率兵哗变，大破吴军。杨荷：一作杨桥，在今安徽和县境内。［2］闭栅：关闭营垒。栅，即栅栏，用竹木铁条等做成的阻拦物。［3］真伏：真正投降。伏，通"服"，降服，屈服。［4］扬州刺史：此指晋国的扬州刺史，晋国扬州的州治在今安徽寿县。周浚：字开林，魏晋大臣。初仕曹魏，官至扬州刺史，封射阳侯。入晋，因伐吴有功，代王浑担任使持节、都督扬州诸军事、安东将军。传见《晋书》卷六十一。［5］结阵相对：摆开阵势南北相对。［6］锐卒：精锐的士兵。刀楯：用作名词，指手持大刀、盾牌的敢死队。楯（dùn），通"盾"，盾牌。［7］薛胜、蒋班：晋朝将军。因其乱而乘之：趁吴军之乱而发起攻击。因，趁，趁机。乘，乘势而攻。［8］以次奔溃：节节奔逃溃散。［9］版桥：在今安徽和县境内。［10］使过迎张悌：派人前往迎接张悌撤退。［11］牵之：拉着张悌，劝他逃走。牵，拉。［12］仲思：诸葛靓，字仲思。［13］卿家丞相：指诸葛亮。张悌是襄阳人，诸葛亮躬耕隆中即在襄阳。识拔：赏识并提拔。［14］不得其死：不能死在应死的地方。［15］负名贤知顾：辜负了诸葛亮当时对我的赏识。知顾，相知相顾。［16］徇社稷：为吴国而死。徇（xùn），通"殉"，舍身。社稷，代指国家。

初，诏书使王濬下建平[1]，受杜预节度[2]，至建业，受王浑节度。预至江陵，谓诸将曰："若濬得建平，则顺流长驱，威名已著，不宜令受制于我；若不能克，则无缘得施节度[3]。"濬至西陵[4]，预与之书曰："足下既摧其西藩[5]，便当径取建业，讨累世之逋寇[6]，释吴人于涂炭[7]，振旅还都[8]，亦旷世一事[9]也！"濬大悦，表陈预书[10]。及张悌败死，扬州别驾何恽[11]谓周浚曰："张悌举全吴精兵殄灭[12]于此，吴之朝野莫不震慑。今王龙骧[13]既破武昌，乘胜东下，所向辄克，土崩之势见矣。谓[14]宜速引兵渡江，直指建业，大军猝至[15]，夺其胆气，可不战禽[16]也！"浚善其谋[17]，使白王浑[18]。恽曰："浑暗于事机[19]，而欲慎己免咎[20]，必不我从。"浚固使白之，浑果曰："受诏但令屯江北以抗吴军，不使轻进，贵州虽武[21]，岂能独平江东[22]乎！今者违命，胜不足多[23]，若其不胜，为罪已重。且诏令龙骧受我节度，但当具君舟楫[24]，一时俱济[25]耳。"恽曰："龙骧克万里之寇，以既成之功来受节度，未之闻也。且明公[26]为上将，见可而进，岂得一一须诏令[27]乎！今乘此渡江，十全必克，何疑何虑而淹留不进[28]！此鄙州上下所以恨恨也[29]。"浑不听。

王濬自武昌顺流径趣[30]建业；吴主遣游击将军张象帅舟师万人御之[31]，象众望旗而降。濬兵甲满江，旌旗烛天[32]，威势甚盛，吴人大惧。

吴主之嬖臣岑昏[33]，以倾险谀佞[34]，致位九列[35]，好兴功役[36]，为众患苦。及晋兵将至，殿中亲近数百人叩头请于吴主曰："北军日近而兵不举刃[37]，陛下将如之何？"吴主曰："何故？"对曰："正坐岑昏[38]耳。"吴主独言[39]："若尔[40]，当以奴谢百姓[41]！"众因曰："唯！"遂并起收昏[42]。吴主骆驿追止[43]，已屠之矣。

陶濬将讨郭马[44]，至武昌，闻晋兵大入，引兵东还。至建业，吴主引见，问水军消息，对曰："蜀船皆小，今得二万兵，乘大船以战，自足破之。"于是合众，授濬节钺[45]。明日当发，其夜，众悉逃溃。

时王浑、王濬及琅邪王伷[46]皆临近境，吴司徒何植[47]、建威将军孙晏悉送印节诣浑降[48]。吴主用光禄勋薛莹[49]、中书令胡冲[50]等计，分遣使者奉书于浑、濬、伷以请降。又遗其群臣书[51]，深自咎责[52]，且曰："今大晋平治四海，是英俊展节[53]之秋，勿以移朝改朔[54]，用损厥志[55]。"使者先送玺绶[56]于琅邪王伷。

壬寅[57]，王濬舟师过三山[58]，王浑遣信要濬暂过论事[59]，濬举帆直指建业，报曰："风利，不得泊[60]也。"是日，濬戎卒[61]八万，方舟百里[62]，鼓噪入于石头[63]，吴主皓面缚舆榇[64]，诣军门降[65]。濬解缚焚榇[66]，延请[67]相见。收其图籍[68]。克州四[69]，郡四十三，户五十二万三千，兵二十三万。

朝廷闻吴已平，群臣皆贺上寿，帝执爵流涕[70]曰："此羊太傅[71]之功也。"票骑将军孙秀[72]不贺，南向流涕曰："昔讨逆[73]弱冠以一校尉创业[74]，今后主[75]举江南而弃之，宗庙山陵[76]，于此为墟，悠悠苍天，此何人哉[77]！"

吴之未下[78]也，大臣皆以为未可轻进，独张华坚执[79]，以为必克。贾充上表称："吴地未可悉定，方夏[80]，江、淮下湿[81]，疾疫必起，宜召诸军还，以为后图。虽腰斩张华不足以谢天下。"帝曰："此是吾意，华但[82]与吾同耳。"荀勖[83]复奏，宜如充表。帝不从。杜预闻充奏乞罢兵，驰表固争，使至轘辕[84]而吴已降。充惭惧[85]，诣阙[86]请罪，帝抚而不问[87]。

（以上为第二段，写吴主孙皓在晋军强大的攻势面前，自觉大势已去，无力回天，选择投降；晋臣王濬奋勇当先，不听王浑招呼，接受孙皓投降，埋下了争功祸端。）

【注释】

[1]下建平：攻下建平郡。建平，吴郡名，郡治在今重庆市巫山县。 [2]受杜预节度：接受杜预的指挥。节度，调度，指挥。 [3]无缘：没有可能。施节度：行使指挥的职权。 [4]西陵：吴郡名，郡治在今湖北浠水县西南长江岸边。 [5]西藩：吴国西部的屏障，指西陵。 [6]累世：经历了几代。逋（bū）寇：逃寇，指未被消灭的敌人。 [7]释吴人于涂炭：将吴国百姓从水深火热之中解救出来。释，解救。涂炭，烂泥和炭火，比喻极其困苦的境遇。 [8]振旅还都：犹言"胜利回京"。振旅，整理军队，这里指胜利而回。 [9]旷世一事：历代少有的大事。旷世，当代没有能相比的。 [10]表陈预书：将杜预此书呈送给晋武帝司马炎。表陈，上书陈述。 [11]扬州别驾：这里所说的是晋国的"扬州别驾"，扬州刺史的僚属。何恽：魏光禄大夫何祯之子，曾为扬州刺史周浚别驾，从安东将军王浑伐吴。劝周浚直取建康灭吴，周浚以为善，而王浑不听，遂让王濬夺得灭吴首功。后官至豫州刺史，封关中侯。 [12]殄（tiǎn）灭：消灭，灭绝。 [13]王龙骧：指王濬，当时为龙骧将军。 [14]谓：我认为。 [15]猝（cù）至：突然到来。 [16]禽：通"擒"，擒获。 [17]善其谋：赞赏这项谋略。 [18]使白王浑：让他去跟王浑说。 [19]暗于事机：看不出事物变化的苗头，即缺乏先见之明。暗，糊涂。事机，行事的时机。 [20]慎己免咎：

行事谨慎，但求无过。咎，过错。［21］贵州虽武：你们扬州刺史周浚尽管英勇善战。贵州，敬称周浚。武，英武。［22］江东：芜湖一带的长江以东地区，此指孙皓统治下的吴国。［23］胜不足多：意即如果取得胜利，也不值得称赞。多，赞美。不足多，据章校，一作“固足多”，固然值得称赞。［24］具君舟楫：准备好你们过江用的船只。［25］一时俱济：到时候与王濬的船队一齐渡江。［26］明公：敬称王浑。［27］须诏令：等待皇上的指示。［28］淹留不进：停止不前。淹留，长期逗留。［29］鄙州：谦称本部扬州。恨恨：遗憾的样子。［30］径趣：直扑。趣，同“趋”，趋赴。［31］张象：吴国官员，曾任游击将军，在晋灭吴之战中，率领一万水军迎战东路的王濬军队，张象不战而降。帅舟师：率领水军。帅，通“率”。御之：抵抗晋军。［32］烛天：映照天空。烛，照耀。［33］嬖（bì）臣：受宠信的近臣。岑（cén）昏：吴国佞臣，官至卫尉，被吴主孙皓处死。［34］倾险谀佞：阴险狡诈，谄媚逢迎。［35］致位九列：爬到了九卿的高位。九列，即九卿。［36］好兴功役：爱好兴建土木工程，建造宫殿。功役，兴建土木工程的劳役。［37］兵不举刃：指吴兵无人抵抗。［38］正坐岑昏：都是让岑昏闹的。坐，因。［39］独言：自言自语地说，没有正式下命令。［40］若尔：如果是这样。［41］当以奴谢百姓：应当杀了这个奴才以告慰天下人。［42］并起收昏：大家一哄而起，去逮捕岑昏。［43］骆（luò）驿（yì）追止：连续派人前去阻止诛杀。骆驿，即络绎，连续不断。骆，通“络”。驿，古同“绎”。［44］陶濬将讨郭马：陶濬于上年奉命前往广州讨伐叛将郭马。将，用作动词，率领，率军。［45］授濬节钺：授予陶濬号令将士攻打晋军的符节。节钺，符节与斧钺，古代授予将帅，作为加重权力的标志。［46］琅邪王伷（zhòu）：即司马伷，字子将，司马懿第三子。在曹魏历任散骑常侍、征虏将军。入晋，封东莞郡王，任尚书右仆射，拜镇东大将军。后改封琅邪王，加开府仪同三司。传见《三国志》卷四十八。［47］何植：字元干，东吴司徒。其姊何姬为孙和之妾、孙皓之母。晋攻吴，何植投降，晋军长驱直进，吴主孙皓见大事去矣，遂降。［48］孙晏：吴国官员，曾任建威将军。印节：印绶、符节。［49］光禄勋：官名，九卿之一，汉负责守卫宫殿门户的宿卫之臣，总领内宫。薛莹：字道言，沛郡竹邑（今安徽濉溪县）人，太子少傅薛综之子，孙吴官员、文学家，出任吴国左国史、光禄勋。入晋为散骑常侍。［50］胡冲：吴、西晋官员。在吴，为中书令，作《吴历》六卷。晋伐吴，吴主孙皓用其计，效蜀后主刘禅而投降。仕晋为尚书郎、吴郡太守。［51］遗（wèi）其群臣书：给吴国的群臣写信。遗，给。［52］深自咎（jiù）责：深深地责备自己。咎责，责怪，怪罪。［53］英俊展节：有才干的人施展才能。展节，犹“展才”，施展才干。［54］移朝改朔：改换朝廷，奉行新的历法。暗指吴国灭亡，投奔晋朝。［55］用损厥志：因而丧失了自己的志向。言下之意是说，请你们去为新王朝效力吧。［56］玺绶：古代印玺上所系的彩色丝带，借指印玺。玺，帝王的大印。［57］壬寅：三月十五日。［58］三山：吴都附近的山名，在江苏南京市西南的长江东岸，以有三峰而得名，为军事要地。［59］遣信：派遣信使。暂过论事：要王濬到他的军部商议军务，行使“节度”王濬的职权。过，到。［60］不得泊：船停不下来。泊，靠岸，停船。［61］戎卒：武装整齐的士兵。戎，军队。［62］方舟百里：意即蔽江而下的战船绵延百里之远。方舟，并舟。［63］鼓噪：指出战时擂鼓呐喊，以壮声势。石头：即石头城，建业都城。吴主孙权迁都至秣陵（今江苏南京市），在石头山金陵邑原址筑城，取名石头城，是军事重镇，素有“石城虎踞”之称。［64］面缚舆榇：反绑双手，抬着棺材。这是古代帝王向人投降的一种惯行仪式，意即自己甘愿请死。舆榇（chèn），意即载棺以随，表示有罪当死。［65］诣军门降：到王濬的营门请求投降。东吴自魏文帝黄初三年（222）建国，至此太康元年（280）灭亡，共历59年。［66］解缚焚榇：解开其缚着的双手，烧掉他带来的棺材。这是古代接受别国君王投降的一种仪式，意即不会这样处置。［67］延请：邀请，招请。［68］收其图籍：接收吴国的地图和户籍簿册。［69］克州四：得到吴国的国土共四个州，即扬州、荆州、交州、广州。［70］执爵：拿着酒杯。爵，古代的一种饮酒器皿。流涕：流泪，伤感。［71］羊太傅：即羊祜（hù），因上书奏请伐吴，赠“太傅”，故称之。［72］孙秀：字彦才，孙权侄孙，孙吴将领。被吴主孙皓忌惮，投奔西晋。传见《晋书》卷六十六。［73］讨逆：指孙策，字伯符，孙权长兄，吴国基业的创建者，曾被封为讨逆将军。［74］以一校尉创业：指孙策由一个校尉起家，打出了一片江山。孙策起兵之初，袁术任他为怀义校尉。［75］后主：此指吴末帝孙皓。［76］宗庙：供奉历朝历代国王牌位、举行祭祀的地方。山陵：指皇帝陵墓。［77］悠悠苍天，此何人哉：悠远在上的苍天神灵啊，面对自己故国废墟，是多么的伤心啊！语出《诗经·黍离》，是一首伤感自己故国灭亡的诗。此何人哉，是诗的作者自指。［78］未下：未投降之前。［79］坚执：坚持不改，固执。［80］方夏：现在正值夏天。［81］江、淮下湿：江淮地区地势低洼，气候潮湿。［82］但：只，只是。［83］荀勖（xù）：字公曾，西晋开国功臣。传见《晋书》卷三十九。［84］镮（huàn）辕：关塞名，在今河南洛阳市东南的镮辕山上，历代为军事要地。［85］惭惧：惭愧，惊惧，害怕晋武帝司马炎降罪。［86］诣阙：到宫门。阙，宫门、城门两侧的高台，中间有道路，台上起楼观，借指皇宫。［87］抚而不问：抚慰而不予追究。

夏，四月，甲申[1]，诏赐孙皓爵归命侯[2]。

乙酉[3]，大赦，改元[4]。大酺[5]五日。遣使者分诣荆、扬[6]抚慰，吴牧、守已下皆不更易[7]；除其苛政，悉从简易[8]，吴人大悦[9]。

滕修[10]讨郭马未克[11]，闻晋伐吴，帅众赴难[12]，至巴丘[13]，闻吴亡，缟素[14]流涕，还，与广州刺史闾丰、苍梧太守王毅各送印绶请降。孙皓遣陶璜[15]之子融持手书谕璜，璜流涕数日，亦送印绶降。帝皆复其本职。

王濬之东下也，吴城戍皆望风款附[16]，独建平太守吾彦婴城不下[17]，闻吴亡，乃降。帝以彦为金城[18]太守。

初，朝廷尊宠孙秀、孙楷[19]，欲以招来吴人。及吴亡，降秀为伏波将军，楷为度辽将军。

琅邪王伷遣使送孙皓及其宗族诣洛阳。五月，丁亥朔[20]，皓至，与其太子瑾等泥头面缚[21]，诣东阳门[22]。诏遣谒者[23]解其缚，赐衣服、车乘、田三十顷，岁给钱谷、绵绢甚厚。拜瑾为中郎，诸子为王者皆为郎中。吴之旧望[24]，随才擢叙[25]。孙氏将吏渡江者复十年[26]，百姓复二十年。

庚寅[27]，帝临轩[28]，大会文武有位[29]及四方使者，国子学生皆预[30]焉。引见归命侯皓及吴降人。皓登殿稽颡[31]。帝谓皓曰："朕设此座以待卿久矣。"皓曰："臣于南方，亦设此座以待陛下。"贾充谓皓曰："闻君在南方凿人目，剥人面皮，此何等刑也？"皓曰："人臣有弑其君及奸回[32]不忠者，则加此刑耳。"充默然[33]甚愧，而皓颜色无怍[34]。

帝从容问散骑常侍薛莹："孙皓所以亡？"对曰："皓昵近小人[35]，刑罚放滥[36]，大臣诸将，人不自保，此其所以亡也。"他日，又问吾彦，对曰："吴主英俊[37]，宰辅贤明[38]。"帝笑曰："若是，何故亡？"彦曰："天禄永终[39]，历数有属[40]，故为陛下禽[41]耳。"帝善之。

（以上为第三段，写晋对吴国官员、民众安排抚慰；原吴主孙皓来到晋都洛阳，予以安置，并与群臣相见；晋武帝司马炎与人谈论吴国灭亡的因由，有天意，有人祸。）

【注释】

[1]甲申：四月二十八日。 [2]归命侯：即顺应天命归顺投降的亡国之君。 [3]乙酉：四月二十九日。 [4]改元：改元"太康"，自此之前为咸宁六年。 [5]大酺（pú）：尽情聚会饮酒。酺，聚饮。 [6]分诣荆、扬：分别到荆州、扬州这些吴国的故地。 [7]牧、守：指州刺史与郡太守两级官员。已下：即以下。已，通"以"。皆不更易：都官居原职。更易，改换。 [8]悉从简易：各种法令与规章制度，都力求宽松。 [9]吴人大悦：四字据章校补。甲十一行本等有此四字。 [10]滕修：字显先，吴国及西晋初年将领。传见《晋书》卷五十七。 [11]郭马：吴人，为合浦太守修允部曲督，修允去世后，他与何典等人鼓动兵民反叛，滕修奉命进讨。未克：没有能够消灭叛军。 [12]赴难：指赶回援救吴国都城。 [13]巴丘：山名，在今湖南岳阳市。 [14]缟素：此指穿着白色的丧服。缟、素，都是白色的生绢，引申为白色。 [15]陶璜：孙吴交州刺

史。入晋，仍被任为交州刺史。传见《晋书》卷五十七。［16］城戍：守城的士兵。款附：诚心归附。［17］建平：吴郡名，郡治信陵县（今湖北秭归县南）。吾彦：字士则，吴郡吴县（今江苏苏州市）人，任吴建平太守，降晋后改任金城太守。传见《晋书》卷五十七。婴城不下：据城而守，绝不投降。婴城，谓环城而守。［18］金城：晋郡名，郡治榆中，在今甘肃兰州市东。［19］孙楷：镇北将军孙韶之子，吴国将领。降晋，任封车骑将军，封丹杨侯。传见《三国志》卷五十一。［20］丁亥朔：五月一日。朔，农历每月一日。［21］太子瑾：即孙瑾，吴国末代皇帝孙皓长子。泥头面缚：把泥涂抹在头上，双手绑在背后，以此表示谢罪。［22］东阳门：洛阳城东有建春、东阳、清明三门。东阳门为中门。［23］谒者：帝王身边的侍从官名，掌导引宾客。［24］旧望：平素有声望的人。［25］随才擢叙：根据才能提升官职。擢（zhuó）叙，提拔，叙用。［26］孙氏将吏渡江者：归降晋国的将士官吏，随晋军参加了渡江灭吴之役者。复十年：免除十年的劳役、赋税。［27］庚寅：五月四日。［28］临轩：站在楼上的前廊上。轩，殿堂的前檐处。［29］文武有位：文武百官以及虽无官职但有爵位的人。［30］国子学生：国子监的学生。国子，即国子监，当时的太学。皆预：都参加。预，参加，出席。［31］稽颡：四肢与头皆触地，是最虔敬的跪拜礼。颡（sǎng），额。孙皓行稽颡礼，表示无颜见晋帝。［32］奸回：奸邪，隐指贾充世受魏恩而奸邪不忠，附司马氏弑高贵乡公曹髦。［33］默然：沉默不语。［34］无怍：无任何惭愧之色。怍（zuò），因惭愧而改变脸色。［35］昵近小人：过分亲近奸佞之人。昵，亲近，亲昵。［36］放滥：恣意滥用，没有节制。［37］英俊：才智卓越，俊逸超群。［38］宰辅：指辅政大臣，一般指宰相。贤明：有才德有见识。［39］天禄永终：上天赐予的福禄已经享用完毕。天禄，指享有国家而言。［40］历数有属：天命已经另有了归属。历数，犹言“运命”“气数”。有属，另有所归。［41］禽：通“擒”，擒捉，擒获。

王濬之入建业也，其明日，王浑乃济江，以濬不待已至，先受孙皓降，意甚愧忿[1]，将攻濬。何攀[2]劝濬送皓与浑，由是事得解。何恽以浑与濬争功，与周浚笺[3]曰：“《书》贵克让[4]，《易》大谦光[5]。前破张悌，吴人失气[6]，龙骧因之[7]，陷其区宇[8]。论其前后，我实缓师[9]，既失机会，不及于事[10]，而今方竞其功[11]；彼既不吞声[12]，将亏雍穆之弘[13]，兴矜争之鄙[14]，斯实愚情[15]之所不取也。”浚得笺，即谏止浑。浑不纳，表濬违诏不受节度，诬以罪状。浑子济[16]，尚常山公主[17]，宗党[18]强盛。有司奏请槛车征濬[19]，帝弗许，但以诏书责让[20]濬以不从浑命，违制昧利[21]。

濬上书自理[22]，曰：“前被[23]诏书，令臣直造秣陵[24]，又令受太尉充节度。臣以十五日至三山，见浑军在北岸，遣节邀臣；臣水军风发[25]，径造[26]贼城，无缘回船过浑[27]。臣以日中至秣陵，暮乃被浑所下当受节度之符[28]，欲令臣明十六日悉将所领还围石头[29]，又索蜀兵及镇南诸军人名定见[30]。臣以为皓已来降，无缘[31]空围石头。又，兵人定见，不可仓猝得就[32]，皆非当今之急，不可承用[33]，非敢忽弃明制[34]也。皓众叛亲离，匹夫独坐，雀鼠贪生，苟乞一活耳。而江北诸军不知虚实，不早缚取[35]，自为小误[36]。臣至便得[37]，更见怨恚[38]，并云守贼百日[39]，而令他人得之。臣愚以为事君之道，苟利社稷[40]，死生以之[41]。若其顾嫌疑以避咎责，此是人臣不忠之利[42]，实非明主社稷之福也！"

浑又腾周浚书[43]云："濬军得吴宝物。"又云："濬牙门将李高[44]放火烧皓伪宫。"濬复表曰："臣孤根[45]独立，结恨[46]强宗。夫犯上干主[47]，其罪可救；乖忤[48]贵臣，祸在不测。伪中郎将孔摅[49]说：去二月[50]武昌失守，水军行至[51]，皓按行石头还[52]，左右人皆跳刀大呼[53]，云：'要当为陛下一死战决之。'皓意大喜，意必能然[54]，便尽出金宝以赐与之。小人无状[55]，得便驰走[56]。皓惧，乃图降首[57]。降使适去[58]，左右[59]劫夺财物，略取妻妾[60]，放火烧宫。皓逃身窜首[61]，恐不脱死。臣至，遣参军主者救断其火耳[62]。周浚先入皓宫，浑又先登皓舟，臣之入观，皆在其后。皓宫之中，乃无席可坐[63]，若有遗宝，则浚与浑先得之矣。浚等云臣屯聚蜀人[64]，不时送皓[65]，欲有反状。又恐动[66]吴人，言臣皆当诛杀[67]，取其妻子，冀其作乱[68]，得骋私忿[69]。谋反大逆，尚以见加[70]，其余谤嗜[71]，故其宜[72]耳。今年平吴，诚为大庆；于臣之身，更受咎累[73]。"

濬至京师，有司奏濬违诏，大不敬[74]，请付廷尉科罪[75]。诏不许。又奏濬赦后[76]烧贼船百三十五艘，辄敕付廷尉禁推[77]。诏勿推。

浑、濬争功不已，帝命守廷尉广陵刘颂[78]校其事[79]，以浑为上功，濬为中功。帝以颂折法失理[80]，左迁京兆太守[81]。

（以上为第四段，写晋军灭吴后，王浑与王濬争功，王浑气量狭小，在朝势力颇大；王濬处于劣势，攻下建业却差点变成囚犯；晋武帝司马炎肯定王濬之功，并予以回护，而一并升迁，化解了这场闹剧。）

【注释】

［1］愧忿：惭愧无已，恼羞成怒。［2］何攀：字惠兴，王濬部属，时任益州主簿。［3］笺：书信。［4］《书》贵克让：《尚书》教人以退让为贵。《尚书·尧典》有“允恭克让”之语。［5］《易》大谦光：《易经》推崇谦虚。［6］失气：丧气，泄气。［7］龙骧因之：王濬趁着“吴人失气”的这种气势。龙骧，即王濬，曾为龙骧将军。［8］陷其区宇：攻陷了东吴的全部领土。区宇，境域，疆土。［9］缓师：行动迟缓，贻误了军机。［10］不及于事：在这件事情上失去了机会，做得不好。［11］方竞其功：才与人家去争功。竞，争。［12］彼既不吞声：他既不愿咽下这口气。彼，指王浑。［13］将亏雍穆之弘：就要失去谦和的美德。雍穆，和睦，融洽。弘，宽宏。［14］兴矜争之鄙：闹起斗气争功的丑事。矜争，矜夸，争功。鄙，鄙陋，恶习。［15］愚情：我的内心。［16］济：即王济，字武子，司徒王浑次子，娶常山公主，为司马昭之婿。传见《晋书》卷四十二。［17］常山公主：晋文帝司马昭的女儿。［18］宗党：宗族，乡党。［19］有司：指主管部门的官吏。槛车征濬：用囚车把王濬押解回京。［20］责让：斥责，谴责。［21］违制昧利：为了争利而违抗诏令。昧，贪，贪图。［22］自理：自己申辩。理，理会，辩白。［23］被：收到。［24］直造秣陵：直接开到吴都。造，到。秣陵，江苏南京市的古称。［25］风发：顺风而下。据章校，甲十一行本等“发”下有“乘势”二字。［26］径造：直扑。［27］无缘回船过浑：没法掉转船头去找王浑。过，到某处去。无缘，犹言“无法”。［28］暮乃被浑所下当受节度之符：到天黑时我才接到王浑下达给我的让我受他指挥的命令。乃，才。被，接到。［29］还围石头：回军包围石头城。石头，即石头城，即当时吴都建业的城墙，旧址在今江苏南京市清凉山一带。［30］索：讨要。镇南诸军：指随王濬东下的原属镇南将军杜预所统领的军队。人名定见：指现役军人的数目、名册。定见，谓军人在行定数。见，通“现”，现有的。［31］无缘：无须。［32］不可仓猝得就：不是一下子就能弄得好的。仓猝，匆忙，急迫。就，成。［33］不可承用：没法接受，没法执行。［34］忽弃明制：忽视而不执行皇帝的英明指令。［35］缚取：攻下，获取。［36］自为小误：自己造成了小小的失误。［37］臣至便得：我一到建业，孙皓就立即投降了。［38］更见怨恚：更遭到王浑的怨恨。见，被。怨恚，怨恨，愤怒。［39］守贼百日：围困敌人已经上百天。［40］苟利社稷：假如是对国家有利的事情。苟，如果，假使。社稷，代指国家。［41］死生以之：不管死活都要全力以赴。［42］此是人臣不忠之利：这是对国家不忠的人有好处。［43］腾周浚书：用周浚的名义上书。腾，指使，借用。［44］牙门将：武将名，相当于诸将麾下的偏将、副将。李高：王濬的属官。［45］孤根：独生的根，谓孤独无依。［46］结恨：结怨，积恨。［47］犯上干主：冒犯君主。干，也是“犯”的意思。［48］乖忤（wǔ）：抵触，得罪。［49］伪中郎将：投降过来的吴国的中郎将。中郎将，帝王的卫队长官。孔摅：原吴国官员，为中郎将，后投降晋朝。［50］去二月：犹言“在前二月”。［51］行至：即将抵达。［52］按行石头

还：巡行视察石头城回来。［53］跳刀大呼：挥动着大刀跳跃、呼喊。跳刀，犹言“挥刀跳动”。［54］意必能然：以为他们必能如此。［55］无状：没个人样。［56］得便驰走：得到财宝后就飞快逃走。［57］乃图降首：这才考虑投降伏罪。首，自首，归降。［58］降使适去：奉表前来投降的使者刚刚派出。［59］左右：指孙皓左右的人。［60］略取妻妾：掠夺孙皓的妻妾。略，通“掠”，掠夺。［61］逃身窜首：抱头逃窜。［62］主者：管事的人。救断：扑灭。［63］乃无席可坐：已经被抢得连张可坐的席子都没有了。［64］屯聚蜀人：集结巴蜀士兵。［65］不时送皓：不及时地把孙皓送交王浑。［66］恐动：恐吓，挑拨。［67］皆当诛杀：将他们全部杀光。［68］冀其作乱：希望激起吴人反抗晋军。［69］得骋私忿：以发泄自己的愤怒。骋，放任，放纵。［70］尚以见加：尚且能加到我的头上。见，被。［71］其余谤嗜：其他别的诽谤恶语。［72］故其宜：意即也就是必然的，不在话下了。［73］更受咎累：反而遭受了诬陷，想想也是伤心。咎累，罪过，过错。［74］大不敬：即犯下“大不敬”的罪过，按律当满门处斩。［75］廷尉：官名，九卿之一，为中央最高司法长官。科罪：按律定罪。［76］赦后：指王濬赦免吴人之后。［77］辄敕付廷尉禁推：皇帝应该立刻下旨意，交由廷尉关进监狱追究审问。胡三省注曰：“此皆王浑亲党使为之。”敕，下令。禁推，关禁闭，推究审问。［78］刘颂：字子雅，西晋官员，时任守（代理）廷尉。晋灭吴后，因考核王浑、王濬功勋一事，相继被外放为京兆尹、河内太守及淮南国相。后随淮南王司马允入朝，历任三公尚书、吏部尚书等职。传见《晋书》卷四十六。［79］校其事：比较、核实二人争功的行事。校，调查，核实。［80］折法失理：有损律法，判断不公，不合法理。［81］左迁京兆太守：降职为京兆太守。京兆太守，同汉代“京兆尹”。京兆，晋郡名，郡治长安，在今陕西西安市西北。

庚辰[1]，增贾充邑八千户；以王濬为辅国大将军[2]，封襄阳县侯；杜预为当阳县侯；王戎为安丰县侯；封琅邪王伷二子为亭侯；增京陵侯王浑邑八千户[3]，进爵为公；尚书关内侯张华[4]进封广武县侯，增邑万户[5]；荀勖以专典诏命功[6]，封一子为亭侯；其余诸将及公卿以下，赏赐各有差。帝以平吴功，策告[7]羊祜庙，乃封其夫人夏侯氏为万岁乡君[8]，食邑五千户。

王濬自以功大，而为浑父子及党与所挫抑[9]，每进见，陈其攻伐之劳及见枉之状[10]，或不胜忿愤[11]，径出不辞[12]；帝每容恕[13]之。益州护军范通[14]谓濬曰：“卿功则美矣，然恨所以居美者未尽善[15]也。卿旋旆[16]之日，角巾私第[17]，口不言平吴之事；若有问者，则曰：‘圣人之德，群帅之力，老夫何力之有！’此蔺生[18]所以屈廉颇[19]也，王浑能无愧乎！”濬曰：“吾始惩邓艾之事[20]，惧祸及身，不得无言；其终不能遣诸胸中[21]，是吾褊也[22]。”时人咸以濬功重报轻，为之愤邑[23]；博士秦秀等并上表讼濬之屈[24]，帝乃迁濬镇军大将军[25]。王浑尝诣濬[26]，濬严设备卫[27]，然后见之。

杜预还襄阳，以为天下虽安，忘战必危，乃勤于讲武[28]，申严戍守[29]。又引滍、淯水以浸田万余顷[30]，开扬口通零、桂之漕[31]，公私[32]赖之。预身不跨马，射不穿札[33]，而用兵制胜，诸将莫及。预在镇，数饷遗洛中贵要[34]，或问其故，预曰：“吾但恐为害，不求益也。”

王浑迁征东大将军，复镇寿阳[35]。

诸葛靓逃窜[36]不出。帝与靓有旧[37]，靓姊为琅邪王[38]妃，帝知靓在姊间[39]，因就见焉。靓逃于厕，帝又逼见之，谓曰：“不谓今日复得相见！”靓流涕曰：“臣不能漆身皮面[40]，复睹圣颜，诚为惭恨！”诏以为侍中，固辞不拜，归于乡里[41]，终身不向朝廷而坐。[42]六月，复封丹水侯睦为高阳王[43]。

（以上为第五段，写晋武帝司马炎论功行赏，力求皆大欢喜；益州刺史王濬虽然加封，但整日惶惶不安；杜预勤于政事，处事周全；诸葛靓父仇难忘，坐不朝晋。）

【注释】

[1]庚辰：五月丁亥朔，无庚辰日，此处记载有误。 [2]辅国大将军：二品高官。王濬任职后，增兵五百人为辅国营，给官骑，并置司马。 [3]增京陵侯王浑邑八千户：指王浑除京陵旧食邑外，再增八千户。 [4]张华：字茂先，西晋名臣，官至司空。传见《晋书》卷三十六。 [5]增邑万户：张华广武县食邑增加到一万户。 [6]专典诏命功：专门掌管为皇帝起草诏令的功劳。时荀勖为中书监，主管草拟、发布诏令。 [7]策告：以诏书祭告。 [8]万岁乡君：万岁乡，地名，封给羊祜的夫人作食邑。“君”是对女人的封号，有“郡君”“县君”“乡君”等不同级别。 [9]党与：同党之人，狐朋狗党。挫抑：摧挫，压制。 [10]攻伐之劳：攻战讨伐的辛劳。见枉之状：被冤屈的情况。见，被。[11]忿愤：愤怒不平。[12]径出不辞：直接扬长而去，不向皇帝告辞。[13]每容恕：常常包容、宽恕。 [14]益州护军：王濬龙骧将军幕府的属官，主管军纪及考核下级将士。范通：王濬属官，任益州护军。 [15]恨：憾，令人感到遗憾。居美者未尽善：面对自己功劳的态度，没有做到尽善尽美。居美，对待自己的功劳、优点。 [16]旋旆：回师，凯旋。旆，泛指旌旗。 [17]角巾私第：换上便服，悄悄回家。角巾，古代隐士常戴的一种有棱角的头巾。私第，私人的府第。 [18]蔺生：指蔺相如，战国时期赵国上卿，居官于廉颇之上。廉颇居

功自恃，耻居其下，凌辱相如，而相如始终回避忍让，以国家利益为重。［19］所以屈廉颇：蔺相如不与廉颇争功，使廉颇大为感动，负荆过府请罪。屈，折服。［20］惩邓艾之事：接受邓艾当年受钟会之害的教训。［21］遣诸胸中：犹言“释然于怀”，即从心里放下这件事情。遣，排解，消释。［22］是吾褊（biǎn）也：是我的气量太小了。褊，狭窄，狭隘。［23］愤邑：愤懑不平。邑，通“悒”，忧郁不乐的样子。［24］秦秀：字玄良，西晋官员。任博士，以忠诚、正直闻名。讼濬之屈：替王濬申诉委屈。讼，申诉。［25］迁：擢升。镇军大将军：将军名号，不常设，二品，在名义上比前所任命的辅国大将军略高一些，但没有实质性的改变。［26］尝诣濬：曾到王濬家去。诣，往访。［27］严设备卫：设置了森严的戒备、护卫。胡三省注曰：“周勃就国，绛及河东吏至，常令家人被甲持兵以见之，亦犹王濬之严设备卫以见王浑也。此二人者，力足以定天下之难，智足以取一国，而其所以包周身之防乃尔，可笑也哉！”［28］讲武：讲习武事，包括练兵。［29］申严戍守：下令部属提高戒备，加强守卫。［30］滍、淯水：滍（zhì）水，今名沙河，发源于河南鲁山县西吴大岭，东流经宝丰县、叶县、舞阳县，合于北沙河。淯（yù）水，一名白河，发源于河南嵩县南攻离山，东流经南召县，折南流经南阳市、新野县，入湖北襄阳市会唐河。浸田：灌溉农田。［31］扬口：河水名，在今湖北荆州市长江南岸，即古扬水入汉水之口。零、桂之漕：零陵与桂阳二郡之间的水路运输。零，即零陵郡，郡治在今湖南永州市零陵区。桂，即桂阳郡，郡治在今湖南郴州市。［32］公私：公家与私家，即国家与民众。［33］射不穿札：射箭穿不透铠甲上的小铁片，极言其儒将风度。札，古代写字用的小而薄的木片，此指小铁片。［34］数饷遗洛中贵要：屡屡给京城里的权贵赠送礼品。饷遗，馈赠，赠送礼物。洛中，京都洛阳城中。贵要，权贵，显赫人物。［35］寿阳：即寿春，县名，为淮南郡郡治，晋人为避晋武帝后郑阿春之讳而改称寿阳。［36］逃窜：逃躲，躲藏。诸葛靓与晋有杀父之仇。其父诸葛诞反叛司马昭，派长史吴纲带着他和牙门子弟到东吴作人质并请求援军。后诸葛诞以兵败告终，被诛夷三族。诸葛靓于是留在东吴，任右将军，后晋升至大司马。晋灭吴后，他逃躲不出，终身不仕，坐不朝晋。［37］有旧：有旧交。［38］琅邪王：即司马伷。［39］在姊间：在其姐家。间，处。［40］臣不能漆身皮面：意即自己不能做到像豫让、聂政那样。漆身皮面，指豫让浑身涂漆，聂政划破面皮使人无法辨认。以上二事皆见《史记》卷八十六。［41］乡里：故乡。诸葛靓的故乡在今山东诸城市。［42］终身不向朝廷而坐：因其父诸葛诞被司马昭攻杀的原因，无法释怀。［43］丹水侯睦：即司马睦，字子友，司马懿六弟曹魏中郎司马进之子，司马炎的堂叔父。曹魏时，封安平亭侯，任侍御史。入晋，封中山王，因曾霸占官府稻田，降封丹水县侯。后改封高阳王，任宗正。传见《晋书》卷三十七。

秋，八月，己未[1]，封皇弟延祚[2]为乐平王，寻薨[3]。

九月，庚寅[4]，贾充等以天下一统，屡请封禅[5]，帝不许[6]。

冬，十月，前将军青州刺史淮南胡威[7]卒。威为尚书，尝谏时政之宽[8]。帝曰："尚书郎以下，吾无所假借[9]。"威曰："臣之所陈，岂在丞、郎、令、史[10]，正谓如臣等辈[11]，始可以肃化明法[12]耳！"

是岁，以司隶所统郡置司州[13]，凡州十九[14]，郡国一百七十三，户二百四十五万九千八百四十。

诏曰："昔自汉末，四海分崩，刺史内亲民事，外领兵马。今天下为一，当韬戢干戈[15]，刺史分职[16]，皆如汉氏故事[17]；悉去州郡兵，大郡置武吏百人，小郡五十人。"交州牧陶璜上言："交、广[18]东西数千里，不宾属[19]者六万余户，至于服从官役[20]，才五千余家。二州唇齿[21]，唯兵是镇[22]。又，宁州[23]诸夷，接据上流[24]，水陆并通，州兵未宜约损[25]，以示单虚[26]。"仆射山涛[27]亦言"不宜去州郡武备"，帝不听。及永宁[28]以后，盗贼群起，州郡无备，不能禽制[29]，天下遂大乱，如涛所言。然其后刺史复兼兵民之政，州镇愈重[30]矣。

汉、魏以来，羌、胡、鲜卑降者，多处之塞内诸郡[31]。其后数因忿恨，杀害长、吏[32]，渐为民患。侍御史西河郭钦[33]上疏曰："戎狄强犷[34]，历古为患。魏初民少，西北诸郡，皆为戎居，内及京兆、魏郡、弘农[35]，往往有之。今虽服从，若百年之后有风尘之警[36]，胡骑自平阳、上党不三日而至孟津[37]，北地、西河、太原、冯翊、安定、上郡[38]尽为狄庭[39]矣。宜及平吴之威，谋臣猛将之略，渐徙内郡杂胡[40]于边地，峻四夷出入之防[41]，明先王荒服之制[42]，此万世之长策也。"帝不听。

（以上为第六段，写平吴后的管理事宜，晋武帝司马炎下令刺史分权，取消州郡士兵，而带来后患；侍御史郭钦建议将北方沿边六郡，即北地、西河、太原、冯翊、安定、上郡胡人迁徙边境，没有被采纳，留下隐患。）

【注释】

[1]己未：八月五日。 [2]皇弟延祚：即司马延祚，字大思，司马昭之子。少有笃疾，不任封爵。晋武帝司马炎非常怜悯，封为乐平王，"使有名号，以慰吾心"。寻薨，无子。 [3]寻薨：不久死去。寻，不久。薨（hōng），古代称诸侯或高官等人的死。 [4]庚寅：九月六日。 [5]封禅（shàn）：到泰山祭祀天地，是古代帝王的最高大典。 [6]帝不许：晋武帝司马炎表示谦让，

意思是说自己的功业德行还不够格。［7］胡威：字伯武，魏晋名臣，曹魏征东将军胡质之子。仕魏，官至右将军、豫州刺史。入晋任尚书，官至前将军、监青州诸军事、青州刺史。传见《晋书》卷九十。［8］时政之宽：指执法不严格。［9］无所假借：一点都不宽容。假借，宽假，宽容。［10］丞、郎、令、史：指各部门的中下层办事人员。［11］正谓如臣等辈：我所指的是要严格管理像我们这样的高官。［12］肃化明法：严肃风化，申明法纪。［13］以司隶所统郡：在司隶校尉所统辖的几个郡。司隶，司隶校尉省称，汉武帝时置，督察三辅、三河、弘农七郡。魏晋沿用。置司州：设置司州，任命司州刺史。［14］凡州十九：全国共有十九个州，即司州（治洛阳）、兖州（治廪丘，今河南范县东南）、豫州（治项，今河南项城市北）、冀州（治信都，今河北衡水市冀州区）、并州（治晋阳，今山西太原市西南）、青州（治临淄，今山东淄博市）、徐州（治彭城，今江苏徐州市）、荆州（治襄阳，后迁江陵）、扬州（治寿春，后迁建业，今南京市）、凉州（治姑臧，今甘肃武威市）、雍州（治长安，今陕西西安市西北）、秦州（初治冀县，后移上邽，今甘肃天水市）、益州（治成都市）、梁州（治南郑，今陕西汉中市）、宁州（治滇池，今昆明市东南）、交州（治龙编，今越南河内市）、广州（治番禺，今广东广州市）、幽州（治河北涿州市）、平州（治襄平，今辽宁辽阳市，后移昌黎，今辽宁义县）。［15］韬戢（jí）干戈：将兵器收藏起来。韬戢，收藏，敛藏。［16］刺史分职：刺史既管民、又管军的状况应该分开。［17］如汉氏故事：汉代刺史只管政务，不管军事。汉武帝置十三刺史部（州），部置一人，职掌监察，奉诏巡行诸郡，省察治政，黜陟能否，断理冤狱。［18］交、广：交州、广州。交州统合浦、交趾、新昌、武平、九真、九德、日南郡。广州统南海、临贺、始安、始兴、苍梧、郁林、桂林、高凉、宁浦、高兴郡。［19］不宾属：指不归顺，不服从晋王朝。［20］服从官役：服从政府，为政府出劳役。［21］唇齿：唇齿相依，安危与共。［22］唯兵是镇：只有依靠武力才能镇守。［23］宁州：晋州名。晋泰始六年（270），分益州的建宁、云南、兴古，以及交州的永昌共四郡改设宁州，治味县（在今云南曲靖市），统括今云南地。［24］接据上流：相互连接地居住在交、广诸河的上游。［25］未宜约损：不应当裁减。约损，减省，俭约。［26］单虚：单薄，空虚。［27］仆射：官名，诸官之长。仆，“主管”的意思，古代重武，主射者掌事，故称仆射。山涛：字巨源，魏晋名士，“竹林七贤”之一，时任左仆射。传见《晋书》卷四十三。［28］永宁：晋惠帝司马衷的第五个年号。［29］禽制：捉拿，制伏。禽，通“擒”，擒捉，擒获。［30］州镇愈重：州刺史的权势遂更加重大。［31］处之塞内诸郡：将他们安置在长城以内的沿边各郡。处，安置。塞，边塞，边疆。［32］长、吏：县长、地位较高的县级官吏。［33］侍御史：官名，皇帝的侍从，主管接纳章奏，监察检举百官。郭钦：西晋官员，曾为侍御史，主张徙戎。［34］强犷：强横，凶悍。［35］京兆、魏郡、弘农：均为郡名。京兆，郡治长安，辖今陕西西安市及其周围数县市。魏郡，郡治邺县，在今河北临漳县西南。弘农，郡治弘农，在今河南灵宝市北。［36］风尘之警：隐指造反作乱。［37］平阳、上党：均为郡名。平阳，郡治在今山西临汾市西南。上党，郡治壶开，在今山西长治市北。孟津：古黄河津渡名，在今河南洛阳市孟津区东北，历代为兵争要地。［38］北地、西河、太原、冯翊、安定、上郡：均为郡名。北地，郡治富平，在今宁夏吴忠县西南。西河，郡治在今山西吕梁市离石区。太原，郡治晋阳，在今山西太原市西南。冯翊（yì），郡治临晋，在今陕西大荔县。安定，郡治临泾，在今甘肃镇原县东南。上郡，郡治肤施，在今陕西榆林市东南。［39］尽为狄庭：都将成为少数民族的天下。［40］内郡杂胡：内地与汉人杂居的少数民族。［41］峻四夷出入之防：严格限制四周少数民族与中原汉族之间的相互往来。峻，严加限制。四夷，古代对中原周边各族的泛称，即东夷、南蛮、北狄和西戎的合称。［42］荒服之制：使周边少数民族远离中原地区，减少相互往来。据《尚书·禹贡》，除京畿外，把天下分为五服，即甸服、侯服、绥服、要服、荒服，每服五百里，荒服离中原最远。

二年（辛丑，281 年）

春，三月，诏选孙皓宫人五千人入宫。帝既平吴，颇事游宴[1]，怠于政事，掖庭[2]殆将万人。常乘羊车[3]，恣其所之[4]，至便宴寝；宫人竞以竹叶插户，盐汁洒地[5]，以引帝车。而后父杨骏及弟珧、济始用事[6]，交通请谒[7]，势倾内外，时人谓之“三杨”，旧臣多被疏退。山涛数有规讽[8]，帝虽知而不能改。

初，鲜卑莫护跋始自塞外入居辽西棘城之北[9]，号曰“慕容部”。莫护跋生木延[10]，木延生涉归[11]，迁于辽东[12]之北，世附中国，数从征讨有功，拜大单于。冬十月，涉归始寇昌黎[13]。

十一月，壬寅[14]，高平武公陈骞[15]薨。

是岁，扬州刺史周浚移镇秣陵[16]。吴民之未服者，屡为寇乱，浚皆讨平之；宾礼故老[17]，搜求俊乂[18]，威惠并行，吴人悦服。

（以上为第七段，写晋武帝司马炎取得平吴胜利，忘乎所以，政事懈怠，纵情游乐，发生“羊车望幸”的怪事；“三杨”专权，相互勾结，权倾朝野，晋朝潜伏重重危机。）

【注释】

［1］颇事游宴：逐渐沉迷于游乐宴饮。颇，程度副词，很，甚。［2］掖庭：皇宫中的旁舍，宫嫔所居的地方。［3］羊车：一种由山羊拉的小车。《晋志》曰：“羊车，一名辇车，其上如轺，伏兔箱，漆画轮轭。”［4］恣其所之：由山羊随便走，走到哪里算哪里。［5］竹叶插户，盐汁洒地：据说山羊喜吃竹叶，又喜欢吃带咸味的东西，所以，宫嫔们使用这两样东西引诱山羊上门。［6］“而后”句：指皇后杨芷之父杨骏及其两弟杨珧、杨济开始揽权。晋惠帝即位，三杨专权，时

人号称“三杨”。贾南风专政，三杨皆被杀，夷灭三族。传见《晋书》卷四十。［7］交通：互相勾结。请谒：参拜，这里指“走后门”。［8］规讽：规劝，讽喻。［9］莫护跋：三国时鲜卑族首领，率领族人迁居辽西，曾随同司马懿征讨割据辽东的公孙渊，立下战功，被封为率义王。后在荆城以北（今河北昌黎县境内）建立国家。棘城：魏晋时县名，在今辽宁义县西南。［10］木延：即慕容木延，鲜卑人。前燕的前身慕容部君主，公元245年至公元271年在位，公元244年至公元245年间曾随毌丘俭讨伐高句丽。［11］涉归：即慕容涉归，慕容部鲜卑酋长慕容木延之子，继任慕容部鲜卑酋长。将根据地从棘城迁至辽东郡之北，多次协助中国军队出征作战，建立功勋，受封大单于。后率军攻击晋国所属昌黎郡（郡治在今辽宁义县）。事见《晋书》卷一百八。［12］辽东：郡名，郡治襄平，在今辽宁辽阳市。［13］寇：入侵。昌黎：郡名，郡治在今辽宁义县。［14］壬寅：十一月二十五日。［15］陈骞（qiān）：字休渊，西晋开国功臣，为西晋开国八公之一。传见《晋书》卷三十五。［16］移镇秣陵：将扬州刺史的办公机构迁移到秣陵。秣陵，在今江苏南京市。晋国的扬州原治寿春，今已灭吴，遂东迁秣陵。［17］宾礼：谓以上宾之礼相待，引申为敬重。故老：年高而见识多的人，此指吴国遗老。［18］俊乂：指才德出众的人。乂（yì），贤才，才德过人的人。

三年（壬寅，282年）

春，正月，丁丑朔[1]，帝亲祀南郊[2]。礼毕，喟然问司隶校尉刘毅曰[3]：“朕可方[4]汉之何帝？”对曰：“桓、灵[5]。”帝曰：“何至于此？”对曰：“桓、灵卖官钱入官库，陛下卖官钱入私门[6]。以此言之，殆不如[7]也！”帝大笑曰：“桓、灵之世，不闻此言，今朕有直臣，固为胜之[8]。”

毅为司隶，纠绳[9]豪贵，无所顾忌。皇太子鼓吹入东掖门[10]，毅劾奏[11]之。中护军、散骑常侍羊琇[12]，与帝有旧恩，典禁兵[13]、豫机密[14]十余年，恃宠骄侈，数犯法。毅劾奏琇罪当死。帝遣齐王攸[15]私请琇于毅[16]，毅许之。都官从事广平程卫[17]径驰入护军营[18]，收琇属吏[19]，考问阴私[20]，先奏琇所犯狼藉[21]，然后言于毅。帝不得已，免琇官。未几，复使以白衣领职[22]。

琇，景献皇后之从父弟也；后将军王恺[23]，文明皇后之弟也；散骑常侍、侍中石崇[24]，苞之子也。三人皆富于财，竞以奢侈相高[25]。恺以粭澳釜[26]，崇以蜡代薪[27]；恺作紫丝步障[28]四十里，崇作锦步障五十里；崇涂屋以椒[29]，恺用赤石脂[30]。帝每助恺，尝以珊瑚树[31]赐之，高二尺许；恺以示石崇，崇便以铁如意碎之；恺怒，以为疾[32]己之宝。崇曰："不足多恨[33]，今还卿！"乃命左右悉取其家珊瑚树，高三、四尺者六、七株，如恺比者甚众；恺怳然自失[34]。

车骑司马傅咸[35]上书曰："先王之治天下，食肉衣帛，皆有其制[36]。窃谓奢侈之费，甚于天灾。古者人稠[37]地狭，而有储蓄，由于节也。今者土广人稀，而患不足，由于奢也。欲人崇俭，当诘其奢[38]。奢不见诘[39]，转相高尚[40]，无有穷极[41]矣！"

尚书张华，以文学才识，名重一时，论者皆谓华宜为三公。中书监荀勖、侍中冯紞[42]以伐吴之谋深疾[43]之。会帝问华："谁可托后事者？"华对以"明德至亲[44]，莫如齐王[45]。"由是忤旨[46]，勖因而谮之。甲午[47]，以华都督幽州诸军事。华至镇[48]，抚循夷夏[49]，誉望益振，帝复欲征[50]之。

冯紞侍帝，从容语及钟会[51]，紞曰："会之反，颇由太祖[52]。"帝变色曰："卿是何言邪！"紞免冠谢曰："臣闻善御者必知六辔缓急之宜[53]，故孔子以仲由兼人而退之[54]，冉求退弱而进之[55]。汉高祖尊宠五王而夷灭[56]，光武抑损诸将而克终[57]。非上有仁暴之殊，下有愚智之异也，盖抑扬与夺[58]，使之然[59]耳。钟会才智有限，而太祖夸奖无极，居以重势[60]，委以大兵[61]，使会自谓算无遗策，功在不赏[62]，遂构凶逆[63]耳。向令太祖录其小能[64]，节以大礼[65]，抑之以威权[66]，纳之以轨则[67]，则乱心无由生矣。"帝曰："然。"紞稽首曰："陛下既然臣之言，宜思坚冰之渐[68]，勿使如会之徒复致倾覆[69]。"帝曰："当今岂复有如会者邪？"紞因屏左右[70]而言曰："陛下谋画之臣，著大功于天下，据方镇[71]，总戎马[72]者，皆在陛下圣虑矣。"帝默然[73]，由是止[74]，不征华。

（以上为第八段，写晋朝统一后，上下弥漫着一股不正之风，攀比斗富，奢侈成风；小人得势，奸佞当朝；任人以私，张华等有才能、有威望的人被馋毁，得不到重用。）

【注释】

[1]丁丑朔：正月一日。朔，农历每月一日。[2]亲祀南郊：亲自到南郊祭天。[3]喟（kuì）然：形容叹气的样子。刘毅：字仲雄，魏晋名臣。以敢直谏著名。传见《晋书》卷四十五。[4]方：比。[5]桓、灵：指汉桓帝刘志、汉灵帝刘宏。西汉末年两任昏君。[6]入私门：指晋武帝的卖官钱归入了个人腰包。[7]殆（dài）不如：似乎还比不上。殆，似乎，差不多。[8]固为胜之：还是要比桓、灵二帝强一些。[9]纠绳：纠举弹劾，绳之以法。[10]皇太子：指司马衷。鼓吹入东掖门：指带着仪仗队、乐队，直入皇宫的东掖门。按规定，任何臣子到达东掖门，必须下车步行，前导仪仗队不能进去。东掖门，宫殿正门东边的边门。[11]劾奏：弹劾、举报。劾，揭发别人的罪状。[12]羊琇（xiù）：字稚舒，曹魏太常羊耽之子，司马师之妻景献皇后羊徽瑜之堂弟，西晋大臣，此时任中护军，加散骑常侍，典禁兵，参预机密。传见《晋书》卷九十三。[13]典禁兵：主管护卫帝王或皇宫、首都警备任务的军队。典，掌管，主持。[14]豫机密：参与重大事情的谋划和决策。豫，古同“与”，参与。[15]齐王攸：指齐王司马攸，晋文帝司马昭次子。传见《晋书》卷三十八。[16]私请琇于毅：私下向刘毅为羊琇求情。[17]都官从事：官名，司隶校尉的属官，程卫：字长玄，西晋初期大臣。传见《晋书》卷四十五。[18]径驰：骑马径直闯入。护军营：羊琇所统禁兵的兵营。[19]收琇属吏：逮捕了羊琇的下属官吏。[20]考问：指拷打，审问。考，通“拷”。阴私：不被人知的罪恶行径。[21]先奏琇所犯狼藉：先向皇帝奏明羊琇所犯的罪行之多之重。狼藉，纵横散乱的样子，比喻所犯的罪行很多。[22]以白衣领职：指让羊琇以平民的身份代理中护军的职权。白衣，古代未仕者之服，代指平民。[23]王恺（kǎi）：字君夫，晋武帝司马炎生母文明皇后王元姬之弟，晋武帝舅舅，富豪，官至后将军，曾与石崇斗富攀比，以骄奢淫逸闻名于史。传见《晋书》卷三十三。[24]侍中：原本无此二字，据章校加。石崇：字季伦，小名齐奴，西晋官员、富豪，大司马石苞第六子。曾为散骑侍郎、黄门郎，获封安阳乡侯，累官南中郎将、荆州刺史、徐州刺史、卫尉等职。后被诬为乱党，夷三族。传见《晋书》卷三十三。[25]相高：互相比高低。[26]粭（yí）澳釜：用糖浆洗锅。粭，同“饴”，用米或麦制成的糖浆或食品。澳，刷洗。釜，古炊器，类似于现今的锅。[27]以蜡代薪：用蜡烛代替木柴烧火。[28]紫丝步障：为了摆阔气，用紫色丝绸夹道拉起帐子，以挡人观看。步障，用以遮蔽风尘或视线的一种屏幕。[29]涂屋以椒：用花椒粉涂刷墙壁。当时花椒来自西域，价格昂贵。花椒性温和而有芳香，只有皇后之宫才用来涂刷墙壁，因此，皇后居室也称为“椒房”。[30]用赤石脂：意即用“赤石脂”涂墙。赤石脂，是一种颜色鲜艳、质地滑腻的类似胭脂的膏土。[31]珊瑚（shānhú）树：一种形似珊瑚、有观赏性的名贵树种，生于海底，柯枝明润如红玉。[32]疾：通“嫉”，嫉妒。[33]不足多恨：用不着生那么大的气。恨，遗憾，心疼。[34]怳然自失：形容猛然醒悟后，心神不定的样子。怳然，被惊呆、吓傻的样子。自失，好像失去了什么。[35]车骑司马：车骑将军的高级幕僚，主管军中司法。傅咸：字长虞，西晋文学家。司隶校尉傅玄之子。曾任太子洗马、尚书右丞、御史中丞等职。

为官疾恶如仇，直言敢谏。传见《晋书》卷四十七。［36］皆有其制：都有不同的等级规定。据胡注，古时黎民五十岁之后才可吃肉，六十岁以上才可穿丝绸。［37］人稠：人口众多。稠，多而密。［38］当诘其奢：对于奢侈浪费者应予以问罪。诘（jié），谴责，治罪。［39］不见诘：不被整治。见，被。［40］转相高尚：相互竞赛，越奢侈越好。高尚，崇尚，提倡。［41］无有穷极：无休无止，没有尽头，不可收拾。穷极，穷尽，极尽。［42］冯紞（dǎn）：字少胄，西晋初期奸臣。传见《晋书》卷三十九。［43］伐吴之谋：指张华坚持讨伐东吴的主张。疾：通“嫉”，嫉妒，嫉恨。［44］明德至亲：品德高尚，又是至亲。［45］齐王：即司马攸。［46］忤旨：违背了晋武帝司马炎的旨意。忤（wǔ），抵触，不顺从。［47］甲午：正月十八日。［48］至镇：到镇守所在地幽州。［49］抚循：宣抚，安慰。夷夏：胡人与汉人。［50］征：指召其回朝，任以政事。［51］从容语及钟会：随意间谈到钟会，不露诋毁钟会的痕迹。［52］颇由太祖：问题有些是出在太祖司马昭的处置失宜上。颇，有点，有些。太祖，即司马昭。晋武帝司马炎，追尊司马昭为文帝，庙号“太祖”。传见《晋书》卷二。［53］善御者：善于赶车的人。御，驾驭，驭车。六辔缓急之宜：哪根缰绳应当拉紧、哪根缰绳应当略松的松紧之度。辔（pèi），驾驭牲口的缰绳。缓急，放松或拉紧。［54］仲由：字子路，又字季路，“孔门十哲”之一。性情刚直，好勇尚武，曾跟随孔子周游列国，后为卫国大夫孔悝的蒲邑宰，死于卫国内乱。传见《史记》卷六十七。兼人：能力过人，也好压过别人。退之：对之做适当的批评、贬压。［55］冉求：字子有，通称“冉有”，尊称“冉子”，孔门七十二贤人之一，多才多艺，尤擅长理财，曾担任季氏宰臣。在孔子的教导下逐渐向仁德靠拢，其性情也因此逐渐完善。传见《史记》卷六十七。退弱：谦恭怯弱。进之：对其适当加以鼓动。［56］尊宠五王而夷灭：由于对五王恩宠过盛，因而导致他们造反被杀。尊宠，尊崇，宠信。五王，指西汉楚王韩信、梁王彭越、淮南王英布、燕王卢绾、韩王韩信。夷灭，消灭、杀尽。按：此说设喻取譬，五王之灭，并不是刘邦的过分尊崇，而是刘邦欲杀戮功臣。［57］光武：指汉光武帝刘秀。抑损诸将而克终：由于能及早对诸将加以裁抑，故东汉开国诸将反而能够得以善终。刘秀建国后，不让功臣执掌政权，故无造反被杀者。抑损，抑制，削弱。克，能。［58］抑扬与夺：或升或降，或予或夺，指帝王对诸将的不同对待。抑扬，约束与放纵。与夺，重用与裁抑。［59］使之然：造成了他们日后的这种结局。［60］居以重势：使他掌握了过重的权势。［61］委以大兵：交付给他庞大的军队。［62］功在不赏：功劳已到了无法再赏赐的程度。［63］遂构凶逆：于是造成谋反。构，构成，造成。凶逆，谋逆，造反。［64］向令：假令当初。录其小能：发挥他的现有能力。录，任用。小能，微小的才能，含有轻蔑的意思。［65］节以大礼：以严格的礼法对之加以控制。节，节制，约束。［66］抑之以威权：用威望和权力来抑制他的欲望。［67］纳之以轨则：把他放置在条条框框的监督之中。轨则，规则，规矩。［68］坚冰之渐：冰冻三尺，非一日之寒。《易·坤卦》曰：“履霜坚冰至。”这里的意思是告诉司马炎要及早提防张华，不能让他权力太大。［69］复致倾覆：再次造成覆灭。倾覆，翻倒，覆灭。［70］屏左右：让左右退下。屏，同“摒”，支开。［71］据方镇：占据一方军镇，指任刺史，都督众军。［72］总戎马：总统一个地区的兵马。总，统领。［73］默然：沉默不语的样子。司马炎居然听信了冯紞冠冕堂皇而又别有用心的话，摧折国家栋梁之材。［74］止：放弃了征用张华的打算。

三月，安北将军严询败慕容涉归于昌黎[1]，斩获万计。

鲁公贾充老病，上遣皇太子省视起居。充自忧谥传[2]，从子模[3]曰："是非久自见，不可掩也！"夏，四月，庚午[4]，充薨，世子黎民早卒[5]，无嗣，妻郭槐[6]欲以充外孙韩谧为世孙[7]，郎中令韩咸、中尉曹轸谏曰[8]："礼无异姓为后之文[9]，今而行之，是使先公[10]受讥于后世而怀愧于地下也。"槐不听。咸等上书，求改立嗣，事寝不报[11]。槐遂表陈之，云充遗意。帝许之，仍[12]诏："自非功如太宰[13]，始封无后者[14]，皆不得以为比。"及太常议谥[15]，博士秦秀曰："充悖礼溺情[16]，以乱大伦[17]。昔鄫养外孙莒公子为后[18]，《春秋》[19]书'莒人灭鄫'[20]。绝父祖之血食[21]，开朝廷之乱原[22]。按《谥法》[23]：'昏乱纪度[24]曰荒'，请谥'荒公'。"帝不从，更谥曰"武[25]"。

闰月，丙子[26]，广陆成侯李胤[27]薨。

齐王攸德望日隆，荀勖、冯紞、杨珧皆恶之。紞言于帝曰："陛下诏诸侯之国[28]，宜从亲者始。亲者莫如齐王，今独留京师，可乎？"勖曰："百僚内外皆归心齐王，陛下万岁后，太子不得立矣。陛下试诏齐王之国，必举朝[29]以为不可，则臣言验矣。"帝以为然。

冬，十二月，甲申[30]，诏曰："古者九命作伯[31]，或入毗朝政[32]，或出御方岳[33]，其揆一也[34]。侍中、司空、齐王攸，佐命立勋[35]，劬劳王室[36]，其以为大司马、都督青州诸军事，侍中如故，仍加崇典礼[37]，主者[38]详按旧制施行。"以汝南王亮为太尉、录尚书事、领太子太傅，光禄大夫山涛为司徒，尚书令卫瓘为司空。

征东大将军王浑上书，以为："攸至亲盛德，侔于周公[39]，宜赞皇朝[40]，与闻政事。今出攸之国[41]，假以都督虚号[42]，而无典戎干方[43]之实，亏友于款笃之义[44]，惧非陛下追述先帝、文明太后待攸之宿意也[45]。若以同姓，宠之太厚，则有吴、楚逆乱之谋[46]，汉之吕、霍、王氏，皆何人也[47]！历观古今，苟事之轻重所在[48]，无不为害，唯当任正道而求忠良耳。

“若以智计猜物[49]，虽亲见疑，至于疏者，庸可保乎[50]！愚以为太子太保缺[51]，宜留攸居之，与汝南王亮、杨珧共干朝事[52]。三人齐位，足相持正，既无偏重相倾[53]之势，又不失亲亲仁覆[54]之恩，计之尽善者也。”

于是，扶风王骏、光禄大夫李憙、中护军羊琇、侍中王济、甄德皆切谏，帝并不从[55]。济使其妻常山公主及德妻长广公主[56]俱入，稽颡[57]涕泣，请帝留攸。帝怒，谓侍中王戎曰：“兄弟至亲，今出齐王，自是朕家事，而甄德、王济连遣妇来生哭人[58]邪！”乃出济为国子祭酒[59]，德为大鸿胪[60]。

羊琇与北军中候成粲[61]谋见杨珧，手刃杀之。珧知之，辞疾不出，讽[62]有司奏琇，左迁太仆[63]，琇愤怨，发病卒。李憙亦以年老逊位[64]，卒于家。憙在朝，姻亲故人[65]，与之分衣共食[66]，而未尝私以王官[67]，人以此称之。

是岁，散骑常侍薛莹卒。或谓吴郡陆喜[68]曰：“莹于吴士当为第一[69]乎？”喜曰：“莹在四五之间[70]，安得为第一！夫以孙皓无道，吴国之士，沈默其体[71]，潜而勿用[72]者，第一也；避尊居卑[73]，禄以代耕[74]者，第二也；侃然体国[75]，执正[76]不惧者，第三也；斟酌时宜[77]，时献微益[78]者，第四也；温恭修慎[79]，不为谄首[80]者，第五也。过此以往，不足复数。故彼上士多沦没而远悔吝[81]，中士有声位而近祸殃[82]。观莹之处身本末[83]，又安得为第一乎！”

（以上为第九段，写晋武帝司马炎对奸猾狡诈的贾充百般袒护，违背礼制，同意外孙韩谧继承爵位，美谥其“武”；听信奸言，将治国之才齐王司马攸逐出朝廷。）

【注释】

[1]严询：晋朝将领，历任安北将军、司隶校尉、雍州刺史。征讨鲜卑慕容涉归，在昌黎大败之，杀伤数万人。昌黎：郡名，郡治昌黎县，在今辽宁义县。 [2]自忧谥传：指贾充担心在他死后，人们给他的“谥”号和写的传记揭露他的丑事。因为他的罪孽太多，光是杀害魏帝曹髦一事，就要被加上恶谥，再加上他一贯的奸邪行径，更无法逃过良史的诛伐。 [3]从子模：即贾模，字思范，贾充族子，贾南风族兄，西晋大臣。由于贾后淫虐日甚，他数为陈祸福，贾后不纳忠言，而

渐疏远。他不得志，忧愤而终。传见《晋书》卷四十。［4］庚午：四月二十五日。［5］世子黎民早卒：贾充的长子贾黎民早死。黎民生母郭槐生性妒忌，见贾充逗弄正被乳母抱在怀中的黎民，以为贾充与乳母有私情，便将乳母鞭杀，结果黎民因思念乳母而死，年仅三岁。［6］郭槐：字媛韶，魏晋大臣贾充的继室妻子，是历史上有名的悍妇，生二子二女。二子早夭。长女贾南风，是晋惠帝司马衷之妻，干预晋朝国政，直接导致了八王之乱。次女贾午，嫁给齐王司马攸。传见《晋书》卷四十。［7］韩谧：贾充幼女贾午与女婿韩寿的儿子。世孙：继承祖父的嫡孙，即合法继承人。［8］郎中令：贾充鲁国公府的属官，主管戍卫府第。按晋制，诸王及诸郡公设有郎中令、中尉、大农三卿。韩咸：贾充公府郎中令。曹轸（zhěn）：贾充公府中尉。［9］礼：礼法。文：条文，规定。［10］先公：指贾充。［11］事寝不报：上书被压下，没有回音，意即皇帝默许贾充妻郭槐的想法。寝，停止，平息。［12］仍：犹“乃”，于是。［13］太宰：指贾充。［14］始封无后者：因功获得封爵而绝嗣，无后人继承的人。始封，自己获得封爵，以别于后人继承。［15］太常：官名，主管朝廷礼仪与祭祀。议谥：古代帝王或大臣死后，礼官评议其生平事迹，拟具上谥或赐谥的名号，请旨定夺。［16］悖（bèi）礼溺（nì）情：违背礼教，沉溺私情。此处故意未提其杀魏帝曹髦之事。［17］以乱大伦：指以异姓为嗣。大伦，伦常大道，指古代所规定的关于君臣、父子关系的行为准则。［18］鄫（zēng）养外孙莒公子为后：春秋时鄫国诸侯无子，以其外孙莒国诸侯之子为其继承人。鄫，古诸侯国名，源自夏代少康次子曲烈，因始封地名为“鄫”而得国名，历经夏、商、周三代，相袭近两千年，一直到春秋时代，鲁襄公六年（前567）才被莒国所灭。故城在今山东枣庄市峄城区东。莒公子，莒国诸侯之子。莒国都城在今山东莒县。［19］《春秋》：孔子所著儒家典籍“六经”之一。［20］书“莒人灭鄫”：语见《左传·襄公六年》：“襄六年，莒人灭鄫。”《公羊传》释曰：“取后于莒也。莒女有为鄫夫人者，立其出也。”《谷梁传》释曰：“莒人灭鄫，非灭也，立异姓以莅祭祀，灭亡之道也。”意即并不是鄫被莒所吞并，而是因鄫国国君把女儿的儿子作为后裔，鄫国的血统已经变了。［21］血食：指祭祀。［22］原：古同“源”，源头。［23］《谥法》：古代帝王、诸侯、卿大夫、大臣等人死后，朝廷根据他们生前事迹和品德，评定一个称号以示表彰或批判的规则与规范的典籍。［24］昏乱纪度：即破坏纲纪、法度。昏乱，犹言“惑乱”，扰乱，破坏。［25］武：《谥法》有克定祸乱曰“武”，晋武帝司马炎用为贾充谥号的依据，是肯定其刺杀魏帝曹髦的做法。［26］闰月，丙子：闰四月一日。［27］广陆成侯李胤（yìn）：李胤被封为广陆侯，成字是其死后的谥。李胤，字宣伯，魏晋大臣，官至司徒。传见《晋书》卷四十四。［28］之国：离开朝廷，到自己的封地上去。［29］举朝：全朝上下。［30］甲申：十二月十三日。［31］九命作伯：被九次加封而成的“方伯”。《周礼》曰：“一命受职，再命受服，三命受位，四命受器，五命赐则，六命赐官，七命赐国，八命作牧，九命作伯。”伯，为一方诸侯之长。［32］入毗（pí）朝政：在朝辅佐帝王执政。毗，通“弼”，辅助，从旁协助。［33］出御方岳：外出任一方诸侯之长。御，治理，出任。方岳，四方之山岳，代指一方诸侯之长。［34］其揆（kuí）一也：其规制都是一样的。揆，准则，原则。［35］佐命立勋：为协助司马炎治国立下丰功伟绩。佐命，辅助帝王创业。［36］劬劳王室：为司马家族的政权费尽辛劳。劬（qú），过分劳苦，勤劳。［37］仍：这里是“并”“再”的意思。加崇：增加，提高。典礼：指隆重举行的仪式，予以欢送司马攸离开朝廷。［38］主者：主管安排这次具体工作的人。［39］侔于周公：可以和周初的周公姬旦的德业相比。侔（móu），相当，相比。［40］宜赞皇朝：应该辅佐皇帝。赞，辅佐。［41］之国：到封国去。之，到，往。［42］假：借，虚封。都督虚号：因当时已解除各地的驻军，都督一职仅有虚名。［43］典戎干方：统率大军，为一方之骨干。典戎，领兵，交与军权。干方，主管一方政事。［44］亏友于款笃（dǔ）之义：指兄弟间的忠诚友爱之情受到亏损。友于，即指兄弟。因《尚书·君陈》中有“孝友于兄弟”之文，后人遂取前二字以代后二字之义。款笃，深情厚爱。［45］“惧非”句：我担忧这并不是皇上追随、遵循先帝与文明太后对待司马攸的一贯心意。惧，担心，害怕。追述，追随，遵循。先帝，指司马昭。文明太后，指司马炎与司马攸的生母王元姬。宿意，旧有的一贯的意愿。［46］吴、楚逆乱之谋：指西汉吴王刘濞、楚王刘戊等发动的“七国之乱”。［47］“汉之吕、霍”二句：看一看汉代吕后、霍光、王莽都是些什么人啊？吕，指诸吕。霍，即霍禹。王氏，即王莽。皆何人也，都是些什么人！意即吕氏、霍氏、王氏都是以外戚操纵政权构成祸乱。王浑之意是说司马攸不应被怀疑，而贾充、“三杨”（杨骏、杨珧、杨济）等干政外戚不应相信。［48］苟事之轻重所在：假如掌握的权势过重。轻重，偏义复词，单指“重”之义。［49］以智计猜物：凭小聪明猜忌人。猜物，犹言“猜人”。［50］庸可保乎：难道就能保证不出问题吗？庸，岂，难道。［51］太子太保缺：太子太保的位子现在还空着。太子太保，辅佐太子的大臣，与太子太师、太子太傅都是东宫官职，均负责教习太子，统称为“三师”。［52］共干朝事：共同主持朝廷大事。［53］偏重相倾：指权力争夺，相互排斥，形成专权的局势。［54］亲亲仁覆：亲近者相亲，仁义覆盖天下。［55］“扶风王骏”二句：句意谓扶风王司马骏、光禄大夫李憙、中护军羊琇、侍中王济和甄德都直言劝谏晋武帝留下司马攸，晋武帝一概不听。李憙（xǐ），字季和，入晋，官至光禄大夫、特进。传见《晋书》卷四十一。甄德，字彦孙，魏晋大臣，晋武帝司马炎的姐夫，仕魏任镇军大将军，入晋历任宗正、侍中、大鸿胪。因请求留下司马攸辅政，不果，气郁病死。切谏，恳切地劝阻。［56］常山公主、长广公主：均为司马昭的女儿，司马炎的姐姐。常山公主嫁给王济。长广公主嫁给郭后的堂弟甄德。两公主应丈夫的要求，多次入宫泣请晋武帝留下齐王司马攸，因此激怒了晋武帝，王济、甄德从近臣迁到外朝为官。［57］稽颡：古代的一种礼节，屈膝下跪，双手朝前，以额触地，表示极度的虔诚。后世称为“五体投地”。颡，额头。［58］生哭人：哭活人，人还没死就来哭丧。［59］出：逐出宫廷，即免去其“侍中”之职。国子祭酒：官名，国子监（太学）的长官。［60］大鸿胪：九卿之一，管理宾客、朝仪等事务。［61］北军中候：禁卫军的长官，监领屯骑、越骑、步兵、长水、射声校尉所统的北军五营。成粲：字伯阳，西晋官员，为侍中，任北军中候，曾与羊琇密谋杀杨珧。杨珧知道他们的意图，推辞有病不出来相见。成粲后转任太常。［62］讽：暗示。［63］太仆：为九卿之一，掌皇帝的舆马和马政。［64］逊（xùn）位：退职。逊，辞让，退让。［65］姻亲故人：亲戚、朋友。姻亲，指因婚姻关系而产生的亲属。故人，过去的朋友。［66］分衣共食：指分穿衣服，一起吃饭，非常要好。［67］未尝私以王官：从不出于私心地任以官职。王官，即任为王官，任命官职。［68］陆喜：字恭仲，一作文仲，东吴、晋间散文家。孙皓时累迁至选曹尚书，入晋为散骑常侍。［69］第一：指九品中的上上等。［70］四五之间：第四等或是第五等，即中上或是中中。［71］沈默其体：沉默不言，隐居起来。沈，通“沉”。［72］潜而勿用：隐姓埋名，不为世所用。潜，潜伏，深藏。［73］避尊居卑：避开高位，居于低位。［74］禄以代耕：意即只求能维持生活。［75］侃然体国：直抒己见，一切以国家利益为重。侃然，刚直的样子。体国，体念国家。［76］执正：坚持正确意见。［77］斟酌时宜：考虑时势所宜。斟酌，犹思忖，思量。［78］时献微益：不时地进献一些有益的意见。［79］温恭修慎：温和恭敬，谨慎小心。［80］不为谄首：不带头做谄媚的事。［81］上士：上等贤才。多沦没：大多湮没无闻。远悔吝：指不居官，远离一切荣辱悔恨。吝，耻辱。［82］声位：声誉，名位。祸殃：祸害，灾祸。［83］处身本末：一生行事。

四年（癸卯，283年）

春，正月，甲申[1]，以尚书右仆射魏舒[2]为左仆射，下邳王晃[3]为右仆射。晃，孚之子也。

戊午[4]，新沓康伯山涛[5]薨。

帝命太常议崇锡齐王之物[6]。博士庾旉、太叔广、刘暾、缪蔚、郭颐、秦秀、傅珍上表曰：“昔周选建明德以左右[7]王室，周公、康叔、聃季[8]，皆入为三公[9]，明股肱之任重[10]，守地之位轻[11]也。汉诸侯王，位在丞相、三公上，其入赞朝政[12]者，乃有兼官[13]，其出之国[14]，亦不复假台司虚名为隆宠也[15]。今使齐王贤邪[16]，则不宜以母弟之亲尊居鲁、卫之常职[17]；不贤邪，不宜大启土宇[18]，表建东海[19]也。古礼，三公无职[20]，坐而论道[21]，不闻以方任婴之[22]。惟宣王救急朝夕[23]，然后命召穆公[24]征淮夷[25]，故其《诗》曰：‘徐方不回，王曰旋归[26]。’宰相不得久在外也。今天下已定，六合为家，将数延三事[27]，与论太平之基[28]，而更出之[29]，去王城二千里[30]，违旧章矣。”旉，纯[31]之子；暾，毅之子也。旉既具草，先以呈纯，纯不禁[32]。

事过太常郑默[33]、博士祭酒曹志[34]，志怆然[35]叹曰：“安有如此之才，如此之亲，不得树本助化[36]，而远出海隅[37]！晋室之隆[38]，其殆矣乎[39]！”乃奏议曰：“古之夹辅王室[40]，同姓则周公，异姓则太公[41]，皆身居朝廷，五世反葬[42]。及其衰也，虽有五霸代兴[43]，岂与周、召之治同日而论[44]哉！自羲皇[45]以来，岂一姓所能独有[46]！当推至公之心，与天下共其利害，乃能享国久长。是以秦、魏欲独擅其权而才得没身[47]，周、汉能分其利而亲疏为用[48]，此前事之明验也。志以为当如博士等议。”帝览之，大怒曰：“曹志尚不明吾心[49]，况四海乎[50]！”且谓：“博士不答所问而答所不问[51]，横造异论[52]。”下有司[53]，策免[54]郑默。于是，尚书朱整、褚䂮[55]奏：“志等侵官离局[56]，迷罔[57]朝廷，崇饰恶言[58]，假托无讳[59]，请收志等付廷尉科罪[60]。”诏免志官，以公还第[61]，其余皆付廷尉科罪。

庾纯诣廷尉自首：“旉以议草见示[62]，愚浅听之[63]。”诏免纯罪。廷尉刘颂奏旉等大不敬[64]，当弃市[65]。尚书奏请报听廷尉行刑[66]。尚书夏侯骏[67]曰：“官立八座[68]，正为此时[69]。”乃独为驳议[70]。左仆射下邳王晃[71]亦从骏议。奏留中七日[72]，乃诏曰：“旉是议主[73]，应为戮首[74]；但旉家人自首[75]，宜并广等七人皆丐其死命[76]，并除名[77]。”

（以上为第十段，写晋武帝司马炎铁了心要齐王司马攸回到封地，博士庾旉等毅然上书谏说，触怒了皇上，惹下塌天大祸，有关人员被免官、去职，还差点丢了性命。）

【注释】

[1]正月，甲申：正月辛丑朔，无甲申日，此处记载有误。[2]魏舒：字阳元，魏晋名臣。传见《晋书》卷四十一。[3]下邳王晃：即司马晃，字子明，安平献王司马孚第五子。西晋建立，受封下邳王。传见《晋书》卷三十七。[4]戊午：正月十八日。[5]新沓康伯山涛：新沓伯是山涛的封号，康字是谥号。新沓，县名。治所在今山东淄博市南。[6]崇锡齐王之物：表示要尊崇齐王司马攸，赏赐给他什么东西。崇锡，尊崇，赏赐。锡，通“赐”。物，指仪仗、礼器等。[7]左右：犹言“辅佐”。[8]周公、康叔、聃季：都是周武王的弟弟。[9]皆入为三公：《左传·定公四年》卫太祝子鱼曰：“武王之母弟八人，周公为太宰，康叔为司寇，聃季为司空。”[10]股肱之任重：比喻在帝王身边担任辅佐的重臣。股肱（gōng），大腿和胳膊，古代用以比喻左右得力的帮手。[11]守地之位轻：指在一方任为固守土地的方面大员，即州牧方伯等，是次一

等的大臣。［12］入赞朝政：在朝廷辅佐皇帝执政。赞，助，辅佐。［13］乃有兼官：必须有兼任封地之官。乃有，必须有，要有。［14］出之国：离朝返回封国。［15］“亦不复”句：指已在朝廷任过辅佐高位的朝官回到地方任职高官的人，不再拥有加官的虚名，表示皇帝的厚爱。假台司虚名，以朝廷台司之官的虚名加给外任之官。如给州牧加官太尉、司空等等。隆宠，指皇帝的厚爱。［16］使齐王贤邪：如果齐王的确是贤才。使，假使，假如。邪，同“耶”，疑问语气词。［17］母弟之亲尊：同父同母的兄弟，亲近敬重。居鲁、卫之常职：指如鲁公伯禽、卫康叔那样去鲁、卫封国为侯，不管朝廷事务。［18］大启土宇：指封给他大片的疆土。启，开设。［19］表建东海：建国于东海之地。［20］三公无职：三公不担任具体某一方面职务。［21］坐而论道：坐在君主身旁，研讨治国大略。［22］以方任婴之：把某一局部地区的责任加到他头上。方任，地方之任，封国之管理。婴，绕，围绕，引申为劳烦，拖累。［23］宣王：即周宣王姬静，西周第十一代君主，公元前828年至公元前783年在位。周宣王在政治上任用召穆公、方叔等贤臣辅佐；军事上借助诸侯之力，任用南仲、召穆公等，史称“宣王中兴”。救急朝夕：临时解决突然发生的问题。［24］召穆公：即姬召虎，位三公，谥号“穆”，故称召穆公。西周政治家、军事家。是宣王中兴的中流砥柱，被后世作为重臣名将的代表。［25］淮夷：商周时期生活在我国东部的黄淮、江淮一带的古部族。［26］《诗》曰：引诗见《诗经·常武》，赞美周宣王率兵亲征徐国，平定淮夷叛乱，取得重大的胜利。徐方不回，王曰旋归：意思是，徐方的夷人已经不再邪恶、叛乱，宣王就让召穆公赶紧回朝了。徐方，古地区名，指今安徽、江苏的淮河流域，故当时这一带的夷族也称“徐夷”。［27］数延三事：多次地召请三公们商讨国家大事。延，延请，召请。三事，即三公，代指齐王司马攸。［28］太平之基：能够致天下太平是根本、基础。［29］而更出之：反而将齐王司马攸逐出朝廷。［30］去王城二千里：《郡国志》曰：“齐国在洛阳东千八百里。”［31］纯：博士庾旉之父庾纯，字谋甫，博学有才义，为世儒宗。传见《晋书》卷五十。［32］不禁：不反对，默许。［33］事过太常郑默：当表章传到太常郑默的手中。郑默，字思元，魏晋大臣。传见《晋书》卷四十四。［34］博士祭酒：诸博士中的领头人物，为博士之长，首席博士。曹志：字允恭，魏晋大臣，陈思王曹植庶次子，袭封济北王。入晋，出任乐平太守，时为国子祭酒，后为散骑常侍。传见《晋书》卷五十。［35］怆（chuàng）然：悲伤的样子。［36］树本助化：巩固国家根基，辅助帝王推广教化。［37］海隅（yú）：海角，指齐国疆土。隅，角落。［38］隆：兴盛。［39］其殆矣乎：将要危险了，差不多完了。殆，危险。［40］夹辅王室：辅佐朝廷。夹辅，从旁辅佐。［41］同姓则周公，异姓则太公：指辅佐周武王的大臣，同姓有周公姬旦，异姓有太公姜尚。意谓无论同姓、异姓，凡贤才朝廷应兼收并蓄。［42］反葬：据《礼记·檀弓》：“太公封于营丘，比及五世，皆反葬于周。”［43］五霸代兴：指齐桓公、晋文公、秦穆公、宋襄公、楚庄王等春秋五霸，都以“尊王”为口号，一个接一个地勃然兴起。［44］岂与周、召之治同日而论：五霸代兴以尊周室，不可与周公、召公夹辅之治而同日而论。［45］羲皇：即伏羲氏，传说中的“三皇”之一。［46］岂一姓所能独有：即通常所说的“天子轮流做”。［47］“是以秦、魏”句：因秦、魏独揽国政，所以才灭亡。秦、魏，指秦王朝和曹魏王朝。独擅其权，独自掌握国政，实行独裁。才得没身，指创业者一死，天下立即大乱国亡。秦始皇死后，明显如此。曹丕死后，魏国虽未立即就乱，但政权已开始转入司马氏手中。［48］亲疏为用：亲近的和疏远的人才都肯为朝廷效力。［49］曹志尚不明吾心：司马炎的意思是，曹志身为曹植之子，而不能明白我今天所担心的是什么吗？曹植与魏文帝曹丕是亲兄弟，想想当年曹丕之所以那么严厉地对待曹植，究竟是为了什么？而我和司马攸也是如此。［50］况四海乎：更何况是天下其他的人呢？［51］不答所问而答所不问：没有回答我所问的问题，即应"崇锡"齐王司马攸什么礼物，而所回答的，则是齐王司马攸当出与不当出的问题。［52］横造异论：凭空无故地制造不同的议论。横造，指任意捏造。［53］下有司：交给有关主管部门议处。［54］策免：下令免去。策，诏策，策令。［55］朱整：西晋大臣。官至尚书右仆射，封广兴侯。褚䂮（qì）：字武良，颍川褚氏后裔，西晋官员。曾任尚书、安东将军。［56］侵官：脱离本职，侵犯他人的职守。离局：离开职守，不务正业，越位侵权。［57］迷罔：迷惑，欺罔。罔，无中生有。［58］崇饰恶言：尊崇粉饰荒谬的言论。［59］假托无讳：假借直言而无所忌讳。［60］科罪：论罪，治罪。［61］以公还第：以公爵的身份回家赋闲。曹志在魏，袭其父爵为甄城王，入晋后降为甄城公。［62］议草：奏章的草稿。见示：给我过目。［63］愚浅听之：由于我的愚蠢浅陋，就听任他们上奏了。［64］大不敬：古代十恶罪之六，指蔑视、侵犯帝王的尊严或人身安全的言行。［65］弃市：在人众集聚的闹市，对犯人执行死刑，以示为大众所弃的刑罚。［66］尚书奏请报听廷尉行刑：尚书上奏请求将定了死罪的人交付廷尉执行死刑的命令。［67］夏侯骏：字长容，夏侯渊之孙，与汝南王司马亮、司徒魏舒为姻亲。历任豫州大中正、尚书、少府、安西将军、并州刺史。［68］八座：指尚书令、尚书仆射及下属的六曹尚书。［69］正为此时：就是为了要讨论这些有争议的问题。［70］驳议：异议，驳斥刘颂的议论。［71］下邳王晃：即司马晃，司马懿之侄，司马炎之堂叔，被封为下邳王。［72］留中七日：在皇宫中被压了七天。［73］旉是议主：庾旉是奏议的主要人物，是发起者。［74］应为戮首：按理应该第一个被杀。［75］旉家人自首：指庾旉之父庾纯出面自首。［76］并广等七人：指与庾旉一起上书的太叔广、刘暾、缪蔚、郭颐、秦秀、傅珍等共七人。丐其死命：免其死罪，让其苟活。丐，犹言免去，宽免。［77］除名：是古代对官吏犯罪的一种处罚方法，即把姓名从名册上除掉，开除官籍，取消原有资格。

二月，诏以济南郡益齐国[1]。己丑[2]，立齐王攸子长乐亭侯寔为北海王[3]。命攸备物典策[4]，设轩县之乐[5]，六佾之舞[6]，黄钺朝车[7]，乘舆之副从焉[8]。

三月，辛丑朔[9]，日有食之。

齐献王[10]攸愤怨发病，乞守先后陵[11]。帝不许，遣御医诊视，诸医希旨[12]，皆言无疾。河南尹向雄谏曰[13]："陛下子弟虽多，然有德望者少；齐王卧居京邑，所益实深，不可不思也。"帝不纳，雄愤恚[14]而卒。攸疾转笃[15]，帝犹催上道[16]。攸自强[17]入辞，素持容仪[18]，疾虽困[19]，尚自整厉[20]，举止如常，帝益疑其无疾。辞出数日，欧血[21]而薨。帝往临丧，攸子冏号踊[22]，诉父病为医所诬[23]。诏即诛医，以冏为嗣[24]。

初，帝爱攸甚笃[25]，为荀勖、冯紞等所构[26]，欲为身后之虑[27]，故出之。及薨，帝哀恸[28]不已。冯紞侍侧，曰："齐王名过其实，天下归之，今自薨殒[29]，社稷之福也，陛下何哀之过！"帝收泪而止。诏攸丧礼依安平献王故事[30]。

攸举动以礼[31]，鲜有过事[32]，虽帝亦敬惮[33]之。每引之同处，必择言而后发[34]。

夏，五月，己亥[35]，琅邪武王伷[36]薨。

冬，十一月，以尚书左仆射魏舒为司徒。

河南及荆、扬等六州大水。

归命侯孙皓卒[37]。

是岁，鲜卑慕容涉归卒。弟删篡立[38]，将杀涉归子廆[39]，廆亡匿于辽东徐郁[40]家。

（以上为第十一段，写齐王司马攸被逐出晋都，怨恨而死，晋朝失去一位栋梁之臣；武帝司马炎表面上非常伤心，但仍听信奸佞之言；御医揣摩圣意，称其无病，成了间接刽子手，也当了替死鬼。）

【注释】

[1]以济南郡益齐国：将济南郡割给齐国，以扩大其领地。济南郡，郡治历城，在今山东济南市。[2]己丑：二月十九日。[3]寔：即司马寔，字景深，齐献王司马攸的儿子。初为长乐亭侯，改封北海王。北海王：封地北海郡，郡治平寿，在今山东潍坊市西南。[4]备物：可以备办皇家所有的器物，指仪仗、礼器等。典策：可以保存朝廷的典章书籍。[5]轩县之乐：即诸侯的音乐。天子用的音乐称为"宫悬"，四面悬挂；诸侯王用的乐器称"轩悬"，三面悬挂。县，通"悬"。[6]六佾（yì）之舞：指诸侯使用的舞蹈队。佾舞是乐舞的行列，纵横都是六人，称"六佾"，封国国君专用。《左传·隐公五年》："天子用八，诸侯用六，大夫四，士二。"[7]黄钺（yuè）：黄色

大斧，象征有生杀之权。朝车：朝见时用的车。［8］乘舆之副从焉：指司马炎把自己的副车也给了齐王司马攸。［9］辛丑朔：此处记载有误，太康四年（283）的五月为辛丑朔，三月应作“庚子朔”。朔，农历每月一日。辛丑是三月二日。［10］齐献王：司马攸封为齐王，死后谥号为“献”，故称之。［11］乞守先后陵：上书请求为死去的母亲守陵，意即不愿去齐国为王。先后，指文明皇后王元姬，司马炎与司马攸的生母。［12］希旨：揣摩、迎合司马炎的旨意。希，揣摩。旨，意旨。［13］河南尹：即河南郡郡守。向雄：字茂伯，晋太康初年为河南尹，赐爵关内侯。后为齐王司马攸归藩事，固谏忤旨，起而径出。愤恚死去。传见《晋书》卷四十八。［14］愤恚：痛恨，怨恨。恚，怨恨，愤怒。［15］疾转笃：病得更加厉害。笃，形容病势沉重。［16］催上道：催促司马攸动身去齐国。［17］自强：勉强打起精神。［18］素持容仪：一向注意自己的仪表，即尽量不露病态。容仪，即仪容，包括装饰、容貌。［19］困：困顿，危急。［20］尚自整厉：还表现得很有精神、很有风度。整厉，整齐，振作。［21］欧血：即呕血，吐血。欧，通“呕”。［22］冏（jiǒng）：即司马冏，字景治，齐献王司马攸次子，袭爵齐王，“八王之乱”参与者之一。传见《晋书》卷五十九。号踊：顿足号哭。［23］为医所诬：因医生不说实话，故病重致死。诬，指不说实话。［24］为嗣（sì）：为继承人。［25］甚笃：形容两个人关系十分深厚。甚，非常，很。笃，深厚的意思。［26］构：挑拨，编造。［27］身后之虑：指担心自己死后太子的帝位被夺去。［28］哀恸：极为悲痛，悲哀到了极点。恸，极其悲痛。［29］薨殁：死亡。薨，古代称诸侯或高官等的死。殁，死。［30］依安平献王故事：按照安平献王司马孚去世时的规格安排葬礼。［31］举动以礼：一举一动都符合礼节规定。［32］鲜有过事：很少有过失。鲜，少。［33］敬惮（dàn）：敬畏，害怕。［34］必择言而后发：怕在其弟司马攸面前暴露短处。［35］己亥：五月一日。［36］琅邪武王伷（zhòu）：即司马伷，司马懿之子，被封为琅邪王，去世后谥号为“武”，故称之。［37］孙皓卒：孙皓时年四十二岁。［38］删：即慕容删，或称慕容耐，慕容部鲜卑酋长慕容涉归之弟。趁其兄死之际，成功夺取政权，并企图追杀其兄长遗子慕容廆，未果。后遭其属下诛杀。篡立：篡位代立。［39］廆（guī）：即慕容廆，字若洛廆，慕容涉归之子，前燕政权建立者慕容皝之父，他迁都大棘城，自称鲜卑大单于，效忠于晋朝，拜为散骑常侍、车骑将军等，封辽东郡公。传见《魏书》卷九十五。［40］亡匿（nì）：逃亡，躲藏。徐郁：辽东人。

五年（甲辰，284年）

春，正月，己亥[1]，有青龙[2]二，见武库井中。帝观之，有喜色。百官将贺，尚书左仆射刘毅表曰：“昔龙降夏庭，卒为周祸[3]，《易》称‘潜龙勿用，阳在下也[4]。’寻案[5]旧典，无贺龙之礼。”帝从之。

初，陈群以吏部不能审核[6]天下之士，故令郡国各置中正[7]，州置大中正[8]，皆取本土之人任朝廷官，德充才盛[9]者为之，使铨次等级以为九品[10]，有言行修著[11]则升之，道义亏缺则降之，吏部凭之[12]以补授百官。行之浸久[13]，中正或非其人[14]，奸敝日滋[15]。

刘毅上疏曰："今立中正，定九品，高下任意[16]，荣辱在手[17]，操人主之威福[18]，夺天朝之权势[19]，公无考校之负[20]，私无告讦之忌[21]，用心百态，营求万端[22]，廉让之风灭，争讼[23]之俗成，臣窃为圣朝耻之！盖中正之设，于损政之道[24]有八：高下逐强弱[25]，是非随兴衰[26]，一人之身，旬日异状[27]，上品无寒门[28]，下品无势族[29]，一也。置州都[30]者，本取州里清议咸所归服[31]，将以镇异同[32]，一言议[33]也。今重其任而轻其人[34]，使驳违之论横于州里[35]，嫌仇之隙结于大臣[36]，二也。本立格之体[37]，为九品者，谓才德有优劣，伦辈有首尾[38]也。今乃使优劣易地[39]，首尾倒错[40]，三也。陛下赏善罚恶，无不裁之以法，独置中正，委以一国之重[41]，曾无赏罚之防[42]，又禁人不得诉讼[43]，使之纵横任意，无所顾惮，诸受枉[44]者，抱怨积直[45]，不获上闻[46]，四也。一国[47]之士，多者千数，或流徙异邦[48]，或取给殊方[49]，面犹不识，况尽其才[50]！而中正知与不知，皆当品状[51]，采誉于台府[52]，纳毁于流言[53]，任己则有不识之蔽[54]，听受则有彼此之偏[55]，五也。凡求人才，欲以治民也，今当官著效者或附卑品[56]，在官无绩者更获高叙[57]，是为抑功实而隆空名[58]，长浮华而废考绩[59]，六也。凡官不同人[60]，事不同能[61]。今不状其才之所宜[62]，而但第为九品[63]，以品取人，或非才能之所长，以状取人[64]，则为本品之所限[65]，徒结白论[66]，而品状相妨[67]，七也。九品所下不彰其罪[68]，所上不列其善[69]，各任爱憎[70]，以植其私[71]，天下之人焉得不懈德行而锐人事[72]，八也。由此论之，职名中正，实为奸府[73]；事名九品，而有八损；古今之失，莫大于此！愚臣以为宜罢中正，除九品，弃魏氏之敝法[74]，更立一代之美制[75]。"

太尉汝南王亮、司空卫瓘亦上疏曰："魏氏承丧乱之后，人士流移，考详无地[76]，故立九品之制，粗且为一时选用之本[77]耳。今九域同规[78]，大化方始[79]，臣等以为宜皆荡除末法[80]，咸用土断[81]，自公卿以下，以所居为正[82]，无复县客[83]，远属异土[84]，尽除中正九品之制，使举善进才，各由乡论[85]，则华竞[86]自息，各求于己[87]矣。”

始平王[88]文学江夏李重[89]上疏，以为：“九品既除，宜先开移徙[90]，听相并就[91]，则土断之实[92]行矣。”帝虽善其言，而终不能改也。

冬，十二月，庚午[93]，大赦。

闰月[94]，当阳成侯杜预[95]卒。

是岁，塞外匈奴胡太阿厚[96]帅部落二万九千三百人来降，帝处之塞内西河[97]。

罢宁州入益州[98]，置南夷校尉[99]以护之。

（以上是第十二段，写群臣研究魏国以来实行九品中正制的选人用人制度，随着时代的发展，渐渐产生了一些弊端，建议废除；晋武帝司马炎对这些建议非常赞赏，但没有推行。）

【注释】

[1]己亥：正月四日。 [2]青龙：中国古代神话中的天之四灵（青龙、白虎、朱雀、玄武）之一。 [3]龙降夏庭，卒为周祸：夏末，有一龙降于夏庭，夏人收其口水封而藏之，至西周厉王时，打开装着龙的口水的罐子观看，洒到宫廷中，一宫女践之而怀孕，后生一女，即褒姒，周幽王宠之，招致西周灭亡。事见《国语》及《史记》卷四。 [4]潜龙勿用，阳在下也：龙在潜伏时期还不能发挥作用，是无用之龙，是阳气受压的表现。语见《周易·乾卦》。潜龙，潜于水底的龙。阳，阳气。 [5]寻案：寻找，考查。 [6]陈群：字长文，曹魏重臣，选官制度“九品中正制”和曹魏律法《魏律》的主要创始人。传见《三国志》卷二十二。审核：审查、评定。 [7]中正：各郡国的官名，掌管评定士人的等级，供政府选用。 [8]大中正：州里的官名，由司徒选择现任朝官中有才德的各州人士，兼任本州的大中正，以品评其本州人才，供国家选用。 [9]德充才盛：德才兼备。德充，德高。充，充裕，充足。才盛，才能杰出。 [10]铨次等级：审查并排列出等级次序。铨（quán）次，选拔，编排。九品：把人物分成九等，即上上、上中、上下、中上、中中、中下、下上、下中、下下。 [11]言行修著：言论、行为卓越、显著。 [12]凭之：根据中正的评定。[13]浸久：时间长了。魏“九品中正”制自魏文帝黄初元年（220）至此时太康五年（284），已实行了六十四年。 [14]或非其人：有的不是称职的人选。 [15]奸敝日滋：弊病越来越严重。奸敝，诡诈舞弊，欺诈蒙骗。敝，通“弊”，弊端，弊病。 [16]高下任意：随着自己的心意来决定品级的高与低。 [17]荣辱在手：别人的荣耀与屈辱都掌握在他们的手中。 [18]操人主之威福：用皇帝给予他们的权力作威作福。 [19]夺天朝之权势：把本属于朝廷的权势窃取到他们的手里。[20]公无考校之负：国家没有人检查他们评议中的问题。负，错误，失误。 [21]私无告讦之忌：

对于私人，也没有揭发举报的顾忌。告讦（jié），指责人过失，告发。忌，顾忌，忧虑。［22］营求万端：指在评定人品的过程中，使用什么不正当手段的情况都有。［23］争讼：因争论而诉讼。［24］损政之道：破坏国家政治。［25］高下逐强弱：人品的高低，随着其家族势力的大小而转移。［26］是非随兴衰：谁对谁错，都凭着家族的兴盛与衰弱来评定。［27］旬日异状：十天之内的评价会完全不同。［28］寒门：寒微的门第，指门第势力较低的世家，也叫庶族。［29］势族：有权势的家族。［30］州都：官名，即州里的大中正之官。［31］本取州里清议咸所归服：本来是想找一个本州众望所归的人。清议，公正的舆论。咸，皆，都。归服，推崇，信服。［32］镇异同：调和、处理不同的意见。［33］一言议：使言论归于统一。一，统一。［34］重其任而轻其人：指看重大中正职任，而忽视了由什么样的人来担任。任此职者，往往多非其人，滥竽充数。［35］驳违之论横于州里：与公众舆论完全相反的评价，在州郡到处都是。驳违，纷杂，乖违。横，纵横杂乱。［36］嫌仇之隙：因互相猜疑而结成的仇恨。结于大臣：在朝廷大臣之间形成。［37］本立格之体：回想当初之所以把人才分为九等。本，追考其原因、目的。［38］伦辈有首尾：次序有先后。［39］优劣易地：优劣的位置颠倒。［40］首尾倒错：排列的次序颠倒。错，通“措”，置。［41］委以一国之重：指把评定全国人才的重任都交给了他们。［42］曾无赏罚之防：竟然没有任何的赏罚条例。曾，竟然，甚至。防，指规章、条例。［43］诉讼：指向执法机关提出控告、申诉，要求评判曲直是非。［44］受枉：受到委屈。［45］积直：许多真心话都藏在肚子里，无法说出来。［46］不获上闻：不被朝廷所了解。［47］一国：指一个诸侯国和与此相当的一个郡。［48］流徙：漂流，迁徙。异邦：异国他乡。［49］取给：指取得物力或人力以供需用。殊方：远方，异域。［50］况尽其才：怎么可能准确地评定其才能的等级。尽，准确，恰当。［51］皆当品状：都得勉强地给他们评出等级、写出评语。［52］采誉于台府：从朝廷大官中听取一些赞美之辞。［53］纳毁于流言：从街谈巷议中听来一些诽谤之语。［54］任己：靠自己拿主意。蔽：通“弊”，弊端。［55］听受：根据别人的说法。则有彼此之偏：就必然带有各自不同的偏见。［56］当官著效：居官任职而又政绩斐然。或附卑品：有的被列在下等。［57］更获高叙：反而被评的等级很高。叙，排列。［58］抑功实：压制了实有的功劳。隆空名：抬高了徒有虚名的华丽不实之辈。隆，隆起，引申为抬升。［59］长浮华：助长了虚浮不实的风气。废考绩：败坏了考核官员政绩的制度。［60］官不同人：不同的管理职能，需要不同类型的管理人才。［61］事不同能：不同的事情要求有不同才能的人来办理。［62］不状其才之所宜：不写明这个人适合做什么。［63］但第为九品：只是把他们列为九等。但，只是。第，排列。［64］以状取人：按实际表现选用人才。［65］为本品之所限：为所评定的品级所局限。［66］徒结白论：由于评级与其人实际才能不符，以实绩用人只是一句空话。白论，空话。［67］品状相妨：所定的品级与其实际才能不一致，互相矛盾。妨，妨碍，矛盾。［68］所下：所定为下品的。不彰其罪：不写明其过错、罪过。［69］所上：所定为上品的。不列其善：不写出其优点、长处。［70］各任爱憎：各自凭着自己的喜爱或憎恨的情感。［71］以植其私：以培植其私党。［72］懈德行：不重视品德修养。懈，松懈，懈怠。锐人事：集中精力到处钻营。锐，锐意，专注。［73］奸府：藏垢纳污的处所。［74］敝法：即弊法，指不合时宜的法度。敝，通“弊”。［75］更立：重新建立。美制：完善、完美的制度。［76］考详无地：无法考查流动人员的来龙去脉。［77］粗且：姑且。粗，大致。且，暂时。为一时选用之本：作为一种暂时的选用人才的依据。［78］九域同规：全国统一制度。九域，九州，代指全国。［79］大化方始：伟大的教化就将普遍施行。［80］荡除：扫荡，清除。末法：谓不能治本的法术，含有轻蔑的意思。［81］咸用土断：一律采用按照人住在哪里，就参加哪个地区考评的方法。土断，指以人员的所在地区为主。［82］以所居为正：居住在哪里，哪里就是正式的籍贯。［83］无复县客：不再有漂泊异地的人。县客，孤悬客居，到处游荡之士。县，通“悬”。［84］远属异土：户籍在遥远之地。［85］各由乡论：都由他们所居住的本乡提出评论。［86］华竞：竞相追逐浮华的风气。［87］各求于己：各自进行自己的品德修养与才能训练。［88］始平王：即司马裕。司马裕，字浚度，晋武帝司马炎第七子，封始平王，同年去世，年仅七岁，谥号哀王。［89］文学：当时诸国亲王的属官，主管以《五经》辅导亲王学习。江夏：郡名，郡治在今湖北武汉市江夏区。李重：字茂曾，西晋官员。为始平王文学，上疏陈述九品之弊。后历任太子舍人、尚书郎、太熙、中书郎、尚书吏部郎等。传见《晋书》卷四十六。［90］先开移徙：先要准备流动迁移。［91］听相并就：允许人们到自己愿去的地方居住。［92］土断之实：土断政策的本质。［93］庚午：十二月十日。［94］闰月：闰十二月。［95］当阳成侯杜预：杜预被封为当阳侯，死后谥号为“成”，故称之。［96］匈奴胡：即匈奴族人。太阿厚：匈奴胡人的首领。［97］塞内西河：长城内的西河郡，郡治在今山西吕梁市离石区。［98］罢宁州入益州：撤销宁州，将其地并入益州。宁州，泰始六年（270）八月，分益州的建宁、云南、兴古，交州的永昌，共四郡改设宁州，治味县，在今云南曲靖市。益州，州治在蜀郡成都，在今四川成都市。［99］南夷校尉：统兵镇南中，设立僚佐，掌管五十八部夷族，级别与刺史同。

六年（乙巳，285 年）

春，正月，尚书左仆射刘毅致仕[1]，寻卒[2]。

戊辰[3]，以王浑为尚书左仆射，浑子济为侍中。浑主者[4]处事不当，济明法绳之[5]。济从兄佑[6]，素与济不协[7]，因毁[8]济不能容其父，帝由是疏济，后坐事免官。济性豪侈，帝谓侍中和峤[9]曰：“我将骂济而后官之，如何？”峤曰：“济俊爽[10]，恐不可屈。”帝召济，切让[11]之，既而曰：“颇知愧不[12]？”济曰：“《尺布》《斗粟》之谣[13]，常为陛下愧之[14]。他人能令亲者疏，臣不能令亲者亲[15]，以此愧陛下耳。”帝默然。峤，洽之孙也。

青、梁、幽、冀州旱。

秋，八月，丙戌朔[16]，日有食之。

冬，十二月，庚子[17]，襄阳武侯王濬卒。

是岁，慕容删为其下所杀，部众复迎涉归子廆[18]而立之。涉归与宇文部[19]素有隙，廆请讨之，朝廷弗许。廆怒，入寇辽西[20]，杀略[21]甚众。帝遣幽州军[22]讨廆，战于肥如[23]，廆众大败。自是每岁犯边，又东击扶余[24]，扶余王依虑[25]自杀，子弟走保沃沮[26]。廆夷其国城，驱万余人而归。

（以上为第十三段，写王浑之子王济非常耿直，宁折不弯，晋武帝司马炎予以批评，他反而抨击司马炎疏远、逼杀亲弟司马攸。司马炎默然，虽然心胸不宽而尚能容人。）

【注释】

[1]致仕：辞官退休。[2]寻卒：不久就去世。[3]戊辰：正月九日。[4]主者：王浑手下的管事人。[5]明法绳之：公开地绳之以法。[6]从兄：堂兄。佑：即王佑，太原晋阳人，以才智称，为杨骏心腹，任散骑常侍，出为河南尹，官至北军中候。[7]不协：不和谐，是对头。[8]毁：诋毁，说人坏话。[9]和峤（jiào）：字长舆，曹魏大臣和洽之孙，时为侍中。传见《晋书》卷四十五。[10]俊爽：英俊，豪爽。[11]切让：严肃斥责。[12]不：通“否”，疑问助词。[13]《尺布》《斗粟》之谣：汉文帝时，其同父异母弟淮南王刘长恣肆不法，文帝下令将其流放四川，刘长中途绝食而死。于是当时淮南民间有歌谣说：“一尺布，尚可缝，一斗粟，尚可舂，兄弟二人，不能相容。”事见《史记》卷一百一十八。这里是王济借以讽刺司马炎将其弟司马攸迫害致死。这其中还有不好比的，刘长是不法之人，死不足惜；司马攸是治国良才，晋国后来的内乱与衰弱，与逼杀司马攸息息相关。[14]常为陛下愧之：指司马炎不能包容亲兄弟司马攸，将其逼死。[15]不能令亲者亲：王济感慨自己的谏说不能使司马炎、司马攸兄弟二人相亲相爱。[16]丙戌朔：八月一日。[17]庚子：十二月十七日。[18]廆：即慕容廆，鲜卑族首领慕容涉归之子。太康四年（283），慕容涉归去世，其弟慕容删篡夺政权，企图杀害慕容廆，慕容廆出逃避祸。太康六年（285），部众杀了慕容删，迎立慕容廆为单于。[19]宇文部：鲜卑族的一支。据《通志·氏族略》：“宇文氏本出辽东南单于之后，有葛乌兔为鲜卑君长，世袭大人。至普回（人名），因猎而得玉玺，自以为天所授，鲜卑谓天子为宇文，因号宇文氏。”[20]辽西：晋郡名，郡治阳乐，在今河北昌黎县西北。[21]杀略：屠杀，掳掠。略，通“掠”。[22]幽州军：驻扎在幽州的军队。当时的辽西郡属幽州管辖，幽州的州治在今河北涿州市。[23]肥如：晋县名，县治在今河北卢龙县北。[24]扶余：古国名，亦作夫余，其领土约在今吉林长春市以北地区。国都在今辽

宁昌图县。［25］依虑（242—285）：扶余国国王。正始八年（247），扶余王麻余死，其子依虑六岁，被部众立为扶余王。西晋建立，依虑为了对付慕容鲜卑和高句丽，频频向晋武帝朝贡，太康六年（285），扶余国为慕容廆击破，依虑自杀，王族投奔沃沮。［26］沃沮（jū）：古地区名，约在今长白山以南的朝鲜国东北部一带。

七年（丙午，286年）

春，正月，甲寅朔[1]，日有食之。魏舒称疾，固请逊位[2]，以剧阳子[3]罢。舒所为，必先行而后言，逊位之际，莫有知者。卫瓘与舒书曰："每与足下共论此事[4]，日日未果[5]，可谓'瞻之在前，忽焉在后[6]'矣。"

夏，慕容廆寇辽东[7]，故扶余王依虑子依罗求帅见人还复旧国[8]，请援于东夷校尉何龛[9]，龛遣督护贾沈[10]将兵送之。廆遣其将孙丁帅骑邀之于路[11]，沈力战，斩丁，遂复扶余。

秋，匈奴胡都大博及萎莎胡[12]各帅种落十万余口诣雍州降[13]。

九月，戊寅[14]，扶风武王骏[15]薨。

冬，十一月，壬子[16]，以陇西王泰[17]都督关中诸军事。泰，宣帝弟馗[18]之子也。

是岁，鲜卑拓跋悉鹿[19]卒，弟绰[20]立。

八年（丁未，287年）

春，正月，戊申朔[21]，日有食之。

太庙殿陷，秋[22]，九月，改营太庙，作者六万人。

是岁，匈奴都督大豆得一育鞠等复帅种落万一千五百口来降[23]。

九年（戊申，288年）

春，正月，壬申朔[24]，日有食之。

夏，六月，庚子朔[25]，日有食之。

郡国三十三[26]大旱。

秋，八月，壬子[27]，星陨如雨。地震。

（以上为第十四段，写晋武帝太康七年（286）至太康九年（288），共三年的史事。这三年比较安宁太平，主要写少数民族争斗之事及自然灾异现象；扶余王依罗复国，匈奴首领率部投降晋朝。）

【注释】

［1］甲寅朔：正月一日。［2］逊位：犹让位。逊，辞让，退让。［3］剧阳子：剧阳，是封地名，在今山西应县东北。子，是爵级。［4］共论此事：一起谈到辞职的事情。［5］日日未果：自己一直没有行动。［6］瞻之在前，忽焉在后：意即看着好像在前面，忽然又落在后面。原话见《论语·子罕》，是颜渊赞扬孔子的话，这里卫瓘借用以嘲笑自己的犹豫不决，光说不做。［7］辽东：晋郡国名，都城襄平，在今辽宁辽阳市。［8］依罗：扶余国王。太康六年（285），立为扶余王。求帅见人：请求率领现今残存的部众。帅，通"率"。见，同"现"。还复旧国：返回到原来的领土上去，在今吉林北部地区。［9］东夷校尉：官名，魏置，主管东北及华北北部地区的鲜卑慕容部、段部、宇文部和高句丽等少数民族事务。《晋书·职官志》曰："武帝置南蛮校尉于襄阳，西戎校尉于长安，南夷校尉于宁州。"东夷校尉，《晋书·职官志》载，盖亦帝所置，治辽东。何龛（kān）：任东夷校尉，鲜卑慕容廆攻打辽东，他派兵帮助扶余复国。累官后将军。［10］督护：官名，专职军事职务，有直接指挥作战的权力。贾沈：晋官员，曾为东夷校尉督护。［11］孙丁：鲜卑慕容部的将领。帅骑：率领骑兵部队。帅，通"率"。邀之于路：半路伏击他们。邀，截击。［12］都大博：匈奴部落的酋长名。萎莎胡：与匈奴血统相近的北方民族名，这里指该部落的头领。［13］种落：犹言"部落"，由若干血缘相近的宗族、氏族结合而成的集体。诣雍州降：到雍州投降晋朝。雍州，州治长安，在今陕西西安市西北部。［14］戊寅：九月二十九日。［15］扶风武王骏：即司马骏，司马懿之子。封扶风王，谥号为武。［16］壬子：十一月四日。［17］泰：即司马泰，字子舒，初封陇西王，改封高密王。谥号文献。传见《晋书》卷三十七。［18］馗（kuí）：即司马馗，字季达，司马懿四弟。［19］拓跋（bá）悉鹿：一作拓跋悉禄，北魏拓跋氏的祖先，拓跋力微之子，代国第二任国主。北魏建立后，追谥为"章皇帝"。传见《魏书》卷一。［20］绰（chuò）：即拓跋绰，拓跋悉鹿少弟，兄终弟及成为代国第三任国主。北魏建立后，追谥为"平皇帝"，史称北魏平帝。传见《魏书》卷一。［21］戊申朔：正月一日。［22］秋：此字原无，据章校："九月"前有"秋"字。根据《资治通鉴》惯例，每年四季都是标明的，故补之。［23］大豆得一育鞠：人名，曾为匈奴都督。来降：指从塞外南来归降。［24］壬申朔：正月一日。［25］庚子朔：六月一日。［26］郡国三十三：连郡带国共三十三个，极言其区域之广。［27］壬子：八月十四日。

【点评】

西晋灭吴。公元279年，晋朝打响了灭吴之战，派出六路大军，势如破竹，只用了不到四个月的时间，就让吴国全线崩溃，吴主孙皓在石头城上举起了白旗。晋朝能够一举成功，是因为晋朝的长期准备，实质上是顺水推舟、水到渠成之举。

首先，提出倡议，精心谋划。灭吴之论，始于邓艾。早在魏国灭蜀之时，邓艾就提出要趁势灭吴。他在给大将军司马昭两次上书中均提到这一问题，说“今因平蜀之势以乘吴，吴人震恐，席卷之时也”。“今吴未宾，势与蜀连，不可拘常以失事机。”当时司马昭正在气头上，没有理会。晋朝建立后，灭吴之事就成为朝廷有识之士的共识，并为之做积极的部署和准备。首先是征南大将军羊祜，他几次上书，不仅呼吁灭吴，而且提出了灭吴的作战方案，认为要重视长江上游益州的备战，建议重用勇将王濬，操练水军，建造战船。不仅如此，他驻守在灭吴前线的荆州，兴办教育，发展农业，兴军屯垦，提供了充裕的物质条件，可以说是灭吴的第一功臣。

其次，是晋武帝司马炎具有灭吴之志。当时，朝廷主张灭吴的有识之士，除了羊祜，还有张华、杜预等，他们积极呼吁，但是朝廷的一帮老臣如贾充等坚决反对，矛盾非常激烈。当张华继羊祜提出攻打吴国的主张时，贾充等人认为张华是扰乱视听，应当予以正法。还是晋武帝司马炎打了马虎眼，说张华就是根据我的主张提出来的。贾充等人才无话可说，此事不了了之。实际上，晋武帝早有此志，曾与羊祜一起商量灭吴方案。后来，继羊祜任职的杜预曾三次提出灭吴建议，并回答保守派、顽固派提出的重重责难与非议，才使得晋武帝下了最后的决心，发出攻打吴国的号令。应当说，攻吴灭吴，其功绩并不仅仅体现在攻打的本身，还要重视前期所做的准备工作和有识之士的积极谋划。

最后，在攻吴过程中，各路军队都取得了程度不同的胜利，但也有不尽如人意的地方。将军王浑，率领攻吴的主力部队，消灭了吴国的主力部队。这时，吴主孙皓也送来了投降书，本应趁势而为，渡江而去，直捣建业，可是他采取了等待的态度，消极地执行晋武帝司马炎的命令，等待王濬从益州解决西部敌人顺江而来，共同作战。应当说，这种想法错不到哪里去，但是战场情况瞬息万变，很容易贻误战机。而王濬率领八万大军，乘着战船，顺流而下，哪里还领会王浑的招呼？王浑咽不下这口气，认为王濬违反军令，加之他在朝廷的根底深厚，要置王濬于死地，二王争功，闹得不可开交。

应当说，王浑等待王濬共同出战，这本身没有错，而错失良机，功归他人，这也是不可回避的事实；而他后来诋毁王濬，甚至欲杀之而后快，则是大错特错，说明他气量短小，心胸狭隘。而王濬顺流而下，没有听从王浑的招呼，可以看成是一种权宜之举，一举攻下石头城，是功大于过。既然目的达到了，其过程中的一些小问题，不值得小题大做，而可以忽略不计，只是记功时略有损益而已。而晋武帝是怎样处理的呢？他首先是保护了王濬，当有人提出要用囚车押送王濬到京师，他没有同意；当有人提出要处置王濬，他还是没有点头，这样避免了魏国灭蜀时功臣邓艾的悲剧重演。

对于晋武帝司马炎在灭吴后的封赏，则是匪夷所思，令人啼笑皆非。首先是一直反对攻打吴国，而在灭吴战争中没有任何出色表现的贾充，被认为是立了首功，增封八千户。其实，贾充是朝廷元老，又是太子妃的父亲，在朝廷根深蒂固，势力非常大，但他们对于灭吴都投了反对票。晋武帝这样做，使得这一部分人心安理得，不再无事起哄。殊不知，这样做是伤了忠臣之心。其次，将王浑的功劳置于王濬之上，也是增封八千户。既然论功行赏，就要按照功劳行事，让人口服心服，才是正道。汉初时刘邦大封功臣，列萧何第一，就说出了令人信服的理由。相比之下，司马炎就要逊色不少。司马炎这样做，是他一贯的行事作风，即善恶不分，奖惩不明。这样做，虽然在当时没有造成什么后果，但是，对于后世的影响却很大，使得朝廷的正气不能弘扬，缺少正能量，而使邪气上升，甚至占据、充斥朝廷，成为主流，也就是所谓好人不好，好人受压；坏人不坏，坏人当政，成为导致西晋短命亡国的重要因素之一。

祸兮福所倚，福兮祸所伏。平吴之战取得全胜，而由于处理不当，所带来的消极后果也不可低估，可不慎哉！

卷八二　晋纪四

晋武帝太康十年至晋惠帝元康八年（289—298年）

【起屠维作噩（己酉，289年），尽著雍敦牂（戊午，298年），凡十年】

【大事提要】

本卷记事起公元289年，讫公元298年，凡十年，当晋武帝太康十年至晋惠帝元康八年。本卷所载大事，主要有五个方面。其一，司马炎去世。晋武帝司马炎当了25年的皇帝，于公元290年去世。临终前，安排后事，虽然对太子司马衷有所不满，但优柔寡断，还是让他继承皇位；让诸王持节回到封国；立皇子、皇孙为王；汝南王司马亮和太傅杨骏共同辅政，但外戚杨骏独专辅政大权。其二，司马衷即位。白痴司马衷即位为皇帝，是为晋惠帝，尊杨骏之女杨芷为皇太后，立贾充之女贾南风为皇后，任命杨骏为太宰。杨骏独掌辅政大权，而皇后贾南风胁逼司马衷秘密下令，除掉杨骏，废掉杨太后。其三，贾南风政变。公元291年，皇后贾南风利用汝南王司马亮除掉杨骏，司马亮成为辅政大臣；但她还是不满足，三个月后，又用同样的手法，让楚王司马玮除掉司马亮，后又诬陷司马玮矫诏，杀掉司马玮，然后，她重用亲信，扶植私党，晋朝成了贾南风的天下。其四，贾南风专权。皇后贾南风先是唆使大臣状告皇太后杨芷谋反，让惠帝贬其为庶人，押到金墉城居住，而后撤掉侍御，让其绝食，冻饿而死。贾南风任用张华为侍中，弥合裂痕，使得数年之间，虽暗主在上，狮吼凶险，而朝野安静，尚不至迅速分崩离析。其五，异族兴起。西晋无所作为，而少数民族政权逐步兴盛。刘汉国的建国者刘渊，为南匈奴单于后裔，其父为匈奴左部帅，在五部中势力最强。他暗中扩展势力。杨骏辅政时，拉拢刘渊，命其为建威将军、五部大都督，给予统率匈奴五部军事大权。最终养虎为患，灭了西晋。

世祖武皇帝下

太康十年（己酉，289年）

夏，四月，太庙[1]成；乙巳[2]，祫祭[3]；大赦。

慕容廆[4]遣使请降；五月，诏拜廆鲜卑都督[5]。廆谒见何龛[6]，以士大夫礼[7]，巾衣到门[8]；龛严兵[9]以见之，廆乃改服戎衣[10]而入。人问其故，廆曰："主人不以礼待客，客何为哉[11]！"龛闻之，甚惭，深敬异[12]之。时鲜卑宇文氏[13]、段氏[14]方强，数侵掠廆，廆卑辞厚币[15]以事之。段国单于阶[16]以女妻廆，生皝、仁、昭[17]。廆以辽东僻远[18]，徙居徒河之青山[19]。

冬，十月，复明堂及南郊五帝位[20]。

十一月，丙辰[21]，尚书令济北成侯荀勖[22]卒。勖有才思，善伺人主意，以是能固其宠。久在中书[23]，专管机事。及迁尚书[24]，甚罔怅[25]。人有贺之者，勖曰："夺我凤皇池[26]，诸君何贺邪！"

帝极意[27]声色，遂至成疾。杨骏忌汝南王亮，排出[28]之。甲申[29]，以亮为侍中、大司马、假黄钺[30]、大都督、督豫州诸军事，治许昌[31]；徙南阳王柬为秦王，都督关中诸军事；始平王玮为楚王，都督荆州诸军事；濮阳王允为淮南王，都督扬、江二州诸军事，并假节之国。立皇子乂为长沙王，颖为成都王，晏为吴王，炽为豫章王，演为代王；皇孙遹为广陵王。又封淮南王子迪为汉王，楚王子仪为毗陵王，徙扶风王畅为顺阳王，畅弟歆为新野公。畅，骏之子也。琅邪王觐弟澹为东武公，繇为东安公。觐，伷之子也。

初，帝以才人[32]谢玖[33]赐太子，生皇孙遹。宫中尝[34]夜失火，帝登楼望之，遹年五岁，牵帝裾入暗中[35]，曰："暮夜仓猝[36]，宜备非常，不可令照见人主。"帝由是奇之。尝对群臣称遹似宣帝[37]，故天下咸归仰[38]之。帝知太子不才，然恃遹明慧，故无废立之心。复用王佑[39]之谋，以太子母弟柬、玮、允分镇要害[40]。又恐杨氏之逼[41]，复以佑为北军中候[42]，典禁兵[43]。帝为皇孙遹高选僚佐[44]，以散骑常侍刘寔志行清素[45]，命为广陵王傅[46]。

（以上为第一段，写晋武帝司马炎沉溺于声色，弄垮了身体，考虑后事，看重皇孙司马遹的聪明伶俐，故没有废掉太子司马衷；命令诸王持节去封国，立诸皇子为王。）

【注释】

[1]太庙：古代皇帝的宗庙。最早太庙只是供奉皇帝先祖的地方。后来皇后和功臣的神位在皇帝的批准下也可以被供奉在太庙。[2]乙巳：四月十一日。[3]袷（xiá）祭：在太庙中合祭祖先，将历代祖先一起进行祭祀。[4]慕容廆（guī）：字若洛廆，鲜卑人，前燕政权建立者慕容皝之父。自称鲜卑大单于，效忠于晋朝。传见《晋书》卷一百八。[5]鲜卑都督：武官名，掌管鲜卑部落的军事。[6]何龛（kān）：任东夷校尉，鲜卑慕容廆攻打辽东，他派兵帮助扶余复国。累官后将军。[7]以士大夫礼：依照中国士大夫的礼仪。士大夫，是古代中国对于社会上的士人和官吏的统称。[8]巾衣到门：冠巾裹发，身穿单衣，以一个普通的士人自居，谦卑至极。魏、晋间，士大夫谒见尊贵者，以冠巾、单衣为礼。巾衣，古代士大夫的装束，服之以示敬礼。[9]严兵：戒备森严。[10]戎衣：指军服、战衣。[11]客何为哉：我还何必遵循“巾衣”之礼呢？[12]敬异：敬重，推崇，不把他当一般人看待。[13]鲜卑：古民族名，是继匈奴之后在蒙古高原崛起的古代游牧民族。宇文氏：鲜卑部落名，为南单于之后，北方鲜卑族宇文氏部落，活动于今内蒙古东部，以宇文为姓，故称之。详见《魏书》卷一百三。[14]段氏：即段氏鲜卑，东部鲜卑族的一支，以鲜卑、乌桓族为主体，融合部分汉人和匈奴人形成的一支游牧部落，主要活跃在今辽西一带。详见《魏书》卷一百三。[15]厚币：厚礼，即进贡。币，指礼品。[16]段国单于阶：段氏部落的头领，名阶，史称“段阶”。[17]皝（huàng）、仁、昭：慕容廆之妻段氏所生三子。长子慕容皝建立前燕，传见《晋书》卷一百九。次子慕容仁，字千年，慕容廆第四子，拜征虏将军，镇守逊东，传见《晋书》卷一百八。段氏所生少子慕容昭，慕容廆第五子，与四兄慕容仁密谋叛变，事发被擒，兄弟二人被赐自裁。[18]辽东：郡名，郡治襄平，在今辽宁辽阳市，辖境相当于今辽宁大凌河以东。僻远：偏僻，荒远。[19]徒河：县名，县治在今辽宁锦州市。青山：山名，在今辽宁义县东北。[20]复明堂及南郊五帝位：明堂，古代天子宣明政教的殿堂，南郊五帝位，在南郊祭天时，同时祭祀五帝的神位。五帝位，即东方青帝、南方赤帝、西方白帝、北方黑帝、中央黄帝之位。旧时南郊祭天，兼设五帝之位。早先被撤除的明堂及五帝位，今又恢复。[21]丙辰：十一月壬戌朔，没有丙辰日，疑记载有误。[22]荀勖（xù）：字公曾，西晋开国功臣。传见《晋书》卷三十九。[23]中书：即中书省，主管接纳奏章，并草拟皇帝诏令。晋时，中书省权力甚大，长官（中书令）多为实际上的宰相。[24]尚书：即尚书省，综理全国政务，是执行机关。[25]罔怅：迷惘，惆怅。罔（wǎng），通“惘”，迷茫。[26]凤皇池：也简称“凤池”，禁苑中池沼。魏晋时中书省设此。[27]意：在意，专注。[28]排出：排挤，逐出。[29]甲申：十一月二十三日。[30]假黄钺（yuè）：也称假节钺，授予级别最高的封疆大吏。黄钺，以黄金为饰的仪仗斧钺。[31]治：据章校，有的版本作“镇”，镇守。在这里即作“镇”字解。许昌：县名，县治在今河南许昌东，曾是曹魏五都之一。魏文帝曹丕以“汉亡于许，魏基昌于许”，改许县为“许昌县”。按：以下各句细列晋武帝调整和大封皇族子孙为诸侯王，或封公爵，不一一详说。[32]才人：嫔妃中的第十四级，位次美人。晋武帝司马炎采汉、魏之制，后宫有三

夫人、九嫔，有美人、才人、中才人。［33］谢玖（？—300）：河南洛阳市人，愍怀太子司马遹之母。司马衷当太子时，晋武帝司马炎派去侍寝，生儿子司马遹。后由才人进位淑妃。后被贾后设计杀害。传见《晋书》卷五十三。［34］尝：曾，曾经。［35］牵帝裾（jū）：拉着晋武帝司马炎的衣袖。裾，衣袖。入暗中：躲到月光照不到的地方。暗，昏暗。［36］暮夜仓猝：深更半夜，容易发生突然的事故。仓猝，匆忙，急迫。［37］似宣帝：像当年的司马懿。［38］归仰：指归附、仰仗。［39］王佑：太原晋阳人，王济之仲兄。以才智称，为杨骏腹心，官散骑常侍，出为河南尹，官至北军中候。［40］母弟柬、玮、允：即司马衷的同母兄弟司马柬、司马玮、司马允。分镇要害：分别镇守军事要地，指雍州的长安、荆州的襄阳、扬州的南京等等。［41］杨氏：指皇后娘家的杨氏家族，如杨骏、杨珧、杨济等人。逼：威胁，倾轧。［42］北军中候：官名，禁卫军长官，掌监北军五营，即屯骑、越骑、步兵、长水、射声五校尉所统领的宿卫兵。［43］典禁兵：统领禁卫军。典，主管，统领。［44］高选僚佐：寻找有声望的名人充当属官与辅佐之官。高选，犹“高配”。［45］刘寔（shí）：字子真，魏晋重臣。传见《晋书》卷四十一。清素：清正，廉洁。［46］为广陵王傅：为皇孙司马遹的太傅官。傅，诸侯国太傅，常补正过失。自魏以来，王国置师，晋避景帝（司马师）讳，改“太师”为“太傅”。

寔以时俗喜进趣[1]，少廉让[2]，尝著《崇让论》[3]，欲令初除官通谢章[4]者，必推贤让能[5]，乃得通[6]之。一官缺，则择为人所让最多者[7]用之。以为：“人情争则欲毁己所不如[8]，让则竞推于胜己[9]。故世争则优劣难分，时让则贤智显出[10]。当此时也，能退身修己，则让之者多矣；虽欲守贫贱，不可得也。驰骛进趋而欲人见让[11]，犹却行而求前[12]也。”

淮南相刘颂[13]上疏曰：“陛下以法禁宽纵[14]，积之有素，未可一旦以直绳御下[15]，此诚时宜也。然至于矫世救弊[16]，自宜渐就清肃[17]，譬犹行舟，虽不横截迅流[18]，然当渐靡而往[19]，稍向所趋[20]，然后得济[21]也。

“自泰始[22]以来，将三十年[23]，凡诸事业，不茂既往[24]。以陛下明圣，犹未反叔世之敝[25]，以成始初之隆[26]，传之后世，不无虑乎！使夫异时[27]大业，或有不安，其忧责[28]犹在陛下也。

“臣闻为社稷计，莫若封建亲贤[29]。然宜审量[30]事势，使诸侯率义而动[31]者，其力足以维带京邑[32]；若包藏祸心，其势不足独以有为[33]。其齐此甚难[34]，陛下宜与达古今之士[35]，深共筹[36]之。周之诸侯，有罪诛放其身，而国祚不泯[37]；汉之诸侯，有罪或无子者，国随以亡。今宜反汉之敝，循周之旧，则下固而上安矣。

“天下至大，万事至众，人君至少，同于天日[38]，是以圣王之化，执要于己[39]，委务于下[40]，非恶劳而好逸，诚以政体宜然也。夫居事始[41]，以别能否，甚难察也；因成败以分功罪，甚易识也。今陛下每精于造始而略于考终[42]，此政功所以未善也。人主诚能居易执要[43]，考功罪于成败之后，则群下无所逃其诛赏[44]矣。

“古者六卿分职[45]，冢宰为师[46]；秦、汉已来，九列执事[47]，丞相都总[48]。今尚书制断[49]，诸卿奉成[50]，于古制为太重[51]。可出众事付外寺[52]，使得专之[53]；尚书统领大纲，若丞相之为，岁终课功[54]，校簿赏罚[55]而已，斯亦可矣。今动皆受成于上[56]，上之所失，不得复以罪下，岁终事功不建[57]，不知所责也。

“夫细过谬妄[58]，人情之所必有，而悉纠以法，则朝野无立人[59]矣。近世以来为监司者[60]，类大纲不振而微过必举[61]，盖由畏避豪强而又惧职事之旷[62]，则谨密网以罗微罪[63]，使奏劾相接[64]，状似尽公，而挠法[65]在其中矣。是以圣王不善碎密之案[66]，必责凶猾之奏[67]，则害政之奸[68]，自然禽[69]矣。夫创业之勋，在于立教定制，使遗风[70]系人心，余烈匡幼弱[71]，后世凭之，虽昏犹明[72]，虽愚若智，乃足尚[73]也。

“至夫修饰官署[74]，凡诸作役[75]，恒伤太过[76]，不患不举，此将来所不须于陛下而自能者也。今勤所不须以伤所凭[77]，窃以为过矣。”帝皆不能用。

诏以刘渊[78]为匈奴北部都尉[79]。渊轻财好施，倾心接物[80]，五部[81]豪桀，幽、冀[82]名儒，多往归之。

奚轲[83]男女十万口来降。

（以上为第二段，写晋朝谋臣建言，散骑常侍刘寔有感于好趋赴、少廉让，著《崇让论》；淮南相刘颂认为应当崇尚清廉，建规立制，而晋武帝司马炎没有采纳。）

【注释】

[1]喜进趣：喜欢钻营，削尖脑袋向上爬。进趣，追求，求取。趣，同“趋”，趋进，追逐。[2]少廉让：很少有人清廉、谦让。［3］尝著《崇让论》：此五字原无，据章校补。［4］初除官：刚被授予官职。除，任命官职。通谢章：给皇帝上谢表。［5］必推贤让能：指在谢表上一定要推让给别的更好的人。［6］乃得通：才给他向上转达。［7］择为人所让最多者：挑选平时为人谦让最多的人。择，选择，挑选。［8］毁己所不如：造谣、毁谤自己所比不上的人，即诋毁强者。[9]竞推于胜己：争着推举胜过自己的人。竞，竞相，争着。［10］时让：时时考虑谦让。贤智显出：贤能有才智的人就会显现出来。［11］驰骛进趋：一门心思奔走钻营。欲人见让：要想被别人谦让。见让，被人推荐。［12］犹却行而求前：如同倒退着走路，而希望前进。［13］淮南相：淮南王国的相，相是诸侯国最高的行政长官，掌辅导、监督诸侯王，兼掌民政，犹如郡守。刘颂：字子雅，西晋官员。出为京兆尹、河内太守及淮南国相；入朝，任三公尚书、吏部尚书。传见《晋书》卷四十六。［14］法禁：法律，禁令。宽纵：宽容放纵，不加约束。［15］未可一旦以直绳御下：不可能突然使用严厉的刑法来管理群臣。一旦，指突然改变。直绳，严格的法律。[16]矫世救弊：矫正世俗，救治时弊。［17］渐就清肃：逐渐地走向清廉盛世。清肃，清正，严明。［18］横截迅流：在水流湍急的河面上直直地冲向对岸。横截，横穿，横插。［19］渐靡（mí）而往：渐渐斜着过去。靡，顺流而下。［20］稍向所趋：向着对岸的目标。［21］济：渡，渡过。以上几句，胡三省注曰：“此引济川为譬也。济大川者，虽曰横绝大川，乱流而渡，然必因水势渐靡，而行舟向其所趋，以登陆之路，然后汔济，否则为水势所使，不能制舟以向所趋，不得登岸矣。”［22］泰始：晋武帝司马炎的第一个年号，凡十年，公元265年十二月至公元274年。[23]将三十年：西晋自泰始元年（265）建立，至此共二十五年。［24］不茂既往：不比从前繁盛兴旺。茂，茂盛，兴旺。［25］未反叔世之敝：没有改变当今存在的弊病。叔世，犹末世，衰乱的时代。叔，按伯、仲、叔即孟、仲、季的顺序，叔排在后面。说“叔世”而未说“末世”，还是留有余地。敝，通“弊”，弊端，乱象。［26］始初：开创初期。隆：隆盛，兴隆。［27］异时：日后，将来。［28］忧责：忧虑与责任。［29］封建亲贤：分封亲属与任用贤能之人。［30］审量：考察衡量，估量。［31］率义而动：指不论做什么事都能符合德义。率，遵循，遵守。［32］维带：拱卫，保护。京邑：京城，京都，代指中央王朝。［33］不足独以有为：不可能独立地办成什么事情，指篡夺君位。［34］齐此甚难：两方面都能照顾到，是很难的。即一方面使诸侯王能保卫京师，另一方面又使他们不能单独行事，趁机造反。［35］达古今之士：博古通今的人士。达，通达，精通。［36］筹：筹划研究。［37］国祚不泯：指不废除他的封国。如西周懿王烹了齐哀公，改立哀公的弟弟姜静；周宣王杀了鲁君伯御，改立伯御的叔父姬称。泯，消灭，丧失。[38]同于天日：如同天空只有一个太阳。［39］执要于己：自己要掌握最主要的。执要，掌握要害，抓住关键。［40］委务于下：将具体事务交给下属办理。［41］居事始：当什么事情都还没有开始办的时候。［42］精于造始：善于决策事务的该办不该办，如灭吴大事。略于考终：忽略

对结局的考察。［43］居易执要：指不陷入烦琐事务，抓住考核实效、考其成败这一关键问题。［44］无所逃其诛赏：即真正做到该罚则罚，该赏则赏。诛，讨，惩罚。［45］六卿分职：每个大臣都有自己应管的职事。六卿，即《周礼》中的天官冢宰、地官司徒、春官宗伯、夏官司马、秋官司寇、冬官司空。［46］冢宰为师：天官冢宰是其首脑。冢宰，百官之长，掌管国家内外事务。冢，大。［47］九列执事：九卿分掌各部门的权力。九列，即九卿，指少府、郎中令、卫尉、太仆、大司农、宗正、太常、典客、廷尉。［48］都总：犹言“总理”“总管”。［49］尚书制断：由尚书令决断大事。此所谓“尚书制断”，实际上是指一切事情都由皇帝直接决定。［50］诸卿奉成：诸大臣就只管照章办事。自东汉光武帝刘秀以来，由尚书主管各级官吏，台阁决断各项事务，诸卿奉命行事而已。奉成，只管按照定好的规矩办事。［51］太重：指尚书省的权力太大，也是暗指皇帝独断专行，百官唯唯诺诺。［52］出众事付外寺：将一些一般性的事情交给外面的主管部门去做。外寺，指负责执行的各部门，即上文所说的“诸卿”。［53］使得专之：让他们独自负责一个方面的责任。［54］岁终课功：年末考查他们的管理功效。［55］校簿赏罚：检查其记录，确定其功过赏罚。［56］动皆受成于上：一切都遵照上面既成的决定。动，动不动地，指所有、一切。［57］事功不建：即事情办不成，碌碌无功。［58］细过谬妄：小的过失，小的差错。谬妄，荒谬，愚妄。［59］无立人：没有立着的人，即无一人可留下。［60］为监司者：指担任监察和司法的官员，即御史台官员及诸州刺史。［61］类大纲不振：通常都是不抓根本问题，不解决大问题。类，一般，通常。微过必举：对微小的过失抓住不放。［62］惧职事之旷：怕人说自己没有尽到职责。旷，耽误，荒废。［63］谨密网：把法网弄得密密的。罗微罪：专门惩治低级官员的小过失。罗，罗列，惩治。［64］奏劾相接：弹劾有罪官员的奏章不断呈递。劾，揭发别人的罪状。［65］挠法：枉法，不按法律办事。挠，扰乱。［66］不善碎密之案：对那些琐碎细密的案件不感兴趣。［67］必责：一定要追究、处理。凶猾之奏：指告发大恶人案子的奏章。［68］害政之奸：指损害国家政事的大恶人。［69］禽：通“擒”，擒拿，捕获。［70］遗风：遗留下来的风教。［71］余烈：遗留下来的功业。匡幼弱：使后来能力不强的继承人能够从中得到教益与救助。匡，扶助，补正。幼弱，指后来的继承人。［72］虽昏犹明：即使是昏君，也能仍像明君一样，因为有好的规章可以遵照执行。［73］足尚：值得称颂。以上几句，胡三省注曰：“言法制修明，虽后嗣昏愚，有所据依，则其治犹若明智之为也。……以刘禅之庸而辅之以诸葛亮，则昭烈虽死，犹不死也。孔明死，则孔明治蜀之法制虽存，禅不能守之矣。”［74］修饰官署：给各个衙门盖园子。［75］凡诸作役：各种繁多的劳役。［76］恒伤太过：常担心搞得太多。恒，常。［77］勤所不须：没有必要勤奋劳作。伤所凭：指有损于所赖以依仗的根本，即为后代立教定制。［78］刘渊：字元海，匈奴铁弗部，汉赵开国皇帝。传见《晋书》卷一百一。［79］匈奴北部都尉：刘渊原任匈奴左中帅。现改匈奴五部帅为五部都尉。刘渊改任北部都尉，即匈奴北部部落的军事长官。［80］倾心接物：诚心诚意地待人接物。接物，意同“待人”。［81］五部：即匈奴五部，建安二十一年（216），南匈奴呼厨泉单于入朝于魏，被魏王曹操留于邺，分其众为左、右、南、北、中五部。左部万余户居太原故兹氏县（今山西汾阳市东南），右部六千余户居祁县（今山西祁县东南），南部三千余户居蒲子县（今山西隰县），北部四千余户居新兴（今山西忻州市），中部六千余户居大陵县（今山西文水县东北）。［82］幽、冀：二州名。治所在蓟县，两州辖境相当于今北京、天津、河北、河南、辽宁、内蒙古等区域。［83］奚轲：北方的少数民族部落名，居住地不详。

孝惠皇帝上之上

永熙元年[1]（庚戌，290年）

春，正月，辛酉朔[2]，改元太熙[3]。

己巳[4]，以王浑为司徒。

司空、侍中、尚书令卫瓘子宣[5]，尚繁昌公主[6]。宣嗜酒，多过失，杨骏恶瓘，欲逐之，乃与黄门[7]谋共毁宣，劝武帝夺公主[8]。瓘惭惧，告老逊位。诏进瓘位太保[9]，以公就第[10]。

剧阳康子魏舒[11]薨。

三月，甲子[12]，以右光禄大夫石鉴[13]为司空。

帝疾笃，未有顾命[14]。勋旧之臣多已物故[15]，侍中、车骑将军杨骏独侍疾禁中。大臣皆不得在左右，骏因辄以私意改易要近[16]，树其心腹。会帝小间[17]，见其新所用者，正色[18]谓骏曰："何得便尔[19]！"时汝南王亮尚未发[20]，乃令中书作诏，以亮与骏同辅政，又欲择朝士有闻望[21]者数人佐之。骏从中书借诏观之，得便藏去，中书监华廙[22]恐惧，自往索之，终不与。会帝复迷乱[23]，皇后奏以骏辅政，帝颔之[24]。

夏，四月，辛丑[25]，皇后召华廙及中书令何劭[26]，口宣帝旨作诏，以骏为太尉、太子太傅、都督中外诸军事、侍中、录尚书事。诏成，后对廙、劭[27]以呈帝，帝视而无言。廙，歆[28]之孙；劭，曾[29]之子也。遂趣汝南王亮赴镇[30]。帝寻小间[31]，问："汝南王来未？"左右言未至，帝遂困笃[32]。己酉[33]，崩于含章殿[34]。帝宇量弘厚[35]，明达好谋，容纳直言，未尝失色于人[36]。

太子即皇帝位，大赦，改元[37]，尊皇后曰"皇太后"，立妃贾氏[38]为皇后。

杨骏入居太极殿[39]，梓宫将殡[40]，六宫出辞[41]，而骏不下殿[42]，以虎贲[43]百人自卫。

诏石鉴与中护军张劭监作山陵[44]。

汝南王亮畏骏，不敢临丧[45]，哭于大司马门[46]外。出营城外[47]，表求过葬而行[48]。或告[49]亮欲举兵讨骏者，骏大惧，白太后[50]，令帝为手诏与石鉴、张劭，使帅陵兵[51]讨亮。劭，骏甥也，即帅所领趣[52]鉴速发。鉴以为不然，保持之[53]。

亮问计于廷尉何勖[54]，勖曰："今朝野皆归心于公[55]，公不讨人而畏人讨邪！"亮不敢发，夜，驰赴[56]许昌，乃得免。骏弟济及甥河南尹李斌皆劝骏留亮[57]，骏不从。济谓尚书左丞傅咸[58]曰："家兄若征大司马[59]，退身避之[60]，门户庶几[61]可全。"咸曰："宗室、外戚[62]，相恃为安[63]。但[64]召大司马还，共崇至公[65]以辅政，无为避[66]也。"济又使侍中石崇见骏言之[67]，骏不从。

五月，辛未[68]，葬武帝于峻阳陵[69]。

（以上为第三段，写晋武帝司马炎去世，立太子司马衷为帝，太子妃贾南风为皇后，外戚杨骏把持朝政，排挤、征讨重臣汝南王司马亮，埋下了重重祸根，为害久远。）

【注释】

[1]永熙元年：即公元290年。 [2]辛酉朔：正月一日。 [3]太熙：晋武帝司马炎的第四个年号。 [4]己巳：正月九日。 [5]宣：即卫宣，卫瓘之子，娶繁昌公主，婚后数次有酒色方面的过失，被杨骏等诬陷离婚。后晋武帝司马炎知道卫宣是被诬陷的，想要让繁昌公主与他复婚，他却已经病死了。 [6]尚繁昌公主：娶繁昌公主为妻。繁昌公主，司马氏，晋武帝司马炎之女，下嫁司空、侍中卫瓘第四子卫宣。传见《晋书》卷三十六。 [7]黄门：即宦官。 [8]夺公主：即强行叫公主与卫宣离婚。 [9]太保：三公之一，位次太傅，一般为荣誉职务。 [10]以公就第：即以菑阳公的身份退职，回家赋闲。 [11]剧阳康子：魏舒被封为剧阳子，"康"是谥号，"子"是爵位。魏舒：字阳元，魏晋名臣。传见《晋书》卷四十一。 [12]甲子：三月五日。 [13]右光禄大夫：官名。光禄大夫，秩比二千石，掌顾问应对，隶属光禄勋。魏晋时，常为加官及褒赠之官。石鉴：字林伯，魏晋大臣。传见《晋书》卷四十四。 [14]未有顾命：指晋武帝司马炎没有留下遗诏。顾命，临终遗命，主要指由谁来辅佐新的君王。 [15]勋旧之臣：有功勋的旧臣。物故：去世。 [16]辄以私意改易要近：随便按照自己的意思更换皇帝身边重要亲近的官员。要近，重

要亲近。[17]会帝小间：刚好司马炎的病势又稍微好转。[18]正色：态度严肃，神态严厉。[19]何得便尔：怎能变成了这个样子？[20]尚未发：还没有离开京城。去年已下令派汝南王司马亮往镇许昌。[21]闻望：声望。[22]华廙（yì）：字长骏，西晋大臣，曹魏太尉华歆之孙。传见《晋书》卷四十四。[23]迷乱：神智昏迷。[24]颔（hàn）之：点头。[25]辛丑：四月十二日。[26]何劭（shào）：字敬祖，西晋大臣，太傅何曾次子，位至三公。传见《晋书》卷三十三。[27]对廙、劭：当着华廙、何劭的面。[28]歆（xīn）：即华歆，字子鱼，曹魏重臣，位至三公，晋封博平侯，谥号“敬”。传见《三国志》卷十三。[29]曾：即何曾，原名何谏，字颖考，西晋开国元勋。传见《晋书》卷三十三。[30]趣（cù）汝南王亮赴镇：催促汝南王司马亮离开京城，到许昌上任。趣，通“促”，催促。镇，镇守的地方，此指许昌。[31]寻小间：不久又稍稍清醒过来。寻，不久。间，略好一些。[32]困笃：病重垂危。笃，病得厉害。[33]己酉：四月二十日。[34]含章殿：宫殿名，在皇后宫中。司马炎终年五十五岁。[35]宇量弘厚：器宇度量开阔宽宏。其实，就其对待母弟司马攸而言，未必弘厚，确是非常刻薄。[36]未尝失色于人：从来没有在别人面前表现出不应当表现的脸色。[37]改元：更改年号。在此之前是武帝太熙元年，改元后为晋惠帝永熙元年。[38]妃贾氏：即晋惠帝皇后贾南风。[39]太极殿：宫廷里的前殿。[40]梓宫将殡：皇帝的棺木将要移入灵堂，供群臣吊唁。梓（zǐ）宫，指皇帝的棺木。殡，指移入灵堂。[41]六宫出辞：后宫嫔妃出来号哭送别。[42]不下殿：不出太极殿，怕有人趁其不在发动政变。[43]虎贲（bēn）：皇帝身边的卫士。[44]张劭：西晋官员，太尉杨骏外甥。杨骏掌权后为中护军、典禁兵。贾后政变，张劭下狱，夷三族。监作山陵：主管为司马炎修建陵墓。[45]临丧：进宫哭丧。[46]大司马门：大司马府的外门。司马亮以大司马的身份出镇许昌，此时尚在京城的大司马府中。[47]出营城外：在京城之外扎营。[48]表求过葬而行：上表请求参加完葬礼后再去许昌。[49]或告：有人向杨骏报告。[50]白：告诉。太后：即杨芷。[51]帅陵兵：率领修建陵墓的士兵。帅，通“率”，率领。[52]趣（cù）：通“促”，催促，督促。[53]保持之：担保司马亮不会举兵，而自己按兵不动。[54]何勖：西晋官员，时任廷尉，劝汝南王司马亮讨杨骏，亮不用。传见《晋书》卷五十九。[55]归心于公：都倾心向着您。公，敬称司马亮。[56]驰赴：快马加鞭奔赴。[57]李斌：西晋官员，权臣杨骏的外甥。惠帝初，任河南尹。后贾后杀杨骏，他亦被处死。留亮：将司马亮留在京城，共同辅政。[58]傅咸（239—294）：字长虞，司隶校尉傅玄之子，时任尚书左丞。传见《晋书》卷四十七。[59]征大司马：指征召大司马司马亮回京辅政。[60]退身避之：自己辞职退避。[61]庶几：差不多。[62]宗室、外戚：皇帝家族与皇后家族这两部分人。[63]相恃为安：互相依靠、共同办事，才是最安全的。恃，依赖、依靠。[64]但：只要能够。[65]共崇至公：共同本着公正无私的原则。崇，尊崇，推崇。[66]无为避：根本用不着自请辞职避位。[67]石崇（249—300）：字季伦，小名齐奴，西晋官员、富豪。传见《晋书》卷三十三。言之：指规劝杨骏。[68]辛未：五月十三日。[69]峻阳陵：司马炎的陵墓，位于今河南洛阳市偃师区南蔡庄北一座山坡上，背倚鳌子山，面临平坦广阔的伊洛平原。

杨骏自知素无美望，欲依魏明帝即位故事[1]，普进封爵以求媚于众。左军将军傅祗[2]与骏书曰："未有帝王始崩，臣下论功者也。"骏不从。祗，嘏之子也。

丙子[3]，诏中外群臣[4]皆增位一等，预丧事[5]者增二等，二千石已上皆封关中侯[6]，复租调一年[7]。散骑常侍石崇、散骑侍郎何攀[8]共上奏，以为："帝正位东宫[9]二十余年，今承大业，而班赏行爵[10]，优于泰始革命之初[11]及诸将平吴之功，轻重不称[12]。且大晋卜世无穷[13]，今之开制[14]，当垂于后[15]，若有爵必进，则数世之后，莫非公侯[16]矣。"不从。

诏以太尉骏为太傅、大都督、假黄钺，录朝政[17]，百官总己以听[18]。傅咸谓骏曰："谅暗不行久矣[19]。今圣上谦冲[20]，委政于公，而天下不以为善，惧明公未易当[21]也。周公大圣，犹致流言[22]，况圣上春秋非成王之年[23]乎！窃谓山陵既毕[24]，明公当审思进退之宜，苟有以察其忠款[25]，言岂在多！"骏不从。咸数谏，骏渐不平，欲出咸为郡守。李斌曰："斥逐[26]正人，将失人望。"乃止。杨济遗咸书曰："谚云：'生子痴，了官事[27]。'官事未易了也。想虑破头[28]，故具有白[29]。"咸复书曰："卫公[30]有言：'酒色杀人，甚于作直[31]。'坐[32]酒色死，人不为悔，而逆畏以直致祸[33]，此由心不能正，欲以苟且为明哲[34]耳。自古以直致祸者，当由矫枉过正，或不忠笃[35]，欲以亢厉为声[36]，故致忿[37]耳，安有悾悾忠益而返见怨疾[38]乎！"

杨骏以贾后险悍[39]，多权略[40]，忌[41]之，故以其甥段广[42]为散骑常侍，管机密；张劭为中护军[43]，典禁兵[44]。凡有诏命，帝省讫[45]，入呈太后[46]，然后行之。

骏为政，严碎专愎[47]，中外多恶之。冯翊太守孙楚[48]谓骏曰："公以外戚居伊、霍[49]之任，当以至公[50]、诚信、谦顺处之。今宗室强盛，而公不与共参万机[51]，内怀猜忌，外树私昵[52]，祸至无日矣！"骏不从。楚，资之孙也。

弘训少府蒯钦[53]，骏之姑子也，数以直言犯骏，他人皆为之惧，钦曰："杨文长虽暗[54]，犹知人之无罪不可妄杀，不过疏我。我得疏，乃可以免[55]；不然，与之俱族矣。"

骏辟匈奴东部人王彰[56]为司马，彰逃避不受。其友新兴张宣子[57]怪而问之，彰曰："自古一姓二后[58]，未有不败。况杨太傅昵近[59]小人，疏远君子，专权自恣[60]，败无日矣。吾逾海出塞[61]以避之，犹惧及祸，奈何应其辟[62]乎！且武帝不惟[63]社稷大计，嗣子既不克负荷[64]，受遗者复非其人[65]，天下之乱，可立待也。"

秋，八月，壬午[66]，立广陵王遹为皇太子。以中书监何劭为太子太师[67]，卫尉裴楷为少师[68]，吏部尚书王戎为太傅[69]，前太常张华为少傅[70]，卫将军杨济为太保[71]，尚书和峤为少保[72]。拜太子母谢氏为淑媛[73]。贾后常置谢氏于别室，不听[74]与太子相见。

初，和峤尝从容[75]言于武帝曰："皇太子有淳古之风[76]，而末世多伪[77]，恐不了陛下家事[78]。"武帝默然。后与荀勖等同侍武帝，武帝曰："太子近入朝差长进[79]，卿可俱诣之[80]，粗及世事[81]。"既还，勖等并称太子明识雅度[82]，诚如明诏。峤曰："圣质如初[83]。"武帝不悦而起。及帝即位，峤从太子遹入朝，贾后使帝问曰："卿昔谓我不了家事，今日定如何[84]？"峤曰："臣昔事先帝，曾有斯言；言之不效[85]，国之福也。"

冬，十月，辛酉[86]，以石鉴为太尉，陇西王泰[87]为司空。

以刘渊为建威将军、匈奴五部大都督[88]。

（以上为第四段，写西晋外戚太傅杨骏总领朝政，安排亲信掌管机要和皇宫侍卫，滥赏官爵收买人心，打击异己排斥直臣，严厉琐碎又专横武断，朝廷内外非常忌恨。）

【注释】

[1]魏明帝：即曹叡，曹魏第二位皇帝，公元226年至公元239年在位。即位故事：曹叡即位后，实行给官僚贵族普惠晋级，进封天下男爵子爵各进二级，对孤寡老弱生活无依靠者由官府赐给谷物。 [2]傅祗（zhī）：曹魏后期重臣傅嘏之子，字子庄，西晋后期重臣。传见《晋书》卷四十七。 [3]丙子：五月十八日。 [4]中外群臣：朝廷与地方上的所有臣工。中外，指朝中、朝外。 [5]预丧事：参与为司马炎办丧事的一切官员人等。预，参与。 [6]二千石：指九卿及

郡太守与诸侯国相一级的官员。关中侯：级别在关内侯之下，低一等，没有正式封地，只在京都地区享有一小块食邑。［7］复租调一年：免除土地税与劳役税一年。［8］何攀：字惠兴，西晋时期大臣，官至廷尉大司农。［9］正位东宫：指正式被立为太子。［10］班赏行爵：按照功劳大小，依次给予赏赐，升官进爵。班，赏赐。［11］泰始革命之初：指司马炎受禅位称帝之时。革命，指改朝换代。［12］轻重不称：功劳的大小与所得到封赏的厚薄不相称。［13］卜世无穷：预计传国久远。卜世，占卜预测传国的世数，亦泛指国运。［14］今之开制：现今开创的制度。［15］当垂于后：应当流传到后代，给后人作榜样。垂，留传。［16］莫非公侯：指朝廷官员都封为公、侯的爵位。［17］录朝政：指外戚权臣杨骏总管一切朝廷政务。录，统领，总管。［18］总己以听：谓约束自己，听命于杨骏。［19］谅暗：古代天子的守丧之礼，据说在居丧三年期间闭口不言，不管朝政，一切都听从宰相的安排。不行久矣：自汉文帝实行短丧制度，嗣君很快便听政，"谅暗三年"的制度，已有四百多年不实行了。［20］谦冲：谦虚谨慎，自我控制。实际上含有呆傻的意思。［21］明公：对杨骏的尊称。未易当：难以承担这份重任。［22］周公大圣，犹致流言：周公辅佐成王忠心耿耿，而管叔鲜和蔡叔度怀疑周公旦要篡夺王位，心里愤愤不平，就到处散布流言，说周公想篡权，以清君侧为名发动叛乱。事见《史记》卷五。［23］非成王之年：当年周成王姬诵登极时只有十二岁，而司马衷为皇太子，时年九岁，至这时已三十二岁。［24］山陵既毕：司马炎的丧事过了之后。［25］苟有以察其忠款：意谓只要您能体谅我的忠心。苟，假如。忠款，忠诚。［26］斥逐：赶走，驱逐。［27］生子痴，了官事：意谓只有傻小子才想快刀斩乱麻地解决国家问题。了，了断，解决。杨济以老庄哲学看待人事关系，劝导傅咸对官场的事，装点糊涂，不要太认真。［28］想虑破头：意谓我是怕你因直言而掉脑袋。想虑，思考，忧虑。破头，断头，杀头。［29］具有白：即具白，详细说明。白，告白，告知。［30］卫公：指西晋的权臣卫瓘。［31］酒色杀人，甚于作直：意谓死于酒色的人，远比死于言行正直的人为多。［32］坐：因。［33］逆畏以直致祸：自己首先害怕直言直行会引来祸端。逆，预先，事先。［34］以苟且为明哲：将苟且敷衍、不负责任说成是"既明且哲"。《诗经·烝民》有"既明且哲，以保其身"的诗句。明哲，明智，睿哲。［35］不忠笃：不够忠正诚实。［36］以亢厉为声：只图落个刚直的名声。亢厉，刚正，严厉。［37］故致忿：以致招来怨恨。［38］悾悾忠益：一片赤诚地尽心做好事情。悾（kōng）悾，诚恳的样子。返见怨疾：反而遭到嫉恨。怨疾，不满，憎恨。［39］险悍：险恶，凶悍。［40］权略：权谋，谋略。［41］忌：畏惧，忌惮。［42］段广：西晋官员，杨骏外甥。［43］张劭：杨骏的另一个外甥。中护军：官名，掌管宫廷卫戍部队的长官。［44］典禁兵：掌管禁卫部队。典，主管，统领。［45］帝省讫（qì）：皇帝看过中书起草的诏令后。省，省览，省视。讫，完结。［46］太后：即杨芷，字季兰，杨骏之女，司马炎皇后，晋惠帝即位，尊为太后。［47］严碎专愎：严厉琐碎而又专断，自以为是，不接受别人的意见。愎，刚愎自用。［48］孙楚：字子荆，曹魏重臣孙资之子，西晋官员。晋惠帝初为冯翊太守，后卒于任上。传见《晋书》卷五十六。［49］伊、霍之任：指杨骏肩负伊尹、霍光的重任。伊，伊尹，辅佐商汤王的贤相。霍，霍光，西汉辅佐昭宣中兴的名臣。伊、霍两人都曾担任先主的托孤之任。［50］至公：大公无私，全心为公。［51］不与共参万机：不与这些司马氏的王公共同协商处理国家大事。万机，形容当政者处理的各种重要事务。［52］树私昵（nì）：拉拢了一伙私党亲信。［53］弘训少府：为弘训宫管理金钱物资的官。当时司马师的夫人羊徽瑜居于弘训宫。蒯钦：西晋官员，襄阳人，曾为弘训少府，刚直不阿，屡以正言劝说杨骏。［54］杨文长：即杨骏，字文长。虽暗：即使为人昏庸。暗，昏聩无能。［55］乃可以免：指将来不致因杨骏而受到牵连，可免灾祸。［56］辟：任用。匈奴东部：即匈奴左部，居于今山西太原市一带。王彰：匈奴东部人，最初为晋成都王司马颖的参军，后来追随刘渊起事，被刘渊倚重。仕于汉赵刘渊、刘聪，官至太尉、骠骑大将军。［57］新兴：晋郡名，郡治九原，在今山西忻州市。张宣子：新兴郡人，姓张名宣子。［58］一姓二后：一个家庭出两个皇后，指司马炎的第一个皇后杨艳和第二个皇后杨芷。［59］杨太傅：即杨骏，官太傅。昵近：亲近。［60］自恣：放纵自己，任意妄为。［61］逾海出塞：越过大海、关塞，逃到海外、塞外。［62］应其辟：接受他的聘请，到他的部下为官。辟，征辟，征召。［63］不惟：不考虑。［64］不克负荷：指没有能力做接班人，不能担当治理天下的重任。克，能。负荷，担当。［65］受遗者：指受遗命辅佐嗣主的人。复非其人：又不是能够胜任的人。［66］壬午：八月二十六日。［67］太子太师：官名，掌管辅导太子之事，与太子太傅、太子太保并称为“东宫三师”。［68］裴楷：字叔则，魏晋大臣、名士。传见《晋书》卷三十五。少师：太子少师，协掌辅导太子。［69］太傅：太子太傅，掌管辅导太子，位在太子太师下，太子太保上。［70］太常：官名，掌管宗庙礼仪，九卿之一。张华：字茂先，西晋名臣。传见《晋书》卷三十六。少傅：即太子少傅，协助太子太傅辅导、翼护太子。［71］太保：官名，即太子太保，职掌同太子太师。［72］和峤（jiào）：字长舆，魏晋大臣。传见《晋书》卷四十五。少保：官名，即太子少保，职掌同太子少师。［73］淑媛：古代妃嫔称号之一，是九嫔妃的第二级。据《晋志》，晋时的九嫔妃为淑妃、淑媛、淑仪、修华、修容、修仪、婕妤、容华、充华。［74］不听：不准许。［75］从容：好像是漫不经心地自然说起。从容，不慌不忙，一种有自信有主见的态度。［76］淳古之风：不了解现代事务，含蓄地说他呆傻。淳古，淳厚，古朴。［77］末世多伪：现时社会充满欺诈、虚伪。末世，指一个朝代衰亡的时期。伪，虚伪奸诈。［78］恐不了陛下家事：恐怕管理不了你们家族的事务，即治理国家。不了，处理不了，不能完成。家事，隐指外戚、后妃和司马诸王的飞扬跋扈，将影响到国家的治理。［79］差长进：稍微有些长进。差，略，稍微。［80］俱诣之：一起到他跟前看看。［81］粗及世事：稍微谈谈当世之事。［82］明识雅度：既有高明的见识，又有优雅的气度。［83］圣质如初：太子的气质、品性还和从前一样，意即没有什么长进，还是不聪明。［84］今日定如何：现在究竟如何？定，究竟。［85］不效：没有得到证明。［86］辛酉：十月六日。［87］陇西王泰：即司马泰，字子舒，司马懿四弟东武城侯司马馗之子，封陇西王，曾为镇西将军、护西戎校尉，为司空。传见《晋书》卷三十七。［88］匈奴五部大都督：掌管入居塞内的五部匈奴事务，下设左部、右部、南部、北部、中部都尉，分治各部。

元康元年（辛亥，291 年）

春，正月，乙酉朔[1]，改元永平。

初，贾后之为太子妃也，尝以妒[2]，手杀数人，又以戟掷孕妾，子随刃坠；武帝大怒，修金墉城[3]，将废之。荀勖、冯紞[4]、杨珧[5]及充华赵粲[6]共营救之，曰："贾妃年少，妒者，妇人常情，长自当差[7]。"杨后曰："贾公闾[8]有大勋于社稷[9]，妃亲其女[10]，正复[11]妒忌，岂可遽忘其先德[12]邪！"妃由是得不废。

后数诫厉妃[13]，妃不知后之助己，返以后为拘己于武帝[14]，更恨之。及帝即位，贾后不肯以妇道[15]事太后，又欲干预政事，而为太傅骏所抑。殿中中郎渤海孟观、李肇[16]，皆骏所不礼也，阴构[17]骏，云将危社稷。黄门董猛[18]，素给事东宫[19]，为寺人监[20]，贾后密使猛与观、肇谋诛骏，废太后。又使肇报汝南王亮，使举兵讨骏，亮不可。肇报都督荆州诸军事楚王玮[21]，玮欣然许之，乃求入朝。骏素惮玮勇锐，欲召之而未敢，因其求朝，遂听之。二月，癸酉[22]，玮及都督扬州诸军事、淮南王允[23]来朝。

三月，辛卯[24]，孟观、李肇启帝，夜作诏，诬骏谋反，中外戒严[25]，遣使奉诏废骏，以侯就第[26]。命东安公繇[27]帅殿中四百人讨骏，楚王玮屯司马门[28]，以淮南相刘颂为三公尚书[29]，屯卫殿中。段广跪言于帝曰："杨骏孤公[30]无子，岂有反理，愿陛下审之！"帝不答。

时骏居曹爽故府[31]，在武库南，闻内有变，召众官议之。太傅主簿朱振[32]说骏曰："今内有变，其趣[33]可知，必是阉竖[34]为贾后设谋，不利于公[35]，宜烧云龙门[36]以胁之，索造事者[37]首，开万春门[38]，引东宫及外营兵[39]拥皇太子入宫，取奸人，殿内震惧，必斩送之。不然，无以免难。"骏素怯懦，不决，乃曰："云龙门，魏明帝[40]所造，功费甚大，奈何烧之！"

侍中傅祗白骏[41]，请与尚书武茂[42]入宫观察事势，因谓群僚曰："宫中不宜空。"遂揖而下阶。众皆走，茂犹坐。祗顾曰[43]："君非天子臣邪？今内外隔绝[44]，不知国家所在[45]，何得安坐！”茂乃惊起。骏党左军将军刘豫[46]陈兵在门，遇右军将军裴頠[47]，问太傅所在，頠绐[48]之曰：“向于西掖门遇公乘素车[49]，从二人[50]西出矣。”豫曰：“吾何之？”頠曰：“宜至廷尉[51]。”豫从頠言，遂委而去[52]。寻诏頠代豫领左军将军，屯万春门。頠，秀[53]之子也。

皇太后题帛为书，射之城外，曰：“救太傅者有赏。”贾后因宣言太后同反。寻而殿中兵出，烧骏府，又令弩手于阁上临骏府而射之，骏兵皆不得出。骏逃于马厩[54]，就杀之[55]。孟观等遂收骏弟珧、济，张劭、李斌、段广、刘豫、武茂及散骑常侍杨邈[56]、中书令蒋俊[57]、东夷校尉文鸯[58]，皆夷三族，死者数千人。

珧临刑，告东安公繇曰：“表在石函[59]，可问张华。”众谓宜依钟毓例[60]为之申理。繇不听，而贾氏族党趣使[61]行刑。珧号叫不已，刑者以刀破其头[62]。繇，诸葛诞[63]之外孙也，故忌文鸯[64]，以为骏党而诛之。是夜，诛赏皆自繇出，威振内外。王戎谓繇曰：“大事之后，宜深远权势[65]。”繇不从。

（以上为第五段，写西晋宫廷政变，外戚太尉杨骏只当了一年的辅政大臣，就被皇后贾南风算计而诛杀，灭三族；其弟杨珧有言在先，也没有逃过厄运，被破头而亡。）

【注释】

［1］乙酉朔：正月一日。［2］妒：妒忌，忌恨。［3］修：整修。金墉城：位于洛阳城（今河南洛阳市东）西北角的小城。魏明帝曹叡时建筑，魏晋时被废的帝、后，都安置于此。［4］冯紞（dǎn）：字少胄，西晋初期奸臣，与宠臣贾充、荀勖组成朋党。传见《晋书》卷三十九。［5］杨珧（yáo）：字文琚，西晋外戚大臣，为尚书令，卫将军怀与太傅杨骏、卫将军杨济势倾天下，时人号称“三杨”。贾南风专政，坐罪被杀，夷灭三族。传见《晋书》卷四十。［6］充华：后宫妃嫔名，是九级妃嫔中的第九级，最低一级。赵粲：晋武帝司马炎的嫔妃，皇后杨艳的表妹，依附于贾南风，贾南风为太子妃时曾杀死数名怀孕的太子宫人，晋武帝想废掉她，赵粲和武悼皇后杨芷劝阻，贾南风失败后被杖杀。［7］长自当差：年龄大了就会变好。差，改变，变好。［8］贾公闾：即贾充，字公闾。［9］有大勋于社稷：指贾充帮着司马氏杀魏帝曹髦与篡取魏国政权等。［10］妃亲其女：贾妃是他的亲闺女。［11］正复：即使。［12］遽忘其先德：一下子就忘了其先人对我们的恩情。遽，立即，一下子。［13］后：指司马炎的皇后杨芷。数诫厉妃：曾多次告诫

训斥贾妃。诫厉：严厉训斥。［14］返：反而。拘己于武帝：在武帝跟前说自己的坏话。拘，通“构”，诬陷，陷害。［15］以妇道：按着做儿媳的本分。［16］殿中中郎：官名，统领殿中护卫，位在殿中将军下，由皇帝亲信充任。孟观：字叔时，晋惠帝即位，担任殿中中郎。后升为黄门侍郎，官至安南将军、都督河北诸军事。传见《晋书》卷六十。李肇：西晋官员，曾任殿中中郎。［17］阴构：暗中攻击。［18］董猛：西晋宦官。皇后贾南风心腹，诛杨骏有功，封为武安侯，官至黄门令，参与多次宫廷政变，最终被齐王司马冏诛杀。［19］素给事东宫：一直在东宫（太子宫）供职。给事，供职，办事。［20］为寺人监：充任宦官的头领。寺人，古代宫中的近侍小臣，多以阉人充任。［21］楚王玮：即司马玮，晋武帝司马炎第五子，封为楚王。［22］癸酉：二月二十日。［23］淮南王允：即司马允，晋武帝司马炎第三子，封为淮南王。［24］辛卯：三月八日。［25］中外：指朝廷内外。戒严：警戒管制。［26］以侯就第：免去职务，以临晋侯的身份回家赋闲。［27］东安公繇：即司马繇，晋惠帝司马衷的堂叔，封东安公，都城在今山东临沂市境内。［28］司马门：宫城前的外门。［29］三公尚书：官名，隶属尚书台，主管审理刑狱。［30］孤公：一个孤老头。段广是杨骏的外甥，故为之分辩。［31］曹爽故府：曹魏权臣曹爽当年所住的房子。［32］太傅主簿：太傅杨骏的僚属。主簿，官名，各级主官属下掌管文书的佐吏。朱振：太傅杨骏的主簿。［33］趣：意向，目的。［34］阉竖：指宦官小人。［35］不利于公：将加害于您。公，指杨骏。［36］云龙门：洛阳皇宫的正南门。［37］索造事者：勒令交出制造事端的人。索，索要。［38］万春门：洛阳皇宫的东门。［39］引：带领。外营兵：驻防在洛阳城外的警戒部队。［40］魏明帝：即曹叡。［41］白骏：告诉杨骏，给杨骏出主意。白，禀告。［42］武茂：字季夏，西晋大臣。传见《晋书》卷四十五。［43］祗顾曰：侍中傅祗回头说。［44］内外隔绝：宫内宫外隔绝不通。［45］不知国家所在：不知道皇帝现在哪里。国家，代指皇帝司马衷。［46］刘豫：西晋官员，为左军将军，杨骏党羽，后被灭三族。［47］裴頠（wěi）：字逸民，西晋大臣，时任国子祭酒兼右军将军。传见《晋书》卷三十五。［48］绐（dài）：欺骗，哄骗。［49］向：刚才。西掖门：宫殿正门西旁的边门。乘素车：乘着白色的小车。［50］从二人：有两个人跟着。从，跟随。［51］宜至廷尉：应该自动到廷尉那里去自首。廷尉是国家最高的司法长官。［52］委而去：即委兵而去，指把军队托付给裴頠，自己脱身离去。委，委弃，丢下。［53］秀：即裴秀，字季彦，魏晋时期名臣。传见《晋书》卷三十五。［54］马厩（jiù）：马棚，养马的地方。［55］就杀之：将他杀死在马棚中。［56］杨邈：西晋官员，曾为散骑常侍，杨骏党羽，被灭三族。［57］蒋俊：西晋官员，曾为中书令，杨骏党羽，被灭三族。［58］文鸯：字次骞，魏末晋初名将，曹魏扬州刺史文钦之子。迁东夷校尉，在皇后贾南风发动的政变中，被诬与杨骏一同谋反，被灭三族。传见《三国志》卷二十八。［59］表在石函：我昔日的奏章收藏在太庙的石匣中。杨珧上表劝司马炎不要从杨氏家族连娶二后，事见《资治通鉴》卷八十晋武帝咸宁二年（276）。［60］依钟毓（yù）例：钟毓是钟会之兄，曾劝司马昭不要重用其弟。钟会叛逆被杀后，钟毓已死，司马昭特赦免其二子，官爵如故。［61］趣使：促使，督促。趣（cù），通“促”。［62］以刀破其头：因杨珧哀号挣扎，刽子手无法砍准脖子，遂用刀劈开了他的头颅。［63］诸葛诞：字公休，曹魏将领，官至征东大将军。起兵反对权臣司马昭，失败后，被夷三族。传见《三国志》卷二十八。［64］故忌文鸯：诸葛诞杀文鸯之父文钦，故司马繇忌惮文鸯，必欲杀之。［65］深远权势：要远远地离开权势。其意是司马繇杀人太多，会受到报复。

壬辰[1]，赦天下，改元。

贾后矫诏，使后军将军荀悝[2]送太后于永宁宫[3]，特全太后母高都君庞氏[4]之命，听就太后居[5]。寻复讽群公有司[6]奏曰："皇太后阴渐奸谋[7]，图危社稷，飞箭系书，要募[8]将士，同恶相济[9]，自绝于天。鲁侯绝文姜[10]，《春秋》所许[11]。盖奉祖宗，任至公于天下[12]，陛下虽怀无已之情[13]，臣下不敢奉诏[14]。"诏曰："此大事，更详之[15]。"

有司又奏："宜废太后曰'峻阳庶人[16]'。"中书监张华议："太后非得罪于先帝，今党其所亲[17]，为不母于圣世[18]，宜依汉废赵太后为孝成后[19]故事，贬皇太后之号，还称'武皇后'，居异宫[20]，以全始终之恩[21]。"左仆射荀恺[22]与太子少师下邳王晃[23]等议曰："皇太后谋危社稷，不可复配先帝，宜贬尊号，废诣金墉城[24]。"于是，有司奏从晃等议，废太后为庶人，诏可。

又奏："杨骏造乱，家属应诛，诏原其妻庞命[25]，以尉[26]太后之心。今太后废为庶人，请以庞付廷尉行刑。"诏不许，有司复固请[27]，乃从之。庞临刑，太后抱持号叫，截发稽颡[28]，上表诣贾后称妾，请全母命，不见省[29]。董养游太学[30]，升堂[31]叹曰："朝廷建斯堂，将以何为乎[32]！每览国家赦书，谋反大逆皆赦，至于杀祖父母、父母不赦者，以为王法所不容故也。奈何公卿处议[33]，文饰礼典[34]，乃至此乎！天人之理既灭，大乱将作矣。"

有司收骏官属，欲诛之。侍中傅祗启曰："昔鲁芝[35]为曹爽司马，斩关赴爽[36]，宣帝用为青州刺史。骏之僚佐，不可悉加罪。"诏赦之。

（以上为第六段，写贾南风发动政变后，为报私仇，对皇太后杨芷赶尽杀绝，废为庶人，打入冷宫，杀掉其母庞氏，晋惠帝司马衷没有任何主见，只是一个傀儡。）

【注释】

[1]壬辰：三月九日。[2]荀悝（lǐ）：字茂仲，东汉侍中荀彧曾孙，司马懿外孙，为护军将军。贾后矫诏，迫害皇太后杨芷，晋惠帝司马衷使荀悝送太后于永宁宫。[3]永宁宫：自曹魏以来，是太后居住的地方。[4]特全：特别开恩保全。庞氏：杨骏之妻，皇太后杨芷的生母，姓庞，被封为高都君。[5]听就太后居：准许她随其女一起居住。听，听任。[6]寻复讽群公有司：不久，又指使各有关部门的大臣向皇帝建议。寻，不久。讽，示意，指使。[7]阴渐奸谋：暗地里一直与其父勾结，进行奸谋活动。胡三省注曰："此诬杨太后以为与骏为奸谋，非一日之积也。"渐，渐进，逐步发展。[8]要募：聚集，招募。[9]同恶相济：指与杨骏互相帮助，共同作恶。[10]鲁侯：指春秋时鲁庄公姬同，鲁国第十六任君主，鲁桓公嫡长子。鲁桓公偕夫人文姜出访齐国，发现妻子文姜与其兄长齐襄公乱伦私通而斥责文姜，于是，齐襄公派人将妹夫鲁桓公杀死。绝文姜：指姬同继位为鲁庄公，送其母桓公夫人文姜回齐国，断绝母子关系。文姜，齐襄公异母妹，春秋四大美女之一。她的婚姻一波三折，风流韵事轰动天下，《诗经》留下了许多有关文姜的篇章。[11]《春秋》所许：孔子在《春秋》上对这件事写道："夫人孙于齐。"《谷梁传》曰："不言氏姓，贬之也。"许，称许。[12]奉祖宗，任至公于天下：意即这完全是因为身为鲁国祖宗基业的继承者对天下人所表现的一种大公无私。奉，尊奉，继承。至公，大公无私。[13]无已之情：指对母亲的无尽的思念。[14]不敢奉诏：无法按着您的意思办。意即反对留着杨后，要置之死地。[15]更详之：意即再细细考虑考虑。[16]峻阳庶人：晋武帝司马炎的陵墓称为"峻阳陵"，故称杨氏为"峻阳庶人"。庶人，平民。[17]党其所亲：与她的亲眷结成党羽。[18]不母于圣世：对当今皇上做了母亲不该做的事情。意即不配做当今皇上的母亲。[19]汉废赵太后为孝成后：汉成帝的皇后赵飞燕，与其妹谋杀汉成帝的许多儿子，后被废去"太后"称号，只以"孝成后"相称。[20]居异宫：另找一个宫殿让她居住。[21]全始终之恩：意即让她一直活到去世。[22]荀恺（kǎi）：字茂伯，魏末晋初官员、外戚，太尉荀彧曾孙，司马懿外孙，时任左仆射。[23]下邳王晃：即司马晃，字子明，司马懿三弟安平献王司马孚第五子，受封下邳王。传见《晋书》卷三十七。[24]废诣金墉城：废去皇太后封号，打发到金墉城去居住。[25]原其妻庞命：意即赦免了杨骏妻子庞氏的死罪。原，宽恕，赦免。[26]尉：通"慰"，抚慰，慰藉。[27]复固请：还是坚决请求。这些人当然都是贾后指使。[28]截发：割断头发，一副丧魂落魄的样子。稽颡（sǎng）：古代的一种礼节，屈膝下跪，双手朝前，以额触地，表示极度的虔诚。后世称为"五体投地"。[29]不见省：不被理睬。[30]董养：字仲道，曾到洛下，不干禄求荣，游太学。后与妻荷担入蜀，莫知所终。传见《晋书》卷九十四。游太学：到太学讲学参观。太学，古代的国立最高学府。[31]升堂：登上讲书的课堂。[32]将以何为乎：意谓兴建太学，就是讲授孝悌之义，而今贾氏虐待杨后，诛杀庞氏，毫无人性，还要这欺人的太学干什么！[33]公卿处议：三公及九卿等高级官员的讨论意见。处议，坐而议论。[34]文饰礼典：指干尽了丧尽天良的坏事，还要引经据典，为自己粉饰。文饰，掩饰，遮盖。[35]鲁芝：字世英，魏晋名臣。曹魏时，

曾为曹爽大将军司马，后被司马懿赦免，入晋，为镇东将军。传见《晋书》卷九十。［36］斩关赴爽：司马懿发动高平陵政变，要杀曹爽，曹爽的下属鲁芝当时正在司马懿处，听说后，断然破门而出，往依曹爽。鲁芝也受到牵连被下狱，论理当死，但他始终不改坚贞的气节。司马懿很欣赏他，于是将他赦免。

壬寅[1]，征汝南王亮为太宰，与太保卫瓘皆录尚书事，辅政。以秦王柬为大将军，东平王楙为抚军大将军[2]，楚王玮为卫将军、领北军中候[3]，下邳王晃为尚书令，东安公繇为尚书左仆射，进爵为王。楙，望之子也。封董猛为武安侯，三兄皆为亭侯。

亮欲取悦众心，论诛杨骏之功，督将侯者千八十一人[4]。御史中丞傅咸遗亮书曰："今封赏熏赫[5]，震动天地，自古以来，未之有也。无功而获赏，则人莫不乐国之有祸，是祸原[6]无穷也。凡作此[7]者，由东安公[8]。人谓殿下既至，当有以正之[9]，正之以道[10]，众亦何怒！众之所怒者，在于不平耳；而今皆更倍论[11]，莫不失望。"

亮颇专权势，咸复谏曰："杨骏有震主之威，委任亲戚，此天下所以喧哗[12]。今之处重[13]，宜反此失[14]，静默颐神[15]，有大得失[16]，乃维持[17]之，自非大事，一皆抑遣[18]。比过尊门[19]，冠盖车马，填塞街衢[20]，此之翕习[21]，既宜弭息[22]。又夏侯长容[23]无功而暴擢为少府[24]，论者谓长容，公之姻家[25]，故至于此，流闻四方，非所以为益也。"亮皆不从。

贾后族兄车骑司马模[26]、从舅右卫将军郭彰[27]、女弟之子贾谧[28]与楚王玮、东安王繇，并预国政[29]。贾后暴戾[30]日甚，繇密谋废后，贾氏[31]惮之。繇兄东武公澹，素恶繇，屡谮[32]之于太宰亮曰："繇专行诛赏[33]，欲擅朝政[34]。"庚戌[35]，诏免繇官；又坐有悖言[36]，废徙带方[37]。

于是[38]，贾谧、郭彰权势愈盛，宾客盈门。谧虽骄奢而好学，喜延[39]士大夫，郭彰、石崇、陆机、机弟云、和郁及荥阳潘岳、清河崔基、勃海欧阳建、兰陵缪徵、京兆杜斌、挚虞、琅邪诸葛诠、弘农王粹、襄城杜育、南阳邹捷、齐国左思、沛国刘瑰、周恢、安平牵秀、颍川陈畛、高阳许猛、彭城刘讷、中山刘舆、舆弟琨，皆附于谧，号曰“二十四友”[40]。郁，峤之弟也。崇与岳尤谄事[41]谧，每候谧及广城君郭槐[42]出，皆降车[43]路左，望尘而拜。

太宰亮、太保瓘以楚王玮刚愎[44]好杀，恶之，欲夺其兵权，以临海侯裴楷代玮为北军中候，玮怒；楷闻之，不敢拜[45]。亮复与瓘谋，遣玮与诸王之国[46]，玮益忿怨。玮长史公孙宏[47]、舍人岐盛[48]，皆有宠于玮，劝玮自昵[49]于贾后；后留玮领太子少傅。盛素善[50]于杨骏，卫瓘恶其反复[51]，将收[52]之。盛乃与宏谋，因积弩将军李肇矫称玮命[53]，谮亮、瓘于贾后，云“将谋废立[54]”。后素怨瓘[55]，且患二公[56]执政，己不得专恣[57]。

（以上为第七段，写皇后贾南风扳倒太尉杨骏，重用汝南王司马亮、太保卫瓘，滥封侯爵，专权自恣，任意妄为；晋朝上下暗流涌动，新一轮宫廷政变呼之欲出。）

【注释】

[1]壬寅：三月十九日。 [2]东平王楙：即司马楙（máo），字孔伟，义阳王司马望之子，西晋建立后，封东平王。传见《晋书》卷三十七。抚军大将军：官名，执掌朝政。 [3]领北军中候：兼任北军五营的监察长官。五营指屯骑、越骑、步兵、长水、射声，都是在京城的警卫部队。领，兼任。 [4]督将侯者千八十一人：中级军官被封侯的达一千多人，可见其滥封之严重。督将，官名，将军手下的中级军官。 [5]熏赫：显赫，盛大。 [6]祸原：祸乱的根源。原，通“源”，根源，来源。 [7]作此：指兴起这个头儿。 [8]东安公：即司马繇，曾封东安公。 [9]正之：纠正这种错误的做法。 [10]正之以道：以大道、法规来纠正。 [11]更倍论：又加倍地封赏。 [12]喧哗：吵吵闹闹。意即对杨骏统领朝政极度不满意。 [13]处重：居于重要地位，即掌管大权。 [14]宜反此失：应当改变杨骏的那种错误的做法。 [15]静默颐（yí）神：少下命令，少说话，自己安养精神，实际是安定人心。颐，休养，保养。 [16]大得失：即关系国家安危的大问题。 [17]维持：过问，处理。 [18]一皆抑遣：意谓一般小事情，通通不办，或让别人去管。一，统统。抑遣，抑制，打发。 [19]比过尊门：不久前曾到尊府上。比，近来，前不久。尊门，敬指司马亮的府门。 [20]街衢（qú）：大路，四通八达的道路。 [21]此之翕习：这样的风气。翕习，指奔走钻营的习气。翕（xī），合，互相比附。 [22]既宜弭（mǐ）息：应当一概刹住。既，意思同“概”。弭息，停止，消除。弭，息，止息。 [23]夏侯长容：即夏侯骏，字长容，入晋，官至少府、安西将军、并州刺史。 [24]暴擢（zhuó）为少府：一下子被提升为少府。暴擢，突然提升。少府，官名，九卿之一，掌管皇宫的财富、物资。 [25]姻（yīn）家：因婚姻而构成的亲戚。姻，结亲的男家，指夫或夫之父。按：夏侯骏与汝南王司马亮为姻亲。 [26]模：

即贾模，字思范，贾充族子，贾南风族兄，西晋大臣。传见《晋书》卷四十。［27］右卫将军：掌握禁兵，总领京都防卫部队。郭彰：字叔武，贾南风从舅。常常以高门自诩，鄙视甚至欺凌同族人郭琦。传见《晋书》卷四十。［28］贾谧（mì）：字长渊，原姓韩，因外祖父贾充的儿子黎民早卒，过继给黎民为嗣，改姓贾。历任散骑常侍、后军将军。因与贾后一起合谋陷害太子，为赵王司马伦所杀。传见《晋书》卷四十。［29］并预国政：共同管理国家大事。预，参与，过问。［30］暴戾（lì）：性情残暴凶狠。［31］贾氏：指贾氏家族。［32］谮（zèn）：诬陷，谗毁。［33］专行诛赏：独断专行，诛罚赏赐完全出于己意。［34］擅朝政：即专擅朝政，掌握朝政大权。［35］庚戌：三月二十七日。［36］悖（bèi）言：悖逆、不满的言论。［37］带方：县名，汉属乐浪郡，公孙度置带方郡，在今韩国京畿道及忠清北道，郡治在今朝鲜平壤市西南。［38］于是：此时，当时。［39］延：接纳与招引。［40］号曰“二十四友”：前述从郭彰、石崇、陆机、陆云至刘舆、刘琨等二十四位西晋士大夫文人都趋附在贾后侄儿贾谧门庭，成为帝后势力的鼓吹团队，美其名曰“二十四友”，多为当世著名文人，足见当时士风之败坏。［41］谄事：谄媚，奉承。［42］郭槐：字媛韶，太原阳曲（今山西太原市）人，贾充的继室，皇后贾南风的母亲，封为广城君。传见《晋书》卷四十。［43］降（jiàng）车：停车。降，落下，停下。［44］刚愎（bì）：任性，自以为是，不听别人意见。［45］不敢拜：不敢接受北军中候的职务。拜，拜任，接受。［46］之国：离开京都洛阳，回到各自的封地上去。之，到，往。［47］长史：官名，为幕僚性质的官员。公孙宏：谯国（今安徽亳州市）人，楚王司马玮手下长史，为司马玮出谋，结果事败，被夷灭三族。［48］舍人：官名，犹言“家令”。岐盛：西晋楚王司马玮的门客，为司马玮出谋，结果事败，被夷灭三族。［49］自昵（nì）：主动亲近。［50］素善：一向交情很好。［51］恶其反复：讨厌岐盛的反复无常，没有操守。恶（wù），厌恶，讨厌。［52］收：拘捕。［53］因：依靠，通过。积弩将军：官名，领积弩营，辖二千五百人，担当宿卫之任。李肇：西晋官员。矫称：诈称。［54］谋废立：阴谋废掉皇帝，另立新君。［55］后素怨瓘：因卫瓘曾“抚床”，暗示晋武帝司马炎不要传位于司马衷。素，平素，一向。［56］患：害怕，担心。二公：指司马亮、卫瓘。［57］专恣：专权放纵，为所欲为。

夏，六月，后使帝作手诏[1]赐玮曰：“太宰、太保欲为伊、霍之事[2]，王宜[3]宣诏，令淮南、长沙、成都王[4]屯诸宫门，免亮及瓘官。”夜，使黄门赍[5]以授玮。玮欲复奏[6]，黄门曰：“事恐漏泄，非密诏本意也。”玮亦欲因此复私怨[7]，遂勒本军[8]，复矫诏召三十六军[9]，告以“二公潜图不轨[10]，吾今受诏都督中外诸军，诸在直卫者[11]，皆严加警备；其在外营[12]，便相帅径诣行府[13]，助顺讨逆。”又矫诏：“亮、瓘官属，一无所问，皆罢遣之[14]；若不奉诏，便军法从事。”遣公孙宏、李肇以兵围亮府，侍中清河王遐收瓘[15]。

亮帐下督李龙[16]，白“外有变，请拒之”，亮不听。俄而兵登墙大呼，亮惊曰：“吾无贰心，何故至此！诏书其可见乎！”宏等不许，趣[17]兵攻之。长史刘准[18]谓亮曰：“观此必是奸谋。府中俊乂[19]如林，犹可力战。”又不听，遂为肇所执，叹曰：“我之赤心，可破示[20]天下也！”与世子矩俱死[21]。

卫瓘左右亦疑遐矫诏，请拒之[22]，须自表得报[23]，就戮未晚，瓘不听。初，瓘为司空[24]，帐下督荣晦[25]有罪，斥遣之[26]。至是，晦从遐收瓘，辄杀瓘及子孙共九人，遐不能禁。

岐盛说[27]玮：“宜因兵势，遂诛贾、郭[28]以正王室，安天下。”玮犹豫未决。会天明[29]，太子少傅张华使董猛说贾后曰：“楚王既诛二公[30]，则天下威权尽归之矣，人主何以自安！宜以玮专杀之罪[31]诛之。”贾后亦欲因此除玮，深然之。

是时内外扰乱，朝廷恟惧[32]，不知所出[33]。张华白帝，遣殿中将军王宫[34]赍驺虞幡[35]出，麾众[36]曰：“楚王矫诏，勿听也！”众皆释仗而走。玮左右无复一人，窘迫不知所为，遂执之，下廷尉。乙丑[37]，斩之。玮出怀中青纸诏[38]，流涕以示监刑尚书刘颂曰：“幸托体先帝[39]，而受枉乃如此[40]乎！”公孙宏、岐盛并夷三族。

玮之起兵也，陇西王泰严兵[41]将助玮，祭酒丁绥[42]谏曰：“公为宰相[43]，不可轻动，且夜中仓猝[44]，宜遣人参审定问[45]。”泰乃止。

卫瓘女与国臣[46]书曰：“先公名谥未显[47]，每怪一国蔑然无言[48]，《春秋》之失[49]，其咎安在[50]？”于是，太保主簿刘繇等执黄幡[51]，挝登闻鼓[52]，上言曰：“初，矫诏者至，公即奉送章绶[53]，单车从命[54]。如矫诏之文唯免公官[55]，而故给使荣晦[56]，辄收公父子及孙，一时斩戮。乞验尽情伪[57]，加以明刑[58]。”乃诏族诛荣晦，追复亮爵位，谥曰“文成”；封瓘为兰陵郡公，谥曰“成”。

（以上为第八段，写皇后贾南风蓄意发动宫廷政变，赐诏楚王司马玮，以谋逆罪杀汝南王司马亮、太保卫瓘，又以矫诏罪杀掉司马玮，西晋进入贾后专政弄权时代。）

【注释】

[1]作手诏：亲笔撰写诏书。[2]为伊、霍之事：指贾后诬陷太宰司马亮和太保卫瓘欲效法伊尹、霍光行废立之事。[3]王：指楚王司马玮。宜：应当，应该。[4]淮南：即淮南王司马允。长沙：即长沙王司马乂。成都王：即成都王司马颖。三王分别是晋武帝司马炎第五子、第六子、第十六子，是晋惠帝司马衷的异母弟。[5]赍（jī）：持，拿着。[6]复奏：事关重大，再重新请示一遍。[7]因此复私怨：利用这一密诏，趁此机会报私仇。复，报复。[8]勒本军：带着自己所掌管的北军五营。勒，统帅。[9]复矫诏：诈称奉皇帝的诏令。三十六军：当时洛阳城内外共三十六军。[10]二公：即指汝南王司马亮、太保卫瓘。潜图不轨：秘密图谋逆之事。不轨，越出常轨，不合法度，指叛乱之事。[11]在直卫者：正在值勤、担任卫护防守之职的士兵。直，通"值"，值守，值勤。[12]其在外营：其他所有在外的武装部队。[13]相帅径诣行府：带着本部人马到朝廷在外地设立的办事部门。帅，通"率"，率领。径诣，直接到。行府，暂驻地设立的办事处所。[14]皆罢遣之：全部罢免、遣散。[15]清河王遐：即司马遐，字深度，晋武帝司马炎第十三子，晋惠帝司马衷异母弟，受封清河王。传见《晋书》卷三十八。收瓘：逮捕卫瓘。[16]帐下督：诸公及诸大将帐下门前的武官名，负责警卫。李龙：西晋官员，曾为汝南王司马亮帐下督。[17]趣（cù）：通"促"，督促，催促。[18]刘准：西晋官员，曾为汝南王司马亮属官长史。[19]俊乂（yì）：英雄才俊，才德出众。[20]破示：剖析，昭示。[21]与世子矩俱死：汝南王司马亮是司马懿的第四子，自元康元年（291）三月入京，当权仅四个月。至此，"八王之乱"的第一王结束。世子，长子，王位继承人。矩，即司马矩，字延明，司马亮次子。初拜汝南王世子，为屯骑校尉，与父司马亮一同被害。传见《晋书》卷五十九。[22]请拒之：请求卫瓘予以抵抗。[23]须：等候。自表得报：亲自给皇帝上表，有了答复后再行事。[24]瓘为司空：晋武帝太康三年（282），卫瓘为司空，永熙元年（290）免。[25]荣晦：西晋人，曾为卫瓘司空府帐下督，因为自己以前犯罪，被卫瓘斥责驱逐，怀恨在心，遂借机杀死卫瓘及其子孙九人。后卫瓘平反，荣晦被族诛。[26]斥遣之：斥责并将他逐出司空府。[27]说：劝说，游说。[28]贾、郭：指贾谧、郭彰。[29]会天明：正好天亮。会，正值。[30]诛二公：指诛杀司马亮与卫瓘。[31]专杀之罪：擅自杀戮司马亮与卫瓘的罪过。[32]恟惧：纷扰，惊惧。恟，恐惧，惊怕。[33]不知所出：指诸人皆不知如何是好。[34]殿中将军：官名，负责殿内宿卫。王宫：西晋官员，曾任殿中将军。[35]赍：持，拿着。驺（zōu）虞幡：指绘有驺虞图形的长条旗帜，用以传旨解兵。驺虞，古代传说中的一种义兽，长得像白虎，身上有黑纹，性情仁慈，不吃有生命的东西，不践踏青草，很讲信义。旗帜上绣这种兽，是用来化解及阻止战争。晋制，有白虎幡、驺虞幡。白虎威猛主杀，故以督战；驺虞仁兽，故以解兵。[36]麾众：向着众人挥动。[37]乙丑：六月十三日。[38]青纸诏：一种用青纸写的皇帝的诏书。[39]托体先帝：指他是先帝司马炎的亲生儿子。司马玮是晋武帝司马炎的第五子。[40]受枉乃如此：竟然蒙受如此的冤枉。司马玮自元康元年（291）三月诛杀杨骏，至此当权共四个月。"八王之乱"的第二王至此结束。

[41]陇西王泰：即司马泰，司马懿之四弟东武城侯司马馗的儿子，封陇西王。严兵：调集军队。[42]祭酒：指陇西王府的属官。晋公府有东阁祭酒、西阁祭酒二官，以管理文化、礼仪方面的事情。丁绥（suí）：西晋官员，曾为陇西王府祭酒。 [43]公为宰相：司马泰当时任司空，与太尉、司徒同为宰相。 [44]仓猝：匆忙，急迫，意思是说目前皇宫的情况还弄不清楚。 [45]参审定问：了解核实确切的消息。参审，了解，验证。定问，弄清情况。问，同“闻”，消息。 [46]国臣：朝廷的高级官员。 [47]先公：指卫瓘。名谥未显：没有显扬的谥号。名谥，此指谥号。未，即没有。 [48]一国：指整个朝廷上下。蔑然无言：竟没有人为此说话。蔑然，犹默然之意。[49]《春秋》之失：《春秋》大义不能得到贯彻。《公羊传》曰：“《春秋》，君弑，贼不讨，以为无臣子也。”意思是，君主被杀，臣属不惩办逆贼，不配当臣下；儿子不报杀父之仇，不配当儿子。[50]其咎安在：责任应该由谁来负责。咎，罪过，责任。 [51]太保主簿：官名，卫瓘的属官。刘繇，西晋官员，曾任卫瓘的太保主簿。黄幡：黄色直挂的旗子。 [52]挝登闻鼓：敲动皇宫门前向里通报消息的大鼓。古代臣民遇有紧急事件，可以到宫门击鼓上闻，故称之。挝（zhuā），敲打。 [53]奉送章绶（shòu）：向传旨者交出印章绶带。 [54]单车从命：单身上车随传旨者而行，接受朝命。 [55]如矫诏之文唯免公官：依照假诏书上所写的，只是免掉卫瓘之官。 [56]故给使荣晦：从前在卫瓘帐下服务的荣晦。故给使，从前卫瓘帐下的听差。 [57]验尽情伪：彻底查明事情的真伪。 [58]加以明刑：给予公开的惩处。

于是，贾后专朝，委任亲党，以贾模为散骑常侍，加侍中。贾谧与后谋，以张华庶姓[1]，无逼上之嫌[2]，而儒雅有筹略[3]，为众望所依，欲委以朝政[4]。疑未决，以问裴頠，頠赞成之。乃以华为侍中、中书监，頠为侍中，又以安南将军裴楷为中书令，加侍中，与右仆射王戎并管机要[5]。

华尽忠帝室，弥缝遗阙[6]，贾后虽凶险，犹知敬重华，贾模与华、頠同心辅政，故数年之间，虽暗主在上，而朝野安静，华等之功也。

秋，七月，分荆、扬十郡为江州[7]。

八月，辛未[8]，立陇西王泰世子越[9]为东海王。

九月，甲午[10]，秦献王柬[11]薨。

辛丑[12]，征征西大将军梁王肜[13]为卫将军、录尚书事。

（以上为第九段，写皇后贾南风阴谋得逞，独揽朝政，虽凶暴阴险，但以儒雅有谋、众望所归的张华辅政，惠帝司马衷虽昏庸而居帝位，但朝野还算安稳、平静。）

【注释】

［1］庶姓：即异姓，不是司马氏家族的人。［2］无逼上之嫌：不会对皇帝（实际指对贾后一党）构成威胁。［3］筹略：筹谋，方略。［4］委以朝政：委派他主持朝政。［5］机要：机密要事，朝廷政务核心事务。［6］弥缝遗阙：弥补朝廷的缺失。弥缝，弥合，弥补。遗阙，遗失，缺漏。［7］分荆、扬十郡为江州：割扬州之豫章郡、鄱阳郡、庐陵郡、临川郡、南康郡、建安郡、晋安郡和荆州之武昌郡、桂阳郡、安成郡合十郡，因江水之名而置江州。州治豫章，在今江西南昌市，后迁寻阳（今江西九江市）。［8］辛未：八月二十日。［9］越：即司马越，字元超，受封东海王。晋武帝司马炎从兄弟，晋惠帝至晋怀帝时期权臣，八王之乱参与者之一。八王之乱后，立太弟司马炽为皇帝，自任太傅辅政。传见《晋书》卷五十九。［10］甲午：九月十四日。［11］秦献王柬：即司马柬，晋武帝司马炎第三子，封秦王，谥号为献，故称之。［12］辛丑：九月二十一日。［13］梁王肜：即司马肜，字子徽，司马懿第八子。西晋建立后，受封梁王。司马伦篡位后，拜太宰、丞相，主持朝政。传见《晋书》卷三十八。

二年（壬子，292 年）

春，二月，己酉[1]，故杨太后卒[2]于金墉城。是时[3]，太后尚有侍御[4]十余人，贾后悉夺之[5]，绝膳[6]八日而卒。贾后恐太后有灵，或诉冤于先帝，乃覆而殡之[7]，仍施诸厌劾符书、药物[8]等。

秋，八月，壬子[9]，赦天下。

三年（癸丑，293 年）

夏，六月，弘农[10]雨雹，深三尺[11]。

鲜卑宇文莫槐[12]为其下所杀，弟普拨[13]立。

拓拔绰[14]卒，弟[15]子弗[16]立。

四年（甲寅，294 年）

春，正月，丁酉[17]，安昌元公[18]石鉴薨。

夏，五月。匈奴郝散[19]反，攻上党[20]，杀长吏。秋，八月，郝散帅众降，冯翊都尉[21]杀之。

是岁，大饥。

司隶校尉傅咸卒。咸性刚简[22]，风格峻整[23]，初为司隶校尉，上言：“货赂[24]流行，所宜深绝[25]。”时朝政宽弛[26]，权豪放恣[27]，咸奏免河南尹澹[28]等官，京师肃然[29]。

慕容廆徙居大棘城[30]。

拓跋弗卒，叔父禄官[31]立。

五年（乙卯，295 年）

夏，六月，东海[32]雨雹，深五寸。

荆、扬、兖、豫、青、徐六州大水。

冬，十月，武库火，焚累代之宝[33]及二百万人器械。十二月，丙戌[34]，新作[35]武库，大调[36]兵器。

拓跋禄官分其国为三部[37]：一居上谷[38]之北，濡源之西[39]，自统之；一居代郡参合陂之北[40]，使兄沙漠汗[41]之子猗㐌[42]统之；一居定襄之盛乐故城[43]，使猗㐌弟猗卢[44]统之。猗卢善用兵，西击匈奴、乌桓诸部，皆破之。代人卫操[45]与从子雄[46]及同郡箕澹[47]，往依拓跋氏，说猗㐌、猗卢招纳晋人。猗㐌悦之，任以国事，晋人附者稍众[48]。

（以上为第十段，写晋惠帝元康二年（292）至元康五年（295）共四年的史事，主要写鲜卑族首领的更替，以及鲜卑人招纳晋人，重用晋臣，逐渐强大，为魏国的建立打下了坚实基础。）

【注释】

[1]己酉：二月一日。 [2]卒：去世。因皇太后杨芷已被贬为庶人，故称“卒”。杨芷只活了三十四岁。 [3]是时：当时，指杨芷被迁到金墉城幽禁的时候。 [4]侍御：侍奉她的婢仆。[5]悉夺之：把他们全部弄走。 [6]绝膳：绝食。膳，膳食。 [7]覆而殡之：把她的脸朝下人棺。 [8]厌劾符书、药物：“镇压”鬼魂的符咒、药物。厌劾，谓用迷信的方法消灾除邪。劾，告说其恶。 [9]壬子：八月七日。 [10]弘农：郡名，郡治在今河南灵宝市北。 [11]深三尺：冰雹厚达三尺。 [12]宇文莫槐：宇文部鲜卑首领，他苛待治下的民众，被族人所杀。宇文部是东汉时北匈奴瓦解后的余众与鲜卑族长期杂处而被同化的后裔。 [13]普拨：即宇文普拨，宇文部鲜卑首领，是前任首领宇文莫槐之弟，莫槐被族人杀死后，他被立为首领。 [14]拓拔绰：代国第三任国主，北魏皇帝先祖。通过兄终弟及方式，继承王位，颇有智谋，励精图治，北魏建立

之后，追谥为“平皇帝”，史称北魏平帝。传见《魏书》卷一。拔，通常作“跋”。［15］弟：原文无，据章校补，甲十一行本等有“弟”字。故补之。［16］子弗（fú）：即拓跋弗，代国第四代国主，北魏皇帝先祖，神元帝拓跋力微之孙，追封文帝沙漠汗之子。继任王位后，执政宽和简约，深得百姓爱戴。北魏建立后，追谥为“思皇帝”。传见《魏书》卷一。［17］丁酉：正月一日。［18］安昌元公：石鉴生前封为安昌县侯，死后谥号为“元”，故称之。安昌，县名，县治在今河南确山县西南。［19］郝散：人名，匈奴族起义首领，于谷远（今山西沁源县）起兵反晋，攻上党，杀长吏，不久降晋，为冯翊都尉所杀。［20］上党：晋郡名，郡治在今山西长治市。［21］冯翊都尉：冯翊郡的武官。冯翊，郡名，郡治临晋，在今陕西大荔县。［22］刚简：刚正，朴直。［23］峻整：严肃，庄重。［24］货赂：即贿赂。［25］深绝：严厉断绝。［26］宽弛：放松，松弛。［27］放恣：放纵，任意横行。［28］河南尹：京都洛阳的行政长官。澹（dàn）：即司马澹，琅邪王司马伷之子，娶贾皇后的表妹郭氏为妻。［29］肃然：安宁而遵纪守法的样子。［30］大棘城：也称棘城，在今辽宁义县西南。鲜卑部落头领慕容廆原居于徒河县（今辽宁锦州市）之青山。［31］禄官：即拓跋禄官，定襄盛乐（今内蒙古和林格尔县）人，鲜卑族，代国第五代国主，北魏皇帝先祖。实行分封制度，将领土划分为东、中、西三部，自领东部大人，拥有骑兵四十余万。北魏建立后，追封为“昭皇帝”。传见《魏书》卷一。［32］东海：晋郡名，郡治郯县，在今山东郯城县北。［33］焚累代之宝：如汉高祖的斩蛇剑、王莽的人头、孔子的木屐等文物都被焚毁。［34］十二月，丙戌：十二月一日。［35］新作：重新建造。［36］调：调集，从全国各地向京城运送。［37］分其国为三部：将索头部领土划分为东、中、西三部，拓跋禄官自己统率东部，居住在上谷（今河北怀来县）以北、濡源（今滦河）以西，东面与鲜卑宇文部接壤；以长兄拓跋沙漠汗的长子拓跋猗㐌统率中部，居住在代郡参合陂（今内蒙古凉城县）以北；以拓跋猗㐌之弟拓跋猗卢统率西部，居住于定襄盛乐（今内蒙古和林格尔县）故城。［38］上谷：郡名，晋治沮阳，在今河北怀来县东南。［39］濡（rú）源：濡水的源头，在今河北丰宁县西。濡水的下游在今之滦河，东流河北承德市等地入海。［40］代郡：郡名，郡治在今河北蔚县东北。参合陂之北：约当今之内蒙古乌兰察布市一带地区。参合陂，在今内蒙古凉城县。［41］沙漠汗：即拓跋沙漠汗，拓跋力微长子，到魏国进贡，留在魏国作人质，被西晋大臣卫瓘用计杀害。北魏建立后，追尊为文皇帝。传见《魏书》卷一。［42］猗（yī）㐌（yǐ）：即拓跋猗㐌，拓跋沙漠汗长子，鲜卑索头部首领，北魏皇帝先祖。追谥为桓皇帝。传见《魏书》卷一。［43］定襄：晋郡名，郡治善无，在今山西右玉县南。盛乐：古城名，在今内蒙古和林格尔县北。［44］猗卢：即拓跋猗卢，拓跋沙漠汗之子，拓跋猗㐌胞弟，受封大单于、代国王。追谥为穆皇帝。传见《魏书》卷一。［45］卫操：字德元，代（今河北蔚县）人，归顺鲜卑拓跋氏，得到重用，担任辅相，为北魏的基业立下了汗马功劳，北魏建国后把他视作第一功臣。传见《北史》卷二十。［46］从子雄：即卫操侄子卫雄，字世远，投奔鲜卑拓跋氏，拜为将军，封云中侯。传见《魏书》卷二十三。［47］箕（jī）澹（dàn）：一作“姬澹”，字世雅，代国信义将军，为朝廷征战南北立有大功，被封为楼烦侯。［48］稍众：日渐加多。

稍，渐，逐渐。

六年（丙辰，296年）

春，正月，赦天下。

下邳献王晃薨。以中书监张华为司空。太尉陇西王泰行尚书令[1]，徙封高密王[2]。

夏，郝散弟度元[3]与冯翊、北地马兰羌、卢水胡[4]俱反，杀北地太守张损，败冯翊太守欧阳建。

征西大将军赵王伦[5]信用嬖人琅邪孙秀，与雍州刺史济南解系[6]争军事[7]，更相表奏[8]，欧阳建亦表伦罪恶。朝廷以伦挠乱关右[9]，征伦为车骑将军[10]，以梁王肜为征西大将军、都督雍、凉二州诸军事。系与其弟御史中丞结[11]，皆表请诛秀以谢氐、羌[12]；张华以告梁王肜，使诛之，肜许诺。秀友人辛冉[13]为之说肜曰："氐、羌自反，非秀之罪。"秀由是得免。伦至洛阳，用秀计，深交贾、郭[14]，贾后大爱信[15]之，伦因求录尚书事，又求尚书令；张华、裴𬱟固执[16]以为不可，伦、秀由是怨之。

秋，八月，解系为郝度元所败，秦、雍氐、羌[17]悉反，立氐帅齐万年[18]为帝，围泾阳[19]。御史中丞周处[20]，弹劾不避权戚，梁王肜尝违法，处按劾[21]之。

冬，十一月[22]，诏以处为建威将军，与振威将军卢播俱隶[23]安西将军夏侯骏，以讨齐万年。中书令陈准[24]言于朝曰："骏及梁王皆贵戚[25]，非将帅之才，进不求名[26]，退不畏罪[27]。周处吴人[28]，忠直勇果，有仇无援[29]。宜诏积弩将军孟观，以精兵万人为处前锋，必能殄寇[30]；不然，梁王当使处先驱[31]，以不救而陷之[32]，其败必也。"朝廷不从。齐万年闻处来，曰："周府君[33]尝为新平[34]太守，有文武才，若专断[35]而来，不可当也；或受制于人，此成禽耳[36]！"

关中饥、疫。

初，略阳清水氐杨驹[37]始居仇池[38]。仇池方百顷，其旁平地二十余里，四面斗绝[39]而高，为羊肠蟠道三十六回[40]而上。至其孙千万[41]附魏，封为百顷王[42]。千万孙飞龙[43]浸强盛[44]，徙居略阳。飞龙以其甥令狐茂搜[45]为子，茂搜避齐万年之乱，十二月，自略阳帅部落四千家还保仇池，自号辅国将军、右贤王。关中人士避乱者多依之，茂搜迎接抚纳[46]；欲去者，卫护资送[47]之。

是岁，以扬烈将军巴西赵廞[48]为益州刺史，发梁、益[49]兵粮助雍州讨氐、羌。

（以上为第十一段，写秦、雍地区的氐、羌人看到晋朝钩心斗角，渐起叛心，立氐人首领齐万年为帝，御史中丞周处出兵攻打；关中地区的氐人首领令狐茂搜也逐渐强大。）

【注释】

[1]陇西王泰：即司马泰，司马懿四弟东武城侯司马馗之子，封为陇西王。行尚书令：代理尚书令的职务。行，代理，试用。 [2]高密王：都城高密，在今山东高密市西南。 [3]郝散弟度元：即郝度元，匈奴族人，匈奴部落首领，曾随兄郝散起兵反晋。 [4]北地：晋郡名，郡治在今陕西铜川市耀州区东南。马兰羌（qiāng）：居住在北地郡马兰山中的羌族部落。卢水胡：活跃于西北地区的少数民族。卢水，又作“泸水”，发源地在安定郡（在今甘肃泾川县），向东南流入泾河，是羌戎杂居的半农半牧地带。 [5]赵王伦：即司马伦，字子彝，司马懿第九子，封琅邪王，后改封赵王。“八王之乱”的八王之一，设计诛杀贾南风、淮南王司马允，逼迫晋惠帝退位，擅自称帝，兵败后被杀。传见《晋书》卷五十九。 [6]解系：字少连，西晋雍州刺史，甚有声名。为赵王司马伦所杀，妻、子皆遇害。后平反，追赠为光禄大夫。传见《晋书》卷六十。 [7]争军事：因为他们都驻兵长安城，彼此相争当地军事的指挥权。 [8]更相表奏：互相上表说对方的坏话。[9]挠乱关右：破坏了函谷关以西地区的宁静秩序。关右，泛指今函谷关或潼关以西的地区。[10]征伦为车骑将军：征召司马伦为车骑将军，从职务上看是提升了；目的是将他调出关中地区。车骑将军，高级将军名，位次仅次于大将军、骠骑将军。 [11]御史中丞：为御史台长官，监察百官。结：即解系之弟谢结，西晋御史中丞。 [12]以谢氐（dī）、羌：解系认为关中的氐、羌叛乱，是由孙秀激起，故请斩之，以安抚氐人、羌人。谢，认错，道歉。 [13]辛冉：西晋官员。为赵王司马伦宠臣孙秀祸乱雍凉开脱，孙秀由是得免。任广汉太守，曾劝益州刺史罗尚除掉流民首领李特，未被采纳。后与李特交兵，屡战屡败，突围逃往德阳。再后劝镇南将军刘弘割据一方，被斩。 [14]贾、郭：即贾谧、郭彰。 [15]爱信：宠爱，宠信。 [16]固执：坚持，坚决不同意。 [17]秦、雍氐、羌：秦州、雍州境内的氐族人与羌族人。秦州，州治冀县，在今甘肃甘谷县东南。 [18]氐帅：氐族的头领。齐万年：西晋时氐族首领。秦州和雍州地区的氐人、羌人拥立为帝，拥有部众七万人。进犯关中，兵败被杀。 [19]泾（jīng）阳：邑名，在今甘肃平凉市西

北。［20］周处：字子隐，东吴鄱阳太守周鲂之子，西晋大臣。传见《晋书》卷五十八。［21］按劾：调查，弹劾。［22］十一月：原文为“十月”，据章校改。［23］卢播：字景宣，晋惠帝元康年间，梁王司马肜征为南长史、振威将军，后为尚书。隶：隶属，受其管辖。［24］陈准：曹魏司空陈群从孙。传见《晋书》卷六十四。［25］皆贵戚：都是皇帝的姻亲眷属。司马肜是晋惠帝的叔祖；司马师的夫人姓夏侯，故称夏侯骏为“贵戚”。［26］进不求名：打了胜仗，名望也不会再增高。［27］退不畏罪：打了败仗，也不担心受到惩处。退，指打败仗。［28］吴人：原是东吴臣民。［29］有仇无援：只有冤家，没有后援、靠山。［30］殄寇：消灭敌人。殄，消灭，灭绝。［31］先驱：先锋，先头部队。［32］以不救而陷之：不给他提供援助，把他置放于失败的境地。［33］周府君：敬称周处。府君，是对太守的尊称。［34］新平：晋郡名，郡治漆县，在今陕西彬州市。［35］专断：独行，独当一面。［36］此成禽耳：这就如同是现成的俘虏啊！成禽，被擒。禽，通“擒”。［37］杨驹：白马氐族首领，前任首领杨腾长子。建安十五年（210）继承父职，为白马河一带的第二任氐族首领。后因病去世。［38］仇池：山名，以山上有仇池而得名，又因山上有平地百顷，又称百顷山，在今甘肃成县西汉水北岸，山形如酒壶，四面陡绝，山上可以引泉灌田，煮土成盐，为氐族杨氏累世居地。［39］斗绝：陡峭，险峻。斗，通“陡”。［40］羊肠蟠道：弯弯曲曲的羊肠小道。蟠，曲。三十六回：三十六个旋回。回，曲折，环绕。［41］千万：即杨千万，白马氐人首领，前任首领杨驹的独子，跟随马超据守冀城，割据陇右，后为夏侯渊所败。后因病去世。［42］百顷王：百顷之地的王，曹魏封之。［43］飞龙：即杨飞龙，杨千万的孙子，白马一带割据政权的第四任首领，公元263年至公元296年在位。晋武帝司马炎假征西将军，还居略阳。［44］浸强盛：越来越强盛。浸，通“渐”，渐渐，逐渐。［45］令狐茂搜：本姓令狐，白马氐人，氐族首领杨飞龙的外甥兼养子，又改称“杨茂搜”。西晋元康六年（296），承父职，成为白马一带的第五任首领，后建立仇池国，定都清水（今甘肃清水县），成为前仇池国第一任君主。后因病去世。传见《魏书》卷一百一。［46］抚纳：安抚，招纳。［47］资送：赠送路费、财物。资，赠送。［48］赵廞（xīn）：初为西晋长安令，后以扬烈将军加折冲将军迁益州刺史，有割据巴蜀之意，厚待流民首领李特兄弟，以为爪牙。公元300年十一月据成都反晋，自称大都督、大将军、益州牧，建元太平。公元301年正月被部下所杀，为帝三个月。［49］发：征调。梁、益：梁州、益州。梁州，州治在今陕西汉中市。益州，州治在今四川成都市。

七年（丁巳，297年）

春，正月，齐万年屯梁山[1]，有众七万；梁王肜、夏侯骏使周处以五千兵击之。处曰：“军无后继，必败，不徒亡身，为国取耻。”肜、骏不听，逼遣之。癸丑[2]，处与卢播、解系攻万年于六陌[3]。处军士未食，肜促令速进，自旦战至暮，斩获甚众，弦绝矢尽，救兵不至。左右劝处退，处按剑曰："是吾效节致命[4]之日也！"遂力战而死。朝廷虽以尤肜[5]，而亦不能罪也。

秋，七月，雍、秦二州大旱，疾疫，米斛万钱[6]。

丁丑[7]，京陵元公王浑[8]薨。九月，以尚书右仆射王戎为司徒，太子太师何劭为尚书左仆射。

戎为三公，与时浮沈[9]，无所匡救[10]，委事僚寀[11]，轻出游放[12]。性复贪吝[13]，园田[14]遍天下，每自执牙筹[15]，昼夜会计[16]，常若不足[17]。家有好李[18]，卖之恐人得种[19]，常钻其核[20]。凡所赏拔[21]，专事虚名[22]。阮咸之子瞻[23]尝见戎，戎问曰："圣人贵名教[24]，老、庄明自然[25]，其旨同异？"瞻曰："将无同[26]！"戎咨嗟[27]良久，遂辟之[28]。时人谓之"三语掾[29]"。

是时，王衍[30]为尚书令，南阳乐广为河南尹[31]，皆善清谈[32]，宅心事外[33]，名重当世，朝野之人，争慕效之。衍与弟澄[34]，好题品人物[35]，举世以为仪准[36]。衍神情明秀[37]，少时，山涛[38]见之，嗟叹[39]良久，曰："何物老妪[40]，生宁馨儿[41]！然误天下苍生[42]者，未必非此人[43]也！"乐广性冲约清远[44]，与物无竞[45]。每谈论[46]，以约言析理[47]，厌人之心[48]，而其所不知，默如[49]也。凡论人，必先称其所长，则所短不言自见。王澄及阮咸、咸从子修[50]、泰山胡毋辅之[51]、陈国谢鲲[52]、城阳王尼[53]、新蔡毕卓[54]，皆以任放为达[55]，至于醉狂裸体，不以为非。胡毋辅之尝酣饮[56]，其子谦之窥而厉声呼其父字曰[57]："彦国[58]！年老，不得为尔[59]！"辅之欢笑，呼入共饮。毕卓尝为吏部郎[60]，比舍郎酿熟[61]，卓因醉，夜至瓮间[62]盗饮之，为掌酒者所缚，明旦视之，乃毕吏部也。乐广闻而笑之曰："名教内自有乐地，何必乃尔[63]！"

（以上为第十二段，写梁王司马肜与建威将军周处有过节，把出兵杀敌当儿戏，周处陷敌而死，而他像没事人一般；朝廷充满玄学风气，好为清谈，与时沉浮，无所作为。）

【注释】

[1]梁山：县名，也称好畤，在今陕西乾县。[2]癸丑：五月四日。[3]六陌：地名，在今陕西乾县东。[4]效节致命：献出生命，表现节操。[5]尤肜：责怪司马肜。尤，怨恨，归咎。[6]米斛（hú）万钱：每斛粮食的价钱是一万铜钱。斛，古量器名，一斛等于十斗。[7]丁丑：七月二十一日。[8]京陵元公王浑：王浑的封号是京陵公，“元”字是谥号，故称之。[9]与时浮沈：随波逐流，对万事不表态，不拿意见。沈，通“沉”。[10]匡救：匡正，补救。[11]委事僚寀：把政事推给下属官员办理。委，推卸，推诿。僚寀（cǎi），下属官员。[12]轻出游放：随随便便地远出游玩。游放，指纵情游览。[13]贪吝（lìn）：贪婪，吝啬。[14]园田：林园，田产。[15]自执牙筹：独自手持筹码。牙筹，古代在珠算创始之前，人们常用的一种计算工具。[16]昼夜会计：白天黑夜不停地计算。[17]常若不足：时常感到钱少，怕不够用。[18]李：即李子，果名，形态美艳，口味甘甜，是人们喜欢的水果之一。[19]恐人得种：害怕自家的良种被他人拿去种植。[20]钻其核：钻坏李子的核仁，使其不能种植发芽。[21]赏拔：赏识，提拔。[22]专事虚名：仅仅是根据虚名，而不注重实际才能。[23]阮咸之子瞻：阮咸、阮瞻父子，二人均为魏晋名士，均属“竹林七贤”。阮咸官至始平太守，精通音律。阮瞻官至太子舍人。二人同传，见《晋书》卷四十九。[24]贵名教：看重名教；重视儒家所提倡的名分和人伦规范。[25]老、庄明自然：老子、庄子讲究顺其自然。[26]将无同：大概没有什么不同。将，揣测副词，大概，或许。无同，即没有什么不同。无，通“莫”，代词，没有什么。[27]咨嗟（jiē）：感慨，叹息。[28]辟之：聘任了阮瞻，任为司徒掾。辟，征辟，征用。[29]三语掾（yuàn）：就凭着“将无同”三个字，当上了王戎的属官。掾，古代副官、佐吏的通称。[30]王衍：字夷甫，羊祜的堂外甥，西晋末年重臣。传见《晋书》卷四十三。[31]乐广：字彦辅，西晋名士。出身寒门，官至尚书令，被称为“乐令”。与王衍同为西晋清谈领袖。传见《晋书》卷四十三。河南尹：官名，相当于河南郡郡守。[32]清谈：清雅的谈论，指魏晋间一些士大夫崇尚老庄，不务实际，空谈玄理。[33]宅心事外：把所有的精力都用在“俗事”之外。清谈者认为，职务分内的工作都是“俗事”。宅心，放在心上，用心。[34]澄：即王澄，字平子，王衍之弟，西晋官员、名士。任荆州刺史时不理政事，日夜饮酒，使得荆州大乱，导致流民反叛。后被杀。传见《晋书》卷四十三。[35]题品人物：评论社会名人的特点与品级。题品，品评。[36]举世以为仪准：全国都把他们所做的评定看作准则。仪准，法度，标准。[37]神情明秀：神态、情思明净、秀美。[38]山涛：字巨源，魏晋名士，“竹林七贤”之一。官至司徒。谥号“康”。传见《晋书》卷四十三。[39]嗟叹：感慨，叹息。[40]何物老妪（yù）：他的母亲该是一个什么样的女人！何物，什么样的。老妪，老妇人。[41]生宁馨（xīn）儿：生了（王衍）这么一个出众的儿子。宁馨，晋时俗语，“如此”“这样”的意思。[42]误天下苍生：给全国的黎民百姓造成灾难。[43]未必非此人：未必就不是这个人，即肯定就是这个人！未必非，双重否定，肯定的意思。[44]冲约：淡泊，寡欲。清远：二字原无，据章校补，清明、高远的意思。[45]与物无竞：即与世无

争。[46]谈论：即清谈、玄论。[47]以约言析理：用简短的话阐述一种道理。约，简，简约。[48]厌人之心：使人感到心服、满意。厌，同“餍”，满足。[49]默如：默然，不说话，意即凡是自己不懂的就不说。[50]从子：兄弟之子，侄子。修：即阮修，字宣子，阮咸从子。爱好玄学，好清谈清言，力证“鬼神无有”之说，与王敦、谢鲲、庾敳，并为王衍“四友”，历任鸿胪寺丞、太傅（司马越）参军、太子洗马。后遇害。传见《晋书》卷四十九。[51]胡毋辅之：复姓胡毋，名辅之，字彦国，西晋官员。少擅高名，有知人之鉴。传见《晋书》卷四十九。[52]谢鲲：字幼舆，西晋名士、官员，太保谢安伯父。传见《晋书》卷四十九。[53]王尼：字孝孙，城阳人，本为兵家弟子，寓居在洛阳，卓异不羁，后被免掉了军籍。为护军府军士，洛阳陷落后，父子避乱到了江夏。发生饥荒，父子都饿死了。尼，《晋书》作“尼”。[54]毕卓：字茂世，东晋官员，为吏部郎。后为温峤的平南长史，死在官任上。[55]以任放为达：把为所欲为看作是通达。任放，任性，放纵，随意而为。胡三省注曰：“任者，任物之自然；放者，纵其心而不制。”[56]酣（hān）饮：畅饮，痛饮。[57]谦之：即胡毋谦之，字子光，胡毋辅之之子，才学不及父，而傲纵过之。至酣醉，常呼其父字，辅之亦不以为意，谈者以为狂。年未三十去世。窥：窥见，看见。厉声：大声，高声。[58]彦国：胡毋辅之的字。儿子直呼父亲的字，在古代是大逆不道的表现。[59]年老，不得为尔：你的年龄已经大了，不能做这样的事情，不能再这样喝酒了。[60]吏部郎：官名，相当于后代的吏部尚书。[61]比舍郎：邻居所住的另一位郎官。比舍，邻居。酿熟：酿制的新酒。[62]瓮（wèng）间：放置酒缸的房间。瓮，酒瓮，盛酒的陶器。[63]何必乃尔：何必这种样子，指诸人的放纵、任性。

初，何晏[1]等祖述老、庄[2]，立论以为：“天地万物，皆以无为本[3]。无也者，开物成务[4]，无往而不存[5]者也。阴阳恃以化生[6]，贤者恃以成德[7]。故无之为用，无爵而贵[8]矣！”王衍之徒皆爱重[9]之。由是，朝廷士大夫皆以浮诞[10]为美，弛废职业[11]。

裴颀著《崇有论》[12]以释其蔽[13]曰：“夫利欲可损而未可绝有[14]也，事务可节而未可全无[15]也。盖有饰为高谈之具[16]者，深列有形之累[17]，盛陈空无之美[18]。形器之累有征[19]，空无之义难检[20]；辩巧之文可悦[21]，似象之言足惑[22]；众听眩焉[23]，溺其成说[24]。虽颇有异此心者[25]，辞不获济[26]，屈于所习[27]，因谓虚无之理诚不可盖[28]。一唱百和，往而不反[29]，遂薄综世之务[30]，贱功利之用[31]，高浮游之业[32]，卑经实之贤[33]。人情所徇[34]，名利从之[35]，于是文者衍其辞[36]，讷者赞其旨[37]。立言藉于虚无[38]，谓之玄妙[39]；处官不亲所职[40]，谓之雅远[41]；奉身散其廉操[42]，谓之旷达[43]。故砥砺之风[44]，弥以陵迟[45]。放者因斯[46]，或悖吉凶之礼[47]，忽容止之表[48]，渎长幼之序[49]，混贵贱之级[50]，甚者至于裸裎亵慢[51]，无所不至，士行又亏[52]矣。

“夫万物之有形者，虽生于无[53]，然生以有为已分[54]，则无是有之所遗[55]者也。故养既化之有[56]，非无用之所能全[57]也；治既有之众[58]，非无为之所能修[59]也。心非事[60]也，而制事必由于心[61]，然不可谓心为无[62]也；匠非器[63]也，而制器必须于匠[64]，然不可谓匠非有[65]也，是以欲收重渊之鳞[66]，非偃息[67]之所能获也；陨高墉之禽[68]，非静拱之所能捷[69]也。由此而观，济有者皆有[70]也，虚无奚益于已有之群生哉[71]！”然习俗已成，𬱟论亦不能救[72]也。

拓跋猗㐌度漠北巡[73]，因西略诸国[74]，积[75]五岁，降附[76]者三十余国。

（以上为第十三段，写晋朝弥漫着喜好清谈的风气，提倡虚无，放荡轻狂，荒废政事，裴𬱟写《崇有论》，深刻剖析这种妖氛邪气，但积弊过深，不能有所救助。）

【注释】

[1]何晏：字平叔，曹魏大臣、玄学家。高平陵之变后，被夷灭三族。传见《三国志》卷九。 [2]祖述老、庄：尊崇与阐发老子、庄子的思想学说。 [3]以无为本：以“虚无”为根本。 [4]无也者，开物成务：《老子》第四十章说：“天下万物生于有，有生于无。”意即万事万物皆自“无”而有，无，是产生一切的根本。开物成务，指通晓万物的道理并按此行事。 [5]无往而不存：无论到哪里，没有不存在的。 [6]阴阳恃以化生：阴、阳二气就是从“无”而来的。恃，依，依凭。化生，产生。 [7]恃以成德：靠着“无”而成就德行。《道德经》第二章说：“处无为之事，行不言之教，万物作焉而不辞，生而不有，为而不恃，功成而弗居。” [8]无爵而贵：没有官位、爵禄，却很高贵。 [9]爱重：喜爱，尊重。 [10]浮诞：浮夸，怪诞。 [11]弛废职业：抛开职内的事情不做。弛废，废弃，舍弃。 [12]《崇有论》：是中国思想史上一篇比较著名的驳论文，针对当时玄学家们崇尚老、庄，大兴清谈之风发论，推崇“有”，意在说明崇“有”高于贵“无”，以道家的“有”为最高范畴，引申出更为切实可行的内圣外王之道，突破了传统思维的“天人感应神鬼学说”。 [13]释其蔽：驳斥这种侈谈“虚无”的弊端。蔽，通“弊”，弊病，弊端。 [14]利欲可损而未可绝有：利益和欲望可以减损，但不可能断绝它的存在。可损，克制、减少。绝有，断绝存在。 [15]事务可节而未可全无：事物可以节制，但不可能完全没有。可节，

可以减少，可以节省。［16］饰为高谈之具：故意编出一套貌似高深的“理论”。饰，装饰，装扮。高谈，高谈阔论。［17］深列有形之累：大讲现实存在的人物、事物都是糟粕，都是不好的。有形，指形体、实物。累，拖累，妨碍。［18］盛陈：盛赞。陈，陈述，陈列。空无：即虚无之境，指一切事物的本体与归宿，是所谓“道”的代称。美：美妙，美好。［19］形器之累：有形之物的缺点。形器，物质，物体，与精神相对。有征：有证验，一目了然。［20］难检：难以得到检验，无法定其是非。［21］辩巧之文：指盛谈“虚无”的文章。悦：喜悦，喜欢。［22］似象之言：似是而非的言论。足惑：足以迷惑人。［23］众听眩焉：很多人都会被他们所迷惑。眩，迷惑，迷乱。［24］溺其成说：被他们的一套套说法所淹没。溺，沉溺，沉迷。［25］虽颇有异此心者：即使也有一些不同意他们学说的人。颇，略。［26］辞不获济：言辞不能通其意，不能说清道理。济，通。［27］屈于所习：屈服于崇尚“虚无”的习俗。［28］诚不可盖：真是不能掩盖、不能超过。［29］往而不反：指社会风气日下，不可扭转。反，通“返”，返回。［30］薄综世之务：瞧不起认真处理国家大事的人。薄，鄙视。综世，治理天下。综，管理，治理。务，事务，事业。［31］贱功利之用：看不起那些利国利民的实际功业。功利，指利国利民的实际功业。用，功用，作用。［32］高浮游之业：把从事浮夸、空谈的活动看成是清高脱俗。浮游，虚浮不实。［33］卑经实之贤：瞧不起尽职实干的人。卑，鄙视，瞧不起。经实，经世，实用。［34］人情所徇：社会风气的趋向。徇，趋向，追求。［35］名利从之：意谓谁跟着这么干，谁就有名有利。［36］文者：善于写文章辞令的人。衍其辞：跟着推衍、阐发这方面的学说。［37］讷（nè）者：口才笨拙，不善于表达的人。赞其旨：赞美其宗旨。［38］立言藉于虚无：说话写文章，都是以“虚无”的宗旨作依托。藉，凭借，依托。［39］玄妙：形容事理深奥微妙，难以捉摸。［40］不亲所职：不干自己应干的工作。［41］雅远：清高、阔远。［42］奉身：持身。散其廉操：指抛弃一切礼义廉耻。［43］旷达：开朗，豁达。［44］砥砺之风：磨炼、提高自己人格道德的风气。砥砺，砥节砺行。［45］弥以陵迟：愈来愈衰落。弥，更加，越发。陵迟，败坏，衰败。陵，通“凌”。［46］放者因斯：那些思想行为狂放的人，凭借着这种社会风气。［47］悖吉凶之礼：指违背礼仪，该哀不哀、该乐不乐。悖，违反，违背。［48］忽容止之表：指不修边幅，不拘形迹。容止，仪容，仪表。［49］渎（dú）长幼之序：破坏了长幼之间应有的礼节。渎，轻慢，破坏。［50］混贵贱之级：混淆贵贱的等级。混，混乱，混淆。级，等级，品级。［51］裸裎：指脱衣露体，没有礼貌。裎（chéng），光着身子。亵（xiè）慢：轻慢，不庄重，伤风败俗。［52］士行又亏：士人的操行无人讲究。亏，缺，不重视。［53］虽生于无：虽然万物之形是由“无”滋生出来的。［54］生以有为已分：天下万物一旦产生，就以客观所有的形态与原来的“无”有了区别。胡三省注曰：“物之未生，则有无未分，既生而有，则与无为已分矣。”［55］无是有之所遗：过去的“无”，是被现实的“有”所抛弃的东西。遗，遗弃，抛弃。［56］养既化之有：养育已经产生的万物。［57］非无用之所能全：并不是无所事事所能做得到的。全，保全，周全。［58］治既有之众：治理已经存在的民众。［59］非无为之所能修：并不是无所作为所能办得到的。修，整治，治理。

[60]心非事：思虑不是事物。心，古人认为心是用来思考问题的，代指思考，思虑。[61]制事必由于心：处理万事必须通过思虑。制，处理，裁决。[62]不可谓心为无：不能认为思虑是虚无的。[63]匠非器：工匠并不是器物。[64]制器：制作器物。必须于匠：必须由工匠来完成。[65]不可谓匠非有：不能认为工匠是不存在的。[66]欲收重渊之鳞：想要得到藏在深渊的鱼。重渊，深渊，深水。鳞，鱼。[67]偃息：躺在床上不动的人。偃，倒下，躺下。息，躺着不动。[68]陨高墉之禽：想把高墙上的鸟儿射下来。陨，落，这里指射。高墉，高墙。墉，城墙。[69]非静拱之所能捷：不是一个拱手静立的人所能得到的。静拱，静静地拱手而坐。捷，完成，获得。[70]济有者皆有：养育存在的万物，都是有用的。[71]虚无奚益于已有之群生哉：崇尚虚无之说，对于已经存在的万事万物来说，有什么益处呢？奚，什么，疑问代词。[72]不能救：不能阻止，不能挽回。[73]度漠北巡：越过大沙漠，向北到今蒙古国南部一带地区巡视。度，穿越，越过。[74]西略诸国：向西攻打今内蒙古西部一带的少数民族部落。略，侵略，攻打。[75]积：历时，历经。[76]降附：投降，归附。

八年（戊午，298年）

春，三月，壬戌[1]，赦天下。

秋，九月，荆、豫、徐、扬、冀五州大水。

初，张鲁在汉中[2]，賨人李氏自巴西宕渠往依之[3]。魏武帝[4]克汉中，李氏将[5]五百余家归之，拜为将军，迁于略阳北土[6]，号曰“巴氐[7]”。其孙特、庠、流[8]，皆有材武[9]，善骑射，性任侠[10]，州党[11]多附之。

及齐万年反，关中荐饥[12]，略阳、天水六郡[13]民流移就谷[14]，入汉川[15]者数万家，道路有疾病穷乏者，特兄弟常营护振救[16]之，由是得众心。流民至汉中，上书求寄食巴、蜀，朝议不许，遣侍御史李苾持节慰劳[17]，且监察之，不令入剑阁[18]。苾至汉中，受流民赂，表言：“流民十万余口，非汉中一郡所能振赡[19]；蜀有仓储[20]，人复丰稔[21]，宜令就食。”朝廷从之。由是，散在梁、益[22]，不可禁止。李特至剑阁，太息[23]曰：“刘禅[24]有如此地，面缚于人[25]，岂非庸才[26]邪！”闻者异之[27]。

张华、陈准以赵王、梁王相继在关中[28]，皆雍容骄贵[29]，师老无功[30]，乃荐孟观沈毅有文武才用[31]，使讨齐万年。观身当矢石，大战十数，皆破之。

（以上为十四段，写赵王司马伦、梁王司马肜相继在关中，雍容骄贵，师老无功，养虎为患；积弩将军孟观深沉刚毅、文武双全，攻打叛军，大战数十次，获得胜利。）

【注释】

［1］壬戌：三月十九日。［2］张鲁：字公祺，东汉末汉中割据者。传见《三国志》卷八。汉中：汉郡名，郡治南郑，在今陕西汉中市。［3］賨（cóng）人：湖南、四川等地的一种少数民族。巴西：意为“巴郡以西”，巴郡治阆中，在今四川阆中市。宕（dàng）渠：县名，在今四川渠县北。［4］魏武帝：即曹操。［5］李氏将：李氏，其名不详。据《晋书》，率领五百家氐人归降曹操的人就是李特。将，率领。［6］略阳北土：略阳郡的北部地区。略阳，郡名，郡治临渭，在今甘肃天水市东北。［7］巴氐（dī）：巴地的氐族，是氐族的一个分支。［8］其孙特、庠、流：李特、李庠、李流三人为兄弟。此言“其孙”即“李氏之孙”，李氏为李特兄弟之祖。李特兄弟，李特为长，李庠是三弟，李流是四弟。兄弟三人是巴人李氏氐族流入汉中的第三代。李庠被益州刺史赵廞所杀。李特、李流起义建立益州成汉政权，十六国之一，兄弟二人相继为王。传见《晋书》卷一百二十一。［9］有材武：有才能，且有勇力。材，通“才”，才能。［10］性任侠：性情豪爽侠义。［11］州党：犹言“乡里”，指本家族与本乡里的人。州、党，都是古代的居民单位名称。［12］荐饥：连年灾荒。荐，接连。［13］天水：郡治上邽，今甘肃天水市。六郡：除略阳、天水外，还有扶风、始平、武都、阴平四郡。［14］流移就谷：漂泊流动，到有粮食的地区寻找食物度命。［15］汉川：指以汉中地区为代表的汉水流域。［16］营护：保护，救护。振救：救助，拯救。振，通“赈”，赈济，救济。［17］侍御史：御史大夫的属官，负责监察、弹劾。李苾（bì）：西晋官员，曾为侍御史。持节：手执旌节。节，是皇帝派出使者所持的信物。持节使，代表皇帝出巡。［18］不令入剑阁：不让他们进入巴、蜀境内。剑阁，即剑门关，在今四川剑阁县北，是当时陕西、甘肃一带进入巴、蜀的交通要道。［19］振赡：赈济，养活。振，通“赈”，赈济，救济。［20］仓储：指国家的粮仓。［21］人复丰稔（rěn）：巴蜀的百姓也生活富裕。丰稔，丰足，富裕。［22］梁、益：二州名。梁州大体相当于今之陕西西南部与重庆市一带地区，州治在今陕西汉中市；益州大体相当于今四川和与之临近的贵州一带地区，州治在今四川成都市。［23］太息：叹息，叹气。［24］刘禅（shàn）：即蜀汉后主。［25］面缚于人：指蜀国被魏将邓艾所灭，刘禅自缚，向邓艾投降。［26］庸才：指才能平庸、低下的人。［27］异之：奇怪他李特能说出这种话。［28］赵王、梁王：指赵王司马伦与梁王司马肜。相继在关中：曾相继为征西将军，驻兵于关中地区。［29］雍容骄贵：悠闲自得，傲慢尊贵。［30］师老无功：搞得军队疲敝不堪，没有任何功效。［31］沈毅：深沉刚毅，沉着坚毅。沈，通“沉”，沉稳。有文武才用：具有文武兼备的才能。才用，才干，才能。

【点评】

晋武帝杨皇后误国。晋武帝司马炎的第一位皇后杨艳，聪明贤惠，天生丽质，深得宠幸，是太子司马衷的亲生母亲。杨艳对晋朝的“贡献”，一是保住了半痴半傻的太子司马衷；二是劝说晋武帝娶贾充之女贾南风为太子妃；三是临终前推荐堂妹杨芷入宫为后，杨芷之父杨骏独霸朝廷。

太子司马衷逐渐长大后，晋武帝觉得他不够聪明，没有能力继承皇位，就打算另立太子，便私下告诉杨皇后。杨皇后说：“设立太子依年长而不依才能，古来如此，怎么可以改换呢？”司马炎也就依从了杨皇后。司马衷能登上西晋皇帝宝座，则是多亏了他的母亲。对于杨皇后来说是福；对于晋朝来说，则是祸。

贾充是老奸巨猾的权臣，把大女儿嫁给了当时非常贤能的司马炎之弟司马攸；又想方设法要把二女儿贾南风嫁给太子司马衷。可是，司马炎不同意，认为贾氏比不上卫瓘的女儿。而贾充不死心，便让妻子郭氏出面贿赂杨皇后，杨皇后盛赞贾南风有美德，又悄悄叫太子太傅荀𫖮进言相劝，晋武帝便又同意了。当时人就嘲讽贾充，说他一个女儿嫁给皇弟，一个女儿嫁给太子，将来不管谁当皇帝，他都是皇帝的丈人。或许，贾充就有这样的心机。贾南风比司马衷大两岁，心机重、凶悍、泼辣，后来朝政被她弄得乌七八糟，这也是拜杨皇后所赐。

贾南风后来当了太子妃，凶神恶煞，看到其他妃嫔有孕，竟然以戟打她们的腹部，令她们流产。晋武帝司马炎知道后勃然大怒，恰好金墉城落成，于是就打算废掉贾南风，将她囚禁在金墉城。这时候的杨芷皇后，因堂姐临终前将太子和太子妃托付于她，于是，就力劝晋武帝，说：“贾公有功于国家，应当数世优待，贾妃是其女，正处于妒忌之时，这嫉妒也是爱啊！不要以一时的过错而掩盖其大德。”晋武帝见皇后有求于自己，就答应了下来。

更令人气愤的是杨芷有一个凶暴的父亲杨骏，晋武帝司马炎临终前，本来是嘱托杨骏与汝南王司马亮共同辅政，诏书写好了，杨骏叫中书把诏书拿给他看看，中书拿来了，他却扣下了，真是胆大妄为！而后由他独自一人辅政，妄想一手遮天。杨骏毕竟是一个外戚，那么多的司马氏亲王能放过他吗？凶悍的贾南风能放过他吗？不到一年，贾南风让司马氏亲王以谋反的名义诛杀杨骏，灭其三族。而西晋，也从此进入了腥风血雨的八王之乱，处于风雨飘摇之中。

卷八三　晋纪五

晋惠帝元康九年至永康元年（299—300 年）

【起屠维协洽（己未，299 年），尽上章涒滩（庚申，300 年），凡二年】

【大事提要】

本卷记事起公元 299 年，讫公元 300 年，凡二年，当晋惠帝元康九年至永康元年。本卷所载大事，主要是五个方面：其一，惠帝昏庸，贾后专权。晋惠帝司马衷空坐皇位，不问政事；贾后秽乱后宫，专权弄政；贾后死党贾谧和郭彰肆意妄为，无恶不作；权贵之间互相推举，拿权力做交易；官场贿赂公行，刑罚失当；民间灾荒不断，百姓饿死。晋朝危在旦夕。其二，司马遹被废。太子司马遹自幼聪慧，得到祖父司马炎的夸赞。长大后，不满皇后贾南风的专权弄政，又无能为力，心中充满惆怅，索性不修德业，作践自己。贾后便与贾谧等人设计，诬陷其谋反，废掉其太子之位。其三，贾南风倒台殒命。公元 300 年，皇后贾南风迫害太子司马遹致死，激起公愤。赵王司马伦伪造诏书，以谋害太子的罪名废掉贾后，得到很多人支持，入宫后，即杀掉贾氏死党贾谧，又派齐王司马冏收捕贾后，将其废为庶人，囚于金墉城，不久，贾后被毒杀而死。其四，司马伦弄权。公元 300 年，赵王司马伦与部将孙秀在废掉皇后贾南风后，又打上淮南王司马允的主意，司马允愤而起兵攻打司马伦，被刺杀而死。司马伦自封相国，狂妄不可一世；而孙秀被封为中书令，狡黠圆滑，权倾朝野，他们在灭亡的道路上越走越远。其五，赵廞反晋。公元 300 年，益州刺史赵廞据守成都反晋。赵廞为贾后姻亲，贾后被废，又因晋室衰乱，暗怀据蜀之志。朝廷征其回京，他非常害怕，便赈贷流民，广收民心，杀掉新任的益州刺史耿滕等晋官，自称大都督、大将军，改号太平，断绝关中入蜀通道。

孝惠皇帝上之下

元康九年（己未，299 年）

春，正月，孟观大破氐众于中亭[1]，获齐万年[2]。

太子洗马陈留江统[3]，以为戎、狄乱华，宜早绝其原[4]，乃作《徙戎论》[5]以警朝廷，曰：

夫夷、蛮、戎、狄，地在要荒[6]，禹平九土[7]而西戎即叙[8]。其性气贪婪，凶悍不仁。四夷之中，戎、狄为甚，弱则畏服，强则侵叛。当其强也，以汉高祖困于白登[9]、孝文军于霸上[10]。及其弱也，以元、成之微而单于入朝[11]。此其已然之效[12]也。是以有道之君牧夷、狄[13]也，惟以待之有备，御之有常，虽稽颡执贽[14]，而边城不弛固守[15]，强暴为寇而兵甲不加远征[16]，期令境内获安，疆埸不侵[17]而已。

及至周室失统[18]，诸侯专征[19]，封疆不固，利害异心[20]，戎、狄乘间[21]，得入中国，或招诱安抚以为己用[22]，自是四夷交侵[23]，与中国错居[24]。及秦始皇并天下，兵威旁达[25]，攘胡[26]，走越[27]，当是时，中国无复四夷[28]也。

汉建武[29]中，马援领陇西太守[30]，讨叛羌，徙其余种于关中，居冯翊、河东[31]空地。数岁之后，族类蕃息[32]，既恃其肥强[33]，且苦汉人侵之；永初之元[34]，群羌叛乱，覆没将守[35]，屠破城邑，邓骘[36]败北，侵及河内，十年之中，夷、夏俱敝，任尚、马贤[37]，仅乃克之[38]。自此之后，余烬[39]不尽，小有际会[40]，辄复侵叛，中世之寇[41]，惟此为大。魏兴之初[42]，与蜀分隔，疆埸之戎[43]，一彼一此[44]。武帝徙武都氐于秦川[45]，欲以弱寇强国[46]，扞御[47]蜀虏，此盖权宜之计，非万世之利也。今者当之[48]，已受其敝[49]矣。

夫关中土沃物丰，帝王所居[50]，未闻戎、狄宜在此土也。非我族类，其心必异。而因其衰敝[51]，迁之畿服[52]，士庶玩习[53]，侮其轻弱[54]，使其怨恨之气毒于骨髓；至于蕃育众盛[55]，则坐生其心[56]。以贪悍[57]之性，挟[58]愤怒之情，候隙乘便[59]，辄为横逆[60]；而居封域之内[61]，无障塞[62]之隔，掩[63]不备之人，收散野之积[64]，故能为祸滋蔓[65]，暴害不测[66]，此必然之势，已验之事也。当今之宜，宜及兵威方盛[67]，众事未罢，徙冯翊、北地、新平、安定[68]界内诸羌，著先零、罕幵、析支[69]之地，徙扶风、始平、京兆[70]之氐，出还陇右[71]，著阴平、武都[72]之界，廪其道路之粮[73]，令足自致[74]，各附本种[75]，反其旧土，使属国、抚夷就安集之[76]。戎、晋不杂[77]，并得其所，纵有猾夏[78]之心，风尘之警[79]，则绝远中国[80]，隔阂山河，虽有寇暴，所害不广矣。

难者曰[81]：氐寇新平，关中饥疫，百姓愁苦，咸望宁息[82]，而欲使疲悴之众[83]，徒自猜之寇[84]，恐势尽力屈，绪业不卒[85]，前害未及弭而后变复横出[86]矣。答曰：子以今者群氐为尚挟余资[87]，悔恶反善[88]，怀我德惠而来柔附[89]乎？将势穷道尽[90]，智力俱困，惧我兵诛以至于此乎？曰：无有余力，势穷道尽故也。然则，我能制其短长之命而令其进退由己矣[91]。夫乐其业者不易事，安其居者无迁志[92]。方其自疑危惧[93]，畏怖促遽[94]，故可制以兵威，使之左右无违也。迨[95]其死亡流散，离逷未鸠[96]，与关中之人，户皆为仇，故可遐迁远处[97]，令其心不怀土[98]也。

夫圣贤之谋事也，为之于未有[99]，治之于未乱，道不著而平，德不显而成[100]。其次则能转祸为福，因败为功[101]，值困必济[102]，遇否能通[103]。今子遭敝事之终而不图更制之始[104]，爱易辙之勤而遵覆车之轨[105]，何哉！且关中之人百余万口，率其少多[106]，戎、狄居半，处之与迁[107]，必须口实[108]。若有穷乏[109]，糁粒不继[110]者，故当倾关中之谷[111]，以全其生生之计[112]，必无挤于沟壑[113]，而不为侵掠之害[114]也。今我迁之，传食而至[115]，附其种族[116]，自使相赡[117]，而秦地之人得其半谷[118]，此为济行者以廪粮[119]，遗居者以积仓[120]，宽关中之逼[121]，去盗贼之原[122]，除旦夕之损，建终年之益[123]。若惮暂举之小劳[124]，而忘永逸之弘策[125]，惜日月之烦苦[126]，而遗累世之寇敌[127]，非所谓能创业垂统[128]，谋及子孙者也。

并州之胡[129]，本实匈奴桀恶之寇[130]也。建安中[131]，使右贤王去卑[132]诱质呼厨泉[133]，听其部落散居六郡[134]。咸熙[135]之际，以一部太强，分为三率[136]；泰始之初[137]，又增为四[138]。于是，刘猛[139]内叛，连结外虏[140]，近者郝散[141]之变，发于谷远。今五部之众，户至数万，人口之盛，过于西戎，其天性骁勇[142]，弓马便利，倍于氐、羌。若有不虞风尘之虑[143]，则并州之域可为寒心。

正始[144]中，毌丘俭讨句骊，徙其余种于荥阳[145]。始徙之时，户落百数；子孙孳息，今以千计；数世之后，必至殷炽。今百姓失职[146]，犹或亡叛，犬马肥充，则有噬啮[147]，况于夷、狄，能不为变！但顾其微弱[148]，势力不逮耳。

夫为邦者[149]，忧不在寡而在不安[150]，以四海之广，士民之富，岂须夷虏在内然后取足哉[151]！此等皆可申谕发遣[152]，还其本域，慰彼羁旅怀土之思[153]，释我华夏纤介之忧[154]，"惠此中国，以绥四方[155]"，德施永世，于计为长也！朝廷不能用。

（以上为第一段，写晋惠帝元康九年太子洗马江充作《徙戎论》，认为戎、狄之人不断发生叛乱，祸患中原地区，应当尽早将他们从关中迁徙出去，回归原地，彻底断绝为祸的根源。如不及时迁移，将会生出祸乱，危害中原政权的巩固。）

【注释】

［1］"孟观"句：孟观，字叔时，西晋大臣。晋惠帝时任积弩将军，率兵讨伐齐万年，在中亭（今陕西武功县西）打败齐万年，将其擒获。［2］齐万年：氐族首领，元康六年（296），割据秦、雍地称帝，侵犯关中，至是被晋积弩将军孟观击败斩杀。［3］太子洗马：太子属官，掌管太子的学习，出入充当侍从。江统：字应元，陈留圉县（今河南杞县）人，西晋大臣。曾作《徙戎论》，著称于世。永嘉之乱时，避难于成皋（今河南荥阳市）。传见《晋书》卷五十六。［4］绝其原：断绝他们作乱的根源，指把戎、狄从内地迁出去。原，古同"源"。［5］《徙戎论》：江统的一篇政论文，鉴于当时游牧民族大量内迁杂居，后齐万年等在边关作乱的情况，提出"此等皆可申谕发遣，还其本域，慰彼羁旅怀土之思，释我华夏纤介之忧"的主张，反映了当时民族关系的紧张，在当时没有被采纳，随后不到十年即发生了五胡乱华的事件。［6］地在要荒：他们原来的居地都在离中原很远的地方。要荒，指要服、荒服。古代有所谓"五服"，即由京城由近向远分成五圈，《国语·周语》曰："邦内甸服，邦外侯服，侯卫宾服，蛮夷要服，戎狄荒服。"［7］平九土：大禹治水，治理了全国的水患后，将中国分为九州。平，治理，平定。九土，即九州，据《尚书·禹贡》，分别为豫州、青州、徐州、扬州、荆州、梁州、雍州、冀州、兖州。［8］西戎即叙：西方少数民族都服从了朝廷的安排。即叙，遵守秩序，安宁顺从。［9］汉高祖：即西汉开国君主刘邦。公元前200年，刘邦亲率三十二万大军迎击匈奴，被匈奴冒顿单于围困于平城白登山七天七夜，采用陈平之计才得以脱险。事见《史记》卷八《高祖本纪》。白登：山名，在今山西大同市东北。［10］孝文军于霸上：汉文帝刘恒为防备匈奴侵扰，在京郊的棘门、细柳、霸上屯驻重兵。事见《史记》卷二十七。霸上，亦作"灞上"，在今陕西西安市东，接蓝田县，即白鹿原。［11］单于入朝：匈奴在西汉后期降汉入朝。汉宣帝甘露元年（前53）、汉元帝竟宁元年（前33），汉成帝河平四年（前25），匈奴单于前后三次到长安拜谒汉朝皇帝，臣服汉朝。［12］已然之效：过去事实的证明。效，

证据。［13］牧夷、狄：驾驭、管理少数民族。［14］稽颡执贽（zhì）：指向中原王朝屈服、投降。稽颡，古代最虔敬的一种跪拜礼，屈膝下拜，以额触地，俗称“五体投地”，表示极度的虔诚。执贽，进献礼品。贽，见面礼。［15］边城：沿边要塞城镇。不弛固守：不放松边防的戒备、防守。弛，松懈。汉元帝时，匈奴单于请罢边塞守备，大臣侯应予以反对。［16］兵甲不加远征：指只把进犯的少数民族击退，不再穷追。如西周宣王讨伐北方猃狁时，只把他们驱逐到太原，兵至边境，即行班师。［17］疆埸不侵：本国的边境不受侵害。疆埸，指边境，国土。［18］周室：周王室，周朝。失统：失去纲纪，不能号令天下。此指从西周的厉王、幽王开始。［19］专征：擅自征伐。［20］利害异心：各诸侯因利害不同而心怀异志。［21］乘间：趁机，利用诸侯相争，无暇顾及边疆的空隙。间（jiàn），间隙，缝隙。［22］招诱安抚以为己用：如申侯、缯侯招西戎以攻杀周幽王；晋国迁陆浑之戎于伊川，与之联合破秦于崤山；王子朝、王子带招狄族以攻其主；楚以蛮军与晋战于鄢陵，等等。［23］交侵：交替侵略。［24］错居：混合居住。如徐夷在齐、晋、鲁、宋之间，鲜虞介燕、晋之境，赤狄居上党之地，陆浑戎居伊、洛之间，义渠、大荔居秦、晋之域，戎蛮子居梁、霍之地。［25］兵威旁达：四面出兵讨伐。旁，四面。［26］攘胡：秦始皇统一六国后，北逐匈奴，“悉收河南地”，置九原郡（郡治九原，在今内蒙古包头市西北），使今河套内外、大河南北的广大地区，在相当长的时间内摆脱了兵祸的灾难。攘，攻打，夺取。［27］走越：向南打击越人。秦始皇发动五路大军南征百越，一路攻取东瓯和闽越，两路攻打南越，其余两路攻打西瓯，征服了今广东、广西一带，使整个岭南地区划入了秦朝的版图，并在其地设郡。［28］中国无复四夷：在中原地区的内部再也没有少数民族了。指春秋、战国以来的四夷少数民族或者回到了原来生息的遥远地区，或者与中原地区的人种相融合。［29］建武：东汉光武帝刘秀的第一个年号。［30］马援：字文渊，东汉开国功臣，为刘秀统一中国立下大功。统一之后，虽已年迈，仍请缨东征西讨，西破陇羌，南征交趾，北击乌桓，官至伏波将军，封新息侯，世称“马伏波”。传见《后汉书》卷二十四。陇西：汉郡名，郡治狄道，在今甘肃临洮县。［31］冯翊（yì）：汉郡名，郡治临晋，在今陕西大荔县。河东：汉郡名，郡治安邑，在今山西夏县西北。［32］族类蕃息：指该两郡的羌族人口大量繁衍增多。蕃，繁殖，增长。［33］肥强：身躯高大壮健。［34］永初之元：即永初元年，公元107年。［35］覆没将守：指打败、杀害了当地的守军将领及郡太守。覆没，覆灭，被消灭。［36］邓骘（zhì）：一作“邓陟”，字昭伯，东汉外戚、将领。伐羌失败，事见《资治通鉴》卷四十九，《汉纪》卷四十八汉安帝永初二年（108）。［37］任尚：东汉将领。曾接替班超继任西域都护，封为乐亭侯，后担任侍御史，在上党郡羊头山与羌军交战，打败羌军。传见《后汉书》卷八十七。马贤：东汉将领、官员。初任骑都尉，后历任护羌校尉、弘农太守、征西将军。在担任护羌校尉期间，多次击败羌人各部落，为陇右、凉州地区的安定做出了巨大贡献。传见《后汉书》卷八十七。［38］仅乃克之：勉勉强强地平定了羌乱。仅，只，勉强。［39］余烬（jìn）：物体燃烧后剩下的东西，指羌族的残余力量。［40］小有际会：只要有一点机会。［41］中世之寇：东汉中期的敌人。［42］魏兴之初：曹魏统治中原地区的前期。［43］疆埸之戎：指边境上的少数民族。疆埸，边疆，边境。［44］一彼一此：指分属两国，一部分属曹魏，一部分属蜀汉。［45］武帝：即魏武帝曹操。徙武都氐（dī）于秦川：曹操伐蜀，把武都氐族迁移到秦川，即陕西关中。武都氐，居住在武都郡内的氐族人。当时的武都郡属于蜀国，郡治下辨，在今甘肃成县西北。［46］弱寇强国：使敌寇（指蜀国）削弱，使本国加强。使动用法。［47］扞御：防卫，抵御。［48］今者当之：如今碰上了该承受恶果的时期。当，碰上。［49］敝：通"弊"，弊端，弊病。［50］帝王所居：指关中是几朝帝王居住的地方。如周朝都于丰、镐（均在今陕西西安市西），秦朝建都咸阳（在今陕西咸阳市东北），汉建都长安（今陕西西安市西北）等。［51］衰敝：衰弱，破败。［52］畿（jī）服：古代称靠近国都的地方。服，即服事于王之意。王朝直辖地区称邦畿，也称甸服。［53］玩习：习以为常，掉以轻心。［54］侮：欺侮，欺负。轻弱：谓力量弱小，柔弱。［55］蕃育众盛：发展得人口多，力量强大。蕃育，繁衍，抚育。［56］坐生其心：其久压心底的仇恨就要升上心头。［57］贪悍：贪婪，凶横。［58］挟：挟带，怀着。［59］候隙乘便：等待机会，抓住时机。［60］辄（zhé）：动不动，就。横逆：横暴无理，侵扰作恶。［61］封域之内：国境之内，内地。［62］障塞：指关山险阻。［63］掩：突然袭击。［64］散野之积：散布在田野里的庄稼。［65］为祸滋蔓：指发动叛乱，连延广远。滋蔓，滋生，蔓延，比喻祸患的滋长扩大。［66］暴害不测：造成意想不到的危害。［67］兵威方盛：趁着孟观刚刚消灭了齐万年，士气旺盛的时候。［68］北地、新平、安定：均为晋郡名。北地郡治在今陕西铜川市耀州区。新平郡治在今陕西彬州市。安定郡治临泾，在今甘肃镇原县东南。［69］著：安置。先零、罕幵（jiān）、析支：皆为当时的羌族部落名，居住在今青海西宁市以西。［70］扶风、始平、京兆：皆晋郡名。扶风郡治池阳，在今陕西泾阳县西北。始平郡治槐里，在今陕西兴平市东南。京兆郡治长安，在今陕西西安市西北。［71］出还：返回，搬回境外原来所住的地方。陇右：泛指陇山以西，相当于今甘肃东部、宁夏南部一带地区。［72］阴平、武都：皆晋郡名，为白马氐族居住之地。阴平郡治在今甘肃文县西北。武都郡治下辨，在今甘肃成县西北。［73］廪（lǐn）：通"禀"，发给，提供，由官府赏赐谷物。道路之粮：迁徙途中所需要的粮食。［74］令足自致：让他们可以一直吃到迁徙的目的地。［75］本种：自己的种族。［76］属国：指属国都尉，管理该地区少数民族事务的军事长官。抚夷：指抚夷护军，驻兵该地区的军事长官。就安集之：亲自到那些地区加以组织安排。安集，安置，稳定。［77］戎、晋不杂：让戎族人与晋国人不再混杂居住在一起。［78］猾夏：扰乱中原地区。猾，扰乱，侵犯。夏，华夏。［79］风尘之警：指掀起叛乱。［80］绝远中国：离中国内地路途遥远。绝远，极其辽远。［81］难者曰：持不同意见的人会反驳说。这里是作者的自问自答。［82］咸望宁息：都希望得到安宁休息。咸，皆，全。［83］疲悴之众：指辛苦疲敝的关中一带的汉族人。悴（cuì），忧愁，憔悴。［84］徙自猜之寇：去驱赶那些心存猜疑的少数民族之人搬迁。自猜，指心存猜忌而生反抗意志。［85］绪业不卒：意即不能完成迁移的重任。绪业，刚开头的事业。卒，完成。［86］前害未及弭（mǐ）：上次的矛盾还没有得到完全解决。弭，息停，完结。后变复横出：后面发生的事变又层出不穷。横出，无端出现。

[87]尚挟余资：还具有剩余的反抗能力。[88]悔恶反善：后悔过去的作恶，想要回到正道上来。[89]怀我德惠：感激朝廷的恩德。来柔附：前来倾心归降。柔附，归附。[90]将势穷道尽：还是由于他们的大势已去，走投无路。将，还是。[91]制其短长之命：掌握着他们生命的或长或短，意即他们的死活都掌握在我们手里。进退由己：指他们的迁与不迁，其决定权在我们手上。[92]无迁志：没有迁居的打算。[93]方其自疑危惧：当他正处于恐惧怀疑的时刻。方，当。[94]畏怖促遽（jù）：正处在恐怖紧张的关头。畏怖，畏惧，恐怖。[95]迨（dài）：趁着。[96]离逷未鸠：指羌人刚刚造反失败，四处逃散，尚未集结。离逷（tì），远远离开。鸠（jiū），聚，聚集。[97]遐迁远处：迁移到很远的地方去。遐迁，远迁。[98]心不怀土：心中不留恋现今所居住的地方。怀，怀念，留恋。此指被迁走的戎、狄不再留恋中土故居。[99]为之于未有：要在事情尚未发生之前就做好准备，即未雨绸缪。[100]道不著而平，德不显而成：意即道德还没有显现，天下就已经平定；恩德还未施及，事情就已经成功。著，显现，显著。[101]因败为功：即想办法把坏事变为好事。[102]值困必济：陷于困境之中，而能够得以解脱。[103]遇否能通：遇到险阻，而能安然度过。否（pǐ），闭塞，阻隔不通。[104]敝事之终：指齐万年作乱，刚刚得以平息。敝事，有害的事，坏事。更制之始：指趁机改换一种好的办法。即作者所说的移徙戎狄之民。[105]爱：吝惜，怕麻烦。易辙之勤：把车子改到另一条道上的辛劳。易辙，改道。遵覆车之轨：还是沿着翻过车的旧路继续向前走。轨，轨道。[106]率其少多：估算一下汉人与羌戎的人口比例。率，大略，估算。[107]处之与迁：把他们安置下来，或者是把他们迁出去。[108]必须口实：都得用相当数量的粮食。口实，口粮。[109]若有穷乏：如果哪里有人挨饿。穷乏，指灾荒缺粮。[110]糁粒不继：没有下一顿下锅的粮食。糁（shēn）粒，指煮粥的玉米粒。[111]倾关中之谷：拿出关中所有仓库储存的粮食。[112]以全其生生之计：来救济那些饥民的生命。生生，动宾词组，意即让活着的人生存下去。[113]挤于沟壑：在死亡的道路上挣扎。沟壑，山沟或大水坑。古代对死亡的一种委婉说法，即“填沟壑”。[114]侵掠之害：意即那些得不到救济的，绝不会等着活活饿死，而会到处进行掠夺。侵掠，侵犯，掠夺。[115]传食而至：让沿途供应粮食，使他们能够顺利到达。传，驿站，这里指沿途官府。[116]附其种族：回归到他们原来的民族之中去。附，依，归。[117]自使相赡：使他们自己养活自己。赡，赡养。[118]秦地之人得其半谷：让关中地区的汉族人得到另一半人口的粮食。秦地，指今陕西以及甘肃东部一带地区。半谷，指另一半少数民族人口的粮食。因为少数民族约占秦地人口的一半，如果他们迁走，就多出了一半的粮食。[119]济行者以廪粮：由官府另外拿出粮食来供应迁移的少数民族。济，供应。廪（lǐn）粮，官粮。廪，米仓。[120]遗居者以积仓：留下关中仓库的积谷给当地的汉人食用。遗，遗留，留下。居者，剩下的汉人。积仓，贮存谷物的粮仓。[121]宽：缓解。关中之逼：关中地区救济饥民的压力。[122]去：去除，化解。盗贼之原：盗贼产生的根源，指少数民族作乱。原，通“源”，根源，来源。[123]“除旦夕之损”二句：花费一朝一夕的开销，成就长年获益的基础。[124]惮：不愿，舍不得。暂举之小劳：指短暂行动的小工程。

[125]永逸之弘策：一劳永逸的长远规划。弘策，宏大的长远策略。[126]惜日月之烦苦：吝惜短暂的辛劳。日月，犹言“朝夕”。[127]遗累世之寇敌：给后世子孙留下强大的敌人。遗，遗留，留下。累世，一连几代。[128]创业垂统：开创大业，留传万世。[129]并州之胡：并州地区的匈奴人，即以刘渊为头领的五部匈奴。并州，州治晋阳，在今山西太原市西南。[130]本实匈奴桀恶之寇：原本是一支很凶恶的敌人。桀恶，凶暴，凶恶。[131]建安中：指汉魏之交。建安，汉献帝的第五个年号，共二十五年，公元196年一月至公元220年三月。[132]右贤王：匈奴贵族封号，二十四长之一，在右部诸王侯中地位最高，与诸位右部王侯居匈奴西部。去卑：南匈奴之右贤王，建安元年（196），受命派军协助汉献帝等人从长安出逃往洛阳。[133]诱质呼厨泉：诱骗单于呼厨泉进京，将其扣留。呼厨泉，南匈奴羌渠单于之子，於扶罗之弟，刘渊祖父，匈奴单于。曾派右贤王去卑帮助汉献帝东归，其后还于本国。后曹操借其入朝朝见之机，将其留在邺城，作为人质，让右贤王去卑代管南匈奴。[134]听其部落散居六郡：让呼厨泉所统的匈奴部落散居在并州的六个郡里。六郡，即平阳（治所在今山西临汾市西南）、西河（治所在今山西吕梁市离石区）、太原（治所晋阳，在今山西太原市西南）、新兴（治所九原，在今山西忻州市）、上党（治所壶关，在今山西长治市北）、乐平（治所沾县，在今山西昔阳县西南）。[135]咸熙：魏元帝曹奂的第二个年号，历时两年，公元264年五月至公元265年。[136]分为三率：因一个郡里的匈奴人集中为一部，势力太大，故将其分为三部，分别由三人统领。率（shuài），统领，统率。[137]泰始：晋武帝司马炎的第一个年号，共十年，公元265年十二月至公元274年。[138]又增为四：又把一郡里匈奴人的三部变为四部。[139]刘猛：匈奴右贤王，去卑之子。泰始七年（271）正月，刘猛叛逃出塞，后攻打并州，被并州刺史刘钦击败。第二年正月，晋朝监军胡奋讨伐刘猛，数次击败他，并利诱刘猛属下的左部帅李恪，杀刘猛，降晋。[140]连结外虏：刘猛起兵勾结塞外少数民族进攻并州，被刺史刘钦与监军何植破杀。[141]郝散：匈奴族起义首领，在谷远（今山西沁源县）起兵反晋，攻上党，杀长吏，不久降晋，为冯翊都尉所杀。[142]骁（xiāo）勇：勇猛。[143]不虞风尘之虑：意想不到的叛乱发生。不虞，没想到。风尘，指战争、变乱。[144]正始：魏齐王曹芳的年号，共十年，公元240年至公元249年四月。[145]荥（xíng）阳：魏县名，县治在今河南荥阳市东北。[146]百姓失职：即失职于百姓，百姓失去土地，不能以耕种为生，没有起到应有的作用。失职，不称职。[147]噬（shì）嗑：相互啃咬。[148]但顾其微弱：意即他们现在所以不造反，只是由于还处于微弱的状态。[149]为邦者：治理国家的人。[150]寡：东西少，穷困。不安：不安定。《论语·季氏》曰：“有国有家者，不患寡而患不均，不患贫而患不安。”[151]在内：留在国内。取足：征收到足够的东西。[152]此等：这些少数民族。申谕发遣：讲明道理，打发他们上路。申谕，反复开导。[153]羁旅：长久寄居他乡。怀土：怀念家乡。[154]释我华夏纤介之忧：给我们中原地区减少一点担心、忧虑。纤介，以喻其小。[155]惠此中国，以绥四方：意即既施惠给中原地区，又安定了四方蛮夷。语出《诗经·民劳》。

散骑常侍贾谧侍讲东宫[1]，对太子倨傲[2]，成都王颖见而叱之；谧怒，言于贾后，出颖为平北将军[3]，镇邺[4]。征梁王肜为大将军、录尚书事[5]；以河间王颙为镇西将军，镇关中[6]。初，武帝作石函之制[7]，非至亲[8]不得镇关中，颙轻财爱士，朝廷以为贤，故用之。

夏，六月戊戌[9]，高密文献王泰[10]薨。

贾后淫虐日甚，私于太医令程据等[11]；又以簏箱载道上年少入宫[12]，复恐其漏泄，往往杀之。贾模[13]恐祸及己，甚忧之。裴頠与模及张华议废后，更立谢淑妃[14]。模、华皆曰："主上自无废黜之意，而吾等专行之，傥[15]上心不以为然，将若之何！且诸王方强，朋党各异[16]，恐一旦祸起，身死国危，无益社稷。"頠曰："诚如公言。然宫中逞其昏虐，乱可立待也。"华曰："卿二人于中宫皆亲戚[17]，言或见信[18]，宜数为陈[19]祸福之戒，庶无大悖[20]，则天下尚未至于乱，吾曹得以优游卒岁而已。"頠旦夕说其从母广城君[21]，令戒谕贾后以亲厚太子，贾模亦数为后言祸福。后不能用，反以模为毁己[22]而疏之；模不得志，忧愤而卒。

秋，八月，以裴頠为尚书仆射。頠虽贾后亲属，然雅望素隆[23]，四海[24]惟恐其不居权位。寻诏頠专任门下事[25]，頠上表固辞，以"贾模适亡[26]，复以臣代之，崇外戚之望[27]，彰偏私之举[28]，为圣朝累[29]。"不听。或谓頠曰："君可以言，当尽言于中宫[30]；言而不从，当远引而去[31]。傥二者[32]不立，虽有十表[33]，难以免[34]矣。"頠慨然久之，竟不能从。

帝为人戆騃[35]，尝在华林园闻虾蟆[36]，谓左右曰："此鸣者，为官乎，为私乎？"时天下荒馑[37]，百姓饿死，帝闻之曰："何不食肉糜[38]？"由是权在群下，政出多门[39]，势位之家，更相荐托[40]，有如互市[41]。贾、郭恣横[42]，货赂公行。南阳鲁褒作《钱神论》[43]以讥之曰："钱之为礼，有《乾》《坤》之象[44]，亲之如兄，字曰'孔方[45]'。无德而尊，无势而热[46]，排金门[47]，入紫闼[48]，危可使安，死可使活，贵可使贱，生可使杀。是故忿争[49]非钱不胜，幽滞[50]非钱不拔，怨仇非钱不解，令闻非钱不发[51]。洛中朱衣[52]、当涂之士[53]，爱我家兄，皆无已已[54]，执我[55]之手，抱我终始。凡今之人，惟钱而已！”

（以上为第二段，写皇后贾南风淫乱暴虐，掌控朝政；张华、裴𬱟各怀心思，顾恋禄位；贾谧、郭彰肆意妄为，贿赂公行；而司马衷则愚鲁痴呆，晋朝岌岌可危。）

【注释】

[1]贾谧（mì）：字长渊，历任散骑常侍、后军将军、秘书监。后因与贾后一起合谋陷害太子，为赵王司马伦所杀。传见《晋书》卷四十。侍讲东宫：在太子宫为太子讲课。[2]太子：即司马遹，字熙祖，晋惠帝司马衷长子，立为太子，被皇后贾南风设计谋害，后追谥为愍怀太子。传见《晋书》卷五十三。倨傲：高傲自大、傲慢的样子。[3]出：外任。平北将军：晋将军名号，为杂号将军。[4]镇邺：镇守邺城。邺，即邺城，是北方军事重镇，在今河北临漳县西南。[5]征梁王肜：调梁王司马肜进京，此时正镇守关中。录尚书事：总领尚书事务。录，为总领之意。[6]“以河间王颙（yóng）”二句：改任河间王司马颙为镇西将军，镇守关中。即以河间王填补梁王司马肜的空缺。[7]武帝：即晋武帝司马炎。石函之制：指晋武帝时规定，镇守关中的人必须是皇室至亲。这一制度的文本藏在皇家太庙的石匣中。石函，石盒，石匣。[8]至亲：跟皇帝血缘关系最亲近的人。司马颙是司马孚的孙子，与皇帝血缘已不太相近。[9]戊戌：六月三日。“戊戌”二字原无，据章校补。[10]高密文献王泰：即司马泰，字子舒，司马懿四弟东武城侯司马馗之子，西晋重臣。初封陇西王，改封高密王。谥号文献，故称。传见《晋书》卷三十七。[11]私：与私通。太医令：为帝后治病的医官头领。程据：魏晋医家，为内廷医官，以医术高明出入内宫，与晋惠帝皇后贾南风有私情，用巴豆杏子丸害死愍怀太子司马遹，被诛。[12]簏（lù）箱：一种用竹子编成的篓子，方为筐，圆为簏。载：装上。[13]贾模：字思范，贾充族子，贾南风族兄，西晋大臣，与张华等辅政数年，操纵朝权。后因谏说贾后遭疏远，忧愤而终。传见《晋书》卷四十。[14]谢淑妃：即谢玖，愍怀太子司马遹的生母，被贾后设计杀害。传见《晋书》卷五十三。[15]傥（tǎng）：同“倘”，倘若，假如。[16]朋党各异：各有各的党羽。朋党，死党，党羽。[17]于中宫皆亲戚：贾模是皇后贾南风的堂兄，裴𬱟是贾南风的表兄。中宫，皇后居住的宫室，代指皇后，此指贾南风。[18]言或见信：如果你们给她提意见，也许她能听从。[19]数为陈：多给她讲讲。陈，陈述，讲说。[20]庶无大悖：也许她就不那么肆意妄行了。庶，希望，或许。悖，荒谬，谬误。[21]从母：姨母。广城君：即郭槐，字媛韶，太原阳曲（今山西太原市）人，贾充的继室，皇后贾南风的母亲，封为广城君。[22]毁己：诋毁自己。[23]雅望素隆：名望素来很高。雅望，清高的名望。[24]四海：四海之内，代指整个晋朝上下。[25]专任门下事：按晋制，侍中与给事黄门侍郎同管门下事，现由侍中裴𬱟一人专管。专任，独掌。[26]适亡：刚去世不久。[27]崇外戚之望：提高了外戚的声望。崇，抬高。[28]彰偏私之举：更显得总是偏向自己的亲属。彰，显。[29]为圣朝累：给朝廷造成倚

重外戚的污点。累，污点，瑕疵。［30］当尽言于中宫：应该好好地劝劝皇后贾南风。中宫，代指皇后。［31］远引而去：指辞去官职，远离朝廷。远引，远去，隐退。［32］二者：指规劝贾南风改邪归正与辞官远离朝廷两条路。［33］十表：指上十次奏章。［34］难以免：难逃一死。免，免灾，免祸。［35］戆（gàng）騃（ái）：愚鲁，痴呆。［36］华林园：晋朝御花园之一。闻虾（há）蟆（má）：听虾蟆的叫声。［37］荒馑（jǐn）：饥荒。馑，荒年。［38］肉糜：肉粥。糜，烂，碎。［39］政出多门：政令出自众多掌权者之手，相互冲突。［40］更相荐托：相互推荐，相互倚托，沆瀣一气。［41］互市：相互做买卖。［42］贾、郭：指贾谧、郭彰。恣横：放纵，专横。［43］南阳：晋郡名，郡治宛县。鲁褒：字元道，隐居不仕，人莫知所终。传见《晋书》卷九十四。《钱神论》：隐士鲁褒创作的一篇赋文，对金钱的描绘，对时风的讽刺、揭露，都非常深刻。房玄龄曰：“元康之后，纲纪大坏，褒伤时之贪鄙，乃隐姓名，而著《钱神论》以刺之。”［44］《乾》《坤》之象：意谓铜钱的周边有天之圆，中孔有地之方，很像是《乾》《坤》的卦象。［45］孔方：即孔方兄，代指“钱”。孔方者，外圆内方，亲爱如兄。［46］无德而尊，无势而热：能使无德者尊贵起来，能让无势者变得炙手可热。［47］排金门：推开帝王的宫殿之门。排，推开。金门，即金马门，宫门名，学士待诏之处。［48］入紫闼：进入皇宫之中。紫闼（tà），内廷。闼，宫中小门。［49］忿争：指因愤怒相争而引发的官司诉讼。［50］幽滞：指困厄、埋没的人才。［51］令闻：好名声。非钱不发：不花钱就不能远扬。发，传播远扬。［52］洛中朱衣：洛阳城里的达官贵人。朱衣，指官服。［53］当涂之士：大权在握的人。当涂，犹言“当道”。涂，通“途”，路途，大道。［54］皆无已已：全都没有止境。已已，到头儿，穷尽。后“已”字为语气助词，相当于“矣”。［55］我：指钱。下句之“我”亦如是。

又，朝臣务以苛察相高[1]，每有疑议，群下各立私意，刑法不壹[2]，狱讼繁滋[3]。裴頠上表曰：“先王刑赏相称[4]，轻重无二[5]，故下听有常[6]，群吏安业。去元康四年[7]大风，庙阙屋瓦[8]有数枚倾落，免太常荀寓[9]，事轻责重[10]，有违常典[11]。五年二月有大风[12]，兰台主者惩惧前事[13]，求索阿栋之间[14]，得瓦小邪[15]十五处，遂禁止太常[16]，复兴刑狱。今年八月，陵上荆[17]一枝，围七寸二分者被斫[18]，司徒、太常奔走道路[19]，虽知事小，而按劾难测[20]，搔扰驱驰[21]，各竞免负[22]，于今太常禁止未解[23]。夫刑书之文有限而舛违之故无方[24]，故有临时议处[25]之制，诚不能皆得循常也。至于此等[26]，皆为过当[27]，恐奸吏因缘[28]，得为浅深[29]也。”既而曲议[30]犹不止。

三公尚书刘颂[31]复上疏曰：“自近世以来，法渐多门，令甚不一，吏不知所守[32]，下不知所避[33]，奸伪者因以售其情[34]，居上者难以检其下[35]，事同议异[36]，狱犴[37]不平。夫君臣之分，各有所司。法欲必奉[38]，故令主者守文[39]；理有穷塞[40]，故使大臣释滞[41]；事有时宜[42]，故人主权断[43]。主者守文，若释之执犯跸之平也[44]；大臣释滞，若公孙弘断郭解之狱也[45]；人主权断，若汉祖戮丁公之为也[46]。天下万事，自非此类[47]，不得出意妄议，皆以律令从事。然后法信于下[48]，人听不惑，吏不容奸，可以言政[49]矣。”乃下诏：“郎、令史复出法驳案者[50]，随事以闻[51]。”然亦不能革[52]也。

颂迁吏部尚书，建九班之制[53]，欲令百官居职希迁[54]，考课能否[55]，明其赏罚。贾、郭用权，仕者欲速[56]，事竟不行。

裴頠荐平阳韦忠[57]于张华，华辟之，忠辞疾[58]不起。人问其故，忠曰：“张茂先华而不实[59]，裴逸民欲而无厌[60]，弃典礼而附贼后[61]，此岂大丈夫之所为哉！逸民每有心托我[62]，我常恐其溺于深渊而余波及我[63]，况可褰裳而就之[64]哉！”

关内侯敦煌索靖[65]，知天下将乱，指洛阳宫门铜驼[66]叹曰：“会见汝在荆棘中[67]耳！”

（以上为第三段，写晋朝在皇后贾南风操持下，政出多门，混乱不堪，视法律为儿戏，裴頠、刘颂纷纷上书，各抒己见，可朝廷一概不理，索靖看到的则是“铜驼荆棘”。）

【注释】

［1］以苛察相高：靠使用严刑峻法，来显示自己的高明。苛察，以烦琐苛刻为明察。［2］不壹：不统一，不按法律办事。［3］狱讼繁滋：诉讼案件越来越多。［4］刑赏相称：惩罚与奖赏都能符合其功与过的实际情况。相称，指符合其功过的实际。［5］轻重无二：该轻该重，没有第二条标准。［6］下听有常：下面办事的人，有常规可以遵循。［7］去：过去，以前。元康四年：即公元294年。［8］庙阙屋瓦：宗庙正门上面的瓦。庙阙，建筑在宗庙前的两个对称建筑物。［9］荀寓：字景伯，少时即闻名于京邑，位至尚书。为太常时，因宗庙阙屋上的瓦被吹掉几片，被免官。［10］事轻责重：事情微不足道，但处罚得过于严重。［11］常典：指固定的法典、制度。［12］五年：指元康五年，公元295年。有大风：又刮大风。有，意思同“又”。［13］兰台主者：御史台的主事人，如令史之类，执掌保管图书档案，监察百官，审核疑案。惩惧前事：由上次太常被罚而对这回的事情不得不认真。［14］求索阿栋之间：寻查屋顶的隐曲之处的瓦片。求索，寻

找。阿栋，屋顶的隐曲之处。［15］小邪：指瓦片稍微有点歪斜。邪，通“斜”。［16］禁止太常：又将太常囚禁、停职。［17］陵上荆：皇家陵园里的一棵荆树。荆，楚地之木。［18］围七寸二分者被斫：有一棵粗达七寸二分的树干被人砍了。围，指树干的粗度。斫，砍伐。［19］奔走道路：指到处奔走请罪、求饶。［20］按劾难测：将被审讯定成什么罪，难以预料，心中无数。按劾，指审讯定罪。难测，指恐有人无限上纲。［21］搔扰驱驰：害怕、恐慌得四处奔走。［22］各竞免负：都抢着摆脱自己的罪名。免负，即免责，洗脱罪责。［23］于今太常禁止未解：到今天，太常仍被囚禁，还没有放出来。禁止，囚禁，停职。解，释，释放。［24］刑书之文：指法律条文。舛（chuǎn）违之故：违犯法律条文的原因。无方：没有一定之规。［25］临时议处：临时由有关官员依事讨论处置。［26］此等：指上述因自然事故而使主者受惩的事情。［27］过当：过分。［28］因缘：指利用“临时议处”的机会。［29］得为浅深：故意从轻或从重地惩办犯有过失的人。浅深，犹言“轻重”。［30］曲议：曲解法律条文，随意给人定罪。［31］三公尚书：官名，为六曹尚书之一，掌审理案件。刘颂：字子雅，西晋官员。历任尚书三公郎、中书侍郎、议郎，又代理廷尉，执法公平。晋灭吴后，因秉公考核王浑、王濬争功一事，被外放，为京兆尹、河内太守及淮南国相。后入朝，任三公尚书、吏部尚书。传见《晋书》卷四十六。［32］不知所守：不知道该根据、坚持哪一条。［33］不知所避：不知道该防备什么、躲开什么。［34］售其情：指奸伪者施展他的狡猾手段。［35］检其下：检查、约束他的下级。［36］事同议异：犯的过错一样，而被定的罪名却不相同。［37］狱犴（àn）：官司诉讼，这里指被处的刑罚。［38］法欲必奉：国家制定的法律，是想让人们遵照执行。［39］主者守文：主管司法的人必须严格执行法律条文。［40］理有穷塞：有的时候光靠法律条文，从道理上来说，是行不通的。［41］释滞：解释疑难问题。［42］事有时宜：有些疑案涉及政治与社会等特殊因素，需要临时制宜。［43］故人主权断：所以帝王可以权宜处置，当机立断。［44］释之：指西汉文帝时廷尉张释之。他以执法公正不阿闻名。传见《史记》卷一百二。执犯跸之平：汉文帝刘恒有一次出行至中渭桥，突然有人窜出来，惊了御马，文帝险些被摔下，命人拘捕，交给廷尉张释之，要求重办。张释之量刑判决，依法处以罚金。文帝认为判决过轻，而张释之认为有法必依，不应偏私。文帝亦予以肯定。跸（bì），戒严令。那个从中渭桥窜出惊了御马的人，就犯了戒严令，即犯跸。帝王出行时，开路清道，禁止通行。［45］公孙弘：汉武帝时丞相。断郭解之狱：游侠郭解党羽杀人，是否应定罪。朝臣大多认为郭解没有杀人，郭解本不知情，不应定罪。丞相公孙弘说：“解虽不知，胜于知之。”遂将郭解定罪为大逆不道，灭族。［46］汉祖：即汉高祖刘邦。戮（lù）丁公之为：指杀掉丁公的举措。丁公，是项羽的部将，追击刘邦时曾接受刘邦的讨饶将其放走。刘邦胜利后，丁公前来向刘邦讨赏，刘邦竟以丁公“不忠于其主”为名，将他杀掉了。［47］自非此类：除了像刘邦这样的出以己心的特例而外。［48］法信于下：法律不折不扣地得到执行，被民众所信服。［49］言政：讨论治理国家的事情。［50］郎、令史：指尚书郎及尚书、兰台令史。复出法驳案：再对司法部门判定的案件提出异议，要求重新讨论的。驳案，驳回司法部门判定的案件。［51］随事以闻：立即向朝廷报告。［52］不能革：指不能革除随意论处犯罪者的苛察弊病。［53］九班之制：九级官阶的考核制度。［54］希迁：希望提升。［55］考课能否：考核办事能力是行还是不行。考课，按照一定的标准对官吏的政绩进行考核，以决定其升降赏罚。［56］欲速：想迅速升迁。［57］韦忠：字子节，平阳（今山西临汾市）人，苦读诗书，博通儒学，忠义之士。西晋灭亡后，韦忠出任前赵刘聪的镇西大将军、平羌校尉。在讨伐羌族战争中，不幸矢尽被俘，但始终不屈服，遂被杀害。传见《晋书》卷八十九。［58］华辟之，忠辞疾：张华接受裴颜推荐，起用韦忠，韦忠推说有病，拒绝接受。辟，聘用，起用。［59］张茂先：即张华，字茂先。华而不实，花开得好看，但不结果实，比喻中看不中用。［60］裴逸民：即裴颜，字逸民。欲而无厌：即贪得无厌。厌，满足。［61］弃典礼：不顾纲常。附贼后：依附皇后贾南风。［62］托我：推举我。托，推举，信任。［63］溺（nì）：沉溺，溺死。余波及我：溅我一身水，意即受其牵连。［64］褰裳而就之：蹚着水去接近他。《诗经·褰裳》曰：“子惠思我，褰裳涉洧。”褰裳，提起自己的衣服，指涉水。［65］索靖：字幼安，敦煌龙勒（今甘肃敦煌市）人，西晋将领，以有先见之明著称。传见《晋书》卷六十。［66］铜驼：铜铸的骆驼，置于宫门外。《邺中记》曰：“二铜驼如马形，长一丈，高一丈，足如牛，尾长二尺，脊如马鞍，在中阳门外，夹道相向。”原是汉代旧物，魏明帝曹叡把铜驼、铜人等从长安运来洛阳，置于洛阳宫门前。［67］会见汝在荆棘中：我很快就会看到你在一片荒草荆棘之中。意指天下很快就将大乱，洛阳宫殿不久将是一片废墟，荒草丛生。

冬，十一月，甲子朔[1]，日有食之。

初，广城君郭槐，以贾后无子，常劝后使慈爱太子。贾谧骄纵，数无礼于太子，广城君恒切责之[2]。广城君欲以韩寿女[3]为太子妃，太子亦欲婚韩氏以自固；寿妻贾午[4]及后皆不听，而为太子聘王衍[5]少女。太子闻衍长女美，而后为贾谧聘之，心不能平，颇以为言[6]。及广城君病，临终，执后手，令尽心于太子，言甚切至[7]。又曰：“赵粲[8]、贾午，必乱汝家事。我死后，勿复听入[9]。深记吾言！”后不从，更与粲、午谋害太子。

太子幼有令名[10]，及长，不好学，惟与左右嬉戏，贾后复使黄门辈诱之为奢靡威虐[11]。由是名誉浸减[12]，骄慢益彰[13]，或废朝侍而纵游逸[14]，于宫中为市[15]，使人屠酤[16]，手揣斤两[17]，轻重不差[18]。其母[19]，本屠家女也，故太子好之。东宫月俸钱[20]五十万，太子常探取[21]二月，用之犹不足。又令西园卖葵菜、蓝子[22]、鸡、麦等物而收其利。又好阴阳小数[23]，多所拘忌[24]。洗马[25]江统上书陈五事：“一曰虽有微苦[26]，宜力疾朝侍[27]。二曰宜勤见保傅[28]，咨询善道。三曰画室之功[29]，可宜减省，后园刻镂杂作[30]，一皆罢遣。四曰西园卖葵、蓝之属，亏败国体，贬损令闻[31]。五曰缮墙正瓦[32]，不必拘挛小忌[33]。”太子皆不从。中舍人杜锡[34]，恐太子不得安其位[35]，每尽忠谏，劝太子修德业，保令名，言辞恳切。太子患之，置针著锡常所坐毡[36]中，刺之流血。锡，预之子也。

太子性刚[37]，知贾谧恃中宫骄贵，不能假借[38]之。谧时为侍中，至东宫[39]，或舍之[40]，于后庭游戏。詹事裴权[41]谏曰：“谧，后所亲昵[42]，一旦交构[43]，则事危矣。”不从。谧谮太子[44]于后曰：“太子多畜私财以结小人者[45]，为贾氏故[46]也。若宫车晏驾[47]，彼居大位，依杨氏故事[48]，诛臣等，废后于金墉[49]，如反手[50]耳。不如早图之，更立慈顺者，可以自安。”后纳其言，乃宣扬太子之短，布于远近。又诈为有娠[51]，内藁物、产具[52]，取妹夫韩寿子慰祖[53]养之，欲以代太子。

于时，朝野咸知贾后有害太子之意，中护军赵俊[54]请太子废后，太子不听。左卫率东平刘卞[55]，以贾后之谋问张华，华曰：“不闻。”卞曰：“卞自须昌[56]小吏，受公成拔[57]以至今日。士感知己，是以尽言；而公更有疑于卞邪！”华曰：“假令有此，君欲如何？”卞曰：“东宫俊乂如林[58]，四率[59]精兵万人；公居阿衡之任[60]，若得公命，皇太子因朝入录尚书事[61]，废贾后于金墉城，两黄门力耳[62]。”华曰：“今天子当阳[63]，太子，人子也，吾又不受阿衡之命[64]，忽相与行[65]，此是无君父[66]而以不孝示天下也，虽能有成，犹不免罪[67]。况权戚满朝，威柄不一[68]，成可必乎[69]？”贾后常使亲党微服听察于外，颇闻卞言[70]，乃迁卞为雍州刺史。卞知言泄，饮药而死。

（以上为第四段，写贾南风图谋陷害太子司马遹，司马遹无可奈何，破罐子破摔，奢侈挥霍，骄横暴虐；朝廷重臣张华等置若罔闻，明哲保身，矛盾一触即发，晋王朝将祸起萧墙。）

【注释】

[1]甲子朔：十一月一日。［2］恒切责之：经常严厉地斥责他。恒，经常。［3］韩寿女：西晋大臣韩寿之女，贾谧的妹妹。贾谧原是韩寿的儿子，过继为贾充之子，故改姓贾。［4］贾午：西晋权臣贾充之女，晋惠帝皇后贾南风的同母妹，韩寿的妻子，贾谧的母亲。传见《晋书》卷四十。［5］王衍：字夷甫，西晋末年重臣。传见《晋书》卷四十三。［6］颇以为言：很有些不满的话，即发了不少牢骚。［7］切至：恳切之极。［8］赵粲：晋武帝司马炎的充华（九嫔之九），皇后杨艳的表妹，依附于贾南风，贾南风失败后被杖杀。［9］勿复听入：不要让她们再进宫来。［10］令名：好名声。令，美好。［11］奢靡（mí）：挥霍浪费钱财，过分追求享受。威虐：凶恶，残酷。［12］浸减：越来越不行，越来越没有好的名声。［13］骄慢：骄傲，怠慢。彰：彰显，显示。［14］废朝侍：连每日清晨向父母请安的礼节也不遵行。纵游逸：放纵自己，任意游玩。［15］于宫中为市：指太子在宫中举办一个市场。宫中，指太子宫中。［16］使人屠酤（gū）：让人剁肉卖酒。［17］手揣（chuǎi）斤两：自己用手掂量商品的分量。揣，估量，掂量。［18］轻重不差：在计量上基本准确，没有什么差错。［19］其母：司马遹的生母是谢玖，即谢淑妃。［20］东宫月俸钱：太子宫每个月的月例钱，即定额开支的费用。［21］探取：预支。［22］西园：皇宫西花园，供游乐的地方。葵菜：一名冬葵，嫩叶可食用，茎、叶皆入药。蓝子：即蓝菜籽，菜叶可做蓝色染料。［23］阴阳小数：阴阳家的迷信把戏，指算命、占卜等巫术。［24］多所拘忌：各种迷信忌讳甚多。［25］洗马：即太子洗马，官名，辅佐太子，教太子政事、文理的官职。［26］虽有微苦：尽管有点小病，或者心中不愉快。［27］力疾朝侍：要强打精神去请早安。力疾，尽力，尽量支撑。［28］勤见保傅：多多地会见太保、太傅等辅导大臣，意即多听他们的教诲。［29］画室之功：指装修房屋的活动，与下文“刻镂杂作”同属“奢靡”之举。画室，以五彩绘画于屋室。［30］刻镂（lòu）杂作：指雕刻工匠和做杂活的工人。［31］贬损令闻：毁坏了美好的名声。［32］缮墙正瓦：指宫里的一些日常土木活儿。缮，修补，整治。［33］拘挛小忌：拘泥于琐细的忌讳。拘挛，拘束，拘泥。［34］中舍人：即太子中舍人，以舍人才学美者担任，与中庶子共掌文翰。杜锡：晋朝名将杜预之子，少有盛名，为太子中舍人。屡谏太子，言辞恳切，太子患之，转为卫将军长史。传见《晋书》卷三十四。［35］不得安其位：意即担心太子被废掉。安，稳定。［36］著：放，放在。毡（zhān）：用兽毛制成的坐垫。［37］性刚：性格刚强自用。［38］假借：宽容。［39］至东宫：指贾谧到太子这边来。［40］或舍之：太子有时故意冷落贾谧置之不理。舍，不理睬。［41］詹（zhān）事：官名，亦称太子詹事，辅导太子，总领太子宫的官属、庶务。裴权：太子詹事。［42］亲昵：亲近，宠幸。［43］交构：指编造罪名，进谗陷害。［44］谧谮太子：贾谧果然诬陷、馋毁太子。［45］畜：同“蓄”，蓄积，积累。结：交结，勾搭。［46］为贾氏故：是因为他忌恨贾氏家族，忌恨皇后贾南风。此是贾谧诬陷太子的说辞。［47］宫车晏驾：婉指皇帝死。晏驾，晚出，不能按时出来。［48］依杨氏故事：按照贾氏政变后对付杨氏家族的手段。胡三省注曰：“贾后杀杨骏，废太后，天地之所不容也。观其姑侄之间所言若此，则其心固

不能一息安也。”[49]废后于金墉（yōng）：也把您废掉，迁移到金墉城里去。[50]反手：即翻手，形容非常容易。[51]有娠（shēn）：怀孕。指贾南风诈称怀孕。[52]内藁物、产具：把生孩子用的禾草、产具弄进宫中。古代产妇要睡在禾草上。内，通“纳”，放进来。藁，同“稿”，指谷类植物的茎秆。[53]慰祖：即韩寿与贾午所生的儿子。[54]中护军：官名，与中领军同掌禁军。赵俊：西晋官员，曾为中护军。[55]左卫率：指太子左卫率，领兵宿卫东宫。刘卞：字叔龙，东平须昌人，西晋官员。出身于军人家庭，生性正直，时任太子左卫率。密访张华，欲废贾后保太子，事泄，被逼自杀。传见《晋书》卷三十六。[56]须昌：县名，县治在今山东东平县西北。[57]成拔：成全，提拔。[58]俊乂（yì）如林：极言人才之多，如江统、潘滔、王敦等，皆在东宫。俊乂，指才德出众的人。[59]四率：指左、右、前、后四卫率。[60]阿衡之任：宰相的权位。因殷相伊尹曾任宰相，故后世称宰相为“阿衡”。[61]入录尚书事：掌握朝廷实权，总揽国家的一切大权。录，统领，统管。[62]两黄门力耳：只需要两个太监就够了。黄门，即黄门郎，太监，宦官。秦汉时，宫门皆黄色，故号黄门。黄门郎因在黄门内供职而得名。[63]当阳：指晋惠帝当朝执政，正是如日中天的时候。[64]不受阿衡之命：是说晋武帝司马炎死时，并未像商汤死时那样，把下任皇帝托付给自己。[65]忽相与行：忽然参加，跟着你们干废皇后这样的事情。[66]无君父：目无君父，是不识大体、大逆不道的表现。[67]虽能有成，犹不免罪：此二句原文无，据章校补。甲十一行本等，在此处下有此八字。[68]威柄不一：各人都有大小不同的威望和权柄。[69]成可必乎：能够一定成功吗？对是否能够成功表示怀疑。[70]颇闻卞言：大略听到了刘卞的言论。对此，胡三省评曰：“贾后刚悍，使闻卞言而张华不以告，则华必死于贾后之手，意卞言实华泄之也。”

十二月，太子长子虨[1]病，太子为虨求王爵，不许。虨疾笃，太子为之祷祀求福。贾后闻之，乃诈称帝不豫[2]，召太子入朝。既至，后不见，置于别室，遣婢陈舞[3]以帝命赐太子酒三升，使尽饮之。太子辞以不能饮三升，舞逼之曰：“不孝邪！天[4]赐汝酒而不饮，酒中有恶物[5]邪！”太子不得已，强饮至尽，遂大醉。后使黄门侍郎潘岳作书草[6]，令小婢承福[7]，以纸笔及草[8]，因太子醉，称诏使书之[9]，文曰：“陛下宜自了[10]，不自了，吾当入了之[11]。中宫又宜速自了[12]，不自了，吾当手了之[13]。并与谢妃共要[14]，刻期两发[15]，勿疑犹豫，以致后患。茹毛饮血于三辰之下[16]，皇天许当扫除患害，立道文[17]为王，蒋氏为内主[18]。愿成，当以三牲祠北君[19]。”太子醉迷不觉，遂依而写之。其字半不成[20]，后补成之，以呈帝。

壬戌[21]，帝幸式乾殿[22]，召公卿入，使黄门令董猛以太子书及青纸诏示之曰[23]：“遹书如此，今赐死。”遍示诸公王[24]，莫有言者。张华曰：“此国之大祸，自古以来，常因废黜正嫡以致丧乱。且国家有天下日浅，愿陛下详之[25]！”裴𬱟以为宜先检校传书者[26]，又请比校[27]太子手书，不然，恐有诈妄[28]。贾后乃出太子启事十余纸[29]，众人比视[30]，亦无敢言非者。贾后使董猛矫以长广公主辞白帝[31]曰：“事宜速决，而群臣各不同，其不从诏者，宜以军法从事。”议至日西，不决。后见华等意坚[32]，惧事变，乃表免太子为庶人，诏许之。于是，使尚书和郁[33]等持节诣东宫，废太子为庶人。太子改服[34]出，拜受诏，步出承华门[35]，乘粗犊车[36]，东武公澹以兵仗送太子及妃王氏、三子虨、臧、尚同幽于金墉城[37]。王衍自表离婚，许之，妃恸哭[38]而归。杀太子母谢淑媛及虨母保林蒋俊[39]。

（以上为第五段，写皇后贾南风狠毒无比，设计圈套，太子司马遹中招，被酒灌醉，书写谋反之书，晋惠帝司马衷昏庸，不问情由，下诏废之；朝臣面面相觑，无所作为，晋朝从此不太平！）

【注释】

[1]虨（bān）：即司马虨，字道文，太子司马遹长子，封南阳王。传见《晋书》卷五十三 [2]不豫：不愉快，隐指患病。 [3]遣婢陈舞：打发一个名叫陈舞的婢女。 [4]天赐：臣子以君父为天，所以君父之赐为“天赐”。天，指皇帝父亲。 [5]恶物：隐称毒药。 [6]潘岳：即潘安，字安仁，西晋文学家，任著作郎，迁任给事黄门侍郎。后被杀。传见《晋书》卷五十五。作书草：起草一份反书文稿，令太子仿写。潘岳如此行事，自是灭族大罪。 [7]小婢承福：贾后的小婢，名叫承福。 [8]以纸笔及草：拿着纸、笔与预先起草好的草稿。 [9]称诏使书之：假说皇上让太子把这个抄一遍。 [10]陛下宜自了：陛下您如能自裁那就最好了。自了，自己了断，即自杀。 [11]吾当入了之：我将进去杀了您。 [12]中宫又宜速自了：皇后尤其应该快一点自杀。[13]吾当手了之：我将亲手杀死她。 [14]共要：共同约定。 [15]刻期两发：约定好时间，到时候皇宫内外同时起事。 [16]茹毛饮血：连毛带血地生食，指饮血发誓。茹，吃。三辰：指日、月、星三光。 [17]道文：司马虨的乳名。 [18]蒋氏：名蒋俊，司马遹的妃子，司马虨的生母。内主：指皇后。 [19]三牲：指牛、羊、猪。北君：指北帝，天神五帝之一，镇位北极，主风雨。[20]其字半不成：有一半不成字形。 [21]壬戌：十二月三十日。 [22]式乾殿：洛阳宫的宫殿名。 [23]董猛：西晋宦官，皇后贾南风心腹，诛杨骏有功，官至黄门令，参与诸王司马伦、司

马肜、司马冏多次宫廷政变。被诛。青纸诏：用青纸写的诏书。［24］诸公王：司马氏宗室与异姓群臣中的诸公、诸王。［25］详之：仔细参详。［26］检校传书者：审讯得到这篇文字的人。［27］比校：比较，核对。［28］诈妄：欺诈，诬妄。［29］十余纸：十几张纸。［30］比视：一个一个地挨着看。［31］矫以长广公主辞白帝：董猛假传司马炎的长女长广公主的话告诉晋惠帝。长广公主，广安恭公甄德的继妻，故称。白帝，告诉晋惠帝司马衷。［32］意坚：即坚持主张不宜废太子。［33］和郁：字仲舆，西晋官员，历任中书令、尚书左右仆射，累官至尚书令。传见《晋书》卷四十三。［34］改服：更换了平民衣服。［35］承华门：太子宫门。［36］粗犊车：粗陋的牛车。犊，牛犊，牛。［37］“东武公澹”句：澹（tán），即司马澹，字思弘，司马懿之孙，封为东武公。妃王氏：指太子妃王晋贤，字惠风，西晋太尉王衍女。贾后诬陷太子的假信披露后，王衍让女儿王惠风与太子离婚，将女儿送回家。惠风号哭着回家。后王惠风落入汉国刘曜手中，赏给将领乔属，被杀。三子虨、臧、尚同幽：太子的三个儿子司马虨、司马臧、司马尚一同被囚禁。［38］恸（tòng）哭：指放声痛哭，号哭。［39］谢淑媛：即司马遹的生母谢玖，封为淑媛。淑媛，古代妃嫔称号之一，晋时列入九嫔，位列第二。九嫔分别是淑妃、淑媛、淑仪、修华、修容、修仪、婕妤、容华、充华。保林：是太子的妃嫔蒋俊的品级位号名，为东宫女官品秩。蒋俊：太子的妃嫔。

永康元年（庚申，300 年）

春，正月，癸亥朔[1]，赦天下，改元。

西戎校尉司马阎缵[2]舆棺诣阙上书[3]，以为：“汉戾太子[4]称兵拒命[5]，言者[6]犹曰‘罪当笞’[7]耳。今遹受罪[8]之日，不敢失道[9]，犹为轻于戾太子。宜重[10]选师傅，先加严诲[11]，若不悛改[12]，弃[13]之未晚也。”书奏，不省[14]。缵，圃[15]之孙也。

贾后使黄门自首，欲与太子为逆。诏以黄门首辞班示公卿[16]，遣东武公澹以千兵防卫太子，幽于许昌宫[17]，令持书御史刘振持节守之[18]，诏宫臣[19]不得辞送。洗马江统、潘滔、舍人王敦、杜蕤、鲁瑶等冒禁至伊水[20]，拜辞涕泣。司隶校尉满奋[21]收缚统等送狱。其系河南狱[22]者，乐广悉解遣之[23]；系洛阳县[24]狱者，犹未释。都官从事孙琰[25]说贾谧曰：“所以废徙太子，以其为恶故耳。今宫臣冒罪拜辞，而加以重辟[26]；流闻四方[27]，乃更彰太子之德也，不如释之。”谧乃语洛阳令曹摅[28]使释之；广亦不坐[29]。敦，览[30]之孙；摅，肇[31]之孙也。太子至许[32]，遗王妃书[33]，自陈诬枉[34]，妃父衍不敢以闻[35]。

【注释】

[1]癸亥朔：正月一日。 [2]西戎校尉司马：西戎校尉的司马。阎缵（zuǎn）：字续伯，时任西戎校尉司马，官至汉中太守。传见《晋书》卷四十八。 [3]舆棺诣阙上书：抬着棺材，前往皇宫上书，以示不怕死。阙，宫阙，代指皇宫。 [4]汉戾（lì）太子：即刘据，汉武帝刘彻嫡长子，皇太子。在巫蛊之祸中被江充、韩说等人诬陷谋反，因不能自明而起兵诛杀江充等人，汉武帝误信谎情，遂发兵镇压，刘据兵败逃亡，最终因拒绝被捕受辱而自杀。传见《汉书》卷六十三。[5]称兵拒命：因不服奸党所传武帝的命令而举兵反抗。 [6]言者：指高庙郎车千秋，上书言太子冤，武帝感悟，擢用为大鸿胪，数月后任丞相，封富民侯。传见《汉书》卷六十六。 [7]犹曰"罪当笞"：据《汉书》载：车千秋上书，讼太子冤，曰："子弄父兵，罪当笞。"意即对太子无须小题大做，置之死地。 [8]受罪：被诬陷，指贾后造作反辞，强加在太子头上。 [9]不敢失道：指司马遹不作反抗，听从处置。 [10]重：重新。 [11]严诲：严肃地批评教育，让其悔过自新。[12]悛改：悔改。悛（quān），停止，止息，后悔做过某事。 [13]弃：放弃，这里指废掉皇太子的身份。 [14]不省：指晋惠帝不看，真是视皇位继承、太子性命为儿戏。省，视。 [15]圃：即阎圃，巴西安汉（今四川南充市北）人。张鲁割据巴、汉，以阎圃为功曹。本为张鲁部下谋士，后随张鲁一同投降曹操，封平乐乡侯。 [16]首辞：自首所说的话，实际上是诬陷之辞。班示公卿：发给朝臣们传阅。班示，即颁示，颁布出来，使人知道。班，同"颁"。 [17]许昌宫：许昌的宫殿，昔日汉献帝所居。许昌，在今河南许昌市东。 [18]持书御史：即治书侍御史，官名，主管监察文武官吏，审理疑难案件。刘振：西晋治书侍御史。持节守之：手执朝廷的旌节监管太子。守，看守。 [19]宫臣：太子宫的群臣。 [20]潘滔：字阳仲，荥阳中牟（今河南中牟县）人，时为太子洗马。舍人：官名，即太子舍人，太子手下的属官。杜蕤（ruí）、鲁瑶：任太子舍人。冒禁：不顾朝廷的禁令。伊水：河水名，在京都洛阳之南。 [21]满奋：字武秋，曹魏太尉满宠之孙。时任司隶校尉。 [22]河南狱：河南郡的郡治洛阳城里的监狱。 [23]乐广：字彦辅，西晋名士，与王衍同为西晋清谈领袖。时任河南尹。传见《晋书》卷四十三。悉解遣之：通通把他们放走了。 [24]洛阳县：县名，县治在今河南洛阳市。 [25]都官从事：司隶校尉的属官，掌监察百官。孙琰（yǎn）：西晋都官从事。 [26]重辟：极刑，死罪。 [27]流闻四方：流言传遍四面八方。 [28]洛阳令：洛阳县县令。曹摅：字颜远，曹魏大司马曹休曾孙，官至襄城太守、征南司马。传见《晋书》卷九十。 [29]广亦不坐：乐广私自放人，也没有受到惩处。坐，牵连受罪。[30]览：即王敦祖父王览，字玄通，仕晋，官至光禄大夫。传见《晋书》卷三十三。 [31]肇：即曹摅祖父曹肇，字长思，曹魏大司马曹休之子。传见《三国志》卷九。 [32]许：即汉献帝的旧时京城许昌。 [33]遗王妃书：给他已经离婚的妻子，即王衍的女儿写信。 [34]诬枉：被人诬陷，受到冤枉。 [35]不敢以闻：不敢把信呈报给晋惠帝司马衷看。当时王衍任司徒，即丞相之职。

丙子[1]，皇孙虨卒[2]。

三月，尉氏雨血[3]，妖星见[4]南方，太白昼见[5]，中台星拆[6]。张华少子韪劝华逊位，华不从，曰："天道幽远[7]，不如静以待之。"

太子既废，众情愤怒。右卫督司马雅[8]、常从督许超[9]，皆尝给事东宫，与殿中中郎士猗[10]等谋废贾后，复太子。以张华、裴頠安常保位，难与行权，右军将军赵王伦执兵柄，性贪冒[11]，可假以济事[12]。乃说孙秀[13]曰："中宫凶妒无道[14]，与贾谧等共诬废太子。今国无嫡嗣，社稷将危，大臣将起大事，而公名奉事中宫，与贾、郭亲善，太子之废，皆云豫知[15]，一朝事起，祸必相及，何不先谋之乎！"秀许诺，言于伦，伦纳焉，遂告通事令史张林[16]及省事[17]张衡等，使为内应。

事将起，孙秀言于伦曰："太子聪明刚猛，若还东宫，必不受制于人。明公素党于贾后，道路皆知之，今虽建大功于太子，太子谓公特逼于百姓之望[18]，翻覆以免罪耳[19]，虽含忍宿忿[20]，必不能深德明公[21]，若有瑕衅[22]，犹不免诛。不若迁延缓期[23]，贾后必害太子，然后废贾后，为太子报仇，非徒免祸而已，乃更可以得志[24]。"伦然之。

秀因使人行反间，言殿中人[25]欲废皇后，立太子，贾后数遣宫婢微服于民间听察，闻之甚惧，伦、秀因劝谧等早除太子以绝众望。癸未[26]，贾后使太医令程据和毒药[27]，矫诏使黄门孙虑[28]至许昌毒太子。太子自废黜[29]，恐被毒，常自煮食于前；虑以告刘振，振乃徙太子于小坊[30]中，绝其食，宫人犹窃于墙上过食与之。虑逼太子以药，太子不肯服，虑以药杵椎杀之[31]。有司请以庶人礼葬，贾后表请以广陵王礼葬之[32]。

（以上为第六段，写太子司马遹被废，引起各方面的强烈反应，有人动议废掉贾后，孙秀撺掇司马伦火中取栗，先害太子，再杀贾后，从中渔利，可怜太子成了牺牲品。）

【注释】

[1]丙子：正月十四日。 [2]皇孙虨卒：不言有何疾病，意即被贾后所杀而死。 [3]尉氏雨血：尉氏县降下色红如血的雨。尉氏，晋县名，在今河南尉氏县。 [4]妖星：不知其名的怪星，即通常所说的彗星。见：通"现"，显现。 [5]太白昼见：太白星在白天出现。太白，即太白星，

一般称为金星，太阳系中八大行星之一。［6］中台星拆：三台星座的中星位置出现差异。拆，位置出现变异，不像正常状况那样挨着。古人迷信天人感应，认为这样一连串的自然变化，预示着将有重大的社会灾难降临。故将天变写之于史书。古人认为彗星出现，意味着战火起、国君丧；金星昼见，与太阳争明，意味女主当权；中台星位置变异，意味着君臣乖戾。［7］天道幽远：天象的变化异常，人们是很难弄明白的。幽远，高深莫测。［8］右卫督：官名，掌管皇城禁卫军的右部长官。司马雅：司马氏的远宗，为右卫督，曾在太子宫任职，为太子报仇，与许超、士猗谋议罢黜贾南风，通过孙秀联络司马伦政变成功。［9］常从督：即太子常从虎贲督，武官名，属左右卫官，统常从虎贲，以供宿卫。许超：任常从督。［10］殿中中郎：统率宫殿卫队的长官，位在殿中将军之下，多由皇帝亲信充任。士猗：给事东宫，为殿中中郎。［11］贪冒：见利不顾一切，敢于冒险。［12］可假以济事：可以借着他的力量除掉皇后贾南风。假，借助。济，成事。［13］孙秀：字俊忠，西晋大臣。跟随赵王司马伦，以离间计废太子，杀皇后贾南风，助司马伦登上帝位。传见《晋书》卷六十六。［14］中宫：代指皇后贾南风。凶妒：凶狠，妒忌。［15］皆云豫知：都说你参与了其事。豫知，参与，过问。［16］通事令史：即中书令史，中书省的办事人员。张林：常山真定（今河北正定县南）人，任门下通事令史，参与赵王伦之乱，位至尚书令、卫将军，封郡公。后为司马伦所杀。［17］省事：官名，亦尚书令属下随员，贾充始置。［18］逼于百姓之望：被大多数人的愿望所驱使。逼，推动，驱使。［19］翻覆：犹言“反戈一击”。以免罪：以求得免罪，开脱自己。［20］含忍宿忿：暂且容忍过去对你的愤恨。宿，以往。［21］必不能深德明公：肯定不可能从心眼里感激您。明公，对司马伦的敬称。［22］若有瑕衅：如果再让他们抓住一些别的把柄。瑕衅，漏洞，把柄。［23］迁延缓期：推迟行事，拖延时间，等待机会再予以行动。［24］得志：指掌握大权，甚至篡位。［25］殿中人：指右卫督司马雅、常从督许超、殿中中郎士猗等。［26］癸未：三月二十二日。［27］和毒药：配制毒药。［28］孙虑：西晋宦官。受皇后贾南风之矫诏，亲手杀害太子司马遹，后被处死。［29］自废黜：自从被废除皇太子以来。［30］小坊：指宫外的小房子。［31］以药杵椎杀之：用捣药的杵棒将太子打死。司马遹被害时，年二十三岁。［32］以广陵王礼葬之：司马遹在未当太子前，曾封为广陵王。

夏，四月，辛卯朔[1]，日有食之。

赵王伦、孙秀将讨贾后，告右卫佽飞督闾和[2]，和从之，期以癸巳丙夜一筹[3]，以鼓声为应。癸巳[4]，秀使司马雅告张华曰：“赵王欲与公共匡社稷[5]，为天下除害，使雅以告。”华拒之。雅怒曰：“刃将在颈，犹为是言邪[6]！”不顾而出[7]。

及期[8]，伦矫诏敕三部司马[9]曰：“中宫[10]与贾谧等杀吾太子，今使车骑[11]入废中宫，汝等皆当从命，事毕，赐爵关中侯，不从者诛三族。”众皆从之。又矫诏开门，夜入，陈兵道南[12]，遣翊军校尉齐王冏[13]将百人排阁[14]而入，华林令骆休[15]为内应，迎帝幸东堂，以诏召贾谧于殿前，将诛之。谧走入西钟下，呼曰：“阿后[16]救我！”就斩之[17]。贾后见齐王冏，惊曰：“卿何为来？”冏曰：“有诏收后[18]。”后曰：“诏当从我出，何诏也[19]！”后至上阁[20]，遥呼帝曰：“陛下有妇，使人废之，亦行自废[21]矣。”是时，梁王肜亦预其谋[22]，后问冏曰：“起事者谁？”冏曰：“梁、赵[23]。”后曰：“系狗当系颈[24]，反系其尾，何得不然！”遂废后为庶人，幽之于建始殿[25]。收赵粲、贾午等付暴室考竟[26]。诏[27]尚书收捕贾氏亲党，召中书监、侍中、黄门侍郎、八座[28]皆夜入殿。尚书始疑诏有诈，郎师景露版奏请手诏[29]，伦等斩之以徇[30]。

伦阴与秀谋篡位，欲先除朝望[31]，且报宿怨[32]，乃执[33]张华、裴𬱟、解系、解结[34]等于殿前。华谓张林曰：“卿欲害忠臣邪？”林称诏诘之[35]曰：“卿为宰相，太子之废，不能死节，何也？”华曰：“式乾之议[36]，臣谏事具存[37]，可覆按[38]也。”林曰：“谏而不从，何不去位[39]？”华无以对。遂皆斩之，仍夷三族。解结女适裴氏[40]，明日当嫁而祸起，裴氏欲认活之[41]，女曰：“家既如此，我何以活为！”亦坐死。朝廷由是议革旧制，女不从死[42]。

甲午[43]，伦坐端门[44]，遣尚书和郁持节送贾庶人于金墉[45]；诛刘振、董猛、孙虑、程据等；司徒王戎及内外官坐张、裴亲党[46]，黜免[47]者甚众。阎缵抚张华尸恸哭[48]曰：“早语君逊位[49]而不肯，今果不免，命也！”

（以上为第七段，写赵王司马伦矫诏收捕、废黜皇后贾南风，杀掉其死党贾谧等，并借机报复，杀死大臣张华、裴𬱟等，灭三族。贾后专政历时十年，至此画上了句号。）

【注释】

[1]辛卯朔：四月一日。 [2]右卫佽（cì）飞督：右卫将军的部属。时有佽飞、虎贲二督。佽飞，是古代善于射箭的勇士，汉武帝以来，作为卫士部队的称号。闾和：赵王司马伦党羽，官右

卫饮飞督，助司马伦废皇后贾南风。后齐王司马冏等起兵讨伐司马伦，他率兵拒之。司马伦败，他被收斩。［3］癸巳：四月三日。丙夜一筹：三更天的第一声鼓响。在时钟未发明之前，人们把一夜分为五更，二十一点至二十三点为一更，二十三点至一点为二更，一点至三点为三更，三点至五点为四更，五点开始称五更，直到天亮。宫廷用滴漏或击鼓报更，初更一声，二更二声，五更五声，丙夜，即三更。一筹，即三更的第一声鼓响。［4］癸巳：到了四月三日这一天。［5］共匡社稷：共同帮着朝廷解决问题，指处理皇后贾南风。匡，正，扶助。社稷，代指国家。［6］犹为是言邪：意即自己的命都掌握在别人的手里，你却还坚持说这种不同意的话。［7］不顾而出：不回头地出门走了。不顾，生气离去的样子。［8］及期：到了约定的那个时辰。［9］敕三部司马：命令三支军队的司马官。敕，敕令，下令。三部，即卫尉和卫将军所辖的前驱、由基、强弩三部。［10］中宫：代指皇后贾南风。［11］车骑：即车骑将军，指赵王司马伦。当时赵王司马伦以车骑将军的职衔领右军将军。［12］道南：皇宫内的御道之南。［13］翊军校尉：官名，是禁军的统领。齐王冏（jiǒng）：即司马冏，字景治，齐献王司马攸次子，袭爵齐王，“八王之乱”参与者之一。［14］排阁：推开内宫之门。排，推开，撞开。［15］华林令：官名，即华林园令，管理华林园的长官。骆休：西晋官员，曾为华林令。［16］阿后：一种亲昵的称呼，指皇后贾南风，贾谧的姨妈。［17］就斩之：追到西钟下将贾谧杀死。［18］有诏收后：奉诏令捉拿你。［19］何诏也：哪来的什么诏书？惠帝司马衷所发出的诏书都是经过皇后贾南风，而此诏书贾南风并不知道，故如此说。而此诏是矫诏，假传圣旨。这也是贾南风惯用的手法。［20］上阁：阁楼上。［21］亦行自废：你自己也快要被人所废了。［22］亦预其谋：梁王司马彤也参加了废黜贾后的行动。［23］梁、赵：意即梁王司马彤、赵王司马伦。［24］系狗当系颈：意即贾后后悔没有先杀梁王司马彤、赵王司马伦，而用全副精力去对付司马遹了。系（jì），扣，拘杀。［25］建始殿：洛阳宫殿名，为曹操所建。［26］暴室：宫中的染织室，妃嫔有犯罪者亦系于此处。考竟：拷问罪行。考，通“拷”。［27］诏：此诏亦是矫诏，赵王司马伦所为。［28］八座：尚书省的八位高级官员，即尚书令、尚书仆射及其下属的六曹尚书。［29］郎：即尚书郎，官名，在皇帝左右处理政务，晋时为清要之职，号为大臣之副。师景：尚书郎。露版：指奏章，因其不缄封，故称。奏请手诏：请求见到皇帝的手书诏令。［30］斩之以徇（xùn）：即杀死师景，并以之示众。其意是禁止人们再追问废掉贾后是不是皇帝司马衷的意思。徇，示众。［31］朝望：指朝廷上有名望的官员。［32］宿怨：旧仇。指孙秀、司马伦与张华、裴頠、解系结有仇怨。［33］执：拘捕。［34］解系：字少连，洁身自好，甚有声名。为赵王司马伦所杀，妻、子皆遇害。后平反，追赠为光禄大夫。解结：字叔连，出辟公府掾，官至御史中丞。解系、解结，两人传见《晋书》卷六十。［35］称诏诘之：以皇帝的名义质问张华。诘，责问。［36］式乾之议：在式乾殿上群臣讨论贾后诬陷太子的问题时。式乾，即式乾殿，洛阳宫殿名。［37］臣谏事具存：张华自辩，劝阻晋惠帝不废太子的奏章。［38］覆按：查找，查看。［39］去位：辞去丞相之职。［40］适裴氏：嫁给裴家做媳妇。［41］欲认活之：想通过认这位儿媳的办法救她，让她活下来。认，指认亲。［42］女不从死：指父兄犯罪，未嫁女子不跟着父兄一起被杀。［43］甲午：四月四日。［44］端门：皇宫的正南门。［45］持节：古代使臣奉命出行，执符节以为凭证。贾庶人：贾南风被废去皇后，贬为庶人。杨太后、太子司马遹被废为庶人，并没有称“庶人”，而此独书“贾庶人”，以正其罪。庶人，一般平民百姓。金墉：古城名，为当时洛阳城（今河南洛阳市东）西北角的一个小城，为被贬的帝、后所居处。［46］张、裴亲党：张华、裴頠的亲戚、朋友。［47］黜（chù）免：废黜，罢免。［48］恸（tòng）哭：放声痛哭，号哭。［49］逊位：退位。逊（xùn），辞让，退让。

于是，赵王伦称诏赦天下，自为使持节、都督中外诸军事、相国、侍中，一依宣、文辅魏故事[1]，置府兵[2]万人，以其世子散骑常侍荂[3]领冗从仆射[4]，子馥[5]为前将军，封济阳王；虔为黄门郎[6]，封汝阴王；诩[7]为散骑侍郎，封霸城侯。孙秀等皆封大郡，并据兵权，文武官封侯者数千人，百官总己[8]以听于伦，伦素庸愚，复受制于孙秀。秀为中书令，威权振朝廷，天下皆事秀[9]而无求于伦。

诏追复故太子遹位号，使尚书和郁帅东宫官属[10]迎太子丧于许昌，追封遹子虨为南阳王，封虨弟臧为临淮王，尚为襄阳王。

有司奏：“尚书令王衍备位大臣，太子被诬，志在苟免，请禁锢终身。”从之。

相国伦欲收人望，选用海内名德之士，以前平阳太守李重、荥阳太守荀组为左、右长史[11]，东平王堪[12]、沛国刘谟[13]为左、右司马，尚书郎阳平束皙为记室[14]，淮南王文学荀崧[15]、殿中郎陆机为参军。组，勖之子；崧，彧之玄孙也。李重知伦有异志，辞疾不就，伦逼之不已，忧愤成疾，扶曳受拜[16]，数日而卒。

丁酉[17]，以梁王肜为太宰，左光禄大夫何劭[18]为司徒，右光禄大夫刘寔[19]为司空。

太子遹之废也，将立淮南王允为太弟[20]，议者不合[21]。会赵王伦废贾后，乃以允为骠骑将军、开府仪同三司，领中护军[22]。

己亥[23]，相国伦矫诏遣尚书刘弘赍金屑酒赐贾后死于金墉城[24]。

五月，己巳[25]，诏立临海王臧[26]为皇太孙，还妃王氏以母之[27]；太子官属即转为太孙官属，相国伦行太孙太傅[28]。

己卯[29]，谥故太子曰“愍怀”；六月，壬寅[30]，葬于显平陵[31]。

（以上为第八段，写赵王司马伦除掉贾后及其死党后，自封相国，为所欲为，怀有篡位之心；部将孙秀满肚子坏水，任中书令，权倾朝廷；废太子司马遹被平反，谥号愍怀。）

【注释】

［1］“一依”句：指司马伦完全模仿当初司马懿、司马昭辅佐曹魏皇帝的那种样子。［2］府兵：相国府的直属军队。［3］荂（fū）：赵王司马伦长子，曾为散骑常侍。司马伦称帝后被封为皇太子，后失败，他和父亲、兄弟一起被诛杀。［4］领冗从仆射：代理冗从仆射。领，代理。冗从仆射，皇帝的侍卫长官。［5］馥（fù）：即司马馥，赵王司马伦的次子，封为京兆王，后改封济阳王。“永嘉之乱”后，不知所终。［6］虔（qián）：即司马虔，赵王司马伦三子，任黄门郎，封为广平王，后改封汝阴王。后与司马伦一起被诛杀。［7］诩（xǔ）：即司马诩，赵王司马伦第四子。封为霸城侯，后改封为霸城王，后与司马伦一起被诛杀。［8］总己：约束自己，小心地听命于人。［9］事秀：指听命于孙秀。事，事奉，奉命。［10］东宫官属：太子宫旧有的官员僚属。［11］李重：字茂曾，为官清正，世有声名。司马伦引为相国左司马。传见《晋书》卷四十六。荀组：字泰章，司徒荀勖第三子，司马伦引为相国右长史。传见《晋书》卷三十九。［12］东平王堪（kān）：司马堪，疑为司马楙，因为晋朝只有司马楙被封为东平王。传见《晋书》卷三十七。［13］刘谟（mó）：西晋官员，司马伦引为右司马。［14］束皙（xī）：字广微，西晋著名学者。祖姓踈，因避难改姓为束。以博学多闻，张华见而奇之，召为掾，升著作佐郎，撰《晋书·帝纪》，迁为博士。传见《晋书》卷五十一。记室：丞相、将军属下的文秘官员。［15］荀崧（sōng）：字景猷，曹魏太尉荀彧玄孙。西晋大臣，著名文学家。传见《晋书》卷七十五。［16］扶曳（yè）受拜：指被人搀扶着接受了任命。扶曳，搀扶着走，形容困顿的样子。［17］丁酉：四月七日。［18］光禄大夫：掌顾问应对。何劭（shào）：字敬祖，晋惠帝时，官至司徒。赵王司马伦篡位，以为太宰。传见《晋书》卷三十三。［19］刘寔（shí）：字子真，魏晋重臣。曹魏时，官至吏部郎；入晋，仕晋武帝、惠帝、怀帝三朝，为侯爵，任侍中、特进、右光禄大夫，历位三公。传见《晋书》卷四十一。［20］淮南王允：即淮南王司马允，字钦度，司马炎第九子。传见《晋书》卷六十四。为太弟：意即使其为日后帝位的继承人。［21］议者不合：在讨论中，有人持有异议，不同意。［22］领中护军：兼任中护军之职。中护军，是统领宫廷卫戍部队的长官。［23］己亥：四月九日。［24］矫诏：假托诏书，假传圣旨。刘弘：字和季，西晋名将，时为尚书。传见《晋书》卷六十六。赍（jī）：持，携带。金屑酒，掺有黄金碎末的酒。贾后死于金墉城：贾南风死时年四十四岁。［25］己巳：五月九日。［26］临海王：据章校，临海王应为“临淮王”，备考。臧：即司马臧，前被杀太子司马遹之子。［27］还妃王氏：司马遹妃王氏曾被迫宣告与太子遹离婚，现再回来。以母之：以嫡母做太孙司马臧的母亲。［28］行太孙太傅：兼任太孙太傅之职，实即

为了加强对未来皇帝的控制。[29]己卯：五月十九日。[30]壬寅：六月十三日。[31]显平陵：愍怀太子司马遹的陵墓，位于今河南偃师市西北的首阳山。

清河康王遐[1]薨。

中护军淮南王允，性沈毅[2]，宿卫将士皆畏服之。允知相国伦及孙秀有异志，阴养死士[3]，谋讨之。伦、秀深惮之。

秋，八月，转允为太尉，外示优崇[4]，实夺其兵权[5]。允称疾不拜[6]，秀遣御史刘机[7]逼允，收其官属以下[8]，劾[9]以拒诏，大逆不敬。允视诏，乃秀手书也。大怒，收御史，将斩之，御史走免，斩其令史[10]二人。厉色谓左右曰："赵王欲破[11]我家！"遂帅国兵及帐下[12]七百人直出，大呼曰："赵王反，我将讨之，从我者左袒[13]。"于是，归之者甚众。允将赴宫，尚书左丞王舆闭掖门[14]，允不得入，遂围相府[15]。允所将兵皆精锐，伦与战屡败，死者千余人。

太子左率陈徽勒东宫兵鼓噪于内以应允[16]。允结陈于承华门[17]前，弓弩齐发，射伦，飞矢雨下[18]。主书司马眭秘[19]以身蔽伦，箭中其背而死。伦官属皆隐树[20]而立，每树辄中数百箭，自辰至未[21]。中书令陈准[22]，徽之兄也，欲应允，言于帝曰："宜遣白虎幡以解斗[23]。"乃使司马督护伏胤将骑四百持幡[24]从宫中出，侍中汝阴王虔在门下省[25]，阴与胤誓[26]，曰："富贵当与卿共之。"胤乃怀空版[27]出，诈言有诏助淮南王。允不之觉[28]，开阵内[29]之，下车受诏，胤因杀之，并杀允子秦王郁[30]、汉王迪[31]，坐允夷灭[32]者数千人。曲赦洛阳[33]。

初，孙秀尝为小吏，事黄门郎潘岳，岳屡挞[34]之。卫尉石崇[35]之甥欧阳建[36]素与相国伦有隙[37]，崇有爱妾曰"绿珠[38]"，孙秀使求之，崇不与。及淮南王允败，秀因称石崇、潘岳、欧阳建奉允为乱[39]，收之[40]。崇叹曰："奴辈利吾财[41]尔！"收者曰："知财为祸，何不早散之！"崇不能答。初，潘岳母常诮责[42]岳曰："汝当知足，而干没不已[43]乎！"及败，岳谢母曰："负[44]阿母。"遂与崇、建皆族诛，籍没崇家[45]。相国伦收淮南王母弟吴王晏[46]，欲杀之。光禄大夫傅祗[47]争之于朝堂，众皆谏止，伦乃贬晏为宾徒县王[48]。

齐王冏以功迁游击将军[49]，冏意不满，有恨色，孙秀觉之，且惮其在内[50]，乃出为平东将军[51]，镇许昌。

以光禄大夫陈准[52]为太尉，录尚书事[53]。未几，薨。

孙秀议加相国伦九锡[54]，百官莫敢异议。吏部尚书刘颂曰："昔汉之锡魏[55]，魏之锡晋[56]，皆一时之用[57]，非可通行[58]。周勃、霍光[59]，其功至大，皆不闻有九锡之命[60]也。"张林积忿不已[61]，以颂为张华之党，将杀之。孙秀曰："杀张、裴已伤时望[62]，不可复杀颂。"林乃止。以颂为光禄大夫。遂下诏加伦九锡，复加其子荂抚军将军[63]，虔中军将军，诩为侍中。又加孙秀侍中、辅国将军、相国司马，右率如故。张林等并居显要。增相府兵为二万人，与宿卫同[64]，并所隐匿之兵[65]，数逾三万。

九月，改司徒为丞相，以梁王肜为之，肜固辞不受。

伦及诸子皆顽鄙无识[66]，秀狡黠贪淫[67]，所与共事者，皆邪佞之士，惟竞荣利，无远谋深略，志趣乖异，互相憎嫉[68]。秀子会[69]为射声校尉，形貌短陋[70]，如奴仆之下[71]者，秀使尚帝女河东公主[72]。

冬，十一月，甲子[73]，立皇后羊氏[74]，赦天下。后，尚书郎泰山羊玄之之女也。外祖平南将军乐安孙旂[75]，与孙秀善，故秀立之。拜玄之光禄大夫、特进[76]、散骑常侍，封兴晋侯[77]。

（以上为第九段，写淮南王司马允被明升暗降，拒不服从，率兵攻打赵王司马伦，后被刺杀，几千人受到牵连；司马伦排除异己，任用奸佞，朝廷笼罩着腥风血雨。）

【注释】

[1]清河康王遐：即司马遐，字深度，受封清河王。传见《晋书》卷三十八。 [2]沈毅：沉着，坚毅。沈，通"沉"。 [3]阴养死士：暗中训练了一支敢死队。 [4]优崇：优待，尊崇。[5]实夺其兵权：即免去了他的中护军之职。 [6]不拜：不接受任命。 [7]刘机：西晋官员，曾为御史。[8]收其官属以下：将司马允手下的属官全部拘捕。[9]劾：揭发弹劾司马允的罪状。[10]令史：指兰台令史，御史的属下。 [11]破：毁坏，毁灭。 [12]国兵：从淮南国带来的亲兵。帐下：指中护军帐下的士兵。 [13]左袒（tǎn）：袒露开左臂的衣袖，一来用以区别拥护者，二来是学习当年周勃进入北军，号令北军归附自己的姿态。 [14]尚书左丞：官名，即左司侍郎。

王舆：淮南王司马允政变，率军入宫，王舆关闭宫门，使司马允不得入，后司马允败，王舆为左卫军将军。后来谋诛大司马司马冏，事泄，被灭族。掖（yè）门：皇宫端门左右的旁门。［15］相府：司马伦的府第。当时司马伦把东宫当作相国府。［16］太子左率：即太子左卫率，领兵宿卫东宫。陈徽：太子左卫率。勒：统领，统帅。鼓噪：擂鼓，呐喊。应允：响应司马允。［17］结陈：列阵，摆开阵式。承华门：东宫大门。［18］飞矢雨下：飞射的箭像倾盆大雨一般落下。矢，箭矢。［19］主书司马：相国府的属官。眭（qí）秘：人名，司马伦的属官。［20］隐树：躲在大树的后面。［21］自辰至未：从辰时打到未时。辰时相当于今上午七至九时，未时相当于今下午一至三时。［22］陈准：原文为陈淮，据胡注改。陈准，颍川许昌人曹魏司空陈群从孙，西晋大臣，时任中书令。传见《晋书》卷六十四。［23］宜遣白虎幡以解斗：白虎幡，是帝王用以催战的信号。解斗应使用“驺虞幡”。陈准是想利用司马衷的痴呆骗得白虎幡去指挥司马允的军队，使司马伦的军队误认为司马允出兵攻打司马伦是奉皇帝之命，将不战自溃。不承想被司马伦之子汝阴王利用，反害死了司马允。［24］司马督护：官名，殿前禁兵的首领。伏胤（yìn）：西晋官员，曾为司马督护。将骑四百：率领四百骑兵。将（jiàng），率领。持幡：打着白虎幡。［25］汝阴王虔：即司马虔，司马伦的三儿子，封为汝阴王。门下省：侍中的办事机构，因在宫内，故称“门下”。［26］阴与胤誓：意谓司马虔拉拢伏胤，令其出去改助赵王伦。阴，私下，悄悄地。［27］怀空版：意即本无诏书，而怀揣一道没有写字的诏书。空版，不书诏之版，用以假冒诏书。版，写诏书使用的绢帛或木板。［28］允不之觉：司马允没有发觉伏胤的奸诈行为。［29］内：通“纳”，放伏胤进来。［30］秦王郁：即司马郁，秦献王司马柬的嗣子，本司马允之子，因司马柬无子过继为后，嗣秦王。后生父司马允攻打赵王司马伦相国府，被伏胤算计而失败，一起被杀。［31］汉王迪：即司马迪，司马允第三子，太康十年（289 年）封为汉王。其父司马允攻打赵王司马伦相国府，被伏胤算计而失败，一起被杀。［32］坐允夷灭：受到司马允的牵连而被灭族。［33］曲赦洛阳：对洛阳城内的犯罪者一律赦免，目的在于争取洛阳人的拥护。曲赦，犹特赦，赦令的一种，不普赦天下而独赦洛阳。［34］挞（tà）：用鞭子或棍棒打。孙秀在潘岳手下当小吏时，狡黠而自以为是，潘岳厌恶他的为人，故屡次鞭打他。［35］石崇：字季伦，大司马石苞第六子，时任卫尉。后被诬为乱党，夷三族。传见《晋书》卷三十三。［36］欧阳建：字坚石，石崇外甥。著有《临终诗》以及《言尽意论》。历任尚书郎、冯翊（今陕西大荔县）太守。赵王司马伦专权时，他多有直谏，后与潘岳共劝淮南王司马允诛杀司马伦，事泄，遭灭三族。［37］有隙：有仇。欧阳建曾弹劾司马伦，结下仇恨。隙，仇隙，过节。［38］绿珠：石崇的宠妾，古代著名美女之一。石崇为交趾采访使，以珍珠十斛得到了绿珠。绿珠妩媚动人，又善解人意，恍若天仙下凡，尤以曲意承欢，因而石崇在众多姬妾之中，唯独对绿珠别有宠爱。［39］奉允为乱：拥戴司马允而作乱。此为诬陷石崇之辞。［40］收之：逮捕了石崇、潘岳、欧阳建。当时，石崇正在楼上宴饮，逮捕他的武士到了大门时，石崇对绿珠说：“我为你犯下了大罪。”绿珠哭泣说：“我当死在你之前。”于是跳楼自杀。［41］奴辈：对孙秀的蔑称。利吾财：就是贪图我的钱财。利，贪图，谋取。［42］诮（qiào）

责：讽刺，斥责。［43］干没不已：沉溺于追求财货而没有止境。干没，贪求，贪得。［44］负：辜负，对不起。［45］籍没崇家：将石崇家的产业全部没收归公。籍没，指登记所有的财产，加以没收。［46］吴王晏：即司马晏，字平度，淮南王司马允的同母弟。传见《晋书》卷六十四。［47］傅祗（zhī）：字子庄，西晋后期重臣。时任光禄大夫。传见《晋书》卷四十七。［48］贬晏为宾徒县王：当时亲王的领土通常为一个郡，现在贬为一个县。宾徒县，属昌黎郡，在今辽宁锦州市北。［49］游击将军：统率禁军的将领。当时以领军将军、护军将军、左右卫将军、骁骑将军、游击将军所领的军队为"六军"。［50］在内：指在朝廷之内担任禁兵统帅。［51］平东将军：将军名号，"四平"将军之一，为杂号将军。［52］光禄大夫陈准：前称陈准为中书令，此称为光禄大夫，光禄大夫或为加官。［53］录尚书事：官名，总领尚书省事务，一般为公卿权重者为之。陈准本来是设计诓骗惠帝打出督战的令旗白虎幡，帮助司马允，可是却因传旨之人被赵王收买而导致司马允被杀，不知内情的司马伦在篡位成功后将陈准作为功臣，而陈准则愧疚无比，不久就郁闷而死。［54］加相国伦九锡：给司马伦以"九锡"之礼。九锡，古代皇帝赐给诸侯、大臣有殊勋者的九种礼器，是最高礼遇的表示。［55］汉之锡魏：指汉献帝给曹操加九锡。［56］魏之锡晋：指曹魏先后给司马懿、司马师、司马昭加九锡。［57］一时之用：临时的特殊措施，即篡位的前奏。［58］非可通行：不能当作正常的惯例。［59］周勃、霍光：两人是再造西汉的大功臣。周勃平定诸吕之乱，霍光受托孤之重，辅佐昭宣中兴。［60］不闻有九锡之命：谓周勃、霍光定策以安汉室，且没有听说有加九锡的说法，所以折司马伦、孙秀的奸谋。命，即诏命，诏令。［61］积忿不已：气愤不止。［62］伤时望：遭到了社会名流的反对。［63］抚军将军：官名，位在"四征"将军之上，且参与朝政。当年，司马昭授司马炎为抚军将军，后遂以代魏。而司马伦也将抚军将军授予世子司马荂，包含着一种野心在内。［64］与宿卫同：与皇帝的警卫军数量相同。宿卫，值宿，保卫。［65］隐匿之兵：没有公开的私人武装部队。［66］顽鄙：愚钝，鄙陋。无识：没有远见。［67］狡黠（xiá）：狡猾，刁诈。贪淫：贪得无厌。淫，沉溺，过度。［68］憎嫉：厌恶，妒忌。［69］秀子会：即孙会，为射声校尉，禁军长官，负责戍卫京师。［70］短陋：矮小，丑陋。［71］奴仆之下：奴仆中的下等。［72］尚：娶。河东公主：晋惠帝司马衷的女儿，孙会尚以为妻。［73］甲子：十一月七日。［74］羊氏：即羊献容，尚书右仆射羊玄之之女，先后为晋惠帝司马衷和汉赵国刘曜的皇后。八王之乱时，历经五废六立。后汉军攻陷洛阳，被俘，被刘曜强纳为妾，立为皇后，生下三子。传见《晋书》卷三十一。［75］孙旂：字伯旗，幽州都督孙历之子。为黄门侍郎，出为荆州刺史。赵王伦事败后，被夷三族。传见《晋书》卷六十。［76］特进：一种荣誉职务，给予退休的高级官僚，礼秩如三公，无具体职务。［77］兴晋侯：封羊皇后父羊玄之为兴晋侯。兴晋，县名，县治在今陕西安康县北。

诏征益州刺史赵廞[1]为大长秋，以成都内史中山耿滕[2]为益州刺史。廞，贾后之姻亲也，闻征[3]，甚惧，且以晋室衰乱，阴有据蜀[4]之志，乃倾仓廪[5]，赈流民，以收众心。以李特兄弟材武[6]，其党类皆巴西[7]人，与廞同郡，厚遇之，以为爪牙。特等凭恃廞势，专聚众为盗，蜀人患之。滕数密表[8]："流民刚剽[9]，蜀人懦弱[10]，主不能制客，必为乱阶[11]，宜使还本居[12]。若留之险地[13]，恐秦、雍之祸更移于梁、益[14]矣。"廞闻而恶[15]之。

州被诏书[16]，遣文武千余人迎滕。是时，成都治少城[17]，益州治太城[18]，廞犹在太城，未去。滕欲入州[19]，功曹陈恂[20]谏曰："今州、郡构怨[21]日深，入城必有大祸，不如留少城以观其变，檄诸县合村保以备秦氏[22]，陈西夷行至[23]，且当待之。不然，退保犍为[24]，西渡江源[25]，以防非常[26]。"滕不从。是日，帅众入州[27]，廞遣兵逆[28]之，战于西门，滕败死，郡吏[29]皆窜走，惟陈恂面缚诣廞[30]，请滕死[31]。廞义而许之。

廞又遣兵逆西夷校尉陈总。总至江阳[32]，闻廞有异志[33]，主簿蜀郡赵模[34]曰："今州郡不协，必生大变，当速行赴之。府是兵要[35]，助顺讨逆[36]，谁敢动者！"总更缘道停留[37]，比至南安鱼涪津[38]，已遇廞军，模白[39]总："散财募士以拒战，若克州军[40]，则州可得；不克，顺流而退，必无害也。"总曰："赵益州忿耿侯[41]，故杀之；与吾无嫌[42]，何为如此！"模曰："今州起事[43]，必当杀君以立威，虽不战，无益[44]也。"言至垂涕[45]，总不听，众遂自溃。总逃草中，模著总服格战[46]，廞兵杀模，见其非是，更搜求得总，杀之。

廞自称大都督、大将军、益州牧，署置僚属[47]，改易守令[48]，王官[49]被召，无敢不往。李庠[50]帅妹婿李含、天水任回、上官晶、扶风李攀、始平费他、氐苻成、隗伯等四千骑归廞。廞以庠为威寇将军，封阳泉亭侯，委以心膂[51]，使招合六郡[52]壮勇至万余人，以断北道[53]。

（以上为第十段，写益州刺史赵廞惧怕以贾后姻亲连坐，派人杀掉耿滕、陈总等朝廷命官，重用氐族首领李庠，占据成都，反叛朝廷，自封大都督、大将军，建元太平，第二年即被部下所杀，太平政权灭亡。）

【注释】

［1］赵廞（xīn）：益州刺史，贾后姻亲，接到征令恐惧，据成都反晋，建元太平，称帝三个月后为部下所杀。［2］耿滕：成都内史，向朝廷密奏赵廞反叛，被杀害。［3］闻征：接到调其回京的命令。［4］据蜀：据蜀称王，独霸一方。［5］倾仓廪：将仓库的存粮全部拿出来。廪（lǐn），粮仓。［6］李特兄弟：指氐人流民首领李特、李庠、李流兄弟。材武：有才能而且勇武。材，同“才”。［7］巴西：晋郡名，郡治在今四川阆中。李特部众由巴西到汉中，再由汉中到略阳，后又从略阳折回祖居地巴西。［8］密表：向朝廷秘密报告。［9］刚剽（piāo）：强硬，剽悍。［10］懦弱：怯懦，软弱。［11］必为乱阶：必然要成为西蜀地区叛乱的根源。阶，基础，条件。［12］使还本居：让他们回到原来居住的略阳（今甘肃天水市、静宁一带）去。［13］险地：险阻之地，指当时的巴蜀地区，因其地险阻，容易据以作乱。［14］梁、益：即梁州、益州。曹魏灭蜀后，将蜀地分为梁、益二郡，益州郡治在今四川成都市，梁州郡治在今四川汉中市。［15］恶（wù）：厌恶，憎恨。谓赵廞憎恨耿滕。［16］州被诏书：益州衙门接到耿滕将来继任刺史的命令。被，接到。［17］少城：即小城，在成都城中西边，成都内史的府衙所在地。［18］太城：即大城，在成都城中东边，益州刺史的府衙所在地。与少城相连。［19］入州：指进入太城接任刺史。［20］陈恂：司空陈群之孙，名将陈泰之子。耿滕继任益州刺史，到太城交接，被赵廞攻击，战亡，郡吏四下奔逃，唯有陈恂面缚请求归还耿滕尸体，赵廞感其义，许之。［21］州、郡构怨：指益州刺史赵廞与成都内史耿滕之间的结成。诸侯国相当郡级，故称成都为郡。构，结成。［22］檄（xí）诸县：传令给成都国所属各县。檄，用檄文晓谕。合村保：合小村为大村，并小堡为大堡。保，同“堡”。秦氐（dī）：指李特等刚从秦州一带迁来的氐族人。［23］陈西夷：即陈总，西晋西夷校尉。益州刺史赵廞起事，杀成都内史耿滕，并遣军迎击西夷校尉陈总。陈总不听主簿赵模苦谏，不作抵抗，军溃，藏匿于草中，被搜，杀之。西夷，此指西夷校尉，驻兵汶山（今四川茂县北）。行至：意即陈总领西夷校尉之职，即将到成都。［24］犍（qián）为：晋郡名，郡治武阳，在今四川眉山市彭山区东。［25］江源：晋县名，县治在今成都西南。［26］非常：指突然的事件发生。［27］帅：同“率”，率领。入州：进入成都太城。［28］逆：迎，迎击。［29］郡吏：指耿滕在成都国内的僚属。［30］面缚诣廞：自缚双手，往见赵廞。面缚，双手缚于背后，身前只见其面。［31］请滕死：请求收葬耿滕的尸体。死，通“尸”，尸体。［32］江阳：晋县名，县治在今四川泸州市。［33］异志：异心，反叛之心。［34］赵模：蜀郡人，西夷校尉陈总主簿。赵廞反叛，击杀成都内史耿滕，赵模再三劝说，陈总不作为，被打败，赵模穿陈总衣服格战至死。［35］府是兵要：您在这一带掌管军事重任。府，校尉府，此敬称西夷校尉陈总。兵要，意即西夷府总蜀兵之要，把持西南地区的兵权。［36］顺：指顺从朝廷的人，即耿滕。逆：指对抗朝廷的人，指赵廞。［37］缘道停留：沿路走走停停，一点不着急。［38］南安：县名，在今四川乐山市。鱼涪（fú）津：即鱼涪津渡口，在南安县北。［39］白：告诉，陈述。［40］克州军：打败赵廞所带领的军队。［41］忿：同“愤”，怨恨。耿侯：对耿滕的敬称。［42］与吾无嫌：对我没有仇

怨。嫌，嫌隙，仇怨。［43］州：代指赵廞。起事：指反叛朝廷，武装暴动。［44］无益：没有什么好处，指陈总不与叛军作战，没有好下场。［45］垂涕：垂泪，掉眼泪。［46］模著总服：赵模穿着陈总的官服。格战：格斗，搏斗。［47］署置僚属：委派任命“大都督”“大将军”“益州牧”属下的各种官员。署，任命。［48］改易守令：撤换原有的郡守、县令。［49］王官：朝廷任命的各地方官员。［50］李庠（xiáng）：李特的三弟，字玄序，巴西宕渠人，氐族流民首领。初仕郡督邮、主簿，益州刺史赵廞表其为威寇将军，欲为己用，后又忌其骁勇，将其子侄十余人杀害，促使李特、李流起义。传见《晋书》卷一百二十。［51］委以心膂：把他当作骨干、心腹，委以重任。心膂（lǚ），犹言“心腹”。膂，脊梁骨。［52］六郡：指秦川所属的天水、略阳等六郡。［53］以断北道：堵住从关中入蜀的北来之道。

【点评】

贾南风祸国。贾南风是中国历史上臭名昭著的女人之一，相对于历史上的大秦宣太后、大汉吕太后、大唐武则天、大清慈禧太后，不可同日而语。她们有着惊人的相似之处。她们都曾经掌握着国家政权，真正成为国家的主宰，只是贾南风的手段更差，结局更惨，带来的后果更加严重。

首先，滥杀无辜，恶毒至极。贾南风在当太子妃的时候，就使怀孕的妃嫔流产。其次，心胸狭隘，逼杀太子。晋武帝司马炎最终没有废掉司马衷，就是看在孙子司马遹从小聪明的情面上。而贾南风釜底抽薪，亲手毁了太子。再次，贾南风秽乱后宫，而司马衷也只能听之任之。贾南风越权干政的，时间近十年。她掌控了朝政，但她也并不亲自理政，而是把朝政交给张华等一帮大臣，张华等人尽忠辅佐，虽然在十年中没有什么大的作为，但仍然使国家保持相对安定，也可以说是太平无事。如果说贾南风还有一丝好处的话，也仅此而已。

卷八四　晋纪六

晋惠帝永宁元年至太安元年（301—302 年）

【起重光作噩（辛酉，301 年），尽玄黓阉茂（壬戌，302 年），凡二年】

【大事提要】

本卷记事起公元 301 年，讫公元 302 年，凡二年，当晋惠帝永宁元年至太安元年。本卷所载关于国家兴亡的大事，主要是五个方面：其一，李特率领流民起义。赵廞割据蜀地，蜀地流民首领李特、李庠率兵归之。李庠骁勇，赵廞恶而杀之，李特率军攻打，杀掉赵廞，进入成都。公元 301 年，晋朝下令流民返乡，李特请求暂缓，不予同意，而流民归心，李特索性率众造反，数败官军，声威大震。其二，司马伦自封大都督、相国。不久，干脆逼惠帝司马衷退位，尊为太上皇，自立为帝，改元建始。他任用狡黠圆滑的孙秀等人掌控朝政，并大肆封官，收取人心。其三，司马伦被杀。齐王司马冏、河间王司马颙、成都王司马颖都拥有强大的军队，各占一方，怎么能让赵王司马伦称帝呢？他们相约起兵攻打。义兵兴起，百官将士都想诛杀司马伦以向天下谢罪。结果，司马伦兵败被擒，惠帝司马衷复位，而后，司马伦被赐死。其四，司马冏被杀。惠帝司马衷复位，河间王司马冏成为辅政大臣。他大筑宅第馆舍，沉湎于酒色，不入朝朝见，在府中任命百官，狂妄无比。公元 302 年，河间王司马颙与长史李含上书，列其罪状；长沙王司马乂率军围攻洛阳，两军激战，司马冏兵败，被捕杀。其五，鲜卑慕容氏兴起。公元 302 年，鲜卑宇文部首领莫圭开始强盛，派遣其弟屈云向慕容部进攻。慕容部首领慕容廆击败屈云的别帅素怒延，素怒延又发兵十万围攻慕容廆，遭到强烈反击，大败。辽东孟晖率领数千军投降慕容廆。慕容氏兴起，奠立了国基。

孝惠皇帝中之上

永宁元年（辛酉，301 年）

春，正月，以散骑常侍安定张轨[1]为凉州刺史。轨以时方多难，阴有保据河西[2]之志，故求为凉州。时州境盗贼纵横，鲜卑为寇；轨至，以宋配、氾瑗[3]为谋主，悉讨破之，威著西土[4]。

相国伦与孙秀使牙门赵奉[5]诈传宣帝神语云[6]："伦宜早入西宫[7]。"散骑常侍义阳王威[8]，望之孙也，素谄事伦，伦以威兼侍中，使威逼夺帝玺绶[9]，作禅诏[10]，又使尚书令满奋持节、奉玺绶禅位于伦。左卫将军王舆[11]、前军将军司马雅[12]等帅甲士入殿，晓谕三部司马[13]，示以威赏，无敢违者。张林等屯守诸门[14]。

乙丑[15]，伦备法驾[16]入宫，即帝位。赦天下，改元建始[17]。帝自华林西门出居金墉城[18]，伦使张衡将兵守之。

丙寅[19]，尊帝为太上皇，改金墉曰"永昌宫"，废皇太孙为濮阳王[20]。立世子荂为皇太子，封子馥为京兆王，虔为广平王，诩为霸城王，皆侍中将兵[21]。以梁王肜为宰衡[22]，何劭为太宰，孙秀为侍中、中书监、票骑将军、仪同三司，义阳王威为中书令，张林为卫将军，其余党与，皆为卿、将[23]，超阶越次[24]，不可胜纪[25]；下至奴卒，亦加爵位。每朝会，貂蝉盈座[26]，时人为之谚曰："貂不足，狗尾续[27]。"

是岁，天下所举贤良、秀才、孝廉，皆不试；郡国计吏及太学生年十六以上皆署吏[28]；守、令赦日在职者皆封侯；郡纲纪并为孝廉[29]，县纲纪并为廉吏[30]。府库之储，不足以供赐与。应侯者[31]多，铸印不给[32]，或以白板封之[33]。

初，平南将军孙旂[34]之子弼、弟子髦、辅、琰皆附会[35]孙秀，与之合族[36]，旬月间致位通显[37]。及伦称帝，四子皆为将军，封郡侯[38]，以旂为车骑将军、开府。旂以弼等受伦官爵过差[39]，必为家祸，遣幼子回责之[40]，弼等不从[41]，旂不能制，恸哭而已[42]。

癸酉[43]，杀濮阳哀王臧[44]。

孙秀专执朝政，伦所出诏令，秀辄改更与夺[45]，自书青纸为诏，或朝行夕改，百官转易[46]如流。张林素与秀不相能[47]，且怨不得开府，潜与太子荂笺，言："秀专权不合众心，而功臣皆小人，挠乱朝廷，可悉诛之。"荂以书白伦[48]，伦以示秀。秀劝伦收[49]林，杀之，夷其三族。

秀以齐王冏、成都王颖、河间王颙，各拥强兵，据方面[50]，恶之，乃尽用其亲党为三王参佐[51]，加冏镇东大将军、颖征北大将军，皆开府仪同三司，以宠安之。

（以上为第一段，写赵王司马伦废掉惠帝司马衷，自立为帝，改元为建始，滥封官职，收买人心；侍中孙秀专权妄为，把持朝政，任用亲信死党，优宠、拉拢司马亲王。）

【注释】

[1]张轨：字士彦，安定乌氏（今甘肃平凉市）人，前凉开国君主。传见《晋书》卷八十六。[2]保据河西：盘踞河西一带地区称王。保据，依靠，盘踞。河西，指今甘肃、青海两省的黄河以西，即河西走廊与湟水流域地区。[3]宋配、氾瑗：两人均西晋敦煌人，为张轨谋主。宋配，字仲业，官至西平太守。刘曜入寇，京都倾陷，宋配为前锋督护，率步骑二万径至长安护驾。氾（fán）瑗，字彦玉，为齐王司马冏主簿，切谏不从，遂到西凉，张轨与语，不觉膝之前席。谓左右曰："此真将相才，吾当与其济世难。"[4]威著西土：犹言"威震西方"。著，显现，显扬。[5]牙门：此指牙门将。古时驻军，主帅帐前树牙旗以为军门，称"牙门"，守门将领即牙门将。后世称主帅身边亲信将为牙门将。赵奉：西晋相国司马伦的牙门将。[6]诈传：编造，假传。宣帝：指晋宣帝司马懿。神语：指司马懿显灵说的话。[7]宜早入西宫：应该尽早入皇宫称帝。西宫，当时司马伦以东宫为相国府，故称皇宫为"西宫"。[8]义阳王威：即司马威，字景曜，义阳成王司马望之孙，继其父司马洪为河间王、徙封为章武王、后为义阳王。赵王司马伦死党，使晋惠帝司马衷下诏禅让帝位于司马伦。司马伦败，被处死。[9]玺（xǐ）绶（shòu）：古代印玺上所系的彩色丝带，代指皇帝的印玺。[10]作禅诏：写让位给赵王伦的诏书。禅，禅让，禅位。[11]王舆：淮南王司马允政变，王舆率军入宫，关闭宫门，使司马允不得入，后司马允败，王舆为左卫军将军。赵王司马伦篡位后，与广陵公司马漼率兵七百入宫，攻杀孙秀、士猗、许超于中书省。后来谋诛大司马司马冏，事泄，被灭族。[12]司马雅：司马氏的远宗，为右卫督，曾在太子宫任职，为太子报仇，与许超、士猗密谋罢黜贾南风，通过孙秀联络司马伦政变成功。[13]晓谕：明白地告诉、告知。三部司马：皇宫三区禁卫营的卫士长官。[14]张林：西晋大臣，曾为门下通事令史，参与赵王伦之乱，位至尚书令、卫将军，封郡公。后为司马伦所杀。诸门：指宫城各门。[15]乙丑：正月九日。[16]法驾：皇帝使用的最隆重的车驾。[17]建始：赵王司马伦篡位晋惠帝司马衷后所用的年号。[18]华林西门：华林园的西门。华林园，皇家园林名，在洛阳城（今河南洛阳市东）内，有景阳山、天渊池、九华台等胜景，为魏明帝曹叡所建，原名芳林园，后避魏帝曹芳讳，而改之。金墉城：当时洛阳城西北角上的一小城。魏晋时被废的帝、后，都安置于此。城小而固，为攻战戍守要地。[19]丙寅：正月十日。[20]皇太孙：故太子司马遹之子，名臧。在此之前，已被立为惠帝司马衷未来的接班人。今废为濮阳王。封地濮阳郡，郡治濮阳县，在今河南濮阳市西南。[21]"封子馥为京兆王"四句：司马伦篡位后封其三子为王，皆担任侍中之职，并统率军队。伦次子司马馥封京兆王，后改封济阳王。三子司马

虔封为广平王，后改封汝阴王。四子司马诩封霸城王。“永嘉之乱”后，馥不知所终，虔与诩被诛杀。［22］以梁王肜为宰衡：指司马伦篡位后，晋升梁王司马肜为太宰，丞相，主持朝政。宰衡，犹言“宰辅”，今之所称“首相”“首席大臣”。［23］卿、将：列卿及诸中郎将，都是朝廷的高级文武官员。［24］超阶越次：即破格提拔。［25］不可胜纪：不可胜数。［26］貂蝉盈座：满座的人都佩戴貂蝉。貂蝉，即貂尾与金蝉，是当时皇帝的侍从官员帽子上的装饰物。［27］貂不足，狗尾续：指用貂尾之多，貂尾不足，以狗尾代之，讽刺滥封官职，许多人滥竽充数。成语“狗尾续貂”即由此而来。［28］郡国计吏：即上计吏，郡县派赴京师呈递计簿的吏员。这里指随计吏进京的各地方政府给朝廷推荐的人才。皆署吏：全部录用为正式官吏。［29］郡纲纪：郡守的佐吏之长，一般即指吏曹。并为孝廉：都授予孝廉的资格。［30］县纲纪：指主簿、录事吏等县上大吏。廉吏：是当时选拔人才的一个科目。［31］应侯者：指应当被封侯的人。［32］铸印不给：来不及铸造官印。不给，供应不上。［33］以白板封之：用一块白色木板做凭证。［34］孙旗：字伯旗，西晋大臣，时为平南将军，擢为车骑将军、开府。赵王伦事败后，夷三族。传见《晋书》卷六十。［35］弼：即孙弼，孙旗之子。髦、辅、琰（yǎn）：即孙髦、孙辅、孙琰，孙旗弟弟的儿子。附会：追随，依附。［36］合族：续上家谱，结为一族。［37］致位通显：获得了显赫的官位。通显，官位高、名声大。［38］郡侯：被封侯者，其领地一般都是一个县，此时则破格都赏一个郡。［39］过差：过分，超过正常的制度。［40］幼子回：幼子，名叫孙回。责之：查问他们的超规格提升究竟是怎么回事。［41］不从：不听从，不以其责问为然。［42］恸哭而已：孙旗只能大声悲号罢了。恸，大哭。［43］癸酉：正月十七日。［44］濮阳哀王臧：即原来的皇太孙司马臧，晋愍怀太子司马遹之庶次子。濮阳王，是其被废以后的封号，“哀”字是谥号。［45］辄（zhé）：总是。改更与夺：随便改动其中的字句或改变其中的赏罚、升降等等。［46］转易：调动与更易，指朝廷官员职位的变动。［47］不相能：不和睦，互不服气，谁也看不惯谁。［48］白伦：告知司马伦。［49］收：逮捕，拘押。［50］据方面：占据一方，掌一方之大权。时司马冏镇守许昌，司马颖镇守邺城，司马颙镇守长安，皆为方面大员。［51］参佐：高级僚属，如长吏、司马等职。此为孙秀安插在诸王身边的亲信。

李庠骁勇得众心，赵廞浸忌之而未言。长史蜀郡杜淑、张粲[1]说廞曰：“将军起兵始尔[2]，而遽遣李庠握强兵于外[3]。非我族类，其心必异，此倒戈授人[4]也，宜早图之。”会庠劝廞称尊号[5]，淑、粲因白廞以庠大逆不道[6]，引斩之，并其子侄十余人。时李特、李流皆将兵在外，廞遣人慰抚之曰：“庠非所宜言[7]，罪应死。兄弟罪不相及。”复以特、流为督将。特、流怨廞，引兵归绵竹[8]。

廞牙门将涪陵许弇求为巴东监军[9]，杜淑、张粲固执不许，弇怒，手杀淑、粲于廞阁下，淑、粲左右复杀弇。三人，皆廞之腹心也，廞由是遂衰。

廞遣长史犍为费远、蜀郡太守李苾[10]、督护常俊督万余人断北道[11]，屯绵竹之石亭[12]。李特密收兵得七千余人，夜袭远等军，烧之，死者十八九，遂进攻成都。费远、李苾及军咨祭酒张微[13]，夜斩关[14]走，文武尽散。廞独与妻子[15]乘小船走，至广都[16]，为从者所杀。特入成都，纵兵大掠，遣使诣洛阳[17]，陈廞罪状。

初，梁州刺史罗尚[18]，闻赵廞反，表："廞非雄才，蜀人不附，败亡可计日而待。"诏拜尚平西将军、益州刺史，督牙门将王敦[19]、蜀郡太守徐俭、广汉太守辛冉等七千余人入蜀。特等闻尚来，甚惧，使其弟骧[20]于道奉迎，并献珍玩。尚悦，以骧为骑督[21]。特、流复以牛酒劳尚于绵竹，王敦、辛冉说尚曰："特等专为盗贼，宜因会[22]斩之。不然，必为后患。"尚不从。冉与特有旧，谓特曰："故人相逢，不吉当凶[23]矣。"特深自猜惧[24]。

三月，尚至成都。汶山羌[25]反，尚遣王敦讨之，为羌所杀。

（以上为第二段，写蜀地赵廞的叛军发生内讧，李特因其兄李庠被杀而起兵攻打，赵廞被打败，被部下所杀；李特进入成都，纵兵大肆抢掠，成了新的反叛首领。）

【注释】

[1]杜淑、张粲：蜀郡（今四川成都市）人，赵廞长史。 [2]始尔：刚开始。 [3]遽遣：立刻就委派。遽，匆忙，立即。握强兵于外：指赵廞派李庠招募勇士阻断北道。 [4]倒戈授人：把武器柄递给别人。比喻刀把子给了别人。 [5]称尊号：即称帝。尊号，指古代皇帝的称号。[6]因白：借此机会上告，污蔑。大逆不道：谋反、作乱等重大的犯罪行为。 [7]非所宜言：指李庠说了不该说的话。 [8]绵竹：晋县名，在今四川绵阳市西南。 [9]巴东监军：此指巴东郡的军队统领。 [10]蜀郡：郡名，郡治成都，在今四川成都市。李苾（bì）：蜀郡太守。 [11]督护：武官名，为方面镇将的部将。常俊：益州刺史赵廞督护。断北道：阻断从北部地区进入蜀中的道路。 [12]石亭：亦称石亭渡，在今四川德阳市西南、广汉市东北石亭江上。 [13]军咨祭酒：原文为军祭酒，"军"后脱"咨"字，据章校补。官名，原称军师祭酒，因避司马师之讳，改称军咨祭酒，将军府的主要僚属之一。张微：《华阳国志》作张徵，字建兴，犍为武阳（今四川眉

山市彭山区）人，其父张翼为蜀汉将领。笃志好学，曾为军咨祭酒，官至广汉太守。［14］斩关：砍开城门。［15］妻子：原文“妻”下无“子”字。据章校补。［16］广都：亦称都广，在今四川成都市西南。［17］洛阳：在今河南洛阳市，魏晋都城。此代指西晋朝廷。［18］梁州：州治南郑，在今陕西汉中市。罗尚：字敬之，梁州刺史。加授散骑常侍、都督梁益二州，进封夷陵侯。传见《晋书》卷五十七。［19］王敦：西晋官员梁州刺史罗尚的牙门将，此与后来成为东晋权臣的王敦不是同一个人。［20］骧（xiāng）：即李骧，字元龙，李特之弟，李寿之父。成汉杰出将领。李寿即位后，追谥为献皇帝。［21］骑督：骑兵中的小头领。［22］因会：趁着接见会面的机会。［23］不吉当凶：不是吉祥，而是凶险。［24］猜惧：疑惧，恐慌。［25］汶山羌（qiāng）：汶山地区的少数民族。汶山，晋县名，县治汶江，在今四川茂县北。

齐王冏谋讨赵王伦，未发，会离狐王盛、颍川王处穆聚众于浊泽[1]，百姓从之，日以万数。伦以其将管袭为齐王军司[2]，讨盛、穆，斩之。冏因收袭[3]，杀之，与豫州刺史何勖[4]、龙骧将军董艾[5]等起兵，遣使告成都王颖、河间王颙、常山王乂及南中郎将新野公歆[6]，移檄征、镇[7]、州、郡、县、国，称：“逆臣孙秀，迷误赵王，当共诛讨。有不从命者，诛及三族。”

使者至邺[8]，成都王颖召邺令卢志[9]谋之。志曰：“赵王篡逆，人神共愤，殿下收英俊以从人望，杖大顺[10]以讨之，百姓必不召自至，攘臂争进[11]，蔑不克[12]矣。”颖从之，以志为咨议参军[13]，仍补左长史。志，毓之孙也。颖以兖州刺史王彦、冀州刺史李毅、督护赵骧、石超[14]等为前锋，远近响应；至朝歌[15]，众二十余万。超，苞之孙也。

常山王乂在其国[16]，与太原内史刘暾[17]各帅众为颖后继。

新野公歆得冏檄，未知所从。嬖人王绥曰：“赵亲[18]而强，齐疏[19]而弱，公宜从赵。”参军孙询大言于众曰[20]：“赵王凶逆，天下当共诛之，何亲疏强弱之有！”歆乃从冏。

前安西参军夏侯奭在始平[21]，合众数千人以应冏，遣使邀河间王颙。颙用长史李含[22]谋，遣振武将军河间张方[23]讨擒奭及其党，腰斩之。冏檄至，颙执冏使送于伦，遣张方将兵助伦。方至华阴[24]，颙闻二王[25]兵盛，复召方还，更附二王。

冏檄至扬州[26]，州人皆欲应冏。刺史郗隆[27]，虑之玄孙也，以兄子鉴及诸子悉在洛阳，疑未决，悉召僚吏谋之。主簿淮南赵诱[28]、前秀才虞潭[29]皆曰："赵王篡逆，海内所疾[30]；今义兵四起，其败必矣。为明使君[31]计，莫若自将精兵，径赴许昌[32]，上策也；遣将将兵会之[33]，中策也；量遣小军[34]，随形助胜，下策也。"隆退，密与别驾顾彦[35]谋之，彦曰："诱等下策，乃上计也。"治中留宝、主簿张褒、西曹留承[36]闻之，请见，曰："不审明使君今当何施[37]？"隆曰："我俱受二帝[38]恩，无所偏助[39]，欲守州而已。"承曰："天下，世祖[40]之天下也；太上[41]承代已久，今上取之[42]，不平[43]，齐王顺时举事[44]，成败可见[45]。使君不早发兵应之，狐疑迁延[46]，变难[47]将生，此州岂可保也！"隆不应。潭，翻之孙也。隆停檄六日不下[48]，将士愤怨[49]。参军王邃镇石头[50]，将士争往归之，隆遣从事于牛渚[51]禁之，不能止。将士遂奉邃攻隆，隆父子及顾彦皆死，传首于冏[52]。

安南将军、监沔北诸军事孟观[53]，以为紫宫帝座无他变[54]，伦必不败，乃为之固守。

伦、秀闻三王[55]兵起，大惧，诈为冏表[56]，曰："不知何贼猝见攻围[57]，臣懦弱[58]，不能自固[59]，乞中军见救[60]，庶得归死[61]。"以其表宣示内外[62]；遣上军将军孙辅[63]、折冲将军李严帅兵七千自延寿关出，征虏将军张泓、左军将军蔡璜、前军将军闾和帅兵九千自崿阪关[64]出，镇军将军司马雅[65]、扬威将军莫原帅兵八千自成皋关出[66]，以拒冏[67]。遣孙秀子会[68]督将军士猗、许超帅宿卫兵三万以拒颖[69]。召东平王楙[70]为卫将军，都督诸军；又遣京兆王馥、广平王虔帅兵八千为三军继援[71]。伦、秀日夜祷祈、厌胜以求福[72]；使巫觋[73]选战日；又使人于嵩山著羽衣[74]，诈称仙人王乔[75]，作书述伦祚长久[76]，欲以惑众。

（以上为第三段，写齐王司马冏谋诛称帝的赵王司马伦，通告成都王司马颖、河间王司马颙、常山王司马乂等，群起相应，而司马伦派兵抵抗，既失民心，失败指日可待。）

【注释】

[1]王盛、王处：离狐人王盛、颍川人王处，西晋起义军首领。浊泽：县名，在今河南长葛市西北。[2]管袭：齐王司马冏的军司，军司：类似“监军”之职。[3]收袭：拘捕管袭。[4]何勖（xù）：西晋豫州刺史。传见《晋书》卷五十九。[5]董艾：西晋龙骧将军。[6]常山王乂（yì）：即司马乂，字士度，晋武帝司马炎第六子，八王之乱中的八王之一。传见《晋书》卷五十九。司马乂此时率兵镇守常山（今河北正定县南）。新野公歆（xīn）：即司马歆，字弘舒，受封新野县公，扶风武王司马骏之子，诸侯王。传见《晋书》卷三十八。[7]移檄（xí）：向全国发出通告。征：即征南、征北、征东、征西四将军。镇：即镇南、镇北、镇东、镇西四将军。[8]邺（yè）：即邺城，在今河北临漳县西南。成都王司马颖镇守邺城。[9]卢志：字子道，曹魏名臣卢毓之孙，成都王司马颖的心腹谋士，时任尚书郎和邺县令。传见《晋书》卷四十四。[10]大顺：顺人心。[11]攘臂争进：奋勇向前。攘臂，振臂奋起的样子。[12]蔑不克：即战无不胜。蔑，无。[13]咨议参军：官名，晋诸王公府皆置之，为参谋顾问人员。[14]石超：西晋将领石苞之孙，成都王司马颖心腹战将，在与东海王司马越作战中战死。[15]朝歌：晋县名，县治在今河南淇县。[16]在其国：在他的封国常山，都城在今河北正定县。[17]刘暾（tūn）：字长升，西晋太原内史，后遭石勒所杀。传见《晋书》卷四十五。[18]赵亲：与赵王伦的血缘关系近。司马伦是司马歆的亲叔父。[19]齐疏：与齐王冏的血缘关系疏远。齐王司马冏是司马歆的堂侄。[20]参军：官名，掌参谋军务。孙询：《晋书》作孙洵，西晋官员，史学家孙盛之父，曾任颍川太守，司马歆从事中郎。传见《晋书》卷三十八。大言：高声，严厉地说。[21]夏侯奭（shì）：先前曾任齐王冏的参军。始平：晋郡名，郡治槐里，在今陕西兴平市东南。[22]李含：字世容，陇西狄道人，侨居始平。少有才干，举孝廉，荐之公府，自太保掾转秦国郎中令，领始平中正。传见《晋书》卷六十。[23]张方：河间（今河北河间市）人，西晋名将。以才勇得幸于河间王司马颙，兼振武将军，受司马颙之命，讨伐齐王司马冏、常山王司马乂，受封中领军、录尚书事，领京兆太守。后被杀死。传见《晋书》卷六十。[24]华阴：晋县名，县治在今陕西华阴市东。[25]二王：指齐王司马冏与成都王司马颖。[26]扬州：当时州治寿春，在今安徽寿县。[27]郗（chī）隆：字弘始，曹魏大臣郗虑的玄孙，西晋扬州刺史。齐王司马冏传檄讨伐司马伦，狐疑不决，引起将士愤怒，被杀。传见《晋书》卷六十七。[28]赵诱：字元孙，淮南人，时任扬州主簿。传见《晋书》卷五十七。[29]前秀才：曾以“秀才”的资格被当地政府向朝廷推荐过的人才。虞潭：一作虞谭，字思奥，东吴经学大师虞翻之孙。后为东晋将领。传见《晋书》卷七十六。[30]海内所疾：指赵王伦为天下人所共恨。[31]明使君：敬称郗隆。使君，古代对刺史、太守的敬称。[32]径赴许昌：起兵直奔许昌。当时齐王司马冏正驻兵许昌。许昌，在今河南许昌市。[33]会之：与司马冏的军队会师。[34]量遣小军：酌量派出一小支部队。[35]顾彦：西晋官员，曾任扬州别驾从事史。[36]留宝、张褒、留承：三人皆扬州刺史郗隆部属。留宝，治中从事史；张褒，主簿；留承，西曹掾。[37]不审：不知道，不清楚。何施：怎样决定。[38]二帝：指宣帝司马

懿和武帝司马炎。其意谓今矛盾双方一是宣帝之子，一是武帝之子，都是司马家族的子孙，都不好得罪。［39］无所偏助：不偏向任何一边，哪一边都不帮助，保持中立。［40］世祖：指司马昭，是今皇上惠帝之祖。意谓天下是皇上一支的，赵王伦是旁支，亲疏有别，劝郗隆站在皇上一边，讨伐赵王伦。［41］太上：指太上皇晋惠帝司马衷。［42］今上取之：指今皇上司马伦将帝位夺过来。［43］不平：天下人都不拥护。［44］顺时举事：齐王顺应着时代潮流举兵讨伐。［45］成败可见：成功还是失败，显而易见。指齐王司马冏举事必成，赵王伦必败。［46］狐疑：犹豫不决。迁延：拖延，耽误时日。［47］变难：变乱，灾难。［48］停檄六日不下：把司马冏的通告扣住，连续六天，都没有下发给僚属。［49］将士愤怨：全军官兵愤疾怨恨。［50］王邃：西晋官员，曾任参军。镇石头：镇守石头城。石头城在今江苏南京市西北的四望山。［51］牛渚：地名，在今安徽当涂县之采石矶，由寿春去建业，须在此渡过长江。［52］传首于冏：砍下郗隆的人头，将其送给司马冏。［53］沔北：汉水以北。沔（miǎn），水名，是汉水的上游。孟观：字叔时，时为安南将军，驻兵宛城（今河南南阳市），监沔北诸军。传见《晋书》卷六十。［54］紫宫帝座无他变：天空上的紫微垣没有什么变化。古人认为天空的紫微垣象征着人世间帝位的动静。紫宫，星官名，指紫微垣，古人认为这是代表皇帝的星座。［55］三王：指：齐王司马冏、成都王司马颖、河间王司马颙。［56］诈为冏表：伪造了一份司马冏向皇帝求救的表章。［57］何贼：哪里来的敌兵。猝见攻围：突然将我部包围。猝，突然。［58］懦弱：软弱无能，柔弱。［59］不能自固：无法保护自己。自固，自保。［60］乞中军见救：请求朝廷派禁军救助我。中军，魏、晋以禁兵为中军。［61］庶得归死：以求能让我活着回到朝廷。庶，希望。归死，指来朝廷请罪。［62］以其表宣示内外：将这道假造的表章发给朝里朝外的人看。为了借以离间三王之间的关系。［63］孙辅：赵王司马伦上军将军。［64］崿（è）阪（bǎn）关：关名，在今河南登封市南。［65］司马雅：司马氏的远宗，为右卫督，曾在太子宫任职，为太子报仇，与许超、士猗阴谋罢黜贾南风，通过孙秀联络司马伦政变成功。［66］莫原：西晋扬威将军。成皋关：古关名，在当时的成皋县，今河南荥阳市西北，亦称虎牢关。［67］以拒冏：以抵抗司马冏屯聚在许昌一带的军队。［68］会：即孙秀子孙会，时为射声校尉。齐王司马冏讨伐赵王司马伦，孙会出战，很快被打败，后被捕杀。［69］士猗、许超：赵王司马伦的党羽。以拒颖：当时司马颖驻兵在邺城（今河北临漳县西南）。［70］东平王楙（mào）：即司马楙，字孔伟，安平献王司马孚之孙，封东平王。传见《晋书》卷三十七。［71］京兆王馥、广平王虔：即司马馥、司马虔，均为赵王伦之子。三军：指分别派出抗击齐王冏的三支军队。继援：后继增援部队。［72］祷祈：祈祷，祷告而祈求。厌胜：即厌而胜之，古代方士的一种巫术，谓能以诅咒制服人。厌（yā），通“压”，特指用迷信的方法镇压的意思。这里指用符箓、诅咒等迷信手段破坏三王的军队。求福：求神赐福。［73］巫觋（xí）：即巫婆神汉，女巫曰“巫”，男巫曰“觋”。［74］嵩山：中岳，在今河南登封市北。著羽衣：身穿飞鸟羽毛编织的衣服。［75］王乔：即王子乔，传说中的神仙。据刘向《列仙传》，王子乔是周灵王的儿子，因喜欢吹笙，被仙人浮丘公接上嵩山。［76］述伦祚长久：说赵王伦做皇帝的福分是长久的。祚（zuò），本指福，赐福，此指帝位。

闰月，丙戌朔[1]，日有食之。自正月至于是月[2]，五星互经天[3]，纵横无常。

张泓等进据阳翟[4]，与齐王冏战，屡破之。冏军颍阴[5]，夏，四月，泓乘胜逼之，冏遣兵逆战[6]。诸军[7]不动，而孙辅、徐建军夜乱[8]，径归洛[9]自首曰："齐王兵盛，不可当，泓等已没[10]矣！"赵王伦大恐，秘之，而召其子虔及许超还[11]。会泓破冏露布[12]至，伦乃复遣之。泓等悉帅诸军济颍[13]攻冏营，冏出兵击其别将孙髦、司马谭[14]等，破之，泓等乃退。孙秀诈称已破冏营，擒得冏，令百官皆贺。

成都王颖前锋至黄桥[15]，为孙会、士猗、许超所败，杀伤万余人，士众震骇[16]。颖欲退保朝歌[17]，卢志、王彦曰："今我军失利，敌新得志，有轻我之心。我若退缩，士气沮衄[18]，不可复用。且战，何能无胜负！不若更选精兵，星行倍道[19]，出敌不意，此用兵之奇也。"颖从之。伦赏黄桥之功，士猗、许超与孙会皆持节。由是各不相从，军政不一，且恃胜轻颖而不设备[20]。颖帅诸军击之，大战于溴水[21]，会等大败，弃军南走。颖乘胜长驱济河[22]。

自冏等起兵，百官将士皆欲诛伦、秀，秀惧，不敢出中书省[23]；及闻河北军败，忧懑[24]不知所为。孙会、许超、士猗等至，与秀谋，或欲收余卒出战；或欲焚宫室，诛不附己者，挟伦南就孙旂、孟观[25]；或欲乘船东走入海；计未决。

辛酉[26]，左卫将军王舆与尚书广陵公漼[27]帅营兵七百余人自南掖门[28]入宫，三部司马[29]为应于内，攻孙秀、许超、士猗于中书省，皆斩之，遂杀孙奇、孙弼及前将军谢惔等。漼，伷之子也。

王舆屯云龙门[30]，召八坐[31]皆入殿中，使伦为诏曰："吾为孙秀所误，以怒三王；今已诛秀。其迎太上皇复位，吾归老于农亩。"传诏以驺虞幡敕将士解兵[32]。黄门将伦自华林东门[33]出，及太子荂皆还汶阳里第[34]，遣甲士数千迎帝于金墉城。百姓咸称"万岁"。帝自端门[35]入，升殿，群臣顿首谢罪。诏送伦、荂等赴金墉城。广平王虔自河北还，至九曲[36]，闻变，弃军，将数十人归里第[37]。

癸亥[38]，赦天下，改元[39]，大酺[40]五日。分遣使者慰劳三王。梁王肜等表："赵王伦父子凶逆，宜伏诛。"丁卯[41]，遣尚书袁敞持节赐伦死[42]，收其子荂、馥、虔、诩，皆诛之。凡百官为伦所用者皆斥免[43]，台、省、府、卫[44]，仅有存者[45]。是日[46]，成都王颖至。

己巳[47]，河间王颙至。颖使赵骧、石超助齐王冏讨张泓等于阳翟，泓等皆降。自兵兴六十余日，战斗死者近十万人。斩张衡、闾和、孙髦于东市[48]，蔡璜自杀。五月，诛义阳王威[49]。襄阳太守宗岱承冏檄[50]斩孙旗，永饶冶令空桐机[51]斩孟观，皆传首洛阳，夷三族。

立襄阳王尚[52]为皇太孙。

（以上为第四段，写齐王司马冏等军队攻打赵王司马伦出现了重大转机，佞臣孙秀被斩首，司马伦发出退位诏书，司马衷又被扶持上位，接着进行新的一轮清算，赵王伦父子以及同党均被处死。）

【注释】

［1］闰月：此年闰三月。丙戌朔：闰三月一日。［2］是月：此月，即闰三月。［3］五星互经天：金、木、水、火、土五星在天空互相交叉穿行。［4］阳翟（dí）：晋县名，县治在今河南禹州市。［5］颍阴：晋县名，县治在今河南许昌市，颍阴在阳翟东南，在许昌西。［6］逆战：犹迎战。［7］诸军：指司马伦派出的诸路兵马。［8］徐建：西晋人，赵王司马伦的部将。夜乱：军队在夜里突然惊乱。［9］径归洛：径自返回京城洛阳。［10］没（mò）：指全军覆没。［11］还：指召回防守河北的军队回京自卫。［12］露布：不缄封的报捷奏章。［13］济颍：渡过颍水。颍水发源于河南登封市西境之颍谷，东南流，过禹州市。［14］别将：侧翼的将领，指配合张泓主力行动的将领。司马谭：西晋人，赵王司马伦的党羽，曾为别将攻打齐王司马冏，被打败。［15］黄桥：在今河南淇县西南。朝歌西有黄泽，泽水右入荡水，谓之黄雀沟，桥在沟上。［16］震骇（hài）：震动，惊惧。［17］朝歌：县名，县治在今河南淇县。［18］沮衄：谓受挫而沮丧，灰心丧气。衄（nǜ），挫伤，失败。［19］星行倍道：犹言"昼夜兼程"。星行，即夜行，披星戴星而行。［20］轻颖：轻视被击败的司马颖的军队。设备：采取防备措施。［21］湨（jú）水：水名，在河南西北部，源出济源市，东南流经孟州市、武陟县境，入黄河。［22］济河：渡过黄河。［23］中书省：官署名，发布皇帝诏书、中央政令的最高机构。［24］忧懑（mèn）：忧虑，愁闷。［25］挟伦：挟持着赵王伦。南就孙旗、孟观：孙旗当时镇守湖北襄阳，孟观镇守河南南阳。［26］辛酉：四月七日。［27］广陵公漼（cuǐ）：即司马漼，字思冲，司马懿第三子东莞王司马伷之子，封广陵郡公。曾联合左卫将军王舆攻杀孙秀，废杀司马伦，封淮陵王。广陵，封地

名，在今江苏扬州市。［28］南掖门：皇宫的南侧门。［29］三部司马：指前驱、由基、强弩三部，上属于左、右卫率将军，是朝廷的禁军。［30］云龙门：洛阳宫城南门，在今河南洛阳市东北白马寺东。［31］八坐：指六曹尚书并其长官尚书令、尚书仆射。［32］传诏：官名，这里指传达命令的人。驺虞幡：画有驺虞的幡。驺虞，据说是一种仁兽，不吃活物，不践野草，故晋时帝王以此幡作为制止战斗的号令。解兵：停止战斗，解除对立状态。［33］将伦：带着赵王伦。将，扶，架着。华林东门：华林园的东门。［34］汶（wèn）阳里第：司马伦在洛阳城汶阳里中的府第。［35］端门：皇宫的正门。［36］九曲：即九曲沟，在今河南巩义市西南。［37］归里第：回到洛阳城中汶阳里的府第。［38］癸亥：四月九日。［39］改元：改元永宁。［40］大酺：让百姓们聚会畅饮，以示同庆。古代有禁酒之令，遇有重大喜事时，朝廷始下令有此活动。酺（pú），饮，特指命令所许可的大聚饮。［41］丁卯：四月十三日。［42］袁敞：西晋官员，曾为尚书。赐伦死：至此，“八王之乱”的第三王结束。司马伦自永康元年（300）四月诛贾南风，自称皇帝，到永宁元年（301）四月服毒自杀，当权一年，称帝三个月。［43］斥免：罢官，废免。［44］台、省、府、卫：台，指尚书台、御史台、谒者署；省，指门下省、中书省、秘书省；府，指三公、八公的办事衙门；卫，指左、右卫将军及六军的统领。［45］仅有存者：意即大多数都被撤换，留下来的极少。［46］是日：这一天，即四月十三日。［47］己巳：四月十五日。［48］东市：洛阳城里的东市场。［49］义阳王威：即司马威，司马孚之曾孙，司马衷的堂兄弟，在司马伦登位时，往夺司马衷的玉玺，并逼司马衷撰写禅位诏书。［50］宗岱：西晋襄阳太守。承冏檄：按照齐王冏所发檄文的要求。［51］永饶冶：一个冶炼场的名字，在今河南南阳市南。空桐机：人名，复姓空桐，名机，时为永饶冶炼场的长官。［52］襄阳王尚：即司马尚，字敬仁，晋惠帝司马衷之孙，愍怀太子司马遹三子，永康元年（300）四月被封为襄阳王。永宁元年（301）八月立为皇太孙。太安元年（302）三月去世，谥号冲太孙。

六月，乙卯[1]，齐王冏帅众入洛阳，顿军通章署[2]，甲士数十万，威震京都。

戊辰[3]，赦天下。

复封宾徒王晏为吴王[4]。

甲戌[5]，诏以齐王冏为大司马，加九锡[6]，备物典策[7]，如宣、景、文、武辅魏故事[8]；成都王颖为大将军，都督中外诸军事，假黄钺[9]，录尚书事，加九锡，入朝不趋[10]，剑履上殿[11]；河间王颙为侍中、太尉，加三赐[12]之礼；常山王乂为抚军大将军，领左军[13]；进广陵公漼[14]爵为王，领尚书，加侍中；进新野公歆[15]爵为王，都督荆州诸军事，加镇南大将军。齐、成都、河间三府[16]，各置掾属[17]四十人，武号森列[18]，文官备员[19]而已，识者知兵之未戢[20]也。

己卯[21]，以梁王肜为太宰[22]，领司徒[23]。

光禄大夫刘蕃[24]女为赵世子荂妻，故蕃及二子散骑侍郎舆[25]、冠军将军琨[26]皆为赵王伦所委任。大司马冏以琨父子有才望[27]，特宥之[28]，以舆为中书郎[29]，琨为尚书左丞[30]。又以前司徒王戎[31]为尚书令，刘暾为御史中丞[32]，王衍[33]为河南尹。

新野王歆将之镇[34]，与冏同乘谒陵[35]，因说冏曰："成都王至亲[36]，同建大勋，今宜留之与辅政；若不能尔[37]，当夺其兵权。"

常山王乂与成都王颖俱拜陵，乂谓颖曰："天下者，先帝[38]之业，王宜维正[39]之。"闻其言者，莫不忧惧[40]。卢志谓颖曰："齐王众号百万，与张泓等相持不能决；大王径前济河[41]，功无与贰[42]。今齐王欲与大王共辅朝政。志闻两雄不俱立，宜因太妃[43]微疾，求还定省[44]，委重齐王[45]，以收四海之心，此计之上也。"颖从之。

帝见颖于东堂，慰劳之。颖拜谢曰："此大司马冏之勋，臣无豫[46]焉。"因表称冏功德，宜委以万机[47]，自陈母疾，请归藩。即辞出，不复还营[48]，便谒太庙，出自东阳城门[49]，遂归邺。遣信[50]与冏别，冏大惊，驰出送颖，至七里涧[51]，及之。颖住车言别，流涕滂沱[52]，惟以太妃疾苦为忧，不及时事[53]。由是士民之誉皆归颖。

（以上为第五段，写晋惠帝下令褒奖攻灭赵王司马伦的有功人员，齐王司马冏、成都王司马颖获得重赏，而新的矛盾也在两位重臣间展开，刀光剑影，蓄势待发。）

【注释】

[1]乙卯：六月二日。 [2]顿军通章署：将其镇军将军的指挥部设于通章署。顿军，驻兵，这里实指被其军部所占据。通章署，原是朝廷接待全国各地上书的机关，齐王冏将其军部设于此地，以见其骄横。 [3]戊辰：六月十五日。 [4]宾徒王晏：即司马晏，字平度，晋武帝司马炎第二十三子，封吴王，贬为宾徒王，后改封代王，至是复封吴王，后担任大将军、太尉，被害。传见《晋书》卷六十四。 [5]甲戌：六月二十一日。 [6]加九锡：赐给九种礼器，是古时天子赐给诸侯、大臣有殊勋者的九种器用之物，是最高礼遇的表示。锡，通"赐"。 [7]备物典策：指朝廷所赐的一切器物和各种诏令。 [8]如宣、景、文、武辅魏故事：就和当年司马懿、司马师、司马

昭、司马炎辅佐魏国皇帝，魏国皇帝所给予的封赏规格相同。以上四人，都曾被加九锡。［9］假黄钺：是古代级别最高的君王授权方式，拥有此权力，可以斩杀触犯军令的士卒，还可以代替君主出征，拥有斩杀节将的权力。黄钺，以黄金为饰，古代帝王所用，后世用为仪仗。［10］入朝不趋：古代臣子在君父面前所用的一种走路姿势。不趋是帝王赐予大臣的特殊待遇。趋，小步快走。［11］剑履上殿：古代大臣上殿不能穿靴子，不能佩刀剑。穿着鞋子、佩带宝剑入殿，是帝王给予大臣的特殊待遇。［12］三赐：即赏赐给弓矢、铁钺、圭瓒三种器物。据《礼记·王制》，赏赐弓矢，然后有权出征；赏赐铁钺，然后有权诛杀；赏赐圭瓒，然后可以得到祭祀的酒。［13］领左军：兼领左将军统辖的部队。［14］广陵公漼（cuǐ）：即司马漼，司马懿之孙，琅邪王司马伷之子。［15］新野公歆：即司马歆，司马懿之孙，扶风王司马骏之子。［16］三府：指三位亲王的王府办事机构。［17］掾属：僚属，办事官员。［18］武号森列：指诸王的僚属多带有武官名号。森列，极言其多、其显赫。自东汉以来，公府都置有掾属，但不带武号。［19］文官备员：文官都是充数而已，有职无权。［20］兵之未戢：意即还要接着打仗。戢（jí），收敛，停止。［21］己卯：六月二十六日。［22］太宰：即太师，晋避司马师之讳，称太师为太宰，多为重臣加衔，作为最高荣典以示恩宠，并无实职。［23］领司徒：兼领司徒之职。司徒，三公之一，与太尉、司空同为宰相。［24］刘蕃：西晋光禄大夫。［25］舆：即刘舆，字庆孙，司空刘琨之兄。初为太宰府尚书郎，迁散骑侍郎，官至中书侍郎、颍川太守。传见《晋书》卷六十二。［26］琨（kūn）：即刘琨，字越石，累迁并州刺史，封广武侯。永嘉之乱，坚守晋阳九载，抵御汉赵、后赵入侵。后拜司空、大将军、都督并冀幽诸军事，被害。传见《晋书》卷六十二。［27］有才望：有才干，有声望。［28］特宥之：特别宽免了他们。宥，原谅，宽免。［29］中书郎：官名，即中书侍郎，中书省的高级官员。［30］尚书左丞：官名，掌监察百官，管理中央机构及文书章奏，与右丞同掌省内庶务。［31］王戎：字濬冲，魏晋名士、官员，"竹林七贤"之一。传见《晋书》卷四十三。［32］御史中丞：官名，掌监察、纠劾朝廷百官。［33］王衍：字夷甫，西晋末年重臣。传见《晋书》卷四十三。［34］将之镇：将往赴镇南大将军的军事驻地。［35］同乘谒陵：同乘一辆车往拜先帝墓陵。此指晋武帝司炎的陵墓。［36］成都王至亲：成都王司马颖是皇帝司马衷的亲弟弟。［37］不能尔：不能如此，即不能留京辅政。［38］先帝：指他们的父亲晋武帝司马炎。司马乂与司马颖为同父异母兄弟。［39］维正：维持，扶正。这里指主持朝政。［40］忧惧：指预感到司马冏与司马乂、司马颖必将兵戎相见。［41］径前济河：一直向前，渡过黄河。径，径直，一直。［42］功无与贰：功劳之大，再无别人能比。意谓司马颖的功劳比司马冏要大。［43］太妃：司马颖的母亲程才人，被封为成都王太妃。［44］求还定省：请求返回原镇地邺城（今河北临漳县西南）去侍候母亲。定省（xǐng），昏定晨省，指儿女每天早晚给父母请安，探望，问候。［45］委重齐王：把治理朝政的重任让给齐王司马冏。如此，举国之人都认为司马颖功大不居，而归心于司马颖。［46］无豫：没有参与，谦称自己没有什么功劳。豫，古同"与"，参与。［47］委以万机：将朝政事务委托给齐王司马冏全权处理。万机，指当政者处理的各种重要事务。［48］不复还营：

不再回到他的大将军府。[49]东阳城门：洛阳城东面的北起向南第二门。[50]遣信：派遣使者。[51]七里涧：在洛阳城东二十里，涧上建有石桥。[52]流涕滂沱：眼泪哗哗地往下流。涕，泪。滂沱，形容水流盛大的样子，比喻眼泪流得很多，哭得厉害，此为司马颖作秀。[53]不及时事：不谈及时政。

冏辟新兴刘殷[1]为军咨祭酒[2]，洛阳令曹摅为记室督[3]，尚书郎江统[4]、阳平太守河内苟晞[5]参军事，吴国张翰为东曹掾[6]，孙惠为户曹掾[7]，前廷尉正顾荣[8]及顺阳王豹为主簿[9]。惠，贲之曾孙；荣，雍之孙也。

殷幼孤贫，养曾祖母以孝闻，人以谷帛遗之[10]，殷受而不谢，直云[11]：“待后贵，当相酬[12]耳。”及长，博通经史，性倜傥[13]有大志，俭而不陋[14]，清而不介[15]，望之颓然[16]而不可侵也。冏以何勖为中领军，董艾典枢机，又封其将佐有功者葛旟[17]、路秀、卫毅、刘真、韩泰皆为县公[18]，委以心膂[19]，号曰“五公[20]”。

成都王颖至邺，诏遣使者就申前命[21]；颖受大将军，让九锡殊礼。表论兴义功臣[22]，皆封公侯。又表称：“大司马前在阳翟，与贼[23]相持既久，百姓困敝，乞运河北邸阁米十五万斛[24]，以赈阳翟饥民。”造棺八千余枚，以成都国秩[25]为衣服，敛祭[26]黄桥战士，旌显其家[27]，加常战亡二等[28]。又命温县瘗赵王伦战士[29]万四千余人。皆卢志之谋也。颖貌美而神昏[30]，不知书，然气性敦厚[31]，委事于志[32]，故得成其美[33]焉。诏复遣使谕颖入辅[34]，并使受九锡。颖嬖人孟玖不欲还洛[35]，又，程太妃爱恋邺都，故颖终辞不拜[36]。

初，大司马冏疑中书郎陆机为赵王伦撰禅诏[37]，收[38]，欲杀之；大将军颖为之辩理[39]，得免死，因表为平原内史[40]，以其弟云为清河[41]内史。机友人顾荣及广陵戴渊[42]，以中国[43]多难，劝机还吴；机以受颖全济[44]之恩，且谓颖有时望，可与立功，遂留不去。

秋，七月，复封常山王乂为长沙王，迁开府、骠骑将军。

东莱王蕤[45]，凶暴使酒[46]，数陵侮[47]大司马冏，又从冏求开府不得而怨之，密表冏专权，与左卫将军王舆谋废冏。事觉，八月，诏废蕤为庶人，诛舆三族，徙蕤于上庸[48]，上庸内史陈钟承冏旨[49]潜杀之。

赦天下。

东武公澹[50]坐不孝，徙辽东[51]。九月，征其弟东安王繇[52]复旧爵[53]，拜尚书左仆射。繇举东平王楙[54]为平东将军[55]、都督徐州诸军事，镇下邳[56]。

（以上为第六段，写晋惠帝司马衷重新登位，依然是傀儡；齐王司马冏为大司马，执掌朝政；成都王司马颖驻镇邺城，窥视朝堂；诸王矛盾重重，新的动乱正在形成。）

【注释】

[1]辟：征召，任用。刘殷：字长盛，新兴（今山西忻州市）人，齐王司马冏辅政，征任大司马军咨祭酒，后任新兴太守，刑罚明察，很有政绩。传见《晋书》卷八十八。 [2]军咨祭酒：官名，由军师祭酒改名，诸将军府置，位在诸僚佐之上，辅佐谋划军机及处理政务。 [3]曹摅：字颜远，曹魏大司马曹休曾孙，西晋洛阳令。传见《晋书》卷九十。记室督：晋官名。汉以来，三公府及大将军府皆有记室令史，掌文书表报。 [4]江统：字应元，西晋大臣。曾作《徙戎论》，著称于世。传见《晋书》卷五十六。 [5]阳平：郡名，郡治元城，在今河北大名县东北。苟晞：字道将，河内山阳（今河南修武县）人，西晋末年名将。八王之乱时，先后投靠多王，威名甚盛，人称"屠伯"，累官大将军、太子太傅、录尚书事等。后为石勒所败，被射杀。传见《晋书》卷六十一。[6]张翰：字季鹰，吴郡吴县（今江苏苏州市）人，西晋文学家，吴国大鸿胪张俨之子，有清才，善属文，齐王司马冏执政，辟为大司马东曹掾。传见《晋书》卷六十二。东曹掾：王公府属吏，职掌二千石长吏的选任迁除。 [7]孙惠：字德施，吴郡富阳人。孙吴大臣孙贲之曾孙，有才识。齐王司马冏任为大司马户曹掾，封晋兴县侯。传见《晋书》卷七十一。户曹掾：官名，三公府及都督府均置，主管户籍田赋。 [8]廷尉正：官名，廷尉（主管全国司法）的属官。顾荣：字彦先，吴郡吴县（今江苏苏州市）人，孙吴丞相顾雍之孙，西晋末年大臣、名士，也是拥护司马氏政权南渡的江南士族领袖。传见《晋书》卷六十八。 [9]王豹：顺阳人。初为豫州别驾，齐王司马冏时为主簿。传见《晋书》卷八十九。主簿：官名，各级主官属下掌管文书的佐吏。 [10]谷帛：谷米布帛。遗之：赠送给他。 [11]直云：只是说。 [12]相酬：相报，偿还。 [13]倜傥：不拘小节、卓荦不群的样子。 [14]俭而不陋：俭朴而不寒酸。 [15]清而不介：清高而不孤僻。介，孤独、不合群的样子。 [16]颓（tuí）然：恭顺的样子。 [17]葛旟（yú）：西晋官员，司马冏心腹，担任从事中郎，获封牟平公。 [18]路秀、卫毅、刘真、韩泰：皆司马冏心腹。县公：古代的一种封爵，为公爵的第二等，次于郡公，有封国、食邑，封国置相，其职责相当于县令、长。 [19]委以心膂：把他当作骨干、心腹，委以重任。心膂，犹言"心腹"。膂，脊梁骨。[20]五公：葛旟被封为牟平公，路秀被封为小黄公，卫毅被封为阴平公，刘真被封为安乡公，韩

泰被封为封丘公，合称“五公”。［21］就申前命：朝廷派使者到邺城再次宣布上次的任命，即任司马颖为大将军，赐九赐。［22］表论：上书论列。兴义功臣：指自己部下在讨司马伦、孙秀义举中的功臣，如卢志、和演、董洪、王彦、赵骧等。［23］贼：指张泓等人。［24］河北邸阁米：黄河以北，自己管辖区的官方仓库里的粮食。邸阁，官家仓库。斛（hú）：量器名，一斛等于六石四斗。［25］以成都国秩：按照自己成都封国内的等级制度所获得的俸禄。［26］敛祭：收敛，祭祀。［27］旌显其家：表彰这些战死者的家庭。旌显，表彰，表扬。［28］加常战亡二等：抚恤的规格比在其他战斗中死亡的高两级。［29］温县：县名，县治在今河南温县城西。瘗赵王伦战士：掩埋为赵王伦战死的士兵。瘗（yì），埋葬。［30］神昏：昏庸，糊涂。［31］敦厚：诚朴，宽厚。［32］委事于志：做事跟着性情走，是性情中人。［33］成其美：成就了他的美名。［34］谕颖入辅：劝说成都王司马颖到朝廷辅佐皇上执政。［35］嬖（bì）人：宠臣。孟玖：为成都王司马颖所宠。陆云数言其短，司马颖不纳，孟玖毁之，后陆云及兄陆机、弟陆耽皆无罪夷灭，天下痛惜之。后王澄告发其奸，被杀。［36］不拜：不接受任命。［37］陆机：字士衡，孙吴大司马陆抗第四子，西晋著名文学家、书法家。入晋官至后将军、河北大都督，最终遭谗遇害，被夷三族。传见《晋书》卷五十四。禅诏：指司马衷被迫让位给司马伦的“禅让”诏书。此事乃义阳王司马威所为。［38］收：拘捕。［39］辩理：申辩，申理。［40］平原内史：平原国的内史，职同郡守。平原，诸侯国名，都城在今山东平原县西南。［41］清河：诸侯国名，都城在今河北清河县东南。［42］戴渊：字若思，广陵（今江苏扬州市）人，晋朝大臣、名士。传见《晋书》卷六十九。［43］中国：中原，指黄河流域地区。［44］全济：保全，救命。［45］东莱王蕤：即司马蕤，字景回，封辽东王，改封东莱王。后被杀。传见《晋书》卷三十八。［46］使酒：酗酒滋事。［47］陵侮：凌辱，欺压。陵，通“凌”。［48］上庸：晋郡名，郡治在今湖北竹山县。［49］陈钟：西晋上庸内史。承冏旨：按照齐王司马冏的意旨杀害了被贬的东莱王司马蕤。［50］东武公澹（dàn）：即司马澹，字思弘，司马懿之孙，琅邪武王司马伷次子，初任冗从仆射，封为东武公。传见《晋书》卷三十八。［51］辽东：晋郡名，郡治襄平，在今辽宁辽阳市。［52］东安王繇（yáo）：即司马繇，字思玄，琅邪武王司马伷第三子，封东安王。［53］复旧爵：司马繇以参与诛灭杨骏功被封为东安王，后来被汝南王司马亮废去王爵，迁于带方郡，此恢复东安王原来的爵位。［54］东平王楙：即司马楙，司马孚之孙，先后依附杨氏、贾氏、赵王伦，因素与司马繇相勾结，故得不杀。［55］平东将军：四字原无，据章校补。［56］下邳：诸侯国名，都城在今江苏睢宁县西北。

初，朝廷符下秦、雍州[1]，使召还流民入蜀者，又遣御史冯该、张昌督之。李持兄辅自略阳至蜀，言中国方乱[2]，不足复还[3]。特然之，累遣天水阎式诣罗尚求权停至秋[4]，又纳赂于尚及冯该，尚、该许之。

朝廷论讨赵廞功，拜特宣威将军，弟流奋武将军，皆封侯。玺书[5]下益州，条列六郡流民与特同讨廞者，将加封赏。广汉太守辛冉欲以灭廞为己功，寝朝命[6]，不以实上[7]，众咸怨之。

罗尚遣从事督遣流民[8]，限七月上道。时流民布在梁、益，为人佣力[9]，闻州郡逼遣，人人愁怨，不知所为；且水潦[10]方盛，年谷未登，无以为行资。特复遣阎式诣尚，求停至冬，辛冉及犍为太守李苾以为不可[11]。尚举别驾杜弢秀才[12]，式为弢说逼移利害[13]，弢亦欲宽流民一年。尚用冉、苾之谋，不从；弢乃致秀才板[14]，出还家。冉性贪暴，欲杀流民首领，取其资货[15]，乃与苾白尚，言："流民前因赵廞之乱，多所剽掠[16]，宜因移设关[17]以夺取之。"尚移书梓潼太守张演[18]，于诸要施关，搜索宝货。

特数为流民请留，流民皆感而恃[19]之，多相帅[20]归特。特乃结大营于绵竹以处流民，移辛冉求自宽[21]。冉大怒，遣人分榜通衢[22]，购募[23]特兄弟，许以重赏。特见之，悉取以归，与弟骧改其购[24]云："能送六郡酋豪[25]李、任、阎、赵、上官及氐、叟侯王[26]一首，赏百匹。"于是，流民大惧，归特者愈众，旬月间过二万人。流亦聚众数千人。

特又遣阎式诣罗尚求申期[27]，式见营栅冲要[28]，谋掩流民[29]，叹曰："民心方危，今而速之[30]，乱将作矣。"又知辛冉、李苾意不可回，乃辞尚还绵竹。尚谓式曰："子且以吾意告诸流民，今听宽[31]矣。"式曰："明公惑于奸说，恐无宽理。弱而不可轻者，民也，今趣之不以理[32]，众怒难犯，恐为祸不浅。"尚曰："然。吾不欺子，子其行矣！"式至绵竹，言于特曰："尚虽云尔[33]，然未可信也。何者？尚威刑不立[34]，冉等各拥强兵，一旦为变，亦非尚所能制，深宜为备。"特从之。冬，十月，特分为二营，特居北营，流居东营，缮甲厉兵[35]，戒严以待之。

冉、苾相与谋曰："罗侯贪而无断[36]，日复一日，令流民得展奸计。李特兄弟并有雄才，吾属将为所虏矣！宜为决计[37]，罗侯不足复问[38]也。"乃遣广汉都尉曾元[39]、牙门张显、刘并[40]等潜帅步骑三万袭特营；罗尚闻之，亦遣督护田佐[41]助元。元等至，特安卧不动，待其众半入，发伏[42]击之，死者甚众。杀田佐、曾元、张显，传首以示尚、冉。尚谓将佐曰："此虏成去矣[43]，而广汉不用吾言以张贼势[44]，今若之何！"

于是，六郡流民共推特行镇北大将军[45]，承制封拜[46]，以其弟流行镇东大将军，号东督护，以相镇统[47]；又以兄辅为骠骑将军，弟骧为骁骑将军，进兵攻冉于广汉。尚遣李苾、费远帅众救冉，畏特，不敢进。冉出战屡败，溃围奔德阳[48]。特入据广汉，以李超[49]为太守，进兵攻尚于成都。尚以书谕阎式，式复书曰："辛冉倾巧[50]，曾元小竖[51]，李叔平[52]非将帅之才。式前为节下及杜景文论留、徙之宜[53]。人怀桑梓[54]，孰不愿之[55]！但往日初至[56]，随谷庸赁[57]，一室五分[58]，复值秋潦[59]，乞须冬熟[60]，而终不见听。绳之太过[61]，穷鹿抵虎[62]，流民不肯延颈受刀，以致为变。即听式言[63]，宽使治严[64]，不过去九月尽集[65]，十月进道，令达乡里，何有如此也！"

特以兄辅、弟骧，子始、荡、雄及李含、含子国、离、任回、李攀、攀弟恭、上官晶、任臧、杨褒、上官惇等为将帅，阎式、李远等为僚佐，罗尚素贪残，为百姓患。特与蜀民约法三章，施舍赈贷[66]，礼贤拔滞[67]，军政肃然，蜀民大悦。尚频为特所败，乃阻长围[68]，缘郫水作营[69]，连延七百里[70]，与特相拒，求救于梁州及南夷校尉[71]。

十二月，颍昌康公何邵[72]薨。

封大司马冏子冰为乐安王，英为济阳王，超为淮南王[73]。

（以上为第七段，写西晋朝廷下令秦、雍六郡流民返归乡里，并派遣御史监督；流民首领李特请求暂缓，不被同意，矛盾激化，李特率领流民与官府对抗，攻占成都。）

【注释】

[1]符下秦、雍州：给秦州、雍州的刺史府下命令。符，命令。 [2]中国方乱：中原地区即将大乱。 [3]不足复还：没有必要再回到秦、雍二州去。 [4]累遣：多次派遣。阎式：成汉皇帝李雄的尚书令。求权停：请求暂时停止流民返迁。 [5]玺书：封拜李特、李流为将军的盖有皇帝玉玺的诏书。玺，皇帝的印章。 [6]寝朝命：将朝廷封赏流民的命令扣住，不向下传。寝，搁置。 [7]不以实上：不据实向朝廷报告。 [8]从事：即从事史，刺史的属官名。督遣流民：督

促、驱赶流入蜀地的流民。[9]为人佣力：给人打工。[10]水潦：雨水成灾。潦，大水。[11]犍（qián）为：郡名，郡治武阳县，在今四川眉山市彭山区东。李苾（bì）：西晋犍为太守。[12]尚举别驾杜弢秀才：罗尚向朝廷举荐他的僚属别驾杜弢为秀才。杜弢传见《晋书》卷一百。秀才，是当时推荐人才的科目名。[13]说逼移利害：向他分析逼迫流民搬迁的严重危害。利害，偏义复词，这里指危害。[14]致秀才板：交回了秀才所执持的手板。致，交出，送回。板，笏，手板，古代官吏所执的记事板。[15]资货：指金银财宝等贵重物资。[16]剽掠：抢劫，掠夺。[17]因移设关：趁他们搬迁之际设立关卡。[18]移书：官吏互通书函往来，称为移书。梓潼：晋郡名，郡治在今四川梓潼县。张演：西晋梓潼太守。[19]恃：依靠，依赖。[20]相帅：相继，一个接一个。帅，同“率”。[21]移辛冉：给辛冉发出公文。移，文体名，性质同“檄”。此处用为动词，犹言“致书”。求自宽：请求加以宽限。[22]分榜通衢：在人来人往的交通要道上张贴告示。通衢，四通八达、宽敞平坦的道路。[23]购募：悬赏缉捕。[24]改其购：更改悬赏的内容。[25]六郡酋豪：从秦、雍六郡流亡到四川来的难民头领，即下述李、任、阎、赵、上官诸姓。酋豪，头领，首领。[26]氐、叟侯王：指原居住在雍州的氐族与叟族头领。[27]求申期：请求宽延期限。[28]营栅冲要：在各险要地段都扎营立栅，派兵把守。栅，指用竹、木、铁条等做成的阻拦物。[29]谋掩流民：计划着对流民发动袭击。掩，乘其不意而攻之。[30]速之：指加速逼迫流民返回。[31]今听宽：我就要按你们的要求延缓期限了。[32]趣之不以理：不讲道理地逼迫人家。趣（cù），同“促”，即强迫搬迁。[33]尚虽云尔：罗尚虽然是这么说的。[34]威刑不立：说话没人听，没办法管住下面的人。威刑，声威与刑法。[35]缮甲厉兵：修造铠甲，磨砺刀枪。缮，修补，整治。[36]罗侯：敬称罗尚。无断：没有决断能力。[37]宜为决计：我们自己应迅速做出决定。[38]不足复问：没有必要再去请示他。[39]广汉都尉：广汉郡的军事长官。曾元：西晋官员，曾为广汉都尉。[40]牙门：此指广汉都尉属下的各个头领。张显、刘并：西晋官员，曾为牙门官。[41]督护：官名，将军帐下的属官。田佐：西晋官员，曾为督护。[42]发伏：使伏兵突然而起。[43]此虏成去矣：这帮土匪的势力，已经形成了。去，难以消除了。[44]广汉：此指广汉太守辛冉。以张贼势：使土匪的声势越发增大。[45]行镇北大将军：暂时代行镇北大将军之职。此时李特等尚以晋臣自居，曾被晋朝封为宣威将军。[46]承制封拜：以晋朝皇帝的名义封拜官爵。[47]以相镇统：彼此呼应统兵抚民。[48]溃围奔德阳：突破重围逃到德阳。德阳，县名，县治在今四川遂宁市东南。[49]李超：西晋人，流民首领李特起义后所任官员，曾为广汉太守。[50]倾巧：狡诈，刁猾。[51]小竖：小人。[52]李叔平：即李苾，字叔平。[53]节下：敬称罗尚。晋人称方面专征的将帅为“节下”。杜景文：即杜弢，字景文。论留、徙之宜：即前文所谓“说逼移利害”。[54]人怀桑梓：每个人都有思念故乡之情。桑梓，为宅院常种的树木，故人们常以“桑梓”代指故乡。[55]孰不愿之：谁不想回到故乡去呢？[56]往日初至：当初刚到蜀郡的时候。[57]随谷庸赁：为了口粮，到处为人打工。庸赁，犹庸作，指受雇而为人劳作。［58］一室五分：一家人四处分离，各自打工糊口。［59］秋潦：秋雨。潦，大水。［60］乞须冬熟：乞求等到秋后收得粮食。须，等待。［61］绳之太过：把人逼得太急。绳，约束，限制。［62］穷鹿抵虎：鹿被赶得无处可逃时，也能够向老虎撞去。抵，冲撞。［63］即听式言：当初如果能听我阎式的话。［64］宽使治严：放宽期限，让他们好好地收拾行装。治严，治装，收拾行装。［65］不过去九月：最晚不过到九月。去，到达，过完。尽集：全部集中起来。［66］"特以兄辅"等句：指李特将李氏宗亲子弟，以及亲信全都用为将帅，计有：李特之兄李辅、弟李骧，李特自己的三个儿子：李始、李荡、李雄，还有李含，李含的儿子李国、李离、李任回、李攀，李攀弟李恭、上官晶、任臧、杨褒、上官惇等十五人。施舍，施恩惠，舍劳役。赈贷，救济，借贷。［67］礼贤拔滞：尊重贤人，提拔被埋没与受压抑的人才。滞，停滞，埋没。［68］阻长围：在成都周围构筑长墙以为屏障。阻，凭借。［69］缘郫水作营：沿着郫水安营扎寨。郫水亦名郫江，岷江的支流，从四川都江堰市歧出东流，进入成都市郫都区。［70］连延七百里：自都安（今四川都江堰市）到犍为郡（今四川眉山市彭山区），共七百里。连延，连续，绵延。［71］南夷校尉：武官名，统兵镇守南中郡，校尉府设在今云南祥云县，当时李毅任南夷校尉。［72］颍昌康公：颍昌公是其封号，"康"是其谥号。何邵（shào）：《晋书》作何劭，字敬祖，西晋大臣，官至三公。传见《晋书》卷三十三。［73］"封大司马冏子冰为乐安王"三句：司马冏以大司马之特权，封自己三子为诸侯王。长子司马冰为乐安王，次子司马英为济阳王，三子司马超为淮南王。其后司马冏谋反失败，三王皆废。

太安元年[1]（壬戌，302年）

春，三月，冲太孙尚[2]薨。

夏，五月，乙酉[3]，梁孝王肜[4]薨。

以右光禄大夫刘寔为太傅，寻以老病罢。

河间王颙遣督护衙博[5]讨李特，军于梓潼[6]；朝廷复以张微为广汉太守，军于德阳[7]；罗尚遣督护张龟军于繁城[8]。特使其子镇军将军荡等袭博；而自将击龟，破之。荡败博兵于阳沔[9]，梓潼太守张演委城走，巴西丞毛植[10]以郡降。荡进攻博于葭萌[11]，博走，其众尽降。河间王颙更以许雄为梁州刺史。特自称大将军、益州牧、都督梁·益二州诸军事。

大司马冏欲久专大政，以帝子孙俱尽[12]，大将军颖有次立之势[13]；清河王覃[14]，遐之子也，方八岁，乃上表请立之[15]。癸卯[16]，立覃为皇太子，以冏为太子太师，东海王越[17]为司空，领中书监。

秋，八月，李特攻张微，微击破之，遂进攻特营。李荡引兵救之，山道险狭[18]，荡力战而前，遂破微兵。特欲还涪[19]，荡及司马王幸[20]谏曰："微军已败，智勇俱竭，宜乘锐气遂禽之。"特复进攻微，杀之，生禽微子存[21]，以微丧还之[22]。

特以其将骞硕守德阳[23]。李骧军毗桥[24]，罗尚遣军击之，屡为骧所败。骧遂进攻成都，烧其门。李流军成都之北。尚遣精勇万人攻骧，骧与流合击，大破之，还者什一二[25]。许雄数遣军攻特，不胜，特势益盛。

建宁大姓李睿、毛诜逐太守许俊[26]，朱提大姓李猛逐太守雍约[27]以应特，众各数万。南夷校尉李毅[28]讨破之，斩诜；李猛奉笺[29]降，而辞意不逊[30]，毅诱而杀之。冬，十一月，丙戌[31]，复置宁州[32]，以毅为刺史。

（以上为第八段，写大司马司马冏欲长久专控朝政，奏请立娃娃司马覃为皇太子；继续写晋朝与流民首领李特的争斗，晋军打了几次败仗，李特的势力逐渐强大起来。）

【注释】

［1］太安元年：公元302年。按：此年实为永宁二年，齐王司马冏专权不臣，至十二月被诛，晋惠帝始改称"太安元年"。［2］冲太孙尚：即皇太孙司马尚。前太子司马遹之子，谥为"冲"。［3］乙酉：原文作"己酉"，据章校改。［4］梁孝王肜：即司马肜，司马懿第八子，封为梁王，谥号为"孝"。［5］衙博：河间王司马颙督护、阴平太守，才兼文武，河间王司马颙非常器重。［6］梓（zǐ）潼：晋郡名，郡治在今四川梓潼县。［7］德阳：县名，县治龙凤场，在今四川遂宁市船山区。［8］繁城：即繁县，故城在今四川成都市新都区东北。［9］阳沔（miǎn）：邑名，在今四川梓潼县西北，在今演武铺。［10］巴西丞：巴西郡的郡丞。巴西郡治在今四川阆中市。毛植：巴西郡丞。［11］葭（jiā）萌：晋县名，县治在今四川广元市昭化区东南。［12］帝子孙俱尽：晋惠帝司马衷的太子司马遹与其子司马虨、司马臧，前被贾后所杀，近司马遹之子司马尚又死，司马衷遂断绝子孙。［13］颖有次立之势：司马颖是司马炎的第十六子，晋惠帝无子孙，其他司马炎的儿子都比司马颖年纪小，故依次当为惠帝之继承人。［14］清河王覃（qín）：即司马覃，晋武帝司马炎之孙，清河康王司马遐长子，袭爵清河王。皇太孙司马尚去世，晋惠帝立司马覃为皇太子。此后，屡遭废立。后被东海王司马越杀害。传见《晋书》卷五十九。［15］请立之：司马遐上表请立司马覃为惠帝司马衷的继承人，即所谓"过继"给司马衷为后。［16］癸卯：五月二十五

日。［17］东海王越：即司马越，字元超，司马懿四弟东武城侯司马馗之孙，封东海王。晋惠帝至晋怀帝时期权臣。传见《晋书》卷五十九。［18］险狭：险峻，狭窄。［19］还涪：退回涪县。涪（fú），县名，在今四川绵阳市东北，涪江的东岸。［20］司马王幸：李特的司马官，名叫王幸。［21］微子存：即张微之子张存。［22］以微丧还之：把张微的尸体送给了他的儿子。丧，指人的尸体。［23］骞（jiàn）硕：李特部众的首领。德阳：县名，县治龙凤场，在今遂宁市船山区。［24］军毗桥：驻扎在毗桥。毗（pí）桥，地名，在今四川成都市新都区南。［25］什一二：十分之一二。［26］建宁：晋郡名，郡治味县，在今云南曲靖市。李睿、毛诜（shēn）：建宁郡的豪族。许俊：西晋建宁太守。有的版本作"杜俊"，待考。［27］朱提：晋郡名，郡治在今云南昭通市。李猛：朱提郡的豪族。雍约：西晋朱提太守。［28］南夷校尉：官名，特设统治南方各族的郎将校尉。［29］奉笺：给南夷校尉李毅上书。［30］不逊（xùn）：不恭顺，不客气。［31］丙戌：十一月十一日。［32］复置宁州：西晋泰始六年（270），分益州的建宁、云南、兴古、交州的永昌共四郡改设宁州，太康三年（282），废入益州，立南夷校尉护之。永宁二年（302），复置宁州。州治味县，在今云南曲靖市。

齐武闵王冏既得志，颇骄奢擅权，大起府第，坏公私庐舍以百数，制与西宫等[1]，中外失望。侍中嵇绍[2]上疏曰："存不忘亡，《易》之善戒[3]也。臣愿陛下无忘金墉[4]，大司马无忘颍上[5]，大将军无忘黄桥[6]，则祸乱之萌无由而兆矣。"又与冏书，以为："唐、虞茅茨[7]，夏禹卑宫[8]。今大兴第舍及为三王立宅[9]，岂今日之急邪！"冏逊辞谢之[10]，然不能从。

冏耽于宴乐，不入朝见；坐拜百官[11]，符敕三台[12]；选用不均，嬖宠用事。殿中御史桓豹奏事[13]，不先经冏府，即加考竟[14]。南阳处士郑方上书谏冏曰："今大王安不虑危，宴乐过度，一失也。宗室骨肉，当无纤介[15]，今则不然，二失也。蛮夷不静[16]，大王谓功业已隆，不以为念，三失也。兵革之后，百姓穷困，不闻赈救，四失也。大王与义兵盟约，事定之后，赏不逾时[17]，而今犹有有功未论者[18]，五失也。"冏谢曰："非子，孤不闻过。"

【注释】

［1］制与西宫等：指齐王司马冏的府第僭越制度，其规模与皇帝的寝宫相等。制，格局，规模。西宫，当时的皇宫，皇帝住西宫，太子住东宫。［2］嵇（jī）绍：字延祖，西晋名臣、文学

家，曹魏中散大夫嵇康之子。传见《晋书》卷八十九。［3］善戒：良好的警告。《易·大传》："危者，安其位者也；亡者，保其存者也；乱者，有其治者也。是故君子安而不忘危，存而不忘亡，治而不忘乱，身安而国家可保也。"［4］无忘金墉（yōng）：不要忘记皇上被囚禁在金墉城里的屈辱。［5］大司马：敬称齐王司马冏。无忘颍上：不要忘记与赵王司马伦的部将在颍水边的阳翟（今河南禹州市）苦战的经历。此战司马冏大败，逆转取胜，十分艰辛。［6］大将军：敬称成都王司马颖。无忘黄桥：不要忘记在黄桥（在今河南淇县西南）被赵王司马伦的部将打败的经历。此战如同颍上之战，也是艰难逆转取胜。［7］唐、虞：是唐尧与虞舜的并称。茅茨：指唐、虞二帝生活简朴，用茅草苫盖房屋。［8］夏禹：即大禹。卑宫：简陋的宫室。有成语叫"卑宫菲食"，用以称美大禹自奉节俭的功德。［9］为三王立宅：指司马冏为三个刚封亲王的儿子兴建邸舍。三王，即淮南王司马超、乐安王司马冰、济阳王司马英。［10］逊辞谢之：用恭谦的语言认错。［11］坐拜百官：坐在齐王府内，接受文武百官的叩拜。［12］符敕（chì）三台：用符节给各高级官府发号施令。三台，指尚书台、御史台、谒者台。［13］殿中御史：即殿中侍御史，官名，负责纠劾严正。桓豹：西晋殿中侍御史。奏事：向皇帝奏事。［14］考竟：考问追究。晋置殿中御史四人，其职责是伺察非法，司马冏居然考究殿中御史，是目无君主。［15］当无纤介：不应存在任何矛盾。纤介，细小的意思，这里隐指矛盾。［16］蛮夷不静：指流民首领李特等占据梁州，益州、宁州也有叛乱。［17］赏不逾时：奖赏应及时兑现，不要超过时限。古兵法有曰："赏不逾时，欲民速得为善之利也。"［18］犹有有功未论者：还有立了功至今没有获得奖赏的人。论，论功行赏。按：原文"有"字单出，据章校，"有"字应重出，多种别本重"有"字，据补。

孙惠[1]上书曰："天下有五难、四不可，而明公皆居之：冒犯锋刃[2]，一难也；聚致英豪，二难也；与将士均劳苦，三难也；以弱胜强，四难也；兴复皇业，五难也。大名不可久荷[3]，大功不可久任，大权不可久执，大威不可久居。大王行其难而不以为难，处其不可而谓之可[4]，惠窃所不安也。明公宜思功成身退之道，崇亲推近[5]，委重长沙、成都二王[6]，长揖[7]归藩，则太伯、子臧不专美于前矣[8]。今乃忘高亢之可危[9]，贪权势以受疑，虽遨游高台之上，逍遥重墉[10]之内，愚窃谓危亡之忧，过于在颍、翟之时也。"冏不能用，惠辞疾去。

冏谓曹摅曰："或劝吾委权还国，何如？"摅曰："物禁太盛，大王诚能居高虑危，褰裳[11]去之，斯善之善者也。"冏不听。

张翰、顾荣皆虑及祸，翰因秋风起，思菰菜、莼羹、鲈鱼脍[12]，叹曰："人生贵适志[13]耳，富贵何为！"即引去[14]。荣故酣饮[15]，不省府事[16]，长史葛旟以其废职[17]，白冏徙荣为中书侍郎。颍川处士庾衮[18]闻冏期年不朝[19]，叹曰："晋室卑[20]矣，祸乱将兴！"帅妻子逃于林虑山[21]中。

王豹致笺于冏曰："伏思元康以来[22]，宰相在位，未有一人获终[23]者，乃事势使然，非皆为不善也。今公克平祸乱，安国定家，乃复寻覆车之轨[24]，欲冀长存[25]，不亦难乎！今河间树根于关右[26]，成都盘桓于旧魏[27]，新野大封于江汉[28]，三王方以方刚强盛之年，并典戎马[29]，处要害之地，而明公以难赏之功[30]，挟震主之威，独据京都，专执大权，进则亢龙有悔[31]，退则据于蒺藜[32]，冀此求安[33]，未见其福也。"因请悉遣王侯之国[34]，依周、召之法[35]，以成都王为北州伯[36]，治邺[37]；冏自为南州伯，治宛[38]；分河为界[39]，各统王侯，以夹辅[40]天子。冏优令答之[41]。长沙王乂见豹笺，谓冏曰："小子离间骨肉，何不铜驼下打杀[42]！"冏乃奏豹谗内间外[43]，坐生猜嫌[44]，不忠不义，鞭杀之。豹将死，曰："县吾头大司马门[45]，见兵之攻齐也！"

（以上为第九段，写齐王、大司马司马冏专擅朝政，沉湎于宴乐享受，为所欲为，视晋惠帝司马衷为无物，有识之士纷纷劝谏，而他却充耳不闻，冏之灭亡指日可待。）

【注释】

[1]孙惠：字德施，齐王司马冏辟为大司马户曹掾，封晋兴县侯。曾以"五难"（五个难得）"四不可"讽谏司马冏，劝其归藩，没有被采纳，便辞去。后事成都王司马颖，为参军；事东海王司马越，为记室参军，转军咨祭酒。迁广武将军，安丰内史。 [2]冒犯锋刃：指起兵攻打赵王司马伦时，亲临前线。 [3]大名不可久荷：即俗所谓"盛名之下，难以久居"。久荷（hè），长期享有。荷，承担，享有。 [4]处其不可而谓之可：把不行的当作可行的，以为可以长此无事。[5]崇亲推近：尊崇皇帝最近的亲属，把职位推让给他们。 [6]委重长沙、成都二王：把大权交给长沙王司马乂与成都王司马颖。司马乂与司马颖都是武帝司马炎之子，与惠帝司马衷是亲兄弟。[7]长揖：本指旧时拱手高举继而落下的一种敬礼，此指辞去大司马等职务。 [8]太伯：即吴太伯，逃离西周到吴，让位给三弟季历。传见《史记》卷三十一。子臧：姬姓，名欣时，字子臧，春秋时曹宣公的庶子，他逃离曹国，让位曹成公。事见《左传·成公十五年》。不专美于前：太伯、子臧都被古人认为是能以国让人的典范，而大司马如果归藩，其行为可以与之相比美，不能只有吴太伯、子臧独占让国的美名。 [9]忘高亢之可危：忘了权位太高的风险。《周易·乾卦》有所谓

“亢龙有悔”之语。高亢，高隆突起，此指处于高位。［10］重墉：层层墙垣。墉，指王府的高墙。［11］褰（qiān）裳：提起裤脚，准备涉水的样子。这里指断然离去。［12］菰（gū）菜：即茭白，嫩茎可食，果狭圆柱形。莼羹：莼菜羹。莼菜，一种多年水生草本植物，嫩叶可食用，鲜美滑嫩，为珍贵蔬菜之一。鲈鱼脍：可生吃的鲈鱼片。鲈鱼，是一种味道鲜美的鱼，体长侧扁，银灰色，背部有小黑斑。脍，细切的鱼肉，这里特指可生吃的鱼片。［13］适志：合乎自己的心愿，舒适自得，想干什么就干什么，不受任何约束。［14］引去：指张翰抽身退去。张翰时任成都王司马颖的东曹掾。［15］故：故意。酣（hān）饮：畅饮，痛饮，不醉不休。［16］不省府事：不关心、不过问成都王府的事务。当时顾荣任司马颖的主簿。［17］葛旟（yú）：司马冏心腹，担任司马冏的从事中郎，获封牟平公，与路秀等人合称“五公”。废职：荒废职守，不负责任。［18］庾衮：字叔褒，曾担任颍川功曹，刚正不阿。司马冏当政，他预感晋室将大乱，便携其妻到林虑山隐居，言忠信，行笃敬。一年后，林虑之人归之，称为“庾贤”。后因目眩，坠崖而死。传见《晋书》卷八十八。［19］期年不朝：一整年的时间都没有上朝。晋惠帝司马衷只是摆设，司马冏并不把他放在眼里。期年，一年。［20］晋室卑：晋朝的王室衰微，皇帝没有权威。［21］林虑山：本名隆虑山，因避东汉殇帝刘隆之讳而改名，在今河南林州市西。［22］伏思：谦辞，意即“我想”“我看”。元康：晋惠帝司马衷的第三个年号。［23］未有一人获终：没有一个人在宰相职位上获得善终。指杨骏、司马亮、张华、裴頠等都死于非命。［24］复寻覆车之轨：仍在翻过车的路上向前走。寻，沿着。轨，道路。［25］冀长存：希望能够长治久安。冀，希冀，希望。［26］河间：指河间王司马颙。树根于关右：指在关右（潼关以西）建有自己的根基。树根，动宾词组，建树根基。［27］成都：指成都王司马颖。盘桓于旧魏：盘踞在邺城（今河北临漳县西南）一带。当年曹魏未篡权时，曾以邺城为根据地。［28］新野：指新野王司马歆，是司马懿之孙，扶风王司马骏之子。新野国的都城在今河南新野县。大封于江汉：拥有汉水流域的大片疆土，在今河南西南部与湖北北部一带地区。［29］典戎马：掌管军队。典，主管，掌管。［30］难赏之功：具有过大而难以再赏的功劳，即有盖世之功。［31］亢龙有悔：《易经·乾卦》曰：“亢龙有悔，盈不可久也。”意思是说，即使是神龙，久居巅峰也会有后悔的时候，即从巅峰上跌落下来。是说事物不可能一直处于旺盛状态，会盛极而衰。亢，高处，高位。［32］据于蒺藜：处于荆棘之中。《易经·困卦》曰：“困于石，据于蒺藜，入于其宫，不见其妻，凶。”［33］冀此求安：有如此的权势，还想求得平安。［34］悉遣王侯之国：打发受封的各王、各公、各侯，都辞去朝权，回到各自的封地上去。［35］依周、召之法：依照当年周公、召公辅佐成王，分陕而治的前例。［36］北州伯：北方诸侯的霸主。伯，方伯，一方诸侯之长。［37］治邺：以邺城为大本营。邺（yè）城，曹操的都城，在今河北临漳县境内。［38］治宛：以宛县为大本营。宛（yuān），县名，今河南南阳市。［39］分河为界：以黄河为分界。［40］夹辅：辅佐。［41］优令答之：意同皇帝的“优诏”，即用一种礼貌、客气的语言作回复，但并不准备采纳、实行。［42］铜驼下打杀：意即在皇宫的正门前将王豹斩杀。铜驼，当时洛阳宫的南门前有铜驼一对，长、高各一丈，是当年曹魏由长安移来的汉宫旧物。［43］谗内间外：讨好朝内的二王，离间朝外的众家兄弟。［44］坐生猜嫌：无缘无故地造成诸王之间的相互猜疑。［45］县：同“悬”。大司马门：大司马府的大门前。时齐王大司马冏任大司马之职。昔伍子胥被吴王夫差所杀，临死时说：“悬吾目于吴东门，以见越之入吴也。”王豹仿伍子胥之语。

冏以河间王颙本附赵王伦，心常恨之。梁州刺史安定皇甫商[1]，与颙长史李含不平[2]。含被征为翊军校尉[3]，时商参冏军事，夏侯奭[4]兄亦在冏府。含心不自安[5]，又与冏右司马赵骧有隙，遂单马奔颙，诈称受密诏[6]，使颙诛冏，因说颙曰：“成都王至亲[7]，有大功，推让还藩，甚得众心。齐王越亲[8]而专政，朝廷侧目[9]。今檄长沙王[10]使讨齐，齐王必诛长沙，吾因以为齐罪而讨之，必可禽也。去齐立成都，除逼建亲[11]，以安社稷，大勋也。”颙从之。

是时，武帝族弟范阳王虓[12]都督豫州诸军事。颙上表陈冏罪状，且言：“勒兵[13]十万，欲与成都王颖、新野王歆、范阳王虓共会洛阳，请长沙王乂废冏还第[14]，以颖代冏辅政。”颙遂举兵，以李含为都督，帅张方等趋洛阳[15]，复遣使邀颖，颖将应之，卢志谏，不听。

十二月，丁卯[16]，颙表至，冏大惧，会百官议之，曰：“孤首唱义兵[17]，臣子之节，信著神明[18]。今二王[19]信谗作难，将若之何？”尚书令王戎曰：“公勋业诚大[20]；然赏不及劳[21]，故人怀贰心。今二王兵盛，不可当也。若以王就第[22]，委权崇让[23]，庶[24]可求安。”冏从事中郎葛旟[25]怒曰：“三台纳言[26]，不恤王事[27]。赏报稽缓[28]，责不在府[29]。谗言逆乱，当共诛讨，奈何虚承伪书[30]，遽[31]令公就第乎！汉、魏以来，王侯就第，宁有得保妻子者邪！议者可斩！”百官震悚[32]失色，戎伪药发堕厕[33]，得免。

李含屯阴盘[34]，张方帅兵二万军新安[35]，檄长沙王乂使讨冏。冏遣董艾袭乂，乂将左右百余人驰入宫，闭诸门，奉天子[36]攻大司马府，董艾陈兵宫西，纵火烧千秋神武门[37]。冏使人执驺虞幡唱[38]云：“长沙王乂矫诏[39]。”乂又称“大司马谋反”。是夕，城内大战，飞矢雨集，火光属天[40]。帝幸上东门[41]，矢集御前，群臣死者相枕[42]。连战三日，冏众大败，大司马长史赵渊杀何勖[43]，因执冏以降。冏至殿前，帝恻然[44]，欲活之。乂叱左右趣牵出[45]，斩于阊阖门[46]外，徇首六军[47]，同党皆夷三族，死者二千余人。囚冏子超、冰、英于金墉城，废冏弟北海王寔[48]。赦天下，改元[49]。李含等闻冏死，引兵还长安。

长沙王乂虽在朝廷，事无巨细，皆就邺咨大将军颖。颖以孙惠为参军，陆云为右司马。

是岁，陈留王[50]薨，谥曰“魏元皇帝[51]”。

（以上为第十段，写河间王司马颙、成都王司马颖、长沙王司马乂合谋，攻打齐王司马冏。先由司颙上书奏请废司马冏，随即司马乂带领一百多人急驰进宫，关闭宫门，以尊奉天子号令攻打大司马府，司马冏被杀，改年号为太安。）

【注释】

[1]皇甫商：安定朝那（今宁夏彭阳县）人，时任梁州刺史，后为司马乂左将军。传见《晋书》卷六十。［2］李含：河间王司马颙长史。传见《晋书》卷六十。不平：不和睦，有怨隙。［3］翊（yì）军校尉：武官名号，大驾出行时，与北军五校尉并行护驾。［4］夏侯奭（shì）：司马冏的参军。［5］含心不自安：李含本司马颙的长史，被司马冏征召为翊军校尉，心里很不安。司马颙依附司马伦及杀害夏侯奭事，见前文永宁元年（301）。［6］受密诏：接受了皇帝司马衷的秘密诏令。［7］至亲：成都王司马颖是皇帝的亲弟弟。［8］越亲：越过皇上的亲弟弟司马颖。［9］侧目：用恐惧愤怒的眼光看着他。［10］檄长沙王：给长沙王司马乂下令。檄（xí），发文告。［11］除逼建亲：除去对皇位有威胁的人而以至亲辅政。逼，逼宫，指威胁皇位的大司马司马冏。［12］范阳王虓（xiāo）：即司马虓，字武会，司马懿四弟东武城侯司马馗之孙。传见《晋书》卷三十七。［13］勒兵：统兵。［14］废冏还第：罢夺司马冏的职权，让他回家。［15］张方：时任振武将军。趋：奔赴。［16］丁卯：十二月二十二日。［17］首唱义兵：指首先发难讨伐赵王司马伦。唱，通“倡”，倡议，发动。［18］信著神明：信义为神明所见。［19］二王：指河间王司马颙与成都王司马颖。［20］勋业诚大：功劳业绩固然很大。［21］赏不及劳：有些有功劳的人至今尚未得到封赏。［22］以王就第：辞去朝廷职务，以王爵的身份返回府第。［23］委权崇让：把大权交出去，以表明自己的礼让。［24］庶：几乎，差不多。［25］葛旟（yú）：大司马司马冏的铁杆属下，严词反对司马冏交出权柄。［26］三台纳言：指尚书台、御史台、谒者台，以及各位言官。［27］不恤（xù）王事：不关心、不考虑国家大事。［28］赏报稽缓：奖赏功臣的事情拖延、迟缓。赏报，封赏，酬谢。稽，停留，迟延。［29］责不在府：责任不在齐王司马冏府。［30］虚承伪书：凭空根据一份伪造的诏书。［31］遽（jù）：急速，匆忙。［32］震悚：震骇，惶恐。［33］戎伪药发堕厕：王戎假装寒石散的药性发作，掉到了茅坑里。［34］阴盘：晋县名，

县治在今陕西西安市临潼区东。［35］新安：晋郡名，郡治在今河南渑池县东。［36］奉天子：打着皇帝的旗号。奉，簇拥，实即“挟持”。［37］千秋神武门：洛阳皇宫的西门。［38］驺虞幡：指绘有驺虞图形的旗帜，用以传旨解兵。唱：大声呼喊。［39］长沙王乂矫诏：长沙王司马乂假传圣旨。［40］属天：连天，通天，照耀天空。属（zhǔ），连。［41］上东门：洛阳皇城的城门名，也叫“建春门”。洛阳共有十二个城门。东面三门，靠北的叫“上东门”。［42］相枕：相枕藉，死人纵横相枕而倒。［43］大司马长史：大司马府的最高僚属。赵渊：西晋官员，曾为大司马司马冏长史。何勖：原与司马冏同起兵讨伐赵王伦，司马冏当政时为中领军。［44］恻然：内心怜悯的样子。［45］叱（chì）：大声呵斥。左右：指身边的人。趣牵出：赶紧拉出去。趣（cù），同“促”，赶快。［46］阊阖门：洛阳城皇宫的正门。“八王之乱”的第四王结束。司马冏于永宁元年（301）三月起事，到本年（302）十二月被杀，当权一年零十个月。［47］徇（xùn）首六军：将司马冏的人头徇示各军。徇，对众宣示。［48］北海王寔：即司马寔，字景深，齐献王司马攸的儿子。初为长乐亭侯，改封北海王。［49］改元：此前为永宁二年，从此改称“太安元年”。［50］陈留王：指曹奂（huàn），字景明，是曹魏的最后一位皇帝，晋受魏禅之后，封魏帝曹奂为陈留王。［51］魏元皇帝：曹奂在陈留封国去世，享年五十八岁，晋朝为他上谥号“元皇帝”，后人称为“魏元帝”。

鲜卑宇文单于莫圭[1]部众强盛，遣其弟屈云攻慕容廆[2]，廆击其别帅素怒延[3]，破之。素怒延耻之，复发兵十万，围廆于棘城[4]。廆众皆惧，廆曰：“素怒延兵虽多而无法制，已在吾算中矣，诸君但为力战，无所忧也！”遂出击，大破之，追奔百里，俘斩万计。

辽东孟晖[5]，先没于宇文部[6]，帅其众数千家降于廆，廆以为建威将军。廆以其臣慕舆句勤恪廉靖[7]，使掌府库；句心计默识[8]，不按簿书[9]，始终无漏。以慕舆河明敏精审[10]，使典狱讼[11]，覆讯清允[12]。

（以上为第十一段，写鲜卑首领宇文莫圭派兵攻打慕容廆，慕容廆打败偏师素怒延，消灭敌兵数以万计；慕容廆的势力逐渐强大起来，孟晖前来投奔，得到重用。）

【注释】

［1］鲜卑宇文单于：鲜卑族宇文部落的首领。莫圭：即宇文莫圭，宇文丘不勤之子。匈奴族后裔，在位时完成地区统一，称单于，在辽东诸部中最为强盛。晋太安年间，莫圭曾出兵进攻慕容廆失败，但当时其部众仍然十分强盛，塞外诸部对他也有畏惮之心。［2］慕容廆（guī）：字若洛廆，前燕政权建立者慕容皝之父，迁都大棘城，自称鲜卑大单于，效忠于晋朝，封辽东郡公。当时活动在今辽宁西部及邻近的内蒙古东南部地区。传见《魏书》卷九十五。［3］素怒延：鲜卑宇文屈云

部将，据有今河北滦河、辽宁老哈河流域一带地区，攻打慕容廆，被打败，又发兵十万，将慕容廆包围在棘城（今辽宁义县西南）。但素怒延兵虽多而无法制，廆率军出击，大破素怒延军，追奔百里，俘斩万计。［4］棘城：古城名，在今辽宁义县西。［5］孟晖：西晋辽东人。［6］先没于宇文部：先被宇文部落所统辖、裹挟。没（mò），沦陷，陷入。［7］慕舆句：前燕太子太保，姓慕舆，名句，慕容氏用他掌管府库。勤恪廉靖：勤劳谨慎，清廉稳重。［8］心计默识：长于心算，长于记忆。［9］不按簿书：不用翻看账簿。［10］慕舆河：人名，姓慕舆，名河。明敏精审：思维敏捷，考虑细密精确。［11］典狱讼：主管审理各种犯罪与诉讼案件。［12］覆讯：复审案件。清允：清平、公正。

【点评】

癫狂权谋家司马伦。司马伦是司马懿的第九个儿子，是惠帝司马衷的叔祖父，晋朝建立，他被封为琅邪王，后改封为赵王。他是八王之乱中比较特别的一个，成功地铲除了皇后贾南风的势力集团。

司马伦用阴谋的手段，怂恿贾南风害死太子司马遹。当时，司马伦是太子太傅，经常讨好贾南风，为贾南风所信任，掌握了守卫皇宫的禁军。贾南风废掉太子后，他就想要推翻贾南风，剪除她的党羽。司马伦听从孙秀的诡计，怂恿、听任贾南风杀掉太子，然后再向贾南风发难。可以说司马伦是晋朝走向毁灭的罪魁祸首。

司马伦灭掉贾南风后，自封为大都督、相国。惠帝司马衷根本没有能力治理国家，司马伦大权在握后，为所欲为，大兴馆舍，任意封官，在府中接受百官朝拜。司马伦的所作所为，都是他的部下孙秀的主意。后来实权落在孙秀手上。史书上记载司马伦平素才能平庸，没有智慧计策，开始被孙秀哄骗，后来又为孙秀所制，以至于孙秀的威权显扬于朝廷，天下都侍奉孙秀而无求于司马伦。

卷八五　晋纪七

晋惠帝太安二年至永兴元年（303—304年）

【起昭阳大渊献（癸亥，303年），尽阏逢困敦（甲子，304年），凡二年】

【大事提要】

本卷记事起公元303年，讫公元304年，凡二年，当晋惠帝太安二年至永兴元年。本卷所载大事，主要是五个方面：其一，李雄为成都王。公元303年，李特在蜀地起兵后，军势甚盛，自立建初年号；又准备渡江袭击益州刺史罗尚。罗尚聚保太城，遣使求和。蜀地百姓相聚为坞，纷纷投靠李特。李特后被偷袭，被杀。其儿子李雄成为新的流民首领，占据成都，称为成都王，改元建兴。其二，五苓夷反晋。建宁世家大族李睿、毛诜驱逐了建宁太守许俊，起兵响应流民首领李特。南夷校尉李毅攻打他们，杀死毛诜，升为宁州刺史；李睿投奔五苓夷人的统帅于陵丞。于陵丞于公元303年率领诸夷进攻李毅，直逼宁州城，予以围困，斩杀李毅。其三，司马乂被杀。公元303年，齐王司马冏谢幕后，才力绝人的司马乂入掌朝柄。河间王司马颙、成都王司马颖联手率领20多万大军攻打司马乂，围困洛阳城。司马乂奉惠帝之命兴兵迎击，双方连战了几个月，洛阳城被攻下，司马乂被烧死。时年28岁。其四，司马颙独揽朝政。公元304年，长沙王司马乂被消灭，司马颖被立为皇太弟。东海王司马越兴兵，挟持惠帝进攻邺城，被打败，与其弟司马腾勾结异族势力，打败司马颖，挟持司马衷逃到洛阳。洛阳由司马颙部将张方控制，司马颙又当起“二皇帝”。其五，刘渊称王。公元304年，匈奴首领冒顿单于之后、南匈奴单于於扶罗之孙、左贤王刘豹之子刘渊，趁八王之乱时诸王互相攻打，而晋朝内乱，无暇国事，便在并州自立，称为汉王，建立汉国，建年号为元熙，是趁势率先建立的影响力较大的少数民族政权。

孝惠皇帝中之下

太安二年（癸亥，303 年）

春，正月，李特潜渡江击罗尚[1]，水上军[2]皆散走。蜀郡太守徐俭以少城降[3]，特入据之，惟取马以供军，余无侵掠；赦其境内，改元建初[4]。罗尚保太城[5]，遣使求和于特。蜀民相聚为坞[6]者，皆送款于特，特遣使就抚之。以军中粮少，乃分六郡流民[7]于诸坞就食。李流言于特曰："诸坞新附，人心未固，宜质其大姓子弟[8]，聚兵自守，以备不虞[9]。"又与特司马上官惇书曰："纳降如受敌[10]，不可易[11]也。"前将军雄[12]亦以为言。特怒曰："大事已定，但当安民，何为更逆加疑忌[13]，使之离叛乎！"

朝廷遣荆州刺史宗岱[14]、建平太守孙阜[15]帅水军三万以救罗尚。岱以阜为前锋，进逼德阳[16]，特遣李荡及蜀郡太守李璜[17]就德阳太守任臧[18]共拒之。岱、阜军势甚盛，诸坞皆有贰志[19]。益州兵曹从事蜀郡任睿[20]言于尚曰："李特散众就食，骄怠无备，此天亡之时也。宜密约诸坞，刻期同发[21]，内外击之，破之必矣！"尚使睿夜缒出城[22]，宣旨[23]于诸坞，期以二月十日同击特。睿因诣特诈降[24]，特问城中虚实，睿曰："粮储将尽，但余货帛[25]耳。"睿求出省家[26]，特许之，遂还报尚。

二月，尚遣兵掩袭[27]特营，诸坞皆应之，特兵大败，斩特及李辅、李远[28]，皆焚尸，传首洛阳，流民大惧。李流、李荡、李雄收余众还保赤祖[29]。流[30]自称大将军、大都督、益州牧，保东营，荡、雄保北营，孙阜破德阳，获骞硕[31]，任臧退屯涪陵。

三月，罗尚遣督护何冲、常深[32]攻李流，涪陵民药绅[33]亦起兵攻流。流与李骧[34]拒深，使李荡、李雄拒绅[35]，何冲乘虚攻北营，氐苻成、隗伯[36]在营中，叛应之。荡母罗氏擐甲拒战[37]，伯手刃伤其目，罗氏气益壮；会流等破深、绅，引兵还，与冲战，大破之。成、伯率其党突出诣尚。流等乘胜进抵成都，尚复闭城自守。荡驰马逐北[38]，中矛而死。

朝廷遣侍中刘沈[39]假节统罗尚、许雄等军，讨李流。行至长安，河间王颙留沈为军师，遣席薳[40]代之。

李流以李特、李荡继死，宗岱、孙阜将至，甚惧。李含[41]劝流降，流从之；李骧、李雄迭谏[42]，不纳。夏，五月，流遣其子世及含子胡为质于阜军[43]；胡兄离为梓潼太守[44]，闻之，自郡驰还[45]，欲谏不及。退，与雄谋袭阜军，雄曰："为今计，当如是[46]，而二翁不从[47]，奈何？"离曰："当劫之[48]耳！"雄大喜，乃共说流民曰："吾属前已残暴蜀民，今一旦束手[49]，便为鱼肉，惟有同心袭阜以取富贵耳！"众皆从之。雄遂与离袭击阜军，大破之。会宗岱卒于垫江[50]，荆州军遂退。流甚惭，由是奇雄才，军事悉以任之。

（以上为第一段，写晋朝平西将军罗尚率军出其不意地攻打并杀死四川流民首领李特，取得了阶段性胜利，而李特之子李雄又将晋军打败，成为新一任的流民首领。）

【注释】

[1]渡江：指渡郫江。郫江自西北流来，由成都城北南折入岷江。罗尚：字敬之，时任西晋益州刺史。传见《晋书》卷五十七。 [2]水上军：驻扎在郫水南岸的防守部队。 [3]徐俭：西晋官员，曾为蜀郡太守。少城：古城名，位于今四川成都市老城区西部。 [4]改元建初：此时李特虽尚未称王，实际上已自成一统。 [5]太城：古城名，益州州府所在地，在今四川成都市东部。 [6]相聚为坞：集中居住在一起，周围构筑堡垒。坞（wù），防守用的小堡。 [7]六郡：指陇西、天水、安定、北地、上郡、西河六郡。流民：指因受灾而流亡外地的人。 [8]质其大姓子弟：让他们那里的世家强族的子弟出来作人质。大姓，指豪门大族。 [9]不虞：不测，突然事变。 [10]纳降如受敌：接受投降的敌人应当像对敌人开战一样提高警惕。受敌，受到敌人攻击。 [11]不可易：不可以掉以轻心。易，轻视。 [12]前将军雄：即李特弟三子李雄。 [13]逆加疑忌：平白无故地事先怀疑人家。逆，预，事先。疑忌，怀疑，猜忌。 [14]荆州：州治江陵，在今湖北荆州市江陵城。宗岱：西晋荆州刺史，率军入益州援救被李特流民攻击的益州刺史罗尚，里应外合，击破李特，李特身死。 [15]建平：晋郡名，郡治在今重庆市巫山县。孙阜：西晋建平太守。 [16]德阳：晋县名，故城在今四川遂宁市东南。 [17]李荡：字仲平，李特次子。李璜：流民首领李特所任命的蜀郡太守。 [18]德阳太守：德阳，原是广汉郡中的一个县，李特将德阳一带升为郡。任臧：流民首领李特所任命的德阳太守。 [19]诸坞皆有贰志：本已投靠李特的各坞百姓又都转过来想投靠朝廷派来的宗岱、孙阜等。贰志，二心，两边观望。贰，同"二"。[20]兵曹从事：亦称兵曹参军，官名，刺史的高级佐官。任睿：《晋书·载记》作"任明"，《罗尚

传》作“任锐”，时为益州兵曹从事。［21］刻期同发：约定日期，同时动手。［22］夜缒（zhuì）出城：夜间用绳索将人从城上送下来。［23］宣旨：传达益州刺史罗尚的意思。［24］因：于是，随后。诣：到，前往。诈降：假装投降，刺探情况。［25］但余货帛：就剩下钱啦。货帛，钱币，布帛。［26］省家：探看家人。［27］掩袭：偷袭，突然发起攻击。［28］李辅：成汉奠基者李特兄长，起于流民行伍之间，与李特、李流成为入川氐族流民领袖。太安二年（303）被罗尚击败，与李特同时被杀。李远：成汉奠基者李特的部将。［29］李流：原文无，据章校补。赤祖：地名，在今四川绵竹市东南。［30］流：李流，李特的四弟。［31］获：俘获。蹇（jiàn）硕：西晋人，李特部众的首领。［32］督护：官名，将军帐下的属官。何冲、常深：西晋官员，曾为督护。［33］药绅：西晋人，姓药，名绅。［34］李骧（xiāng）：字元龙，李特之弟。［35］拒深，使李荡、李雄拒绅：“拒”与“绅”中间七字“深，使李荡、李雄拒”，原本无，据章校补，有的版本有此七字，意即李流与李骧拒常深，让李荡、李雄拒药绅。［36］氐（dī）：中国古代西部的一个民族，分布在今四川、甘肃、青海等省的交界处。苻（fú）成、隗（wěi）伯：西晋氐族人名。［37］擐（huàn）甲：身披铠甲。拒战：抵御，抗击。［38］逐北：追击败逃的敌人。北，同“背”。［39］刘沈：字道真，燕国蓟县（今天津市蓟州区）人，西晋将领，以侍中、假节的职守奉诏，统领益梁两州军讨伐李流。行军路过长安，被河间王司马颙留为军师，不久兼任雍州刺史。后兵败遇害。传见《晋书》八十九。［40］席薳（wěi）：西晋官员，曾代替刘沈统领罗尚、许雄等益州、梁州的军队攻打四川流民首领李流。［41］李含：四川流民首领李特妹夫。［42］迭谏：轮番劝阻。［43］世：即李世，四川流民首领李流之子。胡：即李胡，四川流民首领李特妹夫李含之子。［44］离：即李离，四川流民首领李特妹夫李含之子，曾为梓潼太守。梓潼：晋郡名，郡治在今四川梓潼县。［45］驰还：指飞驰回到李流之处。［46］当如是：理应如此，指袭击孙阜的军队。［47］二翁不从：两位老人家不同意。二翁，指李流、李含。李流，是李雄的叔叔；李含，是李雄的姑父。［48］劫之：用武力强迫他们。［49］束手：指缴械投降。［50］垫江：晋县名，县治在今重庆市合川区。

新野庄王歆[1]，为政严急，失蛮夷心，义阳蛮张昌[2]聚党数千人，欲为乱。荆州以壬午诏书[3]发武勇赴益州讨李流，号“壬午兵”。民惮远征，皆不欲行。诏书督遣严急[4]，所经之界停留五日者，二千石[5]免官。由是郡县官长皆亲出驱逐[6]。展转不远[7]，辄复屯聚[8]为群盗。时江夏大稔[9]，民就食者[10]数千口。张昌因之诳惑[11]百姓，更姓名曰“李辰”，募众于安陆石岩山[12]，诸流民及避戍役[13]者多从之。太守弓钦[14]遣兵讨之，不胜。昌遂攻郡[15]，钦兵败，与部将朱伺奔武昌[16]。歆遣骑督靳满[17]讨之，满复败走。

昌遂据江夏，造妖言云：“当有圣人出为民主[18]。”得山都县吏丘沈[19]，更其姓名曰“刘尼”，诈云汉后[20]，奉以为天子，曰：“此圣人也。”昌自为相国，诈作凤皇、玉玺之瑞[21]，建元神凤[22]；郊祀、服色[23]，悉依汉故事[24]。有不应募[25]者，族诛之，士民莫敢不从。又流言：“江、淮已南[26]皆反，官军大起[27]，当悉诛之。”互相扇动[28]，人情惶惧[29]，江、沔间所在起兵[30]以应昌，旬月间众至三万，皆著绛帽[31]，以马尾作髯[32]。诏遣监军华宏讨之，败于障山[33]。

歆上言：“妖贼犬羊[34]万计，绛头毛面，挑刀走戟[35]，其锋[36]不可当。请台敕诸军三道救助[37]。”朝廷以屯骑校尉刘乔[38]为豫州刺史，宁朔将军沛国刘弘[39]为荆州刺史。又诏河间王颙遣雍州刺史刘沈[40]，将州兵万人并征西府五千人出蓝田关[41]以讨昌。颙不奉诏，沈自领州兵至蓝田，颙又逼夺其众。于是[42]，刘乔屯汝南[43]，刘弘及前将军赵骧、平南将军羊伊屯宛[44]。昌遣其将黄林[45]帅二万人向豫州，刘乔击却之。

初，歆与齐王冏善，冏败，歆惧，自结于大将军颖。及张昌作乱，歆表请讨之[46]。时长沙王乂已与颖有隙，疑歆与颖连谋，不听[47]歆出兵，昌众日盛。从事中郎孙洵[48]谓歆曰：“公为岳牧[49]，受阃外之托[50]，拜表辄行[51]，有何不可！而使奸凶滋蔓[52]，祸衅不测[53]，岂藩翰王室[54]、镇静方夏[55]之义乎！”歆将出兵，王绥[56]曰：“昌等小贼，偏裨[57]自足制之，何必违诏命，亲矢石[58]也！”昌至樊城[59]，歆乃出拒之，众溃，为昌所杀。诏以刘弘代歆为镇南将军，都督荆州诸军事。

六月，弘以南蛮长史陶侃为大都护[60]，参军蒯恒为义军督护[61]，牙门将皮初为都战帅[62]，进据襄阳[63]。张昌并军围宛，败赵骧军，杀羊伊。刘弘退屯梁[64]，昌进攻襄阳，不克。

（以上为第二段，写新野王司马歆处理政事严厉、急躁，失去蛮夷信任，义阳夷张昌率众起义，朝廷调兵攻打，而司马氏诸王钩心斗角，人心不齐，张昌的势力发展壮大。）

【注释】

[1]新野庄王歆（xīn）：即司马歆，字弘舒，司马懿之孙，封新野王，谥号“庄”。 [2]义阳：封国名，封地义阳郡，都城在今河南新野县。蛮：古代对南方少数民族之称。张昌：义阳人，出身于汉化的蛮族，武力过人，好论攻战，年轻时曾为平氏县吏。他谎称自己接受朝廷的命令，招募士兵讨伐四川流民首领李流，趁机造反，盘踞州县，声势颇大，被打败，斩杀。传见《晋书》卷一百。 [3]壬午诏书：指正月八日所颁发的命令，内容是让荆州刺史发兵救援成都的危急。壬午，正月八日。 [4]督遣严急：催促火速进兵。严急，严格而又急迫。 [5]二千石：指郡太守一级的官员。 [6]亲出驱逐：地方长官亲自出城驱赶着赴蜀的士兵快走，不要停留。 [7]展转不远：没有走出多远。展转，即辗转，一处接一处被驱赶的样子。展，通“辗”。 [8]屯聚：聚集，聚众起事。 [9]江夏：晋郡名，郡治安陆，在今湖北云梦县。大稔（rěn）：获得了大丰收。稔，指庄稼成熟。 [10]民就食者：外地来江夏郡找食物吃的流民。 [11]诳（kuáng）惑：哄骗，迷惑。 [12]安陆石岩山：安陆县的石岩山，在当时的安陆县北，在今湖北安陆市南。 [13]避戍役：即逃避往征蜀地李流的兵役。 [14]弓钦：时为江夏郡太守。 [15]攻郡：攻打江夏郡城，即安陆县。 [16]朱伺：江夏太守弓钦的部将。武昌：晋郡名，郡治在今湖北鄂州市。 [17]骑督：官名，为督率骑兵的军官。靳（jìn）满：江夏郡的骑兵长官。 [18]出为民主：出来成为百姓的新主子。 [19]山都：晋县名，县治在今湖北襄阳市西北。丘沈：变民领袖之一，本为山都县吏，被张昌找出，改名刘尼，假托为汉朝皇室后裔，并拥立其为帝，建年号为神凤。 [20]汉后：汉朝皇室的后裔。 [21]诈作凤皇、玉玺之瑞：编造谎言，说附近某地来了“凤凰”，自己得了“玉玺”，说这是该出帝王的征兆。凤皇，同“凤凰”，古代传说中的百鸟之王，雄为“凤”，雌为“凰”，常用来象征祥瑞。 [22]建元神凤：指张昌建立年号称“神凤”。 [23]郊祀：帝王在城外祭祀天地的大典。服色：御用车马以及朝会冠冕的颜色等等。 [24]悉依汉故事：都依照汉王朝原有的规定。 [25]不应募：不应征参加张昌、刘尼的军队。 [26]已南：即以南。已，同“以”。 [27]官军大起：朝廷的军队大量派出来。 [28]扇动：煽动，鼓动。 [29]惶惧：惊慌，恐惧。 [30]江、沔间：长江、沔水一带。沔水，在今汉水。所在起兵：遍地起兵。 [31]皆著绛（jiàng）帽：都戴着深红色的帽子。 [32]作髯：弄成假胡须，这里指戴着假胡须。 [33]败于障山：华宏被张昌打败于障山。障山，山名，在今湖北安陆市东。 [34]妖贼犬羊：是说张昌率领的叛民如同犬羊。 [35]挑刀走戟：舞刀弄戟。 [36]锋：势头，锐气。 [37]请台敕诸军：请求朝廷派出征讨大军。台，台省，代指朝廷。敕，敕令，命令。三道救助：即三路救援部队，攻打叛军。 [38]刘乔：传见《晋书》卷六十一。 [39]刘弘：传见《晋书》卷六十六。 [40]刘沈：西晋雍州刺史。 [41]征西府：征西将军府，时司马颙为征西将军。蓝田关：关名，故址在今陕西蓝田县东南，自古为关中往南阳一带的交通要隘。 [42]于是：此时，当时。 [43]汝南：晋郡名，郡治在今河南平舆县北。 [44]赵骧：时任前将军。羊伊：泰山南城人，羊发之子，西晋平南将军、都督江北诸军事，为张昌所杀，追赠镇南将军。宛（yuān）：晋县名，县治在今河南南阳市。

[45]黄林：叛军首领张昌的将领。［46］歆表请讨之：司马歆上表请求讨伐张昌。［47］不听：不让，不允许。［48］从事中郎：官名，将军府中的军事参谋。孙洵（xún）：太原中都（今山西平遥县）人，史学家孙盛之父，时为司马歆将军府的从事中郎。传见《晋书》卷三十八。［49］岳牧：古代有“四岳”“十二牧”，各自分掌一个地区的封国，后来即用以代指专断一方的方面大员。［50］受阃外之托：有带兵在外的临事制宜、先斩后奏之权。阃（kǔn）外，城门之外。《史记·张释之冯唐列传》曰：“上古王者之遣将也，跪而推毂曰：‘阃以内者，寡人制之；阃以外者，将军制之。’”［51］拜表辄行：上表以后就可以立即行动，不等批准。辄，立即，就。［52］而使奸凶滋蔓：如果让张昌的势力发展起来。而，如果。滋蔓，发展，蔓延。［53］祸衅不测：造成难以预料的恶果。衅（xìn），祸患，祸乱。［54］藩翰王室：即保卫皇家，作为国家的屏障、骨干。翰，通“捍”，捍卫，护卫。［55］镇静方夏：保障四海的稳定、安宁。镇静，安定，安宁。方夏，四方与中夏，即指整个国家。［56］王绥（suí）：又名王万，琅邪临沂人，王戎之子，西晋官员。［57］偏裨：偏将，小将。［58］亲矢石：亲自冒着乱箭飞石向前进攻。［59］樊城：地名，在今湖北襄阳市的汉水以北部分。［60］南蛮长史：官名，掌管荆州少数民族事务的南蛮校尉的长史。陶侃：字士行，庐江寻阳（今江西九江市）人，时任南蛮长史，后为东晋名将。传见《晋书》卷六十六。大都护：州中诸将的统领。［61］蒯恒：西晋地方官员。义军督护：当地民兵的统领官。［62］牙门将：镇南将军府的副将。皮初：西晋低级将领。都战帅：官名，督军首领。［63］襄阳：晋郡名，郡治在今湖北襄阳市。［64］梁：晋县名，县治在今河南汝州市西。

李雄攻杀汶山太守陈图[1]，遂取郫城[2]。

秋，七月，李流徙屯郫。蜀民皆保险结坞[3]，或南入宁州[4]，或东下荆州，城邑皆空，野无烟火[5]，流虏掠[6]无所得，士众饥乏。唯涪陵[7]千余家，依青城山处士范长生[8]；平西参军涪陵徐轝[9]说罗尚，求为汶山太守，邀结[10]长生，与共讨流。尚不许，轝怒，出降于流，流以轝为安西将军。轝说长生，使资给[11]流军粮，长生从之，流军由是复振。

初，李含以长沙王乂微弱，必为齐王冏所杀，因欲以为冏罪而讨之，遂废帝，立大将军颖，以河间王颙为宰相，己得用事。既而冏为乂所杀[12]，颖、颙犹守藩[13]，不如所谋[14]。颖恃功骄奢，百度弛废[15]，甚于冏时；犹嫌乂在内[16]，不得逞其欲[17]，欲去之。时皇甫商[18]复为乂参军，商兄重为秦州刺史[19]。含说颙曰：“商为乂所任，重终不为人用[20]，宜早除之[21]。可表迁重为内职[22]，因其过长安执之[23]。”重知之，露檄上尚书[24]，发陇上兵[25]以讨含。乂以兵方少息[26]，遣使诏重罢兵，征含为河南尹[27]。含就征而重不奉诏[28]，颙遣金城太守游楷[29]、陇西太守韩稚等合四郡兵攻之[30]。颙密使含与侍中冯荪[31]、中书令卞粹谋杀乂。皇甫商以告乂，收[32]含、荪、粹，杀之。骠骑从事琅邪诸葛玫[33]、前司徒长史武邑牵秀[34]皆出奔邺[35]。

（以上为第三段，写蜀地流民首领李流进入益州郫城，得到隐士范长生的资助，重新振作起来；司马诸王又起内讧，成都王司马颖、河间王司马颙欲除去长沙王司马乂，双方大打出手。）

【注释】

[1]汶山：晋郡名，郡治在今四川茂县北。陈图：西晋汶山太守，被流民首领李雄攻杀。[2]郫（pí）城：县名，在今四川成都市西北，为成都市郫都区。[3]保险结坞：据守险要，构筑村落堡垒。[4]宁州：晋州名，州治味县，在今云南曲靖市，辖境约当今云南大部和与之邻近的贵州、广西一带地区。[5]野无烟火：原野上见不到炊烟、灯火。[6]虏掠：抢劫，掠夺。虏，通“掳”，掳掠。[7]涪（fú）陵：此指涪县，在今四川绵阳市东北。[8]青城山：山名，在今四川都江堰市境内，是道教圣地。处士：隐士。范长生：一名延元，又名九重，字元。涪陵丹心（今重庆市黔江区）人，“蜀之八仙”之一，天师道首领。出任大成政权丞相，被封为“四时八节天地太师”。传见《十六国春秋》卷八十。[9]徐轝（yú）：西晋人，《华阳国志》作“徐舆”，平西将军罗尚的参军，反叛，参与四川流民组织。[10]邀结：邀请，结好。[11]资给：供给，供应。[12]冏为乂（yì）所杀：太安元年（302）十二月，长沙王司马乂发兵攻杀司马冏。[13]颖、颙犹守藩：指成都王司马颖、河间王司马颙，仍然各自镇守在自己的封地上。[14]不如所谋：主语是李含，意即不像原来谋划的那样。[15]百度：犹言“百务”，指朝廷的各种政务。弛废：松弛，荒废。[16]在内：在朝廷内。时司马乂在朝廷处理政务。[17]不得逞其欲：主语仍是李含，意即不能施展他的才能，实现他的谋略。[18]皇甫商：安定朝那（今宁夏彭阳县）人，原为齐王司马冏参军。后为长沙王司马乂左将军、河东太守，被张方击杀。传见《晋书》卷六十。[19]重：即皇甫重，字伦叔，皇甫商之兄，西晋秦州刺史，被河间王司马颙所攻，被杀。传见《晋书》卷六十。秦州：州名，统陇西、南安、天水、略阳、武都、阴平等郡，州治冀县，在今甘肃甘谷县东。[20]不为人用：指皇甫重不为司马颙所用。[21]宜早除之：皇甫商与李含不和睦，故出馊主意损之。此为借刀杀人之计。[22]表迁重为内职：上表请求把皇甫重调回朝廷。[23]因其过长安执之：趁他路过长安的时候，将其逮捕。执，拘捕。[24]露檄上尚书：给尚书省发出了一封不缄口的檄文。露檄，犹如今之所谓“公开信”，实际上把李含与司马颙的阴谋暴露出来了。[25]陇上兵：即皇甫重统辖的秦州六郡之兵。陇上，指今陇山以西的甘肃东部一带地

区。［26］少息：即暂停，稍稍平息。少，同“稍”，渐渐。［27］征含：调动李含的职务。河南尹：首都洛阳所在郡的行政长官。［28］就征：李含服从调动。不奉诏：皇甫重不服从诏令。［29］金城：晋郡名，郡治榆中，在今甘肃兰州市东。游楷：时任金城郡太守，与河间王司马颙为一党。［30］陇西：郡名，郡治襄武，在今甘肃陇西县南。韩稚：陇西太守，“八王之乱”间，曾杀秦州刺史张辅。［31］冯荪（sūn）：时为侍中。河间王司马颙秘密派遣李含与冯荪、中书令卞粹谋杀长沙王司马乂，皇甫商得知后告诉司马乂，被司马乂拘捕，并杀之。［32］收：拘捕。［33］诸葛玫：字仁林，琅邪阳都（今山东沂南县）人，西晋大臣，时任骠骑将军司马乂的从事中郎、侍中、御史中丞。晋怀帝即位后，联合周穆等试图拥立清河王司马覃，为辅政大臣东海王司马越所杀。传见《晋书》卷七十。［34］牵秀：字成叔，武邑观津（今河北武邑县）人，曹魏雁门太守牵招之孙，曾为前司徒太戎的长史。传见《晋书》卷六十。［35］邺：即邺城，古代著名都城，在今河北临漳县城西南。

张昌党石冰寇扬州[1]，败刺史陈徽，诸郡尽没，又攻破江州[2]；别将陈贞[3]攻武陵、零陵、豫章、武昌、长沙[4]，皆陷[5]之，临淮人封云[6]起兵寇徐州以应冰。于是，荆、江、徐、扬、豫五州之境，多为昌所据。昌更置牧守[7]，皆桀盗[8]小人，专以劫掠[9]为务。

刘弘遣陶侃等攻昌于竟陵[10]，刘乔遣其将李杨等向江夏[11]。侃等屡与昌战，大破之，前后斩首数万级，昌逃于下俊山[12]，其众悉降。

初，陶侃少孤贫，为郡督邮[13]，长沙太守万嗣过庐江，见而异之，命其子结友而去。后察孝廉[14]，至洛阳，豫章国郎中令杨晫[15]荐之于顾荣[16]，侃由是知名。既克张昌，刘弘谓侃曰：“吾昔为羊公参军[17]，谓吾后当居身处[18]。今观卿，必继老夫[19]矣。”

弘之退屯于梁[20]也，征南将军范阳王虓[21]遣前长水校尉张奕领荆州[22]。弘至，奕不受代[23]，举兵拒弘；弘讨奕，斩之。时荆部守宰[24]多缺，弘请补选，诏许之。弘叙功铨德[25]，随才授任[26]，人皆服其公当。弘表皮初补襄阳太守，朝廷以初虽有功而望浅[27]，更以弘婿前东平太守夏侯陟[28]为襄阳太守。弘下教[29]曰：“夫治一国者，宜以一国为心[30]，必若亲姻[31]然后可用，则荆州十郡[32]，安得十女婿然后为政哉！”乃表：“陟姻亲，旧制不得相监[33]；皮初之勋，宜见酬报[34]。”诏听之。弘于是劝课[35]农桑，宽刑省赋，公私给足[36]，百姓爱悦。

（以上为第四段，写晋朝名将善于为政的事迹，晋州刺史刘弘率领陶侃等人打败叛军，平定荆州；刘弘选用德才兼备的人才充实空缺，陶侃少有德行，又建立功勋，前途无量。）

【注释】

［1］石冰：西晋人，叛军首领张昌的党羽。寇：寇略，骚扰。扬州：州治建邺，在今江苏南京市。［2］江州：晋州名，州治豫章，在今江西南昌市。［3］陈贞：西晋人，叛军首领张昌的别将。［4］武陵、零陵、豫章、武昌、长沙：皆郡名，武陵，郡治临沅，在今湖南常德市西。零陵，郡治泉陵，在今湖南永州市零陵区。豫章，郡治在今江西南昌市。武昌，郡治在今湖北鄂州市。长沙，郡治临湘，在今湖南长沙市。［5］陷：攻破，攻下。［6］封云：西晋临淮人，曾起义以应叛军首领张昌党羽石冰。［7］更置牧守：重新任命各州、各郡的行政长官。更置，改派。牧，刺史。守，太守。［8］桀盗：大盗。［9］劫掠：抢劫，掳掠。［10］竟陵：晋郡名，郡治石城，在今湖北钟祥市北。［11］李杨：豫州刺史刘乔麾下将军。江夏：晋郡名，郡治安陆，在今湖北云梦县。李杨率兵由豫州（州治河南周口市淮阳区）向安陆县进军。［12］下俊山：山名，在今湖南沅陵县境内。［13］郡督邮：此指庐江郡的督邮。庐江，郡治舒城，在今安徽庐江县西南。［14］察孝廉：以“孝廉”的资格被举荐到朝廷。察，选送，保荐。［15］豫章国：晋惠帝司马衷之弟司马炽的封国。司马炽，即未来的晋怀帝。郎中令杨晫：杨晫是豫章国的郎中令，守卫王宫的长官。［16］顾荣：字彦先，吴郡吴县（今江苏苏州市）人，孙吴丞相顾雍之孙，西晋末年大臣，历任诸王僚属，封嘉兴伯。传见《晋书》卷六十八。［17］羊公：即晋初坐镇襄阳的大将羊祜（hù）。传见《晋书》卷三十四。参军：官名，军事参谋。［18］当居身处：谓刘弘会担当我羊祜现在的职务。身，羊祜自称。［19］必继老夫：刘弘用当年羊祜的话勉励陶侃，一定会接替我刘弘担任现在的职务。刘弘当时为镇南将军、都督荆州诸军事。［20］梁：即梁县，县治在今河南汝州市西南汝水之南。［21］范阳王虓（xiāo）：即司马虓，字武会，封范阳王。传见《晋书》卷三十七。［22］长水校尉：武官名，上属领军将军，秩比二千石。张奕（yì）：西晋官员，曾为长水校尉。领荆州：代理荆州刺史。荆州，州治在今湖北荆州市江陵城。［23］不受代：不交出荆州刺史的职权。［24］荆部守宰：荆州管区内的各郡、县长官。守宰，指地方长官。［25］叙功铨德：按功劳大小、品德高低。叙、铨（quán），都是比较、衡量的意思。［26］随才授任：依照才能委任官职。［27］望浅：资历、声望不够。［28］东平：郡名，郡治无盐，在今山东东平县东。夏侯陟（zhì）：西晋官员，荆州刺史刘弘的女婿，时为东平郡太守。［29］下教：下令。教，指王公大官给下属下达的谕令。［30］以一国为心：意即应当考虑全国的利益。一国，整个国家。［31］亲姻：由婚姻关系结成的亲属。［32］荆州十郡：据《晋志》，荆州统二十二郡，时已分桂阳、武昌、安成三郡属江州，尚统十九郡；又分新城、魏兴、上庸三郡属梁州，尚统十六郡。至怀帝，分长沙、衡阳、湘东、零陵、邵陵、桂阳六郡属湘州，此时荆州犹统十一郡。此盖言当时缺守者十郡，并非

荆州就是十个郡。［33］旧制不得相监：按老规定，不能成为上下级关系。［34］宜见酬报：应该获得奖赏。见，被。［35］劝课：勉励督促。［36］公私给足：官府和百姓都富足起来。

河间王颙闻李含等死，即起兵讨长沙王乂。大将军颖上表请讨张昌，许之；闻昌已平，因欲与颙共攻乂。卢志谏曰："公前有大功而委权辞宠[1]，时望[2]美矣。今若顿军关外[3]，文服入朝[4]，此霸主之事[5]也。"参军魏郡邵续[6]曰："人之有兄弟，如左右手。明公欲当天下之敌而先去其一手[7]，可乎！"颖皆不从。

八月，颙、颖共表："乂论功不平，与右仆射羊玄之[8]、左将军皇甫商专擅朝政，杀害忠良[9]，请诛玄之、商，遣乂还国。"诏曰："颙敢举大兵，内向京辇，吾当亲率六军以诛奸逆。其以乂为太尉，都督中外诸军事以御之。"

颙以张方[10]为都督，将精兵七万，自函谷东趋洛阳[11]。颖引兵屯朝歌[12]，以平原内史陆机为前将军、前锋都督，督北中郎将王粹[13]、冠军将军牵秀、中护军石超[14]等军二十余万，南向洛阳。机以羁旅[15]事颖，一旦顿居诸将之右[16]，王粹等心皆不服。白沙督孙惠[17]，与机亲厚，劝机让都督于粹。机曰："彼将谓吾首鼠两端[18]，适所以速祸[19]也。"遂行，颖列军自朝歌至河桥[20]，鼓声闻数百里。

乙丑[21]，帝如十三里桥[22]。太尉乂使皇甫商将万余人拒张方于宜阳[23]。己巳[24]，帝还军宣武场[25]。庚午[26]，舍于石楼[27]。九月，丁丑[28]，屯于河桥。壬午[29]，张方袭皇甫商，败之。甲申[30]，帝军于芒山[31]。丁亥[32]，帝幸偃师[33]；辛卯[34]，舍于豆田[35]。

大将军颖进屯河南[36]，阻清水为垒[37]。癸巳[38]，羊玄之忧惧而卒，帝旋军城东[39]；丙申[40]，幸缑氏[41]，击牵秀，走之。大赦。张方入京城，大掠，死者万计。

（以上为第五段，写河间王司马颙、大将军司马颖与长沙王司马乂开战，二十多万人逼临洛阳，晋惠帝司马衷退而避之，司马颙的部将张方攻入洛阳，大肆抢掠，死者数万，惨不忍睹。）

【注释】

［1］委权辞宠：交出权力，谢绝恩宠。事见《资治通鉴》卷八十四晋惠帝永宁元年（301）。司马颖委权归藩。［2］时望：当时的名声、威望。［3］顿军关外：把军队驻扎在洛阳的城关之外。顿，驻扎。［4］文服入朝：身穿文官服饰进朝拜见皇帝。［5］霸主之事：古代齐桓公、晋文公一样的事业，指辅佐天子、号令诸侯。［6］邵续：字嗣祖，魏郡安阳人，曾为成都王司马颖的参军，后为平原乐安太守、右将军、冀州刺史，官至平北将军。后被后赵的石虎杀害。传见《晋书》卷六十二。［7］当：对付，应付。先去其一手：指司马颖欲除司马乂。司马颖与司马乂都是司马炎的儿子，而司马颙不过是疏远的族兄。［8］右仆射：官名，尚书令之副。羊玄之：字宏献，西晋外戚，晋惠帝皇后羊献容之父。传见《晋书》卷九十三。［9］杀害忠良：指杀掉李含等人。［10］张方：河间（今河北河间市）人，西晋名将。传见《晋书》卷六十。［11］函谷：此指函谷旧关，在今河南灵宝市东北。东趋：向东行进，奔赴洛阳。［12］朝歌：在今河南淇县。［13］督北中郎将：武官名，地位高于一般将领，西晋时多镇邺。王粹：字弘远，灭吴功臣王濬之孙，担任河北大都督，督北中郎将，后任魏郡太守。石勒攻打邺城，宁死不降，直到战死。传见《晋书》卷四十二。［14］石超：石苞之孙，成都王司马颖心腹战将，在与东海王司马越作战中战死。［15］羁旅：原指漂泊作客，此处指陆机是从东吴归降过来的人，没有任何根基。［16］顿居诸将之右：一下子居于众将领之上。［17］白沙督：防守白沙的武官。白沙，地名，在今河北临漳县东南。孙惠：字德施，时任成都王司马颖参军。［18］首鼠两端：形容瞻前顾后，意即在敌我之间脚踩两条船。［19］适所以速祸：更加促使大祸临头。适，正好。速祸，加速灾祸的降临。［20］河桥：即黄河上的富平津大桥，在今河南孟州市西南，洛阳市孟津区东北。［21］乙丑：八月二十四。［22］如十三里桥：到达十三里桥。十三里桥在洛阳城西，离城十三里，因以为名。［23］宜阳：晋县名，隶属于河南洛阳市，位于洛阳市西部。［24］己巳：八月二十八日。［25］宣武场：地名，在洛阳城北。［26］庚午：八月二十九日。［27］舍于石楼：住宿在石楼。石楼，在宣武场附近。［28］丁丑：九月六日。［29］壬午：原文作“壬子”。九月壬申朔，无壬子，据严衍《资治通鉴补》改。壬午，九月十一日。［30］甲申：九月十三日。［31］军于芒山：驻军在洛阳城北的芒山。［32］丁亥：九月十六日。［33］偃师：县名，县治在今河南洛阳市偃师区西北，地处洛阳城之东北。［34］辛卯：九月二十日。［35］豆田：地名，在洛阳城东。［36］河南：黄河之南。［37］阻清水为垒：依傍济水扎下营盘。清水，即济水，发源于河南济源市，在荥阳城北穿过黄河，东流入山东。垒，营垒，营盘。［38］癸巳：九月二十二日。［39］旋军城东：率军回到洛阳城东。旋军，回军。［40］丙申：九月二十五日。［41］幸：到达，敬称帝王驾临。缑（gōu）氏：县名，县城在今河南洛阳市偃师区东南。

李流疾笃，谓诸将曰：“骁骑仁明[1]，固足以济大事；然前军英武[2]，殆天所相[3]，可共受事[4]于前军。”流卒，众推李雄为大都督、大将军、益州牧，治郫城[5]。雄使武都朴泰绐罗尚[6]，使袭郫城，云已为内应。尚使隗伯[7]将兵攻郫，泰约举火为应，李骧伏兵于道，泰出长梯于外[8]。隗伯兵见火起，争缘[9]梯上，骧纵兵击，大破之。追奔，夜至城下[10]，诈称“万岁”，曰：“已得郫城矣！”入少城，尚乃觉之，退保太城。隗伯创甚[11]，雄生获之，赦不杀[12]。李骧攻犍为[13]，断尚运道[14]。获太守龚恢[15]，杀之。

石超进逼缑氏[16]。冬，十月，壬寅[17]，帝还宫。丁未[18]，败牵秀于东阳门外[19]。大将军颖遣将军马咸[20]助陆机。戊申[21]，太尉乂奉帝与机战于建春门[22]。乂司马王瑚使数千骑系戟于马[23]，以突咸阵，咸军乱，执而斩之。机军大败，赴七里涧[24]，死者如积，水为之不流。斩其大将贾崇等十六人，石超遁去。

初，宦人孟玖[25]有宠于大将军颖，玖欲用其父为邯郸令[26]，左长史卢志等皆不敢违，右司马陆云固执不许，曰：“此县，公府掾资[27]，岂有黄门[28]父居之邪！”玖深怨之。玖弟超[29]，领万人为小督，未战，纵兵大掠，陆机录其主者[30]；超将铁骑百余人直入机麾下[31]，夺之，顾谓机曰[32]：“貉奴[33]，能作督不[34]！”机司马吴郡孙拯[35]劝机杀之，机不能用。超宣言于众曰：“陆机将反。”又还书与玖[36]，言机持两端[37]，故军不速决。及战，超不受机节度，轻兵独进，败没[38]。玖疑机杀之，谮[39]之于颖曰：“机有二心于长沙[40]。”牵秀素谄事[41]玖，将军王阐、郝昌[42]、帐下督阳平公师藩[43]皆玖所引用，相与共证之。颖大怒，使秀将兵收机。参军事王彰[44]谏曰：“今日之举，强弱异势，庸人犹知必克[45]，况机之明达乎！但机吴人，殿下用之太过[46]，北土旧将皆疾之[47]耳。”颖不从。机闻秀至，释戎服[48]，著白帢[49]，与秀相见。为笺辞颖[50]，既而叹曰：“华亭鹤唳，可复闻乎[51]！”秀遂杀之。颖又收机弟清河内史云、平东祭酒耽及孙拯，皆下狱。

记室江统、陈留蔡克、颍川枣嵩[52]等上疏，以为：“陆机浅谋[53]致败，杀之可也。至于反逆，则众共知其不然。宜先检校[54]机反状，若有征验[55]，诛云等未晚也。”统等恳请不已，颖迟回[56]者三日。蔡克入，至颖前，叩头流血曰：“云为孟玖所怨，远近莫不闻；今果见杀，窃为明公惜之！”僚属随克入者数十人，流涕固请，颖恻然[57]，有宥云色[58]。

孟玖扶颖入，催令杀云、耽，夷机三族。狱吏考掠[59]孙拯数百，两踝骨见[60]，终言机冤。吏知拯义烈[61]，谓拯曰：“二陆之枉，谁不知之！君可不爱身乎[62]？”拯仰天叹曰：“陆君兄弟，世之奇士，吾蒙知爱[63]。今既不能救其死[64]，忍复从而诬之乎！”玖等知拯不可屈，乃令狱吏诈为拯辞[65]。颖既杀机，意常悔之，及见拯辞，大喜，谓玖等曰：“非卿之忠，不能穷此奸[66]。”遂夷拯三族。拯门人费慈、宰意[67]二人诣狱明拯冤，拯譬遣之[68]曰：“吾义不负二陆，死自吾分[69]；卿何为尔邪[70]！”曰：“君既不负二陆[71]，仆又安可负君！”固言拯冤，玖又杀之[72]。

（以上为第六段，写四川流民氐族首领李雄采用计谋，打败官军；成都王司马颖宠信宦官孟玖，前将军陆机被诬谋反，制造了惨绝人寰的冤案，二弟陆云、陆耽同时被害。）

【注释】

[1]骁骑：指李骧，李流之弟，时为骁骑将军。骁，勇猛，勇健。仁明：仁爱，明察。[2]前军：指李雄，李特的儿子，时为前将军。英武：英俊，勇武。[3]殆（dài）：大概，几乎。天所相：天之所助。[4]受事：犹言“听命”。[5]郫城：古城名，即郫县城，在今四川成都市郫都区。[6]朴泰：西晋武都郡人，四川流民首领李雄的部将。绐（dài）罗尚：欺骗益州刺史罗尚。[7]隗（wěi）伯：西晋氐族人名。[8]出长梯于外：从城上给城外放下长梯。[9]缘：攀缘，攀爬。[10]夜至城下：连夜追到成都城下。[11]创甚：受伤很重。[12]赦不杀：赦他不死。隗伯原本也是流民首领，前不久叛归罗尚。[13]犍为：晋郡名，郡治武阳，在今四川眉山市彭山区东、成都市南。[14]运道：运输物资的通道。[15]龚恢：西晋犍为太守，被四川流民首领李骧活捉。[16]缑（gōu）氏：县名，县城在今河南洛阳市偃师区东南。[17]壬寅：十月二日。[18]丁未：十月七日。[19]牵秀：为成都王司马颖的冠军将军。东阳门：洛阳城的中东门。[20]马咸：奉高县侯马隆的嗣子，西晋官员。为人骁勇，效命于成都王司马颖，后在八王之乱中被长沙王司马乂部将王瑚击败，战死。[21]戊申：十月八日。[22]奉帝：挟持晋惠帝。奉，拥戴，实乃劫持。建春门：洛阳城的上东门。[23]司马：官名，在军队中掌管军事。王瑚：长沙王司马乂的司马。陆机二十万大军兵临洛阳城下，王瑚有五千铁骑，在马两侧各系两把长长的大戟。打仗时插着大戟的骑兵一字排开冲到敌阵，敌人的兵器根本够不着马和人，只能挨打。结果两军交阵，王瑚的铁骑兵杀得陆机落花流水。系戟于马：在战马的两肋绑上长戟。[24]七里涧：地名，在河南洛阳市城东。[25]孟玖：为成都王司马颖所宠的宦官。陆云数言其

短，司马颖不纳，孟玖毁之，后陆云及兄陆机、弟陆耽皆无罪夷灭，天下痛惜之。后王澄告发其奸，被杀。［26］邯郸令：邯郸县的县令。邯郸县，在今河北邯郸市。［27］此县，公府掾资：意即在这个县当县令的，都是为下一步到三公府当大吏做准备的。［28］黄门：宦官的代名词。［29］超：即孟超，宦官孟玖之弟，受成都王司马颖命，领众佐陆机与长沙王司马乂战，不奉军令，陆机绳之以法，他反诬其欲反。后司马颖杀陆机兄弟等人。［30］录其主者：逮捕了其中的肇事主犯。［31］麾下：指大将的指挥所。［32］顾谓机曰：回头望着陆机说。顾，回顾，回头。［33］貉奴：骂人语，犹言“狗奴才”。貉，亦称“狗獾”，外形如狐，较短。［34］能作督不：看你还能当得成这都督吗？不（fǒu），同“否”。［35］孙拯：字显世，吴郡富春（今浙江杭州市富阳区）人，文士，仕吴时为黄门郎，入晋，曾任涿县令，为人正直，有政绩，为一代义士。传见《晋书》卷五十四。［36］还书与玖：给成都王司马颖身边的孟玖写回信。［37］持两端：脚踩两条船。［38］败没（mò）：战败死于敌军。［39］谮（zèn）：诬陷，馋毁。［40］有二心于长沙：指与长沙王司马乂相勾结。［41］谄（chǎn）事：逢迎，侍奉。［42］王阐、郝昌：成都王司马颖的部将，心术不正之人。［43］帐下督：将军府的佐官，因部队行军时住宿多居帐中，故称。公师藩：成都王司马颖的帐下督。［44］王彰：成都王司马颖府的参军事。［45］庸人：才能平庸的人。必克：一定能打败长沙王司马乂。［46］用之太过：过于重用。［47］北土旧将：旧日晋朝的将领。北土：与“吴”相对而言。疾之：嫉妒他。疾，通“嫉”。［48］释戎服：脱去军装。［49］著白帢：戴上文士的礼帽。帢（qià），帽子。［50］为笺辞颖：写了一封信，向司马颖告辞。［51］华亭鹤唳，可复闻乎：华亭谷的鹤叫声，还能听得到吗？这两句话是模仿李斯当年临死前对儿子所说的“吾欲与若复牵黄犬，俱出上蔡东门逐狡兔，岂可得乎？”感慨因为贪图名利而招致送命。华亭，地名，在今上海市松江区西，这里代指陆机的故乡。唳，高亢地鸣叫。［52］记室：即记室令史，将军府所设，负责撰写章表文檄。枣嵩：字台产，颍川长社人，枣据之子，王浚女婿，为王浚属将。［53］浅谋：即轻虑浅谋，考虑不全面，计划不周密。［54］检校：检查，核对。［55］征验：证据，事实根据。［56］迟回：迟疑，犹豫。［57］恻然：怜悯的样子。［58］有宥云色：脸上露出了想宽恕陆云的意思。宥，宽恕，原谅。［59］考掠：拷打。［60］两踝（huái）骨见：两脚的踝骨都露了出来。［61］义烈：大义凛然的意思。［62］君可不爱身乎：你怎么能够这么不爱护自己呢。可，怎能。［63］吾蒙知爱：我蒙受他的赏识与厚爱。［64］救其死：救他们的命。［65］诈为拯辞：伪造了孙拯的口供。诈，欺诈，伪造。［66］穷此奸：追查清楚这个奸贼的真相。穷，彻底查清。［67］费慈、宰意：西晋人，孙拯的门人。［68］譬遣之：劝导、打发他们回去。譬，明白，劝说。［69］死自吾分：死是我的本分。［70］卿何为尔邪：你们为什么要这样呢？邪，通“耶”。［71］二陆：陆机、陆云。［72］杀之：杀孙拯门人费慈、宰意二人。

太尉乂奉帝攻张方，方兵望见乘舆[1]，皆退走，方遂大败，死者五千余人。方退屯十三里桥，众惧，欲夜遁，方曰：“胜负兵家之常，善用兵者能因败为成[2]。今我更前作垒[3]，出其不意，此奇策也。”乃夜潜逼洛城[4]七里，筑垒数重，外引廪谷[5]以足军食。乂既战胜，以为方不足忧。闻方垒成，十一月，引兵攻之，不利。朝议以为乂、颖兄弟，可辞说而释[6]，乃使中书令王衍[7]等往说颖，令与乂分陕而居[8]，颖不从。乂因致书于颖，为陈利害，欲与之和解。颖复书：“请斩皇甫商等首，则引兵还邺。”乂不可。

颖进兵逼京师，张方决千金堨[9]，水碓皆涸[10]。乃发王公奴婢手舂给兵[11]，一品已下不从征[12]者，男子十三以上皆从役，又发奴助兵[13]；公私穷踧[14]，米石万钱。诏命所行[15]，一城[16]而已。骠骑主簿范阳祖逖[17]言于乂曰：“刘沈忠义果毅[18]，雍州兵力足制河间[19]，宜启上为诏与沈，使发兵袭颙。颙窘急，必召张方以自救，此良策也。”乂从之。沈奉诏驰檄四境[20]，诸郡多起兵应之。沈合七郡之众凡万余人，趣长安[21]。

乂又使皇甫商间行[22]，赍[23]帝手诏，命游楷[24]等罢兵，敕皇甫重进军讨颙。商间行至新平[25]，遇其从甥[26]；从甥素憎商，以告颙，颙捕商，杀之。

（以上为第七段，写成都王司马颙的部将张方率兵攻打长沙王司马乂，决堤放水，洛阳城一片狼藉。）

【注释】

[1]乘舆：皇帝的车驾，这里即指晋惠帝司马衷。 [2]因败为成：即转败为胜。 [3]更前作垒：再向前推进修筑工事。垒，营垒。 [4]潜逼洛城：偷偷地向前推进，逼近洛阳城。逼，逼近，靠近。 [5]外引廪（lǐn）谷：从城外运来仓库中的粮食。廪，仓库。 [6]可辞说而释：可以通过言语来调停，解开怨仇。释，释怀，和好。 [7]王衍：字夷甫，西晋末年重臣，时任尚书令。 [8]分陕而居：西周初，曾把全国以陕县为界分为东西两部，让周公与召公各统一部。这里是引周、召旧例，想使司马颖、司马乂也分天下为二，各统一半。 [9]千金堨：古代水利工程名，位于河南洛阳市东。堨（è），谓筑堤截水。 [10]水碓皆涸：由于河水枯干，舂米用的水碓都停止转动。水碓（duì），是利用水流力量来自动舂米的机具，以河水流过水车进而转动轮轴，再拨动碓杆上下舂米。涸，失去水而干枯。 [11]手舂给兵：用手捣米供给军队。 [12]不从征：指平时享有特权，可以不服兵役的人。 [13]发奴助兵：征调奴仆补充兵源。 [14]公私穷踧：公家与私人都穷困到了极点。踧（cù），同“蹙”，窘迫，穷困。 [15]诏命所行：皇帝诏书的号召力

所能达到的范围。［16］一城：指洛阳城。［17］骠骑主簿：骠骑将军司马乂的主簿。主簿，掌管文书案卷的文官。祖逖（tì）：字士稚，范阳遒县（今河北涞水县）人，后为东晋名将。官至豫州刺史。后率部北伐，收复黄河以南大片领土，进号镇西将军。［18］刘沈：时为雍州刺史，驻兵安定，在今甘肃镇原县东南。果毅：行事果断，性情刚毅。［19］雍州兵力：即雍州刺史刘沈的兵力。河间：指河间王司马颙的兵力，当时驻兵长安，在今陕西西安市。［20］驰檄四境：飞马向雍州各郡传达檄文。檄，檄文，古代官府用以征召或声讨的文书。［21］趣长安：指七郡之兵奔向长安。趣，同“趋”，奔向。［22］间行：乔装打扮，抄小路而行。［23］赍（jī）：携带。［24］游楷：时为金城郡（郡治在今兰州市）内史，受司马颙指挥。［25］新平：晋郡名，郡治漆县，在今陕西彬州市。［26］从甥：堂外甥。

十二月，议郎周玘[1]、前南平内史长沙王矩[2]起兵江东以讨石冰[3]，推前吴兴太守吴郡顾秘[4]都督扬州九郡[5]诸军事，传檄州郡，杀冰所署将吏。于是，前侍御史贺循起兵于会稽[6]，庐江内史广陵华谭[7]及丹阳葛洪[8]、甘卓[9]皆起兵以应秘。玘，处之子；循，邵之子；卓，宁之曾孙也。

冰遣其将羌毒[10]帅兵数万拒玘，玘击斩之。冰自临淮趋寿春[11]。征东将军刘准[12]闻冰至，惶惧不知所为。广陵度支庐江陈敏统众在寿春[13]，谓准曰：“此等本不乐远戍[14]，逼迫成贼，乌合之众，其势易离，敏请督运兵[15]为公破之。”准乃益敏兵，使击之。

闰月[16]，李雄急攻罗尚。尚军无食，留牙门张罗[17]守城，夜，由牛鞞水[18]东走，罗开门降。雄入成都，军士饥甚，乃帅众就谷于郪[19]，掘野芋而食之。许雄[20]坐讨贼不进，征即罪[21]。

安北将军、都督幽州诸军事王浚[22]，以天下方乱，欲结援夷狄，乃以一女妻鲜卑段务勿尘[23]，一女妻素怒延[24]，又表以辽西郡封务勿尘为辽西公[25]。浚，沈之子也。

毛诜[26]之死也，李睿奔五苓夷帅于陵丞[27]，于陵丞诣李毅[28]为睿请命，毅许之。睿至，毅杀之。于陵丞怒，帅诸夷反攻毅。

尚书令乐广女为成都王妃[29]，或谮诸太尉乂[30]。乂问广，广神色不动，徐曰[31]：“广岂以五男易一女[32]哉！”乂犹疑之。

（以上为第八段，写各地义军反叛的情况，吴地蛮人石冰发难，有兵数万；蜀地流民首领李雄声威大震，占领成都；五苓夷人于陵丞率众反，攻打南夷校尉李毅。从此，晋朝边境不安宁。）

【注释】

［1］周玘（qǐ）：字宣佩，平西将军周处之子。早年举秀才，曾授议郎。西晋末年，三次平定江南叛乱，史称“三定江南”。后为建威将军、吴兴太守。传见《晋书》卷五十八。［2］王矩：长沙人，广州刺史王毅之子，担任南平太守，参与讨伐陈恢有功，升任广州刺史。［3］起兵江东：在今长江东南的江苏、安徽南部一带地区起兵。石冰：西晋人，叛军首领张昌的党羽。［4］吴兴：晋郡名，郡治在今浙江湖州市。顾秘：字公真，吴郡吴县人，西晋吴兴太守。太安中，石冰作乱，众推秘为都督扬州九郡诸军事，兴兵讨之。［5］扬州九郡：指丹阳、宣城、毗陵、吴、吴兴、会稽、东阳、新安、临海九郡。［6］侍御史：职掌监督、纠举百官等事务。贺循：字彦先。会稽山阴（今浙江绍兴市）人，两晋名臣，孙吴中书令贺邵之子。传见《晋书》卷六十八。会稽：晋郡名，郡治在今浙江绍兴市。［7］华谭：字令思，魏晋大臣。传见《晋书》卷五十二。［8］葛洪：字稚川，自号抱朴子，丹阳句容（今江苏句容市）人，为东晋道教学者、著名炼丹家、医药学家，著有《抱朴子》等。传见《晋书》卷七十二。［9］甘卓：字季思，丹阳（今安徽当涂县）人，孙吴将领甘宁的曾孙，东晋将领，官至镇南大将军。传见《晋书》卷七十。［10］羌毒：人名，叛军首领石冰的部将。［11］临淮：诸侯国名，都城在今江苏盱眙县东北。趋寿春：奔赴寿春。寿春，县名，在今安徽寿县。［12］刘准：西晋征东将军，当时驻兵寿春。［13］广陵度支：广陵郡的度支。度支，官名，主管财政收支、仓廪库藏等事项。陈敏：字令通，庐江人，曾任合肥度支、广陵度支。与叛军首领石冰交战，将其打败，官至右将军、前锋都督。传见《晋书》卷一百。统众：统率人马。［14］此等：指石冰的部众。不乐远戍：不愿意被抓去当兵，进入巴蜀。［15］督：督率，统领。运兵：度支手下主管运输的士兵。［16］闰月：闰十二月。［17］张罗：西晋益州刺史罗尚的牙门将。［18］牛鞞（bǐng）水：在今之沱江，经成都城东南流，经简阳市、内江市，至泸州市入长江。［19］就谷于郪（qī）：前往郪县寻找食物充饥。郪，县名，在今四川三台县西南，成都市东。［20］许雄：西晋梁州刺史，驻于今陕西汉中市，奉命入蜀协助讨伐李氏所率领的流民组织。［21］征即罪：调回洛阳，予以治罪。［22］王浚：字彭祖，太原晋阳（今山西太原市）人，西晋将领，骠骑将军王沈之子。传见《晋书》卷三十九。［23］段务勿尘：段姓，名务勿尘，《魏书》作“务目尘”，辽西令支（今河北迁安市）人，段部鲜卑首领，王浚的女婿。［24］素怒延：鲜卑宇文屈云部将，据有今河北滦河、辽宁老哈河流域一带地区。［25］表：上书朝廷。辽西郡：郡治阳乐，在今辽宁义县西。［26］毛诜（shēn）：建宁郡的大姓豪族，曾逐其太守以应李特，被南夷校尉李毅所杀。［27］李睿：建宁郡的大姓豪族，曾与毛诜一道逐其太守以应李特。五苓（líng）夷帅：宁州的少数民族部落头领。于陵丞：人名，少数民族部落头领，兴兵反晋，多次与李毅军交战。［28］李毅：西晋南夷校尉、宁州刺史，加号龙骧将军，封成都县侯。传见《华

阳国志》卷十一。［29］乐广：字彦辅，西晋名士，与王衍同为西晋清谈领袖。官至尚书令，被称为“乐令”。传见《晋书》卷四十三。成都王：即司马颙。［30］或谮（zèn）诸太尉乂：有人在太尉司马乂前说乐广的坏话。谮，进谗言，打小报告。［31］徐曰：慢条斯理地说。［32］岂以五男易一女：意思是说如果自己为救女儿而私通司马颖，则身边的五个儿子将被司马乂所杀，自己怎么会干这种赔本买卖呢！五男，史载的有三男，乐凯，字弘绪，官至骠骑参军；乐肇，字弘茂，官至太傅、东海王司马越的掾属；乐谟，字弘范，官至征虏将军、吴郡内史。

永兴元年[1]**（甲子，304年）**

春，正月，丙午[2]，乐广以忧卒。

长沙厉王乂[3]屡与大将军颖战，破之，前后斩获六七万人，而乂未尝亏奉上之礼[4]。城中粮食日窘[5]，而士卒无离心。张方以为洛阳未可克，欲还长安。而东海王越[6]虑事不济[7]，癸亥[8]，潜与殿中诸将夜收乂送别省[9]。

甲子[10]，越启帝，下诏免乂官，置金墉城[11]。大赦，改元[12]。城既开，殿中将士见外兵[13]不盛，悔之，更谋劫出乂以拒颖。越惧，欲杀乂以绝众心。黄门侍郎[14]潘滔曰：“不可，将自有静之[15]者。”乃遣人密告张方。

丙寅[16]，方取乂于金墉城，至营，炙而杀之[17]，方军士亦为之流涕。

公卿皆诣邺谢罪[18]。大将军颖入京师，复还镇[19]于邺。诏以颖为丞相；加东海王越守尚书令[20]。颖遣奋武将军石超等率兵五万屯十二城门[21]，殿中宿所忌者[22]，颖皆杀之；悉代去宿卫兵[23]。表卢志为中书监[24]，留邺，参署[25]丞相府事。

河间王颙顿军于郑[26]，为东军[27]声援，闻刘沈兵起[28]，还镇渭城[29]，遣督护虞夔逆战于好畤[30]。夔兵败，颙惧，退入长安，急召张方。方掠洛中[31]官私奴婢万余人而西。军中乏食，杀人杂牛马肉食之。

刘沈渡渭而军[32]，与颙战，颙屡败。沈使安定太守卫博[33]、功曹皇甫澹[34]以精甲五千袭长安[35]，入其门[36]，力战至颙帐下。沈兵来迟，冯翊太守张辅[37]见其无继，引兵横击之[38]，杀博及澹，沈[39]兵遂败，收余卒而退。张方遣其将敦伟[40]夜击之，沈军惊溃[41]，沈与麾下南走[42]，追获之。沈谓颙曰："知己之惠[43]轻，君臣之义重，沈不可以违天子之诏，量强弱以苟全[44]。投袂[45]之日，期之必死[46]，菹醢之戮[47]，其甘如荠[48]。"颙怒，鞭之而后腰斩。

新平太守江夏张光[49]数为沈画计[50]，颙执而诘[51]之，光曰："刘雍州不用鄙计[52]，故令大王得有今日！"颙壮之[53]，引与欢宴，表为右卫司马[54]。

（以上为第九段，写成都王司马颖反败为胜，任丞相，主持朝政，派军队控制京城洛阳；雍州刺史刘沈奉诏进攻河间王司马颙，因谋划不周而失败。）

【注释】

[1]永兴元年：此时实际是太安三年，长沙王司马乂被囚后，改元"永兴"；至惠帝西迁长安后，才改元"永兴"。[2]丙午：正月八日。[3]长沙厉王乂：长沙王司马乂被杀后，谥号为"厉"。厉，是司马乂死后，司马颖给他加的恶谥。[4]未尝亏奉上之礼：在对待晋惠帝司马衷的礼数上，没有欠缺。亏，欠缺。[5]日窘：越来越少。窘，窘迫，捉襟见肘。[6]东海王越：即司马越，字元超，八王之乱参与者之一。传见《晋书》卷五十九。[7]虑事不济：担心朝廷不能获胜。济，成。[8]癸亥：正月二十五日。[9]收乂：将司马乂逮捕起来。送别省：送往其他官署羁押。[10]甲子：正月二十六日。[11]置金墉城：关押到金墉城。置，安置，此为关押。[12]改元：即改元"永兴"。此前称"太安三年"。[13]外兵：城外进来的军队，即司马颖的攻城部队。[14]黄门侍郎：官名，皇帝的近侍之臣，负责协助皇帝处理朝廷事务。[15]自有静之：自会有人出来解决这一问题。静，定，完成。[16]丙寅：正月二十八日。[17]炙而杀之：先用火烧烤，而后杀掉。此"八王之乱"之第五王结束。司马乂自太安元年（302）十二月取代司马冏，到本年（304）正月被杀，当权一年零两个月。[18]诣邺谢罪：司马颖获胜后，百官惶恐，到司马颖驻镇的邺城（今河北临漳县西南）请罪。[19]镇：驻扎，镇守。[20]守尚书令：代理尚书令之职。守，代理。[21]十二城门：洛阳城东有建春、东阳、清明三门，南有开阳、津阳、平昌、宣阳四门，西有广阳、西明、阊阖三门，北有大夏、广莫二门，共有十二城门。[22]殿中宿所忌者：司马颖过去所忌恨的殿中禁军将领。宿，宿卫，指禁军首领。[23]悉代去宿卫兵：把守卫宫廷的禁军都换上自己的人。代去，由自己的人来代替，把原有的人都打发走。[24]表：上表，上奏。卢志：字子道，西晋官员，成都王司马颖的心腹谋士。传见《晋书》卷四十四。[25]参署：参与管理。卢志为中书监，理应进朝，但司马颖仍将其留在邺城，以利于他们共同遥控朝廷。[26]郑：晋县名，县治在今陕西渭南市华州区。[27]东军：指河间王司马颙派出的攻打洛阳的张方的军队。[28]刘沈兵起：即司马乂在危急的时候，上奏晋惠帝司

马衷，派雍州刺史刘沈讨伐河间王司马颙。刘沈迅速响应，集合七郡兵众以及守防诸军、御敌兵士一万多人，袭击长安。［29］渭城：即秦朝的都城咸阳，汉朝建国后，改称渭城。在今陕西咸阳市东北。［30］虞夔（kuí）：任河间王司马颙的督护。逆战：迎战，指迎战刘沈。好畤（zhì）：晋县名，县治在今陕西乾县东。［31］洛中：指京都洛阳地区。［32］渭：指渭水。军：驻扎，列阵。［33］卫博：西晋安定太守，参与刘沈攻打河间王司马颙的战役。卫，原文作"衙"字，据章校改。［34］功曹：郡太守的僚属，主管郡里的人事工作。皇甫澹：西晋安定太守的属官功曹，参与刘沈攻打河间王司马颙的战役。［35］长安：关中重镇，在今陕西西安市，河间王司马颙驻镇于此。［36］入其门：攻入长安城门。［37］张辅：字世伟，南阳西鄂人，东汉天文学家张衡的后代，西晋冯翊太守，河间王司马颙被刘沈打败，张辅领兵营救，将刘沈击败，升为秦州刺史，封宜昌亭侯。到任后，杀天水太守封尚以立威名，死于封尚旧将富整之手。传见《晋书》卷九十。［38］横击之：从侧面拦腰攻击。［39］沈：原文无，据章校补。［40］敦伟：司马颙的属下将领。［41］惊溃：惊慌，溃散。［42］麾下：部下，属下。南走：向南逃跑。［43］知己之惠：指刘沈原被派入蜀讨伐李流，中途经长安时，被司马颙留作军师，继而又使其任雍州刺史之事。［44］量强弱以苟全：知道朝廷方面的力量不够就抛弃大义以求生。苟全，苟且求生。［45］投袂：甩袖而起，指起兵讨伐司马颙。袂（mèi），袖子。［46］期之必死：在起兵时，就知道是凶多吉少，但为了大义，不避生死，已下定了必死的决心。［47］菹醢：被剁成肉酱，古代的一种酷刑。醢（hǎi），肉酱。戮（lù）：杀戮，杀头。［48］其甘如荠（jì）：如同吃荠菜一样甘甜。语出《诗经·谷风》："谁谓荼苦，其甘如荠。"荠，荠菜。［49］新平：晋郡名，郡治新平，在今陕西彬州市。张光：字景武，江夏钟武人，西晋新平太守。援助雍州刺史刘沈讨伐河间王司马颙，被俘，得到赏识，担任右卫司马。后为材官将军、梁州刺史。传见《晋书》卷五十七。［50］画计：筹划计策，出主意。［51］诘：追问，责问。［52］刘雍州：即刘沈，时为雍州刺史，以职务称之。不用鄙计：不采纳我的计谋。［53］壮之：佩服他的气概。［54］右卫司马：右卫将军的司马。当时司马颙任右卫将军。

罗尚逃至江阳[1]，遣使表状[2]。诏尚权统巴东、巴郡、涪陵以供军赋[3]。尚遣别驾李兴[4]诣镇南将军刘弘求粮，弘纲纪以运道阻远[5]，且荆州自空乏[6]，欲以零陵米五千斛[7]与尚。弘曰："天下一家，彼此无异，吾今给之，则无西顾之忧[8]矣。"遂以三万斛给之，尚赖以自存。李兴愿留为弘参军，弘夺其手版而遣之[9]。又遣治中何松领兵屯巴东为尚后继[10]。于时流民在荆州者十余万户，羁旅贫乏[11]，多为盗贼，弘大给[12]其田及种粮，擢[13]其贤才，随资叙用[14]，流民遂安。

二月[15]，乙酉[16]，丞相颖表废皇后羊氏[17]，幽于金墉城；废皇太子覃为清河王[18]。

陈敏与石冰战数十合，冰众十倍于敏，敏击之，所向皆捷，遂与周玘合攻冰于建康。三月，冰北走，投封云[19]，云司马张统[20]斩冰及云以降，扬、徐二州平。周玘、贺循皆散众还家，不言功赏[21]。朝廷以陈敏为广陵相[22]。

河间王颙表请立丞相颖为太弟[23]。戊申[24]，诏以颖为皇太弟，都督中外诸军事[25]，丞相如故。大赦。乘舆服御[26]皆迁于邺，制度一如魏武帝故事[27]。以颙为太宰、大都督[28]、雍州牧；前太傅刘寔[29]为太尉。寔以老，固让不拜。

太弟颖僭侈[30]日甚，嬖幸用事[31]，大失众望。司空东海王越，与右卫将军陈昣[32]及长沙故将上官巳[33]等谋讨之。

秋，七月，丙申朔[34]，陈昣勒兵入云龙门[35]，以诏召三公百僚及殿中[36]，戒严讨颖。石超奔邺。戊戌[37]，大赦，复皇后羊氏及太子覃。己亥[38]，越奉帝北征[39]。以越为大都督。征前侍中嵇绍诣行在[40]。侍中秦准谓绍曰："今往，安危难测，卿有佳马[41]乎？"绍正色[42]曰："臣子扈卫乘舆[43]，死生以之[44]，佳马何为！"

越檄[45]召四方兵，赴者云集，比至安阳[46]，众十余万，邺中震恐。颖会群僚问计，东安王繇[47]曰："天子亲征，宜释甲缟素[48]出迎请罪。"颖不从，遣石超帅众五万拒战。折冲将军乔智明[49]劝颖奉迎乘舆[50]，颖怒曰："卿名晓事[51]，投身事孤；今主上为群小所逼，卿奈何欲使孤束手就刑邪！"

（以上为第十段，写成都王司马颖执掌朝政，专政僭越，令人失望，东海王司马越谋讨，号令四方，动员十多万士兵，挟持晋惠帝司马衷，进攻司马颖驻镇邺城。）

【注释】

[1]江阳：晋郡名，郡治在今四川泸州市。[2]遣使表状：派使者向朝廷报告情况。[3]权统：暂时管理。巴东、巴郡、涪陵：皆晋郡名，巴东郡治鱼复，在今重庆奉节县东；巴郡郡治江州，在今重庆市；涪陵郡治在今重庆市彭水县。以上三郡，本属梁州，今暂归罗尚统管。军赋：军需供应。[4]李兴：西晋江州刺史的别驾。[5]纲纪：指操持州刺史府纲纪的刘弘僚属。运道阻远：自湖北江陵到四川东部，道路崎岖难行而又十分遥远。[6]自空乏：自己也不富

裕。［7］零陵：晋郡名，郡治在今湖南永州市零陵区。五千斛（hú）：五千石，十斗为一石，也称一斛。［8］无西顾之忧：意谓荆州安全无西方之忧。即罗尚有粮，统御的巴东、巴郡、涪陵三郡如果稳定，则四川的战乱就不会再扩展到荆州地区来。［9］手版：即“笏”，古代臣僚拜见君王时手里所拿的一种狭长板子，用玉、象牙或竹制成，上面可以记事，同时也是一种尊敬的表示。遣之：打发李兴回江阳，意即不挖别人的墙脚。［10］治中：官名，刺史的高级僚属。何松：西晋官员，曾为治中。为尚后继：为罗尚做声援。后继，犹言“后援”。［11］羁旅：寄居异乡。贫乏：穷困，贫困。［12］大给：充分供应。［13］擢（zhuó）：选拔，提升。［14］随资叙用：按照条件加以任用。资，才智。叙用，选用，任用。［15］二月：据章校改，别本为“二”字。观其下文有“三月”，此为“二月”无疑。［16］乙酉：二月十七日。［17］皇后羊氏：即晋惠帝皇后羊献容。［18］皇太子覃（qín）：即司马覃，晋武帝司马炎之孙，清河康王司马遐长子。皇太孙司马尚去世，晋惠帝立司马覃为皇太子。此后，屡遭废立。后被东海王司马越杀害。传见《晋书》卷五十九。［19］封云：徐州境内的另一变民首领。［20］司马：主管军事的官员。张统：徐州变民首领封云的属官。［21］不言功赏：不提自己的功劳，不求奖赏，极言其处于乱世，为国效力，而能自薄名利。［22］广陵相：广陵国相，广陵国的都城在淮阴，在今江苏淮安市。［23］太弟：皇太弟，帝位的合法继承人。［24］戊申：三月十一日。［25］都督：统领，总管。中外诸军事：即皇城内外的军事。［26］乘舆服御：指皇帝使用的车驾以及各种生活用品。［27］一如：一切依照。魏武帝故事：当年曹操称魏王时建国于邺的做法。［28］大都督：官名，为古代全国最高的军事统帅。［29］刘寔（shí）：字子真，平原高唐（今山东高唐县）人，魏晋重臣。传见《晋书》卷四十一。［30］僭侈：超越礼制，骄横奢侈。僭（jiàn），超越本分，古代指地位在下的冒用在上的名义、礼仪和器物等。［31］嬖幸用事：宠幸者掌权。嬖幸，弄臣，宠臣。［32］右卫将军：武官名，负责皇宫禁卫。陈昣（zhěn）：颍川许昌（今河南许昌市）人，西晋太尉陈准之子，时任东海王司马越的右卫将军，参与“八王之乱”，后来败退江东。在东晋，为尚书、镇东将军、幽州刺史。［33］上官巳：长沙王司马乂属下战将。司马乂死后，他响应东海王司马越的倡议，出兵讨伐皇太弟司马颖，被打败。后祖逖北伐，受祖逖节制。［34］丙申朔：七月一日。［35］云龙门：在洛阳皇宫中的门。［36］殿中：指殿中禁军的各位统领。［37］戊戌：七月三日。［38］己亥：七月四日。［39］奉帝北征：挟持皇帝司马衷北讨司马颖。［40］嵇绍：字延祖。西晋名臣、文学家，嵇康之子。传见《晋书》卷八十九。行在：皇帝出行时暂时住宿的地方。［41］卿有佳马：意思是让他随时准备逃跑。佳马，好马，快马。［42］正色：表情严肃。［43］扈卫乘舆：即护卫皇帝。扈（hù），随从，护卫，多指随侍帝王。乘舆，皇帝的车驾，代指皇帝。［44］死生以之：意即全力投入，不顾生死。［45］檄：檄文，古代官府用以征召或声讨的文书。［46］比：待，等到。安阳：晋县名，县治在今河南安阳县南。［47］东安王繇（yáo）：即司马繇，字思玄，司马懿之孙，琅邪武王司马伷第三子。初封东安郡公，晋封东安王。传见《晋书》卷三十八。［48］释甲：脱下铠甲，解除武装。缟素：身穿素服，表示请罪。缟，古时一种没有染颜色的白丝织物。［49］乔智明：字元达，鲜卑前部人，西晋及汉赵官吏及将领。传见《晋书》卷九十。［50］奉迎乘舆：前往迎接皇帝。［51］卿名晓事：你号称明白事理。

陈眕二弟匡、规自邺赴行在[1]，云邺中皆已离散，由是不甚设备[2]。己未[3]，石超军奄至[4]，乘舆败绩于荡阴[5]，帝伤颊[6]，中三矢，百官侍御皆散。嵇绍朝服[7]，下马登辇[8]，以身卫帝，兵人引绍于辕中斫[9]之。帝曰："忠臣也，勿杀！"对曰："奉太弟令，惟不犯陛下一人耳。"遂杀绍，血溅帝衣。帝堕于草中，亡六玺[10]。石超奉帝幸其营[11]，帝馁甚[12]，超进水，左右奉秋桃[13]。颖遣卢志迎帝；庚申[14]，入邺。大赦，改元曰建武[15]。左右欲浣帝衣[16]，帝曰："嵇侍中血，勿浣也！"

陈眕、上官巳等奉太子覃守洛阳。司空越奔下邳[17]，徐州都督东平王楙不纳[18]，越径还东海[19]。太弟颖以越兄弟宗室之望[20]，下令招之[21]，越不应命。前奋威将军孙惠上书，劝越要结藩方[22]，同奖王室[23]，越以惠为记室参军[24]，与参谋议。北军中候苟晞[25]奔范阳王虓[26]，虓承制以晞行兖州刺史[27]。

初，三王[28]之起兵讨赵王伦也，王浚拥众挟两端[29]，禁所部士民不得赴三王召募[30]。太弟颖欲讨之而未能，浚心亦欲图颖[31]。颖以右司马和演为幽州刺史[32]，密使杀浚。演与乌桓单于审登谋与浚游蓟城南清泉[33]，因而图之。会[34]天暴雨，兵器沾湿，不果[35]而还。审登以为浚得天助，乃以演谋告浚。浚与审登密严兵[36]，约并州刺史东嬴公腾共围演[37]，杀之，自领幽州营兵[38]。腾，越之弟也，太弟颖称诏征浚[39]，浚与鲜卑段务勿尘[40]、乌桓羯朱[41]及东嬴公腾同起兵讨颖，颖遣北中郎将王斌及石超击之[42]。

太弟颖怨东安王繇前议[43]，八月，戊辰[44]，收繇，杀之。初，繇兄琅邪恭王觐[45]薨，子睿嗣[46]。睿沈敏[47]有度量，为左将军，与东海参军王导善[48]。导，敦之从父弟也[49]，识量清远[50]，以朝廷多故[51]，每劝睿之国[52]。及繇死，睿从帝在邺，恐及祸，将逃归。颖先敕关津[53]，无得出贵人[54]，睿至河阳[55]，为津吏所止[56]。从者宋典[57]自后来，以鞭拂睿[58]而笑曰："舍长[59]，官禁贵人，汝亦被拘邪[60]？"吏乃听过[61]。至洛阳，迎太妃夏侯氏[62]俱归国。

丞相从事中郎王澄[63]发孟玖奸利事[64]，劝太弟颖诛之，颖从之。

上官巳在洛阳，残暴纵横[65]。守河南尹周馥[66]，浚之从父弟也，与司隶满奋[67]等谋诛之，事泄，奋等死，馥走，得免。司空越之讨太弟颖也，太宰颙遣右将军、冯翊太守张方将兵二万救之，闻帝已入邺，因命方镇洛阳。巳与别将苗愿拒之，大败而还。太子覃夜袭巳、愿，巳、愿出走；方入洛阳。覃于广阳门[68]迎方而拜，方下车扶止之，复废覃及羊后[69]。

（以上为第十一段，写东海王司马越纠集十万士兵，挟持晋惠帝司马衷讨伐成都王司马颖，司马颖反败为胜；河间王司马颙部将张方控制洛阳，双方势均力敌，战火将继续燃烧。）

【注释】

[1]匡、规：即陈匡、陈规，左卫将军陈眕之弟。赴行在：前往皇帝所在的驻地，为施行缓兵之计。 [2]不甚设备：没有严加防备。设备，设防，防备。 [3]己未：七月二十四日。[4]奄至：突然抵达。 [5]败绩于荡阴：在荡阴被司马颖打得大败。荡阴，地名，在今河南汤阴县，在安阳市南边。 [6]伤颊：嘴角两侧的面部受伤。颊，脸的两侧从眼到下颌的部分。[7]朝服：身穿朝服，极言其态度之庄重。 [8]登辇：登上皇帝所坐的车。辇，古代用人拉的车，后来多指皇帝、皇后坐的车。 [9]辕（yuán）：车辕，车前的直木。斫（zhuó）：用刀斧砍。[10]亡六玺：丢失了皇帝的六颗御玺。玺，皇帝的印章。 [11]奉帝幸其营：将皇帝带到了他的营中。幸，敬指皇帝驾临某处。 [12]馁（něi）甚：饥饿得很。 [13]秋桃：桃本是夏令水果，秋桃一般不能进奉皇帝，此时奉秋桃，极言其无以充饥。 [14]庚申：七月二十五日。 [15]建武：晋惠帝司马衷的第八个年号，公元 304 年七月至十一月，共计五个月。 [16]欲浣帝衣：想把皇帝的脏衣服洗一洗。浣，洗。 [17]奔：逃跑，逃奔。下邳：郡名，郡治在今江苏睢宁县西北。 [18]东平王楙（mào）：即司马楙，字孔伟，封东平王，镇守下邳。后被杀。传见《晋书》卷三十七。不纳：不接纳，不让其进入徐州城。 [19]径还东海：直接返回了自己的封地都城。东海国的都城，在今山东郯城县。 [20]越兄弟：指司马越的兄弟司马腾与司马略。司马腾，车骑将军、都督邺城守诸军事、新蔡武哀王；司马略，开府仪同三司、散骑常侍、高密孝王。两王都是司马泰的儿子，司马懿的侄孙。宗室之望：在皇族中享有声望。 [21]招之：招其进京。[22]要结藩方：联合其他藩王。要，通"邀"。 [23]同奖王室：共同辅佐皇帝司马衷。奖，扶助。[24]记室参军：军中掌管文书之官，职掌文书起草、记录表彰等事务。 [25]北军中候：卫戍

京城部队的监军。荀晞：字道将，河内山阳（河南修武县）人，西晋末年名将。传见《晋书》卷六十一。［26］奔范阳王虓（xiāo）：当时司马虓任都督豫州诸军事，驻兵许昌。［27］承制：假托皇帝的名义。行兖州刺史：代理兖州刺史。兖州，州治廪丘，在今山东郓城县西北。［28］三王：指成都王司马颖、齐王司马冏、河间王司马颙。［29］拥众：手握重兵。挟两端：两头观望，谁胜就投奔谁。［30］所部士民：所管辖下的官员与百姓。当时王浚任幽州都督。召募：招募，聘用。［31］图颖：图谋铲除司马颖。［32］右司马：武官名，掌管军政和军赋等与战争相关的事务。和演：汝南西平（今河南西平县）人，西晋大臣，成都王司马颖心腹。传见《晋书》卷五十九。［33］乌桓：少数民族名，当时与汉人杂居在今辽宁西部、河北东北部一带地区。审登：乌桓的头领。蓟（jì）城：在今北京市的西南部。［34］会：恰好，碰上。［35］不果：没有干成，没有结果。［36］密严兵：暗中布置军队。密，私密，暗中。［37］并州：州治晋阳，在今山西太原市。东嬴公腾：即司马腾，字元迈，西晋宗室、诸侯王。传见《晋书》卷三十七。［38］幽州营兵：幽州刺史所统辖的军队。［39］称诏征浚：假称皇帝的诏命征召王浚回京。［40］段务勿尘：鲜卑族首领，王浚的女婿。［41］乌桓羯（jié）朱：乌桓的头领，名叫羯朱。［42］北中郎将：官名，为“四中郎将”之一，镇守北方。王斌：西晋官员，曾为北中郎将，为成都王司马颖的心腹。石超：成都王司马颖心腹战将，在与东海王司马越作战中战死。［43］东安王繇（yáo）前议：指在晋惠帝大军围困邺城时，司马繇提议让司马颖身穿素服去向天子请罪。［44］戊辰：八月三日。［45］琅邪恭王觐（jìn）：即司马觐，字思祖，琅邪武王司马伷长子，晋元帝司马睿生父。袭封琅邪王，拜冗从仆射，负责侍卫宫中。传见《晋书》卷三十八。［46］子睿嗣（sì）：即儿子司马睿继位为琅邪王。睿，即司马睿，字景文，东晋开国皇帝，公元318年至公元323年在位。传见《晋书》卷六。［47］沈敏：沉静，敏慧。沈，通“沉”。［48］东海参军：东海王司马越的参军。王导：字茂弘，东晋名臣，历仕晋元帝、明帝和成帝三朝，是东晋的开国元勋、权臣，执掌朝政，与其从兄王敦一内一外，形成“王与马，共天下”的格局。传见《晋书》卷六十五。［49］敦：即王敦，字处仲，东晋将领、宰相、权臣。传见《晋书》卷九十八。从父弟：指王导是王敦伯叔父的儿子，即父亲的侄子，两人为堂兄弟。［50］识量清远：有气度，有远见。识量，胆识，雅量。［51］多故：多事，指形势瞬息万变，情况突然发生变化。［52］劝睿之国：劝司马睿返回自己的琅邪封国，在今山东临沂市东。之，到，往。［53］先敕关津：预先给各关卡、渡口下了命令。关津，关卡及渡口。［54］无得出贵人：不准放走一个贵族人士。出，放走。贵人，指王公贵族。［55］河阳：晋县名，也是渡口名，在今河南孟州市西。［56］为津吏所止：被渡口的检查官员拦住。津吏，渡口的检查官员。［57］宋典：西晋人，司马睿的随从人员。［58］拂睿：驱赶司马睿。拂，轻打，驱赶。［59］舍长：看房子的奴仆。［60］汝亦被拘邪：你怎么也被扣留在这里呀？意即关吏要扣留的是贵人，你又不是，怎么会在这里呢？［61］听过：听任司马睿过关而去。司马睿的中兴之事，从这里开始。［62］太妃夏侯氏：司马睿的生母。［63］从事中郎：官名，郎官的一种，为帝王近侍官。王澄：字平子，西晋官员，出身世族，八王之乱中，初附成都王司马颖，后依托东海王司马越。为荆州刺史，好玄谈，不干事，放荡不羁，导致内乱。东晋时，途经豫章时被王敦所杀。传见《晋书》卷四十三。［64］发孟玖奸利事：揭发孟玖的作奸犯科、谋取私利的事情。孟玖，成都王司马颖的宠臣、奸佞小人，陷害陆机、陆云等人。［65］纵横：横行霸道。［66］守：代理。河南尹：首都洛阳所在郡的行政长官。周馥（fù）：字祖宣，周浚从父弟，官至廷尉。［67］满奋：字武秋，西晋大臣，曹魏太尉满宠之孙，时任司隶校尉，与河南尹周馥谋划诛杀上官巳，事泄遇害。［68］广阳门：洛阳西城南头的第一个门。［69］羊后：即晋惠帝司马衷的皇后羊献容。这是第二次被废了。

初，太弟颖表匈奴左贤王刘渊[1]为冠军将军，监五部军事[2]，使将兵在邺。渊子聪，骁勇绝人，博涉经史，善属文，弯弓三百斤；弱冠[3]游京师，名士莫不与交。颖以聪为积弩将军。

渊从祖右贤王宣谓其族人曰[4]："自汉亡以来，我单于徒有虚号[5]，无复尺土；自余王侯[6]，降同编户[7]。今吾众虽衰，犹不减二万，奈何敛首就役[8]，奄过百年[9]！左贤王英武超世[10]，天苟[11]不欲兴匈奴，必不虚生此人[12]也。今司马氏骨肉相残，四海鼎沸[13]，复呼韩邪之业[14]，此其时矣！"乃相与谋，推渊为大单于[15]，使其党呼延攸诣邺告之[16]。

渊白颖，请归会葬[17]，颖弗许。渊令攸先归，告宣等使招集五部及杂胡[18]，声言助颖，实欲叛之。及王浚、东嬴公腾起兵，渊说颖曰："今二镇跋扈[19]，众十余万，恐非宿卫[20]及近郡士众所能御也，请为殿下还说五部以赴国难[21]。"颖曰："五部之众，果可发否[22]？就能发之[23]，鲜卑、乌桓[24]，未易当[25]也。吾欲奉乘舆还洛阳以避其锋[26]，徐传檄天下[27]，以逆顺制之[28]，君意何如？"渊曰："殿下武皇帝[29]之子，有大勋于王室，威恩远著[30]，四海之内，孰不愿为殿下尽死力者！何难发[31]之有！王浚竖子[32]，东嬴疏属[33]，岂能与殿下争衡[34]邪！殿下一发邺宫[35]，示弱于人，洛阳不可得而至；虽至洛阳，威权不复在殿下也。愿殿下抚勉士众[36]，靖以镇之[37]，渊请为殿下以二部[38]摧东嬴，三部枭王浚[39]，二竖[40]之首，可指日而悬也。"颖悦，拜渊为北单于[41]、参丞相军事。

渊至左国城[42]，刘宣等上大单于之号[43]，二旬之间，有众五万，都于离石[44]，以聪为鹿蠡王[45]。遣左於陆王宏帅精骑五千[46]，会颖将王粹拒东嬴公腾[47]。粹已为腾所败，宏无及[48]而归。

（以上为第十二段，写刘渊的崛起。刘渊才能出众，被匈奴人崇拜，他说动成都王司马颖，得到充分信任，放其回去，犹如虎出牢笼，回到左国城后，被刘宣等人尊为大单于。）

【注释】

［1］刘渊：字元海，匈奴铁弗部头领。汉赵开国皇帝。传见《晋书》卷一百一。［2］监五部军事：监管五部匈奴的军队。五部，建安二十一年（216），南匈奴呼厨泉单于入朝于魏，被魏王曹操留于邺，分其众为左、右、南、北、中五部，左部万余户居太原故兹氏县（今山西汾阳市东南），右部六千余户居祁县（今山西祁县东南），南部三千余户居蒲子县（今山西隰县），北部四千余户居新兴（今山西忻州市），中部六千余户居大陵县（今山西文水县东北）。［3］弱冠：指二十岁。《礼记·曲礼》曰："人生十年曰'幼学'，二十曰'弱冠'。"［4］从祖：祖父的亲兄弟。右贤王：匈奴西部地区的最高首领，通常由单于的儿子或兄弟担任。宣：即刘宣，字士则，匈奴族，前赵光文帝刘渊堂祖父，前赵大臣。晋武帝任命刘宣为匈奴右部都尉。历任匈奴北部都尉、左贤王，是汉赵（前赵）建国的重要谋臣。传见《晋书》卷一百一。［5］单于徒有虚号：空有单于之名，无丝毫权力，无一点封土。［6］自余王侯：除单于以外的其他匈奴王侯。［7］降同编户：降低成了平民，编入户籍，无高下之分。［8］敛首就役：俯首帖耳地去给别人当奴隶。敛首，俯首，低头，形容非常驯服。［9］奄过百年：匆匆地过完一辈子。奄，忽然，转眼间。［10］左贤王：指刘渊，时为匈奴左贤王。超世：杰出不凡，异乎寻常。［11］苟：假如。［12］虚生此人：白白地降生这么好的一个人才。［13］四海：代指晋朝整个天下。鼎沸：水涌流翻腾的样子，比喻形势纷扰动乱。［14］复呼韩邪之业：恢复呼韩邪单于当年的勋业，重振昔日匈奴雄风。呼韩邪（yé），名稽侯狦，虚闾权渠单于之子，匈奴单于，公元前58年至公元前31年在位。他是西汉宣帝时第一个到中原来朝觐天子的匈奴单于，因迎娶王昭君而广为人所知。因当时匈奴内乱，呼韩邪率领五万人南来投降了汉朝。［15］大单于：匈奴君主的尊号。［16］呼延攸：匈奴族，呼延翼之子。前赵人，官拜宗正。刘渊因他素无才行，终身不令迁官。诣邺告之：到邺城禀告刘渊本人。诣，到，往。［17］会葬：参加族人的葬礼。［18］杂胡：其他少数民族。［19］二镇：指王浚所统领的幽州与司马腾所统领的并州。跋（bá）扈（hù）：霸道、蛮横，独断专行。［20］宿卫：指朝廷禁军。［21］赴国难：意即让他们来援救国家的危难。［22］果可发否：是不是真的能够服从征调。发，征调。［23］就能发之：即使能够调动。［24］鲜卑、乌桓：指与鲜卑、乌桓相互勾结的幽、并二州。［25］当：通"挡"，抵挡，抵御。［26］奉乘舆还洛阳：带着皇帝司马衷到洛阳去。乘

舆，指皇帝的车驾，代指皇帝。避其锋：避开他们的锋芒。［27］徐：慢慢地。传檄：传布声讨的檄文。［28］以逆顺制之：调集全国的力量依仗正义以讨其叛逆。［29］武皇帝：指晋武帝司马炎。［30］远著：远播，远近闻名。［31］难（nàn）发：即发难，起兵。［32］竖子：无知的奴才。［33］东嬴：即东嬴公司马腾。疏属：疏远的皇亲，司马腾是司马懿之弟司马馗的孙子，与司马衷、司马颖的关系已经很远。［34］争衡：争强斗胜，比试高低。［35］一发邺宫：一旦离开邺城，指向南方撤退。发，出发，离开。［36］抚勉士众：抚慰、勉励部众。［37］靖以镇之：稳妥地镇守好邺城。［38］二部：两个匈奴部落的兵力。［39］枭（xiāo）王浚：打败王浚，将王浚的人头悬挂高竿示众。枭，枭首，古代的一种刑罚，把头割下来悬挂在木杆上。［40］二竖：指王浚、东嬴公司马腾。［41］北单于：相当于五部匈奴的首领，并不单指北部匈奴的首领。［42］左国城：匈奴左部所居之城，故址在今山西方山县境内的南村。［43］上大单于之号：意即让刘渊正式即大单于之位。［44］离石：县名，在今山西吕梁市离石区。［45］聪：即刘聪，刘渊之子。鹿蠡王：匈奴王号名，汉时称为“谷蠡王”，地位在左、右贤王之下。［46］左於陆：匈奴王号名。宏：左於陆王之名。［47］会：会同，一道。王粹：王濬之孙。［48］无及：来不及赶到。

王浚、东嬴公腾合兵击王斌[1]，大破之。浚以主簿祁弘为前锋[2]，败石超于平棘[3]，乘胜进军。候骑[4]至邺，邺中大震，百僚奔走，士卒分散。卢志劝颖奉帝还洛阳。时甲士尚有万五千人，志夜部分[5]，至晓将发，而程太妃[6]恋邺不欲去，颖狐疑未决。俄而众溃[7]，颖遂将帐下数十骑与志奉帝御犊车[8]南奔洛阳。仓猝上下无赍[9]，中黄门被囊中赍私钱三千[10]，诏贷之[11]，于道中买饭，夜则御中黄门布被[12]，食以瓦盆[13]。至温[14]，将谒陵[15]，帝丧履[16]，纳[17]从者之履，下拜流涕。及济河[18]，张方自洛阳遣其子罴[19]帅骑三千，以所乘车[20]奉迎帝。至芒山[21]下，方自帅万余骑迎帝。方将拜谒[22]，帝下车自止之。帝还宫，奔散者稍还[23]，百官粗备[24]。辛巳[25]，大赦。

王浚入邺，士众暴掠，死者甚众。使乌桓羯朱[26]追太弟颖，至朝歌[27]，不及。浚还蓟，以鲜卑多掠人[28]妇女，命：“敢有挟藏[29]者斩！”于是，沈于易水[30]者八千人。

东嬴公腾乞师于拓跋猗㐌[31]以击刘渊，猗㐌与弟猗卢[32]合兵击渊于西河[33]，破之，与腾盟于汾东[34]而还。

刘渊闻太弟颖去邺[35]，叹曰："不用吾言，逆自奔溃[36]，真奴才也！然吾与之有言矣，不可以不救。"将发兵击鲜卑、乌桓，刘宣等谏曰："晋人奴隶御我[37]，今其骨肉相残，是天弃彼而使我复呼韩邪之业也。鲜卑、乌桓，我之气类[38]，可以为援，奈何击之！"渊曰："善！大丈夫当为汉高、魏武[39]，呼韩邪何足效哉！"宣等稽首[40]曰："非所及也[41]！"

荆州兵擒斩张昌[42]，同党皆夷三族。

李雄以范长生有名德[43]，为蜀人所重[44]，欲迎以为君而臣之[45]，长生不可[46]。诸将固请雄即尊位[47]。

冬，十月，雄即成都王位，大赦，改元建兴[48]。除晋法，约法七章[49]。以其叔父骧为太傅，兄始[50]为太保，李离[51]为太尉，李云[52]为司徒，李璜[53]为司空，李国[54]为太宰，阎式[55]为尚书令，杨褒[56]为仆射。尊母罗氏为王太后，追尊父特为成都景王。雄以李国、李离有智谋，凡事必咨[57]而后行，然国、离事雄弥谨[58]。

刘渊迁都左国城[59]。胡、晋归之者愈众。渊谓群臣曰："昔汉有天下久长，恩结于民[60]。吾，汉氏之甥[61]，约为兄弟[62]；兄亡弟绍[63]，不亦可乎！"乃建国号曰"汉"。刘宣等请上尊号[64]，渊曰："今四方未定，且可依高祖称汉王[65]。"于是，即汉王位，大赦，改元曰"元熙[66]"。追尊安乐公禅[67]为孝怀皇帝，作汉三祖[68]、五宗神主而祭之[69]。立其妻呼延氏为王后。以右贤王宣为丞相，崔游[70]为御史大夫，左於陆王宏为太尉[71]，范隆为大鸿胪[72]，朱纪为太常[73]，上党崔懿之[74]、后部人陈元达皆为黄门郎[75]，族子曜为建武将军[76]，游固辞不就。

元达少有志操[77]，渊尝招之，元达不答。及渊为汉王，或谓元达曰："君其惧乎[78]？"元达笑曰："吾知其人久矣，彼亦亮吾之心[79]；但恐不过三、二日，驿书[80]必至。"其暮，渊果征元达。元达事渊，屡进忠言，退而削草[81]，虽[82]子弟莫得知也。

曜生而眉白，目有赤光，幼聪慧，有胆量，早孤，养于渊。及长，仪观魁伟[83]，性拓落高亮[84]，与众不群，好读书，善属文[85]，铁厚一寸，射而洞之[86]。常自比乐毅及萧、曹[87]，时人莫之许也，惟刘聪重之，曰："永明[88]，汉世祖[89]、魏武之流，数公[90]何足道哉！"

（以上为第十三段，写氐人李雄在成都建立成汉，改元建兴；匈奴人刘渊建立汉国，自称汉之外甥，建元元熙。）

【注释】

[1]王斌：西晋人，时为成都王司马颖的北中郎将。 [2]主簿：官名，掌管文书案卷的文官。祁弘：西晋著名将领。 [3]平棘：晋县名，县治在今河北赵县东。 [4]候骑：侦察骑兵。 [5]部分：部署分派。 [6]程太妃：司马颖的生母。 [7]俄而：很快地，转眼之间。溃：溃散，逃奔。 [8]御犊车：乘坐着牛车。皂轮犊车是当时诸公的座车，今让惠帝乘此车，以见其如惊弓之鸟，混乱无序。犊，小牛，牛。 [9]仓猝：匆忙，急迫。无赍：没有携带衣食。赍，携带，持。 [10]中黄门：高等侍从宦官。被囊中：被子中。赍：犹言"藏"。 [11]诏贷之：皇帝下令，把他的这些钱借过来。 [12]御中黄门布被：盖着中黄门的布被睡觉。御，用。 [13]食以瓦盆：吃饭用的器皿是瓦制的。 [14]温：晋县名，县治在今河南温县西南。 [15]谒（yè）陵：扫墓。司马氏是温县人，自司马懿以下的诸陵都在洛阳，司马懿的父亲司马防及其以上祖先，全都葬在温县。 [16]丧履：丢失了鞋子。 [17]纳：这里指脚上穿着。 [18]济河：渡过黄河。 [19]罴（pí）：即张罴，张方之子。 [20]以所乘车：用张方自己平常乘坐的车子。这是当时所能找到的最高级的车子了。 [21]芒山：也叫"北芒山"，在河南洛阳市城北的黄河南岸。 [22]拜谒：拜见，参拜。 [23]稍还：陆续回来。 [24]粗备：大略具备。 [25]辛巳：八月十六日。 [26]羯（jié）朱：乌桓族的头领。 [27]朝歌：在今河南淇县。 [28]人：指汉人。 [29]挟藏：挟持，藏匿。 [30]沈于易水：鲜单人既不敢"挟藏"，遂将所掠的妇女投入易水。沈，通"沉"。易水，河名，在今河北易县境内。 [31]拓跋猗（yī）㐌（yǐ）：云中盛乐（今内蒙古和林格尔县）人，拓跋沙漠汗长子，鲜卑索头部首领，公元295年至公元305年在位，北魏皇帝先祖，追谥为桓皇帝。传见《魏书》卷一。 [32]猗卢：即拓跋猗卢，拓跋沙漠汗之子，拓跋猗㐌胞弟。授西部大人，出兵攻打汉赵刘渊，完成部落统一事业，受封大单于、代国王。追谥为穆皇帝。传见《魏书》卷一。 [33]西河：晋郡名，郡治在今山西吕梁市离石区。 [34]汾东：汾河东岸。汾河自山西西北部流来，中经太原、临汾等市，西南流至河津市入黄河。 [35]去邺：离开了邺城。 [36]逆自奔溃：敌人未到，先自逃跑。逆，事先。奔溃，奔逃，逃散。 [37]奴隶御我：像对待奴隶一样地对待我们。御，对待，使用。 [38]气类：同类，意谓鲜卑、乌桓、东胡等民族，与匈奴都有血缘关系，同禀北方的刚强之气而生。 [39]汉高：即汉高祖刘邦。魏武：即魏武帝曹操。 [40]稽首：古代跪拜礼，为九拜中最隆重的一种，常为臣子拜见君父时所用，跪下并拱手至地，头也至地。稽，停留，拖延。 [41]非所及也：我们见识浅，想不到啊。 [42]擒斩张昌：变民首领张昌去年被刘弘的将领陶侃打败，逃到下俊山（今湖南沅陵县境内），今乃被陶侃部

所擒斩。［43］有名德：有名望，有道德。［44］重：尊敬，敬重。［45］臣之：当他的臣属。［46］不可：不同意。［47］即尊位：登基称王。［48］改元建兴：宣布独立，史称成汉（前蜀）。至此，“八王之乱”引起的“大分裂时代”正式揭幕。［49］约法七章：指废去晋法不用，自己与境内流民约定了七条法令。［50］始：即李始，成汉皇帝李雄的大哥。李雄即位为成都王，李始任太保，攻克巴西郡。后任征东大将军，镇守江阳。［51］李离：四川流民首领李特妹夫李含之子，曾为梓潼太守。李雄建立成汉政权后，任命其为太尉。［52］李云：西晋人，四川流民组织的干将，李雄建立成汉政权后，任命其为司徒。［53］李璜：西晋人，四川流民组织的干将，曾被流民首领李特任命为蜀郡太守。李雄建立成汉政权后，任命其为司空。［54］李国：西晋人，四川流民首领李特妹夫李含之子，干将，李雄建立成汉政权后，任命其为太宰。［55］阎式：成汉皇帝李雄的尚书令。［56］杨褒：西晋人，四川流民组织的干将，李雄建立成汉政权后，任命其为仆射。［57］咨：请教。［58］弥谨：越发恭谨。诸李守君臣之分以相保固。［59］迁都左国城：指从离石县迁到左国城。左国城仍在离石县境内，在县城之北。［60］恩结于民：指恩德深入人心，从而人心稳定。［61］汉氏之甥：汉朝皇帝实行“和亲”，曾嫁女于匈奴单于，故刘渊自称“汉氏之甥”。［62］约为兄弟：意谓匈奴单于与汉朝皇帝是兄弟关系。［63］兄亡弟绍：兄长的国家汉朝灭亡了，理应由作为弟弟的匈奴单于来接续。［64］上尊号：指称皇帝。［65］依高祖称汉王：依照汉高祖刘邦的样子，先称“汉王”。刘邦在灭秦后，被项羽封为汉王，后来打败项羽，才建立汉朝，称帝。［66］元熙：是前赵政权汉光文帝刘渊的第一个年号。［67］安乐公禅：即蜀汉后主刘禅。［68］三祖：指汉高祖刘邦，为西汉建立者；汉光武帝刘秀，为东汉建立者；汉昭烈帝刘备，为蜀汉建立者。［69］五宗：指刘恒（西汉文帝太宗）、刘彻（西汉武帝世宗）、刘询（西汉宣帝中宗）、刘庄（东汉明帝显宗）、刘炟（东汉章帝肃宗）。神主：灵牌。［70］崔游：少好学，淡泊财利。晋泰始初年，晋武帝司马炎拜为郎中。年七十余，犹教学不倦，撰《丧服图》，行于世。刘渊迁都左国城，即汉王位，以崔游为御史大夫，固辞不就。卒于家。［71］左於陆：匈奴王号名。宏：左於陆王之名，为刘渊的部属，干将。刘渊即汉王位后，封为太尉。［72］范隆：字玄嵩，雁门人。好学修谨，博通经籍，颇习秘历阴阳之学。后依于刘渊，刘渊称王后，任为大鸿胪。［73］朱纪：匈奴人刘渊的部属，刘渊称王后，任为太常。［74］崔懿之：上党人，匈奴人刘渊的部属，刘渊称王后，为黄门郎。［75］后部：指五部匈奴中的北部，在今山西忻州市一带。陈元达：字长宏，匈奴后部人，匈奴汉国刘渊的重臣。传见《晋书》一百三。［76］族子曜（yào）：即刘曜，字永明，刘渊从子。参与永嘉之乱，覆灭西晋王朝。后镇守长安，拜相国、都督中外诸军事，即帝位，迁都长安，改国号为赵，后为石勒所俘，被杀身亡。传见《晋书》卷一百三。建武将军：杂号将军之名。［77］元达：即陈元达。志操：志向，操守。［78］君其惧乎：你害怕了吗？［79］亮吾之心：明白我的心思。亮，用作动词，明，明白。［80］驿书：驿站传送的书信，这里指刘渊征聘他为官的文书。［81］削草：把草稿销毁。削，删削，销毁。［82］虽：即使。［83］仪观：仪态，仪表。魁伟：身体高大壮实。［84］拓落：磊落豁达，志向宽广。高亮：见识高远。[85]属(zhǔ)文：撰写文章。[86]射而洞之：一箭将其射穿。洞，穿透。[87]乐毅：战国后期燕国杰出将领，曾统帅燕国等五国联军攻打齐国，连下七十余城，报了强齐伐燕之仇。传见《史记》卷八十。萧、曹：即西汉开国功臣，相继为丞相的萧何、曹参。[88]永明：刘曜的字。[89]汉世祖：即汉光武帝刘秀，庙号世祖，谥号光武皇帝。[90]数公：指以上所说的乐毅、萧何、曹参。

帝既还洛阳，张方拥兵专制朝政[1]，太弟颖不得复豫事[2]。豫州都督范阳王虓[3]、徐州都督东平王楙[4]等上言："颖弗克负荷[5]，宜降封一邑[6]，特全其命[7]。太宰宜委以关右之任[8]，自州郡以下，选举授任，一皆仰成[9]；朝之大事，废兴损益，每辄畴咨[10]。张方为国效节[11]，而不达变通[12]，未即西还[13]，宜遣还郡，所加方官，请悉如旧。司徒戎、司空越[14]，并忠国小心，宜干机事[15]，委以朝政。王浚有定社稷之勋[16]，宜特崇重[17]，遂抚幽朔[18]，长为北藩[19]。臣等竭力扞城[20]，藩屏[21]皇家，则陛下垂拱[22]，四海自正矣。"

张方在洛既久[23]，兵士剽掠殆竭[24]，众情喧喧[25]，无复留意[26]，议欲奉帝迁都长安，恐帝及公卿不从，欲须帝出而劫之[27]。乃请帝谒庙[28]，帝不许。

十一月，乙未[29]，方引兵入殿，以所乘车迎帝，帝驰避后园竹中。军人引帝出，逼使上车，帝垂泣从之。方于马上稽首[30]曰："今寇贼纵横[31]，宿卫[32]单少，愿陛下幸臣垒[33]，臣尽死力以备不虞[34]。"时群臣皆逃匿，唯中书监卢志侍侧，曰："陛下今日之事，当一从右将军[35]。"帝遂幸方垒，令方具车[36]载宫人、宝物。军人因妻略后宫[37]，分争府藏[38]，割流苏、武帐[39]为马帴[40]，魏、晋以来[41]蓄积，扫地无遗。方将焚宗庙、宫室，以绝人返顾[42]之心。卢志曰："董卓[43]无道，焚烧洛阳[44]，怨毒[45]之声，百年犹存，何为袭之[46]！"乃止。

帝停方垒三日，方拥[47]帝及太弟颖、豫章王炽[48]等趋长安，王戎出奔郏[49]。太宰颙帅官属步骑三万迎于霸上[50]，颙前拜谒，帝下车止之。帝入长安，以征西府[51]为宫。唯尚书仆射荀藩[52]、司隶刘暾[53]、河南尹周馥在洛阳为留台[54]，承制行事[55]，号东、西台[56]。藩，勖之子也。丙午[57]，留台大赦，改元，复为永安[58]。辛丑[59]，复皇后羊氏。

罗尚移屯巴郡[60]，遣兵掠蜀中，获李骧[61]妻昝氏及子寿[62]。

十二月，丁亥[63]，诏太弟颖以成都王还第[64]；更立豫章王炽为皇太弟。帝兄弟二十五人，时存者惟颖、炽及吴王晏[65]。晏材资庸下，炽冲素[66]好学，故太宰颙立之。诏以司空越为太傅，与颙夹辅帝室，王戎参录[67]朝政。又以光禄大夫王衍为尚书左仆射。高密王略[68]为镇南将军，领司隶校尉，权镇洛阳[69]。东中郎将模[70]为宁北将军，都督冀州诸军事，镇邺。百官各还本职。令州郡蠲除苛政[71]，爱民务本[72]，清通[73]之后，当还东京[74]。大赦，改元[75]。

略、模，皆越之弟也。王浚既去邺，越使模镇之。颙以四方乖离[76]，祸难不已，故下此诏和解之，冀获少安[77]。越辞太傅不受。又诏以太宰颙都督中外诸军事，张方为中领军、录尚书事，领京兆太守[78]。

东嬴公腾遣将军聂玄[79]击汉王渊。战于大陵[80]，玄兵大败。

渊遣刘曜寇太原[81]，取泫氏、屯留、长子、中都[82]。又遣冠军将军乔晞寇西河[83]，取介休[84]。介休令贾浑[85]不降，晞杀之；将纳其妻宗氏，宗氏骂晞而哭，晞又杀之。渊闻之，大怒曰："使天道有知，乔晞望有种乎[86]！"追还[87]，降秩[88]四等，收浑尸，葬之。

（以上为第十四段，继续写晋惠帝永兴元年（304）的史事，主要写晋朝内部继续争斗不休，河间王司马颙的部将张方挟持晋惠帝司马衷到长安，朝廷由司马颙掌控，废黜成都王司马颖皇太弟之位，东海王司马越兴起。）

【注释】

[1]专制朝政：指张方掌控朝政，成都王司马颖被边缘化了。 [2]豫事：干预政事。豫，古同"与"，参与。 [3]虓（xiāo）：即司马虓，司马懿四弟东武城侯司马馗之孙，封范阳王，时为豫州都督。 [4]楙（máo）：即司马楙。 [5]弗克负荷：没有能力担负国家重任。语出《左传》昭公七年："其父析薪，其子弗克负荷。"负荷，负担，重任。 [6]降封一邑：降掉王位，除去封土，只留给他一个县，意即降之为侯。 [7]特全其命：只是保留他的性命。特，仅，只。 [8]太宰：指河间王司马颙。委以关右之任：把函谷关以西的事务交给他负责处理。 [9]一皆仰

成：都由他全权处理。这实际上是剥夺司马颙的相权。仰成，仰首，坐享其成。［10］每辄畴咨：有什么事都去向他征求意见。畴咨，访问，咨询。［11］效节：效力，尽忠。［12］不达变通：不能根据实际情况灵活地处理问题。［13］未即西还：还没有回到西边。当时张方名义上是冯翊（郡治在今陕西大荔县）太守。［14］司徒戎：指王戎。司空越：即司马越，封为东海王，时为司空。［15］宜干机事：应让他们参与朝廷的机要事务，掌管朝政。［16］定社稷之勋：稳定社稷的功勋，指举兵讨伐成都王司马颖。［17］宜特崇重：应当特别推崇与重用。［18］遂抚幽朔：就让他镇抚幽州、朔方，指今河北、山西的北部地区。［19］北藩：国家北方的屏障。［20］扞城：即捍卫国家。城，皇城，代指国家。［21］藩屏：维护，作屏障。［22］垂拱：垂衣拱手，清闲无事的样子。［23］在洛既久：从八月至十月，有两个月之久。［24］剽掠：抢劫，掠夺。殆竭：洛阳城的财富几乎被掠夺得差不多了。竭，尽。［25］众情喧喧：指张方士兵的怨言很多，情绪不定。喧喧，形容声音喧闹的样子。［26］无复留意：不想在洛阳再待下去。［27］欲须帝出而劫之：想等一个皇帝出来的机会劫持他。须，等候。［28］谒庙：拜见太庙。［29］乙未：十一月一日。［30］马上稽首：在马上做了个点头行礼的样子，并不把皇帝当作皇帝看。［31］寇贼纵横：寇贼遍地，到处都是。［32］宿卫：护卫宫廷的军队。［33］幸臣垒：到我的军营里去。垒，营垒，军营。［34］以备不虞：以防止意想不到的事情发生。［35］一从右将军：一切都听右将军张方的安排。言下之意，不同意，又能怎么办呢？右将军，官名，位次上卿，职务或典京师兵卫，或屯兵边境，此指张方。［36］具车：安排车辆。［37］妻略后宫：奸淫抢夺后宫的妃嫔宫女。妻，用作动词，以后宫妃嫔宫女为妻，实际上是奸淫霸占。略，通“掠”，抢掠。［38］分争：瓜分，争夺。府藏：皇家府库的储存。［39］流苏：指宫廷床帐或仪仗幡车上的穗子，用五彩羽毛或丝线制成。武帐：皇帝所用帐幔的一种，因宫中陈列兵器，故称“武帐”。［40］马帴（jiān）：马鞍下面的垫子。帴，古同“鞯”，鞍垫。［41］魏、晋以来：自曹丕登位（220）到此时，共八十余年。［42］返顾：回头，指留恋洛阳。［43］董卓：字仲颖，东汉末年献帝时军阀、权臣，扰乱西京。后司徒王允设反间计，使大将吕布杀死董卓。［44］焚烧洛阳：董卓曾胁迫汉献帝刘协迁居长安未央宫，在洛阳放火焚烧宫殿、官府、民宅，趁机搜刮财物，使洛阳成为废墟。［45］怨毒：怨恨，悲愤。［46］何为袭之：怎么能又接着干董卓所干的事情呢！袭，沿袭，继续。［47］拥：簇拥，挟持。［48］豫章王炽（chì）：即司马炽，字丰度，西晋第三位皇帝，公元307年至公元311年在位，晋武帝司马炎第二十五子。时为豫章王，后拜镇北大将军，被册封为皇太弟。即位为帝，汉昭武帝刘聪攻破洛阳，被俘，以为仪同三司，封会稽郡公。传见《晋书》卷五。［49］郏（jiá）：县名，在今河南郏县，离洛阳市不远。［50］霸上：地名，在今陕西西安市东，因地处霸水西高原上得名。［51］征西府：征西将军司马颙的府衙。［52］荀藩：字泰坚，司徒荀勖之子，西晋大臣，官至司空。西晋末年晋怀帝被俘后，在阳城传檄四方，推琅邪王司马睿为盟主，又承制任命各地实力派为官，暂时稳定了破败的中原局势。传见《晋书》卷三十九。［53］刘暾（tūn）：字长升，西晋大臣，尚书左仆射刘毅之子。时为司隶校尉，后官至右光禄大夫，遭石勒所杀。传见《晋书》卷四十五。［54］留台：朝廷的留守机关。［55］承制行事：以皇帝的名义处理行政事务。［56］号东、西台：洛阳为东台，长安为西台。［57］丙午：十一月十二日。［58］复为永安：将年号改为永安。永安元年七月改元建武元年，同年十一月复称永安。［59］辛丑：十一月七日。［60］巴郡：郡治在今重庆市。［61］李骧（xiāng）：李雄之叔，时为成国的太傅。［62］寿：即李寿，字武考，成武帝李雄堂弟，成汉第四位皇帝。传见《晋书》卷一百二十一。［63］丁亥：十二月二十四日。［64］还第：返回府第。［65］吴王晏：即司马晏，字平度，晋武帝司马炎第二十三子，受封吴王。传见《晋书》卷六十四。［66］冲素：冲淡，纯朴。［67］参录：参与管理。［68］高密王略：即司马略，一作司马简，字元简，高密文献王司马泰第三子，承袭高密王。传见《晋书》卷九十。［69］权镇洛阳：临时镇守洛阳。［70］模：即司马模，字元表，高密文献王司马泰第四子，时为东中郎将，镇守邺城，后升镇东大将军，镇守许昌，进封南阳王。杀害河间王司马颙及其三子。传见《晋书》卷三十七。［71］蠲除苛政：废除苛暴的政令。蠲（juān），废除。［72］务本：努力发展农业生产。本，农业，与工商业之称“末”相对而言。［73］清通：局势太平，道路畅通。［74］东京：指洛阳。［75］改元：改元“永兴”。［76］乖离：相互矛盾，互不统属。［77］冀：希冀，希望。少安：稍微安定一点。少，通“稍”，稍微，稍许。［78］京兆太守：长安地区的行政长官，级别同于郡守。［79］聂玄：西晋官员，曾为将军，领兵攻打匈奴汉王刘渊。［80］大陵：县名，县治在今山西文水县东北。［81］寇：寇略，侵略。太原：诸侯国名，都城晋阳，在今山西太原市西南。［82］泫（xuàn）氏、屯留、长子、中都：均为晋县名。泫氏，县治在今山西高平市。屯留，县治在今山西长治市屯留区南。长子，县治在今山西长子县西。中都，县治在今山西平遥县西南。［83］乔晞（xī）：匈奴汉王刘渊的部将，以残暴闻名。西河：晋郡名，郡治在今山西吕梁市离石区。［84］介休：县名，县治在今山西介休市东南。［85］贾浑：西晋官员，曾任介休县县令。［86］望有种乎：还能希望自己有后代吗？因为乔晞太残虐无道了。种，指子孙、后裔。［87］追还：从前线将其调回。［88］降秩：降级。秩，古代官职级别。

【点评】

西晋八王之乱背景。“八王之乱”导致西晋灭亡。本书在卷八十七中点评。

所谓八王之乱，是司马氏亲王为争夺朝局掌控权而引发的一场旷日持久的动乱，历时16年，其严重后果是导致了西晋灭亡，以及近300年的中国大分裂乱局。参加动乱的司马氏亲王不只八人，所谓“八王”实际上是指卷入这场动乱的八个核心人物。他们分别是：汝南王司马亮、楚王司马玮、赵王司马伦、齐王司马冏、长沙王司马乂、成都王司马颖、河间王司马颙、东海王司马越。

西晋八王之乱有着深刻的主客观历史原因。

其一，封王制度，政体失衡。秦并六国，废分封，立郡县，已做了历史总结，春秋战国的长期纷争，就是“以有诸侯也”。西汉分封，景帝时有七国之乱。西晋分封，产生“八王之乱”是必然的。西晋分封是导致乱局的客观原因。晋武帝司马炎在建国之初，总结魏国灭亡的原因，是宗族实力太弱，特别是曹爽集团覆灭后，朝政大权完全被司马家控制。

其二，八王得势骄狂，福禄不保。得胜上位，就得意忘形，拉帮结派，排斥异己，腐化堕落，糜烂不堪。八王利用自己所掌握的主持朝政的大权，追求个人的无限利益和享受；沉迷女色，荒废政事，结果又让其他野心家有了攻打的借口。

卷八六　晋纪八

晋惠帝永兴二年至晋怀帝永嘉二年（305—308年）

【起旃蒙赤奋若（乙丑，305年），尽著雍执徐（戊辰，308年），凡四年】

【大事提要】

本卷记事起公元305年，讫公元308年，凡四年，当晋惠帝永兴二年至晋怀帝永嘉二年。本卷所载大事，主要是五个方面：其一，八王之乱终结。东海王司马越起兵，成为天下盟主，率领各路诸侯，并动用外族力量，打败了权倾朝野的成都王司马颙，护送惠帝司马衷从长安回到旧都洛阳。而后，又一个实力强大的成都王司马颖被俘获，而后被赐死，终结八王之乱，由司马越掌控朝局。其二，李雄称帝。成都天师道首领范长生劝巴氐族人首领李雄称帝。李雄于公元306年即皇帝位，赦免境内罪犯，定都成都，建国号大成，改元晏平，史称“成汉”。当时李雄意图招引远方之人，而国家用度不足，不少将领们往往进献金银珍宝而得到官职。其三，司马衷去世。惠帝司马衷于公元307年在洛阳皇宫中中毒身亡，享年48岁，解脱了他的苦难岁月，结束了他的历史使命。相传司马衷被东海王司马越毒杀，死后葬于太阳陵，谥号孝惠皇帝，其弟司马炽即位，改元永嘉，后世称为晋怀帝，司马越掌控朝局。其四，司马睿出镇建业。琅邪王司马睿为司马懿的曾孙，五子司马伷的孙子，封为琅邪王，后迁为安东将军、都督扬州诸军事，公元307年出镇建业。由于他是皇室疏属，素无名望，又无业绩，不被江东豪族士人看好。他以安东司马王导为心腹谋臣，逐步赢得江东人归心。其五，刘渊称帝。匈奴贵族刘渊趁着天下大乱，自立为帝，建立国号为“汉”的割据政权。他把都城设在平阳，而他心中的都城，却是洛阳。他有远大志向，善于收买人心，带领儿子刘聪，数次向晋都洛阳发起进攻，遭到司马越率军抵抗，每次都止步于洛阳城外。

孝惠皇帝下

永兴二年（乙丑，305 年）

夏，四月，张方废羊后[1]。

游楷等攻皇甫重[2]，累年不能克[3]，重遣其养子昌[4]求救于外。昌诣司空越[5]，越以太宰颙[6]新与山东连和[7]，不肯出兵。昌乃与故殿中人杨篇诈称越命[8]，迎羊后于金墉城[9]。入宫，以后令发兵讨张方，奉迎大驾[10]。事起仓猝，百官初皆从之；俄[11]知其诈，相与[12]诛昌。颙请遣御史宣诏喻重令降。重不奉诏，先是城中不知长沙厉王[13]及皇甫商[14]已死，重获御史驺人[15]，问曰："我弟将兵[16]来，欲至未？"驺人曰："已为河间王[17]所害。"重失色[18]，立杀驺人[19]。于是，城中知无外救，共杀重以降。颙以冯翊太守张辅为秦州刺史[20]。

六月，甲子[21]，安丰元侯王戎薨于郏[22]。

张辅至秦州，杀天水太守封尚[23]，欲以立威；又召陇西太守韩稚[24]，稚子朴勒兵[25]击辅，辅军败，死。凉州司马杨胤[26]言于张轨[27]曰："韩稚擅杀刺史，明公杖钺一方[28]，不可不讨。"轨从之，遣中督护氾瑗[29]帅众二万讨稚，稚诣轨降。未几[30]，鲜卑若罗拔能[31]寇凉州，轨遣司马宋配[32]击之，斩拔能，俘十余万口，威名大振。

汉王渊攻东嬴公腾[33]，腾复乞师于拓跋猗㐌[34]，卫操[35]劝猗㐌助之。猗㐌帅轻骑数千救腾，斩汉将綦毋豚[36]。诏假猗㐌大单于[37]，加操右将军。甲申[38]，猗㐌卒，子普根[39]代立。

（以上为第一段，写晋朝边境之事，皇甫重据城防守，河间王司马颙派遣金城太守游楷率兵攻打，被杀；凉州刺史张轨派遣司马宋配攻打鲜卑首领若罗拔能，被斩杀。）

【注释】

[1]废羊后：晋惠帝皇后羊献容已是第三次被废。 [2]游楷：西晋官员，时任金城郡（郡治在今甘肃兰州市）的太守，与西晋宗室、河间王司马颙为一党。皇甫重：字伦叔，秦州刺史。八王之乱中，与弟弟皇甫商一起依附长沙王司马乂，被河间王司马颙所攻，兵败被杀。传见《晋书》卷六十。 [3]累年不能克：游楷等自太安二年（303）攻秦州刺史皇甫重，至今首尾三年。 [4]昌：

即皇甫昌，秦州刺史皇甫重的养子、部将。［5］诣：到，往。越：即司马越，晋惠帝至晋怀帝时期权臣，八王之乱参与者之一。八王之乱后，立太弟司马炽为皇帝，自任太傅辅政。传见《晋书》卷五十九。［6］太宰颙（yóng）：即河间王司马颙，字文载，袭爵安平王，八王之乱的八王之一。时为太宰。传见《晋书》卷五十九。［7］新：刚刚。山东：崤山以东，与当时所谓关东含义相同，此指关东地区的军阀司马越之党。连和：和解，见于去年（304）司马颙所发布的一连串任命司马越等人的诏书。此时晋惠帝司马衷正在长安，被司马颙控制。［8］故殿中人：曾在禁卫军供职的人，此时在洛阳，属所谓"东台"。杨篇：西晋人，曾为皇宫禁卫军。诈称：假称，谎说。［9］金墉城：是洛阳城西北角的一个小城。魏明帝曹叡时筑，魏晋时被废的帝、后都安置于此。［10］奉迎大驾：奉迎惠帝司马衷回洛阳。按：当时晋惠帝被张方裹挟在长安。［11］俄：后来，不久。［12］相与：彼此联合。［13］长沙厉王：即司马乂。传见《晋书》卷五十九。［14］皇甫商：西晋大臣。皇甫重之弟，此时为司马乂一党，被司马颙攻杀。［15］获御史驺（zōu）人：抓到御史的马夫。［16］将兵：率领救兵。［17］河间王：即司马颙。［18］失色：大惊失色，因惊恐而改变脸色。［19］立杀驺人：立刻诛杀马夫灭口，以免走漏风声。［20］冯翊（yì）：郡名，郡治在今陕西大荔县。张辅：字世伟，冯翊太守，河间王司马颙被雍州刺史刘沈打败，张辅领兵营救，将刘沈击败，升为秦州刺史。［21］甲子：六月四日。［22］安丰元侯王戎：王戎被封为安封县侯，谥号为"元"。郏（jiá）：县名，在今河南郏县，靠近洛阳市。王戎闻晋惠帝司马衷被张方挟持至长安，奔郏避乱。［23］天水：郡名，郡治在今甘肃天水市，亦是秦州治所。封尚：西晋天水太守。被秦州刺史张辅所杀。［24］韩稚：西晋东羌校尉、陇西太守。［25］朴：即韩朴，西晋人，陇西太守韩稚之子。勒兵：调集布置军队。［26］凉州：州治姑臧，在今甘肃武威市。司马：官名，主管军事。杨胤（yìn）：西晋凉州司马。［27］张轨：字士彦，安定乌氏（今甘肃平凉市）人，凉州地区军阀，前凉开国君主，公元301年至公元314年在位。传见《晋书》卷八十六。［28］杖钺（yuè）一方：掌握一个地方的军事大权。钺，是帝王授予大将的大斧，表示有生杀之权。［29］中督护：官名，是将军帐下的中级武官，地位高于一般督护。氾（fàn）瑗（yuàn）：字彦玉，西晋敦煌人，得到凉州刺史张轨重用为中督护。［30］未几：没过多久。［31］若罗拔能：鲜卑首领秃发树机能的部将。曾斩杀晋朝凉州刺史杨欣于武威。后侵袭凉州，凉州刺史张轨派司马宋配讨伐，最终被斩杀。［32］宋配：字仲业，西晋敦煌人，被凉州刺史张轨任为谋主。曾率兵攻打鲜卑将领若罗拔能，斩之，俘虏十余万，屡立战功，官至西平太守。［33］汉王渊：即汉赵开国皇帝刘渊。东嬴公腾：即司马腾，字元迈，司马懿四弟东武城侯司马馗之孙，初封东嬴公，晋封新蔡王。传见《晋书》卷三十七。［34］拓跋猗（yī）㐌（yǐ）：鲜卑索头部首领，北魏皇帝先祖。传见《魏书》卷一。［35］卫操：字德元，代人。年少时旷达任侠，有才能，有韬略，西晋右将军，是最早投附拓跋部的汉族士人，为拓跋猗㐌谋主，劝其尊奉晋室。传见《魏书》卷二十三。［36］綦（qí）毋豚：汉赵将领，被鲜卑人斩杀。［37］诏假：下诏授予。假，加，授予。大单于：匈奴君主的尊号。［38］甲申：六月二十四。［39］普根：即拓跋普根，北魏皇帝先祖之一，统一索头部。北魏建立后，追封为“景皇帝”。

东海中尉刘洽[1]以张方劫迁车驾[2]，劝司空越起兵讨之。秋，七月，越传檄山东征、镇[3]、州、郡，云：“欲纠帅义旅[4]，奉迎天子，还复旧都[5]。”东平王楙[6]闻之，惧；长史王修[7]说楙曰：“东海[8]，宗室重望[9]，今兴义兵，公宜举徐州以授之[10]，则免于难，且有克让之美矣[11]。”楙从之。越乃以司空领徐州都督，楙自为兖州[12]刺史；诏即遣使者刘虔授之[13]。是时，越兄弟并据方任[14]，于是，范阳王虓[15]及王浚[16]等共推越为盟主[17]，越辄[18]选置刺史以下，朝士[19]多赴之。

成都王颖既废[20]，河北人多怜之[21]。颖故将公师藩[22]等自称将军，起兵于赵、魏[23]，众至数万。初，上党武乡羯人石勒[24]，有胆力，善骑射。并州[25]大饥，建威将军阎粹说东嬴公腾，执诸胡于山东[26]，卖充军实[27]。勒亦被掠，卖为茌平人师欢奴[28]，欢奇其状貌而免之[29]。欢家邻于马牧[30]，勒乃与牧帅汲桑结壮士为群盗[31]。及公师藩起，桑与勒帅数百骑赴之[32]。桑始命勒以石为姓，勒为名。藩攻陷郡县，杀二千石、长吏[33]，转前[34]，攻邺[35]。平昌公模[36]甚惧。范阳王虓遣其将苟晞[37]救邺，与广平太守谯国丁绍共击藩[38]，走之。

八月，辛丑[39]，大赦。

司空越以琅邪王睿为平东将军[40]，监徐州诸军事，留守下邳[41]。睿请王导[42]为司马，委以军事。越帅甲士三万，西屯萧县[43]；范阳王虓自许屯于荥阳[44]。越承制[45]以豫州刺史刘乔为冀州刺史，以范阳王虓领豫州刺史；乔以虓非天子命，发兵拒之。虓以刘琨[46]为司马，越以刘蕃为淮北护军[47]，刘舆为颍川[48]太守。乔上尚书[49]，列舆兄弟罪恶，因引兵攻许[50]，遣长子祐将兵拒越于萧县之灵壁[51]，越兵不能进。东平王楙在兖州，征求不已[52]，郡县不堪命[53]。范阳王虓遣苟晞还兖州，徙楙都督青州[54]。楙不受命，背山东诸侯[55]，与刘乔合。

太宰颙闻山东兵起，甚惧。以公师藩为成都王颖起兵，壬午[56]，表[57]颖为镇军大将军、都督河北诸军事，给兵千人；以卢志为魏郡[58]太守，随颖镇邺，欲以抚安之[59]。又遣建武将军吕朗屯洛阳。

颙发诏[60]，令东海王越等各就国，越等不从。会得刘乔上事[61]，冬，十月，丙子[62]，下诏称："刘舆迫胁范阳王虓，造构凶逆[63]。其令镇南大将军刘弘[64]、平南将军彭城王释[65]、征东大将军刘准[66]，各勒所统[67]，与刘乔并力；以张方为大都督，统精卒十万，与吕朗共会许昌，诛舆兄弟。"释，宣帝[68]弟子穆王权[69]之孙也。

（以上为第二段，写晋惠帝司马衷被挟持长安后，司马氏诸王的纷争仍在继续，东海王司马越为盟主，发布檄文，要把晋惠帝司马衷迎回洛阳，而河间王司马颙发令阻止。）

【注释】

[1]刘洽：东海王司马越的中尉。 [2]劫迁车驾：劫持晋惠帝司马衷从洛阳迁移到长安。车驾，皇帝乘坐的车子，代指皇上。 [3]征、镇：指"四征将军""四镇将军"，镇守四方的高级将领。 [4]纠帅义旅：集合、统领各方为正义而战的军队。帅，通"率"，率领，统率。义旅，义军，伸张正义的军队。 [5]还复旧都：重新回到洛阳。 [6]东平王楙（mào）：即司马楙，字孔伟，封东平王，为平东将军、都督徐州诸军事，镇守下邳。后被杀。传见《晋书》卷三十七。 [7]王修：东平王司马楙府长史。 [8]东海：指东海王司马越，八王之乱的八王之一。 [9]宗室重望：有崇高威望的皇族人物。 [10]授之：给予他，让给他。 [11]克让：能够谦让。美：美名，好的名声。 [12]兖（yǎn）州：州名，大体位于古黄河和济水之间，晋时州治郓城，在今山东郓城县西北。 [13]遣使者刘虔（qián）授之：下面自己做好了交易，司马越再让朝廷派人履行委任手续。刘虔，朝廷使者。 [14]并据方任：都握有一方的大权。时司马越都督徐州，弟司马略都督青州，司马模都督冀州。 [15]范阳王虓（xiāo）：即司马虓（268—306），字武会，司马懿四弟东武城侯司马馗之孙，封范阳王。后为征南将军、豫州刺史、骠骑将军、都督河北诸军事，官至司徒、司空。传见《晋书》卷三十七。范阳王，封地范阳郡，王都涿县，在今河北涿州市。 [16]王浚：字彭祖，骠骑将军王沈之子。历任右军将军，迁东中郎将、许昌镇将，迁宁北将军、青幽二州刺史。长期驻防北方疆土，镇抚北方边族。传见《晋书》卷三十九。 [17]盟主：古代诸侯会盟的领袖或主持者，泛指同盟领袖或倡导者。 [18]辄：每，总是。 [19]朝士：指没有跟从惠帝司马衷前往长安的朝廷官员。 [20]成都王颖：即司马颖，封为成都王，为平北将军，镇守邺城。传见《晋书》卷五十九。既废：被剥夺一切权力。 [21]多怜之：司马颖镇守邺城初期，在卢志辅佐下，有声誉，后虽因骄侈专权，遭到反对，但河北人民厌乱而思旧，所以同情司马颖。怜，哀怜，思念。 [22]公师藩：成都王司马颖的旧将。 [23]赵、魏：战国时期国名，后成为地区名，赵指今河北南部的邯郸市一带，魏指今河南东部开封市一带。 [24]石勒：字世龙，上党武乡（今山西榆社县西北）人，羯人首领，后赵开国皇帝，公元330年至公元333年在位。传见《晋书》卷

一百四。［25］并州：州治晋阳，在今山西太原市西南。［26］执诸胡于山东：抓获少数民族的人运送到太行山以东地区。执，捕捉，抓捕。山东，此指太行山之东。［27］卖充军实：卖了他们，以购买军需物资。［28］卖为茌平人师欢奴：卖到茌平县的师欢家中为奴。茌（chí）平，县名，县治在今山东聊城市茌平区西。师欢，人名。［29］奇其状貌：看到他的相貌奇特。免之：不让他当奴隶了。［30］马牧：官家的牧马场。［31］牧帅：管理牧马场的头领。汲（jí）桑：清河贝丘（今山东聊城市茌平区）人，农民起义军首领。为人残忍少恩。永嘉元年（307），以石勒为扫虏将军，攻打郡县，释放囚徒，攻占邺城（今河北临漳县），杀死新蔡王司马腾。后为兖州刺史苟晞所败，被杀。结：聚集。［32］赴之：前往投奔。［33］二千石：指郡太守。长吏：指郡都尉一级的长官。［34］转前：转战而前。［35］邺：即邺城，故址在今河北临漳县西南一带，曹操为魏公时建之，历为后赵、冉魏、前燕、东魏、北齐的都城。［36］平昌公模：即司马模，字元表，司马懿四弟东武城侯司马馗之孙，高密文献王司马泰第四子，东海孝献王司马越之弟。曾为北中郎将，镇守邺城。传见《晋书》卷三十七。司马模当时为冀州都督，驻兵信都，在今河北衡水市冀州区。平昌公，司马模的封号。平昌，县名，在今四川巴中市。［37］苟晞：字道将，范阳王司马虓部将。传见《晋书》卷六十一。［38］广平：郡名，郡治广平，在今河北鸡泽县东南。丁绍：一作“丁邵”，字叔伦，谯国谯（今安徽亳州市）人，西晋大臣。官至广平太守。投靠南阳王司马模，拜使持节、宁北将军、监冀州诸军事、冀州刺史。后暴疾而亡。［39］辛丑：八月庚申朔，没有辛丑日，记载有误。［40］琅邪王睿：即司马睿，东晋开国皇帝，即日后的晋元帝。传见《晋书》卷六。平东将军：将军名号，“四平将军”之一，负责东方军事事务。［41］下邳：晋县名，县治在今江苏睢宁县西北。［42］王导：字茂弘，东晋的开国元勋。传见《晋书》卷六十五。［43］萧县：县名，在今安徽萧县。［44］自许屯于荥阳：由许昌移兵屯驻到荥阳。许，许昌，是范阳王虓的大本营所在地，在今河南许昌市东。荥阳，县名，在今河南荥阳市东北之古荥镇。［45］承制：秉承皇帝旨意而便宜行事。［46］刘琨（kūn）：字越石，中山魏昌（今河北无极县）人，晋朝大臣。传见《晋书》卷六十二。［47］刘蕃：刘琨之父，官至光禄大夫。传见《晋书》卷六十二。淮北：郡名，在今安徽淮北市。护军：官名，部队的监督官员。［48］刘舆：字庆孙，刘琨之兄，西晋大臣。传见《晋书》卷六十二。颍川：郡名，郡治在今河南许昌市东。［49］乔上尚书：刘乔上书给尚书省。尚书，即尚书省，是综理全国政务的中央行政机构。［50］许：即颍川郡治许昌，在今河南许昌市东。［51］祐：即刘祐，西晋将领，其时镇守萧县的灵壁，阻挡西攻长安的司马越大军，后被击杀。灵壁：邑名，在今安徽灵璧县。壁，通“璧”。［52］征求不已：没完没了地征收赋税。［53］不堪命：不能忍受，无法活下去。［54］青州：州治在今山东淄博市。［55］背：背叛。山东诸侯：崤山之东的司马氏诸王。［56］壬午：八月二十三日。［57］表：上书推荐。［58］卢志：字子道，成都王司马颖的心腹谋士。被杀。传见《晋书》卷四十四。魏郡：晋郡名，郡治邺县，即成都王司马颖的大本营所在地，在今河北临漳县西南。［59］抚安之：指抚慰公师藩。［60］颙发诏：以皇帝司马衷的名义颁发诏书。［61］会：恰值。上事：上书，指举报东海王司马越起兵及列举刘舆、刘琨罪恶的事情。[62]丙子：十月十八日。[63]造构凶逆：制造叛乱。构，构造，组合。凶逆，谋逆，叛乱。[64]刘弘：字和季，沛国相县（今安徽濉溪县）人，西晋名将。传见《晋书》卷六十六。刘弘当时都督荆州。[65]彭城王释：即司马释，彭城元王司马植之子，司马越的堂兄弟，继位彭城王，官至南中郎将、持节、平南将军。传见《晋书》卷三十七。[66]刘准：西晋官员，曾为征东大将军，时都督扬州。[67]各勒所统：各自率领自己所辖的军队。勒，勒兵，统领。[68]宣帝：即司马懿。传见《晋书》卷一。[69]弟子穆王权：即司马权，字子舆，司马懿四弟东武城侯司马馗之子。西晋建立后获封彭城王，任北中郎将、都督邺城守诸军事。

丁丑[1]，颙使成都王颖领将军刘褒等，前车骑将军石超领北中郎将王阐等据河桥[2]，为刘乔继援；进乔镇东将军，假节[3]。

刘弘遗乔及司空越书，欲使之解怨释兵，同奖[4]王室，皆不听。弘又上表曰："自顷[5]兵戈纷乱，猜祸锋生[6]，疑隙构于群王[7]，灾难延于宗子[8]。今日为忠，明日为逆，翩其反[9]，而互为戎首[10]。载籍以来[11]，骨肉之祸未有如今者也，臣窃悲之！今边陲无备豫之储[12]，中华有杼轴之困[13]，而股肱之臣[14]，不惟国体[15]，职竞寻常[16]，自相楚剥[17]。万一四夷[18]乘虚为变，此亦猛虎交斗，自效于卞庄[19]者矣。臣以为宜速发明诏[20]诏越等，令两释猜嫌[21]，各保分局[22]。自今以后，其有不被诏书[23]，擅兴兵马者，天下共伐之。"时太宰颙方拒关东[24]，倚乔为助，不纳其言。

乔乘虚袭许，破之。刘琨将兵救许，不及，遂与兄舆及范阳王虓俱奔河北[25]；琨父母为乔所执。刘弘以张方残暴，知颙必败，乃遣参军刘盘为都护，帅诸军受司空越节度。

时天下大乱，弘专督江、汉[26]，威行南服[27]。谋事有成者，则曰"某人之功"；如有负败[28]，则曰"老子[29]之罪"。每有兴发[30]，手书守相[31]，丁宁款密[32]。所以人皆感悦[33]，争赴之[34]，咸曰："得刘公一纸书，贤于十部从事[35]。"前广汉太守辛冉[36]说弘以从横之事[37]，弘怒，斩之。

有星孛于北斗[38]。

平昌公模遣将军宋胄趣河桥[39]。

十一月，立节将军周权，诈被檄[40]，自称平西将军[41]，复立羊后[42]。洛阳令何乔攻权，杀之，复废羊后[43]。太宰颙矫诏[44]，以羊后屡为奸人所立，遣尚书田淑敕留台赐后死[45]。诏书屡至，司隶校尉刘暾等上奏，固执[46]以为："羊庶人门户残破[47]，废放空宫，门禁峻密[48]，无缘得与奸人构乱[49]；众无愚智，皆谓其冤。今杀一枯穷[50]之人，而令天下伤惨[51]，何益于治！"颙怒，遣吕朗收[52]暾。暾奔青州[53]，依高密王略[54]。然羊后亦以是得免。

十二月，吕朗等东屯荥阳[55]，成都王颖进据洛阳。

刘琨说冀州刺史太原温羡[56]，使让位于范阳王虓。虓领冀州，遣琨诣幽州乞师于王浚；浚以突骑资之[57]，击王阐于河上，杀之。琨遂与虓引兵济河，斩石超于荥阳。刘乔自考城[58]引退。虓遣琨及督护田徽东击东平王楙于廪丘[59]，楙走还国[60]。琨、徽引兵东迎越，击刘祐于谯[61]。祐败死，乔众遂溃，乔奔平氏[62]。司空越进屯阳武[63]，王浚遣其将祁弘帅突骑、鲜卑、乌桓为越先驱[64]。

（以上为第三段，写晋朝督管江汉的有识之士刘弘力求调解太宰司马颙与东海王司马越的争端，并上书晋惠帝，不被采纳，他认为司马颙必败，加入司马越阵营。）

【注释】

[1]丁丑：十月十九日。[2]河桥：洛阳城东北的黄河大桥，在今河南孟州市南。[3]假节：假，通"借"。节，代表皇帝身份，凡持节的使臣，就代表皇帝亲临，象征皇帝与国家，可行使皇权。[4]同奖：共同辅佐。[5]顷：前不久，近来。[6]猜祸锋生：由于互相猜忌而造成兵连祸结。锋生，即蜂群，极言其多。锋，通"蜂"。[7]疑隙：相互猜疑，形成矛盾。构于群王：在各诸侯王之间结下怨仇。构，构陷，结怨。[8]延于宗子：波及皇族的子弟，形成各党、各派、各系。[9]翩其反：没有是非标准，刚刚还把手言欢，顷刻间就变为仇敌。语出《诗经·角弓》："骍骍角弓，翩其反矣。"刘弘这里引用，以形容现实的动乱之多、变化之快。翩，旋转舞动，形容乱哄哄的样子。[10]互为戎首：此起彼伏地挑起战端。[11]载籍以来：自有历史记载以来。[12]边陲：边地，边疆。无备豫之储：没有以防不测的库存的粮食。备豫，预备，准备。豫，通"预"。[13]中华：指中原、内地。有杼轴之困：指织出的布匹不够人穿。杼（zhù），旧时织机的梭子。轴，亦作"柚"，织机上用来绕经纱的圆轴。[14]股肱之臣：指朝廷中的骨干大臣。股肱（gōng），大腿和胳膊，比喻左右辅佐之臣。[15]不惟国体：不考虑国家的大事情。惟，思考，考虑。[16]职竞寻常：为了一点小小的私利而争斗不休。职竞，专事竞逐。职，主。竞，

争。寻常，平常小事，些小的利益。旧时八尺为寻，倍寻为常。［17］楚剥：残酷吞剥。楚，痛。［18］四夷：古代对中原周边各族的泛称，即东夷、南蛮、北狄和西戎的合称。［19］自效于卞庄：自己给卞庄送上门去。卞庄，古代的勇士，有一天他同时遇到两只虎，遂挑动两虎互相争斗，待至两败俱伤，趁势将其同时获取。［20］明诏：公开的诏示。［21］两释猜嫌：双方都去除猜忌、嫌怨的心意。［22］各保分局：各自保守好自己的辖地。［23］不被诏书：没有接到皇帝诏书。被，接受。［24］方拒关东：正跟关东的东海王司马越等人的军事力量相对抗。关东，指函谷关以东地区。［25］俱奔河北：都投奔河北地区的成都王司马颖。［26］江、汉：指今湖北一带的长江、汉水流域。［27］南服：即南方地区。服，指服事天子。［28］负败：失败。［29］老子：犹言"老儿""老叟"，当时人谦指自己。［30］兴发：兴师动众，征调赋税。［31］手书守相：亲自写信给自己治下的郡守和封国宰相。［32］丁宁：即叮咛，再三嘱咐。款密：亲切，详细。［33］感悦：感动，喜悦。［34］争赴之：先恐后地去投归他。［35］贤于十部从事：比任刺史手下的十个从事史都强。贤于，胜于。［36］辛冉：西晋广汉太守，曾劝益州刺史罗尚除掉流民首领李特，激起李特等流民之变。事见《资治通鉴》卷八十四晋惠帝永宁元年（301）。后与李特交兵，屡战屡败，突围后逃往德阳，再后劝镇南将军刘弘割据一方，被斩。［37］说弘以从横之事：隐指劝说刘弘割据称王。从横，任意横行，不受约束，指反叛朝廷。从，通"纵"。［38］有星孛于北斗：有彗星出现在北斗星附近，古人把彗星出现看成是将有大乱的征兆。孛（bèi），指彗星光芒四射的样子。［39］宋胄：西晋将领，曾为平昌将军。趣河桥：意即进攻河桥。趣，同"趋"，奔赴。时河间王司马颙委派石超、王阐等守卫河桥。［40］诈被檄：假称是听从东海王司马越的命令。檄，檄文，古代官府用以征召或声讨的文书。［41］平西将军："四平将军"之一，主管西方军事事务。［42］复立羊后：这是羊皇后第四次被立。羊后，即羊献容，先后为晋惠帝司马衷和汉赵国刘曜的皇后。八王之乱时，历经五废六立。后汉军攻陷洛阳，被俘，被刘曜强纳为妾，立为皇后，生下三子。谥号献文皇后。传见《晋书》卷三十一。［43］复废羊后：这是羊皇后的第四次被废黜。［44］矫诏：假传惠帝司马衷的意旨。［45］田淑：西晋尚书。敕：敕令，下令。留台：留守洛阳的朝廷，当时也称"东台"。［46］固执：坚持，坚持自己的意见。［47］门户残破：指其父羊玄之前已因被讨忧惧而死。［48］门禁峻密：戒备森严。峻密，严厉，周密。［49］构乱：勾结作乱。构，构造，组合。［50］枯穷：潦倒穷愁，走投无路。［51］伤惨：伤心，凄惨。［52］收：收捕，逮捕。［53］青州：州治临淄，在今山东淄博市临淄区。［54］高密王略：即司马略，一作司马简，字元简，东海孝献王司马越之弟。曾为使持节、都督荆州诸军事、征南大将军、开府仪同三司。传见《晋书》卷九十。［55］荥阳：县名，县治在今河南荥阳市东北之古荥镇。［56］温羡：字长卿，太原祁县（今山西祁县）人，任冀州刺史。传见《晋书》卷四十四。［57］以突骑资之：调拨给他一些精锐骑兵。突骑，用于冲锋陷阵的精锐骑兵。资，助，送。［58］考城：县名，县治在今河南兰考县东南。［59］田徽：范阳王司马虓的督护。廪（lǐn）丘：县名，县治在今山东郓城县西北，时为兖州的州治所在地。［60］走还国：逃回到他的封国，在今山东东平县。［61］刘祐：西晋南阳人，左将军刘乔长子，在西晋之乱中战死。谯（qiáo）：县名，在今安徽亳州市。［62］平氏：县名，县治在今河南桐柏县西。［63］阳武：县名，县治在今河南原阳县东南。［64］祁弘：西晋著名将领。帅突骑、鲜卑、乌桓：率领精锐骑兵与鲜卑、乌桓的人马。先驱：指前锋开路。

初，陈敏既克石冰[1]，自谓勇略无敌，有割据江东之志。其父怒曰："灭我门者，必此儿也！"遂以忧卒。敏以丧去职。司空越起[2]敏为右将军、前锋都督。越为刘祐所败，敏请东归收兵[3]，遂据历阳[4]叛。吴王常侍甘卓[5]，弃官东归，至历阳，敏为子景[6]娶卓女，使卓假称皇太弟[7]令，拜敏扬州[8]刺史。敏使弟恢及别将钱端[9]等南略江州[10]，弟斌东略诸郡[11]，江州刺史应邈[12]、扬州刺史刘机、丹杨太守王旷[13]皆弃城走。

敏遂据有江东[14]，以顾荣为右将军[15]，贺循为丹杨内史[16]，周玘为安丰太守[17]，凡江东豪杰、名士，咸加收礼[18]，为将军、郡守者四十余人；或有老疾，就加秩命[19]。循诈为狂疾，得免，乃以荣领丹杨内史。玘亦称疾，不之郡[20]。敏疑诸名士终不为己用，欲尽诛之。荣说敏曰："中国丧乱，胡夷内侮[21]，观今日之势，不能复振，百姓将无遗种[22]。江南[23]虽经石冰之乱，人物[24]尚全，荣常忧无孙、刘之主[25]有以存之[26]。今将军神武不世[27]，勋效已著[28]，带甲数万，舳舻山积[29]，若能委信君子[30]，使各尽怀[31]，散蒂芥之嫌[32]，塞谗谄[33]之口，则上方数州[34]，可传檄而定[35]；不然，终不济[36]也。"敏乃止[37]。敏命僚佐推己为都督江东诸军事[38]、大司马、楚公，加九锡[39]，列上尚书[40]，称被中诏[41]，自江入沔、汉[42]，奉迎銮驾[43]。

太宰颙以张光为顺阳太守[44]，帅步骑五千诣荆州讨敏。刘弘遣江夏太守陶侃[45]、武陵太守苗光屯夏口[46]，又遣南平太守汝南应詹[47]督水军以继之。

侃与敏同郡[48]，又同岁举吏[49]。随郡内史扈怀[50]言于弘曰："侃居大郡，统强兵，脱[51]有异志，则荆州无东门[52]矣！"弘曰："侃之忠能，吾得之已久，必无是也。"侃闻之，遣子洪及兄子臻[53]诣弘以自固[54]，弘引为参军，资而遣之[55]。曰："贤叔征行[56]，君祖母年高，便可归也[57]。匹夫之交，尚不负心，况大丈夫乎！”

敏以陈恢为荆州刺史，寇武昌，弘加侃前锋督护以御之[58]。侃以运船为战舰[59]，或以为不可[60]。侃曰：“用官船击官贼[61]，何为不可！”侃与恢战，屡破之；又与皮初、张光、苗光共破钱端于长岐[62]。

南阳太守卫展[63]说弘曰：“张光，太宰腹心[64]，公既与东海[65]，宜斩光以明向背[66]。”弘曰：“宰辅得失[67]，岂张光之罪！危人自安[68]，君子弗为也。”乃表光殊勋[69]，乞加迁擢[70]。

是岁，离石[71]大饥，汉王渊徙屯黎亭[72]，就邸阁谷[73]；留太尉宏[74]守离石，使大司农卜豫[75]运粮食以给之[76]。

（以上是第四段，写晋朝右将军陈敏在江东平定变民首领石冰后，便割据江东，自封大司马、楚公，尽占吴越之地，进犯武昌；晋朝前锋都尉陶侃率军将其打败。）

【注释】

[1]陈敏：时任广陵相。传见《晋书》卷一百。既克石冰：事见《资治通鉴》卷八十五晋惠帝太安二年（303）。石冰，西晋人，叛军首领张昌的党羽。 [2]起：起用，由居丧中将其拔出，委任官职。 [3]收兵：收聚兵马。 [4]历阳：县名，县治在今安徽和县。 [5]吴王常侍：吴王司马晏王府的侍从官。甘卓：字季思，丹阳（今安徽当涂县）人，孙吴将领甘宁的曾孙，东晋将领，官至镇南大将军，在王敦之乱中被杀害。传见《晋书》卷七十。 [6]景：即陈景，西晋人，将军陈敏之子。 [7]皇太弟：皇位继承人，此指司马炽（chì），字丰度，西晋第三位皇帝，公元307年至公元311年在位。传见《晋书》卷五。 [8]扬州：州治在今江苏南京市。 [9]恢：即陈恢，西晋将领，为将军陈敏的弟弟。钱端：西晋将领，为将军陈敏的别将。 [10]南略江州：向南攻取江州。略，开拓，攻取。江州，州治豫章，在今江西南昌市。 [11]斌：即陈斌，西晋将领，为将军陈敏的弟弟。东略诸郡：向东攻取历阳以东的长江东侧诸郡县。 [12]江州刺史应邈：此六字原无，据章校补。江州，晋州名，州治在今江西九江市。 [13]刘机：西晋官员，曾为扬州刺史。丹杨：晋郡名，郡治在今江苏南京市。王旷：西晋官员，曾为丹阳太守。 [14]江东：地名，指长江下游江南一带。 [15]顾荣：字彦先，吴郡吴县（今江苏苏州市）人，孙吴丞相顾雍之孙，西晋末年大臣、名士，江南士族领袖。初拜郎中，转廷尉正，历任诸王僚属，封嘉兴伯。后任琅邪王司马睿安东将军府军司，加散骑常侍。传见《晋书》卷六十八。右将军：将军名号，高于杂号将军。 [16]贺循：字彦先，会稽山阴（今浙江绍兴市）人，两晋名臣，孙吴中书令贺邵之子。东晋时，历官吴国内史、军咨祭酒、太常等职。传见《晋书》卷六十八。丹杨内史：丹杨郡的属官。[17]周玘（qǐ）：字宣佩，义兴阳羡（今江苏宜兴市）人，西晋平西将军周处之子。西晋末年，纠

合江南地主武装，配合朝廷军队，三次平定叛乱，史称“三定江南”。传见《晋书》卷五十八。安丰：晋郡名，郡治安丰，在今安徽霍邱县西南。［18］咸加收礼：都加以收揽，以礼相待。咸，皆，都。［19］就加秩命：派使者到他的病床前去宣布新的任命，按等级给予俸禄。［20］不之郡：不去安丰上任。［21］内侮：向内地发动攻击。［22］将无遗种：意谓将彻底灭亡，不留下一个后代。［23］江南：长江以南地区。［24］人物：人口与物资。［25］孙、刘之主：孙权、刘备那种能割据一方的主子。［26］有以存之：来使这片地区的黎民百姓得以存活。［27］神武不世：神圣英武，盖世无双。不世，世上无二。［28］勋效已著：平定石冰之乱的功勋、业绩已为众人所共见。［29］舳舻山积：极言战舰之高大而且很多。舳（zhú）舻（lú），指首尾衔接的船只。［30］委信君子：推心置腹地委任一些正直的谋略之士。［31］使各尽怀：能充分地让他们发表各自的意见。［32］散蒂芥之嫌：消除各种矛盾、疑虑。蒂芥，指小矛盾、小过节，比喻内心的不满或不快。嫌，嫌隙。［33］谗谄：指好说坏话、吐谗言的人。［34］上方数州：指长江上游的几个州，如荆、江、豫、梁、益等州。［35］传檄而定：比喻不待出兵，只要用一纸文书，就可以降服敌方，安定局势。檄，檄文，由官府发出的声讨文书。［36］终不济：无论如何不能成功。［37］敏乃止：此三字原无，据章校补，有多种版本有此三字。［38］都督江东诸军事：统领、总管江东地区的军事。［39］加九锡：赐予九种礼器，是古时天子赐给诸侯、大臣有殊勋者的九种器用之物，是最高礼遇的表示。［40］列上尚书：联名上报尚书省。［41］称被中诏：假说是得到了朝廷的命令。中诏，指宫中直接发出的帝王亲笔诏令，即手诏。［42］沔（miǎn）、汉：即汉水，今汉水古称沔水。汉水的上游为沔水，出甘肃略阳县东狼谷，向东南在汉口流入长江。［43］奉迎銮驾：迎接惠帝司马衷到江南。銮驾，皇帝的车驾，车驾上有銮铃，故称，借指皇帝。［44］张光：字景武，江夏钟武人，西晋将领。陈敏作乱，任顺阳太守、陵江将军，讨伐陈敏，因功升任材官将军、梁州刺史。传见《晋书》卷五十七。顺阳：县名，县治在今河南淅川县东。［45］陶侃：东晋名将。传见《晋书》卷六十六。［46］苗光：西晋武陵太守。夏口：在今湖北武汉市汉口。［47］应詹：字思远，汝南南顿（今河南项城市）人，西晋南平太守，率水军讨陈敏，积功为平南将军、江州刺史。传见《晋书》卷七十。［48］侃与敏同郡：都是庐江郡人。庐江郡治在今安徽庐江县西南。［49］同岁举吏：在同一年被推荐到京师担任朝廷官员。［50］随郡：郡治在今湖北随县。扈怀：西晋官员，曾为随郡内史。［51］脱：倘或，假如。［52］荆州无东门：时陶侃屯驻夏口，在荆州的东面，故称夏口有变，则“荆州无东门”。荆州，州治在今湖北江陵县。［53］洪：即陶洪，陶侃之子，晋朝官员。臻（zhēn）：即陶臻，字彦遐，陶侃兄子，东晋将领。有勇略，多智谋，赐爵当阳亭侯。咸和中，为南郡太守、领南蛮校尉。卒于官。传见《晋书》卷六十六。［54］诣弘以自固：送自己的子侄到荆州以为人质，以免除别人对自己的怀疑，使自己的地位得以巩固。［55］资而遣之：给他们路费，让他们回去。资，以货物资送。［56］贤叔征行：你的叔叔在外打仗。贤叔，以陶臻的口气敬称陶侃。［57］便可归也：意即你们应该回家侍奉老人。［58］前锋督护：官名，先头部队的指挥官。御之：抵御、攻打叛军。［59］以运船为战舰：

将运输船当作战船使用。［60］或以为不可：因为这些运输船不属于陶侃管辖。［61］用官船击官贼：用国家的运输船来消灭国家的敌人。［62］皮初：西晋官员，曾为低级将领。长岐（qí）：即“长岐戍”，在今湖北武汉市黄陂区西南，靠近沔水。［63］卫展：字道舒，河东安邑人（今山西夏县）人，南阳太守，转江州刺史。晋王司马睿建国，任为廷尉，卒于官，追赠光禄大夫。传见《晋书》卷三十六。［64］太宰腹心：河间王司马颙的心腹。司马颙在长沙王司马乂被杀后，被晋惠帝司马衷任为太宰。［65］既与东海：既然与东海王司马越站在一边。［66］以明向背：以表明立场，拥护谁、反对谁。［67］宰辅得失：谓太宰司马颙的是非曲直。宰辅，国家的执政大臣，此代指太宰司马颙。［68］危人自安：以危害别人来求得自己的安全。［69］表：上表，奏请。殊勋：特殊的功勋。［70］乞加迁擢：请求加以提拔重用。乞，乞求，请求。迁擢（zhuó），谓提升官职。［71］离石：县名，在今山西吕梁市离石区。［72］黎亭：地名，在今山西壶关县。［73］就邸阁谷：到邸阁的官家粮库找粮食吃。邸阁，地名，在今山西壶关县内。［74］太尉宏：刘宏，汉王刘渊的部属。［75］大司农：官名，主管农业与全国财政。卜豫：姓卜，名豫，汉王刘渊的部属。［76］运粮以给之：运送邸阁粮库之谷以供应汉王刘渊的朝廷官员。

光熙元年（丙寅，306年）

春，正月，戊子朔[1]，日有食之。

初，太弟中庶子兰陵缪播[2]有宠于司空越，播从弟右卫率胤[3]，太宰颙前妃之弟也。越之起兵，遣播、胤诣长安说颙，令奉帝还洛，约与颙分陕为伯[4]。颙素信重[5]播兄弟，即欲从之。张方自以罪重[6]，恐为诛首[7]，谓颙曰：“今据形胜之地[8]，国富兵强，奉天子以号令，谁敢不从，奈何拱手受制于人！”颙乃止。及刘乔败，颙惧，欲罢兵，与山东[9]和解，恐张方不从，犹豫未决。

方素与长安富人郅辅亲善[10]，以为帐下督[11]。颙参军河间毕垣[12]，尝为方所侮，因说颙曰：“张方久屯霸上[13]，闻山东兵盛，盘桓[14]不进，宜防其未萌[15]。其亲信郅辅具知其谋。”缪播、缪胤复说颙：“宜急斩方以谢[16]，山东可不劳[17]而定。”颙使人召辅，垣迎说辅曰：“张方欲反，人谓卿知之。王若问卿，何辞以对？”辅惊曰：“实不闻方反，为之奈何？”垣曰：“王若问卿，但言尔尔[18]，不然，必不免祸。”辅入，颙问之曰：“张方反，卿知之乎？”辅曰：“尔。”颙曰：“遣卿取之，可乎？”又曰：“尔。”颙于是使辅送书于方，因杀之。辅既昵[19]于方，持刀而入，守阁者[20]不疑。方火下[21]发函，辅斩其头。还报，颙以辅为安定[22]太守。送方头于司空[23]越以请和，越不许。

宋胄袭河桥，楼褒[24]西走。平昌公模遣前锋督护冯嵩[25]会宋胄逼洛阳。成都王颖西奔长安，至华阴[26]，闻颙已与山东和亲[27]，留不敢进。吕朗屯荥阳，刘琨以张方首示之，遂降。司空越遣祁弘、宋胄、司马纂[28]帅鲜卑西迎车驾，以周馥[29]为司隶校尉、假节，都督诸军，屯渑池[30]。

（以上为第五段，写东海王司马越与河间王司马颙的争斗，司马颙听信谗言，杀掉干将张方，与司马越和解；而司马越不接受，继续进军，驻扎渑池，派人西迎晋惠帝。）

【注释】

[1]戊子朔：正月一日。 [2]太弟中庶子：太弟司马炽的中庶子。中庶子，太子属下的官员，陪侍太子以及主管奏事、谏议等。缪播：字宣则，初为司空祭酒，累迁太弟中庶子。晋怀帝即位，以为给事黄门侍郎，转侍中，徙中书令，专管诏命，后为司马越杀害。传见《晋书》卷六十。[3]右卫率：东宫太子的卫队长官。胤：即缪胤，字休祖，缪播堂弟，安平献王司马孚外孙，任皇太弟右卫率，出为魏郡太守。后为东海王司马越所害。传见《晋书》卷六十。 [4]分陕为伯：意即与东海王司马越对掌朝权。像周朝的周公、召公一样，以河南陕县（今三门峡市陕州区）为界，分中国而治。 [5]素：平素，平常。信重：相信，看重。 [6]自以罪重：张方曾大掠洛阳，并劫持晋惠帝司马衷西迁，激起公愤。 [7]为诛首：被讨伐惩治的首犯。 [8]形胜之地：形势险要的地区，指关中地区东有黄河、崤山之险而言。 [9]山东：指崤山以东以东海王司马越为首的司马氏诸王。 [10]与长安富人郅（zhì）辅亲善：据《晋书·张方传》："初，方从山东来，甚微贱，长安富人郅辅厚相供给；及贵，以辅为帐下督，甚亲昵之。"郅辅，西晋人，长安富豪，始与张方友善，为帐下督，后听从河间王司马颙的吩咐，杀张方以与东方司马氏诸王和解，结果不能如愿，又被司马颙所杀。 [11]帐下督：官名，军事统帅身旁的卫士长。 [12]毕垣（yuán）：西晋人，是河间的豪族，曾被张方欺侮，用离间计，使河间王司马颙使郅辅杀掉张方。 [13]霸上：地名，在当时的长安东南城郊，在今陕西西安市东。 [14]盘桓：徘徊，逗留。 [15]未萌：此指隐藏而未发的叛逆活动。 [16]以谢：向天下人请罪。谢，请罪。 [17]不劳：不必劳动军队。[18]尔尔：如此如此的意思。 [19]昵（nì）：亲近，亲昵。 [20]守阁者：守卫内门的侍卫。[21]火下：灯下。 [22]安定：郡名，郡治安定，在今甘肃泾川县北。 [23]司空：此二字原文无，据章校补。 [24]楼褒：西晋将领，河间王司马颖的部将。 [25]冯嵩：西晋将领，曾为司马模的先锋部队首领。 [26]华阴：晋县名，县治在今陕西华阴市东。 [27]和亲：和解，亲善。

[28]司马纂：西晋将领，东海王司马越的部将。［29］周馥（fù）：字祖宣，西晋官员，曾为河南尹。［30］渑（miǎn）池：晋县名，县治在今河南渑池县城西。

三月，惤令刘柏根[1]反，众以万数，自称惤公。王弥帅家僮[2]从之。柏根以弥为长史，弥从父弟桑[3]为东中郎将。柏根寇临淄[4]，青州都督高密王略[5]使刘暾将兵拒之。暾兵败，奔洛阳，略走保聊城[6]。王浚遣将讨柏根，斩之。王弥亡入长广山[7]为群盗。

宁州频岁饥疫[8]，死者以十万计。五苓夷[9]强盛，州兵[10]屡败。吏民流入交州[11]者甚众，夷遂围州城[12]。李毅[13]疾病，救援路绝，乃上疏言："不能式遏寇虐[14]，坐待殄毙[15]。若不垂矜恤[16]，乞降大使[17]，及臣尚存，加臣重辟[18]，若臣已死，陈尸为戮[19]。"朝廷不报[20]。积数年，子钊自洛往省[21]之，未至[22]，毅卒。毅女秀[23]，明达[24]有父风，众推秀领宁州事[25]。秀奖厉[26]战士，婴城固守[27]。城中粮尽，炙鼠[28]拔草而食之。伺夷稍怠，辄出兵掩击[29]，破之。

范长生[30]诣成都[31]。成都王雄门迎[32]，执版[33]，拜为丞相，尊之曰"范贤"[34]。

（以上为第六段，继续写晋惠帝光熙元年（306）的史事，主要写晋朝的叛乱以及平定情况，东莱郡惤县令刘伯根反叛，被王浚派部将攻灭；宁州五苓夷逐渐强大，围困宁州城，宁州军队屡次失败，宁州刺史李毅之女李秀待敌松懈，发兵突围。）

【注释】

［1］惤令：惤县的县令。惤（jiān），县名，县治在今山东龙口市西南。刘柏根：据章校改"伯"为"柏"。东莱（今山东莱州市）人，西晋叛民领袖。曾任惤县令，利用宗教作号召，组织万余人起兵反晋，被青州刺史、宁北将军王浚打败，刘柏根被杀。［2］王弥：东莱人，西晋叛民领袖。曾参加刘柏根叛乱，拜为长史。刘柏根死后，掳掠青、徐两州，拥兵数万，声势浩大，率军进逼洛阳，为司徒王衍所败。后归附汉赵刘渊，拜司隶校尉，迁征东将军，封东莱郡公。后为石勒所杀。传见《晋书》卷一百。家僮：旧时对私家奴仆的统称。僮，同"童"。［3］从父弟：叔伯兄弟，堂兄弟。桑：即王桑，西晋人，参加叛军队伍，为东中郎将。［4］临淄：郡名，郡治在今山东淄博市临淄区，当时为青州都督的指挥部所在地。［5］高密王略：即司马略，司马越的亲兄弟，被封为高密王，都城在今山东高密市西南。［6］聊城：晋县名，县治在今山东聊城市西北。［7］长广山：山名，在长广县（今山东莱阳市东）境内。长广，郡名，郡治不其，在今山东青岛市即墨区

西南。［8］宁州：州治滇池，在今云南昆明市晋宁区东北。频岁饥疫：连年闹灾荒、闹流行病。［9］五苓（líng）夷：宁州地区的少数民族名，与当地官府作对。［10］州兵：宁州官府的军队，即下文所说的李毅所部。［11］交州：晋州名，州治龙编，在今越南河内市东北。［12］州城：指宁州的州治滇池。［13］李毅：字允刚，广汉郪县（今四川三台县）人，西晋将领。时任南夷校尉、宁州刺史，加号龙骧将军，封成都县侯。传见《华阳国志》卷十一。［14］式遏寇虐：语出《诗经·民劳》，意即阻止坏人为虐作恶，此指平息猖獗的盗贼。式，句首语助词，无义。遏，阻止。虐，残暴狠毒。［15］坐待殄毙：坐等着被盗贼所杀。殄，灭。毙，死。［16］若不垂矜恤：朝廷如果不可怜我们，指派兵救援。垂，谦辞，敬称对方施恩。矜恤，怜悯，救助。［17］乞降大使：请朝廷派高级使臣。乞，请求。［18］加臣重辟：代表朝廷处我以极刑。重辟，严刑，指处死。［19］陈尸为戮：陈尸示众。戮，羞辱，侮辱。［20］不报：没有回音，不置可否。［21］钊：即李钊，西晋人，李毅的儿子，长期在洛阳为官，官至朱提太守。自洛往省：由洛阳到滇池探看父亲。省（xǐng），探望，问候。［22］未至：在李钊还没有到达滇池的时候。［23］秀：即李秀，一名杨娘，字淑贤，李毅之女，西晋女将领。有才智，擅长骑射、兵法，任参军。父亲死后，众人推举她管理宁州事务。她多次击败叛军，使宁州转危为安，所统五十八部夷族皆慑服。传见《华阳国志》卷十一。［24］明达：精明，通达。［25］领宁州事：临时管理宁州刺史的事情。领，代理。［26］奖厉：褒奖，激励。厉，通“励”。［27］婴城固守：据城坚守。婴城，环城。［28］炙鼠：烧烤老鼠。［29］掩击：袭击，出其不意地予以反击。掩，遮掩，悄悄地。［30］范长生：字元，涪陵丹心（今重庆市黔江区）人，为天师道首领，任大成政权丞相。传见《十六国春秋》卷八十。［31］诣成都：由青城山到达成都，当时成都已经成为李雄政权的都城。李特兵败身死、李流处于困境的时候，范长生对李氏提供过援助。李雄主事后，还曾欲拥立范长生为首领，范长生没有答应。现在主动投奔李雄。［32］成都王雄：即李雄，字仲俊，李特第三子，成汉开国皇帝，公元304年至公元334年在位。传见《晋书》卷一百二十一。门迎：亲自到宫殿大门前迎接。［33］执版：指李雄手执笏板。是对范长生表示尊奉的礼节。［34］尊之曰“范贤”：不称名，尊称曰“范大贤”，认为范长生是贤人。

夏，四月，己巳[1]，司空越引兵屯温[2]。初，太宰颙以为张方死，东方兵必可解。既而东方兵闻方死，争入关[3]，颙悔之，乃斩郅辅，遣弘农太守彭随[4]、北地太守刁默[5]将兵拒祁弘等于湖[6]。

五月，壬辰[7]，弘等击随、默，大破之，遂西入关，又败颙将马瞻、郭伟于霸水[8]，颙单马逃入太白山[9]。弘等入长安，所部鲜卑大掠，杀二万余人，百官奔散，入山中，拾橡实[10]食之。己亥[11]，弘等奉帝乘牛车东还。以太弟太保梁柳为镇西将军[12]，守关中。

六月，丙辰朔[13]，帝至洛阳，复羊后。辛未[14]，大赦，改元[15]。

马瞻等入长安，杀梁柳，与始平太守梁迈共迎太宰颙于南山[16]。弘农太守裴廙[17]、秦国内史贾龛[18]、安定太守贾疋[19]等起兵击颙，斩马瞻、梁迈。疋，诩之曾孙也。司空越遣督护麋晃[20]将兵击颙，至郑[21]，颙使平北将军牵秀屯冯翊[22]。颙长史杨腾[23]，诈称颙命，使秀罢兵，腾遂杀秀，关中皆服于越，颙保城[24]而已。

成都王雄即皇帝位，大赦，改元曰“晏平”[25]，国号大成。追尊父特曰“景皇帝”，庙号始祖；尊王太后[26]曰“皇太后”。以范长生为天地太师[27]，复其部曲[28]，皆不豫征税[29]。诸将恃恩，互争班位[30]，尚书令阎式[31]上疏，请考汉、晋故事[32]，立百官制度，从之。

秋，七月，乙酉朔[33]，日有食之。

八月，以司空越为太傅，录尚书事；范阳王虓为司空，镇邺；平昌公模为镇东大将军，镇许昌；王浚为骠骑大将军、都督东夷、河北诸军事，领幽州刺史。越以吏部郎庾敳为军咨祭酒[34]，前太弟中庶子[35]胡母辅之为从事中郎[36]，黄门侍郎郭象为主簿[37]，鸿胪丞阮修为行参军[38]，谢琨[39]为掾。辅之荐乐安光逸[40]于越，越亦辟[41]之。敳等皆尚虚玄[42]，不以世务婴心[43]，纵酒放诞[44]；敳殖货无厌[45]，象薄行[46]，好招权[47]，越皆以其名重于世，故辟之。

祁弘之入关也，成都王颖自武关奔新野[48]。会新城元公刘弘[49]卒，司马郭劢作乱，欲迎颖为主；郭舒[50]奉弘子璠[51]以讨劢，斩之。诏南中郎将刘陶收颖[52]。颖北渡河，奔朝歌[53]，收故将士，得数百人，欲赴公师藩[54]。

九月[55]，顿丘太守冯嵩[56]执之，送邺，范阳王虓不忍杀，而幽[57]之。公师藩自白马[58]南渡河，兖州[59]刺史苟晞讨斩之。进东嬴公腾爵为东燕王，平昌公模为南阳王。

冬，十月，范阳王虓薨。长史刘舆[60]以成都王[61]颖素为邺人所附，秘不发丧，伪令人为台使称诏[62]，夜，赐颖死[63]，并杀其二子。颖官属先皆逃散，惟卢志随从，至死不怠[64]，收而殡之[65]。太傅越召志为军咨祭酒。

越将召刘舆，或曰：“舆，犹腻[66]也，近则污人。”及至，越疏之。舆密视[67]天下兵簿及仓库、牛马、器械、水陆之形，皆默识[68]之。时军国多事，每会议，自长史潘滔[69]以下，莫知所对，舆应机辨画[70]，越倾膝酬接[71]，即以为左长史[72]，军国之务，悉以委之。舆说越遣其弟琨镇并州，以为北面之重[73]。越表琨为并州刺史，以东燕王腾为车骑将军、都督邺城诸军事，镇邺。

（以上为第七段，写成都王李雄即皇帝位，改年号为晏平，国号为大成。继续写西晋“八王之乱”，东海王司马越打败河间王司马颙，奉迎惠帝司马衷回到洛阳，司马越掌控朝局；后又下令捉拿成都王司马颖，假传诏令将其杀死。）

【注释】

[1]己巳：四月十三日。[2]温：晋县名，县治在今河南温县西南，为司马氏的祖宗之地。[3]争入关：抢着进入潼关。关，即潼关，在今陕西潼关县北。[4]弘农：晋郡名，郡治在今河南灵宝市北。彭随：西晋官员，曾为弘农太守，为河间王司马颙一党。[5]刁默：西晋北地太守，为河间王司马颙一党。[6]祁弘：西晋著名将领，为东海王司马越一党。湖：晋县名，县治在今河南灵宝市西北。[7]壬辰：五月七日。[8]霸水：水名，源出陕西蓝田县东南，流经长安城东，北入渭水。[9]太白山：山名，在今陕西眉县南，接洋县界。[10]橡实：橡树的果实。橡树，也称栎树或柞树，结有坚果，可食用。[11]己亥：五月十四日。[12]太弟太保：皇太弟司马炽的太保。太保，是帝王的辅导官，地位崇重，但无实权。梁柳：西晋皇太弟司马炽的太保。镇西将军：将军名号，为“四镇将军”之一，为长安镇守将军。[13]丙辰朔：六月一日。[14]辛未：六月十六日。[15]改元：在此之前称“永兴二年”，自此改元后称“光熙元年”。[16]始平：晋郡名，郡治槐里，在今陕西兴平市东南。梁迈：西晋始平太守。南山：即太白山，秦岭上一座山峰之名。[17]裴廙（yì）：西晋弘农太守。[18]秦国：即当时的扶风郡，郡治槐里，在今陕西兴平市东南。贾龛（kān）：散骑常侍贾模之子，曾任秦国内史、秦州刺史。[19]安定：晋郡名，郡治临泾，在今甘肃泾川县北。贾疋（yǎ）：字彦度，武威姑臧（今甘肃武威市）人，曹魏太尉贾诩曾孙。初辟公府，任安定太守，官至征西将军。传见《晋书》卷六十。[20]麋（mí）晃：东海王司马越的督护。[21]郑：晋县名，县治在今陕西渭南市华州区。[22]牵秀：字成叔，曹魏雁门太守牵招之孙，官至平北将军，镇守冯翊。后被杀。传见《晋书》卷六十。屯冯翊（yì）：驻兵于冯翊郡的郡治，在今陕西大荔县。[23]杨腾：河间王司马颙的属官。[24]保城：指固守长安城。[25]改元曰“晏平”：李雄的第一个年号称“建初”，第二个年号称“建兴”，至此又改称“晏平”。[26]王太后：李雄原为成都王，故称其母罗氏为“王太后”，并非姓王。[27]天地太师：因范长生是道教“法师”，故有这种奇特的名号。[28]复其部曲：免除其部下人众的劳役、

赋税。复，免除。部曲，部属，部下。［29］不豫征税：不在交纳赋税的范围之内。豫，通“与”。［30］班位：官职的级别位次。［31］阎式：成汉皇帝李雄的尚书令，后被杀。［32］考：参考。汉、晋故事：汉朝、晋朝有关此类事务的处理方法。故事，先例。［33］乙酉朔：七月一日。［34］庾敳（ái）：字子嵩，颍川鄢陵（今河南鄢陵县北）人，西晋名士，司马越的亲信，为人放达而不拘礼法，颇为世人所推重。传见《晋书》卷五十。军咨祭酒：将军府的主要僚属。［35］前太弟：指成都王司马颖，后被废，故称“前太弟”。中庶子：太子属下的官员，陪侍太子以及主管奏事、谏议等。［36］胡母辅之：字彦国，泰山奉高（今山东泰安市）人，为当时有名的放达之士，放纵不拘小节。传见《晋书》卷四十九。从事中郎：官名，郎官的一种，为帝王近侍官。［37］郭象：字子玄，河南洛阳人，西晋玄学家，著名学者。传见《晋书》卷五十。主簿：官名，掌管文书案卷的文官。［38］鸿胪（lú）丞：鸿胪卿的副手，掌管少数民族事务。阮修：字宣子，陈留尉氏（今河南尉氏县）人，名士阮咸从子。传见《晋书》卷四十九。行参军：官名，将军府的军事参谋，品阶低于参军。［39］谢琨：东海王司马越的属官。［40］光逸：字孟祖，乐安（今山东博兴县）人，放达不拘礼法，为当时的“八达”之一。传见《晋书》卷四十九。［41］辟：聘用，任用。［42］尚：崇尚。虚玄：虚幻，玄妙，指道家思想。老子主张虚一、静观和玄览，故称“虚玄”。［43］不以世务婴心：一切为官应尽的职务都不放在心上。世务，社会人间的一切事务。婴心，挂心。［44］放诞：行为放纵，言语荒唐。［45］殖货无厌：搜刮财物，永不满足。殖，增殖，增加。［46］薄行：品行不端，轻薄无行。［47］招权：即俗所谓“招权纳贿”，卖弄权柄，助人为非作歹，以获得钱财。［48］武关：古关名，在今陕西商南县南。新野：县名，在今河南新野县。［49］新城元公刘弘：新城公是刘弘封号，“元”字是谥号。当时刘弘任荆州刺史。［50］郭舒：字稚行，曾担任参军，后转任从事中郎。传见《晋书》卷四十三。［51］弘子璠（fán）：即刘璠。刘弘去世后，高密王司马略代镇，暴动又起。朝廷启用刘璠为顺阳内史兼北中郎将，他继承父志，采用安抚措施，江汉之间都归服他。后为越骑校尉。［52］诏：犹言“令”，命令。主语是郭舒、刘璠。刘陶：南中郎将。收颖：逮捕成都王司马颖。［53］朝歌：县名，县治在今河南淇县。［54］公师藩：成都王司马颖的旧将。［55］九月：二字原无，据章校补。［56］顿丘：晋郡名，郡治在今河南清丰县西南。冯嵩：西晋将领，曾为司马模的先锋部队首领，现为顿丘太守。［57］幽：幽囚，囚禁。［58］白马：即白马津，在今河南滑县东北，历代为军事争夺的要地。［59］兖州：晋州名，州治廪丘，在今山东郓城县西北。［60］刘舆：刘琨之兄，范阳王司马虓的长史。［61］成都王：三字原无，据章校补。［62］伪令人为台使称诏：派人扮作朝廷派来的使臣传达皇帝的命令。台使，朝廷的使者。［63］赐颖死：此“八王之乱”的第六王结束。司马颖自永兴元年（304）正月当丞相，到十月逃到洛阳，当权十个月。后经两年辗转流徙，到此时被杀。［64］至死不怠：直到成都王司马颖死，卢志对他的态度矢志不改，从无懈怠。怠，懈怠，改变。［65］收而殡（bìn）之：收尸并殡葬。［66］腻：油垢，脏污，皮肤之垢，其肥滑者为腻。［67］密视：偷看。密，私密，悄悄地。［68］默识：暗中记住。识（zhì），记。［69］潘滔：字阳仲，荥阳中牟（今河南中牟县）人，时任东海王司马越长史。传见《晋书》卷六十二。［70］应机辨画：趁机为之分析事理，出谋划策。辨画，谋划，筹划。［71］倾膝酬接：促膝长谈，虚心接受、采纳。［72］左长史：官名，相国、丞相府例置，为高级僚属，位在右长史之上。［73］北面之重：北方的得力捍卫者。

十一月，己巳[1]，夜，帝食𫗦中毒[2]，庚午[3]，崩于显阳殿[4]。

羊后自以于太弟炽为嫂，恐不得为太后，将立清河王覃[5]。侍中华混[6]谏曰："太弟在东宫已久[7]，民望素定，今日宁可易乎[8]！"即露版[9]驰召太傅越，召太弟入宫。后已召覃至尚书阁[10]，疑变[11]，托疾而返。癸酉[12]，太弟即皇帝位，大赦，尊皇后曰"惠皇后"，居弘训宫[13]；追尊母王才人[14]曰"皇太后"，立妃梁氏为皇后。

怀帝始遵旧制，于东堂[15]听政。每至宴会，辄与群官论众务，考经籍。黄门侍郎傅宣[16]叹曰："今日复见武帝之世[17]矣！"

十二月，壬午朔[18]，日有食之。

太傅越以诏书征河间王颙为司徒，颙乃就征[19]。南阳王模遣其将梁臣邀之于新安[20]，车上扼杀[21]之，并杀其三子。

辛丑[22]，以中书监温羡为左光禄大夫，领司徒；尚书左仆射王衍为司空。

己酉[23]，葬惠帝于太阳陵[24]。

刘琨至上党[25]，东燕王腾即自井陉[26]东下。时并州饥馑[27]，数为胡寇[28]所掠，郡县莫能自保。州将田甄、甄弟兰、任祉、祁济、李恽、薄盛等，及吏民万余人，悉随腾就谷冀州[29]，号为"乞活[30]"，所余之户不满二万；寇贼纵横，道路断塞。琨募兵上党，得五百人，转斗而前。至晋阳[31]，府寺[32]焚毁，邑野[33]萧条，琨抚循劳徕[34]，流民稍集。

（以上为第八段，写晋惠帝司马衷被毒害致死，东海王司马越拥戴皇太弟司马炽即位，为怀帝；河间王司马颙接受征召为司徒，途中被杀；并州刺史刘琨抚慰北境流民。）

【注释】

［1］己巳：十一月十七日。［2］食𫗦中毒：这自然是司马越所为，只是写史者不敢实写而已。

食，吃。［3］庚午：十一月十八日。［4］崩于显阳殿：司马衷为皇帝十七年，公元290年至公元307年在位，被司马氏诸王吆来喝去，颠沛流离，此时解脱了，死时年四十八岁。［5］清河王覃（qín）：即司马覃，晋武帝司马炎之孙，清河康王司马遐长子，袭爵清河王。皇太孙司马尚去世，晋惠帝立司马覃为皇太子。此后，屡遭废立。后被东海王司马越杀害。传见《晋书》卷五十九。［6］华混：字敬伦，西晋官员，华廙之子，平原高唐人。继承父亲观阳公爵位，清正简朴，历任侍中、尚书，死于任上。［7］太弟在东宫已久：司马炽被立为皇太弟，在永兴元年（304），至今已三年。［8］宁可易乎：怎么能随随便便改换呢？易，改换。［9］露版：不封口的文书，犹今所谓“公开信”，予以明文宣布。［10］尚书阁：尚书省所在地。［11］疑变：怀疑有变，主语为司马覃。［12］癸酉：十一月二十一日。［13］弘训宫：洛阳宫殿名。［14］王才人：司马炽的生母，姓王，原来的封号为“才人”，在嫔妃中居第十四级。［15］东堂：太极殿的东屋。［16］傅宣：字世弘，曹魏太常傅嘏之孙。赵王伦以为相国掾、尚书郎，惠帝迁为黄门郎。怀帝即位，转吏部郎，又为御史中丞。［17］武帝之世：当年司马炎为皇帝的局面。武帝，即西晋开国之君司马炎。［18］壬午朔：十二月一日。［19］就征：接受调令，前往洛阳。［20］梁臣：南阳王司马模的属将，杀害河间王司马颙。邀：拦截。新安：晋郡名，郡治在今河南渑池县东。［21］扼杀：扼住咽喉使其窒息而死。“八王之乱”中的第七王结束。司马颙自永兴元年（304）十月挟持皇帝入长安，到光熙元年（306）四月东方诸侯军迎皇帝东回，当权一年零七个月，又过了八个月被杀。［22］辛丑：十二月二十日。［23］己酉：十二月二十八日。［24］太阳陵：皇陵名，在今河南洛阳市北邙山的南麓。［25］上党：晋郡名，郡治壶关，在今山西长治市北。［26］井陉：山道名，也是关塞名，其东口称井陉关，也称土门关，在今河北石家庄市鹿泉区的井陉山上，其西口即娘子关。是当时并州与冀州两州间的交通要道。［27］饥馑（jǐn）：饥荒，指灾荒之年，庄稼没有收成。［28］胡寇：指刘渊为首的少数民族。［29］就谷冀州：到河北地区找食物吃。冀州，州治信都，在今河北衡水市冀州区。［30］乞活：到有粮之地就食求生。乞，求。［31］晋阳：郡名，在今山西太原市西南，是当时并州的州治所在地。［32］府寺：官府的衙门。［33］邑野：城邑，田野。［34］抚循劳徕：安抚尚在的居民，号召远方的流散人口来归。抚循，安抚，慰问。徕（lài），慰问。

孝怀皇帝上

永嘉元年（丁卯，307年）

春，正月，癸丑[1]，大赦，改元[2]。

吏部郎周穆，太傅越之姑子也，与其妹夫御史中丞诸葛玫说越曰：“主上之为太弟，张方意也。清河王本太子[3]，公宜立之。”越不许。重言之[4]，越怒，斩之。

二月，东莱王弥寇青、徐二州[5]，自称征东大将军，攻杀二千石。太傅越以公车令东莱鞠羡为本郡太守[6]，以讨弥，弥击杀之。

陈敏刑政无章[7]，不为英俊[8]所附，子弟凶暴，所在为患[9]，顾荣、周玘等忧之。庐江内史华谭遗荣等书曰[10]："陈敏盗据吴、会[11]，命危朝露[12]。诸君或剖符名郡[13]，或列为近臣[14]，而更辱身奸人之朝[15]，降节[16]叛逆之党，不亦羞乎！吴武烈父子[17]皆以英杰之才，继承大业。今以陈敏凶狡[18]，七弟顽冗[19]，欲蹑桓王之高踪[20]，蹈大皇之绝轨[21]，远度诸贤[22]，犹当未许[23]也。皇舆东返[24]，俊彦[25]盈朝，将举六师以清建业[26]，诸贤何颜复见中州之士邪[27]！"荣等素有图敏之心[28]，及得书，甚惭，密遣使报征东大将军刘准[29]，使发兵临江[30]，己为内应，剪发为信[31]。准遣扬州刺史刘机等出历阳讨敏[32]。

敏使其弟广武将军昶[33]将兵数万屯乌江[34]，历阳太守宏屯牛渚[35]。敏弟处[36]知顾荣等有贰心，劝敏杀之，敏不从。

昶司马钱广[37]，周玘同郡人也，玘密使广杀昶，宣言州下[38]已杀敏，敢动者诛三族。广勒兵朱雀桥南[39]；敏遣甘卓讨广，坚甲精兵悉委之[40]。顾荣虑敏之疑，故往就敏。敏曰："卿当四出镇卫[41]，岂得就我[42]邪！"荣乃出，与周玘共说甘卓曰："若江东之事可济，当共成之。然卿观兹事势[43]，当有济理不[44]？敏既常才[45]，政令反覆，计无所定[46]，其子弟各已骄矜[47]，其败必矣。而吾等安然坐受其官禄，事败之日，使江西诸军函首送洛[48]，题曰[49]'逆贼顾荣、甘卓之首'，此万世之辱也！"卓遂诈称疾，迎女[50]，断桥，收船南岸[51]，与玘、荣及前松滋侯相丹杨纪瞻共攻敏[52]。

敏自帅万余人讨卓，军人隔水[53]语敏众曰："本所以戮力陈公[54]者，正以顾丹杨、周安丰[55]耳；今皆异[56]矣，汝等何为！"敏众狐疑未决[57]，荣以白羽扇挥之，众皆溃去。敏单骑北走，追获之于江乘[58]，叹曰："诸人误我，以至今日！"谓弟处曰："我负卿[59]，卿不负我！"遂斩敏于建业，夷三族。于是，会稽等郡尽杀敏诸弟。

时平东将军周馥代刘准镇寿春。三月，己未朔[60]，馥传敏首至京师。诏征顾荣为侍中，纪瞻为尚书郎。太傅越辟周玘为参军，陆玩[61]为掾。玩，机之从弟也。荣等至徐州[62]，闻北方愈乱，疑不进，越与徐州刺史裴盾[63]书曰："若荣等顾望[64]，以军礼发遣[65]！"荣等惧，逃归。盾，楷之兄子，越妃兄也。

（以上为第九段，写割据江东的陈敏刑政无序，子弟凶暴，原来投降陈敏的顾荣、周玘等，反戈一击，作为内应，将其征服。陈敏单骑逃到江乘被擒获，灭其三族，江东地区的叛乱遂被平定。）

【注释】

[1]癸丑：正月二日。［2］改元：在此之前称晋惠帝光熙元年，自此开始改称晋怀帝永嘉元年。［3］本太子：清河王司马覃早由齐王冏立为太子，后几经废黜。［4］重言之：周穆、诸葛玫又一再进言。［5］东莱：原本无，据张敦仁《资治通鉴刊本识误》加。王弥：叛乱首领，前被幽州军阀王浚打败，逃入长广山中。寇：寇略，骚扰。［6］鞠羡：西晋官员，曾为东莱太守，攻打盗寇王弥，被杀。本郡：即东莱郡。［7］刑政无章：司法、行政杂乱无章。无章，无序。［8］英俊：才智出众的人。［9］所在为患：人到哪里，就成为哪里的灾难。［10］庐江内史：庐江郡的高级幕僚官。庐江，郡名，郡治庐江，在今安徽庐江县西南。华谭：字令思，广陵江都（今江苏扬州市）人，魏晋大臣。曾为侍中，出为郏县令，迁庐江内史，后拜镇东军咨祭酒，迁秘书监。传见《晋书》卷五十二。遗：给，致。［11］吴、会：吴郡、会稽郡，郡治分别在今江苏苏州市、浙江绍兴市，代指江东地区。［12］命危朝露：寿命就像早晨的露珠一样，转眼就干，极言陈敏的政权长不了。［13］剖符名郡：指曾为朝廷的某郡太守。剖符，将符节剖分为二，君臣各执一半，作为信守的约证。［14］列为近臣：顾荣曾任朝廷侍中、散骑常侍；周玘曾任议郎，故称为"近臣"。［15］更：竟然。辱身奸人之朝：指在陈敏手下为吏。［16］降（jiàng）节：降低志节。［17］吴武烈父子：指孙坚及其子孙策、孙权。吴武烈，即孙坚，称帝，被追谥为武烈皇帝。传见《三国志》卷一。［18］凶狡：凶暴，狡猾。［19］七弟：七个弟弟，陈恢、陈斌、陈闳等。顽冗（rǒng）：愚蠢，庸劣。［20］蹑（niè）：追踪，仿效。桓王之高踪：孙策当年的豪迈行为。桓王，即孙策，孙权称帝后，追谥为长沙桓王。传见《三国志》卷四十六。踪，足迹，指开国创业。［21］蹈：践，遵循。大皇之绝轨：孙权当年那种别人难以企及的行动。大皇，即孙权，谥号大皇帝，故称之。传见《三国志》卷五十二。绝轨，无法企及的轨迹。［22］远度诸贤：认真思考一下吧，各位贤才。［23］犹当未许：恐怕都不会赞同吧。指顾荣等人内心也不会赞同陈敏能成功。［24］皇舆东返：指惠帝司马衷自长安返回洛阳。皇舆，皇帝车驾，代指皇帝。［25］俊彦：俊杰，英才。彦，古指有才学的人。［26］举六师：发动朝廷的军队。清建业：扫清陈敏所盘踞

的江东地区。建业，地名，在今江苏南京市，此指江东地区。［27］诸贤：以称顾荣、周玘等。中州之士：代指晋朝群臣。中州，中原，旧指居全国中心的今河南一带。［28］图敏之心：除掉陈敏的想法。［29］刘准：西晋征东大将军，时都督扬州，驻扎寿春，在今安徽寿县。［30］临江：南进到江边。［31］剪发为信：剪下一缕头发作为信物，意即如果违反此意，则任其杀头。［32］刘机：西晋官员，曾为扬州刺史。出历阳：由历阳出兵。历阳，晋县名，县治在今安徽和县。［33］昶（chǎng）：即刘昶，叛军首领刘敏的弟弟，被任为广武将军。［34］屯乌江：驻兵在乌江口。乌江，是长江上的渡口名，也称乌江浦，在安徽和县东北四十里的乌口镇。［35］宏：陈宏，陈敏任命的官员，曾为历阳太守。牛渚（zhǔ）：在今安徽当涂县西北的长江边，北部凸入长江中，名采石矶，自古为大江南北重要渡口。［36］处：即刘处，江东叛军首领刘敏的弟弟。［37］钱广：叛军首领刘昶的司马。［38］州下：州城内，即扬州刺史的州城建业，今江苏南京市。［39］勒兵：部署军队。朱雀桥：建业城南秦淮河上的浮桥。［40］坚甲精兵：坚固的铠甲和锐利的兵器，这里指精兵强将。委：交付，给予。［41］四出镇卫：到四处走走，安定人心，以保卫建业。［42］就我：到我身边来。［43］观兹事势：看看当前的这种形势。［44］有济理不：有成就大业的希望吗？济，渡过，引申为成功。不（fǒu），通“否”，疑问助词。［45］常才：庸才，一般人的资质。［46］计无所定：没有一个确定的、成熟的行动计划。［47］骄矜：骄傲自大，傲慢。矜，夸矜，夸耀。［48］江西诸军：指云集长江西岸的朝廷的各路人马。函首送洛：把我们的人头装到匣子里送到洛阳。函，用匣子或封套装盛。［49］题曰：盒子上写着。［50］诈称疾，迎女：假说自己患病，将其女儿接回家中。甘卓女儿嫁与陈敏之子事，见《资治通鉴》卷八十六惠帝永兴二年（305）。［51］断桥：指截断朱雀桥。收船南岸：因建业城在秦淮河北，故把船只都拉到秦淮河南岸边来。［52］前松滋侯相：曾经任过松滋侯国之相，指丹阳人纪瞻。松滋，县名，县治在今湖北松滋市。纪瞻：字思远，丹阳秣陵（今江苏南京市）人，西晋重臣。传见《晋书》卷六十八。［53］军人隔水：指钱广、甘卓一方的军人隔着秦淮河。［54］戮力陈公：为陈敏效力。戮力，并力，尽力。［55］顾丹杨、周安丰：即顾荣、周玘，因陈敏任顾荣为丹杨太守，任周玘为安丰太守，故以称之。［56］今皆异：现在的形势都已经变了。［57］狐疑未决：形容心里疑惑，一时决定不下来。狐疑，传说狐狸多疑，所以称多疑为“狐疑”。［58］江乘：晋县名，县治在今江苏句容市北，为长江下游的重要渡口，南北交通要冲。［59］我负卿：我对不起你。指当初没有听陈处之劝杀掉顾荣等。［60］三月，己未朔：三月一日。［61］陆玩：字士瑶，陆机的堂弟。传见《晋书》卷七十七。［62］徐州：在今江苏徐州市，当时为徐州的州治所在地。［63］裴盾：裴楷的堂侄，西晋徐州刺史。后降前赵刘渊。［64］顾望：瞻前顾后，犹豫不前。［65］以军礼发遣：意即把他们武装押送过来。军礼，犹言“军规”，客气的说法。发遣，打发，遣送。

西阳夷寇江夏[1]，太守杨珉请督将议之。诸将争献方略，骑督朱伺[2]独不言。琨曰："朱将军何以不言？"伺曰："诸人以舌击贼，伺惟以力耳。"琨又问："将军前后击贼，何以常胜？"伺曰："两敌共对[3]，惟当忍之；彼不能忍，我能忍，是以胜耳。"琨善之。

诏追复杨太后尊号[4]，丁卯[5]，改葬之，谥曰"武悼"。

庚午[6]，立清河王覃弟豫章王诠[7]为皇太子。辛未[8]，大赦。

帝亲[9]览大政，留心庶事[10]；太傅越不悦，固求出藩[11]。庚辰[12]，越出镇许昌。

以高密王略[13]为征南大将军，都督荆州诸军事，镇襄阳[14]；南阳王模[15]为征西大将军，都督秦、雍、梁、益四州[16]诸军事，镇长安；东燕王腾为新蔡王[17]，都督司[18]、冀二州诸军事，仍镇邺。

公师藩既死，汲桑逃还苑中[19]，更聚众劫掠郡县，自称大将军，声言为成都王报仇，以石勒为前驱，所向辄克，署勒讨虏将军，遂进攻邺。时邺中府库空竭，而新蔡武哀王腾资用甚饶[20]。腾性吝啬[21]，无所振惠[22]，临急[23]，乃赐将士米各数升，帛各丈尺，以是人不为用。

夏，五月，桑大破魏郡太守冯嵩[24]，长驱入邺，腾轻骑出奔，为桑将李丰[25]所杀。桑出[26]成都王颖棺，载之车中，每事启而后行[27]。遂烧邺宫，火旬日不灭[28]；杀士民万余人，大掠而去。济自延津[29]，南击兖州[30]。太傅越大惧，使苟晞及将军王赞讨之。

秦州流民邓定、訇氐等据成固[31]，寇掠汉中[32]，梁州刺史张殷[33]遣巴西太守张燕讨之[34]。邓定等饥窘[35]，诈降于燕，且赂之，燕为之缓师[36]。定密遣訇氐求救于成，成主雄遣太尉离、司徒云、司空璜[37]将兵二万救定，与燕战，大破之，张殷及汉中太守杜孟治[38]弃城走。积十余日，离等引还，尽徙汉中民于蜀。汉中人句方、白落帅吏民还守南郑[39]。

石勒与苟晞等相持于平原、阳平[40]间数月，大小三十余战，互有胜负。

秋，七月，己酉朔[41]，太傅越屯官渡[42]，为晞声援[43]。

己未[44]，以琅邪王睿为安东将军、都督扬州江南诸军事[45]、假节，镇建业。

八月，己卯朔[46]，苟晞击汲桑于东武阳[47]，大破之。桑退保清渊[48]。

分荆州、江州八郡为湘州[49]。

（以上为第十段，写怀帝司马炽亲自处理朝政大事，东海王司马越大为不满，遂出镇许昌；牧民首领汲桑发动起义，攻占并烧毁邺城；成汉李雄派军打败晋将张燕，把汉中百姓迁到蜀地。）

【注释】

[1]西阳夷：西阳县的少数民族。西阳，县名，县治在今湖北黄冈市东。寇：寇略，侵扰。江夏：晋郡名，郡治在今湖北武汉市江夏区。 [2]朱伺：字仲文，安陆人，晋朝将领。入晋，历任骑部曲督、绥夷都尉。至东晋因平定陈敏、陈恢之乱有功封亭侯，兼任骑督。后官至广威将军、竟陵内史。传见《晋书》卷八十一。 [3]两敌共对：两军对垒。 [4]杨太后：即晋武帝司马炎皇后杨芷（zhǐ），晋惠帝皇后贾南风发动政变，杨芷被贬为庶人，押到金墉城居住，芷冻饿而死，谥号武悼皇后。至是追复为杨太后。传见《晋书》卷三十一。 [5]丁卯：三月十七日。 [6]庚午：三月二十日。 [7]豫章王诠：即司马诠，一作司马铨，晋武帝司马炎之孙，清河康王司马遐第三子。初封上庸王，晋怀帝司马炽即位后，改封豫章王。因怀帝司马炽无子，故过继为皇太子。洛阳陷落后，被刘汉将领刘聪的部下所杀。传见《晋书》卷六十四。 [8]辛未：三月二十一日。 [9]亲：原为“观”字，据章校改。从文意来看，以“亲”为是。 [10]庶事：各种政务。 [11]固求：坚决要求，再三请求。出藩：离开朝廷到自己的封地上去做都督、刺史。 [12]庚辰：三月三十日。 [13]高密王略：即司马略，东海王司马越的亲兄弟，封地高密郡，王都在东武县，在今山东诸城市。 [14]襄阳：郡名，郡治在今湖北襄阳市。 [15]南阳王模：即司马模，也是东海王司马越的亲兄弟。封地南阳郡，王都在宛县，在今河南南阳市。 [16]四州：二字原无，据章校补。 [17]东燕王腾：即司马腾，也是东海王司马越的亲兄弟。封地东燕郡，都城在今河南延津县东北。新蔡王：改封新蔡郡，王都在新蔡，在今河南新蔡县。 [18]司：即司州，州治洛阳，在今河南洛阳市。 [19]汲（jí）桑：叛军首领。苑：牧马场，这里指今山东聊城市茌平区的牧马场。汲桑在此地起兵，后投奔公师藩，藩死，逃回原地。 [20]新蔡武哀王腾：即司马腾，新蔡王是其封号，武哀是其谥号。资用甚饶：家里的资财非常多。 [21]吝啬：过分爱惜财物，当用不用。 [22]无所振惠：对部下军民不给予任何救济。振，同“赈”，赈济，救济。 [23]临急：指汲桑的大军逼近邺城时。 [24]魏郡：郡治邺县，即成都王司马颖的大本营所在地，在今河北临漳县西南。冯嵩：西晋将领，曾为司马模的先锋部队首领。 [25]李丰：叛军首领汲桑的部将。 [26]出：挖出。 [27]启而后行：向成都王司马颖的牌位禀告后，再开始行动。 [28]火旬日不灭：一连烧了十几天。袁绍于汉献帝初平二年（191）据守邺城，开始兴建宫殿，后曹操又加以扩充。前后历 117 年，至此全部化为灰烬。 [29]济自延津：从延津渡过黄河。延津，黄河渡口名，旧址在

今河南卫辉市东南、滑县西南。［30］兖州：州治廪丘，在今山东郓城县西北。［31］秦州：州治在今甘肃天水市。邓定、訇（hōng）氐（dī）：流民首领。成固：县名，县治在今陕西城固县西北。［32］寇掠：抢劫，掳掠。汉中：郡名，郡治在今陕西汉中市。［33］梁州：州名，州治南郑，在今陕西汉中市。张殷：西晋梁州刺史。［34］巴西：郡名，郡治在今四川阆中市。张燕：西晋巴西太守。［35］饥窘：饥饿，窘迫。［36］缓师：对之放缓进攻。［37］太尉离、司徒云、司空璜：即成汉政权李雄所署的三公。太尉李离、司徒李云、司空李璜。［38］杜孟治：西晋汉中太守。［39］句方、白落：西晋汉中人。帅吏民：率领残留下来的官吏百姓。南郑：在今陕西汉中市，当时梁州的州治、汉中郡的郡治所在地。［40］平原：郡名，郡治在今山东平原县西。阳平：郡名，郡治元城，在今河北大名县东。［41］己酉朔：七月一日。［42］官渡：津名，在今河南中牟县东北，临古卞水。［43］声援：遥作支援，虚张声势。［44］己未：七月十一日。［45］都督扬州江南诸军事：统领、总管扬州江南地区的军事事务。扬州江南，扬州地跨长江南北，此指扬州在江南的郡县。当时周馥镇守寿春，都督扬州之江北地区，故司马睿都督扬州之江南地区。［46］己卯朔：八月一日。［47］东武阳：县名，县治在今山东阳谷县西北。［48］清渊：县名，县治在今山东临清市西南。［49］分荆州、江州八郡为湘州：分出荆州的衡阳、长沙、湘东、零陵、邵阳、营阳、建昌及江州的桂阳共八郡，建立湘州，州治在今湖南长沙市。

九月，戊申[1]，琅邪王睿至建业。睿以安东司马王导为谋主，推心亲信[2]，每事咨焉。睿名论素轻[3]，吴人不附[4]，居久之，士大夫莫有至者，导患之。

会睿出观禊[5]，导使睿乘肩舆[6]，具威仪[7]，导与诸名胜皆骑从[8]，纪瞻、顾荣等见之惊异，相帅[9]拜于道左。导因说睿曰："顾荣、贺循，此土之望[10]，宜引之以结人心[11]。二子既至，则无不来矣。"睿乃使导躬造循、荣[12]，二人皆应命而至。以循为吴国内史；荣为军司[13]，加散骑常侍[14]，凡军府政事[15]，皆与之谋议。又以纪瞻为军咨祭酒[16]，卞壶为从事中郎[17]，周玘为仓曹属[18]，琅邪刘超为舍人[19]，张闿[20]及鲁国孔衍[21]为参军。壶，粹之子；闿，昭之曾孙也。

王导说睿："谦以接士，俭以足用，以清静为政，抚绥新旧[22]。"故江东归心焉。睿初至，颇以酒废事，导以为言[23]。睿命酌[24]，引觞覆之[25]，于此遂绝。

（以上为第十一段，写琅邪王司马睿受封为安东将军，来到江东，镇守建业，任命王导为安东司马，倚为谋主，信之任之；王导出谋划策，劝其结交贤士，司马睿在江东逐步得到士人的依附，站稳脚跟。）

【注释】

［1］戊申：九月一日。［2］推心：推心置腹，倾心相信。亲信：亲之信之，言听计从。［3］名论素轻：名望、声望一向不高，被别人看不起。［4］附：依附，归附。［5］禊（xì）：古人消除不祥的一种祭祀名，常于春秋二季在水滨举行。［6］乘：乘坐。肩舆：即平肩舆，人以肩举之而行，为二长竿，中置椅子以坐人，其上无覆盖，很像四川的“滑竿”。［7］具威仪：使用全部的仪仗。［8］诸名胜：江东地区的各位社会名流。名胜，犹言“名人”，指有名望的才俊之士。骑从：骑马随从。［9］相帅：即相率，相继，一个接一个。帅，通“率”。［10］此土之望：是这个地区享有声望、盛誉的人物。［11］引之：请他们出来，予以引见。结人心：收拢、凝聚人心。［12］躬造循、荣：亲自到贺循、顾荣家里去邀请。造，到，往。［13］军司：即军司马，将军属下的司马官。［14］散骑常侍：官名，为皇帝的侍从官，入则规谏过失，拾遗补阙，备皇帝顾问，出则骑马散从。［15］军府政事：都督府和扬州刺史府的一切事务。［16］军咨祭酒：原文为军祭酒，“军”后脱“咨”字，据章校补。官名，原称军师祭酒，因避司马师之讳，改称军咨祭酒，将军府的主要僚属之一。［17］卞壸（kǔn）：字望之，济阴冤句（今山东菏泽市）人，中书令卞粹之子，受署为从事中郎，后苏峻叛乱，率二子及兵勇，奋力抵抗，以身殉国。传见《晋书》卷七十。从事中郎：官名，郎官的一种，为帝王近侍官。［18］仓曹属：犹言“仓曹掾”，司马睿手下主管粮食物资的官员。［19］刘超：字世瑜，琅邪临沂（今山东临沂市）人，初任舍人，后为东晋大臣。传见《晋书》卷七十。舍人：官名，为侍从官员，以备参谋顾问之用。晋诸王国有谒者四人，中大夫六人，舍人十人。［20］张闿（kǎi）：字敬绪，丹阳（今属江苏）人，张昭曾孙。初为安东参军，官至廷尉。传见《晋书》卷七十六。［21］孔衍：鲁国人，孔子二十二代孙。少好学，弱冠避地江东，司马睿引为安东参军，掌记室，后补中书郎，出为广陵郡守，卒于任上。凡所撰述，有百余万言。［22］抚绥新旧：好好地安抚这些江东地区的本地人和刚从中原渡江过来的人。绥（suí），安，安抚。［23］导以为言：王导对此提出意见。［24］酌：斟酒。［25］引觞（shāng）覆之：把酒杯中的酒倒掉，不让司马睿喝酒。

苟晞追击汲桑，破其八垒，死者万余人。桑与石勒收余众，将奔汉[1]，冀州刺史谯国丁绍邀之于赤桥[2]，又破之。桑奔马牧[3]，勒奔乐平[4]。太傅越还许昌，加苟晞抚军将军、都督青、兖诸军事，丁绍宁北将军、监冀州诸军事，皆假节。

晞屡破强寇，威名甚盛，善治繁剧[5]，用法严峻[6]。其从母依之[7]，晞奉养甚厚。从母子求为将，晞不许，曰：“吾不以王法贷人[8]，将无后悔邪[9]！”固求之，晞乃以为督护；后犯法，晞杖节斩之[10]，从母叩头救之，不听。既而素服哭之曰：“杀卿者，兖州刺史；哭弟者，苟道将[11]也。”

胡部大张訇督、冯莫突等[12]，拥众数千，壁于上党[13]，石勒往从之，因说訇督等曰：“刘单于[14]举兵击晋，部大拒而不从，自度终能独立乎？”曰：“不能。”勒曰：“然则安可不早有所属！今部落皆已受单于赏募[15]，往往聚议，欲叛部大而归单于矣。”訇督等以为然。

冬，十月，訇督等随勒单骑归汉，汉王渊署訇督为亲汉王，莫突为都督部大[16]，以勒为辅汉将军、平晋王[17]，以统之[18]。

乌桓张伏利度[19]有众二千，壁于乐平，渊屡招，不能致。勒伪获罪于渊，往奔伏利度，伏利度喜，结为兄弟，使勒帅诸胡寇掠，所向无前，诸胡畏服。勒知众心之附己，乃因会[20]执伏利度，谓诸胡曰：“今起大事，我与伏利度谁堪为主？”诸胡咸推勒。勒于是释伏利度，帅其众归汉。渊加勒督山东征讨诸军事，以伏利度之众配之。

（以上为第十二段，写晋朝兖州刺史苟晞打败了牧民首领汲桑与羯人石勒的侵扰，石勒降服乌桓首领张伏利度，率众投奔匈奴人汉王刘渊，成为得力干将，封为平晋王。）

【注释】

[1]将奔汉：正要去投奔汉王刘渊。 [2]邀：拦截。赤桥：地名，在今山东聊城市西北。[3]马牧：即原先他所在的今山东聊城市茌平区的养马场。 [4]乐平：郡名，郡治乐平县，在今山西昔阳县乐平镇。 [5]繁剧：繁重复杂的事务，一般指难以治理的政区。 [6]严峻：严厉，严格。 [7]其从母依之：他的姨母前往他的官府投靠。 [8]不以王法贷人：意即不以私废公，不徇私枉法，若在手下为吏，只要犯了罪，就不会宽饶。贷，饶恕，宽免。 [9]将无后悔邪：日后你不会后悔吗？邪，通“耶”，语助词。 [10]杖节斩之：手握朝廷所赐之节，将其姨母的儿子处死。杖节，表示是按王命行事。 [11]道将：苟晞字道将。这里突出苟晞的公私分明。[12]胡部大：匈奴部落的头领。匈奴人称其部落头领叫“部大”。张訇（bèi）督、冯莫突：匈奴部落的头领。 [13]壁于上党：驻扎在上党郡。壁，营垒，驻所。上党，郡名，郡治在今山西长治市潞城区东北。 [14]刘单于：即刘渊，时为汉王。 [15]部落：部下，部属。赏募：被花钱收买。 [16]都督部大：统领部落头领，即一个地区的各“部大”的首领。 [17]平晋王：消灭晋朝之王，从而看出汉王刘渊的勃勃野心。 [18]以统之：指统率张訇督等人的各个部落。 [19]张

伏利度：乌桓部落首领，拥众二千，驻屯乐平，恃众屡拒汉国刘渊招纳。石勒定计，伪获罪于刘渊，投奔之，结为兄弟。石勒率众攻掠，所向无敌，为诸胡畏服。后部众被吞并，归于刘渊，本人获释。［20］因会：趁聚会的时候。

十一月，戊申朔[1]，日有食之。

甲寅[2]，以尚书右仆射和郁[3]为征北将军，镇邺。

乙亥[4]，以王衍为司徒。衍说太傅越曰："朝廷危乱，当赖方伯[5]，宜得文武兼资以任之。"乃以弟澄[6]为荆州都督，族弟敦[7]为青州刺史，语之曰："荆州有江、汉之固[8]，青州有负海之险[9]，卿二人在外而吾居中，足以为三窟[10]矣。"澄至镇[11]，以郭舒[12]为别驾，委以府事。澄日夜纵酒，不亲庶务[13]，虽寇戎交急，不以为怀。舒常切谏，以为宜爱民养兵，保全州境，澄不从。

十二月，戊寅[14]，乞活田甄、田兰、薄盛[15]等起兵，为新蔡王腾[16]报仇，斩汲桑于乐陵[17]。弃成都王颖棺于故井[18]中，颖故臣收葬之。

甲午[19]，以前太傅刘寔[20]为太尉，寔以老固辞，不许。庚子[21]，以光禄大夫高光[22]为尚书令。

前北军中候吕雍[23]、度支校尉陈颜[24]等谋立清河王覃为太子；事觉，太傅越矫诏囚覃于金墉城。

初，太傅越与苟晞亲善，引升堂[25]，结为兄弟。司马潘滔说越曰："兖州冲要[26]，魏武以之创业[27]。苟晞有大志，非纯臣[28]也，久令处之，则患生心腹[29]矣。若迁于青州[30]，厚其名号[31]，晞必悦。公自牧兖州[32]，经纬诸夏[33]，藩卫本朝[34]，此所谓为之于未乱[35]者也。"越以为然。

癸卯[36]，越自为丞相，领兖州牧，都督兖、豫、司、冀、幽、并诸军事。以晞为征东大将军、开府仪同三司，加侍中、假节、都督青州诸军事，领青州刺史，封东平郡公。越、晞由是有隙[37]。

晞至青州，以严刻[38]立威，日行斩戮[39]，州人谓之"屠伯"。顿丘太守魏植为流民所逼[40]，众五六万，大掠兖州，晞出屯无盐[41]以讨之，以弟纯[42]领青州，刑杀更甚于晞。晞讨植，破之。

初，阳平刘灵，少贫贱，力制奔牛[43]，走及奔马[44]，时人虽异之，莫能举[45]也。灵抚膺[46]叹曰："天乎，何当乱也[47]！"及公师藩起，灵自称将军，寇掠赵、魏[48]。会王弥为苟纯所败，灵亦为王赞所败，遂俱遣使降汉。汉拜弥镇东大将军、青·徐二州牧，都督缘海[49]诸军事，封东莱公；以灵为平北将军。

李钊至宁州[50]，州人奉钊领州事[51]。治中毛孟诣京师[52]，求刺史[53]，屡上奏，不见省[54]。孟曰："君亡亲丧[55]，幽闭穷城[56]。万里诉哀[57]，精诚无感[58]，生不如死！"欲自刎，朝廷怜之，以魏兴太守王逊为宁州刺史[59]，仍诏交州[60]出兵救李钊。交州刺史吾彦遣其子咨将兵救之[61]。

慕容廆自称鲜卑大单于[62]。

拓跋禄官[63]卒，弟猗卢[64]总摄三部[65]，与廆通好。

（以上为第十三段，写西晋的人事变更，朝廷任命王衍为司徒，王衍的两个弟弟为封疆大吏，形成"狡兔三窟"之势；太傅司马越威权更加显赫，假传诏令囚禁清河王司马覃，又与兖州刺史苟晞有隙。）

【注释】

[1]戊申朔：十一月无戊申朔，此处记载有误。 [2]甲寅：十一月八日。 [3]和郁：字仲舆，汝南西平（今河南西平县）人，晋初直臣和峤的弟弟，为"二十四友"之一。以清干著称，封为汝南亭侯，累官至尚书令。传见《晋书》卷四十三。 [4]乙亥：十一月二十九日。 [5]方伯：一方的诸侯之长，当时指都督、刺史等方面大员。 [6]澄：即王澄，字平子，王衍之弟，王戎堂弟，王敦族弟。出身世族，有盛名，任荆州刺史时不理政事，日夜饮酒，使得荆州大乱，导致流民反叛。后被杀。传见《晋书》卷四十三。 [7]敦：即东晋权臣王敦。 [8]江、汉之固：长江、汉水为荆州的屏障。 [9]负海之险：有背靠大海的险要形势。负，仗恃，依靠。 [10]三窟：即狡兔三窟，意思是具有多种图安避祸的方法。《战国策·齐策》冯谖谓孟尝君曰："狡兔有三窟，仅得免其死耳。"此言王氏家族的势力强大，日后不会再有危险了。 [11]至镇：即到达荆州都督的军府，在今湖北襄阳市。 [12]郭舒：字稚行，曾担任参军，又转任从事中郎。王敦谋划造反，他极力劝谏，王敦非常敬重他的公正诚信，上表推荐为梁州刺史，后病死。传见《晋书》卷四十三。[13]庶务：具体政务。 [14]戊寅：十二月二日。 [15]乞活：指由山西集体逃荒到冀州找食物求生存的东燕王司马腾的乱兵。田甄、田兰、薄盛：原都是并州的州将。 [16]新蔡王腾：即

司马腾，以迎晋怀帝之功，改封新蔡王，任车骑将军等职，镇守邺城。永嘉元年（307），司马颖原部将公师藩和汲桑等人起兵，并与征虏将军张泓原部将李丰等攻打邺城，司马腾弃城率骑逃跑，被李丰所杀，谥号武哀。［17］乐陵：县名，县治在今山东乐陵市东南。［18］故井：枯井。［19］甲午：十二月十八日。［20］刘寔（shí）：字子真，魏晋重臣。入晋，仕晋武帝、惠帝、怀帝三朝，为侯爵，官至三公。传见《晋书》卷四十一。［21］庚子：十二月二十四日。［22］高光：字宣茂，陈留圉城（今河南杞县南）人，曹魏太尉高柔第三子，西晋大臣，官至尚书令。传见《晋书》卷四十一。［23］北军中候：官名，禁卫军长官，掌监北军五营，即屯骑、越骑、步兵、长水、射声五校尉所统领的宿卫兵。吕雍：西晋官员，任北军中候。［24］度支校尉：官名，掌财赋统计和支调、供应。陈颜：西晋度支校尉。［25］升堂：登上厅堂。［26］冲要：即要冲，指军事上重要的地方。［27］魏武以之创业：指魏武帝曹操就以兖州作为根据地创业。［28］纯臣：指忠纯笃实之臣。［29］患生心腹：指祸患生于要害的地方。［30］青州：州名，州治临淄，在今山东淄博市临淄区。［31］厚其名号：提高他的名位。［32］自牧兖州：自己担任兖州刺史。牧，这里用如动词，管理，担任。［33］经纬诸夏：治理全国。经纬，规划，治理。［34］藩卫本朝：捍卫朝廷。藩卫，拱卫。护卫。［35］为之于未乱：在没有发生灾祸之前采取防范措施，即通常所谓"防患于未然""未雨绸缪"。［36］癸卯：十二月二十七日。［37］有隙：有嫌隙，有矛盾。［38］严刻：严厉，苛刻。［39］斩戮（lù）：斩杀，杀戮。［40］顿丘：郡名，郡治在今河南清丰县西。魏植：西晋顿丘太守。为流民所逼：言太守魏植被逼与流民一道抄掠兖州。［41］无盐：县名，县治在今山东东平县东。［42］纯：即苟纯，东平郡公苟晞之弟。领青州刺史，以严刻立功，日加斩戮，百姓号"小苟酷于大苟"，后兵败，被石勒所杀。传见《晋书》卷六十一。［43］力制奔牛：有制服奔牛之力。［44］走及奔马：奔跑的速度能追上奔马。及，追上。［45］莫能举：不能被当地政府举荐为官吏。举，推选，举荐。［46］抚膺：抚摩、捶拍胸口，表示惋惜、哀叹、悲愤。膺，胸。［47］何当乱也：什么时候能天下大乱呢？刘灵认为天下大乱了，他就有机会大显身手了。［48］赵、魏：地区名，指战国时赵国所辖的今河北南部及魏国所辖的今河南东部一带地区。赵，在今河北南部的邯郸市一带。魏，在今河南东部开封市一带。本书反复出现，以后不再注。［49］缘海：沿海。［50］李钊：前宁州刺史李毅之子。宁州：州名，州治滇池，在今云南昆明市晋宁区东北。［51］领州事：即代理宁州刺史，处理宁州事务。［52］治中：治中从事史的省称，州刺史的重要僚佐。毛孟：宁州属官，为治中。诣京师：到京城洛阳。［53］求刺史：请求朝廷迅速任命刺史，因宁州正被夷人所攻，形势极度危急。［54］不见省：不被朝廷所接见。省，接见，过问。［55］君亡亲丧：长官李毅病死，自己的父母饥死。［56］幽闭穷城：指宁州至今被夷人所围困。幽闭，被围困而关闭。穷城，穷途末路的孤城。［57］万里诉哀：言自己不远万里从滇池跑到洛阳，向朝廷求告。诉哀，诉说哀情。［58］精诚无感：一片诚心可感动上天，而朝廷却无动于衷。精诚，真心诚意，至诚。［59］魏兴：晋郡名，郡治兴晋，在今陕西白河县北，当时属荆州。王逊：字邵伯，魏兴（今湖北郧西县西）人，时任魏兴太守，后担任南夷校尉、宁州刺史。传见《晋书》卷八十一。［60］仍诏交州：于是给交州刺史下令。仍，通“乃”，于是，随即。交州，州治龙编，在今越南河内市东北。［61］吾彦：字士则，吴郡吴县（今江苏苏州市）人，入晋历任金城太守、敦煌太守、雁门太守、顺阳内史、员外散骑常侍，后出任南中都督、交州刺史，平定各地叛军。后入朝担任大长秋，在任内去世。传见《晋书》卷五十七。咨：即吾咨，西晋人，吾彦之子。［62］慕容廆（guī）：字若洛廆，前燕政权建立者慕容皝之父，自称鲜卑大单于，效忠于晋朝，封辽东郡公。传见《晋书》卷一百八。鲜卑大单于：鲜卑族的大首领。［63］拓跋禄官：鲜卑族索头部落的首领，代国第五代君主，公元294年至公元307年在位。传见《魏书》卷一。［64］猗卢：即拓跋猗卢，北魏皇帝先祖，完成鲜卑部落统一，受封大单于、代国王。传见《魏书》卷一。［65］总摄三部：成为鲜卑索头部落三个支派的总管。三部，元康五年（295），拓跋禄官将索头部领土划分为东、中、西三部，自己统率东部，居住于上谷（今河北怀来县）以北；长兄拓跋沙漠汗的长子拓跋猗㐌统率中部，居住于代郡参合陂（今内蒙古凉城县）以北；拓跋猗㐌之弟拓跋猗卢统率西部，居住于定襄盛乐（今内蒙古和林格尔县）故城。事见《资治通鉴》卷八十二晋惠帝元康五年（295）。摄，统领、总管。

二年（戊辰，308年）

春，正月，丙午朔[1]，日有食之。

丁未[2]，大赦。

汉王渊遣抚军将军聪[3]等十将南据太行[4]，辅汉将军石勒等十将东下赵、魏。

二月，辛卯[5]，太傅越杀清河王覃。

庚子[6]，石勒寇常山[7]，王浚击破之。

凉州刺史张轨病风[8]，口不能言，使其子茂[9]摄州事[10]。陇西内史晋昌张越[11]，凉州大族，欲逐轨而代之，与其兄酒泉太守镇及西平太守曹祛，谋遣使诣长安告南阳王模，称轨废疾[12]，请以秦州刺史贾龛[13]代之。龛将受之，其兄让龛[14]曰：“张凉州一时名士[15]，威著西州[16]，汝何德以代之！”龛乃止。镇、祛上疏，更请刺史，未报[17]；遂移檄[18]废轨，以军司杜耽[19]摄州事，使耽表越为刺史[20]。

轨下教[21]，欲避位，归老宜阳[22]。长史王融、参军孟畅蹋折镇檄[23]，排闼[24]入言曰：“晋室多故，明公抚宁西夏[25]，张镇兄弟敢肆凶逆[26]，当鸣鼓诛之。”遂出，戒严[27]。会轨长子寔[28]自京师还，乃以寔为中督护[29]，将兵讨镇。遣镇甥太府主簿令狐亚先往说镇[30]，为陈利害，镇流涕曰："人误我[31]！"乃诣寔归罪。寔南击曹祛，走之。

朝廷得镇、祛疏，以侍中袁瑜[32]为凉州刺史。治中杨澹[33]驰诣长安，割耳盘上[34]，诉轨之被诬。南阳王模表请停瑜[35]，武威太守张琠亦上表留轨[36]。诏依模所表，且命诛曹祛。轨于是命寔帅步骑三万讨祛，斩之。张越奔邺，凉州乃定。

三月，太傅越自许昌徙镇鄄城[37]。

王弥收集亡散[38]，兵复大振，分遣诸将攻掠青、徐、兖、豫四州，所过攻陷郡县，多杀守令，有众数万。苟晞与之连战，不能克。夏，四月，丁亥[39]，弥入许昌。

太傅越遣司马王斌帅甲士五千人入卫京师，张轨亦遣督护北宫纯将兵卫京师。

五月，弥入自轘辕[40]，败官军于伊北[41]，京师大震，宫城门昼闭。壬戌[42]，弥至洛阳，屯于津阳门[43]。诏以王衍都督征讨诸军事。甲子，衍与王斌等出战[44]，北宫纯募勇士百余人突陈[45]，弥兵大败。乙丑[46]，弥烧建春门[47]而东，衍遣左卫将军王秉追之，战于七里涧[48]，又败之。

弥走渡河[49]，与王桑自轵关如平阳[50]。汉王渊遣侍中兼御史大夫郊迎[51]，令曰："孤亲行将军之馆[52]，拂席洗爵[53]，敬待将军。"及至，拜司隶校尉，加侍中、特进；以桑为散骑侍郎。

北宫纯等与汉刘聪战于河东[54]，败之。

诏封张轨西平郡公，轨辞不受。时[55]州郡之使，莫有至者[56]，轨独遣使贡献[57]，岁时不绝[58]。

（以上为第十四段，写西晋重新任命张轨为凉州刺史，攻杀动乱分子，安定凉州；叛军首领王弥又重新振作，率兵攻至洛阳，王衍率军反击，王弥兵败，逃依匈奴人建立的刘汉。）

【注释】

[1]丙午朔：正月一日。 [2]丁未：正月二日。 [3]聪：即刘聪，字玄明，刘渊第四子。

助父建国，拜大司马、大单于。发动政变，弑杀皇帝刘和，夺权即位。派兵攻破洛阳、长安，俘虏并杀害晋怀帝及晋愍帝，覆灭西晋王朝。谥号昭武皇帝。传见《晋书》卷一百二。［4］南据太行：向南占据太行山的各个要塞。太行山蜿蜒在今山西、河北与河南的交界处。这里指山西东南部的壶关县、晋城市一带。［5］辛卯：二月十六日。［6］庚子：二月二十五日。［7］常山：晋郡名，郡治真定，在今河北正定县南。［8］病风：中风瘫痪。［9］茂：即张茂，字成逊，前凉第三位君主，公元320年至公元324年在位。传见《晋书》卷八十六。［10］摄州事：代理主持凉州刺史的政务。摄，代理，统领。［11］陇西：封国名，治所在今甘肃陇西县东南。张越：朝廷派往陇西封国的最高行政长官，为内史，晋昌郡人。晋昌郡治在今甘肃瓜州县东南。［12］废疾：即瘫痪，认为是不能再治好的病。［13］贾龛（kān）：武威姑臧（甘肃武威市）人，散骑常侍贾模之子，曾任秦国内史、秦州刺史。［14］让龛：责备贾龛。让，责让，责备。［15］张凉州：敬称张轨，张轨为凉州刺史，故称之。一时名士：当代的知名人士。一时，一代，当代。［16］西州：古代泛指神州大地中原之西的广大区域，此指凉州地区。［17］未报：朝廷没有回音。［18］移檄：向所属各郡县发布通告。檄，檄文，古代用于晓谕、征召、声讨等的文书。［19］军司：官名，即军司马，负责州军事。杜耽（dān）：晋镇南将军杜预第三子，时为秦州刺史军司马。［20］表越为刺史：上书推荐张越为刺史。越，即张越，陇西内史。［21］下教：给所属诸郡发布命令。教，古代文体的一种，指王公大臣以及方面大吏给僚属们所下的谕令。［22］归老宜阳：辞职回归自己的老家宜阳县。宜阳，县名，县治在今河南宜阳县西。［23］王融：西晋官员，曾为凉州刺史府长史。孟畅：西晋官员，曾为凉州刺史府参军。蹋折镇檄：踏破了张镇所发的通告。因当时的文告都是写在板子上，故看了生气的人就将板子摔在地上用脚踹。蹋，通“踏”，踩，踹。［24］排閤：推开房门。閤，内室的门。［25］抚宁西夏：保障西部中国的安宁。西夏，指今河西一带地区。抚宁，治理，使之安宁。［26］敢肆凶逆：胆敢肆意逞凶叛逆。［27］戒严：召集军队集合。［28］寔（shí）：即张寔，字安逊，张轨长子，前凉第二位君主，公元314年至公元320年在位。传见《晋书》卷八十六。［29］中督护：官名，张轨都督府的中级武官，地位高于一般督护。［30］太府主簿：张轨都督府的大吏，诸文秘人员之长。太府，指都督府，刺史府则称少府。令狐亚：西晋官员，时为张轨都督府主簿。［31］人误我：他们哄骗了我，我上了他们的当。［32］袁瑜：西晋朝廷侍中。［33］杨澹（dàn）：西晋官员，时为凉州刺史府治中从事史。［34］割耳盘上：以此表示自己的忠实恳切。［35］停瑜：撤销对袁瑜的任命。［36］武威：郡名，郡治姑臧，在今甘肃武威市。张琠（tiǎn）：西晋官员，曾为武威太守。［37］鄄城：县名，县治在今山东鄄城县北。［38］亡散：逃跑的败兵。［39］丁亥：四月十三日。［40］入自轘辕：经轘辕关攻到洛阳城下。轘（huàn）辕，关名，在今河南洛阳市偃师区东南的轘辕山上。［41］伊北：伊水之北。［42］壬戌：五月十九日。［43］津阳门：洛阳城南面东头第二门。［44］甲子，衍与王斌等出战：此九字原无，据章校补。甲子，五月二十一日。［45］突陈：即突阵，冲阵，冲锋陷阵。陈，通“阵”。［46］乙丑：五月二十二日。［47］建春门：洛阳东城北头的第一门。

[48]七里涧（jiàn）：在洛阳城东七里处。涧，夹在两山间的水沟。 [49]走渡河：逃走，北渡黄河。 [50]王桑：西晋人，参加叛军队伍，为东中郎将。轵（zhǐ）关：关名，在今河南济源市西北，是豫北平原进入山西高原的要冲。如：往，到达。平阳：郡名，郡治在今山西临汾市西南。[51]郊迎：在京都黎亭的郊外等候迎接。刘渊当时的京城是黎亭，在今山西壶关县。 [52]亲行将军之馆：亲自去看了你将要下榻的馆舍。行，检查，视察。 [53]拂席洗爵：给你打扫了座席，洗涮了杯盘，表示虔诚之意。爵，古代饮酒的器皿。 [54]河东：郡名，郡治安邑，在今山西夏县西北。 [55]时：当时，此指京都洛阳危急的这几年。 [56]莫有至者：没有各州郡的使者到晋都洛阳。 [57]贡献：给朝廷进贡礼品。 [58]岁时不绝：指按年、按季，从不间断。

秋，七月，甲辰[1]，汉王渊寇平阳，太守宋抽弃郡走，河东太守路述战死。渊徙都蒲子[2]。上郡鲜卑陆逐延[3]、氐酋单征并降于汉[4]。

八月，丁亥[5]，太傅越自鄄城徙屯濮阳[6]；未几[7]，又徙屯荥阳[8]。

九月，汉王弥、石勒寇邺，和郁弃城走[9]。诏豫州刺史裴宪屯白马以拒弥[10]，车骑将军王堪屯东燕以拒勒[11]，平北将军曹武屯大阳以备蒲子[12]。宪，楷之子也。

冬，十月，甲戌[13]，汉王渊即皇帝位，大赦，改元永凤[14]。十一月，以其子和[15]为大将军，聪为车骑大将军，族子曜为龙骧大将军[16]。

壬寅[17]，并州刺史刘琨使上党太守刘惇帅鲜卑攻壶关[18]，汉镇东将军綦毋达[19]战败，亡归。

丙午[20]，汉都督中外诸军事、大司马[21]、领丞相、右贤王宣[22]卒。

石勒、刘灵帅众三万寇魏郡、汲郡、顿丘[23]，百姓望风降附者五十余垒[24]，皆假[25]垒主、将军、都尉印绶，简[26]其强壮五万为军士，老弱安堵如故[27]。己酉[28]，勒执魏郡太守王粹[29]于三台[30]，杀之。

十二月，辛未朔[31]，大赦。

乙亥[32]，汉主渊以大将军和为大司马，封梁王，尚书令欢乐[33]为大司徒，封陈留王；后父御史大夫呼延翼[34]为大司空，封雁门郡公；宗室以亲疏悉封郡县王，异姓以功伐[35]悉封郡县公侯。

成尚书令杨褒卒。褒好直言，成主雄初得蜀，用度不足，诸将有以献金银得官者，褒谏曰："陛下设官爵，当网罗天下英豪，何有以官买金[36]邪！"雄谢之。雄尝醉，推中书令杖太官令[37]，褒进曰："天子穆穆[38]，诸侯皇皇[39]。安有天子而为酗[40]也！"雄惭而止。

成平寇将军李凤屯晋寿[41]，屡寇汉中，汉中民东走荆沔[42]。

诏以张光为梁州刺史。荆州寇盗不禁，诏起刘璠为顺阳内史[43]，江、汉间翕然归之[44]。

（以上为第十五段，写汉王刘渊盘踞山西，势力越来越大，派遣石勒等众位将军向南、向东侵占晋朝州郡，攻破邺城，而后称帝，改元永凤，成为晋朝的劲敌。）

【注释】

[1]甲辰：七月二日。[2]蒲子：县名，县治在今山西隰县。[3]上郡：郡名，郡治肤施，在今陕西榆林市东南。陆逐延：人名，鲜卑族首领。[4]氐（dī）酋：氐族首领。单征：人名，氐族部落首领。[5]丁亥：八月十五日。[6]濮（pú）阳：因濮水而得名，为封国名，都城在今河南濮阳县西南。[7]未几：不久。[8]荥（xíng）阳：县名，县治在今河南荥阳市东北的古荥镇。[9]和郁弃城走：时和郁为征北将军，镇守邺城。[10]裴宪：字景思，河东闻喜（今山西闻喜县）人，西晋中书令裴楷之子。时任豫州刺史、北中郎将，假节，为尚书。后仕后赵，为太中大夫，迁司徒。传见《晋书》卷三十五。白马：晋县名，县治在今河南滑县东。[11]王堪：西晋车骑将军。东燕：县名，县治在今河南延津县东北。[12]曹武：西晋平北将军。大阳：县名，县治在今山西平陆县西南，河南三门峡市的北面。蒲子：现为刘汉都城，此指来自蒲子的刘汉部队。[13]甲戌：十月三日。[14]改元永凤：在此以前是刘渊的"元熙五年"。永凤，为刘汉的第二个年号。[15]和：即刘和，字玄泰，刘渊长子，汉赵第二位皇帝。传见《晋书》卷一百一。[16]曜（yào）：即刘曜，字永明，刘渊从子，汉赵末代皇帝。传见《晋书》卷一百三。龙骧（xiāng）大将军：将军名号，位次车骑大将军。[17]壬寅：十一月一日。[18]上党：郡名，郡治在今山西长治市潞城区东北。刘惇（dūn）：西晋上党太守。壶关：上党郡县，在今山西长治市北。[19]綦（qí）毋（wú）达：人名，刘汉将领，曾为镇东将军。[20]丙午：十一月五日。[21]大司马：三字原无，据章校补。[22]右贤王：匈奴西部地区的最高首领，通常由单于的儿子或兄弟担任。宣：刘宣，字士则，刘渊堂祖父，前赵大臣。晋武帝曾对刘宣大加赞赏，任命他为匈奴右部都尉。历任匈奴北部都尉、右贤王，是汉赵（前赵）建国的重要谋臣。传见《晋书》卷一百一。[23]魏郡、汲郡、顿丘：均郡名。魏郡，郡治邺县，在今河北临漳县西南。汲郡，郡治在今河南卫辉市西。顿丘，郡治在今河南清丰县西。[24]五十余垒：五十多处防御工事。垒，百姓自己所筑的村垒。[25]假：授予。[26]简：简选，挑选。[27]安堵如故：像往常一样安居，不受骚扰。[28]己酉：十一月八日。[29]王粹：字弘远，西晋大臣，曾为成都王司马

颖部下都尉，担任河北大都督，督北中郎将，后任魏郡太守。石勒攻打邺城，他依然坚守，宁死不降，直到战死。传见《晋书》卷四十二。［30］三台：位于邺城西北。中央铜雀台，高十丈，称中台；南方金雀台，高八丈，称南台；北方冰井台，也高八丈，称北台。曹操建于汉献帝建安十五年（210）。［31］辛未朔：十二月一日。［32］乙亥：十二月五日。［33］欢乐：即刘欢乐，刘渊的族人，刘汉将领，封陈留王，为刘汉太傅、太宰，刘渊去世，受遗诏辅政。［34］呼延翼：匈奴族，刘汉大司空。在宜阳（今河南洛阳市）之役中被自己营中的乱兵杀死。［35］功伐：即功勋。［36］以官买金：用官职换取金钱。［37］推：拿。杖：用作动词，打。太官令：为帝王主管膳食的官吏。［38］穆穆：雍容平易的样子。［39］皇皇：崇敬守礼的样子。［40］酗（xù）：即酗酒，无节制地喝酒，喝醉了撒酒疯，耍威风，逞凶。［41］晋寿：县名，县治葭萌县，在今四川广元市昭化区东南。［42］荆沔（miǎn）：荆州北部的沔水流域，在今湖北的汉水流域。［43］诏起：朝廷下令让其停止服丧，出来为吏。刘璠（fán）：西晋荆州刺史、镇南大将军刘弘之子。顺阳：郡名，郡治南乡县，在今河南内乡县西南。内史：顺阳郡的高级僚属。［44］江、汉间翕然归之：刘璠是前荆州刺史刘弘的儿子，荆州的百姓由于怀念刘弘，所以都来归附刘璠。翕（xī）然，和顺、服帖的样子。

【点评】

晋武帝误传国柄。公元307年，晋惠帝司马衷被权臣司马越毒杀。司马衷庸碌的一生，令人感慨唏嘘。首先，司马衷的能力不足以担当皇帝。其次，皇太后的兄弟杨骏专政，一手遮天，视他为无物，后又有贾南风涉权干政。掩卷而思，晋朝建国后，自晋武帝司马炎消灭吴国，后长期处在动荡之中。后继统治者又多无能之辈，国无宁日。更多深层次问题，有待深究。晋武帝传国司马衷是一个最大的错误，作为开国皇帝，不可思议。

卷八七　晋纪九

晋怀帝永嘉三年至五年（309—311年）

【起屠维大荒落（己巳，309年），尽重光协洽（辛未，311年），凡三年】

【大事提要】

本卷记事起公元309年，讫公元311年，凡三年，当晋怀帝永嘉三年至永嘉五年。本卷所载大事，主要是五个方面：其一，刘聪即位。汉主刘渊迁都平阳，改年号为河瑞；后来患病去世，由长子刘和继承帝位，任命四子刘聪为大司马、大单于。刘和听信谗言，欲谋杀掌握重兵的刘聪，反而被有备而战的刘聪打败。刘聪清除异己，将刘锐、呼延攸等大臣杀害，登上帝位，改元光兴。其二，司马越被焚尸。东海王司马越"一股独大"，专权干政，杀掉忠于怀帝司马炽的王延等朝臣，并且罢免宿卫，全部换上亲信士兵。后来，汉国部将攻打洛阳，他出兵回击，内部争斗不休，眼看大势已去，忧惧成疾而死，被汉将领石勒追击，焚尸贬爵，满门遭殃。其三，洛阳被攻陷。汉主刘聪即位后，即命前军大将军呼延晏率兵二万进攻晋都洛阳。两军大战于河南，晋军前后十二败。刘聪大军攻陷洛阳，大肆烧杀抢掠，使这座原本繁荣、美丽的城市化为废墟。怀帝司马炽欲逃亡长安，结果，被汉兵活捉。史称"永嘉之祸"。其四，晋朝设立行台。洛阳被攻陷后，晋臣避乱，纷纷逃离。司徒傅祗在河阴建立行台；司空荀藩等传檄四方，推举琅邪王司马睿为盟主，任命官属；太子司马诠之弟司马端东奔仓垣，荀晞率领群官奉其为皇太子，设立行台。各地反抗的行为一直没有停止过。其五，江东独安。中原无主，天下大乱，唯独江东偏安，中原人士纷纷南渡江东。王导力劝琅邪王司马睿收其贤俊，网罗人才，其时佐官有一百多人。刁协、王承、诸葛恢、陈颙、庾亮等，都授官有差。司空王浚在幽州拥立皇太子，备置百官，任命司马睿为大将军。

孝怀皇帝中

永嘉三年（己巳，309 年）

春，正月，辛丑朔[1]，荧惑犯紫微[2]。汉太史令宣于修之[3]，言于汉[4]主渊[5]曰："不出三年，必克洛阳[6]。蒲子崎岖[7]，难以久安；平阳气象方昌[8]，请徙都之。"渊从之。大赦，改元河瑞[9]。

三月，戊申[10]，高密孝王略[11]薨。以尚书左仆射山简[12]为征南将军、都督荆、湘、交、广[13]四州诸军事，镇襄阳[14]。简，涛之子也，嗜酒，不恤[15]政事。表顺阳内史刘璠得众心[16]，恐百姓劫璠为主[17]，诏征璠为越骑校尉[18]。南州[19]由是遂乱，父老莫不追思刘弘。

丁巳[20]，太傅越[21]自荥阳[22]入京师。中书监王敦谓所亲[23]曰："太傅专执威权，而选用表请[24]，尚书犹以旧制裁之[25]，今日之来，必有所诛[26]。"

帝之为太弟[27]也，与中庶子缪播亲善[28]，及即位，以播为中书监，缪胤为太仆卿[29]，委以心膂[30]，帝舅散骑常侍王延[31]、尚书何绥[32]、太史令高堂冲[33]，并参机密。越疑朝臣贰于己[34]，刘舆、潘滔[35]劝越悉诛播等。越乃诬播等欲为乱。乙丑[36]，遣平东将军王秉，帅甲士三千入宫，执播等十余人于帝侧，付廷尉[37]，杀之。帝叹息流涕[38]而已。

绥，曾之孙也。初，何曾侍武帝宴[39]，退，谓诸子曰："主上开创大业，吾每宴见，未尝闻经国远图[40]，惟说平生常事[41]，非贻厥孙谋[42]之道也，及身而已[43]，后嗣其殆乎[44]！汝辈犹可以免[45]。"指诸孙曰："此属[46]必及于难。"及绥死，兄嵩[47]哭之曰："我祖其殆圣乎[48]！"

曾日食万钱，犹云无下箸处[49]。子劭[50]，日食二万。绥及弟机、羡[51]，汰侈[52]尤甚，与人书疏，词礼简傲[53]。河内王尼[54]见绥书，谓人曰："伯蔚居乱世而矜豪乃尔[55]，其能免乎[56]！"人曰："伯蔚闻卿言，必相危害。"尼曰："伯蔚比闻我言[57]，自已死矣！"及永嘉[58]之末，何氏无遗种[59]。

臣光曰：何曾议[60]武帝偷惰[61]，取过目前[62]，不为远虑，知天下将乱，子孙必与其忧[63]，何其明也！然身为僭侈[64]，使子孙承流[65]，卒[66]以骄奢亡族，其明安在哉！且身为宰相，知其君之过，不以告[67]而私语于家，非忠臣也。

太傅越以王敦为扬州刺史。

刘寔连年请老[68]，朝廷不许。尚书左丞刘坦上言："古之养老[69]，以不事[70]为优，不以吏之[71]为重，谓宜听寔所守[72]。"丁卯[73]，诏寔以侯就第。以王衍为太尉。

太傅越解兖州牧[74]，领司徒。越以顷来兴事[75]，多由殿省[76]，乃奏宿卫有侯爵者皆罢之。时殿中武官并封侯，由是出者略尽，皆泣涕而去。更使右卫将军何伦[77]、左卫将军王秉领东海国兵数百人宿卫[78]。

（以上为第一段，写晋怀帝司马炽重用亲善之人，与太傅司马越的专权发生冲突，司马越以谋反为名，杀戮怀帝亲信，撤换皇宫禁卫，彻底控制怀帝，使怀帝成为傀儡。）

【注释】

[1]辛丑朔：正月一日。［2］荧惑犯紫微：火星运行到了紫微垣星的位置。荧惑，即"火星"，由于火星呈红色，荧荧像火，亮度常有变化，而且在天空中运行，看上去有时从西向东，有时又似从东向西，情况复杂，令人迷惑，所以，称之为"荧惑"。犯紫微，即运行到了紫微的位置。紫微，也称"紫微垣"，星座名，古代分天体恒星为三垣，中垣有紫微十五星，亦称"紫宫"。［3］汉太史令：刘渊属下的史官。太史令，官名，掌管天文、历法、撰史等事。宣于修之：一作"鲜于修之"，姓宣于，名修之，汉赵人。刘渊称帝，任为太史令。曾说刘渊不出三年，必定攻下洛阳，并劝刘渊迁都平阳。刘渊从之。［4］汉：刘渊建国，称之为"汉"，后来刘曜称帝，改国号为"赵"，故将刘渊之"汉"称为"汉赵"，与刘邦之"汉"相区别。［5］渊：即刘渊，字元海，汉赵开国皇帝。公元304年至公元310年在位。传见《晋书》卷一百一。［6］洛阳：魏晋都城，在今河南洛阳市。［7］蒲子：县名，县治在今山西隰县。崎岖：地面高低不平的样子。［8］平阳：县名，在今山西临汾市。气象：景色，景象。方昌：正呈昌盛之势。［9］改元河瑞：当时汾水得玉玺，刘渊因此改元河瑞。［10］戊申：三月九日。［11］高密孝王略：即司马略。传见《晋书》卷九十。［12］山简：字季伦，河内怀县（今河南武陟县西）人，西晋名士，司徒山涛第五子。传见《晋书》卷四十三。［13］都督：官名，古代的军事首长，此用作动词，为统领、主管的意思。荆、湘、交、广：均州名。［14］镇襄阳：驻镇襄阳。襄阳，城名，在今湖北襄阳市。［15］不恤（xù）：不关心，不忧虑。［16］表：上表，上奏。顺阳：郡名，郡治在今河南淅川县。刘璠（fán）：镇南将军刘弘之子。刘弘去世后，朝廷启用刘璠为顺阳内史兼北中郎将，他继承父志，采用安抚措施，平定暴乱，江汉之间都归服他。后为越骑校尉。［17］劫璠为主：劫制、强迫刘璠为荆州的

一州之主，成为割据势力。［18］越骑校尉：将领名，驻守京城部队的八个校尉之一。［19］南州：南方之州，指荆、交、广诸州。［20］丁巳：三月十八日。［21］越：即高密王司马越，八王之乱参与者之一，曾专擅朝政，自任太傅辅政。传见《晋书》卷五十九。［22］荥阳：郡名，郡治荥阳县，在今河南荥阳市东北的古荥镇，司马越从去年驻镇于此。［23］所亲：所亲信的人。［24］选用表请：即表请选用，指司马越上表请求皇帝选拔任用某人。［25］尚书：尚书令的属官，负责选拔人才，主管文书及群臣章奏。犹以旧制裁之：仍按照旧的规定予以否定、驳回。裁，指不同意，不批准。［26］必有所诛：一定会杀几个存心和他作对的人。［27］帝：此指晋怀帝司马炽，曾为皇太弟。［28］中庶子：太子属下的官员，陪侍太子及主管奏事、谏议等。缪播：字宣则，东海兰陵（今山东兰陵县）人，西晋大臣。传见《晋书》卷六十。［29］缪胤（yìn）：字休祖，缪播的堂弟。太仆卿：即太仆，九卿之一，掌管皇帝的舆马与马政。晋官未有“卿”字，“卿”字疑为衍字。［30］委以心膂：把他当作骨干、心腹，委以重任。心膂（lǚ），犹言“心腹”。膂，脊梁骨。［31］王延：晋怀帝司马炽的侍从官员，任散骑常侍。［32］何绥（suí）：字伯蔚，西晋开国元勋何曾之孙，何遵次子，官至侍中、尚书。传见《晋书》卷三十三。［33］高堂冲：晋怀帝太史令，与缪播、王延等参与国家机密。［34］贰于己：对自己不是一心一意，左右观望，脚踩两条船。［35］刘舆、潘滔：两人均为西晋大臣。传见《晋书》卷六十二。［36］乙丑：三月二十六日。［37］廷尉：官名，主管司法的最高长官，九卿之一。［38］流涕：流泪。涕，古代指眼泪，后来出现了“泪”字，则“涕”专指鼻涕。［39］侍武帝宴：参加武帝司马炎的宴会。侍，陪侍，出席。［40］经国远图：治理国家的长远打算。［41］平生常事：过去的生活小事。［42］非贻厥孙谋：不是为后辈儿孙作打算。贻，遗留，留下。厥（jué），其，代词。［43］及身而已：也就是能维持他自身这一代罢了。［44］后嗣其殆乎：他的接班人就很危险啦。殆，危险。后嗣，后代子孙。［45］汝辈犹可以免：你们的儿子辈还不致牵连被杀。［46］此属：他们这些孙子辈的。［47］嵩：即何嵩，字泰基，何绥、何曾之兄，时任著作郎。［48］殆圣乎：真差不多是圣人了。殆，大概，几乎。［49］无下箸处：没有什么东西可用筷子夹，意即都不想吃。箸，筷子。［50］劭（sháo）：即何劭，太傅何曾次子，西晋大臣。传见《晋书》卷三十三。［51］机、羡：即何机、何羡，西晋开国元勋何曾之孙，何遵之子，何绥之弟，西晋官员。［52］汰侈：浪费，奢侈。汰，通“太”，过分。［53］词礼简傲：指何绥说话傲慢，不讲礼节。简傲，高傲，傲慢。［54］王尼：字孝孙，河内人，放达之士。传见《晋书》卷四十九。［55］伯蔚：即何绥，字伯蔚。矜豪乃尔：如此倨傲、豪纵。矜，夸矜，夸耀。［56］其能免乎：难道能够免于祸灾吗？意即遭祸受灾是不可避免的。［57］比闻我言：等他听到我的这些话时。比，及，等到。［58］永嘉：晋怀帝司马炽的年号，公元307年至公元311年，共五年。［59］无遗种：没有一个后代留在世上。［60］议：评论。章校，别本作“讥”，讽刺。［61］武帝：即晋武帝司马炎。偷惰：苟且偷安，得过且过，以言其贪图安逸，不思进取。［62］取过目前：只要眼下过得去就行了。过，得过且过。［63］必与其忧：必定要跟着他一块倒霉。与，卷入。忧，忧患，祸乱。［64］僭（jiàn）侈：奢侈过度。［65］子孙承流：儿孙们也学着他的样子骄奢淫逸。［66］卒：最终。［67］不以告：不把自己的这些看法对皇帝讲出来。［68］请老：请求退休。［69］养老：奉养老人，这里实际是说应该如何对待老人。［70］不事：不让他们太操心任职。［71］吏之：让他们居官任职。［72］宜听寔（shí）所守：应当顺从刘寔自己的意见。所守，所提，所坚持的意见。［73］丁卯：三月二十八。［74］解兖州牧：免去其兖州刺史的职务。［75］顷来兴事：近来所发生的一些政变之事。［76］多由殿省：大多出自皇帝身边的人，打着皇帝的旗号发动政变。如诛杀杨骏，废黜贾皇后，诛杀司马伦、司马冏，讨伐司马颖，囚禁羊皇后，囚禁太子司马覃等，都是皇帝身边的人与外部勾结所为。殿省，指宫廷与台省。［77］何伦：西晋官员，时为右卫将军，太傅司马越的亲信。［78］王秉：西晋官员，时为左卫将军，太傅司马越的亲信。东海国兵：来自司马越封国的士兵。自此，晋怀帝司马炽身边皆是司马越的私人，被司马越牢牢控制。

左积弩将军朱诞奔汉[1]，具陈洛阳孤弱[2]，劝汉主渊攻之。渊以诞为前锋都督，以灭晋大将军刘景为大都督[3]，将兵攻黎阳[4]，克之；又败王堪于延津[5]，沈男女三万余人于河[6]。渊闻之，怒曰："景何面复见朕！且天道岂能容之！吾所欲除者，司马氏耳，细民何罪[7]！"黜景为平虏将军[8]。

夏，大旱，江、汉、河、洛皆竭[9]，可涉[10]。

汉安东大将军石勒寇巨鹿、常山[11]，众至十余万，集衣冠人物[12]，别为君子营[13]。以赵郡张宾为谋主[14]，刁膺为股肱[15]，夔安、孔苌、支雄、桃豹、逯明为爪牙[16]。并州诸胡羯多从之[17]。

初，张宾好读书，阔达[18]有大志，常自比张子房[19]。及石勒徇山东[20]，宾谓所亲曰："吾历观诸将，无如此胡将军[21]者，可与共成大业！"乃提剑诣军门，大呼请见，勒亦未之奇也。宾数以策干勒[22]，已而[23]皆如所言；勒由是奇之，署为军功曹[24]，动静咨之[25]。

汉主渊以王弥[26]为侍中、都督青·徐·兖·豫·荆·扬六州诸军事、征东大将军、青州牧[27]，与楚王聪共攻壶关[28]，以石勒为前锋都督。刘琨[29]遣护军黄肃、韩述救之[30]，聪败述于西涧[31]，勒败肃于封田[32]，皆杀之。

太傅越遣淮南内史王旷[33]、将军施融、曹超[34]将兵拒聪等。旷济河[35]，欲长驱而前，融曰："彼乘险间出[36]，我虽有数万之众，犹是一军独受敌也。且当阻水为固以量形势[37]，然后图之。”旷怒曰：“君欲沮众[38]邪！”融退曰：“彼[39]善用兵，旷暗于事势[40]，吾属[41]今必死矣！”旷等逾太行[42]，与聪遇，战于长平[43]之间，旷兵大败，融、超皆死。

聪遂破屯留、长子[44]，凡斩获万九千级[45]，上党太守庞淳以壶关降汉[46]。刘琨以都尉张倚领上党太守[47]，据襄垣[48]。

初，匈奴刘猛[49]死，右贤王去卑之子诰升爰[50]代领其众。诰升爰卒，子虎[51]立，居新兴[52]，号“铁弗氏[53]”，与白部鲜卑[54]皆附于汉。刘琨自将[55]击虎，刘聪遣兵袭晋阳[56]，不克。

五月，汉主渊封子裕[57]为齐王，隆[58]为鲁王。

秋，八月，汉主渊命楚王聪等进攻洛阳；诏平北将军曹武[59]等拒之，皆为聪所败。聪长驱至宜阳[60]，自恃骤胜[61]，怠[62]不设备。九月，弘农太守垣延诈降[63]，夜袭聪军，聪大败而还。

王浚[64]遣祁弘[65]与鲜卑段务勿尘击石勒于飞龙山[66]，大破之，勒退屯黎阳。

【注释】

［1］左积弩将军：官名，领积弩营，辖二千五百人，担当宿卫之任，隶中领军（领军将军）。晋武帝泰始四年（268），罢振威、扬威护军，置左右积弩将军。朱诞：西晋官员，曾为左积弩将军，后投奔汉赵刘渊。汉：即刘渊所建汉国。［2］具陈：详细报告。洛阳：晋朝都城，在今河南洛阳市。此用以指代晋朝。［3］刘景：汉赵将领，曾为灭晋大将军。大都督：官名，为古代军事统帅。魏晋南北朝称“都督中外诸军事”或“大都督”者，即为全国最高之军事统帅。［4］黎阳：县名，县治在今河南浚县东北。［5］王堪：西晋将领，曾为车骑将军。延津：古黄河渡口名，在今河南卫辉市东北。［6］沈：同“沉”，沉没。河：古代为黄河的专称。［7］细民何罪：平民百姓有何罪过？细民，小民，平民。［8］黜（chù）：降职。平虏将军：汉赵将领名，为杂号将军。刘景原为灭晋大将军，为大将军级，现降职为将军级。［9］江、汉、河、洛：指长江、汉水、黄河、洛水。竭：枯竭，枯干少水。［10］可涉：可以蹚水过河，极言其水之浅。［11］寇：寇略，侵扰。巨鹿、常山：晋郡国名，巨鹿国的都城廮陶，在今河北宁晋县西南；常山郡的郡治真定，在今河北正定县西南。［12］集衣冠人物：把部下那些有身份的人，即晋朝投降过去的官僚士大夫们，集中在一起。［13］别为君子营：单独编为一支有身份的军队，享受较好的待遇。君子，此指有身份的人。［14］赵郡：郡名，治所平棘，在今河北赵县。张宾：字孟孙，河北邢台人，汉

赵谋臣。史载其“算无遗策、机无虚发”。传见《晋书》卷一百五。谋主：即主谋，出谋划策的主要人物。［15］刁膺：汉赵官员，曾为右长史。股肱（gōng）：原指大腿与胳膊，这里指骨干、心腹，辅佐重臣。［16］夔（kuí）安、孔苌、支雄、桃豹、逯明：诸人均后赵石勒部将。爪牙：供驱使的得力武将。［17］并州：州治晋阳，在今山西太原市。胡羯（jié）：少数民族名。胡，古代称北边或西域的民族，一般代指匈奴。羯，古族名，“五胡”（匈奴、鲜卑、羯、氐、羌）之一，曾附属于匈奴。［18］阔达：广博贯通，深远明彻。［19］张子房：即佐汉高祖开国的谋臣张良，字子房。传见《史记》卷二十五。［20］徇（xùn）：带兵开拓地盘。山东：此指太行山之东地区。［21］此胡将军：这位胡人的将军。古代称匈奴人为胡，石勒为羯族，羯，与匈奴有亲缘关系，亦属于胡人的范畴，故谓之胡将军。［22］以策干勒：给石勒出主意，用谋略来打动石勒。干，此指出谋献策。［23］已而：事后，结果。［24］署：任命。军功曹：官名，军中主管记功行赏的官员。［25］动静咨之：一举一动都征求他的意见。［26］王弥：东莱（今山东莱州市）人，西晋叛民领袖。后归附汉赵刘渊，拜司隶校尉，迁征东将军，封东莱郡公。后为石勒所杀。传见《晋书》卷一百。［27］青州牧：青州的最高军政长官。古代以九州之长为“牧”。牧，管理人民之意。［28］楚王聪：即刘聪，字玄明，刘渊第四子。传见《晋书》卷一百二。壶关：县名，县治在今山西长治市北。［29］刘琨（kūn）：刘琨此时为西晋并州刺史。［30］护军：官名，部队的监督官员。黄肃、韩述：时为刘琨刺史府护军。［31］西涧：地名，在今山西长治市西郊。［32］封田：地名，在今山西长治市北。［33］淮南：魏郡名，郡治寿春，在今安徽寿县。王旷：字世弘，琅邪临沂（今属山东）人，王羲之的父亲。历官丹杨太守、淮南内史、淮南太守。［34］施融、曹超：西晋将领，在与汉赵将领刘聪的作战中，打了败仗，战死。［35］济河：指渡过黄河，抵达北岸。［36］乘险间出：凭借险要地势时而出击。间（jiàn）出，不时而出。［37］阻水为固：隔着黄河，以黄河作为屏障。量：观察，斟酌。［38］沮众：动摇军心。沮，瓦解，破坏。［39］彼：敌人，指刘聪。［40］暗于事势：看不清敌军的形势。暗，愚昧，看不清。［41］吾属：我等，我们这些人。［42］逾太行：翻越太行山。逾，原为“于”，据章校改。太行，山名，位于山西与华北平原之间，纵跨北京、河北、山西、河南4省、市，呈东北—西南走向，绵延400余公里。［43］长平：地名，在今山西高平市。［44］屯留、长子：皆县名。屯留，县治在今山西长治市屯留区南。长子，县治在今山西长子县西南。［45］斩获：斩首，俘获。级：首级，人头。［46］上党：郡名，郡治潞县，在今山西长治市潞城区东北。庞淳：西晋官员，曾为上党太守。壶关：县名，县治在今山西长治市北。［47］都尉：武官名，辅助郡守主管军事。张倚：西晋官员，并州刺史刘琨的都尉，后为上党太守。领：兼任。［48］据襄垣（yuán）：意即据襄垣以守。襄垣，县名，县治在今山西襄垣县北。［49］刘猛：匈奴右贤王，去卑之子。泰始八年（272）正月，被晋将胡奋攻杀。［50］诰升爰（yuán）：一作刘训兜，西晋时匈奴支系铁弗部首领，为前任首领去卑之子，夏国建立者刘勃勃的高祖父。［51］虎：即刘虎，本姓赫连，字乌路孤，匈奴铁弗部首领，南匈奴单于后裔，夏国政权建立者赫连勃勃曾祖。曾为部落首领，臣附晋朝，后投靠后赵昭武帝刘聪，拜安北将军、丁零中郎将，封为楼烦公。曾孙赫连勃勃建立夏国政权后，追谥为景皇帝。传见《魏书》卷九十五。［52］新兴：郡名，郡治九原，在今山西忻州市。［53］铁弗（fú）氏：古匈奴部族之一，北人将父为匈奴人、母为鲜卑人所生的子女称为“铁弗”。刘虎始有此号，子孙因以为氏。其曾孙勃勃称大夏天王，又改称为“赫连氏”，其余仍称“铁弗氏”，其支庶称“铁伐氏”。［54］白部鲜卑：鲜卑族的白部落。白部，又作“百部”，因居于并州东北的白山而得名。［55］自将：亲自率军。［56］晋阳：郡名，郡治在今山西晋阳市。［57］裕：即刘裕，汉光文帝刘渊次子。拜为大司徒，封齐王。此后，协助刘聪杀死刘和即位。后冒死劝谏刘聪减少杀戮和善待臣民，反为所杀。［58］隆：即刘隆，汉光文帝刘渊第五子。被封为鲁王，为尚书令，在刘渊去世后的皇位争夺战中被杀。［59］曹武：西晋将领，曾为平北将军。［60］宜阳：县名，县治在今河南宜阳县西。［61］骤胜：屡屡取胜。骤，屡次，多次。［62］怠：懈怠，疏忽。［63］弘农：郡名，郡治在今河南灵宝市东北。垣（yuán）延：西晋官员，曾为弘农太守，用诈降的方法，打败了不可一世的汉赵将领刘聪。［64］王浚：字彭祖，太原晋阳（今山西太原市）人，西晋将领。传见《晋书》卷三十九。［65］祁弘：西晋著名将领。［66］飞龙山：地名，在今河北石家庄市西南。

冬，十月，汉主渊复遣楚王聪、王弥、始安王曜、汝阴王景帅精骑五万寇洛阳[1]，大司空雁门刚穆公呼延翼帅步卒继之[2]。

丙辰[3]，聪等至宜阳[4]。朝廷以汉兵新败，不意其复至，大惧。辛酉[5]，聪屯西明门[6]。北宫纯等夜帅勇士千余人出攻汉壁[7]，斩其征虏将军呼延颢[8]。壬戌[9]，聪南屯洛水[10]。乙丑[11]，呼延翼为其下所杀。其众自大阳溃归[12]。

渊敕[13]聪等还师；聪表称晋兵微弱，不可以翼、颢死[14]故还师，固请留攻洛阳，渊许之。太傅越婴城自守[15]。戊寅[16]，聪亲祈嵩山[17]，留平晋将军安阳哀王厉[18]、冠军将军呼延朗[19]督摄留军[20]；太傅参军孙询说越乘虚出击朗[21]，斩之，厉赴水[22]死。王弥谓聪曰：“今军既失利，洛阳守备犹固，运车在陕[23]，粮食不支数日。殿下不如与龙骧还平阳[24]，裹粮[25]发卒，更为后举；下官亦收兵谷[26]，待命于兖、豫[27]，不亦可乎！”聪自以请留，未敢还。宣于修之言于渊曰：“岁在辛未[28]，乃得洛阳。今晋气犹盛，大军不归，必败。”渊乃召聪等还。

（以上为第二段，写西晋处于风雨飘摇之中，匈奴汉赵正处于强势崛起之时，多次出兵攻打西晋，围攻洛阳，遭到晋兵顽强抵抗，损失惨重，无奈退兵，洛阳也岌岌可危。汉赵太史预言第三年破洛阳。）

【注释】

[1]始安王曜(yào):即刘曜,字永明,汉赵末代皇帝,刘渊从子。传见《晋书》卷一百三。汝阴王景:即刘景,刘渊的部将,原为右於陆王。[2]大司空:汉赵的官名,仿照汉晋,但都在官名上加"大"字。雁门:郡名,位于今山西右玉县南。呼延翼:匈奴族,刘汉大司空。在宜阳(今河南洛阳市)之役中被自己营中的乱兵杀死。谥为刚穆公。匈奴有四大姓,即呼延氏、卜氏、兰氏、乔氏,而呼延氏最为显赫。[3]丙辰:十月二十一日。[4]宜阳:县名,县治在今河南宜阳县西。此指洛阳。[5]辛酉:十月二十六日。[6]西明门:洛阳城西面南头的第二门。[7]北宫纯:西晋将领,曾为凉州都督府督护。汉壁:刘聪的营垒。壁,壁垒,营垒。[8]征虏将军:将军名号,为杂号将军。呼延颢(hào):匈奴族,汉赵征虏将军,在宜阳之役中战死。[9]壬戌:十月二十七日。[10]洛水:水名,由西南方流来,流经洛阳城南入河。[11]乙丑:本月无乙丑日,疑记事有误。[12]大阳:县名,县治在今山西平陆县西南。溃归:溃散,逃归。[13]敕:敕令,命令。[14]翼、颢死:指大将呼延翼、呼延颢战死。[15]婴城自守:倚仗城墙,予以坚守。婴,缠绕,围绕。[16]戊寅:本月无戊寅日,记载有误。[17]祈嵩(sōng)山:到嵩山祈祷。嵩山,在今河南登封市西北部,即五岳中的中岳,是古京师洛阳东方的重要屏障。[18]安阳哀王厉:即刘厉,汉赵官吏,曾助刘渊称帝,封安阳王,为平晋将军。因守营不利,跳进洛水自杀。谥号为"哀"。安阳,地名,在今山东曹县。[19]呼延朗:匈奴族,汉赵大将,为冠军将军,在宜阳之役中战死。此次汉赵将军死亡,多出于呼延氏,包括冠军将军呼延朗、征虏将军呼延颢、大司空呼延翼等。[20]督摄留军:监督、统领驻扎在洛水的军队。[21]太傅参军:太傅司马越的参谋官员。孙询(xún):西晋官员,曾为太傅司马越的参军。[22]赴水:投河。[23]运车在陕:运粮的车队还远在陕县。时刘聪自宜阳而东,又南进,屯于洛水,既为晋军所败,运车在陕,粮道隔绝。陕,县名,县治在今河南三门峡市西郊。[24]龙骧(xiāng):指刘曜,时为龙骧将军。平阳:郡名,在今山西临汾市,时为汉赵刘渊的都城。[25]裹粮:携带粮食,实指筹集粮食。[26]收兵谷:指招兵积粮。[27]待命于兖、豫:到兖、豫二州去等候时机。兖,州名,州治廪丘,在今山东聊城市西北。豫,州名,州治在今河南周口市淮阳区。[28]岁在辛未:意即三年后攻破洛阳,此汉赵太史令鲜于修之预言。辛未,即永嘉五年,当公元311年,在永嘉三年,即公元309己巳之后第三年。

天水人訇琦等杀成太尉李离、尚书令阎式[1],以梓潼降罗尚[2];成主雄遣太傅骧、司徒云、司空璜攻之,不克,云、璜战死[3]。

初,谯周[4]有子居巴西[5],成巴西太守马脱[6]杀之,其子登[7]诣刘弘请兵[8]以复仇。弘表登为梓潼内史[9],使自募巴、蜀流民,得二千人,西上,至巴郡[10],从罗尚求益兵[11],不得。登进攻宕渠[12],斩马脱，食其肝。会梓潼降，登进据涪城[13]，雄自攻之，为登所败。

十一月，甲申[14]，汉楚王聪、始安王曜归于平阳[15]。王弥南出轘辕[16]，流民之在颍川、襄城、汝南、南阳、河南者数万家[17]，素为居民所苦[18]，皆烧城邑，杀二千石、长吏以应弥[19]。

石勒寇信都[20]，杀冀州刺史王斌。王浚自领冀州[21]。诏车骑将军王堪[22]、北中郎将裴宪[23]将兵讨勒，勒引兵还，拒之；魏郡太守刘矩[24]以郡降勒。勒至黎阳[25]，裴宪弃军奔淮南[26]，王堪退保仓垣[27]。

十二月，汉主渊以陈留王欢乐[28]为太傅，楚王聪为大司徒，江都王延年[29]为大司空，遣都护大将军曲阳王贤[30]与征北大将军刘灵[31]、安北将军赵固[32]、平北将军王桑[33]，东屯内黄[34]。王弥表左长史曹嶷[35]行安东将军[36]，东徇青州[37]，且迎其家[38]，渊许之。

初，东夷校尉勃海李臻[39]，与王浚约共辅晋室，浚内有异志，臻恨之。和演[40]之死也，别驾昌黎王诞[41]亡归李臻，说臻举兵讨浚。臻遣其子成[42]将兵击浚。辽东太守庞本[43]，素与臻有隙，乘虚袭杀臻，遣人杀成于无虑[44]。诞亡归慕容廆[45]。诏以勃海封释[46]代臻为东夷校尉，庞本复谋杀之。释子悛劝释伏兵请本[47]，收斩之，悉诛其家。

（以上为第四段，写成汉主李雄与西晋官兵争斗，互有胜负；汉赵主刘渊派遣部将攻城略地，逐步蚕食西晋国土；而西晋官员之间互相倾轧，大敌当前，全然不以国家利益为重。）

【注释】

［1］訇（hōng）琦（qí）：人名。天水人，镇守梓潼的成汉将领。成：十六国之一。巴氐族领袖李雄在蜀地成都建立的国号，史称成汉，后被东晋消灭。李离：成汉政权太尉。阎式：成汉皇帝李雄的尚书令。［2］梓（zǐ）潼：郡名，郡治在今四川梓潼县。罗尚：字敬之，荆州襄阳（今湖北襄阳市）人，西晋益州刺史，率军入益州。传见《晋书》卷五十七。［3］“成汉主”三句：意谓成汉主李雄派出太傅李骧、司徒李云、司空李璜攻打梓潼，没有攻克，李云、李璜战死。［4］谯（qiáo）周：字允南，巴西西充国人，蜀汉谋臣、官员。传见《三国志》卷四十二。［5］巴西：郡名，郡治阆中县，在今四川阆中市。［6］马脱：人名，成汉巴西太史。［7］登：即谯登，字慎明，谯贤之子，谯周之孙。晋怀帝时任梓橦郡内史，曾被封为中烈将军。后被杀。［8］刘弘：西晋名将，时为荆州刺史。传见《晋书》卷六十六。请兵：请求出兵。［9］梓潼内史：梓潼郡的高

级僚属。［10］巴郡：郡名，郡治江州，在今重庆市。［11］益兵：增加兵力。［12］宕（dàng）渠：县名，县治在今四川渠县东北。［13］涪（fú）城：城镇名，在今四川绵阳市东北，涪江东岸，地当成都东北之要冲。［14］甲申：十一月二十日。［15］平阳：郡名，在今山西临汾市西南郊，时为刘渊的都城。［16］轘（huán）辕：关塞名，在今河南洛阳市东南的轘辕山上。［17］颍川、襄城、汝南：均郡名。颍川，郡治许昌，在今河南许昌市东。襄城，郡治在今河南襄城县。汝南，郡治在今河南息县。南阳：封国名，都城在今河南南阳市。河南：郡名，郡治在今河南洛阳市。［18］素：平素，平时。居民：指当地的土著居民。［19］二千石：指郡太守一级的官员，汉郡守俸禄为两千石，故称。长吏：县令、县长以及地位较高的县级官吏。［20］信都：在今河北衡水市冀州区，当时为冀州的州治所在地。［21］自领冀州：王浚原为幽州刺史，今则凭着势力强大，自己宣布兼任冀州刺史。［22］车骑将军：将军名号，位次仅次于骠骑将军。王堪（kān）：西晋将领，曾为车骑将军。［23］北中郎将：将领名，负责北部军事事务。裴宪：字景思，河东闻喜（今山西闻喜县）人，中书令裴楷之子。先仕西晋，任豫州刺史、北中郎将，后仕后赵，为太中大夫，迁司徒、太傅。传见《晋书》卷三十五。［24］魏郡：郡治邺城，在今河北临漳县西南。刘矩：西晋魏郡太守。［25］黎阳：县名，县治黎阳城，在今河南浚县。［26］淮南：郡名，郡治寿春县，在今安徽寿县。［27］仓垣（yuán）：县名，县治在今河南开封市东北。［28］欢乐：即刘欢乐，刘渊的族人，封陈留王，为刘汉太傅、太宰，刘渊去世，受遗诏辅政。［29］延年：即刘延年，刘渊的族人，封江都王，为大司空、太宰。［30］都护大将军：将军名号，位在镇军大将军上。曲阳王贤：即刘贤，刘渊的族人，封曲阳王，为都护大将军。［31］刘灵：刘渊的族人，汉赵征北大将军。［32］赵固：汉赵安北将军。［33］王桑：汉赵平北将军。［34］内黄：县名，县治在今河南内黄县西北。［35］左长史：官名，丞相府高级僚属，处理日常事务。曹嶷（yí）：东莱郡掖县（今山东莱州市）人，西晋将领，归附后赵，拜为征东大将军、青州刺史，先后驻守青州十二年，后受到后赵石勒的攻打，兵败被杀。［36］行安东将军：临时充任安东将军之职。行，代理，临时充任。［37］东徇青州：向东开拓，攻取青州。徇，略地，开辟新的疆域。青州，州治临淄，在今山东淄博市临淄区。［38］迎其家：接出王弥的家眷。王弥是东莱国人，地属青州。［39］东夷校尉：武官名，当时驻兵于今辽宁辽阳市，监管东北地区的少数民族动静。李臻：勃海人，西晋官员，曾任东夷校尉，由于与王浚有矛盾，被与王浚勾结的辽东太守庞本所杀。［40］和演：汝南西平（今河南西平县）人，西晋大臣，成都王司马颖心腹。初为阳平太守。司马颖举义讨伐赵王司马伦，以为右司马，封为开国公侯，出为幽州刺史。传见《晋书》卷五十九。［41］王诞：西晋官员，曾为和演的僚属为别驾。［42］成：即李成，一作"李咸"，西晋人，东夷校尉李臻之子，曾袭击安北将军王浚，事败被杀。［43］辽东：郡名，郡治与东夷校尉的治所都在今辽宁辽阳市。庞本：西晋辽东太守。［44］无虑：县名，县治在今辽宁北镇市东南。［45］慕容廆（guī）：字若洛廆，自称鲜卑大单于，前燕政权建立者慕容皝之父，迁都大棘城。传见《魏书》卷九十五。［46］封释：勃海蓨县（今河北景县）人，北魏封懿的曾祖父。曾为西晋东夷校尉。辽东太守庞本曾谋划杀死封释，被封释收捕后斩首，并诛杀庞本全家。［47］悛（quān）：即封悛，封释之子，曾任东晋冀州主簿。父亲去世，封悛前去给父亲奔丧，因战乱堵塞道路，无法将父亲归葬故乡，就留在慕容部为官，任参军，官至前燕振威将军。伏兵请本：先埋伏好军队，而后邀请庞本前来。

四年（庚午，310 年）

春，正月，乙丑朔[1]，大赦。

汉主渊立单征女[2]为皇后，梁王和[3]为皇太子，大赦；封子乂为北海王[4]，以长乐王洋[5]为大司马。

汉镇东大将军石勒济河，拔白马[6]，王弥以三万众会之，共寇徐、豫、兖州。二月，勒袭鄄城[7]，杀兖州刺史袁孚，遂拔仓垣[8]，杀王堪[9]。复北济河，攻冀州诸郡，民从之者九万余口。

成太尉李国镇巴西[10]，帐下文石杀国[11]，以巴西降罗尚。

太傅越征建威将军吴兴钱璯及扬州刺史王敦。璯谋杀敦以反，敦奔建业，告琅邪王睿。璯遂反，进寇阳羡[12]，睿遣将军郭逸[13]等讨之；周玘纠合乡里[14]，与逸等共讨璯，斩之。玘三定江南[15]，睿以玘为吴兴太守，于其乡里置义兴郡以旌之[16]。

曹嶷自大梁[17]引兵而东，所至皆下，遂克东平[18]，进攻琅邪[19]。

夏，四月，王浚将祁弘败汉冀州刺史刘灵于广宗[20]，杀之。

成主雄谓其将张宝[21]曰："汝能得梓潼[22]，吾以李离[23]之官赏汝。"宝乃先杀人而亡奔梓潼，訇琦[24]等信之，委以心腹。会罗尚遣使至梓潼，琦等出迎[25]之；宝从后闭门，琦等奔巴西，雄以宝为太尉。

幽、并、司、冀、秦、雍六州大蝗，食草木、牛马毛皆尽。

秋，七月，汉楚王聪、始安王曜、石勒及安北大将军赵固[26]围河内太守裴整于怀[27]，诏征虏将军宋抽[28]救怀。勒与平北大将军王桑逆击抽[29]，杀之；河内人执整以降，汉主渊以整为尚书左丞[30]。河内督将郭默收整余众[31]，自为坞主[32]，刘琨以默为河内太守。

罗尚卒于巴郡，诏以长沙太守下邳皮素代之[33]。

庚午[34]，汉主渊寝疾，辛未[35]，以陈留王欢乐为太宰，长乐王洋为太傅，江都王延年为太保，楚王聪为大司马、大单于，并录尚书事[36]。置单于台[37]于平阳西，以齐王裕为大司徒，鲁王隆为尚书令，北海王义为抚军大将军、领司隶校尉，始安王曜为征讨大都督、领单于左辅，廷尉乔智明[38]为冠军大将军、领单于右辅，光禄大夫刘殷[39]为左仆射，王育[40]为右仆射，任颉为吏部尚书[41]，朱纪为中书监[42]，护军马景领左卫将军[43]，永安王安国[44]领右卫将军，安昌王盛、安邑王钦、西阳王璇皆领武卫将军[45]，分典禁兵。

初，盛少时，不好[46]读书，只读《孝经》[47]《论语》，曰："诵此能行[48]，足矣，安用多诵而不行乎！"李熹[49]见之，叹曰："望之如可易[50]，及至[51]，肃如严君[52]，可谓君子矣！"渊以其忠笃[53]，故临终委以要任。丁丑[54]，渊召太宰欢乐等入禁中[55]，受遗诏辅政。己卯[56]，渊卒，太子和[57]即位。

（以上为第五段，写汉赵主刘渊派遣将领攻打西晋，渡过黄河，进犯徐州、豫州、兖州、冀州，攻下许多郡县；刘渊临终，安排后事，大封诸王、群臣，太子刘和继位。）

【注释】

[1]乙丑朔：正月一日。[2]单征女：氐族人单征的女儿。[3]梁王和：即汉赵第二位皇帝，刘和，字玄泰，刘渊长子，立为太子。[4]义：即刘义，一作"刘乂"，刘渊次子，封北海王。麟嘉二年（317），为刘粲和靳准所陷害，不久被杀。[5]长乐王洋：即刘洋，刘渊的族人，封长乐王，为大司马。[6]白马：县名，县治在今河南滑县东。[7]鄄（juàn）城：县名，县治在今山东鄄城县北之旧城。[8]仓垣（yuán）：县名，县治在今河南开封市东北。[9]王堪（kān）：西晋车骑将军。[10]李国：四川流民首领李特妹夫李含之子，李雄建立成汉政权后，任命为太宰，后为太尉。巴西：晋郡名，郡治在今四川阆中市。[11]文石：人名，成汉李国太尉府僚属。杀国：文石杀了李国。[12]阳羡：县名，县治在今江苏宜兴市南。[13]郭逸：司马睿的属将。[14]周玘（qǐ）：字宣佩，义兴阳羡（今江苏宜兴市）人，西晋官员，平西将军周处之子。传见《晋书》卷五十八。纠合：集合，聚集。[15]三定江南：周玘于惠帝永兴元年（304）讨石冰，永嘉元年（307）击陈敏，本年（310）诛钱璯，故称"三定江南"。[16]义兴郡：郡治阳羡县，在今江苏宜兴市。旌（jīng）：表彰其勋业。[17]大梁：古城名，在今河南开封市。[18]东平：诸侯国名，都城在今山东东平县东。[19]琅邪：诸侯国名，都城在今山东临沂市东北。[20]祁弘：西晋著名将领。广宗：县名，县治在今河北威县东。[21]张宝：成汉大臣，李雄部将。曾用诈降计夺得梓潼，担任成汉太尉。[22]梓潼：郡名，郡治在今四川梓潼县。[23]李离：四川

流民首领李特妹夫李含之子，曾为梓潼太守。在被訇琦杀害前为太尉之职。［24］訇（hōng）琦（qí）：天水人，成汉将领。［25］迎：原文为“送”，据严衍《资治通鉴补》改。［26］赵固：原为“赵国”。据严衍《资治通鉴补》改。据史实，应为“赵固”。赵固，汉赵将领，曾为安北大将军。［27］裴整：西晋河内太守。怀：县名，县治在今河南武陟县西南，当时为河内郡的郡治所在地。［28］宋抽：西晋平阳太守，现为征虏将军。［29］王桑：西晋人，参加叛军队伍，为刘汉东中郎将，现为平北大将军。逆击：迎击。［30］尚书左丞：尚书令属吏，有左、右。左丞，总领纲纪；右丞，掌钱谷等事。［31］河内督将：河内郡的军事长官。河内，郡名，郡治野王，在今河南沁阳市。郭默：字玄雄，河内怀县（今河南武陟县）人，晋朝将领。初为河内太守裴整部将，后为流民帅，投靠并州刺史刘琨，拜河内太守。后又投靠晋明帝，拜征虏将军，从平苏峻之乱，拜右军将军。传见《晋书》卷六十三。［32］坞（wù）主：防御工事的头领。坞，筑有防御工事的村落。天下兵争，聚众筑坞以自守，未有朝命，故自为坞主。［33］长沙：郡名，郡治在今湖南长沙市。下邳：郡名，郡治下邳，在今江苏邳州市南部和睢宁县北部古邳镇。皮素：西晋长沙太守，后代罗尚为益州刺史。［34］庚午：七月九日。［35］辛未：七月十日。［36］并录尚书事：以上数人全都兼理尚书省的事务。并，兼任。［37］单于台：大单于的办事机构。［38］乔智明：字元达，鲜卑前部人，出任西晋及汉赵的官吏、将领。传见《晋书》卷九十。［39］刘殷：字长盛，新兴人，西晋、前赵名士、官员。传见《晋书》卷八十八。［40］王育：西晋人，成都王司马颖闻其才，以之为破虏将军，后被汉光文帝刘渊所俘，以其才任右仆射，博通经史，官至太傅。传见《晋书》卷八十八。［41］任颛（yǐ）：汉赵吏部尚书。吏部尚书：官名，为六部尚书之首，负责职官选拔。［42］朱纪：汉赵中书监。［43］护军：官名，与中领军同为重要军事长官，监护诸军。马景：汉赵官员，曾为护军，后领左卫将军。［44］永安王安国：即刘安国，刘渊族人，封为永安王，领右卫将军。［45］安昌王盛、安邑王钦、西阳王璇（xuán）：即刘盛、刘钦、刘璇，刘渊族人，汉赵将领。武卫将军：官名，都督中军宿卫禁兵。［46］不好：不喜好。［47］《孝经》：阐述孝道和孝治思想的中国古代儒家经典著作，儒家十三经之一。成书于秦汉之际，全书共分18章。［48］能行：能够做到。［49］李熹（xǐ）：字季和，上党铜鞮（今山西沁县）人，魏晋大臣。传见《晋书》卷四十一。［50］望之如可易：远远地望着，像是没有什么了不起。易，轻视。［51］及至：等到了跟前。［52］肃如严君：像是一位严肃的君长。［53］其：代指安昌王刘盛。忠笃：忠厚、诚实。［54］丁丑：七月十六日。［55］禁中：禁令所及范围之内，指帝王所居宫内。［56］己卯：七月十八日。［57］太子和：即刘和，字玄泰，刘渊的嫡子。传见《晋书》卷一百一。

和性猜忌无恩。宗正呼延攸[1]，翼之子也，渊以其无才行[2]，终身不迁官[3]；侍中刘乘[4]，素恶楚王聪；卫尉西昌王锐[5]，耻不预顾命[6]，乃相与谋，说和曰：“先帝不惟轻重之势[7]，使三王总强兵于内[8]，大司马拥十万众屯于近郊[9]，陛下便为寄坐[10]耳。宜早为之计。”和，攸之甥也，深信之。

辛巳[11]夜，召安昌王盛、安邑王钦等告之。盛曰：“先帝梓宫在殡[12]，四王未有逆节[13]，一旦自相鱼肉[14]，天下谓陛下何[15]！且大业甫尔[16]，陛下勿信谗夫之言以疑兄弟；兄弟尚不可信，他人谁足信哉！”攸、锐怒之曰：“今日之议，理无有二，领军[17]是何言乎！”命左右刃之。盛既死，钦惧曰：“惟陛下命。”

壬午[18]，锐帅马景攻楚王聪于单于台，攸帅永安王安国攻齐王裕于司徒府，乘帅安邑王钦攻鲁王隆，使尚书田密[19]、武卫将军刘璿攻北海王义。密、璿挟义斩关归于聪[20]，聪命贯甲[21]以待之。锐知聪有备，驰还，与攸、乘共攻隆、裕。攸、乘疑安国、钦有异志，杀之。是日[22]，斩裕；癸未[23]，斩隆。

甲申[24]，聪攻西明门[25]，克之；锐等走入南宫，前锋随之。乙酉[26]，杀和于光极西室[27]，收锐、攸、乘，枭首通衢[28]。

群臣请聪即帝位，聪以北海王义，单后之子[29]也，以位让之。义涕泣固请[30]，聪久而许之，曰：“义及群公正以祸难尚殷[31]，贪孤年长故耳。此家国之事，孤何敢辞！俟[32]义年长，当以大业归之。”遂即位。大赦，改元光兴[33]。尊单氏曰“皇太后”，其母张氏曰“帝太后”。以义为皇太弟[34]，领大单于、大司徒。立其妻呼延氏为皇后。呼延氏，渊后之从父妹[35]也。封其子粲为河内王，易为河间王，翼为彭城王，悝为高平王[36]；仍以粲为抚军大将军[37]、都督中外诸军事[38]。以石勒为并州[39]刺史，封汲郡公。

略阳临渭氐酋蒲洪[40]，骁勇[41]多权略，群氐畏服[42]之。汉主聪遣使拜洪平远将军，洪不受，自称护氐校尉、秦州刺史、略阳公。

九月，辛未[43]，葬汉主渊于永光陵[44]，谥曰“光文皇帝”，庙号高祖。

（以上为第六段，写汉赵主刘渊去世，太子刘和继位，忌惮四弟刘聪的实力强大，予以偷袭，发生火并事件，而刘聪早有防备，获得胜利，继位为帝，改元光兴。）

【注释】

[1]宗正：官名，为九卿之一，掌管皇帝宗室及外戚勋贵等有关事务。呼延攸：呼延翼之子，汉赵人，官拜宗正。刘渊因他素无才行，终身不令迁官。后被刘聪杀害。［2］无才行：没有才德、品行。［3］不迁官：不提升官职。［4］刘乘：汉赵官员，曾为侍中。［5］卫尉：官名，为九卿之一，掌率卫士守卫宫禁。西昌王锐：即刘锐，刘渊族人，汉赵将领，封为西昌王，为卫尉。［6］耻不预顾命：以没有被列为顾命大臣而感到羞愧。预，参加，加入。［7］不惟：不认真考虑。轻重之势：即势力和威权而言，是说"三王"势力强大，刘和势力弱小，受到威胁。［8］三王：指安昌王刘盛、安邑王刘钦、西阳王刘璿，三人统领禁卫部队，控制朝廷。都是大司马刘聪的亲信。总：把总，统领。［9］大司马：指刘聪，时任大司马。屯于近郊：刘聪设立的单于台，就在国都平阳之西，离平阳不远。［10］寄坐：借人家的位子坐着，比喻自己无权，且不能长久。［11］辛巳：七月二十日。［12］梓宫在殡：棺材还停在堂上，没有安葬。梓宫，棺材。殡，停棺待葬。［13］四王：指刘聪、刘裕、刘隆、刘乂。逆节：叛逆的行为。［14］自相鱼肉：自相吞并、残杀。［15］谓陛下何：对皇上您将会有什么评论呢？意即将会影响到皇上的声誉。［16］大业甫尔：汉赵的事业刚刚开始有这么个大好的局面。甫（fǔ），始。尔，如此。［17］领军：即刘盛，当时领武卫将军，分典禁兵。［18］壬午：七月二十一日。［19］田密：汉赵官员，曾为尚书。［20］斩关：指劈开平阳城门。归于聪：归附于刘聪。［21］贯甲：穿上铠甲。［22］是日：当天，即七月二十一日。［23］癸未：七月二十二日。［24］甲申：七月二十三日。［25］西明门：汉赵京都平阳的城门。刘渊建都平阳，各城门都用洛阳的城门名。［26］乙酉：七月二十四日。［27］杀和于光极西室：刘和在位仅七天。光极西室，光极殿的西室。［28］枭（xiāo）首通衢（qú）：将他们的人头挂在十字街头的高竿上示众。［29］单后之子：单皇后所生的儿子，即刘渊的嫡子，而刘聪则是庶子。［30］固请：坚决请求。［31］祸难尚殷：动荡变乱还处于严重状态。殷，盛，大。［32］俟（sì）：等到。［33］改元光兴：在此之前，是刘渊的"河瑞二年"。光兴，刘聪的第一个年号。［34］以乂为皇太弟：意即以刘乂为未来的继承人。［35］从父妹：堂妹，叔父、伯父家的女儿。［36］"封其子粲（càn）为河内王"四句：汉赵王刘聪立皇太弟后，又封诸子为王以辅翼。刘粲为河内王，刘易为河间王，刘翼为彭城王，刘悝为高平王。后刘粲取代皇太弟刘乂为皇太子，刘聪去世后，即位为汉赵第四位皇帝，年号汉昌。后靳准发动叛乱，被杀，谥号隐皇帝。传见《晋书》卷一百二。［37］抚军大将军：高级将军名，有管理朝政的权力。［38］都督中外诸军事：统管皇宫内外的军事力量，为一国最高军事统帅。［39］并州：州治晋阳，在今山西太原市。［40］氐酋：氐族部落的首领。蒲洪：即苻（fú）洪，字广世，略阳临渭（今甘肃秦安县）人，氐族部落小帅蒲怀归之子，秦景明帝苻健之父，前秦政权奠基者。先后归附前赵、后赵，后赵内乱时试图谋取中原，被杀，其子苻健称帝后追谥为惠武皇帝，庙号太祖。传见《晋书》卷一百二。［41］骁勇：勇猛。骁，本为强壮的马，引申为勇猛、勇健。［42］畏服：因畏惧而服从、敬服。［43］辛未：九月十一日。［44］永光陵：刘渊的陵墓，位于山西洪洞县姚庄村东南方。

雍州流民多在南阳，诏书遣还乡里。流民以关中荒残，皆不愿归。征南将军山简、南中郎将杜蕤各遣兵送之[1]，促期令发。京兆王如[2]遂潜结壮士，夜袭二军[3]，破之。于是，冯翊严嶷、京兆侯脱各聚众攻城镇[4]，杀令长以应之，未几，众至四五万，自号大将军，领司、雍二州牧，称藩于汉[5]。

冬，十月，汉河内王粲、始安王曜及王弥帅众四万寇洛阳，石勒帅骑二万会粲于大阳[6]，败监军裴邈于渑池[7]，遂长驱入洛川[8]。粲出轘辕[9]，掠梁、陈、汝、颍[10]间。勒出成皋关[11]，壬寅[12]，围陈留太守王赞于仓垣[13]，为赞所败。退屯文石津[14]。

刘琨自将讨刘虎及白部[15]，遣使卑辞厚礼说鲜卑拓拔猗卢以请兵[16]。猗卢使其弟弗[17]之子郁律[18]帅骑二万助之，遂破刘虎、白部，屠其营。琨与猗卢结为兄弟，表猗卢为大单于，以代郡[19]封之为代公。时代郡属幽州，王浚不许，遣兵击猗卢，猗卢拒破之。浚由是与琨有隙。

猗卢以封邑去国悬远[20]，民不相接，乃帅部落万余家自云中入雁门[21]，从琨求陉北之地[22]。琨不能制[23]，且欲倚之为援，乃徙楼烦、马邑、阴馆、繁畤、崞[24]五县民于陉南，以其地与[25]猗卢，由是猗卢益盛。

琨遣使言于太傅越，请出兵共讨刘聪、石勒。越忌苟晞[26]及豫州刺史冯嵩[27]，恐为后患[28]，不许。琨乃谢猗卢之兵，遣归国。

刘虎收余众，西渡河，居朔方肆卢川[29]，汉主聪以虎宗室，封楼烦公。

壬子[30]，以刘琨为平北大将军，王浚为司空，进鲜卑段务勿尘为大单于。

（以上为第七段，写汉赵攻打西晋，河内王刘粲等进攻洛阳，长驱直入洛川；并州刺史刘琨劝说鲜卑拓跋猗卢出兵共同攻打匈奴寇兵，获胜，被任为平北大将军。）

【注释】

[1]南中郎将：将军名，“四中郎将”之一。杜蕤（ruí）：西晋南中郎将。 [2]王如：京兆新

丰（今陕西渭南市西南）人，西晋流民起义领袖。王如攻下襄城（今河南襄城县），关中流民纷起响应，拥众四五万人，自称大将军，兼司、雍二州牧。后被杀。传见《晋书》卷一百。［3］二军：山简及杜蕤派来的军队。［4］冯翊（yì）：郡名，郡治临晋，在今陕西大荔县。严嶷、侯脱：流民起义将领，率领流民攻打郡县，攻杀县令。［5］称藩于汉：归附于刘聪，自称是刘聪的诸侯、部属。［6］大阳：县名，县治在今山西平陆县西南。［7］裴邈：字景声，河东闻喜人。少有通才，历太傅从事中郎、左司马，监东海王（司马越）军事。被石勒打败。渑池：县名，县治在今河南洛宁县西北。［8］洛川：地域名，指今河南洛阳市以西洛水流域的平原地带。［9］轘（huàn）辕：关隘名，在今河南洛阳市东南的轘辕山上。［10］梁、陈、汝、颍：皆郡国名。梁，诸侯国，都城睢阳，在今河南商丘市南。陈，郡名，郡治在今河南周口市淮阳区。汝，即汝南郡，郡治在今河南平舆县。颍，即颍川郡，郡治在今河南许昌市东。［11］成皋关：又称虎牢关，在今河南荥阳市西北的汜水镇。［12］壬寅：十月十三日。［13］陈留：郡名，郡治小黄，在今河南开封市东。王赞：西晋陈留太守。仓垣（yuán）：县名，县治在今河南开封市东北。［14］文石津：古黄河渡口名，在今河南延津县东北。［15］刘虎：匈奴铁弗部落的首领。白部：鲜单族的部落名，因居于并州东北的白山而得名，前归附汉王刘渊，故刘琨讨之。［16］拓拔猗卢：即拓跋猗卢，鲜卑拓跋部首领，北魏皇帝先祖，拓跋沙漠汗之子。传见《魏书》卷一。请兵：请求出兵。［17］弗：即拓跋猗卢之弟拓跋弗，后为代国第四代国主。传见《魏书》卷一。［18］郁律：即拓跋郁律，拓跋弗之子。为鲜卑索头部首领，击退刘虎侵犯，西取乌孙故地，东并勿吉以西，称雄北方。后被杀害。传见《魏书》卷一。［19］代郡：郡名，郡治在今河北蔚县东北之代王城。［20］封邑去国悬远：封地代郡离自己的根据地太远，而且隔着其他郡县。国，指拓跋猗卢的根据地盛乐，在今内蒙古和林格尔县西北的土城子。［21］云中：郡名，郡治在今内蒙古托克托县东北。雁门：郡名，郡治广武，在今山西代县西。［22］陉（xíng）北之地：陉岭以北的地盘。陉岭，在今山西代县西。［23］不能制：无法制止。［24］楼烦、马邑、阴馆、繁畤、崞：今山西北部的五个县名。楼烦，县治在今山西宁武县西北。马邑，县治在今山西朔州市。阴馆，县治在今山西代县西北。繁畤，县治在今山西浑源县西南。崞（guō）县，县治在今山西浑源县西。［25］与：给予，送给。［26］越忌苟晞：司马越将苟晞由兖州东调青州，二人产生矛盾，事见《资治通鉴》卷八十六晋怀帝永嘉元年（307）。苟晞，字道将，西晋末年名将，后为石勒所败，被射杀。传见《晋书》卷六十一。［27］冯嵩：西晋将领，曾为司马模的先锋部队首领，现为豫州刺史。［28］恐为后患：怕他们乘虚袭击洛阳。［29］朔方：郡名，辖地约当今山西北部及邻近的河北、内蒙古一带地区，郡治三封县城，在今内蒙古磴口县。肆卢川：地名，在今山西忻州市与原平市之间的平川，其地有肆卢城，在今忻州市西北。［30］壬子：十月二十三日。

京师饥困日甚，太傅越遣使以羽檄[1]征天下兵，使人援京师。帝谓使者曰："为我语诸征、镇[2]，今日尚可救，后则无及矣！"既而卒无至者[3]。征南将军山简遣督护王万将兵入援[4]，军于涅阳[5]，为王如[6]所败。如遂大掠沔、汉[7]，进逼襄阳[8]，简婴城自守[9]。

荆州刺史王澄[10]自将，欲援京师，至沶口[11]，闻简败，众散而还。朝议多欲迁都以避难，王衍以为不可，卖车牛以安众心。山简为严嶷[12]所逼，自襄阳徙屯夏口[13]。

石勒引兵济河，将趣南阳[14]，王如、侯脱、严嶷等闻之，遣众一万屯襄城[15]以拒勒。勒击之，尽俘其众，进屯宛北[16]。是时，侯脱据宛，王如据穰[17]。如素与脱不协[18]，遣使重赂勒，结为兄弟，说勒使攻脱。勒攻宛，克之；严嶷引兵救宛，不及而降[19]。勒斩脱；囚嶷，送于平阳[20]，尽并其众[21]。遂南寇襄阳，攻拔江西垒壁[22]三十余所。还，趣襄城，王如遣弟璃[23]袭勒；勒迎击，灭之，复屯江西。

太傅越既杀王延等[24]，大失众望；又以胡寇益盛，内不自安，乃戎服入见，请讨石勒，且镇集兖、豫[25]。帝曰："今胡虏侵逼郊畿[26]，人无固志，朝廷社稷[27]，倚赖[28]于公，岂可远出以孤根本[29]！"对曰："臣出，幸而破贼，则国威可振，犹愈于坐待困穷也。"

十一月，甲戌[30]，越帅甲士四万向许昌[31]，留妃裴氏、世子毗[32]及龙骧将军李恽[33]、右卫将军何伦守卫京师[34]，防察宫省[35]；以潘滔为河南尹[36]，总留事[37]。越表以行台[38]自随，用太尉衍[39]为军司，朝贤素望[40]，悉为佐吏，名将劲卒，咸入其府[41]。于是，宫省无复守卫，荒馑[42]日甚，殿内死人交横，盗贼公行，府寺营署[43]，并掘堑[44]自守。越东屯项[45]，以冯嵩为左司马[46]，自领豫州牧[47]。

竟陵王楙[48]白帝遣兵袭何伦，不克；帝委罪于楙，楙逃窜，得免。

扬州都督周馥[49]以洛阳孤危，上书请迁都寿春[50]。太傅越以馥不先白己而直上书，大怒，召馥及淮南太守裴硕[51]。馥不肯行，令硕帅兵先进[52]。硕诈称受越密旨，袭馥，为馥所败，退保东城[53]。

诏加张轨[54]镇西将军、都督陇右[55]诸军事。光禄大夫傅祗[56]、太常挚虞[57]遗轨书，告以京师饥匮[58]。轨遣参军杜勋[59]献马五百匹，毯布三万匹。

成太傅骧[60]攻谯登于涪城[61]。罗尚子宇[62]及参佐素恶登，不给其粮[63]。益州刺史皮素[64]怒，欲治其罪。

十二月，素至巴郡[65]，罗宇使人夜杀素，建平都尉暴重杀宇[66]，巴郡乱。骧知登食尽援绝，攻涪愈急。士民皆熏鼠食之，饿死甚众，无一人离叛者。骧子寿先在登所[67]，登乃归之。三府[68]官属表巴东监军南阳韩松[69]为益州[70]刺史，治巴东。

（以上为第八段，写汉赵将领石勒渡过黄河，深入到南阳等西晋腹地，都城洛阳岌岌可危，混乱不堪，而太傅司马越却要抛弃洛阳，逃之夭夭，带着行台东驻项县城，敌大军压境，洛阳成了一座空城。）

【注释】

[1]羽檄：亦称“羽书”，古时征调军队的文书，上插鸟羽以表示紧急，必须速递。[2]诸征、镇：指征东、征西、征南、征北，与镇东、镇西、镇南、镇北诸将军。征、镇，是各个地方的最高军事长官。[3]既而：一会儿，不久。卒无至：到最后都没有救兵到来。卒，表示最终出现的某种结果，相当于“最终”。[4]王万：征南将军山简的督护。将兵入援：率兵救援京都洛阳。将（jiàng）兵，率领士兵。[5]涅阳：县名，县治在今河南邓州市东北，位于涅水（今赵河）北岸。[6]王如：京兆新丰（今陕西渭南市西南）人，西晋流民起义领袖。[7]沔（miǎn）、汉：即汉水。汉水的上游为沔水，源出秦岭南麓陕西宁强县境内，南流经汉中向东南在武汉市汉口流入长江。[8]襄阳：郡名，郡治在今湖北襄阳市。[9]婴城自守：倚仗城墙，予以坚守。婴，缠绕，围绕。[10]王澄：西晋荆州刺史。传见《晋书》卷四十三。[11]沶（yí）口：沶水入夷水之口，在今湖北宜城市西。[12]严嶷（yí）：西晋流民起义队伍首领。[13]夏口：地名，在今湖北武汉市汉口。[14]趣（qù）：通“趋”，趋向，奔向。南阳：郡名，郡治宛县，在今河南南阳市。[15]襄城：郡名，郡治在今河南襄城县。[16]宛北：宛县城北。[17]穰（ráng）：县名，县治在今河南邓州市。[18]不协：不协调，不和谐。[19]不及而降：没能救成侯脱，只好投降石勒。[20]平阳：郡名，郡治在今山西临汾市西南郊，时为刘渊的都城。[21]尽并其众：把侯脱、严嶷的部众全部归并到自己的军队里。[22]江西垒壁：长江西侧的军事据点。江西，指长江下游北岸武汉市以西地区。石勒既南寇襄阳，循汉江而下，攻掠江西地区。[23]璃：即王璃，流民起义队伍首领王如的弟弟，起义军中将领。[24]杀王延等：司马越杀缪播、何绥、王延等殿省官员，事见上年（309）。王延，西晋官员，曾为晋怀帝司马炽的侍从官员。[25]镇集兖、豫：稳定兖、豫二州的人心。这是司马越想离开洛阳的借口。镇集，屯兵镇守。[26]侵逼郊畿（jī）：已经侵犯到了京城郊区。畿，国都附近的地区。[27]社稷：本指社神、谷神，代指国家。[28]倚赖：倚靠，依赖。[29]以孤根本：使朝廷所在的京城形势孤立、危险。[30]甲

戌：十一月十五。［31］许昌：城镇名，在今河南许昌市。［32］毗（pí）：即司马毗，东海王司马越的儿子，后被立为东海世子，官至镇军将军。永嘉五年（311），司马毗和宗室的四十八王被石勒军俘虏杀害。［33］李恽：西晋末年乞活军领袖，曾任晋青州刺史，在西晋都城洛阳即将被攻陷时，被任为龙骧将军，担任守卫京师的重任。晋怀帝永嘉五年（311），洛阳失守，李恽杀掉妻子逃奔广宗，后被石勒所杀。［34］右卫将军：官名，宫廷守卫将军。何伦：西晋将领，晋怀帝时的宫廷守卫将领。［35］防察宫省：监视宫廷，以防发生反对司马越的政变。防察，监察，防备。［36］潘滔：司马越的亲信，与刘舆、裴邈合称"越府三才"。河南尹（yǐn）：官名，洛阳所在郡的地方长官，职同太守。［37］总留事：总掌司马越不在京城时的一切后方事务。［38］行台：中央政权的派出机构，行使与朝廷完全相同的职权。［39］太尉衍：即太尉王衍，司马越撤出洛阳，王衍兼领太傅军司。司马越去世，王衍奉其灵柩返回东海，途中为石勒所俘获，与西晋旧臣一同被石勒活埋。［40］朝贤素望：朝廷平时享有声望的诸臣。［41］咸入其府：全都归在他的统领之下。［42］荒馑：饥荒。馑，缺乏食物。［43］府寺营署：指洛阳城里的各个衙门、各处兵营。［44］掘堑（qiàn）：开挖战壕。［45］项：县名，县治在今河南沈丘县。［46］以冯嵩为左司马：夺去冯嵩的豫州刺史，使之成为自己部下的僚属。冯嵩，西晋豫州刺史。［47］自领豫州牧：指司马越自己担任豫州刺史。牧，古代州的长官。［48］竟陵王楙（mào）：即司马楙，字孔伟，封东平王，后改封竟陵王。传见《晋书》卷三十七。司马楙当时失职居洛阳，是反对司马越的势力。竟陵，郡名，郡治在今湖北天门市。［49］周馥（fù）：字祖宣，时为扬州都督。［50］寿春：城邑名，为淮南郡的首府，扬州都督驻兵之地，在今安徽寿县。［51］裴硕：西晋官员，时为淮南太守。［52］先进：先行向洛阳出发。［53］东城：县名，县治在今安徽定远县东南。［54］张轨：字士彦，前凉开国君主。传见《晋书》卷八十六。［55］陇右：即陇山以西，黄河以东地区，包括今甘肃天水市、平凉市、定西市、兰州市。［56］傅祗（zhī）：字子庄，北地泥阳（今甘肃正宁县）人，西晋后期重臣，曹魏太常卿傅嘏之子。传见《晋书》卷四十七。［57］挚虞：字仲治，京兆长安（今陕西西安市）人，魏国太仆卿挚模之子，历任秘书监、卫尉卿、光禄勋、太常卿。后因遭乱饿死。传见《晋书》卷五十一。［58］饥匮：饥饿，物资短缺。［59］杜勋：西晋官员，时为张轨属下，为参军。［60］太傅骧：即李骧，李特之弟，李特时为骁骑将军，李雄称帝后，封为太傅。［61］谯登：时任梓潼郡内史。涪（fú）城：县名，县治在今四川绵阳市东北。［62］宇：即罗宇，西晋官员，荆州襄阳人，益州刺史罗尚之子，官至奉车都尉。［63］不给其粮：不向他供给粮食。［64］皮素：西晋官员，下邳人，曾为长沙太守，后代罗尚为益州刺史。［65］巴郡：郡名，郡治江州，在今重庆市。［66］建平：郡名，郡治在今重庆市巫山县。暴重：西晋官员，时为建平郡的都尉。［67］骧子寿先在登所：李寿母子先被罗尚所俘，今被谯登挟持而来。［68］三府：即设在蜀郡成都的平西将军府、益州刺史府、西戎校尉府，原来都是罗尚的办事衙门。［69］巴东：郡名，郡治在今重庆市奉节县东。监军：官名，郡府的军事主管。韩松：南阳人，西晋巴东监军。［70］益州：州名，州治蜀郡的成都，在今四川成都市。

初，帝以王弥、石勒侵逼京畿，诏苟晞督帅州郡[1]讨之。会曹嶷破琅邪，北收齐地，兵势甚盛，苟纯闭城自守[2]。晞还救青州，与嶷连战，破之。

是岁，宁州刺史王逊到官[3]，表李钊为朱提太守[4]。时宁州外逼于成[5]，内有夷寇，城邑丘墟。逊恶衣菜食，招集离散，劳来[6]不倦，数年之间，州境复安。诛豪右不奉法者十余家；以五苓夷昔为乱首[7]，击灭之，内外震服。

汉主聪自以越次[8]而立，忌其嫡兄恭[9]，因恭寝[10]，穴其壁间[11]，刺而杀之。

汉太后单氏[12]卒，汉主聪尊母张氏为皇太后。单氏年少美色，聪烝[13]焉。太弟义[14]屡以为言，单氏惭恚[15]而死。义宠由是渐衰，然以单氏故，尚未之废也。呼延后[16]言于聪曰："父死子继，古今常道。陛下承高祖[17]之业，太弟何为[18]者哉！陛下百年后，粲兄弟必无种矣[19]。"聪曰："然，吾当徐思之。"呼延氏曰："事留变生[20]。太弟见粲兄弟浸长[21]，必有不安之志；万一有小人交构[22]其间，未必不祸发于今日[23]也。"聪心然之。

义舅光禄大夫单冲[24]泣谓义曰："疏不间亲[25]。主上有意于河内王[26]矣，殿下何不避之！"义曰："河瑞之末[27]，主上自惟嫡庶之分[28]，以大位让义[29]。义以主上齿长[30]，故相推奉[31]。天下者，高祖之天下，兄终弟及[32]，何为不可！粲兄弟既壮，犹今日[33]也。且子弟之间，亲疏讵几[34]？主上宁可有此意乎[35]！"

（以上为第九段，写宁州刺史王逊励精图治，恶衣菜食，使宁州辖境重新安定；汉主刘聪算计皇太弟刘义，而天真的刘义祸在眉睫却不自省。）

【注释】

[1]督帅州郡：率领所属州、郡的部队，当时苟晞任青州都督。 [2]苟纯：东平郡公苟晞之弟，领青州刺史，后兵败，被石勒所杀。传见《晋书》卷六十一。闭城自守：指守青州的州治临淄城。 [3]宁州：州名，州治滇池，在今云南昆明市晋宁区东北。王逊：字邵伯，魏兴（今湖北郧西县西）人，西晋魏兴太守，后担任南夷校尉、宁州刺史。谥号壮。传见《晋书》卷八十一。

[4]李钊：前宁州刺史李毅之子。朱提：郡名，郡治在今云南昭通市。［5］成：指李特之子李雄建立的成国，十六国之一。后李寿杀李期自立为帝，将国号改为“汉”。史书连称为“成汉”。［6］劳来：亦作“劳徕”，以恩德招之使来，慰问、劝勉前来的人。［7］五苓（líng）夷昔为乱首：五苓夷闹事掀动宁州大乱事，见《资治通鉴》卷八十五晋惠帝太安二年（303）。乱首，带头作乱的人。［8］越次：超越了兄弟的次序。刘聪在庶子中排行第四。［9］嫡兄恭：此处指其同母兄刘恭。刘恭、刘聪都不是刘渊的嫡子。［10］因恭寝：趁刘恭睡觉的时候。因，趁。［11］穴其壁间：把墙壁凿开一个洞。穴，凿洞。［12］太后单氏：刘渊的继任皇后，刘乂的生母。［13］烝（zhēng）：指晚辈奸淫长辈的妻妾。［14］太弟乂：即刘乂，一作“刘义”，单氏所生的儿子。［15］惭恚：羞愧生气。恚，怨恨，愤怒。［16］呼延后：刘聪的皇后呼延氏。［17］高祖：指刘渊。刘渊去世后，谥号光文皇帝，庙号高祖。［18］太弟何为：意即为什么让刘乂继承皇位。［19］粲：即刘粲，刘聪的嫡长子，后为皇太子。刘聪去世后，正式即位，年号汉昌。无种：指被杀光，不留后代。［20］事留变生：问题留着不解决，到时候就会发生变乱，意即要快刀斩乱麻，废去刘乂的皇太弟身份。［21］浸长：渐渐长大。浸，通“渐”。［22］交构：挑拨，煽动。［23］祸发于今日：因今天留下的问题引发祸乱，指刘乂将杀刘聪。［24］单冲：汉赵外戚，刘乂的舅舅，时为光禄大夫。［25］疏不间（jiàn）亲：关系疏远的人不离间血缘亲近的人。［26］有意于河内王：指想立河内王刘粲为太子。［27］河瑞之末：指刘渊刚死，刘聪开始即位的时候。河瑞，刘渊的第三个年号。［28］主上：指刘聪。自惟嫡庶之分：自己思量自己不是嫡子，继位为帝的名分不正。［29］以大位让义：把皇帝的位子让给我。［30］义以主上齿长：我是看着刘聪的年龄比我大，才把皇位让给他。［31］推奉：推戴，尊奉。［32］兄终弟及：兄长死了弟弟出来继位。［33］犹今日：和今天一样，意思是他们将来可以继我之位，到日后再传位给我的儿子。刘乂天真得可笑，犹痴人说梦！［34］子弟之间，亲疏讵几：儿子与兄弟的血缘远近能差多少呢？讵几，谓无多。讵（jù），难道，岂，表示反问。［35］主上宁可有此意乎：皇上怎么会有这种想法呢？宁，难道，岂。

五年（辛未，311年）

春，正月，壬申[1]，苟晞为曹嶷所败，弃城奔高平[2]。

石勒谋保据江、汉[3]，参军都尉张宾以为不可。会军中饥疫[4]，死者太半[5]，乃渡沔[6]，寇[7]江夏，癸酉[8]，拔之。

乙亥[9]，成太傅骧拔涪城[10]，获谯登；太保始[11]拔巴西，杀文石。于是，成主雄大赦，改元玉衡[12]。谯登至成都，雄欲宥之，登词气不屈，雄杀之。

巴蜀流民布在荆、湘间，数为土民[13]所侵苦，蜀人李骧聚众据乐乡[14]反，南平太守应詹[15]与醴陵令杜弢[16]共击破之。王澄使成都内史[17]王机[18]讨骧，骧请降，澄伪许而袭杀之，以其妻子为赏[19]，沈[20]八千余人于江，流民益怨忿。

蜀人杜畴[21]等复反，湘州参军冯素与蜀人汝班有隙[22]，言于刺史荀眺[23]曰："巴、蜀流民皆欲反。"眺信之，欲尽诛流民。流民大惧，四五万家一时俱反，以杜弢州里重望[24]，共推为主。弢自称梁·益二州牧、领[25]湘州刺史。

（以上为第十段，写成汉主李雄的部将攻打涪城、巴西等地，声威渐壮；晋朝强行实施流民迁移政策，激化了矛盾，巴蜀地区四五万家流民群起反抗，形成一团乱局。）

【注释】

[1]壬申：正月十四日。[2]高平：县名，县治在今山东微山县西北。[3]保据江、汉：占据长江、汉水地区，在今湖北中部地区。[4]饥疫：粮食缺乏，瘟疫流行。[5]太半：一大半。[6]沔（miǎn）：即沔水，水名，汉水的上游，在陕西，古代也指整个汉水。[7]寇：寇略，侵扰。[8]癸酉：正月十五日。[9]乙亥：正月十七日。[10]涪（fú）城：县名，县治在今四川绵阳市东北。[11]太保始：即李始，字伯敬，成汉皇帝李雄的大哥。李雄即位为成都王，李始任太保，攻克巴西郡。[12]改元玉衡：在此之前，李雄年号为"晏平"。玉衡，李雄的第三个年号，共二十四年，公元311年至公元334年。[13]土民：犹言"土著"，当地的居民。[14]乐乡：晋县名，县治在今湖北松滋市东。[15]南平：郡名，郡治江安，在今湖北公安县西北。应詹：字思远，汝南南顿（今河南项城市）人，西晋南平太守。传见《晋书》卷七十。[16]醴（lǐ）陵：县名，在今湖南醴陵市。杜弢（tāo）：字景文，蜀郡成都（今四川成都市）人，西晋末年流民首领，自称梁、益二州牧。传见《晋书》卷一百。[17]成都内史：成都国的行政长官。晋惠帝时，益州大乱，割荆州的华容（今湖北监利县北）、川陵（今湖北监利市东）、监利（今湖北监利市北）三县，别立丰都县（县治在今湖北监利市东北），置成都郡为成都王司马颖的采邑，称"成都国"。成都王司马颖虽前已死，此时封地尚未废除。[18]王机：字令明，长沙人，西晋成都内史。后为广州刺史，转交州刺史。再后起兵反叛，被陶侃讨伐，在败逃中病死。传见《晋书》卷一百。[19]以其妻子为赏：把李骧的妻子儿女当做奴隶赏给士兵。[20]沈（chén）：通"沉"，沉没。[21]杜畴（chóu）：蜀人，叛军首领。[22]湘州：州名，州治在今湖南长沙市。冯素：西晋官员，时为湘州参军。有隙：有隔阂。指冯素与蜀人汝班两人有隔阂、矛盾。[23]荀眺（tiào）：西晋湘州刺史。[24]州里重望：在巴蜀来的同乡流民中威望很高。杜弢是蜀郡成都人，以才学著称。[25]领：兼任。

裴硕求救于琅邪王睿，睿使扬威将军甘卓[1]等攻周馥于寿春[2]。馥众溃，奔项，豫州都督、新蔡王确[3]执之，馥忧愤而卒。确，腾之子也。

扬州刺史刘陶[4]卒。琅邪王睿复以安东军咨祭酒王敦为扬州刺史，寻加都督征讨诸军事。

庚辰[5]，平原王干[6]薨。

二月，石勒攻新蔡，杀新蔡庄王确于南顿[7]；进拔许昌，杀平东将军王康[8]。

氐苻成、隗文[9]复叛[10]，自宜都趣巴东[11]，建平都尉暴重讨之。重因杀韩松[12]，自领三府事[13]。

东海孝献王越[14]既与苟晞有隙，河南尹潘滔、尚书刘望等复从而谮之[15]。晞怒，表求滔等首，扬言："司马元超为宰相不平[16]，使天下淆乱[17]。苟道将岂可以不义使之[18]！"乃移檄诸州[19]，自称功伐[20]，陈越罪状。帝亦恶越专权，多违诏命；所留将士何伦等，抄掠[21]公卿，逼辱公主，密赐晞手诏，使讨之。

晞数与帝文书往来，越疑之，使游骑于成皋间伺之[22]，果获晞使及诏书。乃下檄罪状晞[23]，以从事中郎杨瑁[24]为兖州刺史，使与徐州刺史裴盾[25]共讨晞。晞遣骑收潘滔[26]，滔夜遁，得免；执尚书刘曾、侍中程延[27]，斩之。越忧愤成疾，以后事付王衍。三月，丙子[28]，薨于项[29]，秘不发丧。众共推衍为元帅，衍不敢当，以让襄阳王范[30]，范亦不受。范，玮之子也。

于是，衍等相与奉越丧还葬东海[31]。何伦、李恽[32]等闻越薨，奉裴妃[33]及世子毗[34]自洛阳东走，城中士民争随之。帝追贬越为县王[35]，以苟晞为大将军、大都督，督青、徐、兖、豫、荆、扬六州诸军事。

（以上为第十一段，写西晋王室，大敌当前，内部矛盾重重，钩心斗角，人称"屠伯"的苟晞，得到晋怀帝司马炽的怂恿和支持，与司马越公然叫板，司马越忧愤而死。至此，"八王之乱"完全谢幕，西晋离灭亡也就不远了。）

【注释】

［1］甘卓：字季思，孙吴将领甘宁的曾孙，东晋将领，官至镇南大将军，死于王敦之乱。传见《晋书》卷七十。［2］寿春：县名，为淮南郡的首府，扬州都督驻兵之地，在今安徽寿县。［3］新蔡王确：即司马确，字嗣安，新蔡王司马腾之子，袭封新蔡王。永嘉之乱（310）时，被石勒杀害。［4］刘陶：西晋官员，曾为扬州刺史。［5］庚辰：正月二十二日。［6］平原王干：即司马干，字子良，司马懿第五子，晋朝建立后，受封平原王。传见《晋书》卷三十八。［7］新蔡庄王确：司马确封为新蔡王，去世后谥号为“庄”。南顿：晋县名，县治在今河南项城市西。［8］王康：西晋平东将军。［9］氐（dī）：中国古代西部的一个民族，分布在今四川、甘肃、青海等省的交界处。十六国中的前秦、后凉即氐人所建。苻（fú）成、隗（wěi）文：西晋氐族人名。［10］复叛：指苻成、隗文于晋惠帝太安二年（303）叛李流归降罗尚，至是又叛晋。［11］宜都：县名，县治在今湖北宜都市。趣巴东：向巴东进兵。趣，通“趋”，奔赴，奔向。巴东，郡名，郡治在今重庆奉节县。［12］韩松：时为益州刺史，暂驻巴东，被建平都尉暴重所杀。［13］领三府事：统管三府之事。三府，即设在蜀郡成都的平西将军府、益州刺史府、西戎校尉府，原来都是罗尚的办事衙门。［14］东海孝献王越：即司马越，东海王是其封号，“孝献”二字是谥号。［15］刘望：西晋官员，时为尚书，为司马越的党羽。从而谮之：又附和着说苟晞的坏话。谮，诬陷，馋毁。［16］司马元超：即司马越，字元超。不平：不公平。［17］淆乱：混乱。淆，错杂，混杂。［18］苟道将：苟晞自称。苟晞，字道将。以不义使之：让这种不仁不义的人来驱使我。［19］移檄诸州：向各州发布文告。檄，檄文，古代官府用以征召或声讨的文书。［20］功伐：功绩。伐，泛指功勋、功业。［21］抄掠：抢劫，掠夺。［22］游骑：流动巡回的骑兵。成皋间：即地处洛阳与东方交通要冲的成皋一带地区。成皋，别称虎牢，在今河南荥阳市虎牢关。伺：观察，侦察。［23］下檄：发布通告。罪状晞：公布苟晞的罪状。［24］杨瑁：西晋官员，为司马越的党羽，时被任为兖州刺史。［25］裴盾（？—311）：西晋官员，为司马越的党羽，时为徐州刺史。司马越是裴盾的妹夫。［26］收潘滔：逮捕潘滔。［27］刘曾：西晋官员，时为尚书。程延：西晋官员，时为侍中。二人皆为司马越的党羽，被苟晞派人杀害。［28］丙子：三月十九日。［29］薨于项：指东海王司马越在项县去世。“八王之乱”的第八王至此结束。司马越自晋惠帝光熙元年（306）当权，至本年三月，历时四年八个月。［30］襄阳王范：即司马范，晋武帝司马炎之孙，楚隐王司马玮之子，封襄阳王，拜散骑常侍。司马越去世后，为大将军，后为石勒所害。宁平城之战中，宗室四十八王死难者之一。传见《晋书》卷五十九。襄阳王，封地襄阳，王都在今湖北襄阳市。［31］东海：司马越的封地，王都在今山东郯城县。［32］何伦、李恽：西晋官员，司马越的党羽。司马越撤出洛阳时，为留守洛阳的重要将领，秉承司马越的旨意处理政事。［33］裴妃：东海王司马越之妃，永嘉之乱，裴妃被劫走，卖予吴氏，太兴年间，得以渡江，因裴妃曾对晋元帝司马睿有恩，故司马睿以其三子司马冲出继司马越与裴妃。［34］世子毗（pí）：即司马越嫡长子司马毗，被立为东海世子，官至镇军将军。永嘉五年（311），司马毗和宗室四十八王被石勒军俘

虏杀害。［35］追贬：追究前过而贬官。为县王：司马越原为东海郡王，现缩小封地，降低爵级，只为一县之王。

益州将吏共杀暴重，表巴郡太守张罗行三府事[1]。罗与隗文等战，死，文等驱掠吏民，西降于成。三府文武共表平西司马蜀郡王异[2]行三府事，领巴郡太守。

初，梁州刺史张光[3]会诸郡守于魏兴[4]，共谋进取。张燕唱言[5]：“汉中荒败[6]，迫近大贼[7]，克复之事[8]，当俟英雄。”光以燕受邓定赂[9]，致失汉中，今复沮众，呵出，斩之。治兵进战，累年乃得至汉中，绥抚荒残，百姓悦服。

夏，四月，石勒率轻骑追太傅越之丧[10]，及于苦县宁平城[11]，大败晋兵，纵骑围而射之，将士十余万人相践如山[12]，无一人得免者。执太尉衍、襄阳王范、任城王济、武陵庄王澹、西河王喜、梁怀王禧、齐王超[13]、吏部尚书刘望[14]、廷尉诸葛铨[15]、豫州刺史刘乔[16]、太傅长史庾敳[17]等，坐之幕下[18]，问以晋故[19]。衍具陈祸败之由，云计不在己，且自言少无宦情[20]，不豫世事[21]，因劝勒称尊号[22]，冀以自免。勒曰：“君少壮登朝，名盖四海，身居重任，何得言无宦情邪！破坏天下，非君而谁！”命左右扶出。众人畏死，多自陈述。独襄阳王范神色俨然[23]，顾呵之曰：“今日之事，何复纷纭[24]！”勒谓孔苌[25]曰：“吾行天下多矣，未尝见此辈人[26]，当可存乎[27]？”苌曰：“彼皆晋之王公，终不为吾用。”勒曰：“虽然，要[28]不可加以锋刃。”夜，使人排墙杀之[29]。济，宣帝弟子景王陵[30]之子；禧，澹之子也。剖越柩[31]，焚其尸，曰：“乱天下者，此人也，吾为天下报之[32]，故焚其骨以告天地。”

何伦等至洧仓[33]，遇勒，战败，东海世子及宗室四十八王[34]皆没于勒，何伦奔下邳[35]，李恽奔广宗[36]。裴妃为人所掠卖[37]，久之，渡江。初，琅邪王睿之镇建业[38]，裴妃意也，故睿德之[39]，厚加存抚，以其子冲继越后[40]。

汉赵固、王桑攻裴盾[41]，杀之。

杜弢攻长沙[42]。五月，荀眺弃城奔广州[43]，弢追擒之。于是，弢南破零、桂[44]，东掠武昌[45]，杀二千石、长吏[46]甚众。

（以上为第十二段，写汉赵干将石勒在中原地区横行无忌，追击太傅司马越的灵车，把晋军打得落花流水，开棺焚尸，杀害朝廷大臣和司马氏亲王子孙，恶贯满盈。）

【注释】

[1]张罗：西晋巴郡太守。行：代理。[2]王异：蜀郡人，西晋平西将军府司马。[3]梁州：州名，州治在今陕西汉中市。张光：字景武，江夏钟武人，西晋梁州刺史。传见《晋书》卷五十七。[4]魏兴：郡名，郡治在今陕西安康市西北。[5]张燕：西晋巴西太守。唱言：带头提出。[6]汉中：郡名，郡治南郑，在今陕西汉中市东。荒败：荒芜，衰败。[7]大贼：窃国之贼，指成国李雄政权。[8]克复之事：指收复南郑与汉中地区。[9]受邓定赂：指永嘉元年（307）秦州流民邓定等据成固，寇掠汉中，巴西太守张燕讨之。邓定诈降于燕，且赂之，燕为之缓师，失去汉中之事，见《资治通鉴》卷第八十六晋怀帝永嘉元年（307）。赂，贿赂。[10]太傅越之丧：太傅司马越的灵车。[11]苦县：县名，县治在今河南鹿邑县东。宁平城：古城邑，在当时的苦县中。[12]相践如山：互相践踏，尸首堆积如山。[13]任城王济：即司马济，司马懿之弟司马通之孙。武陵庄王澹（dàn）：即司马澹，字思弘，司马懿之孙。西河王喜：即司马喜，一作“司马訢”，司马懿之弟司马通的第四代孙。梁怀王禧（xī）：即司马禧，琅邪武陵庄王司马澹之子，由于叔祖父梁王司马肜死后无子，出继为后，嗣封为梁王。齐王超：即司马超，司马昭第三代孙，齐武闵王司马冏之子。以上诸王同时被石勒所害。[14]刘望：西晋吏部尚书，护送司马越灵柩至东海，途中被石勒俘虏、杀害。[15]诸葛铨：一作“诸葛诠”，字德林，西晋卫尉诸葛绪之孙，曾为兖州刺史，官至散骑常侍、廷尉。晋怀帝永嘉五年（311），诸葛铨随主帅太尉王衍大军送司马越殡返还东海国，途中为石勒军所害。[16]豫州：州名，州治在今河南周口市淮阳区。刘乔：字仲彦，南阳人，西晋豫州刺史。传见《晋书》卷六十一。[17]太傅长史：太傅司马越府的高级僚属。庾敳：字子嵩，颍川鄢陵（今河南鄢陵县北）人，西晋名士，太傅司马越的长史、亲信。传见《晋书》卷五十。[18]坐之幕下：让他们在大营的帐前坐下来。幕，帐幕，营帐。[19]问以晋故：问他们晋王朝何以弄到这般地步。[20]少无宦情：从小就没有当官从政的愿望。宦情，做官的志趣、意愿。[21]不豫世事：不参与、不过问国家大事。豫，通“与”，参与。[22]劝勒称尊号：怂恿石勒即位做皇帝。尊号，指古代尊崇皇帝的称号。[23]俨然：此处犹言“凛然”，严峻、郑重的样子。[24]何复纷纭：还有什么可乱说的。纷纭，众说纷纭，杂乱无章，意即胡说八道。[25]孔苌（cháng）：后赵石勒的心腹部将。[26]未尝见此辈人：意即还没有看到这种恬不知耻的人。[27]当可存乎：还有存在的必要吗？[28]要：犹言无论如何。

不可加以锋刃：意即不要用快刀来杀害他们，要让他们死得体面些。锋刃，利刀。［29］排墙杀之：推倒墙壁，趁着他们睡觉时，把他们都砸死了。［30］宣帝弟子：司马懿弟弟的儿子。景王陵：即司马陵，字子山，司马懿七弟司马通之长子。初拜议郎，封北海王，转封任城王，之国。［31］剖越柩：打开装着司马越尸体的棺材。［32］为天下报之：为普天下的黎民百姓申冤报仇。［33］洧（wěi）仓：乡邑名，在当时的许昌（今河南许昌市东）城北。［34］东海世子：东海王司马越的长子司马毗。宗室四十八王：皇族的四十八个亲王。［35］下邳（pī）：县名，县治在今江苏睢宁县西北。［36］广宗：县名，县治在今河北威县东。［37］裴妃：东海王司马越的妃子。掠卖：劫持，贩卖。［38］镇建业：驻镇建业。建业，原东吴的都城，江南地区的重镇，在今江苏南京市。［39］德之：感激裴妃的好处。［40］以其子冲继越后：把自己的儿子司马冲过继给她作司马越的后代。冲，即司马冲，字道让，晋元帝司马睿第三子，封东海王，继承原东海孝献王司马越爵位。传见《晋书》卷六十四。［41］赵固：汉赵将领，曾为安北大将军。王桑：刘汉官员，为刘汉东中郎将、平北大将军。裴盾：西晋官员，时为徐州刺史，镇守彭城。［42］杜弢（tāo）：西晋末年流民首领。长沙：郡名，郡治在今湖南长沙市。［43］荀眺（tiào）：时为湘州刺史，驻守长沙。广州：晋州名，州治番禺，在今广东广州市。［44］零、桂：零陵与桂阳，皆郡名。零陵，郡治在今湖南永州市零陵区。桂阳，郡治在今湖南郴州市。［45］武昌：郡名，郡治在今湖北鄂州市鄂城区。［46］二千石：指郡太守。长吏：指郡中上层主事官员。

以太子太傅傅祗为司徒，尚书令荀藩[1]为司空，加王浚大司马、侍中、大都督，督幽、冀诸军事，南阳王模[2]为太尉、大都督，张轨为车骑大将军，琅邪王睿为镇东大将军，兼督扬、江、湘、交、广五州诸军事。

初，太傅越以南阳王模不能绥抚关中[3]，表征为司空[4]。将军淳于定说模使不就征[5]，模从之，表遣世子保[6]为平西中郎将，镇上邽[7]，秦州刺史裴苞[8]拒之。模使帐下都尉陈安[9]攻苞，苞奔安定[10]，太守贾疋[11]纳之。

荀晞表请迁都仓垣[12]，使从事中郎刘会[13]将船数十艘、宿卫五百人、谷千斛[14]迎帝。帝将从之，公卿犹豫，左右[15]恋资财，遂不果行[16]。既而洛阳饥困，人相食，百官流亡者什八九[17]。帝召公卿议，将行而卫从不备[18]。帝抚手[19]叹曰："如何曾无车舆[20]！"乃使傅祗出诣河阴[21]，治舟楫[22]，朝士[23]数十人导从。帝步出西掖门[24]，至铜驼街[25]，为盗所掠，不得进而还。

度支校尉东郡魏浚[26]率流民数百家保河阴之峡石[27]，时劫掠得谷麦[28]，献之，帝以为扬威将军、平阳[29]太守，度支如故。

汉主聪使前军大将军呼延晏[30]将兵二万七千寇洛阳，比及河南[31]，晋兵前后十二败，死者三万余人。始安王曜、王弥、石勒皆引兵会之，未至[32]，晏留辎重于张方故垒[33]，癸未[34]，先至洛阳，甲申[35]，攻平昌门[36]，丙戌[37]，克之，遂焚东阳门及诸府寺[38]。

六月，丁亥朔[39]，晏以外继不至，俘掠而去[40]。帝具舟于洛水[41]，将东走，晏尽焚之。庚寅[42]，荀藩及弟光禄大夫组奔轘辕[43]。辛卯[44]，王弥至宣阳门[45]。壬辰[46]，始安王曜至西明门[47]。丁酉[48]，王弥、呼延晏克宣阳门，入南宫，升太极前殿，纵兵大掠，悉收宫人[49]、珍宝。帝出华林园[50]门，欲奔长安，汉兵追执之，幽于端门[51]。曜自西明门入屯武库[52]。戊戌[53]，曜杀太子诠[54]、吴孝王晏[55]、竟陵王楙[56]、右仆射曹馥[57]、尚书闾丘冲[58]、河南尹刘默[59]等，士民死者三万余人。遂发掘诸陵[60]，焚宫庙，官府皆尽。曜纳惠帝羊皇后[61]，迁帝及六玺于平阳[62]。石勒引兵出轘辕，屯许昌。光禄大夫刘蕃[63]、尚书卢志奔并州[64]。

（以上为第十三段，写汉主刘聪派出数路军队围攻洛阳，洛阳沦陷，怀帝司马炽被俘，众大臣被杀，遭受极大的劫难和耻辱，魏晋基业毁于一旦，境况惨不忍睹。）

【注释】

[1]荀藩：字泰坚，西晋司徒荀勖之子，曾为黄门侍郎、尚书令，官至司空。传见《晋书》卷三十九。 [2]南阳王模：即司马模，字元表，曾为北中郎将，镇守邺城，升镇东大将军，镇守许昌，进封南阳王。杀害河间王司马颙及其三子。传见《晋书》卷三十七。 [3]不能绥（suí）抚关中：当时关中地区饥疫流行，盗贼四起，司马模为秦、冀、梁、益四州都督，驻守长安而不能治。绥抚，安抚，治理。 [4]表征为司空：让皇帝召司马模回朝担任司空。司空，官名，掌水利、营建之事。 [5]淳于定：司马模王府的将军。不就征：不服从朝廷的调动。 [6]世子保：即司马保，字景度，南阳王司马模之世子，袭封南阳王。传见《晋书》卷三十七。 [7]上邽（guī）：郡名，郡治在今甘肃天水市，当时为秦州的州治所在地。 [8]裴苞：西晋官员，时为秦州刺史。[9]陈安：西晋至十六国前期将领、割据者。原为南阳王司马模帐下都尉，投降汉赵，攻打成汉，拥兵十多万，自称大都督、大将军，雍凉秦梁四州州牧、凉王。后被汉赵军击杀。传见《晋书》卷

三十七。［10］安定：郡名，郡治临泾，在今甘肃镇原县东南。［11］贾疋（yǎ）：字彦度，武威姑臧（今甘肃武威市）人，曹魏太尉贾诩曾孙。初辟公府，时任西晋安定太守。传见《晋书》卷六十。［12］仓垣（yuán）：县名，县治在今河南开封市东北。［13］刘会：西晋将领荀晞部属，为从事中郎。［14］斛（hú）：古代计量单位，一斛为十斗。［15］左右：指晋怀帝司马炽身边的官员。［16］不果行：没有成行。［17］什八九：十分之八九。［18］卫从不备：皇家卫队零落不全。［19］抚手：拍手，感慨万千的样子。［20］曾无车舆：竟然连一辆车子也没有。曾，竟然。［21］诣：到，往。河阴：县名，县治在今河南洛阳市孟津区东，在洛阳市东北。［22］治舟楫（jí）：筹措船只。［23］朝士：朝廷官员。［24］西掖门：宫廷前面的西侧门。［25］铜驼街：在洛阳城里的皇宫南面，是当时京都最广阔繁华的大街，因有从长安运来的汉代铜驼而得名。［26］度支校尉：负责运输、贮藏国家物资的官员。魏浚：东郡东阿县人，西晋将领。初为雍州小吏，后任武威将军、度支校尉。永嘉末，被汉赵将领刘曜擒杀，追赠为平西将军。传见《晋书》卷六十三。［27］河阴：县名，县治在今洛阳市孟津区东北。峡石：地名，在今河南洛阳市孟津区西，为黄河渡口之一。［28］谷麦：没有脱皮的麦粒。［29］平阳：地名，在今山西临汾市。［30］呼延晏：汉赵官员。为使侍节、前锋大都督、前军大将军，率军攻破西晋都城洛阳，纵兵大掠，俘获晋怀帝司马炽；又与刘曜进兵关中，攻破长安，掳晋帝司马邺，西晋就此灭亡。［31］比及河南：从向晋王朝发起进攻到抵达洛阳的一路上。河南，黄河以南，亦即洛阳城北。［32］未至：在刘曜、王弥、石勒诸军尚未到达之前。［33］张方故垒：司马颙的部将张方当年在洛阳时驻兵的营垒，在洛阳城西。［34］癸未：五月二十七日。［35］甲申：五月二十八日。［36］平昌门：洛阳城南面东头第一门。［37］丙戌：五月三十日。［38］东阳门：洛阳城东面北起向南第二门。府寺：官府，寺庙。［39］丁亥朔：六月一日。［40］俘掠而去：俘获了一批士民、抢劫了大量财物，离洛阳而去。［41］洛水：黄河南岸的重要支流，位于洛阳城南。［42］庚寅：六月四日。［43］组：即荀组，字泰章，西晋大臣，司徒荀勖第三子。传见《晋书》卷三十九。轘（huán）辕：关塞名，在今河南洛阳市东南的轘辕山上。［44］辛卯：六月五日。［45］宣阳门：洛阳城南面东头第四门。［46］壬辰：六月六日。［47］西明门：洛阳城西面南起向北第二门。［48］丁酉：六月十一日。［49］宫人：宫女。［50］华林园：洛阳皇宫中的园林。［51］幽：幽居，幽囚。端门：皇宫的正面第一道门。［52］武库：国家的军械库。［53］戊戌：六月十二日。［54］太子诠：即司马诠，一作司马铨，晋武帝司马炎之孙，清河康王司马遐第三子。初封上庸王，晋怀帝司马炽即位后，改封豫章王。因怀帝司马炽无子，故过继为皇太子。洛阳陷落后，被刘汉将领刘聪的部下所杀。传见《晋书》卷六十四。［55］吴孝王晏：即司马晏，字平度，晋武帝司马炎第二十三子，封吴王。传见《晋书》卷六十四。［56］竟陵王楙：即司马楙，安平献王司马孚之孙，封为竟陵王。［57］曹馥（fù）：沛国谯郡人，曹魏名将曹洪之子。曹洪死后，继承了乐城侯的爵位。曹魏灭亡后，入西晋，任尚书右仆射。［58］闾丘冲：字宾卿，官至太傅长史、光禄勋、尚书。［59］刘默：西晋官员，时为河南尹，汉赵将领攻破洛阳，被害。［60］诸陵：晋朝历代皇帝的陵墓。［61］羊皇后：即羊献容，晋惠帝皇后，后汉军攻陷洛阳，被俘，被刘曜强纳为妾，立为皇后，生下三子。传见《晋书》卷三十一。［62］六玺（xǐ）：皇帝的六方玉玺，皆玉螭虎纽，文曰“皇帝行玺”“皇帝之玺”“皇帝信玺”“天子行玺”“天子之玺”“天子信玺”。平阳：原晋平阳郡治所，在今山西临汾市。时为汉赵都城。［63］刘蕃：晋光禄大夫，生有刘舆、刘琨。传见《晋书》卷六十二。［64］卢志：字子道，时任尚书。奔并州：指卢志与刘蕃一起投奔刘琨。时刘琨为并州刺史，刘蕃是刘琨的父亲。传见《晋书》卷四十四。

丁未[1]，汉主聪大赦，改元嘉平[2]。以帝[3]为特进左光禄大夫，封平阿[4]公，以侍中庾珉、王俊为光禄大夫[5]。珉，敳[6]之兄也。

初，始安王曜以王弥不待己至，先入洛阳，怨之。弥说曜曰：“洛阳，天下之中，山河四塞[7]，城池、宫室不假修营[8]，宜白主上[9]自平阳徙都之。”曜以天下未定，洛阳四面受敌，不可守，不用弥策而焚之。弥骂曰：“屠各子[10]，岂有帝王之意[11]邪！”遂与曜有隙，引兵东屯项关[12]。前司隶校尉刘暾[13]说弥曰：“今九州糜沸[14]，群雄竞逐，将军于汉，建不世之功[15]，又与始安王相失[16]，将何以自容！不如东据本州[17]，徐观天下之势，上可以混壹四海[18]，下不失鼎峙之业[19]，策之上者也。”弥心然之。

司徒傅祗建行台于河阴[20]，司空荀藩在阳城[21]，河南尹华荟在成皋[22]，汝阴太守平阳李矩为之立屋[23]，输谷以给之。荟，歆之曾孙也。

藩与弟组、族子中护军崧[24]，荟与弟中领军恒[25]建行台于密[26]，传檄四方，推琅邪王睿为盟主。藩承制以崧为襄城[27]太守，矩为荥阳[28]太守，前冠军将军[29]河南褚翜为梁国内史[30]。扬威将军魏浚[31]屯洛北石梁坞[32]，刘琨承制假浚河南尹[33]。浚诣荀藩咨谋军事[34]，藩邀李矩同会，矩夜赴之。矩官属皆曰：“浚不可信，不宜夜往。”矩曰：“忠臣同心，何所疑乎！”遂往，相与结欢而去。浚族子该[35]，聚众据一泉坞[36]，藩以为武威将军。

豫章王端[37]，太子诠之弟也，东奔仓垣[38]，荀晞率群官奉以为皇太子，置行台。端承制以晞领太子太傅、都督中外诸军、录尚书事，自仓垣徙屯蒙城[39]。

抚军将军秦王业[40]，吴孝王[41]之子，荀藩之甥也，年十二，南奔密，藩等奉之，南趣[42]许昌。前豫州刺史天水阎鼎[43]，聚西州流民数千人于密[44]，欲还乡里。荀藩以鼎有才而拥众，用鼎为豫州刺史，以中书令李絙[45]、司徒左长史彭城刘畴[46]、镇军长史周顗[47]、司马李述等为之参佐[48]。顗，浚之子也。

时海内大乱，独江东差安[49]，中国士民避乱者多南渡江。镇东司马王导[50]说琅邪王睿，收其贤俊[51]，与之共事。睿从之，辟掾属[52]百余人，时人谓之百六掾[53]。以前颍川太守勃海刁协为军咨祭酒[54]，前东海太守王承[55]、广陵相卞壸为从事中郎[56]，江宁令诸葛恢[57]、历阳参军陈国陈頵为行参军[58]，前太傅掾庾亮为西曹掾[59]。承，浑之弟子；恢，靓之子；亮，兖之弟子也。

江州刺史华轶[60]，歆之曾孙也，自以受朝廷之命而为琅邪王睿所督，多不受其教令。郡县多谏之，轶曰："吾欲见诏书耳。"及睿承荀藩檄，承制署置官司，改易长吏[61]，轶与豫州刺史裴宪[62]皆不从命。睿遣扬州刺史王敦、历阳内史甘卓与扬烈将军庐江周访[63]合兵击轶。轶兵败，奔安成[64]，访追斩之，及其五子。裴宪奔幽州[65]。睿以甘卓为湘州[66]刺史，周访为寻阳[67]太守，又以扬武将军陶侃[68]为武昌[69]太守。

（以上为第十四段，继续写晋怀帝永嘉五年（311）的史事，主要写西晋都城洛阳沦陷后的一片乱象，大臣外逃，设置行台，各自为政；琅邪王司马睿在江东，稍微安定，广泛招收贤能英俊人才，积蓄力量。）

【注释】

[1]丁未：六月二十一日。 [2]改元嘉平：汉赵主刘聪的第二个年号。 [3]帝：即晋怀帝司马炽。 [4]平阿：县名，在今安徽怀远县西南。 [5]庾珉：字子据，侍中庾峻之子。永嘉之乱，晋怀帝被俘，随从于平阳。与晋怀帝一同被杀。传见《晋书》卷五十。王俊：西晋官员，在永嘉之乱中被俘，被汉赵任为光禄大夫。 [6]敳：即庾敳（ái），西晋名士，善清谈。永嘉五年（311），与太尉王衍等西晋王公被石勒俘虏，不久即遇害。时年五十岁。 [7]山河四塞：四面都有山、河作屏障。[8]不假修营：用不着再修葺营建就可以居住。[9]白主上：说服主上。主上，即刘聪。[10]屠各子：犹今所谓"纨绔子弟"。屠各，是匈奴族中一个高贵的支派。历代单于都出自屠各一

支。［11］帝王之意：成就帝王统一大业的志向与胆略。［12］项关：关名，在河南项县（今沈丘县）境内。［13］前司隶校尉刘暾：刘暾在西晋时曾为司隶校尉，现投降汉赵，故用“前”字。［14］糜沸：比喻世事混乱之甚，如稀粥沸于锅中。糜（mí），稀粥。［15］不世之功：世上罕见的功勋。不世，不出世，世上没有。［16］始安王：即刘曜，封为始安王。相失：彼此失去和气。［17］本州：指青州。王弥是青州东莱人。［18］混壹四海：统一天下。［19］鼎峙之业：与他人鼎立抗衡、割据一方的事业。鼎峙，指鼎立，三方并峙。［20］傅祗（zhī）：西晋司徒。后汉赵军攻破洛阳，将怀帝司马炽掳至平阳。他与荀晞共建行台，设于河阴，传檄四方，募集义军，试图营救晋怀帝司马炽。后因急病逝世，壮志不申。行台：朝廷的派出机构，临时行使朝廷职权。河阴：县名，县治在今河南洛阳市孟津区东北。［21］阳城：县名，县治今河南登封市东南。［22］华荟（huì）：字敬叔，曹魏大臣华歆的曾孙，晋愍帝时为卫将军、河南尹。后为刘聪将领袭杀。成皋：别称虎牢，在今河南荥阳市虎牢关。［23］汝阴：郡名，郡治在今安徽阜阳市。李矩（jǔ）：字世回，晋朝官员、将领。初为县吏，迁汝阴太守。晋元帝即位，拜都督司州诸军事、安西将军、司州刺史，封平阳县侯。传见《晋书》卷六十三。立屋：建立官舍。［24］崧（sōng）：即荀崧，字景猷，东晋大臣。传见《晋书》卷七十五。［25］恒：即华恒，字敬则，华荟之弟，西晋大臣、将领。传见《晋书》卷四十四。［26］密：县名，县治在今河南新密市东南。［27］承制：谓荀藩秉承皇帝旨意而便宜行事。襄城：郡名，郡治襄城，在今河南襄城县。［28］荥阳：郡名，郡治荥阳，在今河南荥阳市东北的古荥镇。［29］前冠军将军：据《晋书》，褚翜曾袭爵关内侯，补“冠军参军”。疑“冠军将军”为“冠军参军”之讹。［30］褚翜（shà）：字谋远，河南阳翟（今河南禹州市）人。传见《晋书》卷七十七。梁国：都城睢阳，在今河南商丘市。［31］魏浚：西晋扬威将军，在洛北石梁坞驻兵，抚慰供养遗留民众，修复军械。后代理河南尹，与李矩结盟。汉赵将领刘曜嫉恨魏浚得人心，于是率军攻打，将其杀害。传见《晋书》卷六十三。［32］石梁坞：地名，在今河南洛阳市偃师区西南、洛河北。坞（wù），地势四周高而中间凹的地方。［33］假：授予，任命。河南尹（yǐn）：京师洛阳的地方长官，职同太守。［34］诣：到，往。咨谋：讨论，商酌。［35］该：即魏该，济北东阿（今山东阳谷县东北）人，侨居京兆阴般（今陕西西安市临潼区东北），河间王司马颙以为将兵都尉。后为武威将军。元帝承制，加冠军将军、河东太守，拜顺阳太守。［36］一泉坞：地名，一作“一全坞”，在今河南宜阳县西福昌村。［37］豫章王端：即司马端，晋武帝司马炎之孙，清河康王司马遐第四子。初封广川王，改封为豫章王。［38］仓垣（yuán）：县名，县治在今河南开封市东北。［39］蒙城：即蒙县县城，在今河南商丘市东北。［40］秦王业：即司马业，一作司马邺，晋武帝司马炎之孙，西晋末代皇帝，公元313年至公元317年在位。传见《晋书》卷五。［41］吴孝王：即吴王司马晏。孝，为谥号。永嘉五年（311），汉赵军队攻入洛阳，司马晏与众多宗室一同遇害，时年三十一岁。其子司马邺即位后，追谥敬王，一作孝王，追赠太保。［42］趣：通“趋”，奔赴，奔向。［43］阎鼎：字台臣，天水（今甘肃天水市）人。初为太傅司马越参军，转卷县令，行豫州刺史事。拥戴秦王司马邺为皇太子，以为太子詹事，总摄百揆。后陷于朝廷内乱，出奔雍州，为氐族窦首所杀。传见《晋书》卷六十。［44］西州：此指甘肃一带地区。密：县名，县治在今河南新密市东南。［45］李絙（huán）：晋怀帝时为中书令。［46］刘畴：字王乔，彭城人，少有美誉，善谈名理。永嘉中，位至司徒左长史，不久为阎鼎所杀。传见《晋书》卷六十九。［47］周𫖮（yǐ）：字伯仁，魏晋大臣周浚之子，镇军将军司马眦的长史。司马睿出镇建业，为军咨祭酒，出任宁远将军、荆州刺史、护南蛮校尉，官至尚书左仆射。传见《晋书》卷六十九。［48］李述：西晋将佐，曾为军中司马。参佐：部下，辅助。［49］江东：区域名，自江西九江市以下，是江南地区的东部，被称为江东。差安：稍稍安定。［50］王导：字茂弘，东晋名臣。历仕晋元帝、明帝和成帝三朝，是东晋的开国元勋。传见《晋书》卷六十五。［51］收其贤俊：招收贤能才俊。［52］辟掾属：聘请他们做自己的僚属。辟，征辟，征用。［53］百六掾：一百零六个僚属。［54］刁协：字玄亮，渤海饶安（今河北盐山县）人，西晋太常博士，官至颍川太守。后奔江东，由镇东军咨祭酒迁至丞相左长史，官至尚书令。传见《晋书》卷六十九。［55］王承：西晋东海太守。传见《晋书》卷七十五。［56］卞壶（kǔn）：字望之，济阴冤句（今山东菏泽市）人，中书令卞粹之子，东晋名臣。传见《晋书》卷七十。从事中郎：官名，郎官的一种，为帝王近侍官。［57］诸葛恢：诸葛靓之子，字道明，东晋重臣，名士。传见《晋书》卷七十七。［58］陈国：诸侯国名，都城项县，在今河南沈丘县一带。陈頵（jūn）：字延思，晋朝官员，官至梁州刺史。传见《晋书》卷七十一。行参军：官名，晋初制度，朝廷任为“参军”，各府自辟为“行参军”。以后朝廷也可任命行参军。［59］庾亮：颍川功曹庾兖之侄，字元规。东晋名臣，后为权臣。传见《晋书》卷七十三。西曹掾：丞相、诸公或位从公府的僚属，为西曹长官，掌府吏署用。［60］华轶（yì）：字彦夏，曹魏太尉华歆曾孙，西晋大臣，不服司马睿指挥，被杀。传见《晋书》卷六十一。［61］改易长吏：更换各州郡官员。［62］裴宪：字景思，中书令裴楷之子。西晋豫州刺史，后投后赵，官至右光禄大夫、司徒、太傅。传见《晋书》卷三十五。［63］周访：字士达，庐江寻阳（今江西九江市）人，晋朝名将。传见《晋书》卷五十八。［64］安成：郡名，郡治平都，在今江西安福县东南。［65］幽州：州名，州治蓟县，在今北京市西南广安门附近。［66］湘州：州名，州治临湘县，在今湖南长沙市。［67］寻阳：郡名，郡治寻阳，在今江西九江市。［68］陶侃（kǎn）：字士行，庐江寻阳（今江西九江市）人，东晋名将。传见《晋书》卷六十六。［69］武昌：郡名，郡治武昌县，在今湖北鄂州市。

秋，七月，王浚设坛告类[1]，立皇太子[2]，布告天下，称受中诏承制封拜[3]，备置百官，列署征、镇[4]，以荀藩为太尉，琅邪王睿为大将军。浚自领尚书令，以裴宪及其婿枣嵩[5]为尚书，以田徽为兖州[6]刺史，李恽为青州[7]刺史。

南阳王模使牙门赵染[8]戍蒲坂[9]，染求冯翊太守不得而怒，帅众降汉，汉主聪以染为平西将军。

八月，聪遣染与安西将军刘雅[10]帅骑二万攻模于长安，河内王粲、始安王曜帅大众继之。染败模兵于潼关[11]，长驱至下邽[12]。凉州将北宫纯[13]自长安帅其众降汉。汉兵围长安，模遣淳于定[14]出战而败。模仓库虚竭，士卒离散，遂降于汉。赵染送模于河内王粲。

九月，粲杀模。关西饥馑[15]，白骨蔽野[16]，士民存者百无一二。聪以始安王曜为车骑大将军、雍州牧，更封中山王[17]，镇长安。以王弥为大将军，封齐公。

苟晞骄奢苛暴，前辽西太守阎亨[18]，缵之子也，数谏晞，晞杀之。从事中郎明预[19]有疾，自轝[20]入谏。晞怒曰："我杀阎亨，何关人事，而轝病骂我？"预曰："明公以礼待预，故预以礼自尽[21]。今明公怒预，其如远近怒明公何[22]！桀为天子，犹以骄暴而亡，况人臣乎！愿明公且置是怒[23]，思预之言。"晞不从。由是众心离怨，加以疾疫、饥馑。石勒攻王赞于阳夏[24]，擒之；遂袭蒙城[25]，执晞及豫章王端[26]，锁晞颈，以为左司马。汉主聪拜勒幽州牧。

（以上为第十五段，写汉将刘曜率军攻打长安，长安府库空虚，人心惶惶，将领叛变，很快就被攻下；大将军苟晞立皇太子，设行台，而骄奢苛暴，人心离散，也兵败当了俘虏。）

【注释】

[1]告类：一种祭祀的名称，也叫"类祭"，以事禀告天地或禀告五帝之礼。[2]立皇太子：立谁为皇太子，史书没有记载。[3]中诏：来自朝廷的诏命。承制封拜：以皇帝的名义任命各有关官职。[4]列署征、镇：任命一系列的征、镇级的大将军。当时有"四征""四镇"。[5]枣嵩：字台产，颍川长社人，为尚书，官至散骑常侍。后为石勒所杀。[6]田徽：西晋兖州刺史。兖州：州治郓城，在今山东郓城县西北。[7]李恽：西晋官员，为司马越的党羽，任青州刺史。青州，州治临淄，在今山东淄博市临淄区。[8]南阳王模：司马模，司马越的亲兄弟，封南阳王，当时正占据着长安。牙门：即牙门将，亲随将领。赵染：字文瀚，西晋南阳王司马模的牙门将，守卫蒲坂。求职冯翊太守不成，大怒之下率众投降刘聪，被任为平西将军，后攻打北地郡，为麴允射杀。传见《晋书》卷三十七。[9]蒲坂：县名，县治在今山西永济市西。地当黄河弯曲处，有风陵渡隔河与潼关相对，为河东通往关中的交通要冲。[10]刘雅：汉赵将领，时为安西将军。[11]潼关：关名，在今陕西潼关县北，当陕西、山西、河南三省交通要冲。[12]下邽：县名，

县治在今陕西渭南市东北。[13]北宫纯：西晋凉州刺史张轨的部将，前奉命入援洛阳，值洛阳破，退入关中。[14]淳于定：时为司马模的属将。[15]关西：泛指函谷关以西今陕西中部地区。饥馑（jǐn）：灾荒，荒年。[16]蔽野：遮盖原野，形容数量众多。[17]更封中山王：将刘粲由河内王改封为中山王。[18]辽西：郡名，郡治阳乐，在今辽宁义县西。阎亨：西晋汉中太守阎缵长子，官至辽西太守，后被害。[19]明预：西晋官员，时为从事中郎。[20]自轝：让人抬着。轝（yù），古同“舆”，此指轿子。[21]以礼自尽：按照礼节来尽自己的心意。[22]其如远近怒明公何：你对到处都恨你的那些人又有什么办法呢。如……何，奈何。[23]且置是怒：暂且平息这种怒气。[24]王赞：西晋陈留太守。阳夏：县名，县治在今河南太康县。[25]蒙城：县名，县治在今河南商丘市东北。[26]豫章王端：即司马端，司马炎之孙，承袭豫章王。晋怀帝司马炽被俘、皇太子司马诠被杀后，大将军苟晞率群官奉司马端为皇太子，置行台。司马端被立皇太子七十天，石勒攻破苟晞，俘虏司马端。

王弥与勒，外相亲而内相忌，刘暾[1]说弥使召曹嶷之兵以图勒。弥为书，使暾召嶷，且邀勒共向青州。暾至东阿[2]，勒游骑[3]获之，勒潜杀暾而弥不知。会弥将徐邈、高梁辄引所部兵去[4]，弥兵渐衰。弥闻勒擒苟晞，心恶之，以书贺勒曰：“公获苟晞而用之，何其神也！使晞为公左，弥为公右，天下不足定[5]也。”勒谓张宾曰：“王公[6]位重而言卑，其图我必矣。”宾因劝勒乘弥小衰[7]，诱而取之。时勒方与乞活陈午相攻于蓬关[8]，弥亦与刘瑞相持甚急[9]。弥请救于勒，勒未之许。张宾曰：“公常恐不得王公之便[10]，今天以王公授我矣。陈午小竖[11]，不足忧；王公人杰，当早除之。”勒乃引兵击瑞，斩之。弥大喜，谓勒实亲己，不复疑也。

冬，十月，勒请弥燕于己吾[12]。弥将往，长史张嵩[13]谏，不听。酒酣，勒手斩弥而并其众，表汉主聪，称弥叛逆。聪大怒，遣使让勒专害公辅，有无君之心[14]，然犹加勒镇东大将军、督并·幽二州诸军事、领并州刺史，以慰其心。苟晞、王赞潜谋[15]叛勒，勒杀之，并晞弟纯。

勒引兵掠豫州诸郡，临江而还[16]，屯于葛陂[17]。

初，勒之为人所掠卖[18]也，与其母王氏相失[19]。刘琨得之，遣使[20]并其从子虎[21]送于勒，因遗[22]勒书曰：“将军用兵如神，所向无敌，所以周流天下[23]而无容足之地，百战百胜而无尺寸之功[24]者，盖得主[25]则为义兵，附逆[26]则为贼众故也。成败之数[27]，有似呼吸，吹之则寒[28]，嘘之则温[29]。今相授[30]侍中、车骑大将军、领护匈奴中郎将[31]、襄城郡公，将军其受之！”勒报书曰：“事功殊途[32]，非腐儒所知。君当逞节本朝[33]，吾自夷[34]，难为效[35]。”遗琨名马、珍宝，厚礼其使，谢而绝之。

时虎年十七，残忍无度，为军中患。勒白母曰：“此儿凶暴无赖[36]，使军人杀之[37]，声名可惜[38]，不若自除之。”母曰：“快牛为犊，多能破车[39]，汝小忍[40]之！”及长，便弓马[41]，勇冠当时。勒以为征虏将军[42]，每屠城邑，鲜有遗类[43]。然御众[44]严而不烦，莫敢犯者，指授攻讨[45]，所向无前，勒遂宠任[46]之。勒攻荥阳太守李矩，矩击却之。

（以上为第十六段，写汉国猛将石勒火并老将王弥，兼并其队伍，势力壮大，西晋叛将苟晞密谋叛离石勒，也被杀；石勒又有侄子石虎相助，更是如虎添翼，不可一世。）

【注释】

[1]刘暾（tūn）：字长升，东莱郡掖县（今山东莱州市）人，西晋大臣。后遭石勒所杀。传见《晋书》卷四十五。 [2]东阿：县名，县治在今山东东阿县西南。 [3]游骑：巡逻骑兵。 [4]徐邈、高梁：王弥部将。引所部兵：带领他所属的部队。 [5]天下不足定：意即平定天下不费力气，没有困难。 [6]王公：敬称王弥。 [7]小衰：稍衰，比较衰弱。 [8]乞活：指当时由山西逃荒到太行山以东的流民。陈午：永嘉末年流民大军的首领。蓬关：亦作“蓬陂”，在今河南开封市南。 [9]刘瑞：西晋人，另一支流民大军的首领。相持：相斗，相攻。 [10]不得王公之便：谓找不到袭取王弥的机会。便，便当，机会。 [11]小竖：犹言“小奴才”“小毛贼”。 [12]燕于己吾：在己吾县举行宴会招待王弥。燕，同“宴”。己吾，县名，县治在今河南宁陵县西南。 [13]张嵩：汉赵官员，时为王弥军府的司马。 [14]让：责让，责备。专害公辅：自作主张地杀害三公一级的辅政大臣。有无君之心：心目中没有君长。 [15]潜谋：秘密谋划。 [16]临江而还：一直打到长江边上才回来。 [17]葛陂：古湖泊之名，旧址在今河南新蔡县北。陂（bēi），池塘。 [18]为人所掠卖：石勒早年一度被掠卖为奴。事见《资治通鉴》卷八十六晋惠帝永兴二年（305）。 [19]相失：互相失散。 [20]遣使：二字原无，据章校补。 [21]并其从子虎：将石勒母亲连同他的侄子石虎。虎，即石虎，字季龙，石勒之侄，后赵第三位皇帝，公元334年至公元349年在位。 [22]遗（wèi）：送交，交付。 [23]周流天下：打遍天下，到处游动作战，没有固定的根据地。 [24]无尺寸之功：指没有得到一点封土。 [25]得主：跟上一位

明主。［26］附逆：依附了叛逆之人。［27］成败之数：成功与失败的关键。数，这里指关键。［28］吹之则寒：急促地吹气，则感到寒冷。［29］嘘之则温：徐缓地吁气，则感到温暖。嘘，慢慢地吐气，呵气。［30］相授：授予。［31］领：兼任。护匈奴中郎将：官名，监护南匈奴单于，参预司法事务，并助南匈奴防御北匈奴的侵扰。［32］事功殊途：成就伟大的功业，所走的道路各有不同。［33］逞节本朝：坚守节操，效忠自己的朝廷。［34］吾自夷：我是一个夷狄之人。［35］难为效：难以为你们效力。［36］无赖：靠不住。［37］使军人杀之：意谓假如日后惹起众怒，被军中人杀死。［38］声名可惜：将会败坏我们家的名声。［39］快牛为犊，多能破车：意即让牛犊去拉车，牛犊会不顾一切地奔跑，会把车拉翻。比喻年轻气盛的人应当懂得克制，否则是要出事的。快牛，负重善行的健牛。破车，把车弄坏。［40］小忍：稍稍忍耐。［41］便弓马：善于骑马射箭。［42］征虏将军：杂号将军之名号。［43］鲜有遗类：很少有人能活下来。［44］御众：驾驭部下，统领部众。［45］指授攻讨：不论交给他什么战斗任务。［46］宠任：宠爱，信任。

初，南阳王模以从事中郎索綝［1］为冯翊太守。綝，靖之子也。模死，綝与安夷护军［2］金城麹允［3］、频阳令梁肃［4］，俱奔安定［5］。时安定太守贾疋与诸氐、羌皆送任子于汉［6］，綝等遇之于阴密［7］，拥还临泾［8］，与疋谋兴复晋室，疋从之。乃共推疋为平西将军，率众五万向长安。雍州刺史麹特［9］、新平太守竺恢皆不降于汉［10］，闻疋起兵，与扶风太守梁综帅众十万会之［11］。综，肃［12］之兄也。

汉河内王粲在新丰［13］，使其将刘雅、赵染攻新平［14］，不克。索綝救新平，大小百战，雅等败退。中山王曜与疋等战于黄丘［15］，曜众大败。疋遂袭汉梁州刺史彭荡仲［16］，杀之。麹特等击破粲于新丰，粲还平阳。于是，疋等兵势大振，关西胡、晋翕然响应［17］。

阎鼎欲奉秦王业［18］入关，据长安以号令四方。河阴令傅畅［19］，祗之子也，亦以书劝之，鼎遂行。荀藩、刘畴、周顗、李述［20］等，皆山东人，不欲西行，中途逃散；鼎遣兵追之，不及，杀李絙［21］等。鼎与业自宛趣武关［22］，遇盗于上洛［23］，士卒败散，收其余众，进至蓝田［24］，使人告贾疋，疋遣兵迎之。十二月，入于雍城［25］，使梁综将兵卫之。

周顗奔琅邪王睿，睿以顗为军咨祭酒。前骑都尉谯国桓彝［26］亦避乱过江，见睿微弱［27］，谓顗曰："我以中州多故［28］，来此求全，而单弱［29］

如此，将何以济[30]！”既而见王导，共论世事，退，谓顗曰：“向见管夷吾[31]，无复忧矣！”

诸名士相与登新亭[32]游宴，周顗中坐[33]叹曰：“风景不殊[34]，举目有江河之异[35]！”因相视流涕。王导愀然[36]变色曰：“当共戮力王室[37]，克复神州[38]，何至作楚囚对泣[39]邪！”众皆收泪谢之。

陈頵遗王导书曰[40]：“中华所以倾弊者[41]，正以取才失所[42]，先白望而后实事[43]，浮竞驱驰[44]，互相贡荐[45]，言重者先显[46]，言轻者后叙[47]，遂相波扇[48]，乃至陵迟[49]。加有庄、老之俗[50]，倾惑朝廷[51]，养望者为弘雅[52]，政事者[53]为俗人，王职不恤[54]，法物坠丧[55]。夫欲制远[56]，先由近始。今宜改张[57]，明赏信罚[58]，拔卓茂于密县[59]，显朱邑于桐乡[60]，然后大业[61]可举，中兴可冀[62]耳。”导不能从。

刘琨长于招怀而短于抚御[63]，一日之中，虽归者数千，而去者亦相继。琨遣子遵[64]请兵于代公猗卢，又遣族人高阳内史希[65]合众于中山[66]，幽州所统代郡、上谷、广宁之民多归之[67]，众至三万。王浚怒，遣燕相胡矩[68]督诸军，与辽西公段疾陆眷[69]共攻希，杀之，驱略三郡士女而去[70]。疾陆眷，务勿尘[71]之子也。猗卢遣其子六修将兵助琨戍新兴[72]。

琨牙门将邢延以碧石献琨[73]，琨以与六修，六修复就延求之，不得，执延妻子。延怒，以所部兵袭六修，六修走，延遂以新兴附汉，请兵以攻并州[74]。

（以上为第十七段，写晋都洛阳沦陷后各个方面的举动，晋将贾疋在关西军威大振；阎鼎侍奉秦王司马邺到长安，借以向四方发号施令；琅邪王司马睿网罗中原人才，占领江东。）

【注释】

[1]索綝：字巨秀，敦煌人。西晋大臣，后将军索靖之子。传见《晋书》卷六十。[2]安夷护军：官名，主降氐事务。[3]麴（qū）允：凉州金城（今甘肃兰州市）人，西晋大臣、将领。传见《晋书》卷八十九。[4]梁肃：西晋频阳县令。[5]安定：郡名，郡治临泾，在今甘肃泾川县北。[6]贾疋（yǎ）：字彦度，武威姑臧（今甘肃武威市）人，西晋官员，曹魏太尉贾诩曾

孙。官至骠骑大将军、雍州刺史。传见《晋书》卷六十。任子：送自己的儿子去做人质。［7］阴密：县名，县治在今甘肃灵台县西。［8］拥还临泾：把这些人质带回到临泾。临泾，县名，县治在今甘肃镇原县南，当时为安定郡治所在地。［9］雍州：州名，州治长安县，在今陕西西安市。麹特：西晋雍州刺史。［10］新平：郡名，郡治新平县，在今陕西彬州市。竺（zhú）恢：西晋新平太守。皆不降于汉：时麹特与竺恢同守新平。［11］扶风：郡治池阳县，在今陕西泾阳县西北。梁综：河东解梁（今山西临猗县）人，西晋扶风太守、辅国将军，官至京兆尹。传附《晋书》卷六十《阎鼎传》。［12］肃：北地太守梁肃。［13］新丰：县名，县治在今陕西西安市临潼区东北。［14］刘雅：汉赵安西将军。赵染：西晋官员，投降汉赵，为平西将军。［15］黄丘：地名，在今陕西淳化县黄岭山下。［16］彭荡仲：安定卢水胡人，投奔汉赵为梁州刺史，被贾疋讨伐并杀死。［17］胡：指少数民族的人。晋：指汉人。翕然：服帖的样子。［18］秦王业：即司马业，一作"司马邺"，司马炎之孙，司马晏之子，封秦王。［19］傅畅：字世道，曹魏太常傅嘏之孙，西晋司徒、灵州公傅祗之子，西晋、后赵官员。西晋封武乡亭侯，官至秘书丞，行河阴令。后陷没于石勒，任以为大将军右司马。传见《晋书》卷四十七。［20］荀藩：时为司空。刘畴：时为司徒左长史。周顗：时任镇军长史。李述：时任司马。［21］李絙（huán）：西晋官员，晋怀帝时为中书令。［22］宛（yuān）：县名，县治在今河南南阳市。武关：关名，在今陕西商洛市商州区东。［23］上洛：县名，县治在今陕西商南县南。［24］蓝田：县名，县治在今陕西蓝田县西。［25］雍城：雍县县城，在今陕西宝鸡市凤翔区南。［26］桓彝：字茂伦，谯国龙亢（今安徽怀远县）人，晋朝大臣。晋惠帝时，为州主簿，拜骑都尉，西晋末，避乱江东。晋元帝时，官至吏部尚书。传见《晋书》卷七十四。［27］微弱：人微势弱。［28］中州多故：中原地区战乱不断。［29］单弱：孤单，势弱。［30］将何以济：意即靠什么来渡过难关，成就大业。［31］向见管夷吾：刚才我仿佛见到了管夷吾。管夷吾，春秋时佐齐桓公称霸的国相。这里比拟王导。［32］新亭：地名，在今江苏南京市南，地近江滨，依山为城垒，为军事及交通重地。东晋时为朝士游宴之所。［33］中坐：坐中，座谈当中。［34］风景不殊：自然风光和以前没有什么差别。殊，异。［35］江河之异：意谓昔日是在黄河边，今日乃到了长江边，大半个国家已经沦陷了。［36］愀（qiǎo）然：神色严肃的样子。［37］戮力王室：同心合力地报效朝廷。戮力，合力，尽力。［38］克复：攻克，收复。神州：指中原地区。［39］楚囚对泣：像一群囚徒相聚涕泣。楚囚，本指春秋时被俘到晋国的楚国人钟仪，后用来借指被囚禁的人。楚共王七年（前584），楚国攻打郑国，钟仪随军出征，由于战败，沦为战俘，郑国把他抓住后，又转送晋国，成了"楚囚"。在被囚期间，钟仪怀念故国，不忘家乡，想到楚国的战败，不禁潸然泪下，爱国之情，溢于言表。事见《左传》成公九年。［40］陈頵（jūn）：字延思，官至梁州刺史。传见《晋书》卷七十一。遗（wèi）：送交，交付。［41］中华：中原地区，这里指西晋政权。倾弊：颠覆，垮台。弊，通"毙"，倒毙，倒下。［42］取才失所：选用人才失当。［43］先白望而后实事：只喜欢那些徒有虚名的人，而不考查他究竟能做些什么事。最明显的像王衍那种人竟几十年间一直执掌大权。白，用白眼珠看人，引申为看，观看。望，名望，声誉。实事，任以职事。［44］浮竞：指夸夸其谈，有名无实的人。驱驰：策马快跑，此指在利禄之途上急急奔走。［45］贡荐：举荐，推荐。［46］言重者先显：会说会吹的人优先得到提拔。显，显现，被重用。［47］后叙：往后排列。［48］波扇：鼓动，扇动，意谓形成了一种不可挽回的风气。［49］陵迟：颓败，衰微。［50］庄、老之俗：一群信奉庄子、老子学说的人。［51］倾惑朝廷：败坏了整个朝廷的风气。［52］养望者为弘雅：把专求虚名不干实事的人说成是有雅量。养望，追求虚名。弘雅，高雅，有度量。［53］政事者：指忠于职守、尽职尽责的人。［54］王职不恤：根本不考虑自己分内的工作。不恤，不关心，不考虑。［55］法物：指国家的纲常制度。坠丧：坠落，沦丧。［56］制远：考虑远大的事业。［57］改张：像给乐器调弦一样地改变各种制度措施。［58］明赏信罚：有功的一定要赏，有罪的一定要罚。［59］拔卓茂于密县：像汉光武帝刘秀从密县提拔卓茂一样，重用有政绩的地方官。卓茂，东汉中兴功臣，云台三十二将之一。［60］显朱邑于桐乡：像汉宣帝在桐乡使朱邑显达那样，让有才干的下级属吏得到重用。朱邑，西汉官员。初任桐乡啬夫，汉宣帝时，升任北海太守，因政绩、品行第一，入任大司农，成为朝廷重臣。［61］大业：此指兴复晋朝的事业。［62］冀：希望，期望。［63］长于招怀：善于招揽人才，善于使人归附。短于抚御：不善于安抚、驾驭人才，对人才使用不当。［64］遵：即刘遵，刘琨的庶长子，曾在代王拓跋猗卢处为质子。［65］高阳内史希：即刘希，西晋官员，时任高阳内史，掌管高阳王国民政的长官。高阳，诸侯国名，都城在今河北蠡县。［66］合众于中山：在中山国召集人马。中山，诸侯国名，都城卢坝，在今河北定州市。［67］幽州：州名，州治蓟县，在今北京市西南广安门附近。代郡、上谷、广宁：皆幽州所属郡名。代郡，郡治在今河北蔚县东北的代王城。上谷，郡治沮阳，在今河北怀来县东南。广宁，郡治在今河北涿鹿县。［68］燕相：燕国的最高行政长官。燕，诸侯国名，都城在今北京市西南角。胡矩：西晋官员，时为燕相。［69］段疾陆眷：姓段，名疾陆眷，也称“陆眷”，东部鲜卑人，前任首领段务勿尘之子，王浚的外孙，晋骠骑大将军、辽西公、段部鲜卑首领。专尚武勇，曾上书建康，劝晋王司马睿称帝，鉴于当时晋愍帝还活着，被婉拒。传见《晋书》卷六十三。［70］驱略：驱赶，抢劫。三郡士女：指代郡、上谷、广宁三郡归附刘希的人。［71］务勿尘：即段务勿尘，一作“段务目尘”，辽西令支（今河北迁安市）人，段部鲜卑首领。［72］六修：即拓跋六修，字普六修，鲜卑索头部王子。多次带兵援助晋朝并州刺史刘琨，抵抗汉赵皇帝刘渊。传见《魏书》卷一。新兴：晋郡名，郡治九原，在今山西忻州市。［73］邢延：刘琨的部将，曾为牙门将，时镇守新兴城。后投降汉赵。碧石：碧玉，玉石的一种。［74］并州：州名，州治晋阳，在今山西太原市。时刘琨任并州刺史，驻镇晋阳。

初，东夷校尉[1]李臻[2]之死也，辽东附塞鲜卑素喜连、木丸津托为臻报仇[3]，攻陷诸县，杀掠士民，屡败郡兵，连年为寇。东夷校尉封释[4]不能讨，请与连和，连、津不从。民失业，归慕容廆者甚众，廆禀给遣还[5]，愿留者即抚存之。

廆少子鹰扬将军翰[6]，言于廆曰："自古有为之君，莫不尊天子以从民望，成大业。今连、津外以庞本为名[7]，内实幸灾[8]为乱。封使君已诛本请和[9]，而寇暴[10]不已。中原离乱[11]，州师不振[12]，辽东荒散[13]，莫之救恤[14]，单于不若数其罪而讨之[15]。上则兴复辽东，下则并吞二部[16]，忠义彰于本朝[17]，私利归于我国，此霸王之基也。"廆笑曰："孺子乃能及此乎[18]！"遂帅众东击连、津，以翰为前锋，破斩之，尽并二部之众，得所掠民三千余家，及前归廆者悉以付郡[19]，辽东赖以复存。

封释疾病，属其孙奕于廆[20]。释卒，廆召奕与语，说[21]之，曰："奇士也！"补小都督。释子冀州主簿悛[22]、幽州参军抽来奔丧[23]。廆见之曰："此家抎抎千斤犍[24]也。"以道不通，丧不得还[25]，皆留仕廆，廆以抽为长史，悛为参军。

王浚以妻舅崔毖[26]为东夷校尉。毖，琰[27]之曾孙也。

（以上为第十八段，写鲜卑首领慕容廆听从儿子慕容翰建议，攻打素喜连、木丸津两支队伍，归并其部众，势力迅速壮大；东夷校尉封释将孙子封奕托付给慕容廆，后成为显宦。）

【注释】

［1］初，东夷校尉：五字原无，据胡注引张敦仁《资治通鉴刊本识误》补。东夷校尉，官名，主管东北及华北北部地区的鲜卑慕容部、段部、宇文部和高句丽等少数民族事务。［2］李臻：西晋官员，曾任东夷校尉，由于与王浚有矛盾，被与王浚勾结的辽东太守庞本所杀。事见《资治通鉴》卷八十七晋怀帝永嘉三年（309）。［3］辽东：区域名，指辽河以东地区，今辽宁东部和南部。附塞鲜卑：归降而居住在晋朝边境外侧的鲜卑人。素喜连、木丸津：附塞鲜卑二部落的首领名字。［4］封释：勃海蓨县（今河北景县）人，西晋官员，北魏封懿的曾祖父。曾为东夷校尉。辽东太守庞本曾谋划杀死封释，被封释收捕后斩首，并诛杀庞本全家。［5］禀给遣还：发给他们粮食，让他们回故乡。禀，通"廪"，发给粮食。［6］少子：慕容翰为庶长子，此二字误。翰：即慕容翰，字元邕，昌黎棘城（今辽宁义县西北）人，鲜卑族，武宣帝慕容廆庶长子，曾献计击败高句丽，打败鲜卑宇文部。后被杀。传见《晋书》卷一百八。［7］以庞本为名：因为辽东太守庞本杀了李臻，故而他们打着为李臻报仇的旗号发动叛乱。庞本，西晋辽东太守。［8］幸灾：犹言"兴灾"，兴

起灾祸。[9]封使君：指封释，时为东夷校尉。使君，是对郡守的敬称。已诛本请和：庞本杀死李臻后，朝廷派封释为东夷校尉与庞本讲和，庞本又想杀封释，结果却被封释所杀。[10]寇暴：侵夺，劫掠。[11]离乱：战争、叛乱。[12]州师：指平州政府的军队，归东夷校尉封释所统。不振：即萎靡不振，精神颓废，没有战斗力。[13]辽东：郡名，郡治襄平，在今辽宁辽阳市。荒散：一片荒凉，百姓逃散。[14]莫之救恤：没有人拯救、体恤他们。[15]单于：首领，以称其父慕容廆。数（shǔ）其罪：列举素喜连、木丸津的罪状。[16]并吞二部：吞并素喜连和木丸津两个部落。[17]彰于本朝：在晋朝朝廷面前博得好名声。彰，彰显，张扬。[18]孺子：小子，小儿。乃能及此：竟能想到了这一步。[19]悉以付郡：全部送交给了辽东郡。付，交付。[20]属：同"嘱"，嘱托，托付。奕：即封奕，字子专，勃海蓨县人，西晋东夷校尉封释之孙，前燕重臣。传见《晋书》卷一百九。[21]说（yuè）：通"悦"，喜悦，欣慰。[22]冀州：州名，州治信都，在今河北衡水市冀州区。主簿：官名，主官属下掌管文书的佐吏。悛：即封悛，勃海蓨县人，东晋、前燕官员。时为冀州主簿。[23]幽州：州名，州治蓟县，在今北京市西南广安门附近。参军：官名，军事参谋。抽：即封抽，曾任西晋的幽州参军、慕容廆的长史、慕容皝的东夷校尉，后投奔高句丽。[24]抎抎千斤犍：意即从天上降下来的千斤神牛，以比喻其人品才干之高，人间不可多得。抎（yǔn）抎，从高而下的样子。抎，古通"陨"，坠落。犍（jiān），公牛。[25]丧不得还：封释的灵柩没法送回故乡。[26]崔毖（bì）：西晋末年清河人，崔琰曾孙，幽州刺史王浚的妻舅，为平州刺史、最后一任汉人东夷校尉。后被报复，率家族和亲兵数千人逃亡高句丽，后人留居朝鲜，为朝鲜崔姓的始祖。[27]琰（yǎn）：即崔琰，字季珪，清河郡东武城县（今河北故城县）人，东汉末年名士，很有名望，曹操以为尚书，迁中尉，曹丕被立为太子颇得其力。后被杀。传见《三国志》卷十二。

【点评】

论西晋八王之乱。八王之乱，几乎贯穿着晋惠帝司马衷、晋怀帝司马炽称帝的始终，长达十六年之久，使得各少数民族在乱中发展壮大，而使晋朝短命而亡。这其中的惨痛教训令人唏嘘，令人深思。

首先，八王之乱的祸根，在晋朝兴起的时候，甚至在司马懿、司马师、司马昭掌控曹魏政权的时候就埋下了。以上三司马，在曹魏时期，可谓是一人之下，万人之上，甚至是无上之上，在当时即使有些不同声音，也是敢怒而不敢言；即使有人扯旗造反，也被作为谋反而无情地镇压下去，可谓是风光无限，荣耀无极，为司马家族的兴起奠定了雄厚的基础。他们正是八王的榜样啊！我们再看一看作乱的八王，似乎每个都得了权力疯狂症，除了司马伦登上禅让的皇位，其他数王，哪个不是要当帝王第二，掌控朝局，翻云覆雨，唯我独尊？可是，他们有的是欲望，有的是野心，但没有以上所说的"三司马"的威望和才能，也没有掌控全局的智慧和韬略。

所以，也就没有一个人能够巩固自己的地位，像走马灯一样转来转去，以致数王轮流执政，你方唱罢我登台，我方开腔又下来。

其次，晋武帝司马炎对晋朝的长远谋划不周。他像当年曹丕接受汉献帝禅让一样，心安理得地接受曹奂的禅让，当上了皇帝，改魏为晋。他当了25年的皇帝，也算是功德圆满，但是，他对自己当皇帝考虑得很多，而对子孙后代如何当好皇帝，巩固政权，却考虑不周，也没有多少建树。他让一个才能平庸、近乎呆傻的司马衷当接班人，挑起治理天下的重担，那些略有能耐的司马家族诸人，怎么能服气？如果是一个有品行、有能力的人来接班，其他人还有什么话可说？再说，司马炎有感于曹魏政权抑制宗室而被取代的遭遇，在晋朝建立之初就大封宗室子弟，一下子封了那么多的王，并且允许王国设置自己的军队，取消州郡的常备武装。他还陆续用诸王统帅中央兵马，镇守荆、扬、关中等要害地区，逐渐替换异姓方镇。他以为，这样就可保晋朝江山永固，可哪里想到，在他死后，由于继任的皇帝缺乏统治国家的能力，而这些亲王，他们有王的名头，有财的实惠，有兵的实权，一旦碰上司马衷这个庸帝，不造反才怪呢！政权落入权臣之手，也是理所当然的事情啊！

再次，惠帝司马衷虽然是个高高在上的皇帝，但一点儿能耐也没有，先是杨骏弄权，他没有半点反应，只能听之任之；再是悍妇当家，他一点儿也不吭声，老婆说什么就是什么；然后是司马伦造反，把他的皇位拿去了，他还是无话可说，叫他休息他就休息，还是其他亲王看不下去，帮他把皇位再抢回来，他成了聋子的耳朵——摆设；其他亲王看到这种情况，谁不愿意去当个“二皇帝”呢？齐王司马冏、长沙王司马乂、成都王司马颖、河间王司马颙、东海王司马越，都是如此，这实在是因为惠帝司马衷软弱无能啊！

再说，“八王”诸王，都想学着他们的祖辈司马懿、司马师、司马昭，可是，他们哪一个具备这三人的德行和才能？皇帝人人都想做，但不是所有的人都能做，即使是帮助皇帝打理朝政的，也是如此。孟子曾说：“春秋无义战。”而观八王之乱，也都是无义之举啊！他们的目的很明确，就是要当个权臣，随心所欲，一旦取得成功，就把其他亲王打压下去，挥霍奢侈，甚至无恶不作。在开始的时候，人们还是信任的，还有所期待，但渐渐发展下去，人们大失所望，希望他们早点儿下台，甚至想方设法赶他们下台。所以，他们上来后屁股还没有坐热，就又被赶下去了，因为他们得不到朝野上下的拥护啊！

最后再看看“八王”的结局，一个个都很悲惨，不是被杀死，就是被气死，没有一个是善终的。所谓机关算尽太聪明，反误了卿卿性命。最可怜的要算是东海王司马越。晋怀帝司马炽任用几个可靠的臣子，他却以谋反的罪名把他们杀了。这些人忠于皇上，谋的是哪门子反？真是可笑至极！要说谋反，就是他自己啊！后来，他看着大势已去，忧虑、恐惧而死，躺到棺材里去了。却被从棺材里拖出来焚尸，并且灭其宗族。真是可恨之人，必有可悲之处！

八王之乱，把晋朝葬送了，带来的直接后果就是造成永嘉之乱，用当时人的话来说，是“风景不殊，举目有江河之异”；从长远的角度来说，造成国家灭亡，诸多势力崛起，百姓处于长久的动乱之中，中国由此进入长达近三百年的、最黑暗的大分裂时代，满目疮痍，山河失色，而西晋八王为祸首。